ÉLÉMENTS

DE

DROIT CONSTITUTIONNEL

FRANÇAIS ET COMPARÉ

PAR

A. ESMEIN

PROFESSEUR À LA FACULTÉ DE DROIT DE PARIS
DIRECTEUR-ADJOINT À L'ÉCOLE PRATIQUE DES HAUTES-ÉTUDES

DEUXIÈME ÉDITION

Accompagnée d'une Table des Matières alphabétique et détaillée

PREMIER FASCICULE

Le deuxième et dernier Fascicule paraîtra prochainement

PARIS

LIBRAIRIE DE LA SOCIÉTÉ DU RECUEIL GÉNÉRAL DES LOIS ET DES ARRÊTS
ET DU JOURNAL DU PALAIS
Ancienne Maison L. LAROSE & FORCEL
22, rue Soufflot, 22

L. LAROSE, Directeur de la Librairie
1899

ÉLÉMENTS

DE

DROIT CONSTITUTIONNEL

FRANÇAIS ET COMPARÉ

PAR

A. ESMEIN

PROFESSEUR A LA FACULTÉ DE DROIT DE L'UNIVERSITÉ DE PARIS
DIRECTEUR-ADJOINT A L'ÉCOLE PRATIQUE DES HAUTES-ÉTUDES

DEUXIÈME ÉDITION

Accompagnée d'une Table des Matières alphabétique et détaillée

DEUXIÈME FASCICULE

PARIS

LIBRAIRIE DE LA SOCIÉTÉ DU RECUEIL GÉNÉRAL DES LOIS ET DES ARRÊTS

FONDÉ PAR J.-B. SIREY, ET DU JOURNAL DU PALAIS

Ancienne Maison L. LAROSE & FORCEL

22, rue Soufflot, 22

L. LAROSE, Directeur de la Librairie

1899

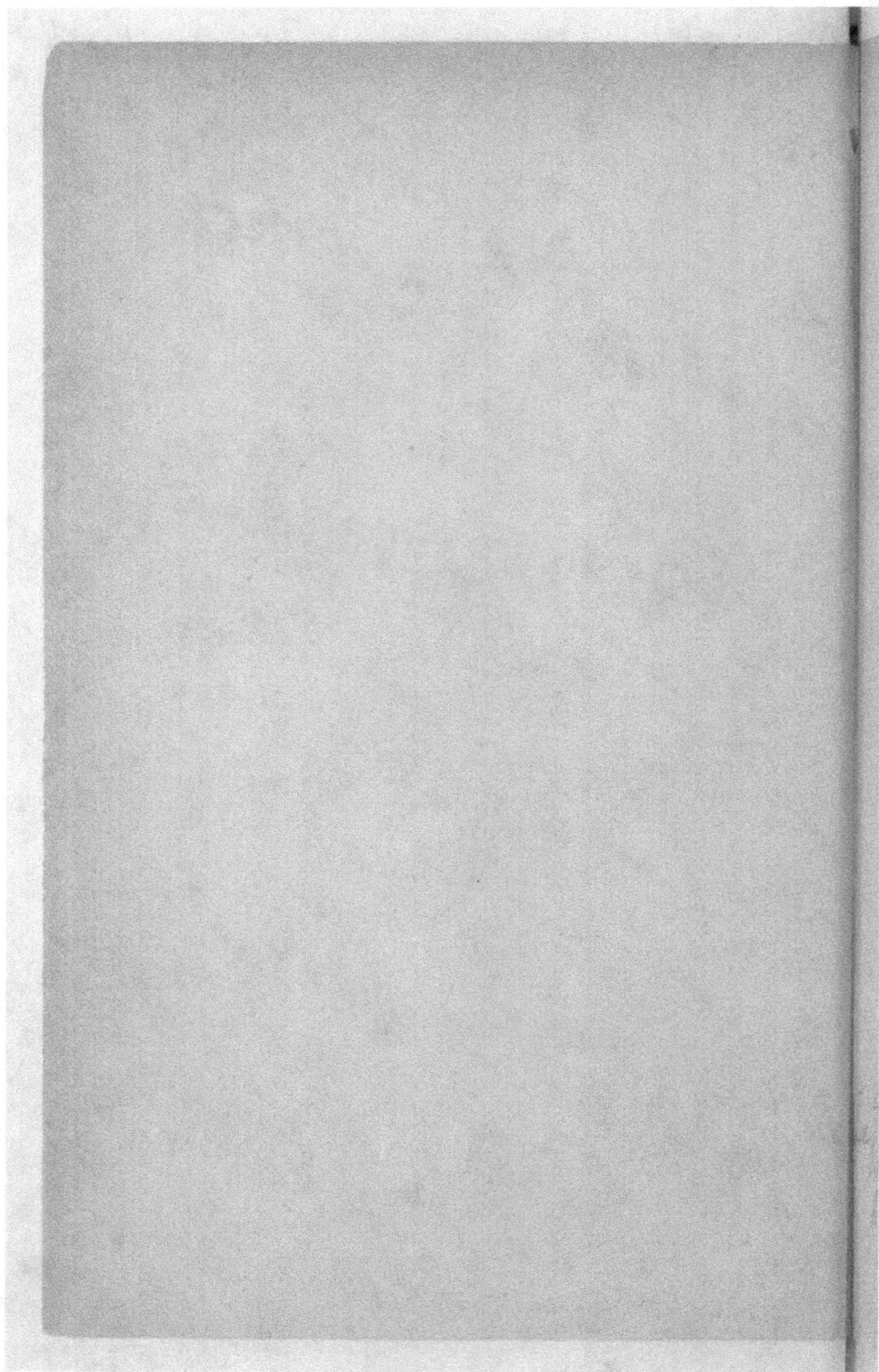

ÉLÉMENTS

DE

DROIT CONSTITUTIONNEL

FRANÇAIS ET COMPARÉ

IMPRIMERIE
CONTANT-LAGUERRE

BAR-LE-DUC

ÉLÉMENTS

DE

DROIT CONSTITUTIONNEL

FRANÇAIS ET COMPARÉ

PAR

A. ESMEIN

PROFESSEUR A LA FACULTÉ DE DROIT DE PARIS
DIRECTEUR-ADJOINT A L'ÉCOLE PRATIQUE DES HAUTES-ÉTUDES

DEUXIÈME ÉDITION

Accompagnée d'une Table des Matières alphabétique et détaillée

---

PARIS

LIBRAIRIE DE LA SOCIÉTÉ DU RECUEIL GÉNÉRAL DES LOIS ET DES ARRÊTS
ET DU JOURNAL DU PALAIS
Ancienne Maison L. LAROSE & FORCEL
22, rue Soufflot, 22
L. LAROSE, Directeur de la Librairie
1899

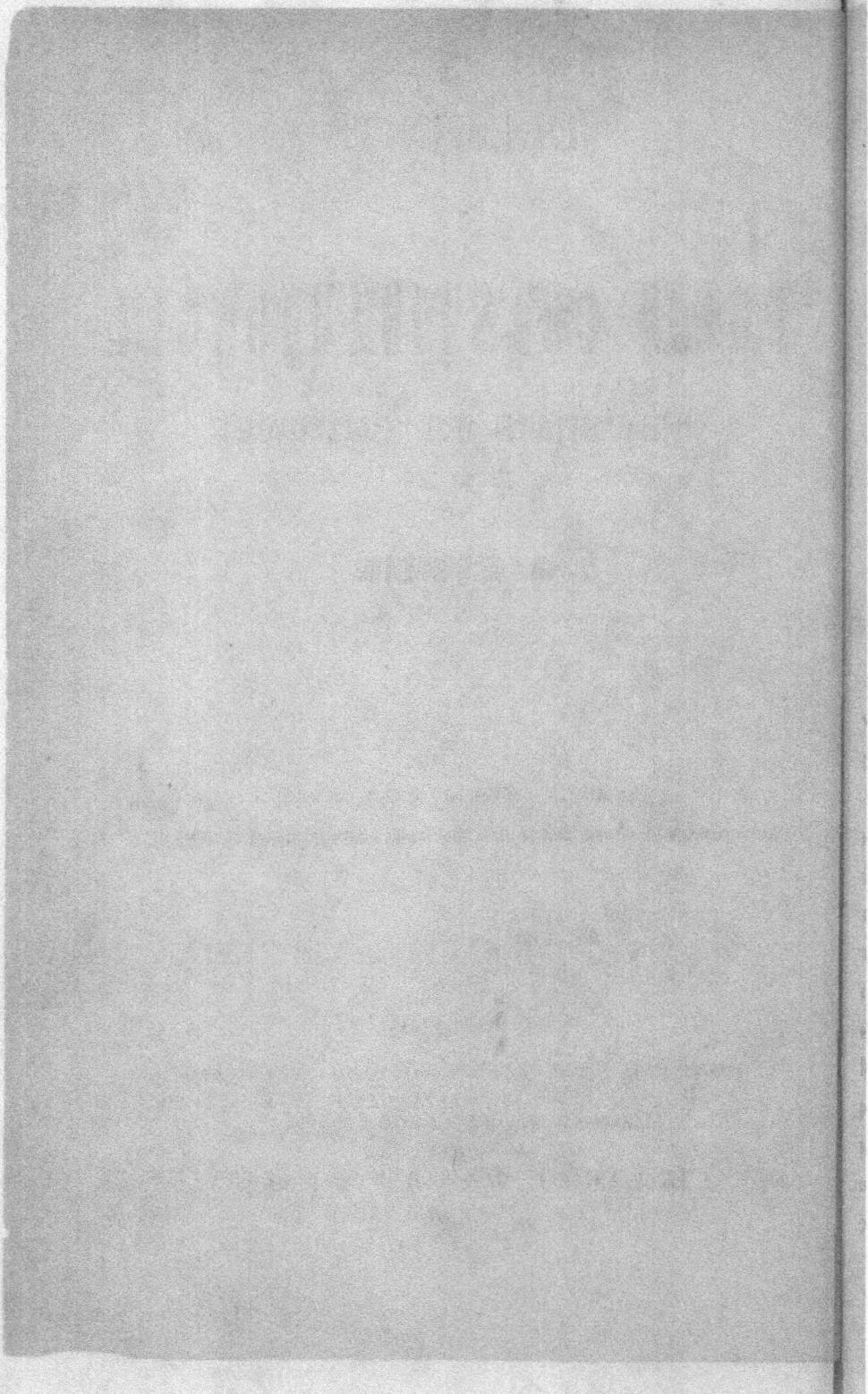

PRÉFACE

En écrivant ce livre, je me suis proposé, comme dans mon *Cours élémentaire d'histoire du droit français*, de composer un traité à la fois élémentaire et scientifique.

Dans une première partie, j'ai cherché à dégager et à construire la théorie juridique des institutions fondamentales et des règles supérieures qui, au XIXe siècle, figurent nécessairement ou alternativement dans le droit constitutionnel des peuples libres de l'Occident. Je les ai ramenées aux deux sources uniques d'où elles dérivent et qui sont : d'un côté, la Constitution anglaise, et, d'autre part, la Révolution française et le mouvement d'idées qui l'a préparée. Je me suis efforcé de les éclairer par l'histoire et par le droit comparé ; j'ai insisté sur les principales applications qui en ont été faites dans les Constitutions françaises antérieures à celle de 1875. Ainsi est présenté, dans un ordre non pas chronologique mais logique, tout ce que contient d'essentiel l'histoire de ces Constitutions.

La seconde partie est consacrée au droit constitutionnel de la République française, tel que l'ont fait les lois constitutionnelles de 1875. Là aussi, sur bien des points qui n'avaient pas trouvé place dans la première partie, j'ai rapproché de notre droit actuel les Constitutions antérieures de la France et les Constitutions étrangères.

Puisse ce livre contribuer dans quelque mesure à rendre plus facile et plus utile, dans nos écoles et au dehors, l'étude du droit constitutionnel! C'est une étude qui doit rayonner largement dans une grande et libre République comme est la nôtre.

Luzarches, octobre 1895.

PREFACE

DE LA DEUXIÈME ÉDITION

La première édition de ces *Éléments* a fini de paraître au mois d'avril 1896. Avant la fin de l'année 1898, une deuxième édition est devenue nécessaire; mon effort n'a donc pas été vain ni mon travail inutile.

Je suis reconnaissant de l'accueil qui a été fait à ce livre dans nos Universités et au dehors. Je le suis également du jugement qu'en général a porté sur lui la presse critique, française ou étrangère. Quelques-unes de ces appréciations, sûrement trop flatteuses, ont dépassé toutes mes espérances. M. George Elliot Howard, dans une importante Revue des États-Unis, a comparé, toutes proportions gardées, mon ouvrage à l'œuvre, aujourd'hui classique, de M. Bryce sur la République américaine [1]. Dans une Revue russe, M. Com-

---

[1] *Political science quarterly Review*, 1897, p. 318 : « Indeed M. Es

bothéera a rapproché mon nom de celui de Bodin [1] et, telle est la distance entre mon livre et l'œuvre si haute du vieux maître, que je n'aurais jamais songé à un pareil honneur. M. Combothéera, il est vrai, m'adresse en même temps un reproche sur lequel j'ai à cœur de m'expliquer. Il me reproche de « n'avoir point tenu compte de la littérature contemporaine sur le droit constitutionnel, pourtant si riche, surtout en Allemagne »; de « n'avoir même pas lu tout ce qui a paru sur la question en langue française ».

Je n'ai certes pas la prétention d'avoir tout lu; mais surtout j'ai pris pour règle, dans cet ouvrage élémentaire, de citer et de discuter seulement les écrits qui rentrent dans le cadre et dans le sens de mon exposition.

D'autre part, comme l'indique le titre général que j'ai donné à ma première partie (*La liberté moderne*), j'ai voulu étudier les constitutions, et celles-là seulement, qui « ont la liberté politique pour objet direct », selon le mot de Montesquieu [2]. Elles me paraissent faciles à distinguer : ce sont celles qui ont proclamé et pris pour base le principe de la souveraineté nationale (quelle que soit d'ailleurs la forme de gouvernement qu'elles organisent), et celles des monarchies, qui, sans proclamer ce principe, ont adopté et prati-

men, when due allowance is made to the narrower field and the more scientific and technical aim of his book, has rendered us a service for France comparable to that of M. Bryce for the sister republic ».

(1) *Journal du droit international et public* (en russe), Saint-Pétersbourg, 1897, n° 4, p. 107 : « En ce qui concerne la souveraineté, Esmein développe cette question d'une manière scientifique, d'une manière plus scientifique qu'aucun des écrivains français depuis Bodin ».

(2) *Esprit des lois*, L. XI, ch. v.

quent le gouvernement parlementaire, ou gouvernement de cabinet. Il y a, dans le monde, comme dit encore Montesquieu, de grandes monarchies qui n'ont point la liberté politique pour objet direct de leurs constitutions; celles-ci « ne tendent qu'à la gloire des citoyens, de l'État et du prince » [1]. Elles forment aussi un objet d'étude intéressant; mais ce n'est point celui que je me suis proposé. La Constitution de l'Empire d'Allemagne et celles de la plupart des États particuliers qui le composent appartiennent à cette seconde classe. Par suite et tout naturellement, c'est en vue des constitutions de ce type que les écrivains allemands ont construit leurs théories constitutionnelles. Voilà pourquoi, moi, qui dois tant par ailleurs à la science allemande, je ne l'ai point mise ici à contribution. J'ai largement puisé, au contraire, dans la littérature constitutionnelle de l'Angleterre et des États-Unis.

Dans la mesure que je viens d'indiquer, je me suis efforcé de mettre cette seconde édition au courant des lois, des faits et des doctrines depuis 1896. Sans modifier le plan ni altérer les théories, j'ai retouché, refondu, complété des passages assez nombreux et parfois importants.

M. Delpech, docteur en droit, chargé de conférences à la Faculté de droit de Paris, a bien voulu rédiger pour cette seconde édition une table des matières alphabétique et détaillée; je lui en exprime ici toute ma gratitude.

Paris, novembre 1898.

[1] *Esprit des lois*, L. XI, ch. vii.

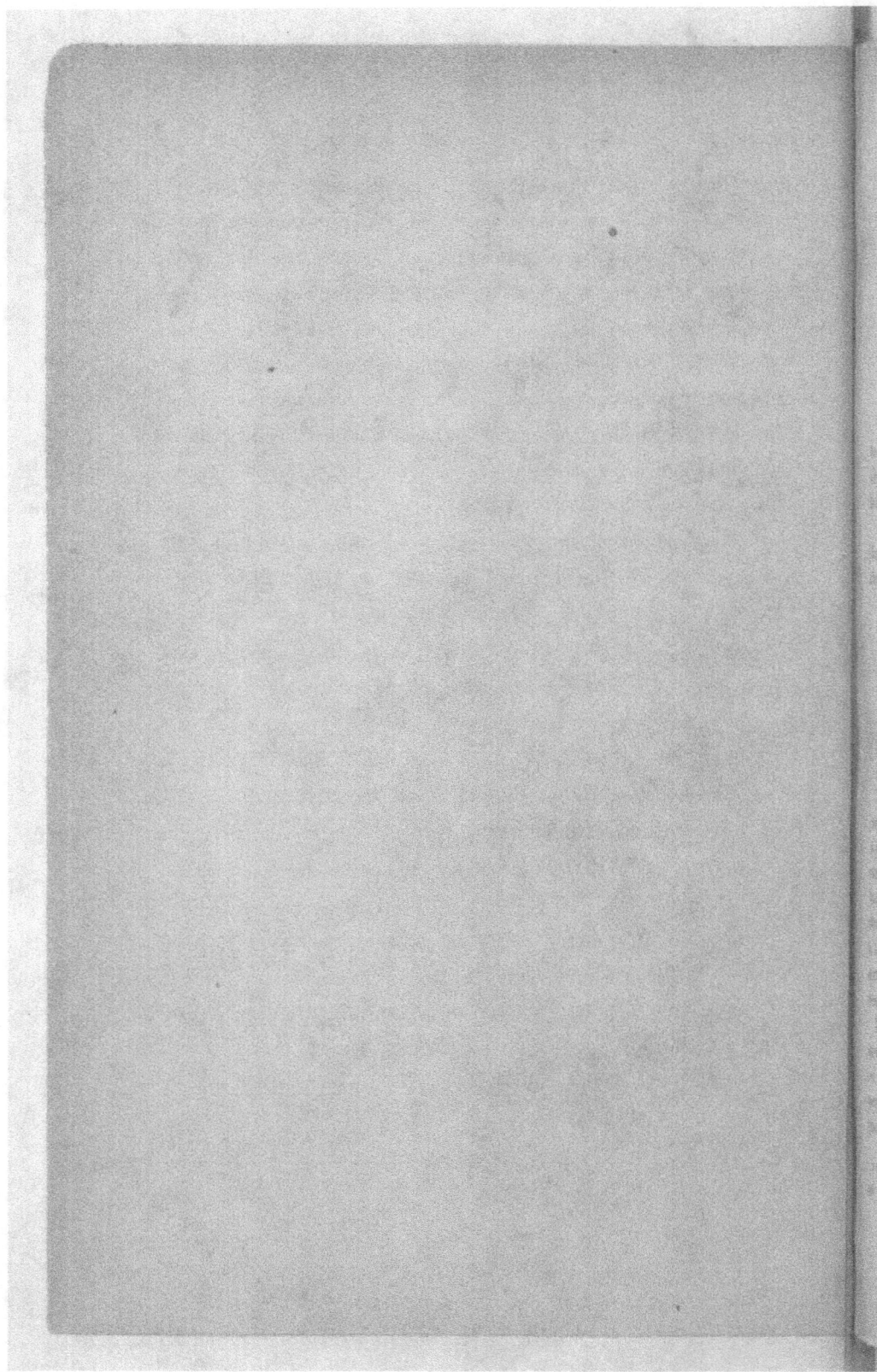

INTRODUCTION

Le droit constitutionnel est la partie fondamentale du droit public; toutes les autres branches de ce droit en supposent l'existence, le droit privé le suppose aussi, lorsqu'il se présente sous la forme de la loi écrite.

Le droit constitutionnel a un triple objet. Il détermine : 1° la forme de l'État; 2° la forme et les organes du gouvernement; 3° les limites des droits de l'État.

§ 1er. — L'ÉTAT ET LA FORME DE L'ÉTAT.

I.

L'État est la personnification juridique d'une nation : c'est le sujet et le support de l'autorité publique.

Ce qui constitue en droit une nation, c'est l'existence, dans cette société d'hommes, d'une autorité supérieure aux volontés individuelles. Cette autorité, qui naturellement ne reconnaît point de puissance supérieure ou concurrente quant aux rapports qu'elle régit, s'appelle la *souveraineté*. Elle a deux faces : *la souveraineté intérieure*, ou le droit de commander à tous les citoyens composant la nation, et même à tous ceux qui résident sur le territoire national; la *souveraineté extérieure*, ou le droit de représenter la nation et de l'engager dans ses rapports avec les autres nations.

Le fondement même du droit public consiste en ce qu'il donne à la souveraineté, en dehors et au-dessus des personnes qui l'exercent à tel ou tel moment, un sujet ou titulaire idéal et permanent, qui personnifie la nation entière : cette personne morale, c'est l'*État*, qui se confond ainsi avec la souveraineté[1], celle-ci étant sa qualité

---

[1] Loyseau, *Traité des seigneuries*, ch. II, n° 6 : « La souveraineté est la forme qui donne l'estre à l'Estat, même l'Estat et la souveraineté prise *in concreto* sont

essentielle. Mais cette abstraction puissante et féconde est un produit
lentement dégagé de la civilisation : souvent et longtemps les hommes
ont confondu la souveraineté avec le chef ou l'assemblée qui l'exerçait.
Cependant l'antiquité classique s'était élevée déjà à la véritable conception de l'État; les Romains en particulier, grâce peut-être au génie
juridique qui les distingue, semblent l'avoir dégagée de très bonne
heure et presque d'instinct[1]. Mais dans la décomposition lente, qui
produisit la société féodale, cette idée disparut, subit une longue éclipse,
et c'est par une nouvelle élaboration qu'elle a repris sa place dans le
droit moderne[2].

De cette conception découlent deux conséquences capitales.

1° L'autorité publique, la souveraineté ne doit jamais être exercée
que dans l'intérêt de tous ; c'est ce qu'on atteste en lui donnant pour
sujet une personne fictive, distincte de tous les individus qui composent
la nation, distincte des magistrats et des chefs aussi bien que des simples citoyens.

2° L'État, de sa nature, est perpétuel et son existence juridique
n'admet aucune discontinuité. Personnifiant la nation, il est destiné
à durer autant que la nation elle-même. Sans doute la *forme de l'État*,
les personnes réelles en qui la souveraineté s'incarne momentanément,
peuvent changer avec le temps par l'effet des révolutions. Mais cela
n'altère pas l'essence même de l'État, cela ne rompt pas la continuité
de son existence, pas plus que la vie nationale ne se fractionne ou ne
s'interrompt par le renouvellement des générations successives. De
cette perpétuité découlent un certain nombre de conséquences secondaires[3].

a) Les traités qui ont été conclus avec les puissances étrangères au

synonymes; et l'Estat est ainsi appelé pour ce que la souveraineté est le comble et
période de la puissance, où il faut que l'Estat s'arreste et establisse ».

[1] Mommsen, *Le droit public romain*, trad. Girard, t. VI, 1re partie, p. 341 et
suiv.

[2] Sur ce point voyez Gierke, *Johannes Althusius und die Entwickelung der
naturrechtlichen Staatstheorien*, 1880, p. 135, 180 et suiv.

[3] Au xvie siècle encore, dans l'ancienne monarchie française, on considérait que
la souveraineté était fragmentaire, cessant et s'interrompant à la mort du roi, qui
en était le titulaire et avec lequel elle se confondait. De là, on tirait trois séries de
conséquences directement inverses de celles qui sont indiquées au texte comme dé-
coulant de la perpétuité de l'État; mais on avait déjà, *par divers détours* écarté dans
la pratique les plus choquantes de ces conséquences. Voyez Bodin, *Les six livres
de la République*, édition Genève 1629, l. I, ch. viii, p. 131, 132; l. IV, ch. iv, p.
598, 601, 606; l. III, ch. i, p. 371, 385; l. V, ch. vi, p. 327; l. VI, ch. iv, p. 959;
l. IV, ch. viii, p. 159. Bodin ne trouvait de souveraineté perpétuelle que dans la
démocratie ou l'aristocratie, lorsqu'elle résidait dans le corps ou dans une classe de
la nation, qui ne mourait jamais, l. I, ch. viii, p. 126.

nom de l'État, alors que celui-ci avait une certaine forme, demeurent valables et obligatoires, malgré les changements de forme qui peuvent l'affecter dans la suite.

b) Les lois, régulièrement édictées et promulguées au nom de l'État, sous une forme d'État déterminée, restent en vigueur, alors même que cette forme d'État vient à changer, à moins qu'elles ne soient abrogées ou qu'elles soient inconciliables avec les lois nouvelles, ce qui équivaut à une abrogation[1]. C'est ainsi qu'on applique encore aujourd'hui en France certaines lois qui datent de l'ancien régime.

c) Les obligations pécuniaires, contractées au nom de l'État, subsistent et restent obligatoires, alors même que disparaît la forme d'État sous laquelle elles ont été contractées.

Mais si l'État persiste ainsi, perpétuel et immuable, identique toujours à lui-même tant que subsiste la nation, la *forme de l'État*, comme je viens de le dire, peut changer au contraire. Que faut-il entendre par là?

L'État, sujet et titulaire de la souveraineté, n'étant qu'une personne morale, une fiction juridique, il faut que la souveraineté soit exercée en son nom par des personnes physiques, une ou plusieurs, qui veuillent et agissent pour lui. Il faut que la souveraineté, à côté de son titulaire perpétuel et fictif, ait un autre titulaire actuel et agissant, en qui résidera nécessairement le libre exercice de cette souveraineté. C'est celui-là que l'on appelle proprement le *souverain* en droit constitutionnel; et déterminer quel est le souverain ainsi compris, c'est déterminer la forme de l'État.

---

[1] On trouve pourtant des décisions constitutionnelles ou législatives, qui, lors d'un changement dans la forme de l'État, maintiennent expressément en vigueur les lois antérieures : Décret de la Convention des 21-22 septembre 1792; Constitution du 14 janvier 1852, art. 56. Mais on ne peut tirer de ces textes la conséquence qu'ils dérogent à un principe contraire. Dans la séance du 21 septembre 1792, lorsqu'un membre de la Convention, dont le *Moniteur* ne donne pas le nom, demanda que l'on décrétât « que toutes les lois non abrogées continueraient à être exécutées comme par le passé », Chénier répondit : « Celles qui ne sont pas abrogées subsistent par le fait sans qu'il soit besoin d'aucune déclaration ». Prieur ajouta : « La conservation provisoire des autorités et des lois actuellement existantes est sans doute de droit; mais il faut garantir les départements des inductions que des agitateurs pourraient tirer du silence de la Constitution ». C'est dans ces conditions que le décret fut voté. *Réimpression de l'ancien « Moniteur »*, t. XIV, p. 8

II.

Considérés quant à la forme, quant à la constitution de la souveraineté intérieure, les États se divisent, d'une part, en *simples* et *mixtes*, et, d'autre part, en *unitaires* et *fédératifs*[1].

Dans l'*État simple* la souveraineté n'est ni divisée ni partagée ; elle conserve sa pleine unité. Cette souveraineté peut d'ailleurs avoir pour sujet et pour titulaire soit une personne unique, soit une collection de personnes, un groupe plus ou moins étendu. C'est la distinction fondamentale des monarchies et des républiques. Dans la monarchie pure, qui en même temps est naturellement héréditaire, la souveraineté réside en une seule personne, qui en est la source unique et qui en possède tous les attributs. Dans l'État républicain, au contraire, le sujet de la souveraineté est collectif. C'est la nation entière dans la *République démocratique ;* c'est une classe seulement de la nation dans la *République aristocratique* ou *oligarchique.*

Entre ces formes simples et opposées, il existe des formes intermédiaires, que j'appelle les *États mixtes*[2], et auxquelles se ramènent toutes les monarchies constitutionnelles des temps modernes. Dans ces États, la souveraineté ne réside pas tout entière dans un sujet unique, individuel ou collectif ; plusieurs sujets distincts y ont part à la fois et la possèdent comme par indivis, de telle sorte que, pour accomplir certains actes de souveraineté, leur volonté concordante sera nécessaire. Ces sujets divers de la souveraineté sont, d'un côté, un roi, et, d'autre part, une ou plusieurs assemblées représentatives de la nation, et dont l'une au moins est élue par elle. Mais la monarchie constitutionnelle se présente sous deux types bien distincts et profondément tranchés.

Tantôt c'est la nation, reconnue souveraine et agissant en cette qualité, qui associe un monarque à sa souveraineté ; elle en a délégué héréditairement l'exercice partiel, à lui et à sa race. L'exemple le plus net peut-être de cette combinaison se trouve dans la Constitution belge du 7 février 1831[3]. Tantôt c'est la combinaison contraire que

---

[1] Je n'examine ici que les formes d'État qui se rencontrent chez les peuples civilisés des temps modernes.

[2] Le terme *gouvernements mixtes* était traditionnellement employé dans ce sens par les écrivains des XVIe, XVIIe, XVIIIe siècles ; dans le *Contrat social,* de J.-J. Rousseau, il y a encore un chapitre (L. III, ch. VII) intitulé des *Gouvernements mixtes.*

[3] Articles 25, 29, 60 ; voyez E.-R. Dareste et P. Dareste, *Les Constitutions modernes,* 2e édit., t. I, p. 72 et suiv. (cité dorénavant ainsi : Dareste, *Constitutions*).

l'on constate. C'est le monarque, jusque-là souverain absolu, qui a,
plus ou moins spontanément, associé la nation à sa souveraineté, en
déléguant certains pouvoirs à des assemblées représentatives. Telle
était en apparence la Charte française de 1814; telle est en réalité la
Constitution prussienne du 31 janvier 1850[1]; bien qu'elle ait été revue par les Chambres, qu'elle institue, elle n'est qu'un octroi du
pouvoir royal. Il y a là, sous un même air de famille, deux types
d'États profondément distincts[2]. Les monarchies constitutionnelles de
la première sorte, en droit et quant à leur principe fondamental, se
rapprochent beaucoup de la république[3]; dans les autres, au contraire, le principe monarchique est toujours le fondement même de
l'État, malgré les libertés octroyées.

Les États que j'ai supposés jusqu'ici sont des *États unitaires*, en

[1] Dareste, *Constitutions*, t. I, p. 182. La Constitution du royaume d'Italie, bien
que complétée par certaines lois, a la même nature; c'est le statut accordé par
Charles-Albert au royaume de Sardaigne le 4 mars 1848. Dareste, *Constitutions*, t. I,
p. 598. — La Constitution espagnole du 30 juin 1876 (*ibidem*, I, p. 619) a bien
été votée par les Cortès, mais après un *pronunciamiento* qui avait rétabli la monarchie, et l'article 59 porte : « Le *roi légitime* de l'Espagne est don Alphonse XII
de Bourbon ».

[2] Il en résulte en particulier que, dans le premier cas, le monarque ne peut invoquer aucune prérogative qui ne lui a pas été expressément conférée par la Constitution; dans le second cas au contraire, il conserve de plein droit toutes les prérogatives qu'il n'a pas formellement abdiquées. Un débat intéressant sur ce point devant
le Reichstag allemand, au mois de janvier 1891, est résumé dans le *Temps* du 23 janvier 1891. — Je laisse ici de côté l'examen des thèses abstraites, d'après lesquelles
la souveraineté n'est ni partageable ni divisible; voyez Gierke, *Johannes Althusius*, p. 237 et suiv.; E. Hancke, *Bodin, eine Studie über den Begriff der Sou-
veränetät*, 1891, p. 41 et suiv. Dans les temps modernes les monarchies constitutionnelles reposent incontestablement sur un partage quant à l'exercice de la
souveraineté, et les États fédératifs en admettent la divisibilité.

[3] Woodrow Wilson, *Congressional government*, 6e éd., Boston, 1890, p. 10 :
« Le contraste le plus frappant dans le monde politique moderne n'est pas celui
entre le gouvernement présidentiel et le gouvernement monarchique, mais celui
entre le gouvernement congressionnel et le gouvernement parlementaire. Le gouvernement congressionnel est celui qui se fait par des comités (du corps législatif);
le gouvernement parlementaire est celui qui a lieu par un ministère responsable ».
C'est sans doute à ce type de monarchies constitutionnelles que songeait G. Flaubert lorsqu'il écrivait, dans sa *Correspondance*, IVe série, p. 74 : « Je défie que
l'on me montre une différence essentielle entre ces deux termes : une république
moderne et une monarchie constitutionnelle sont identiques ». Déjà, au XVIIIe siècle,
Montesquieu (*Esprit des lois*, l. V, ch. XIX) désignait l'Angleterre comme « une nation où la République se cache sous la forme de la monarchie » et Mably s'exprimait
ainsi au sujet de ce même pays, *De la législation ou principes des lois*, éd.
Amsterdam, 1776, t. II, p. 51 : « Dans un temps calme, dans un temps ordinaire
votre gouvernement, en équilibre entre la monarchie absolue et une franche république, ne penche d'aucun côté ».

ce que, dans chacun d'eux, il n'existe qu'une seule souveraineté, bien qu'elle puisse avoir plusieurs sujets. La souveraineté y est une, et elle commande, à tous égards, à tous les sujets ou citoyens. L'*État fédératif*, au contraire, bien que répondant à une véritable unité nationale, fractionne la souveraineté. C'est un composé de plusieurs États particuliers dont chacun conserve en principe sa souveraineté intérieure, ses lois propres et son gouvernement. Mais la nation entière, comprenant la population additionnée des États particuliers et abstraction faite de ceux-ci, forme un État d'ensemble ou *État fédéral*, qui possède aussi un gouvernement complet, et dont les citoyens des divers États particuliers sont tous également les citoyens. Certains attributs de la souveraineté sont enlevés par la Constitution aux États particuliers et sont transférés à l'État fédéral. Celui-ci, lorsqu'il agit en vertu de sa souveraineté propre, oblige directement la nation entière et tous les citoyens. C'est ainsi que sur certaines matières il peut faire des lois générales, qui excluent ou remplacent la législation particulière des divers États quant aux objets qu'elles réglementent. De même, le pouvoir exécutif fédéral commande directement à tous dans la mesure de ses attributions; et des cours de justice fédérales complètent le système. D'ordinaire le pouvoir fédéral représente seul la nation dans ses rapports avec les nations étrangères, la souveraineté extérieure étant refusée aux États particuliers[1]. La forme fédérative paraît convenir surtout aux Républiques. Les exemples les plus remarquables qu'en fournisse l'histoire contemporaine sont : dans le Nouveau-Monde, les États-Unis de l'Amérique du Nord, les Républiques de l'Amérique centrale et méridionale qui se sont constituées sur leur modèle, et le Dominion du Canada, qui, bien que dépendant de la monarchie anglaise, forme en réalité une République fédérative[2]; et c'est un état fédératif du même genre que tendent à constituer les sept colonies anglaises, qui composent en fait l'Australie. Une nouvelle et très remarquable tentative en ce sens vient d'échouer à cette heure même (Juin 1898) mais il semble bien que ce n'est que partie remise; l'État fédéral qu'on proposait de créer portait, dans le projet de Constitution, le nom significatif de *Commonwealth of Australia*, la République d'Australie. En Europe, la Confédération suisse est une république fédérative depuis la Constitution de 1848. Mais cette forme peut s'adapter également aux États monarchiques. L'Empire d'Allemagne, tel qu'il a été organisé par

[1] Sur la nature et les caractères de l'État fédératif, voyez le beau livre de M. Bryce, *The American Commonwealth*, t. I, ch. II et IV.
[2] Munro, *The Constitution of Canada*, Cambridge, 1889.

la Constitution du 16 avril 1871, est presque exclusivement composé d'États monarchiques; il ne comprend, comme États de forme républicaine, que les anciennes villes libres de Lubeck, Brême et Hambourg [1].

Entre l'*État unitaire* et l'*État fédératif* il existe une forme intermédiaire, la *Confédération d'États*. Celle-ci est simplement une association ou ligue permanente de plusieurs États indépendants, qui conservent néanmoins leur souveraineté intégrale. Il est seulement établi entre eux, par le pacte social, qu'ils uniront leurs forces dans un but déterminé, pour faire respecter certains intérêts et certains principes; qu'ils auront pour certains objets, soit à l'extérieur soit même à l'intérieur, une action ou des règles identiques. La Confédération est représentée par une assemblée où siègent et délibèrent les délégués des différents États qui la composent; mais elle n'a aucune autorité sur les sujets ou citoyens de ces États; elle ne peut ni les juger, ni les imposer, ni même faire des lois qui les obligent. Elle n'a par conséquent ni pouvoir exécutif, ni pouvoir judiciaire; elle ne constitue même pas un pouvoir législatif véritable, car les décisions qu'elle prend, pour avoir force dans les divers États, doivent être édictées à nouveau par les souverains de ceux-ci. En cas de résistance, l'État récalcitrant ne peut être contraint que par la menace d'une guerre de la part des autres États confédérés. Les principaux exemples de Confédération dans les temps modernes sont : la Confédération germanique, telle qu'elle exista de 1815 à 1866, et la Confédération des Cantons suisses jusqu'en 1798 [2]. C'était encore une Constitution du même genre qu'établissaient les « Articles de Confédération et d'Union perpétuelle » arrêtés en 1777 entre les États-Unis de l'Amérique du Nord [3]. Historiquement, une Confédération a été le plus souvent la préparation d'un État fédéra-

[1] L'Empire d'Allemagne présente d'ailleurs deux traits qui le distinguent des États fédératifs ordinaires : 1° l'une des branches du pouvoir législatif fédéral, le Conseil fédéral (*Bundesrath*), se compose, non de représentants élus par chaque État, mais de *fondés de pouvoirs* nommés par les divers gouvernements de ces États (art. 6); 2° la présidence de la Confédération appartient au roi de Prusse (quel qu'il soit), qui porte le titre d'empereur allemand (art. 11).

[2] C'est seulement en 1848 que la Suisse est devenue un véritable État fédératif. Les traités de 1815 donnaient seulement à la Confédération des pouvoirs généraux, afin de maintenir la sûreté extérieure et intérieure; mais ce n'était encore qu'un embryon d'État fédéral. Voyez Blumer, *Handbuch des Schweizerischen Bundesstaatsrechtes*, § 4.

[3] Bryce, *Amer. Commonw.*, t. 1, ch. III; — Büttmann, *Das nordamerikanische Bundesstaatsrecht verglichen mit den politischen Einrichtungen der Schweiz*, §§ 36-41.

tif; c'est ce qui s'est produit pour les États-Unis, la Suisse et l'Allemagne. C'est aussi par un essai de Confédération qu'a commencé le mouvement fédératif en Australie. Un acte du Parlement anglais ayant autorisé la tenue d'un Conseil fédéral (*Fédéral Council*), auquel les diverses colonies de ce groupe pourraient envoyer des délégués, des assemblées de cette nature se réunirent à plusieurs reprises, à partir de 1886. Mais ces Conseils ne pouvaient que délibérer, et n'avaient aucun pouvoir propre; ce qu'on demanda bientôt ce fut l'établissement de pouvoirs fédéraux. En février 1890 fut tenu à Melbourne une conférence où figuraient des représentants des sept colonies (New South Wales, New Zealand, Queensland, South Australia, Tasmania, Victoria, Western Australia), qui décida la convocation d'une *convention* australienne chargée de préparer et proposer un projet de Constitution fédérale. Celle-ci se réunit en effet à Sidney en mars 1891, mais le projet qu'elle proposa ne put se faire adopter par chacune des diverses colonies. En 1895 les premiers ministres (chefs du cabinet parlementaire) de cinq de ces colonies proposèrent la réunion d'une convention nouvelle, qui s'assembla à Adélaïde en mars 1897, à Sidney en septembre 1897, enfin à Melbourne en février 1898. A cette dernière session on put procéder définitivement, car le *Queensland*, qui s'était auparavant abstenu, s'y était fait représenter. La Constitution proposée comprenait un Parlement fédéral composé de deux Chambres, un Conseil fédéral ou Sénat et une Chambre de représentants, élues toutes deux au suffrage universel, un gouverneur général nommé par la couronne d'Angleterre, et une Cour fédérale suprême. D'ailleurs, les pouvoirs et privilèges des différentes colonies étaient maintenus dans la mesure où elles n'en faisaient pas le sacrifice. Le gouvernement anglais permit de soumettre, par un *referendum*, ce projet de Constitution aux électeurs des différentes colonies. Le vote a eu lieu dans les premiers jours du mois de juin 1898, et le projet a réuni la majorité des voix; mais la Nouvelle-Galles du sud ayant fixé un chiffre *minimum* de suffrages que le *bill* devait réunir pour obtenir l'adhésion de la colonie, la majorité a été inférieure à ce chiffre. Les regrets manifestés à l'occasion de ce résultat tant en Angleterre qu'en Australie font prévoir que la fédération australienne ne tardera pas beaucoup à se réaliser[1].

---

[1] Voyez *The Statesman's Yearbook*, 1898, p. 307; le journal *Le Temps*, du 7 juin 1898; *Political Science quarterly*, 1898, p. 377.

§ 2. — LE GOUVERNEMENT ET LA FORME DE GOUVERNEMENT.

Le mot « gouvernement » est employé avec des sens divers en droit constitutionnel, comme on le verra plus loin. Mais, au sens propre et général, il désigne *l'exercice par le souverain de l'autorité publique*; c'est la souveraineté mise en œuvre[1]. Cet exercice tend à l'accomplissement des fonctions propres à l'État, qui sont essentiellement de garantir et de défendre la nation contre les attaques du dehors, de maintenir l'ordre à l'intérieur et d'y rendre à tous la justice. Mais il se conçoit de diverses manières; il peut, quel que soit le souverain, se produire par des procédés divers. De là les diverses formes de gouvernement, qu'il ne faut pas confondre avec les diverses formes d'État : une même forme de gouvernement peut exister dans des États de forme différente; j'en veux pour exemple le gouvernement parlementaire, ou gouvernement de cabinet, que nous étudierons plus loin et que l'on trouve de nos jours à la fois dans plusieurs monarchies constitutionnelles et dans la République française. Donnons sur ce point quelques idées générales.

I.

En prenant le gouvernement à sa base, on conçoit comme possibles deux modes d'exercice de la souveraineté : ou bien le souverain (roi ou assemblée populaire) exercera la souveraineté arbitrairement et d'après sa seule volonté, prenant chaque décision et émettant chaque commandement en s'inspirant des circonstances; ou bien, au contraire, il y aura des règles fixes, connues d'avance, qui dans tel cas donné dicteront au souverain la décision. Ces règles fixes, préexistantes au fait qu'elles régissent, lorsqu'elles ne sont pas seulement imposées par cette force sociale élémentaire et en partie mystérieuse qu'on appelle la coutume, ou par la religion, ne peuvent être établies que

[1] Homersham Cox, *The British Commonwealth*, London, 1854, p. 35 : « Government is action performed by a power acting as representative of independant community »; — J.-J. Rousseau, *Lettres écrites de la montagne*, Part. I, lettre 5 : « Dans les monarchies où la puissance exécutrice est jointe à l'exercice de la souveraineté, le gouvernement n'est autre chose que le souverain agissant par ses ministres, par son conseil ou par des corps qui dépendent absolument de sa volonté ». Si Rousseau restreint ici sa définition à l'État monarchique, c'est qu'il a sur la souveraineté et les actes de souveraineté dans les républiques une idée particulière et fausse, que j'indiquerai plus loin. Cf. John W. Burgess, *Political science and comparative constitutional law*, Boston 1896, t. I, p. 68 et s.; t. II, p. 1 et s.

par le souverain lui-même, et alors ce sont *les lois*. La première forme de gouvernement, c'est le *gouvernement despotique ou arbitraire* ; la seconde, c'est l'essence même de la liberté politique : on peut l'appeler le *gouvernement légal*[1].

Il n'y a pas de liberté véritable, même avec la souveraineté populaire, si l'assemblée du peuple peut prendre arbitrairement quelques mesures contre un citoyen déterminé contrairement aux lois générales[2]. Ce qui fait la vertu protectrice de la loi, c'est sa conception même. Elle peut, en effet, être définie : Une règle impérative ou prohibitive posée par le souverain, qui statue non dans un intérêt particulier, mais dans l'intérêt commun, non à l'égard d'un individu isolé mais à l'égard de tous, pour l'avenir et à toujours. Dans de telles conditions, elle ne peut guère être injuste, et elle peut être connue à l'avance par tous ceux qui l'enfreignent. Sans doute l'essence même de la souveraineté veut que le souverain ne soit pas tenu par les lois, en ce sens qu'il peut toujours les abroger et les changer. Mais tant qu'elles existent, elles sont la règle suivant laquelle son autorité s'exerce. On est arrivé presque complètement à lui refuser le droit d'écarter, dans un cas isolé, l'application d'une loi non abrogée, et par les restrictions apportées à la rétroactivité des lois, on empêche que les lois nouvelles s'appliquent aux faits déjà accomplis lors de leur promulgation, toutes les fois que cela pourrait léser un intérêt légitime.

Ces deux formes, le *gouvernement arbitraire* et le *gouvernement lé-*

---

[1] Montesquieu, *Esprit des lois*, liv. XI, ch. 3 : « Dans un État, c'est-à-dire dans une société où il y a des lois, la liberté ne peut consister qu'à pouvoir faire tout ce que l'on doit vouloir et à n'être point contraint de faire ce que l'on ne doit pas vouloir. La liberté est le droit de faire tout ce que les lois permettent ; et, si un citoyen pouvait faire ce qu'elles défendent, il n'aurait plus de liberté, parce que les autres auraient de même ce pouvoir. » — J.-J. Rousseau, *Lettres écrites de la montagne*, Part. II, lettre 8 : « Il n'y a donc pas de liberté sans lois, ni où quelqu'un est au-dessus des lois : dans l'état même de nature, l'homme n'est libre qu'à la faveur de la loi naturelle qui commande à tous. Un peuple libre obéit, mais il ne sert pas ; il a des chefs et non pas des maîtres ; il obéit aux lois, mais il n'obéit qu'aux lois, et c'est par la force des lois qu'il n'obéit pas aux hommes ».

[2] Ces résolutions particulières étaient connues des Grecs sous le nom de ἐπιτάγματα et des Romains sous celui de *privilegia*. Les uns et les autres avaient d'ailleurs pris leurs précautions contre elles. Démosthène, *In Aristocrat.*, cite à cet égard deux lois remarquables : Μηδὲ νόμον ἐπ' ἀνδρὶ ἐξεῖναι θεῖναι ἐὰν μὴ τὸν αὐτὸν ἐφ' ἅπασιν Ἀθηναίοις. — Ψήφισμα δὲ μηδὲν μήτε βουλῆς, μήτε δήμου νόμου κυριώτερον εἶναι. On connaît la disposition de la loi des XII Tables, qui prohibait les *privilegia*. Dans notre ancienne monarchie le roi législateur avait le droit de faire des *privilèges*, c'est-à-dire des lois qui statuaient seulement pour ou contre un ou plusieurs de ses sujets, les mettant ainsi hors du droit commun.

gal ont été de bonne heure discernées et mises en opposition. Sans remonter à l'antiquité classique, on les trouve au Moyen Age appréciées et comparées dans le traité *De regimine principum* attribué à saint Thomas d'Aquin : là le gouvernement légal appelé *regimen politicum*, déclaré d'ailleurs incompatible avec la royauté (*dominium regale*), est présenté comme inférieur au gouvernement arbitraire, dans lequel la sagesse du prince, affranchie des lois, peut librement opérer comme la sagesse divine[1]. Il est vrai qu'en sens contraire, particulièrement chez les Anglais, se développait la conception d'une monarchie vraiment *légale*, c'est-à-dire dans laquelle le Prince était astreint aux lois[2]. En France, les écrivains qui, dans la seconde moitié du XVIe siècle, développaient les théories de liberté politique, défendent énergiquement le principe de la monarchie légale[3]. Mais notre ancien droit public avait adopté, au moins en partie, le principe opposé. L'une de ses maximes, empruntée à un texte du Digeste[4], était : *Princeps legibus solutus est*. L'une des conséquences qu'on en tirait était, que, si les officiers du prince et les magistrats devaient agir et juger conformément aux lois, le roi au contraire en était affranchi lorsque, intervenant directement et en personne, il ordonnait, décidait ou jugeait[5]. L'application la plus nette de ce principe se trouvait dans les *lettres de cachet*, qui contenaient souvent un ordre d'exil ou d'emprisonnement sans jugement, qui auraient pu contenir toute autre expression de la volonté arbitraire du roi[6]. Il est vrai qu'aux XVIIe et au XVIIIe siècles on proclamait, des côtés les plus divers, que le roi devait s'astreindre à respecter les lois[7]. Mais les pra-

---

[1] Thomae Aquinatis, *De regimine principum libri quatuor*, éd. Leyde, 1630, L. II, c. 8, 9; L. III, c. 20; L. IV, c. 1.

[2] Bracton (XIIIe siècle), *De legibus et consuetudinibus Angliæ libri quatuor* L. III, c. 9, § 3. Pollock et Maitland, *History of the english law*, t. I, p. 160 et s.

[3] Voyez surtout, *Vindiciæ contra tyrannos sive de principis in populum populi que in principem legitima potestate*, ouvrage communément attribué à Hubert Languet, éd. *Ursellis*, 1600, qu. III, p. 90, — *De jure magistratuum in subditos et de officio subditorum erga magistratus* (même édition) qu. VI, p. 231, ouvrage dont l'auteur est inconnu.

[4] L. 31, *D. de leg.* I, 3.

[5] Bodin, *Les six livres de la République*, p. 431, 434, 612, 623.

[6] Voyez mon *Cours élémentaire d'histoire du droit français*, 3e édit., p. 438.

[7] Voyez par exemple, d'un côté, Bossuet, *Politique tirée des propres paroles de l'Écriture sainte*, L. I, art. 4; I, VIII, art. 2; L. IV, art. 1; — et d'autre part Mably, *Des droits et des devoirs du citoyen*, Kehl, 1789, lettre deuxième, p. 69 : « Nous disons que le Prince est souverain législateur et c'est le reconnaître pour notre maître ; mais en ajoutant qu'il est obligé de gouverner conformément aux lois, nous nous flattons de n'obéir en effet qu'aux lois... Cette belle phrase, dont aucun corps

tiques répondant au système contraire n'en subsistaient pas moins,
et les lettres de cachet ne furent supprimées que par l'Assemblée
constituante[1].

D'après cela on conçoit aisément que le pouvoir législatif ait pris
une importance prépondérante et toujours croissante parmi les attributs de la souveraineté : c'est par lui qu'elle se limite elle-même et
s'endigue en quelque sorte, c'est le régulateur de l'État. Le pouvoir
législatif s'est donc détaché de bonne heure des autres attributs de la
souveraineté, et presque toujours il s'est exercé par des organes spéciaux ou tout au moins suivant une forme propre et solennelle. Cela
s'est fait partout chez les peuples civilisés, bien des siècles avant
qu'on spéculât sur la séparation des pouvoirs, par le développement
naturel des organes sociaux et la spécialisation des fonctions. Les
autres attributs de la souveraineté, qui se résument dans un droit
général de commandement et de coercition, sont restés unis, formant
un autre pouvoir auquel les Romains donnaient le nom d'*imperium*[2]
et que les modernes appellent le *pouvoir exécutif*, pour indiquer que,
là où il existe des lois, sa seule fonction consiste à les faire exécuter.
Quoique subordonné, dans cette mesure, au pouvoir législatif, l'*imperium* présente sur lui une supériorité naturelle et nécessaire : tandis
que le pouvoir législatif s'exerce d'une façon intermittente, même
dans les États modernes où la production des lois devient de plus en
plus abondante, le pouvoir exécutif est nécessairement en permanence : son fonctionnement ne saurait s'arrêter un seul instant, pas
plus que la vie même de la nation. Il faut ajouter que du faisceau de
de l'*imperium*, la plupart du temps, un autre attribut de la souveraineté s'est détaché plus ou moins complètement : c'est l'administration de la justice civile ou criminelle; elle reçoit des organes distincts ou tout au moins revêt des formes spéciales. C'est là encore un
produit naturel de l'évolution sociale ; en étudiant la séparation des
pouvoirs, nous rechercherons plus loin si c'est également un postulat
de la raison et du droit.

L'effort principal des constitutions modernes a certainement porté
sur ce point : combiner une forme d'État et un système de gouvernement qui produisent de bonnes lois et assurent le respect des lois éta-

---

puissant ne se croit en droit de défendre le sens énigmatique autrement que par des
supplications et des remontrances, n'arrêtera pas un prince jaloux de son autorité,
ambitieux, opiniâtre ou farouche, qui voudra obstinément gouverner à sa tête ».

[1] Décret des 16-26 mars 1790, art. 10.

[2] La distinction entre l'*imperium* et la loi est nettement faite dans ce passage de
Tacite, *Ann.*, III, 69 : « Minui jura quotiens gliscat potestas *nec utendum imperio ubi legibus agi possit* ».

blies[1]. Cela suffirait pour assurer la liberté, s'il était possible de régler d'avance par une loi tous les actes de l'autorité souveraine. Mais il est bien loin d'en être ainsi; beaucoup de ces actes, et souvent les plus importants, échappent à une semblable réglementation par leur nature même. Il est impossible de déterminer à l'avance quand la guerre doit être déclarée, quand et à quelles conditions une paix doit être conclue, comment doit être conduite une guerre, comment doit être négocié un traité et quel doit être son contenu. La loi peut bien indiquer quel âge il faudra avoir, et quelles preuves de capacité devront être fournies, pour occuper une fonction publique; mais, ces conditions remplies, la désignation du fonctionnaire suppose un choix nécessairement personnel, que le législateur ne saurait réglementer. Le droit de faire ces actes, et le pouvoir discrétionnaire qu'ils impliquent, reviennent naturellement à l'autorité permanente, c'est-à-dire au pouvoir exécutif[2]; et là où ce pouvoir n'est pas le souverain lui-même, mais un représentant du souverain, la meilleure garantie possible contre les abus de cet arbitraire consiste à organiser efficacement la responsabilité générale du pouvoir exécutif. Nous verrons aussi que souvent dans les constitutions modernes, où le pouvoir législatif est exercé par des assemblées élues, on exige pour les plus importants de ces actes l'autorisation ou la ratification de ces assemblées : la loi proprement dite ne peut intervenir, mais le pouvoir législatif intervient.

Dans les traités de droit administratif français on appelle le plus souvent *actes de gouvernement* ou *actes arbitraires d'administration* les actes, nécessairement arbitraires, dont je viens de parler. On a été amené à les étudier et à les classer, parce que, de même qu'ils échappent à la loi, ils échappent à toute action en justice; ils ne peuvent donner lieu à un recours devant aucune juridiction administrative[3].

[1] J.-J. Rousseau, *Lettres écrites de la montagne*, Part. II, lettre 8 : « Toutes les barrières qu'on donne dans les républiques au pouvoir des magistrats ne sont établies que pour garantir de leurs atteintes l'enceinte sacrée des lois; ils en sont les ministres, non les arbitres; ils doivent les garder, non les enfreindre. »

[2] Voyez ce passage des *Mémoires du chancelier Pasquier*, t. I, p. 147 : « Quant au Premier Consul, il annonça sans feinte qu'il se réservait tout ce qui tenait à l'action proprement dite du pouvoir exécutif, tout ce qui concernait la guerre et l'armée, et par une conséquence nécessaire, ajouta-t-il, tout ce qui avait rapport aux relations extérieures ».

[3] Hauriou, *Précis de droit administratif*, 3e éd., p. 282; Ducrocq, *Cours de droit administratif et de la législation française des finances*, 7e éd., t. I, p. 87 et suiv. Peut-être arrivera-t-on dans l'avenir à réduire encore ce résidu de l'arbitraire gouvernemental, à ramener quelques-uns de ces actes sous l'empire de la loi par des combinaisons nouvelles; mais quelques-uns cependant paraissent absolument irréductibles.

II.

Le gouvernement, étant l'exercice de l'autorité publique par le souverain, peut prendre, à un autre point de vue, deux formes bien distinctes, et de là une nouvelle division élémentaire des gouvernements. Ou le souverain exerce par lui-même l'autorité publique, et c'est ce qu'on appelle le *gouvernement direct*; ou il délègue cet exercice à des représentants, qui statuent alors aussi valablement que si la décision émanait du souverain lui-même, c'est le *gouvernement représentatif*: ce dernier d'ailleurs se conçoit lui-même de deux façons différentes. Tantôt le souverain transmet réellement, en tout ou partie et pour un temps plus ou moins long, les attributs de la souveraineté aux représentants qu'il se choisit, de telle sorte que ceux-ci agissent en toute liberté[1] et ne peuvent être révoqués à volonté; c'est là, pour les modernes, le véritable gouvernement représentatif. Tantôt, au contraire, les représentants du souverain ne sont que de simples commissaires, auxquels il peut d'avance dicter leurs décisions et qu'il peut révoquer à son bon plaisir, comme un mandant révoque son mandataire. Dans ce dernier cas il n'y a que l'apparence d'un gouvernement représentatif; c'est en réalité le gouvernement direct, quelque peu déguisé, puisque le représentant n'est en réalité qu'un instrument docile ou un porte-voix.

Cette alternative du *gouvernement direct* ou *représentatif* ne se conçoit que pour les manifestations immédiates de la souveraineté. Elle est possible pour le pouvoir législatif, pour les ordres généraux et supérieurs par lesquels s'exerce le pouvoir exécutif; elle peut se concevoir encore, quoique plus difficilement en fait, quand il s'agit de trancher un litige par une sentence. Mais pour que le pouvoir exécutif fasse sentir son action sur chaque individu, pour organiser et conduire la force armée, pour répartir et lever les impôts, pour faire exécuter les jugements rendus, etc., il faudra nécessairement et toujours des intermédiaires et des agents, les uns supérieurs, les autres subalternes, entre le souverain et le sujet. Ces agents nécessaires, qui reçoivent médiatement une communication plus ou moins étendue de l'autorité publique, ne seront en principe que de simples délégués. Leur action n'est jamais spontanée, et ne se produit que sous l'impulsion du gouvernement; on l'appelle d'ordinaire l'*administration*; et par là même elle se distingue logiquement du gouvernement. La société politique est comme une machine puissante et

---

[1] Dans la mesure, bien entendu, où la loi ne restreint pas leur action.

compliquée : le gouvernement est le moteur ; les fonctionnaires de l'administration sont les organes de transmission et les rouages de la machine.

Le gouvernement direct est le génie même de la monarchie pure. Le monarque y exerce toujours lui-même le pouvoir législatif, en consultant simplement des conseillers qu'il choisit. Il exerce, il est vrai, le pouvoir exécutif par l'organe de ministres, mais ceux-ci ne décident rien que sous sa volonté ; il peut à son plaisir les révoquer ou annuler leurs actes. Enfin, s'il institue des juges pour administrer la justice, il se réserve toujours le droit de se substituer à eux, pour juger en personne, et il peut toujours casser leurs arrêts. Au contraire, pour la plupart des actes de souveraineté, le gouvernement direct est impossible lorsque le souverain est une multitude. Une assemblée populaire, et même toute assemblée nombreuse, peut bien prendre des décisions, mais ne peut point les faire exécuter elle-même : il lui faut tout au moins déléguer ce soin chaque fois à des commissaires ; et, par la force des choses, lorsque l'autorité publique est appelée à intervenir fréquemment, les commissaires d'occasion se transforment en magistrats permanents[1]. Le gouvernement représentatif s'introduit nécessairement pour l'exercice du pouvoir exécutif. Pour la justice, l'assemblée du peuple peut encore la rendre elle-même, tant que la nation est petite et que le droit est très simple et facilement connu de tous ; mais lorsque les procès se multiplient et que la législation se complique, cela devient impraticable. Cela est tout à fait impossible chez une grande nation ; on ne saurait rassembler tout un peuple pour trancher un différend, et là encore s'impose le gouvernement représentatif[2]. Reste le pouvoir légis-

---

[1] C'est ce que rappelait J.-J. Rousseau à ses concitoyens de l'État de Genève, *Lettres écrites de la montagne*, Part. II, lettre 8 : « Il vous est arrivé, Messieurs, ce qu'il arrive dans tous les gouvernements semblables au vôtre. D'abord la puissance législative et la puissance exécutive, qui constituent la souveraineté, n'en sont pas distinctes. Le peuple souverain veut par lui-même, et par lui-même il fait ce qu'il veut. Bientôt l'incommodité de ce concours de tous à toute chose force le peuple souverain de charger quelques-uns de ses membres d'exécuter ses volontés. Ces officiers, après avoir rempli leur commission, en rendent compte et rentrent dans la commune égalité. Peu à peu ces commissions deviennent fréquentes, enfin permanentes. Insensiblement il se forme un corps qui agit toujours. Un corps qui agit toujours ne peut pas rendre compte de chaque acte ; il ne rend plus compte que des principaux ; bientôt il vient à bout de n'en rendre d'aucun ».

[2] Un des exemples les plus notables de gouvernement direct quant à la justice, c'est la *juridiction criminelle* qu'exercèrent pendant des siècles les comices de Rome sur les citoyens romains. Il est vrai qu'en réalité il ne s'agissait là que d'une cité, et que l'ensemble des institutions était combiné de manière à ne faire intervenir que rarement cette justice populaire.

latif, le vote des lois. Ici il n'y a pas d'obstacle matériel à ce qu'il soit exercé par le peuple. Sans doute, si la nation est grande, si la civilisation avancée exige des lois compliquées et savantes, il faudra que le peuple délègue à des représentants le soin de préparer et de rédiger les lois; mais il sera toujours possible de soumettre celles-ci au vote populaire. Aussi la question du gouvernement direct se pose-t-elle encore, chez les nations modernes, en matière législative, et nous aurons à l'examiner plus loin.

Telles sont ce qu'on peut appeler les formes élémentaires de gouvernement; en étudiant la théorie de la séparation des pouvoirs, nous aurons plus tard à signaler encore d'autres formes, qui sont des subdivisions du gouvernement représentatif.

III.

J'ai indiqué plus haut[1] que le mot « gouvernement » est employé dans plusieurs sens. Dans un sens étroit et spécial il désigne seulement le *pouvoir exécutif* et ses organes immédiats. C'est un sens très répandu dans le langage courant, mais il est également employé dans la langue du droit constitutionnel; c'est ainsi qu'il figure dans notre loi constitutionnelle du 16 juillet 1875[2]. Cette signification tire son origine de deux faits.

En premier lieu, bien que le pouvoir législatif soit le véritable régulateur de la souveraineté, c'est surtout par le pouvoir exécutif que l'action de celle-ci se fait sentir aux citoyens. Lui seul est permanent et se manifeste par des actes particuliers. On conçoit donc très bien que, par une appréciation concrète et incomplète, les hommes voient, dans le pouvoir exécutif, la direction politique par

---

[1] Page 9.

[2] Art. 7 : « Le Président de la République promulgue les lois dans le mois qui suit la transmission au *gouvernement* de la loi définitivement adoptée. » Cf. Loi constitutionnelle du 14 août 1884, art. 2 : « La forme républicaine du *gouvernement* ne peut faire l'objet d'une proposition de révision. » — Dans le gouvernement parlementaire anglais le mot *gouvernement* désigne le *ministère*, le *cabinet*. Le mot est aussi chez nous employé dans ce sens, et même semble avoir passé, avec cette signification, au moins dans une loi, celle du 1er juillet 1887. Elle décide dans son article 3 : « chaque année le *gouvernement* fera connaître par une décision prise en conseil des ministres et insérée au *Journal officiel* les fonctions qui seront mises à la disposition des auditeurs de 2e classe, etc. ». Or, cela se fait, non par un décret du Président de la République rendu en conseil des ministres, mais par une décision émanant directement de ce conseil; voyez par exemple le *Journal officiel* du 8 février 1895, p. 739 : « Le conseil des ministres a décidé, dans sa séance du 2 février 1895, conformément à l'art. 3 de la loi du 1er juillet 1897, etc... ».

excellence, le gouvernement. N'est-ce pas lui, d'ailleurs, qui assure
l'ordre à l'intérieur et qui, à l'extérieur, maintient la paix ou conduit
la guerre?

D'autre part, J.-J. Rousseau, dont l'influence a été si grande sur
la théorie et la langue du droit constitutionnel, a, de parti-pris,
en vertu d'une conception particulière, donné cette signification au
mot *gouvernement*, comme son sens propre et exclusif. Pour Rousseau, la souveraineté, qui réside essentiellement dans la nation et
qui ne peut légitimement s'exercer que par la voie directe, ne se
manifeste que par des lois. Le peuple souverain ne peut que légiférer, c'est-à-dire statuer, d'une façon abstraite et à l'égard de tous,
sur des objets d'intérêt général; il ne peut statuer sur un objet
particulier et à l'égard d'un individu déterminé[1]. La volonté générale, dont la loi est l'expression, ne peut être juste qu'à ce prix.
Comme d'autre part l'exécution des lois consiste nécessairement en
actes et décisions particuliers, spéciaux à tel ou tel individu, le
peuple, en tant que souverain, ne peut, selon Rousseau, exercer
le pouvoir exécutif. Il délègue donc ce pouvoir, et l'autorité, qui
reçoit cette délégation, c'est le *gouvernement*[2]. Dans la langue de
Rousseau, *souverain* est synonyme de *pouvoir législatif* et *gouvernement* synonyme de *pouvoir exécutif*[3]. Sans doute, c'est là une
terminologie propre à l'auteur, correspondant à une idée subtile et
assez peu exacte, mais elle a dû contribuer à habituer les Fran-

[1] *Du Contrat social*, liv. II, ch. vi : « Quand je dis que l'objet des lois est
toujours général, j'entends que la loi considère les sujets en corps et les actions
comme abstraites, jamais un homme comme individu ni une action particulière...
en un mot, toute fonction qui se rapporte à un objet individuel n'appartient pas à
la puissance législative ».

[2] *Du Contrat social*, liv. III, ch. i : « La puissance législative appartient au
peuple et ne peut appartenir qu'à lui. Il est aisé de voir, au contraire, par les
principes ci-devant établis, que la puissance exécutrice ne peut appartenir à la
généralité, comme législatrice ou souveraine, parce que cette puissance ne consiste
qu'en des actes particuliers, qui ne sont point du ressort de la loi, ni par conséquent
du souverain, dont les actes ne peuvent être que des lois. Il faut donc à la force
publique un agent propre qui la réunisse et la mette en œuvre, selon les direc-
tions de la volonté générale. Voilà quelle est dans l'État la raison du gouvernement, confondu mal à propos avec le souverain, dont il n'est que le ministre ».

[3] *Du Contrat social*, liv. III, ch. i : « J'appelle donc *gouvernement* ou suprême
administration l'exercice légitime de la puissance exécutive, et prince ou magistrat
l'homme ou le corps chargé de cette administration. » — *Lettres écrites de la
montagne*, part. I, lettre 6 : « Le pouvoir législatif, *qui est le souverain*, a
donc besoin d'un autre pouvoir qui exécute, c'est-à-dire qui réduise la loi en actes
particuliers. » Lettre 5 : « Dans les Républiques, surtout dans les démocraties,
le souverain n'agit jamais par lui-même. *Le gouvernement n'est alors que la
puissance exécutive*, et il est absolument distinct de la souveraineté ».

E.   2

çais à voir le gouvernement dans le pouvoir exécutif tout seul.

C'est en prenant dans ce sens le mot « gouvernement » qu'il est assez difficile de distinguer nettement le gouvernement de l'administration, comme je l'ai dit plus haut[1]. La difficulté se complique de ce que, dans notre droit français, les organes du gouvernement proprement dit agissent souvent comme autorités administratives, accomplissant alors des actes réglementés par la loi et qui relèvent de la juridiction contentieuse administrative. C'est aux traités de droit administratif qu'il faut se rapporter pour voir dans quelle mesure, à ce point de vue, le gouvernement rentre dans l'administration. Mais une remarque bien simple, empruntée à notre histoire contemporaine, peut faire saisir par les faits la différence qui existe entre l'une et l'autre. A chacune de nos nombreuses révolutions, la forme du gouvernement et, par suite, le gouvernement a changé ; parfois on n'a même plus eu, pendant un temps plus ou moins long, de gouvernement légal, mais seulement un gouvernement provisoire ; — cependant le fonctionnement de l'administration n'a pas été interrompu un seul jour ; elle a continué sa marche antérieure, tant que les lois qui la réglaient n'ont pas été changées[2]. En reprenant une comparaison plus haut employée, je dirai que le moteur était changé mais que la machine n'en continuait pas moins sa marche régulière.

---

[1] Voyez le passage précité de Rousseau, où il appelle le gouvernement *la suprême administration.*

[2] Cette observation se trouve dans le remarquable *Cours de droit administratif* de M. Ducrocq, 7e éd., no 22. On peut remarquer qu'il y a de nos jours aux États-Unis une tendance incontestable à constituer dans les États une administration permanente et professionnelle, dont l'action se continue intacte parmi les luttes des partis et les changements du personnel gouvernemental. Un savant professeur, M. Francis Newton Thorpe, appelle même cette administration un quatrième pouvoir ; voyez *Recent Constitution making in the United States,* p. 49 (193) et suiv. : « En politique, dit-il, la reconnaissance de ce quatrième pouvoir trouve son expression dans le service civil, dont la réforme implique une administration fixe des affaires. En d'autres termes, le peuple commence à apprendre qu'il est plus aisé et moins coûteux de changer le gouverneur, les membres de la législature et les juges, que de changer le corps des agents de l'administration publique, qui, pratiquement, font le travail du gouvernement. Sans aucun doute nous tendons à la permanence de la force administrative dans le gouvernement ». Ce *substratum* administratif, véritable sécurité de la société civile, que les Américains cherchent à établir, nous le possédons complet et solide, par notre développement historique. Peut-être est-il permis de dire que, sinon l'Europe, au moins l'Amérique, commence à nous envier cette administration.

§ 3. — LES LIMITES DES DROITS DE L'ÉTAT.

Il semble que la souveraineté soit nécessairement illimitée et que, par suite, le droit de l'État soit sans bornes[1]. Telle était incontestablement la conception de l'antiquité grecque et romaine. L'effort le plus considérable qui fut fait vers la liberté, dans les républiques antiques, consista, d'un côté, à admettre tous les citoyens libres dans l'assemblée du peuple, en qui résidait la souveraineté, et, d'autre part, à limiter, à restreindre les pouvoirs des magistrats. Mais on ne douta jamais que l'assemblée souveraine pût disposer à son gré, tout au moins par des lois générales, de la vie, des biens, de la liberté et des croyances mêmes des citoyens[2]. C'est, au contraire, une des idées les mieux établies et les plus fécondes des temps modernes que l'individu a des droits antérieurs et supérieurs à ceux de l'État, qui s'imposent par conséquent au respect de l'État[3]. Nous verrons plus loin comment se justifie cette conception des droits individuels, quelles sont ses origines et par quelles règles elle se traduit. Mais, pour l'instant, il suffit de reconnaître que, ce principe une fois admis, il forme avec ses conséquences un objet essentiel du droit constitutionnel. En effet, il détermine, plus étroitement que tout autre, l'exercice de la souveraineté, car il interdit au souverain de

---

[1] J.-J. Rousseau, *Lettres écrites de la montagne*, part. II, lettre 7 : « Dans tout État politique il faut une puissance suprême, un centre où tout se rapporte, un principe d'où tout dérive, *un souverain qui puisse tout*... Il est de l'essence de la puissance souveraine de ne pouvoir être limitée ; elle peut tout ou elle n'est rien. Comme elle contient éminemment toutes les puissances actives de l'État, et qu'il n'existe que par elle, elle n'y peut reconnaître d'autres droits que les siens et ceux qu'elle communique. Autrement les possesseurs de ces droits ne feroient point partie du Corps politique ; ils lui seroient étrangers par ces droits qui ne seroient pas en lui ; et, la personne morale, manquant d'unité, s'évanouiroit ».

[2] Fustel de Coulanges, *La cité antique*, liv. III, ch. xvi.

[3] Discours de Sieyès à la Convention le 2 thermidor an III (*Réimpression de l'ancien Moniteur*, t. XXV, p. 294, 295) : « Remarquez que c'est bien de la souveraineté nationale que je parle, car s'il en est une, c'est celle-là. Ce mot ne s'est présenté si colossal devant l'imagination que parce que l'esprit des Français, encore plein des superstitions monarchiques s'est fait un devoir de le doter de tout l'héritage des pompeux attributs et des pouvoirs absolus qui ont fait briller les souverainetés usurpées. ... Et moi je dis qu'à mesure qu'on s'éclairera, qu'on s'éloignera des temps où l'on a cru savoir quand on ne faisait que vouloir, la notion de souveraineté rentrera dans ses justes limites, car encore une fois la souveraineté du peuple n'est pas illimitée... La fin de tout établissement public est la liberté individuelle ».

faire des lois qui entament les droits individuels, et lui commande
d'en promulguer qui assurent efficacement la jouissance de ces droits.

La forme de l'État, la forme du gouvernement, la reconnaissance
et la garantie des droits individuels, tels sont les objets naturels et
nécessaires du droit constitutionnel ; on ne saurait en trouver aucun
autre qui y rentre essentiellement, et dans ce traité je n'en compren-
drai point d'autres. Mais le domaine de ce droit peut s'étendre et
souvent est étendu bien au-delà : cela provient de deux causes.

En premier lieu, nous verrons par la suite que, d'après la conception qui domine aujourd'hui dans la civilisation occidentale, les lois
constitutionnelles diffèrent par leur nature des lois ordinaires. Elles
ont, en droit, une force et une stabilité plus grandes. Par cette raison
même, on fait souvent entrer dans le cadre des constitutions écrites
des réglementations qui n'appartiennent pas naturellement au droit
constitutionnel, mais soit à l'organisation judiciaire, soit au droit
administratif. Par là elles acquièrent la force des lois constitutionnelles, et, au point de vue technique et pratique, ce sont des dispositions constitutionnelles.

D'autre part, beaucoup d'auteurs modernes, dans les traités consacrés au droit constitutionnel d'un pays, introduisent volontairement
des matières qui, naturellement et législativement, font partie du
droit administratif. Leur but est de présenter dans sa réalité complète
le régime politique sous lequel vit la nation. Le gouvernement et
l'administration ne se distinguent pas toujours en droit avec une
netteté absolue ; en fait, ils forment un ensemble presque indivisible.
Cette méthode, incorrecte au point de vue juridique, présente cependant un certain avantage. La gestion des intérêts locaux, municipaux
ou provinciaux, ne rentre certainement pas dans le droit constitutionnel ; mais on conçoit que l'esprit et la capacité politique d'un
peuple seront tout autres, suivant que cette gestion sera entre les
mains de fonctionnaires nommés et dirigés par le pouvoir exécutif,
ou qu'elle sera conduite, dans la voie du *self-government*, par des
officiers et des corps librement élus dans chaque circonscription, et
simplement surveillés par le pouvoir exécutif. Il y a là des rappro-
chements utiles et instructifs pour le philosophe et pour l'homme
politique.

Le droit constitutionnel, quelque portée qu'on lui donne, est distinct
d'une autre science que notre temps a vue naître, et qui porte en
partie sur les mêmes objets, mais envisagés à un point de vue différent : je veux dire la *sociologie*. La *sociologie*, qui est une science
naturelle, a pour but de découvrir et de dégager les lois naturelles
d'après lesquelles se forment, s'organisent, se développent et se dé-

composent les sociétés humaines. Elle comprend nécessairement la formation des États et des Gouvernements, non dans leurs incidents historiques, mais dans leur évolution organique; et, bien que jeune encore, elle a déjà donné des résultats importants. Le *droit constitutionnel*, qui est une science juridique, a un tout autre but. Il prend un État et un Gouvernement arrivés à une forme déterminée, qu'a fixée la coutume ou la législation; il en dégage l'esprit et les principes fondamentaux, dont il tire les conséquences; il en construit ainsi le système logique et juridique. Mais si le droit constitutionnel ainsi entendu n'est pas la sociologie, l'histoire du droit constitutionnel chez un peuple et surtout l'histoire comparée du droit constitutionnel chez les peuples divers, sont incontestablement l'un des moyens les plus sûrs de la sociologie, un de ceux qui lui permettent le plus efficacement de dégager les lois naturelles d'après lesquelles évoluent les États et les Gouvernements.

PLAN DE L'OUVRAGE.

Ce traité est divisé en deux parties. La première est consacrée aux *principes généraux du droit constitutionnel*; la seconde à notre droit national et actuel, *le droit constitutionnel de la République française*. Quelques mots d'explication sont nécessaires quant à la première partie.

D'après ce que j'ai dit plus haut, en comparant le droit constitutionnel et la sociologie, il semble qu'il n'y ait point de principes généraux de droit constitutionnel : il y aurait seulement les principes particuliers de chaque Constitution, État et Gouvernement. En réalité, il en fut ainsi en Occident jusqu'au xviiie siècle. Les différents États reposaient sur la longue possession et sur l'esprit de tradition; ils trouvaient leur consécration dans l'histoire nationale, et ils n'en cherchaient point d'autre, leur légitimité n'étant point contestée. Leur règles et leurs gouvernements étaient pour la plupart fixés par la coutume seule. Mais la philosophie du xviiie siècle introduisit en Occident un courant nouveau des esprits. Dans la mesure où elle s'appliqua aux spéculations politiques, elle fut un immense effort pour reconstituer les sociétés modernes d'après les règles de la raison et de la justice naturelle. Ce fut un levain puissant, qui devait transformer le monde[1]. Ces principes théoriques, conquérant les esprits,

---

[1] Des principes semblables avaient été proclamés pendant la Révolution d'Angleterre sous Charles Ier; mais ils n'avaient eu qu'une influence purement nationale, et encore avait-elle été simplement transitoire.

furent mis en pratique par la Révolution d'Amérique et par la Révolution française. De là, par une contagion irrésistible et féconde, ils ont gagné la plus grande partie des nations en Europe et en Amérique, modelant leurs Constitutions dans le même sens et d'après des formes semblables. Ainsi s'est constitué un fonds commun de principes et d'institutions, qui représentent véritablement la liberté moderne. Il y a de nos jours pour les peuples libres d'Occident des principes généraux de droit constitutionnel. D'ailleurs les Constitutions, qui en sont l'application, présentent des variétés nombreuses et importantes, non seulement dans les détails, mais aussi, quoique dans une mesure plus restreinte, quant à leurs règles fondamentales. Les principes nouveaux, répandus sur le monde par une propagande qui imitait les forces naturelles, ont dû se combiner dans les divers pays avec les éléments produits par l'évolution historique antérieure; leur acclimatation n'était possible qu'à cette condition. D'autre part, en dehors même des divergences résultant de l'histoire diverse des États auxquels on appliquait ces principes rénovateurs, ceux-ci, surtout en ce qui concerne le gouvernement, étaient susceptibles, par des combinaisons diverses des mêmes éléments, de former un certain nombre de systèmes divergents. C'est, en effet, ce qui s'est produit : de là un certain nombre de types distincts et pourtant sortis du même fonds. Les nations libres de l'Occident présentent ainsi, dans leurs institutions politiques, à la fois un air de famille et des traits individuels; on peut leur appliquer exactement le mot d'Ovide :

Facies non omnibus una,
Nec diversa tamen, qualem decet esse sororum.

Le fonds commun, ainsi réparti par le destin et par l'action des hommes, ne comprend pas seulement des principes dégagés par la spéculation philosophique du XVIIIe siècle : il comprend, pour une grande partie, des institutions et des principes fournis par le droit de l'Angleterre, qui, dépouillés de leurs traits trop strictement nationaux, sont entrés dans le même courant. L'Angleterre, en effet, dans son évolution propre, avait résolu en partie, par un heureux concours de circonstances, le problème que se posaient les philosophes, le problème de la liberté politique. Elle devint naturellement pour ceux-ci un modèle, et son action éducatrice n'a point, depuis lors, cessé de se faire sentir.

Ce que j'exposerai dans la première partie de ce traité, ce sont donc les institutions-types et les principes, qui représentent la liberté moderne, au sens que je viens d'indiquer, je les étudierai dans leurs origines et dans leurs conséquences. Je montrerai surtout quelles applications ils ont reçues en France, antérieurement à la Constitution de 1875 ; je serai amené également à les suivre dans un certain nombre de pays étrangers ; mais les constitutions étrangères qui seront visées sont celles-là seulement qui ont franchement et pleinement adopté les principes de la liberté moderne.

Je diviserai ces principes et institutions en deux groupes, d'après leur origine : d'abord ceux qui viennent d'Angleterre, puis ceux qui ont été dégagés par la philosophie du XVIIIᵉ siècle, proclamés par la Révolution américaine et par la Révolution française.

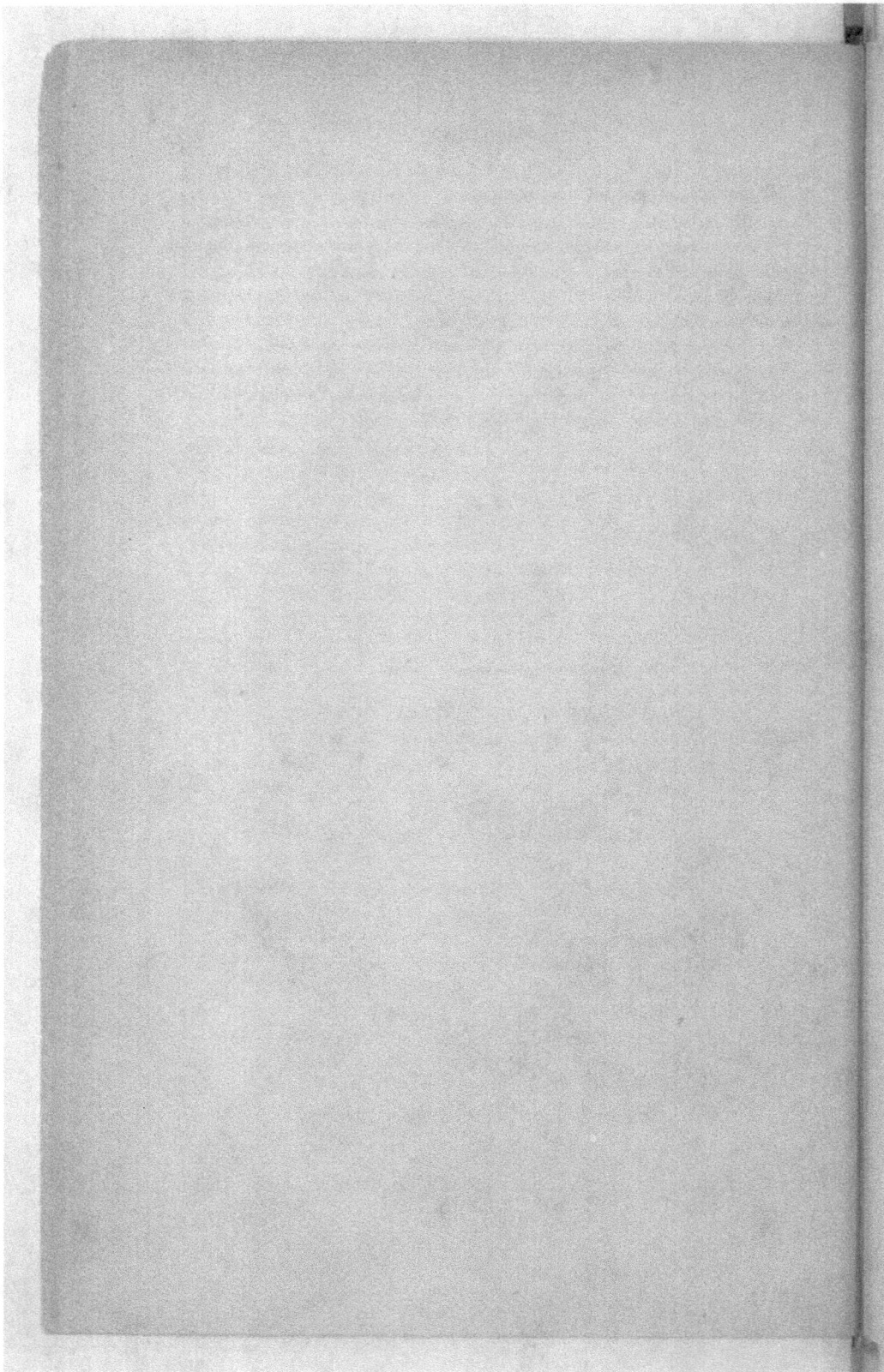

PREMIÈRE PARTIE

LA LIBERTÉ MODERNE

PRINCIPES ET INSTITUTIONS

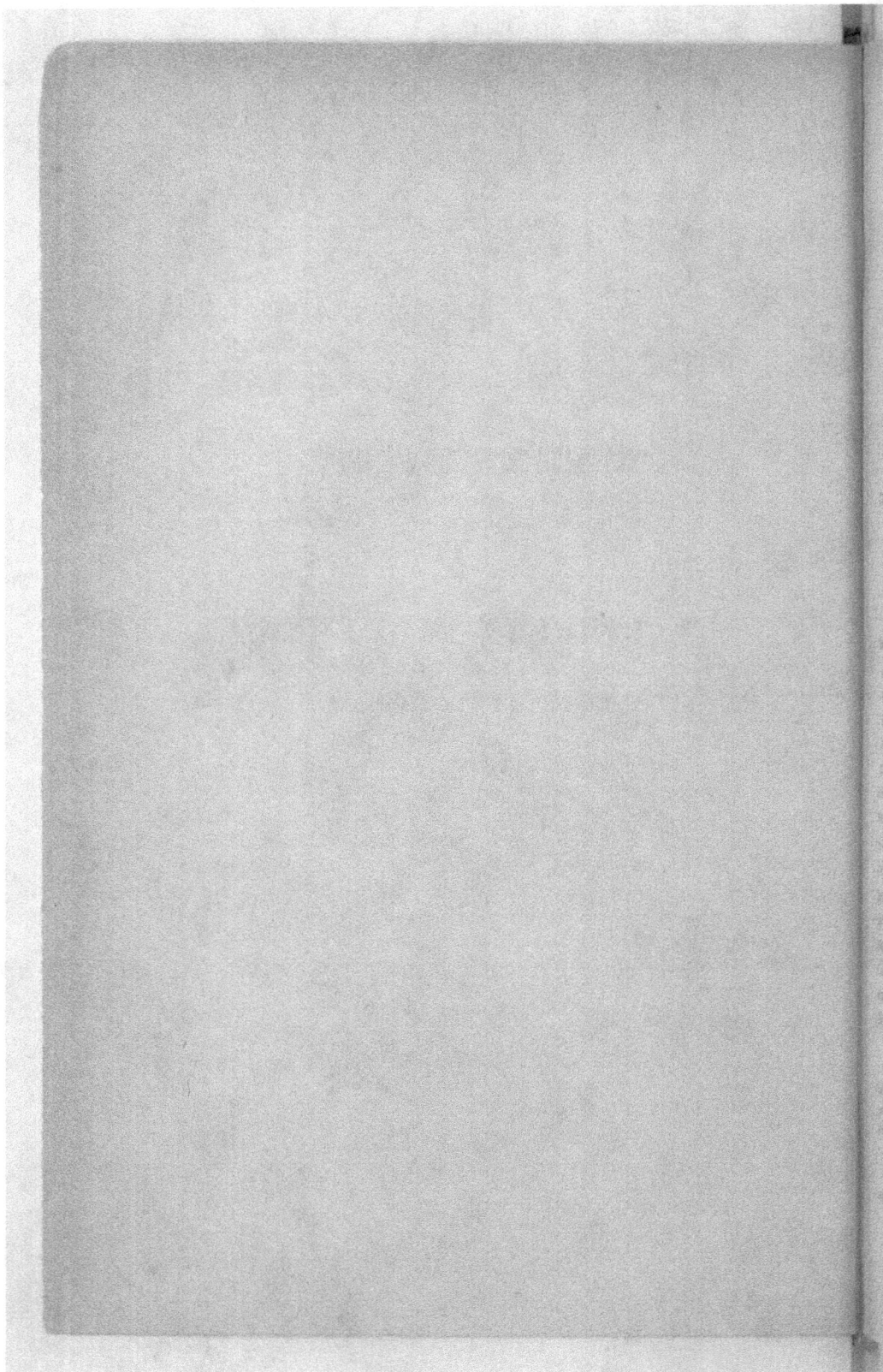

TITRE PREMIER

INSTITUTIONS ET PRINCIPES FOURNIS PAR LE DROIT
DE L'ANGLETERRE.

CHAPITRE PREMIER

**Comment la Constitution anglaise est devenue l'un des éléments
de la liberté moderne.**

Pendant des siècles la Constitution anglaise, orientée de bonne
heure vers la liberté, suivit son développement sans attirer sérieusement l'attention du reste de l'Europe. Ce n'est pas qu'elle fût restée
inconnue en dehors de son pays natal. Elle avait eu ses théoriciens,
qui en avaient exposé les règles et signalé les avantages dans la
langue savante de leur temps, c'est-à-dire en latin : Fortescue au
XVe siècle[1] et Thomas Smith au XVI[e][2]. Leurs ouvrages et d'autres
encore avaient été lus dans notre pays. Les écrivains français, protestants ou catholiques, qui, dans la seconde moitié du XVIe siècle,
s'efforçaient d'établir chez nous les principes de liberté politique,
ceux qu'on appelle les *monarchomaques*[3], connaissaient bien le droit
politique anglais. Ils en invoquaient l'exemple et voulaient en faire,
quant aux pouvoirs des États du royaume, le droit commun des
nations chrétiennes. Mais Bodin discrédita péremptoirement la
Constitution anglaise qu'il connaissait mieux que personne; construi-
sant au profit de la monarchie, dans son admirable livre, la théorie
de la souveraineté intégrale et absolue, il présenta celle-ci comme

---

[1] Fortescue, *De laudibus legum Angliæ*. L'ouvrage ne fut publié qu'au XVIe
siècle. Voyez une nouvelle édition de la traduction anglaise : Fortescue, *The
government of England otherwise called the difference between an absolute
and a limited monarchy*, Oxford, Clarendon Press.

[2] Thomas Smith, *De republica Anglorum libri tres*, Elzevir, 1630.

[3] Voyez quant à eux l'étude claire et substantielle de M. R. Treumann, *Die monarchomachen*, 1895.

la donnée même de la science politique, et condamna, comme des formes malvenues et contraires aux principes, tous les États et gouvernements mixtes. Cette doctrine, qui répondait au sentiment public, s'imposa et devait dominer pendant plus d'un siècle. Loyseau, disciple de Bodin, a encore quelque préoccupation des institutions anglaises et cite Thomas Smith[1], mais il répète en même temps l'axiome du maître, que la monarchie absolue est la perfection même dans la science politique[2].

Il est vrai qu'au moment où Bodin écrivait, les libertés anglaises sommeillaient en quelque sorte et semblaient devoir se fondre dans l'absolutisme royal[3]. Le réveil qui se manifesta si terrible au XVIIᵉ siècle et qui amena les deux révolutions, ne pouvait paraître qu'une prodigieuse aberration aux contemporains de Louis XIV[4]. Mais au XVIIIᵉ siècle il en fut autrement. L'esprit philosophique, en s'appliquant alors, pour le bonheur de l'humanité, à la science politique, ne fit pas appel seulement aux lumières de la raison et aux données de l'éternelle justice; il se livra aussi à une immense enquête sur les gouvernements et les États de l'antiquité et des temps modernes, non seulement de l'Occident, mais aussi de l'Orient. Sur bien des points cette enquête fut conduite avec des connaissances historiques et une critique insuffisantes; elle rapprocha parfois des institutions de valeur bien inégale, et répondant à des formations et à des milieux bien éloi-

[1] Loyseau, *Des ordres*, ch. ii, nᵒ 10.

[2] Loyseau, *Des seigneuries*, ch. ii, nᵒ 92 : « Le royaume de France est la mieux establie monarchie qui soit, voire qui ait jamais esté, estant en premier lieu une monarchie royale et non pas seigneuriale, *une souveraineté parfaite à laquelle les États n'ont aucune part.* » Cf. ch. iii, nᵒ 46. — Le Bret, *De la souveraineté du roi*, L. I, ch. ii : « Quant à moi, j'estime qu'on ne doit attribuer le nom et la qualité d'une souveraineté parfaite et accomplie qu'à celles qui ne dépendent que de Dieu seul et qui ne sont sujettes qu'à ses loix. » — Piganiol de la Force, *Nouvelle description de la France*, 1718, t. I, p. 41 : « Le roi de France est le premier potentat et le monarque le plus puissant *et le plus absolu* qu'il y ait en Europe ».

[3] Voyez dans l'*Oraison funèbre de Henriette de France* l'appréciation de Bossuet sur les règnes qui ont précédé immédiatement celui de Charles Iᵉʳ : « Quand on considère de plus près l'histoire de ce grand royaume et particulièrement les derniers règnes... on ne trouve ni la nation si rebelle, ni ses parlements si fiers et si factieux. » Le peu d'impression que produisit sur l'esprit des Français la Révolution puritaine d'Angleterre, dont la crise suprême coïncide avec le moment le plus critique de la Fronde, est chose remarquable, d'autant plus que dans les écrits du docteur politique de la Révolution anglaise, Milton, on trouve très saisissable l'influence de nos *Monarchomaques*.

[4] Sur Charles Iᵉʳ et la Révolution qui le renversa, voyez toute l'*Oraison funèbre de Henriette de France*, et sur la Révolution de 1688 consulter les lettres de Mᵐᵉ de Sévigné, à cette année.

gnés les uns des autres. Cependant, parmi les travailleurs se trouvait
un homme de génie, Montesquieu, le véritable père de l'histoire du
droit et de la sociologie; et, non seulement par sa vue pénétrante, mais
aussi par la force même de l'évidence, une idée se dégagea et se fit
communément accepter : c'est que la Constitution anglaise fournissait
une solution des plus heureuses du problème politique, et que la
sagesse commandait aux pays d'Occident de l'imiter, autant que le
permettait leur caractère national[1]. Sur ce point le bon sens génial de
Voltaire concordait avec le jugement scientifique de Montesquieu. Ce
n'est pas que des notes discordantes ne se produisissent : un courant
contraire était formé par ceux qui, présentant les institutions anglaises
comme un empirisme imparfait, voulaient s'en rapporter aux seules
lumières de la raison, ou, s'il fallait suivre les enseignements de l'histoire, préféraient chercher ailleurs leurs modèles, principalement dans
les républiques de l'antiquité, à Rome et en Grèce. Tel était Jean-
Jacques Rousseau, qui, d'ailleurs, connaissait bien les institutions
anglaises[2]; tel était encore Mably[3]. Mais, en définitive, l'influence de
l'Angleterre domina d'abord dans la doctrine politique qui se formait
peu à peu. A l'Assemblée Constituante ce fut d'abord l'école anglaise
qui domina également, et si, sur des points essentiels, l'école ratio-
naliste française l'emporta dans la rédaction de la Constitution de
1791, dans les débats de la Constituante les références à la Constitution anglaise étaient de chaque instant[4].

Ceux qui répandirent surtout, en France et en Europe, au XVIIIe
siècle, la connaissance de cette Constitution, qui en furent les inter-

[1] *Esprit des lois*, liv. XI, ch. v : « Il y a aussi une nation (l'Angleterre) dans le
monde qui a pour objet direct de sa Constitution la liberté politique. Nous allons
examiner les principes sur lesquels elle la fonde. S'ils sont bons, la liberté y paraîtra, comme dans un miroir. Pour découvrir la liberté politique dans la Constitution,
il ne faut pas tant de peine. Si on peut la voir où elle est, si on l'a trouvée, pourquoi
la chercher? »

[2] Cela se voit en particulier dans les *Lettres écrites de la montagne* et dans
les *Considérations sur le gouvernement de Pologne*.

[3] Mably, dans son livre *De la législation*, met en présence un lord anglais et un
suédois philosophe, qui cherche à rabaisser la Constitution anglaise, non seulement
au nom de la raison, mais aussi en la comparant à la Constitution de la Suède; voyez
spécialement tome II, Amsterdam, 1776, p. 262.

[4] En 1789, Sieyès constate et cherche à combattre en même temps l'influence
qu'exercent sur les esprits les institutions anglaises. *Qu'est-ce que le Tiers État?*
3e éd., 1789, p. 36 : « Nous n'aurions pas tant de foi aux institutions anglaises, si
les connaissances politiques étoient plus anciennes ou plus répandues parmi nous...
Qu'on ne s'étonne donc pas de voir une nation ouvrant à peine les yeux à la lumière
se tourner vers la Constitution d'Angleterre et vouloir la prendre pour modèle en
tout ».

prêtes autorisés, sont au nombre de trois. C'est d'abord Montesquieu, dans son *Esprit des lois* paru en 1748. Non seulement les institutions anglaises y sont visées en maint passage, mais elles forment en quelque sorte le point central du livre. Je veux parler du chapitre célèbre (liv. XI, chap. vi) intitulé *De la Constitution de l'Angleterre* ; il y a là quelques pages qui ont exercé l'influence la plus profonde sur le droit constitutionnel de l'Occident. Le second en importance est le Genevois de Lolme, qui publia en 1771 son traité sur la *Constitution de l'Angleterre*. C'est un livre ingénieux et clair, où assez souvent le droit anglais est quelque peu déformé, mais dont le succès fut immense. Enfin, le troisième auteur est un Anglais, Blakstone, dont les *Commentaries on the laws of England* parurent en 1765. Celui-là est avant tout un jurisconsulte, qui a exposé, dans un traité technique, le droit privé en même temps que le droit public des Anglais ; mais c'était un disciple de Montesquieu, et il a présenté, par suite, les principes constitutionnels de son pays de manière à être facilement compris des Français, parmi lesquels son ouvrage se répandit rapidement, bientôt traduit en langue française.

Dans cette première diffusion, le droit constitutionnel anglais subit, il faut le dire, quelques déviations assez marquées. On y vit, au dehors, certains éléments qui en réalité n'y figuraient pas (la séparation complète des pouvoirs) ; on n'y vit pas très clairement certains autres qui pourtant y étaient déjà entrés (le gouvernement de cabinet). Ces exagérations ou ces omissions étaient d'ailleurs assez naturelles, étant donné l'état des textes législatifs et les maximes traditionnelles qui avaient cours en Angleterre ; deux faits suffisent à le montrer. Elles ne se trouvent pas seulement dans les ouvrages français du XVIIIe siècle, mais aussi, en partie, dans le traité de l'Anglais Blakstone. D'autre part, les Anglais émancipés, qui fondèrent les États-Unis d'Amérique, firent tout naturellement entrer dans leur Constitution les principes essentiels du droit public anglais ; c'était pour eux le lait qu'ils avaient sucé au berceau ; mais ils les acceptèrent de bonne foi, tels que Montesquieu les avait exposés[1].

Pendant la période révolutionnaire, l'esprit français s'écarta peu à peu, en matière de droit constitutionnel, des principes anglais[2]. Sous

---

[1] Sur l'influence qu'exerça en France, dans les années qui précédèrent la Révolution, la littérature américaine en même temps que la littérature anglaise, voyez le remarquable ouvrage de M. Maxime Kovalevsky, *Les origines de la démocratie contemporaine* (en russe), quatrième partie, ch. 1, p. 533 et suiv.

[2] Constitutions des 3-14 septembre 1791, du 24 juin 1793 (qui ne fut jamais appliquée), du 5 fructidor an III.

le Consulat[1] et le premier Empire[2], cela devint un éloignement prononcé, une opposition diamétrale dans les institutions, et en même
temps la liberté française subissait une éclipse.

Avec le réveil de l'esprit public coïncida un retour vers les institutions anglaises. Pour l'organisation et le fonctionnement des pouvoirs publics, elles forment le fond de l'Acte additionnel aux Constitutions de l'Empire aussi bien que des chartes de 1814 et de 1830.
La monarchie constitutionnelle de 1814 à 1848 s'efforce d'imiter le
gouvernement parlementaire anglais, alors connu dans sa réalité.
Elle présente pourtant, en un point, une originalité profonde : tandis
que le gouvernement est organisé et conduit à l'anglaise, autant que
le permet l'état des partis en France, l'administration, au contraire,
reste à peu près telle que l'avait faite le premier Empire, les libertés
locales étant seulement rétablies, dans une mesure restreinte, par la
monarchie de Juillet. Dans cette période, le droit constitutionnel de
l'Angleterre était d'ailleurs étudié chez nous avec une ardeur nouvelle; au premier rang de ceux qui s'appliquaient à le faire connaître
à leurs contemporains se placent successivement Benjamin Constant[3],
Guizot[4] et Rossi[5].

La Révolution de 1848 donna à notre droit constitutionnel une
orientation nouvelle. A l'Assemblée Constituante dominèrent les
principes rationnels et abstraits, et la Constitution qu'elle rédigea
en porte la marque. Avec le coup d'État de 1851 se produisit un
retour, non déguisé, aux institutions du Consulat; et bientôt, sous
le second Empire, se montra, dans la littérature officielle, ce mépris
de la liberté anglaise qui avait déjà caractérisé le premier Empire.
Celle-ci conserva pourtant ses partisans et ses défenseurs, parmi les
anciens parlementaires de la monarchie de Juillet; elle continuait
à être étudiée et admirée dans les revues et dans les livres. Duvergier de Hauranne[6], le duc de Broglie[7] et Prévost-Para-

---

[1] Constitution du 22 frimaire an VIII, sénatus-consulte du 14 thermidor an X, et
sénatus-consulte organique de la Constitution du 16 thermidor an X (Consulat à
vie).

[2] Sénatus-consulte organique du 28 floréal an XII.

[3] *Cours de politique constitutionnelle* ou collection d'ouvrages publiés sur le
gouvernement représentatif, par Benjamin Constant, avec une introduction et des
notes, par Éd. Laboulaye, 2ᵉ édition, 1874.

[4] Parmi les ouvrages de Guizot on peut citer surtout : *Histoire des origines du
gouvernement représentatif*, et *Histoire parlementaire* (recueil de ses discours,
de 1819 à 1848, 6 vol.

[5] *Cours de droit constitutionnel* professé à la Faculté de droit de Paris, 4 vol.

[6] *Histoire du gouvernement parlementaire en France*, 2ᵉ édit., 1870.

[7] *Vues sur le gouvernement de la France*, ouvrage inédit, par le duc de

dol[1], sont à citer comme représentants de cette école, tandis que Laboulaye nous familiarisait surtout avec les institutions des États-Unis. Par leur force propre, avec le réveil de l'esprit public et les aspirations vers la liberté politique, les principes du parlementarisme anglais rentrèrent en faveur et bientôt en vigueur dans notre pays. Les divers actes, qui caractérisent ce qu'on appela l'Empire libéral, consistèrent à les réintroduire peu à peu dans la Constitution : ils triomphaient presque complètement dans la Constitution du 21 mai 1870.

Sous la troisième République, ce courant se renforça encore. Le parlementarisme à l'anglaise fut pratiqué, dans la mesure du possible, par l'Assemblée Nationale de 1871 à 1875 : il a passé largement dans nos lois constitutionnelles de 1875.

C'est par les États-Unis d'Amérique et par la France que les principes du droit constitutionnel anglais sont sortis de leur pays natal. C'est par ces intermédiaires qu'ils se sont communiqués, plus ou moins complètement, aux autres nations libres de l'Occident. Les peuples d'Amérique ont presque exclusivement imité les États-Unis[2]. En Europe, c'est surtout l'influence des idées françaises qui s'est fait sentir. Souvent les nations étrangères, au lieu d'emprunter directement à l'Angleterre ses principes ou ses institutions, les ont adoptés sous leur forme française. Peut-être cela provient-il principalement du fait suivant. Souvent ces principes, dans leur pays d'origine, n'étaient pas fixés par la loi ; ils résultaient seulement de la coutume, de la tradition ou de la pratique ; ils n'avaient pas été formulés dans une règle nette et impérative. L'esprit français, suivant son génie propre, leur a donné la consécration législative ou tout au moins une expression précise. Quoi qu'il en soit, il y a là un phénomène qui, avec la diffusion du droit romain dans le monde civilisé, offre l'exemple le plus frappant de la propagation des institutions par voie d'imitation.

Durant cette évolution, le droit constitutionnel anglais avait d'ailleurs suivi sa vie propre et restait digne de fournir, sur bien des points, de nouvelles leçons au monde moderne. Il est étudié de nos jours dans son développement complet, et on peut dire dans un

---

Broglie, publié par son fils, 1870. L'Avant-Propos indique (p. 1) que cet ouvrage « tiré dans l'été de 1864 à un petit nombre d'exemplaires, fut saisi chez l'imprimeur par la police ».

[1] *La France nouvelle*, 1868.

[2] Même le Canada ; M. Munro, *Constitution of Canada*, p. 2, fait seulement cette réserve : « Il a été dit plus d'une fois que la Constitution canadienne est une simple copie de l'Américaine (celle des États-Unis). Une telle affirmation est très éloignée de la vérité ».

nouvel esprit. Notre temps aime la réalité plus que l'abstraction ; par suite, on étudie la Constitution anglaise surtout dans sa formation historique ; on s'efforce de dégager non seulement les règles de droit qui en sont ou en ont été l'expression, mais aussi les ressorts cachés qui la font mouvoir et qui se trouvent dans la forte tradition des assemblées parlementaires, dans le caractère même de la nation, dans les rapports établis par l'histoire entre les diverses classes de la société et dans l'assise puissante des libertés locales. Parmi les livres innombrables qui ont été consacrés à cette étude, je signalerai : en Angleterre, ceux de Todd[1], de Bagehot[2], de Dicey[3], d'Anson[4] ; en Allemagne, ceux de Gneist[5] ; en France, ceux de MM. Glasson[6], Boutmy[7] et de Franqueville[8].

Dans cette première partie de mon étude, je n'ai point l'intention d'exposer, même en raccourci, l'histoire ou le tableau de la Constitution anglaise. Comme je l'ai dit plus haut, j'étudie seulement les institutions-types qu'elle a communiquées au droit des peuples libres et particulièrement à celui de la France. Ces institutions sont au nombre de quatre, que j'examinerai successivement :

1° Le gouvernement représentatif ;

2° Le système des deux Chambres législatives ;

3° La responsabilité ministérielle ;

4° Le gouvernement parlementaire ou gouvernement de cabinet.

---

[1] *Parliamentary Government in England, its origin, development and practical operation* (new edition abridged and revised by Spencer Walpole), London, 1892.

[2] Walter Bagehot, *The English Constitution*, 4ᵉ éd., 1885, traduit en français.

[3] Dicey, *Introduction to the study of the law of the Constitution*, 3ᵉ éd., 1889.

[4] Sir William R. Anson, *The law and custom of the Constitution*, Oxford, Clarendon Press, 2 vol., 1892.

[5] Le principal ouvrage de R. Gneist, celui qui résume tous les autres, est son *Englische Verfassungsgeschichte*, Berlin, 1882.

[6] Glasson, *Histoire du droit et des institutions de l'Angleterre*, 6 vol., 1881-1883.

[7] Boutmy, *Études de droit constitutionnel*, 1885 ; *Le développement de la Constitution et de la société politique en Angleterre*, 1887.

[8] Comte de Franqueville, *Le Parlement et le Gouvernement britanniques*, 1887, 3 vol.

CHAPITRE II

Le gouvernement représentatif.

La Constitution de l'Angleterre s'est formée à peu près des mêmes éléments qui ont produit celle de notre ancienne monarchie. Cependant, tandis que chez nous la résultante a été la monarchie pure et absolue, en Angleterre le développement aboutit à un gouvernement représentatif, c'est-à-dire à un gouvernement dont les divers pouvoirs sont institués ou censés institués par la nation elle-même, n'agissent qu'en son nom et conformément à sa volonté réelle ou présumée. Les causes, qui expliquent une évolution si différente de part et d'autre, semblent être au nombre de trois principales.

1° La première et la plus profonde, c'est une différence initiale entre la féodalité anglaise et la française. A certains égards, il n'est pas de pays où l'esprit féodal et les institutions de la féodalité aient pénétré plus avant qu'en Angleterre. Mais le système féodal y fut établi par voie d'importation, à la suite de la conquête normande; il prit dès le début la forme d'une organisation régulière et hiérarchique, et le pouvoir royal y conserva toutes les prérogatives compatibles avec cette forme d'État. Le point de départ, chez les Anglais, fut donc un pouvoir royal très fort[1]. En France, au contraire, la féodalité se forma spontanément, au milieu de l'anarchie; et, dans le morcellement féodal, la monarchie resta d'abord sans prérogatives vraiment utiles en face de seigneurs très puissants. Cette différence tourna au profit de la liberté anglaise. En Angleterre, la noblesse féodale et la classe moyenne ayant un intérêt commun, en tant qu'opprimées l'une et l'autre par le pouvoir royal, s'unirent contre celui-ci et parvinrent par leur union, à limiter peu à peu ses prérogatives. En France, la classe moyenne, représentée par la population des villes, s'unit au contraire au pouvoir royal contre la féodalité puissante et oppressive; de là, l'abaissement des pouvoirs féodaux, mais en même temps le développement exagéré du pouvoir royal et l'avortement des libertés

[1] Gneist, *Englische Verfassungsgeschichte*, § 15, p. 305 et suiv.

publiques. L'Angleterre, après la conquête normande, a commencé par une monarchie presque absolue ; et c'est peut-être pour cela qu'elle a abouti, au xvii⁰ siècle, à une monarchie représentative. La France féodale a commencé avec une royauté presque totalement impuissante ; et c'est probablement pour cela qu'elle a fini, au xvii⁰ siècle, par la monarchie absolue.

2° L'histoire de la Constitution anglaise, c'est celle du Parlement ; et celui-ci, très semblable dans ses origines, à nos anciens États généraux, présenta cependant, dès le début ou de très bonne heure, deux traits particuliers qui firent sa principale force.

Tandis que dans nos États généraux ne fut représentée d'abord qu'une partie de la population, — car, à côté des seigneurs laïques et ecclésiastiques directement convoqués par le pouvoir royal, ne siégeaient d'abord que les députés élus des villes privilégiées, — le Parlement anglais contint, dès le début, la représentation élective de la nation tout entière. Cela vint surtout de ce que, dans ses comtés (*shires*), l'Angleterre des rois normands eut, de bonne heure, des divisions régulières et organiques, comprenant tous les éléments de la population, et toutes prêtes pour fournir une représentation. Le comté avait une organisation propre, en vue de la justice et d'une certaine administration autonome. Lors donc que, comme chez nous et pour les mêmes causes, les rois furent amenés à convoquer à côté des seigneurs et des prélats les représentants des villes privilégiées, ils convoquèrent aussi au premier rang et tout naturellement les représentants des comtés[1]. Ceux-ci, de plus, désignés à l'élection, furent pris parmi la petite noblesse, ce qui fut une nouvelle cause de force. La représentation nationale, en Angleterre, fut d'abord plus complète et mieux organisée que chez nous.

D'autre part, tandis que nos États généraux restèrent divisés en trois ordres, impuissants le plus souvent par cette division même, le Parlement anglais se groupa en deux Chambres. Ce fut là, comme nous le verrons, un heureux accident, dont l'influence a été profonde sur le droit constitutionnel moderne.

3° A ces éléments fournis par l'histoire politique s'en joignit un fourni par la race. C'est le caractère anglais, volontaire, sérieux et pratique. L'Anglais, dans ses actes individuels, ne va pas au delà de son *droit légal*, mais il le revendique avec la dernière opiniâtreté. Il a le sentiment du *droit* proprement dit, le respect et le sens du droit strict et des formes ; tandis que le Français rabaisse trop souvent la

---

[1] On peut même soutenir qu'à côté de la représentation des comtés, la représentation des *boroughs* au Parlement n'était d'abord que secondaire et assez précaire. Jenks, *An outline of English local government*, 1895, p. 191.

loi positive, par un sentiment de la justice idéale, élevé mais parfois imprudent, qui lui fait oublier les limites conventionnelles et nécessaires. Grâce à ces dons de nature, les classes supérieures et moyennes de l'Angleterre manifestèrent, avec une suite admirable, la volonté d'être libres sous l'empire de la loi. Elles parvinrent à leurs fins, après avoir lutté pendant des siècles et en accomplissant au XVIIe deux révolutions.

Ce sont là des considérations générales; il faut voir de plus près, quoique rapidement, comment se forma le gouvernement représentatif en Angleterre, et quelle est exactement la nature de ce gouvernement.

I.

D'après une formule, classique en Angleterre, le pouvoir suprême et souverain y réside dans le Parlement; et le Parlement, au sens technique du mot, c'est la réunion et l'accord du roi, de la Chambre des Lords et de la Chambre des Communes[1]. Mais ce n'est là que l'expression du droit moderne[2]. Le point de départ a été tout autre: un roi possédant, dans sa plénitude et sans restriction, le pouvoir législatif comme le pouvoir exécutif[3]. Mais le pouvoir monarchique, absolu en ce point, existait dans un État de forme féodale; il s'exerçait conformément aux usages féodaux, et par là reçut de bonne heure certains tempéraments. A certaines époques solennelles, les vassaux de la couronne, fort nombreux en Angleterre, se réunissaient auprès du roi, et ces réunions rappelaient d'assez près la *Curia regis* des premiers Capétiens[4]. Cependant elles n'avaient en réalité

[1] Thom. Smith, *De republica Anglorum*, lib. II, ch. II, p. 168 : « In comitiis Parlamentariis posita est omnis angusta absolutaque potestatis vis. » — Blakstone, *Commentaries*, B. I, ch. II, p. 147, 153 : « The British Parliament in which the legislative power and (of course) the supreme and absolute authority of the state is vested by our Constitution... The constituents parts of the Parliament... are the king's majesty sitting there in his political capacity, and the three estates of the realm : the lords spiritual, the lords temporal (who sit together with the king in one House, and the commons who sit by themselves in another ».

[2] La formule, comme on le verra plus loin, n'est plus aujourd'hui tout à fait conforme à la réalité; l'un des facteurs du Parlement, la Chambre des Communes, a pris une supériorité très marquée *sur* les deux autres.

[3] Gneist, *Englische Verfassungsgeschichte*, § 15, p. 207, 269. Les auteurs anglais ont souvent une tendance à atténuer cet absolutisme premier, afin de faire remonter à la plus vénérable antiquité les origines du Parlement.

[4] Voyez à cet égard, Luke Owen Pike, *A constitutional history of the House of Lords*, from original sources, London, 1894, chap. III et IV. La ressemblance avec la *Curia regis* des Capétiens aux XIIe et XIIIe siècles est frappante, d'après ce tableau.

aucun pouvoir. Sans doute le roi y exposait parfois ses intentions et prenait conseil des principaux personnages, mais cela ne pouvait s'appeler une consultation nationale. Ces réunions servaient surtout pour la solution de quelques litiges importants qui étaient soumis, selon l'ancien usage, au jugement du roi ; l'assemblée lui servait alors de Conseil, mais on ne saurait dire qu'elle formait un corps judiciaire, car le seul juge en droit était alors le roi, et elle ne fonctionnait point comme cour des pairs féodale[1].

Cet état de choses se modifia dans le cours du xiiᵉ siècle, avant même que les barons coalisés eussent arraché à Jean sans Terre les garanties contenues dans la Grande Charte. La coutume s'établit que, lorsque le roi voulait édicter quelque réglementation importante et nouvelle, il devait la soumettre d'abord à un *Concilium* ou assemblée, à laquelle il convoquait les prélats et les principaux barons, vassaux de la couronne. Ce *Concilium* prenait ainsi le caractère d'un corps au moins consultatif en manière de législation[2]. En même temps, il acquérait des attributions plus précises et très importantes comme corps judiciaire, si bien que les juges qui ont formé les Cours supérieures d'Angleterre ne furent d'abord que ses délégués, et qu'il conserva sur ces cours, devenues permanentes, une autorité supérieure[3].

Une des causes qui paraissent avoir engagé la royauté dans cette voie, c'est la difficulté qu'elle éprouvait à arrêter les empiètements du clergé sur le pouvoir civil[4]. Pour donner plus d'autorité à ses actes, sur ce point, elle y associa le haut baronnage. Quoi qu'il en soit, cela devint un principe du droit anglais, assez bien établi dès le règne de Henri II pour que Glanville en fît la théorie[5]. Ces assemblées, dont les droits s'affirment ainsi, portent, à côté du nom générique de *Concilium*, les noms d'*Assises* ou de *Parlement*, dans le sens général que ce dernier mot reçut tout d'abord en France[6]. Dans

[1] Sur le caractère des décisions ainsi prises par le pouvoir royal et qui sont à peine des lois, voyez Pollock et Maitland, *History of the english law before the time of Edward I*, t. 1, p. 153 et s.; L. O. Pike, *op. cit.*, ch. xiv, p. 310 et s.
[2] L. O. Pike, *op. cit.*, ch. iv et passim.
[3] Pike, *op. cit.*, ch. iii. Gneist, *Englische Verfassungsgeschichte*, § 15, p. 206 et suiv.
[4] Gneist, *Englische Verfassungsgeschichte*, § 16, p. 235 et suiv. La première application fut faite, semble-t-il, à l'Assise de Clarendon en 1164.
[5] *Tractatus de legibus et consuetudinibus regni Angliæ*, prolog. : « Leges namque Anglicanas, licet non scriptas, appellari non videtur absurdum, cum hoc ipsum lex sit quod principi placet et legis habet vigorem, eas scilicet quas super dubiis in consilio definiendis, procerum quidem consilio et principis accedente autoritate, constat esse promulgatas ».
[6] Gneist, *Englische Verfassungsgeschichte*, § 18, p. 273; cf. mon *Cours élémentaire d'histoire du droit français*, 3ᵉ édit., p. 382.

le cours du XIII° siècle, cette pratique se précise et se consolide. Le Parlement des prélats et des principaux barons, sous le nom de *Magnum Concilium*, prend une périodicité, sinon fixe et régulière, du moins fréquente ; sous Édouard Ier, il est convoqué tous les ans, souvent plusieurs fois par an. Il fonctionne comme Cour de justice, soit pour juger les causes que le roi réserve à sa propre connaissance, soit pour statuer sur les recours admis contre les décisions des autres juridictions. Bientôt, sous Édouard III, il jugera les accusations intentées contre ses membres, appelés dorénavant les Pairs de la Terre. Il jugeait aussi les poursuites ouvertes contre les hauts fonctionnaires du royaume. Le *Magnum Concilium* est en même temps un Conseil législatif, auquel le roi soumet toutes les ordonnances importantes, sans être pourtant tenu en droit de demander ou de suivre ses avis. A la fin du règne d'Édouard III seulement, la règle s'introduira que le roi ne pourra plus, de sa seule autorité, abroger un statut rendu en Parlement. Enfin, le *Magnum Concilium* était appelé à consentir les subsides que demandait le roi, en dehors des taxes féodales[1]. Un article de la Grande Charte, qui ne fut pas d'ailleurs reproduit dans les confirmations postérieures, promettait qu'en dehors des trois cas anciens de l'aide féodale le roi ne lèverait aucune aide ou escuage sans l'assentiment du *Commune Concilium regni*[2] ; et ce dernier devait comprendre, outre les prélats et les barons, tous ceux qui tenaient des terres directement de la couronne[3]. Le *Commune Concilium*, ainsi conçu, ne paraît pas avoir fonctionné ; cependant l'aide extraordinaire était demandée au *Magnum Concilium*, dont les membres, figurent les plus haut imposés, étaient censés représenter tous les *tenentes in capite*. Tel fut d'abord le Parlement ; mais le *Magnum Concilium*, qui alors le composait seul, ne devait produire qu'une branche du Parlement futur, la Chambre des Lords. Voyons d'où sortit la Chambre des Communes.

Les mêmes causes, qui amenèrent aux Cortès espagnoles, aux États généraux de France et à la Diète de l'empire germanique les

---

[1] Sur tous ces points, voyez Gneist, *Englische Verfassungsgeschichte*, § 22 ; — Stubbs, *Constitutional History*, ch. xv, n° 220. L. O. Pike, *A constitutional history of the house of Lords*, p. 347 et s.

[2] Art. 12 : « Nullum scutagium vel auxilium ponatur in regno nostro nisi per commune concilium regni nostri, nisi ad corpus nostrum redimendum et primogenitum filium nostrum militem faciendum et ad filiam nostram primogenitam semel maritandam ». Dans Bémont, *Chartes des libertés anglaises*, p. 29.

[3] Art. 14 : « Et ad habendum commune concilium regni de auxilio assidendo aliter quam in tribus casibus prædictis, faciemus submoneri archiepiscopos, episcopos, abbates, comites, et majores barones... et præterea faciemus submoneri in generali per vicecomites et ballivos nostros omnes illos qui de nobis tenent in capite ».

représentants des villes privilégiées[1], opérèrent aussi en Angleterre. Là même, ce ne furent pas seulement les députés des villes et bourgs privilégiés, qui furent convoqués à côté des membres du clergé et des seigneurs laïques ; ce furent aussi, et avant tout, les représentants des comtés, le comté formant, je l'ai dit, un corps organique et, dans une certaine mesure, indépendant[2], habitué depuis longtemps à élire des représentants pour diverses fonctions locales[3]. C'est en 1254 que l'on voit, pour la première fois, à l'occasion d'une aide, deux chevaliers de chaque comté convoqués au Parlement à côté des prélats et des barons[4]. Cela se reproduisit en 1261 et en 1264 ; aux chevaliers des comtés furent joints deux représentants de chaque ville ou bourg privilégié. Cela s'était fait par l'avis et sur l'initiative de Simon de Montfort ; aussi a-t-on voulu voir dans celui-ci le véritable créateur du Parlement anglais[5]. Cela fut également pratiqué dans la suite, tout au moins aux Parlements de 1273, 1275, 1283. Mais les Anglais considèrent, comme ayant fourni le précédent décisif, le Parlement convoqué en 1295 par Édouard Ier, qu'ils appellent le *Parlement modèle* (great and model Parliament)[6]. En effet, celui-ci contenait définitivement une représentation de la nation entière, constituée par les trois États du royaume. À côté des éléments qui formaient le *Magnum Concilium*, il comprenait une représentation distincte du clergé et les députés des comtés, des villes et des bourgs.

J'aurai l'occasion d'exposer plus loin comment disparut la représentation propre du clergé, et comment les éléments restants se partagèrent en deux Chambres ; ce qu'il faut voir maintenant, c'est comment ces deux Chambres conquirent le pouvoir législatif.

Tout d'abord des députés des comtés, des villes et des bourgs ne furent convoqués, comme nos anciens États généraux, que pour don-

[1] Voyez mon *Cours élémentaire d'histoire du droit français*, 3e édit., p. 384.
[2] Stubbs, *Constitutional History*, ch. xv, nos 202 et suiv. — Sur la condition médiévale des villes et bourgs au point de vue des impôts et sur leur première représentation au Parlement, voyez Jenks, *An outline of local English government*, 1895, p. 189 et suiv.
[3] Voyez, par exemple, *Grande Charte*, art. 18 : « Mittemus duos justiciarios per unumquemque comitatum per quatuor vices in anno qui, *cum quatuor militibus cujuslibet comitatus electis per comitatum*, capiant in comitatu et in die et loco comitatus assisas predictas ».
[4] Stubbs, *Constitutional History*, ch. xv, no 214.
[5] R. Pauli, *Simon de Montfort the creator of the House of Commons*, translated (and revised by the author) by U. Goodwin, London, 1876.
[6] Anson, *The law and custom of the Constitution*, I[a], p. 46.

ner à la Couronne et sur sa demande « aide et conseil »[1]. Il ne semble même pas qu'on leur soumit alors les statuts que le roi projetait; on continuait à demander sur ce point l'avis seul du *Magnum Concilium*, qui, quoique faisant partie du Parlement général, conservait encore son individualité et ses attributions antérieures[2]. Mais l'importance des communes grandit rapidement; dès le premier tiers du XIVᵉ siècle, leur assentiment aux statuts est demandé comme celui des Prélats et des Lords temporels[3]. Ce sont elles surtout qui conquerront au Parlement le pouvoir législatif proprement dit, lequel comprend nécessairement le droit d'initiative, le droit de proposer les lois : jusque-là l'initiative appartenait au roi seul, comme d'ailleurs le pouvoir législatif dans son entier; c'était lui seul qui faisait la loi, il est vrai avec l'assentiment des Lords et des Communes. Celles-ci se servirent habilement de deux droits précieux : le droit de consentir l'impôt et le droit de pétition.

Le droit de consentir l'impôt se consolida à la fin du XIIIᵉ siècle dans des conditions nouvelles. Les jurisconsultes anglais l'ont expressément rattaché à un soi-disant statut d'Édouard Iᵉʳ, dit *statutum de tallagio non concedendo*[4], dont en effet les termes sont formels[5]. En réalité, ce n'est pas là une loi, mais seulement une pétition du Parlement adressée au roi en 1297[6]. Seulement, cette même année, Édouard Iᵉʳ posait en effet le principe dans la confirmation des Chartes[7]. Dès lors, en tant que principe, il n'a pas été contesté. Quant au droit de pétition au roi, il avait été de bonne heure

[1] Anson, *Law and custom*, Iᵉ, 18, 19. Comme nos députés du tiers État, les membres des Communes se montraient souvent fort réservés quant aux avis qui leur étaient demandés, craignant de se compromettre en approuvant des actes, qui nécessiteraient plus tard le vote de nouveaux subsides. Anson, *op. et loc. cit.*, p. 18, 19. — Stubbs, *Constitutional History*, ch. XVII, n° 294.

[2] Anson, *Law and custom*, Iᵉ, p. 17; — Stubbs, *Constitutional History*, ch. XV, n° 224.

[3] Un Act de 1322 reconnaît expressément le droit des Communes, et il le présente comme étant déjà sanctionné par l'usage. Anson, *Law and custom*, Iᵉ, p. 215, 236. L. O. Pike, *op. cit.*, ch. XIV.

[4] Voyez la *Petition of Right* de 1628, dans Gardiner, *The Constitutional documents of the puritan Revolution*, p. 1 : « It is declared and enacted by a statute made in the time of the king Edward the First, commonly called *Statutum de tallagio non concedendo*, that no tallage or aid shall be laid or levied by the king or his heirs in this Realm without the goodwill and assent of the Archbishops, Bishops, Earls, Barons, Knights, Burgesses and other Freemen of the Commonalty of this Realm ».

[5] Bémont, *Chartes des libertés anglaises*, p. 88, art. 1.

[6] Bémont, *op. cit.*, p. 87.

[7] Confirmation des Chartes, art. 6, dans Bémont, *op. cit.*, p. 98.

exercé par les particuliers; et lorsque le *Magnum Concilium* prit une périodicité fréquente, le roi choisit parmi ses membres des commissaires chargés d'examiner les pétitions. Plus tard, les Communes, comme les Lords, en reçurent elles-mêmes, pour les présenter au roi, si elles le jugeaient convenable; et, dès leurs premiers temps, elles en présentèrent, spontanément, de collectives, comme nos États généraux présentaient des doléances. Ce fut même là, d'abord, leur seul droit, en dehors du consentement de l'impôt. C'est par là qu'elles prirent l'initiative de la législation, demandant au roi de faire une loi nouvelle dans un certain sens, lorsque les abus signalés indiquaient une lacune ou une insuffisance dans la législation. Ce n'était cependant qu'une supplique; et deux dangers étaient à craindre : ou que le roi refusât de rendre l'ordonnance demandée, ou, s'il voulait bien l'édicter, qu'elle ne fût pas exactement rédigée selon le vœu des Communes. Celles-ci, pour imposer leur volonté, usèrent avec habileté et persévérance de leur droit de consentir l'impôt. Elles cherchèrent à faire de l'ordonnance la condition même de l'aide accordée. Mais cela était difficile à organiser dans une forme juridique. Obtenir une promesse du roi était chose relativement aisée; mais comment être sûr qu'elle serait tenue? Les Communes employèrent les moyens les plus divers : ainsi elles exigeaient des réponses par écrit, ou insistaient pour que les règlements demandés fussent faits avant la dissolution du Parlement, ou encore pour qu'ils fussent préparés dans un comité où figureraient des députés à côté de lords et de juges. Tout cela n'était pas toujours efficace; on constate cependant que « presque toute la législation du xive siècle a pour fondement des pétitions du Parlement... Une comparaison entre les Rôles du Parlement et le Livre des Statuts (*Statute Book*) démontre que la grande masse des lois nouvelles sont dues à l'initiative des États et principalement à celle des Communes[1] ».

Lorsqu'une pétition émanait des Communes, elle était également soumise aux Lords; et, lorsque ceux-ci se déclaraient contraires, le roi, en le constatant, paraissait avoir un motif suffisant pour répondre négativement[2]. Ainsi s'établissait la coopération égale des

[1] Stubbs, *Constitutional History*, ch. xvii, n° 290. Un phénomène parallèle peut être constaté en France. Bien que nos États généraux n'eussent en droit aucune participation au pouvoir législatif, en réalité les grandes ordonnances du xve et du xvie siècles sont principalement fondées sur les cahiers de doléances des États généraux.

[2] Stubbs, *Constitutional History*, ch. xvii, n° 290, t. II, p. 573.

deux Chambres en matière de législation[1], comme elle s'établissait
pour le vote de subsides[2]. Sans aucun doute, les Lords pouvaient
également prendre l'initiative d'une loi par voie de pétition, et
alors le projet de statut, dressé par ordre du roi sur leur pétition,
devait être soumis aux Communes[3]. Mais presque toujours les
Communes admettaient, sur la liste de leurs propres pétitions, celles
qui avaient été présentées par les Lords[4]; aussi la formule officielle,
dans le préambule des lois, mentionnait la pétition des Communes
et l'assentiment des Lords[5].

Pour que ce système, compliqué et assez peu net, se changeât en
un véritable partage du pouvoir législatif entre le roi et les deux
Chambres, il fallait peu de chose : un simple changement de forme
suffit. Au lieu de rédiger leur proposition sous la forme d'une pétition demandant la rédaction d'une loi par la Couronne, les Communes (ou les Lords) la rédigèrent en forme de projet de loi ou *Bill*.
Lorsque ce projet avait été successivement adopté par les deux
Chambres et qu'il était présenté au roi, celui-ci, à moins de le rejeter, le transformait immédiatement et nécessairement en loi, ou *Statute*, en lui donnant son assentiment. Après le vote des deux Chambres, c'était une loi toute faite, sauf la volonté royale, qui lui donnait
la force. Ce procédé s'introduisait au xve siècle pendant le règne de
Henri VI[6] (1422-1461). Dès lors, en réalité, la prérogative de la couronne en matière de législation était réduite à un droit d'initiative,
lorsque c'était elle qui proposait la loi, à un droit de *veto*, lorsqu'elle
était proposée par les Chambres. Aussi, sous le même règne de

---

[1] Stubbs, *Constitutional History*, ch. xvii, n° 293, t. II, p. 598. Il est vrai que
pendant longtemps, en même temps que les barons et prélats composant le *Magnum
Concilium*, et comme faisant partie de celui-ci, étaient convoqués au Parlement
les grands officiers du royaume, les membres du Conseil étroit du roi et les juges
des Cours supérieures. Alors la Chambre des Lords n'avait pas encore pris son individualité propre; c'était encore le roi en son Conseil et en Parlement qui approuvait
les pétitions des Communes. Il en fut autrement lorsque, sous Richard II, le
Conseil privé du roi et les juges supérieurs cessèrent de siéger au Parlement.
Le Conseil du roi, le futur *Privy council*, se sépara alors définitivement du
Magnum Concilium qui devint la Chambre des Lords, une branche du Parlement
parallèle à la Chambre des Communes. L. O. Pike, *op. cit.*, p. 44, 251, 280, 321-2,
326, 333.

[2] Stubbs, *Constitutional History*, ch. xx, n° 759.

[3] Stubbs, *Constitutional History*, ch. xx, n°s 760, 761.

[4] Stubbs, *Constitutional History*, ch. xvii, n° 293, t. II, p. 591.

[5] Stubbs, *Constitutional History*, t. II, p. 591.

[6] Stubbs, *Constitutional History*, n° 290, t. II, p. 577-578; — Anson, *Law
and custom*, I[a], p. 242 ; il en cite un exemple de l'année 1429. L. Owen Pike, *op.
cit.*, p. 326.

Henri VI, la formule qui précédait la loi changea-t-elle très logiquement; on ne dit plus que celle-ci avait été rendue à la requête ou sur la supplique des Communes et des Grands, mais qu'elle avait été rendue « par l'autorité du Parlement »[1]. Il semble que, dès lors, la liberté était établie en Angleterre et le pouvoir législatif suffisamment séparé de l'exécutif. Il n'en était rien cependant.

Le roi, en effet, n'avait pas entièrement perdu le droit de légiférer. Ce qui dorénavant nécessitait toujours le consentement des deux Chambres du Parlement dans les conditions ci-dessus indiquées, c'était le *Statut* ou loi proprement dite. Mais le roi pouvait, de sa seule autorité, avec l'avis de son conseil privé, faire des ordonnances obligatoires pour tous les sujets. On faisait bien une différence entre les deux. Le statut était une vraie loi, destinée à toujours durer; il était solennellement inséré sur les Rôles du Parlement, et mis au *Statute Book*. L'*ordonnance* ou *proclamation*, comme on dira plus tard, était un règlement provisoire, quoique général; elle était simplement promulguée dans des lettres patentes ou dans une charte[2]. Il fut aussi admis, dès le xiii° siècle, que le statut ne pouvait être abrogé ou modifié que par un statut, rendu sur l'avis du Parlement[3]. Mais le domaine respectif du statut et de l'ordonnance était mal déterminé, et même, sous forme de mesures exécutives, le roi pouvait aisément tourner ou modifier un statut. On s'en plaignait ouvertement à la fin du xiv° siècle[4], et cela restera vrai jusqu'à la Révolution de 1688.

---

[1] Stubbs, *Constitutional History*, n° 293, t. II, p. 591; — Anson, *Law and custom*, I², p. 241.

[2] Stubbs, *Constitutional History*, n° 292, t. II, p. 584. Sur la conception ancienne de l'*Ordinance* et du *Statute*, voyez Pollock et Maitland, *History of english law*, t. I, p. 169; — L. O. Pike, *A constitutional History of the House of Lords*, p. 320 et s. Ce dernier auteur estime (p. 321-2) que le roi perdit seulement son droit propre de légiférer lorsque son Conseil privé cessa de figurer au Parlement et ne s'y confondit plus avec la Chambre des Lords.

[3] Édouard I⁰ʳ refusa expressément, pour cette cause, d'abroger, sur la demande du clergé, le statut *de religiosis* : « Illud statutum de consilio magnatum suorum fuerat editum et ordinatum, et ideo absque eorum consilio non erat revocandum. » Stubbs, *Constitutional History*, t. II, p. 237 et 126. — Voici comment Bracton présente la théorie, *De legibus Angliæ*, lib. I, ch. II : « Leges Anglicanæ..., cum fuerint approbatæ consensu utentium et sacramento regum confirmatæ, mutari non possunt nec destrui sine communi consilio omnium quorum consensu et consilio fuerunt promulgatæ ». Il ajoute, il est vrai : « In melius tamen converti possunt sine illorum consensu. »

[4] Voyez le texte cité par Stubbs, II, p. 587, note 1, et se rapportant au Parlement de 1382 : « Quid juvant statuta parliamentorum, cum penitus exponi nullum sortiantur effectum? Rex nempe cum privato consilio cuncta vel mutare vel delere solebat quae in parliamentis antehabitis tota regni non solum communitas sed et ipsa nobilitas statuerat ».

Le roi avait encore un autre pouvoir qui lui permettait, sans abroger la loi, de la rendre souvent inefficace ; c'était le *jus dispensandi*, le droit de dispenser dans un cas donné de l'application de la loi, soit pour le présent, soit même pour le passé, sans lui enlever sa force générale. Cette faculté, qui paraît avoir pour origine la théorie du droit canonique[1], était pour les anciens jurisconsultes, un attribut naturel de la souveraineté[2]; au xvie siècle, on ne la contestait pas au roi d'Angleterre[3].

Enfin, le roi pouvait dans une certaine mesure échapper à l'autorité la plus gênante du Parlement, celle que celui-ci avait acquise en matière de subsides. Sans doute les impôts devaient en principe être votés par les Chambres, mais assez souvent la Couronne pouvait s'en passer. Le monarque, en effet, avait un revenu permanent, héréditaire, analogue au *domaine* des rois de France. De plus, traditionnellement les Chambres votaient, au commencement de chaque règne certains impôts indirects, fort importants, pour la vie entière du roi[4]. Celui-ci également se procurait des ressources par des impositions déguisées, qu'il établissait de sa propre autorité, soit par la réglementation du commerce avec l'étranger, laquelle lui appartenait[5], soit par les amendes énormes infligées aux violateurs des ordonnances, soit en invoquant les besoins de la défense nationale, dont il avait la charge[6]. Sauf la question d'argent, tout ce qui concernait la guerre et l'armée ne relevait que de lui[7].

Les monarques de la dynastie des Tudors, tout en s'efforçant de développer à leur profit la théorie et même les pratiques du pouvoir absolu, tel qu'il existait alors en France, vécurent généralement en bonne harmonie avec les deux Chambres, qui leur furent complai-

---

[1] Esmein, *Le mariage en droit canonique*, t. II, p. 316 et suiv.

[2] Covarruvias, *Variarum resolutionum* lib. I, c. x, no 7 : « Princeps qui habet potestatem leges condendi et conditis derogandi ».

[3] Thom. Smith, *De rep. Anglorum*, lib. II, c. iv, p. 185 : « Potestatis monarchicæ leges relaxandi jus est, ubi æquitatis benignitas moderationem patitur ».

[4] Anson, *Law and custom*, I², p. 19, 24, 329 et suiv.

[5] Anson, *Law and custom*, I², 329 et suiv.; II, 286 et suiv.; — Dicey, *The privy Council*, p. 160.

[6] C'est ainsi que, dans les années 1634 et suivantes, le roi adressa un ordre au shériff de chaque comté lui demandant de fournir un ou plusieurs navires d'un tonnage déterminé, la somme nécessaire devant être répartie entre les habitants. Cela donna lieu au célèbre procès de Hamden et la prétention de la Couronne fut admise par les juges. Anson, *Law and custom*, I², p. 327.

[7] Th. Smith, *De rep. Anglorum*, lib. II, c. iv : « Rex regnave summam pacis bellique denunciandi potestatem habet... Militiæ quoque et in castris Princeps absolutam potestatem nullis legum repagulis coercitam habet ; ejus placita vim legis sustinent ».

santes. Elles abdiquèrent même en quelque sorte leur pouvoir législatif au profit de Henri VIII, qui reçut d'elles le droit de faire des
proclamations ayant force de loi[1]. Mais sous les Stuarts il en fut autrement. Pénétré du principe de la monarchie de droit divin[2],
Charles Ier entra dans le long et tragique conflit avec le Parlement
qui devait le conduire à l'échafaud. Il en résulta la proclamation
momentanée de la pleine souveraineté nationale[3], la République établie et la suppression de la Chambre des Lords en même temps que
celle de la royauté. La Chambre haute pourtant était rétablie par
Cromwell lui-même et, bientôt après sa mort, la monarchie res-
taurée.

Après la Restauration, la dynastie des Stuarts reprit ses prétentions
et ses pratiques antérieures ; et cela aboutit à la Révolution de 1688.
Les deux Chambres du Parlement prononcèrent la déchéance de Jacques II et appelèrent au trône Guillaume d'Orange. En même temps
elles condamnèrent solennellement toutes les prétentions de la
royauté, qui étaient l'affirmation d'un pouvoir personnel et absolu ;
elles restreignirent ses prérogatives de manière à la mettre dans la
dépendance assurée du Parlement. Ce fut l'objet du *Bill of Rights*[4],
ou Déclaration des droits, du 13 février 1688, que les deux Chambres
votèrent et remirent au prince d'Orange, et qui, avec la *Petition of
Right* de 1629[5], a été pour la moderne Angleterre ce que la Grande
Charte et ses confirmations avaient été pour l'Angleterre du moyen
âge. Elle refusait expressément au roi le pouvoir de suspendre les
lois ou l'exécution des lois (art. 1), — ainsi que le pouvoir de dispenser des lois ou de leur application (art. 2). Elle niait absolument
(art. 4) le droit pour la Couronne de lever aucun impôt ou taxe sans
l'octroi du Parlement et de maintenir en temps de paix une armée

[1] En 1539, 31, Henry VIII, c. viii. — Dicey, *Introduction*, p. 48 ; — Stubbs,
Constit. History, n° 292, t. II, p. 588, qui appelle cet Act la *lex regia* de l'histoire
d'Angleterre.

[2] Voyez, par exemple, la Déclaration royale du 10 mars 1629 (Gardiner, *Documents*, p. 17) : « Howsoever princes are not bound to give account of their actions
but to God alone ».

[3] *Memoirs of Edmund Ludlow*, London, 1751, p. 106 : « They voted : that
the people are under God the original of all just power ; that the House of Commons
being chosen by and representing the people, are the supreme power in the nation ;
that whatsoever is enacted or declared for law by the Commons in Parliament hath
the force of a law and the people are concluded thereby, tho' the consent of king
and peers be not had thereto ».

[4] Stubbs, *Select Charters and other Illustrations of English Constitutional
History*, Appendix, p. 523 et suiv.

[5] Gardiner, *Documents*, p. 1.

permanente dans l'intérieur du royaume, sans la même autorisation (art. 6). Par une précaution devenue traditionnelle et constante, à partir de cette époque, « le consentement du Parlement à l'existence continue d'une armée permanente a été donné seulement pour une période d'un an, par une résolution formelle de la Chambre des Communes fixant le nombre d'hommes dont l'armée se composera[1] ». Ajoutons que le revenu héréditaire de la Couronne était presque réduit à rien[2]. « Depuis cette époque (1688), les revenus publics de la Couronne ont absolument dépendu du Parlement et sont dérivés ou d'octrois annuels pour les services publics spécifiés, ou de paiements déjà autorisés et affectés par des Acts du Parlement[3]. » Les plus importantes dépenses, en particulier celles pour l'armée et pour la marine, n'étaient votées que pour un an. D'autre part, alors entra véritablement dans la pratique le principe d'après lequel « les sommes accordées et affectées par les Communes à un service spécial doivent être employées par le pouvoir exécutif seulement pour défrayer les dépenses de ce service ». Il avait été proclamé déjà auparavant et même législativement sanctionné, après la Restauration, sous Charles II, mais c'est seulement après la Révolution de 1688 qu'il fut définitivement appliqué et incorporé dans le système de gouvernement[4]. Enfin, les *proclamations* royales furent, vers la même époque, non pas supprimées mais rendues inoffensives : il fut établi qu'elles devaient seulement servir à rappeler les citoyens au respect des lois, sans pouvoir rien y ajouter ou rien en retrancher[5].

Par cette longue évolution, le droit anglais avait non seulement assuré la liberté britannique, mais aussi produit une forme nouvelle de gouvernement destinée à une large propagation, le *gouvernement représentatif* des temps modernes. Voyons quels en étaient les traits distinctifs.

---

[1] Todd-Walpole, t. I, p. 151.

[2] Blakstone, *Commentaries*, B. I, ch. VIII, p. 306.

[3] May, *Parliamentary Practice*, 8e éd., p. 591.

[4] Todd-Walpole, II, p. 230.

[5] Dicey, *Introduction*, p. 51 : « En 1610, une opinion solennelle, ou protestation, des juges établit la doctrine moderne, d'après laquelle les *proclamations* royales n'ont en aucun sens force de loi ; elles servent à rappeler la loi à l'attention du public, mais elles ne peuvent par elles-mêmes imposer à qui que ce soit une obligation ou devoir légal qui ne lui seraient pas imposés par une loi ou acte du Parlement. En 1766, lord Chatham essaya de prohiber l'exportation du blé par voie de *proclamation*, et l'*Act of indemnity* (7 Geor. III, ch. VII), passé en conséquence de cette entreprise peut être considéré comme la condamnation législative et définitive de toute prétention de la Couronne à légiférer par voie de *proclamation* ».

II.

En premier lieu, les divers pouvoirs qui exerçaient les attributs de la souveraineté étaient considérés comme agissant non en vertu d'un droit propre, mais en tant que représentants de la nation et au nom de celle-ci. Cela était reconnu dès le XVIe siècle, quant au Parlement, réunion de ces divers pouvoirs et possédant par suite la souveraineté intégrale[1]. Cela n'était pas moins vrai de chacun de ces pouvoirs isolément considéré.

Pour la Chambre des Communes, issue tout entière de l'élection, son caractère représentatif était évident. Il était moins clair pour la Chambre des Lords; les pairs semblaient posséder chacun un droit propre, et parfois l'on a tiré de là certaines conséquences ou explications[2]. En réalité cependant la Chambre des Lords était considérée comme représentant la nation entière[3], ou comme représentant l'un

---

[1] Thom. Smith, *De rep. Angl.*, lib. II, ch. n, p. 169 : « Post bene longam deliberandi spatium ter recitata more loci schedula et in utraque domo rationibus agitata seorsimque ambarum partium calculis comprobata, regia demum assensu confirmatur: *quodque sic gestum et Principis et universi regni factum interpretamur.* » P. 170 : « Quidquid in centuriatis comitiis aut in tributiis populus Romanus efficere potuisset, id omne in comitiis anglicanis (Parliamentis) *tanquam in coetu principem populumque repræsentante* commode transigitur. *Interesse enim in illo conventu omnes intelliguntur*, cujuscumque amplitudinis, status aut dignitatis, Princepsve aut plebs fuerit, *sive per seipsum id fiat sive per procuratorem.* »

[2] Rossi, *Cours de droit constitutionnel*, 2e éd., t. IV, p. 57 : « La pairie anglaise en effet n'est pas une représentation du pays... elle se représente elle-même, elle délibère pour son propre compte. En voici la preuve : un pair anglais a le droit de voter par procuration... S'il était là comme représentant du pays, son premier devoir serait d'assister à la discussion. Il vote par procuration parce qu'il exerce un droit tout personnel. » Mais le fait sur lequel s'appuie Rossi s'explique autrement : les auteurs anglais attribuent à une grâce du roi le droit pour les pairs de voter par procureur; ce droit d'ailleurs est tombé en désuétude. — May, *Parliam. Practice*, 8e éd., p. 213 : « A member of the upper House has the privilege of serving by proxy, *by virtue of a royal licence* which authorises him to be personally absent, and to appoint another Lord of Parliament as his proxy; but since 1868 the use of this privilege has been discontinued. » — Cf. Stubbs, *Const. History*, n° 772, t. III, p. 487. Quant au droit qui appartient à tout pair de protester contre une décision de la Chambre des Lords, et qui paraît être une survivance des principes féodaux, voyez Stubbs, *op. cit.*, n° 759.

[3] Au XVIIIe siècle, en France, on discutait ce problème. *Les vrais principes du gouvernement français*, Genève, 1784, p. 150 : « Tel est le système du gouvernement anglais. Le monarque y partage le droit de faire des lois non avec les tribunaux, mais avec les représentans de la nation; car cette qualité ne peut être contestée aux pairs qui forment la Chambre des Nobles et aux députés des villes qui composent la Chambre des Communes », Sieyès, *Qu'est-ce que le Tiers État*, 3e éd.,

des États (Estates) dont se composait la nation[1]. Enfin la monarchie
était elle-même représentative; le monarque tenait ses pouvoirs
de la nation et ne pouvait les exercer que dans l'intérêt national,
conformément aux lois. Cela a été reconnu de bonne heure[2] et
exprimé par les auteurs modernes dans les termes juridiques les
plus nets[3]. Bien plus, à diverses reprises, en dehors de la Révolution puritaine, les Lords et les Communes réunis ont déposé des
rois, comme ayant manqué aux obligations essentielles de leur
charge. Lors de la déposition d'Édouard II et de Richard II, cela
ne souffrit aucune difficulté; en 1688, on eut, au contraire, beaucoup
de scrupules pour déclarer la déchéance de Jacques II. C'est que,
« depuis la dernière occasion dans laquelle le Parlement avait réglé
la succession à la Couronne, la théorie du droit divin avait surgi
et rehaussé le droit héréditaire; la conception d'une prérogative
royale supérieure à toutes les lois avait survécu à la catastrophe de
la Rébellion. Le roi, représentant officiel du peuple, disparaissait

1789, p. 118, note I. « On dit en Angleterre que la Chambre des Communes représente la nation. Cela n'est pas exact. Peut-être l'ai-je déjà remarqué; en ce cas,
je répète que si les Communes seules représentaient la volonté nationale, elles
formeraient seules tout le corps législatif. La Constitution ayant décidé qu'elles
n'en étaient qu'une partie sur trois, il faut bien que le Roi et les Lords soient regardés comme des représentants de la Nation. » — Le jugement des auteurs modernes
est encore à peu près le même. Burgess, *Political science and comparative
constitutional law*, 1896, examinant la question (t. II, p. 67 et s.), se demande
ce que représente la Chambre des Lords; après avoir émis l'idée qu'on pourrait la
considérer comme représentant les intérêts des campagnes par opposition à ceux
des villes, il l'écarte et conclut ainsi : « In fact, I think, we must come to the conclusion that the Lords represent, in principle the interests, of the whole Empire,
and of all classes as truly as the Commons. They differ from the Commons only in
the manner of their selection ».

[1] En 1788, lorsque George III fut atteint de folie pour la première fois et qu'il
fallut assurer malgré cela la marche du gouvernement, Pitt soutint et fit admettre
que les deux Chambres pouvaient prendre les mesures nécessaires, parce que
réunies elles représentaient tous les États de la nation; Todd-Walpole, t. I, p. 119 :
« It was argued by Mr. Pitt who was then prime minister, that in conformity of the
principes established by the Revolution of 1688 and by the Bill of Rights, *the
Lords and Commons represented the whole Estates of the people* and were
therefore, legally as well as constitutionaly, empowered to supply any deficiency
in the kingly office. » — Anson, t. II, p. 64, parlant des décisions prises par les
deux Chambres en 1688, pour l'avènement de Guillaume d'Orange, dit aussi : « It
was thus declared by the assembly of the Estates of the realm ».

[2] Fortescue, *De Laudibus*, c. xu : « Ad tutelam namque regis subditorum se-
carum corporum et bonorum rex hujusmodi creatus est, et hanc potestatem à
populo effluxam ipse habet, quo ei non licet potestate alia suo populo dominari ».

[3] Todd-Walpole, t. I, p. 108 : « It must be observed of all the royal prerogatives,
that they are held in trust for the benefit of the whole nation, and must be exercised in conformity with the constitutional maxim ».

derrière le directeur choisi par Dieu[1]. » On s'en tira par un détour; la Déclaration des droits supposa que Jacques avait abdiqué. D'ailleurs, le Parlement perdit ces scrupules au bout de quelques années; car en 1700, par l'*Act of Settlement* il régla la succession à la Couronne, en lui donnant une dévolution et des règles nouvelles[2].

Mais si, dans un sens large, les trois branches du Parlement étaient devenues des autorités représentatives de la nation, le roi et la Chambre des Lords ne le sont que légalement et fictivement[3]. Seule, la Chambre des Communes représente effectivement le peuple, tenant de lui tous ses pouvoirs par des élections périodiques. C'est cette représentation particulière et propre par des députés élus que l'on a l'habitude, soit en Angleterre, soit à l'étranger, de désigner sous le nom de *gouvernement représentatif*, pris dans un sens étroit; et voici la théorie et les règles de cette forme de gouvernement, absolument inconnue au monde antique, telles qu'elles se sont fixées chez les Anglais[4] dans la première moitié de ce siècle.

1° Les députés tiennent leurs pouvoirs du peuple: celui-ci leur transmet par l'élection un droit qui réside en lui. Mais en même temps il est considéré comme incapable d'exercer lui-même et directement ce droit, cela pour des raisons qui seront exposées plus tard. Il ne saurait se substituer aux députés et agir par lui-même[5].

2° Les députés, quoique élus par circonscriptions, représentent chacun le peuple entier; ils peuvent délibérer et statuer sur toutes les affaires d'intérêt général ou d'intérêt local qui rentrent dans les attributions de l'assemblée dont ils font partie[6].

[1] Anson, *Law and custom*, t. II, p. 61, 59.
[2] Anson, *Law and custom*, t. II, p. 62.
[3] Voici comment s'exprimait M. John Morley à la Chambre des Communes le 1er septembre 1893, dans le débat sur le *Home Rule* (*Daily News* du 2 septembre): « To think that one who has been himself the leader of the House... should now appeal from the decision of the representative Chamber... to the Chamber that is not representative ». Plus loin il appelle la Chambre des Communes: « This branch of the Sovereign Legislature of the realm, freely chosen, *popularly representative* and virtually supreme ».
[4] Sur ce qui suit, voir lord Brougham, *The British Constitution, its history, structure and working* (*Works*, t. XI, Edinburgh, 1873), les huit premiers chapitres, spécialement ch. IV et VII.
[5] Lord Brougham, *op. cit.*, p. 54: « The power must be parted with and given over. It is not a representation if the constituents so far retain a control as to act for themselves ». — George Cornewall Lewis, *An essay on the government of dependencies*, London, 1841, p. 49: « The electoral or constituent body cannot itself exercise the powers which it enables its representant or deputy to exercise ».
[6] Blackstone, *Comment.*, B. I, ch. II, p. 159: « Chaque membre, bien que choisi par

3° Les députés ont une entière indépendance, une pleine liberté d'appréciation, quant à l'exercice de leurs pouvoirs et quant aux actes qui rentrent dans leurs fonctions, tant que celles-ci ne sont pas arrivées à leur terme légal. Non seulement leurs électeurs ne peuvent pas les révoquer, mais ils ne peuvent pas non plus limiter leurs pouvoirs par des instructions précises et initiales, ni les obliger à statuer dans un certain sens, sous peine de nullité de leurs actes. Les députés ne sont pas les simples délégués ou mandataires des électeurs ou du peuple : ils sont, pour un temps donné et pour l'exercice de certains attributs de la souveraineté, les représentants légaux de la nation qui leur a transmis son droit. Ils doivent agir en conscience pour le mieux et dans l'intérêt général ; mais pour atteindre ce but, toute liberté leur est laissée dans les limites de la Constitution[1]. Quoique devant opérer sur un autre terrain, ils sont semblables à des magistrats élus par le peuple pour exercer le pouvoir exécutif ou judiciaire[2].

Cette dernière règle, qui paraît absolument essentielle aux publicistes et jurisconsultes modernes, n'est point cependant, il s'en faut de beaucoup, aussi ancienne que les élections des députés pour les comtés et pour les bourgs. Celles-ci, au contraire, se firent anciennement, comme toutes les élections semblables en Europe, sur le principe du mandat proprement dit et des pouvoirs exprès et impératifs donnés au mandataire. Cela était d'ailleurs logique ; car dans les temps anciens, les comtés, les villes et les bourgs étaient comme autant de petites républiques, qui se faisaient représenter par des plénipotentiaires à une sorte de diète féodale.

Comme nos députés aux États généraux[3], les députés des comtés

---

un district particulier, sert pour tout le royaume. Car la fin pour laquelle il est envoyé est, non pas particulière, mais générale ; ce n'est pas dans l'intérêt seul de ses constituants, mais dans celui de la communauté ; pour conseiller sa Majesté (comme il apparaît par les lettres de convocation) : *de communi consilio super negotiis quibusdam arduis et urgentibus, regem statum et defensionem regni Angliæ et Ecclesiæ anglicanæ concernentibus* ». — Lord Brougham, *op. cit.*, p. 35, n° 4.

[1] G. Cornewall Lewis, *op. cit.*, p. 48.

[2] Lord Brougham, *op. cit.*, p. 39 : « Indeed the election of magistrates, though apparently less like representation, is in reality more akin to it ; for the powers of executive government are given over by the people to the functionaries chosen. This was necessary because of the impossibility of a whole people exercising those functions. If then any of the old republics had been as extensive as to make assemblies of the people impossible, it is likely that the expedient would have been adopted of delegating the legislative functions to a smaller body ».

[3] Esmein, *Cours élémentaire d'histoire du droit français*, 3e édit., p. 498 et s.

et des bourgs recevaient alors de leurs électeurs des pouvoirs écrits plus ou moins larges[1] ; et ce qui montre bien qu'ils ne pouvaient les dépasser, c'est que le roi, dans les lettres de convocation adressées aux shérifs, demandait que les représentants des Communes reçussent des pouvoirs assez amples : *ita quod pro defectu hujusmodi potestatis negotium infectum non remaneat*[2]. On les voit d'ailleurs, après la session du Parlement, rendre compte à leurs mandants[3]. Quand et comment disparut cet usage? Je ne le trouve point indiqué dans les auteurs anglais ; mais cela dut nécessairement coïncider avec la pleine acquisition du pouvoir législatif par les deux Chambres : ce vieux système était incompatible avec l'exercice d'un semblable pouvoir. Blackstone constatait déjà la pleine indépendance du député, et l'expliquait par cette raison que celui-ci était le représentant, non de ses électeurs seuls, mais du royaume tout entier[4]. Au XIXe siècle, c'est un des points sur lesquels insistent le plus énergiquement les auteurs anglais. Ils distinguent soigneusement d'un simple *délégué* le représentant du peuple à la Chambre des Communes ; et pour montrer que tel n'est pas son caractère, ils citent spécialement ce qui s'est passé en 1716, quand fut voté le *Septennial Act*. La durée de la législature était alors limitée à trois ans par un Act de 1694, et les élections nouvelles à la Chambre des Communes ne pouvaient pas être différées par suite au delà de l'année 1717. Le roi et le ministère étaient persuadés qu'un appel aux électeurs, dont beaucoup étaient jacobites, serait funeste à la tranquillité du pays. Le ministère fit alors voter l'Act, aujourd'hui encore en vigueur, qui fixe à sept ans la durée des pouvoirs des députés à la Chambre des Communes, et

---

[1] Stubbs, *Const. History*, n° 717, t. III, p. 425.

[2] Anson, *Law and custom*, t. I[I], p. 19.

[3] Stubbs, *Const. History*, n° 746, t. III, p. 424.

[4] Voici la suite du passage cité plus haut, p. 34, note 4 : « Par conséquent il n'est pas tenu (le député), comme un député des Provinces-Unies, de consulter ses constituants ou de prendre leur avis sur aucun point particulier; à moins que lui-même ne juge convenable ou prudent d'agir ainsi ». On doit noter les termes dans lesquels, avant lui, Montesquieu parlait du mandat impératif dans le célèbre chapitre de l'*Esprit des lois*, intitulé *De la constitution de l'Angleterre* (L. XI, ch. 6) : « Il n'est pas nécessaire que les représentants, qui ont reçu, de ceux qui les ont choisis, une instruction générale, en reçoivent une particulière sur chaque affaire, comme cela se pratique dans les diètes d'Allemagne. Il est vrai que de cette manière la parole des députés seroit plus l'expression de la voix de la nation; mais cela jetteroit dans des longueurs infinies, rendroit chaque député le maître de tous les autres; et dans les occasions les plus pressantes, toute la force de la nation pourroit être arrêtée par un caprice. » Ne sent-on pas là comme une transition entre l'état de droit dans lequel le mandat impératif était la règle et celui dans lequel il sera légalement exclu?

qui, s'appliquant même aux députés alors en fonctions, prorogeait de
quatre ans leurs pouvoirs. « C'est la preuve démonstrative, dit
M. Dicey[1], qu'au point de vue légal le Parlement n'est pas le commis
(agent) des électeurs, ni en aucun sens un *trustee* pour ses constituants ». En effet, un délégué ou préposé ne pourrait de sa propre
autorité proroger la durée des pouvoirs qu'il a reçus.

Par suite, les auteurs anglais présentent, à juste titre, l'exclusion
de tout mandat impératif, comme une des conditions essentielles du
gouvernement représentatif. Sans doute, pour que le système fonctionne régulièrement, il faut que les députés reflètent l'opinion du
pays; c'est la volonté de celui-ci qui doit être suivie. Pour cela, il
est nécessaire que le candidat fasse connaître aux électeurs ses vues
sur les principales questions qui préoccupent les esprits et peuvent
être portées devant le Parlement. Dans aucun pays cela ne se fait
plus largement qu'en Angleterre. D'autre part, l'honneur commande
au député élu de ne point voter, si ce n'est pour les motifs les plus
graves, contrairement aux idées qu'il a ainsi émises. Mais on n'admettrait pas qu'une instruction émanée des électeurs puisse l'en-
chaîner et restreindre son pouvoir, ni même qu'il puisse prendre
envers eux des engagements formels[2].

4° Les députés doivent nécessairement être élus à temps. C'est
le seul moyen d'organiser un système véritablement représentatif.
Dans ce système, les élections souvent renouvelées sont le seul
contrôle légitime et efficace que le peuple puisse exercer sur ceux
auxquels il a, pour un certain temps, remis son pouvoir[3]. Le député,
qui aurait abusé de l'arbitraire qui lui est laissé, pour tromper la
confiance de ses électeurs, n'oserait se présenter à une élection
nouvelle, une fois ses pouvoirs expirés, ou serait sûr de ne pas être
réélu.

5° Chez les Anglais, le système représentatif s'est établi historique-

[1] *Introduction*, p. 42.

[2] Lord Brougham, *op. cit.*, p. 35; — Todd-Walpole, t. I, p. 129, 130, et les auteurs
cités; — Cox, *The British Commonwealth*, 1854, ch. XIII, p. 139 et suiv. Il faut
constater cependant que, dans le débat sur le *Home rule*, il a été plus d'une fois
objecté par l'opposition que les députés de la Chambre des Communes n'avaient pas
reçu des électeurs le mandat de voter une semblable mesure; mais voici ce que
répondait, à la Chambre des Lords, le marquis de Ripon (*Daily News* du 7 sept.
1893) : « In reply to the contention that this Parliament had no mandate to carry
this Bill, he would point out that the Parliament which repealed the Corn Laws had
no mandate to do so. If it had any mandate at all, it was to maintain those laws. He
believed that the British people had fully made up their mind to grant the Irish people self-government ».

[3] Lord Brougham, *op. cit.*, p. 34, n° 3.

ment de manière à fournir, non la représentation directe de la population nationale, — ce qui supposerait que les députés à élire seraient répartis entre les districts proportionnellement au nombre des habitants, — mais la représentation particulière d'agglomérations ayant une existence corporative, de groupes organiques constitués par l'histoire : les comtés, les villes et les bourgs, auxquels se sont jointes les Universités. Cette organisation, qui dérivait simplement de la formation historique du Parlement, a été, elle aussi, ramenée à un principe. On l'a présentée comme bonne en soi et destinée à empêcher la simple loi du nombre de dominer l'État. C'est le thème que Pitt développait en 1785 et en 1793, opposant, cette dernière fois, la base du Parlement anglais au principe qui avait produit la Convention française[1]. Dans les *Canons du gouvernement représentatif*, de lord Brougham, il est dit encore : « La population seule ne peut pas sans danger être prise pour le criterium du nombre des représentants à élire, et l'on doit réprouver toute combinaison qui attribuerait à une très grande ville le choix d'un trop grand nombre de représentants, en lui accordant un nombre de représentants proportionnel à sa population[2] ».

Cette dernière règle n'a pas pu, aussi facilement que les autres, s'acclimater chez toutes les nations qui ont emprunté aux Anglais le gouvernement représentatif; elle ne pouvait se maintenir, comme on le verra plus loin, là où était ouvertement proclamée, comme un principe fondamental, la souveraineté du peuple. En Angleterre même elle est condamnée à disparaître. La dernière loi électorale s'appelle l'*Acte sur la représentation du peuple* : c'est un nom significatif[3]. Elle a été suivie d'une autre loi, celle du 25 juin 1885, sur la répartition des sièges pour les élections parlementaires[4]. Celle-ci n'a point abandonné l'ancien principe[5]. Elle prend toujours pour base apparente de la représentation la distinction des *bourgs* et des *comtés*; elle a maintenu une représentation particulière aux Universités :

---

[1] Wilhem Rosegarten, *Die Volkswahlen und die Volksherrschaft in ihren politischen und socialen Wirkungen*, Leipzig, 1864, p. 270-1.

[2] *Op. cit.*, p. 95, canon VIII.

[3] Loi du 6 décembre 1884, sur la représentation du peuple dans le Royaume-Uni, *Annuaire de législation étrangère*, publié par la Société de législ. comparée, 1885, p. 69.

[4] *Annuaire de législation comparée*, 1886, p. 44 et s.

[5] *Annuaire de législation comparée*, 1886, notice par M. Henri Morgand, p. 46 : « Le principe de la représentation mathématiquement proportionnelle, vers lequel, en réalité, on a fait un nouveau pas, ne paraît pas avoir été admis dans les données théoriques du travail. Dès le début, M. Gladstone l'a écarté. Pour l'Irlande les *acts* d'union semblent s'opposer à son application ».

Oxford, Cambridge, Dublin, Londres, Glasgow et Aberdeen, Édimbourg et Saint-Andrews. Mais au fond, pour les bourgs et les comtés, c'est le principe de la représentation proportionnelle au nombre des habitants qu'elle a introduit et appliqué dans une large mesure. Bourgs et comtés sont en principe découpés en circonscriptions électorales, comprenant une population d'environ 54,000 habitants, et chaque circonscription élit en principe un seul représentant. Il est vrai que le système subit quant aux bourgs d'assez notables déviations; si en effet on supprime, en leur enlevant leur représentation distincte, tous les anciens bourgs parlementaires qui comptaient moins de 15,000 habitants; ceux qui dépassent ce chiffre et jusqu'à 50,000 habitants ont obtenu ou conservé un siège; de 50,000 à 165,000 ils en ont uniformément deux. Enfin, certaines Universités, Oxford, Cambridge et Dublin ont deux représentants[1]. Mais le principe ainsi déposé, ne saurait manquer d'exercer la force d'expansion qui est en lui et de faire éclater l'antique récipient dans lequel on a voulu le comprimer et le restreindre[2].

[1] Cf. sur le système établi par l'*Act* de 1885, Burgess, *Political science*, t. II, p. 65 et s.

[2] En 1885, M. Bryce combattit à la Chambre des Communes la représentation particulière des Universités (*Annuaire de lég. comparée*, 1886, p. 46). Tout récemment à la Chambre des Communes le 10 juin 1898 (*Daily News* du 11 juin), un membre demandait au premier Lord de la trésorerie si son attention avait été attirée sur la disparité, croissante d'année en année, quant à la représentation du peuple au Parlement, les dernières statistiques électorales montrant que le chiffre des électeurs inscrits dans les diverses circonscriptions varie entre 1,894, chiffre le plus bas, et 24,911 chiffre le plus élevé. Tout en déclarant que le gouvernement ne songeait point à une nouvelle distribution des sièges, M. Balfour a reconnu que ces anomalies méritaient la sérieuse attention de la Chambre.

CHAPITRE III

Le système des deux Chambres législatives.

La division du Corps législatif en deux Chambres ou Assemblées est, au XIX⁰ siècle, une institution presque générale chez les peuples qui pratiquent le gouvernement représentatif. On verra plus loin combien sont rares les Constitutions qui admettent une assemblée unique. La nécessité de cette division est presque un axiome du droit constitutionnel moderne. D'autre part, à une exception près, toutes les nations qui ont adopté ce système l'ont, directement ou indirectement, emprunté à l'Angleterre : seule la Hongrie, par une évolution propre et distincte, a divisé sa Diète en deux Chambres au commencement du XVII⁰ siècle [1]. En Angleterre cependant le système des deux Chambres n'a point été le produit de la science, ni le résultat de prévoyantes combinaisons. Il est sorti du développement historique, presque inconsciemment ; il est résulté presque d'un heureux accident. C'est ce que savaient déjà les hommes du XVIII⁰ siècle, et l'esprit français tirait alors de cette formation, due au hasard, un préjugé défavorable à l'institution [2]. En réalité, c'est ainsi que se

[1] De Berlin, *La Constitution hongroise*, précis historique, d'après le docteur Samuel Radó, Paris, 1898, ch. var., p. 110 : « La date de l'organisation séparée d'une Chambre haute remonte à l'an 1608. C'est à ce moment que la délibération séparée des États d'un côté et des seigneurs à bannerel, des évêques et des magnats de l'autre, — ayant été d'ailleurs souvent employée auparavant, — est devenue une disposition définitive ». — La Suède avait bien développé ses États par une évolution propre, et les avait divisés en quatre ordres : noblesse, clergé, bourgeoisie et paysans. Mais en 1866 elle a supprimé cette ancienne division et adopté le système des deux Chambres. — Dareste, *Les Constitutions modernes*, 2⁰ édit., t. II, p. 39 et 42.

[2] Rabaud Saint-Étienne, à l'Assemblée constituante, sept. 1789 (*Archives parlem.*, 1re série, t. VIII, p. 568) : « Il me paraît qu'une Chambre haute, une Chambre séparée, n'est point dans son institution un moyen imaginé pour arrêter les dangereux efforts d'une nation assemblée. J'accorde, pour un instant, qu'elle produit cet effet et que le résultat d'un équilibre nécessité par les circonstances est devenu de la sagesse, mais il n'était pas de la sagesse originairement. L'idée des deux Chambres n'est donc pas dans son origine un calcul de forces politiques ; elle n'a

forment très souvent les institutions les plus viables. Parmi les combinaisons multiples que l'histoire peut amener dans l'organisation des peuples progressifs, il s'en trouve quelqu'une, qui, grâce à un heureux concours de circonstances, est particulièrement bien venue; elle répond par là même à des besoins, non pas simplement particularistes, mais généraux, et à une époque où les idées s'échangent constamment entre nations, elle gagne de proche en proche, par une force naturelle et irrésistible.

Il faut voir comment le système des deux Chambres s'est constitué en Angleterre et pourquoi il s'est répandu au dehors.

I.

Lorsque le Parlement-modèle fut convoqué en 1295, sa composition, sauf la représentation propre des comtés, était fort semblable à celle de nos États généraux du XIVe siècle. A côté des barons, des prélats et abbés convoqués en personne, et des députés élus par les comtés, les villes et les bourgs, le clergé était aussi représenté comme un ordre particulier : les doyens des chapitres cathédraux, les archidiacres devaient comparaître, ainsi que des mandataires ou *proctors* représentant les chapitres et le clergé paroissial[1]. Il pouvait résulter de là une assemblée délibérante unique, comme le Parlement écossais[2], et beaucoup d'auteurs anglais admettent en effet, qu'au Parlement la délibération eut d'abord lieu en commun[3]. Il pouvait en résulter quatre corps distincts, comme les États de Suède, et, en fait, il semble que parfois il y ait eu quatre délibérations distinctes[4].

point été imaginée pour suspendre la marche précipitée des représentants du peuple. »

[1] Anson, *Law and custom*, t. I[2], p. 46. Le *writ of summons*, par lequel l'évêque était personnellement convoqué, contenait à cet effet une clause dite de *Præmunientes*, du premier mot de cette clause. Elle le chargeait de prévenir le chapitre de son église cathédrale et tout le clergé de son diocèse, qu'ils eussent à comparaître avec lui au Parlement. Le prieur ou prévôt de la cathédrale, les archidiacres, parfois les doyens devaient comparaître en personne; le chapitre cathédral et le clergé du diocèse, pris en corps, comparaissaient le premier par un procureur, le second par deux. La clause de *præmunientes* continua de figurer dans le *writ* de convocation des évêques après que le clergé eut cessé de figurer, comme ordre, au Parlement, et vota ses subsides dans les convocations. L. O. Pike, *A Constitutional History of the House of Lords*, p. 154 et s., 346, 352.

[2] Lord Brougham, *The British Constitution*, p. 51 : « The Scotch Parliament, in some very material respects, differed from the English. The different Estates always sat and voted together ».

[3] Stubbs, *Constitutional History*, n° 228, t. II, p. 252; n° 749, t. III, p. 430.

[4] Stubbs, *Constitutional History*, n° 749, t. III, p. 431 : « The fact that the

Ce qui, en apparence, était le moins probable, c'est que le Parlement se ramenât à deux Chambres. C'est pourtant ce qui eut lieu, grâce à deux simplifications qui se produisirent d'elles-mêmes.

D'un côté, le clergé renonça à être représenté au Parlement comme un ordre à part. Les prélats continuèrent à siéger au *Magnum Concilium*; mais les doyens des chapitres, les archidiacres et les *proctors* des Églises cessèrent de figurer aux Parlements convoqués. La raison en est très simple. La principale cause, qui faisait convoquer un Parlement, était le subside demandé par le pouvoir royal. Or, le clergé préféra voter séparément et indépendamment ses contributions. Cela se fit dans des assemblées, appelées *Convocations*, tout à fait analogues à nos anciennes assemblées du clergé de France. Le clergé, d'ailleurs, conserva très longtemps ce privilège en Angleterre. Cela avait, il est vrai, dégénéré en une simple entente entre le lord chancelier et l'archevêque primat. A partir de 1664 seulement, le clergé anglais fut soumis aux mêmes impôts que les autres citoyens et dans les mêmes conditions[1]. De ce développement il résulta que l'ordre du clergé cessa de figurer au Parlement dans le cours du xive siècle[2].

D'autre part, les éléments qui restaient, une fois le clergé éliminé, se groupèrent en deux corps distincts : les lords temporels et les pré-

money was voted by the different Estates in different proportions might suggest even a wider distribution ; possibly the prelates and clergy, the lords temporal, the knights of the shire and the borough members may have sat in four companies and in four chambers ».

[1] Anson, *Law and custom*, t. Ie, p. 17; II, p. 298; — Gneist, *Verfassungsgeschichte*, § 37, p. 597. Les *Convocations* d'ailleurs ont subsisté et subsistent encore dans le droit public anglais, mais seulement comme des assemblées destinées à légiférer en matière ecclésiastique, émettant des canons sur la discipline ecclésiastique, le rituel et le dogme. Mais ces canons ne peuvent être votés par elles qu'avec la permission (*licence*) de la Couronne et ne peuvent être promulgués qu'avec l'autorisation de celle-ci ; à ces conditions ils obligent le clergé ; pour obliger les laïques, il faut de plus qu'ils soient approuvés par le Parlement. Il y a en Angleterre deux *Convocations* répondant aux deux provinces ecclésiastiques, celle d'York et celle de Canterbury. Chacune est divisée en deux chambres, une chambre haute composée des évêques, que préside l'archevêque, et une chambre basse comprenant les doyens, les archidiacres et les procureurs des chapitres et du diocèse (le clergé paroissial a une représentation plus nombreuse dans la province d'York que dans celle de Canterbury). Cette organisation manifestement reflète celle du Parlement anglais ; mais l'organisation même du clergé en fournissait les éléments ; on peut remarquer que dans nos anciennes assemblées du clergé de France chaque province était représentée par deux membres du clergé supérieur et deux membres du clergé inférieur. Cf. Anson, *Law and custom*, t. II, p. 284 et s.

[2] Anson, *Law and custom*, t. Ie, p. 47; — Stubbs, *Constitutional History*, no 755.

lats, — les chevaliers des comtés et les députés des communes. Cela
résulta d'affinités naturelles ou de causes extérieures. Les barons et
prélats, tout en siégeant au Parlement, continuaient leurs anciennes
fonctions dans le *Magnum Concilium* ; à ce titre, ils formaient une
assemblée à part[1]; l'habitude devait les porter à faire de même au
sein du Parlement. S'il était naturel que les barons et les prélats se
séparassent du reste des membres, il ne l'était pas moins que les
chevaliers des comtés se réunissent aux députés des villes et des
bourgs. Un premier trait les rapprochait, c'est qu'ils étaient les uns
comme les autres des mandataires élus. Mais ils avaient d'autres
points de ressemblance, plus intimes et plus anciens. Si, en effet,
les chevaliers semblaient, par leur origine et leur noblesse même,
devoir maintenir une distinction entre eux et les bourgeois[2], en réalité il s'était fait, dans le cours du temps, une égalisation progressive
de tous les *freeholders* du comté, opposés aux barons, et les institutions autonomes et représentatives du comté y donnaient aux simples chevaliers un rôle social fort semblable à celui des bourgeois
dans les cités[3].

C'est en 1332 qu'on constate nettement pour la première fois une
délibération séparée des prélats et des grands, — et des chevaliers,
citoyens et bourgeois, quoique probablement encore dans une même
Chambre[4]. En 1341, les deux assemblées sont bien marquées[5], et, en
1351, les Communes ont un lieu de réunion particulier[6]. A partir de
1377, les Communes ont un Président en titre élu par elles, le
Speaker[7].

---

[1] Stubbs, *Constitutional History*, n° 749, t. III, p. 430 : « That the baronage,
wether assembled in parliament or not, could hold sessions apart from the clergy
or the commons, is a fact as clear as the clergy could and did meet apart from the
baronage... But on the other hand the barons had their own assembly as a great
council ».

[2] Stubbs, *Constitutional History*, n° 491, t. II, p. 184 : « For several reasons
the minor freeholders might have been expected to throw in their lot with the
barons, with whom they shared the character of landowners and the common bonds
of chivalry and consanguinity. For a long time they voted their taxes in the same
proportion with them, and it was not by any means clear, at the end of the reign of
Edward I, that they might not furnish a fourth estate of Parliament ».

[3] Stubbs, *Constitutional History*, n° 492 et suiv.

[4] Stubbs, *Constitutional History*, n° 749.

[5] « Ad il charge et priez en chargeante manière icellez grantz et autres de la
commune, qu'ils se treissent ensemble et s'avisent entre eux; c'est assavoir les grantz
de par eux, et les chevaliers des comtéez, citoyns et burgeys de par eux ». Rot.
Parl., II, 127.

[6] Stubbs, *Constitutional History*, n° 749.

[7] Stubbs, *Constitutional History*, n° 758. *Speaker* signifie *orateur*. Cela mar-

En même temps que le Parlement se divisait ainsi en deux Chambres, le principe se dégageait qu'elles avaient, sauf exception, un droit égal, et que leur délibération concordante, prise de part et d'autre à la majorité, était nécessaire pour engager le corps entier. Nous avons dit comment cela s'établit pour la délibération des lois[1]; il en fut de même pour le vote des impôts. Nous savons qu'originairement chaque État (*Estate*) votait séparément ses subsides et dans des proportions souvent diverses; il en était encore ainsi en 1295[2]. Mais dans le cours du XIVᵉ siècle, lorsque les deux Chambres furent formées, elles cessèrent de voter leurs subsides séparément, faisant leur octroi d'après un seul et même plan, et lui donnant la forme d'impôts qui atteignaient toutes les classes. La fixation s'en faisait par des conférences entre les deux assemblées, et, bien que les demandes de la Couronne fussent d'abord présentées aux Lords, depuis la fin du règne

que qu'originairement sa principale fonction était de transmettre publiquement au roi la délibération des Communes. Ainsi, dans nos anciens États généraux, chacun des ordres élisait un *orateur* en vue des séances royales, où les États se mettaient en contact avec la royauté. — La question de savoir quand et comment se fit la séparation des deux Chambres est encore obscure en partie, voici comment la présente M. L. O. Pike, *A constitutional History of the House of Lords*, p. 322 et s. : « Il est difficile, dit-il, de prouver à quel moment une barrière physique permanente a été établie entre les deux Chambres; il est aisé de montrer que les deux assemblées furent toujours distinctes. La *Curia regis* ou cour du roi, le roi en son conseil dans son Parlement (*the king in his council in Parliament*) d'une époque quelque peu postérieure, ne comprirent jamais les Communes. Les grands officiers de l'État et les juges y étaient convoqués et y siégeaient parmi les Lords spirituels et temporels, mais les représentants des Communes, ou tout au moins les bourgeois, ne furent jamais admis dans leurs rangs. Il importerait assez peu que les Communes, qui aux premiers temps du Parlement se présentent surtout comme pétitionnaires, aient formulé leurs pétitions au bas bout d'une salle, tandis que les Lords étaient en haut, ou dans une chambre ou bâtiment distinct, tandis que les Lords étaient dans un autre. Aucun mur ne pouvait rendre les deux corps plus distincts qu'ils ne l'étaient déjà par leur nature ». D'autre part, le même auteur soutient que même après le XVᵉ siècle le Parlement n'avait pas encore totalement perdu son unité primitive et que parfois Lords et Communes se réunissaient encore dans une même assemblée : « Le roi et les trois États, dit-il, formaient un tout organique, et parfois encore ils avaient à agir collectivement en tant que Parlement; des occasions se présentèrent à des dates considérablement plus récentes que celles qui ont été habituellement assignées à la séparation des deux Chambres. Il y a plusieurs cas dans lesquels un Pair, nouvellement promu à une dignité particulière, prend séance en présence des Lords et des Communes. Cela se présente au moins encore sous le règne d'Henri V, lorsque Thomas Beaufort, comte de Dorset, fut créé en Parlement duc d'Exeter ». Enfin M. Pike ajoute : « Les « Rôles du Parlement » *Rolls of Parliament* remontent jusqu'au règne d'Henri VII; et il n'y a point de *Journal* séparé des Lords avant le règne d'Henri VIII ».

[1] Ci-dessus, p. 42-3.
[2] Stubbs, *Constitutional History*, nᵒ 223.

de Richard II (1395), tous les subsides furent accordés par les Communes, avec l'avis et assentiment des Lords, dans une forme qui peut être regardée comme constituant un acte du Parlement[1]. En 1407, il fut nettement établi que, pour la concession des subsides, le roi devait recevoir par la bouche du *Speaker* des Communes la détermination des deux Chambres. C'était déjà reconnaître qu'aux Communes appartenait vraiment le droit de consentir l'impôt[2].

Enfin la formation bien nette des deux Chambres du Parlement produisit une dernière conséquence. La Chambre des Lords, dissociée du Conseil du roi et n'existant plus qu'en tant que partie intégrante du Parlement, comme la Chambre des Communes, ne pouvait plus siéger et agir que lorsqu'un Parlement complet existait et était en action. Par suite la dissolution de la Chambre des Communes, la prorogation de la session le réduisaient à l'inactivité forcée[3], jusqu'à ce qu'une nouvelle Chambre des Communes fût convoquée ou qu'une session fût ouverte. De là vint la règle d'après laquelle dans le système des deux Chambres, l'une d'elles en principe ne peut siéger si l'autre n'est également en session. Voilà ce que l'on peut entrevoir sur la formation de ce système chez les Anglais; disons maintenant comment se fixa au cours du temps la composition de la Chambre des Lords.

La Chambre des Lords, ou plutôt le *Magnum Concilium*, dont elle était la continuation, était originairement une assemblée de vassaux, une cour féodale. C'était le titre de la tenure qui y donnait séance, tous les ducs, comtes et *majores barones* y étant personnellement convoqués. Mais à partir du règne d'Édouard Ier (1272-1307), une transformation s'accomplit, qui devait donner à la Chambre des Lords une autre base. Ce roi, en effet, restreignit le nombre des barons qui étaient antérieurement convoqués[4]. Dès lors, c'était la volonté royale et non la tenure par elle-même qui conférait le droit de siéger. Cela s'accentua par une jurisprudence qui s'établit au cours du xive siècle : toute personne, qui avait été convoquée une fois au Parlement en qualité de pair et qui avait obéi à la convocation, avait le droit ferme d'être convoquée aux Parlements suivants, et laissait après elle ce même droit à son héritier, pour le transmettre héréditairement et indéfiniment dans sa famille, selon la loi anglaise de primo-

[1] Stubbs, *Constitutional History*, n°s 760, 761. On peut cependant constater encore, mais à titre exceptionnel, quelques octrois séparés des divers ordres, *ibidem*, n° 693.

[2] Stubbs, *Constitutional History*, n° 691. L. O. Pike, *op. cit.*, 337 et s.

[3] L. O. Pike, *op. cit.*, p. 333.

[4] L. O. Pike, *op. cit.*, ch. vi et vii.

géniture[1]. De là à permettre au roi de conférer par un acte précis et formel des pairies héréditaires, emportant le droit de siéger à la Chambre des Lords, il n'y avait qu'un pas, et il fut vite franchi. Le roi put par « patent » créer des pairs[2], sauf cette limitation, qui fut imposée dans la suite, qu'il ne peut les créer simplement à vie : la pairie conférée est nécessairement héréditaire[3]. On arriva à ce résultat que tous les *Lords temporels* composant la Chambre haute furent censés avoir également le droit d'y siéger en vertu de titres de noblesse que le roi avait conférés, à eux ou à leurs ancêtres[4]. Ainsi s'est établie en Angleterre cette règle, qui a longtemps passé pour un des principes essentiels de la monarchie constitutionnelle : le droit pour le roi de nommer, sans limite de nombre, les membres de la Chambre haute. Ainsi se fixa la composition de la Chambre des Lords quant aux pairs temporels d'Angleterre. Par l'union de l'Écosse et de l'Irlande elle se compliqua. En effet, ces deux pays, dont le développement propre avait été symétrique à celui de l'Angleterre, avaient chacun leur collège de pairs, qui subsista après la réunion.

---

[1] Stubbs, *Constitutional History*, n° 120.

[2] Cela eut en particulier cet avantage, que cela permit de limiter la transmission de la pairie aux seuls héritiers mâles. D'après la coutume, au contraire, la pairie pouvait passer aux femmes à défaut de mâle ; et, bien qu'aucune *pairesse* n'ait jamais été convoquée au Parlement, en personne ou par procureur, l'homme qu'elle épousait acquérait le droit d'y siéger. Stubbs, *Constitutional History*, n° 751, t. II, p. 437.

[3] Bien que les précédents, sur lesquels repose la discussion de ce point de droit, soient fort anciens, c'est seulement en 1856 que la question s'est posée réellement. La Couronne à cette époque créa de parti pris un pair à vie. Mais la Chambre des Lords décida que ni les lettres patentes de cette création ni le *writ of summons* qui les avait suivies ne pouvaient conférer au bénéficiaire le droit de siéger et de voter au Parlement. Malgré les protestations d'un certain nombre de pairs, cette décision fixa le droit constitutionnel sur ce point. Cela ne rendait point impossible cependant qu'un Act du Parlement, changeant, en ce point, la Constitution, permît pour l'avenir la création de pairs à vie. Des projets dans ce sens furent présentés en 1856, 1869 et 1888. Ils n'ont pas abouti. Mais, comme on le verra plus loin, par la création des Lords d'appel ordinaires, le principe de la pairie viagère a reçu une application. Sur cette question voyez L. O. Pike, *op. cit.*, p. 376 et s.

[4] Cela vient en partie de ce que définitivement sous Charles II furent abolis le service militaire attaché aux fiefs, ainsi que les autres devoirs analogues dus par le vassal au seigneur, y compris le devoir de conseil. Mais cette même législation conserva expressément aux pairs du royaume leurs titres d'honneur et le droit de siéger au Parlement, titres et droits qui, attachés auparavant à leurs fiefs, en devinrent désormais indépendants. Cf. L. O. Pike, op. cit., p. 356-7. Cependant l'influence du principe féodal s'est encore fait sentir accessoirement pendant des siècles. C'était en effet une question discutée que celle de savoir si la propriété de certains fiefs ne conférait pas la qualité de pair ; elle a été résolue négativement, mais seulement de nos jours.

Mais le droit de siéger au Parlement britannique ne fut accordé qu'à un certain nombre d'entre eux élus par les autres : seize pairs d'Écosse, élus à nouveau pour chaque législature, et vingt-huit pairs d'Irlande élus à vie. C'est ainsi que la Chambre des Lords se trouve compter un certain nombre de membres électifs.

Le *Magnum Concilium*, comme les autres assemblées féodales, comprenait, à côté des grands vassaux laïques, les hauts dignitaires ecclésiastiques. Il en résulta que la Chambre des Lords comprit aussi des *Lords spirituels* (spiritual lords). C'étaient d'abord les deux archevêques et les évêques du royaume; puis, dans l'Angleterre catholique, un grand nombre d'abbés, prieurs et chefs d'ordres monastiques. Le nombre des prélats *réguliers* y décrut d'ailleurs à partir du règne d'Édouard III, conformément à leur propre vœu[1]. Cependant ils étaient assez nombreux pour former, joints aux archevêques et évêques, la majorité de la Chambre des Lords. Aussi ce fut un changement d'une grande portée lorsque sous Henri VIII, les monastères ayant été dissous, les abbés et les prieurs disparurent du Parlement[2]. Les archevêques et évêques anglicans y demeurèrent, mais sans grande influence à raison de leur petit nombre. Ils en furent même exclus en 1640, sous Charles Ier, par un Act du Parlement qui, ayant reçu l'approbation du roi, fut considéré comme valable et maintenu lors de la restauration; mais en 1661 il fut rapporté par une loi contraire[3], et les archevêques et évêques anglicans, ainsi réintroduits dans la Chambre des Lords, n'ont jamais cessé depuis lors d'y siéger[4]. Cependant des modifications se produisirent en un certain sens. Jusqu'en 1847 tous les évêques anglicans étaient membres de la Chambre des Lords; mais en cette année fut créé un nouvel évêché, celui de Manchester, et il fut expressément établi que le nombre des *Lords spirituels* siégeant et votant au Parlement ne serait pas augmenté par le fait de cette création; furent ensuite successivement créés les évêchés de Saint-Albans en 1875, de Truro en 1876, de Liverpool, Newcastle, Southwell et Wakefield en 1878, toujours avec la même réserve. Il en résulte qu'actuellement il y a toujours sept

---

[1] Stubbs, *Constitutional History*, n° 753. — Les prélats réguliers considéraient comme une lourde charge l'obligation de se rendre au Parlement.

[2] L. O. Pike, op. cit., p. 348 et s.

[3] L. O. Pike, op. cit., p. 327 et s.

[4] Cependant en 1834 un bill fut proposé à la Chambre des Lords « pour relever les archevêques et évêques de l'Église établie de leurs devoirs législatifs et judiciaires au Parlement », c'est-à-dire pour les exclure. Le même projet repris en 1834 et 1837 fut toujours repoussé par la Chambre des Communes. Celle-ci pourtant reprit sans succès l'entreprise en 1870. — L. O. Pike, op. cit., p. 369, 382.

évêques anglicans qui ne siègent pas à la Chambre des Lords. Les
deux archevêques de Canterbury et d'York, les évêques de Londres,
de Durham et de Winchester ont nécessairement un siège; pour les
autres évêques, quand un siège devient vacant, il est attribué, sans
distinction entre les évêchés, à l'évêque le plus ancien dans ses fonctions[1]. Ce sont là des *Lords de droit*, et en même temps des pairs nécessairement viagers, puisque la dignité ecclésiastique, qui emporte
la pairie, est elle-même viagère[2].

La Chambre des Lords a pris au cours du temps, dans une
large mesure, le caractère et les fonctions d'une Cour suprême d'appel
par rapport aux Cours supérieures anglaises de *Common law* ou d'É-
quité. Elle recevait et jugeait les propositions d'erreur (*writ of error*)
contre les sentences des premières et les appels intentés contre les
jugements de la Cour d'Équité[3]. Cela se comprend facilement étant
données les attributions judiciaires de l'ancien *Magnum Concilium*.
Mais cette juridiction en appel a été fort compromise dans les temps
modernes[4]. L'Act de 1873 sur la suprême Cour de judicature la supprimait radicalement; mais la mise en vigueur de cette disposition
fut retardée d'abord jusqu'en 1874, puis jusqu'au 1er novembre 1876,
et la juridiction en appel de la Chambre des Lords provisoirement

[1] L. O. Pike, *op. cit.*, p. 166 et s. Par suite de l'union de l'Irlande à l'Angleterre
il avait été décidé qu'à chaque session du Parlement anglais siégeraient à la Chambre
des Lords l'un des quatre archevêques d'Irlande, trois de ses dix-huit évêques; un
roulement entre eux avait été établi à cet effet. Mais les prélats irlandais dont il
s'agit étaient les archevêques et évêques anglicans d'Irlande. Un acte de 1869 ayant
prononcé le *disestablishment* de cette Église d'Irlande, les prélats irlandais ont cessé
depuis 1870 de siéger à la Chambre des Lords; — L. O. Pike, *op. cit.*, p. 364-6.

[2] C'est une question agitée parmi les auteurs anglais que de savoir à quel titre au
juste les prélats sont appelés à la Chambre des Lords; si c'est à raison de leur dignité ecclésiastique, les prélats en tant que tels étant, d'après la tradition antique,
les conseillers de la Couronne, — ou à raison de leur temporel et des relations féodales qu'il entraînait jadis. C'est la première explication qui est généralement adoptée par les auteurs anglais, bien que les abbés et prieurs paraissent avoir été convoqués jadis seulement à raison de leurs tenures, et bien que les évêques et archevêques prêtent encore l'hommage à la Couronne; c'est même justement à partir de
cet hommage, concomitant à leur consécration, qu'ils sont aptes à siéger à la Chambre
des Lords. Voyez Anson, *Law and custom*, t. II, p. 199; L. O. Pike, *op. cit.*, p.
156 et s. Ce qui est certain, c'est que depuis Henri VIII les *Lords spirituels*,
membres du Parlement ne sont plus des *Pairs* (L. O. Pike, *op. cit.*, p. 164 et s.),
la qualité de pair supposant la noblesse du sang. C'est la doctrine très nette de
Blakstone, *Commentaries*, B. I, ch. 12, p. 401 : « Bishops, though they are lords
of Parliament and sit there by virtue of their baronies which they hold *jure eccle-
siastico*, yet are not ennobled in blood and consequently not peers with nobility ».

[3] Anson, *Law and custom*, t. II, p. 199 et s.; L. O. Pike, *op. cit.*, p. 295-307.

[4] L. O. Pike, *op. cit.*, p. 304 et s.

maintenue. Avant le terme fixé, un autre Act de 1876, intervenait sur
la matière et maintenait définitivement, en la réglementant, la juridiction d'appel de la Chambre des Lords[1], dans la mesure où elle
existait antérieurement sur les Cours supérieures d'Angleterre, d'É-
cosse et d'Irlande. Mais si ces attributions judiciaires ont pu se maintenir, c'est qu'elles n'appartiennent plus qu'en apparence et en théorie
à la Chambre tout entière. Une assemblée nombreuse, législative,
non professionnelle, est en effet naturellement peu apte à administrer
la justice ordinaire, civile ou criminelle. L'Act de 1876 dispose
qu'aucun appel ne pourra être débattu et terminé dans la Chambre
des Lords si ce n'est en présence de trois au moins des personnes
suivantes qui portent le titre de *Lords d'appel :* le chancelier en
fonctions, les pairs qui ont antérieurement rempli ces fonctions, les
pairs qui sont ou ont été, soit Lord chancelier d'Irlande, soit juge
rétribué du comité judiciaire du *Privy Council,* soit juge de l'une des
Cours supérieures de Grande-Bretagne ou d'Irlande, enfin les *Juges
ordinaires d'appel,* dont il va être parlé. Cela revient à dire qu'en
réalité la juridiction en appel de la Chambre des Lords est transférée
aux seuls Lords qui viennent d'être énumérés. Sans doute en droit
et en théorie, c'est la Chambre tout entière qui est censée exercer cette
attribution; c'est elle que vise encore dans les termes l'*Act de 1876.*
Mais on n'admettrait pas que les membres qui ne sont pas *Lords
d'appel* participassent au jugement des causes. C'est une des nombreuses fictions ou conventions que présente le droit anglais. L'Act
de 1876 a fait plus; complété par un autre Act de 1887[2], il permet
aux *Lords d'appel* de siéger et de remplir leurs fonctions judiciaires
pendant la prorogation du Parlement et même, avec l'autorisation
de la Couronne pendant la dissolution de la Chambre des Communes[3]; ce qui encore est très logique.

L'Act de 1876 en arrêtant la liste des Lords d'appel n'a fait que
régulariser un usage assez ancien. Depuis longtemps on n'admettait
à l'exercice des attributions judiciaires que les *Lords lawyers,* ceux
qui avaient des connaissances juridiques et techniques. Mais en plus
il a permis à la Couronne de créer des *Lords d'appel ordinaires* au

---

[1] Acte du 11 août 1876 sur la juridiction d'appel de la Chambre des Lords, *Annuaire de législation étrangère,* 1877, p. 16.

[2] *Annuaire de législation étrangère,* 1888, p. 27.

[3] L'Act de 1876 parle toujours comme s'il s'agissait de la Chambre tout entière,
et même l'art. 8, parlant des séances tenues pendant une prorogation, se termine
ainsi : « Toutes décisions et mesures ainsi prises pendant la prorogation seront aussi
valables que si le Parlement était réuni, mais la Chambre ne pourra s'occuper d'aucune affaire d'autre nature ».

nombre d'abord de deux, puis dans l'avenir de quatre, choisis dans des catégories déterminées de juristes et recevant 6.000 livres sterling d'appointements pour servir à la Chambre des Lords. Ces Lords d'appel ordinaires prenaient le rang de barons, et étaient convoqués au Parlement comme membres de la Chambre des Lords ; mais ils ne conservaient le droit d'y siéger que tant qu'ils conservaient leur fonction principale de *Lords d'appel ordinaires*. Or, ils pouvaient perdre celle-ci par démission, par mise à la retraite demandée ; ils sont même révocables, comme les autres juges, sur une pétition présentée par les deux Chambres. L'*Act* de 1887 leur conféra le droit de siéger et de voter au Parlement pendant leur vie entière, alors même qu'ils auraient perdu leur fonction principale[1]. Ce sont donc de véritables pairs à vie, créés en vertu de la loi.

La Chambre des Communes, durant sa longue histoire, a toujours conservé, en un sens, le même caractère ; elle a toujours été élective, et ses membres ont toujours été élus par les comtés, les villes et les bourgs dotés de la franchise. Ce qui a considérablement varié, c'est la capacité électorale. Toujours elle a été autre dans les comtés d'une part, dans les villes et les bourgs d'autre part. Cependant ces deux systèmes tendent à se rapprocher depuis la grande réforme de 1832 : ils se rapprochent surtout dans l'Act de 1884, qui a considérablement élargi le droit de suffrage. Mais ce sont là des détails propres à l'histoire du droit constitutionnel anglais[2].

Depuis leur séparation originelle, les deux Chambres du Parlement anglais ont toujours coexisté, sauf une courte interruption. La Chambre des Lords fut supprimée par un Act du Long Parlement le 19 mars 1649[3]. Mais au mois de décembre 1657, Cromwell lançait des convocations pour reconstituer une Chambre des Lords[4]. Après la mort de Cromwell, lorsque le Long Parlement eut été rappelé, représenté par la seule Chambre des Communes à laquelle il avait été réduit en 1649, l'opinion semblait aussi pencher vers la constitution d'une seconde Chambre ou Sénat[5]. A la Restauration, l'ancienne Chambre des Lords fut reconstituée et depuis elle a toujours subsisté.

---

[1] L. O. Pike, *op. cit.*, p. 382-384. Il résulte du système introduit en 1887 qu'un lord d'appel ordinaire, qui a obtenu sa retraite, étant encore membre de la Chambre des Lords, peut siéger dans le jugement des causes comme *Lord d'appel*, et l'Act de 1887 l'autorise spécialement à le faire pendant la prorogation du Parlement.

[2] J'aurai dans la suite l'occasion de reprendre quelques-uns de ces points.

[3] Gardiner, *Constitutional documents of the puritan Revolution*, n° 79, p. 386.

[4] *Ibidem*, n° 93, p. 350.

[5] Ludlow, *Memoirs*, éd. London, 1751, p. 257. Sur le Parlement de Cromwell, voyez L. O. Pike, *op. cit.*, p. 328, 356.

Il résulta de là que l'institution des deux Chambres fut considérée par un grand nombre de publicistes, à partir du XVIIIᵉ siècle, comme un élément nécessaire de ce libre gouvernement représentatif, que, seuls, les Anglais avaient su dégager et pratiquer en Europe. Avec d'autres institutions anglaises, elle a peu à peu fait le tour du monde occidental. Elle forme aujourd'hui le droit commun chez les peuples libres, et nous verrons plus loin combien sont rares les exceptions. Mais ce mouvement de propagande comporta deux nouveautés. En premier lieu, on fit la théorie du système des deux Chambres, que les Anglais tenaient simplement de l'histoire, et qu'ils avaient pratiqué sous un plan préconçu : on recherche rationnellement les mérites qu'il pouvait présenter partout et en tout temps. D'autre part, les peuples, qui l'empruntèrent aux Anglais, l'appliquèrent parfois de parti-pris à la sauvegarde d'intérêts divers. Voilà deux nouveaux aspects de la question qui se présentent à nous, et c'est le second que je me propose d'examiner d'abord.

II.

Le premier intérêt, que servit l'institution d'une seconde Chambre, ce fut de donner une représentation spéciale à une aristocratie existant dans la nation. Telle est la fonction propre de la Chambre des Lords, qui représenta d'abord la haute féodalité anglaise, puis une aristocratie terrienne et héréditaire ayant pour source première un acte de volonté royale : si bien que cela paraissait à Montesquieu l'objet principal de la création d'une Chambre haute. « Il y a toujours dans un État, disait-il, des gens distingués par la naissance, les richesses ou les honneurs ; mais s'ils étoient confondus parmi le peuple, et s'ils n'y avoient qu'une voix comme les autres, la liberté commune seroit leur esclavage, et ils n'auroient aucun intérêt à la défendre, parce que la plupart des résolutions seroient contre eux. La part qu'ils ont à la législation doit donc être proportionnée aux autres avantages qu'ils ont dans l'État ; ce qui arrivera s'ils forment un corps qui ait droit d'arrêter les entreprises du peuple, comme le peuple a le droit d'arrêter les leurs. Ainsi la puissance législative sera confiée et au corps des nobles et au corps qui sera choisi pour représenter le peuple, qui auront chacun leurs assemblées et leurs délibérations à part et des intérêts séparés[1] ». C'est en ce sens qu'ont été constituées un grand nombre de Chambres hautes en Europe. La Chambre des Magnats en Hongrie, la Chambre des Seigneurs en

[1] *Esprit des Lois*, l. XI, ch. VI.

Prusse, ont des noms significatifs; la Chambre des Pairs de notre Charte de 1814, et même, dans une certaine mesure, celle de la monarchie de Juillet, présentaient aussi des variantes de la même institution.

Un second intérêt, tout différent, a été également satisfait par l'institution d'une seconde Chambre. Il s'agit ici des républiques fédératives. Elles contiennent, nous le savons, deux éléments fondamentaux : à certains égards elles forment un État unique, comprenant la nation entière ; d'un autre côté, elles se composent d'une série d'États particuliers, dont chacun garde, en principe, sa souveraineté intérieure. Il est nécessaire, pour que cet équilibre délicat se maintienne, que ces deux éléments aient chacun leur représentation et leur organe propre dans le gouvernement fédéral. De là deux Chambres électives : l'une, élue proportionnellement à la population, représente la nation, considérée comme un corps unique et homogène ; l'autre, élue par la législature ou la population des divers États, individuellement considérés, représente ceux-ci ou plutôt représente encore la nation, mais décomposée en États particuliers. Aussi cette seconde Chambre est-elle établie sur le principe de l'égalité des États : quelle que soit leur importance respective, chacun y élit un nombre égal de représentants. C'est sur ce type que sont établies les deux Chambres du Congrès des États-Unis et les deux Chambres de l'Assemblée fédérale suisse. Ce second exemple est même le plus significatif pour démontrer cette application spéciale du système des deux Chambres. En Amérique, en effet, étant données les traditions anglaises et la constitution antérieure des diverses colonies, chez qui on trouvait comme un trait commun l'équivalent d'une Chambre haute, il était presque fatal que la législature fédérale comprît deux assemblées. En Suisse, au contraire, les divers cantons n'avaient et n'ont encore qu'une assemblée unique, et l'esprit de la démocratie suisse répugne manifestement à l'institution des deux Chambres. Cependant on établit les deux Chambres fédérales dans la Constitution de 1848, afin de protéger l'égalité et l'indépendance des cantons, afin d'empêcher les plus grands de dominer les plus petits[1].

Enfin, dans des pays neufs et très démocratiques, où les questions économiques tendent à prévaloir sur les problèmes proprement politiques, l'institution des deux Chambres a trouvé une utilité nouvelle, que les auteurs de leurs Constitutions n'avaient ni voulue ni prévue,

---

[1] Rüttimann, *Das Nordamerikanische Bundesstaatsrecht, verglichen mit den politischen Einrichtungen der Schweiz*, § 199.

mais qu'a dégagée l'évolution sociale. Voici, en effet, comment le professeur Jenks justifie l'existence des deux Chambres dans le gouvernement de Victoria (Australie) : il voit, dans l'une, la représentation
du travail, et, dans l'autre, celle du capital. « En termes généraux,
dit-il, le Conseil législatif est l'organe du capital. Le suffrage restreint qui le nomme, la justification qui est exigée quant à la propriété
pour l'éligibilité de ses membres, la vaste étendue des circonscriptions électorales, et, par suite, la dépense qu'entraînent les élections,
le fait que ses membres ne sont pas payés, tout cela assure en pratique qu'il sera composé d'hommes riches, qui tout naturellement
jugent la situation au point de vue capitaliste. Les traits opposés qui
caractérisent l'Assemblée législative font, tout aussi naturellement,
de celle-ci le porte-voix du travail. Et, comme il est évidemment
nécessaire que chacun de ces deux grands partis soit dûment représenté dans le gouvernement du pays, l'état de choses actuel est satisfaisant dans une certaine mesure : toute proposition, tendant à supprimer l'une ou l'autre branche de la législature, porte au front cette
injustice manifeste qu'elle aurait pour effet de priver l'un ou l'autre
parti de toute voix dans la décision des affaires[1]. »

III.

Les intérêts particuliers, auxquels je viens de montrer que l'institution des deux Chambres s'est successivement adaptée, n'existent
pas, sauf le dernier, dans les États unitaires et égalitaires, là où il
n'existe qu'une seule souveraineté et où, tous les citoyens étant
égaux en droits, on ne saurait parler de la représentation de classes
distinctes. Quant à établir, par l'organe de deux assemblées, la
représentation distincte du capital et du travail, ce serait en réalité
reconnaître et rétablir légalement un système de classes sociales. Cependant, chez ces nations aussi, les deux Chambres ont leur raison
d'être. En effet, en dehors des intérêts particuliers qu'elles peuvent
servir, grâce à leur composition diverse et diversement combinée,
elles ont, par leur dualité seule, une utilité générale et considérable,
qui apparaît partout où fonctionne le gouvernement représentatif.
Cette utilité fondamentale se décompose d'ailleurs en un certain nombre d'effets, portant sur des points différents.

1° La division du Corps légiférant en deux Chambres a tout d'a-
bord pour but d'affaiblir la puissance effective du pouvoir législatif, laquelle est immense et par conséquent, dangereuse dans le

[1] Jenks, *The government of Victoria (Australia)*, London, 1891, p. 379.

gouvernement représentatif. Le pouvoir législatif, par la nature de
ses attributions, tend fatalement à la prépondérance dans le gouvernement. Par les lois qu'il fait, il peut régler à son gré, en tout ce
que n'a pas décidé la Constitution écrite, le fonctionnement des autres
pouvoirs; par le vote de l'impôt, il peut arrêter la marche du gouvernement tout entier. Cependant le gouvernement représentatif
repose aussi sur la séparation des pouvoirs; il exige, pour être en
équilibre, l'indépendance du pouvoir exécutif sur son domaine propre,
et aussi, selon beaucoup d'esprits, l'indépendance du pouvoir judiciaire. Le despotisme des assemblées délibérantes, l'expérience l'a
prouvé, n'est pas moins redoutable et moins funeste que le despotisme des monarques ou des dictateurs. Pour éviter ces dangers,
la division du Corps législatif en deux Chambres paraît le moyen
le mieux approprié : par là le pouvoir législatif, perdant avec l'unité
son excès de force, redevient ce qu'il doit être, c'est-à-dire l'égal
des autres pouvoirs. « La vérité est, dit le commentateur classique
de la Constitution des États-Unis, que le pouvoir législatif est le
grand et suprême pouvoir dans tout gouvernement libre. On a remarqué, avec autant de force que de sagacité, que le pouvoir législatif étend constamment en tous sens la sphère de son activité, et
qu'il attire tout le pouvoir dans son tourbillon impétueux... Si le
pouvoir législatif réside intégralement dans une seule assemblée, il
n'y a plus pratiquement de restriction à l'exercice illimité de ce pouvoir; il n'y a plus d'obstacle à toute usurpation, qu'il pourra chercher
à justifier par la nécessité ou par la considération supérieure du
bien public[1] ». Écoutons maintenant l'éminent professeur et homme
d'État anglais qui a repris, un demi-siècle après Tocqueville, et avec
le même éclat, l'étude de la grande République américaine : « Maintenant la nécessité de deux Chambres est devenue un axiome de la
science politique; elle est fondée sur la croyance que la tendance
innée de toute assemblée à devenir hâtive, tyrannique et corrompue
doit être réprimée par l'existence d'une autre Chambre, égale en
autorité. Les Américains restreignent leurs législatures en les divisant, exactement comme les Romains restreignirent leur exécutif
en remplaçant un roi par deux consuls[2] ».

2° Le pouvoir exécutif et le pouvoir législatif étant distincts et indépendants, au moins dans une certaine mesure, des conflits entre
eux sont toujours possibles, parfois inévitables. Le danger est que ces

[1] Story, *Commentaries on the Constitution of the United States*, 4e édition,
§ 533 et 551.

[2] Bryce, *The American Commonwealth*, t. II, p. 461.

conflits aboutissent à une lutte violente et sans merci, et, en définitive, au coup d'État; la solution désirable est qu'il intervienne une transaction pacifique, qui rétablisse l'équilibre des pouvoirs. Cela sera grandement favorisé par la division du pouvoir législatif. Le plus souvent, le conflit éclatera seulement entre l'une des Chambres et le pouvoir exécutif, et l'autre Chambre servira alors d'obstacle à un duel à mort et pourra jouer utilement le rôle d'arbitre. Si les deux Chambres sont unies dans ce conflit, il est presque certain que la raison et la justice seront de leur côté, et alors leur action deviendra invincible, pour le plus grand bien du pays. Enfin, le pouvoir exécutif pourra, de son côté, agir comme modérateur dans les conflits qui pourraient s'élever entre les deux Chambres[1].

Ce jeu de contrepoids a surtout pour but, il faut le reconnaître, de sauvegarder l'indépendance du pouvoir exécutif; mais cela est bien juste, étant donnée la force naturelle et envahissante qui appartient au pouvoir législatif. Cependant l'hypothèse inverse pourrait se présenter. Le pouvoir exécutif pourrait se faire l'allié de l'une des Chambres afin d'écraser l'autre. C'est, dit-on, ce qui s'est produit au 18 brumaire lorsque Bonaparte s'est appuyé sur le Conseil des Anciens pour annihiler la résistance légale du Conseil des Cinq-Cents[2]. Mais cela n'est point tout à fait exact, car l'une des forces nécessaires à cet équilibre, c'est-à-dire le pouvoir exécutif, avait déjà disparu, quatre sur cinq des directeurs ayant donné leur démission sans engager la lutte[3]; de plus l'agresseur n'était pas le pouvoir exécutif, mais un général ambitieux agissant pour son propre compte.

3° La division du Corps législatif en deux Chambres a cet avantage évident : de remédier aux entraînements et aux erreurs, auxquels

[1] Rapport de Lally Tollendal à l'Assemblée constituante, sur le ch. II de la Constitution, séance du 31 août 1789 (Archives parlem., 1re série, t. VIII, p. 515). « Un pouvoir unique finirait nécessairement par tout dévorer. Deux se combattraient jusqu'à ce que l'un eût écrasé l'autre. Mais trois se maintiendront dans un parfait équilibre, s'ils sont combinés de manière que, quand deux lutteront ensemble, le troisième, également intéressé au maintien de l'un et de l'autre, se joigne à celui qui est opprimé contre celui qui opprime et ramène la paix entre tous ».

[2] M. Naquet, à l'Assemblée nationale, séance du 28 janvier 1875 (Annales de l'Assemblée nationale, t. XXXVI, p. 314) : « La meilleure preuve que la division du pouvoir législatif en deux Chambres n'est pas suffisante à conjurer les éventualités de révolutions et de coups d'État, c'est qu'au 18 brumaire le coup d'État s'est effectué contre un pouvoir législatif partagé entre deux assemblées, et, si je ne me trompe, l'une de ces deux assemblées a singulièrement aidé Bonaparte à exécuter son coup d'État contre l'autre ».

[3] Mignet, Histoire de la Révolution française, 6e édition, t. II, p. 159 : « Le Directoire fut dissous de fait, et il y eut un antagoniste de moins dans la lutte. Les Cinq-Cents et Bonaparte restèrent seuls en présence ».

est si facilement exposée toute assemblée délibérante. Avec une assemblée unique, ces décisions irréfléchies et fautives ont des conséquences immédiates et définitives : elles passent nécessairement dans la loi. Elles deviennent irréparables, au moins pour un certain temps, et ne peuvent être réparées, par une loi qui les abroge, qu'aux dépens de la dignité et de la considération de l'Assemblée. Lorsqu'il existe deux Chambres, il y a des chances sérieuses pour que les entraînements de l'une ne gagnent point l'autre, qui aura le temps de réfléchir; les méprises de l'une pourront être réparées par l'autre, avant que le projet qui les contient ne devienne une loi. Cela est précieux en particulier, étant donné l'usage toujours croissant, qui se fait chez nous, de l'initiative parlementaire : les propositions de loi présentées par les membres individuels du Parlement sont souvent rédigées d'une manière hâtive et peu scientifique ; leur discussion par deux assemblées distinctes est une précaution bien nécessaire, et parfois même insuffisante. Il en est de même, à plus forte raison, pour les amendements introduits en cours de discussion. Tout cela enfin est plus vrai encore dans les pays où, comme aux États-Unis, l'initiative des lois est absolument réservée aux assemblées délibérantes.

Ces raisons suffisent à justifier et à faire comprendre la large diffusion du système des deux Chambres. En Europe, toutes les grandes nations l'ont adopté. Pour y trouver aujourd'hui une assemblée unique, il faut descendre aux petites puissances : la Grèce et le grand-duché de Luxembourg, la Serbie[1] ; l'unité d'assemblée est aussi un trait caractéristique que présentent les constitutions particulières des divers cantons suisses, tandis que la Constitution fédérale a divisé en deux Chambres l'Assemblée fédérale législative[2]. Dans le Nouveau-Monde, les deux Chambres sont un des fondements essentiels de l'organisation politique aux États-Unis : elles existent dans la Constitution fédérale et se retrouvent dans la Constitution particulière de chacun des États[3]. Le système dualiste se retrouve aussi dans les Républiques de l'Amérique du Centre et du Sud, qui ont pris pour modèle la Constitution des États-Unis. Pour plusieurs d'entre elles il y a même ce fait caractéristique : qu'elles sont revenues à ce système

[1] Quant à la Bulgarie, voyez Dareste, *Les Constitutions modernes*, 2e éd., t. II, p. 275.

[2] Hitzmann, *op. cit.*, § 199; — Bryce, *American Commonwealth*, t. I, p. 464, n. 2.

[3] Cependant originairement trois États, la Pensylvanie, la Géorgie et Vermont, avaient une seule Assemblée. Mais cette anomalie a disparu pour la Pensylvanie en 1790, pour la Géorgie en 1789, pour l'État de Vermont en 1836.

après avoir établi, pendant un certain temps, une assemblée unique[1]. Les colonies anglaises, dotées d'un Parlement particulier, l'ont aussi divisé en deux Chambres, à l'exemple de la mère-patrie ; cependant, dans le Dominion du Canada, trois provinces, l'Ontario, le Manitoba et la Colombie britannique, ont établi chez elles une assemblée unique[2]. Il n'est pas jusqu'au Japon, qui, voulant acclimater chez lui la liberté occidentale, n'ait divisé en deux Chambres la Diète impériale, créée par la Constitution du 11 février 1889[3].

IV.

Malgré cet accord presque unanime des pays civilisés, le système de l'Assemblée unique a ses partisans nombreux et décidés. Deux fois, en France, il a triomphé, dans la Constitution de 1791 et dans la Constitution de 1848.

Le projet présenté en 1789 à l'Assemblée constituante par son premier Comité de constitution proposait la création d'une seconde Chambre ou Sénat, composée de deux cents membres âgés de trente-cinq ans au moins et nommés à vie par le roi, sur la présentation des provinces au moins pour la première fois[4]. Alors s'ouvrit une discussion sur la division ou l'unité du Corps législatif, qui dura du 31 août au 10 septembre 1789, et qui fut admirable par l'éclat, la profondeur et la sincérité, comme tous les grands débats qui se déroulèrent devant notre première Assemblée. Mais il fut bientôt visible qu'une grande majorité existait en faveur d'une Assemblée unique. Les partisans d'une seconde Chambre eurent beau invoquer, non seulement l'exemple de l'Angleterre, mais aussi celui de l'Amérique républicaine. Ils eurent beau diminuer leurs prétentions et consentir à ce que la seconde Chambre fût élective comme la première, les membres en étant nommés par les mêmes électeurs, mais avec une condition d'âge différente ; ils n'obtinrent rien. Il en fut de même de propositions plus modestes encore, qui consistaient à partager les représentants, élus dans les mêmes conditions, en deux groupes,

---

[1] C'est ce qui est arrivé pour le Mexique (1874), l'Équateur, le Pérou et la Bolivie ; — Dareste, *Les Constitutions modernes*, t. II, p. 467, 507, 509, 511.

[2] Munro, *The Constitution of the Canada*, Cambridge, 1889, p. 5.

[3] Dareste, *Les Constitutions modernes*, t. II, p. 497.

[4] Rapport de Lally Tollendal, *Archives parlem.*, 1re série, t. VIII, p. 519. Il ajoutait en note : « Il est évident qu'à l'instant de la création la première nomination devrait être faite soit par les représentants, soit par les provinces avec la simple ratification du roi. On ne peut pas imaginer de donner à la couronne une influence pareille à celle de deux cents nominations au même instant dans le corps législatif ».

délibérant séparément, mais se réunissant pour voter en une seule assemblée. Quelques-uns proposaient ce vote en commun, comme un *ultimum subsidium*, lorsque le Sénat aurait rejeté plusieurs fois les projets votés par l'Assemblée Législative[1]; d'autres, comme Siéyès, en faisaient la procédure ordinaire et unique, les Chambres (il en voulait trois) n'étant que les sections, pour la délibération, d'une assemblée statuant en commun[2]. Le débat fut clos le jeudi 10 septembre; 490 voix se prononcèrent pour une assemblée unique, et 89 seulement pour les deux Chambres. Mais on peut dire qu'en dehors des arguments de fond, de ceux qu'on pourra toujours invoquer pour établir l'unité du Corps législatif, deux considérations, tenant au moment et au milieu, emportèrent le vote. D'un côté, on craignait, au moment où l'on abolissait l'ancienne aristocratie, de déposer dans une Chambre haute, même élective, le germe d'une aristocratie nouvelle[3]. D'autre part, tous reconnaissaient que, seule, une

---

[1] Dupont de Nemours (*Archives parlem.*, *loc. cit.*, p. 573) : « Je demande que cette Assemblée, qui doit être une, soit divisée pour le travail en deux Chambres. Elles seront composées de membres choisis par les assemblées élémentaires sans aucune distinction. Je demande que sur trois députés celui en qui le peuple trouvera le plus de maturité soit destiné à entrer dans l'une de ces Chambres que l'on nommera Sénat, si vous voulez, et que les deux autres soient membres de la Chambre des représentants. Le Sénat, composé de nos égaux, discutera les projets de la Chambre des représentants, fera ses représentations, développera les idées, les raisons qui lui feront adopter ou rejeter les opérations de la Chambre des représentants. Le Sénat insistera jusqu'à trois fois. Après quoi, si les avis sont encore partagés, les deux Chambres se réuniront pour prononcer sur le sujet en discussion à la pluralité des voix ».

[2] *Archives parlem.*, *loc. cit.*, p. 597 : « Il est évident qu'il est bon quelquefois de discuter deux et même trois fois la même question. Rien n'empêche que cette triple discussion se fasse dans trois salles séparées, devant trois divisions de l'Assemblée, sur lesquelles dès lors vous n'avez plus à craindre l'action de la même cause d'erreur, de précipitation ou de séduction oratoire. Il suffira que la détermination ou le décret ne puisse être que le résultat de la pluralité des suffrages recueillis dans les trois sections de la même manière qu'ils le seraient si tous les députés se trouvaient réunis dans la même salle; c'est-à-dire, pour me servir du langage usité, pourvu que les suffrages soient pris par têtes et non par Chambres... On n'a même plus besoin d'accorder le veto à personne, car il se trouve naturellement dans la division indiquée, puisque, si une section de l'Assemblée juge à propos de retarder la discussion, vous avez par cela même tout l'effet du veto suspensif ».

[3] Thouret, *Archives parlem.*, *loc. cit.*, p. 580 : « J'ai voulu par une seule chambre remédier à l'aristocratie des ordres... Le Sénat sera composé de 200 personnes; or 101 suffrages pourront l'emporter sur 699. » — Lanjuinais, *ibid.*, p. 588 : « L'Assemblée nationale serait paralysée, et, sur les ruines de cette noblesse qui maintenant n'est que ce qu'elle doit être, nous élèverions le plus monstrueux monument d'aristocratie qui puisse exister, aristocratie aussi funeste au roi qu'au peuple... On nous parle du Sénat américain; là il peut être nécessaire, puisqu'il n'y a pas d'influence royale. Ce ne sont au surplus que des sénateurs à rubans et à médailles. »

assemblée unique avait pu posséder la force nécessaire pour opérer les réformes de la Révolution ; mais ces conquêtes étaient encore mal affermies ; ne fallait-il pas, pour les maintenir et les consolider, laisser dans l'avenir au Corps législatif toute sa force, c'est-à-dire son unité[1] ?

En 1848, il y eut aussi des raisons spéciales en faveur de l'Assemblée unique. M. de Tocqueville les fait connaître dans ses *Souvenirs*. La principale, outre le sentiment assez marqué de l'opinion publique[2], était la nécessité d'opposer à un président élu directement par le peuple, et par conséquent très fort, un pouvoir législatif également fort et capable, par là même, de lui résister. Cette considération était, en effet, frappante ; elle put entraîner des hommes aussi sages que M. Dufaure[3]. C'était pourtant le conflit et la lutte sans merci, fatalement organisés d'avance, comme Tocqueville essaya vainement de le montrer[4]. Un courant se forma[5], et, sans un long débat, l'unité du Corps législatif fut adoptée.

Ce sont là des constatations très instructives ; mais il faut ajouter que l'Assemblée unique se défend par des arguments rationnels, bien connus des Constituants de 1789 et de 1848, et qui méritent d'être examinés en eux-mêmes. Ils se réduisent à deux principaux.

[1] Thouret, *Archives parlem.*, p. 580 : « J'ajoute qu'il faut se prémunir contre les dangers qui peuvent attaquer le Corps législatif. On peut le corrompre ; la séduction se modifie à l'infini, depuis l'adulation jusqu'à la séduction populaire, et le gouvernement n'aura que cent suffrages à gagner ». — M. de Montmorency, p. 584 : « Les deux Chambres sont inadmissibles, à cause des obstacles qu'elles opposeraient sans cesse à la réforme des abus ». — Mounier, p. 555 : « L'Assemblée présente, chargée de fixer l'organisation des pouvoirs et d'élever l'édifice de la liberté, devait être formée par un seul corps afin d'avoir plus de force et de célérité ; mais ce même degré de force, s'il était conservé après la Constitution, finirait par tout détruire ».

[2] De Tocqueville, *Souvenirs*, Paris, 1893, p. 269 : « L'opinion publique s'était prononcée avec force en faveur de la Chambre unique, non seulement à Paris, mais dans presque tous les départements ».

[3] De Tocqueville, *Souvenirs*, p. 270 : « La principale raison qu'il [M. Dufaure] fit valoir cette fois en faveur de l'unité du Corps législatif (et c'était la meilleure, je crois, qu'il pût trouver) fut que parmi nous un pouvoir exécutif, exercé par un seul homme que le peuple élirait, deviendrait à coup sûr prépondérant, si on ne plaçait à côté de lui qu'un pouvoir législatif affaibli par sa division en deux branches ».

[4] De Tocqueville, *Souvenirs*, p. 270.

[5] De Tocqueville, *Souvenirs*, p. 272 : « Presque tous les anciens parlementaires opinèrent aussi contre les deux Chambres. La plupart cherchèrent des prétextes plus ou moins plausibles de leurs votes. Les uns voulaient trouver dans un Conseil d'État le contrepoids qu'ils reconnaissaient nécessaire ; les autres se promettaient d'assujettir l'Assemblée unique à des formes dont la lenteur l'assurerait contre ses propres entraînements et contre la surprise ».

l'un purement théorique, l'autre emprunté au contraire aux considérations pratiques.

1° Dans un pays, où il n'existe plus d'aristocratie et où règne la
souveraineté nationale, il ne peut y avoir qu'une représentation, celle
de la souveraineté nationale[1]. La loi elle-même, comme l'établit
Rousseau, ne peut être que l'expression de la volonté nationale,
fixée par la majorité des électeurs politiques. Or, cette volonté, sur un
objet déterminé et à un moment donné, elle est ou elle n'est pas, et
le pouvoir législatif doit être organisé pour la dégager le plus sûrement possible ; mais on ne saurait lui donner en même temps deux
expressions contradictoires. Ce serait organiser l'absurde, et c'est ce
qu'on fait cependant en établissant deux Assemblées législatives, qui
peuvent faire dire au pays oui et non à la fois.

Si l'on accepte les prémisses de ce raisonnement, la conclusion en
est forcée. Mais ce ne sont pas là les principes du gouvernement représentatif. Sans doute, chez une nation égalitaire et unitaire, il ne
peut y avoir d'autre représentation politique que celle de la souveraineté nationale ; mais il en résulte seulement que les deux assemblées devront l'une et l'autre tirer leur origine et leurs pouvoirs de
cette souveraineté. D'autre part, il n'est pas vrai que, sous le gouvernement représentatif, la loi soit simplement l'expression de la volonté nationale. Le système repose, au contraire, sur cette idée que
la nation souveraine est et se reconnaît incapable de formuler elle-
même sa volonté en forme de lois. Pour avoir des lois sages, sérieusement préparées et scientifiquement rédigées, elle délègue à des
représentants, qu'elle élit, le droit de légiférer, en toute liberté, pour
elle et en son nom. Mais, comme l'exercice de ce droit considérable
par les représentants peut entraîner des erreurs et des abus, la nation confie le pouvoir législatif, non pas à une Assemblée unique,
mais à deux Assemblées, dont la volonté concordante sera nécessaire
pour faire la loi, et qui par suite se contrôleront l'une l'autre. Lorsque
se sera établi entre elles l'accord nécessaire, mais assez difficile à obtenir, il sera à peu près certain que la loi est juste, utile, conforme à
l'opinion moyenne du pays, c'est-à-dire correspondant à la volonté
nationale. Il n'y a pas de système plus raisonnable, et les contradic-
tions possibles des deux Assemblées sont les tâtonnements d'un travail
difficile.

[1] *Archives parlem.*, *loc. cit.*, p. 569, Rabaut Saint-Étienne : « Le souverain est
une chose une et simple, puisque c'est la collection de tous sans en excepter un
seul ; donc le pouvoir législatif est un et simple, et, si le souverain ne peut pas être
divisé, le pouvoir législatif ne peut pas être divisé ; car il n'y a pas plus deux ou
trois ou quatre pouvoirs législatifs qu'il n'y a deux ou trois ou quatre souverains ».

2° L'objection pratique au système des deux Chambres a été souvent formulée. Il ralentit à l'excès le vote des lois, même les moins contestées dans leurs principes ; il faut souvent plusieurs législatures avant qu'elles aboutissent. Il fait obstacle aux réformes, leur fermant longtemps la porte ou ne les admettant que diminuées et, par suite, inefficaces. « Un corps législatif divisé en deux branches, disait jadis Franklin, c'est une charrette tirée par un cheval devant et par un cheval derrière en sens opposé[1]. »

Le fait en lui-même est incontestable ; il est en partie regrettable, mais c'est encore un bon marché, que de payer à ce prix les avantages autrement importants que cette institution assure[2]. L'inconvénient d'ailleurs, quand on y regarde de près, perd beaucoup de son importance et se change presque en un bienfait. Ce qui importe, en effet, à un peuple, ce n'est pas d'avoir beaucoup de lois, mais d'avoir de bonnes lois. Les changements trop fréquents dans la législation, alors même qu'ils paraissent justifiés en raison, ont encore plus d'inconvénients que d'avantages. Les intérêts, qui mènent la société, ont besoin d'une sécurité suffisante, qui ne peut être assurée que par une certaine stabilité de la législation. Quant aux réformes importantes, rien n'est plus dangereux pour elles que d'être cueillies avant d'être mûres. Elles risquent alors d'être promptement rapportées, ayant été conçues par un travail hâtif, ou introduites alors que l'opinion moyenne ne leur était pas encore acquise. Le stage, que leur impose le système des deux Chambres, leur est le plus souvent éminemment salutaire ; la résistance même assure leur triomphe complet, lorsqu'elle est vaincue par la poussée toute-puissante de l'opinion publique. Enfin, les solutions transactionnelles, qui souvent résultent du frottement entre les deux Assemblées, sont souvent aussi les meilleures en pratique. C'est la sagesse moyenne, la médiocrité, qui gouverne le monde[3].

---

[1] Story, *Commentaries*, § 527.

[2] Bryce, *American Commonwealth*, t. I[1], p. 180. — Boissy d'Anglas, Rapport à la Convention prononcé dans la séance du 5 messidor, an III : « Si la question est douteuse, de l'acceptation d'une section et du refus de l'autre sortira une nouvelle discussion, et, dût-on persister quelquefois dans un refus mal fondé, il n'y a pas la moindre comparaison entre le danger d'avoir une bonne loi de moins et celui d'avoir une mauvaise loi de plus ».

[3] Dans le *Commonwealth bill*, destiné à fonder la fédération australienne, dont il a été parlé plus haut (p. 6/8) deux Chambres électives sont instituées, un Sénat et une Chambre des représentants et il est établi qu'en cas de dissentiment grave et persistant entre les deux Chambres, le gouvernement peut les dissoudre simultanément et qu'une décision, s'imposant à l'une comme à l'autre pourra être prise dans une réunion plénière convoquée par le gouvernement et où les sénateurs et les dépu-

V.

Quelle diversité doit exister soit dans la composition, soit dans les fonctions des deux Chambres? Ce qui dicte dans chaque pays la composition de la seconde Chambre, dite Chambre haute, c'est l'état social de la nation, la mesure plus ou moins complète dans laquelle a été admis le principe de la souveraineté nationale. Là où ce principe s'est fait recevoir pleinement avec ses conséquences nécessaires ou naturelles, la seconde Chambre, comme la première, doit être nécessairement élective et doit avoir à sa base le suffrage le plus étendu[1]. Mais il semble utile partout et toujours que la composition des deux corps ne soit pas la même; pour être véritablement deux, il faut que les Chambres soient diverses. Cela n'est point cependant absolument nécessaire; même avec une composition identique, les deux Chambres conserveraient leur utilité, et la seule force de l'esprit de corps finirait par les différencier : mais cela est très désirable pour que l'institution produise tous ses effets.

Cette diversité existe naturellement lorsque la seconde Chambre a pour but principal de représenter une classe distincte ou un intérêt spécial. Mais elle est plus difficile à établir dans les États unitaires, égalitaires et démocratiques. Là cependant, elle peut aussi être obtenue, et l'on peut scientifiquement lui trouver une orientation naturelle. Sans représenter autre chose que la souveraineté nationale, chacune des deux Chambres peut personnifier, par son esprit, l'une des grandes tendances élémentaires qui, partout et toujours, font la vie même des sociétés : d'un côté, l'esprit de progrès, d'autre part, l'esprit de tradition et de conservation. On peut obtenir ce résultat, presque à coup sûr, même pour deux Chambres électives, par des moyens parfaitement légitimes et, en apparence, secondaires. Le premier, c'est le nombre différent des membres : une assemblée, moins nombreuse de moitié qu'une autre, aura fatalement un esprit et des tendances un peu différentes. Le second moyen, c'est la différence d'âge : en exigeant pour les membres de la seconde Chambre un âge plus avancé,

les élus après la dissolution siégeront ensemble, formant momentanément et pour cet objet une seule assemblée. Mais cette décision ne pourra être prise qu'aux trois quarts des voix.

[1] Dans le *Commonwealth bill* australien les deux Chambres devaient être également élues au suffrage universel. Mais, conformément au principe fédéral, chaque colonie devait élire un nombre égal de sénateurs (6) tandis que le nombre des députés devait être proportionnel à la population.

on en fera naturellement un Sénat, au sens primitif du mot, ou Conseil des Anciens. Notre Constitution de l'an III s'était contentée de ces deux conditions pour individualiser son Conseil des Anciens, qu'elle faisait nommer par les mêmes électeurs que le Conseil des Cinq-Cents[1], ou du moins elle en ajoutait seulement une autre, qui respire bien l'esprit du xviiiᵉ siècle. Elle voulait que ces sénateurs de quarante ans fussent mariés ou veufs[2]. Mais on peut aller plus loin : donner un mandat plus long aux membres d'une Assemblée qu'à ceux de l'autre ; découper pour les élections de l'une des circonscriptions beaucoup plus larges que pour celles de l'autre ; appliquer à l'une le système du renouvellement partiel, à l'autre le renouvellement intégral. On peut enfin employer pour les élections, d'un côté, le suffrage direct, d'autre part, le suffrage à plusieurs degrés, si l'on admet la légitimité de ce dernier. Dans les États particuliers de l'Union américaine, les Sénats diffèrent généralement des Chambres de représentants par les traits suivants :

« 1° Les districts électoraux pour les élections du Sénat sont toujours plus étendus, ordinairement deux ou trois fois aussi étendus que ceux pour les élections de la Chambre ; et le nombre des sénateurs est naturellement, dans la même proportion, moindre que celui des Représentants.

« 2° Les sénateurs sont ordinairement nommés pour un terme plus long que les Représentants. Dans vingt-quatre États, ils sont élus pour quatre ans, dans un (New-Jersey) pour trois, dans onze pour deux, dans deux (Massachusets et Rhode-Island) pour une année seulement.

« 3° Dans la plupart des cas, le Sénat, au lieu d'être réélu tout entier en une seule fois, comme la Chambre, est renouvelé partiellement, la moitié de ses membres sortant lorsqu'ils ont fini leurs quatre ou deux années, et une moitié nouvelle entrant alors. Cela donne un esprit de continuité qui manque à la Chambre.

« 4° Dans quelques États, l'âge auquel on devient éligible au Sénat est plus élevé que celui exigé pour entrer à la Chambre des Représentants ; et dans un État (Delaware) il faut posséder en *freehold* une

---

[1] Rapport de Boissy d'Anglas prononcé à la Convention nationale dans la séance du 5 messidor an III : « Nous proposons seulement de diviser le Corps législatif en deux conseils également élus par le peuple, nommés pour le même espace de temps, et ne différant l'un de l'autre que par le nombre et l'âge de leurs membres. Le Conseil des Cinq-Cents sera la pensée et pour ainsi dire, l'imagination de la République ; le Conseil des Anciens en sera la raison ».

[2] Constitution du 5 fructidor an III, art. 83. Je ne parle pas de la condition de domicile prolongé sur le territoire de la République, art. 83, 84, 74.

propriété foncière de 200 acres ou une fortune en biens réels ou personnels d'une valeur de 1000 livres »[1].

La diversité doit-elle se retrouver également dans les attributions, les fonctions, des deux Chambres? On l'a cru parfois, et c'est l'idée qui a passé dans notre Constitution de l'an III. On n'avait pas voulu faire des deux Assemblées un simple double du pouvoir législatif; le travail législatif était divisé entre elles. Le Conseil des Cinq-Cents avait seul l'initiative et la délibération des lois, article par article; le Conseil des Anciens ne pouvait qu'admettre en entier ou rejeter en bloc les projets votés par les Cinq-Cents[2]. Mais cette décomposition de l'œuvre législative, qui arriva à la pure exagération dans la Constitution de l'an VIII, paraît être une erreur. Le système anglais, qui a pour lui l'expérience, semble bien préférable; il donne aux deux Chambres les mêmes attributions législatives et leur confère ainsi en droit une force égale. Je dis que les deux Chambres ont dans ce système les mêmes attributions *législatives* : c'est, en effet, seulement en ce qui concerne la proposition et le vote des lois qu'elles sont nécessairement investies en principe des mêmes droits. Mais la Constitution peut très bien, sans violer le dualisme, conférer à une seule d'entre elles des attributions d'une autre nature. Cela s'est produit pour la Chambre des Lords, en vertu de ses origines historiques; cela s'est fait en vertu d'un plan préconçu pour le Sénat des États-Unis, qui n'est pas seulement une Chambre législative, mais aussi un grand Conseil de gouvernement, quant à certains actes du pouvoir exécutif; ce sont même ces dernières attributions du Sénat qui avaient paru les plus importantes aux auteurs de la Constitution. Enfin nos lois constitutionnelles de 1875 ont aussi donné au Sénat certaines attributions extra-législatives, provisoires ou définitives, n'appartenant qu'à lui seul.

[1] Bryce, *American Commonwealth*, t. Ier, p. 462.

[2] Rapport précité de Boissy d'Anglas : « Nous avons voulu garantir aussi le Conseil des Anciens de la tentation dangereuse d'entrer en rivalité avec celui des Cinq-Cents pour l'initiative et la confection des lois; nous avons borné ses droits et ses fonctions de sorte que, ne pouvant jamais proposer de lois, il ne puisse que sanctionner les résolutions qui lui sont fournies ou leur refuser son consentement;... il n'aura d'autre emploi que d'examiner avec sagesse quelles seront les lois à admettre ou les lois à rejeter, sans pouvoir en proposer jamais. Le contraire eût été dangereux : rien n'eût empêché qu'une faction, s'établissant dans le Conseil des Anciens, ne voulût conquérir l'opinion populaire par des propositions exagérées, et ne rivalisât d'extravagance avec le Conseil qu'il doit contenir ».

CHAPITRE IV

La responsabilité des ministres.

Une condition essentielle de la liberté politique est, semble-t-il, la responsabilité du pouvoir exécutif. Sous le règne de la loi, c'est lui qui doit assurer l'exécution de celle-ci ; mais par là même il peut chercher à la violer, à s'en affranchir : en outre, c'est lui naturellement qui décide les actes que la loi ne saurait réglementer d'avance[1], et l'exercice de cette autorité arbitraire peut être abusif et malfaisant.

D'autre part cette responsabilité paraît une chimère, presque impossible à faire passer dans la pratique lorsqu'elle vise le titulaire même du pouvoir exécutif. Cela est évident sous la Monarchie : rendre un monarque responsable d'un acte illégal ou funeste au pays, c'est le détrôner, c'est une révolution. Dans la République, là où la séparation des pouvoirs est admise et où le pouvoir exécutif a un titulaire indépendant, cela n'est pas beaucoup plus réalisable. Mettre un président en accusation avant l'expiration de ses pouvoirs, cela est possible en droit et en fait ; mais c'est une crise violente presque aussi grave qu'une révolution, à laquelle on ne recourra qu'à la dernière extrémité. Il n'existe alors qu'une responsabilité indirecte mais très efficace : elle se produit lorsque les pouvoirs du Président arrivent à leur terme et que la Constitution ne défend pas de le réélire.

Mais, dans un gouvernement suffisamment développé, le titulaire du pouvoir exécutif ne saurait tout faire ou décider par lui-même. Il aura nécessairement, comme organes, un certain nombre d'agents supérieurs et immédiats, dont chacun sera préposé à un grand service public et décidera et ordonnera au nom du titulaire du pouvoir exécutif. Ce sont les *ministres*, en prenant le mot dans un sens large, et l'on trouve des ministres à peu près dans tous les gouvernements[2].

---

[1] Ci-dessus, p. 13.

[2] Il y a cependant exception pour la Suisse. Là, le pouvoir exécutif se présente sous la forme de gouvernements collectifs ou directoriaux, dont chacun des membres est en même temps placé à la tête d'un service ou département. Cela est vrai, non seulement pour les directoires des cantons, mais aussi pour le Conseil fédéral. Le

Ceux-là ne sont pas tellement élevés qu'on ne puisse sérieusement mettre en jeu leur responsabilité. Les Anglais ont résolu le problème de la responsabilité du pouvoir exécutif, en transportant celle-ci du roi aux ministres. Par là même ils ont été amenés à transporter aussi le pouvoir de décision du roi aux ministres, car il ne peut y avoir responsabilité que là où il y a liberté de décision. Ils ont rendu les ministres responsables devant les tribunaux et devant les Chambres du Parlement. Devant les tribunaux ils sont devenus responsables de leurs actes illégaux, et, devant les Chambres, non seulement de ceux-là, mais aussi de leurs actes simplement fautifs et préjudiciables à la nation.

Cette solution est devenue l'un des principes de la liberté moderne. On trouve cependant aussi à titre d'exception la solution opposée, c'est-à-dire le titulaire du pouvoir exécutif pleinement responsable, et sa responsabilité fait alors naturellement disparaître celle des ministres. Mais cela suppose deux formes anormales de gouvernement. Ou le titulaire du pouvoir exécutif, nommé par le Corps législatif, est aussi révocable par lui, comme il l'a été chez nous de 1871 à 1873[1]; ou bien le chef de l'État, dictateur ou César, élu par le peuple, se déclare responsable devant lui. C'est ce que fit Louis-Napoléon après le coup d'État de 1851, d'abord comme Président de la République, puis comme Empereur[2]; mais cette responsabilité n'était guère qu'une étiquette. Elle n'avait qu'une conséquence juridique : c'était de permettre au chef de l'État de soumettre directement ses actes au peuple, en le consultant par un plébiscite. Mais cette consultation ne s'ouvrait qu'à son gré et à son heure.

L'Angleterre n'est pas le seul pays, parmi les monarchies anciennes, qui ait cherché à organiser ainsi la responsabilité du pouvoir exécutif, en la faisant porter sur les ministres. Des tentatives en ce sens se sont produites ailleurs, particulièrement en Hongrie, où elles furent conduites avec cette activité, intermittente et un peu désordonnée, qui caractérisait l'action des Diètes[3], et en Suède, où elles aboutirent effectivement[4]. En France même, sans parler de l'initiative hardie

président de la Confédération n'est qu'un membre du Conseil fédéral, élu président pour un an ; en prenant cette qualité, ce membre acquiert quelques prérogatives nouvelles, surtout honorifiques; mais il n'abandonne pas pour cela le département auquel il était préposé.

[1] Voyez plus loin, 2e part., ch. 1.

[2] Constitution du 14 janvier 1852, art. 5; — Constitution du 20 mai 1870, art. 13.

[3] Julius Schwarz, *Montesquieu und die Verantwortlichkeit der Räthe des Monarchen in England, Aragonien, Ungarn, Siebenbürgen und Schweden* (1189-1758), Leipzig, 1892, p. 56 et suiv.

[4] Schwarz, *op. cit.*, p. 86 et suiv. M. Schwarz, p. 195, reproche à Montes-

E.   6

prise en 1356 par les États généraux sous le règne du roi Jean, nous trouvons exprimées au xvie siècle les idées essentielles sur lesquelles le système repose[1]. Mais c'est véritablement l'Angleterre qui l'a établi, d'abord dans la pratique, puis dégagé dans la théorie; c'est à elle que l'ont emprunté les autres nations de l'Occident.

Le système du droit anglais sur la responsabilité des ministres se ramène aux trois principes suivants : 1° l'irresponsabilité du monarque, titulaire du pouvoir exécutif; 2° la responsabilité des ministres à raison de tout acte illégal, ou même simplement fautif et dommageable pour le pays, qu'ils ont accompli ou auquel ils ont participé; 3° la nécessité pour le roi de faire participer un ministre à tous les actes par lesquels s'exerce la prérogative de la Couronne. Il faut reprendre ces trois termes.

1° En édictant l'irresponsabilité du monarque, la coutume anglaise n'a fait que traduire en droit cette vérité de fait indiquée plus haut : la responsabilité personnelle d'un roi ne peut être mise en jeu que par une révolution. Mais elle a donné à cette idée une forme toute particulière et énergique : « Le roi ne peut mal faire[2]. » On en tire

ipsum de ne pas avoir connu ou utilisé les faits se rapportant à l'histoire de la Suède. Mais d'autres publicistes français du xviiie siècle les ont mis en lumière, spécialement Mably qui, on le sait, met en présence, dans son traité *De la législation ou principes des lois*, un Anglais et un Suédois; voici comment s'exprime ce dernier, t. I, p. 262 : « Le gouvernement de Suède me paraît préférable à cet égard; nous avons parfaitement distingué et séparé la puissance législative de la puissance exécutrice. L'ambition de nos magistrats ne nous cause aucune inquiétude : ils nous gouvernent, mais de la manière dont nous voulons être gouvernés; et, *s'ils trahissent nos espérances, nous les punissons* ».

[1] Pierre Ayrault, *L'ordre, formalité et instruction judiciaire dont les Grecs et Romains ont usé ès accusations publiques comparé au stil et usage de notre France*, liv. I, art. 6, n° 23 : « La vérité est que la vraie façon de faire le procès aux princes est de le faire à ceux qui les entretiennent. Car jamais prince ne peut faillir que la faute ne vienne de son conseil, ou pour luy avoir induict, ou pour ne l'en avoir pas dissuadé, ou pour luy avoir trop tost obei en chose injuste. C'est chose répugnante à la majesté royale que le Prince fasse et exécute rien de sa main... Les pieds du Prince, ses mains, ses oreilles, ses yeux, sont ses flatteurs, serviteurs et domestiques; par quoy, en punissant ceux-là, le crime est proprement puny ou il réside; et le Prince l'est assez de sa part quand ses mauvais ministres le sont ». — La Roche-Flavin, *Treize livres des Parlements de France*, ch. xv, n° 2 : « On a veu souvent des grands seigneurs renvoyez par eux (les Parlements), sur un eschaffaud et d'autres à un gibet nonobstant leurs lettres de grâce. Dont il advient que bien peu de gens, mesme ayant à perdre, osent à cœur de faire, voire par le commandement d'un prince volontaire, chose digne de punition; pource que ce commandement ne les excuseroit pas d'être tost ou tard punis, quand l'exercice de la justice seroit en pleine liberté ».

[2] « The king can do no wrong. » Voyez Dicey, *Introduction to the law of the Constitution*, 3e édit., p. 24.

cette conséquence : qu'aucune cour de justice ne peut connaître des actes qu'il accomplit ; alors même qu'ils constitueraient des crimes de droit commun, ils sont couverts par cette présomption irréfragable. « Si la reine, dit le professeur Dicey, tuait de sa propre main le premier ministre, aucun tribunal ne pourrait connaître de cet acte[1]. » De la même présomption légale résulte une autre règle très importante : aucune personne ne peut invoquer un ordre du roi pour justifier l'acte illégal qu'elle a commis elle-même ; un pareil ordre en droit n'a pas d'existence[2].

2° Le second terme, la responsabilité personnelle des ministres, se présente, dans le droit moderne, sous la forme d'une règle de droit commun. « En Angleterre, dit Dicey, l'idée de l'égalité devant la loi ou de la sujétion universelle de toutes les classes à un seul et même droit, administré par les tribunaux ordinaires, a été poussée à ses dernières limites. Chez nous, tout fonctionnaire public, depuis le premier ministre jusqu'au constable ou au receveur d'impôts, est soumis à la même responsabilité que tout autre citoyen, à raison des actes accomplis par lui et non justifiés par la loi. Les *Reports* abondent en causes dans lesquelles des fonctionnaires ont été traduits devant les tribunaux et ont été condamnés, en leur nom personnel, à une peine ou à des dommages-intérêts pour des actes accomplis en leur caractère officiel mais dépassant leur autorité légale. Le gouverneur d'une colonie, un secrétaire d'État, un officier militaire, et tous leurs subordonnés, alors même qu'ils montreraient n'avoir agi que par l'ordre de leurs supérieurs hiérarchiques, sont, à raison d'un acte quelconque non

---

[1] Dicey, *op. cit.*, p. 24 ; au fond. Il y a là une survivance de l'état premier dans lequel le roi anglais était un souverain absolu, ci-dessus, p. 28, 34. Les juges ne tirant leur pouvoir que de lui ne peuvent l'exercer contre lui. — Cf. Todd, *Parliamentary government of England*, new edition abridged and revised by Spencer Walpole, London, 1892, t. I, p. 121, mais il ajoute : « Néanmoins la loi a procuré un remède pour les atteintes émanant de la Couronne qui affectent le droit de propriété ; s'il est allégué par exemple que la Couronne possède injustement une propriété réelle ou personnelle, à laquelle un sujet a un titre légal, ou une somme d'argent qui est due au sujet par la Couronne, à titre de dette ou de dommages-intérêts à raison de la violation d'un contrat, et toutes les fois que manque tout moyen de contrainte contre la Couronne. On ne saurait présumer que la Couronne participe sciemment à une injustice contre un sujet ; cependant elle peut commettre une injustice faute d'être exactement informée, ou par inadvertance, par l'intermédiaire d'un agent responsable. Il est alors convenable que le sujet soit autorisé à représenter respectueusement au souverain la nature du grief allégué, pour que le remède approprié y soit appliqué. Ce remède se produit sous la forme d'une pétition de droit (*Petition of right*). »

[2] Dicey, *Law of the Constitution*, p. 25.

autorisé par la loi, tout aussi responsables qu'un particulier dépourvu de tout caractère officiel[1] ».

Mais cette responsabilité de droit commun, qui ne vise d'ailleurs que les actes contraires aux lois, n'est point la forme la plus ancienne de la responsabilité ministérielle. A l'époque reculée où celle-ci a pris naissance, elle eût fourni contre les grands officiers de la Couronne, les ministres d'alors, une arme bien faible, qui se fût émoussée facilement. Les juges ordinaires n'auraient pas eu alors l'autorité

[1] Dicey, *Law of the Constitution*, p. 181 ; — Jenks, *An outline of English local government*, London, 1894, p. 14 : « Le gouvernement local anglais est légal et non arbitraire. Aucun corps local, aucun fonctionnaire local ne peut agir sans y être autorisé par la loi d'une façon précise. Si l'on prétend qu'un tel corps ou fonctionnaire a commis un acte qui, émanant d'un particulier, serait illicite, l'accusé doit établir en sa faveur une autorité légale et précise. Aucune idée générale de pouvoir discrétionnaire ne peut suffire comme défense ou justification. Et de plus l'accusé sera jugé exactement par les mêmes tribunaux et exactement de la même manière qu'un simple particulier. Si la charge est prouvée, sans aucun doute une réprimande ou la destitution seront prononcées par le supérieur hiérarchique, mais la peine légale ordinaire est aussi prononcée. Cette règle, qui s'étend même aux organes du gouvernement central, et qui comporte très peu d'exceptions, est justement regardée comme un des traits distinctifs du système politique anglais. Les actes du corps souverain, c'est-à-dire de la Reine en Parlement, ne peuvent jamais naturellement être mis en question au point de vue légal ; mais les actes de tout autre personnage ou corps officiel peuvent être mis en question, exactement de la même manière que ceux d'un simple citoyen. Supposons qu'un secrétaire d'État, pour les raisons les plus hautes, mais sans aucune autorité légale, viole le domicile de X, pour y faire la perquisition de ses papiers. Il peut être poursuivi par l'action de *trespass* exactement comme s'il était un charbonnier. » La règle cependant n'est pas absolue, comme le fait observer l'auteur ; elle admet des exceptions, dont il indique les principales dans la suite de son remarquable ouvrage, et qui en diminuent sensiblement la portée. Ainsi (p. 185) le constable de police (policeman) est absolument protégé contre toutes poursuites, lorsqu'il agit en vertu d'un *warrant* émané d'un juge, alors même que le warrant se trouve être irrégulier. Il a le droit d'arrêt sans *warrant* sur toute personne soupçonnée d'avoir commis un crime, (*felony*), et s'il agit *bona fide*, il n'est possible d'aucuns dommages-intérêts, alors même qu'il se trouve qu'en fait le crime n'avait pas été commis ». De même (p. 164) : « Le juge de paix jouit d'une protection quelque peu anormale en droit anglais. Aucune action ne peut être intentée contre lui sur le seul motif qu'il aurait mal à propos (*wrongly*) exercé un pouvoir discrétionnaire qui lui est accordé par un statut ; pour réussir, le demandeur doit prouver que le juge a agi malicieusement et sans motif admissible. Aucune action absolument n'est ouverte contre un juge de paix à raison d'un acte qui lui avait été commandé par une cour supérieure, ni pour avoir accordé un *warrant* d'arrestation ou de saisie (*distress*), lorsque l'octroi de ce *warrant* a été confirmé en appel. Même lorsque le demandeur allègue qu'un acte totalement illégal a été accompli par le juge, il doit attendre pour produire son action que l'acte ait été formellement cassé par une autorité supérieure ». Enfin (p. 122) : « Les membres d'une autorité sanitaire sont exempts de toute responsabilité pour les actes *bona fide* accomplis par eux dans l'exécution de leurs fonctions publiques et avec la sanction des autorités auxquelles ils sont soumis ».

nécessaire pour les condamner. Il fallait une juridiction toute spéciale et une procédure particulière pour les atteindre : elles furent fournies par la pratique de l'*impeachment*.

L'*impeachment* n'est pas autre chose qu'une accusation intentée contre un ministre par la Chambre des Communes devant la Chambre des Lords, qui statue comme tribunal. C'est au XIV° siècle qu'il a fait son apparition, et, comme tant d'autres, la théorie en a été fixée par la série des précédents. Là aussi, comme sur d'autres points, la Chambre des Communes n'a tout d'abord pris cette initiative hardie que sur la suggestion des Lords. Mais une fois la procédure admise par la coutume, les jurisconsultes ont cherché à l'expliquer par les principes généraux du droit. La compétence de la Chambre des Lords était facile à justifier[1]. Cette Chambre, en effet, a conservé une compétence judiciaire de ses premières origines, du temps où elle était le *Magnum Concilium*; et nous savons que, traditionnellement, on portait devant elle les accusations intentées contre les grands officiers de l'État[2]. Restait le droit d'accusation reconnu à la Chambre des Communes; on le ramena facilement aux principes du droit commun. Le droit anglais posait, en effet, comme fondement de toute poursuite criminelle, une accusation admise par un grand jury ou jury d'accusation, qui siégeait périodiquement dans chaque comté du royaume. Or, la Chambre des Communes était éminemment la représentation des comtés : elle pouvait être considérée comme le grand jury de l'Angleterre entière[3]. Quoi qu'il en soit, c'est en 1376 que l'*impeachment* fait son apparition sous le règne d'Édouard III, et d'assez nombreux exemples s'en présentent sous les règnes suivants[4]. Puis, pour diverses causes, sous la dynastie

[1] Dicey, *Law of the Constitution*, p. 302 : « Dans certains cas, il est vrai, le seul moyen de réprimer l'acte (accompli par un ministre) est un *impeachment*. Mais l'*impeachment* est un mode régulier, quoique non usuel, de procédure légale, devant un tribunal reconnu, à savoir la Haute-Cour de Parlement. »

[2] Ci-dessus, p. 31, 62.

[3] Blackstone, *Commentaries*, B. VI, ch. xix, n° 1 : « An impeachment before the lords by the commons of Great Britain, in Parliament, is a prosecution of the already known and established law, and has been frequently put in practice; *being a presentment to the most high and supreme court of criminal jurisdiction by the most solemn grand inquest of the whole kingdom* ». — Stubbs, *Constit. History*, n° 286 (à propos du premier précédent de 1376) : « *As the grand jury of the nation*, the sworn recognitors of national rights and grievances, they thus entered on the most painful but not the least needful of their functions ».

[4] Stubbs, *Const. History*, n°° 266, 286; — May, *Parliamentary Practice*, 8° éd., p. 55. — L. O. Pike, *A Constitutional history of the House of Lords*, p. 178, 204 et s.; 228 et s. En 1396 les Communes présentèrent au roi en plein Parlement une

des Tudors, il cessa de fonctionner pendant une longue période[1]. Sous les Stuarts, la pratique fut reprise et devint un puissant instrument de lutte pour les Communes. C'est vraiment cette juridiction, au fond toute politique, et par cela même qu'elle était politique, qui a créé en Angleterre la responsabilité ministérielle.

Cependant l'*impeachment* avait deux côtés faibles. D'une part, étant une procédure régulière en matière pénale, il était logique de l'admettre seulement dans le cas où l'acte commis par le ministre constituait une infraction prévue par le droit pénal, *an indictable offense*. Mais au XVIIe siècle on se départit de cette rigueur logique, et l'*impeachment* fut admis, même pour des actes qui ne constituaient ni crime ni délit, mais seulement une faute grave, préjudiciable au pays, par exemple pour le fait d'avoir conseillé ou négocié un traité manifestement désavantageux : il servit dès lors à demander aux ministres un compte, bien sévère il est vrai, de la justice, de l'honnêteté et de l'utilité de leur administration[2]. Dans ces hypothèses, la Chambre des Lords avait un pouvoir entier d'appréciation quant au fait et quant à la peine[3]. D'ailleurs, le Parlement, pour frapper ses adversaires et les ennemis du pays, avait à sa disposition un autre moyen singulièrement énergique et bien plus arbitraire : le *Bill of attainder*. C'était une application du pouvoir souverain reconnu au Parlement, et en même temps la confusion la plus complète du pouvoir législatif et du pouvoir judiciaire, la violation la plus scandaleuse des principes élémentaires de la justice. On admettait qu'un acte du Parlement, c'est-à-dire un vote des deux Chambres sanctionné par le roi, pouvait atteindre une personne dans sa vie ou dans ses biens,

protestation affirmant leur droit d'accuser (*impeach*) ainsi toute personne et aussi souvent qu'elles le voudraient.

[1] L. O. Pike, *op. cit.*, p. 228 : « Although there were *impeachments* in the reign of Henry IV and even of Henry VI, there were none between the year 1449 (when the Duke of Suffolk war impeached) and the year 1621 (where accusations were made against sir Giles Mompesson) unless the doubtful case of Bishop of London in 1534 be regarded as one. » L'une des causes principales qui, selon l'auteur, expliquent cette apparente désuétude, c'est la confusion, qui avait toujours existé dans une certaine mesure entre le pouvoir législatif des Lords et leur pouvoir judiciaire. Dans cette période contre les grands coupables de crimes politiques, au lieu de procéder par *impeachment*, on aurait procédé par *Act of attainder*, dont il va être parlé.

[2] Gneist, *Englische Verfassungsgeschichte*, § 37, p. 604 ; — Todd-Walpole, t. I, p. 54.

[3] Même antérieurement, lorsque l'*impeachment* était intenté à raison d'un crime véritable, légalement puni et non capital, le principe s'était fait admettre, non sans résistance, que la Chambre des Lords était libre de choisir et de déterminer la peine qu'elle infligeait ; — L. O. Pike, *op. cit.*, p. 230, 231.

lui infligeant une peine quelconque (généralement la peine de mort et la confiscation des biens), sans qu'aucune loi existante au moment des faits reprochés les eût prévus et punis d'une peine. L'*Act of attainder* intervenait parfois comme succédané de l'*impeachment*, lorsque la personne *impeached* refusait de répondre à l'accusation et se dérobait aux poursuites. Il était présenté et voté comme les lois ordinaires. C'était une loi véritable, odieusement personnelle et rétroactive[1].

L'*impeachment* présentait encore une autre faiblesse. Le roi possédait, en Angleterre, comme jadis en France, le droit de grâce et d'amnistie même individuelle, *reprieve and pardon*. Il pouvait s'en servir pour sauver le ministre visé par un *impeachment* : admettant le crime, il pouvait juridiquement l'abolir et faire tomber ainsi l'accusation et la peine. Mais l'*Act of Settlement* supprima cette faculté ; il déclara qu'aucun pardon, muni du grand sceau, ne pourrait être invoqué pour écarter un *impeachment* intenté par les Communes[2].

Cette mise en accusation des ministres par une Chambre élue est un des traits généraux que les peuples libres ont inscrit dans leurs constitutions, en l'empruntant à l'Angleterre, alors même que, pour diverses raisons, ils n'admettaient pas la responsabilité politique des ministres, ni leur responsabilité civile devant les tribunaux de droit commun. La juridiction change de pays en pays : souvent, lorsqu'il y a deux Chambres, c'est la Chambre haute qui remplit la fonction de juge ; ailleurs, c'est une Haute-Cour de justice, distincte des assemblées législatives et présentant des types divers. Mais partout le système anglais a été plus ou moins fidèlement reproduit. Aux États-Unis, il a gardé son nom et sa forme : c'est l'*impeachment* intenté par la Chambre des représentants devant le Sénat. D'ailleurs, il ne vise pas spécialement les ministres, mais à la fois le Président, le Vice-

---

[1] Blakstone, *Comment.*, B., IX, ch. xix, n° 1 : « For acts of Parliament to attaint particular persons of treason or felony, or to inflict pains and penalties, beyond or contrary to the common law, to serve a special purpose, I speak not of them ; being to all intents and purposes new laws, made *pro re nata*, and by no means an execution of such as are already in being ». — Anson, *Law and custom*, t. I°, p. 355 : « These acts, in form legislative, in substance judicial, which we know as acts of attainder or of pains and penalties. An act of Parliament can, as we know, do anything. It can make that an offence, which was not when done an offence against any existing law. It can assign to the offender so created a punishment which no court could inflict. The procedure is legislative ».

[2] Art. 3 *in fine* ; cf. Todd-Walpole, t. I, p. 55. Blakstone et d'autres jurisconsultes ont interprété ce texte comme enlevant à la Couronne le droit d'amnistie, mais non le droit de grâce, après la condamnation prononcée.

Président et tous les fonctionnaires civils des États-Unis[1]. Cela se
conçoit aisément; car, comme on le verra plus loin, la responsabilité
ministérielle ne joue presque aucun rôle dans le système politique
des États-Unis.

Chez nous le système anglais, diversement adapté, a toujours été
admis depuis 1791. Il figure non seulement dans les Constitutions
qui admettent la responsabilité politique des ministres, comme les
Chartes de 1814 et de 1830, l'Acte additionnel aux Constitutions de
l'Empire, la Constitution impériale de 1870, les lois constitutionnelles
de 1875, mais aussi dans celles qui repoussaient cette responsabilité
politique, comme la Constitution de 1791, celle de l'an III et celle de
1848[2]. On le trouve enfin, dans la forme, jusque dans les constitutions
qui avaient pour but certain d'affranchir le pouvoir exécutif du contrôle des Chambres : dans la Constitution de l'an VIII, même dans le
sénatus-consulte du 28 floréal an XII, où il était singulièrement compliqué et affaibli (art. 101, 110 et suiv.), même dans la Constitution
du 14 janvier 1852 (art. 13), qui réservait au Sénat le droit de mettre
les ministres en accusation devant la Haute-Cour de justice.

Cependant cette institution, qui a paru assez importante pour s'imposer avec une pareille généralité aux Constitutions modernes, est
aujourd'hui considérée par les Anglais comme tombée en désuétude[3].
Dans les cent et quelques dernières années, il y a eu seulement deux
impeachments, celui de Warren Hastings, en 1788, et celui de Lord
Melville, en 1805 : depuis plus de quatre-vingts ans la procédure a
sommeillé. La raison en est bien plus simple. La responsabilité politique des ministres, sous le gouvernement parlementaire, a rendu
inutile cette arme ancienne, et la condamne à se rouiller. Le moyen
préventif a remplacé le moyen répressif : la Chambre des Com-

[1] *Constitution des États-Unis*, art. 2, sect. 4 : « The President, Vice-Presi-
dent and all civil officers of the United States, shall be removed from office on impeachment for, and conviction of, treason, bribery and other high crimes and misdemeanours ». Une seule fois cette disposition a été invoquée contre un ministre ;
et celui-ci a donné sa démission avant que l'accusation fût votée contre lui ; il fut
par suite acquitté. Bryce, *American Commonwealth*, t. II, p. 86, note 2. Voyez
la liste des *impeachments* intentés depuis que la constitution des États-Unis est
entrée en vigueur, dans Th. Hudson Mc. Kee, *A manual of congressional practice*, 1892, p. 100.

[2] La question de savoir si la Constitution de 1848 admettait la responsabilité politique des ministres est douteuse ; elle sera examinée plus loin.

[3] Dicey, *Law of the Constitution*, p. 392 : « Impeachment indeed may, though
one took place as late as 1805, be thought now obsolete ». Burgess, *Political
science*, t. II, p. 344 : « The last impeachment was that of Lord Melville in the year
1805-1806. The failure of the attempt to impeach Lord Palmerston in the year 1848
shows that the procedure has become nearly obsolete in the english system ».

munes, pouvant à volonté renvoyer les ministres, n'a plus jamais besoin de les mettre en accusation. Le même résultat se produit nécessairement dans tous les pays qui ont admis le gouvernement parlementaire[1].

3° La troisième règle, celle qui veut qu'un ministre participe à tout acte par lequel s'exerce la prérogative de la Couronne, n'a pas été édictée, en Angleterre, comme une maxime générale. Elle n'a pris ce caractère de généralité qu'avec le temps, et s'est établie successivement et fragmentairement. Elle est résultée, comme tant d'autres principes importants du droit anglais, d'une question de forme. Les Anglais ont établi, dans toute une série de cas, que l'expression de la volonté royale, pour être juridiquement obligatoire, devait se présenter sous la forme d'un acte écrit et revêtu de certains sceaux ou cachets. Chacun de ces sceaux a été remis par la coutume à la garde d'un officier supérieur ou ministre, qui seul a qualité pour l'apposer. En l'apposant, il fait un acte personnel et engage par là même sa responsabilité. De cette manière on est arrivé à avoir un répondant pour tout acte du roi devant se manifester dans ces formes écrites et scellées[2]. Mais on n'en est pas resté là ; on a adjoint l'assistance nécessaire d'un ministre pour des actes même qui n'avaient pas de valeur juridique et se présentaient sous la forme d'une conversation ou d'une communication orale, mais qui pouvaient cependant engager en fait la Couronne. C'est ainsi « qu'il est du devoir du secrétaire d'État aux Affaires étrangères d'assister à toute entrevue entre le souverain et le ministre d'une puissance étrangère. Toute communication privée entre un roi d'Angleterre et les ministres étrangers est contraire à l'esprit et à la pratique de la Constitution britannique[3] ». Les actes, en apparence les plus personnels, tels que l'exercice du droit de grâce, se font nécessairement par l'intervention et avec le consentement d'un ministre[4]. Cela est arrivé à une maxime générale qu'on exprime ainsi : Le roi ne peut jamais agir seul[5].

---

[1] Cf. Burgess, *Political science*, t. II, p. 357.

[2] Dicey, *Law of the Constitution*, p. 391 ; — du même, *The privy Council*, p. 51 et suiv. ; — Anson, *Law and custom of the Constitution*, t. II, p. 43 et suiv.

[3] Todd-Walpole, t. I, p. 83-84.

[4] Todd-Walpole, t. I, p. 85 : « Even the prerogative of mercy cannot now be exercised except under the direction of ministers ».

[5] « The king cannot act alone. » Anson, *Law and custom*, t. II, p. 41 ; — Todd-Walpole, t. I, p. 84, citant les discours des lords Esking et Holland : « There can be no exercise of the crown's authority for which it must not find some minister willing to make himself responsible ».

D'autre part, la coutume a successivement interdit au roi un certain nombre d'actes, qu'il ne saurait faire même avec l'assistance d'un ministre. « Bien qu'aux yeux de la loi le roi soit toujours présent dans ses tribunaux, il n'est pas au-dessus de la loi et ne peut prendre sur lui de décider en personne aucune cause civile ou criminelle ; il ne doit le faire que par ses juges[1] ». Il ne peut assister, même comme spectateur, aux débats de la Chambre des Lords, quoiqu'il y ait souvent assisté dans le passé. « Cette pratique, d'une correction douteuse, qui pouvait être employée pour dominer l'Assemblée et influencer ses débats, a été sagement abandonnée[2] ». Le roi ne pourrait pas non plus donner personnellement un ordre d'emprisonnement[3] ; enfin, « bien qu'il soit le chef reconnu des forces militaires de l'empire, aucun monarque anglais, depuis le règne de George II, n'a commandé les troupes en campagne. Une pratique contraire, dit un écrivain récent sur la Constitution anglaise, ne serait pas en accord avec l'usage parlementaire moderne[4] ».

L'ensemble de ces règles forme un réseau, dont les mailles se sont peu à peu resserrées, au point de ne plus laisser passer aucune manifestation de la volonté royale, réduite à elle-même. Mais c'est là un système très particulier, propre au génie anglais et fort complexe. Lorsque nos pères voulurent faire passer dans la première Constitution de la France la responsabilité des ministres, ils simplifièrent nécessairement tout cela. Ils s'attachèrent à une règle que les Anglais avaient dégagée, comme une partie de leur système : celle d'après laquelle, lorsque la signature manuelle du monarque devait figurer sur un acte, celui-ci devait aussi être contresigné par un secrétaire d'État. Elle leur parut tout à fait suffisante ; et telle est la formule que contient la Constitution de 1791 : « Aucun ordre du roi ne pourra être exécuté s'il n'est signé par lui et contresigné par un ministre ou l'ordonnateur du département[5] ». C'est la même formule, à peu de chose près, qu'a adoptée la loi constitutionnelle du 25 février 1875, art. 3 : « Chacun des actes du Président de la République doit être contresigné par un ministre ». Mais, chose digne de remarque, les

---

[1] Todd-Walpole, t. I, p. 85.

[2] Todd-Walpole, t. I, p. 86.

[3] Todd-Walpole, t. I, p. 81. « Although the king is the fountain of justice, a commitment by his own direction has been held to be void, because there was no minister responsible for it ». Cela vient sans doute de ce qu'aucun ministre n'a compétence pour contresigner un pareil ordre.

[4] Todd-Walpole, t. I, p. 86.

[5] Titre III, ch. II, sect. 4, art. 4. Elle ajoutait conformément à la tradition anglaise, art 6 : « En aucun cas l'ordre du roi, verbal ou écrit, ne peut soustraire un ministre à la responsabilité ».

autres Constitutions françaises, sauf trois exceptions, ne portaient pas cette prescription. On la trouve bien dans la Constitution de l'an VIII [1], dans l'Acte additionnel aux Constitutions de l'Empire [2], et dans la Constitution de 1848 [3] ; mais elle ne figure point dans la Constitution de 1852 [4], où d'ailleurs elle n'avait que faire, ni dans les Constitutions du Second Empire ; on ne la trouve pas non plus dans les Chartes de 1814 et de 1830, où son absence étonne davantage. D'ailleurs, dans l'usage, ce contreseing a toujours eu lieu pour les actes du pouvoir exécutif ; il était même de règle dans l'ancien régime, où un secrétaire d'État signait toujours après le roi et « par le roi ». Mais c'était alors une simple mesure d'ordre, ayant pour but d'assurer l'exécution de la volonté royale.

La règle précise, d'après laquelle tout acte du chef de l'État doit être contresigné par un ministre, a une portée moins étendue, quant à la restriction de son action personnelle, que l'ensemble des maximes admises en Angleterre. Elle ne vise que les volontés qui se traduisent par un acte ayant une forme régulière et une valeur juridique, et laisse de côté tous les autres. Mais nous allons voir que, grâce au gouvernement parlementaire, pour ceux-là aussi, les ministres sont responsables, à condition qu'ils les aient connus.

[1] Art. 55 : « Aucun acte du gouvernement ne peut avoir effet s'il n'est signé par un ministre ».

[2] Art. 38 : « Tous les actes du gouvernement doivent être contresignés par un ministre ayant département ».

[3] Art. 67 : « Les actes du Président de la République, autres que ceux par lesquels il nomme et révoque les ministres, n'ont d'effet que s'ils sont contresignés par un ministre ».

[4] Voyez cependant le décret des 22-27 janvier 1852, qui institue un ministre d'État : « Il est institué un ministre d'État qui aura les attributions suivantes... le contreseing des décrets portant nomination des ministres, nomination des présidents du Sénat et du Corps législatif, nomination des sénateurs et concession des dotations qui peuvent leur être attribuées, nomination des membres du Conseil d'État ; le contreseing des décrets rendus par le Président en exécution des pouvoirs qui lui appartiennent conformément aux articles 24, 28, 34, 46, 54 de la Constitution et de ceux concernant les matières qui ne sont pas spécialement attribuées à aucun département ministériel ». — Décret du 17-22 juillet 1869 qui supprime le ministre d'État : « Art. 2. Le contreseing des décrets portant nomination des ministres, des membres du conseil privé et du Sénat, est placé dans les attributions du garde des sceaux... — Art. 3. Le contreseing des décrets portant nomination des membres du Conseil d'État est placé dans les attributions du ministre, président du Conseil d'État ».

CHAPITRE V

Le gouvernement parlementaire ou gouvernement de cabinet.

Le gouvernement parlementaire n'est pas autre chose que la responsabilité ministérielle poussée à ses dernières limites. Il est né en Angleterre, mais peu à peu il fait en Europe le tour des pays libres. L'Angleterre et les colonies anglaises dotées d'un Parlement, la France, la Belgique, la Hollande, l'Italie, l'Espagne, l'Autriche et la Hongrie, la Grèce, la Roumanie, la Suède, la Norwège, le Danemark, pour ne citer que les principaux pays, le pratiquent également. Seuls y sont franchement réfractaires, parmi les nations qui ont adopté le gouvernement représentatif : en Amérique, les États-Unis et les Républiques du Centre et du Sud qui ont imité la Constitution des États-Unis; en Europe, la démocratie suisse, l'Empire d'Allemagne et la plupart des États particuliers qui le composent. Le gouvernement parlementaire s'est d'abord adapté exclusivement aux monarchies constitutionnelles. Mais l'exemple de la France montre qu'il est parfaitement compatible avec la forme républicaine. Il est même probable que, si les monarchies, qui le pratiquent aujourd'hui en Europe, subissent jamais les mêmes transformations que la France et se changent en États républicains, elles deviendront aussi des Républiques parlementaires. Je me propose ici d'exposer les points suivants : 1° Quelles sont les règles essentielles du gouvernement parlementaire; 2° Comment s'est-il développé en Angleterre; 3° Quelles ont été ses vicissitudes en France.

§ 1ᵉʳ. — LA LOGIQUE DU GOUVERNEMENT DE CABINET ET SON DÉVELOPPEMENT EN ANGLETERRE.

I.

Le gouvernement parlementaire, que les Anglais appellent le plus souvent *gouvernement de cabinet*, suppose tout d'abord le gouverne-

ment représentatif, dont il est une variété. Il suppose aussi la séparation juridique du pouvoir législatif et du pouvoir exécutif, qui sont
conférés à des titulaires distincts et indépendants. Le pouvoir exécutif, avec toutes ses prérogatives, est conféré à un chef, monarque ou
président de la République, au nom et par l'ordre duquel se font tous
les actes qui constituent l'exercice de ce pouvoir. Mais tous ces actes,
ou du moins les plus importants, doivent être préalablement délibérés et décidés par les ministres, statuant en corps et comme conseil
délibérant. D'autre part, le titulaire du pouvoir exécutif a bien le
droit formel et apparent de nommer et de révoquer ces ministres ;
mais son pouvoir effectif, quant à leur choix, est singulièrement restreint par une série de règles et de conditions, auxquelles doit satisfaire le ministère, et qui constituent l'essence même du gouvernement parlementaire. Elles se ramènent à trois principales[1] :

1° Les ministres doivent être pris dans le parti qui réunit la majorité dans le Parlement, ou tout au moins dans la Chambre populaire,
dans la Chambre des députés, lorsqu'il y en a deux. C'est une conséquence nécessaire de ce qu'ils sont responsables de tous leurs actes
devant cette Chambre, comme on le verra plus loin. De plus, bien
que ce ne soit ni une règle légale, ni même une condition toujours
observée, il est dans la logique du système que les ministres soient
eux-mêmes membres du Parlement, unissant ainsi les fonctions législatives à celles d'agents supérieurs du pouvoir exécutif. Ce sont,
par suite, naturellement et ordinairement les chefs de la majorité
dans les Chambres, et spécialement dans la Chambre des députés,
qui sont appelés au ministère[2].

On a même de nos jours présenté souvent cette désignation des
ministres comme une véritable élection, quoique non en forme, par
la Chambre populaire[3]. Celui qui a poussé le plus loin cette idée est,
je crois, M. Bagehot, dans son livre si remarquable sur la Constitu-

---

[1] On peut comparer à la nôtre la définition que M. Burgess donne du gouvernement parlementaire, *Political science*, t. II, p. 13 : « C'est la forme dans laquelle
l'État confère à la Législature le contrôle complet de l'administration de la loi. Dans
cette forme c'est de la Législature que dérive l'attribution du pouvoir exécutif *réel*
qui peut n'être pas le *nominal*, et c'est elle qui y met fin à sa volonté. Dans cette
forme l'exercice d'aucune prérogative du pouvoir exécutif, en aucun sens et en aucune manière, ne peut être entrepris avec succès s'il n'est pas approuvé par la législature ».

[2] Dicey, *Law of the Constitution*, p. 345 : « The party who for the time com-
mands a majority in the House of Commons have, in general, a right to have their
leaders in office ».

[3] Voyez mon étude intitulée : *Deux formes de gouvernement*, dans la *Revue
du droit public et de la science politique*, février 1894, p. 33.

tion anglaise. Voici comment il s'exprime en parlant du *Cabinet* :
« Par ce mot nouveau, nous entendons une commission du Corps législatif choisie pour être le corps exécutif. Le Corps législatif a plusieurs commissions, mais celle-là est la plus grande. Il choisit pour
elle, pour cette principale commission, les hommes en qui il a le plus
de confiance. Il ne les choisit pas directement; mais il est presque
tout-puissant pour les choisir indirectement. Il y a un siècle, la Couronne avait réellement le choix des ministres, bien qu'elle n'eût plus
le choix de la politique à suivre... Mais, en règle générale, le premier
ministre en titre est choisi par la législature; et celui qui a bien des
égards représente le premier ministre effectif — c'est-à-dire le *leader*
de la Chambre des Communes — l'est toujours sans exception. Presque toujours dans le parti qui prédomine à la Chambre des Communes, la branche prédominante de la législature, il y a un homme
nettement choisi par la voix de ce parti pour être son chef et, par
conséquent, pour gouverner la nation. Nous avons en Angleterre
un premier magistrat électif, aussi véritablement que les Américains
en ont un... Cependant notre premier magistrat diffère de celui des
Américains. Il n'est pas élu directement par le peuple; il est élu par
les représentants du peuple. C'est un exemple d'élection à deux degrés[1] ».

Mais c'est là très certainement une erreur juridique, une exagération de langage. La Chambre n'élit pas le Cabinet, qui en droit ne
tient ses pouvoirs que du chef de l'État[2]. Tout au plus a-t-elle, à cet
égard, un droit de présentation indirect et tacite; ou plutôt, elle ne
désigne les ministres ni par élection, ni par présentation, elle les désigne par un mode qui n'a rien de juridique, par voie de sélection
naturelle. Lorsque les partis sont vraiment disciplinés et organisés
dans la Chambre, et que l'un d'eux y a conquis une majorité cer-

[1] Bagehot, *The British Constitution*, 4th ed., London, 1885, p. 11.
[2] Voyez mon étude sur *Deux formes de gouvernement*, loc. cit., p. 34. Chez
nous le droit du Président de la République à cet égard a même été nettement
revendiqué devant la Chambre des députés dans une discussion récente. Dans la
séance du 13 juin 1898, le Président du Conseil des ministres se présentant devant
la Chambre nouvellement élue et sollicitant d'elle un vote de confiance avait dit
(*Journ. off.* du 14, *Ch. des dép.*, p. 1763) : « Quant au point de savoir dans quelles
conditions le cabinet sera reconstitué (deux de ses membres non réélus à la Chambre
avaient donné leur démission, après votre vote, et s'il m'y autorise, c'est une question de demain. » M. Léon Bourgeois critiqua cette attitude comme contraire aux
principes (p. 1769) : « Il se fait, dit-il, en ce moment devant vous une sorte de confusion de pouvoirs entre la Chambre et une autre autorité, dont nous n'avons
pas à parler ici, et qui seule a le droit de désigner et de choisir, et à laquelle par je
ne sais quelle habileté de procédure parlementaire on essaye de substituer une autre
désignation, qui serait faite par vous ».

taine, le chef de l'État ne peut constituer un Cabinet viable qu'en
appelant au ministère les chefs de la majorité. Le Cabinet, en effet,
ne peut vivre qu'avec l'appui de la majorité, et celle-ci ne l'accordera
que si le Cabinet comprend ceux qu'elle a reconnus comme ses directeurs et ses guides. Mais lorsque ce travail de sélection et d'organisation ne s'est produit que d'une manière imparfaite, lorsque la
majorité est incertaine ou qu'elle n'a point d'hommes qui s'imposent
à elle pour la diriger, le chef de l'État reprend, dans une large mesure, le libre choix des ministres. M. Bagehot le reconnaît lui-même.

2° Le Cabinet doit être *homogène*, puisqu'il agit comme corps, décidant en conseil les actes gouvernementaux. Il faut qu'entre ses
membres existe une unité de vues, pour qu'il puisse imprimer au
gouvernement une direction ferme et sûre. Pour faciliter cette composition homogène, en fait, le chef de l'État ne choisit pas lui-même
et directement tous les membres du ministère. Il appelle le chef de
la majorité, lorsqu'il en existe un reconnu et incontesté, ou, à son
défaut, l'homme qui est momentanément le plus en vue dans la
majorité, et le charge de choisir les autres ministres, ses futurs collaborateurs, et de former, comme on dit, un Cabinet. Ce personnage
porte chez les Anglais, le titre de Premier Ministre; chez nous, celui
de Président du Conseil des Ministres. Son action dirigeante ne se
borne pas à cet acte initial : il est le chef naturel du ministère, présidant à ses délibérations (lorsque le chef de l'État n'y préside pas);
c'est lui qui doit en coordonner l'action[1]; c'est aussi lui qui, d'ordinaire, parle devant les Chambres au nom du Cabinet tout entier, du
moins dans notre pays[2].

3° Les ministres sont politiquement et solidairement responsables
de la politique du gouvernement devant les Chambres, qui les contrôlent et les interrogent au besoin. Cette responsabilité est *solidaire*
dès qu'il s'agit d'un acte intéressant la politique générale, c'est-à-dire
que les conséquences doivent en rejaillir contre le Cabinet tout entier.
C'est en corps qu'il a pris ou dû prendre la résolution dont il s'agit;
c'est aussi en corps qu'il est responsable[3]. La responsabilité peut, au

---

[1] Dicey, *Law of the Constitution*, p. 345. « The most influencial of the leaders (generally speaking) ought to be the Premier or head of the cabinet. »

[2] En Angleterre il en est autrement parfois, parce que, selon la coutume, le gouvernement a un *leader* particulier dans chacune des Chambres; l'un est membre de
la Chambre des Lords, et l'autre membre de la Chambre des Communes. Lorsque
le Premier Ministre est un pair, il laisse forcément à un autre membre du cabinet,
à un *commoner*, le *management* de la Chambre des Communes; — Todd-Walpole,
t. II, p. 105-106.

[3] Dicey, *Law of the Constitution*, p. 344 : « The cabinet are responsible to Parliament as a body for the general conduct of affairs ».

contraire, être simplement individuelle, particulière à un ministre, lorsqu'il s'agit d'un acte qui n'intéresse qu'un département ministériel déterminé, et que, par suite, le titulaire de ce département l'a seul décidé ou l'a seul proposé au chef de l'État en le contresignant. Mais c'est une question fort délicate que de déterminer les actes qui intéressent ou n'intéressent pas la politique générale[1]. Chez nous, l'intervention du Président du Conseil, posant ce qu'on appelle la *question de cabinet*, écarte généralement la difficulté.

Dans tous les cas, la responsabilité dont il s'agit ici est proprement et purement *politique*. Elle se distingue de la responsabilité pénale plus haut examinée, et a pour sanction unique la perte du pouvoir. Le Cabinet, qui, par un vote précis, a perdu la majorité dans la Chambre populaire, doit démissionner en entier[2]. Le ministre, qui, sur une question restreinte à son département, a été également battu par la majorité, doit aussi donner sa démission. En leur refusant sa confiance, la majorité de la Chambre révoque indirectement les ministres. Ici encore il ne s'agit pas d'une révocation juridique : c'est une simple indication, donnée aux ministres d'un côté, et d'autre part au chef de l'État. Mais en fait cette indication est un ordre.

On le voit, le gouvernement parlementaire n'admet pas la séparation tranchée du pouvoir exécutif et du pouvoir législatif. Il ne les confond pas cependant, comme on l'a quelquefois prétendu[3]. Il admet seulement entre eux une certaine pénétration réciproque. Les ministres sont bien, dans un certain sens, les représentants du Corps législatif pour l'exercice du pouvoir exécutif; mais ils sont aussi et avant tous les agents nommés par le chef de l'État et ses représentants devant le Corps législatif. Il suit de là qu'ils ne sont point simplement, comme on cherche souvent à le faire admettre, les commissaires du Corps législatif ou même de la seule Chambre des députés, chargés seulement d'exécuter ses volontés. Ils doivent, au contraire, guider la majorité, la discipliner et la commander. C'est le seul moyen de maintenir une allure régulière et suivie au pouvoir exécutif. C'est, d'autre part, un résultat naturel : les ministres ne s'im-

[1] Dicey, *Law of the Constitution*, p. 444 : « They are further responsible, to an *extent not however very definitely fixed*, for the appointments made by any of their number, or, to speak in more accurate language, made by the Crown under the advice of any member of the cabinet ».

[2] Dicey, *Law of the Constitution*, p. 345 : « A ministry which is outvoted in the House of Commons are, *in many cases*, bound to retire from office ».

[3] Bagehot, *The British Constitution*, p. 10 : « The efficient secret of the English Constitution may be described as the close union, the nearly complete fusion of the executive and legislative powers ». — Cf. Bryce, *American Commonwealth*, t. Ier, p. 215.

posent véritablement aux choix du pouvoir exécutif que lorsqu'ils ont acquis d'avance la qualité de chefs d'une majorité consciente. Ce rôle qui les a faits, ils ne sauraient l'abandonner lorsqu'il a plus que jamais sa raison d'être. Sous le gouvernement parlementaire, il est désirable et logique que l'initiative parlementaire soit très discrètement exercée par les membres du Parlement qui appartiennent à la majorité. La proposition des mesures importantes doit être réservée aux ministres. C'est la majorité qui les proposera par leur organe, mais avec ordre et discipline, c'est-à-dire dans les meilleures conditions.

Quant au titulaire même du pouvoir exécutif, président temporaire ou monarque héréditaire, quel rôle lui reste-t-il dans le gouvernement parlementaire? Un rôle très grand et très utile. Ce n'est pas ce rôle cérémonial et figuratif qui paraît si important à M. Bagehot[1], et qui peut être surtout conçu chez le représentant d'une antique dynastie. Je veux parler d'une action réelle et très efficace. Le chef du pouvoir exécutif n'est pas une simple figuration; il a voix au chapitre pour tous les actes du gouvernement. Cela est vrai surtout pour un Président de la République, qui tire son origine de l'élection et qui préside, comme nous le verrons, les principaux conseils des ministres. Dans tous les cas, c'est au nom du chef de l'État, quel qu'il soit, que se font les actes par lesquels s'exerce le pouvoir exécutif; il faut donc sa signature sur chacun d'eux. Si l'acte décidé par les ministres lui paraît impolitique ou dangereux, il ne la donnera pas sans résistance et sans observations. Sans doute il n'ira guère jusqu'à la refuser catégoriquement; car alors le ministère pourrait donner sa démission, et, si la politique qu'il a soutenue était approuvée par le Parlement, le chef du pouvoir exécutif devrait se soumettre, à moins qu'il ne pût user d'un moyen extrême et périlleux, qui sera indiqué un peu plus loin. Mais il discutera avec ses ministres et, plus d'une fois, sa sagesse et son expérience pourront les persuader. N'étant pas responsable, il ne pourra point prendre l'initiative ni imposer sa volonté; mais il pourra utilement ralentir ou détourner certains courants. Entre le chef de l'État et les ministres la relation, telle qu'elle se présentait d'abord avec la simple responsabilité ministérielle, est renversée dans le gouvernement parlementaire. Jadis, c'était le premier qui décidait, mais à condition d'obtenir le contre-seing des seconds; maintenant, ce sont ceux-ci qui décident, mais il leur faut obtenir la signature du premier. Le chef de l'État apparaît donc d'une façon permanente comme un élément pondérateur et modérateur;

---

[1] Bagehot, op. cit., ch. 2, La monarchie.

E. 7

dans les crises ministérielles il prend une autre importance encore. Lorsque la situation n'est point toute réglée d'avance par l'état des partis en présence, il devient véritablement ce grand électeur, que jadis Sieyès voulait établir en France[1]. C'est lui qui peut alors, par un choix perspicace, rétablir le gouvernement momentanément interrompu.

Le gouvernement parlementaire comporte aussi normalement pour le titulaire du pouvoir exécutif une prérogative spéciale, de la plus grande importance, qui lui permet de réagir contre une majorité de la Chambre populaire qui voudrait lui imposer un ministère et, par conséquent, une politique déterminée. C'est le droit de dissoudre la Chambre des députés avant l'expiration de ses pouvoirs, et de faire appel au corps des électeurs par de nouvelles élections[2]. Le droit de dissolution ainsi compris peut se concevoir sans le gouvernement parlementaire : il a existé chez nous dans des Constitutions qui n'admettaient pas ce dernier[3]; aujourd'hui encore il existe dans les pays qui repoussent le gouvernement parlementaire, comme dans l'Empire d'Allemagne. Mais dans ces Constitutions le droit de dissolution a nettement le caractère d'une arme offensive, donnée au chef de l'État contre la Législature, qu'il domine et qu'il veut réduire à la soumission. Avec le gouvernement parlementaire il est naturel, légitime et presque nécessaire; il est simplement la garantie d'une suffisante séparation des pouvoirs. Sans lui, la Chambre des députés, alors même qu'elle n'est plus soutenue par l'opinion du pays, pourrait imposer un gouvernement et annihiler l'indépendance du pouvoir exécutif. Mais pour user du droit de dissolution (en dehors d'autres conditions que la Constitution peut avoir expressément imposées), il faudra que le chef de l'État agisse, comme pour tout autre acte, par l'organe d'un ministère responsable : il faudra qu'il en trouve un qui veuille bien en prendre la responsabilité et en tenter l'aventure. Aussi, en Angleterre, le droit de dissolution est-il considéré aujourd'hui (en dehors d'une autre utilité dont il sera parlé plus loin[4]) comme le dernier moyen qui reste à un Cabinet de se maintenir au pouvoir, lorsqu'il n'a plus la majorité dans la Chambre des Communes, et qu'il échoue devant elle sur quelque proposition capitale. On admet qu'il peut faire appel au pays par le moyen d'une dissolution de cette

[1] Bagehot, *The British Constitution*, p. 41.

[2] Sur ce sujet, voyez Paul Matter, *De la dissolution des assemblées parlementaires*, Paris, 1898.

[3] Sénatus-consulte du 16 thermidor, an X, art. 55; — Constitution de 1852, art. 46.

[4] Voyez ci-après, p. 115-116. Cf. Burgess, *Political science*, t. II, p. 73, 213.

Chambre. Mais, quel que soit le résultat des élections nouvelles qui interviennent alors, la dissolution qui les a amenées ne saurait être suivie d'une dissolution nouvelle. Le droit est épuisé, quand il en a été usé une fois[1].

Le gouvernement parlementaire, par son jeu complexe et délicat, échappe dans une large mesure à une réglementation légale. Il vit surtout d'usages, de traditions, de conventions communément acceptées. Il en est tout d'abord ainsi dans son pays d'origine, où d'ailleurs tant de règles importantes rentrant dans le droit public sont simplement fixées par des précédents. La lettre des lois anglaises ignore encore l'existence du cabinet ministériel[2], et les ministres qui le composent, et que les convocations officielles appellent aujourd'hui les *serviteurs de la reine* (Her Majesty's servants), n'ont un caractère légal que par ce fait qu'ils prêtent serment comme membres du Conseil privé[3]. En passant à l'étranger, et particulièrement en France, le gouvernement parlementaire a vu quelques-unes de ses règles essentielles inscrites dans la loi. Spécialement la loi constitutionnelle du 25 février 1875 est plus explicite à cet égard qu'aucune des Constitutions antérieures. Mais, par la force des choses, beaucoup des règles de ce régime manquent de détermination légale et de sanction directe. Comment obliger des ministres battus devant la Chambre à donner leur démission, et comment les empêcher de rester malgré cela en fonctions, si le chef du pouvoir exécutif ne les révoque pas[4]? Comment, d'autre part, obliger celui-ci à prendre ses ministres dans le parti qui a la majorité au Parlement? Le Parlement, pour faire respecter les règles du gouvernement parlementaire par les ministres et par le chef du pouvoir exécutif, ne dispose que de moyens de contrainte indirects. Ces moyens sont, il est vrai, très puissants; c'est le

---

[1] Dicey, *Law of the Constitution*, p. 344 : « A cabinet, when outvoted on any vital question, may appeal at once at the country by means of a dissolution. If an appeal to the electors goes against the ministry, they are bound to retire from office and have no right to dissolve Parliament a second time ».

[2] Cf. Bagehot, *op. cit.*, p. 14. — De Franqueville, *Le Gouvernement et le Parlement britanniques*, t. I, p. 445.

[3] Todd-Walpole, t. I, p. 62 : « The position and privileges of cabinet ministers are in fact derived from their being sworn members of the Privy Council ». — Anson, *Law and custom*, t. II, p. 100.

[4] Chateaubriand, *De la monarchie selon la Charte*, Paris, 1816, ch. XXXIX, p. 45 : « Si l'on dit que les ministres peuvent toujours demeurer en place, malgré la majorité, parce que cette majorité ne peut pas physiquement les prendre par le manteau et les mettre dehors, cela est vrai. Mais si c'est garder sa place que de recevoir tous les jours des humiliations, que de s'entendre dire les choses les plus désagréables, que de n'être jamais sûr qu'une loi passera, tout ce que je sais alors, c'est que le ministre reste et que le gouvernement s'en va ».

refus du budget annuel ; c'est aussi, en Angleterre, le refus de l'autorisation renouvelée tous les ans, nécessaire pour le maintien d'une
armée permanente[1]. Mais leur énergie même rend ces moyens difficiles à employer ; ou plutôt elle fait que la simple menace en est suffisante. En Angleterre, depuis 1688, il n'a jamais été nécessaire d'en
faire emploi[2].

Voilà les règles et la logique du gouvernement de cabinet ; voyons
maintenant comment il s'est développé en Angleterre.

II.

Comme l'institution des deux Chambres, le gouvernement parlementaire est un produit de l'histoire et non de la raison inventive.
On y est arrivé progressivement ; si bien que, dans sa forme dernière,
c'est une solution qui s'est imposée d'elle-même. Il s'est introduit
sous l'apparence d'un expédient et est devenu cependant le principal
système de gouvernement dans le monde de la liberté moderne.

Les monarques anglais pendant des siècles ont eu, pour organes
supérieurs de leur gouvernement, des officiers et des conseils tout à
fait analogues à ceux qu'on trouve dans notre ancienne monarchie :
d'un côté, des fonctionnaires qui répondaient à peu près à nos grands
officiers de la Couronne, et, plus tard, à côté d'eux des secrétaires
d'État[3] ; d'autre part, un Conseil (*Permanent or privy Council*) très
semblable à notre Conseil du roi[4]. Cette ressemblance alla même si
loin que, sous les Tudors et les Stuarts, le Conseil privé exerça en
concurrence avec les tribunaux ordinaires des attributions judiciaires
très importantes. La célèbre *Chambre étoilée* était, par excellence, la
section judiciaire de ce Conseil, et cette juridiction ne fut supprimée

---

[1] Ci-dessus, p. 96.

[2] Todd-Walpole, t. I, p. 4 : « The undoubted right of the Commons to withold
supplies from the crown has not been exercised in a single instance since 1688 ».
Dans la séance du 21 avril 1896, le Sénat français a utilisé le refus de l'impôt pour
forcer à se retirer un ministère auquel il avait formellement et à plusieurs reprises
refusé sa confiance. Saisi de demandes de crédits importants votés par la Chambre
des députés et ouverts au ministre de la guerre au compte spécial de Madagascar, il
a adopté la résolution suivante présentée par M. Demôle (*Journ. off.* du 22 avr.,
Sénat, p. 38) : « Nous proposons au Sénat d'en ajourner le vote jusqu'à ce qu'il
ait devant lui un ministère constitutionnel, ayant la confiance des deux Chambres ».
J'examinerai plus loin (deuxième partie, ch. vi, n° ix) la portée de ce vote et la
question de savoir s'il est conforme aux principes du gouvernement parlementaire.

[3] Anson, *Law and custom*, t. II, p. 143 et suiv.

[4] Dicey, *The Privy Council*, the Arnold Prize Essay, 1860.

qu'en 1641[1]. Ce Conseil, composé de membres choisis par le roi, outre les officiers qui y avaient séance de droit, fut pendant longtemps l'assemblée délibérante où étaient discutés et arrêtés habituellement, et quelquefois nécessairement, d'après la loi, les actes importants de la puissance royale. Son apogée se place du XIVe au XVIe siècle.

A la fin du XVIe siècle et au commencement du XVIIe, un groupe restreint de ministres et de conseillers fut souvent détaché des autres pour constituer une sorte de comité secret, auquel le roi soumettait les affaires les plus délicates et les plus importantes. La décision, au lieu de se prendre en plein conseil, était prise dans ce petit comité, qui reçut successivement et suivant les temps les noms de *committee of state*, *junto*, *cabinet*[2]. Une semblable pratique avait fait de bonne heure quelques apparitions; de tout temps il était arrivé que le roi consultait parfois en secret ses amis intimes et ses hommes de confiance. Mais cela tendit à devenir un usage presque constant, et comme un mode de gouvernement sous les Stuarts. Ce Comité ou Conseil de cabinet n'avait d'ailleurs aucunement le caractère d'une institution légale; il était même généralement réprouvé comme contraire au droit public anglais[3]; c'était l'un des griefs du Parlement contre Charles I[er][4]. La pratique reprit cependant après la Restauration, sans doute parce qu'elle répondait, non seulement aux idées particulières du monarque, mais aussi aux besoins réels du gouvernement. Sous Charles II fut constitué en particulier un cabinet fameux, qui porta le nom de *Cabale*[5]. Manifestement la discussion des affaires d'État en plein Conseil privé, selon l'ancienne méthode, ne pouvait pas être suivie dans la plupart des cas; le gouvernement, s'étant compliqué avec l'accroissement de la puissance de l'État et les progrès du pouvoir royal, devait être concentré en un petit nombre de mains expérimentées. Le Conseil privé, trop nombreux pour gouverner, devait peu à peu perdre son importance entre le Cabinet et le Parlement, dont le rôle grandissait au contraire. Les efforts qui furent faits sous le règne même de Charles II pour l'adapter à la situation nouvelle, furent complètement vains[6].

---

[1] *An act for regulating the Privy Council and for taking away the Court commonly called the Star Chamber*, dans Gardiner, *Constitutional documents*, p. 106.

[2] Anson, *Law and custom*, t. II, p. 93; — Todd-Walpole, t. I, p. 223 et suiv.; — De Franqueville, t. I, p. 536 et suiv.

[3] Todd-Walpole, t. I, p. 224.

[4] Gardiner, *Constitutional documents*, p. 171.

[5] De Franqueville, t. I, p. 538.

[6] Todd-Walpole, t. I, p. 228.

Ce Cabinet de la première moitié du xviie siècle est l'origine première du Cabinet moderne; il était pourtant exactement l'opposé de celui-ci. C'était, en effet, le ministère du roi et du pouvoir personnel. La transformation devait consister à donner virtuellement au Parlement la désignation du Cabinet, en le rendant largement indépendant à l'égard de la Couronne et vraiment homogène dans sa constitution.

Cela se fit graduellement après la Révolution de 1688, et cela résulta d'une nécessité subie par le pouvoir royal. La victoire du Parlement avait été si complète, son contrôle sur la prérogative royale était devenu si puissant, grâce au vote annuel de l'armée et de l'impôt, qu'il devenait impossible ou du moins très difficile à la Couronne de gouverner si elle n'était pas en parfait accord avec la majorité du Parlement. Or, le moyen le plus simple et le plus sûr d'établir cette union était de prendre les membres du Cabinet entier dans le parti qui possédait la majorité au Parlement, ou tout au moins d'y faire entrer les hommes qui pouvaient sûrement agir sur cette majorité et en disposer. Mais pendant bien longtemps et jusqu'à la fin du xviiie siècle, ce ne fut là qu'un expédient politique, dont la Couronne était souvent forcée de se servir, non une règle qu'elle se crût en droit tenue de respecter. Il paraît bien que, sur l'avis du duc de Sunderland, Guillaume III entra dans cette voie et refondit peu à peu son Cabinet de manière à n'y comprendre que des *whigs*, résultat qui était obtenu en 1695[1]. Mais, dans la suite et pendant les deux premiers tiers du xviiie siècle, les ministères furent loin de présenter cette homogénéité. Dans toute cette période il y eut même ce phénomène singulier que le Cabinet comportait en réalité deux éléments distincts : les membres effectifs, ceux qui avaient la direction des affaires et auxquels seuls étaient communiqués les pièces secrètes et les papiers d'État, et des membres en quelque sorte honoraires, qui pourtant avaient droit de séance, bien qu'ils n'eussent point part au gouvernement. De cette façon, des ministres tombés, forcés de se retirer des affaires, pouvaient continuer de siéger au Conseil de Cabinet, même à côté de leurs adversaires politiques qui avaient pris le pouvoir[2]. M. Anson affirme que ces membres non effectifs ne disparurent qu'à partir de 1782[3]. L'administration dans ces conditions de-

---

[1] Todd-Walpole, t. I, p. 232; — De Franqueville, t. I, p. 440.

[2] Voyez la lumineuse et probante exposition de M. Anson, *Law and custom of the Constitution*, t. II, p. 107 et suiv.

[3] *Law and custom*, t. II, p. 108, 110; l'auteur rappelle même dans ce dernier passage une survivance de cette ancienne théorie qui se manifesta en 1801.

vait être fort difficile, et le Cabinet restait dans la dépendance de la Couronne.

Cependant, d'assez bonne heure, quoique par une cause accidentelle, le ministère avait été émancipé d'un certain côté. Tout d'abord Guillaume III, comme ses prédécesseurs, rassemblait ses ministres dans son « Cabinet » et présidait à leurs délibérations[1]. Cet usage se maintint pendant le règne de la reine Anne (1702-1714), qui présidait, tous les dimanches, le Conseil de Cabinet; mais il cessa sous le règne de George Iᵉʳ. Cet Allemand entendait mal la langue anglaise; suivant difficilement les délibérations des ministres, et, par suite, incapable de les diriger, il cessa d'y assister[2]. Cela fonda une nouvelle coutume. Sous George II, c'était un usage établi que les ministres délibéraient hors de la présence du roi. Sous George III, on trouve de nouveau un exemple de l'ancienne pratique, mais c'est le dernier. Les ministres, qui tenaient ainsi par eux-mêmes un Conseil de Cabinet, transmettaient au roi le résultat de leur délibération par l'intermédiaire d'un membre éminent du Cabinet ou par l'organe du ministre dans le département duquel rentrait l'objet visé[3]. Mais il fallut bien du temps avant qu'ils reçussent le chef régulier et autorisé, qui forme et conduit les ministères modernes, c'est-à-dire le premier ministre.

Sous la monarchie antérieure à 1688, plus d'une fois on avait vu un premier ministre, au sens qu'avait ce mot en France sous l'ancien régime; mais c'était une maxime qu'un pareil fonctionnaire était odieux à la loi anglaise[4]. Depuis la Révolution, il y eut bien, de temps à autre, un homme prépondérant dans le Cabinet, à raison surtout de l'action qu'il exerçait sur le monarque, mais il n'avait aucun rôle constitutionnel différent de ceux de ses collègues : c'étaient là seulement des premiers ministres de fait[5]. Telle était même encore la condition réelle de Robert Walpole, quoiqu'il dût sa longue et décisive influence à la majorité dont il disposait dans la Chambre des Communes; il produisait cette majorité par des moyens tout gouver-

---

[1] Anson, *Law and custom*, t. II, p. 105.

[2] Anson, *Law and custom*, t. II, p. 30.

[3] Todd, *Parliamentary government*, t. II, ch. xi, nᵒ ii, 3.

[4] Todd-Walpole, t. I, p. 265; — Cf. Anson, *Law and custom*, t. II, p. 119. En 1741, après un débat à la Chambre des Lords sur une adresse demandant au roi « d'éloigner pour jamais sir Robert Walpole de sa présence et de ses conseils », trente et un pairs firent insérer au Journal une protestation portant que « a sole, or even a first minister is an officer unknown to the law of Britain, inconsistent with the constitution of this country, and destructive of liberty in any government whatsoever »,

[5] Anson, *Law and custom*, t. II, p. 118; d'après lui (*ibid.*, note 2), Swift aurait été cependant le premier à employer le mot *prime minister* comme indiquant une fonction usuelle.

nementaux, par les faveurs et les places dont il disposait; il n'en était pas le produit[1]. C'est seulement à la fin du xviiie siècle que la fonction de premier ministre se dégagea nettement avec Pitt, qui en donna même la définition lors de la formation du Cabinet de 1803[2]. C'est une pièce essentielle du gouvernement parlementaire anglais. Chef reconnu d'un parti, le premier ministre s'impose à la Couronne par la victoire de ce parti dans la Chambre des Communes. C'est lui qui forme le Cabinet. C'est lui encore qui le préside[3] et le dirige. En principe, lui seul est en contact avec le monarque pour les affaires politiques; les autres ministres ne communiquent avec la Couronne que par l'intermédiaire du premier ministre[4].

La responsabilité politique et solidaire des ministres devant le Parlement a été également très longue à s'introduire. Sans doute, on trouve au xviiie siècle, quoique en bien petit nombre, des exemples de ministres résignant leurs fonctions par suite d'un échec devant la Chambre des Communes[5]. Mais pendant tout le xviiie siècle, la doctrine était que cette Chambre ne pouvait directement imposer au roi le choix ou le renvoi de ses ministres. Le seul moyen légal qu'elle eût contre ces derniers était l'*impeachment*. Or celui-ci, comme toute accusation criminelle, était nécessairement personnel; il supposait chez le ministre une culpabilité individuelle, des actes qui lui fussent propres, comme auteur principal ou comme complice. La responsabilité pénale des ministres ne peut, par sa nature même, être solidaire. « La responsabilité du ministère avait pour les hommes d'État du

[1] Anson, *Law and custom*, t. II, p. 118, 119.

[2] Anson, *Law and custom*, t. II, p. 121.

[3] Avant que le droit eût été admis pour le premier ministre de convoquer et de présider les conseils de cabinet, ceux-ci étaient le plus souvent remplacés par des dîners fréquents, où le premier ministre de fait réunissait les plus influents de ses collègues ou tous les membres du ministère; — Todd-Walpole, t. I, p. 262.

[4] Anson, *Law and custom*, t. II, p. 122 et suiv.; — Todd-Walpole, t. I, p. 116.

[5] Anson, *Law and custom*, t. II, p. 130 : « The only ministers before 1830 who resigned in consequence of defeats in the House of Commons were sir Robert Walpole in 1741 and Lord Shelburne in 1783 ». — Todd-Walpole, t. I, p. 260 : « The first instance on record of the resignation of a prime minister in deference to an adverse vote of the House of Commons is that of sir Robert Walpole ». — Walpole se retira, mais non les autres ministres; aussi Todd ajoute-t-il (t. I, p. 260) : « L'avènement au pouvoir du ministère de lord Rockingham en 1782 est notable comme le premier exemple d'un changement simultané de l'administration tout entière et par déférence aux sentiments de la Chambre des Communes (bien qu'il n'y ait pas eu de vote de défiance proprement dit)... Sauf que lord Thurlow resta comme chancelier du roi, le changement de l'administration fut total, ce qui était une chose sans précédent ».

siècle dernier un tout autre sens que celui qu'elle a parmi nous. Pour eux, elle signifiait la responsabilité légale, celle qui expose à un *impeachment*. Pour nous, elle signifie la responsabilité devant l'opinion publique, celle qui expose à la perte du pouvoir ». La responsabilité légale ne pouvait point équitablement être mise à la charge du Cabinet tout entier à raison de l'acte de l'un de ses membres; cela se dégage clairement d'un débat qui eut lieu en 1806, lorsque lord Ellenborough, *Chief Justice* du *King's Bench*, accepta une place dans le Cabinet. On contesta la régularité de cette nomination, par ce motif que le Chief Justice pouvait être responsable comme membre du Cabinet, à raison des procédures légales auxquelles il pouvait avoir à présider comme juge. Les partisans du gouvernement contestèrent cette théorie qui admettait la responsabilité de chaque membre du Cabinet pour les actes du Corps tout entier, soutenant que chacun était responsable pour son propre département. « Le Cabinet n'est pas responsable en tant que Cabinet, disait lord Temple, mais les ministres sont responsables comme fonctionnaires de la Couronne »; et Fox maintenait qu'il y avait un avantage pratique à ne point faire peser la responsabilité sur le Cabinet et à la fixer sur un fonctionnaire individuellement considéré : « l'auteur immédiat peut toujours être atteint par une voie simple, facile et directe, si on la compare à celle par laquelle vous pourriez atteindre ses inspirateurs ». Il est très remarquable que Hallam, qui écrivait en 1827, envisage de la même manière la responsabilité ministérielle[1]. Nous, maintenant, nous craignons, non pas tant que les ministres violent la loi, mais plutôt qu'ils dirigent mal nos affaires; ils agissent, soumis à une critique étroite et constante, et, comme la perte du pouvoir et de l'estime publique est la seule pénalité que les ministres encourent pour leurs fautes politiques, il est possible d'admettre que l'acte du Cabinet est l'acte de tous les membres du Cabinet et de chacun d'entre eux[2] ».

C'est en invoquant cette conception ancienne et étroite que sir Robert Walpole se défendit en 1741 devant la Chambre des Communes.

[1] Hallam, *Histoire constitutionnelle*, t. III, p. 187, note : « Je ne puis pas absolument comprendre comment on pourrait faire reposer un chef d'*impeachment* sur le fait de siéger comme ministre du Cabinet; je ne conçois pas non plus qu'un conseiller privé ait le droit de résigner sa place à la table du Conseil ou de s'absenter lorsqu'il est convoqué; de sorte qu'il serait hautement injuste et illégal de présumer une participation à des mesures coupables, par ce seul fait qu'on appartient au Conseil. Si l'*impeachment*, comme on l'a parfois soutenu, peut être fondé sur la seule notoriété, elle ne saurait suffire pour la conviction ».

[2] Anson, *Law and custom*, t. II, p. 112.

Une adresse avait été proposée invitant la Couronne à l'écarter de ses conseils, comme entièrement responsable de la mauvaise direction des affaires. Il déclara « qu'une adresse au monarque l'invitant à écarter un de ses serviteurs, sans alléguer contre lui aucun crime particulier, était l'un des plus grands empiétements qui eût jamais été commis sur les prérogatives de la Couronne[1] ».

Malgré cela, la conception nouvelle de la responsabilité ministérielle, qui devait créer vraiment le gouvernement parlementaire, se dégageait peu à peu dans le courant du XVIIIe siècle. Walpole, un des premiers, y contribua puissamment, non par ses doctrines mais par sa conduite; « il est le premier exemple d'une élévation au rang de premier ministre de la Couronne, et d'une perte subséquente du pouvoir, se produisant sans égard pour les vœux personnels du souverain, et par l'influence du parti dominant dans la Chambre des Communes[2] ». En 1782, lorsque tomba le ministère de lord North, ce fut la conséquence de deux motions de blâme et de défiance, successivement présentées à la Chambre des Communes; la première n'avait pas obtenu la majorité, mais lord North n'attendit pas la discussion de la seconde; il résigna avec tous ses collègues. La responsabilité devenait dès lors politique et en même temps collective. Cela était naturel, puisque le ministère allait dorénavant présenter une unité véritable; cela n'avait rien d'injuste, puisque cette responsabilité n'était point pénale. La responsabilité pénale, comme on l'a dit plus haut, était une arme destinée dorénavant à se rouiller; elle était remplacée par un instrument plus souple et plus sûr.

Cependant « il n'y a pas d'exemple avant 1830 d'un ministère se retirant parce qu'il avait été battu sur une question de législation ou même de taxation. Encore, en 1841, Macaulay, parlant à la Chambre des Communes en qualité de ministre, maintenait qu'un gouvernement n'était pas tenu de quitter le pouvoir parce qu'il ne pouvait pas faire adopter une réforme législative, excepté dans le cas spécial où il était convaincu que, sans telle ou telle loi, il ne pourrait pas faire marcher les services publics[3]. » Pour renverser un Cabinet, il fallait alors une motion expresse votée par la majorité, et portant que les ministres avaient perdu la confiance de la Chambre. « Mais pendant les cinquante dernières années l'intérêt politique s'est largement développé, et les extensions successives du droit de suffrage ont fait de la Chambre des Communes le reflet exact de l'opinion du pays. Par

---

[1] Todd-Walpole, t. I, p. 263.
[2] Todd-Walpole, t. I, p. 260.
[3] Anson, *Law and custom*, t. II, p. 151.

suite, on s'attend à voir le ministère apporter quelque nouveauté législative à la fin de chaque session : s'il est en minorité à la Chambre des Communes, il ne peut sur ce point satisfaire l'attente du pays[1]. » Il semble résulter de là que tout échec, devant la Chambre des Communes, d'une réforme législative proposée par le ministère doit entraîner la chute de celui-ci. Cela n'est point complètement exact. Conformément à un principe plus haut indiqué[2], le ministre ainsi mis en échec peut faire intervenir en sa faveur le droit de dissoudre la Chambre des Communes, droit qu'a conservé la Couronne et qui, comme ses autres prérogatives, s'exerce par la volonté du Cabinet. La question est ainsi portée devant le corps électoral, et c'est le résultat des élections qui décide si le Cabinet restera au pouvoir ou sera remplacé par le parti opposé. « Depuis 1867 (jusqu'en 1892) il y a eu six changements de ministère. Dans quatre de ces occasions les ministres se sont démis, non parce qu'ils avaient été battus dans la Chambre des Communes, mais parce que le verdict des électeurs, lors d'une élection générale, avait été décidément contre eux. Le pouvoir qui détermine l'existence et la chute des cabinets a ainsi passé de la Couronne aux Communes et des Communes au pays[3] ».

Le gouvernement parlementaire suppose naturellement[4] chez les membres du Cabinet la double qualité de ministre et de membre du Parlement. Pour les Lords, la compatibilité de ces deux qualités n'a jamais été contestée ; l'acceptation d'une fonction publique ne pouvait pas faire perdre la pairie, droit éminemment personnel et héréditaire. Mais, pour les membres de la Chambre des Communes, la chose n'a pas été aussi simple. Pendant fort longtemps cependant la Chambre des Communes, avant la Révolution de 1688, paraît ne pas redouter la présence, dans son enceinte, de fonctionnaires royaux. Dès la seconde moitié du XVIe siècle, certains ministres ou secrétaires d'État assistaient souvent aux séances, et leur présence était tolérée. D'autre part, l'éligibilité des officiers royaux à la Chambre des Communes, même celle des *privy councillers*, avait été admise sans trop de difficultés. Enfin, lorsqu'un membre de la Chambre était, pendant la durée d'un Parlement, nommé à une fonction de la Couronne, la

[1] Anson, *Law and custom*, t. II, p. 131.

[2] Ci-dessus, p. 98.

[3] Anson, *Law and custom*, t. II, p. 131. Le dernier Cabinet tombé du pouvoir, présidé par lord Rosebery, s'est retiré avant les élections générales. Le Cabinet présidé par le marquis de Salisbury lui a succédé le 25 juin 1895 et le Parlement n'a été dissous en vue de nouvelles élections à la Chambre des Communes que le 24 juillet 1895.

[4] Ci-dessus, p. 93.

Chambre, en principe et sauf quelques exceptions, avait admis qu'il conservait néanmoins son siège[1]. Mais à la fin du XVIIe siècle et au commencement du XVIIIe, une réaction des plus prononcées se manifesta contre un pareil système. Les inconvénients en étaient sensibles. La Chambre des Communes comptait parmi ses membres nombre de personnes en place, salariées par la Couronne, et son indépendance se trouvait fort compromise. Cependant la mesure législative, qui devait porter un remède à ces inconvénients, fut très difficile à obtenir, et, lorsqu'elle passa enfin, elle prit d'abord une portée excessive. En 1700, l'Act, qui appelait au trône éventuellement la princesse Sophie de Hanovre et ses héritiers, décida qu'à l'avenir « aucune personne tenant du roi une charge, une place ou un profit, ou recevant une pension de la Couronne, ne serait capable de servir comme membre de la Chambre des Communes ». Mais cette disposition ne devait s'appliquer qu'à l'avènement de la maison de Hanovre. Lorsque ce fait se produisit en 1714, on avait déjà senti l'exagération de cette mesure. Elle aurait eu pour résultat d'exclure nécessairement de la Chambre des Communes tout député choisi par le roi comme ministre. Or, dans l'intervalle, Guillaume III avait constitué un Cabinet pris dans le parti dominant et comprenant un certain nombre de membres de la Chambre des Communes; on sentait déjà vivement les avantages de cette combinaison. En 1707, une retouche fut apportée. On maintint le principe en ce sens que tout membre de la Chambre des Communes, acceptant de la Couronne une fonction rétribuée (*office of profit*), autre qu'un emploi supérieur dans l'armée, perdrait son siège par ce seul fait; mais on décida, d'autre part, qu'il pourrait être réélu, si l'emploi par lui accepté n'était pas un de ceux qui étaient ou seraient déclarés incompatibles avec la qualité de membre de la Chambre des Communes[2]. Depuis lors, les fonctions des divers ministres ont toujours été préservées de cette incompatibilité[3]. De là cette règle, qui a été adoptée par un certain nombre de constitutions modernes : le député qui entre dans le ministère cesse par là même d'appartenir à la Chambre et son siège devient vacant; mais il peut être réélu, et naturellement il se représente à cet effet devant

---

[1] Todd–Walpole, t. I, p. 234 et suiv.

[2] Todd–Walpole, t. I, p. 247.

[3] L'act de 1707 déclarait incompatibles avec la qualité de membre de la Chambre des Communes toutes les charges et emplois créés postérieurement au 25 octobre 1705. Par suite, lorsque de nouveaux départements ministériels ont été créés depuis lors, il a fallu une loi pour déclarer la fonction de ministre compatible : c'est ce qui a été fait quant aux secrétaires d'État pour l'Inde et pour la guerre. Todd–Walpole, t. I, p. 246.

les électeurs. C'est une règle en soi peu raisonnable; car, sous le
gouvernement parlementaire, l'accession d'un député au ministère ne
peut vraiment être considérée comme une tentative de corruption
exercée sur lui par le titulaire du pouvoir exécutif[1]. Elle impose
simplement au nouveau ministre les frais et la gêne d'une nouvelle
campagne électorale, aux électeurs le trouble d'une nouvelle élection :
cet inconvénient, il est vrai, est quelque peu tempéré par le système
électoral suivi en Angleterre et par les mœurs politiques de ce pays,
la réélection étant souvent seulement pour la forme. Cependant bien
des fois l'abrogation de cette règle a été proposée et discutée au Parlement[2]. Elle n'a jamais pu être votée; un tempérament y a été
seulement apporté en 1867. Les membres de la Chambre des Communes, entrés dans un ministère, soumis par suite à la réélection et
effectivement réélus, conservent leurs sièges, alors même qu'ils viennent à changer ensuite de département ou d'emploi dans le gouvernement où ils sont entrés.

Le Cabinet anglais, dont j'ai montré le développement successif,
présente deux traits qui le distinguent nettement des ministères, tels
qu'ils sont constitués dans les divers pays d'Europe, et qu'il tient de
son histoire. 1° Il ne comprend pas nécessairement un nombre de ministres déterminé et limité d'avance. En outre ceux qui remplissent,
en Angleterre, les fonctions de ministres portent des titres divers, et
leurs emplois ont souvent des origines fort différentes. La loi ni la
coutume ne déterminent quels sont ceux de ces fonctionnaires qui
doivent faire partie du Cabinet et prendre part à ses délibérations.
« Le Cabinet est composé de la portion la plus éminente de l'administration; mais le nombre de ses membres est indéfini et variable.
Il appartient à l'homme d'État qui est chargé de la formation d'un
ministère de déterminer, avec le consentement du souverain, le
nombre de ministres qui auront des sièges dans le Cabinet[3] ». Il y a
simplement des usages et des traditions. — 2° Les ministres n'ont
point en général et en cette qualité l'entrée et la parole dans les

---

[1] On donne, il est vrai, une autre raison, très respectueuse en apparence pour les
électeurs. Ceux-ci, dit-on, ont choisi leur représentant, alors qu'il était encore libre
et indépendant et pouvait consacrer tout son temps à servir leurs intérêts. Peut-
être ne le choisiraient-ils plus, maintenant qu'il a pris la charge et la responsabilité
du pouvoir. Todd-Walpole, t. II, p. 44. Mais cette considération est difficilement
acceptable, dès lors que les députés sont considérés comme les représentants non
de la circonscription qui les a élus mais du pays tout entier.

[2] Todd-Walpole, t. II, p. 35 et suiv.

[3] Todd-Walpole, t. I, p. 282. Voyez dans le *Statesman's Yearbook* pour 1898,
p. 9 et s., la liste des membres qui composent le Cabinet actuel; ils sont au nombre
de 19.

Chambres du Parlement[1]; ils siègent seulement dans la Chambre dont ils sont membres, bien qu'ils y représentent le gouvernement.

III.

Avec le développement du gouvernement parlementaire en Angleterre ont coïncidé deux faits importants : 1° La prépondérance progressive de la Chambre des Communes et l'affaiblissement correspondant de la Chambre des Lords; 2° la désuétude, ou l'emploi dans un nouveau sens, de certaines prérogatives de la Couronne.

1° L'application du gouvernement parlementaire, c'est-à-dire le choix des ministres dans le parti dominant au Parlement, eut d'abord pour effet d'assurer la domination politique à la Chambre des Lords. C'était elle qui fournissait les principaux ministres et qui dirigeait en réalité le gouvernement[2]. Sans doute, dès la fin du XVII° siècle, la Chambre des Communes avait conquis ses prérogatives essentielles, particulièrement quant au vote des impôts; le Cabinet ne pouvait se passer de son appui, et il devait contenir un ou plusieurs membres de la Chambre basse, capables de la conduire et d'y conserver la majorité. Mais, en réalité, la Chambre des Lords tenait le plus souvent la Chambre des Communes dans sa dépendance. Cela venait surtout de ce que les Lords, grands propriétaires et forts de leur influence locale, disposaient effectivement d'un grand nombre de sièges à la Chambre des Communes : ils pouvaient dans beaucoup de collèges électoraux faire élire leurs candidats[3]. D'autre part, la majorité de la

[1] En 1834, une proposition fut faite pour donner aux ministres des sièges *ex officio* dans la Chambre des Communes, mais sans qu'ils eussent le droit de voter, à moins d'être députés; cela n'eut aucun succès; — Todd-Walpole, t. II, p. 41. Récemment la question a été portée, sous une forme plus réduite, devant la Chambre des Communes. Dans la séance du 17 mai 1898 (*Standard* du 18), M. W. Allan a demandé si le gouvernement ne considérait pas qu'il serait opportun de faire donner au premier ministre le droit de prendre la parole dans les deux Chambres. M. Balfour a répondu : « Je pense qu'en théorie il y a beaucoup à dire en faveur de ce plan; mais il répugne si complètement aux traditions et à la pratique nationales que je ne voudrais pas prendre la responsabilité d'un tel changement ». La presse publique ne paraît pas s'être montrée favorable à ce projet.

[2] Todd-Walpole, t. I, p. 231; — Gneist, *English Verfassungsgeschichte*, p. 693; — Dicey, *Law of the Constitution*, p. 388.

[3] Bagehot, *The English Constitution*, 4° édit., 1885, p. 26. Voici comment en 1817 un écrivain français appréciait ce fait; Stendhal, *Œuvres posthumes* éditées, J. de Mitty, *De l'Angleterre et de l'esprit anglais*, p. 154 : « Les aristocrates de la Chambre des pairs nomment la majorité de la Chambre des Communes. La liberté ne peut donc plus exister *de droit*, mais seulement par les habitudes ». Voici encore ce que disait à la Chambre des pairs, le 20 avril 1823, Chateaubriand, minis-

Chambre des Communes était, dans une large mesure, à la disposition des ministres. Ils y pratiquaient souvent la corruption, achetant par des pensions et des faveurs les votes et l'appui des députés. Ils pouvaient, comme les Lords, y faire entrer facilement un grand nombre de leurs créatures. En effet, un assez grand nombre de bourgs existaient alors, qui avaient conservé le privilège très anciennement acquis d'élire un ou plusieurs députés : ces bourgs cependant n'avaient point grandi dans le cours du temps ou même avaient décru. Ils ne fournissaient plus qu'un collège électoral très restreint, composé de quelques personnes[1], où encore le droit d'élire était resté aux seuls officiers municipaux[2]. Là dans ces *bourgs pourris* (*rotten boroughs*) l'influence gouvernementale avait beau jeu. Enfin, ces abus étaient possibles, parce que la presse était encore dans l'enfance, l'opinion publique peu attentive aux débats du Parlement. Les Lords, qui gouvernaient en réalité le pays, étaient aussi la classe la plus instruite, la plus indépendante et la plus patriotique.

Mais avec le temps tout changea. Le système électoral fut élargi, refondu, assaini par la grande réforme de 1832. La presse périodique, excellente et à bon marché, éclairant et stimulant l'opinion publique, rendit impossible l'ancien système de corruption, et le pays tout entier devint attentif aux débats de son Parlement. Dans ce milieu nouveau, la Chambre des Communes, librement élue et indépendante, eut la pleine disposition des droits qu'elle avait acquis depuis longtemps, mais qu'elle exerçait jusque-là sous la tutelle peu dissimulée de la Chambre des Lords, sous la pression troublante et corruptrice du gouvernement. Le résultat fut des plus simples. L'équilibre changea dans le Parlement anglais. La Chambre des Communes prit le dessus et accapara presque toute l'influence du Parlement dans le gouvernement de Cabinet. Cela se traduisit dans une règle, une maxime de droit constitutionnel, à savoir qu'un Cabinet ne tombait jamais que sur un vote de la Chambre des Communes. La Chambre des Lords ne pouvait pas mettre en jeu la responsabilité politique des ministres. Il y en a une raison profonde et simple ; c'est

tre des affaires étrangères, parlant de la Chambre des Lords anglaise : « Avez-vous une Chambre des pairs qui possède la majeure partie des terres du royaume et dont la Chambre élective n'est qu'une sorte de branche ou d'écoulement ? »

[1] Anson, *Law and custom*, t. I², p. 124 : « It is enough to say that it was alleged and with apparent truth, at the end of the last century, that 306 members were virtually returned by the influence of 160 persons ; it is certain that the Reform Bill of 1832 had to deal with nine boroughs in which the constituencies did not exceed fifteen voters ».

[2] Anson, *Law and custom*, t. I², p. 123.

que la Chambre des Communes a derrière elle toute la force que donne l'élection par le pays. Bien que le principe de la souveraineté nationale n'ait jamais été juridiquement admis en Angleterre, il pénètre peu à peu toute la vieille constitution anglaise, il en devient l'âme et la transforme progressivement.

Sans doute, cette règle, que le Cabinet dépend, dans son existence, de la seule Chambre des Communes, est seulement, comme tant d'autres, une convention admise, une tradition établie. Mais elle s'est fait accepter promptement et définitivement. Elle repose aujourd'hui sur des précédents formidables. Depuis plus d'un demi-siècle, il a existé très fréquemment des ministères qui n'avaient pas la confiance de la Chambre haute, et cependant ils ont pu vivre, et même ils ont pu suivre, sans trop souffrir de l'opposition des pairs, une politique désapprouvée par ceux-ci[1]. Cet axiome de droit constitutionnel a même été nettement admis par lord Salisbury, au commencement du grand conflit sur le *Home rule*. « D'après notre Constitution, disait-il, la Chambre des Communes a la détermination exclusive, en ce qui concerne les personnes (le Cabinet). Mais, quand les hommes ont été choisis, après viennent les mesures. Alors cesse le droit exclusif de la Chambre des Communes, et, par rapport à toutes matières, sauf celles de finances, la part qu'ont Vos Seigneuries dans la législation est aussi large que celle de la Chambre des Communes[2] ».

Ce que les Lords ont donc gardé, c'est une participation complète au pouvoir législatif, sauf en ce qui concerne les lois de finances, comme on le verra plus loin : droit d'initiative (dont d'ailleurs ils usent bien rarement[3]), droit de veto et d'amendement quant aux bills qui viennent de la Chambre des Communes ou du gouvernement. Cependant il est également admis que les Lords ne peuvent pas résister indéfiniment à la volonté exprimée par la Chambre des Communes sous forme de *bill*. La raison en est très simple et a été souvent donnée : c'est que, n'étant pas les élus du pays et agissant pourtant comme ses représentants, ils doivent accepter l'expression de la volonté nationale, telle qu'elle se dégage des élections à la Chambre des Communes[4]. Ils doivent donc céder ; mais à quel mo-

---

[1] Dicey, *Law of the Constitution*, p. 381 ; — Todd-Walpole, t. I, p. 5, 8.

[2] Le marquis de Salisbury à la Chambre des Lords, le 8 août 1892. *Daily News* du 9 août 1892, p. 3.

[3] Todd-Walpole, t. I, p. 6.

[4] *Daily News* du 28 octobre 1892, *The new veto*. « The peers have no constituents. They have no means of knowing what the mass of the nation thinks, except through the House of Commons, which represents the nation. If that does not bind them, there is nothing that can ». Cette faiblesse intime, provenant de ce que la

ment, à quelles conditions, cela n'est point exactement déterminé et
peut difficilement l'être[1]. On a essayé pourtant récemment de le préciser à la Chambre haute elle-même. « La Chambre des Lords, a dit
le duc de Devonshire, a deux fonctions à remplir. La première de ces
fonctions, sans aucun doute très importante, est de méditer et de sug-
gérer les amendements de détail qui, à notre avis, peuvent améliorer
le fonctionnement des mesures proposées et éviter les injustices. C'est
une fonction qui est de la plus haute importance, et il est de notre
devoir de l'exercer par rapport à toute mesure importante qui nous
vient de l'autre Chambre. Dans quelle mesure cette Chambre serait-
elle disposée à insister sur ces amendements, lorsque nous sommes
sûrs, par ce qui s'est passé dans la Chambre des Communes, que
celle-ci les regarde comme une question vitale quant à l'existence du
bill, c'est une autre question, et qui, à mon avis, devrait être décidée
non au point de vue des principes, mais à celui de l'opportunité. Cela
me conduit à la seconde fonction de cette Chambre, pour moi plus
importante encore, quant aux mesures qui lui sont envoyées. Cette
Chambre est la seule barrière à l'adoption des mesures qui sont dés-
approuvées en principe, non seulement par la majorité de la
Chambre des Lords, mais aussi par de fortes minorités, peut-être par
des majorités, dans le pays. Cette Chambre est la barrière opposée
à l'adoption de ces mesures, jusqu'au moment où il serait établi
d'une façon définitive qu'elles concordent avec la volonté et la détermination du peuple, arrêtée et fixée[2] ».

Pour forcer la main à la Chambre des Lords, la Couronne disposait

Chambre des Lords n'est que fictivement représentative a inspiré des projets de réforme qui se sont produits dans la Chambre elle-même. On peut signaler en particulier le projet qui fut introduit en 1888 par Lord Kenry (comte de Dunraven). Il
était assez compliqué, mais contenait ce trait saillant que chaque Conseil de Comté
pouvait recommander à la Couronne un candidat pour être nommé par elle membre
de la Chambre des Lords; et les Lords ainsi présentés et nommés ne devaient rester
en fonctions que pendant neuf ans, sauf à pouvoir être indéfiniment réélus; L. O.
Pike, *op. cit.*, p. 384 et s. Dans le conflit sur le *Home-rule*, la refonte de la
Chambre des Lords, dans le but de la rendre réellement représentative, même et
surtout sa suppression complète, ont été envisagées comme possibles. Voyez le résumé de ce mouvement d'opinion dans l'excellente *Histoire politique de l'Europe
contemporaine*, de M. Ch. Seignobos, p. 87. La chute du ministère Roseberry et
les élections générales qui ont donné la majorité au parti unioniste et conservateur,
ont momentanément endormi cette question; mais elle ne saurait manquer de se réveiller un jour.

[1] Dicey, *Law of the Constitution*, p. 346 ; « If there is a difference between
the House of Lords and the House of Commons, the House of Lords ought, at some
point, not definitely fixed, to give way ».

[2] Chambre des Lords, du 23 février 1892, *Standard* du 24 février, p. 2.

d'un moyen en quelque sorte classique, qui, avec le gouvernement parlementaire, se trouvait à la disposition du Cabinet, c'est-à-dire de la majorité de la Chambre des Communes. La Couronne pouvant créer des pairs en nombre illimité, il était possible, à un moment donné, d'introduire dans la Chambre haute un nombre suffisant de nouveaux membres, choisis dans le parti qui s'y trouvait en minorité, quoique possédant la majorité dans la Chambre des Communes. De cette manière, la majorité était changée dans la Chambre des Lords et l'harmonie rétablie entre les deux Chambres et le gouvernement. Les théoriciens français de la première moitié de ce siècle donnaient même ce procédé comme un des traits naturels, un des contrepoids de la monarchie constitutionnelle et parlementaire; cela s'appelait une *fournée de pairs*. En réalité, en Angleterre, le moyen n'a servi que deux fois. En 1712, pour faire tomber l'opposition que le traité d'U-trecht rencontrait dans la Chambre des Lords, il fut nécessaire d'y enlever la majorité au parti Whig, qui l'y possédait alors. A cet effet, douze nouveaux pairs furent créés, choisis dans le parti opposé[1]. Une seconde fois, la simple, mais sérieuse, menace d'une pareille création suffit pour obtenir le résultat désiré. Le 17 mai 1832, le roi Guillaume IV donna, bien qu'à contre-cœur, au ministre lord Grey l'autorisation écrite de créer le nombre de pairs nécessaire pour imposer à la Chambre des Lords l'acceptation du *Reform Act*. La haute assemblée s'inclina et préféra donner son vote. Ce sont là des précédents bien peu nombreux, quoique décisifs; et dans l'Angleterre contemporaine, personne ne songe aujourd'hui à tirer du fourreau cette arme d'un autre âge[2]. On ne saurait prévoir au juste comment seront matées les résistances de la Chambre des Lords contre la Chambre des Communes, si elles doivent se reproduire dans l'avenir, mais on peut affirmer que cela se fera par un autre moyen.

Une autre prérogative de la Couronne, considérée jadis comme très importante, a disparu, est tombée en désuétude avec le développement du gouvernement parlementaire. Je veux parler du droit de *veto*, par lequel le monarque refusait son assentiment à un *bill* présenté par l'initiative d'un membre du Parlement et voté par les deux Chambres, l'empêchant ainsi de devenir loi. Le roi Guillaume

---

[1] Anson, *Law and custom*, t. I, p. 345.

[2] M. Burgess en parle cependant comme d'un moyen toujours virtuellement existant. *Political science*, t. II, p. 213 : « The cabinet may demand of the King or Queen regnant the whole power of the Crown in every direction and the royal person must confer it. The Cabinet may require the Crown to patch the House of Lords to its liking and to dissolve the Commons, and the Crown must give ear thereto and can now hardly be said to have the power to refuse ». Cf., t. I, p. 96.

Il en usa fréquemment même à l'égard des mesures importantes, au moins la première fois qu'elles lui furent présentées. En 1707, la reine Anne l'opposa encore au *Scotch militia bill*; mais c'est le dernier exemple. Depuis lors jamais le monarque n'a répondu aux *bills* votés par le Parlement ces mots traditionnels par lesquels il refusait son assentiment : « le roi s'avisera[1] ». Le *veto* royal est pleinement tombé en désuétude. Cela était fatal. Cette prérogative, comme toutes les autres, ne peut plus être exercée qu'avec l'appui d'un cabinet ; et, si les ministres au pouvoir n'ont pas en assez d'influence pour empêcher le vote d'un *bill* qu'ils considèrent comme assez préjudiciable pour demander au roi d'y opposer son *veto*, ils ont été gravement battus à la Chambre des Communes et ont dû démissionner. Ils ont été naturellement remplacés au pouvoir par le parti, qui avait enlevé le vote devant lequel ils succombent, et les nouveaux ministres ne sauraient demander au monarque de s'opposer à une mesure qu'ils ont soutenue. D'ailleurs, dans l'Angleterre contemporaine, l'initiative parlementaire joue un rôle assez modeste : toutes les lois importantes sont proposées par les membres du Cabinet.

Cependant des auteurs anglais d'une grande autorité admettent encore que le monarque puisse exercer sur la législation une influence modératrice ou prohibitive, mais par une procédure tout autre, complexe et périlleuse : « La reine, dit M. Anson, peut faire savoir à ses ministres qu'un *bill*, qu'ils ont l'intention de proposer, lui déplaît et qu'elle ne peut l'appuyer. Si les ministres insistent sur cette mesure, elle peut les renvoyer et en choisir d'autres, dans l'espoir que ces derniers auront l'appui du Parlement. Elle peut en appeler de ses ministres au Parlement. Si le Parlement, acquis au principe de cette mesure, refuse sa confiance aux nouveaux ministres et les met en minorité dans des scrutins sur des questions importantes, la reine a encore une ressource. Elle peut dissoudre le Parlement et en appeler au pays. Si les électeurs renvoient un Parlement favorable à la mesure que la Couronne désapprouve, cette dernière ressource a échoué. Il ne lui reste plus, pour employer les mots de Macaulay, qu'à céder, à abdiquer ou à combattre[2] ».

Mais cet usage du droit de dissolution, quoique légal et correct au point de vue des principes, serait certainement anormal. Ce droit, chez les Anglais, est devenu, dans la pratique, une ressource du ministère lui-même[3]. Il a aussi un autre emploi, très fréquent. Les

---

[1] Anson, *Law and custom*, t. I[1], p. 300-301.

[2] Anson, *Law and custom*, t. I[1], p. 309.

[3] Ci-dessus, p. 107.

membres de la Chambre des Communes sont élus pour sept ans[1]. Ce sont de bien longs pouvoirs; et le plus souvent, avant qu'ils arrivent à leur terme, la Chambre est fatiguée, divisée et énervée : la majorité n'y est plus certaine et la position respective des divers partis n'est plus nette. Une dissolution est le moyen naturel pour mettre fin à cette situation fâcheuse, et la Chambre elle-même peut demander à la Couronne de faire usage de son droit sur ce point. Avec une Chambre où une majorité suffisamment stable ne pourrait se dégager, c'est le seul moyen de rétablir le fonctionnement normal du gouvernement parlementaire[2].

§ 2. — LE GOUVERNEMENT PARLEMENTAIRE EN FRANCE.

Lorsque la France se donna sa première Constitution, de 1789 à 1791, le gouvernement parlementaire n'y trouva point sa place. La

---

[1] Ci-dessus, p. 51.

[2] Voyez, par exemple, l'amendement à l'adresse présenté à la Chambre des Communes par M. Redmond le 11 février 1895 : « And we humbly represent to Your Majesty that the time has come when it is the duty of Your Majesty's ministers to advise Your Majesty to dissolve the present parliament » (*Daily News* du 12 février 1895, p. 2). — L'affaiblissement progressif de l'autorité propre appartenant à la Couronne et aux Lords, qu'a produit le développement du gouvernement parlementaire a été traduit en théorie d'une façon intéressante par M. Burgess. Il en tire d'abord une formule, qui montre le déplacement successif de la souveraineté en Angleterre et son sujet actuel : *Political science*, t. I, p. 69 (il faut se rappeler que pour l'auteur le mot *État* est synonyme de *souveraineté*) : « A l'origine le roi était à la fois l'État et le gouvernement. Puis les nobles sont devenus l'État, et le roi seulement le gouvernement. Enfin les communes sont devenues l'État tandis que le roi et les Lords ne sont plus que des parties du gouvernement ». Plus loin (t. I, p. 96, 97), déclarant que la réforme de 1832 a été une révolution au sens absolu du mot et le dernier terme de la révolution de 1688, il s'exprime ainsi : « Par les événements de 1832 le roi fut réellement forcé de remettre à la Chambre des Communes ces prérogatives qui peuvent être appelées les prérogatives de la Souveraineté ou de l'État et la Chambre des Lords fut définitivement réduite à sa condition moderne, c'est-à-dire d'un simple organe de gouvernement... La Constitution actuelle a été alors et ainsi établie par le peuple, par l'organe de la Chambre des Communes et cette Chambre est actuellement une Assemblée constituante en permanence pour amender la Constitution. Lorsqu'elle agit en cette qualité ses actes doivent être, il est vrai, approuvés par la Chambre des Lords et par le roi; mais si l'une ou l'autre de ces autorités résiste, si elle essaie de transformer son pouvoir nominal à cet égard en un pouvoir réel, c'est-à-dire, si elle essaie d'agir comme souverain (État) et non plus comme gouvernement, il y a déjà des moyens et des précédents établis qui permettront aux Communes, lesquelles sont le souverain organisé, l'État, de réprimer ces tentatives. Le seul effet d'une pareille résistance est de maintenir la Chambre des Communes dans un rapport vivant et constant avec le peuple, dont elle est maintenant l'organisation souveraine ».

Constitution de 1791, comme celle de 1793, fut orientée vers une forme de gouvernement libre diamétralement opposée, qui repose sur la séparation tranchée du pouvoir législatif et du pouvoir exécutif, et qui sera étudiée plus loin. Personne, pour ainsi dire, ne proposa alors d'introduire en France le gouvernement de Cabinet; il n'eut pas même les honneurs de la discussion dans l'Assemblée Constituante. On a prétendu que cela venait tout simplement de ce que les Français, comme les Américains de l'Amérique du Nord, en ignoraient alors jusqu'à l'existence. De fait, il achevait seulement à ce moment de se dégager en Angleterre, avec tous ses traits distinctifs, et ceux qui avaient surtout fait connaître aux étrangers les institutions politiques de l'Angleterre, Blakstone, de Lolme, ne l'avaient point signalé. Ils prétendaient, au contraire, trouver chez les Anglais la séparation tranchée des deux pouvoirs, comme nous le verrons dans la suite. Seul Montesquieu, tout en produisant le premier cette dernière conception, avait vu, de son œil perçant, et clairement signalé les deux traits essentiels du gouvernement parlementaire tel qu'il existait en 1748, c'est-à-dire l'existence des deux partis opposés et toujours en lutte, le libéral et le conservateur[1], et la nécessité pour le roi de prendre ses ministres dans le parti dominant[2]. Mais dans le dernier tiers du XVIIIe siècle, cette ignorance prétendue était bien loin d'être générale, soit chez les Américains[3], soit chez les Français. Pour ces derniers, nous voyons Sieyès, à la veille de la réunion des États généraux, décrire exactement, tout en le raillant, l'équilibre du gouvernement parlementaire[4], et, dans la séance du 22 octobre 1790

[1] *Esprit des lois*, L. XIX, ch. xxvii : « Ces partis étant composés d'hommes libres, si l'un prenoit trop le dessus, l'effet de la liberté feroit que celui-ci seroit abaissé, tandis que les citoyens, comme les mains qui secourent le corps, viendroient relever l'autre ».

[2] *Esprit des lois*, L. XIX, ch. xxvii : « Le monarque seroit dans le cas des particuliers; et, contre les maximes ordinaires de la prudence, il seroit souvent obligé de donner sa confiance à ceux qui l'auroient le plus choqué, et de disgracier ceux qui l'auroient le mieux servi, faisant par nécessité ce que les autres princes font par choix. » — Ces passages de Montesquieu ne paraissent pas avoir frappé les contemporains. La raison en est peut-être qu'ils ne se trouvent pas dans le chapitre que Montesquieu a intitulé *De la Constitution de l'Angleterre* (L. XI, ch. vi). Ils se trouvent dans un autre chapitre (L. XIX, ch. xxvii) où il décrit les mœurs politiques des Anglais, et là il parle de l'Angleterre sans la nommer et comme d'une nation hypothétique. Cependant au début de ce chapitre il renvoie au chapitre vi du Livre XI.

[3] Bryce, *American Commonwealth*, t. Ier, p. 26, 273, 279.

[4] *Qu'est-ce que le tiers-état*, 3e édit., 1789, p. 99, note 1 : « Le gouvernement est en Angleterre le sujet d'un combat continuel entre le ministère et l'aristocratie de l'opposition. La nation et le roi y paraissent presque comme de simples spectateurs. La politique du roi consiste à adopter toujours le parti le plus fort ».

Barnave en montrait très nettement le fonctionnement[1]. Mais ceux qui le connaissaient n'en voulaient point. Ils le trouvaient contraire aux principes abstraits, et surtout ils connaissaient en même temps la corruption, trop certaine, qui en était alors l'accompagnement ordinaire dans le Parlement anglais. Ils croyaient qu'il y avait entre cette corruption et le rôle des ministres dans les Chambres anglaises une liaison nécessaire, et, détestant l'une, ils désapprouvaient l'autre également. L'homme politique dont les vues se rapprochaient le plus du gouvernement parlementaire était Mirabeau. Avec son coup d'œil d'aigle il en saisissait la puissance et la raison. Il en voulait certaines règles, qu'il considérait comme essentielles. Ainsi, c'était pour lui un point capital que les ministres pussent être pris parmi les membres du Corps législatif et continuer à en faire partie[2]. Il soutint hautement son opinion sur ce point, et c'est autant par crainte de le voir profiter de cette faculté que par respect des principes, que l'Assemblée Constituante statua en sens contraire. Il déclarait aussi que les ministres ne pouvaient gouverner qu'en ayant pour eux la majorité du Corps législatif[3]. Mais il n'admettait pas

[1] Buchez et Roux, *Histoire parlementaire de la Révolution française*, t. VII, p. 398 : « Vous dites au roi que ses ministres avoient perdu la confiance de la nation. Cet usage est constant chez un peuple qui depuis longtemps connoît l'art de se gouverner. On a à ce sujet bien altéré l'histoire. Toutes les fois qu'en Angleterre la proposition qu'on vous fait a été proposée ou admise, elle l'a été comme une marche constitutionnelle, et nul ne l'a regardée comme un attentat à l'autorité royale, à la Constitution. On l'a rarement employée, parce que les ministres, délibérant dans la Chambre des Communes, ne peuvent servir utilement que quand ils ont la majorité ; quand ils ne l'ont plus, le roi, averti qu'il ne peut leur conserver plus longtemps sa confiance, la leur retire».

[2] *Correspondance entre le comte de Mirabeau et le comte de La Marck pendant les années* 1789, 1790 et 1791, publiée par M. de Bacourt, Bruxelles, 1851, t. I, p. 291 (fin de 1789) : « Un nouveau ministère sera toujours mal composé tant que les ministres ne seront pas membres de la législature. Il faut donc que l'on revienne sur le décret des ministres. On y reviendra ou la Révolution ne sera jamais consolidée». — Cf. *Trentième note du comte Mirabeau pour la Cour, ibid.*, t. II, p. 16.

[3] *Vingt-sixième note du comte de Mirabeau pour la Cour, ibid.*, t. I, p. 413 : « Il est impossible dans un gouvernement représentatif, pour que la nation ne soit pas exposée aux plus violentes secousses et l'autorité royale à des attaques continuelles, que les ministres n'aient pas séance dans le Corps législatif. Leur présence seule peut y servir d'intermédiaire et de lien commun entre des pouvoirs qu'il est plus facile de séparer dans la théorie que dans la pratique. Par là toutes les mesures actives du Corps législatif ne paraîtront que les mesures du pouvoir exécutif». — *Trente-sixième note pour la Cour, ibid.*, t. II, p. 36 : « Veut-on gouverner ? On ne le peut que par la majorité, et l'on ne peut influer sur la majorité qu'en se rapprochant d'elle, qu'en lui donnant le ministère qui paraîtra lui convenir, qu'en la

qu'un vote de défiance formel pût directement et sûrement renverser le ministère[1].

Dans la Constitution de 1793, les ministres appelés « agents en chef de l'administration générale » (art. 66) n'étaient que des agents individuels, ne formant pas un conseil et n'ayant aucune autorité personnelle (art. 68). Nommés et surveillés par le Conseil exécutif, dont c'était là, avec la négociation des traités, la principale fonction, ils n'avaient aucun rapport avec le Corps législatif. Cette organisation, on le sait, n'entra jamais en activité, mais la Constitution de l'an III reprit avec plus de netteté encore la complète séparation du pouvoir exécutif et du pouvoir législatif établie par la Constitution de 1791.

Avec la Constitution du 22 frimaire an VIII on entre dans un courant nouveau, mais qui ne s'éloignait pas moins du système anglais. Dans la partie de cette Constitution qui n'est pas purement et simplement une consécration du pouvoir personnel et un retour vers l'ancien régime, dans la mesure où elle conserve une apparence et comme un paravent de gouvernement représentatif, ce sont les idées abstraites de Sièyès qui étaient mises en application. Il les avait exposées, sous leur forme première et originale, dans un discours étrange, plein d'aperçus profonds et de propositions subtiles et singulières, qu'il prononça à la Convention le 2 thermidor an III[2]. Elles consistaient surtout à séparer et à répartir entre des corps distincts les diverses attributions, qui, dans le régime représentatif, appartiennent naturellement aux assemblées. De là les trois assemblées de la Constitution de l'an VIII, le Sénat, le Tribunat et le Corps législatif, et les fonctions si incomplètes des deux dernières : organisation dont s'accommoda parfaitement l'Empire, en la simplifiant par la suppression du Tribunat[3]. Mais dans cette forme de gouvernement, pas plus

---

forçant de le défendre, qu'en l'obligeant de composer par l'effet inévitable d'une confiance réciproque ».

[1] *Trente-deuxième note du comte de Mirabeau pour la Cour*, ibid., t. II, p. 20 : « Point de décret pour déclarer que les ministres n'ont pas la confiance publique, car un fait de ce genre pourrait devenir un droit ; et un droit pareil, quoique exercé en Angleterre sans danger, géné{al} pour longtemps, en France, le choix du monarque, prolongerait l'esprit de parti, serait tour à tour employé pour renverser les bons ministères comme les mauvais et deviendrait funeste à l'autorité dans un moment où elle n'est pas encore affermie ». — Cf. t. II, p. 22, *Projet de lettre donné au roi par M. Bergasse*. « Il serait donc juste qu'on ne demandât la destitution d'un ministère qu'autant qu'en matière grave et après une délibération régulière il aurait été au moins prononcé qu'il y a lieu à accusation formelle contre lui ».

[2] *Réimpression de l'ancien Moniteur*, t. XXV, p. 291 et suiv.

[3] *Mémoires du chancelier Pasquier*, t. I, p. 145.

que dans les précédentes, les ministres ne jouaient le rôle que leur
attribue le gouvernement parlementaire. La Constitution de l'an VIII
portait bien, comme je l'ai dit plus haut[1], « qu'aucun acte du gouvernement ne pouvait avoir effet s'il n'était signé par un ministre
(art. 55) ». Aucun article ne défendait même de prendre les ministres
dans le Tribunat ou le Corps législatif, les sénateurs seuls étant inéligibles à toute autre fonction publique (art. 18), et ne déclarait incompatibles les deux fonctions. Mais les ministres n'étaient pourtant
que de simples agents d'exécution. Ils n'avaient aucun rapport
avec les assemblées; ce n'étaient même pas eux, mais bien des
membres du Conseil d'État, qui venaient défendre les projets de loi
au nom du gouvernement devant le Corps législatif (art. 53). D'ailleurs les ministres de Napoléon, premier consul ou empereur,
n'étaient en réalité que les serviteurs du dictateur ou du monarque, comme les ministres de l'ancien régime; ceux qui ont exercé
une action vraiment propre dans le gouvernement ne l'ont dû
qu'à l'ascendant personnel qu'ils avaient su acquérir sur leur maître[2].

Mais lorsqu'aux derniers temps du premier Empire, l'amour ou
plutôt le besoin de la liberté politique se réveilla en France, naturellement les esprits éclairés tournèrent leur attention vers le gouvernement parlementaire, tel qu'il s'était développé en Angleterre. Les
dangers et l'oppression du pouvoir personnel étaient vivement sentis
de tous. Les essais qu'avaient tentés l'Assemblée Constituante et la
Convention pour organiser la liberté et le gouvernement représentatif dans un autre sens avaient échoué : bien qu'animées d'un esprit
élevé et rédigées avec un rare talent, les Constitutions libérales de
1791 et de l'an III n'avaient eu qu'une existence très courte et de
plus très pénible. Restait-il une autre solution que d'accueillir la forme
de gouvernement qui avait si bien réussi aux Anglais et dont on s'é-
tait détourné jusque-là? Celle-ci, d'autre part, commençait à être
bien connue, car des publicistes éminents s'étaient faits sur ce point
les éducateurs des Français. A leur tête il faut signaler Benjamin
Constant[3]. Ce qui montre bien que cette forme s'imposait, c'est
qu'elle fut adoptée par les deux hommes qui se détrônèrent successivement l'un l'autre en 1814 et 1815. Elle figure dans l'Acte addition-

[1] Ci-dessus, page 91.

[2] *Mémoires du chancelier Pasquier*, t. I, p. 234 et suiv. et les admirables
pages de Stendhal, dans ses *Œuvres posthumes* éditées par M. de Mitty, *Napoléon, les ministres*, p. 531.

[3] *Œuvres politiques*, composées de 1797 à 1830, édit. Laboulaye.

nel aux Constitutions de l'Empire des 22-23 avril 1815 plus nettement peut-être encore que dans la Charte de 1814[1].

I.

C'est avec la Charte de 1814 que le gouvernement parlementaire s'est établi dans notre pays. A ne consulter que le texte, celle-ci ne le contient pas cependant d'une manière explicite. Elle dit bien (art. 54) que « les ministres peuvent être membres de la Chambre des pairs ou de la Chambre des députés, et qu'ils ont en outre leur entrée dans l'une et l'autre Chambre et doivent être entendus quand ils le demandent ». Elle dit aussi que le roi (art. 50) « peut dissoudre la Chambre des députés, mais que dans ce cas il doit en convoquer une nouvelle dans le délai de trois mois ». Ce sont là des traits connus et caractéristiques. Mais elle n'établit expressément que la responsabilité pénale des ministres (art. 55, 56) pour faits de trahison et de concussion. Elle ne parle point de leur responsabilité politique, de leur responsabilité solidaire. Néanmoins on ne s'y trompa pas. Dès la première restauration, dès l'année 1814, Chateaubriand signalait cette insuffisance littérale de la Charte et en même temps indiquait que cependant ses conséquences naturelles se dégageraient[2]. Après la seconde restauration, en 1816, dans sa *Monarchie selon la Charte*, il posait avec une fermeté absolue les véritables règles du gouverne-

[1] Non seulement le préambule de l'acte additionnel déclare qu'il tend « à donner au système représentatif toute son extension », mais ses dispositions reproduisent les traits essentiels du gouvernement parlementaire. Les ministres peuvent être et rester membres des Chambres (art. 17-19), et ils donnent à celles-ci les éclaircissements qu'elles demandent. Le droit de dissoudre la Chambre des représentants à la condition de procéder à des élections nouvelles est reconnu au chef de l'État (art. 21). La nécessité du contreseing ministériel est précisée (art. 38) et les ministres sont déclarés responsables des actes qu'ils ont signés (art. 39). Il est vrai que les articles suivants (40-49) réglementent seulement leur responsabilité pénale, mais ils lui donnent la plus grande portée.

[2] *Réflexions politiques sur quelques écrits du jour et sur les intérêts de tous les Français*, Paris, 1814, ch. xiv, p. 72 : « Mais, disent les Constitutionnels, la Charte est incomplète : il faudrait qu'il y eût un ministère et non pas des ministres; que les ministres fussent membres des deux Chambres; que ces ministres fussent de bonne foi »; p. 74 : « On parle des ministres; on se fait une idée ridicule et exagérée de leur influence. D'abord, ils sont responsables : et c'est déjà une chose assez menaçante pour eux que ce glaive suspendu sur leurs têtes. Ensuite, nous avons contre leur incapacité une garantie qui tient à la nature même de nos Constitutions... car un homme absolument nul ne peut occuper longtemps une première place sous un gouvernement représentatif. Attaqué par la voix publique et dans les deux Chambres, il seroit bientôt obligé de descendre du poste où la seule faveur l'auroit fait monter ».

ment parlementaire. En voici quelques exemples : « La doctrine, disait-il, sur la prérogative royale constitutionnelle est : que rien ne procède directement du roi dans les actes de gouvernement, que tout est l'œuvre du ministère, même la chose qui se fait au nom du roi et avec sa signature, projets de loi, ordonnances, choix des hommes... Que fait donc le roi dans son Conseil? Il juge, mais il ne force point le ministère. Si le ministre obtempère à l'ordre du roi, il est sûr de faire une chose excellente et qui aura l'assentiment général; s'il s'en écarte et que, pour maintenir sa propre opinion, il argumente de sa responsabilité, le roi n'insiste plus : le ministre agit, fait une faute, tombe; le roi change son ministère[1] ». — « Renoncer à la majorité (dans les Chambres), c'est vouloir marcher sans pieds, voler sans ailes; c'est briser le grand ressort du gouvernement représentatif[2] ». — « Les Chambres ne se mêleront jamais d'administration, ne feront jamais de demandes inquiétantes; elles n'exposeront jamais les ministres à se compromettre, si les ministres sont ce qu'ils doivent être, c'est-à-dire maîtres des Chambres par le *fond*, et leurs serviteurs par la *forme*. Quel moyen conduit à cet heureux résultat? Le moyen le plus simple du monde : le ministère doit disposer de la majorité et marcher avec elle; sans cela, point de gouvernement[3] ». — « Il manque encore à cette Chambre (des députés) la connaissance de quelques-uns de ses pouvoirs, de quelques-unes de ces vérités, filles de l'expérience. Il faut d'abord qu'elle sache se faire respecter. Elle ne doit pas souffrir que les ministres établissent en principe qu'ils sont indépendants des Chambres; qu'ils peuvent refuser de venir, lorsqu'elles désirent leur présence. En Angleterre, non seulement les ministres sont interrogés sur les bills, mais encore sur des actes administratifs, sur des nominations, et même sur des nouvelles de gazette[4] ». — « Le ministère une fois formé doit être *un*. Cela ne veut pas dire que la différence d'opinions politiques dans des hommes de mérite, lorsqu'ils sont encore isolés, soit un obstacle à leur réunion dans un ministère. Ils y peuvent entrer par ce qu'on appelle en Angleterre un ministère de coalition, convenant d'abord entre eux d'un système général, faisant chacun les sacrifices commandés par l'opinion et la position des affaires. Mais une fois unis au timon de l'État, ils ne doivent plus gouverner que dans un même esprit. L'unité du ministère ne veut pas dire encore que la Couronne ne puisse changer quelques membres du Conseil sans changer les

---

[1] *De la monarchie selon la Charte*, 2e édit., Paris, 1816, ch. IV et V. p. 4, 5.
[2] *Ibidem*, ch. IX, p. 11.
[3] *Ibidem*, ch. XV, p. 12.
[4] *Ibidem*, p. 18.

autres; il suffit que les membres entrants forment un système homogène d'administration avec les membres restants. En Angleterre, il y a fréquemment des mutations partielles dans le ministère; et la totalité ne tombe que quand le premier ministre s'en va[1] ». — « Le ministère doit sortir de la majorité de la Chambre des députés, puisque les députés sont les principaux organes de l'opinion populaire[2] ». Il était impossible de mieux dire et d'exposer plus nettement ces principes délicats, le jeu harmonique de ces forces diverses et en apparence opposées, qui constituent le gouvernement parlementaire.

Après une première période d'hésitation, le roi Louis XVIII entra dans cette voie; et pendant son règne le gouvernement parlementaire fonctionna assez régulièrement, quoique rudimentaire encore sur bien des points, penchant naturellement du côté de la prérogative royale[3]. Sous Charles X, cet équilibre, un peu instable, tendit bientôt à se rompre. Cela aboutit aux célèbres ordonnances de Juillet, qui amenèrent une révolution et donnèrent lieu à une première et éclatante application de la responsabilité pénale des ministres[4].

C'était la cause du gouvernement parlementaire qui triomphait avec la Monarchie de Juillet. Cependant on n'éprouva pas le besoin d'en préciser et de compléter les règles dans la Charte révisée de 1830. Celle-ci reproduisit purement et simplement sur ce point les dispositions de la Charte de 1814[5]. On sentait que la coutume parlementaire saurait bien les compléter et leur faire produire toutes leurs conséquences naturelles. En effet, le gouvernement de cabinet s'établit pleinement sous la Monarchie de Juillet; comme nous aurons l'occasion de le constater plus d'une fois dans la suite, il se perfectionna quant à sa procédure et quant à ses moyens légaux. On a pu se de-

---

[1] *De la monarchie selon la Charte*, ch. xxv, p. 30. Sur la nécessité pour les ministres de se retirer lorsqu'ils ont contre eux la majorité, voyez le passage cité plus haut, p. 99, note 4.

[2] *Ibidem*, ch. xxiv, p. 30.

[3] Duvergier de Hauranne, *Histoire du gouvernement parlementaire en France*, t. II et suiv.; — Thiers, *Discours parlementaires*, édit. Calmon. Discours du 27 sept. 1832, t. 1, p. 124 : « Sous le dernier gouvernement nous avions l'appareil du gouvernement représentatif; on acceptait les Chambres, on les écoutait quand elles étaient de l'avis du gouvernement, mais dès qu'en 1829 cette obséquiosité cessa on fit un 8 août, puis une révolution ».

[4] Sur le procès des ministres de Charles X, voyez Thureau-Dangin, *Histoire du gouvernement de juillet*, t. 1, p. 148 et suiv.

[5] Art. 46, 47, 42, correspondant aux art. 54, 55 et 50 de la Charte de 1814. L'art. 42 prévoyant le droit de dissoudre la Chambre des députés réduisait seulement de six à trois mois le délai dans lequel la nouvelle Chambre devait être convoquée.

mander pourtant s'il fut toujours sincèrement pratiqué, et c'est une
opinion souvent produite que les luttes et les incidents, auxquels
donna lieu la célèbre coalition de 1839, en auraient faussé les ressorts et dénaturé l'esprit[1]. Mais c'est un reproche toujours facile à
formuler, quand il s'agit d'un système qui repose en partie sur de
simples conventions et sur des traditions, toujours un peu flottantes.
Sur un autre point cependant plus précis, quoique rentrant dans le
même ordre d'idées, un débat solennel et du plus haut intérêt s'établit devant la Chambre des députés les 27, 28, 29 mai 1846. Il s'a-
gissait de cette question délicate et essentielle : quel doit être dans le
gouvernement parlementaire le rôle du chef de l'État, du titulaire du
pouvoir exécutif? En 1846, il s'agissait en outre d'un roi constitutionnel ; et deux opinions furent en présence.

Selon la première, le chef de l'État ne devait avoir aucune part
effective dans la direction du gouvernement ; c'étaient toujours les
ministres qui voulaient pour lui, et il ne pouvait qu'accéder à leurs
volontés, tant qu'ils étaient soutenus par la majorité du Parlement. Celui qui défendit le plus énergiquement cette conception fut
M. Thiers. Dès 1829, il en avait trouvé la formule pour la monarchie parlementaire : « Le roi règne et ne gouverne pas[2] ».

L'autre opinion reconnaissait au contraire au chef de l'État, personne moralement libre et responsable quoique constitutionnellement
irresponsable, le droit « d'être une partie active et réelle du gouvernement ». Elle lui reconnaissait le droit de chercher à faire triompher
ses idées personnelles, mais à deux conditions : à savoir que, d'un
côté, il trouvât un cabinet ministériel qui prît la responsabilité de
leur application et qui obtînt en le faisant ou conservât la majorité
dans les Chambres, et que, d'autre part, les ministres couvrant toujours le chef de l'État ne permissent jamais que sa personne ou ses
actes fussent discutés devant les Chambres, les actes du gouvernement ne devant être pour elles que le fait des ministres ou du ministère. Le principal représentant de cette idée fut M. Guizot[3]. On peut
trouver cette seconde conception, moins simple que la première, on
peut soutenir que c'est une complication nouvelle dans un système
déjà bien complexe : mais on ne saurait prétendre qu'elle est incon-

---

[1] Thureau-Dangin, *Histoire du gouvernement de juillet*, t. III, p. 592 et suiv.
[2] Thiers, *Discours parlementaires*, Discours à la Chambre des députés du 13
mars 1846, t. VII, p. 144 : « J'avais écrit en 1829 ce mot devenu célèbre : « Le roi
règne et ne gouverne pas ». Je l'avais écrit en 1829. Est-ce que vous croyez que
ce que j'ai écrit en 1829 je ne le pense pas en 1846 ? Non, je le pense encore, je le
penserai toujours ».
[3] Guizot, *Histoire de mon temps*, t. V, p. 227.

ciliable avec le gouvernement parlementaire, dont elle respecte tous les principes essentiels.

II.

La Constitution de 1848, qui pour la première fois organisa en France la République avec un Président, allait-elle maintenir, sous cette forme, le gouvernement parlementaire, ou chercherait-elle sa direction dans les constitutions républicaines antérieures, qui avaient établi la séparation tranchée des pouvoirs? Chose singulière, ses auteurs, qui pourtant étaient pour la plupart rompus au jeu du parlementarisme, ne surent pas nettement trancher cette question capitale. Certains traits de la Constitution semblaient impliquer le gouvernement parlementaire. Elle n'excluait pas du ministère les membres de l'Assemblée législative, et la loi du 15 mars 1849 repoussa expressément l'incompatibilité qu'on prétendait établir, comme en 1791 et en l'an III, entre le mandat de député et les fonctions de ministre[1]. La Constitution décidait (art. 49) que le Président avait le droit « de faire présenter des projets de loi à l'Assemblée nationale par les ministres », que ceux-ci (art. 69) « avaient entrée dans le sein de l'Assemblée nationale; et qu'ils étaient entendus chaque fois qu'ils le demandaient ». Il faut ajouter avec l'art. 67 que « les actes du Président de la République, autres que ceux par lesquels il nomme et révoque les ministres, ne pouvaient avoir d'effet que s'ils étaient contresignés par un ministre ». Enfin la Constitution mentionnait le Conseil des ministres et rendait parfois son intervention nécessaire (art. 64). Mais en sens inverse certaines dispositions paraissaient repousser le gouvernement de cabinet. En premier lieu, le Président de la République était responsable de tous ses actes. Il est vrai que cette responsabilité n'excluait pas celle des ministres[2] : mais cela ne devait-il pas s'entendre de leur responsabilité pénale et personnelle, non d'une responsabilité politique et solidaire[3]? Le Président n'avait pas

[1] Art. 85.

[2] Art. 68 : « Le Président de la République, les ministres, les agents et dépositaires de l'autorité publique, sont responsables, chacun en ce qui le concerne, de tous les actes du gouvernement et de l'administration ».

[3] Manifestement il y avait là une combinaison mal venue; voyez de Tocqueville, *Souvenirs*, Paris, 1893, p. 280 : « On décida que la responsabilité du Président s'étendrait aux ministres, que leur contreseing serait nécessaire comme du temps de la monarchie. Ainsi le Président était responsable, et cependant il n'était pas entièrement libre dans ses actions et il ne pouvait couvrir ses agents ».

non plus le droit de dissoudre le Corps législatif[1], et le droit de dissolution est un trait naturel, presque essentiel, du gouvernement parlementaire.

La question qui était engagée, et mal engagée, par ces textes devait nécessairement se poser et se résoudre dans la pratique. L'initiative à cet égard vint d'abord du Président de la République. Dans son message à l'Assemblée du 31 octobre 1849[2], il revendiquait nettement le droit de choisir et de révoquer ses ministres et de diriger personnellement le gouvernement par l'organe d'hommes absolument dévoués à sa politique. « L'accord, disait-il, qui doit régner entre les différents pouvoirs de l'État, ne peut se maintenir que si, animés d'une confiance mutuelle, ils s'expliquent franchement l'un vis-à-vis de l'autre. Afin de donner l'exemple de cette sincérité, je viens faire connaître à l'Assemblée quelles sont les raisons qui m'ont déterminé à changer le ministère et à me séparer d'hommes dont je me plais à reconnaître les services éminents et auxquels j'ai voué amitié et reconnaissance... La France, inquiète parce qu'elle ne voit pas de direction, cherche la main, la volonté de l'élu du 10 décembre. Or, cette volonté ne peut être sentie que s'il y a communauté entière d'idées, de vues, de convictions entre le Président et ses ministres, et si l'Assemblée nationale elle-même s'associe à la pensée nationale, dont l'élection du pouvoir exécutif a été l'expression[3] ». Cela était bien net et l'Assemblée ne protesta pas. Mais la conduite du ministère ne fut point conforme à cette orientation : il vint demander la confiance de l'Assemblée, comme celle-ci le constata plus tard[4]. On resta ainsi dans un état trouble et indécis quant à ce point fondamental de droit constitutionnel, jusqu'à ce qu'un incident plus grave que les autres vint imposer une solution précise. Cet incident fut la révocation du général Changarnier quant à ses fonctions de commandant de l'armée

[1] Art. 68 : « Toute mesure par laquelle le Président de la République dissout l'Assemblée nationale, la proroge ou met obstacle à l'exercice de son mandat, est un crime de haute trahison ».

[2] Sur les événements qui précédèrent ce message, voyez Spuller, *Histoire parlementaire de la seconde République*, p. 268.

[3] *Œuvres de Napoléon III*, Paris, 1856, t. III, p. 111, 112.

[4] M. Fresneau, à l'Assemblée législative, séance du 15 janvier 1851, *Moniteur* du 16, p. 156 : « Le message d'octobre avait posé nettement, franchement, complètement, la politique d'isolement, qu'il réclamait comme un droit, et ce droit, je le reconnais dans une certaine mesure. Le lendemain, le général d'Hautpoul, chef du Cabinet, venait nous déclarer lui aussi qu'il demandait la confiance de l'Assemblée, et qu'il entendait ne pas marcher sans elle ». — Lanjuinais, dans la séance du 14 janvier 1851, *Moniteur* du 15, p. 147 : « Sous le rapport de la pratique, plusieurs exemples montrent que les ministres n'ont jamais professé la prétention d'être toujours couverts par le Président de la République ».

de Paris et des gardes nationales de la Seine. Cet acte fut accompli sous le couvert d'un ministère réformé le 9 janvier 1851, à la suite d'une interpellation soulevée dans l'Assemblée par certains actes du général Changarnier lui-même, et au cours de laquelle celui-ci avait obtenu un ordre du jour de confiance de la majorité[1].

Un conflit était inévitable entre la majorité et le pouvoir exécutif. M. de Rémusat demanda et obtint la nomination d'une commission chargée d'aviser aux mesures que la situation commandait; et, sur le rapport présenté au nom de cette commission par M. Lanjuinais, un débat solennel s'ouvrit devant l'Assemblée dans les séances des 15, 16, 17 et 18 janvier 1851[2]. Ce fut une discussion mémorable à laquelle prirent part les premiers orateurs de cette époque, Berryer, Lamartine, Dufaure et Thiers. Ce qui y tint le premier plan, ce furent les questions de personnes et les passions politiques : la marche du Président de la République contre le pouvoir législatif qui s'accentuait chaque jour, et, d'autre part, les espérances de restauration monarchique qui animaient une partie de la majorité; c'est alors que M. Thiers prononça le mot prophétique : « L'Empire est fait ». Mais le débat eut aussi son côté juridique. La Commission voulait, en effet, rendre le Cabinet politiquement responsable de la destitution du général Changarnier et proposait une motion ainsi conçue : « L'Assemblée nationale, tout en reconnaissant que le pouvoir exécutif a le droit incontestable de disposer des commandements militaires, blâme l'usage que le ministère a fait de ce droit ». C'était l'application même du gouvernement parlementaire : la Constitution le permettait-elle? Certains orateurs le contestèrent énergiquement. Ce ne furent point cependant les ministres eux-mêmes. Ceux-ci, sans couvrir le Président, qui tenait certainement à prendre la responsabilité de l'acte incriminé, se déclarèrent personnellement responsables[3]. Mais d'autres soutenaient que, pour les actes de gouvernement

[1] Spuller, *Histoire parlementaire de la seconde République*, p. 304.

[2] Spuller, *Histoire parlementaire de la seconde République*, p. 305 et suiv.

[3] M. Baroche, ministre de l'Intérieur, séance du 15 janvier 1851. *Moniteur* du 16, p. 158 : « Sous la République de 1848, comme sous l'empire des Constitutions monarchiques, on prétend pouvoir isoler la responsabilité ministérielle de la responsabilité que l'art. 68 de la Constitution fait peser sur le Président de la République : je n'entrerai pas dans la discussion de cette théorie... Nous acceptons la responsabilité de tous les actes que nous avons contre-signés... Ainsi, que M. le Président de la République soit ou ne soit pas responsable dans certains cas, que les ministres soient seuls responsables dans certains autres cas, peu nous importe ; tout ce que nous retenons de cette discussion, c'est que les ministres le sont toujours... Nous acceptons dans tous les cas la responsabilité, mais nous ne nous faisons pas illusion, et toutes les protestations théoriques n'empêcheront pas que le fait ne soit ce qu'il

et non de simple administration, les ministres n'étaient pas constitutionnellement responsables, que le Président avait la direction et
par suite la responsabilité de sa politique[1]; tel fut en particulier le
sentiment de Lamartine[2]. Mais cette opinion ne l'emporta pas. Malgré le message du 31 octobre, le gouvernement, dans la forme tout
au moins, n'avait pas rompu avec les pratiques du gouvernement
parlementaire, et, les ministres étant déclarés responsables par la
Constitution, il était bien difficile d'admettre que tantôt ils le fussent
et tantôt ils ne le fussent pas[3]. Ce qui parut surtout décisif, c'est
un passage du rapport d'Armand Marrast présenté à la Constituante
de 1848 au nom du Comité de Constitution, et qui semble cependant
alors avoir passé inaperçu[4]. Voici ce passage : « La majorité n'a pas
craint que le Président abusât de son indépendance, car la Constitution l'enferme dans un cercle dont il ne peut pas sortir. L'assemblée
seule demeure maîtresse de tout système politique; ce que le président propose par ses ministres, elle a le droit de le repousser; si la
direction de l'administration lui déplaît, *elle renverse les ministres;*
si le président persiste à violer l'opinion, elle le traduit devant la

sera aux yeux de tous ; ce n'est pas seulement contre le ministère que l'attaque est
dirigée ».

[1] M. de Goulard, séance du 15 janvier, *Moniteur* du 16, p. 151 : « J'aurais
conçu parfaitement pour ma part, sous le dernier gouvernement monarchique, que
des votes de non confiance, des votes de blâme contre le Cabinet fussent apportés
à cette tribune. Alors c'était quelque chose de régulier et de normal ; le roi était
inviolable... Il n'est pas possible aujourd'hui d'introduire dans le gouvernement de
la République, sous l'empire de la Constitution de 1848, les discussions constitutionnelles qui, à une autre époque, pouvaient avoir leur fondement dans un principe
vrai, dont on a abusé quelquefois, mais qui, aujourd'hui, seraient un véritable ana-
chronisme... Aujourd'hui il n'en est plus de même. M. le Président de la République
est responsable ; il est responsable d'après les termes de la Constitution, d'après
l'esprit de cette Constitution ».

[2] Séance du 17 janvier, *Moniteur* du 18, p. 172 : « Quant à moi, dans mes doctrines constitutionnelles ce n'est pas tant aux ministres que je demanderais compte,
si j'étais offensé d'un acte pareil ; j'en demanderais compte, comme cela se fera peut-
être tout à l'heure, au pouvoir exécutif lui-même ; car c'est un acte de gouvernement et non pas d'administration ; c'est un acte de pouvoir à pouvoir et non pas
un simple acte de cabinet ».

[3] M. Fresneau, séance du 15 janvier, *Moniteur* du 16, p. 156 : « Voilà donc
un Cabinet à double face, qui a à la fois le caractère américain et le caractère parlementaire, qui marche avec et sans l'assemblée ».

[4] Ce passage fut porté à la tribune, dans la séance du 15 janvier 1851, par M.
Monet (*Moniteur* du 16, p. 156) : « Lisez cette Constitution et le rapport qui la
précède, vous y trouverez que l'assemblée est toujours maîtresse de la situation
politique ; qu'elle peut renvoyer le ministère ». Le Président de l'Assemblée législative fit alors cette observation : « Ce rapport n'a jamais été adopté par la Commission à laquelle il n'a pas été lu ».

haute Cour de justice et l'accuse ». Le commentaire était clair, en
effet, quoiqu'il ne parût pas avoir exercé une sérieuse influence sur
le vote de la Constitution. L'Assemblée législative se rangea à l'avis
que le gouvernement parlementaire avait été maintenu par la Constitution et vota la motion de blâme contre les ministres, que sa commission lui proposait. Après ce vote les ministres, conformément à
l'attitude qu'ils avaient prise, donnèrent leur démission et le Président de la République l'accepta. Cependant celui-ci n'accepta point
le vote de l'Assemblée, en tant qu'il impliquait une interprétation
certaine de la Constitution. Il ne prit point dans la majorité les éléments du nouveau ministère, ce qui, d'ailleurs, eût été difficile. Il
forma un ministère d'affaires, et adressa à l'assemblée un message
dans lequel il exposait ses vues sur le conflit et enlevait à sa conduite toute apparence de capitulation : « L'union des deux pouvoirs,
disait-il, est indispensable au repos du pays ; mais comme la Constitution les a rendus indépendants, la seule condition de cette union est
la confiance réciproque... Pour ne point prolonger une dissidence
pénible, j'ai accepté, après le vote récent de l'Assemblée, la démission d'un ministère qui avait donné au pays et à la cause de
l'ordre des gages éclatants de son dévouement. Voulant toutefois reformer un cabinet avec des chances de durée, je ne pou-
vais prendre ses éléments dans une majorité née de circonstances
exceptionnelles, et je me suis vu, à regret, dans l'impossibilité de
trouver une combinaison parmi les membres de la majorité, malgré
son importance. Dans cette conjoncture je me suis résolu à former
un ministère de transition, composé d'hommes spéciaux, n'appartenant à aucune fraction de l'Assemblée et décidés à se livrer aux
affaires sans préoccupation de parti[1] ». Cette conduite par laquelle
le Président se maintenait sur ses positions, quoique battu, lui était
sans doute facile : car le Coup d'État était déjà arrêté dans sa pensée.
Mais, parmi les causes multiples qui l'y décidèrent, ces frottements
d'une Constitution, mal venue sur ce point, doivent figurer en ligne
de compte.

III.

La Constitution du 14 janvier 1852, issue du Coup d'État, et rédigée
par Louis Napoléon en vertu des pouvoirs qu'il s'était fait déléguer
par la nation dans le plébiscite des 20 et 21 décembre 1851, était
dirigée contre le gouvernement représentatif en général, mais plus

[1] Message du 24 janvier 1851, Œuvres de Napoléon III, t. III, p. 208.

E.   9

spécialement contre le gouvernement parlementaire. Le préambule contient l'expression très nette de cette idée : « Écrire en tête d'une charte que le chef (du gouvernement) est irresponsable, c'est mentir au sentiment public; c'est vouloir établir une fiction, qui s'est trois fois évanouie au bruit des révolutions. La constitution actuelle proclame, au contraire, que le chef que vous avez élu est responsable devant vous... Étant responsable, il faut que son action soit libre et sans entraves. De là l'obligation d'avoir des ministres qui soient les auxiliaires honorés et puissants de sa pensée, mais qui ne forment plus un conseil responsable, composé de membres solidaires, obstacle journalier à l'impulsion particulière du chef de l'État, expression d'une politique émanée des Chambres, et par là même exposée à des changements fréquents qui empêchent tout esprit de suite, toute application d'un système régulier... La Chambre n'étant plus en présence des ministres, et les projets de loi étant soutenus par les orateurs du Conseil d'État, le temps ne se perd pas en vaines interpellations, en accusations frivoles, en luttes passionnées, dont l'unique but est de renverser les ministres pour les remplacer ». Non moins nette était l'indication que la nouvelle Constitution reprenait les règles constitutionnelles du Consulat et du premier Empire. Elle les précisait et les renforçait encore, quant à l'exclusion du gouvernement parlementaire. Elle décidait, art. 13 : « Les ministres ne dépendent que du chef de l'État; ils ne sont responsables que chacun en ce qui le concerne des actes du gouvernement; il n'y a point de solidarité entre eux; ils ne peuvent être mis en accusation que par le Sénat ». Ainsi disparaissait la responsabilité politique et même en réalité la responsabilité pénale, celle-ci ne pouvant être mise en action que par un corps dont les membres étaient choisis par le chef de l'État. Bien plus les ministres étaient systématiquement isolés du Corps législatif. Ils ne pouvaient en être membres d'après l'art. 44 et ils n'y avaient pas entrée, pas plus d'ailleurs qu'au Sénat; c'étaient des conseillers d'État désignés par le chef de l'État qui soutenaient la discussion des projets de loi devant le Sénat et le Corps législatif (art. 51)[1]. Le Corps législatif, réduit au vote des lois et du budget, n'avait aucun moyen d'exprimer son avis sur la politique du gouvernement, si ce n'est dans la discussion générale du budget. Il ne pouvait pas saisir l'occasion et le prétexte des pétitions adressées par les citoyens, comme cela s'était fait à d'autres époques; car le droit de

---

[1] Cependant un décret des 22-27 janvier 1852 avait créé un ministre d'État ayant dans ses attributions les rapports du gouvernement avec le Sénat, le Corps législatif et le Conseil d'État.

pétition ne s'exerçait qu'auprès du Sénat (art. 45). Jamais en France
on n'avait été plus loin du gouvernement parlementaire.

Cependant ce régime, alors si décrié et déconsidéré, devait par une
force intime rentrer en vigueur avant même la chute du second Empire. Celui-ci devait peu à peu rouvrir la porte aux institutions qu'il
avait condamnées et abolies en 1852. La cause en est assez simple.
Après les années de liberté fougueuse qu'avait connues la Révolution, après le régime si dur du premier Empire, c'était avec le gouvernement parlementaire que la France, sous la Restauration, la Monarchie de Juillet et la seconde République, avait fait l'expérience et
acquis le goût de la liberté politique réglée et pacifique, si bien que
dans l'esprit public les deux choses paraissaient aller de pair, le gouvernement parlementaire semblant la forme naturelle de la liberté
politique. En 1851, la majorité du peuple français, séduite par le
souvenir des gloires impériales ou prise de peur devant le développement des doctrines socialistes, s'était désintéressée de la liberté politique et en avait consenti le sacrifice dans les plébiscites de 1851 et
de 1852. Mais ce n'était là qu'une faiblesse passagère ; peu à peu l'a-
mour et le besoin des institutions libres devaient se réveiller ; et le
gouvernement impérial, habile et prévoyant en ce point, lorsqu'il
reconnut les symptômes certains de ce réveil, ne songea pas à lutter
obstinément contre une force irrésistible. Il voulut donner à ces aspirations quelques satisfactions, les plus restreintes d'abord qu'il serait
possible d'imaginer. Mais une fois engagé dans cette voie, poussé
par l'opinion et par la logique immanente des institutions, il devait
faire successivement de nouvelles concessions ; on vit ainsi reparaître
une à une, quoique sensiblement déformées, les principales pièces
qui constituent le mécanisme du gouvernement parlementaire ; puis
dans les deux dernières années du second Empire, le système entier
rentre en rigueur, complet et correct au moins en ce qui concerne
les textes constitutionnels.

Le point de départ fut le décret impérial des 24 novembre-11 décembre 1860 qui introduisit deux réformes importantes. Il y était
dit : « Le Sénat et le Corps législatif voteront tous les ans, à l'ouverture de la session, une adresse en réponse à notre discours. L'a-
dresse sera discutée en présence des commissaires du gouvernement,
qui donneront aux Chambres toutes les explications nécessaires sur
la politique intérieure et extérieure de l'Empire ». L'*adresse*, votée
par les Chambres en réponse au discours du trône par lequel chaque
session s'ouvrait d'après la tradition anglaise, avait été, sous la Monarchie de Juillet, le principal moyen du contrôle que les Chambres
exerçaient sur la politique générale du gouvernement. C'était le plus

souvent dans cette discussion qu'on mettait en jeu la responsabilité politique des ministres, l'opposition s'efforçant d'introduire dans le projet d'adresse des amendements qui entraînaient un vote de défiance et par suite la chute du ministère. De semblables amendements dorénavant étaient possibles[1]; mais ils n'avaient aucun effet direct et légal sur le sort des ministres. La Constitution n'en proclamait pas moins le droit pour les Chambres d'instituer une fois par an une révision et une critique générale de la politique gouvernementale. Le décret contenait une autre innovation. Il ne rouvrait point aux ministres, chargés des divers départements et toujours pris en dehors du Corps législatif, la porte du Parlement; mais il créait une nouvelle catégorie de ministres dits « sans porte-feuille », dont la seule fonction était de « défendre devant les Chambres, de concert avec le Président et les membres du Conseil d'État, les projets de loi du gouvernement »; d'ailleurs, ils faisaient « partie du Conseil des ministres ».

En 1867, par le décret des 19-31 janvier, un nouveau progrès était accompli. L'adresse était supprimée (art. 8), mais pour être remplacée par un moyen de contrôle politique plus commode et plus sûr. Il était dit (art. 1) : « Les membres du Sénat et du Corps législatif peuvent adresser des interpellations au gouvernement ». Or, le droit d'interpellation, ouvrant à volonté un débat devant une Chambre sur la politique générale ou sur tel acte particulier du gouvernement, et se terminant par le vote d'un ordre du jour, a toujours paru en France l'outil naturel du gouvernement parlementaire. Sans doute, dans le décret de 1867, la demande d'interpellation ne s'imposait pas; elle ne pouvait venir en discussion qu'en suivant une route hérissée de difficultés (art. 2, 3). Sans doute aussi le vote émis sur l'interpellation, lorsque ce n'était pas l'ordre du jour pur et simple (art. 4, 5), était bien inoffensif en apparence. Ce ne pouvait être qu'un renvoi de l'affaire au gouvernement (art. 6), « la Chambre (ou le Sénat) appelant l'attention du gouvernement sur les objets des interpellations ». Mais, même ainsi émoussée, l'arme pouvait devenir redoutable entre des mains habiles. D'autre part, le droit d'interpellation ramenait nécessairement les ministres devant les Chambres. Ils n'y étaient point encore admis de plein droit; mais (art. 7) « chacun d'eux pouvait, par délégation spéciale de l'Empereur, être chargé de concert avec le ministre d'État, les Présidents et les membres du Conseil d'État, de représenter le gouvernement devant le Sénat ou le Corps législatif, dans la discussion des affaires ou des projets de loi ».

[1] Décret des 3-7 février 1861, art. 90.

À cette époque aussi l'Empire modifiait ses organes constitutionnels. Le Sénat qui jusque-là, comme dans la Constitution de l'an VIII, n'avait été qu'une sorte d'Assemblée Constituante en permanence, en même temps qu'une sorte de jury constitutionnel chargé de s'opposer à la promulgation des lois contraires à la Constitution ou aux principes essentiels du droit public, le Sénat tendait à se transformer en une seconde Chambre selon le type de l'ancienne Chambre des Pairs. D'après un Sénatus-consulte des 14-16 mars 1867, tout en conservant ses attributions antérieures, il acquérait le droit de renvoyer une loi quelconque au Corps législatif, par une résolution motivée décidant qu'elle y serait soumise à une nouvelle délibération. Le Sénat ne pouvait point d'ailleurs amender cette loi, et si le Corps législatif dans une seconde délibération l'adoptait sans changements, il ne pouvait s'opposer à la promulgation que pour inconstitutionnalité ou autre cause assimilée. Dès 1861 (Sénatus-consulte des 2-4 février 1861), les débats des séances du Sénat, jusque-là complètement secrets, avaient reçu la publicité de la presse par la publication de comptes rendus *in extenso* et analytiques. Enfin un décret des 19-22 juillet 1869 supprimait le ministère d'État, organe d'un régime qui maintenant tombait morceau par morceau.

Le moment était venu où le gouvernement parlementaire allait rentrer dans la Constitution avec tous ses traits et ses conséquences naturelles. Avant d'arriver à ce résultat, on passa cependant par une nouvelle ébauche : ce fut le Sénatus-consulte des 8-10 septembre 1869. La disposition essentielle du système, celle dont Mirabeau se fût contenté jadis, était écrite cette fois, art. 3 : « Les ministres peuvent être membres du Sénat ou du Corps législatif. Ils ont entrée dans l'une et l'autre Assemblée, et doivent être entendus toutes les fois qu'ils le demandent ». Le droit d'interpellation, pouvant toujours aboutir au vote d'un ordre du jour motivé (art. 7), était pleinement ouvert. Le Corps législatif recouvrait d'ailleurs les autres droits essentiels d'une assemblée libre, l'initiative des lois (art. 4) et le droit d'élire son bureau (art. 6). Enfin le Sénat, dont les séances étaient désormais publiques (art. 4), se rapprochait encore davantage d'une seconde Chambre selon le type anglais : en renvoyant une loi au Corps législatif, pour y être soumise à une nouvelle délibération, il pouvait indiquer les modifications dont elle lui paraissait susceptible ; il pouvait dans tous les cas s'opposer à la promulgation des lois. Mais, d'autre part, l'Empire, tout en concédant ces dispositions qui devaient inévitablement conduire à la responsabilité politique des ministres, se refusait à admettre celle-ci dans les termes ; il affirmait encore le principe opposé, celui qui avait servi de base à la Constitu-

tion de 1852. Le Sénatus-consulte contenait un article 2 ainsi conçu :
« Les ministres ne dépendent que de l'Empereur. — Ils sont responsables. — Ils ne peuvent être mis en accusation que par le Sénat ».
Il est impossible de rédiger un texte plus incohérent, non seulement
avec les dispositions précédemment relevées, mais encore avec lui-
même. Le second alinéa était en contradiction manifeste avec le premier, à moins qu'il ne voulût simplement indiquer la responsabilité
des ministres envers l'Empereur; mais alors c'était un trompe-l'œil.

Cette antinomie devait disparaître dans la Constitution du 21 mai
1870, ratifiée par le plébiscite du 8 mai. L'Empire définitivement,
quant à la lettre de cette loi, se transformait en monarchie constitutionnelle avec le gouvernement parlementaire. Non seulement les
ministres pouvaient être membres des Chambres, et y avaient toujours
l'entrée et la parole (art. 20), mais leur responsabilité était affirmée
sans restriction ainsi que leur action collective comme conseil délibérant (art. 19) : « L'Empereur nomme et révoque les ministres. — Les
ministres délibèrent en conseil sous la présidence de l'Empereur. —
Ils sont responsables ». Le Sénat achevait aussi l'évolution dont j'ai
montré les premières phases; il devenait, à côté du Corps législatif,
une seconde Chambre ayant en principe les mêmes attributions et le
même pouvoir, l'un et l'autre ayant également l'initiative (art. 12),
la discussion et le vote des lois (art. 30), et pouvant recevoir des pétitions (art. 61). Le droit de dissoudre le Corps législatif était reconnu
à l'Empereur (art. 35). Il avait été inséré déjà dans la Constitution
de 1852 (art. 46); mais là il se présentait simplement comme une
arme, d'ailleurs superflue, du pouvoir personnel : il figurait maintenant comme l'un des contrepoids du gouvernement parlementaire.

La Constitution du 21 mai 1870 contenait, il est vrai, certaines dispositions qui juraient avec ce régime : telle était la responsabilité
personnelle de l'Empereur qui y était affirmée (art. 13) dans les
mêmes termes qu'en 1852 (art. 5). Il y était dit également (art.
19) : « L'Empereur gouverne avec le concours des ministres, du Sénat, du Corps législatif et du Conseil d'État ». Mais une contradiction
plus profonde et plus grave se trouvait sans doute au fond de cette
combinaison. Le régime impérial pourrait-il supporter le sang étranger qu'il venait d'infuser dans ses veines? L'expérience ne put se
faire, et la Constitution éphémère du 21 mai tombait avec la dynastie impériale, le 4 septembre 1870, dans une catastrophe inouïe, résultat fatal des fautes et des erreurs accumulées pendant les longues
années d'un pouvoir presque absolu.

Lorsque l'Assemblée nationale se réunit à Bordeaux au mois de
février 1871, bien qu'elle fût souveraine, ce fut le gouvernement par-

lementaire qu'elle organisa tout d'abord, autant que la situation le comportait, comme gouvernement de la République provisoire. Ce fut d'instinct, pour ainsi dire, qu'elle adopta cette solution; et, lorsqu'en 1875 elle se décida à donner à la France une constitution républicaine, ce fut encore le gouvernement parlementaire qu'elle y inscrivit, en termes clairs cette fois, comme la forme naturelle de la liberté politique dans notre pays. Chaque fois qu'il y a pénétré, il a été ainsi introduit par une évolution naturelle, comme une solution demandée ou acceptée d'avance par l'opinion moyenne.

Le gouvernement de cabinet, importé d'Angleterre, est au fond partout le même dans les divers pays où il a été introduit; partout il présente les caractères essentiels qui ont été relevés plus haut. Chaque pays l'a pourtant adapté à ses mœurs politiques et à son génie propre; cela était inévitable, étant donné surtout que ce régime comporte des éléments purement conventionnels ou traditionnels, qui y tiennent une grande place. Comme celui de tous les organismes supérieurs, son fonctionnement est par là même complexe et délicat. Les conditions les plus favorables pour son application régulière sont sûrement celles qui ont existé pendant longtemps en Angleterre, c'est-à-dire la formation dans le pays de deux grands partis politiques rivaux, auprès desquels tous les autres ne sont que des quantités négligeables. En effet, dès que l'un de ces partis a perdu la majorité dans le Parlement, c'est le parti opposé qui l'a conquise, et ses chefs sont forcément désignés pour prendre le pouvoir. Cette solution peut seulement être retardée par la dissolution de la Chambre basse; mais le résultat définitif n'en est que plus indiscutable. L'Angleterre a eu cet avantage que la formation de ces deux grands partis, les Whigs et les Torys, y a précédé le gouvernement de cabinet et est plus ancienne que lui. Lorsqu'il s'est établi, il a donc trouvé immédiatement son milieu naturel, et cette harmonie s'est maintenue presque jusqu'à nos jours. Dans d'autres pays, en France en particulier, les conditions du milieu ont été moins propices. Cependant chez toute nation, où la forme même de l'État a cessé d'être mise en question, et qui a trouvé ainsi son équilibre politique, on peut espérer avec le temps d'obtenir un agencement semblable des partis. Dans le rythme qui règle le jeu des lois naturelles, l'opposition des forces élémentaires et contraires figure au premier rang. Il en est ainsi dans le monde physique et dans le monde intellectuel et moral. Chez toute nation civilisée se produisent inévitablement deux tendances opposées qui rallient et groupent les esprits : l'esprit de progrès et d'initiative, et l'esprit de résistance et de conservation. C'est de leur lutte constante, de leurs triomphes successifs, que résulte la vie des institutions, qui ne

saurait rester stationnaire sans produire un arrêt de développement
comme celui que l'on constate en Chine, mais qui ne saurait non plus
se précipiter d'un élan trop rapide sans produire le dérèglement et la
décomposition sociale. La constitution de deux grands partis, l'un
conservateur, l'autre progressiste, destinés à se succéder alternativement au pouvoir sous le gouvernement parlementaire, est donc un
phénomène probable, presque inévitable, si des causes particulières
ne l'empêchent pas de se dégager. De nos jours, il est vrai, dans les
divers pays d'Occident, même dans ceux où la liberté politique est le
mieux acclimatée, une tendance s'accuse à la désagrégation des anciens partis, à la formation de partis nouveaux. C'est un fait bien
saisissable, même en Angleterre, et qui y rend bien plus difficile que
par le passé le fonctionnement du gouvernement parlementaire. Cela
provient de causes multiples, au premier rang desquelles il faut placer
l'esprit d'indépendance, que produit la diffusion de l'instruction et la
facilité des communications, l'extrême importance des questions économiques qui se superposent aux questions politiques et tendent à
diviser les partis politiques, l'apparition enfin dans les divers parlements de groupes d'hommes qui se prétendent les seuls représentants
autorisés des classes ouvrières. D'autre part, pour conquérir ou conserver le pouvoir, il faut que les divers partis sachent reconnaître
leurs chefs, les suivre et se laisser diriger par eux ; or, manifestement
cet esprit de discipline tend à s'affaiblir. Tous ces faits rendent plus
difficile la formation des cabinets, plus instable leur durée. Mais,
malgré ces inconvénients, le gouvernement de cabinet paraît encore
la combinaison la plus efficace pour avoir un gouvernement responsable et sans cesse contrôlé, sans réunir cependant tous les pouvoirs
en une seule main et sans enlever au pouvoir exécutif sa force et son
ressort. Il est difficile à pratiquer sans doute, exigeant chez les
hommes politiques une grande puissance de raison et parfois d'abné-
gation. Mais la liberté politique, sous quelque forme qu'elle se présente, exige toujours de la raison, de la volonté, des sacrifices. Un
peuple ne peut vivre ou rester libre sans effort, et nous verrons plus
loin que les formes de gouvernement libre, qui s'opposent au gouvernement parlementaire ou qui s'en éloignent, et qui paraissent d'abord
plus simples que lui, présentent dans la pratique d'aussi grandes difficultés[1].

[1] M. Burgess porte un jugement sévère sur le gouvernement parlementaire, ce qui
ne saurait étonner chez un citoyen des États-Unis, dont la constitution repose,
comme on le verra plus loin (Première partie, ch. II, § I) sur des principes tout
différents. Il déclare que le gouvernement parlementaire (*Political science*, t.
II, p. 25) serait la forme parfaite pour une société dont toute la population serait

« hautement et presque également intelligente, universellement maîtresse d'elle-même et animée d'un pur esprit de justice ». Mais, ajoute-t-il, comme une telle société n'a jamais existé et n'existe pas, nous ne pouvons établir notre droit constitutionnel sur une simple supposition ». Il y a là évidemment une exagération, tendant à une démonstration par l'absurde. De même, M. Burgess admet que dans une société humaine et imparfaite le gouvernement parlementaire peut encore fonctionner avec succès, mais aux conditions suivantes : « 1° une royauté, c'est-à-dire un pouvoir exécutif héréditaire avec des pouvoirs en réserve et dormants, qui possède la dévotion sincère et la *loyauté* des masses ; 2° une religion établie sous la direction de la Couronne, par l'action de laquelle la moralité des masses puisse être préservée et leur attachement à la Couronne assuré et perpétué ; 3° un suffrage restreint, grâce auquel les classes intelligentes, conservatrices et modérées puissent avoir l'exercice véritable du pouvoir politique ». Par là l'auteur veut tenir compte de la réussite incontestable du gouvernement parlementaire en Angleterre. Mais les traits qu'il relève, comme expliquant ce succès, paraissent appartenir au passé beaucoup plus qu'au présent. Ils ne se retrouvent plus exactement dans l'Angleterre contemporaine; ils n'existent plus, dans les colonies anglaises où fonctionne également le gouvernement parlementaire.

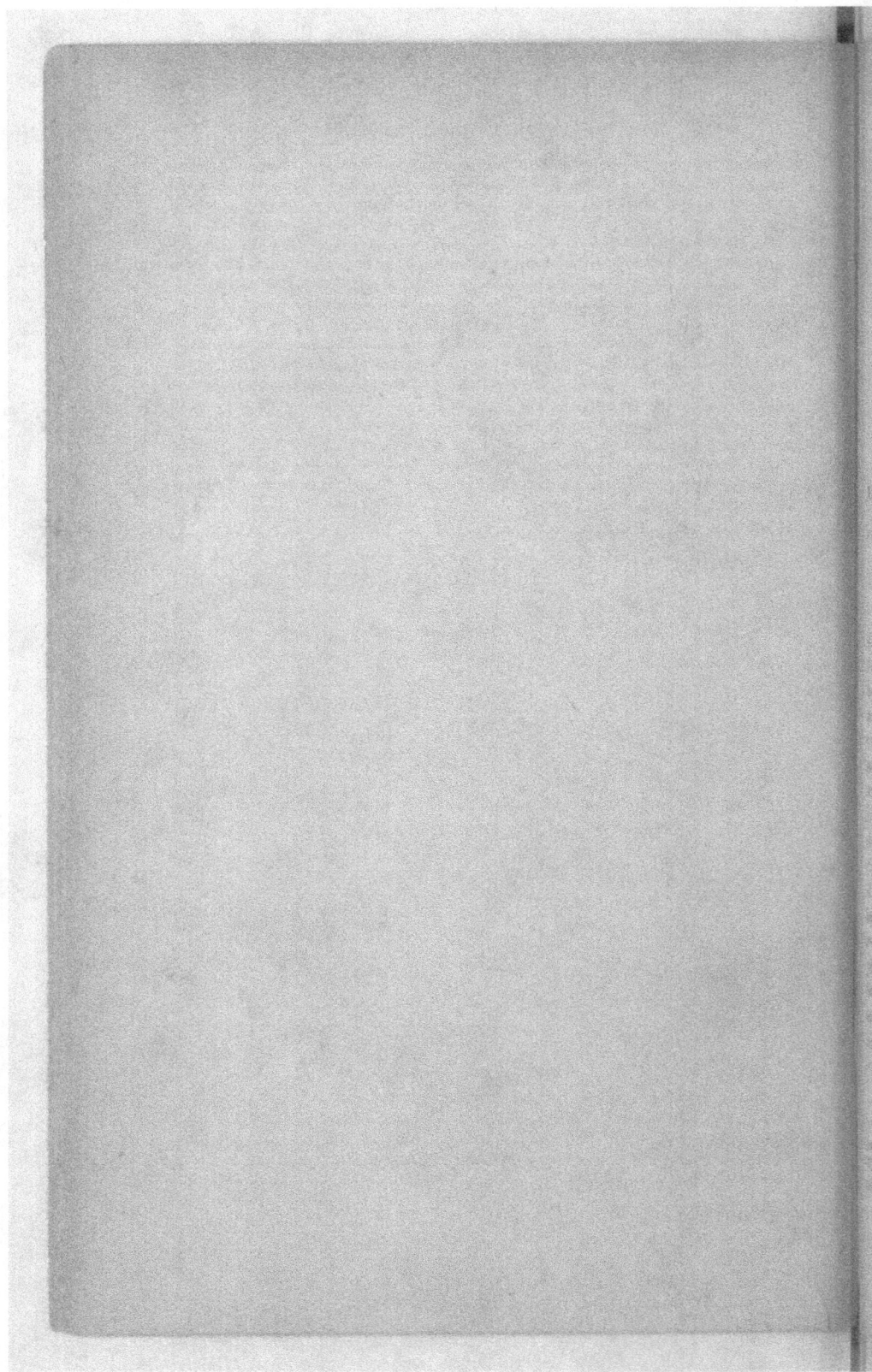

TITRE II

PRINCIPES DÉGAGÉS PAR LA PHILOSOPHIE DU XVIIIᵉ SIÈCLE
ET PROCLAMÉS PAR LA RÉVOLUTION FRANÇAISE.

CHAPITRE PREMIER

**Les philosophes du XVIIIᵉ siècle ; l'École du droit de la nature
et du droit des gens.**

La science politique des philosophes et publicistes du XVIIIᵉ siècle
s'était largement alimentée, comme je l'ai dit, à l'étude des institutions anglaises, et, dans les années qui précédèrent immédiatement
la Révolution, à celle des institutions américaines. Mais elle dérivait
aussi et principalement d'une autre source. Elle consistait surtout en
conceptions et en axiomes abstraits, dégagés par le raisonnement,
soutenus simplement par les leçons de l'histoire. Ces thèses et ces
axiomes avaient reçu une telle adhésion, ils avaient pénétré si
communément et si profondément dans les esprits que les assemblées
de la Révolution les adoptèrent et les proclamèrent, comme les principes sur lesquels devait reposer la société nouvelle, et s'efforcèrent
d'en faire l'exacte application et d'en déduire les conséquences. Parmi
les philosophes[1] qui allaient ainsi devenir réellement, quoique indirectement, des législateurs, comme la légende le disait des philosophes antiques, deux hommes sont au premier rang, soit à raison de
leur génie, soit à raison de l'influence qu'ils ont exercée : Montesquieu
et Jean-Jacques Rousseau. Montesquieu est le premier en date et
aussi, à mes yeux, le plus grand. Son influence a dépassé de beaucoup, même au XVIIIᵉ siècle, les limites de notre pays ; non seule-

---

[1] Sur les philosophes du XVIIIᵉ siècle voyez Laboulaye, *L'administration française sous Louis XVI,* dans la *Revue des Cours littéraires,* troisième année, p.
377, 415, 737, 785 ; — Bardoux, *La jeunesse de Lafayette ;* — Kovalevsky, *Les origines de la démocratie contemporaine,* t. I, p. 543-658.

ment il compte parmi les Anglais des disciples, comme Blakstone,
mais l'empreinte de ses idées se retrouve aussi nette et aussi profonde
sur la Constitution des États-Unis d'Amérique que sur les Constitutions françaises de 1791 et de l'an III. Rousseau cependant a eu peut-
être une action plus décisive encore ; ses idées ont pénétré jusqu'aux
moelles de la démocratie française, et ce sont elles qu'on voit souvent
reparaître de nos jours sous des formes et des noms nouveaux[1]. Voltaire, dont l'action a été décisive sur d'autres points, par exemple
quant à la réforme du droit criminel[2], n'a pas eu la même influence
quant aux principes de l'organisation politique : il a répandu largement l'amour de la liberté plutôt qu'il n'en a dégagé les règles. A
côté de ces protagonistes, se presse une pléiade d'écrivains, dont
quelques-uns, comme Mably, ont une véritable originalité. Ses
théories politiques, moins profondes que celles de Montesquieu,
moins subtiles que celles de Rousseau, ont exercé une influence
considérable sur ses contemporains. Sur certains points elles sont les
plus voisines des lois que votèrent les assemblées de la Révolution[3].

Jamais peut-être, dans le cours de l'histoire, les spéculations littéraires et philosophiques n'ont exercé une telle action sur la législation
et sur les destinées mêmes de l'humanité. Cela paraît même presque
incompréhensible, inconciliable avec les lois naturelles de l'évolution
humaine. Comment un petit nombre d'hommes ont-ils pu, en un
demi-siècle, changer les idées traditionnelles de tout un peuple, et
découvrir une série de vérités nouvelles douées d'une telle force
d'expansion? En réalité il n'y a là qu'une apparence. Ces conceptions
n'étaient point nouvelles pour la plupart, et leur élaboration remon-
tait même assez haut. Montesquieu seul a été véritablement un esprit
créateur dans le domaine de la science politique, tout en devant
beaucoup à ceux qui l'avaient précédé. Les philosophes du xviii[e]

[1] M. Kovalevsky, *Les origines de la démocratie contemporaine*, t. I, p. 617 et suiv.,
s'est efforcé de démontrer qu'il n'y a point en réalité divergence entre les doctrines
de Montesquieu et celles de Rousseau, particulièrement sur le principe de la séparation des pouvoirs. Mais je ne saurais être de son avis, comme je le montrerai plus
loin; voyez aussi mon article intitulé : *Deux formes de gouvernement* dans la *Revue de droit public et de la science politique*, janvier-février 1894, p. 30 et suiv.
[2] Esmein, *Histoire de la procédure criminelle en France*, p. 365 et suiv.
[3] Les ouvrages de Mably les plus importants à ce point de vue sont : *De la législation ou principes des lois*, 1776 ; *Observations sur le gouvernement et les
lois des États-Unis d'Amérique*, 1784 ; *Des droits et des devoirs du citoyen*.
Dans ce dernier ouvrage qui, il est vrai, ne fut imprimé qu'en 1789 ou 1788, Mably
a véritablement prédit la Révolution et la manière dont elle s'opérerait. Il y a posé
les principes de la future constitution, qu'il est intéressant de rapprocher de la constitution de 1791.

siècle trouvaient déjà formulés et établis la plupart des axiomes politiques qu'ils firent accepter par leurs contemporains. Ceux à qui ils
les empruntèrent étaient des jurisconsultes, qui formèrent aux XVII°
et XVIII° siècles une école véritable, ayant des représentants dans les
divers pays d'Europe, l'*École du droit de la nature et du droit des
gens*.

Le droit naturel, depuis que la philosophie grecque en eut dégagé
pour la première fois la notion, n'avait jamais cessé de tenir une place
importante dans les théories philosophiques, juridiques et politiques[1].
Sans doute il fut conçu diversement, ce qui était inévitable, puisqu'il
s'agissait au fond de comprendre et d'interpréter les leçons et les préceptes que la nature donne aux hommes. Les uns comprirent seulement dans le droit naturel les actes que l'instinct seul inspire aux êtres
vivants, aux animaux comme aux hommes[2]; mais la conception toujours dominante fut de chercher ce droit dans les préceptes et les données de la raison humaine, de la droite raison. Ainsi compris, le droit
naturel passa de l'antiquité au Moyen âge et tint une place notable dans
les écrits et les doctrines des théologiens et des légistes; mais pour les
uns comme pour les autres il n'avait que la valeur d'un appoint; il
gravitait dans l'orbite d'une science principale, dont il formait l'accessoire, et qui était pour les uns la théologie et pour les autres le
droit romain. On doit même dire que les théologiens, dont la conception sur ce point, s'imposait à tous, faisaient positivement rentrer le
droit naturel dans le droit divin, le premier étant révélé aux hommes
par la raison que Dieu leur avait donnée tandis que le second dérivait
de la Révélation proprement dite[3]. Cette conception du droit naturel
est encore celle de la Renaissance, celle du XVI° siècle[4]; mais alors
l'importance de ce droit grandit sensiblement, surtout dans l'École
de théologiens à laquelle appartiennent Soto, Molina et Suarez[5].

[1] Sur ce qui suit consulter : Bergbohm, *Jurisprudenz und Rechtsphilosophie*,
I, *Das Naturrecht der Gegenwart*, p. 151 et s.; — Gierke, *Johannes Althusius
und die Entwickelung der naturrechtlichen Staatstheorien*.

[2] L. 1, § 3, D. *De just. et jure*, I, 1.

[3] Décret de Gratien, Dist. 1; saint Thomas d'Aquin, *Summa theologica*, 2ᵃ 2ᵉ,
qu. XVII, art. 2 et 3.

[4] Voyez par exemple Bodin, *Les six livres de la République*, L. 1, ch. IX, p.
156 : « Le prince souverain n'a pas puissance de franchir les bornes de la loy de nature que Dieu, duquel il est l'image, a posées ». La Boétie, *De la servitude volontaire* : « Si nous vivions avecques les droits que nature nous a donnés et les
enseignements qu'elle nous apprend nous serions naturellement obéissants aux parents, subjects à la raison et serfs de personne... nature le ministre de Dieu et la
gouvernante des hommes nous a tous faicts de même forme ».

[5] Soto, *De justitia et jure libri decem*; — Molina, *De justitia et jure*; — Suarez, *Tractatus de legibus ac Deo legislatore*.

D'autre part la consistance même du droit naturel était mal déterminée. Pour les uns le droit naturel se confondait avec la morale; c'est une conception qui se trouve très nette dans Cicéron et elle conservera ses partisans jusqu'au XVIIIe siècle. Mais les théologiens et les juristes du Moyen âge et de la Renaissance donnaient, au contraire, au droit naturel un domaine distinct et un caractère juridique, recherchant seulement si les institutions sanctionnées par la loi ou par la coutume, c'est-à-dire par le *droit positif*, l'étaient aussi par le droit naturel. Les uns ne voulaient y admettre que les rapports qui étaient directement et nécessairement imposés par la nature, tels que l'union des sexes, devenue le mariage grâce aux lumières de la raison, les rapports entre parents et enfants, aboutissant à la puissance paternelle[1]. Dans cette théorie la propriété privée, l'esclavage, la société humaine elle-même n'étaient point de droit naturel. Mais généralement on allait plus loin. On étendait le droit naturel à des rapports qui n'étaient pas directement fournis par la nature, mais que la raison montrait comme indispensables au bien de l'humanité : dans ce sens on disait que la propriété privée était de droit naturel[2], on soutenait souvent que l'esclavage l'était également.

Enfin d'autres élargissaient encore le domaine du droit naturel en le confondant presque avec l'équité. Ils déclaraient qu'il contenait cette règle essentielle : ne fais pas à autrui ce que tu ne voudrais pas qu'on te fît à toi-même. Ils en concluaient qu'il impliquait le respect de toutes les institutions successivement créées par les hommes pour régler équitablement leurs rapports entre eux. Le principe du droit naturel restait ainsi immuable; mais la *matière* à laquelle il s'appliquait devenait variable et croissait indéfiniment[3]. Cela produisait les résultats les plus étranges; il y avait un *droit naturel féodal* ou

---

[1] Saint Thomas, *Summa theol.*, 2ᵃ 2ᵃᵉ, qu. cxıv, art. 3 : « *Jus sive justum* naturale est quod ex sua natura est adaequatum vel commensuratum alteri; hoc autem potest contingere dupliciter : uno modo secundum absolutam sui considerationem, sicut masculus ex sui ratione habet commensurationem ad feminam, et ex ea generet, et parens ad filium ut eum nutriat ».

[2] *Ibid.* : « Alio modo aliquid est naturaliter alteri commensuratum non secundum absolutam sui considerationem sed secundum aliquid quod ex ipso sequitur, puta proprietas possessionum. Si enim consideratur iste ager absolute, non habet unde magis sit hujus quam illius; sed si consideratur per respectum ad opportunitatem colendi et ad pacificum usum agri, secundum hoc habet quamdam commensurationem ad hoc quod sit hujus et non alterius... Considerare autem aliquid comparando ad id quod ex ipso sequitur, est proprium rationis et ideo idem est naturale homini secundum rationem naturalem, quae hoc dictat ».

[3] Gonzalez Tellez, *Commentaria perpetua in singulos textus quinque lib. decretalium*, éd. Francf. 1690, t. I, p. 8 : « Materia juris naturalis alia fuit pro diversitate temporum atque alia » nullo s.

commercial[1]. Cela devenait simplement une philosophie des lois.

Ce rôle subordonné et cette indétermination[2] du droit naturel devaient cesser aux XVIIᵉ et XVIIIᵉ siècles. Alors se fonda et se développa une École, que l'on peut appeler l'*École du droit de la nature et des gens*, dont l'influence fut très grande et donna momentanément au droit naturel l'empire de la science politique. Le chef de cette École est incontestablement le Hollandais Hugo Grotius, qui publia en 1625 son grand traité *De jure belli et pacis*. Malgré la lourde érudition littéraire et historique qui encombre son livre, et qui a fait dire à Rousseau qu'il s'appuyait sur des poètes, c'est un puissant esprit et celui qui engagea la science politique dans des voies nouvelles[3]. Parmi ses disciples les plus directs, ceux qui continuèrent vraiment son école, il faut citer : Puffendorf qui publia en 1673 son grand ouvrage, *De jure naturæ et gentium libri octo* et aussi en 1673 un résumé de ses principes intitulé *De officio hominis et civis secundum legem naturæ libri duo*[4]; Wolff, qui donna de 1740 à 1748 son *Jus naturæ methodo scientifica retractatum*, et Vattel qui fit paraître en 1758 son *Droit des gens ou principes de la loi naturelle*. Mais cette École compte aussi deux représentants, plus grands et plus originaux que tous les autres. Ce sont deux anglais dont l'un, Hobbes, détourna ces principes au profit de la monarchie absolue, soutenant la cause de Charles Iᵉʳ et de Charles II[5]; l'autre, au contraire, Locke, écrivant au lendemain de la Révolution de 1688, fut un des meilleurs apôtres de la liberté politique[6].

Deux conceptions surtout donnèrent au droit naturel dans cette école une portée et une précision qu'il n'avait jamais eues jusque-là.

---

[1] Bergbohm, *op. cit.*, p. 162, 163.

[2] Voici ce que disait déjà Bodin, *op. cit.*, p. 116 : « La justice et raison qu'on dit naturelle n'est pas toujours si claire qu'elle ne trouve des adversaires et bien souvent les plus grands jurisconsultes s'y trouvent empêchés et du tout contraires en opinions ».

[3] Rousseau, *Émile*, Liv. V (édit. Paris, 1726, t. II, p. 472 : « Le droit politique est encore à naître et il est présumable qu'il ne naîtra jamais. Grotius, *le maître de tous nos savants en cette partie*, n'est qu'un enfant et qui pis est un enfant de mauvaise foi » M. Gierke revendique pour un allemand, Johannes Althusius, l'honneur d'avoir fondé l'École dont il s'agit, mais reconnaît la valeur de Grotius, *op. cit.*, p. 29, 171.

[4] Ces deux ouvrages ont été traduits en français par Barbeyrac.

[5] Hobbes, *Elementa philosophica de cive*, 1656 ; *Leviathan*, 1651.

[6] Locke, *Essai sur le gouvernement civil*. L'ouvrage comprenait, tel qu'il fut publié en 1690, deux parties, dont l'*Essai* était la seconde : *Two treatises on government* : in the former the false principles and foundations of sir Robert Filmer and his followers are detected and overthrown ; the latter is an essay concerning the original extent and end of civil government. London, 1690.

1° Il devint une science indépendante, qui pouvait se suffire à elle-même et qui prétendit dominer la jurisprudence. Il était dicté directement par la raison, et si, dans les écrits qui en établissaient le système, les citations de l'Écriture et des historiens, les références aux lois des divers peuples tenaient souvent encore une large place, tout cela n'était plus qu'un complément, un élément de comparaison. Bien que ces écrivains fussent déistes, ils reconnaissaient à la raison humaine, source du droit naturel, une autorité propre, indépendante même de toute croyance à l'existence de Dieu[1].

2° Cette École adopta définitivement deux hypothèses qui avaient été d'ailleurs émises avant elle, mais qui, par son fait, devinrent classiques dans la science politique. Elles se trouvent chez tous les écrivains que j'ai cités plus haut ; ce sont l'hypothèse de l'*État de nature* et celle du *Contrat social*.

L'hypothèse de l'état de nature impliquait une condition première de l'humanité dans laquelle la société civile et la souveraineté qui la caractérise n'existaient pas. Chacun vivait dans un état de complète indépendance, aucune autorité humaine n'existant qui lui fût supérieure et s'imposât à lui. Une semblable conception, qui flottait vaguement dans les légendes antiques sur l'âge d'or et dans la tradition biblique sur l'état d'innocence, se trouvait à la base de beaucoup de théories anciennes sur le droit naturel ; mais jamais elle n'avait eu l'importance que lui donna l'École du droit de la nature et des gens aux XVIIe et XVIIIe siècles. Elle en fit, en effet, une donnée fondamentale la déterminante même du droit naturel. Celui-ci fut conçu comme l'ensemble des règles, dictées par la raison, qui devaient régir les rapports des hommes dans l'état de nature. Sans doute, il subsistait des divergences, parfois extrêmes quant à la détermination de ces règles ; elles sont tout autres, par exemple, pour Hobbes que pour Locke. Mais la définition du droit naturel devenait néanmoins précise pour la première, et, par voie de conséquence, ceux qui acceptaient ce point de départ étaient amenés à rechercher comment avait pu se former légitimement la société civile, substituant à la loi naturelle les lois positives. Il ne faudrait pas croire d'ailleurs que ces écrivains se fissent de grandes illusions sur la réalité préhistorique d'un semblable état de nature à l'origine des sociétés humaines[2]. Mais ils considéraient cette donnée première comme rationnellement

---

[1] Grotius, *De jure belli et pacis, Proleg.*, § 11 : « Et hæc quidem, quæ jam diximus, locum aliquem haberent, etiamsi daremus, quod sine summo scelere dari nequit, non esse Deum aut non curari ab eo negotia humana. » Cf. L. I, ch. I, § V, n° 10.

[2] Voyez en particulier Puffendorf, *Droit de la nature*, liv. II, ch. n

nécessaire et essentielle pour déterminer les droits de l'homme. Plusieurs d'entre eux d'ailleurs considéraient que tout homme venant au monde, ou tout au moins arrivé à l'âge adulte, se trouvait, même au milieu des sociétés civiles, dans l'état de nature, c'est-à-dire de complète indépendance, et qu'il n'en sortait qu'en y renonçant volontairement, comme il va être dit bientôt. Telle était la théorie de Locke et de Vattel[1], comme ce sera celle de Rousseau.

La seconde hypothèse était celle du contrat social. C'était l'acte qui mettait fin à l'état de nature. Les hommes, à l'origine complètement indépendants, ne perdaient cette liberté première et illimitée que par leur propre volonté, par un contrat formé entre eux, qui en consommait le sacrifice pour former une autorité supérieure aux volontés individuelles et par là constituer la société civile. Locke et Vattel, comme après eux Rousseau, allaient jusqu'à dire qu'au milieu même des sociétés ainsi formées chaque homme, arrivé à l'âge adulte, devait adhérer au moins tacitement au contrat social, sinon il restait dans l'état de nature.

L'hypothèse du contrat social admise par Grotius et Puffendorf[2], formant la base même des théories de Hobbes et de Locke, pleinement développée par Wolff, n'était point au xviiᵉ siècle une nouveauté. Sans remonter plus haut, elle avait été clairement dégagée par un certain nombre d'auteurs du xviᵉ siècle[3]; elle avait été spécialement développée par le jésuite Suarez[4], qui cherchait d'ailleurs à la concilier avec le principe d'une souveraineté de droit divin. Mais ce fut l'École du droit de la nature et des gens qui lui donna sa consécration et sa précision dernière. Par là même les écrivains de cette école étaient conduits à rechercher quelles formes d'État et de gouvernement étaient conciliables avec cette hypothèse, et ils se trouvèrent fonder ainsi sur de nouvelles bases la science du droit constitutionnel.

Ils fondèrent en même temps une autre science, celle du *droit des gens* ou droit international public. Selon eux, en effet, le domaine propre du droit naturel était l'état de nature. Or les nations indépendantes, n'ayant aucun supérieur commun, sont restées dans l'état de nature, les unes par rapport aux autres; c'était même dans ces rapports que les écrivains voyaient se réaliser clairement l'état de nature, tels qu'ils le définissaient. C'était donc le droit naturel qui, en dehors

---

[1] Locke, *Civil government*, ch. ii, § 15; ch. vi, § 52-55; Vattel, *Droit des gens*, § 220.

[2] Grotius, *De jure belli*, proleg., nᵒˢ 15, 16; L. I, ch. i, § 14; L. II, ch. v, § 17 et s.

[3] Treumann, *Die Monarchomachen*, p. 40 et s.

[4] *De legibus ac Deo legislatore*.

des traités, devait fournir les règles de ces rapports, ou le droit des gens.

Pour revenir au droit constitutionnel théorique, cette même école, par l'hypothèse de l'état de nature, et par celle du contrat social, avait dégagé et formulé, d'une façon très nette, un certain nombre des principes qui seront proclamés par la Révolution française, en particulier ces deux maximes, que tous les hommes naissent indépendants et égaux en droit, et que la souveraineté réside originairement dans le peuple. Locke avait aussi dégagé l'idée et l'expression *des droits de l'homme*, c'est-à-dire des droits qui, dérivant de la loi naturelle, lui appartiennent dans l'état de nature, et qu'il ne saurait perdre en passant dans la société civile.

Il n'est donc point étonnant que nos philosophes du XVIII° siècle les aient pris pour maîtres et aient accepté leur doctrine. J'ai dit plus haut comment Rousseau montre dans Grotius le maître de la science politique; Mably est très préoccupé de Grotius, de Puffendorf et de Wolff. L'influence de Locke sur Montesquieu est connue et très sensible, elle s'exerce aussi en partie sur Rousseau, à tel point que certains passages du *Contrat social* ne se comprennent que quand on connaît les passages de Locke auxquels ils se réfèrent[1]. Mais c'est Hobbes, qui surtout a influé sur Rousseau; non seulement celui-ci le cite à chaque instant dans les premiers chapitres du Contrat social, mais c'est à lui, malgré la façon cavalière dont il le traite ailleurs[2], qu'il a emprunté principalement sa conception du contrat social et de la société civile.

Mais entre les écrivains de l'École du droit de la nature et nos philosophes du XVIII° siècle, bien que les premiers soient les maîtres et les seconds les disciples, il y a une différence profonde. Les premiers, quelle que fût la hardiesse de leurs thèses fondamentales, se gardaient bien de leur faire produire leurs conséquences naturelles. Protégés par des princes d'Europe, à peu près absolus, ils savaient mettre leur doctrine d'accord avec les droits de leurs protecteurs : « Grotius, dit Rousseau, « réfugié en France, mécontent de sa patrie et voulant faire sa cour à Louis XIII, à qui son livre est dédié, n'épargne rien pour dépouiller les peuples de leurs droits et pour en

[1] *Contrat social*, L. I, ch. a, *in fine*. Il s'agit là du traité de Locke, dans lequel celui-ci réfutait les doctrines de sir Robert Filmer.
[2] *Émile*, L. V, p. 572 : « Quand j'entends élever Grotius jusqu'aux nues et couvrir Hobbes d'exécration, je vois combien d'hommes sensés lisent ou comprennent ces deux auteurs. La vérité est que leurs principes sont exactement semblables. Ils ne diffèrent que par les expressions. Ils diffèrent aussi par la méthode : Hobbes s'appuie sur des sophismes et Grotius sur des poètes; tout le reste leur est commun ».

revêtir les rois avec tout l'art possible[1] ». Puffendorf était animé des mêmes tendances ; Hobbes, on le sait, avait adopté, avec la cause de Charles Ier, celle de la monarchie absolue, et Wolff pouvait dédier sans danger son livre au roi Frédéric de Prusse. Seul, Locke avait naturellement mis ses principes au service de la liberté[2]. Quant aux autres, ils opéraient la conciliation entre leurs prémisses hardies et leurs conclusions conservatrices par divers procédés, soit en utilisant la vieille idée qui faisait rentrer dans le droit naturel le respect de toutes les institutions équitables, soit surtout en cherchant à démontrer que la souveraineté, qui réside originairement dans le peuple, avait pu valablement être aliénée par lui. D'ailleurs, en dehors de cette déférence envers les pouvoirs établis, un autre fait rendait leurs doctrines inoffensives. Elles étaient exposées, le plus souvent en latin, dans un style lourd ou rocailleux, avec des termes scolastiques[3]. Ainsi présentées elles restaient confinées dans les Écoles ou dans le cabinet du savant ; elles ne pouvaient parvenir jusqu'à la foule, ni même jusqu'au public cultivé. Nos philosophes du XVIIIe siècle en les acceptant les transformèrent. Ils ne reculèrent point devant les conséquences dont les principes étaient gros, et les déduisirent au contraire sans hésitation, chacun suivant la nature de son esprit et tous avec un ardent amour de la liberté. Ce n'est point qu'ils prévissent ou voulussent pour leur pays, sauf Mably, une prompte et profonde révolution politique ; non seulement Montesquieu, mais même Rousseau fait preuve à cet égard d'esprit conservateur[4]. Mais les vérités har-

[1] *Contrat social*, L. II, ch. II, *in fine*.

[2] Mably, *Droits et devoirs du citoyen*, Lettre I, éd. Kell, 1789, p. 20 : « Grotius... étoit né dans une république nouvelle où l'on connoissoit le prix de la liberté ; mais la fortune, en l'exilant, l'avait attaché au service de la reine Christine, quand il composa son droit de la paix et de la guerre, et il avoit la fantaisie de le publier sous les auspices de notre Louis XIII. Puffendorf, né dans un pays où il n'y a de liberté que pour les oppresseurs de leur nation me paroît quelquefois assez philosophe pour que je le soupçonne ailleurs de déguiser la vérité qu'il connaissoit et à laquelle il ne vouloit pas sacrifier les bienfaits de quelques princes qui le protegeoient... Hobbes auroit pu ravir à Locke la gloire de vous faire connoître les principes fondamentaux de la société, mais attaché par une suite d'événements, ou par intérêt, à un parti malheureux, il a employé toutes les ressources d'un génie puissant à établir un système funeste à l'humanité ».

[3] Mably, *loc. cit.* : « Wolff a presque toutes les erreurs de ces deux savants (Grotius et Puffendorff) et son ouvrage fatiguant, que personne n'a la patience de lire n'a pu ni instruire ni tromper personne ».

[4] Voyez surtout ce passage du *jugement* de Rousseau sur la *Polysynodie* de l'abbé de Saint-Pierre : « qu'on juge du danger d'émouvoir une fois les masses énormes qui composent la monarchie française. Qui pourra retenir l'ébranlement donné ou prévoir tous les effets qu'il peut produire ? quand tous les avantages du nouveau

dies qu'ils semaient ne pouvaient manquer de germer dans les esprits plus promptement qu'ils ne le pensaient. Cette fois en effet les thèses que l'École avait tirées du droit naturel étaient exposées sans réticence et sans déviation; elles l'étaient surtout dans cette langue vive et claire, qui est le français du XVIIIᵉ siècle, dans une langue admirable, quand il s'agissait de Montesquieu et de Rousseau. Ainsi transformées elles pénétreront maintenant dans tous les esprits cultivés, dans la classe moyenne, toutes prêtes à passer dans la Constitution du pays, quand elle sera rédigée par la Révolution. Elles gagnaient même les couches plus profondes encore de la nation, non plus, il est vrai sous la forme même que nos grands philosophes leur avaient donnée, trop philosophique ou trop subtile pour être comprise de la foule, mais dans les innombrables petits livres et brochures qui s'en inspiraient, signés de noms aujourd'hui méconnus ou sans nom d'auteur. Dans cette transcription ces doctrines subissaient une nouvelle transformation. Ce qui en restait là, c'étaient seulement les formules et les idées simples, qui devaient frapper le peuple, mais, qui détachées du système dont elles faisaient partie, isolées du contexte, séparées des explications ou des restrictions, dont l'auteur les avaient accompagnées, prenaient ainsi une valeur absolue qu'il ne leur avait pas donnée, et acquéraient une portée que parfois il n'avait pu soupçonner[1].

Les théories qui se ramènent à ces origines sont au nombre de quatre : la théorie de la souveraineté nationale, la théorie de la séparation des pouvoirs, la théorie des droits individuels, la théorie des constitutions écrites et du pouvoir constituant. Je me propose de les examiner successivement dans les chapitres suivants.

plan seroient incontestables, quel homme de sens oseroit entreprendre d'abolir les vieilles coutumes, de changer les vieilles maximes et de donner une autre forme à l'État que celle où l'a successivement amené une durée de treize cents ans »?

[1] Ce fait est signalé et judicieusement analysé dans l'intéressant ouvrage de M. Kovalewsky, *Les Origines de la démocratie contemporaine* (en russe), t. I, 1ʳᵉ partie, ch. 2.

CHAPITRE II

La souveraineté nationale.

———

Le plus important des principes qu'ait proclamés la Révolution française est celui de la souveraineté nationale. Toutes nos constitutions, si diverses pourtant, l'ont reconnu et pris pour base, sauf la Charte de 1814. Il a fait peu à peu le tour du monde ; et là où il s'est introduit il tend à modifier profondément les institutions dérivées d'une autre source, qui ont été adoptées en même temps par les nations modernes : le gouvernement représentatif et le gouvernement parlementaire. Il doit cette puissance à ce qu'il est une idée simple, qui répond aussi aux instincts de justice et d'égalité qui sont au fond de l'âme humaine. Il se ramène en effet à cette donnée : la souveraineté chez un peuple réside dans le corps entier de la nation et ne saurait résider ailleurs. Mais il n'en soulève pas moins des problèmes difficiles dans la science politique. Pour faire connaître les principaux, il faut rechercher successivement : 1° Comment se justifie le principe de la souveraineté nationale ; 2° Quelles en sont les conséquences.

SECTION PREMIÈRE

LE PRINCIPE DE LA SOUVERAINETÉ NATIONALE.

Pour les hommes du xviii° siècle qui proclamèrent ce principe, il trouvait sa justification complète et alors incontestée dans la théorie du contrat social, telle que l'avait présentée plus nettement qu'aucun autre J.-J. Rousseau dans son livre célèbre paru en 1763.

La théorie de Rousseau comprend deux termes nécessaires.

1° Un *état de nature*, antérieur à la fondation des sociétés civiles, et dans lequel chaque homme adulte, soustrait à toute autorité humaine, jouissait d'une absolue indépendance. Cette hypothèse était d'ailleurs admise, comme on l'a vu, par toute l'École du droit de la nature[1] et généralement aussi par les théoriciens antérieurs, légistes ou théologiens. Elle figurait, sous la forme de l'âge d'or, dans les rêves de l'antiquité classique sur les origines humaines, et pour les théologiens, elle se confondait avec celle de l'état d'innocence[2]. Pour les hommes de l'École des XVIIe et XVIIIe siècles l'état de nature, d'ailleurs, n'avait point coïncidé avec un état de pure animalité. Tout au contraire, l'homme, créature raisonnable, avait eu, dans cette condition première, des lois naturelles dictées par sa raison et par les besoins de la conservation[3].

2° Un *contrat social*, formel ou tacite, par lequel tous les hommes, voulant former une nation, avaient mis fin à l'état de nature par un consentement unanime, en créant une autorité supérieure aux volontés individuelles. Rousseau établit la nécessité du contrat social en éliminant une à une toutes les autres sources imaginables de la souveraineté. Il démontre successivement que le pouvoir social ne peut

---

[1] Aussi Rousseau suppose-t-il l'état de nature comme un postulat nécessaire plutôt qu'il ne le démontre, *Du Contrat social ou principes du droit politique*, liv. I, ch. 1, 2, vi (je cite d'après l'édition des œuvres de J.-J. Rousseau, Paris, 1826). Locke, au contraire, insiste beaucoup plus sur ce point, *Essay on civil government*, ch. 1 et suiv. Dans les premiers chapitres du *Contrat social* Rousseau a manifestement pris Locke pour guide. Cela apparaît même directement dans la raillerie par laquelle se termine le chap. iii : « Je n'ai rien dit du roi Adam, ni de l'empereur Noé, père de trois grands monarques qui se partagèrent l'univers comme firent les enfants de Saturne qu'on a cru reconnaître en eux ». Le premier des deux traités de Locke parus en 1690 a justement pour objet de discuter sérieusement une thèse de sir Robert Filmer sur les droits d'Adam et de ses descendants.

[2] Gierke, *Althusius*, p. 92 et suiv. Voyez pourtant Rousseau, *Discours sur l'inégalité des conditions parmi les hommes*, éd. Paris, 1826, p. 229.

[3] Rousseau, *Lettres écrites de la montagne*, 2e partie, lettre 8, p. 439 : « Il n'y a donc pas de liberté sans lois, ni où quelqu'un est au-dessus des lois ; dans l'état même de nature, l'homme n'est libre qu'à la faveur de la loi naturelle, qui commande à tous ». — Locke précise encore davantage cette idée et d'une bien curieuse manière, *Essay on civil government*, ch. 1, nos 12, 13. Il déclare que toute offense commise dans l'état de nature peut, dans cet état, être punie, aussi bien qu'elle peut l'être dans une république et que pour cela « dans l'état de nature chacun a le pouvoir exécutif de droit naturel ». Mais il faut reconnaître que la loi naturelle dans l'état de nature se présente à certains philosophes sous une forme plus brutale. Dans Hobbes c'est pour chaque homme le droit, dicté par la raison, de faire légitimement tout ce qu'il juge nécessaire à sa conservation, et, malgré la phrase plus haute citée et tirée des *Lettres de la montagne*, telle est aussi la conception de Rousseau, *Discours sur l'origine de l'inégalité parmi les hommes*, éd. Paris 1826, p. 263 : « Hobbes a très bien vu le défaut de toutes les définitions modernes du droit naturel ; mais les conséquences qu'il tire de la sienne montrent qu'il la prend dans un sens qui n'est pas moins faux ». Ce que Rousseau entend ici contester, c'est la proposition de Hobbes d'après laquelle l'état de nature conduit fatalement à l'état de guerre entre les hommes.

avoir son origine légitime ni dans l'organisation de la famille, ni dans la supériorité de certaines classes d'hommes sur les autres, ni dans la soumission d'un peuple par la conquête, ni dans l'esclavage[1]. Il faut donc nécessairement une convention première pour faire naître ce droit, que ne fournit pas la nature[2].

Le contrat social, ainsi entendu, est le fait générateur non pas seulement de la souveraineté, mais de la nation elle-même[3]. On considère les hommes comme des atomes, parfaitement libres et volontaires, et le corps social et national ne résulte que de l'agrégation des individus par un consentement unanime[4]. Cette conception n'est point propre à Rousseau; elle est commune, au contraire, à toute l'École du droit de la nature et des gens, et elle se montre chez Locke avec une force et une netteté particulières[5]. Elle a même des origines plus anciennes. Les légistes et théologiens du Moyen Age cependant paraissent à peine l'avoir entrevue[6]. Ils prenaient la société nationale comme un fait nécessaire, dont ils ne recherchaient pas l'origine exacte, se contentant le plus souvent de comparer le corps social au corps humain, comme un organisme également naturel. Ceux qui allaient plus loin dans leurs spéculations se rattachaient à l'idée d'Aristote, que l'homme est un être essentiellement fait pour vivre en société : c'était cette tendance invincible qui avait amené l'agrégation de la société humaine, sans qu'on recherchât au juste par quel acte les hommes l'avaient constituée. C'est l'idée que soutiennent encore certains docteurs du XVIe siècle[7]. D'autres cependant, parmi les théo-

[1] *Contrat Social*, liv. I, ch. I-V.

[2] *Contrat Social*, liv. I, ch. I : « L'ordre social est un droit sacré qui sert de base à tous les autres. Cependant ce droit ne vient point de la nature ; il est donc fondé sur des conventions ».

[3] *Contrat social*, liv. I, ch. V, p. 122 : « Avant que d'examiner l'acte par lequel un peuple élit un roi, il serait bon d'examiner l'acte par lequel un peuple est un peuple; car cet acte, étant nécessairement antérieur à l'autre, est le vrai fondement de la société ».

[4] Rousseau reconnaît pourtant que ce contrat est forcé dans un certain sens (liv. I, ch. VI). « lorsque les hommes sont parvenus à ce point où les obstacles, qui nuisent à leur conservation dans l'état de nature, l'emportent par leur résistance sur les forces que chaque individu peut employer pour se maintenir dans cet état ; alors cet état primitif ne peut plus subsister, et le genre humain périrait s'il ne changeait de manière d'être ».

[5] *Essay on civil government*, ch. VIII et suiv.

[6] Gierke, *Althusius*, p. 92 et suiv.

[7] Covarruvias, *Practicarum quæstionum liber unus*, C. I, n° 2. : « Etenim auctore Aristotele, homo animal est omni ape omnique animantie gregante civilius; atque ideo est homo natura ipsa sociale animal longe magis quam apes, formica, grus, et hujusmodi genera quæ gregatim aluntur gregatimque se tuentur. Ac cum Deus ipse per naturam dederit rebus singulis facultatem se conservandi... nec ho-

logiens de cette époque, placent à la base de la société civile un véritable contrat formé entre ses premiers membres, Suarez en particulier : mais ils ne font point de cette convention l'acte générateur de la souveraineté. Celle-ci ne vient pas des individus, car aucun d'eux ne possédait auparavant les droits qui appartiendront au corps social; elle vient de la Divinité : le contrat social en est la condition, mais non pas la cause[1]. C'est, comme je le disais plus haut, lorsque le droit naturel s'est laïcisé et consolidé en un corps de doctrine, que s'est dégagée la théorie du contrat social, telle que Rousseau devait la recueillir et la vivifier. M. Gierke lui donne pour premier interprète l'Allemand Althusius. Elle est nettement formulée par Grotius[2], et toute l'École du droit de la nature la reprendra après lui[3].

Rousseau n'a pas seulement cherché à établir le caractère nécessaire du contrat social; il en détermine aussi les conditions. Ce contrat doit avoir été unanimement consenti; car nul n'a pu sans sa volonté perdre son indépendance native, et, si les clauses du contrat étaient violées, chacun reprendrait sa liberté naturelle[4]. D'autre part, les clauses doivent être égales pour tous, car sans cela on ne saurait obtenir l'unanimité initiale. Elles ne sont donc point arbitraires[5]. « Ces clauses bien entendues se réduisent toutes à une seule, savoir : l'aliénation totale de chaque associé avec tous ses droits à toute la communauté; car premièrement, chacun se donnant tout entier, la condition est égale pour tous; et la condition étant égale pour tous, nul n'a d'intérêt de la rendre onéreuse aux autres ».

mines facultatem hanc exsequi dispersi potuissent, *instinctus eisdem adjectus est gregatim vivendi societatemque civilem constituendi...* qua ratione manifestum sit civitatem, id est civilem societatem, natura consistere hominemque natura esse civile animal, eamque consociationem causam sensim appetere ».

[1] Gierke, *Althusius*, p. 67 et 97.

[2] *De jure belli et pacis*, Proleg., c. 15-16; lib. I, c. i, § 14; lib. II, c. v, § 17, et suiv.

[3] Voyez en particulier Wolff, *Jus naturæ methodo scientifica retractatum*, édit. 1766, t. VIII, § 28 et suiv.

[4] *Contrat social*, liv. I, ch. vi : « Le pacte social étant violé, chacun rentre alors dans ses premiers droits et reprend sa liberté naturelle en perdant la liberté conventionnelle pour laquelle il y renonça ». — Liv. IV, ch. ii : « Il n'y a qu'une seule loi qui, par sa nature, exige un consentement unanime, c'est le pacte social : car l'association civile est l'acte le plus volontaire; tout homme étant né libre et maître de lui-même, nul ne peut, sous quelque prétexte que ce puisse être, l'assujettir sans son aveu ».

[5] *Contrat social*, liv. I, ch. vi : « Les clauses de ce contrat sont tellement déterminées par la nature de l'acte que la moindre modification les rendrait vaines et de nul effet; en sorte que bien qu'elles n'aient peut-être jamais été formellement énoncées, elles sont partout les mêmes; partout tacitement admises et reconnues ».

Par là même, l'autorité publique, composée de ces sacrifices individuels, ne peut résider que dans la communauté entière, dans le corps social, « le souverain n'étant formé que des particuliers qui le composent ». Ce souverain a pour organe la *volonté générale* du corps social, dont l'expression n'est pas autre chose que la loi : le pouvoir législatif est, pour Rousseau, la souveraineté elle-même[1]. D'ailleurs, cette volonté générale, ce n'est pas la volonté unanime et concordante de tous les citoyens, mais celle de la majorité. Cette soumission à la décision de la majorité est encore une des clauses nécessaires du contrat social; car exiger l'unanimité des voix pour que la loi devint obligatoire pour tous, ce serait condamner le corps social à l'impuissance. Locke avait déjà montré que ce serait contraire à l'idée même du contrat social, chaque citoyen n'étant alors engagé

[1] La loi, selon Rousseau, ne peut être que générale, elle ne peut avoir un objet particulier, en ce sens « qu'elle considère les sujets en corps et les actions comme abstraites, jamais un homme comme un individu ni une action particulière ». Ainsi le souverain (liv. II, ch. iv, p. 148) « n'est jamais en droit de charger un sujet plus qu'un autre, parce qu'alors, l'affaire devenant particulière, son pouvoir n'est plus compétent ». Ainsi encore (liv. II, chap. v, p. 150) « la condamnation d'un criminel est un acte particulier... aussi cette condamnation n'appartient-elle pas au souverain; c'est un droit qu'il peut conférer sans pouvoir l'exercer lui-même ». C'est à condition de se borner ainsi à des lois générales, sans acception de personnes, que la volonté générale ne saurait errer (liv. II, ch. iii), à moins qu'elle ne soit pervertie par des moyens artificiels. L'application des lois aux faits particuliers ne saurait être l'œuvre du souverain lui-même ; c'est celle du gouvernement, c'est-à-dire du pouvoir exécutif et du pouvoir judiciaire (liv. III, ch. i). Le gouvernement procède nécessairement du souverain en ce que celui-ci détermine par les lois non seulement l'action gouvernementale, mais encore la nomination des magistrats à qui elle appartient. Cependant il ne peut les nommer lui-même en qualité de souverain; car c'est là un acte particulier. Alors même que cette élection se fait par le peuple entier, celui-ci perd en cela sa qualité de souverain, pour devenir un corps de magistrats démocratique comprenant tous les citoyens (liv. III, ch. xvii; liv. II, ch. vi, p. 154). L'auteur ajoute à ce propos (p. 243) : « C'est encore ici que se découvre une de ces étonnantes propriétés du corps politique, par lesquelles il concilie des opérations contradictoires en apparence ; car celle-ci se fait par une conversion subite de sa souveraineté en démocratie, en sorte que, sans aucun changement sensible, et seulement par une nouvelle relation de tous à tous, les citoyens devenus magistrats passent des actes généraux aux actes particuliers, et de la loi à l'exécution ». On voit combien est au fond subtile et même scolastique la doctrine de Rousseau ; mais le style fit passer tout cela, et l'esprit public ne retint que les formules simples, sans s'arrêter aux restrictions et aux explications. Rousseau, d'ailleurs, paraît parfois les oublier lui-même. Comparez à ce qui précède cet autre passage du *Contrat social* (liv. III, ch. xviii, p. 244) : « Les dépositaires de la puissance exécutive ne sont point les maîtres du peuple, mais ses officiers ; il peut *les établir et les destituer quand il lui plaît* ». Il est vrai qu'il a encore écrit précédemment (liv. III, ch. xiv, p. 234) : « À l'instant que le peuple est légitimement assemblé en corps souverain, toute juridiction du gouvernement cesse, la puissance exécutive est suspendue..., parce que où se trouve le représenté il n'y a plus de représentant ».

par celui-ci qu'autant qu'il le voudrait bien dans la suite[1]. Rousseau
même, par un de ces paradoxes où il se complaît, soutient que la
majorité dégage nécessairement la véritable volonté générale, même
la volonté vraie de ceux qui ont voté en sens contraire[2].

La théorie du contrat social, après avoir exercé une influence universelle au XVIIIe siècle, est aujourd'hui presque complétement abandonnée. Elle se heurte d'abord à une objection des plus simples et des
plus graves : le contrat social est présenté comme un fait initial,
comme le premier fondement des sociétés civiles, et pourtant on ne
saurait fournir aucun exemple historique d'une semblable convention.
Locke avait essayé d'y répondre en disant qu'il ne faut point s'étonner si l'histoire donne peu de renseignements sur les hommes qui vivaient dans l'état de nature; car les documents historiques sont partout moins anciens que l'établissement du gouvernement et de la société civile. « Cependant peut-on nier, dit-il, que l'origine de Venise
et de Rome se trouve dans l'union de plusieurs hommes libres et indépendants l'un de l'autre, parmi lesquels n'existait aucune supériorité naturelle, aucune sujétion? ». Il cite aussi, d'après Josephus
Acosta, l'exemple des tribus rudimentaires américaines, « les habitants de la Floride, les Chériquanas, ceux du Brésil, et beaucoup
d'autres nations qui n'ont pas de rois attitrés, mais choisissent leurs
chefs comme il leur plaît, suivant que l'occasion se présente en paix
ou en guerre[3]». Les hommes du XVIIIe siècle prirent une autre position. Ils ne cherchèrent pas à établir le contrat social comme un fait
historique, mais comme une nécessité logique, sans laquelle la puissance publique ne pouvait se comprendre. Rousseau admet que les
clauses du contrat social sont « partout tacitement admises et
reconnues », qu'elles n'ont « peut-être jamais été formellement énoncées[4] », et qu'il se renouvelle tacitement de génération en génération

---

[1] *Essay on civil government*, ch. VIII, nos 96, 97.

[2] *Contrat social*, liv. IV, ch. II, p. 283 : « Le citoyen consent à toutes les lois, même
à celles qu'on passe malgré lui... La volonté constante de tous les membres de l'État
est la volonté générale ; c'est par elle qu'ils sont citoyens et libres. Quand on propose
une loi dans l'Assemblée du peuple, ce qu'on leur demande n'est pas précisément s'ils
approuvent la proposition ou s'ils la rejettent, mais si elle est conforme ou non à la volonté générale qui est la leur ; chacun en donnant son suffrage dit son avis là-dessus ;
et du calcul des voix se tire la déclaration de la volonté générale. Quand donc l'avis
contraire au mien l'emporte, cela ne prouve aucune chose, sinon que je m'étais trompé
et que ce que j'estimais être la volonté générale ne l'était pas. Si mon avis particulier
l'eût emporté, j'aurais fait autre chose que ce que j'avais voulu ; c'est alors que je
n'aurais pas été libre ».

[3] *Essay on civil government*, ch. VIII, nos 101, 102.

[4] *Contrat social*, liv. I, ch. VI, p. 124.

par le seul fait de la résidence sur le territoire de la nation[1]. Blakstone est plus explicite encore. « Bien que, dit-il, la société ne tire pas son origine formelle d'une convention conclue entre les individus, mais par leurs besoins et par leurs craintes, cependant c'est le sentiment de leur faiblesse et de leur imperfection qui tient les hommes unis; cela démontre la nécessité de cette union. Et c'est là ce que nous entendons par le contrat social originel; bien que, en aucun cas, il n'ait été formellement exprimé lors de la première institution d'un État, cependant selon la nature et la raison il doit être toujours sous-entendu et présumé dans l'acte même de s'associer ensemble : à savoir que le tout devra protéger toutes ses parties, et que chaque partie se soumettra à la volonté du tout; ou en d'autres termes, que la communauté protégera les droits de chacun de ses membres individuels et que (en retour de cette protection) chaque individu se soumettra aux lois de la communauté[2] ». Mais, ainsi compris, le contrat social n'est plus qu'une fiction juridique destinée à traduire une idée, juste d'ailleurs, à savoir : que le droit public, comme le droit privé, a son point de départ dans l'individu, moralement libre, raisonnable et responsable. La puissance publique n'existe que dans l'intérêt des individus qui composent la société : elle ne peut s'exercer légitimement qu'en respectant les données de la raison et les droits de l'individu.

[1] *Contrat social*, liv. IV, ch. II, p. 252 : « Si donc, lors du pacte social, il s'y trouve des opposants, leur opposition n'invalide pas le contrat, elle empêche seulement qu'ils n'y soient compris; ce sont des étrangers parmi les citoyens. *Quand l'État est institué, le consentement est dans la résidence; habiter le territoire, c'est se soumettre à la souveraineté* ». Il admettait, comme d'ailleurs Locke (ci-dessus, p. 145) que chaque être humain naissant dans l'état de nature même au milieu des sociétés civiles, ne pouvait perdre son indépendance native que s'il adhérait au contrat social, arrivé à l'âge adulte. Mais cette adhésion, comme on vient de le voir, étant tacite, résultant du seul fait de la résidence, n'était plus guère qu'une fiction. Cependant Vattel, qui admettait la même idée, en tirait une conséquence pratique et hardie : c'est que l'adulte pouvait formellement refuser d'adhérer au contrat social; il cessait alors d'être membre de la nation à laquelle appartenait ou avait appartenu son père; *Le droit des gens*, § 220 : « Tout homme naît libre; le fils d'un citoyen, parvenu à l'âge de raison, peut examiner s'il lui convient de se joindre à la société à qui sa naissance le destine. S'il ne trouve point qu'il lui soit avantageux d'y rester, il est le maître de la quitter, en la dédommageant de ce qu'elle pourrait avoir fait en sa faveur et en conservant pour elle, autant que ses nouveaux engagements le lui permettent, les sentiments d'amour et de reconnaissance qu'il lui doit ». Notre droit en admettant le principe que *la nationalité ne s'impose pas* fait encore une application de la même idée, et nos jurisconsultes citent encore à l'appui Rousseau et Vattel (A. Weiss, *Traité théorique et pratique de droit international privé*, t. I, p. 12); mais notre droit n'admet pas que le citoyen puisse renier sa patrie sans en acquérir une nouvelle. *Ibid.*, p. 19 et s.

[2] *Commentaries on the laws of England, Introduct.*, § 2, t. I, (Oxford 1778), p. 47.

La fiction du contrat social présente d'ailleurs deux inconvénients.

En premier lieu, quoique prenant pour point de départ le droit individuel, elle le sacrifie en définitive, puisqu'elle aboutit à une aliénation de l'individu et de ses droits au profit de la communauté. Secondement, elle fait reposer les droits de l'individu sur une indépendance première et absolue, résultant de l'état de nature. Or, l'état de nature, aussi bien que le contrat social proprement dit, sont des hypothèses historiques contraires aux données de l'histoire et de la sociologie. L'homme ne se trouve nulle part dans le pur état de nature, mais toujours on constate une certaine organisation sociale, si rudimentaire qu'elle soit. Là où la famille, entendue au sens le plus étroit (père, mère et enfants), constitue le seul groupement ayant quelque fixité, les familles néanmoins se réunissent dans les combinaisons variées et temporaires, pour la défense mutuelle, la chasse ou la pêche[1]. Dans une notable portion de l'humanité il semble même que la famille n'ait pas été le groupe organique le plus ancien. Celui-ci se trouverait dans la tribu ou le clan, parfois dans le lien créé par la cohabitation dans le même village, si bien que la parenté légale, maternelle ou paternelle, ne se serait formée que plus tard et grâce à ce milieu[2]. Dans tous les cas, quelle importance peuvent avoir les idées et les actes des primitifs les plus éloignés, quand il s'agit de déterminer les droits des hommes civilisés vivant aujourd'hui en grandes unités nationales? La formation même d'une nation est un phénomène successif, le produit d'une très longue évolution naturelle, dont la sociologie et l'histoire s'efforcent de déterminer les lois, et où la volonté consciente des générations successives, et encore plus les conventions formelles entre les hommes, tiennent une place très petite. L'existence des nations civilisées et distinctes est un fait social qu'il faut accepter purement et simplement, lorsqu'on recherche en droit chez qui doit résider la souveraineté dans une nation. Le droit constitutionnel et la sociologie, je l'ai dit plus haut[3], ont des domaines absolument différents.

II.

La fiction du contrat social étant écartée, sur quelle idée peut-on et doit-on faire reposer la souveraineté nationale? J'en vois deux, qui ne sont au fond que deux aspects distincts d'une même vérité.

[1] Dargun, *Mutterrecht und Vaterrecht*, p. 3 et suiv.
[2] Voyez mes additions à l'*Étude sur la condition civile de la femme*, par Paul Gide, 2e édit., p. 31 ; — Cf. Dargun, *Mutterrecht und Vaterrecht*, p. 53 et suiv.
[3] Ci-dessus, p. 20, 21.

La première est une idée de bon sens, presque évidente, qui a longtemps suffi à l'esprit des hommes : c'est que la puissance publique,
et le gouvernement qui l'exerce n'existent que dans l'intérêt de tous
les membres qui composent la nation. C'est un axiome qui est déjà
nettement exprimé par les théologiens du Moyen âge ; on le trouve
en particulier dans le *De regimine principum* attribué à saint Thomas
d'Aquin [1]. Au xive siècle, il est énergiquement affirmé par Marsile de
Padoue dans son *Defensor pacis* [2]. Il est énoncé par Philippe Pot,
dans son célèbre discours aux États généraux de 1484 [3]. Les auteurs
du droit de la nature le trouvent, toujours vivant, en leur chemin,
et, si Grotius cherche à combattre cette vérité évidente [4], elle est au
contraire pleinement acceptée par Vattel [5]. De là on tire cette conséquence, également difficile à contester, que ce qui est établi dans l'intérêt de tous doit être réglé par les intéressés, par la volonté générale, tous les citoyens participant à cet établissement, sauf à subir la
loi de la majorité : c'est d'un côté le droit de chacun, et c'est aussi le
meilleur moyen pratique pour assurer la bonne administration des
intérêts généraux [6].

[1] Lib. III, ch. xi, éd. Lugd. Batav. 1630, p. 232 : « Regnum non est propter regem,
sed rex propter regnum ».

[2] *Defensor pacis*, L. I, ch. xii ; L. III, ch. vi : « Legislatorem, humanum solam ci-
vium universitatem esse aut valentiorem illius partem (*la majorité*) ». Cf. Treumann,
Die Monarchomachen, p. 24.

[3] *Journal de Jehan Masselin*, édit. Bernier, p. 146 : « Si quidem principes non
ideo præsunt ut ex populo lucrum capiant ac ditentur, sed ut suorum obliti com-
modorum rempublicam ditent ac provehant in melius... Populi ergo maxime interest
qua lege, quove rectore ducatur respublica, *cujus*, si optimus est rex, optima res
est, si secus, deformis et inops. Nonne crebro legistis rempublicam rem populi esse ? »

[4] *De jure belli et pacis*, lib. I, ch. iii, § 8, n° 14 ; — Cf. Rousseau, *Contrat social*,
liv. I, ch. ii, p. 110 : « Grotius nie que tout pouvoir humain soit établi en faveur de
ceux qui sont gouvernés ; il cite l'esclavage comme exemple. Sa plus constante manière de raisonner est d'établir toujours le droit par le fait ».

[5] *Droit des gens*, liv. I, ch. iii, § 31 : « Il est donc manifeste que la nation est en
plein droit de former elle-même sa constitution, de la maintenir, de la perfectionner et
de régler à sa volonté ce qui concerne le gouvernement sans que personne puisse avec
justice l'en empêcher. Le gouvernement n'est établi que pour la nation, en vue de son
salut et de son bonheur ».

[6] Discours de Philippe Pot, *loc. cit.*, p. 148 : « Cum intelligatis vos universorum
statuum regni legatos et procuratores factos et omnium voluntatem vestris in manibus
esse, cur concidere timetis vos ad hoc maxime vocatos ut negotium, quatenus respublica ob minoritatem regis quodam modo vacans vestro consilio procuretur ? » — Fr.
Hotman, *Francogallia*, Genève, 1573, ch. x, p. 80 : « Libertatis pars est, quorum
periculo res geritur, ut eorum consilio atque auctoritate administretur et, quemad-
modum vulgo dici solet, quod omnes tangit ab omnibus approbetur. » — Covarruvias, *Pratic. quæst. lib. I*, ch. i, n° 2 : « Constat quod ab ipsa natura homines
ita constituti sunt, ut, nisi humanos intellectus excutiat, plane percipiant lumine natu-

C'est sous cet aspect que l'idée de la souveraineté nationale s'est maintenue dans le monde des idées presque sans interruption. Les républiques antiques l'avaient pratiquée d'instinct et presque sans chercher à la justifier, et l'Empire romain lui-même l'avait admise à ses origines. Dans le Moyen Age, elle apparaît de bonne heure, quoique la forme monarchique fût alors générale[1]. Saint Thomas d'Aquin, tout en se rattachant à l'idée du gouvernement mixte prôné par Aristote, admettait comme excellents la participation du peuple entier à la puissance publique et le suffrage universel[2]. Mais c'était là, on peut le dire, une conception purement théorique. Elle prit un autre caractère, lorsqu'elle fut introduite dans les luttes politiques, pour dominer ou limiter la puissance monarchique. Cela se produisit d'abord dans la crise ecclésiastique du grand schisme d'Occident. Les théologiens, qui voulurent établir alors la pleine supériorité de l'Église et du concile général sur le pape, furent amenés à affirmer au profit de toute communauté politique la pleine souveraineté, pour transporter cette doctrine de l'État dans l'Église[3]. Tels furent en particulier Nicolas Cusanus et Gerson[4]. La théorie de la souveraineté du peuple, originelle et virtuellement permanente, reparut dans les disputes et les commotions qu'excitèrent en Europe la Réforme au XVIe

rali, in quavis hominum civili societate, quæ ad tutelam generis humani conducit omnino, constituendum esse necessario gubernatorem quemdam, penes quem sit societatis regimen et cura, eumque non posse ab alio quam ab ipsa societate constitui... Ergo quælibet respublica, divinitus naturæ lumine erudita, civilem potestatem quam habet potest et debet in alium vel alios transferre, qui Regum, principum, consulum aut aliorum magistratum titulis, ipsius communitatis regimen suscipiant ».

[1] Gierke, *Althusius*, p. 124 et suiv.

[2] *Summa theologica*, 1ª 2ª qu. 105, art. 1 : « Respondeo dicendum quod circa bonam ordinationem principum in aliqua civitate vel gente duo sunt attendenda ; quorum unum est ut omnes aliquam partem habeant in principatu, per hoc enim conservatur amor populi et omnes talem ordinationem amant et custodiunt, ut dicitur in 2 Polit., c. 1... Unde optima ordinatio principum est in aliqua civitate vel regno in quo unus præficitur secundum virtutem qui omnibus præsit; et sub ipso sunt aliqui principantes secundum virtutem ; *et tamen talis principatus ad omnes pertinet, tum quia ex omnibus eligi possunt, tum quia etiam ab omnibus eliguntur* ».

[3] Gierke, *Althusius*, p. 125 et suiv.

[4] Voyez en particulier Gerson, *De unitate ecclesiastica*, consider. 2 : « Si non habet ecclesia vicarium, dum scilicet mortuus est civiliter vel corporaliter, vel quia non est probabiliter expectandum quod umquam sibi vel successoribus suis obedientia præstetur a Christianis, tunc ecclesia tam divino quam naturali jure, cui nullum obviat jus positivum rite intellectum, potest, ad procurandum sibi vicarium unum et certum, semel congregare ad concilium generale repræsentans eam, et hoc non auctoritate dominorum cardinalium sed etiam adjutorio et auxilio cujuscumque principis vel alterius Christiani. Non enim habet corpus ecclesiæ mysticum a Christo perfectissime stabilitum minus jus et robur ad procurationem suæ unionis quam corpus aliud civile mysticum vel naturale verum ».

siècle, puis la Révolution puritaine en Angleterre au xviiᵉ siècle[1]. Là souvent, il est vrai, les textes et les principes religieux jouaient un grand rôle, et le point principal débattu était de savoir si le peuple avait ou non le droit de déposer et de juger les rois.

En France, le principe de la souveraineté nationale eut aussi, aux xvᵉ et xviᵉ siècles, d'autres défenseurs. C'étaient ceux qui voulaient vivifier les États généraux, en leur reconnaissant des droits vraiment limitatifs du pouvoir royal. Deux surtout ont affirmé nettement leur idée, et tâché de l'établir solidement. C'est, d'un côté, Philippe Pot dans son discours aux États généraux de 1484; d'autre part, Hotman dans sa *Francogallia*. Mais l'un et l'autre, en dehors de l'argument de bon sens que j'expose dans ce paragraphe, invoquent surtout des considérations historiques. Philippe Pot rappelle et exalte la République romaine[2]; Hotman veut, par une évolution historique ininterrompue, établir que la nation française avait conservé le meilleur de la souveraineté; que, sous la monarchie franque, le souverain pouvoir appartenait à une assemblée nationale ou *Concilium*, dont les États généraux étaient les continuateurs[3]. C'étaient là des théories historiques fort hasardées; mais le fondement réel et solide, sur lequel reposaient ces thèses, était toujours l'idée que, la puissance publique et le gouvernement existant seulement dans l'intérêt de la nation entière, celle-ci doit en avoir l'établissement et le contrôle.

Si d'ailleurs Hotman, par la thèse historique qu'il développe, présente une originalité propre, il fait partie d'un groupe d'auteurs remarquables, les uns protestants, les autres catholiques, qui, dans la seconde moitié du xvᵉ siècle, dans la période des guerres de religion, cherchèrent à développer en France les principes de liberté politique.

---

[1] Gierke, *Althusius*, p. 143 et suiv., 464 et suiv.

[2] *Journal de Masselin*, p. 146 : « Nonne crebro legistis rempublicam rem populi esse? Quod si res ejus sit, quomodo rem suam negliget aut non curabit? Quomodo ab assentatoribus tota principi tribuitur potestas a populo ex parte facto? Nonne apud Romanos quoque magistratus electione populi fiebat, nec aliqua lex promulgabatur, nisi primum populo relata ab eo probata fuisset? »

[3] *Francogallia*, ch. x, p. 76 : « Populum non modo creandi verum etiam abdicandi Regis potestatem sibi omnem reservasse docuimus ». — Ch. xi, p. 92 : « Majorum nostrorum in constituenda republica sapientiam admiremur... Primum de creando vel abdicando rege, tum de pace et bello, de legibus publicis... denique de iis rebus omnibus quæ vulgus etiamnunc negotia statuum populari verbo appellat, quoniam de nulla, ut dixi, Reipublicæ parte nisi in abdauum sive ordinum conciliis ægi jus esset ». Hotman, d'ailleurs, passe en revue les principaux pays d'Europe (p. 84 et suiv.), l'Allemagne, l'Angleterre, le royaume d'Aragon, pour montrer que la nation y a gardé l'autorité suprême; et il termine en disant que c'est là le droit commun des nations (p. 86) : « proclaram illam communis concilii habendi libertatem partem esse juris gentium ».

Ce sont ceux que Barclay, dans un livre dirigé contre leurs doctrines et publié en 1600, appela les *Monarchomaques*; le nom leur est resté. Ils s'efforçaient de démontrer deux choses par des arguments parfois scolastiques et parfois profonds : 1° que la souveraineté avait résidé originairement dans le peuple; 2° que celui-ci ne l'avait point aliénée en en transmettant l'exercice au roi; le roi devant être considéré comme le premier magistrat et le représentant de la nation[1]. Cette remarquable école ne tarda pas d'ailleurs à tomber en discrédit dans notre pays. Le principe de la souveraineté absolue du roi, dont Bodin s'était fait le docteur, triompha pleinement en théorie comme en pratique. Il fallut que nos publicistes du XVIII° siècle prissent une nouvelle voie, pour fonder les droits du peuple, celle qu'avait ouverte l'école du droit de la nature et des gens.

L'idée de la souveraineté nationale prend d'ailleurs une force singulière, lorsqu'on fait la contre-épreuve, et qu'on met en face d'elle les conceptions opposées. Si la souveraineté ne réside pas au moins à l'origine dans le corps de la nation, il faut qu'elle appartienne originairement à un individu ou à une classe de personnes. Or, quels titres ceux-ci pourraient-ils produire pour établir leur droit? Deux seulement ont été sérieusement invoqués.

L'un est le droit divin. Depuis les Διοτρεφεῖς βασίλεις des poëmes homériques jusqu'aux Stuarts et aux Bourbons, les monarques ont souvent prétendu qu'ils tenaient leur institution, non de la volonté du peuple, mais de la divinité elle-même. Mais on sort là du domaine des faits et de la raison, pour entrer dans celui du surnaturel ou de la religion. C'est une conception qui ne peut avoir sa place dans la science de la société civile : le monde moderne conçoit l'État comme distinct et indépendant de toutes les sociétés religieuses et de tous les dogmes des religions diverses. Il faut même ajouter qu'aux yeux des docteurs catholiques les plus autorisés il n'y a jamais eu, en réalité, de roi véritablement et directement institué par Dieu, sauf le roi Saül et ses successeurs[2]. Toutes les autres puissances politiques sont con-

---

[1] Voyez mon *Cours élémentaire d'histoire du droit français*, 3° édit., p. 345 et s.; — Treumann, *Die Monarchomachen*; — G. Weil, *Les théories sur le pouvoir royal en France pendant les guerres de religion*, 1892.

[2] Covarruvias, *Pract. quæst. lib. I*, ch. 1, n°° 2, 6 : « Hujus vero civilis societatis et Reipublicæ rector ab alio quam ab ipsamet Republica constitui non potest juste et absque tyrannide : siquidem ab ipso Deo constitutus non est, nec electus cuilibet societati immediate rex aut princeps. Saülum equidem ejusque posteros tantum a Deo, jure positivo divino per prophetas, ore proprio Reges in regno Israelitico electos fuisse constat ex sacris testimoniis. Præter hos nullus unquam rex aut princeps ab Deo immediate constitutus est... Cæteris vero gentibus Deus ipse ab ipso naturæ jure liberam fecisse videtur potestatem sibi principes, reges et magistratus

sidérées par eux comme instituées par Dieu, mais indirectement, parce que Dieu, en réglant la nature et en donnant aux hommes l'instinct impérieux qui les pousse à vivre en société, leur a en même temps donné le pouvoir d'organiser la puissance publique et de se choisir des chefs[1].

Le second titre invoqué, c'est la longue possession, la concentration de la souveraineté par le développement historique entre les mains d'un homme ou d'une classe d'hommes. C'est celui qui paraissait le meilleur aux écrivains du XVIe siècle encore influencés par les idées de la société féodale, où la prescription et la coutume étaient le principal générateur du droit. « Il est bien vrai, dit Loyseau, que du commencement les rois n'étoient que simples princes, c'est-à-dire simples officiers, n'ayans que l'exercice et non pas la propriété de la souveraineté; mais le peuple qui les élisoit et préposoit sur soy demeuroit en sa liberté naturelle tout entière, sans se soumettre ni rendre sujet au prince par droit de seigneurie. Mais comme la mutation de l'office en seigneurie est facile, l'office souverain est encore plus facile à convertir en seigneurie souveraine, n'y ayant aucun qui l'en empesche. Aussi y a déjà longtemps que tous les roys de la terre, qui par concession volontaire des peuples, qui par usurpation ancienne (*laquelle fait loy en matière de souveraineté, qui n'en peuvent recevoir d'ailleurs*) ont prescript la propriété de la puissance souveraine et l'ont jointe à l'exercice d'icelle[2] ».

constituendi... Etiamsi respublica et populi jus habuerint naturali ratione creandi principes et reges, qua tamen hoc fecerunt divinitus crediti, publica hæc et civilis potestas Dei ordinatio dicitur ». Boucher, *De justa Henrici III abdicatione e Francorum regno*, l. I, ch. xiii.

[1] On peut remarquer que Rousseau se montre encore plein de respect pour la théorie du droit divin; *Discours sur l'inégalité*, p. 318 : « Il était nécessaire au repos public que la volonté de Dieu intervînt pour donner à l'autorité souveraine un caractère sacré et inviolable, qui ôtât aux sujets le funeste droit d'en disposer. Quand la religion n'aurait fait que ce bien aux hommes, ce serait assez pour qu'ils dussent tous la bénir et l'adopter, même avec ses abus, puisqu'elle épargne encore plus de sang que le fanatisme n'en fait couler ». — Mais, d'autre part, voici ce qu'il dit dans une des *Lettres écrites de la montagne* (lettre VI) : « Bien qu'il soit clair que ce que Dieu veut l'homme doit le vouloir, il n'est pas clair que Dieu veuille qu'on préfère tel gouvernement à tel autre, ou qu'on obéisse à Jacques plutôt qu'à Guillaume ».

[2] *Traité des offices*, liv. II, ch. ii, nos 25 et 26. C'est à la même idée que se rattachaient, en 1789, les monarchistes traditionalistes; voyez, par exemple, ce passage d'un discours de Cazalès à l'Assemblée Constituante dans la séance du 28 mars 1791 : « Je ne pense point que le roi tienne sa couronne *de Dieu et de son épée*; je n'admets point ces contes ridicules; il la tient du vœu du peuple; mais *il y a huit cents ans que le peuple français a délégué à la famille royale son droit au trône*... Osez déclarer que vous aviez le droit de changer le gouverne-

De nos jours la même idée se présente sous une forme plus scientifique. La sociologie et l'histoire montrent, je l'ai déjà dit, que la formation et le développement d'une nation ne sont point une création artificielle, mais un phénomène naturel, dont les conditions sont la race, le milieu et les circonstances historiques. Chaque nation se développe ainsi par une évolution qui lui est propre et se donne sa structure, son organisme politique et son génie particulier, comme un être animal crée successivement ses organes et son intelligence. De plus, chaque nation ainsi formée a vraiment une vie propre, distincte des vies additionnées des individus qui la composent à un moment donné[1], où se combinent l'activité et la pensée des générations passées avec celles de la génération présente, où se prépare le sort des générations futures. Mais s'il en est ainsi, l'organisation, qui est le produit naturel de la nation ainsi comprise, ne s'impose-t-elle pas aux volontés individuelles des citoyens; la souveraineté constituée par l'évolution historique n'est-elle pas la souveraineté légitime[2]?

Sans doute ce point de vue s'impose dans une certaine mesure : ces considérations doivent dicter aux hommes une grande prudence dans les réformes politiques qu'ils voudront opérer; l'histoire démontre que les modifications dans les institutions ne sont utiles et durables, qu'autant que les transitions sont suffisamment ménagées et que la forme nouvelle se trouve déjà en germe dans la forme antérieure. Mais les lois de l'histoire ne créent pas le droit, pas plus que les lois de la pesanteur ou de l'attraction des corps. Le droit est fils de la liberté, non de la fatalité. Dans la mesure où les hommes ont l'exercice de la liberté, dans le cercle d'action propre que leur laissent les lois naturelles, qui pourrait contester aux individus libres et moralement responsables, qui composent actuellement une nation, le droit de disposer de leurs destinées politiques? Une seule chose leur est interdite par la raison : c'est d'engager aussi, sciemment et irrévocablement, les destinées des générations futures. On

ment français... Si le cas arrivait où le peuple voulût que le gouvernement fût interverti et le roi détrôné, il faudrait que ce vœu fût exprimé par le peuple d'une manière unanime ».

[1] Renan, *Dialogues et fragments philosophiques*, p. 89 : « Les nations comme la France, l'Allemagne, l'Angleterre, les villes comme Athènes, Florence, Venise, Paris, agissent à la manière des personnes, ayant un caractère, un esprit, des intérêts déterminés; on peut raisonner d'elles comme on raisonne d'une personne; elles ont comme l'être vivant un instinct secret, un sentiment de leur essence et de leur conservation, si bien qu'indépendamment de la réflexion des politiques, une nation, une ville, peuvent être comparées à l'animal, si ingénieux, si profond, quand il s'agit de sauver son être et d'assurer la perpétuité de son espèce ».

[2] Cf. Gierke, *Althusius*, p. 136 et suiv., 197, 317 et suiv.

peut leur prêcher le respect du passé, mais, en le faisant, c'est encore à leur raison, à leur liberté qu'on s'adresse. La doctrine que je combats contient en elle deux conséquences mortelles. C'est la négation du progrès réfléchi et scientifique, car elle peut aboutir à une immobilisation traditionnelle, à un arrêt de développement comme celui qui s'est produit en Chine. C'est aussi la négation des droits individuels, la volonté certaine des individus vivants étant sacrifiée à l'instinct national[1] obscur et encore incertain, ou plutôt à l'interprétation que voudront en donner ceux qui auront la force en main.

III.

La souveraineté nationale ne se fonde pas seulement sur la raison et sur le droit des individus : elle est aussi la seule interprétation juridique exacte et adéquate d'un fait social incontestable et qui s'impose.

Quelle que soit la source légale de la souveraineté chez un peuple, en quelques mains que la loi l'ait placée, elle ne subsiste et s'exerce en fait que si elle est obéie par les citoyens ou sujets. Or, cette obéissance ne peut être obtenue que de deux manières : ou par l'emploi de la force, ou par l'adhésion de l'opinion publique[2].

La force ne peut point maintenir d'une façon durable la souveraineté légale, si ce n'est dans des conditions tout à fait exceptionnelles. Cela peut se produire chez une nation inférieure ou dégénérée conquise par une race supérieure ou plus forte. Mais cela ne saurait exister chez une nation indépendante et saine : il n'y a pas de force matérielle qui soit capable de maintenir au pouvoir un maître dont l'immense majorité du peuple ne voudrait pas. Un philosophe contemporain, Renan, a seul osé imaginer une semblable hypothèse, qu'il a d'ailleurs classée sous la rubrique des *Rêves*. Il suppose une élite intelligente, arrivée par les progrès de la science à posséder des armes et des moyens de destruction, dont elle seule aurait le secret et l'usage, et assez puissants pour foudroyer sans défense possible ceux qui

---

[1] Renan, *Dialogues et fragments philosophiques*, p. 91, 99 : « La nation, l'Église, la cité, existent plus que l'individu, puisque l'individu se sacrifie pour ces entités qu'un réalisme grossier regarde comme de pures abstractions.... Le principe que la société n'existe que pour le bien-être et la liberté des individus qui la composent ne paraît pas conforme aux plans de la nature, plans où l'espèce est seule prise en considération et où l'individu semble sacrifié ».

[2] Benjamin Constant, *De la souveraineté du peuple* (Œuvres politiques, édit. Ch. Louandre, p. 8) : « Il n'existe au monde que deux pouvoirs : l'un illégitime, c'est la force ; l'autre légitime, c'est la volonté générale ».

lui résisteraient et pour détruire même la planète toute entière. Ainsi armée, cette élite régnerait par une terreur inévitable sur le reste des hommes et pour leur plus grand bien[1]. » Alors, dit l'auteur, il ne sera plus besoin de parler d'autorité; ce mot n'a maintenant de sens que pour désigner une force d'opinion qui n'est pas effective[2] ». C'est reconnaître, en écartant ce mauvais rêve, aussi chimérique qu'il est odieux, que l'opinion, la volonté du plus grand nombre peut seule maintenir parmi les hommes l'empire de la souveraineté.

Cette adhésion de la volonté générale se retrouve nécessairement dans toutes les formes d'État. Elle existe aussi bien dans les monarchies que dans les républiques, aussi bien dans les monarchies absolues que dans les monarchies tempérées. Elle est, il est vrai, plus ou moins consciente et véritablement libre suivant les milieux. Elle peut être dictée par les croyances religieuses, ou produite par l'esprit de tradition; mais partout elle existe en fait et aucun gouvernement ne pourrait subsister sans elle. Aussi Mirabeau appelait-il « l'opinion publique la souveraine des législateurs[3] et le *tyran le plus absolu*[4]. » Tocqueville écrit de son côté : « On aurait bien tort de croire que l'immense pouvoir du tsar ne fût basé que sur la force. Il était surtout fondé sur les volontés et les ardentes sympathies des Russes; car le principe de la souveraineté du peuple réside au fond de tous les gouvernements, quoi qu'on en dise, et se cache dans les institutions les moins libres[5] ». Une certaine École a même exagéré cette idée jusqu'à l'absurde; c'est celle des Économistes français du XVIII⁰ siècle, dont les doctrines politiques sont résumées dans l'*Ordre naturel et essentiel des sociétés politiques* de Mercier de Larivière (1767) et l'*Ordre social* de Le Trosne (1770-1778). Partisans convaincus de la monarchie absolue, adversaires des gouvernements tempérés et mixtes, ils soutenaient qu'en définitive l'opinion seule gouvernait le monde[6] et que la seule puissance vraiment protectrice

---

[1] *Dialogues et fragments philosophiques*, p. 105 et suiv.

[2] *Ibid.*, p. 114.

[3] *Correspondance entre le comte de Mirabeau et le comte de Lamarck*, t. I, p. 355 (8ᵉ note pour la Cour). De même Rousseau (*Contrat social*, L. II, ch. xII, *Division des lois*), après avoir distingué les lois politiques, civiles et criminelles, ajoute : « A ces trois sortes de lois il s'en joint une autre, la plus importante de toutes... Je parle des mœurs, des coutumes, et *surtout de l'opinion*, partie inconnue à nos politiques, mais de laquelle dépend le succès de toutes les autres ».

[4] *Ibid.*, t. II, p. 36 (36ᵉ note pour la Cour).

[5] *Souvenirs*, p. 374.

[6] Mercier de Larivière, *op. cit.*, ch. IX, p. 87 : « L'opinion, quelle qu'elle soit, est véritablement la *Regina del mundo*; alors même qu'elle n'est qu'un préjugé, qu'une erreur, il n'est dans l'ordre moral aucune force comparable à la sienne; il n'est aucun

et directrice pour un peuple était celle de l'*évidence*, que produirait la science en dégageant et faisant connaître aux hommes l'ordre naturel des sociétés civiles[1] : pour eux cette évidence, triomphante même sous la monarchie absolue était bien supérieure à la loi des majorités qu'implique la liberté politique[2].

Mais si l'opinion publique est ainsi la force politique primordiale et nécessaire, si elle est la souveraineté de fait, lorsque la *souveraineté légale*[3] réside ailleurs que dans la nation d'où sort cette opinion, celle-ci ne peut exercer son empire que d'une façon imparfaite, irrégulière ou révolutionnaire. L'opinion souveraine ne se traduit alors que par des expressions confuses ou par des vœux vagues ou inefficaces : elle ne peut se présenter au souverain légal que sous la forme d'humbles requêtes ou s'imposer à lui que sous la forme d'une émeute ou d'une révolution. Il y a un manque d'harmonie entre le fait et le droit. Placer, au contraire, la *souveraineté légale* là où réside nécessairement la souveraineté de fait ou d'opinion, c'est rétablir l'harmonie, c'est traduire dans le droit aussi exactement que possible le fait inévitable. Reconnaître, organiser et respecter la souveraineté nationale, c'est donner à l'opinion publique, force supérieure, une expression précise, une valeur juridique, une autorité légale. Pour compléter, d'ailleurs, ce règne de l'opinion, pour préparer son expression juridique, la liberté moderne lui donne aussi d'autres moyens de se manifester par l'initiative individuelle : la liberté de la presse, et le droit de réunion.

J'en ai fini avec le principe même de la souveraineté nationale. Étudions maintenant les conséquences qu'il faut en tirer.

---

danger qui l'arrête, aucune difficulté contre laquelle elle ne s'irrite ; tantôt cela fonde des empires, et tantôt elle les détruit.

[1] Mercier de Larivière, *op. cit.*, p. 61 : « On peut donc regarder l'évidence comme une divinité bienfaisante, qui se plaît à donner la paix à la terre. Vous ne voyez point les géomètres en guerre au sujet des vérités évidentes parmi eux... De l'évidence des vérités géométriques passez à l'évidence des vérités sociales, à l'évidence de cet ordre essentiel, qui procure à l'humanité son meilleur état possible ; par les effets connus de celle-là cherchez à découvrir quels seraient nécessairement les effets de celle-là ».

[2] Mercier de Larivière, *op. cit.*, ch. xviii, p. 136 : « Toute nation qui croit que l'autorité doit être acquise à la pluralité des suffrages, et qui donne à cette pluralité le pouvoir de tenir la place de l'évidence, n'a certainement point cette connaissance évidente de l'ordre qui constitue son meilleur état possible ».

[3] Sur ce qui suit comparer David-G. Ritchie, *On the conception of Sovereignty*, dans *Annals of the american Academy of political and social science*, january 1891, p. 395 et suiv.

SECTION DEUXIÈME

LES CONSÉQUENCES DU PRINCIPE.

J'examinerai successivement les conséquences de la souveraineté nationale aux divers points de vue suivants : 1° quant à la forme de l'État; 2° quant au droit de suffrage politique; 3° quant au gouvernement représentatif; 4° quant à la responsabilité des fonctionnaires ou mandataires publics. Mais je n'ai point la prétention d'épuiser ici la matière, et l'on trouvera dans la seconde partie discutées sur d'autres points encore les conséquences du principe, de même que nous avons déjà eu l'occasion d'aborder une semblable discussion[1].

§ 1. — LA SOUVERAINETÉ NATIONALE ET LA FORME DE L'ÉTAT.

Le principe de la souveraineté nationale étant admis, une conséquence en découle, immédiate et incontestable, celle qui se trouve exprimée dans l'art. 3 de la Déclaration des droits de l'homme et du citoyen de 1789 : « Le principe de toute souveraineté réside essentiellement dans la nation; *nul corps, nul individu ne peut exercer d'autorité qui n'en émane expressément* ». Mais une autre question se pose, beaucoup plus délicate : le principe de la souveraineté nationale est-il compatible et conciliable en droit avec toute forme d'État?

I.

Qu'il s'harmonise complètement avec la République démocratique, cela est évident : celle-ci en est même la réalisation naturelle et adéquate. Tous les pouvoirs étant alors conférés, directement ou indirectement, par le Corps de la nation et étant conférés à temps, la souveraineté nationale conserve une activité continue et se manifeste périodiquement en fait.

Il n'est pas moins certain que le principe de la souveraineté nationale est logiquement inconciliable avec la monarchie absolue et héréditaire. L'un suppose, en effet, que la souveraineté réside

[1] Ci-dessus, p. 75.

intégralement dans le peuple ; l'autre, qu'elle réside tout entière dans
le monarque. Une seule conciliation serait possible ; ce serait d'admettre que le peuple, titulaire original et nécessaire de la souveraineté, l'aurait transmise à un roi et à ses descendants. C'est ce
qu'admettaient, en effet, la plupart des auteurs de l'École du droit de
la nature, qui, aux xviie et xviiie siècles, professaient la théorie du
contrat social. Ils la mettaient ainsi d'accord avec le droit des monarchies au milieu desquelles ils vivaient, en soutenant que le peuple
souverain avait pu valablement aliéner sa souveraineté. C'est en
particulier ce que soutenaient Grotius et Wolff. Grotius[1] faisait
même résulter cette aliénation de causes nombreuses, parmi lesquelles la force et la fatalité jouaient un grand rôle. Wolff, plus
correctement juridique, raisonnait ainsi : la souveraineté est la chose
du peuple et lui appartient ; il peut donc en disposer à son gré et la
transférer à autrui[2]. Il invoquait les principes juridiques sur les
sociétés en général. Il admettait, d'ailleurs, que le peuple pouvait
poser exactement les conditions et les limites de ce transfert, le faire
révocable ou irrévocable, à temps, à vie ou héréditaire, le consentir
en tout ou en partie[3]. Mais cela pouvait aller jusqu'à une aliénation
proprement dite, rendant le monarque pleinement propriétaire de la
souveraineté et en dépouillant totalement le peuple[4].

Sur ce point, Rousseau opposa une contradiction précise et décisive : il soutint que la souveraineté nationale était inaliénable. Ce
n'était point, à proprement parler, une nouveauté. Bien d'autres avant
lui avaient affirmé que cette inaliénabilité était un caractère essentiel de la souveraineté, en quelques mains qu'elle résidât[5]. C'est en
particulier ce qu'on disait, au xvie siècle, en France, de la souverai-

---

[1] *De jure belli et pacis*, lib. I, c. iii, § 8.

[2] *Jus naturæ*, t. VIII, § 33 : « Quoniam imperium civile universis in singulos
competit in civitate, universi autem in civitatem consociati populus sunt, imperium
civile originarie penes populum est ». § 34 : « Quoniam imperium civile originarie
penes populum est, idem est res populi ». § 36 : « Populus imperium vel sibi reti-
nere vel pro libito suo in personam unam aut plures conjunctim etiam in extraneam
transferre potest ».

[3] *Ibid.*, § 38.

[4] *Jus naturæ*, t. VIII, § 39 : « Imperium a populo in alium transferri potest vel
quoad exercitium vel quoad ipsam substantiam ». § 41 : « Qui imperium in civitate
tenet vel usufructuarius imperii est vel proprietarius ». § 59 : « Quoniam populus
summitatem imperii in rectorem civitatis transferre potest, summitas imperii non
semper necessario penes populum est, consequenter populo non semper jus aliquod
competit in actus rectoris civitatis, adeoque nec jus coercendi atque puniendi reges
imperio abutentes ».

[5] Bodin. *Les six livres de la République*, liv. I, ch. x, n° 9 et suiv., p. 125 ; —
Baudrillart. *Bodin*, p. 42 ; — Gierke. *Althusius*, p. 152.

neté royale. Rousseau transportait cela à la souveraineté nationale[1], telle qu'il la fondait sur le contrat social. Sa démonstration était fort simple. Il identifiait, nous le savons, la souveraineté avec la volonté générale. Or, « la souveraineté n'étant que l'exercice de la volonté générale ne peut jamais s'aliéner… le pouvoir peut bien se transmettre, mais non pas la volonté… Le souverain peut bien dire : « Je veux « actuellement ce que veut tel homme ou du moins ce qu'il dit vouloir »; mais il ne peut pas dire : « Ce que cet homme voudra de-« main, je le voudrai encore », puisqu'il est absurde que la volonté se donne des chaînes pour l'avenir, et puisqu'il ne dépend d'aucune volonté de consentir à rien de contraire au bien de l'être qui veut[2] ».

La force de cette démonstration tombe, il est vrai, avec la théorie du contrat social; mais l'idée même n'en reste pas moins vraie, et peut s'établir autrement. L'aliénation ne se conçoit, en effet, que dans le droit privé, quant aux produits de l'activité humaine, qui ont une valeur d'échange. Elle ne se conçoit pas dans le droit public, et quant à la personnalité ou aux facultés humaines. Pas plus qu'un individu, un peuple en droit ne peut se vendre ou se donner; comme la liberté individuelle, la liberté politique est naturellement inaliénable. Mais même en admettant que la souveraineté ne se conçoive pas comme nécessairement incessible en elle-même, l'acte par lequel une nation la céderait à un moment donné doit être considéré comme nul et inefficace en droit. On n'aliène, en effet, que ce qui vous appartient. Or, la souveraineté nationale n'appartient pas en propriété à la génération présente, qui nécessairement et légitimement en a le libre exercice, mais simplement l'exercice : elle appartient à la nation, incarnée dans l'État, c'est-à-dire à la série des générations successives; elle appartient aux hommes de demain comme aux hommes d'aujourd'hui. C'est un dépôt sacré que les générations se transmettent l'une à l'autre.

Cet axiome a d'ailleurs passé dans le texte des Constitutions françaises. Constitution de 1791, tit. III, art. 1 : « La souveraineté est une indivisible, inaliénable et imprescriptible; elle appartient à la nation. » Constitution de 1848, art. 1 : « La souveraineté réside dans l'universalité des citoyens français. Elle est inaliénable et imprescriptible ».

---

[1] Cela se trouve dans Althusius; — Gierke, *Althusius*, p. 157. C'était déjà la théorie, quoique moins ferme, des monarchomaques.

[2] *Contrat social*, liv. II, ch. I.

II.

D'autres conciliations ont été tentées ou réalisées entre la souveraineté nationale et la forme monarchique. Et, tout d'abord, il faut noter que Rousseau ne voyait entre elles aucune incompatibilité logique; mais cela tenait à ses idées particulières sur la souveraineté. En effet, je l'ai dit, il identifiait celle-ci avec le pouvoir législatif, et, d'autre part, comme on le verra plus loin, il ne concevait le pouvoir législatif que comme directement exercé par le corps même de la nation. Quant au pouvoir exécutif, il n'en considérait pas l'exercice comme un acte de souveraineté; il tenait qu'il ne pouvait être exercé par le peuple en qualité de souverain[1] et qu'il valait toujours mieux qu'il ne fût pas exercé par l'ensemble des citoyens. Le pouvoir exécutif devait être nécessairement délégué par le peuple à une ou à plusieurs personnes, et il admettait parfaitement qu'il pût l'être à un monarque, pourvu que le pouvoir législatif, ou souveraineté, restât toujours entre les mains du peuple entier[2]. A vrai dire, il appelait république une monarchie de cette nature, car la souveraineté y était démocratique et républicaine[3]. D'ailleurs, d'autres principes rentrant dans sa théorie garantissaient que le monarque aurait seulement le simple exercice du pouvoir exécutif, et que celui-ci pourrait même lui être retiré au gré du peuple. Il déclarait, en effet, que le souverain avait toujours le droit et la faculté de changer la forme de gouvernement[4], et que même, dès que le peuple était assemblé pour exercer sa souveraineté législative, le pouvoir de tous les magistrats (et le monarque en était un) cessait immédiatement et de plein droit. C'était appliquer à la souveraineté populaire le même principe

[1] Ci-dessus, p. 153, note 1.

[2] *Contrat social*, liv. III, ch. II, p. 190; liv. III, ch. III, p. 193; liv. III, ch. VI, p. 202 et suiv.; Cf. *Lettres écrites de la montagne*, partie I, lettre 5, p. 319.

[3] *Contrat social*, liv. II, ch. VI, p. 155 : « Tout gouvernement légitime est républicain ». Et en note : « Je n'entends pas par ce mot une aristocratie ou une démocratie, mais en général tout gouvernement guidé par la volonté générale, qui est la loi. Pour être légitime il ne faut pas que le gouvernement se confonde avec le souverain, mais qu'il en soit le ministre : *alors la monarchie elle-même est république* ».

[4] *Contrat social*, liv. III, ch. XVIII, p. 245 : « L'acte qui institue un gouvernement n'est point un contrat, mais une loi... Quand donc il arrive que le peuple institue un gouvernement héréditaire, soit monarchique dans une famille, soit aristocratique dans un ordre de citoyens, ce n'est point un engagement qu'il prend : c'est une forme provisionnelle qu'il donne à l'administration jusqu'à ce qu'il lui plaise d'en ordonner autrement ».

par lequel, en l'appliquant à la souveraineté royale, on expliquait, dans l'ancien droit français, les effets du lit de justice[1].

La combinaison imaginée par Rousseau ne se comprend que si l'on admet les principes qui lui sont propres, et jamais elle n'a été pratiquée ni essayée. Mais diverses constitutions modernes, acceptant et proclamant le principe de la souveraineté nationale, l'ont accouplé cependant avec la forme monarchique. Elles diffèrent du système de Rousseau en ce qu'elles admettent le gouvernement représentatif en matière législative et en ce qu'elles considèrent le pouvoir législatif, non comme la souveraineté elle-même, mais simplement comme l'un des attributs de la souveraineté, le pouvoir exécutif en étant un autre. Elles s'en rapprochent en ce qu'elles concèdent au monarque simplement *l'exercice* de certains attributs de la souveraineté, non la *propriété* de ces attributs, qui reste toujours à la Nation[2]. Deux constitutions surtout ont cherché à concilier correctement ces règles diverses.

La première, celle qui a maintenu le plus intact dans cette juxtaposition le principe de la souveraineté nationale, c'est la Constitution française de 1791. Elle commence par poser le principe essentiel du gouvernement représentatif : « La nation, de qui seule émanent tous les pouvoirs, ne peut les exercer que par délégation. La Constitution française est représentative; les représentants sont le Corps législatif et le roi[3] ». Le roi, simple représentant de la nation (quoique représentant héréditaire), était nettement qualifié magistrat du peuple, « le premier fonctionnaire public », comme le disait la loi elle-même[4]. Il recevait l'exercice du pouvoir exécutif[5], plus un droit

---

[1] *Contrat social*, liv. III, ch. XIV; ci-dessus, p. 151, note 1 in fine; — Cf. mon *Cours élémentaire d'histoire du droit français*, 3ᵉ édit., p. 527-528; — Baudin, *Bodin* p. 63, note 2.

[2] Cette distinction, exacte en elle-même entre la propriété et l'exercice de la souveraineté, était familière aux écrivains des XVIᵉ, XVIIᵉ et XVIIIᵉ siècles, qui en abusaient, souvent, à la façon scholastique. M. Clément vient d'essayer de la rajeunir avec son sens ancien, *Théorie catholique de la souveraineté nationale*, p. 28 et s.

[3] Titre III, art. 2.

[4] Décret du 12 septembre 1791, § III, art. 3. Voyez la discussion de cette disposition dans les séances de l'Assemblée Constituante des 25 février, 25, 28, et 29 mars 1791.

[5] Cependant la Constitution disait, titre III, ch. IV, art. 1 : « Le pouvoir exécutif suprême réside exclusivement dans la personne du roi ». Mais pour empêcher qu'on ne vît dans ces mots, qui voulaient seulement bien marquer la séparation des pouvoirs, une aliénation du pouvoir exécutif au profit du roi, elle ajoutait : « Le roi est le *chef suprême* de l'administration générale du royaume : le soin de veiller au maintien de l'ordre et de la tranquillité publiques lui *est confié*. Il est le *chef de*

de *veto* sur les lois, simplement suspensif. D'autre part, la Constitution, sans donner à la nation le droit de révoquer le roi et tout en déclarant sa personne inviolable et sacrée, avait prévu un certain nombre de cas dans lesquels celui-ci, manquant à ses devoirs, était déclaré déchu de plein droit[1]. Elle cachait ce résultat logique sous une fiction légale : le roi était alors « censé avoir abdiqué », et rentrait dans la classe des simples citoyens[2]. Enfin la nation n'était pas liée indéfiniment et nécessairement à la forme monarchique. La Constitution ouvrait une procédure pour réviser les divers articles constitutionnels; ceux qui établissaient la royauté n'étaient pas exceptés[3], et, très logiquement, les décisions émises par les assemblées et portant qu'il y avait lieu à réviser tel ou tel article, n'étaient pas sujettes à la sanction royale[4], pas plus évidemment que celles de l'Assemblée Constituante de révision.

La Constitution belge du 7 février 1831 procède des mêmes idées, mais appliquées avec moins de rigueur. Si, en effet, elle proclame, art. 25 : « Tous les pouvoirs émanent de la nation. Ils sont exercés de la manière établie par la Constitution; » et si elle associe le roi (art. 26) simplement à l'exercice du pouvoir législatif; si elle ajoute (art. 78) : « Le roi n'a d'autres pouvoirs que ceux que lui attribuent formellement la Constitution et les lois particulières portées en vertu de la Constitution même »; elle décide, en termes un peu ambigus (art. 28), que « au roi *appartient* le pouvoir exécutif, tel qu'il est réglé par la Constitution ». De plus, elle ne prévoit expressément aucun cas de déchéance du monarque, visant seulement (art. 82), « le cas où il est dans l'impossibilité de régner ». Enfin, si la révision de la Constitution est admise et peut porter indifféremment sur tout article que le pouvoir législatif désigne (art. 131), elle ne peut se faire par les deux Chambres, renouvelées à cet effet, que « de commun accord avec le roi[5] ».

---

l'armée de terre et de l'armée navale : au roi *est délégué* le soin de veiller à la sûreté extérieure du royaume ». D'ailleurs on ne s'y trompait pas. Voyez ce passage d'un discours de Duport, Séance du 26 décembre 1790 (*Réimpression de l'ancien Moniteur*, t. VI, p. 729) : « En Angleterre, le roi est à lui seul le pouvoir exécutif. En France, le roi n'est que le chef suprême du pouvoir exécutif ».

[1] Titre III, ch. 11, art. 5, 7.

[2] *Ibidem*, art. 8 : « Après l'abdication expresse ou *légale*, le roi sera dans la classe des citoyens, et pourra être accusé et jugé comme eux pour les actes *postérieurs* à son abdication.

[3] Titre VII.

[4] Titre VII, art. 1.

[5] En fait, la Monarchie de Juillet reposait, en France, sur les mêmes principes, et c'était elle qui avait en 1831 servi de principal modèle à la Belgique, mais sa

Des combinaisons du même genre se trouvent dans les Constitutions françaises du premier et du second Empire. Le Sénatus-consulte du 28 floréal an XII présentait même la dignité impériale comme une sorte de magistrature républicaine (tit. I, art. 1) : « *Le gouvernement de la république est confié* à un empereur qui prend le titre d'empereur des Français ». La Constitution, encore républicaine de nom, du 14 janvier 1852 disait également, art. 2 : « Le gouvernement de la République française est confié pour dix ans à Louis-Napoléon Bonaparte, président actuel de la République. » Et elle ajoutait (art. 5) : « Le Président de la République est responsable devant le peuple français auquel il a toujours le droit de faire appel ». Le Sénatus-consulte des 7-10 novembre 1852 superposa simplement à cette substructure la dignité impériale héréditaire. La Constitution dernière du second Empire finissant, celle du 21 mai 1870, répète également, art. 13 : « L'empereur est responsable devant le peuple français, auquel il a toujours le droit de faire appel ». Elle décidait encore (art. 5) que l'empereur venant à mourir sans aucun parent habile à lui succéder, « le peuple (par un plébiscite) nommait l'empereur et réglait dans sa famille l'ordre héréditaire de mâle en mâle ». Mais, si le césarisme prenait ainsi la souveraineté nationale pour point de départ, il ne cherchait que dans la forme à en respecter le principe. Ces Constitutions organisaient efficacement le pouvoir personnel et contenaient parfois, comme un aveu, des expressions qui contredisaient nettement le principe invoqué. Ainsi non seulement le président ou empereur était qualifié « le chef de l'État[1] », mais il était dit que « la justice se rendait en son nom[2] ».

Les Anglais, on le sait, ont effectivement organisé le gouvernement de la nation par la nation, tout en gardant la forme monarchique. Ils savent bien qu'au fond c'est la volonté nationale qui s'impose souverainement, et que la royauté ne subsiste que par

Constitution n'avait essayé aucune conciliation théorique entre la royauté et la souveraineté nationale. Cela venait de ce fait qu'à la Révolution de Juillet les Chambres avaient purement et simplement amendé la Charte de 1814, qui partait d'un tout autre principe, pour en faire disparaître ce qu'elle contenait d'incompatible avec la révolution accomplie. Puis Louis-Philippe, par une sorte de contrat passé avec les Chambres stipulant au nom de la Nation, avait accepté la Charte ainsi révisée et l'avait promulguée.

[1] Const. de 1852, art. 6 ; — Const. de 1870, art. 14. Cependant Rousseau, qui n'admet pas l'aliénation de la souveraineté emploie souvent ce mot pour désigner le titulaire du pouvoir exécutif ; il est souvent encore employé chez nous pour désigner le Président de la République.

[2] Sénatus-consulte de floréal an XII, art. 1 ; — Const. de 1852, art. 7 ; — Const. de 1870, art. 15.

elle[1]. Mais jamais ils n'ont reconnu et proclamé *en droit*, dans leur droit public, le principe de la souveraineté nationale. Se tenant sur le terrain du droit historique et positif, ils considèrent que la souveraineté réside dans le Parlement[2], sans remonter plus haut.

Parmi les diverses conciliations ainsi tentées entre le principe de la souveraineté nationale et la forme monarchique, il en est qui semblent correctes au point de vue de la logique, celle tout au moins contenue dans la Constitution de 1791. Cependant elles me paraissent toutes recéler un vice certain. Bien entendu, je n'examine pas ici la question de savoir si la pleine liberté politique peut se concilier et se maintenir avec la forme monarchique. L'équivalence possible à cet égard de la monarchie et de la république est un fait attesté par l'histoire contemporaine : on n'est pas moins libre en Angleterre qu'aux États-Unis, bien qu'on le soit par des procédés différents. La question que j'examine est tout autre : c'est de savoir si, en proclamant dans la même constitution la souveraineté nationale et le gouvernement monarchique, on n'y introduit pas, quoi qu'on fasse, des principes antinomiques. Ce n'est pas là une pure querelle de mots, une dispute d'école. Les institutions ont leur logique, comme les idées. Si, dans un milieu où l'esprit conservateur et traditionaliste est très puissant, des institutions peuvent vivre très longtemps, bien qu'elles accouplent et combinent dans un équilibre instable des principes opposés, partout ailleurs, dans une pareille combinaison, ces forces divergentes entrent fatalement en lutte, et l'une d'elles tend à rétablir l'harmonie en éliminant les éléments hétérogènes.

Toute conciliation tentée entre la souveraineté nationale et la monarchie renferme, me semble-t-il, le vice suivant. La souveraineté du peuple n'implique pas seulement que tous les pouvoirs émanent de la nation et que celle-ci en confère le simple exercice; elle implique aussi que tous ceux qui ont reçu l'exercice de ces pouvoirs sont responsables de l'usage qu'ils en ont fait. C'est là un axiome évident : toute personne qui exerce, non pas un droit dont le principe est en elle, mais un droit qui appartient à autrui et dont l'exercice lui a été confié, en doit compte au titulaire. Mais nous verrons plus loin que la responsabilité directe et formelle par voie de poursuite pénale ou de révocation, à l'égard de ceux qui ont reçu la délégation des attri-

[1] Todd-Walpole, t. II, p. 127 : « His power (of the king) depends on the long run on the national attachment of the people to the royal office ».

[2] Cependant, voici la formule que donne M. Walpole (Todd-Walpole, t. I, p. 76, note 1) : « The sovereignty of the British Empire is not vested in the Crown, but in the Crown, the Lords and the body of electors who choose the House of Commons ».

buts de la souveraineté, est en grande partie impraticable et serait même nuisible le plus souvent. Il n'y a pour les représentants de la nation qu'une responsabilité toujours possible, indirecte il est vrai, mais effective : c'est celle qui résulte de la durée limitée de leurs pouvoirs. Celui dont les pouvoirs expirent à terme fixe, lorsque ce terme n'est pas trop long, et qu'il doit ensuite rentrer dans la classe des simples citoyens à moins que sa délégation ne soit renouvelée, n'abusera pas vraisemblablement de l'autorité qui lui a été confiée. Dans tous les cas, il n'en abusera que pendant un temps limité. La collation à temps de tous les pouvoirs irrévocables, telle paraît donc être la conséquence naturelle, presque nécessaire, de la souveraineté nationale : et pour que cette règle, simple et fondamentale, soit efficace, il faut que la durée des fonctions soit à terme fixe, inférieure dans tous les cas à la durée de la vie entière. Cela exclut même la monarchie élective[1].

Ce que je viens de dire montre également l'incompatibilité logique de la souveraineté nationale et de l'aristocratie. Ici encore on a cherché à établir la conciliation, en faisant des personnes qui, dans certaines Constitutions, possèdent, héréditairement ou à vie, le droit de participer à l'exercice de la puissance publique, les simples représentants de la nation. C'est ce qu'on disait autrefois de la Chambre des Lords d'Angleterre, des Sénats du premier et du second Empire, des Chambres des Pairs sous la Restauration et la Monarchie de Juillet. Nous verrons même que nos lois constitutionnelles de 1875 avaient créé une classe de sénateurs à vie ; mais la logique des principes l'a emporté en 1884. Quant à la Chambre des Lords, son caractère représentatif a été contesté depuis longtemps[2]. Mais c'est peut-être seule-

[1] L'exercice viager et irrévocable de la souveraineté équivaut en réalité à une aliénation temporaire de cette souveraineté. Bodin, qui définissait la souveraineté une puissance absolue et perpétuelle, considérait qu'il suffisait que la concession en fût viagère ; *Les six livres de la République*, l. I, ch. VIII, p. 126 : « Posons donc le cas que le pouvoir soit donné à un lieutenant de roi pour toute sa vie, sera-ce pas puissance souveraine et perpétuelle ? Autrement si on disait perpétuelle, qui n'a jamais fin, il n'y aurait souveraineté qu'en l'État aristocratique et populaire ». Le *lieutenant de roi* qu'il suppose ainsi et qu'il déclare souverain, parce qu'il est nommé à vie, n'avait en droit que *l'exercice* et non la propriété de la souveraineté.

[2] Sieyès, *Qu'est-ce que le Tiers-État*, p. 89, note 1 : « Le membre de la Chambre des pairs est un grand mandataire nommé par la loi pour exercer une partie de la législation et les grandes fonctions judiciaires... Il est vrai que ces grandes fonctions sont attachées à la naissance, ou plutôt à la primogéniture ; c'est un hommage rendu à la féodalité, si prépondérante encore il y a cent ans ; c'est une institution gothique et ridicule en même temps, car si les rois sont devenus héréditaires, pour éviter les troubles civils que leur élection serait capable d'occasionner, il n'y a pas de raison

ment dans la crise récente sur le *home rule* qu'on a vraiment signalé
la cause qui lui enlève nécessairement ce caractère : c'est qu'elle n'est
pas obligée de venir périodiquement demander au peuple le renouvellement de ses pouvoirs, et recevoir de lui l'indication de sa volonté [1].

On pourrait imaginer d'autres combinaisons entre la souveraineté
nationale, d'un côté et, d'autre part, la monarchie ou l'aristocratie.
Elles consisteraient à démembrer la souveraineté, laissant à la nation
entière certains attributs, conférant au monarque ou à la classe aristocratique, non plus le simple exercice, mais la propriété de certains
autres attributs. Mais on retrouverait alors devant soi le principe que
la souveraineté est inaliénable; elle l'est en effet en partie aussi bien
qu'en entier. C'est ce que soutenait Rousseau en proclamant que la
souveraineté est également indivisible [2]. Il appliquait à la souveraineté nationale ce que bien d'autres avant lui, et en particulier Bodin,
avaient dit de la souveraineté en général et spécialement de celle appartenant au monarque [3]. La Constitution française de 1791 a enre-
gistré ce principe [4]. Cependant, dans les temps modernes et dans des
pays où la souveraineté nationale était pleinement reconnue, on a
admis parfois sa divisibilité. Mais il s'agissait alors d'États fédératifs,
comme les États-Unis. Là il n'y a pas véritablement aliénation de
la souveraineté du peuple. Ceux qui participaient à la souveraineté
dans chacun des États particuliers, dont la réunion va former l'État
fédératif, y participeront également, dans cet État élargi. Il y a là,
d'ailleurs, un véritable contrat social, effectif et historique, lequel a
pu déterminer les conditions de la société nouvelle qui en est sortie.
Les divers États particuliers auraient pu se fondre complètement

pour craindre rien de semblable à la nomination d'un simple Lord ». — Cf. ci-dessus, p. 47, 112, note 4.

[1] *Daily News*, 28 octobre 1892 : « If the House of Lords is a body co-ordinate
with the House of Commons and independant of the Crown, what has it to do with
the will of the nation? *The peers have no constituents.* They have no means of
knowing what the mass of the nation thinks except through the House of Commons,
which represents the nation. If that does not bind them, there is nothing that
can ».

[2] *Contrat social*, liv. II. ch. n. C'est pourtant, dans un sens particulier et qui lui
est propre que Rousseau déclare la souveraineté indivisible. Pour lui la souveraineté est uniquement le pouvoir législatif, qui appartient au peuple. Les autres attributs de la souveraineté, pouvoir exécutif, pouvoir judiciaire, droit de paix et de
guerre, droit de conclure les traités, qui tous sont organisés par la loi, ne sont
point des *parties* de la souveraineté; ils en sont des émanations et lui sont subordonnés.

[3] Baudrillart, *Bodin*, p. 41 et suiv.

[4] Const. de 1791, tit. III. art. 1, ci-dessus, p. 170.

dans un État centralisé, où une seule souveraineté se serait exercée
à tous égards : n'ont-ils pas pu limiter à certains attributs cette souveraineté de création nouvelle, et conserver pour le surplus leur souveraineté antérieure ?

§ 2. — LA SOUVERAINETÉ NATIONALE ET LE DROIT DE SUFFRAGE POLITIQUE.

La nation, en qui réside la souveraineté, étant non pas une personne réelle[1], mais une collectivité d'individus, ne peut avoir par
elle-même de volonté. L'équivalent de cette volonté, indispensable
pour l'exercice de la souveraineté, ne peut se trouver que dans les
volontés concordantes d'un certain nombre d'individus pris dans le
corps de la nation. La résultante de leurs *voix* ou *votes* sera considérée comme l'expression de la volonté nationale. Le droit de prendre
part à cette consultation est ce qu'on appelle le *droit de suffrage politique*; ceux qui le possèdent, ou *électeurs politiques*, constituent la
nation légale.

L'exercice du droit de suffrage politique, qui n'est pas autre chose
que l'exercice de la souveraineté elle-même, peut se faire de deux
manières. Ou bien les électeurs politiques décident eux-mêmes et
immédiatement l'acte de souveraineté à accomplir, en votant, par
exemple, sur un projet de loi, et c'est alors le *gouvernement direct*.
Ou ils élisent des représentants, qui exerceront au nom de la nation
les attributs de la souveraineté, et c'est alors le *gouvernement représentatif*[2]. Il pourra même se faire que les électeurs politiques ne
soient pas appelés à élire immédiatement les représentants du peuple;
mais simplement à choisir un certain nombre, un nombre restreint de
nouveaux électeurs qui, eux, éliront ces représentants, ou qui même
parfois n'éliront eux-mêmes que de nouveaux électeurs : on a alors
le *suffrage indirect* ou à plusieurs degrés. Parfois, enfin, les représentants élus du peuple, quoique leurs fonctions soient limitées à
l'exercice de certains attributs de la souveraineté, pourront être
appelés par la Constitution à choisir ceux auxquels elle remettra
l'exercice des autres attributs, et se trouveront à leur tour momentanément transformés en électeurs. Mais toujours à la base de ces
diverses combinaisons on retrouve l'action des électeurs politiques,
tels que je les ai d'abord définis.

---

[1] Voyez cependant ce qui a été dit plus haut, p. 162.
[2] Ci-dessus, p. 14.

Toutes les fois que, sous l'une de ces formes, le suffrage est mis en jeu pour accomplir un acte de souveraineté et dégager en cela la volonté nationale, c'est nécessairement la *majorité* des suffrages exprimés dans un même sens qui sera considérée comme l'expression de cette volonté. Cela ne vient point, comme le disaient les partisans du Contrat social, de ce que les hommes, en fondant la société civile, en ont fait unanimement la condition future de leur association. Cela vient de ce que cette règle est naturelle et nécessaire, comme étant la seule pacifique et acceptable par tous. On ne voit, en effet, que deux autres solutions possibles, également simples et satisfaisantes : l'une serait d'exiger l'unanimité des votants, et l'autre de s'en rapporter au jugement des plus sages. Mais la recherche de l'unanimité est une chimère dans une collectivité d'hommes quelque peu étendue et disparate : on n'a jamais pu la prendre pour règle que dans des milieux très étroits et généralement primitifs, où elle est plus apparente que réelle, consistant simplement en ce que dans la foule aucune voix ne s'élève pour contredire l'avis proposé par un personnage influent. Ce serait dans une société adulte l'immobilisation du corps social. Quant aux plus sages, on ne saurait trouver de signes certains pour les distinguer, lorsqu'on s'éloigne des communautés primitives, où la vieillesse est universellement acceptée comme le signe de la sagesse. La loi de majorité est une de ces idées simples qui se font accepter d'emblée ; elle présente ce caractère que d'avance elle ne favorise personne et met tous les votants sur le même rang[1].

Organiser le suffrage politique, c'est établir quels membres de la nation auront le droit de suffrage et comment leurs votes se combineront pour former la majorité : il faut nous demander si, sur l'un et l'autre point, le principe de la souveraineté nationale n'impose pas certaines solutions. La question de savoir quelles personnes auront le droit de suffrage est logiquement la première ; mais, comme elle soulève de grosses difficultés théoriques, c'est l'autre que j'examinerai tout d'abord ; car, en ce qui la concerne, les principes sont très clairs.

I.

Les électeurs politiques sont désignés, nous le supposons, et je suppose aussi pour plus de simplicité que tous les citoyens ont cette qualité. C'est le corps entier de ces électeurs qui a l'exercice de la souveraineté, et c'est le vote dans un certain sens de la majorité

[1] C'est ainsi que la justifie Wolff, *Jus naturæ*, t. VIII, § 978.

de ce corps électoral qui doit exprimer la volonté nationale. Dans
certains cas, cette conséquence naturelle du principe s'applique manifestement et sans détours : c'est lorsque la votation conserve effectivement son unité et comprend réellement dans un scrutin unique
le vote de tous les électeurs. Il en est ainsi là où s'exerce le gouvernement direct du peuple : lorsque, par exemple, une loi est soumise
à l'approbation du corps électoral entier. Il en est encore ainsi, dans
le gouvernement représentatif, lorsqu'on voit un représentant élu
par tous les électeurs, soit au suffrage direct, soit au suffrage indirect : comme cela avait lieu pour l'élection du Président de la République d'après la Constitution de 1848 (art. 46) ; comme cela a lieu
pour l'élection du Président des États-Unis ; les plébiscites du premier
et du second Empire en fournissent encore d'autres exemples.

Mais quand il s'agit d'élire des assemblées représentatives, ce qui
est l'exercice le plus ordinaire du droit de suffrage politique dans les
temps modernes, la votation ne saurait garder cette unité. On n'a
jamais proposé sérieusement (bien que l'idée ait été émise) de faire
de la nation un seul collège électoral élisant tous les députés. On se
heurterait à des obstacles insurmontables. Matériellement le dépouillement du scrutin offrirait d'immenses difficultés, et la plupart des
citoyens ne connaîtraient point personnellement un nombre suffisant
de candidats pour pouvoir élire à toutes les places. Le nombre des
personnes qui sont connues dans le pays entier est nécessairement
fort limité : la plupart des candidats ou ne pourraient réunir une
majorité ou seraient élus à l'aventure. On est donc obligé de diviser
le corps électoral en un grand nombre de sections ou collèges particuliers, dont chacun élit à la majorité des voix un ou plusieurs députés. Mais, en procédant à ces élections séparées, chaque collège particulier n'agit point en vertu d'un droit propre, et ne fait point en son
propre nom un acte de souveraineté. Il ne saurait par lui-même conférer leurs pouvoirs aux députés élus ; ceux-ci ne peuvent les tenir
que de la souveraineté nationale, c'est-à-dire de la nation entière.
Chaque collège ne fait en réalité que proposer les élus au choix de la
nation, qui, d'ailleurs, les confirme d'avance et les investit de leurs
fonctions. Il agit au nom de la nation et par une délégation particulière que celle-ci lui a consenti. C'est une question qui revient très
fréquemment dans les débats de l'Assemblée constituante. « Il y a
une première base incontestable, disait Thouret au nom des comités
de constitution et de révision, c'est que, quand un peuple ne se réunit pas pour élire et qu'il est obligé d'élire par sections, chacune de
ces sections, même en élisant immédiatement, n'élit pas pour elle-même
mais élit pour la nation entière ; par conséquent, ajoutait-il, la nation

a intérêt et droit de s'assurer contre les méprises, les erreurs qui peuvent être commises par le résultat des sections partielles[1] ». Pour démontrer que les juges pouvaient être élus par les districts ou les départements, Barnave disait aussi : « La nation ne fera autre chose que de communiquer à des sections le pouvoir qu'elle a d'élire les juges; elle ne fera que ce qu'elle a fait en donnant à ces sections le droit de nommer des députés pour tout le royaume... Qu'avez-vous fait autre chose que de charger le département de cette commission pour la souveraineté[2] ? » Le même orateur avait déjà dit auparavant : « Je propose qu'on déclare que la nation, en commettant aux différents départements le choix des députés, est maîtresse de prescrire les règles de l'élection ». De cette conception découlent des conséquences très importantes.

1° Les divers collèges électoraux ne doivent être que des fractions du corps électoral entier. Ils doivent, par conséquent, être composés d'électeurs de même qualité, choisis tous au même titre, en d'autres termes, simplement, de citoyens. C'est ainsi seulement que le sectionnement peut fractionner la souveraineté nationale dans son exercice, sans la dénaturer. Les fractions ne restent telles qu'autant qu'elles possèdent toutes les qualités de l'entier.

Le principe de la souveraineté nationale exclut donc logiquement, dans le suffrage politique, ce qu'on appelle la *représentation des intérêts*. C'est là pourtant une combinaison que beaucoup d'esprits envisagent aujourd'hui avec faveur et qui d'ailleurs n'est point nouvelle. Elle consiste à grouper les citoyens qui ont, surtout par leur profession, les mêmes intérêts matériels ou moraux, pour élire des représentants, qui naturellement seront chargés avant tout de la défense de ces intérêts. Mais cela peut se faire de plusieurs manières.

Tantôt on transforme ainsi en collèges électoraux des groupes antérieurement organisés et ayant une existence permanente, qui répond à de certains besoins; ainsi, en Autriche, la loi donne cette qualité aux Chambres de commerce et d'industrie, et sûrement la pensée du parti socialiste serait de faire élire au moins la plus grande partie des députés par les syndicats ouvriers. Mais cela paraît inconciliable avec le principe de la souveraineté nationale. Si ces groupes ont *un droit* à une représentation propre, c'est que chacun d'eux doit être reconnu comme possédant une fraction de la souveraineté, sans qu'on ait à respecter aucune proportion entre le nombre

[1] Séance du 11 août 1791.
[2] Séance du 6 mai 1791. *Réimpression de l'ancien Moniteur*, t. IV, p. 289.

de leurs membres et la population nationale dans son entier[1].

On a pourtant tenté une conciliation en s'emparant d'une idée énoncée plus haut : ne peut-on pas considérer que la nation confie et commet à des groupes professionnels ou autres le droit d'élire, en son nom et pour elle, un certain nombre de députés, comme elle le commet aux sections électorales? C'est à ce point de vue que paraît s'être placée la loi espagnole du 20 juin 1890 qui, tout en consacrant le suffrage universel, donne aux Universités littéraires, aux sociétés économiques d'amis du pays, aux Chambres de commerce, industrielles et agricoles, officiellement organisées, le droit d'élire, sous le nom de collèges spéciaux, un certain nombre de députés[2]. En effet, l'art. 21 déclare que les députés nommés par les électeurs d'un district ou d'un collège spécial, « une fois élus et admis, représentent chacun et tous la nation ». Mais c'est là abuser d'une fiction légale,

[1] L'un des partisans les plus convaincus de la représentation des intérêts, M. Charles Benoist reconnaît très nettement qu'elle est incompatible avec le principe de la souveraineté nationale, mais il n'hésite pas à sacrifier ce dernier; *La Crise de l'État moderne*, l'organisation du suffrage universel, Paris, 1897, p. 30 : « Organiser le suffrage universel, fixer dans le suffrage universel sa place à tout ce qui vit dans la nation, c'est sans doute abjurer la doctrine, renoncer à la théorie de la souveraineté nationale. Car, on le répète, le suffrage universel inorganique, lui est lié, indissolublement, l'un correspond à l'autre et l'un découle de l'autre. » M. Benoist va plus loin; il sacrifie le principe de la souveraineté elle-même, *loc. cit.*, p. 31 : « Que vaut, à bien l'examiner, dans l'État moderne, que vaut cette notion de « souveraineté »? D'où elle vient, on le sait : c'est une idée mystique et théologique ; à quoi elle sert on ne le voit pas; à quoi elle nuit, cela éclate aux yeux ». M. Benoist ajoute que, dans son système (p. 31) « la théorie de la vie nationale remplacerait la théorie de la souveraineté nationale », « ce serait » la substitution de la notion de vie à la notion de souveraineté et du suffrage universel organisé au suffrage universel inorganique ». Ce sont les mêmes idées que M. Jules Guesde exposait au nom du parti socialiste, à propos des délégués à la sécurité des ouvriers mineurs (Chambre des députés, séance du 1ᵉʳ déc. 1896, *Journal off.* du 2, p. 1892) : « Vous avez pour la première fois introduit dans notre législation un principe que je considère comme éminemment social. Vous vous êtes adressés au suffrage corporatif; vous avez dit : Vous êtes un groupement ouvrier vous êtes une corporation d'hommes exécutant les mêmes travaux, soumis aux mêmes servitudes, exposés aux mêmes dangers; vous constituez une collectivité au moins au même titre que la commune, le département, et, je pourrais même dire, *au même titre que la nation entière*; vous vivez d'une vie spéciale ». Mais sans insister sur les origines que M. Benoist attribue à la notion de souveraineté, éliminer celle-ci c'est laisser libre carrière à la lutte des forces sociales, les plus fortes dominant les plus faibles; c'est en réalité l'anarchie au point de vue du droit. La souveraineté, sauvegarde suprême du droit individuel, est nécessairement supérieure non seulement aux individus mais surtout aux groupes et aux corporations : « J'entends par là, dit M. Burgess (*Political science*, t. I, p. 52) un pouvoir originel, absolu, illimité, universel sur le sujet individuel et sur toutes les associations de sujets ».

[2] Art. 24 et suiv. *Annuaire de législation étrangère*, 1881, p. 423.

qui, légitime lorsqu'elle sert à exalter la vérité, devient insoutenable
lorsqu'elle contredit le principe dont elle sort : ici le principe de la
souveraineté nationale.

Mais on peut entendre autrement la représentation des intérêts. Ce
ne sont plus alors des corps antérieurement organisés et permanents
qui constituent les collèges électoraux; on ne réunit que momentanément, en vue du vote, tous les citoyens qui exercent la même profession ou des professions similaires pour les faire participer à l'élection
d'un certain nombre de députés. Déjà Siéyès, dans ses curieux discours de l'an III à la Convention, indiquait et prônait ce système,
sans d'ailleurs en préciser les détails : « Si l'on voulait, dit-il, instituer le mieux en ce genre, dans mon opinion on adopterait une combinaison propre à donner à la législature un nombre à peu près égal
d'hommes voués aux trois grands travaux, aux trois grandes industries qui comportent le mouvement et la vie d'une société qui pros-
père, je parle de l'industrie rurale, de l'industrie citadine et de
celle dont le lieu est partout et qui a pour objet la culture de l'homme.
Un jour viendra et l'on s'apercevra que ce sont là des questions importantes[1] ». Cette idée a été reprise de notre temps, et il semble
qu'elle n'est pas inconciliable avec le principe de la souveraineté nationale, à condition que le nombre des députés attribué à chaque groupe
professionnel soit dans la proportion du chiffre de ses membres par
rapport à celui de la population totale[2]. Mais le système se heurte à
d'autres objections. La raison d'être même du gouvernement représentatif et libre c'est la supposition que le vote des citoyens et de
leurs représentants dégagera l'intérêt général et le fera passer dans
la législation. Mais pour cela il faut que les uns et les autres fassent
abstraction, autant que cela est possible, de leurs intérêts particuliers, en se laissant guider par la raison et par la justice. Pour assurer ce résultat, certains penseurs du XVIIIe siècle, Rousseau[3], et Siéyès
lui-même en 1789[4], voulaient interdire toutes les associations et corporations, qui créent entre leurs membres un intérêt commun et puissant, mais pourtant particulier par rapport à la nation entière. C'é-
tait une erreur grave; c'était sacrifier un des droits individuels les

[1] *Réimpression de l'ancien Moniteur*, t. XXV, p. 294.
[2] C'est ainsi que M. Benoist propose d'attribuer à chaque département un nombre
de députés exactement proportionnel à sa population, et ce serait seulement dans
l'intérieur de chaque département que la répartition des sièges se ferait entre les
différents groupes professionnels; cette dernière, dans le plan proposé, est d'ailleurs
très arbitraire, op. cit., p. 250, et s.
[3] *Contrat social*, L. II, ch. III.
[4] *Qu'est-ce que le Tiers-État*, p. 100.

plus précieux; mais ce serait une erreur non moins grave en sens contraire que d'organiser le suffrage politique de telle manière que les citoyens seraient invités, presque forcés par cette organisation même, à ne consulter que leurs intérêts particuliers et à oublier l'intérêt général. Ce serait favoriser la lutte des intérêts et des forces, qui, par eux-mêmes, subissent déjà si difficilement le joug de la raison[1].

Ce qui, au contraire, est possible et utile, c'est d'utiliser, comme collège électoral, des groupes dont tous les citoyens d'une région font nécessairement partie, parce qu'il s'agit alors de circonscriptions créées en vue de l'administration locale, le département par exemple : cela est parfaitement légitime si on attribue à chacune de ces circonscriptions un nombre de députés proportionnel à sa population. Il en serait autrement si l'on attribuait à ces circonscriptions, quel que fût le chiffre de leur population, un nombre de députés invariable et toujours le même. On retomberait alors dans une hypothèse déjà examinée et ce serait en réalité traiter ces circonscriptions comme de petites souverainetés. Par là même ce mode de représentation convient fort bien, au contraire, dans les États fédératifs pour la composition de l'une des Chambres fédérales[2], ce sont alors en réalité des souverainetés distinctes qui sont représentées.

Mais si, comme on vient de le voir, la représentation des intérêts et des groupes dans les assemblées législatives s'accommode mal avec le principe de la souveraineté nationale, il est cependant utile et désirable que les grands intérêts économiques et les groupes professionnels importants puissent exprimer et faire entendre au gouvernement leurs vœux par des organes qui les représentent et soient librement élus. Cela conduit à organiser des assemblées élues d'après le principe de la représentation des intérêts, mais simplement *consultatives*[3].

---

[1] C'est ce qu'ont très bien exposé différents membres de l'Académie des sciences politiques dans un débat qui s'y est ouvert sur le livre de M. Charles Benoist, *Séances et travaux*, 1898, p. 425 et s.; voyez en particulier ce qu'ont dit MM. Anatole Leroy-Beaulieu, p. 445, et Paul Leroy-Beaulieu, p. 452. Ce dernier voudrait, au contraire, l'unité de collège pour la France entière, ou tout au moins, à côté des députés élus par la majorité des différents collèges, d'autres députés qu'il appelle *nationaux*. Ce seraient ceux qui obtiendraient dans la France entière un nombre de voix déterminé, par exemple 20.000. On additionnerait les voix que les candidats à ces places auraient obtenues sur un point quelconque du territoire.

[2] Ci-dessus, p. 67.

[3] Nos anciens États généraux, lorsqu'ils devinrent totalement électifs, et la Chambre des Communes en Angleterre étaient des assemblées élues sur le principe de la représentation des intérêts et des groupes; mais, ils ne se heurtaient point au principe de la souveraineté nationale, qui n'était pas alors reconnu, et ce furent anciennement des assemblées simplement consultatives.

Elles serviront à éclairer les pouvoirs publics, mais ne participeront point à l'exercice de la souveraineté.

2° Il semble que la répartition des députés à élire doive être faite entre les diverses circonscriptions électorales proportionnellement au nombre d'électeurs que contiennent celles-ci par rapport au corps électoral tout entier ; elles ne sont en effet que des fractions, des subdivisions de ce corps. Ce n'est pas cependant la règle qui a été adoptée chez nous. Suivant une formule qui a été trouvée de bonne heure, la représentation a pour base la population. Cela veut dire que l'on tient compte, non pas seulement du nombre d'électeurs que comprend une circonscription, mais de toute la population qu'elle contient y compris les citoyens qui ne sont pas électeurs, tels que les femmes et les enfants. Cela d'ailleurs est parfaitement conforme au principe de la souveraineté nationale ; la souveraineté réside dans la nation entière et non pas seulement en ceux qui jouissent du droit électoral. Aujourd'hui, on compte même chez nous pour ce calcul les étrangers résidants ; mais cela paraît une exagération et même une erreur, car ils ne font point partie de la nation.

La population doit être la seule base de la représentation. Toute autre répartition dénaturerait encore la souveraineté nationale, qui suit la loi du nombre. Dans la mesure où un collège recevrait un nombre d'électeurs supérieur à celui que comporte cette proportionnalité, il y aurait incontestablement une représentation particulière de certains intérêts ou de certaines classes, et l'on retomberait dans le cas précédent. L'Assemblée Constituante n'avait point rigoureusement appliqué cette donnée ; elle décida que « les représentants seraient distribués entre les quatre-vingt trois départements, selon les trois proportions : du territoire, de la population et de la contribution directe ». Mais la solution correcte fut proclamée par la Constitution de 1793[1] et par celle de l'an III[2], et reproduite dans la Constitution de 1848[3].

3° Les représentants ne tiennent pas leurs pouvoirs, en droit, du collège électoral qui les a élus, mais de la nation tout entière. Ils participent, en effet, à l'exercice de la souveraineté. Or, celle-ci « appartient à la nation ; *aucune section du peuple* ni aucun individu ne peut s'en attribuer l'exercice[4] », ni encore moins le déléguer. Cette

---

[1] Art. 21 : « La population est la seule base de la représentation nationale ».

[2] Art. 49 : « Chaque département concourt, à raison de sa population seulement à la nomination des membres du Conseil des anciens et des membres du Conseil des Cinq-Cents ».

[3] Art. 29 : « L'élection a pour base la population ».

[4] Const. de 1791, t. III, art. 1.

vérité a été traduite dans la Constitution de 1791 par une formule heureuse, répétée depuis lors par bien des Constitutions[1] : « les représentants nommés dans les départements ne seront pas représentants d'un département particulier, mais de la nation entière, et il ne pourra leur être donné aucun mandat ».

Il résulte de là que le député élu ne saurait être considéré comme le *mandataire de ses électeurs*[2]. L'idée contraire a pourtant été bien souvent affirmée, soit au xviii° siècle, soit de nos jours. Elle a rarement reçu une expression plus nette que dans un discours de Pétion à l'Assemblée Constituante : « Les membres du Corps législatif sont des mandataires; les citoyens qui les ont choisis sont des commettants : donc, ces représentants sont assujettis à la volonté de ceux de qui ils tiennent leur mission et leurs pouvoirs. Nous ne voyons aucune différence entre ces mandataires et les mandataires ordinaires; les uns et les autres agissent au même titre, ils ont les mêmes obligations et les mêmes devoirs[3] ». Dans notre langue même, non seulement courante, mais officielle et technique, dans nos lois, dans notre Constitution, le mot « mandat » a été employé pour désigner les pouvoirs des députés : nous aurons l'occasion de le rencontrer plus tard. Mais il ne peut être entendu comme impliquant dans notre droit la théorie soutenue par Pétion. Si ces pouvoirs reposaient sur un mandat, celui-ci ne pourrait provenir, en tout cas, que de l'autorité qui les confère, c'est-à-dire de la nation entière. Mais c'est autrement que s'analyse le gouvernement représentatif, comme on l'a déjà vu, et comme on l'expliquera encore plus loin. L'emploi du mot « mandat » en cette matière est un accident des plus fâcheux, qui a singulièrement contribué à troubler les idées[4]. Mais il a une origine historique très claire, et tout d'abord il se justifiait très bien.

Il remonte, en effet, aux premiers temps où la royauté, convoquant en France les États généraux, en Angleterre un Parlement, s'adressait à des collectivités déjà existantes et reconnues, à de véritables personnes publiques : villes, bourgs ou comtés, corporations ecclésiastiques. Elle leur demandait de comparaître par des procureurs élus, la comparution personnelle leur étant matériellement impossible, comme elle faisait comparaître en personne les seigneurs laïques et

[1] Titre III, ch. 1, sect. 3, art. 7.

[2] C'est ce que dit d'ailleurs le texte cité de la constitution de 1791, qui exclut *tout mandat*.

[3] *Archives parlementaires*, 1re série, t. VIII, p. 582.

[4] Voyez la discussion qui s'est engagée sur ce point à l'*Académie des sciences morales et politiques*, en 1889 (*Séances et travaux de l'Académie des sciences morales et politiques*, 1889, t. CXXXI, p. 297 et suiv.).

les prélats. Alors les députés élus étaient bien véritablement les mandataires des électeurs qui, agissant en vertu d'un droit propre, ou
plutôt en exécution d'un devoir collectif qui s'imposait à leur corporation ou à leur groupe, leur conféraient réellement leurs pouvoirs :
ils donnaient aux élus un mandat suffisant pour engager la corporation ou le groupe et traiter en son nom avec le roi. Alors même que
nos anciens États généraux furent devenus totalement électifs, le
droit d'y députer fut toujours considéré comme un droit propre de
de chaque bailliage [1]. En Angleterre aussi, le droit d'élire les députés
à la Chambre des Communes réside toujours légalement dans les comtés et dans les bourgs [2]. Mais il n'en est plus ainsi là où, comme dans
la France moderne, le droit de suffrage politique a pour base la souveraineté nationale. C'est de la nation seule que procèdent les pouvoirs
des députés comme tous les autres pouvoirs. Siéyès le disait à l'Assemblée Constituante : « Ici les faux principes deviennent extrêmement dangereux ; ils ne vont à rien moins qu'à déchirer la France en
une infinité de petites démocraties, qui s'uniraient ensuite par les
liens d'une confédération générale ».

Si le député élu ne tient pas, en droit, ses pouvoirs de ses électeurs,
il s'en suit nécessairement que ceux-ci ne peuvent point juridiquement lui imposer ce qu'on appelle un *mandat impératif*, lequel, au
contraire, était la règle pour nos États généraux [3] et anciennement
pour les députés élus du Parlement anglais [4]. Voici ce que disait encore Siéyès à cet égard : « Un député est nommé par un bailliage au
nom de la totalité des bailliages ; un député l'est de la nation entière ;
tous les citoyens sont ses commettants : or, puisque, dans une assemblée bailliagère, vous ne voudriez pas que celui qui vient d'être
élu se chargeât du vœu du petit nombre contre le vœu de la majorité,
vous ne devez pas vouloir, à plus forte raison, qu'un député de tous
les citoyens du royaume écoute le vœu des seuls habitants d'un
bailliage ou d'une municipalité contre le vœu de la nation entière.
Ainsi il n'y a et il ne peut y avoir pour un député de mandat impé-

---

[1] Voyez mon *Cours élémentaire d'histoire du droit français*, 3e édition,
p. 503.

[2] M. Balfour disait encore le 13 avril 1894 à la Chambre des Communes : « I
have always been of opinion that the whole basis of representation in this House is
a local basis and that the various localities, when they send representatives here,
while conscious, of course, of the imperial obligations, resting upon them, must vote
as localities and have regard to the interests of localities » (*The parliamentary
debates*, 4th series, vol. XXIV, p. 786).

[3] Voyez mon *Cours élémentaire d'histoire du droit français*, 3e édition,
p. 428.

[4] Ci-dessus, p. 50.

ratif, ou même de vœu positif, que le vœu national : il ne se doit aux conseils de ses commettants directs qu'autant que ces conseils seront conformes au vœu national. Ce vœu, où peut-il être, ou peut-on le reconnaître, si ce n'est dans l'Assemblée nationale elle-même? Ce n'est pas en compulsant les cahiers particuliers, s'il y en a, qu'il découvrira le vœu de ses commettants; il ne s'agit pas ici de recenser un scrutin démocratique, mais de proposer, d'écouter, de se concerter, de modifier son avis, enfin de former en commun une volonté commune ».

Le mandat impératif n'est pas seulement contraire au principe même du gouvernement représentatif[1]; il ne l'est pas moins au principe de la souveraineté nationale. C'est en le rattachant à ce dernier que la Constitution de 1791 le proscrivit tout d'abord[2] : et cette prohibition a été fréquemment reproduite dans les Constitutions modernes, même les plus démocratiques[3].

On ne saurait échapper aux solutions que je viens d'exposer que d'une seule manière. Il faudrait alors considérer chaque électeur-citoyen comme possédant en lui une fraction de la souveraineté nationale, comme exerçant par suite dans l'acte électoral un droit propre et individuel. Alors il serait vrai de dire que le député tient juridiquement ses pouvoirs des électeurs; et ces pouvoirs ne pourraient consister logiquement qu'à traduire dans l'assemblée délibérante la volonté expresse des électeurs, qui pourraient alors le lier par un mandat impératif. Il s'en suivrait aussi que la minorité aurait, comme la majorité des électeurs, un droit ferme à être représentée par députés, en proportion de son chiffre[4]. J'essaierai de montrer un peu plus loin que cette conception de la souveraineté nationale est inexacte et inadmissible.

II.

Étant donné le principe de la souveraineté nationale, à quelles personnes doit être reconnu le droit de suffrage politique? Deux conceptions à cet égard sont en présence et se partagent les esprits depuis le XVIIIe siècle[5].

[1] Ci-dessus, p. 50, 52.

[2] Ci-dessus, p. 84, note 1.

[3] Constitution de la Confédération Suisse de 1874, art. 91 : « Les membres des deux Conseils votent sans instructions ».

[4] Sur cette question de la représentation des minorités, que je retrouverai dans la seconde partie de cet ouvrage, voyez mon article : *Deux formes de gouvernement* dans la *Revue du droit public et de la science politique*, janvier-février 1894, p. 36 et suiv.

[5] Elles sont nettement dégagées et mises en présence dans le discours que Con-

A. D'après l'une, le droit de suffrage politique appartient nécessairement à chaque citoyen : il est attaché à la qualité de membre de la société, à la qualité même d'être humain[1]. C'est, par conséquent, un droit individuel et propre à celui qui l'exerce.

C'est l'idée que Rousseau a exprimée très nettement, sans d'ailleurs la justifier : « J'aurois, dit-il, bien des réflexions à faire sur le simple droit de voter dans tout acte de souveraineté, droit que rien ne peut ôter aux citoyens; mais cette importante matière demanderoit un traité à part et je ne puis tout dire dans celui-ci[2] ». Mais ses disciples ont présenté la démonstration. Ce serait la conséquence nécessaire du principe de la souveraineté nationale, surtout quand on le rattache au contrat social. En effet, dit-on, la nation souveraine n'est pas autre chose que la réunion et le total de tous les individus qui la composent; pour avoir l'expression de la souveraineté nationale, il faut donc consulter tous les membres de la nation; si l'on en exclut quelques-uns, l'opération devient fausse. On dit encore : la loi, selon la définition de Rousseau, n'est pas autre chose que l'expression de la volonté générale; mais cela suppose que tous, sans exception, seront comptés dans l'acte qui la dégage. Ce sont les idées que Robespierre exposait avec une grande clarté à l'Assemblée constituante, le 22 octobre 1789 : « Tous les citoyens, quels qu'ils soient, ont le droit de prétendre à tous les degrés de représentation. Rien n'est plus conforme à votre déclaration des droits, devant laquelle tout privilège, toute distinction, toute exception, doivent disparaître. *La constitution établit que la souveraineté réside dans le peuple, dans tous les individus du peuple.* Chaque individu a donc droit de concourir à la loi par laquelle il est obligé, et à l'administration de la chose publique qui est la sienne. Sinon il n'est pas vrai que tous les hommes sont

---

dorcet prononça le 23 février 1793, à la Convention, en lui présentant le projet de Constitution. *Réimpression de l'ancien Moniteur*, t. XV, p. 466, 467.

[1] En Angleterre, cette théorie est appelée *the manhood suffrage*. Voyez, par exemple, le discours de M. Chamberlain à la Chambre des Communes, le 5 mai 1884 : « I want to appeal to my radical friends. Is it really their pretention that without regard to fitness at all every man has a right to vote? Is manhood, without any condition of every kind, to be one qualification? Granting that we may be in favour of absolute manhood suffrage... ». *The parliamentary debates*, 4th séries, vol. XXIV, p. 391, 392.

[2] *Contrat social*, liv. IV, ch. 1, p. 250. Montesquieu, tout en paraissant aller presque aussi loin, avait donné une autre formule, qui répondait en réalité à une autre conception, à celle qu'appliquèrent les lois de la Révolution : *Esprit des lois*, liv. XI, ch. VI : « Tous les citoyens dans les divers districts doivent avoir le droit de donner leur voix pour le représentant, *excepté ceux qui sont dans un tel état de bassesse qu'ils sont réputés n'avoir point de volonté propre* ».

égaux en droits, que tout homme est citoyen[1] ». — « Tous les individus qui composent l'association, disait aussi Pétion, ont le droit inaliénable et sacré de concourir à la formation de la loi, et, si chacun pouvait faire entendre sa volonté particulière, la réunion de toutes les volontés formerait véritablement la volonté générale... Nul ne doit être privé de ce droit sous aucun prétexte et dans aucun gouvernement[2] ». Condorcet exprimait les mêmes idées, le 23 février 1793, en présentant à la Convention le premier projet de constitution qui lui fut soumis[3]. C'est aussi le point de vue auquel se plaçait Boissy d'Anglas dans son rapport sur le projet de constitution, présenté à la Convention le 5 messidor an III : « Nous n'avons pas cru qu'il fût possible de restreindre le droit de citoyen, de proposer à la majorité des Français, ou même à une portion quelconque d'entre eux, d'abdiquer ce caractère auguste. La garantie que la société demande lorsqu'elle va déléguer un de ses pouvoirs est un résultat de ce droit collectif, de sa volonté générale. C'est après s'être organisée qu'elle délibère sur les conditions qu'elle exigera de ses magistrats; son intérêt est son principe, et il ne peut y en avoir d'autre; mais lorsqu'elle se rassemble pour exercer cette première fonction, elle est composée de membres tous égaux; elle ne peut en expulser aucun de son sein[4] ».

[1] *Réimpression de l'ancien Moniteur*, t. II, p. 91. Dans le même sens et dans la même séance, Duport : « Il faut savoir à qui vous accorderez, à qui vous refuserez la qualité de citoyen. Cet article compte pour quelque chose la fortune qui n'est rien dans l'ordre de la nature. Il est contraire à la déclaration des droits ».

[2] *Séance du 4 septembre 1789.*

[3] *Réimpression de l'ancien Moniteur*, t. XV, p. 466, 467 : «Les uns ont regardé l'exercice des droits politiques comme une sorte de fonction publique... d'autres ont pensé, au contraire, que les droits politiques devaient appartenir à tous les individus avec une entière égalité... Presque tous les peuples libres ont suivi la première opinion ; la Constitution de 1791 s'y était aussi conformée ; mais la seconde nous a paru plus conforme à la raison, à la justice... d'autres considérations nous ont déterminés : telle est la difficulté de fixer les limites où, dans la chaîne des dépendances qu'entraîne l'ordre social, commence celle qui rend un individu de l'espèce humaine incapable d'exercer ses droits ».

[4] Cependant la Constitution de l'an III n'admettait pas, comme on le verra, le suffrage universel. Le rapporteur se tirait de cette contradiction par un procédé qui rappelle la formule de Montesquieu, citée plus haut (p. 187, note 2) : « Nous avons toutefois examiné, disait-il, s'il n'était pas quelques exceptions indispensablement nécessaires et rigoureusement justes à l'exercice des droits politiques. Nous avons cru que tout citoyen devait pour les exercer être libre et indépendant ». Après avoir exclu de ce chef les domestiques, ceux qui à l'avenir ne sauraient pas lire et écrire et n'auraient pas appris un art mécanique, les mendiants et les vagabonds, il terminait par cette clause finale : « Ordonner que nul citoyen ne pourra en exercer les droits s'il n'est inscrit au rôle des contributions publiques, ce n'est pas non plus en

Pas plus que le suffrage restreint, soumis à de certaines conditions, cette théorie ne comporte, en bonne logique, le suffrage universel mais indirect, à deux ou plusieurs degrés. Chacun peut toujours prétendre à exercer en personne un droit qui lui est personnel, lorsqu'aucune impossibilité matérielle ne s'y oppose; et le suffrage indirect rompt l'égalité entre les électeurs en donnant une valeur multiple aux électeurs du second degré.

Mais cette conception du droit de suffrage politique me paraît fausse dans son principe et condamnée, d'autre part, par les conséquences logiques qu'elle entraîne. Elle part de cette affirmation que la souveraineté nationale est fractionnée entre tous les membres de la société, de telle sorte qu'une même fraction en appartiendrait en propre à chacun d'eux. Dans une nation de trente millions d'habitants, par exemple, chaque habitant posséderait en propre un trente millionième de la souveraineté. Mais cela est faux. Non seulement cela rendrait difficile à expliquer la soumission politique et nécessaire de la minorité à la majorité; mais surtout cela rendrait possible, légitime en droit, l'aliénation de la souveraineté nationale, si tous les membres de la société étaient unanimes à la consentir. Or, nous l'avons vu, cette aliénation est impossible en droit, alors même que cette unanimité pourrait s'établir en fait, et cela parce que la souveraineté appartient en réalité à la nation elle-même, distincte des individus, comprenant le développement des générations successives. Les citoyens actuellement existants ont nécessairement l'exercice de la souveraineté, mais ils n'en ont que l'exercice : ils sont en quelque sorte les premiers et nécessaires représentants de la souveraineté nationale.

Les conséquences logiques de la conception que j'ai exposée ne sont pas moins inacceptables que son principe. Voici, en effet, les principales.

1° Le suffrage des femmes. Tout membre adulte de la société doit, sans distinction de sexe, être admis au vote politique. C'est, en effet, ce que réclament en particulier les écoles socialistes[1]. Mais le suffrage des femmes a aussi d'autres partisans, spécialement dans les pays

gêner l'exercice c'est consacrer le principe que tout membre de la société doit contribuer à ses dépenses, quelque faible que soit sa fortune ».

[1] L'on des points qui ont été affirmés par le Congrès socialiste d'Erfurth, en octobre 1891, est « le suffrage universel sans distinction de sexe ». On peut remarquer cependant que la proposition de loi « tendant à assurer l'universalité du suffrage dit universel », déposée à la Chambre des députés, le 30 janvier 1894, par M. Jules Guesde et plusieurs de ses collègues (Journ. Off. 1894, Chambre des députés, annexe 337), ne contient pas le suffrage féminin; l'exposé des motifs débute seulement en ces termes : « Le suffrage universel — même limité à la partie masculine de la nation — n'est que nominativement universel ».

anglo-saxons[1]. Il a même pénétré franchement dans la loi de plusieurs pays : trois États de l'Union Américaine, le Wyoming, le Colorado et l'Utah[2]; plusieurs colonies anglaises de l'Australie, la Nouvelle-Zélande et l'Australie du Sud. Sans doute, il n'y a aucune infériorité originelle, aucune incapacité naturelle qui doive faire refuser aux femmes le droit de suffrage. Leur intelligence est égale à celle des hommes, souvent plus développée dans les classes ouvrières. Mais il y a d'autres motifs : c'est là une innovation à laquelle est hostile le sentiment commun et instinctif du monde civilisé; et la raison me paraît parler dans le même sens. Depuis les origines mêmes de l'humanité une division naturelle du travail et des fonctions s'est établie, perpétuée et constamment accentuée entre les deux sexes. A l'homme sont échues la vie publique et les fonctions qui s'y rapportent; à la femme appartient la garde et le soin du foyer domestique, et la tâche capitale de la première éducation des enfants. L'éducation, les influences héréditaires, ont par suite développé et fixé chez l'homme et chez la femme des aptitudes correspondantes à leur destination sociale ainsi différenciée. Faire entrer les femmes aujourd'hui dans la vie publique sans tenir compte de cette bifurcation tant de fois séculaire, ce serait introduire, sans aucune utilité, des éléments de trouble dans l'organisation politique des sociétés modernes, déjà compliquée par bien d'autres problèmes. Le

[1] Le projet de Constitution fédérale australienne dont il a été question ci-dessus (p. 6, 8, 77) maintient le droit de suffrage aux femmes dans les colonies qui le leur ont accordé. Pour l'Angleterre, plus d'une fois la question a été agitée à la Chambre des Communes; de Franqueville, *Les droits politiques des femmes en Angleterre*, dans les *Séances et travaux de l'Académie des sciences morales et politiques*, 1890, t. XXXIII, p. 115 et suiv.; Raoul de la Grasserie, *Le mouvement féministe et les droits de la femme*, dans la *Revue politique et parlementaire*, septembre 1894, p. 432 et suiv. Le 5 mai 1891, à la Chambre des Communes, M. Storey affirmait encore le principe : *The parliamentary debates*, 4 th series, vol. XXIV, p. 12 : « He has always held that not only every man in the country, but that every woman in the country of full age should have the franchise; and he hoped that state of things would soon be realised ». En Angleterre, d'ailleurs, par une combinaison de principes anciens et nouveaux, les femmes ont, aux mêmes conditions que les hommes, le droit de suffrage pour les votations et élections municipales dans les paroisses urbaines et rurales, ainsi que dans les *boroughs*, et pour les élections aux conseils de comté; Jenks, *An outline of english local government*, London, 1891, p. 26, 38, 201, 166, 167. De même aux États-Unis pour les fonctions de l'administration locale et les corps administratifs les femmes sont, dans beaucoup d'États, électeurs et éligibles; voir l'article de Mrs Robinson cité à la note suivante.

[2] Mrs Hamon Robinson, *Le mouvement féministe aux États-Unis*, dans la *Revue politique et parlementaire*, août 1898, p. 259 : Voyez les quatre articles qu'a publiés cette même Revue sur le *féminisme* en Angleterre, en France, en Italie et en Australie qui sont rappelés, *loc. cit.*, p. 245.

progrès véritable consisterait, non pas à attirer les femmes vers la vie politique ou vers les professions jusqu'ici réservées aux hommes, mais à leur rendre le mariage plus facile et plus sûr, à les délivrer de la servitude du travail manuel en dehors du ménage. Leur lot alors ne serait point le pire.

2° Pas plus que le sexe, l'âge ne peut être une condition de l'électorat politique, si ce n'est celui au-dessous duquel le discernement n'existe pas encore. Cela conduirait à ouvrir le droit de vote dès l'âge adulte, comme les monarques Carolingiens exigeaient le serment de fidélité de leurs sujets depuis l'âge de douze ans.

3° Tous les systèmes électoraux des temps modernes, même les plus élargis, s'accordent à exiger de l'électeur la justification d'un domicile fixe et légal ou d'une certaine résidence, dont la durée a été abaissée à six mois par notre législation actuelle. C'est un minimum de garanties que prend la société ; elle veut être sûre que celui à qui elle reconnaît le droit électoral lui appartient véritablement et fait partie de ses cadres réguliers ; elle n'exclut par là que les vagabonds et les nomades [1]. Mais cela est incompatible avec la théorie qui rattache nécessairement le droit de vote politique à la qualité d'être humain, et en fait, sans autre condition, un droit personnel de chaque membre de la nation. Aussi l'école socialiste demande-t-elle la suppression de cette exigence [2].

---

[1] Discours de M. Chamberlain à la Chambre des Communes, le 4 mai 1891 : « I say that a man is not a capable citizen, who goes from place to place, who has no fixed domicile, who shirks from the first duty of a citizen and who refuses to have his proper share of civic obligations ». *The parliamentary debates*, 4th series, vol. XXIV, p. 392.

[2] Voyez la proposition de loi, plus haut citée (p. 189, note 1), présentée à la Chambre des députés par M. Jules Guesde et plusieurs de ses collègues. Exposé des motifs : « S'il a été possible, sans une trop grande entorse au bon sens, de conditionner l'électorat communal, de réclamer des électeurs municipaux un certain stage domicilial, il n'en est pas de même, tout le monde le comprend, de l'électorat politique... Aussi soumettons-nous avec confiance à la Chambre la proposition de loi suivante, qui supprime en matière d'élections législatives toute condition de résidence et réunit ce qui n'aurait jamais dû être séparé : la jouissance et l'exercice du droit électoral ». Cette proposition de loi cependant n'invoque pas en première ligne le principe auquel elle se rattache directement. Ses auteurs ont voulu surtout la légitimer par des considérations pratiques et favorables. Ils se fondent sur ce que, les charges du Français restant partout les mêmes en quelque partie du territoire qu'il se transporte, ses droits doivent aussi rester partout les mêmes ; ils font en plus ressortir ce fait que les déplacements des ouvriers sont « déterminés, nécessités par les transformations et les migrations de la plus mouvante des industries ». Mais l'idée fondamentale reparaît cependant ; « On accorde que cette qualité de Français se perde, en France même, dans le passage d'un département à un autre département, d'une commune à une autre commune, et ce sans compensation d'aucune sorte ».

4° Tous les systèmes électoraux, même les plus élargis, admettent que les citoyens, qui remplissent d'ailleurs toutes les autres conditions pour être électeurs, peuvent perdre à temps ou à toujours la jouissance de leur droit électoral pour cause d'indignité : c'est en particulier la conséquence de certaines condamnations pénales. Il est bien difficile de repousser cette idée. Personne sûrement ne songerait à recueillir des votes dans les bagnes ou dans les prisons, et, même après la peine subie, la conscience publique refusera toujours le droit de suffrage politique à certains condamnés[1]. Mais cela se concilie difficilement avec le principe que j'étudie : la qualité d'être humain est ineffaçable; si le droit de vote y est attaché, il doit être lui-même indélébile. Rousseau ne disait-il pas que « rien ne peut ôter aux citoyens le droit de voter dans tous les actes de la souveraineté?[2] »

5° A plus forte raison ne peut-on pas admettre que l'exercice du droit électoral soit momentanément suspendu pour des raisons tenant seulement au bon ordre et à l'utilité générale. Telle est la disposition très sage de notre loi du 30 novembre 1875, art. 2, d'après laquelle « les militaires et assimilés de tous grades et de toutes armes, des armées de terre et de mer, ne prennent part à aucun vote quand ils sont présents à leur corps, à leur poste ou dans l'exercice de leurs fonctions ». C'est encore une règle dont la suppression est demandée par le parti socialiste[3].

6° Une idée tend, de divers côtés, à pénétrer aujourd'hui dans le droit électoral. C'est celle de rendre le vote obligatoire pour l'électeur. Elle a inspiré, en France, un certain nombre de propositions de loi, dont aucune n'a abouti jusqu'ici. Elle a passé dans diverses lois étrangères, et en particulier dans la Constitution belge, telle qu'elle est sortie de la révision de 1893[4]. On peut douter très sérieusement de l'utilité et de l'effet pratique d'une semblable règle; mais, en tout cas, elle est inconciliable avec le principe dont je poursuis les conséquences. Si le droit de suffrage est un droit individuel, inhérent à la personne, chaque individu doit pouvoir en user ou n'en pas user à son gré comme de tout autre droit qui lui est propre.

[1] La proposition de loi, présentée par M. Jules Guesde et plusieurs de ses collègues, maintient les cas d'indignité ou d'incapacité électorale : « Art. 1er, A chaque citoyen ayant accompli sa vingt et unième année, *et ne se trouvant dans aucun des cas d'incapacité prévus par la loi*, il est délivré un carnet civique. — Art. 3, Il sera retiré à titre définitif ou provisoire, à la suite de condamnations entraînant soit la perte, soit la suspension des droits civils et politiques ».

[2] Ci-dessus, p. 187.

[3] Proposition de loi, déposée à la Chambre des députés, le 8 mars 1894 par M. Guesde et plusieurs de ses collègues (*Journ. Off.*, 1894, Chambre, annexe 475).

[4] Art. 86, 2e alinéa : « Le vote est obligatoire ».

B. La seconde conception voit dans le suffrage politique, non pas un droit individuel et absolu, attaché à la qualité même d'être humain et appartenant nécessairement à tout membre de la nation, — mais une fonction sociale. Elle dérive naturellement de l'idée, plus haut émise, d'après laquelle la souveraineté nationale ne se fractionne point entre les membres de la nation, mais reste l'attribut indivisible et inaliénable de la nation elle-même dans le développement continu des générations successives. Les hommes, qui, aux divers moments de cette évolution, exercent le droit de suffrage politique, agissent donc en réalité, non en leur propre nom, mais au nom de la nation dont ils sont les représentants. Par là même, ils remplissent une fonction. Sans doute, il résulte du principe même de la souveraineté nationale que tous les citoyens sont naturellement appelés à exercer cette fonction fondamentale; car en restreindre l'exercice, de parti pris, au profit d'une classe particulière de citoyens, cela équivaudrait, en fait, à concentrer la souveraineté dans cette classe privilégiée. Mais cet exercice suppose, chez le citoyen, une capacité suffisante, car sans cela il serait inconciliable avec l'intérêt général. La loi peut donc, dans cette mesure, en déterminer les conditions. Elle peut très légitimement interdire aux femmes cette fonction, pour laquelle le développement historique de l'humanité a rendu fort douteuse leur capacité politique en les rendant au contraire éminemment propres aux fonctions familiales; elle peut en subordonner l'exercice chez les hommes à la justification d'un âge suffisamment mûr, d'un domicile fixe ou d'une certaine résidence; elle peut en déclarer incapables ou déchus les indignes et les condamnés; elle peut en suspendre l'exercice chez les militaires en service, au nom et dans l'intérêt même de la patrie; elle peut enfin, si cela paraît vraiment utile et opportun, rendre le vote obligatoire. Tout cela est alors parfaitement logique et ce sont les conséquences justement contraires à celles que nous avons tirées du principe opposé. Il faut ajouter que la loi peut aussi substituer le suffrage indirect au scrutin direct, s'il était démontré que par ce moyen la fonction électorale sera mieux et plus intelligemment remplie.

Cette seconde conception a eu des partisans dès notre première Assemblée Constituante, et voici, en particulier, comment l'un d'eux l'exprimait en termes d'une netteté absolue : « La qualité d'électeur n'est qu'une fonction publique, à laquelle personne n'a droit, que la société dispense ainsi que le lui prescrit son intérêt... Là où le gouvernement est représentatif, et là surtout où il existe un degré intermédiaire d'électeurs, comme c'est pour la société entière que chacun élit, la société au nom et en faveur de qui on élit a essentiellement

E. 13

le droit de déterminer les conditions sur lesquelles elle veut que soient fondés les choix que les individus font pour elle... La fonction d'électeur n'est pas un droit; c'est encore une fois pour tous que chacun l'exerce; c'est pour tous que les citoyens actifs nomment les électeurs[1] ». C'est cette conception, nous allons le voir, qui domine dans les Constitutions de la Révolution, sauf dans celle de 1793. L'on peut ajouter que le Gouvernement provisoire et la Constitution de 1848 ne l'ont pas abandonnée en proclamant et organisant le suffrage universel. Le décret du 5 mars 1848, après avoir décidé dans son article 5 : « Le suffrage sera universel et direct », ajoutait, en effet, art. 7 : « Sont électeurs tous les Français *âgés de vingt et un ans, résidant dans la commune depuis six mois et non judiciairement privés ou suspendus de l'exercice des droits civiques* ». La Constitution de 1848 décida également, art. 25 : « Sont électeurs, sans condition de cens, tous les Français âgés de vingt et un ans et jouissant de leurs droits civils et politiques; » — art. 27 : « La loi électorale déterminera les causes qui peuvent priver un Français du droit d'élire et d'être élu ». Et cette loi (du 15 mars 1849) non seulement édictait (art. 3) un assez grand nombre d'incapacités, mais encore exigeait une habitation de six mois dans une commune (art. 2, n° 1). C'est également le principe qui a passé dans les lois postérieures et qu'ont recueilli nos lois constitutionnelles de 1875. C'est enfin en le prenant pour guide et pour régulateur que s'est accomplie en 1893, la révision de la Constitution belge ; à chaque page, dans les travaux préparatoires, on trouve cette affirmation que le suffrage politique est une fonction sociale.

Souvent aussi on l'a invoquée pour justifier le cens électoral, la possession d'une certaine propriété ou le paiement de certains impôts exigés de l'électeur. C'est même un raisonnement qu'ont produit plus d'une fois les orateurs de la Révolution : « Les citoyens, qui, obligés immédiatement et sans cesse par la nullité absolue de leur fortune de travailler pour leurs besoins, ne peuvent acquérir aucune des lumières nécessaires pour faire les choix, n'ont pas un intérêt assez

[1] Barnave, séance du 11 août 1791 ; Thouret, dans la même séance, parlant au nom des Comités de constitution et de révision : « Il y a une première base incontestable, c'est que, quand un peuple ne se réunit pas pour élire et qu'il est obligé d'élire par sections, chacune de ces sections, même en élisant immédiatement, n'élit pas pour elle-même mais élit pour la nation entière; par conséquent la nation a intérêt et droit de s'assurer contre les méprises, les erreurs qui peuvent être commises par le résultat des élections partielles... *Alors la qualité d'électeur est fondée sur une commission publique, dont la puissance publique du pays a le droit de régler la délégation* ».

puissant à la conservation de l'ordre social existant[1] ». — « L'homme sans propriété a besoin d'un effort constant de vertu pour s'intéresser à l'ordre qui ne lui conserve rien, et pour s'opposer aux mouvements qui lui donnent quelques espérances; il lui faut supposer des combinaisons bien fines et bien profondes pour qu'il préfère le bien réel au bien apparent, l'intérêt de l'avenir à celui du jour. Si vous donnez à des hommes sans propriété les droits politiques sans réserve, et s'ils se trouvent jamais sur les bancs des législateurs, ils exciteront ou laisseront exciter des agitations sans en craindre l'effet; ils établiront ou laisseront établir des taxes funestes au commerce et à l'agriculture... Un pays gouverné par les propriétaires est dans l'ordre social, celui où les non-propriétaires gouvernent est dans l'état de nature[2] ». Mais il me semble que là il y a erreur et que le régime censitaire est logiquement incompatible avec le principe de la souveraineté nationale. En effet, si le suffrage politique est une fonction, tous les membres de la nation sont naturellement, virtuellement, appelés à l'exercer, comme je l'ai dit plus haut; aucun ne doit être exclu de parti pris. Il faut donc que les conditions de capacité que la loi exige de l'électeur soient sûrement et même facilement accessibles à tous. Il en est ainsi pour les conditions d'âge, de domicile ou de résidence, d'instruction élémentaire; mais il n'en est point ainsi de la condition de fortune et de cens. Il est vrai qu'on pourrait combattre par le même raisonnement l'exclusion des femmes, en ce qui concerne le droit de suffrage politique. Mais s'il y a là un parti pris qui écarte résolument toute une moitié de l'espèce humaine, il repose au moins sur un fait naturel; la détermination des exclus et des admis ne comporte ici, le point de départ une fois accepté, aucun arbitraire.

Le vote plural, qui attribue à certains électeurs plusieurs suffrages, tandis que d'autres n'en ont qu'un, ne me paraît pas incompatible logiquement, avec cette conception du suffrage politique; mais à une condition, c'est que la pluralité de voix ne repose pas sur le cens, sur la fortune, mais seulement sur des qualités que tout citoyen puisse sûrement acquérir. Bien qu'un semblable système présente de nombreux inconvénients, il n'est pas inconciliable avec le principe : on peut soutenir que celui-là, qui est le plus apte à remplir une fonction, d'ailleurs ouverte à tous, peut en recevoir l'exercice dans une plus large mesure.

[1] Barnave, à l'Assemblée Constituante, séance du 11 août 1791.

[2] Rapport de Boissy d'Anglas sur le projet de constitution lu à la Convention le 5 messidor an III. Il est vrai que Boissy d'Anglas n'appliquait directement ces idées qu'aux conditions d'éligibilité, soit aux Conseils législatifs, soit aux fonctions d'électeur du second degré.

Voilà ce que fournissent les principes abstraits sur cette question capitale de l'étendue du droit de suffrage politique. Il faut voir maintenant quels sont sur le même point les enseignements de l'histoire moderne, que je consulte seule : les démocraties antiques appartiennent à un monde différent.

III.

Lorsque se constituèrent les premières assemblées représentatives et électives dans les temps modernes, c'est le suffrage universel qui fut d'abord appliqué naturellement et comme par instinct. C'est du moins ce qu'on peut constater pour nos anciens États généraux et pour le Parlement d'Angleterre. Lorsque la représentation aux États généraux devint totalement élective dans le cours du XVe siècle, le procédé qui paraît avoir été d'abord employé fut des plus simples : tous les habitants du bailliage étaient convoqués au chef-lieu pour procéder à l'élection des députés; y venait qui voulait, sans aucune distinction, et tous les assistants pouvaient participer à l'élection[1]. Il est vrai que ce système ne dura pas longtemps : ce suffrage universel et direct se changea, pour les élections du Tiers-État, en un suffrage indirect, dans lequel les électeurs du second degré étaient nommés, d'un côté, par les villes et, d'autre part, par des communautés d'habitants des campagnes. Mais même alors, si dans les villes les électeurs primaires furent généralement réduits à un groupe de notables, le suffrage universel ou quasi-universel persista dans les campagnes, tous les habitants taillables prenant part au premier degré d'élection. Pour les élections au Parlement anglais, en ce qui concerne les comtés, c'est aussi l'opinion aujourd'hui dominante parmi les érudits que, tout d'abord et dans les temps anciens, tous les habitants du comté sans distinction étaient admis à l'assemblée dans laquelle les quatre chevaliers étaient élus[2]. Mais, d'autre part, ces élections étaient informes : elles se faisaient par acclamation ou par tacite acceptation. Des personnages influents proposaient les candidats, et ceux-ci étaient considérés comme élus s'il ne s'élevait pas dans l'assemblée de protestation proprement dite[3]. De cette manière l'élu paraissait avoir

---

[1] Voyez mon *Cours élémentaire d'histoire du droit français*, 3e édit., p. 491.

[2] Stubbs, *Constitutional history*, t. II, p. 225 et suiv., t. III, p. 400 et suiv.; — Cox, *Ancient parliamentary elections*, p. 80 et suiv.; — Riess, *Geschichte des Wahlrechts zum Englischen Parlament*, p. 48 et suiv.; — Cortland Bishop, *History of elections in the American colonies*, Columbia College, 1893, p. 47.

[3] Riess, op. cit., p. 50. Quant aux élections dans les bourgs et cités, le shérif avait de larges pouvoirs pour composer et déterminer le collège électoral; *ibid.*, p. 50 et suiv.

réuni l'unanimité des suffrages[1], alors qu'en réalité il ne devait y avoir le plus souvent qu'un simulacre d'élection; si bien que les lois du XVᵉ siècle, qui restreignirent le droit de suffrage dans les comtés, apparurent en même temps comme des mesures tendant à consolider la liberté politique, à rendre plus efficace le droit électoral. Tous n'étaient plus appelés à élire, mais ceux qui conservaient ce droit avaient dorénavant un vote sérieux et effectif; on pouvait toujours demander que les voix fussent comptées, et c'était la majorité qui décidait[2]. C'est en 1430 et 1432 que des statuts du règne de Henri VI (8 Hen. VI, c. 7; 10 Hen. VI, c. 2) décidèrent que, pour avoir le droit de voter dans les comtés aux élections du Parlement, il faudrait posséder un franc tènement donnant annuellement un revenu net de quarante shellings. Cette « franchise des quarante shellings » s'implanta dans les institutions et dans les idées anglaises; elle apparaissait comme la condition naturelle pour l'exercice des droits politiques, tous les citoyens qui ne possédaient pas un pareil avoir étant considérés comme n'ayant pas un intérêt suffisant à la chose publique pour faire de bons choix. C'était devenu en quelque sorte un axiome de la science politique; cela se fit bien voir dans les colonies anglaises de l'Amérique du Nord. Dans la Virginie et dans les colonies de la Nouvelle Angleterre, le Massachusetts, le Rhode-Island et le Connecticut, le suffrage politique était d'abord universel, aucune justification de propriété n'était exigée de l'électeur. Mais la « franchise des quarante shellings » s'y introduisit, sous l'influence et peut-être même sur l'ordre de la mère-patrie[3]. Dans les colonies plus méridionales, l'East Jersey, la Pensylvanie, le Delaware, le Maryland, la Caroline du Nord et la Géorgie, le droit électoral était bien attaché à la possession de certaines terres, mais suivant un système particulier[4]. D'ailleurs, en imitant la métropole et en restreignant ainsi le droit de suffrage (ce qui était devenu chez elles un trait général au XVIIIᵉ siècle), les colonies anglaises s'étaient cependant montrées

---

[1] Cette vieille et première forme d'élection se retrouve encore dans le droit anglais contemporain. L'élection commence nécessairement par la présentation (*nomination*) des candidats. Chaque candidat doit être présenté dans les formes voulues par deux électeurs dont l'un produit la candidature, tandis que l'autre l'appuie (*proposed and seconded*). Si, au jour et à l'heure fixés pour l'élection, il n'y a pas un plus grand nombre de candidats présentés qu'il y a de députés à élire, tous sont immédiatement et de plein droit considérés comme élus. Anson, *Law and custom of the constitution*, t. I, p. 135. C'est toujours, quoique bien transformée, la vieille élection par acceptation tacite présumée unanime.

[2] Riess, *Geschichte des Wahlrechts*, p. 88 et suiv.

[3] Cortland Bishop, *History of elections in American colonies*, p. 69 et suiv.

[4] *Ibidem*, p. 70.

plus libérales que celle-ci : d'ordinaire, la possession de propriétés foncières déterminées n'était pas absolument exigée ; celle de valeurs mobilières, ou plutôt d'une *personal property*, pouvait équivaloir, ou même le paiement de certains impôts[1].

Il résulte de ces constatations qu'au XVIII° siècle, d'après les précédents anglais et américains, le régime censitaire apparaissait comme la forme naturelle de l'électorat politique. Le suffrage universel se présentait comme une organisation rudimentaire, repoussée par la civilisation plus avancée. Il recélait pourtant en lui une force indéfinie, reposant sur une idée simple, égalitaire, d'apparence équitable ; il allait bientôt commencer cette conquête pacifique du monde occidental, qui s'est en grande partie accomplie sous nos yeux et qui progresse tous les jours. C'est par le suffrage universel, ou quasi-universel, que le principe démocratique pénètre successivement dans les États de formes les plus diverses. Pour étudier ce développement nouveau, je me propose d'abord de suivre l'histoire du droit de suffrage politique en France depuis la Révolution ; je dirai ensuite ce qu'il est devenu aux États-Unis d'Amérique ; je montrerai enfin quelle place le suffrage universel s'est déjà faite ou tend à se faire en Europe.

IV.

L'Assemblée Constituante détermina le droit de suffrage politique en se référant aux principes abstraits et généraux. Cependant, sans s'en rendre peut-être un compte exact, elle paraît avoir été grandement influencée par les précédents que fournissait en cette matière notre ancien droit public. Le système qu'elle adopta, sous une terminologie nouvelle et en s'adaptant aux nouvelles institutions, se rapprochait beaucoup de celui qui était suivi depuis le XVI° siècle pour l'élection des députés du Tiers-État aux États généraux, spécialement de celui qui avait été inséré dans le règlement du 24 janvier 1789, art. 25[2].

L'Assemblée, considérant en grande majorité le droit de suffrage comme une fonction politique, n'admit ni le suffrage universel, ni le suffrage direct. Elle divisa les citoyens français en deux classes. Les uns, dits *citoyens actifs*, avaient seuls l'exercice des droits politiques[3] ; les autres, ou *citoyens passifs*[4], avaient seulement la jouissance des

[1] Cortland Bishop, *History of elections in American colonies*, p. 79.
[2] Isambert, *Anciennes lois*, t. XXVIII, p. 641.
[3] Constitution de 1791, tit. III, ch. I, sect. 2, art. 1 et 2.
[4] Cette terminologie fut d'ailleurs critiquée, séance du 20 octobre 1789 (*Réimpression de l'ancien Moniteur*, t. II, p. 72) : « M. de Montlosier, en examinant

droits civils, c'est-à-dire du droit privé et des *droits publics* ou *droits individuels*. Pour être citoyen actif, c'est-à-dire exercer le droit de suffrage politique, il fallait réunir les conditions suivantes[1] : 1° être né ou devenu Français; 2° être âgé de vingt-cinq ans accomplis[2]; 3° être domicilié dans la ville ou dans le canton depuis le temps déterminé par la loi; 4° n'être pas dans un état de domesticité, c'est-à-dire de serviteur à gages[3]; 5° payer dans un lieu quelconque du royaume une imposition directe au moins égale à la valeur de trois journées de travail, et en représenter la quittance; 6° être inscrit, dans la municipalité de son domicile, au rôle des gardes nationales; 7° avoir prêté le serment civique. Étaient exclus de l'exercice des droits de citoyen actif : ceux qui étaient en état d'accusation; ceux qui, après avoir été constitués en état de faillite ou d'insolvabilité prouvé par pièces authentiques, ne rapportaient pas un acquit général de leurs créanciers.

Cela se rapprochait beaucoup, comme je le disais plus haut, du droit électoral qui avait fonctionné pour l'élection des États généraux. Avaient, en effet, été admis en 1789 à l'assemblée électorale du Tiers dans les paroisses, communautés, bourgs et petites villes, « tous les habitants composant le Tiers-État, nés Français ou naturalisés, âgés de vingt-cinq ans, domiciliés et compris au rôle des impo-

---

le projet du Comité, attaque l'expression de citoyens *actifs* et *passifs*. « Tout citoyen est actif dans l'État, quand il s'agit de s'occuper des droits de tous les citoyens ».

[1] Constitution de 1791, *loc. cit.*, art. 2.

[2] L'âge de vingt-cinq ans fut choisi, non pour assurer chez le citoyen actif une maturité d'esprit plus complète, mais parce que c'était l'âge de la pleine majorité dans le droit commun de l'ancienne France; séance du 20 octobre 1789, *loc. cit.*, p. 72, M. Legrand : « L'âge de vingt-cinq ans, auquel la majorité est fixée par nos usages, est trop éloigné pour qu'un citoyen exerce ses propres droits; il ne l'est point assez pour exercer ceux des autres ».

[3] L'idée que la qualité de domestique ravalait le citoyen et lui enlevait toute indépendance était courante parmi les hommes de la Révolution. Siéyès, *Qu'est-ce que le Tiers État*, p. 37-38 : « Dans tous les pays la loi a fixé des caractères certains, sans lesquels on ne peut être ni électeur ni éligible... Un domestique, et tout ce qui est dans la dépendance d'un maître, un étranger non naturalisé seraient-ils admis à figurer parmi les représentants de la nation? « Dans le premier projet cette condition était ainsi exprimée : *n'être pas de condition servile*. On proposa ensuite de dire : *n'être pas dans un état de domesticité*. Mais Pétion fit cette observation (séance du 27 octobre 1789, *loc. cit.*, p. 94) : « Par *domestiques* on entend les commensaux, tels que les instituteurs, secrétaires, bibliothécaires, et par *serviteur* celui qui vaque à des œuvres serviles. Celui-ci ne peut pas être élu, mais cette exclusion ne doit pas s'étendre aux commensaux ». On rédigea alors l'article de manière à ce qu'il ne pût s'entendre que du *serviteur à gages*. Il y a là de curieux traits de mœurs.

sitions [1] ». Même l'exclusion des domestiques était implicitement comprise dans ce système antérieur; car, pour avoir entrée dans l'assemblée électorale, il fallait être inscrit au rôle des taillables, et les domestiques ne payaient point la taille personnelle [2].

Des diverses conditions établies par l'Assemblée Constituante une seule doit nous arrêter un instant : c'est celle qui introduisait, très mitigé, le régime censitaire, exigeant de l'électeur le paiement d'un certain impôt direct. Elle fut présentée sous divers jours dans la discussion. D'un côté, il fut dit : « Le paiement d'une imposition ne doit être exigé dans les assemblées primaires que comme preuve de cité; la pauvreté est un titre, et quelle que soit l'imposition, elle doit être suffisante pour exercer les droits du citoyen [3] ». On ajoutait que la disposition proposée avait pour seul but d'exclure les mendiants [4]. Mais, d'autre part, certains soutenaient qu'elle était destinée à mettre les droits politiques aux mains des seuls propriétaires [5]. En réalité, elle dérivait naturellement des précédents que j'ai signalés. Ce qui le montre bien, c'est le calcul en valeur de journées de travail de l'imposition exigée; c'était de cette manière qu'était calculée la taille d'industrie et la capitation des artisans, laboureurs, et manouvriers dans l'ancien régime [6]; et il n'y avait point de taillable qui ne payât une cote supérieure à la valeur de trois journées de travail : la Constitution de 1791 prenait, d'ailleurs, des précautions pour que cette évaluation ne fût point trop arbitraire et trop variable suivant les lieux [7].

[1] Règlement du 24 janvier 1789, art. 25.

[2] D'Arbois de Jubainville, *L'administration des intendants d'après les Archives de l'Aube*, p. 37.

[3] M. Legrand, séance du 20 octobre 1789, *Réimpression de l'ancien Moniteur*, t. II, p. 72.

[4] M. Desmeuniers (séance du 22 octobre 1789, *loc. cit.*, p. 92) : « En n'exigeant aucune contribution on admettrait les mendiants aux assemblées primaires, car ils ne paient pas de tribut à l'État. Pourrait-on d'ailleurs penser qu'ils fussent à l'abri de la corruption? L'exclusion des pauvres dont on a tant parlé n'est qu'accidentelle; elle deviendra un objet d'émulation pour les artisans ».

[5] *Ibidem*, M. Dupont : « Pour être électeur il faut avoir une propriété, il faut avoir un manoir. Les affaires d'administration concernent les propriétés, les secours dus aux pauvres, etc. Nul n'y a intérêt que celui qui est propriétaire... les propriétaires seuls peuvent être électeurs. Ceux qui n'ont pas de propriété ne sont pas encore de la société, mais la société est à eux ».

[6] D'Arbois de Jubainville, *L'administration des intendants*, p. 31-47.

[7] Tit. III, ch. i, sect. 2, art. 3 : « Tous les six ans le Corps législatif fixera le *minimum* et le *maximum* de la valeur de la journée de travail et les administrateurs des départements en feront la détermination locale pour chaque district ». — Voici comment Chapelier appréciait et évaluait cette imposition dans son rapport sur le droit de pétition (Séance du 9 mai 1791) : « Les impôts étant presque tous

Les citoyens actifs n'étaient que des électeurs du premier degré. Ils se réunissaient en assemblées primaires au chef-lieu du canton, pour nommer un tant pour cent d'électeurs du second degré. En cela encore, l'Assemblée Constituante restait fidèle aux précédents. Depuis le XVIᵉ siècle, toujours les élections des députés du Tiers-État aux États généraux s'étaient faites au scrutin indirect. Seulement elle avait simplifié le système, car jadis, le suffrage était souvent à trois degrés[1]. D'ailleurs, en principe, l'élection à deux degrés était une précaution essentielle, aux yeux de l'Assemblée, pour l'exercice des droits politiques. Elle avait voulu, de parti pris, concentrer les fonctions d'électeur du second degré entre les mains de la classe moyenne et aisée[2]. Pour être éligible comme électeur du second degré, il fallait être propriétaire, usufruitier, locataire ou métayer d'un bien dont le revenu, évalué sur les rôles de contribution, devait atteindre suivant les cas la valeur de cent, cent cinquante, deux cents ou quatre cents journées de travail[3]. Mais, au contraire, pour être éligible au Corps législatif comme représentant du peuple, il suffisait d'avoir la qualité de citoyen actif[4].

directs, et l'imposition équivalente à trois journées de travail étant si faible que dans les lieux les plus opulents elle s'élève à trois livres et qu'elle est de trente sols dans les deux tiers de la France, il n'y a pas d'homme digne du nom de citoyen, il n'y a pas d'ouvrier sans talent, sans industrie, sans autre moyen que ses bras qui ne puisse supporter cette taxe commune et qui ne soit glorieux de la payer ».

[1] Voyez mon *Cours élémentaire d'histoire du droit français*, 3ᵉ édit., p. 495.

[2] Barnave, séance du 11 août 1791 : « C'est dans la classe moyenne qu'il faut chercher des électeurs, et je demande à tous ceux qui m'entendent si c'est une contribution de dix journées de travail qui constitue cette classe moyenne, et qui peut assurer à la société un degré certain de sécurité. Messieurs, vous avez établi, du moins par l'usage, que les électeurs ne seraient pas payés... Or, je dis que du moment que l'électeur n'a pas la somme de propriété suffisante pour se passer de travail pendant un certain temps et pour faire les frais de son transport dans le lieu de l'élection, il faut qu'il arrive de ces trois choses l'une : ou qu'il s'abstienne de l'élection, ou qu'il soit payé par l'État, ou bien enfin qu'il soit payé par celui qui veut être élu ».

[3] Constitution de 1791, tit. III, ch. ı, sect. 2, 7. Cet article fut voté au mois d'août 1791, lors de la révision des divers décrets constitutionnels précédemment arrêtés. Dans la loi du 22 décembre 1789 (sect. 1, art. 19), l'Assemblée avait d'abord exigé, pour être éligible dans les assemblées primaires, simplement une contribution égale au moins à la valeur locale de dix journées de travail.

[4] Constitution de 1791, tit. III, ch. ı, sect. 3, art. 3 : « Tous les citoyens actifs, quel que soit leur état, profession ou contribution, pourront être élus représentants de la nation ». Mais c'est encore là une retouche apportée, dans la révision de 1791, au système d'abord adopté par l'Assemblée. Celle-ci (séance du 29 octobre 1789) avait d'abord exigé pour l'éligibilité au Corps législatif une contribution d'un marc d'argent. Mais cette condition avait soulevé de vives protestations dans l'opinion publique. Elle fut supprimée au mois d'août 1791, après une discussion animée et bril-

C'est à peu près dans ces conditions que fut élue l'Assemblée législative[1]. Mais, lorsqu'après le 10 août elle-même convoqua la Convention nationale, elle n'hésita pas à les modifier en vue des élections nouvelles : la Constitution de 1791 était considérée comme caduque dans son entier, par suite de la révolution nouvelle qui venait de s'accomplir. L'Assemblée législative, par le décret des 11-12 août 1792, maintint bien le suffrage indirect à deux degrés, faisant, comme par le passé, nommer les électeurs par les assemblées primaires (art. 1). Mais elle supprimait le suffrage restreint et le transformait en suffrage quasi-universel (art. 2). « La distinction des Français en citoyens actifs et non actifs était supprimée ; et pour être admis dans les assemblées primaires, il suffisait d'être Français, âgé de vingt et un ans, domicilié depuis un an, vivant de son revenu ou du produit de son travail, et n'étant pas en état de domesticité ». Pour être éligible comme député ou électeur, il suffisait (art. 3) de remplir les mêmes conditions et d'avoir en plus vingt-cinq ans, « les conditions d'éligibilité exigées pour les électeurs ou pour les représentants n'étant point applicables à une convention nationale ».

La Convention, dans sa première période d'élaboration constitutionnelle, celle qui aboutit à la Constitution du 24 juin 1793, se montra ardemment partisane du suffrage universel et direct en matière politique. Condorcet, dans le remarquable discours qu'il prononça le 25 février 1793, en présentant le premier projet de constitution, s'efforça de justifier rationnellement ce système. Dans les discussions, très décousues, qui suivirent, on en proclamait le principe comme un axiome évident. Il fut donc inscrit dans la Constitution de 1793[2],

---

lante. Il y eut comme une compensation entre cette décision et celle qui rendait plus difficile l'éligibilité comme électeur du second degré.

[1] L'assemblée législative fut en réalité élue d'après le décret du 22 décembre 1789 ; car, lorsque l'Assemblée Constituante décréta la convocation des assemblées primaires et des électeurs pour la nomination de la future législature (séances des 27 et 28 mai 1791, *Réimpression de l'ancien Moniteur*, t. VIII, p. 517 et s.), la Constitution n'était pas encore finie et définitivement votée. L'Assemblée Constituante se référa simplement au décret du 22 décembre 1789 qu'elle modifia seulement quant à quelques dispositions secondaires. Le décret différait surtout en deux points de la Constitution de 1791. Il rendait éligible comme électeur du second degré tout électeur qui payait une contribution directe de la valeur de dix journées de travail (art. 19) ; d'autre part, il ne rendait éligible à l'Assemblée nationale que celui qui payait une contribution directe équivalente à un marc d'argent et qui, de plus, possédait une propriété foncière quelconque (art. 32).

[2] Rapport sur la Constitution du peuple français par Hérault-Séchelles, dans la séance du 10 juin 1793 (*Réimpression de l'ancien Moniteur*, t. XVI, p. 617) : « Nous avons fait d'abord l'attention la plus sérieuse au principe de la représentation. On sait qu'elle ne peut être fondée que sur la population, surtout dans une

Elle accordait le droit de suffrage à tout Français âgé de vingt et un ans, et même, à de certaines conditions, aux étrangers du même âge résidant en France (art. 4). Mais, pour avoir entrée dans les assemblées primaires, il fallait avoir six mois de domicile dans le canton (art. 11). Chaque réunion d'assemblées primaires, résultant d'une population de trente neuf à quarante mille âmes, nommait *immédiatement* un député (art. 23)[1]. Mais la Constitution du 24 juin 1793 ne fut jamais appliquée. Elle fut suspendue par les décrets des 19 vendémiaire et 14 frimaire an II, qui établissaient le gouvernement révolutionnaire jusqu'à la paix. Lorsqu'après Thermidor la Convention reprit, en l'an III, la question constitutionnelle, après d'assez longs tâtonnements pour compléter ou perfectionner la Constitution de 1793, elle se décida enfin à l'abandonner, pour en voter une entièrement nouvelle, qui fut celle du 5 fructidor an III.

Sur la question du droit de suffrage, comme sur bien d'autres, la Constitution de l'an III revenait en arrière et reprenait les principes adoptés en 1791. Pour l'élection des deux assemblées qu'elle instituait, le Conseil des Cinq-Cents et le Conseil des Anciens, elle établissait le suffrage restreint et indirect : seulement, on l'élargissait, on le rapprochait de très près du suffrage universel. Était, en effet, déclaré citoyen français, c'est-à-dire citoyen actif (art. 8), « tout homme né et résidant en France, qui, âgé de vingt et un ans accomplis, s'était fait inscrire sur le registre civique de son canton, qui avait demeuré depuis, pendant une année, sur le territoire de la République et qui *payait une contribution directe, foncière ou personnelle* ». Le cens était ainsi réduit au *minimum*, puisque le taux n'en était pas fixé ; il suf-

---

république aussi peuplée que la nôtre. Cette question ne saurait être douteuse aujourd'hui que dans l'esprit des riches, accoutumés à se calculer autrement que les autres hommes. Il s'en suit que la représentation doit être prise immédiatement dans le peuple ; autrement on ne le représente pas ».

[1] Chose notable, la Constitution de 1793 maintenait le suffrage indirect, à deux degrés, pour l'élection des fonctionnaires administratifs et judiciaires (art. 37). Voici comment le rapport d'Hérault-Séchelles justifiait cette disposition (*loc. cit.*, p. 617) : « Qu'on ne nous reproche pas, d'un autre côté, d'avoir conservé des assemblées électorales, après avoir rendu un hommage si entier à la souveraineté du peuple et à son droit d'élection. Nous avons cru essentiel d'établir une forte différence entre la représentation d'où dépendent les lois et les décrets, en un mot la destinée de la république, et la nomination de ce grand nombre de fonctionnaires publics, à qui, d'une part, il est indispensable de faire sentir leur dépendance dans leur origine et dans leurs fonctions ; tandis que, de l'autre, le peuple lui-même doit reconnaître que, la plupart du temps, il n'est pas en état de les choisir, soit parce que dans les cantons on ne connaît pas un assez grand nombre d'individus capables, soit parce que leurs fonctions ne sont pas d'un genre simple et unique, soit enfin parce que le recensement de leurs scrutins consumerait trop de peines et de détails ».

fisait de payer une contribution directe quelconque. La Constitution donnait même à tout Français le moyen de remplir cette condition à coup sûr et par un acte de sa seule volonté. D'après l'art. 304, tout individu qui n'avait pas été compris au rôle des contributions directes, avait « le droit de se présenter à l'administration municipale de sa commune, et de s'y inscrire pour une contribution personnelle égale à la valeur locale de trois journées de travail agricole ». La Constitution de l'an III exigeait, d'ailleurs, pour ouvrir le droit électoral dans l'avenir, sinon dans le présent, d'autres conditions rentrant dans un ordre d'idées tout nouveau, mais parfaitement rationnel. Il y était dit (art. 16) : « Les jeunes gens ne peuvent être inscrits sur le registre civique (et cette inscription était indispensable pour exercer les droits politiques) s'ils ne prouvent qu'ils savent lire et écrire et exercer une profession mécanique. Les opérations manuelles de l'agriculture appartiennent aux professions mécaniques. Cet article n'aura d'exécution qu'à partir de l'an XII de la République ». Sauf en ce qui concerne l'exigence de la profession mécanique, où l'on retrouvait l'influence directe des idées développées par Rousseau dans l'*Émile*, cette disposition ouvrait, presque un siècle d'avance, une voie dans laquelle sont entrées de nos jours un certain nombre de nations occidentales. La Constitution de l'an III admettait aussi un certain nombre de causes qui faisaient perdre la jouissance ou l'exercice des droits politiques (art. 12, 13). Parmi ces dernières figurait « l'état de domestique à gages, attaché à la personne ou au ménage, » idée toujours persistante depuis le début de la Révolution.

Les citoyens actifs composaient les assemblées primaires formées par canton (tit. III), où le droit de voter appartenait à tous ceux qui avaient acquis domicile dans le canton par une résidence d'une année et ne l'avaient pas perdu par un an d'absence (art. 17). Elles élisaient des électeurs du second degré, composant les assemblées électorales (tit. III) qui nommaient les membres des deux conseils. Pour être électeur du second degré, il fallait, comme en 1791, avoir vingt-cinq ans et justifier d'une certaine propriété, usufruit, fermage ou loyer (art. 35). Somme toute, c'était le système électoral de l'Assemblée Constituante qui, avec quelques retouches plus apparentes que réelles, avait été repris par la Constitution de l'an III, et, sauf l'interruption produite en 1793, le droit électoral de la Révolution présentait jusque-là une même suite d'idées.

Avec le 18 Brumaire et le Consulat il allait prendre une direction nouvelle. Celle-ci lui fut donnée, on le sait, par deux hommes : Siéyès, pour la théorie, et Napoléon, pour la pratique. Cette phase, d'ailleurs, comme toujours en histoire, se relie étroitement à la précédente

et s'explique par elle. Depuis 1789 le grand ressort politique avait été
le principe électif ; on l'avait introduit partout, non seulement dans le
gouvernement, mais aussi dans l'administration, dans l'organisation
judiciaire, et momentanément même dans l'armée. Dans la lutte
ardente des partis, il avait été bientôt faussé et énervé, et, par une
réaction presque fatale, il allait maintenant faire place à l'action d'un
pouvoir exécutif indépendant et très fort, nommé d'abord à long
terme, puis à titre héréditaire. Cependant, et cela en vertu même des
lois de l'évolution, le principe électif subsistait en apparence, recou-
vrant, comme une simple étiquette, les formes du gouvernement, de
même que le pouvoir exécutif paraissait tirer de lui son origine.

C'était le suffrage universel qui, cette fois, était établi à la base.
Était, en effet, citoyen français, citoyen actif, d'après la Constitution
du 22 frimaire an VIII (art. 2), tout homme né et résidant en France,
qui, âgé de vingt et un ans accomplis, s'était fait inscrire sur le registre de son arrondissement communal et qui avait demeuré depuis un
an sur le territoire de la République. Toute condition de cens ou de
capacité était supprimée, et quant aux cas d'incapacité ou d'indignité qui faisaient perdre le droit électoral ou en suspendaient l'exercice (art. 4, 5), ils étaient reproduits de la Constitution de l'an III :
« l'état de domestique à gages, attaché au service de la personne
ou du ménage, » figurait toujours sur la liste.

Mais ce large droit de suffrage à la base avait peu d'importance ;
il n'était qu'une apparence ; car ces électeurs ne faisaient plus des
élus, des députés. Ils ne nommaient même plus des électeurs du second degré ; ils présentaient seulement des listes de candidats sur
lesquels le Sénat ou le Premier Consul faisaient les choix véritables
et définitifs[1]. Ces présentations elles-mêmes étaient indirectes, à plusieurs degrés[2], ou plutôt résultaient d'une série de sélections graduées
qu'opéraient successivement parmi leurs membres les diverses assemblées, dites électorales. La Constitution décidait, en effet, art. 8 et
suiv. : « Les citoyens de chaque arrondissement communal désignent
par leurs suffrages ceux d'entre eux qu'ils croient les plus propres à
gérer leurs affaires publiques. Il en résulte une liste de confiance,
contenant un nombre de noms égal au dixième du nombre des citoyens
ayant droit d'y coopérer. C'est dans cette première liste communale

[1] *Mémoires du chancelier Pasquier*, t. I, p. 145 : « On fut également d'accord
pour restreindre les élections populaires ; on ne pouvait rien imaginer de mieux pour
atteindre ce but que les assemblées primaires, les assemblées de canton, les collèges de département et d'arrondissement qui n'avaient d'autre pouvoir que de désigner des candidats entre lesquels choisissait le Sénat conservateur ».

[2] Sauf pour les candidats aux fonctions publiques de l'arrondissement lui-même.

que doivent être pris les fonctionnaires publics de l'arrondissement.
— Les citoyens compris dans les listes communales d'un département
désignent également un dixième d'entre eux. Il en résulte une seconde
liste, dite départementale, dans laquelle doivent être pris les fonctionnaires publics du département. — Les citoyens portés dans la liste
départementale désignent pareillement un dixième d'entre eux; il en
résulte une troisième liste qui comprend les citoyens de ce département éligibles aux fonctions publiques nationales ». Toutes les listes,
ainsi faites dans les départements, étaient adressées au Sénat et,
réunies, formaient la liste nationale (art. 19). Le Sénat élisait sur cette
liste (art. 20) les législateurs (membres du Corps législatif), les tribuns (membres du Tribunat), les Consuls, les juges de cassation et
les commissaires de la comptabilité[1]. Tous les trois ans les listes étaient
révisées par ceux qui avaient droit de coopérer à leur formation (art.
10 et suiv.); et ceux-ci non seulement comblaient alors les vides qui
s'étaient produits, mais encore pouvaient rayer, à la majorité absolue,
de la liste d'éligibles ceux qui y étaient précédemment portés. Dans
cette combinaison harmoniquement construite, dans ces rouages si
bien engrenés les uns aux autres, on reconnaît la main habile de
Siéyès; on retrouve aussi ses conceptions si dénuées de sens pratique, dès qu'il s'agissait, non de juger les hommes, mais de réglementer les institutions. En même temps on avait touché à l'extrême décadence du principe électif, au point le plus bas qu'il devait atteindre
depuis 1789 jusqu'à nos jours[2]. Avec le Consulat à vie il eut plutôt
un léger relèvement. Dans le Sénatus-consulte du 16 thermidor an X,
Napoléon se garda bien de renoncer à ce qui faisait la force pratique

[1] Pour le Sénat, la majorité en avait été nommée d'abord (art. 24) par Siéyès et
Roger Ducos, ses premiers membres désignés par la Constitution elle-même et réunis
aux trois Consuls. Il s'était ensuite complété par cooptation. A l'avenir il devait nommer ses membres sur une liste de trois noms présentés, l'un par le Corps législatif,
l'autre par le Tribunat, le troisième par le premier Consul (art. 16); si le même candidat était présenté à la fois par ces trois autorités, le Sénat était tenu de l'admettre.

[2] Le système électoral établi par la Constitution de l'an VIII fonctionna à peine
une fois. En effet, avant qu'aucune des listes de confiance fût dressée, dès les premiers jours de nivôse an VIII, le Sénat, formé le premier, nomma directement les
membres du Tribunat et ceux du Corps législatif. Mais la Constitution décidait que
le premier renouvellement du Tribunat et du Corps législatif (qui se renouvelaient
l'un et l'autre par cinquième), aurait lieu en l'an X (art. 38.); elle avait prescrit, d'autre
part (art. 14), que les premières listes de confiance seraient formées au cours de
l'an X. Il en résulta qu'en ventôse an X le Sénat, procédant par voie d'élection, choisit les quatre cinquièmes des membres du Tribunat et du Corps législatif, les autorisant à continuer leurs fonctions; il élimina ainsi tous les autres et choisit sur la liste
nationale ceux qui devaient les remplacer; voyez Buchez et Roux, *Histoire parlementaire de la Révolution française*, t. XXVIII, p. 398, 397 et s.

du système, c'est-à-dire à la nomination par le Sénat des membres
du Tribunat et du Corps législatif; mais il rejeta le procédé compliqué et presque puéril des listes de confiance et d'éligibilité superpo-
sées. Il ne rendit point l'élection aux citoyens actifs, mais il leur
donna, avec mille précautions, un véritable droit de présentation.

Le Sénatus-consulte du 16 thermidor an X organisait trois sortes
d'assemblées électorales. Les unes, *assemblées primaires de canton*,
comprenaient, sans condition de cens, tous les Français domiciliés
dans le canton et qui y jouissaient des droits de citoyen : ces assemblées cantonales élisaient des *collèges d'arrondissement et de département*, qui présentaient les candidats entre lesquels le Sénat devait
choisir les membres des assemblées représentatives. En apparence,
c'était le suffrage à deux degrés réduit au droit de présentation; en
réalité, c'était un système différent plus complexe et moins libéral
encore.

En premier lieu, en effet, les membres élus par les assemblées
cantonales pour composer les collèges électoraux d'arrondissement
et de département étaient à vie (art. 20). Ils ne pouvaient être révoqués que dans des cas très rares, et, aux trois quarts des voix (art.
21), par le collège dont ils faisaient partie. Le premier Consul pouvait leur adjoindre, suivant les cas, dix ou vingt membres (art.
27), pris par lui dans certaines catégories de citoyens. Enfin, les
assemblées cantonales ne pouvaient choisir ceux qu'elles élisaient au
collège électoral de département que parmi (art. 25) « les six cents
citoyens plus imposés du département aux rôles des contributions foncière, mobilière et somptuaire, et aux rôles des patentes ».

Les collèges électoraux d'arrondissement et de département avaient
des fonctions distinctes et des fonctions communes. Chaque collège
d'arrondissement (art. 29) présentait, à chaque réunion, « deux citoyens pour faire partie de la liste sur laquelle devaient être pris les
membres du Tribunat ». Chaque collège de département présentait,
à chaque réunion (art. 31), « deux citoyens pour former la liste sur
laquelle devaient être pris les membres du Sénat ». Enfin, les collèges
d'arrondissement et de département présentaient chacun (art. 32)
« deux citoyens, domiciliés dans le département, pour former la liste
sur laquelle devaient être nommés les membres de la députation au
Corps législatif »; et des précautions étaient prises pour qu'en s'en-
tendant sur les mêmes candidats les divers collèges du département
ne dictassent pas, presque à coup sûr, le choix du Sénat [1].

[1] Entre le système électoral de l'an VIII et celui de l'an X il y avait, sur un
point, une différence assez profonde quant à la composition du Corps législatif.
Étant donnée la base de la liste nationale, dans laquelle venaient se confondre les

Le premier Empire conserva ce système avec de très légères additions : la plus importante consista en ce que les membres de la Légion d'honneur furent membres de droit, selon leur grade, des collèges électoraux d'arrondissement ou de département[1]. Le Sénat, qui continuait à élire les membres du Corps législatif et ceux du Tribunat (tant que le Tribunat subsista), était lui-même recruté d'une manière nouvelle. Outre les princes français et les grands dignitaires de l'Empire, il comprenait quatre-vingts membres représentant l'ancien fonds, nommés par lui « sur la présentation de candidats choisis par l'Empereur sur les listes formées par les collèges électoraux de département », et tous « les citoyens que l'Empereur jugeait convenable d'élever à la dignité de sénateur[2] ».

Tel fut le système électoral du Consulat et du premier Empire. Ce sont les circonstances historiques, les désillusions et l'indifférence quant à la liberté politique, qui lui ont permis de naître et de végéter ; mais une autre cause, une cause première, contribua peut-être à ce résultat, à savoir le système de suffrage à deux degrés qu'avait établi l'Assemblée Constituante, et que la Convention avait repris en l'an III. Les électeurs du second degré formaient dans chaque département un véritable corps politique, et l'on s'habituait ainsi par avance à voir les représentants choisis par un corps autre que le Corps électoral.

Avec la Restauration et par la Charte de 1814, une double transformation s'accomplit. D'un côté, le droit de suffrage politique fut restreint étroitement ; d'autre part, il redevint effectif pour l'élection de la Chambre des députés. La comédie électorale, qui se jouait depuis l'an VIII, cessa ; les électeurs élurent directement les députés.

---

notables de tous les départements, et sur laquelle le Sénat choisissait en principe librement, il n'y avait plus en réalité de représentation distincte des divers départements. Cela était absolument vrai pour le Tribunat ; quant au Sénat, l'art. 31 de la Constitution de l'an VIII portait qu'il devait « toujours s'y trouver un citoyen au moins de chaque département de la République ». Dans le système de l'an X, au contraire, les membres du Corps législatif sont répartis entre les départements à raison de leur importance, et c'est seulement pour la nomination des députés du département que les collèges d'arrondissement et de département font des présentations. Dès lors le Corps législatif put prendre le nom qu'on lui donna dans la suite, Chambre des députés des départements. Voici d'ailleurs comment le définissait un article officiel, célèbre en son temps, inséré au *Moniteur* du 15 décembre 1808 : « Le Corps législatif, improprement appelé de ce nom, devrait être appelé Conseil législatif, puisqu'il n'a pas la faculté de faire des lois, n'en ayant pas la proposition. Le Conseil législatif est donc la réunion des mandataires des collèges électoraux. On les appelle députés des départements parce qu'ils sont nommés par les départements. »

[1] Sénatus-Consulte du 25 Boréal an XII, art. 99.

[2] *Ibidem*, art. 57.

Cela n'était cependant point formellement dit dans la Charte[1]. Mais cela fut décidé par la loi du 5 février 1817[2]. Pour être électeur il fallait, d'après la Charte (art. 40), payer un cens très élevé, une contribution directe de trois cents francs, et avoir trente ans d'âge. Le cens d'éligibilité était porté à mille francs de contribution directe (art. 39), et il fallait avoir quarante ans pour être élu député. Cependant, si dans un département il n'y avait pas cinquante personnes de quarante ans payant cette contribution, les plus imposés après elles étaient ajoutés à la liste jusqu'au chiffre de cinquante (art. 40), et ils devenaient alors éligibles. C'était une nouvelle orientation du suffrage politique : on voulait le mettre exclusivement entre les mains des classes riches, et spécialement des grands propriétaires fonciers. La première pensée des rédacteurs de la Charte avait même été de ne compter pour le cens électoral que la contribution foncière, et c'est par voie de concession qu'on y comprit aussi les autres contributions directes[3]. Aussi une retouche dans ce sens ne tarda pas à être apportée par la loi du 29 juin 1820, dite du *double vote*. Elle créait, pour l'élection des députés, deux sortes de collèges électoraux : 1° des collèges d'arrondissement, qui comprenaient tous les électeurs censitaires admis par la Charte et ayant là leur domicile politique, et qui nommaient chacun un député (art. 1 et 2) ; 2° des collèges de département, « composés des électeurs les plus imposés en nombre égal au quart de la totalité des électeurs du département », entre lesquels étaient répartis 172 nouveaux députés à élire. Certains départements seuls, les plus petits, conservaient le système antérieur, tous leurs électeurs se réunissant en un seul collège départemental. Par cette combinaison, les électeurs les plus imposés de chaque département, jusqu'à concurrence du quart, votaient deux fois : d'abord dans le collège d'arrondissement, puis dans celui de département ; et

---

[1] L'art. 35 disait simplement : « La Chambre des députés sera composée des députés élus par les collèges électoraux dont l'organisation sera déterminée par des lois ». L'art. 40 déterminait les électeurs censitaires « qui concourent à la nomination des députés ».

[2] Art. 7 : « Il n'y a dans chaque département qu'un seul collège électoral. Il est composé de tous les électeurs du département dont il *nomme directement* les députés à la Chambre ».

[3] Duvergier de Hauranne, *Histoire du gouvernement parlementaire en France*, t. II, p. 171 : « MM. Chabaud-Latour, Garnier, Duhamel, eurent beaucoup de peine à obtenir que la contribution foncière ne profitât pas seule au cens électoral et que les contributions personnelle et mobilière eussent le même avantage. On fit pourtant droit à leur demande en substituant les mots *contribution directe* aux mots *contribution foncière*, mais personne ne songea aux patentes : « Si on y eût songé, dit M. Beugnot, jamais l'amendement n'eût été adopté ».

dans ce dernier collège leur voix prenait une importance toute particulière, puisqu'elle n'était pas contre-balancée par la voix des censitaires moins imposés. C'est, d'ailleurs, la seule application qui ait été
faite, en France, du système du *vote plural*, que nous retrouverons
un peu plus loin dans certaines législations étrangères.

La Révolution de 1830 maintint le régime censitaire, mais en l'at-
ténuant, en lui donnant par là même un caractère nouveau. C'était
dorénavant, non plus aux grands propriétaires fonciers, mais à la classe
moyenne, à la bourgeoisie enrichie, que la Constitution voulait réserver l'exercice des droits politiques. La Charte revisée de 1830 ne
fixait pas elle-même le cens électoral ni le cens d'éligibilité. Elle décidait seulement qu'il fallait avoir vingt-cinq ans pour être électeur
(art. 34) et trente ans pour être élu député (art. 32). Elle laissait le
surplus au domaine de la loi, et elle annonçait, à brève échéance (art.
69, § 9), une loi électorale portant « l'abolition du double vote et la
fixation des conditions électorales et d'éligibilité ». Cette loi fut celle
du 19 avril 1831, qui donna lieu à de vifs débats dans la presse et
dans les Chambres. Elle abaissait le cens électoral à deux cents francs
de contributions directes (art. 1), et même, pour certaines catégories de
personnes, à cent francs, à raison de leurs titres particuliers[1]. Le cens
d'éligibilité était abaissé à cinq cents francs de contributions directes
(art. 59). Tout double vote était supprimé (art. 12), et les élections
des députés se faisaient par arrondissement, chaque arrondissement
élisant un député.

Cette loi devait rester le dernier mot de la Monarchie de Juillet en
cette matière; mais elle devait être pour elle comme un mal chroni-
que, et contribua puissamment à amener la crise définitive qui entraîna sa chute. La Révolution de 1830, en effet, représentait, pour
une bonne part, un renouveau de l'esprit qui avait inspiré la première
Révolution et le premier Empire, et cet esprit était épris d'égalité
plus encore que de liberté politique. La question de la réforme électorale, dans le sens d'un élargissement du droit de suffrage, fut bientôt à l'ordre du jour, périodiquement introduite par le parti démocratique, sous forme de pétitions adressées aux Chambres ou de projets de loi déposés devant elles et dus à l'initiative parlementaire.
Sous cette forme, les projets de *réforme électorale* prenaient, d'ordi-

---

[1] Art. 3 : « Sont, en outre, électeurs en payant cent francs de contributions directes : 1° les membres et correspondants de l'Institut; 2° les officiers des armées
de terre et de mer jouissant d'une pension de retraite de 1,200 francs au moins, et
justifiant d'un domicile réel de trois ans dans l'arrondissement communal. Les officiers en retraite pourront compter, pour compléter les 1,200 francs ci-dessus, le
traitement qu'ils toucheraient comme membres de la Légion d'honneur ».

maire, un caractère modéré. Ce qui était le plus souvent proposé, c'é-
tait ce qu'on appelait alors l'*adjonction des capacités* aux électeurs
censitaires ; on désignait par là les personnes inscrites à raison de
leur profession sur la seconde partie de la liste du jury criminel,
telle qu'elle était alors dressée. Souvent l'opposition dynastique libérale adhérait à de semblables demandes, ou même les présentait pour
son propre compte. Mais le gouvernement opposa toujours une résistance obstinée et un refus absolu. Au mois de mai 1840, M. Thiers,
alors président du Conseil, repoussait toute réforme électorale[1], et
une campagne de banquets était vainement conduite en faveur de
cette réforme[2]. En février 1842, c'était M. Guizot qui la combattait,
répondant aux discours de Lamartine et de Dufaure[3]. C'était lui encore qui, inébranlable dans la résistance, repoussait, le 26 mars 1847
devant la Chambre des députés, une proposition très modérée de M.
Duvergier de Hauranne et émettait cette prédiction, que les faits devaient démentir à si brève échéance : « Il n'y a pas de jour pour le
suffrage universel. Il n'y a pas de jour où toutes les créatures humaines, quelles qu'elles soient, pourront être appelées à exercer les
droits politiques[4] ». C'est enfin en vue de la réforme électorale que
s'organisa cette nouvelle campagne des banquets de 1847 et de février
1848, qui devait amener, comme dernier incident, la Révolution de
février[5].

Proclamé par le Gouvernement provisoire pour les élections à l'Assemblée Constituante[6], inscrit dans la Constitution de 1848 et organisé par la loi électorale du 15 mars 1849, le suffrage universel
entrait désormais à titre définitif dans nos institutions. Une tentative
fut faite cependant pour le restreindre par l'Assemblée législative dans
la loi du 31 mai 1850. Le législateur ne pouvait pas alors l'atteindre
directement ; car il était garanti par une disposition constitutionnelle ;
mais un détour fut employé d'une grande subtilité juridique. La
Constitution ne déterminait pas les conditions de domicile nécessaires
pour exercer le droit électoral : elle les avait implicitement laissées à
la détermination de la loi, et la loi du 15 mars 1849 les avait fixées à

---

[1] Dans la séance du 16 mars, il proclamait la souveraineté, non pas de la nation,
mais du roi et des Chambres, selon la pure doctrine anglaise : « En langage constitutionnel, quand vous dites souveraineté nationale, vous dites la souveraineté du roi,
des deux Chambres exprimant la souveraineté de la nation par des votes réguliers.
De souveraineté nationale, je n'en connais pas d'autre ».
[2] Thureau-Dangin, *Histoire de la Monarchie de Juillet*, t. IV, p. 81 et suiv.
[3] *Ibidem*, t. V, p. 54 et suiv.
[4] *Histoire de mon temps*, t. V, p. 383.
[5] Thureau-Dangin, *op. cit.*, t. VII, p. 78 et suiv., 394 et suiv.
[6] Décret du 5 mars 1848.

six mois de résidence dans le canton [1]. Le gouvernement, répondant
aux désirs de la majorité de l'Assemblée [2], proposa d'exiger un domicile de trois années dans la même commune ou dans le même canton
(art. 1), et ce domicile électoral devait être constaté en principe, sauf
dans quelques cas exceptionnels, par l'inscription de l'électeur au rôle
de la taxe personnelle ou au rôle de la prestation en nature pour les
chemins vicinaux [3]. L'exposé des motifs exprimait, d'ailleurs, le plus
grand respect pour la Constitution [4]. Ce projet donna lieu aux plus
ardents débats : attaqué comme inconstitutionnel autant que dangereux, il fut voté néanmoins, et cette loi fut une mesure des plus impopulaires et des plus imprudentes. Elle manquait de franchise et
paraissait dirigée exclusivement contre les électeurs ouvriers des
villes. Louis-Napoléon, qui l'avait cependant fait présenter par son
ministère, l'abrogea par le décret qui fut l'expression du Coup d'État
du 2 décembre 1851 [5] ; et le suffrage universel ainsi rétabli n'a reçu
aucune atteinte de la législation postérieure.

Après avoir suivi l'histoire du droit de suffrage politique en
France, relevons les principales indications que fournissent les législations étrangères.

V.

Nous avons vu dans notre pays la législation, depuis 1789, osciller
autour du suffrage universel, tantôt s'en rapprochant, tantôt s'en éloignant, pour s'y fixer enfin dans une position inébranlable. Dans la
grande démocratie de l'Amérique du Nord, la même évolution s'est
produite, conduisant au même résultat, mais d'une façon recti-

[1] Ci-dessus, p. 194.

[2] Spuller, *Histoire parlementaire de la seconde République*, p. 287 et suiv.

[3] Art. 3 : « Le domicile électoral sera constaté : 1° par l'inscription au rôle de
la taxe personnelle ou par l'inscription personnelle au rôle de la prestation en nature pour les chemins vicinaux ; 2° par la déclaration des pères ou mères, beaux-
pères ou belles-mères ou autres ascendants domiciliés depuis trois ans, en ce qui
concerne les fils, gendres, petits-fils et autres descendants majeurs vivant dans la
maison paternelle et qui, par application de l'art. 12 de la loi du 21 avril 1832, n'ont
pas été portés au rôle de la contribution personnelle ; 3° par la déclaration des
maîtres et patrons, en ce qui concerne les majeurs qui servent ou travaillent habituellement chez eux, lorsque ceux-ci demeurent dans la même maison que leurs
maîtres ou patrons ou dans les bâtiments d'exploitation ».

[4] « On doit respecter la Constitution dans sa lettre et dans son esprit ; il n'est permis ni de l'enfreindre ni de l'éluder ; mais le législateur peut et doit user loyale-
ment et avec courage des droits que lui donne cette Constitution pour défendre la
société menacée ».

[5] Le Président de la République décrète : Art. 1er, L'Assemblée nationale est dissoute ; — Art. 2, Le suffrage universel est rétabli. La loi du 31 mai est abrogée.

ligne, sans retour en arrière et par un progrès continu. Lorsque
se fonda la République des États-Unis, les Constitutions particulières des divers États, qui déterminent en même temps la capacité électorale et pour les votations dans l'État et pour l'élection de la Chambre des représentants fédérale, contenaient en
général le système censitaire[1]. Elles exigeaient, chez l'électeur, soit
une propriété déterminée, souvent une propriété foncière, soit le paiement de certains impôts. Mais peu à peu ces restrictions ont été supprimées, et il n'en reste plus aujourd'hui que quelques traces. Voici
ce qu'écrivait M. Bryce il y a quelque dix ans.

« Le suffrage universel (*Universal manhood suffrage*) sujet à certaines déchéances fondées sur les délits (la corruption comprise) ou
sur la réception des secours alloués en vertu des lois sur les pauvres
— dans huit États aucun pauvre ne vote — est la règle dans tous les
États. Quatre États (Delaware, Massachusetts, Pensylvanie et Tennessee) exigent de l'électeur qu'il ait payé quelque taxe de l'État ou
du comté (le Massachusetts et le Tennessee appellent cela la taxe
électorale, *poll-tax*); mais s'il ne la paie pas, son parti la paie ordinairement pour lui; aussi la restriction est de peu d'importance. Le
Massachusetts exige aussi qu'il soit capable de lire la Constitution en
anglais et d'écrire son nom (amendement de 1857); le Connecticut,
qu'il soit capable de lire un article quelconque (*section*) de la Constitution et des lois, et qu'il soit de bonne vie et mœurs (*sustain a
good moral character*) (Amendements de 1855 et 1845)[2]. Autant que
j'ai pu le constater, cette épreuve se rapportant à l'instruction a peu
de conséquences pratiques. Dans le Massachusetts, elle ne paraît pas
être généralement ramenée à exécution, peut-être parce que les agents
des partis, d'un côté comme de l'autre, s'accordent à ne pas troubler
les électeurs à ce sujet. Naturellement une certaine résidence dans les
États-Unis, dans l'État et dans la circonscription électorale, est exigée : la durée en varie grandement d'un État à l'autre, mais elle est
ordinairement courte[3] ».

[1] Ci-dessus, p. 197.
[2] « La Constitution du Colorado de 1876 permet au législateur d'exiger des électeurs des justifications quant à l'éducation, mais aucune loi dans ce sens ne peut
entrer en vigueur avant 1890. — D'un autre côté, les Constitutions de l'Alabama et
du Mississipi défendent toute exigence de cette nature. Il est curieux, et cependant
facilement explicable, que deux États des plus ignorants prohibent ce que deux des
plus instruits (le Massachusetts et le Connecticut) prescrivent expressément. La
garantie est appliquée là où elle est le moins utile, et écartée là où elle le serait le
plus. Dans l'Alabama et le Mississipi on aurait exclu par là la plupart des nègres et
beaucoup de blancs très pauvres ».
[3] Bryce, *The American Commonwealth*, t. I, p. 464, 465.

Depuis lors le tableau n'a pas sensiblement changé; le triomphe du suffrage universel n'a fait que s'affirmer davantage. Cependant il y a une tendance manifeste à refuser le droit électoral à ceux qui ne savent pas lire et écrire[1]. Cette *intelligence qualification*, comme on dit là-bas, a été introduite ou proposée dans la Californie, le Wyoming et la Louisiane[2]. Il ne faut pas oublier que dans presque tous les États ces amendements constitutionnels sont soumis au vote du corps électoral, qui se restreint ainsi lui-même.

Si nous jetons maintenant un regard sur le continent européen, en dehors de France, nous saisissons immédiatement deux faits très nets et très importants.

En premier lieu, le suffrage universel s'est déjà fait une très large place. Il est en pleine vigueur dans la Confédération Suisse, soit pour les votations cantonales, soit pour les votations fédérales. Il a été établi en Grèce par la Constitution de 1864[3]. Introduit une première fois en Espagne par la Constitution éphémère de 1869, il fut supprimé en 1877; mais il a été rétabli par la loi du 26 juin 1890[4]. C'est le suffrage universel, ou à peu près, qu'a admis la Constitution danoise pour les élections au Folkething (ou Chambre basse), avec une réglementation qui rappelle, par certains traits, nos Constitutions de la Révolution, par certains autres, quelques dispositions des constitutions américaines[5]. Chose remarquable, c'est le suffrage universel et direct qu'a aussi adopté la Constitution de l'Empire d'Allemagne du 16 avril 1871 pour les élections au Reichstag[6]. Elle s'est montrée en cela plus hardie et plus libérale que les Constitutions particulières de la plupart des États

---

[1] Il est vrai que la clause paraît souvent être dirigée contre les étrangers naturalisés ou contre les nègres. Elle exige d'ordinaire que l'électeur puisse lire la constitution en anglais et signer son nom.

[2] *Political science quarterly*, 1898, p. 17, et le *Record of political events*, *passim*.

[3] Art. 66; — Dareste, *Les Constitutions modernes*, t. II[?], p. 289, loi du 5 (17) décembre 1877, art. 4; — *Annuaire de législation étrangère* de 1878, p. 701.

[4] *Annuaire de législation étrangère* de 1891, p. 418.

[5] Constitution revisée de 1866 (Dareste, *Les Constitutions modernes*, t. II[?], p. 9), art. 30 : « Est électeur pour le Folkething tout homme *de bonne réputation* regnicole et âgé de trente ans accomplis, à moins que : *a*) il ne soit au service *d'un particulier*, sans avoir de ménage pour son compte; *b*) il ne reçoive ou n'ait reçu des secours de l'assistance publique, dont il ne lui ait point été fait de remise ou qu'il n'ait point remboursés; *c*) il n'ait point la disposition de ses biens; *d*) il n'ait point eu de domicile fixe, depuis un an, dans la circonscription électorale ou dans la ville où il réside au moment de l'élection ».

[6] Art. 20 (Dareste, *Les Constitutions modernes*, t. I[?], p. 160 : « Le Reichstag est nommé au suffrage universel et direct, au scrutin secret ».

qui composent l'Empire[1]. Si celles-ci, en effet, font souvent une place au suffrage universel, c'est seulement sous le mode du suffrage indirect, ou en le tempérant par une prépondérance accordée dans le choix des députés aux propriétaires fonciers ou aux plus haut imposés, qui forment des collèges spéciaux. La raison d'être de cette hardiesse est, d'ailleurs, facile à trouver. Le suffrage universel est la plus grande force politique des temps modernes, et les créateurs de l'Empire allemand lui ont fait appel pour contrebalancer et dompter au besoin une autre force, dont ils redoutaient les effets pour la durée de leur œuvre : l'esprit de particularisme qui pouvait dissocier les divers États réunis dans la nouvelle fédération[2]. Le suffrage universel, donnant une commune vie politique à tous les citoyens de l'Empire, a seul paru capable de maintenir l'unité créée. Enfin, la Belgique, opérant une révision constitutionnelle qui n'a pas demandé moins de onze mois, a adopté, le 25 septembre 1893, le suffrage universel[3], mais en le tempérant par deux procédés. D'un côté, elle n'ouvre l'électorat, comme la Constitution française de 1791, qu'à l'âge de vingt-cinq ans. D'autre part, elle a introduit le vote plural. Si chaque citoyen âgé de vingt-cinq ans a une voix, beaucoup de citoyens peuvent en avoir plus d'une. Le nouvel article 47 de la Constitution belge, après avoir attribué un vote à tous les citoyens âgés de vingt-cinq ans accomplis, domiciliés depuis un an au moins dans la même commune, accorde un vote supplémentaire à raison de l'âge (35 ans) et de l'impôt payé joints à la qualité de chef de famille (marié ou veuf ayant enfants) ou à raison de la propriété de certains biens ; il accorde deux votes supplémentaires à raison de la capacité intellectuelle, attestée par des justifications qui se rapportent à l'enseignement supérieur ou à l'enseignement moyen du degré supérieur. Nul ne peut cumuler plus de trois votes. Ce système très complexe repose sur une idée qui a des partisans très convaincus[4]. En tant qu'il ne

---

[1] Voyez en particulier les Constitutions de Prusse, de Bade, de Saxe-Weimar, de Wurtemberg, de Bavière et de Saxe.

[2] Albert Sorel, *La vieille Allemagne et le nouvel Empire* (*Le Temps* du 8 avril 1890) : Il n'y a pas beaucoup de moyens de créer une force nationale supérieure et extérieure aux dynasties et aux États. L'organisateur de l'Empire n'a pas eu le choix. Bon gré mal gré, il a été droit au fond, et il a donné à l'Allemagne, d'un seul coup, le suffrage universel et un Parlement ».

[3] L'art. 47 de la Constitution de 1831 ne donnait le droit de suffrage politique qu'aux citoyens payant le cens déterminé par la loi électorale lequel, était-il dit, « ne peut excéder 100 florins d'impôts directs ni être au-dessous de 20 florins ».

[4] Voyez plus loin, p. 221. Cf. Arthur Desjardins, *La liberté politique dans l'État moderne*, p. 239 et suiv. On lit dans la *Correspondance* de Flaubert, IVe série, Paris, 1893, p. 82, ce curieux passage d'une lettre adressée par lui à Georges

rattache pas à l'impôt ou à la propriété, mais seulement à l'instruction les votes additionnels, il peut paraître l'exacte application du principe sur lequel nous avons fait reposer le droit électoral lui-même. N'a-t-il pas alors pour but de mesurer à la capacité la fonction électorale? Cependant il contient sûrement une contradiction logique. Si l'on augmente le droit, le pouvoir électoral des citoyens les plus capables, c'est en réalité pour corriger l'incapacité des autres : mais s'il en est ainsi, on aurait dû logiquement refuser tout droit électoral à ces derniers. En les admettant au suffrage, la loi reconnaît en eux une capacité suffisante : pourquoi alors donner à d'autres, dans l'exercice de la même fonction, une autorité supérieure? On retombe forcément dans la représentation des intérêts.

Enfin tout récemment le suffrage universel vient de pénétrer, quoique par une porte étroite, dans la législation d'un grand pays, l'Empire d'Autriche, pour l'élection de la Chambre des députés. Celle-ci avait été composée par les lois du 2 avril 1873 et 4 octobre 1882, de 353 députés, répartis entre quatre séries de collèges distincts ou *curies*, comme on dit en Autriche : 85 étaient élus par les *grands propriétaires fonciers* ; 21 par les *Chambres de commerce et d'industrie* ; 118 par les *villes, marchés et lieux industriels*, et 129 par les *Communes rurales*. C'est, on le voit, le système de la représentation des intérêts. Mais les lois de l'Empire ne déterminent par directement ceux qui sont appelés à voter dans chacune de ces curies; elles se réfèrent en principe aux lois particulières qui dans chaque pays de l'Empire (*Land*) accordent le droit électoral pour l'élection de l'assemblée particulière du pays (*Landtag*) et elles accordent à ceux-là le même droit de vote pour l'élection de la Chambre des députés au *Reichsrath* autrichien. Mais, la loi de chaque pays qui est prise en considération, c'est celle qui était en vigueur le 2 avril 1873, quand même elle aurait été modifiée depuis lors. Cela dit, voici en quelques mots comment sont composés les quatre curies.

Ce qui donne le droit de vote dans la classe des grands propriétaires fonciers, ce n'est pas par elle-même l'étendue de la propriété immobilière ou le chiffre de l'impôt foncier. Le droit de vote est ici attaché à certaines terres nobles ou ecclésiastiques. Ce sont des propriétés qui ont, dans une certaine mesure, un caractère historique, et qui sont

Sand en 1879 : « Tout homme (selon moi), si infime qu'il soit, a droit à une voix, la sienne, mais n'est pas l'égal de son voisin, lequel peut le valoir cent fois. Dans une entreprise industrielle (société anonyme) chaque actionnaire vaut à raison de son apport. Il en devrait être de même dans le gouvernement d'une nation. Je vaux bien vingt électeurs de Croisset. L'argent, l'esprit et la race même doivent être comptés, bref toutes les forces. Or, jusqu'à présent je n'en vois qu'une, le nombre ».

inscrites sur des registres ou *tables* particulières (*Land und Lahen-
tafel*) : le propriétaire, quel qu'il soit, a, en cette qualité, le droit de
voter dans la première curie ; c'est la propriété féodale et noble qui y
est représentée. Sans doute les lois des divers pays exigent aussi que
la propriété, pour donner droit au vote, paie un certain chiffre d'impôt
foncier, mais sauf en Dalmatie, où il y a vraiment une curie des plus
haut imposés, ce n'est là qu'une condition secondaire ; les terres ro-
turières quelle que soit leur importance (*Rusticalboden, bäuerlicher
Grund*) ne sauraient y donner accès. Très logiquement d'ailleurs les
femmes, propriétaires d'un de ces biens, si elles jouissent de leurs
droits d'une façon indépendante, et qu'elles aient l'âge électoral (24 ans)
figurent parmi les électeurs à condition de voter par procureur.
Ceux-ci d'ailleurs peuvent toujours exercer le droit de vote par procuration [1].

Dans la curie des Chambres de commerce et d'industrie le collège
électoral est formé par les membres de chacune de ces Chambres.
Pour la curie des villes et celle des campagnes les électeurs sont déterminés par l'action combinée de deux règles. 1° En principe le
droit de vote dépend ici du droit de vote pour l'élection du *Landtag*
de chaque pays de l'Empire, et partout celui-ci dépend de l'électorat municipal. On peut dire qu'en général les deux tiers des électeurs municipaux les plus imposés votent pour les élections au
Reichsrath soit dans les villes, soit dans les campagnes. Le régime
est donc différent selon les pays, et dans les communes pauvres on
est électeur avec un cens très réduit, parfois de 1 kreuzer seulement
(territoire de Trieste et Küstenland). 2° La loi du 4 octobre 1882 a
donné le droit ferme de vote dans les villes et les communes rurales
à tout citoyen, ayant atteint 24 ans, qui paie cinq florins d'impôts
directs à l'Empire, accordant ainsi le droit de vote au *Reichsrath*
dans les pays où le droit de vote au *Landtag* suppose un cens plus
élevé. Disons enfin que le suffrage est direct dans les trois premières
curies ; dans celle des communes rurales, au contraire, il est en principe indirect à deux degrés, sauf dans les pays d'Empire où la loi
établit le suffrage direct dans les communes pour les élections au
Landtag ; du même coup le suffrage y devient également direct pour
les élections au Reichsrath : en réalité celui-ci n'a été introduit que
dans les communes rurales de la Basse-Autriche (Niederösterreich).

Mais l'Autriche est, elle aussi, en mal de suffrage universel. Des
projets, élargissant le droit de vote ont été successivement préparés,

---

[1] Loi du 2 avril 1873, art 9 et 12, *Annuaire de législation comparée*, 1874, p.
198 s.

par divers cabinets; l'un d'eux a enfin abouti à la loi du 14 juin 1896[1]. Cette loi laisse intact le système ci-dessus exposé; elle maintient telles quelles les quatre curies déjà décrites; mais elle en crée une cinquième qui nomme 72 députés (ajoutés aux 352 déjà existants) et celle-là c'est la curie du suffrage universel. A le droit d'y voter tout citoyen, ayant atteint sa vingt-quatrième année; sont exclus cependant les indigents assistés sur les fonds de l'État ou des communes ou qui vivent de la charité publique. Les électeurs qui appartiennent aux quatre premières curies votent aussi dans la curie du suffrage universel. Le suffrage y est indirect, à deux degrés, sauf deux exceptions. En premier lieu, la loi de 1896 établit le suffrage direct pour certaines circonscriptions (celles qui ne sont pas seulement des circonscriptions judiciaires, mais comprennent des circonscriptions urbaines distinctes) : cela s'applique à 11 députés qui sont élus par les circonscriptions de Vienne, Prague, Trieste, Brunn, Graz, Lemberg et Cracovie. D'autre part, la loi décide que lorsque le suffrage direct sera établi dans un pays d'Empire pour les élections au Landtag, il s'appliquera aussi et de plein droit pour l'élection de ce pays au Reichsrath, dans la curie du suffrage universel ; mais cette réforme n'a encore été opérée, on le sait, que dans la Basse-Autriche.

On voit quelle est la combinaison singulière introduite par la loi autrichienne de 1896. Elle unit ou juxtapose deux principes et deux systèmes essentiellement différents : la représentation des intérêts fondée en partie sur les restes des institutions féodales, alliée pour partie au suffrage restreint, et, d'autre part, le suffrage universel, la loi du nombre. Il paraît impossible qu'une lutte ne s'établisse pas entre ces principes ennemis, et sans doute c'est le plus fort, le suffrage universel, qui l'emportera. On peut se demander d'ailleurs, si le système de la représentation des intérêts, joint à d'autres causes, n'a pas contribué, à allumer dans le parlement autrichien les querelles que nous venons de voir éclater[2].

La Hongrie n'a pas pris part à ce mouvement. Elle a sa loi électorale particulière, édictée en 1848 et révisée en 1874. Elle organise un droit de vote, fondé, dans un système compliqué, sur un cens

---

[1] Sur cette élaboration et sur les circonstances qui ont amené le vote de la loi de 1896, voyez Seignobos, *Histoire politique de l'Europe contemporaine*, p. 522 et s.; Cf. la première édition de ces *Éléments*, p. 225.

[2] Dans la discussion plus haut citée, à l'Académie des sciences morales et politiques, M. Anatole Leroy-Beaulieu s'exprimait ainsi, *loc. cit.*, p. 446 : « M. Charles Benoist a cité l'exemple de l'Autriche. Je ne crois pas que la manière dont fonctionne le parlement autrichien soit de nature à nous faire souhaiter pour notre pays une réforme de ce genre ».

d'ailleurs assez limité, avec une large adjonction des capacités. La détermination des circonscriptions électorales est confiée aux Comitats[1].

Le second fait qui se dégage de la législation électorale en Europe, c'est que, là où le suffrage est encore restreint, il tend progressivement à s'élargir, à répudier le régime censitaire et à se rapprocher du suffrage universel, si bien que la différence pratique entre ces suffrages élargis et le suffrage universel, soumis à la condition d'un certain domicile, devient presque insignifiante. Les voies, conduisant toutes en ce même sens, dans lesquelles se sont engagées les législations des divers pays, sont fort variées : mais elles rayonnent, pour la plupart, autour de deux systèmes principaux.

L'un trouve son expression très nette dans la loi anglaise; on l'appelle souvent le système de l'occupation. Introduit en 1867, en ce qui concerne l'électorat dans les bourgs (boroughs), il a été étendu aux comtés par l'Act pour la représentation du peuple de 1884[2]. Il confère le droit de suffrage politique à toute personne qui occupe, à un titre quelconque, une maison entière ou une partie de maison formant une habitation complètement séparée, et même à tous ceux qui occupent, en qualité de locataires (lodgers), un appartement qui, non meublé, se louerait 10 livres (250 fr.) par an. Le système paraît donc extensif et libéral, et, à raison du chiffre peu élevé du loyer exigé, il ne semble exclure que les véritables nomades. Mais dans l'application il est bien loin d'en être ainsi. Un grand nombre de ceux qui, théoriquement, ont le droit de voter ne peuvent pas en profiter en pratique. Cela provient de la procédure difficile et compliquée, qui conduit à l'inscription sur les listes électorales[3], en particulier des justifications

[1] Voyez les détails de ce système censitaire dans A. de Bertha, La Constitution hongroise, p. 105 et suiv. L'auteur ajoute, p. 106 : « Ces dispositions, c'est-à-dire la fixation du cens et la délimitation des circonscriptions, sont maintenant bien vieilles toutes deux et on va les améliorer à l'occasion de la prochaine réforme parlementaire.

[2] Annuaire de législation étrangère de 1885, p. 69.

[3] Voyez les intéressants débats, qui ont eu lieu à la Chambre des Communes au mois d'avril et de mai 1894, sur le projet de loi présenté par le gouvernement, en vue de corriger cette procédure (Period of qualification and elections bill). En particulier ce passage du rapport d'un Comité d'enquête de 1868 cité par M. Clarke (The parliam. debates, 4th series, vol. XXIV, p. 59) : « Ce système pèse surtout lourdement sur les électeurs salariés à la semaine, à qui la législation récente a eu pour objet de conférer la franchise. Pour l'artisan ou travailleur, le trouble ou la perte de temps qu'il doit subir pour faire valoir ses droits est comme une lourde peine pécuniaire; il doit perdre le salaire de plusieurs jours et risquer de perdre un emploi permanent ; et, après tout, il peut être repoussé par des objections techniques ou par des bévues accidentelles dont il n'est pas responsable, et qui peuvent résul-

quant au paiement des impôts qui sont exigées pour obtenir cette inscription[1]. D'autre part, tout en étendant la franchise électorale dans
les limites plus haut indiquées, la loi anglaise a maintenu les principes antérieurs qui l'accordent à raison de la propriété foncière ou des
droits assimilés (*freehold*). Il en résulte qu'une même personne, à
raison de ses propriétés foncières par exemple, situées dans différents
comtés, peut avoir le droit de vote dans plusieurs circonscriptions
électorales ; et, comme traditionnellement les élections se font à des
jours différents dans les diverses circonscriptions, elle peut voter
successivement dans toutes celles où elle possède la franchise. On
arrive ainsi à un système de vote plural, mais tout particulier, uniquement fondé sur le hasard, résultant plutôt de l'imperfection de la
réglementation d'ensemble que d'un plan préconçu[2]. Il a pourtant
encore ses défenseurs, et, récemment, la justification en était présentée à la Chambre des Communes par M. Clarke, qui invoquait aussi
la grande autorité de Stuart Mill[3]. Mais un mouvement considérable
d'opinion s'est formé en Angleterre pour la suppression de cette anomalie ; il a trouvé une de ces formules brèves et pittoresques qui font

ter de la négligence ou de l'inexpérience des personnes qui dressent la liste. Cet état
de choses donne un résultat critiquable en principe et préjudiciable en pratique.
Comme il est établi que les ouvriers ne peuvent pas supporter la charge de faire valoir leurs propres droits, les partis politiques ont formé des associations pour faire
le service qui, d'après la loi, doit être fait par l'autorité publique. Le redressement
des erreurs sur les listes électorales est entrepris par les *Registration associations* rivales ». En introduisant le projet de réforme, M. Morley disait (*ibid.*,
t. XXIII, p. 370) : « Nous commençons par faire une réalité de ce qui avait été
l'intention du parlement, à savoir que tout habitant *householder* dans les villes et
dans les campagnes ait son vote ». M. Chamberlain déclarait de son côté (*ibid.*, t.
XXIV, p. 379) : « J'ai toujours admis que l'état de notre loi sur les listes électorales
était un scandale et un abus ».

[1] Le principe suivi, fertile en distinctions et complications, est que l'électeur imposé qui ne paie pas ses impôts ne doit pas être admis au vote. M. Chamberlain rappelait sur ce point de curieuses traditions (*ibid.*, t. XXIV, p. 392-3) : « It is a very
curious fact that the maintenance of the ratepaying condition was a liberal principle
and actualy, when a conservative government proposed to abolish it,... at that time
the majority of the freeholders were liberals. Lord John Russel opposed the reform
and declared that it was contrary to the liberal principle that taxation and representation should not go together ». Ce qui fait surtout la difficulté, c'est que tantôt
l'impôt direct est payé par les électeurs eux-mêmes, tantôt il est payé, avancé par
le propriétaire. — M. Balfour, *ibid.*, t. XXIII, p. 381.

[2] Notre loi de 1817 avait pris expressément des précautions pour qu'un pareil résultat ne se produisit pas sous le régime censitaire. Elle décidait (art. 4) que l'électeur, quel que fût son cens et de quelque manière qu'il fût localement distribué, ne
pouvait exercer son droit électoral que dans un seul collège. Lorsque la loi de 1820
introduisit le double vote, elle l'organisa de parti pris et limitativement.

[3] *The parliam. debates*, t. XXIV, p. 66 et suiv., séance du 1ᵉʳ mai 1894.

souvent le succès des campagnes politiques : « *One man, one vote* » ; ce qui est en même temps la formule du suffrage universel : « A chaque homme une voix, et une seule ». Il est difficile de ne pas critiquer les électeurs ambulants qui vont voter ainsi de comté en comté. Le gouvernement proposa dans le *bill* de 1894 et a proposé de nouveau en 1895 un moyen bien simple d'empêcher ce résultat, au moins quand il s'agit d'élections générales : c'était de faire toutes ces élections le même jour. Mais cette pratique si commode, qui s'est si naturellement introduite et acclimatée chez nous, paraît répugner aux habitudes anglaises.

L'autre système est celui *de la capacité et de l'instruction élémentaires*. On peut en trouver le type dans la loi italienne. Après avoir abaissé le cens électoral et admis, en 1860, l'adjonction des capacités[1] l'Italie est allée beaucoup plus loin par la loi du 22 janvier 1882[2]. Celle-ci présente une certaine ressemblance avec l'*Act* anglais de 1884, en ce qu'elle conserve les anciennes catégories d'électeurs censitaires tout en admettant, à côté d'elles, d'autres électeurs dispensés du cens. D'un côté, sont électeurs sans condition de cens : 1° tous ceux qui justifient d'avoir satisfait à l'examen prescrit par la loi et par les règlements sur les matières comprises dans le cours élémentaire obligatoire ; 2° de nombreuses catégories de personnes pour lesquelles leurs titres scolaires supérieurs ou la profession qu'elles exercent tiennent lieu de cette justification. D'autre part, sont aussi électeurs, à condition de prouver seulement qu'ils savent lire et écrire, toute une série de personnes, qui peuvent établir à leur profit l'existence d'une certaine fortune, soit par le paiement d'une somme d'impôts royaux ou provinciaux égale à 19 l. 80, soit par la justification d'un loyer annuel variant entre 400 et 150 l., selon l'importance de la commune. L'âge nécessaire pour exercer le droit électoral est de vingt et un ans.

Le Portugal a en quelque sorte réuni les deux systèmes, celui de l'*occupation* et celui de la *capacité*, en les réduisant, sous une forme simple et pratique, à leur *minimum*. Par la loi du 8 mai 1878[3] il a

---

[1] *Annuaire de législation étrangère* de 1883, p. 501. En Angleterre, la représentation propre des Universités à la Chambre des Communes, opère en réalité une adjonction des capacités, mais tout à fait supérieures ; en effet, là où ce collège particulier est le plus large il comprend seulement tous les gradués inscrits sur les rôles de l'Université ; Anson, *Law and custom*, t. Ier, p. 117. Le nombre total des électeurs universitaires en 1898 est pour l'Angleterre de 16.814, pour l'Écosse de 18.321, pour l'Irlande de 4.452.

[2] *Annuaire de législation étrangère* de 1883, p. 506.

[3] *Annuaire de législation étrangère* de 1879, p. 389.

accordé le droit de suffrage à tout citoyen sachant lire et écrire, ou qui est chef de famille.

La Hollande, après avoir conservé jusqu'en 1887 un cens électoral assez élevé, a modifié à cette époque l'art. 7 de sa Constitution et par la loi du 5 novembre 1887 élargi le suffrage et admis un système qui se rapproche beaucoup de celui adopté en Angleterre. Elle ne s'en est pas tenue là et une nouvelle loi est intervenue, celle du 7 septembre 1896 qui règle l'élection des membres de la première et de la seconde Chambre des États généraux[1]. Pour l'élection de la Chambre des députés le régime qu'elle organise est compliqué et composite. Est, en premier lieu, électeur, à l'âge de 25 ans, tout citoyen, qui paie 10 florins d'impôt foncier, ou qui est imposé à l'impôt sur les facultés, ou à l'impôt sur le revenu professionnel et les autres revenus, ou qui est inscrit dans l'une des cinq premières classes à l'impôt personnel, tel qu'il est organisé par la loi du 20 avril 1896. A défaut du cens ainsi fixé, on est électeur à l'une des conditions suivantes : 1° avoir occupé au 31 janvier, depuis le 1er août de l'année précédente, comme chef de famille ou célibataire, en vertu d'une location et sans interruption dans la même commune, au plus deux maisons ou parties de maison pour chacune desquelles on a payé un loyer réel calculé par semaine, et qui varie suivant l'importance de la commune entre 2 fl. 50 et 0 fl. 80. Est équivalent le fait d'occuper comme propriétaire, usufruitier, ou locataire un bâtiment indépendant d'au moins 24 mètres cubes ; 2° avoir au 31 janvier et depuis le 1er janvier de l'année précédente, chez la même personne ou dans la même entreprise publique ou privée, été occupé comme employé, ou comme enfant habitant avec son père et coopérant à la profession ou emploi de celui-ci, et avoir joui pendant cette année d'un revenu qui varie, suivant l'importance de la commune, entre 350 et 275 florins. Le logement et l'entretien gratuits, l'entretien des petits enfants sont comptés dans ce revenu, s'il y a lieu. La jouissance d'une pension du même taux servie par un établissement public est considérée comme équivalente; 3° être propriétaire depuis plus d'un an, avec le droit d'en disposer librement, d'une inscription d'au moins 100 florins (nominaux) sur le grand livre de la dette nationale, ou d'au moins 50 florins à la caisse d'épargne postale du royaume; 4° avoir satisfait aux conditions de capacité qui sont exigées par la loi ou en vertu de la loi pour être nommé à certains emplois, pour exercer certaines professions ou métiers[2]. J'ai résumé

---

[1] Voyez le texte et un commentaire dans J. de Voogt, *De uitvoering der kieswet*, Rotterdam, 1898.

[2] Cela comprend toutes les fonctions, emplois, professions ou métiers, pour l'obtention ou l'exercice desquels la loi exige une preuve de capacité ou un examen quel-

ce système, dans ses traits principaux, parce qu'il marque l'effort considérable (et probablement vain) que fait la législation de certains pays pour se rapprocher le plus possible du suffrage universel sans y tomber tout à fait. Il n'est guère d'ouvrier sérieux et régulier à qui la loi Hollandaise n'ouvre le droit de suffrage ; elle veut seulement écarter les nomades, les désœuvrés, les déclassés. Mais au prix de quelles complications arrivera-t-elle à ce résultat?

Enfin, en Suède où le cens électoral est encore assez élevé (il exige un revenu de 800 couronnes (1112 francs) chez ceux qui ne sont pas propriétaires ou fermiers de biens fonciers d'une valeur déterminée), un mouvement de réforme très accentué s'est produit dans ces dernières années. Un projet de loi abaissant le revenu-cens à 500 couronnes (695 francs) avait été voté par la Chambre basse à une grande majorité en 1892, mais il a été repoussé à la Chambre haute. Une grande agitation s'est alors manifestée dans le pays, en faveur du suffrage universel ; un projet de loi en ce sens a même été déposé par un certain nombre de membres de la Chambre basse.

On le voit, le suffrage universel, idée simple, traduction d'un sentiment de justice instinctive, agit presque de nos jours avec l'universalité et la fatalité des forces naturelles. Ses progrès sont la marche même de la démocratie moderne.

§ 3. — LA SOUVERAINETÉ NATIONALE ET LE GOUVERNEMENT REPRÉSENTATIF.

C'est sous la forme du gouvernement représentatif, par l'élection des députés formant une Chambre délibérante et législative, que s'est attestée et exercée la souveraineté nationale dans les temps modernes. Devant cette donnée fournie par l'histoire, il semble qu'on ne puisse mettre en question la compatibilité et l'harmonie possibles entre le gouvernement représentatif et la souveraineté nationale. C'est pourtant une question ouverte, et qui mérite un examen attentif.

Pour la bien comprendre, il faut rappeler tout d'abord ce qu'on entend par la *représentation* dans le gouvernement représentatif. Ce qui caractérise les représentants du peuple souverain, c'est que, dans la limite des attributions qui leur sont conférées, ils sont appelés à décider librement, arbitrairement, au nom du peuple, qui est censé

conques. — L'ensemble des dispositions résumées ci-dessus forme les articles 1, 5 et 7 de la loi.

vouloir par leur volonté et parler par leur bouche. Le délégué du souverain qui n'aurait en aucun cas un pouvoir de décision propre, dont tous les actes seraient déterminés d'avance par des règles légales ou par des instructions obligatoires, ou qui ne pourrait rien décider sans la ratification du souverain, celui-là ne serait pas un représentant. « Dans l'ordre et les limites des fonctions constitutionnelles, ce qui distingue, disait Barnave, le représentant de celui qui n'est que simple fonctionnaire public, c'est qu'il est chargé dans certains cas de vouloir pour la nation, tandis que le simple fonctionnaire public n'est jamais chargé que d'agir pour elle[1] ». Et dans le même débat Rœderer, après avoir affirmé que « l'essence de la représentation est que chaque individu représenté vive, délibère, dans son représentant, qu'il ait confondu, par une confiance libre, sa volonté individuelle dans la volonté de celui-ci, » distinguait soigneusement les *pouvoirs représentatifs* et les *pouvoirs commis*[2].

Cette qualité de représentant, ainsi entendue, apparaît déjà chez les magistrats qui ont l'exercice du pouvoir judiciaire, bien qu'ils ne soient chargés, en principe, que d'appliquer la loi. Non seulement, en effet, c'est par un acte libre de leur intelligence, uniquement déterminé par les règles scientifiques de l'interprétation juridique, qu'ils appliquent les textes généraux aux espèces particulières; mais aussi et surtout, là où règne le système des preuves morales et non légales, ils décident les points de fait d'après leur conscience et leur clairvoyance personnelle. Ce caractère représentatif est plus nettement marqué, plus largement ouvert chez le titulaire du pouvoir exécutif, partout où la Constitution admet un pouvoir exécutif plus ou moins indépendant[3]. A côté des cas où il intervient simplement comme administrateur et pour faire exécuter la loi, il est des actes de gouvernement, nombreux et importants, qu'il détermine librement dans la

---

[1] Assemblée Constituante, séance du 10 août 1791.

[2] « Les députés au Corps législatif sont non seulement représentants du peuple, mais encore représentants du peuple pour exercer un pouvoir représentatif, par conséquent égal à celui du peuple, indépendant comme le sien ; tandis que les administrateurs ne sont représentants du peuple que pour exercer un *pouvoir commis*, un pouvoir subdélégué et subordonné ».

[3] La Constitution de 1793 refusait nettement le caractère représentatif au Conseil exécutif qu'elle instituait et faisait élire par le Corps législatif; *Rapport sur la Constitution du peuple français*, fait par Hérault-Séchelles à la Convention dans la séance du 10 juin 1793 (*Réimpression de l'ancien Moniteur*, t. XVI, p. 618). « On ne représente point le peuple dans l'exécution de sa volonté. Le Conseil (exécutif) ne porte donc aucun caractère de représentation; s'il était élu par la volonté générale, son autorité deviendrait dangereuse, pouvant être érigé en représentation par une de ces méprises si faciles en politique ».

mesure de son indépendance constitutionnelle. Enfin, la plénitude du caractère représentatif apparaît dans les assemblées législatives : leur rôle est uniquement de vouloir et de décider arbitrairement, sauf sur les points que la Constitution leur interdit. C'est principalement presque uniquement, en ce qui concerne le pouvoir législatif que la question a été posée, soit en théorie soit en pratique, de savoir si le système représentatif est compatible avec le principe de la souveraineté nationale.

I.

Jean-Jacques Rousseau l'a nié très nettement dans un passage célèbre du *Contrat social*. Ce n'est pas que lui ni aucun autre moderne ait proposé dans les grands États la suppression des assemblées délibérantes. Elles sont nécessaires pour proposer et discuter la loi, pour en arrêter la rédaction et l'expression : seule, la démocratie suisse arrive parfois à se passer de leur concours dans les formes les plus directes de l'initiative populaire. Mais, dans la théorie de Rousseau et de ses modernes disciples, l'œuvre des assemblées n'est jamais définitive par elle-même ; ce n'est qu'un projet qui ne peut devenir loi que par la ratification directe du peuple souverain. Voici comment s'est exprimé le maître : « La souveraineté ne peut être représentée, par la même raison qu'elle ne peut être aliénée. Elle consiste essentiellement dans la volonté générale, et la volonté générale ne se représente point : elle est la même ou elle est autre, il n'y a point de milieu. Les députés du peuple ne sont donc et ne peuvent être ses représentants ; ils ne sont que ses commissaires ; ils ne peuvent rien conclure définitivement. Toute loi que le peuple en personne n'a pas ratifiée est nulle ; ce n'est point une loi. Le peuple anglais pense être libre, il se trompe fort ; il ne l'est que durant l'élection des membres du Parlement : sitôt qu'ils sont élus, il est esclave, il n'est rien. Dans les courts moments de sa liberté, l'usage qu'il en fait mérite bien qu'il la perde. — L'idée des représentants est moderne : elle nous vient du gouvernement féodal, de cet inique et absurde gouvernement, dans lequel l'espèce humaine est dégradée et où le nom d'homme est en déshonneur. Dans les anciennes républiques, et même dans les monarchies, jamais le peuple n'eut de représentants ; on ne connaissoit pas ce mot-là [1] ». Dans un chapitre antérieur, il avait développé plus au long l'idée maîtresse sur laquelle repose sa thèse : « Je dis donc que la souveraineté, n'étant que l'exercice de la volonté

---

[1] *Contrat social*, liv. III, ch. xx, p. 237.

générale, ne peut jamais s'aliéner, et que le souverain, qui n'est qu'un être collectif, ne peut être représenté que par lui-même ; le pouvoir peut bien se transmettre, mais non pas la volonté. En effet, s'il n'est pas impossible qu'une volonté particulière s'accorde sur quelque point avec la volonté générale, il est impossible au moins que cet accord soit durable et constant ; car la volonté particulière tend, par sa nature, aux préférences, et la volonté générale à l'égalité. Il est plus impossible encore qu'on ait un garant de cet accord, quand même il devroit toujours exister ; ce ne seroit pas un effet de l'art, mais du hasard. Le souverain peut bien dire : « Je veux actuellement ce que veut tel homme ou, du moins, ce qu'il dit vouloir » ; mais il ne peut pas dire : « Ce que cet homme voudra demain, je le « voudrai encore, » puisqu'il est absurde que la volonté se donne des chaînes pour l'avenir[1]. »

Dans ces réflexions de Rousseau, il y a une constatation exacte : l'antiquité n'a jamais conçu que le gouvernement direct en matière législative. C'est un fait dont l'influence a été très grande sur son esprit, comme sur tous les esprits qui, comme lui et avant lui, avaient emprunté toute leur science politique aux Grecs et aux Romains. Ils en avaient conclu (car sur ce point, comme sur tant d'autres, Rousseau n'est pas un inventeur, mais un fidèle disciple des doctrines reçues) que le pouvoir législatif, même quant à son exercice, était incommunicable de la part du souverain, qui devait toujours se réserver au moins le droit de ratification. C'est ce qu'enseignait particulièrement Bodin[2]. Mais de ce que l'antiquité n'avait pas connu le gouvernement représentatif, était-ce une raison suffisante de le condamner, s'il est démontré qu'il présente sur le gouvernement direct des

---

[1] *Contrat social*, liv. II, chap. i, p. 137.

[2] *Les six livres de la République*, liv. I, ch. x, p. 220, 222 : « Les Empereurs disoient *sanciraus*, qui estoit le mot propre à la majesté, comme disoit le consul Posthumus en la harangue qu'il fit au peuple : *Nego injussu populi quidquam sanciri posse quod populus teneat*... Voila donc quant à la première marque de souveraineté, qui est le pouvoir de donner loy ou commander à tous en général et à chacun en particulier, qui est incommunicable aux subjects : car combien que le prince souverain donne puissance à quelques-uns de faire des lois, pour avoir telle vertu que si lui-mesme les avoit faictes comme fit le peuple d'Athènes à Solon, les Lacédémoniens à Lycurgue, toutesfoys les lois n'estoient pas de Solon ni de Lycurgue, qui ne servoient que de commissaires et procureurs ; ains la loy estoit du peuple athénien et lacédémonien. Mais il advient ordinairement, ès républiques aristocratiques et populaires, que la loy porte le nom de celuy qui l'a dressée et minutée, qui n'est rien que simple procureur, *et l'emologation d'icelle est de celui qui a la souveraineté*. Aussi voit-on en Tite-Live que tout le peuple fut assemblé pour emologuer les lois rédigées ès douze tables par les dix commissaires députez à ceste charge ». Cf. Baudis, *Bodin*, p. 54, 55.

avantages certains? Or, cette démonstration fut faite pleinement au
xviii⁰ siècle déjà, avant Rousseau et après lui; elle fut dès lors définitive, car, sur ce point encore comme sur bien d'autres, on n'a guère
fait que répéter depuis les mêmes arguments.

Celui qui la présenta d'abord fut Montesquieu. Il était pourtant
favorable, sur certains points, à l'intervention directe du peuple souverain, mais il lui refusait toute compétence, soit pour diriger lui-
même le pouvoir exécutif, soit pour légiférer directement. « Le peuple est admirable pour choisir ceux à qui il doit confier quelque
partie de son autorité. Il n'a qu'à se déterminer par des choses qu'il ne
peut ignorer et des faits qui tombent sous les sens. Il sait très bien
qu'un homme a été souvent à la guerre, qu'il y a eu tels et tels succès ; il est donc très capable d'élire un général. Il sait qu'un juge est
assidu que beaucoup de gens se retirent de son tribunal contents de
lui, qu'on ne l'a pas convaincu de corruption ; en voilà assez pour
qu'il élise un préteur. Il a été frappé de la magnificence, des richesses d'un citoyen ; cela suffit pour qu'il puisse choisir un édile. Toutes
ces choses sont des faits dont il s'instruit mieux dans la place publique qu'un monarque dans son palais. Mais saura-t-il conduire une affaire, connaître les lieux, les occasions, les moments, en profiter ?
Non, il ne le saura pas¹ ». Voilà pour le pouvoir exécutif ; voici
maintenant pour le pouvoir législatif : « Comme dans un État libre,
tout homme, qui est censé avoir une âme libre, doit être gouverné
par lui-même, il faudrait que le peuple en corps eût la puissance législative ; mais comme cela est impossible dans les grands États
et est sujet à beaucoup d'inconvénients dans les petits, il faut que le
peuple fasse, par ses représentants, tout ce qu'il ne peut faire par
lui-même... Le grand avantage des représentants, c'est qu'ils sont capables de discuter les affaires. Le peuple n'y est point du tout propre,
ce qui forme un des grands inconvénients de la démocratie² ».

De Lolme, qui écrivait après Rousseau, avait repris avec plus de
détails la thèse de Montesquieu. Il démontrait que le vote direct des
lois par le peuple ne donnait en réalité à celui-ci aucun pouvoir sérieux et utile ; il avait l'illusion d'une décision propre, qui en réalité

¹ *Esprit des lois*, liv. II, ch. n. Cf. liv. XI, ch. xi : « Il y avoit un grand vice
dans la plupart des anciennes républiques ; c'est que le peuple avait le droit d'y
prendre des résolutions actives et qui demandent quelque exécution, chose dont il
est entièrement incapable. Il ne doit entrer dans le gouvernement que pour choisir
ses représentants, ce qui est très à sa portée. Car s'il y a peu de gens qui connaissent le degré précis de la capacité des hommes, chacun est pourtant capable de savoir, en général, si celui qu'il choisit est plus éclairé que la plupart des autres ».
² *Esprit des lois*, liv. XI, ch. vi.

ne lui appartenait pas. « La plus grande partie de ceux qui composent la multitude, distraits par les besoins plus pressants de la subsistance, n'ont ni le loisir, ni même, par l'imperfection de leur éducation, les connaissances nécessaires à de tels soins. La nature, d'ailleurs, avare de ses dons, n'a donné qu'à une petite portion d'hommes une tête capable des calculs compliqués d'une législation ; et, comme le malade se confie à un médecin, le plaideur à un avocat, de même le très grand nombre des citoyens doit se confier à ceux qui sont plus habiles qu'eux, pour l'exécution des choses qui, en même temps qu'elles les intéressent si essentiellement, requièrent tant de qualités pour les bien faire. A ces raisons, déjà si fortes, il s'en joint une autre, s'il se peut plus décisive : c'est que la multitude, par cela même qu'elle est une multitude, est incapable d'une résolution réfléchie... Très peu ont réfléchi sur ce qui doit faire l'objet de l'Assemblée, très peu y portent d'avis, ou du moins d'avis à eux, auquel ils tiennent. Comme il faut cependant prendre un parti, la plupart se décident par des raisons dont ils rougiroient de se payer dans des occasions bien moins sérieuses ; un spectacle inusité, un changement dans le lieu de l'assemblée, un mouvement, une rumeur, sont, dans l'indécision générale, la raison suffisante de la détermination du grand nombre, et de l'agrégation de volontés, formées sans connaissance de cause, se forme une volonté totale qui est aussi sans réflexion. Si, au milieu de tous ces désavantages, l'assemblée étoit laissée à elle-même et que personne n'eût intérêt de la rejeter dans l'erreur, le mal, quoique très considérable, ne seroit cependant pas extrême ; parce qu'une telle assemblée n'étant jamais appelée à se décider que sur le *oui* ou sur le *non*, c'est-à-dire n'ayant jamais que deux partis à prendre, il y a chance égale pour chacun d'eux, et on pourroit, du moins, espérer que de deux fois l'une elle rencontreroit le bon. Mais la ligue de ceux qui ont part à l'autorité, ou à ses avantages, ne reste pas ainsi dans l'inaction... Ce sont eux qui convoquent l'assemblée et qui la dissolvent, ce sont eux qui lui proposent... Lui faisant plusieurs propositions à la fois et qu'il faut accepter *en bloc*, ils cachent ce qui va à leurs vues particulières ou le colorent, en le joignant à des choses qu'ils savent devoir frapper agréablement le grand nombre[1] ».

Enfin Siéyès, pourtant si peu admirateur de la Constitution anglaise, apporta successivement devant l'Assemblée Constituante, puis à la Convention en l'an III, la même démonstration. C'est lui, plus que tout autre contemporain, qui montra la nécessité du gouvernement représentatif en matière législative et en exalta les avantages

[1] *Constitution de l'Angleterre*, liv. II, ch. v, Genève, 1790, t. I, p. 241 et suiv.

par rapport au gouvernement direct ou, comme on disait alors, au gouvernement démocratique. En 1789, il prononçait à l'Assemblée Constituante ces paroles, qui contiennent vraiment la prévision d'un avenir qui ne pouvait guère qu'être entrevu à cette époque : « Les peuples européens modernes ressemblent bien peu aux peuples anciens. Il ne s'agit parmi nous que de commerce, d'agriculture, de fabriques, etc.; le désir des richesses semble ne faire de tous les États de l'Europe que de vastes ateliers; on y songe bien plus à la consommation et à la production qu'au bonheur; aussi les systèmes politiques aujourd'hui sont exclusivement fondés sur le travail. Nous sommes donc forcés de ne voir dans la plus grande partie des hommes que des machines de travail. Cependant, vous ne pouvez pas refuser la qualité de citoyen et les droits du civisme à cette multitude sans instruction, qu'un travail forcé absorbe en entier; puisqu'ils doivent obéir à la loi, tout comme vous, ils doivent aussi, tout comme vous, concourir à la faire; ce concours doit être égal, il peut s'exercer de deux manières. Les citoyens peuvent donner leur confiance à quelques-uns d'entre eux; sans aliéner leurs droits, ils en commettent l'exercice; c'est pour l'utilité commune qu'ils nomment des représentants, bien plus capables qu'eux-mêmes de connaître l'intérêt général et d'interpréter à cet égard leur propre volonté. L'autre manière d'exercer son droit à la formation de la loi est de concourir soi-même immédiatement à la faire. Ce concours immédiat est ce qui caractérise la véritable démocratie; le concours médiat désigne le gouvernement représentatif; la différence entre les deux systèmes politiques est énorme. Le choix entre ces deux méthodes de faire la loi n'est pas douteuse parmi nous. D'abord, la très grande pluralité de nos concitoyens n'a ni assez d'instruction ni assez de loisir pour vouloir s'occuper directement des lois qui doivent gouverner la France; leur avis est donc de nommer des représentants; et puisque c'est l'avis du grand nombre, les hommes éclairés doivent s'y soumettre comme les autres; quand une société est formée, on sait que l'avis de la pluralité fait loi pour tous. Ce raisonnement, qui est bon pour les plus petites municipalités, devient irrésistible quand on songe qu'il s'agit ici des lois qui doivent gouverner vingt-six millions d'hommes[1]. » Devant la Convention, dans la discussion de la Constitution de l'an III, son langage n'était pas moins caractéristique : « Tout est représentation dans l'ordre social. Elle se trouve partout, dans l'ordre privé comme dans l'ordre public; elle est la mère de l'industrie productive et commerciale, comme des progrès libéraux et politiques. Je dis plus, elle se

---

[1] *Archives parlementaires*, 1re série, t. VIII, p. 592.

confond avec l'essence même de la vie sociale. J'avais entrepris, il y a plus de deux ans, de démontrer que c'est au système représentatif à nous conduire au plus haut point de liberté et de prospérité dont il soit possible de jouir. Les amis du peuple de ce temps-là firent arrêter mon travail à l'impression après la première feuille. Dans leur ignorance crasse, ils croyaient le système représentatif incompatible avec la démocratie, comme si un édifice était incompatible avec sa base naturelle; ou bien ils voulaient s'en tenir à la base, imaginant sans doute que l'état social doit condamner les hommes à bivaquer toute leur vie. Je voulais prouver qu'il y a tout à gagner pour le peuple à mettre en représentation toutes les natures de pouvoir dont se compose l'établissement public, en se réservant le seul pouvoir de commettre tous les ans des hommes sensés et immédiatement connus de lui pour renouveler la portion sortante de ses représentants pétitionnaires. Mais alors, comme à présent encore, il régnait une erreur grandement préjudiciable : c'est que le peuple ne doit déléguer de pouvoirs que ceux qu'il ne peut exercer lui-même[1]. On attache à ce prétendu principe la sauvegarde de la liberté : c'est comme si l'on voulait prouver aux citoyens qui ont besoin d'écrire à Bordeaux, par exemple, qu'ils conserveront bien mieux toute leur liberté, s'ils veulent se réserver le droit de porter leurs lettres eux-mêmes, car ils le peuvent, au lieu d'en confier le soin à cette partie de l'établissement public qui en est chargée. Peut-on voir dans un si mauvais calcul les véritables principes[2]? »

Pour résumer en quelques mots les arguments, rationnellement décisifs, contre le gouvernement direct du peuple dans l'œuvre si délicate et si importante de la législation, je dirai que ce système présente à la fois les inconvénients les plus graves et dans le fond et dans la forme. Il est vicieux dans le fond, en ce que la très grande majorité des citoyens, très capable de choisir des représentants d'après leurs opinions connues et d'orienter ainsi la législation et le gouvernement,

---

[1] Il est à remarquer que c'est Montesquieu qui avait le premier, je le crois, donné cette formule, *Esprit des Lois*, L. II, ch. 2 : « Le peuple, qui a la souveraine puissance, doit faire par lui-même tout ce qu'il peut bien faire et ce qu'il ne peut pas bien faire, il faut qu'il le fasse par ses ministres. » Mais il n'entendait point exprimer là une vérité absolue et condamner le gouvernement représentatif, là où règne la souveraineté nationale. Dans ce chapitre intitulé *du gouvernement républicain et des lois relatives à la démocratie*, il voulait simplement faire le système des démocraties antiques qui ne connaissaient point le gouvernement représentatif; c'est en ce sens qu'il disait plus loin. » C'est encore une loi fondamentale de la démocratie que le peuple seul fasse les lois. »

[2] Séance du 2 thermidor an III *Réimpression de l'ancien Moniteur*, t. XXV, p. 292).

est incapable d'apprécier les lois ou projets de lois qui lui seraient soumis. Il lui manque pour cela, comme le disait Siéyès, deux choses nécessaires : l'instruction pour comprendre ces projets, et le loisir pour les étudier. Qu'on suppose un Code de commerce ou une loi sur la marine soumis au vote des paysans et des montagnards. Il arrivera fatalement de deux choses l'une : ou la majorité votera, les yeux fermés, un projet qu'elle ne comprend pas; ou ce projet, peut-être excellent en lui-même, sera repoussé à raison de quelque disposition, peut-être secondaire, contre laquelle se sera formé un de ces préjugés populaires, si prompts à naître et si difficiles à détruire.

Le système est non moins vicieux dans la forme. Il écarte d'abord toute discussion sérieuse devant le Corps qui doit donner à la loi sa sanction définitive. Cette discussion était possible encore dans les petites républiques antiques, lorsque l'assemblée du peuple entier pouvait se presser sur une même place publique autour de la tribune aux harangues, où montaient tour à tour les plus illustres citoyens et les premiers orateurs de la nation. Elle est impossible dans les milliers d'assemblées primaires, entre lesquelles se répartirait nécessairement une grande nation, pour procéder à un vote populaire. Qu'on ne dise pas que les sociétés modernes possèdent, dans la presse quotidienne, un moyen d'information et un instrument de discussion plus puissant mille fois que les harangues des orateurs antiques. La voix de la presse est radicalement insuffisante pour instruire le peuple sur les lois en discussion. Elle n'établit pas, en fait, une discussion contradictoire; car, si chaque homme du peuple lit aujourd'hui un journal, au moins de temps à autre, d'ordinaire il n'en lit qu'un seul. D'autre part, l'expérience montre malheureusement combien sont non seulement passionnés, mais surtout superficiels, les débats qui se poursuivent dans les journaux spécialement destinés aux classes populaires. Ce n'est pas tout : le système est plus défectueux encore par un autre côté. Ce qu'on soumet aux votes du peuple, c'est une loi tout entière, un bloc indivisible : car pratiquement, on tomberait dans des complications inextricables, si l'on voulait faire voter séparément sur chacun des articles. Le vote dans ces conditions n'est plus libre, le votant étant souvent pris dans cette alternative : ou repousser une loi qu'il croit bonne dans son principe, à raison de telle disposition qu'il juge inadmissible; ou admettre cependant cette disposition pour ne pas repousser la loi tout entière.

Reste pourtant l'argument de droit, l'argument capital de Rousseau. La loi, avec la souveraineté nationale, c'est l'expression de la volonté générale, et, de sa nature, la volonté ne se délègue pas. Mais la définition de Rousseau n'est pas rigoureusement exacte, elle conlient un abus de langage. La loi doit nécessairement procéder de la nation, en ce sens que la nation souveraine peut seule faire les lois ou conférer le pouvoir de les faire; mais il n'est pas vrai que la loi soit nécessairement et simplement l'expression directe et immédiate de la volonté générale, formulée d'une façon précise par la majorité des citoyens. Elle est, avant tout, une règle de justice et d'intérêt public. Si elle a nécessairement à sa base l'autorité du souverain, personne n'oserait dire que le souverain pourrait, de parti pris, édicter des lois injustes ou nuisibles; et le système de gouvernement qui, tout en faisant de la nation la source constante de toute autorité, pourra le mieux assurer que de semblables lois ne seront pas votées de bonne foi, mais par erreur, ce système sera le meilleur et le plus légitime. Le gouvernement représentatif fournit-il plus de chances que le gouvernement direct pour obtenir une législation juste, utile, rationnelle? Là est toute la question[1], et cette question ne saurait être douteuse.

On pourrait objecter cependant que le gouvernement direct, tel qu'il se présente dans les temps modernes, paraît joindre, à ses avantages propres, les garanties du gouvernement représentatif. En effet (sauf ce qui sera dit plus loin de l'initiative populaire), le peuple ne vote directement que sur des lois d'abord discutées et délibérées dans les assemblées représentatives : le vote, la sanction populaire n'est-elle pas alors simplement une contre-épreuve, une dernière précaution? Mais qu'on ne s'y trompe pas : sous cette apparence débonnaire, le gouvernement direct présente des dangers très réels.

En premier lieu, il peut avoir pour résultat, bien plus que l'institution des deux Chambres, l'obstruction des réformes rationnelles et la stagnation législative. De très bonnes lois ont échoué en Suisse devant le *referendum*, et c'est une éventualité que prévoyaient très bien, sans d'ailleurs s'en alarmer, les auteurs de notre Constitution de 1793[2]. Mais ce qui est plus grave encore, c'est que ce système a

---

[1] D'après Aristote la loi souveraine tire sa force véritable de ce qu'elle est l'intelligence humaine dégagée des passions; *Politique*, L. III, ch. xi, nos 3 et 4 : ὁ γὰρ τάξις νόμος... ἄνευ ὀρέξεως νοῦς ὁ νόμος ἐστί. De nos jours certains publicistes expriment des idées semblables; Burgess, *Political science*, t. II, p. 115 : « Voici comment nous considérons la province de la législation : c'est l'interprétation de la raison de l'État plutôt que l'enregistrement de la volonté populaire ». Mais, il y a là une exagération : dès qu'une règle générale et abstraite est posée, édictée par le souverain, il y a une loi obligatoire; mais la loi ne répondrait pas à sa destination sociale si elle ne satisfaisait aux conditions de justice et d'utilité.

[2] Rapport de Hérault-Séchelles, *Réimpression de l'ancien Moniteur*, t. XVI, p. 617 : « On nous dira peut-être : Pourquoi consulter le peuple sur toutes les lois?... Nous répondrions : avec les formes et les conditions dont ce qui s'appelle propre-

pour effet de diminuer fatalement la valeur et l'activité utile, le pouvoir éclairant des assemblées représentatives. N'étant point sûres de ne pas voir le résultat de leurs travaux, la loi qu'elles auront élaborée après de longs débats, échouer devant un préjugé populaire, elles tendront forcément à raccourcir les débats législatifs et à restreindre les travaux préparatoires. Il y a déjà des constatations dans ce sens, faites là où fonctionne cette forme de gouvernement, et cette tendance ne pourra que s'accentuer dans la suite. On peut craindre aussi que, recherchant la popularité, la majorité d'une assemblée n'adopte quelque mesure, qu'elle sent dangereuse pour l'avenir, mais qui jouit momentanément de la faveur populaire : elle sentira sa responsabilité dégagée par le vote du peuple qui couvrira tout. Le système du *referendum* combine deux principes opposés, contradictoires : le plus fort doit prendre le dessus.

Il est vrai que l'intervention directe du peuple dans la législation se conçoit aussi sous une autre forme qu'on appelle parfois le *referendum consultatif* ou *de consultation*. Le législateur, perplexe sur une réforme très discutée, soutenue et combattue par des partis divers, en soumet directement le principe au vote populaire dans une formule claire et simple, mais forcément générale et compréhensive. Mais quel avantage sérieux peut-on voir dans une telle pratique, si ce n'est de décharger la majorité des assemblées d'une responsabilité morale qu'elle doit nécessairement assumer dans le gouvernement représentatif? Une fois la réponse donnée par le suffrage national, si le principe est adopté, il faudra le mettre en œuvre, le rédiger en loi; et comment être sûr que la forme et l'application que lui donnera le législateur correspondent exactement aux désirs, peut-être au fond assez divergents, de la majorité qui a voté le principe? Cette sorte d'abdication des assemblées législatives, sous prétexte de faire la lumière et de trancher les querelles des partis, n'est-elle pas la source de complications nouvelles et de nouvelles disputes?

Pour une classe particulière de lois, pour les lois constitutionnelles, le vote direct par le peuple a été réclamé pour des raisons qui leur seraient spéciales : alors même que le gouvernement représentatif serait admissible pour les lois ordinaires, on prétend qu'ici il ne pourrait pas s'appliquer. La raison donnée (en dehors des considérations purement politiques), c'est que la Constitution est le fondement même

ment loi sera entouré, ne croyez pas que les mandataires fassent un si grand nombre de lois dans une année. On se guérira peu à peu de cette manie de législation, qui écrase la législation au lieu de la relever; et dans tous les cas il vaut mieux attendre et se passer même d'une bonne loi que de se voir exposé à la multiplicité des mauvaises ».

de toutes les autres lois ; c'est par elle que le peuple adopte le gouvernement représentatif au lieu du gouvernement direct ; c'est par elle qu'il consent la délégation même du pouvoir législatif : il doit donc la consentir lui-même. Mais ce raisonnement, qui paraît si serré, et dont l'influence a été très grande, comme on le verra un peu plus loin, vient en réalité d'une illusion des publicistes du XVIIIᵉ siècle. Alors qu'ils admettaient le gouvernement représentatif pour les lois ordinaires, beaucoup l'ont écarté par rapport aux Constitutions, uniquement parce qu'ils regardaient celles-ci comme un véritable contrat social, comme l'acte constitutif de l'État lui-même[1]. Mais, nous le savons, c'est là une conception erronée. La Constitution n'a pas pour but de créer l'État, qui lui est préexistant et qui résulte du fait naturel de la formation nationale ; elle a pour objet de déterminer simplement la forme de l'État et du gouvernement. C'est une loi qui, au fond, est de la même nature que les autres : c'est artificiellement, quoique par une combinaison très sage, qu'on a donné aux lois constitutionnelles une stabilité et une force particulières, en les soustrayant au pouvoir du législateur ordinaire. Elles sont simplement plus importantes et plus difficiles à établir et à rédiger que les autres lois. Si donc le gouvernement représentatif est un meilleur instrument de législation que le gouvernement direct, il faut l'appliquer à plus forte raison pour la législation constitutionnelle[2]. Il est vrai

[1] Séance de la Convention du 24 septembre 1792. Couthon (*Réimpression de l'ancien Moniteur*, t. XIV, p. 6) : « Nous sommes appelés de toutes les parties de l'Empire pour rédiger un projet de contrat social ; je dis projet, car je pense bien qu'il n'y aura qu'un vœu pour soumettre à la sanction du peuple toutes les dispositions de la Constitution ». — Isnard, à la Convention, séance du 11 mai 1793 (*Réimpression de l'ancien Moniteur*, t. XVI, p. 328) : « Nous cherchons à former une réassociation qui n'est que désirée. Ce que nous ferons n'aura force et valeur qu'après ratification. Chacun de nous a le droit de stipuler, avant tout, les conditions auxquelles il veut s'associer ; car tout homme a certainement le droit de ne s'engager que comme il lui plaît. Il faut, pour suivre l'ordre naturel de l'organisation sociale, procéder, antérieurement à toute loi constitutionnelle, à la rédaction d'un pacte social. Cet acte doit être intermédiaire entre la Déclaration des droits, qui lui sert de base, et la Constitution à laquelle il sert de matière et de régulateur ». — Rapport de Boissy d'Anglas sur le projet de Constitution de l'an III : « La garantie que la société demande, lorsqu'elle va déléguer un de ses pouvoirs, est un résultat de ce droit collectif de sa volonté générale ; c'est après s'être organisée qu'elle détermine les conditions qu'elle exigera de ses magistrats. Mais lorsqu'elle se rassemble pour exercer cette première fonction, elle est composée de membres égaux ».

[2] Aussi en Suisse, où la ratification des Constitutions par le vote populaire s'était introduite dès la fin du siècle dernier, on en a tiré argument pour établir dans les divers cantons le *referendum* quant aux lois ordinaires : « Pourquoi disait-on, reconnaît-on au peuple la capacité nécessaire pour sanctionner la Constitution, et ne la lui reconnaît-on pas pour les lois moins difficiles qui doivent en découler ? » Curti,

qu'une erreur dans la loi constitutionnelle est plus grave que dans
une loi ordinaire, surtout en ce qu'elle est plus difficilement répara-
ble, là où la Constitution est placée hors des atteintes du législateur
ordinaire. Mais les conditions particulières dans lesquelles, en dehors
des périodes révolutionnaires, s'élabore cette législation spéciale,
offrent, d'ordinaire, une garantie suffisante.

Voilà comment la question se présente au point de vue des principes abstraits; mais, ici encore, il faut consulter l'histoire. Trois séries d'essais ou d'applications du gouvernement direct, tel qu'il a été
défini ci-dessus, se sont produites dans les temps modernes : en
France, en Amérique et en Suisse. Il est utile de les étudier rapidement.

II.

On trouve, en France, toute une série d'applications du vote populaire aux lois constitutionnelles, et une seule tentative pour l'appliquer aux lois ordinaires. C'est d'un même centre, d'ailleurs, que
partent l'un et l'autre mouvements : de la Convention nationale,
dans la première phase de son gouvernement. À l'Assemblée Constituante, le système représentatif avait pour lui l'immense majorité
des membres. Ce n'est pas que le principe contraire ne fût déjà affirmé. Pétion, en particulier, proposait de soumettre au peuple, non
pas toutes les lois, mais celles auxquelles le roi aurait opposé son
veto[1]. Mais ce projet n'avait aucune chance de succès, et l'Assemblée
ne songea pas non plus à soumettre au peuple la Constitution de
1791.

Mais dès sa première séance, le 21 septembre 1792, la Convention
affirma le principe, que ses orateurs rattachaient, comme je l'ai dit
plus haut, à l'idée que la Constitution était le contrat social[2]. À l'u-

Geschichte der Schweizerischen Volksgesetzgebung, p. 136, 143, 147. — Cf.
Rapport cité de Hérault-Séchelles (*loc. cit.*, p. 617) : « Ne suffit-il pas de lui déférer (au peuple) les lois constitutionnelles et d'attendre ses réclamations sur les autres? Nous répondrions : c'est une offense au peuple que de détailler les divers actes de sa souveraineté ».

[1] *Archives parlementaires*, 1re série, t. VIII, p. 582. Il propose, « lorsque le
veto du roi sera opposé, que la loi elle-même soit soumise aux assemblées primaires, qui répondront par oui ou par non, qu'on compte même les suffrages individuellement ». Dans le même sens Rabaud-Saint-Étienne (1 septembre 1789, *Ibid.*, p.
571 ; et Dupont de Nemours (5 septembre 1789), *Ibid.*, p. 573.

[2] *Réimpression de l'ancien Moniteur*, t. XIV, p. 7, Danton : « Il ne peut
exister de constitution que celle qui sera textuellement, nominativement, acceptée
par la majorité des assemblées primaires... » Cambon rend « hommage au grand
principe développé par le citoyen Danton, à savoir que les représentants du peuple

nanimité, elle vota la résolution suivante : « La Convention nationale déclare qu'il ne peut y avoir de Constitution que lorsqu'elle est acceptée par le peuple[1] ». C'était un principe qui devait exercer longtemps son influence. Il fut appliqué aux deux Constitutions que vota successivement la Convention, à celle du 24 juin 1793[2] et à celle du 5 fructidor an III[3], que la majorité des assemblées primaires ratifia successivement. La Constitution du 22 frimaire an VIII, rédigée après le coup d'État du 18 brumaire par une commission prise dans les deux Conseils des Cinq-Cents et des Anciens[4], fut également soumise au vote du peuple et approuvée par lui[5].

La tradition, ainsi établie, se conserva pour l'établissement du Consulat à vie et pour celui de l'Empire ; mais elle prit une direction nouvelle. Ce que l'arrêté des Consuls du 20 floréal an X soumit au suffrage populaire, ce ne fut point une Constitution en forme, mais une seule question (art. 1) : « Napoléon sera-t-il consul à vie ? » Sur la réponse affirmative donnée par 3.568.885 suffrages, le Sénat proclama Napoléon consul à vie (14 thermidor an X) et rédigea le Sénatus-consulte organique de la Constitution du 16 thermidor an X, qui apportait des modifications très profondes à la Constitution de l'an VIII. En l'an XII, le Sénatus-consulte organique du 28 floréal, établissant l'Empire, introduisit en 144 articles de nouvelles dispositions constitutionnelles, et dans sa dernière disposition il portait que le peuple serait consulté. Cette fois encore cependant, ce ne fut point cette Constitution tout entière qui lui fut soumise, mais un seul point, le plus important et le plus saisissable : « Le peuple veut l'hérédité de la dignité impériale dans la descendance directe, naturelle, légitime et adoptive, de Napoléon Bonaparte, et dans la descendance directe, naturelle et légitime, de Joseph Bonaparte et de Louis Bonaparte, ainsi qu'il est réglé par le Sénatus-consulte organique de ce jour? »

français n'ont d'autre pouvoir que de faire un projet de constitution ». Ci-dessus, p. 234.

[1] *Ibidem*, p. 7.

[2] Rapport de la Commission chargée de recueillir et réunir les procès-verbaux d'acceptation de la Constitution et décret qui en ordonne l'impression et la distribution, du 9 août 1793.

[3] Loi portant proclamation de l'acceptation par le peuple français de la Constitution qui lui a été présentée par la Convention nationale du 1er vendémiaire an IV; loi du même jour concernant l'acceptation par le peuple français des décrets des 5 et 13 fructidor sur la réélection des deux tiers de la Convention nationale.

[4] Loi du 19 brumaire an VIII, art. 8, 11, 12.

[5] Loi du 23 frimaire an VIII, qui règle la manière dont la Constitution sera présentée au peuple français. — Rapport présenté aux Consuls par le ministre de l'intérieur sur l'acceptation de la Constitution du 18 pluviôse an VIII.

La Charte de 1814 procédait d'un tout autre courant. Quoique dressée par une Commission choisie en grande partie parmi les membres du Sénat et du Corps législatif, qui avaient survécu à l'Empire[1], elle se présentait comme une pure concession de l'autorité royale. Cependant, le pli pris depuis 1793 en fait de législation constitutionnelle était si profondément marqué que, lors de la promulgation solennelle de la Charte faite par le roi le 4 juin 1814, « on allait jusqu'à craindre que, après la séance royale, quelques voix ne s'élevassent (dans le Corps législatif) pour demander le renvoi de la Charte nouvelle à l'acceptation des assemblées primaires[2] ». Aussi lorsque, pendant les Cent jours, l'Acte additionnel aux Constitutions de l'Empire eut été rédigé, on rentra dans cette voie, et un décret des 22-25 avril 1815 en ordonna la présentation à l'acceptation du peuple français. Le recensement total des suffrages devait se faire au Champ de Mai, convoqué pour le 26 mai suivant.

Lorsque, après la Révolution de juillet 1830, la Charte de 1814 fut révisée, cela se fit par le simple procédé du gouvernement représentatif. Cette révision fut même opérée immédiatement par la Chambre des députés précédemment élue et par la Chambre des pairs. Personne alors ne réclama : seuls, quelques fidèles de la dynastie déchue invoquèrent un peu plus tard, comme Chateaubriand en 1831, la tradition de l'époque révolutionnaire et impériale, contestant les actes du 7 août 1830, parce qu'ils n'avaient pas été ratifiés par le peuple. Lorsque, en 1848, l'Assemblée Constituante, spécialement élue pour élaborer une nouvelle Constitution, eut terminé son remarquable ouvrage, elle ne songea aucunement à le soumettre à la ratification du peuple. La demande en fut pourtant présentée par deux fois : d'abord sur l'art. 8 du préambule, et elle fut alors écartée par la question préalable; puis, après le vote de tous les articles par M. de Puységur, et elle fut repoussée par 733 voix contre 42[3].

Avec le Coup d'État du 2 décembre 1851, le gouvernement direct, en matière constitutionnelle, fit sa réapparition sous une forme nouvelle et avec un nouveau nom, celui de plébiscite. C'était, plus précis, le procédé inauguré par Napoléon en l'an X. Louis-Napoléon, Président de la République, demandait au peuple de maintenir l'autorité en sa personne, et de lui déléguer les pouvoirs nécessaires pour

[1] Duvergier de Hauranne, *Histoire du gouvernement parlementaire*, t. II, p. 152.
[2] Duvergier de Hauranne, *Histoire du gouvernement parlementaire*, t. II, p. 179.
[3] *Moniteur* du 25 octobre 1848, p. 2956.

faire une Constitution sur les bases contenues dans sa proclamation[1]. La réponse ayant été affirmative à une immense majorité (7.500.000 suffrages), Napoléon promulgua la Constitution du 14 janvier 1852, sans la soumettre à la ratification populaire. Cette Constitution portait d'ailleurs (art. 31), que le Sénat pouvait à l'avenir y proposer des modifications, et que, si le pouvoir exécutif adhérait à cette proposition, il était alors statué par des sénatus-consultes. Mais devait être soumise au suffrage universel (art. 32) « toute modification aux bases fondamentales de la Constitution, telles qu'elles ont été posées dans la proclamation du 2 décembre et adoptées par le peuple français ». Conformément à ces dispositions, lorsque le Sénatus-consulte du 7 novembre 1852 rétablit la dignité impériale, il proposa un projet de plébiscite, qui fut voté les 21 et 22 novembre et qui rappelait exactement les précédents de l'an XII[2]. En même temps, un Sénatus-consulte du 14 janvier 1852 portait interprétation et modification de la Constitution du 14 janvier 1852. Les modifications ultérieures et très profondes, qui furent apportées à cette Constitution jusqu'en 1870, furent réalisées, comme on l'a vu plus haut, simplement par voie de sénatus-consultes, ou même de décrets, sans que le peuple fût directement consulté. Mais la Constitution finale du second Empire, contenue dans le Sénatus-consulte du 20 avril 1870, fut intégralement soumise au peuple, auquel le projet de plébiscite demandait aussi d'approuver « les réformes libérales opérées dans la Constitution depuis 1860, avec le concours des grands Corps de l'État » ; elle devint la Constitution du 21 mai 1870.

L'Assemblée nationale, lorsqu'elle vota en 1875 nos lois constitutionnelles, le fit en vertu de la souveraineté qu'elle se reconnaissait, et ne songea pas un instant à les soumettre à la ratification du suffrage universel. La proposition en fut faite cependant, spécialement par M. Naquet, qui reprit la tradition et rappela les précédents de l'époque révolutionnaire[3].

[1] Décret du 2 décembre 1851 : « Art. 1er. Le peuple français est solennellement convoqué dans ses Comices, le 14 décembre présent mois, pour accepter ou rejeter le plébiscite suivant : Le peuple français veut le maintien de l'autorité de Louis-Napoléon Bonaparte et lui délègue les pouvoirs nécessaires pour faire une Constitution sur les bases proposées dans sa proclamation du 2 décembre ».

[2] « Le peuple français veut le rétablissement de la dignité impériale dans la personne de Louis-Napoléon Bonaparte, avec hérédité dans sa descendance directe, légitime ou adoptive, et lui donne le droit de régler l'ordre de succession au trône dans la famille Bonaparte, ainsi qu'il est dit dans le Sénatus-consulte du 7 novembre 1852 ».

[3] Séance du 28 janvier 1875 (Archives de l'Assemblée nationale, t. XXXVI, p. 338) : « Je crois qu'une constitution doit être soumise à la ratification directe du

Si l'on cherche maintenant à apprécier, d'après les faits et en ce qui concerne notre pays, ce mode de législation constitutionnelle, on voit qu'il n'a pas eu, par lui-même, l'efficacité nécessaire pour donner aux Constitutions la force et la durée : en effet, parmi les Constitutions auxquelles il a été appliqué, il en est une (celle de 1793) qui n'a jamais été mise en vigueur; une autre (l'Acte additionnel aux Constitutions de l'Empire) subit un sort semblable; une troisième enfin, celle de 1870, n'a guère vécu que trois mois.

Trouvons-nous en France des applications du gouvernement direct au vote des lois ordinaires? Non, mais une tentative des plus curieuses. La Convention nationale, composée en grande majorité d'hommes dont l'esprit était profondément imbu des doctrines de Rousseau, était acquise d'avance à l'exercice le plus direct possible de la souveraineté nationale. Cependant, son premier Comité de constitution reconnut l'impossibilité du gouvernement direct en matière législative. C'est ce que déclarait explicitement le remarquable rapport présenté par Condorcet. Il excluait tout aussi bien la sanction des lois par le peuple que les mandats impératifs, liant les membres de l'Assemblée législative : « L'étendue de la République ne permet de proposer qu'une constitution représentative, car celle où des délégués formeraient un vœu général, d'après les vœux particuliers exprimés dans les mandats, serait plus impraticable encore que celle où les députés, réduits aux simples fonctions de rédacteurs et n'obtenant pas même une obéissance provisoire, seraient obligés de présenter toutes les lois à l'acceptation immédiate des citoyens[1] ». Mais en même temps pour faire prévaloir en définitive la volonté réelle de la nation, il proposait un mécanisme ingénieux, quoique manifestement trop compliqué, qui contient par avance deux institutions démocratiques, introduites de nos jours dans les Cantons suisses : le *veto* et l'*initiative* populaires. Pour faire comprendre ce système, on ne saurait mieux faire que de reproduire les paroles mêmes du rapporteur.

« Un seul citoyen peut proposer à son assemblée primaire de demander qu'une loi quelconque soit soumise à un nouvel examen, d'ex-

suffrage universel. En affirmant cela, je ne fais que rentrer dans la tradition de nos grandes assemblées, car la Constitution de 1793 et la Constitution de l'an III ont été soumises à la ratification directe de la nation... Ce n'est pas une raison parce que l'Empire a abusé du plébiscite, du droit tiré de l'appel au peuple, pour que nous cessions d'user de ce droit... D'ailleurs, entre les plébiscites impériaux qui posent la question *a priori*, entre une solution quelconque ou le néant, et l'appel au peuple destiné à ratifier ou à ne pas ratifier la loi votée par une assemblée nationale après de longues et sérieuses délibérations, la différence est immense ».

[1] Séance du 23 février 1793 (*Réimpression de l'ancien Moniteur*, t. XV, p. 457).

primer le désir qu'il soit pourvu par une loi nouvelle à un désordre dont il est frappé. On exige seulement que cinquante autres citoyens signent avec lui, non que la proposition est juste, mais qu'elle mérite d'être soumise à une assemblée primaire. L'assemblée primaire a le droit de convoquer, pour examiner la proposition qu'elle a ellemême admise, toutes les assemblées d'une des divisions du territoire. Si le vœu de la majorité, dans celles-ci, s'unit au sien, alors toutes celles d'une division plus étendue seront convoquées ; et, si le vœu de la majorité y est encore conforme, l'assemblée des représentants du peuple est obligée d'examiner, non la proposition en elle-même, mais seulement si elle croit devoir s'en occuper. Si elle refuse, l'universalité des assemblées primaires est convoquée sur la même question, toujours celle de savoir si un tel objet doit être pris en considération : et alors, ou le vœu de la majorité, dans les assemblées primaires, se déclare en faveur de l'opinion des représentants, et la proposition est rejetée ; ou cette majorité exprime un vœu contraire, et l'assemblée, qui paraît dès lors avoir perdu la confiance nationale, doit être renouvelée. La nouvelle loi, qui est le fruit de la demande faite par les assemblées primaires, est sujette à la même réclamation, soumise à la même censure ; de manière que jamais ni la volonté des représentants du peuple, ni celle des citoyens ne peut se soustraire à l'empire de la volonté générale[1] ».

En matière de lois constitutionnelles qui devaient toujours être soumises à la ratification du peuple, c'était seulement l'initiative populaire qu'organisait le projet : « Les mêmes règles s'observent s'il s'agit de décider qu'il convient de convoquer une Convention, chargée de présenter au peuple une Constitution nouvelle qui ne peut être que l'ancienne corrigée ; mais il faut que la Convention, qui sera nécessairement dirigée par l'esprit national, ait, dans ce cas, le pouvoir de donner même un plan nouveau. Il serait absurde qu'elle ne pût réformer ou corriger un certain nombre d'articles ; car la manière de les changer peut entraîner des changements dans un grand nombre d'autres ; et dans un ouvrage qui doit offrir un ensemble systématique, tout changement doit entraîner un examen général, afin de raccorder toutes les parties avec le nouvel élément introduit dans le système[1] ».

[1] Séance du 23 février 1793 (*Réimpression de l'ancien Moniteur*, t. XV, p. 460. Voyez dans le projet de Constitution girondine les articles qui organisent ce système, tit. VIII. *De la censure du peuple sur les actes de la représentation nationale et du droit de pétition*, dans Duguit et Monnier, *Les Constitutions de la France*, p. 55.

[1] Séance du 23 février 1793 (*Réimpression de l'ancien Moniteur*, t. XV, p. 460).

C'étaient là des procédés incontestablement peu pratiques, résultat de la pure spéculation abstraite ; cette sorte de mobilisation successive et quasi-automatique des groupes d'assemblées primaires, le conflit aigu qui en serait résulté et aurait pu se prolonger entre l'Assemblée législative et les assemblées primaires, ne pouvaient être que des éléments de trouble et de confusion. Nous verrons plus loin par quels moyens plus simplifiés la démocratie suisse a réalisé les mêmes idées. A la Convention, le plan de Condorcet ne fut pas sérieusement mis en discussion : le projet de constitution qu'il avait rapporté tomba avec les Girondins. Cependant, il passa en grande partie dans la Constitution de 1793. Celle-ci pourtant paraissait avoir adopté un tout autre principe : celui de la législation directe par le peuple que Condorcet avait repoussé. Elle proclame le principe que toutes les lois votées par le Corps législatif doivent être soumises au peuple. Mais, en réalité, elle le tourne ou le limite par deux combinaisons, qui sont l'une et l'autre inspirées par le projet de Condorcet.

1° Toutes les lois sont bien *virtuellement* soumises à la ratification populaire, mais, en réalité, les assemblées primaires ne sont appelées à voter sur elles que lorsqu'il s'est produit une réclamation, analogue à celle décrite plus haut. A cet effet, le *projet de loi* voté par le Corps législatif (art. 58) « est imprimé et envoyé à toutes les communes de la République, sous ce titre : *loi proposée.* — Art. 59. Quarante jours après l'envoi de la loi proposée, si, dans la moitié des départements plus un, le dixième des assemblées primaires de chacun d'eux, régulièrement convoquées, n'a pas réclamé, le projet est accepté et devient loi [1]. — Art. 60. S'il y a réclamation, le Corps législatif convoque les assemblées primaires. »

2° Ce ne sont point tous les actes du Corps législatif, toutes les décisions prises par lui, qui sont ainsi soumis à la ratification expresse ou tacite des assemblées primaires. Ce sont seulement les *lois* proprement dites, distinctes des *décrets*, pour lesquels le Corps législatif conserve une autorité entière et le caractère véritablement

— Ce droit d'initiative populaire avait passé, quant à la révision constitutionnelle, dans la Constitution de 1793, art. 115 : « Si, dans la moitié des départements plus un, le dixième des assemblées primaires de chacun d'eux régulièrement formées demande la révision de la Constitution ou le changement de quelques-uns de ses articles, le Corps législatif est tenu de convoquer toutes les assemblées primaires de la République, pour savoir s'il y a lieu à une Convention nationale ».

[1] On peut voir dans cette ratification tacite du peuple l'application d'une des idées de Rousseau, *Contrat social*, L. II, ch. i, *in fine* : « Ce n'est point à dire que les ordres des chefs ne puissent passer pour des volontés générales tant que le souverain, libre de s'y opposer, ne le fait pas. En pareil cas, du silence universel on doit présumer le consentement du peuple ».

E. 16

représentatif[1]. Cette distinction se trouve déjà dans le rapport de Condorcet, qui l'appliquait à son système de réclamation ou *veto* populaire et qui proposait pour la déterminer un *criterium* rationnel[2]. Elle était faite par voie d'énumération dans les articles 54 et 55 de la Constitution de 1793, mais d'une façon plus arbitraire : on avait pris en considération, pour les ranger dans l'une ou l'autre catégorie, plutôt la plus ou moins grande gravité des actes que leur nature propre et intrinsèque[3]. Elle est faite également d'une façon assez arbitraire dans la législation suisse contemporaine[4].

La Constitution de 1793 n'ayant jamais été mise en vigueur, l'essai de la législation populaire, qu'elle avait organisé, n'a jamais été fait. J'ai cru cependant devoir insister quelque peu sur ce point, non

---

[1] Art. 53 : « Le Corps législatif *propose des lois, et rend des décrets* ». — Rapport de Hérault-Séchelles (*Réimpression de l'ancien Moniteur*, t. XVI, p. 611) : « Nous pensons avoir rétabli sur la représentation nationale une grande vérité, connue sans doute, mais qui désormais ne restera plus probablement sans effet : c'est que la Constitution française ne peut pas être exclusivement appelée *représentative*, parce qu'elle n'est pas moins *démocratique* que représentative. En effet la loi n'est point le décret, comme il est facile de le démontrer ; dès lors le député sera revêtu d'un double caractère. Mandataire dans les lois qu'il devra proposer à la sanction du peuple, il ne sera représentant que dans les décrets ; d'où il suit que le gouvernement français n'est représentatif que dans toutes les choses que le peuple ne peut pas faire lui-même ».

[2] *Réimpression de l'ancien Moniteur*, t. XV, p. 461 : « L'emploi de ce dernier moyen (le *veto*) oblige à distinguer les actes du Corps législatif, qui sont véritablement des lois, de ceux qui ne peuvent être regardés que comme des actes d'administration générale. Les lois sont susceptibles d'une obéissance provisoire, comme elles le sont d'être abrogées. Il est de leur nature de durer jusqu'à ce qu'elles aient été revoquées par une autorité légitime, et elles n'ont pas besoin d'être renouvelées à des époques déterminées. Les actes d'administration, au contraire, n'ont qu'une exécution momentanée ou une durée déterminée. Fixer la nature de l'impôt, établir sur quelles bases il sera réparti ou tarifé, déterminer le mode de le percevoir, sont de véritables lois ; mais déclarer quel sera le montant de cet impôt, appliquer les principes du tarif de manière à former un tel produit, sont des actes d'administration générale. Pour les actes de cette nature, une réclamation serait inutile parce qu'elle serait tardive, ou dangereuse parce qu'elle en suspendrait l'exécution nécessaire ».

[3] Ainsi parmi les actes qui sont des lois, l'art. 54 place : « l'administration générale des revenus et dépenses ordinaires de la République ; la nature, le *montant* et la *perception* des contributions ; la déclaration de guerre ».

[4] Voyez pour la législation fédérale suisse la loi du 17 juin 1874 (*Annuaire de législation étrangère* de 1875, p. 478 et suiv.) : « Art. 1er. Les lois fédérales sont soumises à l'adoption du peuple, si la demande en est faite par 30,000 citoyens ou 8 cantons. Il en est de même des arrêtés fédéraux qui ont une portée générale et qui n'ont pas un caractère d'urgence (art. 89 de la Constitution). — Art. 2. La décision constatant qu'un arrêté fédéral n'a pas de portée générale ou revêt un caractère d'urgence, est du ressort de l'Assemblée fédérale, et elle doit être chaque fois formellement annexée à l'arrêté lui-même ».

seulement parce que c'est là l'une des aspirations, l'un des rêves de
la démocratie contemporaine, mais aussi parce que les institutions
similaires de la Suisse procèdent de ces mêmes idées, comme on le
verra un peu plus loin.

Un autre système de consultation directe du suffrage universel a été
également inscrit dans deux de nos Constitutions, sans qu'il en ait
été fait usage. La Constitution de 1852 et celle de 1870, proclamant
dans deux dispositions identiques la responsabilité du Président de
la République, puis de l'Empereur, devant le peuple français, en tiraient comme conséquence le droit pour lui de faire appel au peuple,
quand bon lui semblerait[1]. Aucune limitation n'était apportée à ce
droit, dont les formes n'étaient pas déterminées, pas plus que les effets. Napoléon, à propos d'une mesure quelconque, à propos d'un
conflit quel qu'il fût avec les assemblées représentatives, aurait pu
s'adresser à la nation par un *referendum* consultatif[2].

III.

C'est aux États-Unis d'Amérique que nous trouvons la seconde série d'applications du suffrage populaire au vote des lois constitutionnelles ou ordinaires. On peut, tout d'abord, en relever quelques-unes
dans les colonies anglaises de l'Amérique du Nord, avant la déclaration d'indépendance. En effet, les colonies fondées par les Puritains et
composant la Nouvelle-Angleterre avaient pu, grâce à leurs chartes
libérales, se constituer en véritables démocraties. Là, tous les citoyens, admis en qualité de colons libres (*freemen*), avaient le droit
de suffrage politique : et non seulement ils élisaient les magistrats,
mais aussi faisaient directement les lois dans une assemblée générale.
Mais ce premier état de droit ne dura pas, et bientôt les citoyens élurent des députés investis du pouvoir de légiférer à leur place. La
principale cause du changement fut, sans aucun doute, lorsque le
nombre des *freemen* se fut accru, la difficulté plus grande de les réunir tous dans une seule assemblée; mais une autre influence, la valeur propre du gouvernement représentatif, agit aussi dans le même
sens. En effet, alors qu'ils instituaient ce gouvernement pour le vote
des lois, les colons continuaient à élire directement les magistrats su-

[1] Constitution de 1852, art. 5; Constitution de 1870, art. 13.

[2] D'autres plébiscites ont été ouverts sous le second Empire, mais répondant à
à une idée différente. Il s'agit des votations populaires qui ont eu lieu lors des an-
nexions de la Savoie et des Alpes-Maritimes à la France, et lors de la cession de la
Vénétie à l'Italie. Il en sera dit un mot dans la suite à propos de l'article 8 de la loi
constitutionnelle du 16 juillet 1875.

périeurs, en permettant, il est vrai, aux électeurs d'envoyer leur vote par écrit à l'assemblée générale. Dans certaines colonies, l'Assemblée des députés n'eut pas d'abord le droit de faire par elle-même des lois obligatoires : celles qu'elle votait devaient être soumises aux électeurs dans un certain délai, ou tout au moins le vote populaire devait intervenir s'il était réclamé dans des conditions déterminées[1]. Mais même cette restriction disparut, et le gouvernement représentatif régnait seul dans les colonies américaines lorsque l'indépendance fut proclamée : si bien que, sur les treize États qui composèrent originairement l'Union, deux seulement soumirent leurs premières Constitutions au vote populaire, le Massachusetts (1778-1780) et le New-Hampshire (1779-1784)[2]. Cet exemple ne fut point alors suivi : cependant le Mississipi et le Missouri, lorsqu'ils furent reçus dans l'Union, avaient des Constitutions sanctionnées par le vote populaire direct (1817-1820). En 1821, l'État de New-York, voulant réviser sa Constitution, entra dans la même voie et donna l'impulsion à un mouvement qui se répandit de proche en proche. Ce devint un principe reconnu que le peuple avait directement voix au chapitre, quand il s'agissait de déterminer le gouvernement sous lequel il devait vivre; les nouveaux États s'y conformèrent en entrant dans l'Union, et les anciens États en réformant leurs Constitutions antérieures; à peine peut-on citer quelque État, comme le Delaware, où il ne s'applique pas pour les amendements à la Constitution. Il y a là un mouvement d'autant plus curieux qu'il ne semble pas avoir été soulevé par quelque grande campagne politique, mais s'être propagé naturellement et pacifiquement sur un terrain bien préparé d'avance.

Aujourd'hui dans les divers États de l'Union Américaine, le suffrage populaire intervient même de trois façons distinctes :

1° Lorsqu'il s'agit d'une révision totale de la Constitution, qui est alors opérée, préparée, par une Assemblée Constituante ou *Convention*. C'est à la législature de l'État qu'est laissée l'initiative d'une semblable révision, le droit de déclarer quand il y a lieu d'y procéder. Mais elle n'a point un pouvoir définitif de décision à cet égard : sa décision est, au contraire, soumise au suffrage direct des citoyens qui votent : *Convention* ou *no Convention*.

2° Lorsque la Convention a été admise par le peuple et qu'elle a

---

[1] Cortland F. Bishop, *History of elections in American Colonies*, 1893, p. 5, 10 et suiv.

[2] Sur ce point et sur ce qui suit voyez : Ellis P. Oberholtzer, *Law making by popular vote or the American Referendum (Publications of the American Academy of political and social science*, nᵒ 40). J'ai emprunté à cette excellente étude presque tous les détails que je fournis.

procédé à la révision, la nouvelle Constitution qu'elle a élaborée doit également être soumise aux suffrages des citoyens qui votent : *for the Constitution*, ou *against the Constitution*.

3° Enfin, lorsqu'il s'agit d'une révision simplement partielle, portant sur tel ou tel article de la Constitution, ce que les Américains appellent un *amendment*, voici comment les choses se passent. Le droit non seulement de proposer, mais encore de rédiger ces amendements, appartient aux législatures elles-mêmes : c'est un procédé plus simple et plus pratique que la réunion d'une Convention, qui fut d'abord introduit au Connecticut en 1818 et qui a passé peu à peu dans les diverses Constitutions. Celles-ci, d'ailleurs, ont pris des précautions contre les abus de ce pouvoir. Elles exigent généralement, pour que l'amendement passe dans la législature, une majorité plus forte que la majorité absolue; elles exigeaient aussi tout d'abord qu'il ait été adopté par deux législatures successives; dans les Constitutions plus nouvelles, le vote d'une seule législature suffit d'ordinaire. Mais toujours (sauf dans l'État de Delaware) l'amendement doit être ratifié par le peuple directement consulté.

Ce *referendum* constitutionnel a dans les États de l'Union une immense importance. En effet, leurs Constitutions ont une consistance toute particulière. Elles ne comprennent pas seulement les règles qui, naturellement, composent le droit constitutionnel, mais aussi beaucoup d'autres, qui ne lui appartiennent pas et qui rentrent dans le droit privé, pénal ou administratif[1]. Elles restreignent étroitement ainsi le champ dans lequel peut se mouvoir le législateur ordinaire, et constituent de véritables codes contenant les principes essentiels de la législation tout entière, et auxquels il ne peut être touché que de la manière indiquée plus haut. Cette tendance à faire passer dans la loi constitutionnelle ce qui est naturellement du domaine de la loi ordinaire, nous aurons l'occasion de la constater plus d'une fois dans des milieux divers et sous l'empire de causes différentes : la cause ici, c'est la méfiance envers le législateur et le désir de soumettre un plus grand nombre d'objets au vote populaire[2]. Celui-ci cependant tend à

[1] Voyez la Constitution de l'État de Californie, choisie comme exemple dans Bryce, *American Commonwealth*, t. I, p. 708. Cf. E. Moffet, *The referendum in California*, dans *Political science quarterly*, 1898, p. 1 et s.

[2] Dans l'article plus haut cité (note 1) M. Moffet constate que dans la dernière session de la législature Californienne quatre-vingt-dix-neuf amendements constitutionnels ont été proposés. Appréciant le système qui résulte de ces pratiques, il s'exprime ainsi (p. 1) : « Au fond cela revient à ne plus avoir de Constitution, dans le sens ancien du mot, et à y substituer deux catégories de lois : les unes, dont l'importance et l'autorité sont plus grandes, adoptées par le peuple ; les autres, moins importantes, votées et édictées par la législature ».

se faire place, même pour les lois ordinaires, d'une façon directe, et à côté du *referendum* constitutionnel nous trouvons le *referendum* législatif. Mais il n'existe que comme exception, dans certains États seulement et pour certaines catégories de lois, dont les principales sont les suivantes : 1° Les lois ayant pour objet de déterminer ou de changer le siège du gouvernement. Cette règle se trouve dans les Constitutions d'au moins quinze États. 2° Les lois autorisant des emprunts, autres que ceux prévus dans la Constitution. Cette clause, introduite dans le Michigan en 1846, s'est largement répandue (avec des taux minimum divers) dans les États de l'Ouest. 3° Les lois autorisant ou créant des banques d'émission (Iowa, Illinois, Kansas, Missouri, Michigan, Ohio, Wisconsin). 4° Certaines Constitutions déterminent un tant pour cent que ne devront pas dépasser les taxes établies au profit de l'État sur les propriétés. Elles permettent cependant de les élever plus haut, mais en exigeant qu'alors la loi d'impôt soit soumise au vote populaire (Colorado, Montana, Idaho).

« Outre ces *referendum* rendus impératifs par les Constitutions, il y en a eu d'autres ordonnés par les Législatures des États sur des questions auxquelles une classe importante du peuple était favorable et une autre classe, également importante, était opposée, et que les Législatures répugnaient à trancher par elles-mêmes. Depuis un certain nombre d'années, cette forme de *referendum* n'est pas commune. Sa constitutionnalité a été sérieusement mise en question, et, comme les Constitutions prennent des proportions de plus en plus considérables, il est plus simple de porter ces questions devant le peuple sous la forme d'amendements[1] ». Ce *referendum* introduit par le seul pouvoir législatif, sans une clause impérative ou permissive de la Constitution, ne peut guère cadrer, en effet, avec la doctrine constitutionnelle des États-Unis. Il y est diamétralement contraire, s'il s'agit de l'appliquer à une loi déjà votée par la Législature; car, selon les vrais principes, on tient aux États-Unis que le pouvoir législatif, établi par une Constitution, n'est pas délégable[2] : la Législature ici retransférerait au peuple le droit de légiférer que la Constitution lui a remis. Si le *referendum* était ordonné comme simplement consultatif, avant le vote de la loi, l'objection juridique est moins pressante; mais il n'est pas moins contraire à l'esprit du gouvernement représentatif, et, s'il est appliqué, il ne peut manquer, en fait, de prendre un caractère impératif et obligatoire.

[1] Oberholtzer, *op. cit.*, p. 51 (359).
[2] Voyez mon article sur *la délégation du pouvoir législatif*, dans la *Revue politique et parlementaire*, août 1894, p. 200 et suiv., 224.

Il faut faire remarquer en terminant que ce mouvement vers la législation populaire directe est resté confiné aux États particuliers de l'Union. Il n'a pas touché le gouvernement fédéral. Non seulement les lois votées par le Congrès des États-Unis ne sont jamais soumises à la ratification du peuple, mais celui-ci n'a point part, sous cette forme, aux révisions de la Constitution. Aux termes de celle-ci (art. 5) : « le Congrès, lorsque les deux tiers des deux Chambres le jugeront nécessaire, proposera des amendements à la présente Constitution, ou, sur la demande des deux tiers des Législatures des États particuliers, il convoquera une Convention pour proposer des amendements lesquels, dans l'un et l'autre cas, entreront en vigueur, à tous égards et à toutes fins, comme partie de la présente Constitution, lorsqu'ils auront été ratifiés par les Législatures des trois quarts des États particuliers, ou par les Conventions réunies dans les trois quarts de ces États, selon que l'un ou l'autre mode de ratification aura été proposé par le Congrès ». Tous les amendements, adoptés depuis lors, ont été votés par le Congrès et ratifiés par les Législatures des États, sans qu'ils aient jamais été soumis au vote populaire. La Constitution elle-même des États-Unis, conformément à son article 7, avait été simplement ratifiée par les Conventions particulières des États. Les meilleurs historiens tiennent que, si elle eût été directement soumise au vote populaire, elle eût été repoussée par lui[1] ; et pourtant elle a assuré aux États-Unis déjà plus d'un siècle de puissance, de progrès et de prospérité.

IV.

La vraie patrie de la législation populaire et directe, c'est de nos jours la Suisse. Là elle est devenue une institution générale et de droit commun, soit dans le gouvernement des Cantons, soit dans le gouvernement fédéral ; là elle a produit ses conséquences les plus nettes et les plus extrêmes. Là elle trouvait, d'ailleurs, un terrain tout préparé ; elle y avait par avance un certain nombre d'applications, d'origine ancienne, quoique fort différentes de celles qu'elle devait recevoir de nos jours et reposant sur d'autres principes.

De toute antiquité dans un certain nombre de petits Cantons ou États libres, Uri, Schwytz, Obwalden, Nidwalden, Gersau, Zug, Glaris et Appenzel Rhodes-extérieures, la souveraineté avait pour organe

[1] Bryce, *American Commonwealth*, t. 1er, p. 23 : « Si la décision avait été laissée à ce qu'on appelle maintenant la *voix du peuple*, la voix du peuple se serait probablement prononcée contre la Constitution ».

l'assemblée générale des citoyens adultes ou *Landsgemeinde*[1]. Cette assemblée, qui se tenait en plein air à des époques déterminées, exerçait le gouvernement direct dans toute sa réalité, votant les lois, statuant sur tous les objets d'intérêt général, élisant les quelques magistrats que comportait ce système primitif et démocratique. Longtemps méprisés par les Cantons plus importants et plus civilisés, les Cantons à Landsgemeinde ont été, de nos jours, étudiés avec amour et glorifiés, non seulement par les Suisses qui voient volontiers en eux les précurseurs de leur démocratie contemporaine, le feu sacré soigneusement conservé pendant des siècles avant qu'il pût rayonner de tout son éclat, — mais aussi par les Anglo-Saxons qui y voient le premier et lointain principe de la liberté germanique, dont ils se disent les continuateurs et les vrais représentants[2]. Il est parfaitement certain, en tous cas, que ces *Landsgemeinde* reproduisent simplement, par une tradition ininterrompue, la constitution des vieilles *civitates* germaniques, telles que les décrit Tacite[3]. C'est une forme primitive, qui s'est là maintenue d'âge en âge, par un phénomène particulier de conservation qu'explique le milieu où il s'est produit.

D'autre part, d'autres Cantons plus importants présentaient des applications différentes et moins extrêmes du gouvernement direct. Aux XVe et XVIe siècles, dans des circonstances difficiles, l'État de Berne consultait directement les habitants des diverses communes rurales qui étaient dans sa sujétion[4]; au XVIe siècle, Zurich pratiquait un mode semblable de consultation à l'égard des corps de métiers et des communes rurales[5]. Ailleurs, la nécessité permanente de la consultation résultait de ce que le Canton n'était lui-même qu'une petite confédération de localités indépendantes. Dans le Valais composé de douze *Dizaines* (*Zehnten*) en réalité souveraines, l'assemblée générale du Canton ne pouvait légiférer par elle-même. Les représentants (*Boten*) des diverses Dizaines rapportaient à celles-ci *ad referendum* les décisions provisoirement arrêtées : les Dizaines votaient sur leur ac-

---

[1] Curti, *Geschichte der Schweizerischen Volksgesetzgebung*, 2e édit., 1885, p. 3 et suiv.; J. Signorel, *Étude de législation comparée sur le referendum législatif et les autres formes de participation directe des citoyens à l'exercice du pouvoir législatif*, Paris, 1896. — Cf. une excellente étude de notre collègue, M. Brissaud, *Le referendum en Suisse*, dans la *Revue générale du droit, de la législation et de la jurisprudence*, septembre-octobre 1888, p. 402 et suiv.

[2] Freeman, *The growth of the english Constitution*, ch. I, éd. Tauchnitz, p. 17 et suiv.

[3] Voyez mon *Cours élémentaire d'histoire du droit français*, 3e édit., p. 38.

[4] Curti, *Geschichte der Schweizerischen Volksgesetzgebung*, 2e édit., 1885, p. 8, 9.

[5] *Ibidem*, p. 12.

ceptation ou leur rejet, ayant chacune une voix[1]. La pratique et le
nom du *referendum* étaient empruntés à la diplomatie et au droit international. Dans les Ligues des Grisons, les lois, votées par l'assemblée générale, étaient également soumises à ratification, mais non pas
à celle de la population totale consultée en cette qualité : on votait
par communes, et chaque commune avait un nombre de voix variable
d'après la somme d'impôts fonciers qu'elle payait[2].

Enfin, dans l'ancienne Ligue générale des Cantons suisses, la Diète
qui les représentait avait aussi un certain pouvoir de décision et de
législation, mais d'une nature très particulière. Chacun des Cantons
y envoyait deux délégués. Mais ceux-ci n'étaient aucunement des
représentants; ils avaient reçu de leur Canton des instructions obligatoires qui les liaient, et ils ne pouvaient s'en écarter sur aucun
point sans en référer d'abord à leurs commettants. L'autorité, qui
statuait ainsi dans chaque Canton, pouvait, d'ailleurs, être très diverse : là une *Landsgemeinde,* ici un corps de magistrats, ailleurs une
assemblée représentative, selon les diverses Constitutions cantonales.
Dans les délibérations de la Diète, la loi de la majorité ne put pas non
plus s'imposer d'une manière efficace : l'accord unanime des Cantons
était nécessaire pour faire une loi générale[3]. C'était encore là le *referendum* diplomatique.

De ces précédents les uns (les *Landsgemeinde*) auraient pu accou-
tumer le peuple suisse à l'idée du gouvernement direct; mais ils
étaient plutôt un objet de mépris et les cantons où ils existaient, loin
de servir d'exemple aux autres, se transformèrent d'abord plus ou
moins complètement sur le modèle de ces derniers[4]; ce n'est que
par une action réflexe qu'ils ont été remis en quelque sorte au premier
plan de la démocratie. Les autres précédents (le *referendum* ancien)
reposaient, il est vrai, sur un principe différent, mais ils habituaient
la nation à voir dans les décisions des assemblées délibérantes des
actes non définitifs par eux-mêmes et suivis, au contraire, d'une
ratification. Ils préparaient donc, dans une certaine mesure, les procédés de législation populaire qui se développèrent au cours de ce
siècle et qu'il me reste à étudier. Mais, en réalité, ceux-ci ont une

[1] Curti, *Geschichte der Schweizerischen Volksgesetzgebung,* 2ᵉ édit., 1885, p. 10.

[2] *Ibidem,* p. 11.

[3] *Ibidem,* p. 19 et suiv.

[4] En 1848, Zug et Schwytz écartèrent la *Landsgemeinde,* pour adopter un
système représentatif, il est vrai, avec le *referendum* (Zug avait renoncé déjà à la
Landsgemeinde en 1814). Le Valais renonça au *referendum* en 1848, pour le reprendre, il est vrai, en 1852. En 1867, Obwald combina le régime représentatif avec
la *Landsgemeinde;* Curti, *op. cit.,* p. 207 et suiv.

autre origine; ils ont pour source première le mouvement d'idées qu'avait produit la Révolution française, et dont j'ai montré plus haut les premières manifestations.

Le point de départ fut la Constitution du 20 mai 1802. « C'est la première sur laquelle ait voté le peuple suisse : avec elle s'introduisit en Suisse le *referendum* constitutionnel, comme il s'était introduit en France dix ans plus tôt, et il prit place dans le domaine des institutions politiques. Proposée par une Assemblée de notables, la Constitution fut soumise au vote de tous les citoyens suisses au-dessus de vingt ans. Le vote eut lieu dans les communes, et les votants purent s'inscrire pendant quatre jours pour l'acceptation ou le rejet sur les registres des communes[1] ». C'est manifestement l'influence française qui dicta cette procédure; les formes mêmes sont celles qui furent suivies chez nous dans les plébiscites de 1802 et de 1804. La pratique ainsi introduite devait s'implanter et fructifier : dans la Suisse contemporaine, comme dans les États de l'Union Américaine, c'est un principe universellement admis que toute Constitution doit être ratifiée par le peuple.

La législation populaire, appliquée aux lois ordinaires, fit plus tard son apparition. C'est en 1830-1831, après notre Révolution de Juillet, que le principe en fut affirmé pour la première fois dans le canton de Saint-Gall et dans l'Assemblée chargée de réviser sa Constitution cantonale. La lutte fut vive entre les partisans du pur système représentatif et les démocrates, qui prétendaient soumettre toutes les lois à la sanction du peuple[2]. Elle aboutit à une transaction, toute au profit de ces derniers. On admit une forme intermédiaire, qui reçut là sa première application et son nom, mais qui était destinée à se répandre largement : le *veto populaire*. « Le peuple, était-il dit dans la nouvelle Constitution, exerce son droit d'approbation en ce que, après le vote d'une loi, dans un délai raisonnable à déterminer, il peut, à la majorité, en vertu de son pouvoir souverain, refuser à une loi la reconnaissance et la force exécutoire ». C'était là une nouveauté. Mais, pour en trouver l'origine, il ne faut point se retourner vers les vieilles institutions démocratiques de la Suisse. Le parti opposant à Saint-Gall ne s'y trompa point, et déclarait l'institution nouvelle pire que le système de la *Landsgemeinde*[3]. Il ne fallait pas non plus chercher du côté de l'antiquité et des tri-

---

[1] Curti, *op. cit.*, p. 109. Ce qu'il y eut de particulier, c'est qu'il fut décidé que les électeurs qui s'abstiendraient de voter seraient comptés comme acceptants; c'est grâce seulement à cette règle que la Constitution put passer.

[2] Curti, *op. cit.*, p. 128 et suiv.

[3] *Ibidem*, p. 141.

buns de la plèbe romaine. Ce *veto* procédait du courant d'idées qui s'était produit dans la Révolution française; il rappelait le droit de réclamation et de censure qu'avait jadis proposé Condorcet.

La nouvelle institution, dûment réglementée, ne tarda pas à se propager. Le *veto* populaire fut admis en 1832 par Bâle-ville, en 1839 par le Valais (qui le substituait à son ancien *referendum*), en 1841 par le canton de Lucerne[1]. Mais en 1842 il subit un échec, et par la même un temps d'arrêt ; il fut repoussé, après d'ardents débats, dans l'important canton de Zurich. Le mouvement ne tarda pas à reprendre cependant, avec une force et sous une forme nouvelles. En 1845, le canton de Vaud admit, non le *veto*, mais le *referendum* populaire, facultatif, il est vrai, de la part du grand Conseil ou Assemblée législative; on voyait aussi timidement se dessiner l'initiative populaire[2]. Quelle était l'influence qui, cette fois encore, avait agi? L'influence de la Révolution française, au récit de témoins oculaires[3].

Tous les éléments principaux du système étaient dès lors dégagés; ils allaient successivement pénétrer, sous des combinaisons diverses, de canton en canton, agissant de proche en proche, à la façon des forces naturelles. L'année 1848 apporta pourtant une diversion assez puissante. La Confédération suisse, tout en gardant son nom, se changeait en un véritable État fédératif, et, pour la législation fédérale, la Constitution de 1848 établissait le pur système représentatif. Cependant la propagation de la législation directe par le peuple fut simplement ralentie dans les Cantons. Plus hésitante dans la période de 1848 à 1860, elle s'accéléra, devint triomphante dans la période de 1860 à 1870 : l'année 1869 — la grande année de la législation populaire, comme dit M. Curti — marqua le point culminant; elle vit la révision dans ce sens des Constitutions de Zurich, de Berne et de Lucerne[4]. Aujourd'hui la victoire est complète; partout, sauf dans le canton de Fribourg, le pur régime représentatif a disparu[5]. L'in-

---

[1] Curti, *op. cit.*, p. 126.

[2] *Ibidem*, p. 157.

[3] Voici ce que rapporte Vuillemin, dans un écrit publié à Lausanne en 1845 et intitulé *Le 14 février ou simple récit de la Révolution du Canton de Vaud en 1845*; je cite le passage d'après Curti, *op. cit.*, p. 159 : « Les radicaux et communistes (auxquels l'auteur attribue la Révolution) avaient dans nos principales villes leurs bibliothèques publiques, leurs journaux et leurs chefs. On trouvait dans ces bibliothèques les Mémoires de Robespierre, de Saint-Just, de Marat... On trouvait là ce que les communistes les plus marquants ont écrit, depuis Babeuf jusqu'à Cabet et à Proudhon, et beaucoup vivent parmi nous qui ne possèdent d'autre instruction que celle qu'ils ont puisée dans ces livres ».

[4] Curti, *op. cit.*, liv. II, ch. vIII, p. 207 et suiv.

[5] Albert Keller, *Das Volksinitiativ nach den Schweizerischen Kantonsverfas-*

tervention du peuple se produit, d'ailleurs, sous des formes et par des moyens divers.

1° Le *veto* populaire, la première forme que nous avons vue faire son apparition dans le canton de Saint-Gall. Lorsque, dans un délai déterminé par la Constitution, un certain nombre de citoyens, également déterminé, déclarent s'opposer à une loi adoptée par l'Assemblée législative, cette loi est soumise au vote populaire, qui va la rejeter ou l'approuver. Le *veto* a été généralement pratiqué en ce sens que, pour le rejet de la loi, le vote négatif de la majorité des électeurs inscrits a été exigé, les abstentions étant ainsi implicitement considérées comme des acceptations. Le *veto* peut, d'ailleurs, être considéré comme une forme transitoire, déjà presque partout remplacée par le *referendum*.

2° Le *referendum*, là où il s'applique, n'est pas, comme le *veto*, un moyen de casser une loi; il est nécessaire pour lui donner la perfection. Tant que le *referendum* peut ou doit intervenir, la loi votée par une Assemblée législative n'est encore qu'un projet. Le *referendum* est généralement pratiqué en ce sens que l'on compte simplement les voix pour ou contre et que leur écart détermine la majorité, les abstentions n'entrant pas en ligne de compte. Il se présente, d'ailleurs, sous deux formes bien distinctes.

a) Le *referendum obligatoire*, qui est une conséquence logique des principes. Pour tous les actes qui y sont soumis (lois ou arrêtés), il doit nécessairement intervenir, ces actes n'acquérant jamais force définitive que par la ratification du peuple. Dans les cantons où il existe, les citoyens se réunissent une ou deux fois par an pour voter sur toutes les lois qui ont été élaborées dans l'intervalle par l'Assemblée législative.

b) Le *referendum facultatif*, qui se rapproche beaucoup du système contenu dans notre Constitution de 1793. Lorsque la loi ou l'acte soumis au *referendum* a été rendu, il est publié. Si, dans un délai déterminé, un certain nombre de milliers de citoyens (nombre fixé par la Constitution) demandent le *referendum* dans un acte dûment revêtu de leurs signatures, la loi est soumise au vote populaire : si,

<hr/>

zungen, Zurich 1889 (thèse pour le doctorat), p. 2 : « Le pouvoir législatif direct du peuple est en vigueur aujourd'hui dans tous les cantons suisses, à l'exception de Fribourg, sous la forme du *referendum* obligatoire ou facultatif. ». L'ouvrage de M. Keller donne le relevé complet en 1889 des dispositions des diverses Constitutions cantonales, sur la législation directe dans les *Landsgemeinde*, sur le *referendum* et le droit d'initiative populaire. Pour les modifications qui se sont produites depuis cette époque, quelques-unes très importantes, consulter la suite des *Annuaires de la législation étrangère* depuis celui de 1890.

au contraire, le délai s'écoule sans réclamation de cette nature, elle devient définitive de plein droit.

3° L'*initiative populaire*[1], qui est apparue la dernière, mais qui gagne rapidement du terrain. C'est le droit pour les citoyens, quand ils se réunissent au nombre exigé par la Constitution, d'exiger que le peuple soit consulté sur telle ou telle réforme législative qu'ils proposent. L'initiative revêt plusieurs formes. Souvent (et c'est ainsi qu'elle a été d'abord conçue) les citoyens qui l'exercent et qui s'adressent à l'Assemblée législative peuvent seulement obliger celle-ci soit à rédiger une loi sur la matière proposée, soit, si elle refuse, à poser au peuple la question de savoir s'il doit être légiféré dans ce sens. Dans ce système, c'est toujours à l'Assemblée législative que revient la rédaction de la loi. Mais on est allé plus loin, et d'autres Constitutions permettent aux citoyens (pourvu qu'ils réunissent les milliers de signatures exigées) de rédiger un projet de loi complet et en forme et de l'adresser à l'Assemblée législative, qui est alors obligée de le soumettre au vote populaire : elle peut seulement présenter un contre-projet ou adresser au peuple une proclamation, dans laquelle elle fait connaître les motifs de son opposition.

Ces transformations profondes, opérées dans les Constitutions cantonales, devaient avoir fatalement leur répercussion sur la Constitution fédérale. Celle-ci, la Constitution de 1848, n'admettait l'intervention directe du peuple qu'en matière constitutionnelle. Mais là elle l'admettait sous deux formes. D'un côté, selon le principe dès lors universellement reçu en Suisse, toute Constitution nouvelle, toute modification à la Constitution, devait être ratifiée par le peuple. D'autre part, celui-ci acquérait un certain droit d'initiative. Non seulement il servait d'arbitre, lorsqu'il y avait divergence entre les deux Chambres de l'Assemblée fédérale sur la révision, l'une la voulant, l'autre ne la voulant pas; mais, en plus, 50.000 citoyens pouvaient exiger une votation populaire sur le point de savoir si la Constitution devait être révisée. Dans tous les cas, c'étaient les Chambres qui rédigeaient les nouveaux textes[2].

En 1872, une révision de la Constitution fut entreprise, et un effort

---

[1] Voir l'ouvrage plus haut cité de M. Keller.

[2] Art. 120 : « Lorsqu'une section de l'Assemblée fédérale décrète la révision de la Constitution fédérale et que l'autre section n'y consent pas, ou bien lorsque 50,000 citoyens suisses ayant droit de voter demandent la révision, la question de savoir si la Constitution fédérale doit être révisée est, dans l'un comme dans l'autre cas, soumise à la votation du peuple suisse par oui ou par non. — Si, dans l'un ou l'autre de ces cas, la majorité des citoyens suisses prenant part au vote se prononce pour l'affirmative, les deux Conseils sont renouvelés pour travailler à la révision ».

énergique fut fait pour introduire dans la législation fédérale les innovations qui avaient pénétré dans les divers Cantons, effort qui rencontra, d'ailleurs, une résistance non moins obstinée. En définitive,
le projet adopté par les deux Conseils contenait deux de ces innovations : 1° le *referendum* pour les lois fédérales, lorsqu'il serait demandé
par 50.000 citoyens ou par cinq cantons ; 2° un certain droit d'initia-
tion populaire (art. 89) [1]. Mais la Constitution révisée fut repoussée
par le suffrage populaire. Les Conseils se remirent au travail et pré-
parèrent un nouveau projet qui, adopté par le peuple, est devenu la
Constitution du 29 mai 1874. Elle contient, pour les lois fédérales, le
referendum facultatif, ouvert plus largement que dans le projet de
1872 [2] ; mais l'article sur l'initiative populaire avait disparu. Celle-ci
s'est pourtant depuis lors fait une place, importante, mais seulement
en matière constitutionnelle.

Nous avons vu plus haut que, d'après la Constitution de 1848 (non
modifiée sur ce point en 1874), 50.000 citoyens suisses pouvaient
toujours poser la question de révision constitutionnelle et forcer l'Assemblée fédérale de la soumettre au vote populaire. Mais ce texte
donnait lieu à des difficultés d'interprétation : on se demandait, en
particulier, s'il permettait sous cette forme une proposition de révision simplement partielle. Cela a fourni le prétexte pour introduire le
droit d'initiative populaire, qui paraît, d'ailleurs, avoir été admis par
suite d'une coalition de divers partis [3]. Les deux Chambres ont voté
en 1891 une proposition de révision des articles 118, 119 et 121 de la
Constitution, et le nouvel article 121 admet pleinement pour la révision partielle l'initiative populaire, qui peut même s'exercer sous la
forme d'un projet arrêté par articles [4] ; les textes ainsi modifiés furent

[1] Carti, *op. cit.*, p. 287 et suiv.

[2] Art. 89 : « Les lois fédérales, les décrets et les arrêtés fédéraux, ne peuvent
être rendus qu'avec l'accord des deux Chambres. Les lois fédérales sont soumises à
l'adoption et au rejet du peuple, si la demande en est faite par 30,000 citoyens actifs ou par huit cantons. Il en est de même des arrêtés fédéraux qui ont une portée
générale et qui n'ont pas un caractère d'urgence ».

[3] E.-N. Droz, dans la *Revue politique et parlementaire*, juillet 1894, p. 113.

[4] « La révision partielle peut avoir lieu soit par la voie de l'initiative populaire,
soit dans les formes statuées par la législation fédérale. — L'initiative populaire
consiste en une demande présentée par 50,000 citoyens suisses, ayant droit de vote
et réclamant l'adoption d'un nouvel article constitutionnel, l'abrogation ou la modification d'articles déterminés de la Constitution en vigueur. — Si, par la voie de l'initiative populaire, plusieurs dispositions différentes sont présentées pour être revisées,
ou pour être introduites dans la Constitution fédérale, chacune d'elles doit former
l'objet d'une demande distincte.

« La demande d'initiative peut revêtir la forme d'une proposition conçue en termes généraux ou celle d'un projet rédigé de toutes pièces. Dans le cas où 50,000

ratifiés par le peuple le 5 juillet 1891[1]. C'est là une considérable réforme, et qui pourra donner à la Constitution suisse une physionomie nouvelle et très particulière. Le phénomène, que j'ai signalé dans les États de l'Union Américaine[2], n'a pas tardé à se reproduire en Suisse pour une autre cause : le droit d'initiative ainsi ouvert a été bientôt utilisé pour proposer des mesures qui n'ont rien de constitutionnel, et qui parfois touchent aux intérêts les moins essentiels ou aux passions les plus mesquines. Ainsi, le 20 août 1893, le peuple suisse a dû voter sur un nouvel article 25 *bis* de la Constitution proposé par 55.000 citoyens, dirigé contre les boucheries juives et défendant l'abattage du bétail sans qu'il ait été préalablement étourdi[3] : l'article a été adopté. Depuis, des objets plus sérieux ont été proposés par le même moyen et le plus souvent repoussés[4].

Le *referendum* populaire, sinon l'initiative populaire, paraît gagner encore d'autres démocraties, celles-là de race anglaise. Je veux parler des colonies australiennes. En 1896 dans la Nouvelle-Galles du Sud et dans l'Australie du Sud des projets de loi établissant le *referendum* furent proposés par le gouvernement, votés par la Chambre basse, mais repoussés par la Chambre haute; en 1897, la même chose a eu lieu dans le Victoria et la Nouvelle-Galles du Sud[5]. Enfin, tout récemment (août 1898), le gouvernement de la Nouvelle-Galles du Sud, suggérant des amendements au bill avorté de fédération, proposait de terminer par un *referendum* les conflits qui pourraient s'élever entre les deux Chambres fédérales[6].

Le *referendum* législatif se présente donc de nos jours comme l'un des objectifs vers lesquels tend naturellement la démocratie moderne, et, chose notable, il semble séduire également l'esprit conservateur. Dans le projet de révision constitutionnelle, présenté en Belgique un

---

électeurs suisses formulent une telle demande d'initiative et où les Chambres sont d'accord avec eux sur son contenu, elles procèdent à la révision partielle dans le sens indiqué et doivent ensuite en soumettre le projet à l'adoption ou au rejet du peuple et des cantons.

« Si, au contraire, elles ne l'approuvent pas, la question de la révision partielle sera soumise à la votation du peuple, et si la majorité des citoyens suisses prenant part à la votation, se prononce pour l'affirmative, l'Assemblée fédérale procédera à la révision en se conformant à la décision populaire. »

[1] *Annuaire de législation étrangère* de 1892, p. 657.
[2] Ci-dessus, p. 245.
[3] « Il est expressément interdit de pratiquer la saignée sur les animaux de boucherie sans les avoir étourdis préalablement. Cette disposition s'applique à tout mode d'abattage et à toute espèce de bétail ».
[4] N. Droz, dans la *Revue politique et parlementaire*, juillet 1894, p. 144 et suiv.
[5] *Political science Quarterly*, 1896, p. 780; 1897, p. 371.
[6] *Standard* du 21 août 1898.

nom de la Couronne par le ministère le 1er février 1892, figurait au profit du roi un droit de *referendum* assez particulier, et par lequel il aurait pu consulter le peuple avant de refuser sa sanction à une loi votée par les Chambres. Cette prérogative eût été, d'ailleurs, d'un fonctionnement singulièrement difficile, car elle devait être exercée avec le contreseing ministériel dans un pays qui vit sous le gouvernement parlementaire. Ce droit souleva de nombreuses objections, et la proposition modifiée d'abord[1], fut abandonnée en définitive.

Il y a quelques années, en Angleterre, dans la patrie même du gouvernement représentatif, la voix d'un illustre parlementaire *tory* reconnaissait en théorie la valeur du *referendum*[2]; mais lord Salisbury rappelait en même temps la forme de consultation nationale, plus souple et probablement plus utile, qui correspond naturellement au gouvernement parlementaire, qui en est inséparable. Elle consiste en ce que, lors du renouvellement intégral de la Chambre des députés, les élections se font nécessairement sur les principaux problèmes pendants de la législation, qui sont ainsi soumis au pays. Il est vrai que cette procédure n'a pas, dans la forme, la même rigueur, la même précision apparente, que le *referendum* ; elle ne peut même pas les avoir, comme le démontrait l'orateur anglais. La majorité, dans le choix des députés, se laisse entraîner par telle ou telle de leurs opinions connues. C'est elle qui fait le choix des questions qu'elle résout ainsi implicitement; mais si cette liberté des électeurs peut rendre quelquefois le résultat total un peu trouble, elle leur permet, sur les points qu'ils ont choisis comme les plus importants, de donner une réponse qui est bien conforme à leur volonté vraie, en envoyant au Parlement les hommes qui partagent leurs idées et qui les appliqueront dans un certain sens, au lieu qu'avec le *referendum* les électeurs sont acculés au rejet ou à l'acceptation totale d'un projet, qu'ils ne peuvent modifier et que souvent ils ne peuvent même pas comprendre.

[1] *Annuaire de législation étrangère* de 1893, p. 471. Cf. Signorel, *op. cit.*, p. 212 et s.

[2] Discours de lord Salisbury à Edimbourg (*Standard* du 31 octobre 1894, p. 3) : « Le *referendum*, la présentation au peuple d'une mesure en détail pour qu'il vote sur elle, — qu'on l'approuve ou non, — est, en tout cas, une procédure honnête. Il a bien répondu à l'attente, je le crois, en Suisse sous une forme très extensive et aux États-Unis sous une forme très limitée. Je ne suis en aucune façon disposé à dire un mot contre lui. Je pense que, dans la forme sous laquelle il existe aux États-Unis, il est décidément avantageux pour le bon gouvernement et pour la stabilité du pays ». En ce moment même (29 octobre 1898) les électeurs du Canada sont appelés à décider dans un plébiscite consultatif si la vente publique et au détail des boissons spiritueuses doit être prohibée.

Cette faveur dont jouit le *referendum* non seulement parmi les démocrates, mais aussi parmi leurs adversaires, comment peut-elle s'expliquer? Elle paraît provenir chez ces derniers, de ce fait que le peuple, dans les pays où il a reçu cette participation directe à la législation, en a généralement usé, dans un esprit de conservation. C'est ce que l'on constate en Amérique[1]; c'est ce que l'on constate aussi en Suisse[2]. Mais il y a là, croyons-nous, une vue quelque peu superficielle. Si nous prenons en effet la législation fédérale suisse depuis qu'elle est complétement démocratisée, il nous paraît assez clair que, si le *referendum* (joint à l'initiative populaire) n'a fait en somme qu'assez peu de mal, il a empêché de faire beaucoup de bien, et que, d'après les aveux mêmes de ses partisans, il présente nettement les défauts que relèvent dans le gouvernement direct les défenseurs du gouvernement représentatif.

Sans doute le peuple s'est montré généralement conservateur, protecteur de l'indépendance des cantons, économe des deniers publics. Cependant parfois, comme par un saut de côté brusque et imprévu, il s'est prononcé dans un sens différent. C'est ainsi qu'au mois de février 1898, il a voté, à une majorité sans précédent, le rachat des chemins de fer suisses dans leur entier. D'autre part, les méfaits de la législation populaire ne se bornent pas à cet article constitutionnel, prohibant la boucherie juive, par laquelle a débuté l'initiative populaire. Pour ne prendre que les faits les plus saillants, le peuple a repoussé la loi fédérale du 26 septembre 1890, qui permettait de mettre à la retraite, avec une pension, les fonctionnaires et employés fédéraux vieillis et incapables de remplir leurs fonctions. « Jamais, lit-on dans une revue suisse, la Suisse n'avait été témoin d'une aussi extraordinaire votation. La loi repoussée avait en effet été votée à l'unanimité par les deux Chambres; tous les organes influents de la presse l'avaient recommandée comme une œuvre de justice et de saine économie[3] ». Le 3 février 1895 le peuple a également repoussé une loi qui permettait au conseil fédéral, sous le contrôle des Chambres, avec exclusion du *referendum*, de créer de nouveaux postes diplomatiques et de supprimer ceux qui paraîtraient inutiles; le peuple n'a pas voulu faire cette concession : « Étant donnée l'impopularité des diplomates, le

[1] Moffat, *loc. cit.*, p. 15 : « Le conservatisme, qui est la caractéristique de la législation par le peuple, lorsqu'elle est intelligemment appliquée, est un trait marqué du développement constitutionnel en Californie ».

[2] Deploige, *Le referendum en Suisse*, 1892; de Laveleye, *Le gouvernement dans la démocratie*, t. II, p. 158; Arthur Desjardins, *La liberté politique dans l'État moderne*, p. 239 et s.; Signorel, *op. cit.*, passim.

[3] La *Bibliothèque universelle et Revue suisse*, citée par M. Signorel, p. 386.

résultat était prévu. Ainsi les citoyens continueront à juger, chose véritablement absurde, de l'importance d'un poste diplomatique et des questions les plus délicates de la politique extérieure[1]. Enfin, le 3 novembre 1895 il a également repoussé un projet d'organisation militaire qui pouvait donner à la Suisse une armée ; mais l'indépendance cantonale y était en jeu[2]. On constate, d'autre part, que le peuple accepte parfois des règles, qu'il n'approuve pas, parce qu'elles sont mêlées, dans la même loi, à des dispositions qu'il désire[3] ; que sur certaines questions les citoyens votent complètement à l'aveuglette[4] ; que parfois l'impopularité d'une loi entraîne en même temps le rejet d'une autre loi, toute différente, mais soumise en même temps au *referendum*[5] ; que les citoyens se laissent facilement déterminer à repousser une loi par quelque détail secondaire, qui prend à leurs yeux une importance exagérée[6]. Enfin on a pu constater que très souvent le nombre des abstentions était considérable, plus élevé que lorsque les électeurs sont appelés à choisir des députés[7].

---

[1] Signorel, *loc. cit.*, p. 388.

[2] Signorel, *loc. cit.*, p. 74.

[3] M. Naville, cité par Signorel, p. 375 (il s'agit de la loi du 24 déc. 1874 sur l'état civil et le mariage) : « Les dispositions relatives au mariage et au divorce ont été réunies à d'autres dispositions relatives à l'état civil dont la nécessité était manifeste. Il a fallu adopter ou rejeter le tout ensemble ; et je suis convaincu qu'un grand nombre de citoyens ont voté *oui* pour le bloc non sans regret, tandis qu'ils auraient voté *non* sur la question du mariage, si elle avait été isolée ».

[4] M. Deploige, cité par Signorel, p. 276 (il s'agit de la loi votée par l'assemblée en 1875 sur l'émission et le remboursement des billets de banque) : « Les gens compétents étaient en désaccord ; quant à la masse des électeurs elle n'entendait rien à la question ».

[5] Signorel, *loc. cit.*, p. 379 : « M. Deploige pense que le mouvement d'opposition auquel avait donné naissance la loi sur les épidémies fut tellement irrésistible qu'il emporta avec lui dans sa chute l'arrêté sur les brevets d'invention ».

[6] M. Droz, cité par Signorel, p. 381 : « Si développée que soit l'éducation politique de notre peuple, elle n'est pas encore perfectionnée au point qu'il ne se trompe jamais sur la valeur relative des choses soumises à son appréciation. Il oublie ou méconnaît souvent les lois de la perspective et donne une importance capitale à des détails insignifiants ».

[7] Voici ce qu'écrivait au journal le *Temps* son correspondant de Berne, le 5 août 1893, à propos d'un vote récent sur une demande de révision formulée dans la Confédération par l'initiative populaire : « Le nombre des votants a été peu considérable. L'indifférence est la caractéristique de la situation ; est-ce lassitude ? est-ce hostilité ? L'extension des droits du peuple oblige les électeurs à voter fréquemment ; dès lors on a pu constater la réduction continue du nombre des votants. Autrefois, on comptait approximativement un demi-million de participants ; aujourd'hui, ce n'est plus qu'un peu plus de la moitié de ce chiffre ». On a remarqué, il est vrai pour le *referendum* cantonal (canton de Zurich, Signorel, *loc. cit.*, p. 358) que « lorsqu'il y a le même jour un *referendum* et une élection, la moyenne des votants passe de 74 à 79 p. 000 ».

Le *referendum* a encore un autre inconvénient incontestable. C'est qu'il déconsidère le gouvernement représentatif sans le supprimer. Quelle autorité peuvent avoir les assemblées, lorsque les lois discutées et votées par elles, peuvent à chaque instant être repoussées, par caprice ou ignorance, par la majorité même qui a élu leurs membres sur un programme déterminé? Quels sont les hommes qui voudront, dans un pareil milieu, briguer le mandat de député?

Quant à l'initiative populaire, c'est incontestablement un élément de trouble : alors que l'œuvre législative est déjà difficile à conduire utilement et dans un sens harmonique, avec l'initiative parlementaire, comment pourra-t-elle résister à l'initiative du peuple? Les citoyens ont un moyen, admis dans tous les pays libres et bien suffisant, pour saisir le législateur de leurs légitimes vœux de réforme. C'est le droit de pétition aux Chambres. Une pétition, demandant le vote d'une loi nouvelle et revêtue d'un nombre immense de signatures, s'imposerait aux Assemblées législatives par la seule force de la raison, à moins qu'elle ne fût inspirée par un préjugé populaire, nécessairement passager, et alors ne serait-ce pas tout profit si, en la faisant attendre, on donnait à la nation le temps de la réflexion?

Le *referendum* a également ses partisans en France, mais aujourd'hui peu nombreux : on peut dire qu'il a été discrédité par les plébiscites impériaux. Cependant il a cherché à se glisser plus d'une fois, de nos jours, dans des propositions présentées aux Chambres par l'initiative parlementaire, et tendant à soumettre telle ou telle mesure législative au vote populaire. Ces propositions ont toujours été repoussées par la question préalable à la Chambre des députés, où elles se sont produites en mai 1881, le 10 décembre 1890, le 26 juillet 1894, et enfin le 26 novembre 1894[1]. Cela est parfaitement

---

[1] *Journal officiel* du 27 novembre 1894, p. 2038 (Chambre des députés). Dans la séance du 26 novembre 1894, un débat, cependant, s'engagea sur ce point. M. Cuneo d'Ornano s'efforça de démontrer que l'admission du *referendum* est compatible avec notre Constitution. Son argument, c'est que, la Constitution n'ayant pas exclu le *referendum*, n'en ayant pas parlé, il reste, par conséquent, dans le domaine législatif (*ibid.*, p. 2038) : « Tout ce que les lois constitutionnelles ne réservent pas au Congrès, ne retirent pas expressément au pouvoir législatif, est du domaine législatif de la Chambre et du Sénat. En soumettant une loi, à votre gré et au gré du Sénat, à une procédure complémentaire, — non obligatoire évidemment, mais non prévue, non prohibée, — à une sorte d'enquête populaire par un système de votation que la Constitution ne vous interdit pas, n'est-il pas évident que vous ne portez pas atteinte à la Constitution? » Mais le sophisme juridique est presque évident. On ne saurait dire que les lois constitutionnelles n'ont pas réglementé totalement le pouvoir législatif quant aux autorités qui l'exercent : elles l'ont organisé sous la forme du gouvernement représentatif, et ont par là exclu le gouvernement direct. Elles l'ont attribué intégralement, exclusivement, à la Chambre des députés et au Sénat.

conforme aux principes; le pouvoir législatif est attribué aux deux
Chambres par la Constitution; et le pouvoir législatif, ainsi attribué,
est en principe indélégable[1].

§ 4. — LA SOUVERAINETÉ NATIONALE ET LA RESPONSABILITÉ DES FONCTIONNAIRES ET DES REPRÉSENTANTS.

Il semble que la souveraineté nationale ait pour conséquence nécessaire la pleine responsabilité de tous ceux qui exercent à un titre
quelconque l'autorité publique. Tous, en effet, agissent, non en vertu
d'un droit propre, mais au nom de la nation, en qui réside la souveraineté. Cela semble vrai non seulement quant aux fonctionnaires
proprement dits, c'est-à-dire quant à ceux dont l'unique mission consiste à appliquer des règles tracées d'avance par la loi, mais aussi et
surtout quant aux *représentants*, c'est-à-dire quant à ceux qui ont un
pouvoir de décision propre et *veulent* pour la nation[2]. Le danger de
voir le délégué mésuser d'un pouvoir qui ne lui appartient pas étant
plus grand encore dans le second cas, la responsabilité paraît s'imposer davantage; et, logiquement, cette responsabilité paraît impliquer deux choses : 1° une sanction, toutes les fois qu'un fonctionnaire ou représentant excède ses pouvoirs; 2° la révocabilité de tout
fonctionnaire ou représentant par l'autorité qui lui a confié son pouvoir ou sa fonction, toutes les fois que cette autorité peut craindre
que, sans dépasser les limites des pouvoirs à lui délégués, il les
exerce cependant d'une façon peu utile ou même dangereuse. Tout
cela, c'est la condition naturelle de celui qui exerce seulement le droit
d'autrui par la seule volonté d'autrui.

Cette logique est acceptée par quelques-uns, et c'est certainement
en ce sens que la Constitution de 1793 proclamait le principe : « La
garantie sociale ne peut exister si les limites des fonctions politiques,

et les deux Chambres ne pourraient le transférer à une autre autorité que par une
délégation qui est impossible. Ce raisonnement irréfutable en droit ne s'applique,
d'ailleurs, directement qu'au *referendum de ratification*. Il ne porte pas avec la
même force sur le *referendum de consultation*, celui par lequel les Chambres sou-
mettraient une question au vote populaire, avant de légiférer sur ce point. Ici, la
lettre de la Constitution n'est peut-être pas prohibitive; mais son esprit n'est pas
douteux; ce procédé n'est pas moins contraire que le premier au génie du gouvernement représentatif. — Sur les propositions de *referendum* qui se sont produites
en France, voir Signorel, *op. cit.*, p. 171 et suiv.

[1] *De la délégation du pouvoir législatif*, dans la *Revue politique et parlementaire*, août 1894, p. 203 et suiv.

[2] Ci-dessus, p. 223.

ne sont pas clairement déterminées par la loi, et si la responsabilité
de tous les fonctionnaires n'est pas assurée[1] ». Mais le droit commun
des peuples libres en a écarté, au contraire, les principales conséquences, au moins en ce qui concerne les *représentants*, dont je veux
seulement m'occuper ici. Les raisons, qui ont dicté cette conduite,
sont au nombre de deux, l'une et l'autre d'ordre pratique. C'est d'a-
bord que cette responsabilité est pratiquement très difficile à organiser. C'est que, d'autre part, elle tournerait le plus souvent contre
l'intérêt public, contre le véritable intérêt des représentés, en para-
lysant, par la crainte, l'action des représentants, qui doit le plus souvent être libre pour être utile, en troublant ou interrompant le jeu
continu des institutions représentatives. On peut presque dire que le
gouvernement représentatif tend naturellement à l'irresponsabilité
des représentants; mais cela doit être sainement entendu.

Il est une première responsabilité que personne ne peut songer à
exclure de parti pris; c'est celle qui existe lorsque le représentant
dépasse sciemment et de mauvaise foi ses pouvoirs tels qu'ils sont
fixés par la Constitution ou par la loi. Ici, sauf la difficulté de trouver
la juridiction appropriée pour prononcer la sanction, qui normalement doit être une peine et qui peut entraîner la privation de la
fonction, le principe de la pleine responsabilité s'impose aussi bien
au nom de la morale qu'en vue de l'utilité sociale, qu'il s'agisse du
titulaire du pouvoir exécutif, des législateurs ou des juges.

Mais il en est tout autrement quant à l'autre conséquence de la
responsabilité, c'est-à-dire la *révocabilité* : l'irrévocabilité des représentants, tant qu'ils ne sortent pas de leurs pouvoirs, est dans le
génie du gouvernement représentatif. Par cela même qu'ils sont représentants et dans la mesure où ils le sont, ils ne doivent, pour le
moment et en droit, aucun compte de leurs actes[2] ; la seule véritable
garantie que la nation prendra contre eux, c'est de leur conférer
leurs pouvoirs seulement pour un temps limité; encore, en ce qui
concerne les juges, est-on arrivé à les nommer le plus souvent à
vie. Le droit de révocation a été écarté partout où il devait être un
élément de trouble, une cause certaine d'affaiblissement.

---

[1] *Déclaration des droits*, art. 24.
[2] Discours de Sieyès à la Convention le 2 thermidor an III (*Réimpression de
l'ancien Moniteur*, t. XXV, p. 295) : « Ne croyez pas que le tribunal législatif
(c'est ainsi qu'il appelle le Corps législatif) soit non plus d'une nature différente des
tribunaux judiciaires... Tous peuvent se tromper et sont irresponsables, s'ils ne se
sont trompés que par erreur de jugement et sans sortir des bornes de leurs fonctions ». — Constitution du 22 frimaire an VIII, art. 69 : « Les fonctions des membres
soit du Sénat, soit du Corps législatif, soit du Tribunat, celles des consuls et des
conseillers d'État, ne donnent lieu à aucune responsabilité ».

1° C'est d'abord ce qu'établissent les Constitutions modernes en ce qui concerne le titulaire ou les titulaires du pouvoir exécutif, partout où l'on a maintenu une véritable séparation entre ce pouvoir et le pouvoir législatif, et où l'on veut garantir au premier une certaine indépendance. Même avec la forme républicaine, on n'édicte contre le titulaire du pouvoir exécutif que la responsabilité pénale, celle qui suppose une mise en accusation proprement dite ; encore est-elle restreinte dans d'étroites limites. Nous avons vu cependant que le droit moderne, pour rendre cette responsabilité aussi efficace que possible, l'a déplacée et l'a fait passer du chef de l'État à ses ministres[1]. Partout la responsabilité des ministres est admise en tant que responsabilité pénale, et le gouvernement parlementaire fournit, sinon au peuple, du moins aux assemblées représentatives, un moyen sûr, non pas de prononcer, mais d'obtenir la révocation ou la démission des ministres, sans atteindre le titulaire même du pouvoir exécutif. C'est ce régime, produit de l'histoire et de la pratique, qui se rapproche le plus à cet égard de la rigueur des principes abstraits et démocratiques.

2° L'irresponsabilité des juges et leur irrévocabilité (qu'ils soient nommés à temps ou à vie) sont des principes généralement reçus. Leur responsabilité pénale à raison de l'exercice de leurs fonctions n'est admise que dans des cas très rares (chez nous seulement pour le crime de *forfaiture*) ; leur responsabilité civile et pécuniaire suppose toujours, non une simple erreur ou négligence, mais un dol ou une faute grave (chez nous, c'est alors la *prise à partie*, Code de Proc. civile, art. 505 et suiv.). Quant à leur révocation proprement dite, elle n'est admise que très exceptionnellement. En Angleterre, depuis l'*Act of settlement*, les juges ne peuvent être destitués par la Couronne que sur une adresse en ce sens qui lui est présentée par les deux Chambres ; la discussion et le vote de cette adresse rappellent de très près la procédure de l'*impeachment*[2], et supposent par conséquent une accusation contre le juge intentée par la Chambre des Communes et admise par la Chambre des Lords. En France, la révocation, comme on le verra plus loin, ne peut être prononcée que par un arrêt de la Cour de cassation, statuant comme grand Conseil disciplinaire de la magistrature.

3° Restent les membres des Assemblées représentatives qui exercent le pouvoir législatif. Ce sont eux qui ont le plus largement le caractère représentatif dans le sens indiqué plus haut, et qui jouissent

[1] Ci-dessus, p. 80 et suiv.
[2] Anson, *Law and custom*, t. I², p. 367 et suiv.

en même temps et nécessairement de la plus large irresponsabilité. En vertu d'une immunité traditionnelle, la responsabilité pénale, qui aurait pu résulter du droit commun, est expressément écartée, « à raison des opinions ou votes émis par eux dans l'exercice de leurs fonctions ». D'autre part, ce sont nécessairement les plus inamovibles de tous les fonctionnaires jusqu'à l'expiration de leurs pouvoirs. Pour ceux qui tirent ces pouvoirs de l'élection, qui pourrait, en effet, logiquement les révoquer auparavant? Ce n'est pas le pouvoir exécutif, dont ils sont indépendants et qu'ils contrôlent ou réglementent au nom de la nation[1]. Ce n'est pas non plus le pouvoir judiciaire, dont la mission est étroitement limitée à la solution des litiges particuliers. Ce ne pourraient être que les électeurs eux-mêmes qui les ont élus. Mais ce droit de révocation électorale, outre qu'il serait presque impossible à organiser dans la pratique, est directement contraire à des principes déjà établis. Il est la négation même du gouvernement représentatif, qui suppose la pleine liberté de décision et de discussion chez les membres de l'Assemblée législative. Il ne serait pas moins contraire au principe de la souveraineté nationale, qui fait de chaque député le représentant de la nation entière. Ce droit de révocation prétendu procède exactement des mêmes principes que le mandat impératif, qu'il accompagne d'ordinaire et qu'il est destiné à sanctionner le plus souvent : il tombe devant les mêmes objections. Le député, pour remplir sa mission, doit juridiquement échapper à l'action de ses électeurs, une fois l'élection accomplie, sauf à comparaître de nouveau devant eux à l'expiration de ses pouvoirs. C'est là la seule responsabilité à la fois efficace et inoffensive pour le bien public. Ici encore l'Assemblée Constituante avait proclamé les vrais principes, ceux que je viens de rappeler, et elle en avait tiré cette conséquence : « Ainsi les membres des assemblées de district et de département et les représentants

---

[1] Le droit de dissoudre la Chambre des députés avant l'expiration de ses pouvoirs, droit qui généralement est reconnu au pouvoir exécutif là où fonctionne le gouvernement parlementaire, paraît d'abord inconciliable avec ce principe et contraire à cette logique. Mais, dans ce système de gouvernement, c'est un contrepoids absolument nécessaire pour maintenir une certaine indépendance au pouvoir exécutif; c'est parfois aussi le seul moyen possible de dégager une majorité dans la Chambre des députés. D'ailleurs la contradiction logique est seulement apparente. La dissolution étant immédiatement suivie d'élections nouvelles, c'est au fond le Corps électoral qu'on fait juge de la crise ; c'est même la responsabilité des députés à son égard qui est mise en jeu. Le droit de faire comparaître ceux-ci devant leurs électeurs, avant l'expiration normale de leur mandat, est ainsi remis exceptionnellement au pouvoir exécutif, qui n'en usera, d'ailleurs qu'à la dernière extrémité : les risques qu'il peut courir en prenant ce parti sont une garantie suffisante.

à l'Assemblée nationale ne pourront jamais être révoqués, et leur destitution ne pourra être que la suite d'une forfaiture jugée[1] ».

Mais, à la Convention nationale, la tendance opposée s'affirma nettement en 1793. Robespierre, dans la séance du 10 mai, soutenait la responsabilité nécessaire et *physique* de tous les fonctionnaires publics, y compris les membres du Corps législatif : « Un peuple, disait-il, dont les mandataires ne doivent compte à personne de leur gestion n'a point de constitution. Un peuple dont les fonctionnaires ne rendent compte qu'à des mandataires inviolables n'a point de constitution puisqu'il dépend de ceux-ci de le trahir impunément et de le laisser trahir par les autres. Si c'est là le sens qu'on attache au gouvernement représentatif, j'avoue que j'adopte tous les anathèmes qu'a prononcés contre lui Jean-Jacques Rousseau[2] ». Comme conséquence il proposait deux choses. D'abord, le droit de révocation, dont il n'indiquait pas d'ailleurs le mode d'organisation : « Je veux que tous les fonctionnaires publics nommés par le peuple puissent être révoqués par lui, selon les formes qui seront établies, sans autre motif que le droit imprescriptible qui lui appartient de révoquer ses mandataires »; Il proposait, en second lieu, un tribunal populaire « dont l'unique fonction sera de connaître des prévarications des fonctionnaires publics. Les membres du corps législatif ne pourront être poursuivis par ce tribunal pour raison des opinions qu'ils auront manifestées dans l'Assemblée, mais seulement pour les faits positifs de corruption ou de trahison dont ils pourraient être prévenus. Les délits ordinaires qu'ils pourraient commettre sont du ressort des tribunaux ordinaires[3] ».

Hérault-Séchelles, en présentant le projet de la Constitution de 1793, proclamait avec une énergie non moins grande le principe de la responsabilité des députés : « Les fonctionnaires publics sont responsables, et les premiers mandataires du peuple ne le sont pas encore. Comme si un représentant pouvait être distingué autrement que par ses devoirs et par une dette plus rigoureuse envers la patrie, nulle réclamation, nul jugement ne peuvent l'atteindre. On eût rougi de dire qu'il serait impuni; on l'a appelé *inviolable*. Ainsi les anciens consacraient un empereur pour le légitimer. La plus profonde des injustices, la plus écrasante des tyrannies nous a saisi d'effroi. Nous en avons cherché le remède dans la formation d'un grand jury, destiné à venger le citoyen, opprimé dans sa personne, des vexations

---

[1] Décret du 22 décembre 1789, art. 11.
[2] *Réimpression de l'ancien Moniteur*, t. XVI, p. 363.
[3] *Réimpression de l'ancien Moniteur*, t. XVI, p. 264.

(s'il pouvait en survenir) du Corps législatif et du Conseil : tribunal imposant et consolateur, créé par le peuple à la même heure et dans les mêmes formes qu'il crée ses représentants ; auguste asile de la liberté, où nulle vexation ne serait pardonnée et où le mandataire coupable n'échapperait pas plus à la justice qu'à l'opinion[1] ». Mais, on le voit, il s'agissait là d'une responsabilité pénale à l'égard de tout citoyen, non d'une responsabilité politique à l'égard des électeurs.

De notre temps, l'esprit démocratique a parfois repris le même rêve, et, pour arriver à la révocation des députés, divers procédés ont été proposés ou employés. J'en relève quatre principaux, dont un est inséparable du mandat impératif, les trois autres pouvant au contraire fonctionner sans lui. Le plus connu, celui qui, parfois déjà, est pratiqué dans notre pays, est des plus simples. Du comité électoral, qui a patronné la candidature et qui reste organisé après l'élection accomplie, il fait l'autorité chargée d'exercer le contrôle et de prononcer la révocation. Pour donner pouvoir au comité sur lui-même, le candidat a remis par avance à celui-ci une démission, signée en blanc, de ses fonctions de député : le comité, le cas échéant, n'aura qu'à la remplir et à l'adresser au Président de la Chambre ; voilà la révocation organisée. C'est là une procédure, toute de fait, et très facile à déjouer légalement, car la démission ne peut être valable que si elle est acceptée et admise par la Chambre. Si elle n'est pas rendue vaine de cette manière, cette combinaison a pour résultat de mettre le député à la discrétion d'une sorte d'association privée, qui n'a aucun titre régulier, qui s'est donné à elle-même sa mission, et dont les vues peuvent ne point coïncider avec celles des électeurs. On a pourtant voulu en faire la théorie juridique. Elle consiste à soutenir qu'en acceptant le candidat présenté par le comité la majorité des électeurs a délégué à ce comité les pouvoirs qu'elle a sur son élu, et ceux-ci comprennent (on le suppose) le droit de révocation[2]. C'est là une délégation bien facilement admise, non pas seulement tacite, mais gratuitement supposée. Pour que la construction fût correcte, elle ne suffirait pas encore. Il faudrait la compléter en supposant que la nation entière, dont

---

[1] *Réimpression de l'ancien Moniteur*, t. XVI, p. 617.

[2] Voyez, dans le *Temps* du 30 août 1894, un *extrait du registre des délibérations du Comité électoral du parti ouvrier* (séance du 25 août 1894) : « Considérant enfin : que le parti ouvrier dijonnais ne saurait accepter plus longtemps une solidarité quelconque avec les agissements du député qui s'est fait élire, sous ses auspices ; que le *Corps électoral, en donnant la majorité au citoyen X..., a reconnu implicitement au Comité qui l'a soutenu le droit d'en apprécier la conduite ultérieure et de disposer, en temps utile, de sa démission librement signée par lui* ».

l'élu est le représentant, avait délégué à la circonscription électorale
le droit de révoquer le député.

Ce premier procédé ne peut guère être sérieusement défendu. Ce
n'est pas seulement l'opinion moyenne qui le réprouve; il paraît condamné même par certains partisans sincères du mandat impératif.
Plusieurs de ceux-ci ont déposé à la Chambre des députés, dans la
précédente législature, une proposition de loi pour organiser le système d'une façon régulière[1]. Cette proposition, qui a pour but avoué de
donner au corps électoral une activité permanente, de faire de chaque
citoyen « un membre actif du souverain[2], » est ingénieusement combinée. Elle rend le mandat impératif simplement facultatif de la part
des candidats, qui peuvent s'y soumettre ou le repousser, et, lorsqu'il intervient, il est, non pas dicté par les électeurs, mais tracé par
le candidat lui-même; il consiste purement et simplement dans les
déclarations que contient le programme électoral de celui-ci. A cet
effet, ce programme devrait être adressé au préfet en même temps
que la déclaration de candidature exigée par la loi du 17 juillet 1889 ;
la copie ainsi déposée devrait être signée par « les principaux membres
du comité électoral du candidat, le nombre des signatures ne pouvant
être inférieur à cinquante ». L'élection intervenant dans ces conditions, les engagements contenus au programme constitueraient un véritable contrat entre le député élu et les électeurs de sa circonscription, un contrat de droit civil susceptible d'une exécution forcée par
décision de justice. A cet effet, « le juge de paix du canton de la circonscription, où le candidat, ayant souscrit un mandat impératif, a été
élu, connaîtrait des infractions commises par le député au programme

---

[1] Proposition de loi sur la faculté du mandat impératif dans l'exercice des fonctions
législatives, présentée par MM. Chauvière, Baudin, Vaillant, Walter, députés, *Journal officiel* de 1894, *Documents parlementaires* (Chambre), p. 2069 et suiv. On
lit dans l'exposé des motifs : « On se souvient des démissions en blanc signées par
des députés, confiées à des comités, qui, au moindre prétexte d'indiscipline intérieure, fondé ou non, ont joué aux mandataires le tour désagréable de les faire démissionner malgré eux; et aussi de juges prud'hommes acceptant le mandat de juger, non pas suivant les règles de la prud'homie, mais suivant les volontés de leurs
commettants. » Si c'est là le mandat impératif, s'écrient les mieux intentionnés,
nous n'en voulons point. »... Pour ceux qui redoutent que le mandat impératif ne
puisse être confondu avec les démissions en blanc de récente apparition, je ne crains
pas de dire qu'ils se trompent. Une démission en blanc n'est qu'une abdication avant
l'heure. Un comité peut, en effet, et sans raison apparente, modifier sa manière de
voir sur l'homme qui le représente; et pour certaines causes particulières, étrangères
à la politique, pourra-t-il aussitôt jeter par-dessus bord le député fidèle à son programme? Cela ne peut pas être. »

[2] « Son principe est dans l'exercice permanent de la souveraineté du suffrage
universel. »

souscrit. Il constaterait sans débat ces dites infractions, et, sans appel, sur la réquisition d'un ou de plusieurs électeurs de la circonscription[1], prononcerait l'annulation du mandat, laquelle annulation serait définitive dès le prononcé du jugement en audience publique ». C'est là, poussée dans ses dernières conséquences, la conception qui assimile la fonction élective à un contrat de droit civil, et c'est la négation la plus complète du gouvernement représentatif : mais c'est aussi la négation du droit pour les électeurs de révoquer librement l'élu. Le contrat qui est intervenu perd ainsi le caractère de mandat, pour devenir un contrat innommé que ne peut plus rompre la volonté unilatérale de l'une des parties[2]. Ce qui est très remarquable, c'est de voir l'école, dont émane ce projet, faire du pouvoir judiciaire l'arbitre d'un litige tout politique. Il est vrai que, dans ce système, le juge est destiné à statuer, en quelque sorte mécaniquement, sur un contrat que l'on construit comme éminemment formaliste, et c'est pour cela qu'on se contente du juge de paix[3]. Mais comment des questions d'interprétation ne se glisseraient-elles pas dans l'appréciation de la portée du programme?

Une autre proposition a été déposée par M. Gorundet à la Chambre des députés le 16 novembre 1896[4]. Elle s'applique à tous les mandats qui donnent entrée dans une assemblée élective (Sénat, Chambre des députés, Conseil général, Conseil d'arrondissement, Conseil municipal). Elle établit pour tous la même procédure. Lorsque les électeurs d'une circonscription, en nombre supérieur au chiffre des voix obtenues par l'élu, adresseraient une pétition à l'assemblée dont celui-ci fait partie, cette assemblée, après avoir constaté que les pétitionnaires sont bien des électeurs régulièrement inscrits et ayant pris part au dernier vote, devrait sans débat prononcer la révocation de l'élu. Le sénateur ou député ainsi révoqué serait inéligible pendant neuf ans à toute fonction élective; il devrait restituer à l'État les indemnités parlementaires qu'il aurait perçues.

La quatrième procédure pour la révocation des députés élus est une institution constitutionnelle, qui a été introduite et fonctionne en fait

[1] Pour être fidèles au principe que le député d'une circonscription est le représentant de la France entière, les auteurs de la proposition devraient accorder à tout électeur français le droit de requérir cette annulation.

[2] *Documents parlem.* (Chambre), p. 2010 : « On ne peut être tenu que par les engagements publics, et, si le mandataire en respecte rigoureusement les clauses, les mandants n'ont rien à dire ».

[3] *Ibid.*, p. 2010 : « Point n'est besoin d'une nouvelle juridiction : la plus simple, la plus accessible est la meilleure. Il suffit de la production du programme souscrit et du vote émis sur telle question, par n'importe quel électeur ami ou ennemi ».

[4] *Journal off.*, du 7 novembre, Chambre des députés, p. 1559.

dans plusieurs cantons suisses sous le nom de *Abberufungsrecht* : on
pourrait l'appeler le droit de *dissolution populaire*. En effet, comme
le droit de dissolution qui, dans le gouvernement parlementaire,
appartient ordinairement au pouvoir exécutif, ce droit de révocation
porte sur l'assemblée élective tout entière et non pas individuellement sur chacun de ses membres. Il est exercé par le corps électoral
tout entier, non par les électeurs d'une circonscription isolée ▼. Il
fonctionne de la façon suivante. Lorsque le renouvellement intégral
de l'Assemblée législative est demandé par un nombre déterminé de
citoyens (c'est d'ordinaire le même nombre qui est exigé pour une
demande de *veto* populaire ou de *referendum*), la question doit être
directement soumise au vote populaire, et, si la majorité se prononce
en ce sens, les pouvoirs de l'Assemblée prennent fin immédiatement
et il est procédé à des élections générales.

Ce droit de révocation a été successivement introduit dans divers
cantons dont les principaux sont : Berne, Argovie, Schaffouse, Thur-
govie, Soleure et Lucerne². En 1872, on a proposé de l'introduire
dans la Constitution fédérale en ce qui concerne le Conseil national;
un orateur, M. Carteret, le considérait comme le seul vraiment
effectif des droits populaires; un autre, M. Feer-Herzog, y voyait la
contre-partie nécessaire de l'initiative populaire. Mais il fut écarté.
Si, en effet, il ne soulève pas les mêmes objections de principe que
les précédents, en ce qu'il n'est directement contraire ni à la souveraineté nationale ni même au gouvernement représentatif, c'est le
plus sûr instrument de trouble et la cause la plus profonde de discrédit pour les Assemblées délibérantes. Il produit déjà cet effet
dans le milieu si restreint d'un canton suisse; quelle puissance de
décomposition n'aurait-il pas transporté dans un grand État³?

---

[1] Cependant en 1872 lorsqu'il fut question d'introduire ce droit dans le gouvernement fédéral, un représentant M. Wirth-Sand proposait de le restreindre à
la révocation d'un député par les électeurs de sa circonscription, Curti, *op. cit.*,
p. 272.

[2] Curti, *op. cit.*, p. 215.

[3] Voici ce que disait M. Ganzenbach dans le délist fédéral de 1872 (Curti, *op. cit.*,
p. 273) : « Le droit de révocation conduit à des agitations malsaines. Par tous les
moyens qu'offrent la presse et le droit de réunion, on s'efforce alors de noircir les
gens jusqu'à ce qu'ils deviennent mûrs, en effet, dans l'imagination de bien des âmes
innocentes. À Berne on a fait à cet égard d'amères et tristes expériences ».

CHAPITRE III

La séparation des pouvoirs.

Le principe de la séparation des pouvoirs est un de ceux auxquels la Révolution française s'est montrée le plus attachée; la Déclaration des droits de l'homme et du citoyen le considère comme essentiel [1], et la Révolution américaine ne lui a pas été moins fidèle. Il suppose nécessairement le gouvernement représentatif; et, réduit à sa plus simple expression, il consiste en cette idée : que les attributs de la souveraineté considérés comme vraiment distincts doivent être délégués par la nation à des titulaires divers et indépendants les uns des autres. Ce sont, comme disait Siéyès dans un langage qui lui est propre, autant de *procurations* distinctes de la souveraineté nationale [2]. Il nous faut rechercher l'origine, la légitimité et la portée de ce principe.

§ 1. — ORIGINE ET DISCUSSION DE LA DOCTRINE.

I.

L'Europe et l'Amérique ont été sur ce point les tributaires du génie de Montesquieu. Ce n'est pas que, avant lui, on n'ait cherché à distinguer les divers attributs de la souveraineté. Les auteurs de l'École du droit de la nature et des gens avaient fait cette analyse, et ils désignaient les attributs assez nombreux qu'ils avaient ainsi dégagés sous le nom de *partes potentiales summi imperii* [3]. Mais ils tenaient d'ordi-

---

[1] Art. 16 : « Toute société, dans laquelle la garantie des droits n'est pas assurée ni la séparation des pouvoirs déterminée, n'a pas de constitution ».

[2] Discours du 2 thermidor an III, *Réimpression de l'ancien Moniteur*, t. XXV, p. 292 : « Je reviens à la division des pouvoirs ou, si vous aimez mieux, des procurations diverses qu'il est de l'intérêt du peuple, avons-nous dit, et de la liberté publique de confier à différents corps de représentants ».

[3] Puffendorf, *Jus naturæ*, liv. VII, ch. IV, nº 2. *De officio hominis et civis*, liv.

naire, que, pour que l'État fût fort et régulièrement organisé, tous ces pouvoirs devaient être réunis dans la même main[1]. De même, Bodin et son école distinguaient cinq ou six marques de souveraineté, mais ils jugeaient celle-ci naturellement indivisible et, d'ailleurs faisaient en réalité rentrer ces divers attributs dans le pouvoir législatif qui, d'après eux, comprenait tous les autres[2].

Le premier, Locke a une théorie sur la séparation des pouvoirs. Le premier aussi, d'ailleurs, il examine la question au point de vue d'un gouvernement représentatif de la souveraineté nationale; les auteurs plus anciens raisonnaient en prenant pour point de départ le gouvernement direct et surtout celui d'une monarchie. Il distingue trois pouvoirs dans son *Essay on civil government* : le pouvoir législatif, le pouvoir exécutif, et le pouvoir *fédératif* ou droit de faire la paix, la guerre et les traités[3]. Il admet que le pouvoir législatif et le pouvoir exécutif doivent être séparés, placés dans des mains différentes, et voici ses raisons : « Le pouvoir législatif est celui qui a le droit de déterminer comment la force de la République sera employée pour préserver la communauté et ses membres. Comme ces lois, qui doivent être constamment exécutées et dont la force doit être continue, peuvent être faites en peu de temps, il n'est pas nécessaire que le législatif soit toujours en activité, n'ayant pas toujours de besogne à accomplir. D'autre part, pour la fragilité humaine la tentation de porter la main sur le pouvoir serait trop grande, si les mêmes personnes qui ont le pouvoir de faire des lois avaient aussi entre leurs mains le pouvoir de les exécuter; car elles pourraient alors se dispenser d'obéir aux lois qu'elles font et accommoder la loi à leur avantage privé, à la fois en la faisant et en l'exécutant, et, par con-

---

II, ch. vii; il distingue sept *partes potentiales suenni imperii*, le pouvoir législatif, le droit d'établir des peines comme sanction des lois, le pouvoir judiciaire, le droit de faire la guerre et la paix et de conclure des traités, le droit d'établir les ministres et les fonctionnaires subalternes, le droit d'établir et de lever les impôts, et enfin le droit de régler l'enseignement public. Cf. Wolff, *Jus naturæ*, t. VIII, §§ 61, 63.

[1] Puffendorf, op. cit., liv. II, ch. vii, n° 9 : « Sunt autem istæ partes suenni imperii inturaliter ita connexæ ut, si quidem regularis forma civitati constare debeat, omnes et singulæ penes unum radicaliter esse debeant. Sin autem istæ dividantur ita ut quædam radicaliter sint penes unum, reliquæ penes alium, irregularem rempublicam et male cohærentem emergere necesse est ». Il s'attache surtout à montrer que la séparation du pouvoir législatif et du pouvoir exécutif, même quant à l'exercice, est contraire au jeu régulier du gouvernement, *Jus naturæ*, liv. VII, ch. iv, n° 11.

[2] Bodin, *Les six livres de la République*, liv. I, ch. x, p. 232 et suiv.; — Loyseau, *Des seigneuries*, ch. iii, n° 11 et suiv.; — Baudrie, *Bodin*, p. 43 et suiv.

[3] *Essay*, § 146.

séquent, arriver à avoir un intérêt distinct du reste de la communauté, contraire à la fin de la société et du gouvernement. Par suite, dans toutes les républiques bien ordonnées où le bien public est envisagé comme il doit l'être, le pouvoir législatif est remis aux mains de diverses personnes, qui, dûment assemblées, ont par elles-mêmes, ou conjointement avec d'autres, le pouvoir de faire les lois ; et, lorsqu'elles les ont faites, elles se séparent de nouveau et sont elles-mêmes soumises aux lois qu'elles ont faites : c'est un lien nouveau et étroit qui les retient et les rend soigneuses de faire les lois pour le bien public. Mais, comme les lois, qui sont faites une fois pour toutes et en peu de temps, ont une force constante et durable et demandent une exécution perpétuelle ou une surveillance à cet effet, il est, par suite, nécessaire qu'il y ait un pouvoir toujours en activité qui veille à l'exécution des lois qui ont été faites et qui restent en vigueur. Et ainsi le pouvoir législatif et le pouvoir exécutif arrivent souvent à être séparés[1] ». Au contraire, Locke, tout en déclarant parfaitement distincts le pouvoir exécutif et le pouvoir fédératif[2], reconnaît qu'ils doivent naturellement être réunis. « Bien que le pouvoir exécutif et le pouvoir fédératif de toute communauté soient réellement distincts en eux-mêmes, cependant il est difficile de les séparer et de les placer en même temps entre les mains de deux personnes distinctes. Car, tous deux requérant pour leur exercice la force de la société, il est tout à fait impraticable de remettre la force de la République aux mains de personnes distinctes et non subordonnées ; ou que le pouvoir exécutif et le pouvoir fédératif soient placés en des personnes qui puissent agir séparément, car alors la force publique serait sous différents commandements, ce qui pourrait parfois entraîner le désordre ou la ruine[3] ». Quant au pouvoir judiciaire, Locke ne le signale pas comme distinct. On ne voit pas cependant qu'il le considère comme rentrant dans le pouvoir exécutif, car d'après son

---

[1] *Essay*, §§ 143, 144. D'ailleurs Locke ne conçoit point en principe le pouvoir exécutif comme indépendant du pouvoir législatif. Assimilant ce dernier, comme la plupart de ses contemporains, à la souveraineté même, il conclut que le titulaire du pouvoir exécutif est comptable en principe devant le pouvoir législatif et révocable par celui-ci. Il indique cependant un moyen (celui qu'il trouvait en Angleterre) pour rendre le pouvoir exécutif indépendant, c'est de lui donner part à la législation, d'en faire une branche même du pouvoir législatif. *Essay*, §§ 151, 152.

[2] *Ibidem*, § 115 : « Ces deux pouvoirs, exécutif et fédératif, sont réellement distincts en eux-mêmes : l'un comprend l'exécution des lois municipales de la société à l'intérieur et à l'égard de tous ceux qui en font partie ; l'autre a pour objet de garantir la sécurité et l'intérêt du public à l'extérieur à l'égard de tous ceux qui peuvent lui porter profit ou préjudice ».

[3] *Essay*, § 148.

langage, le rôle de ce dernier consiste seulement à employer la force publique pour l'*exécution des lois civiles* (municipal laws). Il le considère plutôt comme une dépendance du pouvoir législatif[1].

Comment Locke a-t-il été amené à formuler cette théorie? par le raisonnement abstrait? Non, bien qu'il y ait de sa part un effort pour justifier rationnellement les solutions qu'il propose. Il avait simplement reproduit les traits essentiels de la Constitution anglaise. La description qu'il donne du pouvoir législatif, *de ces diverses personnes qui ont le pouvoir de faire la loi par elles-mêmes ou conjointement avec d'autres* et qui ne sont que momentanément en activité, c'est l'image reflétée du Parlement anglais, des deux Chambres statuant conjointement avec le roi. C'est en Angleterre qu'il trouve le pouvoir exécutif distinct, quoique non complètement séparé, du pouvoir législatif[2]; c'est là qu'il trouve aussi le pouvoir fédératif pleinement réuni au pouvoir exécutif entre les mains du monarque; enfin, s'il est exact, comme je l'ai indiqué, qu'il considère le pouvoir judiciaire comme une dépendance du pouvoir législatif, cela cadrait assez bien avec les règles du droit anglais qui reconnaissaient parfois au Parlement entier (*impeachments, bills of attainder*), plus souvent à la Chambre des Lords, un suprême pouvoir judiciaire.

C'est véritablement de ces passages de Locke que Montesquieu a tiré la théorie de la séparation des pouvoirs, qu'il a inscrite dans les chapitres III, IV et VI du livre XI de l'*Esprit des lois*, et qui a fait le tour du monde. Mais il a tellement transformé les éléments fournis par le philosophe anglais qu'il en a fait une création nouvelle; d'un

---

[1] *Ibidem*, § 131. « Quiconque a le pouvoir législatif ou suprême pouvoir dans une République est tenu de gouverner par des lois fixes et établies promulguées et connues du peuple et non par des décrets de circonstance; par des juges impartiaux et élevés qui sont chargés de trancher les litiges d'après ces lois ».

[2] Ailleurs (§ 151) il relève bien la confusion qui y subsistait en partie : « Dans quelques républiques, où le Législatif n'est pas toujours en activité, et où l'Exécutif est placé dans une seule personne qui a aussi une part dans le Législatif : cette personne peut être appelée souveraine, dans un sens très acceptable; non pas qu'elle ait en elle-même tout le souverain pouvoir, qui est celui de faire des lois; mais parce qu'elle a la suprême exécution, d'où tous les magistrats inférieurs dérivent tous leurs pouvoirs particuliers et subordonnés, ou du moins la plus grande partie d'entre eux... Comme, d'autre part, il n'y a pas de pouvoir législatif qui lui soit supérieur, puisqu'aucune loi ne peut être faite sans son consentement et que vraisemblablement il ne consentira jamais à se soumettre à l'autre partie du Législatif, il est assez proprement en ce sens appelé Souverain. » — Sur les élections à la Chambre des Communes et sur la souveraineté du Parlement, cf. § 157.

embryon il a tiré un être, arrivé à son plein développement et pourvu de tous ses membres[1].

II.

Montesquieu ramène tous les attributs de la souveraineté à trois pouvoirs distincts, le législatif, l'exécutif et le judiciaire. Ces termes devenus classiques ne sont pourtant pas ceux par lesquels il les désigne tout d'abord, et ceux qu'il emploie marquent nettement la filiation qui existe entre sa doctrine et celle de Locke : « Il y a dans chaque État trois sortes de pouvoirs, la puissance législative, la puissance exécutrice des choses qui dépendent du droit des gens, et la puissance exécutrice de celles qui dépendent du droit civil. Par la première, le prince ou le magistrat fait des lois pour un temps ou pour toujours, et corrige ou abroge celles qui sont faites. Par la seconde, il fait la paix ou la guerre, envoie ou reçoit des ambassadeurs, établit la sûreté, prévient les invasions. Par la troisième, il punit les crimes ou juge les différends des particuliers. On appellera cette dernière la puissance de juger ; et l'autre simplement la puissance exécutrice de l'État[2] ». On le voit aisément, la *puissance exécutrice des choses qui dépendent du droit des gens* ou la *puissance exécutrice* de Montesquieu, c'est simplement le *pouvoir fédératif* de Locke, — joint à cette fonction du pouvoir exécutif proprement dit qui consiste à assurer la paix et la sécurité à l'intérieur par l'emploi de la force publique. Le pouvoir judiciaire de Montesquieu ou *puissance exécutrice des choses qui dépendent du droit civil* rappelle, par les termes, ce que Locke présente comme la première fonction du pouvoir exécutif, « comprenant l'exécution des lois municipales de la société dans l'intérieur de celle-ci[3] » ; mais dans la conception de Montesquieu, c'est devenu un pouvoir distinct et indépendant aussi bien du pouvoir législatif que du pouvoir exécutif. La nouveauté que présente sa théorie réside donc, dans cette première partie, en deux points. Il a vu très nettement que l'emploi de la force publique et de l'action gouvernementale à l'intérieur, pour assurer l'ordre et l'exécution des lois, présente une affinité naturelle avec l'action de la diplomatie et l'emploi de la force armée dans les relations extérieures ; il y a là un faisceau d'attributions, qui sont les moyens de la politique proprement dite ; la justice, au contraire, l'application rigoureuse et scien-

---

[1] Sur ce qui suit, comparer Saint-Girons, *Essai sur la séparation des pouvoirs dans l'ordre politique, administratif et judiciaire*, Paris, 1884.

[2] *Esprit des lois*, liv. XI, ch. vi.

[3] *Essay*, § 147.

E.   18

litique du droit pénal et du droit privé, constitue un domaine absolument distinct, une fonction de l'État naturellement déterminée par d'autres règles.

Les trois pouvoirs étant ainsi dégagés, Montesquieu en prononce la séparation nécessaire : ils doivent, dans le gouvernement représentatif, recevoir des titulaires distincts et indépendants les uns des autres. Il y est conduit par trois considérations principales :

1° C'est d'abord une vérité profonde, que Locke avait entrevue lorsqu'il parlait des tentations auxquelles on soumet la nature humaine, en réunissant dans les mêmes mains le pouvoir législatif et le pouvoir exécutif, mais qui ne prend toute sa force que dans l'*Esprit des lois* : « La liberté politique ne se trouve que dans les gouvernements modérés. Mais elle n'est pas toujours dans les gouvernements modérés. Elle n'y est que lorsqu'on n'abuse pas du pouvoir ; mais c'est une expérience éternelle que *tout homme qui a du pouvoir est porté à en abuser : il va jusqu'à ce qu'il trouve des limites*. Qui le dirait? La vertu même a besoin de limites. *Pour qu'on ne puisse abuser du pouvoir, il faut que par la disposition des choses le pouvoir arrête le pouvoir*[1]. »

Il n'y a pas d'observation plus profonde. Les limites et les règles que prescrivent la loi ou la Constitution pour l'exercice des divers attributs de la souveraineté nationale, seront fatalement méconnues ou franchies sous le gouvernement représentatif, si on ne leur donne pas, pour gardiens et pour sentinelles vivantes, des représentants distincts de la souveraineté nationale, que leur propre intérêt poussera à défendre leurs pouvoirs et leurs prérogatives respectives[2]. Sans doute cela ne peut conduire à démembrer inutilement l'exercice des divers attributs de la souveraineté qui ont entre eux une cohésion naturelle; l'unité de direction peut seule assurer leur bon emploi : mais cette vérité commande de confier à des représentants séparés et indépendants les divers pouvoirs qui sont véritablement distincts[3].

---

[1] *Esprit des lois*, liv. XI, ch. IV.

[2] C'est une idée semblable à celle qui fait confier simultanément et intégralement à plusieurs autorités l'exercice d'un même pouvoir, par exemple le pouvoir législatif exercé par deux Chambres égales ou par deux Chambres et un monarque. Cependant les deux combinaisons reposent sur une répartition et un équilibre différents; voyez Sieyès critiquer la seconde et exalter la première dans son discours du 2 thermidor an III (*Réimpression de l'ancien Moniteur*, t. XXV, p. 291).

[3] Saint-Just à la Convention, séance du 24 avril 1793 (*Réimpression de l'ancien Moniteur*, t. XVI, p. 215) : « Les tyrans divisent le peuple pour régner : divisez le pouvoir si vous voulez que la liberté règne à son tour; la royauté n'est pas dans le gouvernement d'un seul, elle est dans toute puissance qui délibère et qui gouverne ».

2° Dans la mesure où la loi peut intervenir, où le *gouvernement légal* est possible, la séparation des pouvoirs assurera seule le respect et la sûre application des lois : « Lorsque, dans la même personne ou dans le même corps de magistrature, la puissance législative est réunie à la puissance exécutrice, il n'y a point de liberté, parce qu'on peut craindre que le même monarque ou le même Sénat ne fasse des lois tyranniques pour les exécuter tyranniquement. Il n'y a point encore de liberté, si la puissance de juger n'est pas séparée de la puissance législative et de l'exécutrice. Si elle était jointe à la puissance législative, le pouvoir sur la vie et la liberté des citoyens serait arbitraire, car le juge serait législateur. Si elle était jointe à la puissance exécutrice, le juge auroit la force d'un oppresseur. — Tout seroit perdu si le même homme ou le même corps des principaux, ou des nobles, ou du peuple, exerçoit ces trois pouvoirs, celui de faire des lois, celui d'exécuter les résolutions publiques, et celui de juger les crimes ou les différends des particuliers[1] ». Rien n'est plus certain. Si le pouvoir législatif est en même temps l'exécuteur de la loi ou le juge des litiges que soulève son application, il n'y a plus de loi fixe. Le juge ou l'exécuteur ayant alors le pouvoir de changer la loi n'aura aucun scrupule de s'en écarter dans telle ou telle hypothèse : la preuve en est dans le droit de dispense et la justice retenue de notre ancien droit ; ou bien encore, il changera la loi uniquement à raison des difficultés d'application et appliquera la loi nouvelle aux faits anciens. Si, d'autre part, le pouvoir exécutif seul est réuni au pouvoir judiciaire, l'exécutif ne pourra point directement modifier la loi, mais il n'offrira pas toujours les garanties suffisantes quant à son application contentieuse, car parfois il sera lui-même partie en cause ou, tout au moins, il aura un intérêt à ce que la loi soit appliquée dans tel ou tel sens. La raison la plus forte d'établir l'autorité judiciaire comme un pouvoir distinct et indépendant, c'est qu'il n'y a pas de meilleur moyen pour assurer son entier désintéressement.

3° Montesquieu enfin, comme Locke avant lui, croyait trouver dans la Constitution anglaise la séparation des pouvoirs telle qu'il la professait. En ce point il se trompait sûrement ou, du moins, il exagérait, car le pouvoir législatif n'était point complètement séparé en Angleterre du pouvoir exécutif, puisque le roi, titulaire de ce dernier, avait également part au pouvoir législatif ; le pouvoir judiciaire, dans la mesure où il n'était pas exercé par le Parlement ou par la Chambre des Lords, n'était aussi qu'une émanation du pouvoir royal. Mais

[1] *Esprit des lois*, liv. XI, ch. vi.

l'exagération était excusable, car, comme je l'ai dit[1], elle se fit accepter des Américains ; et même Blakstone, tout en faisant les rectifica-
tions nécessaires au point de vue du droit anglais, acceptait de
Montesquieu la séparation des trois pouvoirs[2]. C'étaient d'ailleurs la
connaissance des institutions judiciaires anglaises, la haute autorité
professionnelle et morale des grands juges anglais, et surtout l'institution du jury, qui avaient sans doute inspiré à notre grand philosophe sa conception particulière du pouvoir judiciaire.

La séparation des pouvoirs était destinée à devenir l'un des articles
du *Credo* politique élaboré par nos philosophes du XVIIIᵉ siècle. Sur
ce point même il semble que l'école de Rousseau soit exactement d'accord avec celle de Montesquieu : c'est ce qu'on a essayé spécialement
de prouver dans ces derniers temps[3]. On a relevé soigneusement dans
Rousseau les passages où il proclame la nécessité de cette séparation.
En réalité, l'harmonie est seulement apparente ; si Rousseau arrive
aux mêmes formules que Montesquieu, c'est par une combinaison différente des pouvoirs et en vertu de tout autres principes. Pour Rousseau, la séparation du pouvoir législatif et du pouvoir exécutif résultait fatalement de la conception qu'il se faisait de l'un et de l'autre.
Pour lui, le pouvoir législatif, nous le savons, se confondait avec la
souveraineté, ne pouvait s'exercer que directement par le vote de la
nation entière et ne pouvait avoir pour objet que des règles et décisions générales : le pouvoir exécutif ou gouvernement ne pouvait, au
contraire, consister qu'en actes particuliers, et se distinguait nécessairement en droit du législateur[4]. Alors même que le gouvernement
serait dirigé par l'Assemblée du peuple entier, celle-ci, par une transformation bizarre, ne pourrait intervenir en cette qualité qu'en perdant sa qualité de législateur pour devenir son propre agent d'exécution[5]. D'ailleurs, Rousseau ne croit pas bon qu'il en soit ainsi, non
seulement parce qu'un pareil gouvernement démocratique est impraticable, même dans les États les plus petits, mais surtout parce que
cela serait contraire à la conception même du gouvernement « qui
est un corps intermédiaire établi entre les sujets et le souverain et
chargé de l'exécution des lois » ; enfin parce que ce serait fausser l'é-
ducation du peuple qui doit, comme souverain, n'envisager que des
règles générales, et qui serait amené ici à considérer des faits particu-

---

[1] Ci-dessus, p. 117.
[2] *Commentaries*, Introd., § 1, p. 50 et suiv. B. 1, ch. XII, pp. 267, 269.
[3] Aulard, *Recueil des actes du Comité du salut public*, t. I, p. LXVI, et surtout
Kovalewsky, *Les origines de la démocratie contemporaine*, t. I, p. 644 et suiv.
[4] Ci-dessus, p. 153, note 1.
[5] *Ibidem*, p. 153, note 1.

liers[1]. Mais si la séparation des deux pouvoirs est ainsi naturelle et
primordiale, pour ainsi dire, Rousseau n'admet en aucune façon l'indépendance du pouvoir exécutif. Celui-ci n'est, au contraire, que le commis, le serviteur du peuple, qui peut le surveiller, le contrôler et le
destituer à volonté ; ses pouvoirs disparaissent même de plein droit
dès que le peuple, son maître, est assemblé. Une seule chose, dans
le système de Rousseau, donne une certaine indépendance de fait au
pouvoir exécutif, c'est que le peuple ne doit avoir que certaines assemblées fixes et périodiques en dehors des assemblées extraordinaires convoquées par les magistrats[2].

Quant au pouvoir judiciaire, Rousseau n'admet pas qu'il soit exercé
par le peuple législateur, pas plus que le pouvoir exécutif et pour les
mêmes raisons[3] ; et, tout en soumettant sans doute les juges aux mêmes règles que les autres magistrats, il les veut distincts de ceux qui
exercent le pouvoir exécutif[4]. Mais il admet que toujours un recours

---

[1] *Contrat social*, liv. III, ch. IV, p. 195 : « Celui qui fait la loi sait mieux que
personne comment elle doit être exécutée et interprétée. Il semble donc qu'on ne
saurait avoir une meilleure Constitution que celle où le pouvoir exécutif est joint au
législatif ; mais c'est cela même qui rend ce gouvernement insuffisant à certains égards,
parce que les choses qui doivent être distinguées ne le sont pas, et que le prince
et le souverain, n'étant que la même personne, ne forment, pour ainsi dire, qu'un
gouvernement sans gouvernement. Il n'est pas bon que celui qui fait les lois les exécute, ni que le Corps du peuple détourne son attention des vues générales pour la
donner aux objets particuliers. Rien n'est plus dangereux que l'influence des intérêts
privés dans les affaires publiques, et l'abus des lois par le gouvernement est un mal
moindre que la corruption du législateur, suite infaillible des vues particulières ».
Cf. liv. III, ch. I.

[2] *Contrat social*, liv. III, ch. I, p. 183 : « Ceux qui prétendent que l'acte par lequel un peuple se soumet à des chefs n'est point un contrat ont grande raison. Ce
n'est absolument qu'une commission, un emploi, dans lequel, simples officiers du
souverain, ils exercent en son nom le pouvoir dont il les a fait dépositaires, et qu'il
peut limiter, modifier et reprendre, quand il lui plaît ». — *Lettres écrites de la
montagne*, Part. II, lettre 7, p. 422 : « Le pouvoir législatif consiste en deux choses inséparables ; faire les lois et les maintenir, c'est-à-dire avoir inspection sur le
pouvoir exécutif. Il n'y a point d'État au monde où le souverain n'ait cette inspection. *Sans cela, toute liaison, toute subordination, manquant entre ces deux
pouvoirs, le dernier ne dépendroit point de l'autre*; l'exécution n'auroit aucun
rapport nécessaire aux lois; la loi ne seroit qu'un mot, et ce mot ne signifieroit
rien ». — *Contrat social*, liv. III, ch. XIV, p. 234 : « A l'instant que le peuple est
légitimement assemblé en Corps souverain, toute juridiction du gouvernement cesse,
la puissance exécutive est suspendue ».

[3] Ci-dessus, p. 153, note 1.

[4] *Lettres écrites de la montagne*, Part. II, lettre 7, p. 422 : « Convenez qu'on
eût trouvé dans le seul petit Conseil un assemblage de pouvoirs bien étrange pour
un état libre et démocratique, dans des chefs que le peuple ne choisit point et qui
restent en place toute leur vie. D'abord, l'union de deux choses partout ailleurs in-

au souverain est possible contre le pouvoir judiciaire[1] de même qu'il admet le droit de grâce exercé par le peuple souverain, bien que ce soit là en réalité un acte particulier[2].

On le voit, Rousseau, par des principes qui lui sont propres, très différents de ceux de Montesquieu, aboutit à la nécessité de la séparation des pouvoirs; mais il n'en compte vraiment que deux, distincts par leur nature, le pouvoir législatif et le pouvoir exécutif; le pouvoir judiciaire n'est qu'une branche de ce dernier, soumise simplement à certaines règles spéciales, par esprit d'équité.

Il connaît cependant, en sous-ordre, une autre division des pouvoirs, mais qui ne s'applique qu'à l'exécutif. Le gouvernement, tel qu'il le conçoit, bien que toujours dépendant du souverain, a des pouvoirs très étendus et une force très grande. Rousseau craint par conséquent ses usurpations, ses empiétements possibles sur la souveraineté. Pour les prévenir il propose divers moyens et entre autres une division du gouvernement entre diverses autorités, ayant chacune leur fonction distincte et réciproquement indépendante[3]. La subdivision du judiciaire et de l'exécutif rentre bien dans cette combinaison.

C'est encore une séparation des pouvoirs conçue dans le même esprit, et très différente de celle imaginée par Montesquieu, qui est recommandée par Mably. Il veut donner au pouvoir exécutif un titulaire distinct, mais non indépendant du pouvoir législatif. Car, bien qu'il n'admette ce dernier que sous la forme du gouvernement représentatif, il l'assimile lui aussi et complètement à la souveraineté. Le titulaire du pouvoir exécutif sera nommé par le pouvoir législatif, dont la supériorité naturelle et nécessaire est nettement affirmée; les

compatibles, savoir : l'administration des affaires de l'État et l'exercice suprême de la justice sur les biens, la vie et l'honneur des citoyens».

[1] *Lettres écrites de la montagne*, lettre VIII, p. 451 : « Il n'est point d'État au monde où le sujet, lésé par un magistrat injuste, ne puisse par quelque voie porter sa plainte au souverain ; et la crainte que cette ressource inspire est un frein qui contient beaucoup d'iniquités. En France même, où l'attachement des Parlements aux lois est extrême, la voie judiciaire est ouverte contre eux, en plusieurs cas par des recours en cassation d'arrêts. Les Genevois sont privés d'un pareil avantage ».

[2] *Contrat social*, L. II, ch. v : « A l'égard du droit de faire grâce ou d'exempter un coupable de la peine portée par la loi et prononcée par le juge, il n'appartient qu'à celui qui est au-dessus du juge et de la loi, c'est-à-dire au souverain; encore son droit en ceci n'est-il pas bien net et les cas d'en user sont-ils très rares ».

[3] *Contrat social*, L. III, ch. vi : « Le gouvernement simple est le meilleur en soi par cela seul qu'il est simple. Mais quand la puissance exécutive ne dépend pas assez de la législative, c'est-à-dire quand il y a plus de rapport du prince au souverain que du peuple au prince, il faut remédier à ce défaut de proportion en divisant le gouvernement, car alors toutes les parties n'ont pas moins d'autorité sur les sujets, et leur division les rend toutes ensemble moins fortes contre le souverain ».

citoyens ont un recours contre le pouvoir exécutif devant la puissance législative[1] et celle-ci a un droit de contrôle et de correction sur les magistrats chargés de rendre la justice[2]. Mais Mably prône, comme Rousseau et plus que lui encore, la division du pouvoir exécutif-judiciaire en branches nombreuses réciproquement indépendantes. C'est là pour lui la véritable séparation des pouvoirs[3] et il pousse très loin cette division[4]. On peut affirmer qu'au cours de la Révolution bien des esprits entendaient ainsi la séparation. Mais revenons à la théorie de Montesquieu, qui est bien différente et qu'il faut étudier en elle-même.

III.

La théorie de Montesquieu, si elle a eu une fortune singulière, a trouvé aussi, soit au XVIII° siècle, soit de nos jours, des adversaires décidés. On l'a contestée surtout quant à l'un de ses termes, — le pouvoir judiciaire, — comme nous le verrons plus loin; mais on l'a contestée aussi dans son ensemble et dans son principe. La critique se fonde sur deux idées principales. En premier lieu, on soutient qu'en raison et scientifiquement c'est une conception mal venue. Les divers attributs de la souveraineté ne peuvent pas être exercés séparément, pas plus que les diverses facultés de l'être humain; ils se coordonnent naturellement et nécessairement dans une action commune qui suppose une direction d'ensemble. Les divers pouvoirs ne sont que les rouages d'un même mécanisme; pour que la machine marche à souhait, il doit y avoir un seul moteur, une même impul-

---

[1] *Doutes proposés aux philosophes économistes sur l'ordre naturel et essentiel des sociétés politiques* dans les Œuvres de Mably, édit. de l'an III, t. XI, p. 138 : « Quand le gouverneur de ma province me vexera et me punira d'une manière contraire aux lois, je me pourvoirai contre la puissance exécutrice devant la puissance législative. Je demanderai que celle-ci décide si l'autre a fait son devoir, et j'obtiendrai une réparation proportionnée à l'injustice que j'aurai soufferte ».

[2] *Doutes proposés*, etc., loc. cit., p. 76 : « Le magistrat qui ne serait plus soumis à l'examen, à la vigilance et à la correction de la puissance législative pourrait juger sans obéir aux lois, et la société, ainsi soumise à l'autorité la plus arbitraire, serait aussi malheureuse que si elle n'avait point de lois ».

[3] *Droits et devoirs du citoyen*, Œuvres, t. XI, p. 479 : « Ce que je viens de vous dire sur la séparation de la puissance législative et de la puissance exécutrice, et en particulier sur le partage de cette seconde autorité en différentes branches, cette théorie réduite en pratique, voilà le comble de la perfection politique ».

[4] *Droits et devoirs du citoyen*, t. XI, p. 479 : « Si l'on ne veut pas former un corps monstrueux, une espèce d'avorton politique, il est évident qu'on ne peut se dispenser d'établir des magistrats ou des ministres de la nation relativement à tous ses différents besoins; et c'est dans la distribution de ce pouvoir exécutif que consiste la plus grande habileté de la politique ».

sion transmise de proche en proche[1]. Il faut au gouvernement une
direction unique, et, en même temps, une responsabilité concentrée :
par la division on rompt la première et on rend la seconde illusoire.
Une critique particulièrement acerbe du principe ainsi considéré
nous vient du pays où il a reçu peut-être la plus complète application, c'est-à-dire des États-Unis. Dans un livre qui a fait sensation,
M. Woodrow Wilson a pris à partie « ce sectionnement de l'autorité,
ce découpage en petits morceaux, qui est le but de notre Constitution.
Chaque branche du gouvernement est accompagnée d'une petite dose
de responsabilité, dont les applications limitées offrent à chacune de
nombreux échappatoires. Tout coupable soupçonné peut rejeter la
faute sur son voisin... Comment le maître d'école, c'est-à-dire la
nation, pourra-t-il connaître à qui il faut donner le fouet? Il est impossible de nier que cette division de l'autorité et cette dissimulation de
la responsabilité sont calculées de manière à exposer le gouvernement à une paralysie désastreuse dans les moments de crise?... C'est
donc manifestement un défaut radical de notre système fédéral que
de morceler le pouvoir et de limiter la responsabilité comme il le
fait[2] ».

D'autre part, on soutient qu'en fait cette séparation, étant chimérique et contraire à la nature des choses, n'a pas pu se maintenir là
où l'on a cherché à l'établir. Malgré les barrières dressées par la Constitution, l'un des pouvoirs a bientôt pris le dessus sur les autres : il
les dirige et les domine malgré tout, et celui-là est nécessairement le
pouvoir législatif. C'est ce qu'exposait Condorcet dans son rapport
à la Convention sur le projet de Constitution : « Deux opinions ont
divisé jusqu'ici les publicistes. Les uns veulent qu'une action unique,
limitée et réglée par la loi, donne le mouvement au système social,
qu'une autorité première dirige toutes les autres et ne puisse être
arrêtée que par la loi, dont la volonté générale du peuple garantit
l'exécution contre cette autorité première, si elle tentait de s'arroger
un pouvoir qu'elle n'a point reçu, si elle menaçait la liberté ou les
droits du citoyen. — D'autres, au contraire, veulent que les principes

---

[1] Notre cher collègue, M. Duguit, présente contre le principe de la séparation
des pouvoirs une autre objection; mais elle ne vise que la séparation absolue : *La
séparation des pouvoirs et l'Assemblée nationale de 1789*, p. 1 : « Théoriquement, cette séparation absolue des pouvoirs ne se conçoit pas. L'accomplissement
d'une fonction quelconque de l'État se traduit toujours en un ordre donné ou en une
convention conclue, c'est-à-dire en un acte de volonté ou une manifestation de sa
personnalité. Il implique donc le concours de tous les organes constituant la personne
de l'État ».

[2] Woodrow Wilson, *Congressional government, a study in american poli-
tics*, 6th édition, Boston, 1890, p. 284, 290.

d'action, indépendants entre eux, se fassent équilibre et se servent mutuellement de régulateur; que chacun d'eux soit contre les autres le défenseur de la liberté générale et, par l'intérêt de sa propre autorité, s'oppose à leurs usurpations. L'expérience de tous les pays n'a-t-elle pas prouvé ou que ces machines si compliquées se brisent par leur action même, ou qu'à côté du système que présentait la loi il s'en formait un autre fondé sur l'intrigue, sur la corruption, sur l'indifférence; qu'il y avait en quelque sorte deux Constitutions, l'une légale et publique, mais n'existant que dans le livre de la loi; l'autre secrète, mais réelle, fruit d'une convention tacite entre les pouvoirs établis[1] ».

L'observation de Condorcet n'était qu'une prédiction, ou, du moins, les faits, auxquels il faisait allusion en parlant de la corruption et de l'intrigue, se référaient à l'Angleterre, où la séparation des pouvoirs était, en droit, bien incomplète. Mais voici qu'après un siècle d'expérience, M. Woodrow Wilson constate que le phénomène décrit s'est exactement produit aux États-Unis : son livre a pour objet d'établir que la direction du gouvernement tout entier y appartient effectivement aux Comités permanents des deux Chambres du Congrès, et que la séparation exacte des pouvoirs n'existe que dans « la théorie littéraire de la Constitution », ce que Condorcet appelait « le livre de la loi ». « Le but de la Convention de 1787 paraît avoir été simplement de réaliser cette funeste méprise (la séparation des pouvoirs). La *théorie littéraire* des freins et des contrepoids est simplement un exposé exact de ce qu'ont essayé de faire les auteurs de notre Constitution; et ces freins et ces contrepoids se sont montrés malfaisants juste dans la mesure où ils ont réussi à s'établir dans la réalité[2] ».

Mais ces reproches ne sont fondés qu'autant qu'ils visent une séparation absolue des pouvoirs. Il est bien certain que des rapports constants doivent s'établir entre les divers pouvoirs, et que leur action doit être coordonnée. Il est même inévitable que l'un des pouvoirs ait la prépondérance sur les autres, et celui-là est tout naturellement désigné : c'est le pouvoir législatif[3]. Cela résulte de ce que,

---

[1] *Réimpression de l'ancien Moniteur*, t. XV, p. 460.

[2] *Congressional government*, p. 290.

[3] Prévost-Paradol, *La France nouvelle*, p. 92 : « Reconnaissons avant tout que cette influence (de la Chambre des députés) doit être prépondérante. Ce n'est pas qu'une influence prépondérante déposée entre les mains de cette assemblée ne puisse avoir des inconvénients; ceux qui s'épuisent à le prouver perdent leur temps à démontrer l'évidence; mais les institutions humaines ne peuvent que choisir entre des périls inégaux et cette prépondérance, qui doit nécessairement exister quelque part, a des inconvénients plus considérables, si elle est concentrée partout ailleurs

par les lois qu'il fait, il est le régulateur de tous les autres; cela
résulte aussi et surtout de ce que dans tous les pays libres, c'est lui
qui vote et fixe le budget, et que, par là, il tient dans ses mains la
faculté redoutable d'arrêter l'action même de tous les pouvoirs et de
toutes les fonctions. Mais cela étant reconnu, le principe de la séparation des pouvoirs disparaît-il ou perd-il toute utilité? En aucune
façon. Il se réduit alors à ceci : que les pouvoirs reconnus distincts
doivent avoir des titulaires, non seulement distincts, mais indépendants les uns des autres, en ce sens qu'un des pouvoirs ne puisse pas
révoquer à volonté le titulaire d'un autre pouvoir[1]. C'est là, dans l'irrévocabilité réciproque, que gît le principe actif et bienfaisant. C'est
par là que les divers pouvoirs peuvent véritablement, dans la limite de leurs attributions, se contrôler les uns les autres et s'opposer

qu'entre les mains de cette assemblée. Il est, en effet, indispensable qu'en cas de
dissentiment entre les pouvoirs publics le dernier mot reste à l'un deux. Si c'est au
pouvoir exécutif que ce dernier mot doit rester, l'assemblée populaire n'est plus
qu'un corps consultatif, et le despotisme est alors constitué sous sa forme la plus
abjecte ».

[1] On a voulu souvent tirer une autre conséquence nécessaire du principe de la séparation des pouvoirs : c'est que, chaque pouvoir distinct constituant une délégation immédiate d'un attribut de la souveraineté nationale, le titulaire ou les titulaires de chacun d'eux devaient nécessairement être élus directement par la nation.
Quelques-uns ajoutent : élus directement par le peuple *ou par les représentants
du peuple*, afin de concilier avec cette théorie l'élection par le Corps législatif des
titulaires du pouvoir exécutif. Mais ce correctif n'a aucune raison d'être; on ne voit
pas pourquoi on reconnaîtrait aux représentants du peuple, investis du pouvoir législatif, le droit de désigner le titulaire d'un second pouvoir, tandis qu'on refuserait à
ce dernier le droit de désigner le titulaire d'un troisième pouvoir. Il y a là un écho de
vieilles maximes de droit romain et de droit canonique, très peu rationnelles d'ailleurs :
delegatus a principe solus subdelegare potest (L. 5, C., III, 1; L. 1 C., III, 1;
C., 10, X, II, 28), qui n'ont plus rien à faire dans le droit public moderne. Quant à
l'idée en elle-même, sous sa forme absolue, elle paraît bien avoir été adoptée par
l'Assemblée Constituante (Const. de 1791, tit. III, art. 1-5); cf. Dupont, *La séparation des pouvoirs*, p. 15, 77 et suiv. Mais c'est là une conception fausse. Rien n'empêche la nation souveraine (de qui est censée émaner la Constitution), après avoir
établi que les représentants chargés d'exercer l'un des pouvoirs seront élus par le
peuple; rien ne l'empêche de confier à ceux-ci le droit d'élire le titulaire d'un autre
pouvoir et de donner enfin à ce dernier le droit d'élire à son tour les magistrats auxquels l'exercice du troisième pouvoir est confié. Il n'y a même pas là de subdéléga-
tion; car le titulaire de chaque pouvoir, comme d'ailleurs tout fonctionnaire, tient
son titre et son autorité, non de celui qui l'a nommé, mais directement de la nation
elle-même : elle les lui confère par la Constitution. La Constitution crée ainsi autant
d'électeurs distincts, pour désigner les titulaires des divers pouvoirs. D'ailleurs,
pour que le principe de la souveraineté nationale ne devienne pas une simple fiction
légale, il faut que chacun de ces électeurs tire directement ou indirectement du corps
électoral, non pas ses pouvoirs (qu'il tient toujours de la Constitution elle-même),
mais sa propre désignation.

au besoin, sur le terrain légal, ces résistances pacifiques qui sauvegardent la liberté publique. Malgré l'action envahissante du Congrès, si bien décrite par M. Woodrow Wilson, les Américains des États-Unis sont bien loin de dédaigner les garanties que leur assure, soit pour le gouvernement fédéral, soit dans les États particuliers, l'indépendance du pouvoir exécutif, grâce aux prérogatives dont il dispose. « En Angleterre, dit un professeur Américain, toutes les réformes opérées dans le gouvernement depuis mille ans ont eu pour but immédiat la limitation des pouvoirs de l'exécutif; aux États-Unis, depuis 1776, l'opinion s'est de plus en plus fixée, en ce sens qu'il est plus prudent de limiter les pouvoirs de la législature et d'augmenter les pouvoirs de l'exécutif. Les Anglais se méfient de la Couronne et accordent au Parlement des pouvoirs illimités. Les Américains se méfient de la législature, spécialement des législatures des États particuliers, et accordent de grands pouvoirs à leur Président et à leurs gouverneurs[1] ». Même là où règne le gouvernement parlementaire, bien que, par le ministère, la direction du pouvoir exécutif dépende largement de la Chambre populaire, l'irrévocabilité du chef du pouvoir exécutif, monarque ou Président, garantie par le droit de dissolution, fournit un point fixe, une force au moins de résistance en dehors du pouvoir législatif.

De ce qui vient d'être dit, il résulte que le principe de la séparation des pouvoirs, sans être abandonné, peut être diversement entendu. Pour le montrer, je me propose d'examiner successivement comment peuvent être établis les rapports du pouvoir exécutif et du pouvoir législatif. J'étudierai ensuite la question du pouvoir judiciaire.

§ 2. — LES RAPPORTS ENTRE LE POUVOIR EXÉCUTIF ET LE POUVOIR LÉGISLATIF.

Sur ce point les diverses combinaisons pratiquées ou proposées se ramènent à un certain nombre de types distincts. Je les exposerai en commençant par celles qui appliquent le plus rigoureusement le principe de la séparation des deux pouvoirs; j'indiquerai ensuite celles qui s'en éloignent progressivement.

[1] Thorpe, *Recent Constitution-making in the United States (Publication of the american Academy of political science*, n° 32), p. 16

I.

Un certain nombre de Constitutions se sont attachées à appliquer aussi strictement que possible la séparation du pouvoir législatif et du pouvoir exécutif, telle que la professait Montesquieu. Il en est trois qui peuvent être prises comme types : la Constitution des États-Unis de l'Amérique du Nord, les Constitutions françaises de 1791 et de l'an III. Voyons les traits qui les distinguent.

I. — C'est d'abord *le choix et le rôle des ministres*, qui comportent un certain nombre de règles précises.

1° Les ministres ne sont que les agents du pouvoir exécutif avec lequel ils font corps ; en cette qualité, ils ne peuvent être en même temps membres du Corps législatif. C'est ce que Montesquieu enseignait déjà, quoiqu'il visât plutôt une hypothèse voisine, celle où les ministres seraient eux-mêmes les titulaires du pouvoir exécutif[1]. C'est ce que proclamaient nettement et *in terminis* les orateurs de notre première Assemblée Constituante[2]. Aussi les trois Constitutions-types ont-elles édicté cette incompatibilité.

Dans la Constitution des États-Unis, elle résulte d'une clause générale comprise dans l'art. 5 : « Aucune personne occupant une fonction publique sous l'autorité des États-Unis ne pourra être membre d'aucune des deux Chambres tant qu'elle restera en fonctions ». Cela s'applique aux ministres comme aux autres fonctionnaires.

La Constitution de 1791 est allée plus loin encore. Cette incompatibilité cependant fit alors l'objet d'assez longs débats. Certains la considéraient comme une erreur fondamentale, et tel était surtout l'avis de Mirabeau[3]. Mais la majorité était instinctivement fixée en ce sens. Elle renchérit même sur la simple incompatibilité, qui eût bien empêché la même personne d'être à la fois ministre et membre du Corps législatif, mais qui n'eût point empêché un membre du Corps législatif de passer au ministère, sauf à perdre sa première qualité. L'Assemblée Constituante, d'abord sur la proposition de Robespierre,

---

[1] *Esprit des lois*, liv. XI, ch. vi, p. 322 : « Que s'il n'y avoit point de monarque et que la puissance exécutrice fût confiée à un certain nombre de personnes tirées du Corps législatif, il n'y auroit plus de liberté ; parce que les deux puissances seroient unies, les mêmes personnes ayant quelquefois et pouvant toujours avoir part à l'une et à l'autre ».

[2] « Nous avons voulu séparer les pouvoirs, disait Lanjuinais, et nous réunirions dans les ministres le pouvoir exécutif et le pouvoir législatif », *Archives parlementaires*, 1re série, t. IX, p. 716.

[3] Ci-dessus, p. 118, texte et note 2.

le 7 avril 1789, puis en 1791 lors de la révision des articles constitutionnels déjà votés[1], décida qu'aucun membre de la législature ne
pourrait être promu au ministère pendant la durée de ses fonctions,
ni même deux ans après en avoir cessé l'exercice[2]. Cette disposition
fut reproduite, quelque peu atténuée dans la Constitution de l'an III[3].

Le sentiment, qui avait inspiré ces diverses décisions et, en particulier, les dernières, n'était pas seulement le respect exagéré de la
séparation des pouvoirs, mais aussi la crainte de la corruption, crainte
si vivace chez les hommes du XVIII° siècle, entretenue par l'exemple
du gouvernement anglais. On redoutait que le pouvoir exécutif ne
séduisît et ne désarmât les meilleurs défenseurs de la liberté dans le
Parlement en les appelant au ministère.

2° Par voie de conséquence, les ministres, comme le titulaire du
pouvoir exécutif lui-même, n'ont pas au Corps législatif la libre entrée et la parole. Là encore la séparation des deux pouvoirs est en
quelque sorte matérielle. C'est la règle établie et respectée aux États-
Unis. Cependant il n'y a dans la Constitution aucune disposition qui
défende au Président ou aux membres du Cabinet d'adresser des
communications orales aux deux Chambres du Congrès : cela eut
même lieu assez fréquemment pendant la première administration de
Washington. Un acte du 2 septembre 1789 établissait formellement
que le secrétaire du Trésor « ferait rapport ou donnerait des informations aux deux Chambres *en personne ou par écrit* ». Mais à la Chambre des représentants, dans le débat sur cette mesure, il fut dit que
« cela constituait un précédent qui pourrait être étendu jusqu'à ce qu'on
admit dans la salle tous les ministres du gouvernement, posant ainsi
les bases d'une aristocratie ou d'une détestable monarchie ». Le texte
passa cependant sans modification, mais bientôt après il fut décidé
par le Congrès que le secrétaire du Trésor communiquerait avec les
Chambres par écrit et non en personne[4]. C'est resté la pratique constante, et il en résulte que le Président des États-Unis, le pouvoir
exécutif, n'est pas représenté dans les délibération du Congrès[5].

La Constitution de l'an III suit manifestement le même système,

[1] Sur ces débats, voyez Duguit, *La séparation des pouvoirs*, p. 49 et suiv.

[2] Const. de 1791, tit. III, ch. II, sect. 4, art. 2.

[3] Art. 136 : « A compter du premier jour de l'an V de la République, les membres
du Corps législatif ne pourront être élus membres du Directoire exécutif, ni ministres,
soit pendant la durée de leurs fonctions législatives, soit pendant la première année
après l'expiration de ces mêmes fonctions ».

[4] Freeman Snow, *Cabinet government in the United States* dans les *Publications of american Academy of political science*, n° 60, p. 3 et 4.

[5] Bryce, *American Commonwealth*, t. II, p. 83.

bien qu'elle ne statue explicitement que quant aux membres du Directoire. Pour ceux-ci, elle établit qu'ils ne peuvent être appelés ni par le Conseil des Anciens ni par le Conseil des Cinq-Cents, si ce n'est qu'ils soient l'objet d'une accusation en forme. Elle détermine aussi qu'ils devront adresser *par écrit* toutes les communications dont ils saisissent les Conseils, soit spontanément, soit à la demande de ceux-ci[1]. Pour les ministres, leur exclusion va de soi; ils ne sont que des agents individuels du Directoire.

La première Assemblée Constituante écarta, au contraire, cette conséquence du principe, mais non sans difficulté. Si elle refusa d'admettre devant elle les ministres avec voix consultative[2], elle finit par leur reconnaître ce droit devant les futures assemblées législatives dans la Constitution de 1791 : « Les ministres du roi auront entrée dans l'Assemblée nationale législative; ils y auront une place marquée. — Ils seront entendus toutes les fois qu'ils le demanderont sur les objets relatifs à leur administration, ou lorsqu'ils seront requis de donner des éclaircissements. — Ils seront également entendus sur les objets étrangers à leur administration, quand l'Assemblée nationale leur accordera la parole[3] ». Cela était bien raisonnable, et, malgré les restrictions qu'il contenait, le texte était suffisant. Il n'avait point passé cependant sans une vive opposition. Il était contraire à la logique du principe dont on partait : surtout il recélait en germe la ruine possible du système tout entier. Les plus clairvoyants le sentaient bien, Mirabeau en particulier, qui considérait ce point comme capital : une fois dans l'Assemblée, les ministres, alors même qu'ils n'en seraient pas membres, sauraient bien en prendre la direction[4].

3° Les ministres, dans ce système de gouvernement, s'ils n'ont aucune action sur le Corps législatif, ne dépendent en rien de celui-ci. Il ne peut ni les blâmer, ni les renverser; il n'a aucune prise sur eux, tant qu'il ne peut pas les mettre en accusation proprement dite. Les ministres ne dépendent politiquement que du titulaire du pouvoir exécutif, qui les choisit, les conserve et les révoque à son gré.

---

[1] Art. 160-163.

[2] Duguit, *op. cit.*, p. 19.

[3] Constitution de 1791, tit. III, ch. 1a, sect. 1, art. 10.

[4] *Correspondance entre le comte de Mirabeau et le comte de La Marck*, t. II, p. 19, 31e note pour la Cour : « On demandera (en l'état cela est très irrégulier) au sein même de l'Assemblée, que les ministres y prennent place et voix sur les affaires administratives, ce qui est inévitable, et c'est un très grand point de gagné, car, ce jour-là, non seulement ils peuvent gouverner, mais tous les amis de l'ordre et les hommes à principes gourmanderont l'Assemblée, si elle veut gouverner ».

Ils sont simplement ses agents, chacun dans le département qui lui est confié, et, en dehors des affaires propres à ce département, il ne les associe que dans la mesure qui lui convient à sa politique générale [1]. C'est ainsi que le Président des États-Unis dirige le gouvernement fédéral. « Le Président est choisi, pour employer le langage conventionnel, par la nation entière, et il constitue son Cabinet, que le Sénat rarement refuse de confirmer ou même jamais. Ni lui ni son Cabinet ne dépendent en aucune manière du Congrès, quant à leur existence ; il peut maintenir ou destituer tout membre du Cabinet à son bon plaisir [2] ». Les ministres n'ont point, on le voit, d'action propre et collective sur la direction du gouvernement ; ils n'ont en même temps aucune responsabilité politique devant les Chambres.

Tel était aussi le système de notre Constitution de l'an III. Les membres du Directoire, qui avaient l'exercice du pouvoir exécutif, étaient pleinement indépendants des deux Conseils : « Le Directoire ne peut être mandé ni révoqué par le Corps législatif [3] ». Il avait pleine liberté quant aux choix des ministres qu'il nommait [4]. Ceux-ci, d'ailleurs, n'étaient que des agents d'exécution : « Les détails de l'administration, disait Boissy d'Anglas, seront confiés sous ses ordres à des ministres nommés par lui et révocables à sa volonté ». L'art. 151 disait, d'ailleurs, expressément : « Les ministres ne forment point un Conseil ».

Seule la Constitution de 1791 semblait admettre une règle différente. Ici, comme précédemment sur l'entrée des ministres au Corps législatif, l'Assemblée Constituante avait oscillé entre les deux systèmes opposés, et adopté en définitive une solution intermédiaire. Avant de légiférer sur ce point, elle avait eu à délibérer deux fois sur la question de savoir si elle-même demanderait implicitement au roi le renvoi de ses ministres, en lui déclarant qu'ils avaient perdu la confiance de la nation [5] ; les débats n'avaient pas dégagé des idées bien nettes. Il semble que les partisans les plus convaincus du gouvernement de cabinet, tel qu'on le concevait alors, redoutaient de

---

[1] Woodrow Wilson, *Congressional government*, p. 257 : « Le Président a-t-il ou non à prendre l'avis de ses ministres et collègues ? Il paraît que cela a toujours dépendu du caractère et du tempérament du Président ».

[2] Gamaliel Bradford, *Congress and the Cabinet* (*Publications of the american Academy of political science*, n° 37), p. 6.

[3] Rapport de Boissy d'Anglas.

[4] Art. 148 : « Il nomme hors de son sein les ministres, et les révoque lorsqu'il le juge convenable. Il ne peut les choisir au-dessous de l'âge de trente ans, ni parmi les parens ou alliés de ses membres, aux degrés énoncés dans l'article 139 ».

[5] Duguit, *op. cit.*, p. 56 et suiv.

livrer à la majorité de l'Assemblée l'existence du ministère[1]. Lorsque l'Assemblée Constituante vota enfin la loi du 27 avril 1791 sur l'organisation du ministère, elle dut prendre définitivement parti. Elle y inséra, après de longs et confus débats[2], un article qui semblait bien impliquer la responsabilité politique des ministres (art. 28) : « Le Corps législatif pourra présenter au roi telles déclarations qu'il jugera convenables sur la conduite de ses ministres, et même lui déclarer qu'ils ont perdu la confiance de la nation ». Cependant le texte de cette loi, qui ne fut pas incorporée à la Constitution même, ne semble pas avoir été ainsi entendu. « Il nous a paru, disait Thouret, que c'était une disposition qui ne méritait pas d'être dans l'acte constitutionnel, car, aux termes du décret, le roi peut garder ses ministres malgré la déclaration du Corps législatif[3] ».

II. — *Le pouvoir exécutif n'est point partie à la législation.*

C'est une conséquence logique du principe : la législation appartient tout entière et exclusivement au pouvoir législatif. Il en résulte, premièrement, que le pouvoir exécutif n'a pas l'initiative, la proposition des lois : celle-ci ne peut émaner que du Corps législatif lui-même. Comme, d'autre part, les ministres du pouvoir exécutif ne peuvent pas en même temps être membres du Corps législatif, ils ne peuvent point faire non plus, en leur nom personnel, ce qu'ils ne pourraient faire en tant que ministres. Le seul détour possible, facile même, mais extra-légal, consiste à trouver un membre du Parlement qui veuille bien introduire en son nom propre, et comme émanant de lui, la proposition de loi que désire le gouvernement.

---

[1] *Correspondance entre le comte de Mirabeau et le comte de La Marck*, t. II, p. 59 (37e note pour la Cour) : « Est-il plus avantageux de laisser rendre que de prévenir un décret qui donne un nouveau droit au Corps législatif sur le pouvoir exécutif; qui mettra les ministres dans une dépendance beaucoup plus forte de l'Assemblée nationale, et les rendra les esclaves d'une majorité, même passagère, même incertaine, toutes les fois qu'ils n'auront pas l'art de la gouverner? Il est singulier que ceux qui font ces objections, car moi je ne les fais point, conseillent précisément de laisser rendre un pareil décret ». Il s'agissait d'un projet de résolution présenté les 19 et 20 octobre 1790 et portant que les ministres avaient perdu la confiance de la nation.

[2] Duguit, *op. cit.*, p. 62 et suiv.

[3] *Archives parlementaires*, 1re série, t. XXIX, p. 434; — cf. Duguit, *op. cit.*, p. 66. Antérieurement, dans un discours prononcé à la *Société des amis de la Constitution* le 20 octobre 1790 (Duguit, *op. cit.*, p. 64), Dupont de Nemours s'exprimait ainsi : « C'est avec beaucoup de raison et très constitutionnellement que l'Assemblée nationale, voulant et devant rendre les ministres responsables, a renoncé à la faculté de les congédier ou de forcer leur retraite, sans les accuser et demander leur punition, et à celle de nommer et d'indiquer leurs successeurs, qui résulterait nécessairement du pouvoir d'obliger le roi à changer son conseil ».

Les hommes du XVIII⁰ siècle qui rédigèrent les Constitutions conçues en ce sens voulaient par là, et tout d'abord, appliquer exactement le principe séparatiste proclamé par Montesquieu. Mais ils pouvaient aussi estimer qu'ils suivaient les règles de la Constitution anglaise. « Là, en effet, et à cette époque, en vue de maintenir la pleine indépendance des Chambres législatives, on considérait comme une violation de leurs privilèges constitutionnels que le roi prît l'initiative de la législation en soumettant des projets de loi (*bills*) à l'examen des deux Chambres — sauf les actes de grâce ou d'amnistie — ou même que le souverain fît formellement allusion à une résolution ou à une procédure du Parlement, n'affectant pas les intérêts de la Couronne, jusqu'à ce qu'elle lui eût été régulièrement communiquée pour recevoir son adhésion[1] ».

Sans doute cela était au fond peu raisonnable, celui qui est chargé d'exécuter les lois étant le mieux placé pour connaître les insuffisances ou les points faibles de la législation et pour en préparer utilement la réforme. Mais on était entraîné par une idée qui, d'ailleurs, contenait une part de vérité. On voulait assurer la pleine indépendance du pouvoir législatif, qui devait par les lois dicter au pouvoir exécutif les règles de ses actions : or, on pensait que permettre à celui-ci de proposer les lois, c'était le plus souvent lui permettre de les imposer en fait à l'acceptation du Corps législatif; l'initiative gouvernementale devait annihiler naturellement l'initiative parlementaire.

Quoi qu'il en soit, nos trois Constitutions-types s'accordent sur ce point. « Le Président des États-Unis ne peut pas introduire des projets de loi ni directement, ni par l'intermédiaire de ses ministres qui ne siègent pas au Congrès[2] ». Cela est même vrai, autant que le permet la nature des choses, pour les lois de finances : « Aux États-Unis, le secrétaire du Trésor envoie tous les ans au Congrès un rapport contenant l'état des revenus et dépenses publics et le relevé de la dette nationale, avec des remarques sur le système des impôts et des suggestions pour son amélioration. Il envoie aussi ce qu'on appelle sa *lettre annuelle*, contenant les dépenses prévues par les divers départements et les sommes nécessaires pour les services publics des États-Unis l'année suivante. Jusque-là, le secrétaire du Trésor rappelle un ministre des Finances européen, sauf qu'il communique avec la Chambre sur le papier, au lieu de présenter oralement son exposé et ses propositions. Mais là s'arrête la ressemblance. Tout ce

[1] Todd-Walpole, t. I, p. 3, 4.
[2] Bryce, *American Commonwealth*, t. It, p. 53.

qui reste à faire pour arriver à la loi de finances est accompli seulement par le Congrès et par ses Comités; l'exécutif n'y a plus aucune part[1] ».

C'est aussi le même système qui figure dans la Constitution de 1791. Elle « délègue exclusivement au Corps législatif le pouvoir de proposer et décréter les lois[2] ». Cela ne comportait aucune exception. Cependant, lors de la révision des décrets constitutionnels antérieurement votés, à laquelle procéda l'Assemblée Constituante au mois d'août 1791, la proposition fut faite de donner aux ministres l'initiative en matière de lois de finances[3]. Mais elle rencontra une opposition des plus nettes, et Barrère en particulier attaqua cette thèse dans un discours véhément. « Si, dit-il, je voulais rendre les ministres bien puissants, si je voulais dégrader ou annuler le Corps législatif, si je voulais bientôt réunir tous les pouvoirs entre les mains du pouvoir exécutif,... je viendrais appuyer l'opinion de MM. Beaumetz et Duport, tendant à donner au roi, c'est-à-dire aux ministres, l'initiative de la proposition des contributions publiques ». Il démontrait que « la liberté du peuple est toute dans l'impôt : « C'est là le gage le plus sûr de ses droits; c'est l'arme la plus précieuse pour les défendre ou les reconquérir s'ils étaient usurpés »; que ce serait « ôter à la nation la partie la plus précieuse et la plus inaliénable de sa souveraineté ». Il relevait enfin cette inconséquence : « L'initiative des lois est refusée au roi par la Constitution, quoique la Constitution lui accorde le droit de *veto* sur les lois; comment donc lui accorderiez-vous l'initiative sur l'impôt, qui n'est jamais présenté à son acceptation? » La proposition fut rejetée.

D'après la Constitution de l'an III, le Directoire n'avait point l'initiative des lois (art. 163), qui était exclusivement réservée au Conseil des Cinq-Cents : « Il ne pouvait proposer à celui-ci des projets rédigés en forme de loi[4] ».

---

[1] Bryce, *American Commonwealth*, t. Ier, p. 172, 173.

[2] Constitution de 1791, tit. III, ch. iii, sect. 1, art. 1.

[3] M. Beaumetz, au nom des Comités de constitution et de révision, proposait simplement un article additionnel, « qui consisterait à charger les ministres de donner leur opinion sur les moyens de faire les fonds nécessaires pour pourvoir aux besoins de l'État ». Mais Barrère fit alors observer que « demander l'opinion des ministres sur les contributions à établir, c'était donner aux ministres la véritable initiative des lois fiscales ». — « Sans doute, répliqua Beaumetz, et nous ne nous en défendons pas, c'est une chose courante ». *Réimpression de l'ancien Moniteur*, t. IX, p. 504.

[4] Rapport de Boissy d'Anglas : « Le Directoire exécutera toutes les lois, mais il n'en proposera jamais aucune ». En matière de finances, art. 162 : « Le Directoire est tenu chaque année de présenter, par écrit, à l'un et à l'autre Conseil, l'aperçu

Cependant les auteurs des trois Constitutions pensaient avoir trouvé un moyen de concilier la règle qu'ils établissaient ainsi avec les intérêts évidents d'un bon gouvernement, et avec les prétentions légitimes du pouvoir exécutif. Ils défendaient à celui-ci de rédiger des projets de loi en forme et d'en saisir le Corps législatif, mais ils lui permettaient d'appeler solennellement l'attention de ce dernier sur telle ou telle réforme désirable, sur telle mesure législative dont le besoin paraissait établi. Aux États-Unis, c'est un droit que le Président peut et doit exercer dans les messages qu'il adresse au Congrès. De même, la Constitution de 1791 déclare : « Le roi peut seulement inviter le Corps législatif à prendre un objet en considération »; et la Constitution de l'an III (art. 163) : « Le Directoire peut, en tout temps, inviter le Conseil des Cinq-Cents à prendre en objet en considération; il peut lui proposer des mesures ». Cela paraissait suffisant. En réalité, ce droit était vain; les faits l'ont démontré pour la seule des trois Constitutions qui a subi l'épreuve d'une longue application : « Le message du Président, dit M. Bryce, discute les questions importantes du moment, indique les abus qui appellent un remède et suggère la législation désirable. Mais, comme aucun projet de loi n'est soumis par le Président, et comme, pût-il en soumettre, aucun de ses ministres ne siège dans les Chambres pour les expliquer et les défendre, le message est un coup de pistolet tiré en l'air sans aucun résultat pratique. C'est plutôt un manifeste, une déclaration d'opinion politique, qu'un pas fait vers la législation. Le Congrès reste indifférent; ses membres suivent leur propre chemin et apportent leurs projets de loi personnels[1] ».

III. — Le même principe, qui fait refuser ainsi au pouvoir exécutif l'initiative des lois, devrait lui dénier aussi toute action sur les lois votées par le Corps législatif. Tout droit de *veto* accordé au pouvoir exécutif paraît absolument contraire au principe de la séparation des pouvoirs. C'est, en effet, ce que démontrait Sièyes à l'Assemblée Constituante avec une grande force de logique[2]. Cependant, des trois Constitutions-types une seule, celle de l'an III, s'est montrée exacte-

des dépenses, la situation des finances, l'état des pensions existantes, ainsi que le projet de celles qu'il croit convenable d'établir. Il doit indiquer les abus qui sont à sa connaissance ».

[1] Bryce, *American Commonwealth*, t. I[2], p. 53. — Cf. Gamaliel Bradford, *Congress and the Cabinet*, p. 8 : « Le Président et le Cabinet, il est vrai, envoient au Congrès des messages et des rapports, mais ils contiennent seulement des recommandations générales, et ils ne peuvent réclamer aucune priorité, par rapport à des milliers de mesures et de motions proposées par des représentants et par des sénateurs, pour eux-mêmes, pour leur parti ou pour leurs partisans locaux ».

[2] Duguit, *La séparation des pouvoirs*, p. 35.

ment fidèle au principe. Le Directoire était obligé de promulguer les lois votées par le Corps législatif, dans les deux jours après leur réception (art. 128). Il ne pouvait et devait s'en dispenser que lorsque la loi même n'attestait pas, dans son préambule, l'observation des règles établies par la Constitution pour la mûre délibération des lois, sauf en cas d'urgence[1]. Les deux autres Constitutions, au contraire, ont reconnu un droit de *veto* sur les lois au pouvoir exécutif.

La raison principale de cette déviation doit être cherchée dans l'influence prépondérante de la Constitution anglaise. Celle-ci, nous le savons, était considérée comme appliquant le principe de la séparation des pouvoirs; mais, d'autre part, un de ses traits bien connus était le *veto* de la Couronne. Montesquieu avait même fait rentrer ce point dans sa théorie en distinguant dans le pouvoir exécutif la faculté de *statuer* et la faculté d'*empêcher*. « Si, disait-il, la puissance exécutrice n'a pas le droit d'arrêter les entreprises du Corps législatif, celui-ci sera despotique; car, comme il pourra se donner tout le pouvoir qu'il peut imaginer, il anéantira toutes les autres puissances... La puissance exécutrice, comme nous l'avons dit, doit prendre part à la législation par sa faculté d'empêcher, sans quoi elle sera bientôt dépouillée de ses prérogatives... La puissance exécutrice ne faisant partie de la législative que par sa faculté d'empêcher, elle ne sauroit entrer dans le débat des affaires. Il n'est même pas nécessaire qu'elle propose, parce que, pouvant toujours désapprouver les résolutions, elle peut rejeter les décisions des propositions qu'elle auroit voulu qu'on n'eût pas faites[2] ». Il y avait certainement là un aperçu très profond : dans le système de la pleine séparation des deux pouvoirs, d'après lequel l'exécutif ne peut aucunement influer sur les décisions des Chambres, son indépendance, pratiquement, ne peut être assurée que par le droit de *veto* à son profit; l'expérience l'a bien prouvé[3].

Le *veto* introduit par la Constitution française de 1791 et celui établi par la Constitution des États-Unis sont, d'ailleurs, bien différents. Le *veto* accordé au roi de France fut, on le sait, ardemment discuté, non seulement quant au principe, mais aussi quant à sa portée[4]. Enfin, avec l'adhésion du gouvernement de Louis XVI, il fut

[1] Constitution de l'an III, art. 131, 77 et 91.

[2] *Esprit des lois*, liv. XI, ch. VI.

[3] Woodrow Wilson, *op. cit.*, p. 273 : « Le Congrès détermine ce qui doit être fait, et le Président, à moins qu'il ne puisse et veuille arrêter la législation en usant de son pouvoir extraordinaire comme branche de la législature, est simplement tenu en devoir de fournir au Congrès une obéissance passive ». Cf. p. 260).

[4] Duguit, *La séparation des pouvoirs*, p. 34 et suiv.

admis comme *veto* suspensif devant faire échec au vote de la même loi par deux législatures successives, mais s'épuisant alors et disparaissant si la troisième législature votait encore dans le même sens. En définitive, dans cette procédure longue et compliquée, c'était au corps électoral qu'était remise la décision du conflit par deux élections générales. Le *veto* du Président des États-Unis est tout différent. S'il refuse de promulguer la loi votée, celle-ci revient devant les deux Chambres du Congrès, qui peuvent la délibérer à nouveau ; si elle réunit dans chaque Chambre les deux tiers des voix, le Président est obligé de la promulguer[1] ; sinon le *veto* a produit son complet effet et la loi est morte. C'est ici aux Chambres mêmes qu'est remise la solution du litige, mais dans de telles conditions que la plupart du temps la majorité, requise pour triompher du *veto* présidentiel, ne pourra être réunie. Dans ces conditions le droit de *veto* a été fréquemment et utilement exercé par les Présidents des États-Unis[2] avec l'assentiment de l'opinion publique, et cette prérogative, qui présente une apparence monarchique, est devenue entre leurs mains un moyen de réaction démocratique contre les erreurs ou les abus du gouvernement représentatif[3].

Mais le *veto* est la seule prise qu'ait le pouvoir exécutif sur le législatif. On ne pourrait songer à lui donner le droit de dissoudre la Chambre des députés : ce serait une violation plus formelle du principe de la séparation. De même, il est assez logique que le pouvoir exécutif n'ait pas le droit d'ouvrir ou de clore à son gré la session du Corps législatif qui, naturellement, est alors permanent : mais c'est un point qui sera traité plus loin dans la seconde partie.

D'autre part, nos trois Constitutions-types ont, à l'inverse, attribué au Corps législatif certains droits qui rentrent naturellement, semble-t-il, dans les attributions du pouvoir exécutif. Je ne rangerai point dans cette catégorie, comme M. Duguit, le vote périodique et la répartition de l'impôt[4] ; car, si à l'origine et pendant longtemps le vote

[1] Constitution des États-Unis, art. 1, sect. 7.

[2] On en a relevé 443 applications du 6 avril 1789 au 4 mars 1889. Edw. Campbell Mason, *The veto power*, Boston, 1890, p. 141 et suiv.

[3] Bryce, *American Commonwealth*, t. I, p. 55 : « Bien loin d'exciter le déplaisir du peuple en résistant à la volonté de ses représentants, le Président conquiert généralement la popularité par un usage hardi de son droit de veto... La nation, qui a souvent de bonnes raisons pour se méfier du Congrès, lequel est un corps susceptible d'être mû par des influences privées désastreuses, ou de déférer aux clameurs de quelque secte bruyante au dehors, s'en rapporte à l'homme de son choix pour le maintien de la Constitution. En « tuant » plus de projets de loi que tous ses prédécesseurs ensemble, M. Cleveland s'est élevé dans l'opinion publique et a augmenté les chances de sa réélection ».

[4] *La séparation des pouvoirs*, p. 26.

périodique de l'impôt s'est distingué du vote et de l'établissement des lois, c'était devenu presque une même chose en Angleterre, et c'était pour les esprits politiques le privilège essentiel des Assemblées représentatives; Montesquieu le faisait rentrer directement dans la législation[1]. Je ne rangerai point non plus dans ces attributions le vote des traités, que la Constitution de 1791 comme celle de l'an III, donne sans distinction au Corps législatif; car, nous le verrons plus loin, c'est là un terrain naturellement litigieux entre les deux pouvoirs. Mais il y avait bien empiétement sur le pouvoir exécutif, lorsque la Constitution de 1791 attribuait au Corps législatif ce qu'on appelait la « haute police administrative », c'est-à-dire le droit de maintenir ou de lever la suspension prononcée par le roi contre les administrateurs et le droit de dissoudre les corps administratifs[2]; lorsque la Constitution de l'an III faisait élire par le Corps législatif (art. 315) les cinq commissaires de la Trésorerie nationale[3]. La raison de ces dispositions était apparente; c'était la crainte du pouvoir exécutif; mais la déviation des principes n'était pas moins réelle.

La Constitution des États-Unis a été inspirée par le même sentiment commun aux hommes du XVIIIe siècle. Elle y a donné satisfaction d'une façon très ingénieuse et plus conforme aux principes. Elle a soumis les actes les plus graves du pouvoir exécutif, ceux qui sont nécessairement arbitraires, non à l'approbation du Corps législatif (sauf la déclaration de guerre), mais à l'approbation du Sénat. Celui-ci n'est plus alors considéré comme une branche de la législature; il prend un caractère propre et distinct, celui d'un grand Conseil de gouvernement. C'était même le rôle principal que lui avaient assigné les auteurs de la Constitution; son importance comme facteur de la législation ne s'est développée que postérieurement et progressivement. Conformément à cette idée, la Constitution décide (art. 2, sect. 2) : « Le Président aura le droit, par et avec l'avis et consentement du Sénat, de faire des traités, pourvu que les deux tiers des sénateurs s'y accordent; et il proposera et, par et avec l'avis et consentement du Sénat, il nommera les ambassadeurs, les autres mi-

[1] *Esprit des lois*, liv. XI, ch. vi : « Si la puissance exécutrice statue sur la levée des deniers publics autrement que par son consentement, il n'y aura plus de liberté parce qu'elle deviendra législative *dans le point le plus important de la législation* ».

[2] Tit. III, ch. iv, sect. 2, art. 8. — Barnave à l'Assemblée Constituante, séance du 5 mai 1790 : « Le pouvoir administratif sera subordonné au pouvoir législatif ».

[3] Rapport de Boissy d'Anglas : « Le Directoire ordonne et règle les dépenses d'après les fonds accordés par le pouvoir législatif; mais la Trésorerie nationale qui paie sur ses mandats en est absolument indépendante; elle est nommée par l'Assemblée législative qui la surveille et la dirige ».

nistres publics et les consuls, les juges de la Cour suprême et les
autres fonctionnaires des États-Unis, dont le mode de nomination
n'est pas autrement réglé et qui seront établis par la loi; mais le Congrès peut par une loi remettre ou aux Cours de justice ou aux chefs
des départements le droit de nommer tels fonctionnaires inférieurs
qu'il jugera convenable ». Cette clause absolument générale s'applique, à la rigueur, même aux ministres. Mais, quant à ceux-ci il est
de tradition que le Sénat approuve, les yeux fermés, le choix du
du Président; il faudrait les raisons les plus graves pour qu'il agît
autrement.

Telle est la forme de gouvernement qui, de nos jours, dispute au
gouvernement parlementaire l'opinion des esprits éclairés et la direction des États libres. Elle s'est fait recevoir, par l'influence et par
imitation des États-Unis, dans la plupart des Républiques du Nouveau Monde, tandis que l'Europe libre reste en majorité attachée au
gouvernement de cabinet. Elle a parmi nous ses partisans convaincus,
et récemment une proposition de révision constitutionnelle, discutée
à la Chambre des députés, avait pour but de l'introduire dans notre
Constitution[1]. Ce système présente, en effet, des côtés séduisants. Il
paraît plus simple, plus net, que le gouvernement de cabinet, avec
ses conventions et ses complications. Il paraît par là même convenir
mieux aux démocraties, qui s'accommodent malaisément de rouages
trop compliqués et de combinaisons trop subtiles. Il assure un pouvoir exécutif fort, indépendant et surtout stable; et les Américains ne
manquent pas de faire ressortir l'instabilité ministérielle qui est, en
bien des pays, la plaie vive du gouvernement parlementaire[2]. Mais
ici, comme il arrive souvent, les apparences sont trompeuses. La pratique du gouvernement à l'américaine présente des difficultés et recèle
des éléments perturbateurs, tout aussi graves que ceux que connaît
le gouvernement parlementaire. Deux faits suffisent à le montrer.

En premier lieu, comme je l'ai dit plus haut, la séparation du pouvoir exécutif et du pouvoir législatif n'a pas pu se maintenir aux
États-Unis, telle que la Constitution l'avait arrêtée. La pratique a fatalement établi un contact plus intime et un trait d'union entre les
deux pouvoirs. Cela se trouve dans les Comités permanents du Sénat
et surtout de la Chambre des représentants; les premiers, élus par
l'Assemblée elle-même; les seconds, nommés par le Président de la
Chambre (*Speaker*). C'est dans cette organisation, non prévue par la

[1] Proposition de M. Naquet, Chambre des députés, séance du 15 mars 1894.
Journal officiel du 16 mars, p. 529 et suiv.
[2] Freeman Snow, *Cabinet government in the United States*, p. 8 et suiv.

Constitution et créée tout entière par les règlements des Chambres,
que s'est concentrée peu à peu l'activité réelle du Congrès. Là s'arrêtent toutes les mesures importantes, et la discussion publique et générale, surtout à la Chambre des représentants, n'a pas le plus souvent
une bien sérieuse importance[1]. Les ministres, qui désirent voir aboutir une loi ou la faire proposer par un membre du Congrès, ne manquent pas de s'aboucher avec le Président du Comité devant lequel
le projet sera renvoyé[2]. Quelques-uns de ces Comités permanents,
ceux de l'armée et de la marine en particulier, et celui des voies et
moyens qui statue sur les dépenses allouées à chacun des départements ministériels, s'occupent en réalité beaucoup plus d'administration que de législation. Ils exercent un contrôle incessant sur les
actes et l'administration des ministres. Ils ont le pouvoir de les citer
devant eux, comme d'ailleurs tous autres fonctionnaires, et de les interroger sur leurs méthodes et leur direction. Par là même s'est établi en fait un contrôle du pouvoir législatif sur le pouvoir exécutif,
une dépendance du second (en la personne des ministres) à l'égard du
premier. Mais cette pratique, contraire au principe initial, présente
un double vice, que reconnaissent les Américains.

1° Ce contrôle ne se produit pas en plein jour, avec le libre et public débat devant une Chambre entière, reproduit et répandu par les
mille voix de la presse. Il se produit en secret, dans l'enceinte restreinte des Comités, milieu singulièrement favorable à l'intrigue et
aux compromissions.

2° La responsabilité politique, toute de fait, qui en résulte pour les
ministres, peut être fertile en complications et entraîner même sur un
point l'arrêt du gouvernement. Si un conflit s'établit entre un ministre et les Comités, ceux-ci ne peuvent en droit obtenir son renvoi ; si
le Président le conserve et l'approuve, seul un *impeachment* pourrait
le faire tomber. Les Comités, il est vrai, peuvent le gêner de cent
façons, lui refuser tout ce qu'il désire. Mais c'est le désordre et l'impuissance qui sont le résultat[3].

---

[1] Bryce, *American Commonwealth*, t. II, ch. xv.

[2] Boutmy, *Études de droit constitutionnel*, p. 150 et suiv.

[3] Woodrow Wilson, *Congressional government* p. 261 : « Les secrétaires
(ministres) n'ont pas en fait la direction de la politique exécutive du gouvernement ;
c'est ce que j'ai établi en faisant ressortir le contrôle, pénétrant même jusqu'aux
détails de l'administration, que les Comités du Congrès ont la faculté d'exercer.
Dans l'état actuel des affaires, personne ne peut faire beaucoup sans avoir l'oreille
des Comités. Les chefs des divers départements peuvent évidemment dans bien des cas
agir plus sagement que les Comités, parce qu'ils ont une connaissance intime du fonctionnement et des besoins de leur département qu'aucun Comité ne peut acquérir.
Mais les Comités préfèrent gouverner dans l'obscurité plutôt que de ne pas gouverner

Aussi des esprits sérieux demandent-ils, aux États-Unis, la réforme du système : sans proposer l'introduction du régime parlementaire, on a songé à donner aux ministres l'entrée et la parole au Congrès, et même le droit d'initiative en matière de lois[1].

Le second fait qui montre les difficultés de ce système de gouvernement, ce sont les mécomptes auxquels il a donné lieu en dehors des États-Unis de l'Amérique du Nord. Ils sont, d'ailleurs, aisés à comprendre et à prévoir. Partout et fatalement les Chambres des députés ont une tendance irrésistible à contrôler les actes du pouvoir exécutif, à intervenir même dans son fonctionnement pour le diriger et le commander. Le gouvernement de cabinet donne à ce courant une issue légitime : il le canalise pour ainsi dire. La séparation tranchée des deux pouvoirs lui oppose, au contraire, une digue et un obstacle constitutionnel. La Constitution dit de parti pris aux députés : « En dehors des lois que vous votez, il vous est interdit d'exercer aucune autorité sur les actes individuels du pouvoir exécutif ». Comment une pareille défense pourrait-elle être obéie? La conséquence inévitable, ce sont des conflits entre le pouvoir exécutif, fort de son droit

du tout, et les secrétaires en fait se trouvent liés, pour tout ce qui dépasse les détails de routine, par des lois qui ont été faites pour eux et qu'ils n'ont aucun moyen légal de modifier ». P. 273 : « Les fonctionnaires exécutifs sont les serviteurs du Congrès; mais s'ils se montrent des serviteurs négligents, incapables ou trompeurs, il doit se contenter de ce qu'il peut obtenir d'eux jusqu'à ce que l'agent administratif en chef, le Président, veuille bien en nommer de meilleurs. Le Congrès ne peut pas les rendre dociles, quoiqu'il puisse les forcer à obéir dans toutes les affaires importantes ». M. Gamaliel Bradford, parlant du système des Comités, dit aussi (op. cit., p. 8) : « C'est une combinaison tellement imprégnée de corruption et d'agiotage qu'elle abaisserait et corromprait le corps d'hommes le plus capable du monde ».

[1] Bradford, Congress and the Cabinet; mais voyez, en sens contraire, Freeman Snow, Cabinet government in the United States. M. Burgess (Political science, t. II, p. 118) croit utile et désirable la présence des ministres dans les Chambres; mais cela implique, selon lui, qu'ils puissent être membres de celles-ci : « La présence des chefs des départements ministériels dans les Chambres législatives est certainement un avantage toutes les fois que les voies et moyens de l'administration deviennent les objets de la législation; et si on les veut présents, il faut qu'ils soient membres; autrement ils ne pourraient obtenir les droits et privilèges nécessaires à la préservation de leur dignité et de leur indépendance ». Mais cela n'aurait-il pas pour effet de changer le principe même du gouvernement américain et d'introduire la responsabilité politique des ministres? Cela me paraît très probable; pourtant M. Burgess ne le croit pas : « Je ne vois pas, dit-il, que la qualité de membres de la législature chez les ministres conduise nécessairement au gouvernement parlementaire. Si la Constitution établissait que les ministres sont politiquement responsables seulement devant le titulaire du pouvoir exécutif, rendait celui-ci indépendant de la législature, et lui assurait les moyens de prévenir les empiètements de la législation sur le pouvoir exécutif, il semble que la qualité de membres de la législature chez les ministres augmenterait leur indépendance plutôt qu'elle ne la diminuerait ».

légal, et la Chambre des députés, forte de son droit presque naturel.
La solution, qui s'est introduite aux États-Unis, quelque imparfaite
qu'elle soit, prouve encore la haute sagesse politique de la race anglo-saxonne. Mais, ailleurs, on ne s'en est pas tiré à si bon compte.
Faut-il rappeler l'expérience que nous avons faite avec la Constitution de 1791 et avec celle de l'an III? Une expérience, plus con-
cluante encore, s'est faite et se poursuit dans les Républiques de l'A-
mérique du Centre et du Sud, qui ont emprunté aux États-Unis leur
système constitutionnel. Parmi les causes qui troublent leur vie politique et amènent de si fréquentes et regrettables révolutions, figure,
aux yeux de bons observateurs, le principe de la séparation tranchée
des deux pouvoirs[1]. Il ne saurait être efficacement respecté par le
tempérament des Chambres qu'élit la race espagnole. Celles-ci alou-
sent facilement des dispositions constitutionnelles, pour réintroduire,
par une porte détournée, les pratiques du gouvernement parlementaire[2]. Les Présidents eux-mêmes instinctivement cherchent à composer des Cabinets qui répondent à la majorité dans les Chambres,
sauf à affirmer parfois leur droit d'avoir une politique absolument

[1] Voyez le *Temps* du 24 août 1894, article intitulé *Hécatombe de chefs d'État* :
« Onze présidents, sur dix-sept que compte l'Amérique hispano-portugaise, tirent
l'origine de leur grandeur d'un coup d'État ou d'une révolution. Cette constatation
prouve assez quelle erreur fondamentale ce fut que de prétendre appliquer à la plupart de ces peuples le système présidentiel, c'est-à-dire la Constitution représentative des États-Unis, qui ne convient ni à leur race ni à leur tempérament. Il faudrait
à ces néo-latins enclins à se payer de grands mots et de formules, et dont le sang,
produit de tant de croisements divers, bouillonne sous les feux des tropiques, la
soupape de sûreté du parlementarisme ». Les très remarquables correspondances du
Brésil, de la République Argentine et du Chili, que publie ce journal depuis plusieurs
années, fournissent à chaque page la confirmation de cette manière de voir. Voici
un exemple, n° du 19 janvier 1894 : « Seule la République parlementaire aurait eu
quelque chance de sécurité au Brésil ; il eût suffi de modifier la teneur de la Constitution impériale ; le fond s'adaptant parfaitement à une forme de gouvernement républicain. Les politiciens du 15 novembre ont préféré copier celle du peuple qui
s'éloigne le plus du tempérament brésilien ».

[2] Voyez, dans le *Temps*, *Lettres de Buenos-Ayres* du 4 septembre 1892 : « L'attaque fort rude se termina par le vote d'une nouvelle adresse infamant au ministre
de la Guerre de comparaître devant la Chambre. Je dois rappeler ici que nos idées
françaises seraient insuffisantes à éclairer ce conflit. La Constitution déclare le Président seul responsable ; il est assisté de ministres secrétaires, qui ne font pas partie
du Parlement et qui n'y ont entrée (art. 63), que lorsqu'ils y sont requis et pour fournir sur les actes de leur administration toutes les explications demandées. Le refus
de donner ces explications n'est donc pas imputable au ministre, mais au Président
justiciable du Parlement, la Chambre ayant le choix de le déférer au Sénat pour être
jugé par celui-ci. Les choses en étaient là quand la démission du Président (Pelle-
grini) est venue apporter une solution nouvelle ». — Depuis lors le même texte a
été invoqué par la Chambre des députés Argentine, dans le même sens et avec le

indépendante[1]. On veut faire ainsi marcher de front deux systèmes de gouvernement opposés, et l'on n'a que les inconvénients de l'un et de l'autre.

II.

Le gouvernement parlementaire, tel que nous l'avons étudié, atténue la séparation des deux pouvoirs, mais la maintient cependant. Cela résulte d'abord de ce qu'il comporte un chef du pouvoir exécutif (roi ou Président) inamovible; alors même qu'il est nommé par le Corps législatif, celui-ci ne peut être révoqué par lui, et cela suffit pour lui assurer en droit l'indépendance qu'exige le principe de la séparation[2]. Son intervention, sa signature est exigée pour chacun des actes qui constituent l'exercice direct du pouvoir exécutif, et, en la refusant ou la faisant attendre, il peut exercer une influence considérable sur la marche des affaires. Dans le changement des ministères qui tombent et se succèdent, il est le point fixe du gouvernement, et, par là même, spécialement en ce qui concerne les relations extérieures, il peut utilement maintenir les traditions essentielles, sans avoir une politique véritablement personnelle, rien que par ses conseils et son autorité morale. Il est vrai que tous ses actes doivent être acceptés ou peuvent être décidés par le ministère responsable, à qui il doit laisser, par suite, l'impulsion et la direction gouvernementale; et, d'autre part, ce ministère, c'est la majorité des Chambres qui en

même résultat; le *Temps* du 29 janvier 1894, *Lettres de Buenos-Ayres* : « Le député Roca a interpellé le gouvernement, traitant le Président d'incapable... Le gouvernement a répondu par un message niant le droit des Chambres à l'interpeller dans une session extraordinaire, sur une question qui n'est pas comprise parmi celles indiquées dans le décret de la prorogation du Congrès, comme devant être traitées... L'opposition prétendait maintenir le droit absolu du Congrès, en tout temps, à faire venir les ministres pour s'expliquer devant lui ». Le Président Luis Saenz Peña a donné sa démission au mois de janvier 1895.

[1] Le *Temps* du 15 août 1893, *République argentine* : « La démission du Cabinet radical est due à des divergences d'opinion avec la Chambre où il n'avait aucun appui ». Numéro du 24 janvier 1895, il est dit du Président Peña démissionnaire : « Au lieu de soutenir énergiquement ses secrétaires d'État, qui, sous le régime de la Constitution argentine, copiée sur celle des États-Unis, sont indépendants des majorités parlementaires, il s'abandonna à toutes les fluctuations des partis, et constitua des ministères de toutes nuances ».

[2] Rapport de Boissy d'Anglas sur le projet de Constitution de l'an III : « Il suffit pour la liberté que les pouvoirs soient indépendants : or, le pouvoir exécutif, quoique nommé par les représentants du peuple, ne leur sera point subordonné, puisqu'ils ne pourront point le révoquer, mais seulement le mettre en jugement d'après les formes établies par les représentants eux-mêmes, c'est-à-dire après un décret rendu comme toutes les lois ».

dicte le choix et qui, plus nettement encore, en prononce la chute.
Mais qu'on ne s'y trompe pas, même en ce point on ne revient pas à
l'exercice du pouvoir exécutif par les Chambres. On a, à cet égard,
donné des formules bien exagérées et qui tendent à devenir courantes. On dit que le gouvernement parlementaire n'est pas autre
chose que le pouvoir exécutif exercé par un Comité que nomme la
Chambre populaire et qu'elle peut révoquer à son gré. Cela a été dit
pour l'Angleterre non seulement par M. Bagehot[1], mais aussi par un
parlementaire aussi correct que M. Bryce[2]; c'est une idée assez répandue en France[3]. Mais ce n'est pas là le droit; ce n'est même le
fait qu'en partie. Le chef du pouvoir exécutif a le droit formel de
nommer et de révoquer les ministres; en fait, lorsque les majorités
sont ou incertaines ou mal disciplinées, sa sagesse et sa perspicacité
déterminent, pour une large part, la formation du Cabinet. Ce n'est
pas tout; les ministres, une fois nommés, tirent leur principale autorité devant les Chambres de ce qu'ils parlent au nom du pouvoir
exécutif. En Angleterre, en vertu d'une tradition établie, c'est à eux
qu'est réservée la présentation des principales mesures législatives;
et, même chez nous, on constate qu'une réforme quelque peu importante ne peut aboutir devant le Parlement que si le gouvernement en
prend l'initiative et la direction. Enfin, pour maintenir l'indépendance constitutionnelle, l'irrévocabilité du chef exécutif, le gouvernement parlementaire admet, non le droit de *veto* qui ne pourrait la
servir à rien, comme on le verra plus loin, mais le droit de dissoudre
la Chambre des députés.

Mais tout cela ne serait plus vrai et le gouvernement parlementaire
consommerait la confusion des deux pouvoirs, si les ministres, comme
le voudraient quelques-uns, étaient élus en forme par la Chambre
des députés. Ils cesseraient alors d'être les agents du pouvoir exécutif, comme cela arriva pour les administrations élues, établies dans les

[1] *The English Constitution*, 1re édit., n° 1, p. 10, 11 : « Le secret véritable de
la Constitution anglaise peut être décrit comme l'union intime, la fusion presque complète des pouvoirs législatif et exécutif. Le trait d'union est le *Cabinet*. Par ce mot
nouveau nous désignons un Comité du Corps législatif élu pour être le Corps exécutif ». Il est vrai qu'il ajoute plus loin : « Mais le Cabinet, bien qu'il soit un Comité
de l'Assemblée législative, est un Comité investi de pouvoirs qu'aucune assemblée
— si ce n'est par des accidents historiques et après une heureuse expérience —
n'aurait pu se décider à confier à un Comité. C'est un Comité qui peut dissoudre
l'assemblée qui l'a nommé; c'est un Comité avec un pouvoir de *veto* suspensif —
un Comité avec un droit d'appel ».

[2] *American Commonwealth*, t. Ier, ch. xxv, p. 279 et suiv.

[3] Esmein, *Deux formes de gouvernement*, dans la *Revue du droit public et
de la science politique*, janvier-février 1894, p. 33 et suiv.

départements par l'Assemblée Constituante, cessèrent jadis d'être les
agents du gouvernement. Cette idée a pourtant été émise de divers
côtés et à diverses époques. Au mois d'avril 1791, Pétion dit un mot
en ce sens à l'Assemblée Constituante, mais sans attirer sérieusement l'attention[1]. Tout récemment, un écrivain sérieux et estimé la
reproduisait dans une crise ministérielle[2] et des propositions en
ce sens se sont produites en Australie[3]. Enfin, ce qu'il y a de plus
singulier, on la trouve encore très nette, quoique un peu atténuée, sous la plume d'un parlementaire classique, dans la *France
nouvelle* de Prévost-Paradol : « Il y aurait lieu d'examiner, dit-
il, s'il ne conviendrait pas de remettre directement à la Chambre
élective la désignation formelle du Président du Conseil qui, une
fois élu, choisirait librement ses collègues, et qui serait investi par
cette élection d'une bien plus haute autorité que par le passé, soit auprès
d'un souverain constitutionnel, soit auprès d'un Président de la République, soit enfin sur ses collègues eux-mêmes. Cette élection du
Président du Conseil serait naturellement valable pour un temps
indéterminé, c'est-à-dire jusqu'à la démission de ce chef de cabinet
ou jusqu'à ce que la Chambre crût nécessaire, à défaut de cette démission, de procéder à une élection nouvelle. On pourrait décider, par
exemple, que, sur la demande du tiers de ses membres, la Chambre
serait tenue soit d'élire un successeur au Président du Conseil, soit
de le confirmer dans ses fonctions par un nouveau vote qui n'aurait
alors pour effet que de retremper son autorité. Notre Président du
Conseil deviendrait ainsi, dans toute la force du terme, un *leader* de
la Chambre; mais sa situation aurait la netteté qui convient à l'esprit
français et serait mieux déterminée qu'en Angleterre[4] ». Comment
cet esprit distingué ne voyait-il pas que c'était justement là l'anéantissement du gouvernement parlementaire, la création d'un ministère

---

[1] Séance du 6 avril 1791, *Archives parlementaires*, 1re série, t. XXIV, p.
607 : « Les ministres sont les hommes de la nation, pourquoi ne seraient-ils pas
nommés par le peuple? » Cf. Duguit, *op. cit.*, p. 49.

[2] Auguste Vacquerie, *La formation des ministères* dans le *Rappel* du 30 mai
1894 : « Puisque le Président de la République a tant de peine à faire un ministère
qui soit accepté par la Chambre, et que même ceux qu'elle accepte ne tardent pas
à cesser de lui plaire, puisque son consentement est nécessaire à leur existence, —
ne serait-il pas plus simple qu'elle les fît elle-même, qu'elle les prît à son goût,
qu'elle les choisît, comme elle choisit son Président, ses secrétaires et ses questeurs? » Mais l'auteur ne cache point qu'un semblable système entraînerait logiquement la suppression du Président de la République, c'est-à-dire d'un pouvoir exécutif distinct et indépendant.

[3] En 1896 dans l'Australie du Sud le gouvernement a proposé l'élection des ministres par le vote populaire, *Political science quarterly*, 1896, p. 780.

[4] Ch. III, p. 402; Cf. p. 124.

analogue à ceux de la Convention? La seule explication de ce passage, c'est qu'il était écrit en France en 1868.

III.

Si le gouvernement parlementaire ne confond pas les deux pouvoirs, il est une autre forme de gouvernement qui se propose ce but, en privant le pouvoir exécutif de toute indépendance, en le subordonnant expressément au pouvoir législatif. Dans ce système, qui s'approprie largement les critiques émises contre la séparation des pouvoirs, le gouvernement représentatif n'a et ne peut avoir qu'un seul but, comme le gouvernement direct lui-même : dégager le plus sûrement et faire exécuter le plus promptement possible la volonté nationale. Pour cela, la nation, ne pouvant exercer le gouvernement direct, se choisit des représentants généraux : ce sont les députés élus pour composer le Corps législatif (ce système ne comportant logiquement qu'une seule assemblée). Ceux-ci sont éminemment la représentation nationale, et l'on ne conçoit aucun autre pouvoir possédant la même qualité et pouvant prendre le même titre ; eux seuls peuvent véritablement parler et décider au nom du peuple[1]. Il en résulte logiquement que, si le Corps législatif n'exerce pas lui-même le pouvoir exécutif, parce qu'une assemblée nombreuse y est naturellement impropre, s'il en délègue l'exercice à un ou plusieurs individus, ces délégués devront être cependant choisis et nommés par lui, et toujours révocables à sa volonté[2]. Deux fois on a proposé en France de consacrer constitutionnellement cette forme de gouvernement. C'est elle qui était contenue dans le célèbre amendement présenté en 1848 par M. Grévy à l'Assemblée Constituante, lequel portait en substance : « L'Assemblée nationale délègue le pouvoir exécutif à un citoyen qui prend le titre de Président du Conseil des ministres. Le Président du Conseil des ministres est nommé par l'Assemblée nationale au scrutin secret, à la majorité absolue des suffrages. Le Président du Conseil des ministres est élu pour un temps illimité. Il est toujours révocable[3] ». M. Naquet a présenté une proposition semblable à l'Assemblée nationale dans la séance du 28 janvier 1875 : « Le pouvoir exécutif est confié à un Président du Conseil sans porte-

[1] Voyez pour un plus long exposé de ce système, avec preuves à l'appui, mon article intitulé *Deux formes de gouvernement*, dans la *Revue du droit public et de la science politique*, janvier-février 1894, p. 25 et suiv.

[2] *Ibidem*, p. 30 et suiv.

[3] Discussion de cette proposition dans le *Moniteur* des 6, 7, 8 octobre 1848; elle fut repoussée par 643 voix contre 158.

feuille, responsable devant la Chambre, élu et révocable par elle, et qui prend le titre de Président de la République[1] ». Récemment M. Goblet orientait encore de ce côté un projet de révision constitutionnelle[2].

Il ne faudrait pas croire, d'ailleurs, que ces idées soient propres à notre pays. Je les trouve dans un livre qui nous vient des États-Unis et que j'ai plus d'une fois cité, celui de M. Woodrow Wilson : « Personne, dit-il, je le tiens pour acquis, ne désavouera ce principe, que les représentants du peuple sont l'autorité propre et suprême en toute matière de gouvernement et que l'administration est simplement dans le gouvernement le travail des bureaux (*clerical part*). La législation est la force initiale. Elle détermine ce qui doit être fait... Le pouvoir de faire les lois, dans sa nature et son essence, est le pouvoir de diriger, et ce pouvoir est donné au Congrès. Ce principe est sans restrictions, et il forme un bloc dans toutes les coutumes anglosaxonnes. La difficulté, s'il y en a une, réside seulement dans le choix des moyens pour mettre le principe en action. Le moyen naturel semble être le droit, pour le Corps représentatif, d'avoir tous les serviteurs chargés d'exécuter ses volontés sous son étroite et constante surveillance, et de les assujettir à une stricte responsabilité, en d'autres termes, le privilège de les renvoyer lorsque leur service n'est plus satisfaisant. C'est le privilège naturel de tout autre maître ; et, si le Congrès ne le possède pas, sa maîtrise est gênée sans être contestée[3] ».

Mais ce sont là, croyons-nous, des erreurs ou des illusions. Une pareille combinaison ne peut avoir pour résultat qu'un pouvoir exécutif instable et faible. Or, l'existence d'un pouvoir exécutif, suffisamment fort, stable et indépendant, quoique agissant sous le contrôle de libres assemblées, est une des données les plus essentielles d'un bon gouvernement. C'est un point sur lequel s'accordent les esprits sérieux, appartenant, d'ailleurs, aux partis politiques les plus divers. C'est une idée qui s'affirme à l'époque même où l'action

[1] *Annales de l'Assemblée nationale*, t. XXXVI, p. 333. Le projet ajoutait d'ailleurs : « Les ministres ne sont responsables de leurs actes que vis-à-vis du Président ; ils ne peuvent point faire partie de la Chambre ». C'était combiner le système américain avec celui de la confusion des deux pouvoirs.

[2] Chambre des députés, séance du 12 mars 1891, *Journal officiel* du 13 mars, p. 497 : « Quant à nous, à nos yeux, il ne s'agit pas seulement pour avoir la République de faire de la monarchie un régime électif et à temps, mais il s'agit de substituer à un pouvoir exécutif ayant une action propre et indépendante un pouvoir exécutif subordonné, et, à des assemblées simplement de législation et de contrôle une Assemblée nationale qui ne légifère pas seulement, mais qui dirige ».

[3] Woodrow Wilson, *Congressional government*, p. 273.

toute-puissante de la Convention semblait devoir répandre les principes contraires. « Ces agents (le pouvoir exécutif), disait Condorcet en présentant le projet de constitution, doivent être essentiellement subordonnés à la puissance législative, ou le principe de l'unité d'action serait violé. Ce Conseil (exécutif) doit être la main avec laquelle les législateurs agissent, l'œil avec lequel ils doivent observer les détails de l'exécution de leurs décrets et les résultats des effets que les décrets ont produits. Mais les institutions d'un peuple libre ne peuvent offrir l'image d'une dépendance servile ; si les membres du Conseil sont les agents du Corps législatif, ils ne doivent pas en être les créatures. Il doit avoir les moyens de les forcer à l'obéissance, il doit avoir l'autorité de réprimer leurs écarts ; mais la loi, protectrice des droits de tous, doit pouvoir se placer entre eux et lui. Ainsi les membres du Conseil ne seront point élus par le Corps législatif, puisqu'ils sont les officiers du peuple, et non ceux des représentants. Une destitution arbitraire eût entraîné une trop grande dépendance[1] ». Danton, de son côté, proclamait la même vérité : « Il faudra que le pouvoir exécutif soit élu par le peuple ; il faudra l'investir d'une grande puissance et la balancer par une autre[2] ».

De nos jours l'expérience de ce système a pu se faire au grand jour et elle n'a pas été satisfaisante. C'est lui, en effet, qui s'est appliqué en France de 1871 à 1873 ; nous verrons plus loin quels inconvénients il a entraînés avec lui. Qu'on ne se fasse pas illusion, en se reportant à de célèbres exemples historiques, qui nous montrent de grandes assemblées gouvernant par elles-mêmes ou par des comités à leur discrétion. Si le Long Parlement a pu agir ainsi, si la Convention a pu conduire son gouvernement puissant, quoique irrégulier, c'est qu'une crise terrible concentrait les volontés du parti dominant dans l'Assemblée : c'était pour lui une question de vie ou de mort. Mais, dans un temps pacifique et normal, les divisions et les incertitudes prendraient fatalement le dessus. Encore faut-il faire observer que le Long Parlement a directement engendré la dictature, et le régime de la Convention a sûrement, dans une certaine mesure, préparé Bonaparte.

Dans le passage plus haut cité, Condorcet voulait un pouvoir exécutif qui fût complètement subordonné au Corps législatif sans en être la créature, qui lui obéît sans pouvoir être révoqué par lui. Il semble qu'il y ait là contradiction dans les termes ; cependant, chose

[1] Séance du 23 février 1793, *Réimpression de l'ancien Moniteur*, t. XV, p. 463.

[2] Séance de la Convention du 10 mai 1793, *Réimpression de l'ancien Moniteur*, t. XVI, p. 357.

curieuse, ici encore, l'idée de Condorcet s'est réalisée en Suisse. Le le pouvoir exécutif, dans le gouvernement fédéral comme dans les cantons, se présente sous la forme de conseils ou directoires, dont les membres sont élus ou par le Corps législatif ou directement par le peuple. Ils sont irrévocables[1], mais en même temps ils sont, au pied de la lettre, les exécuteurs des volontés du Corps législatif; l'exercice d'une volonté dirigeante n'entre même pas dans leur esprit. Mais cette harmonie particulière a été le résultat des mœurs; elle s'est établie par tradition et se maintient par esprit de sagesse[2].

§ 3. — LE POUVOIR JUDICIAIRE.

I.

L'administration de la justice est, pour Montesquieu, une manifestation de la souveraineté nationale distincte du pouvoir législatif et du pouvoir exécutif, et doit constituer un troisième pouvoir, indépendant des deux autres. Mais c'est là une thèse fort contestée. Une autre opinion existe, au contraire, qui s'est affirmée souvent à notre tribune nationale et qui compte aujourd'hui parmi les jurisconsultes français de nombreux partisans[3]. Elle considère l'autorité judiciaire comme rentrant dans le pouvoir exécutif, comme étant simplement une branche de ce dernier. Elle raisonne en apparence d'une façon très rigoureuse. On ne conçoit, dit-on, dans la vie même de la loi que deux moments et deux phases distinctes : sa formation et son exécution, l'acte qui la crée et l'acte qui l'exécute. On ne conçoit donc aussi que deux pouvoirs distincts : le pouvoir législatif et le pouvoir exécutif. Les contestations et les litiges qui peuvent s'élever quant à l'application de la loi ne sont que des incidents de l'exécution; ils rentrent donc dans le domaine du pouvoir exécutif; il est bon seulement que celui-ci en remette la solution à des fonctionnaires spéciaux. C'est là une idée qui n'est point nouvelle. Rousseau, nous l'avons vu, n'admettait en réalité que deux pouvoirs; il l'a même dit en propres termes[4]; il en était de même de Mably. Cette thèse a été expri-

---

[1] Quelques Constitutions cantonales établissent seulement que, lorsque le Corps législatif est renouvelé, le Conseil exécutif, qu'il avait nommé, doit l'être également.

[2] Ottiwels Adams, *La confédération suisse*, 1890, p. 53 et suiv., 65, 67.

[3] Parmi les plus décidés, M. Ducrocq, *Cours de droit administratif*, 7e édit., t. I, nos 35, 36, et M. Duguit, *De la séparation des pouvoirs*, p. 14 et suiv.

[4] *Contrat social*, l. III, ch. 7 (c'est la suite du passage cité ci-dessus, p. 278, note 3) : « On prévient le même inconvénient en établissant des magistrats inter-

E.   20

née plus d'une fois dans les mémorables discussions de notre première Assemblée Constituante. C'est alors Cazalès qui semble lui avoir donné son expression la plus précise : « Dans toute société politique il n'y a que deux pouvoirs, celui qui fait la loi et celui qui la fait exécuter. Le pouvoir judiciaire, quoi qu'en aient dit quelques publicistes, n'est qu'une simple fonction, puisqu'il consiste dans l'application pure et simple de la loi. L'application de la loi est une dépendance du pouvoir exécutif[1] ». Plus loin, répondant à Barnave, il repoussait sur ce point l'autorité de Montesquieu : « J'ai établi dans ma précédente opinion qu'il ne peut exister dans aucune société que deux pouvoirs politiques réellement distincts, le pouvoir exécutif et le pouvoir législatif, et que toute espèce de force politique n'en est qu'une émanation. M. Barnave a cité l'autorité de Montesquieu. Peut-être est-il extraordinaire que M. Barnave la cite, et que je ne m'y rende pas. Je me rends à la vérité et à la raison; l'une et l'autre me disent qu'il n'est pas un seul homme raisonnable et de bonne foi qui puisse reconnaître plus de deux pouvoirs. J'en appelle à M. Barnave lui-même : quand le souverain a distribué tous les pouvoirs, quand il a fixé la loi et les moyens de l'exécuter, que reste-t-il à faire? Quel serait l'emploi d'un troisième pouvoir? M. de Montesquieu avait longtemps exercé la magistrature avec gloire; il a été entraîné par l'esprit de son état; l'état mixte des Parlements en France avait égaré son opinion dont on pouvait seulement conclure que les Parlements avaient réuni à une portion du pouvoir exécutif une portion du pouvoir législatif, et non pas qu'ils exerçaient un troisième pouvoir[2] ». Dans le même sens parlèrent Mirabeau[3], Mounier[4], Duport[5], Maury, Garat, pour citer les principaux, sans que d'ailleurs ils pussent en-

médiaires qui, laissant le gouvernement en son entier, servent seulement à balancer *les deux puissances* et à entretenir leurs droits respectifs ». Cf. l. m. ch. I.

[1] Séance du 5 mai 1790, *Archives parlementaires*, 1re série, t. XV, p. 392.

[2] Séance du 7 mai 1790, *ibidem*, p. 416.

[3] *Archives parlementaires*, 1re série, t. VIII, p. 243 : « Les valeureux champions des trois pouvoirs tâcheront de nous faire comprendre ce qu'ils entendent par cette grande locution des trois pouvoirs, et, par exemple, comment ils conçoivent le pouvoir judiciaire distinct du pouvoir exécutif ».

[4] *Ibidem*, p. 402.

[5] *Principes et plan sur l'établissement de l'ordre judiciaire* (*Arch. parl.*, 1re série, t. XII, p. 410) : « Avant de les exécuter (les lois), il s'agit de savoir si elles s'appliquent ou non à un fait arrivé. Cette fonction ne peut assurément être remplie par aucun des deux autres pouvoirs; elle forme proprement l'objet de ce qu'on appelle *improprement* le pouvoir judiciaire. Je dis *improprement* parce qu'il n'y a réellement de pouvoir dans l'ordre judiciaire que le pouvoir exécutif, lequel est obligé de consulter des hommes désignés par la Constitution, avant de faire exécuter les lois civiles, lorsque leur application paraît douteuse ».

traîner l'Assemblée, qui adopta la conception opposée. De nos jours, on a voulu enrôler dans ce camp jusqu'à Montesquieu lui-même; mais j'en demande pardon à mon cher collègue Duguit, ce ne peut être là qu'un amusant paradoxe[1].

Malgré ces raisons et ces autorités, l'administration de la justice me paraît constituer naturellement et rationnellement une manifestation spéciale de la souveraineté, un pouvoir distinct.

Historiquement, la justice rendue à chacun a été le premier besoin des sociétés humaines. Le pouvoir judiciaire, sous une forme embryonnaire, est le plus ancien de tous; il a fait son apparition alors qu'aucun des autres n'existait encore. Avec un caractère arbitral fortement marqué, il commence déjà à s'exercer pour appliquer les premières coutumes, alors que la loi est encore inconnue et que les chefs de tribu n'ont, en temps de paix, aucun pouvoir de commandement. Dans le développement des divers États, l'administration de la justice reçoit généralement des organes spéciaux, ou elle est astreinte à des formes propres, qui réellement en font un pouvoir distinct de l'*imperium* général.

Rationnellement, il n'est pas exact de dire que dans le gouvernement légal l'esprit distingue seulement deux actes et deux pouvoirs : la formation de la loi et le pouvoir législatif, son exécution et le pouvoir exécutif. Il n'est pas exact que l'intervention des juges, pour trancher

---

[1] Dans ce célèbre chapitre VI du livre XI de l'*Esprit des lois*, Montesquieu a écrit ce passage : « Des trois puissances dont nous avons parlé, celle de juger est en quelque façon nulle. Il n'en reste que deux ». M. Duguit, op. cit., p. 10, s'empare de cette phrase et en conclut que Montesquieu admettait « la subordination de la puissance judiciaire à la puissance exécutive ». Mais l'idée de Montesquieu était tout autre. Il considérait la puissance de juger comme nulle, uniquement parce qu'il ne voulait point la remettre à des magistrats permanents, mais à des jurés. Voici ce qu'il a dit, en effet, précédemment, et la phrase plus haut citée n'est en réalité qu'un renvoi : « La puissance de juger ne doit pas être donnée à un Sénat permanent, mais exercée par des personnes tirées du corps du peuple (en note : comme à Athènes), dans certains temps de l'année, de la manière prescrite par la loi, pour former un tribunal qui ne dure qu'autant que la nécessité le requiert. De cette façon la puissance de juger si terrible parmi les hommes, n'étant pas attachée ni à un certain état ni à une certaine profession, devient pour ainsi dire invisible et nulle, et l'on craint la magistrature et non point les magistrats ». — Cf. Aucoc, *Rapport sur le concours relatif à la séparation des pouvoirs*, dans les *Comptes rendus de l'Académie des sciences morales et politiques*, t. CXII, p. 213 et suiv. — D'ailleurs Montesquieu a dit lui-même de la façon la plus explicite que l'indépendance du pouvoir judiciaire, sa séparation par rapport aux deux autres pouvoirs, était le point le plus important de sa théorie, *Esprit des lois*, l. XI, ch. 11 : « Le chef d'œuvre de la législation est de savoir bien placer la puissance de juger. Mais elle ne pouvait être plus mal que dans les mains de celui qui avait déjà la puissance exécutrice ».

les litiges que soulève l'application des lois, soit seulement un incident de l'exécution. Quand même la contestation ne s'élèverait en fait que quand l'exécution est déjà commencée, en droit le jugement est toujours préalable à l'exécution. Il s'agit alors de savoir si la loi doit ou non s'appliquer, s'il y a lieu ou non à l'intervention du pouvoir exécutif, et l'on conçoit aisément que ce dernier ne soit pas chargé de vider cette question où souvent il pourra être lui-même intéressé. Qu'on y réfléchisse, d'ailleurs, l'intervention du pouvoir judiciaire ne suppose pas nécessairement et toujours qu'il y ait litige et contestation. Dans les principes de la liberté moderne, il est souvent et forcément appelé à intervenir, alors même que l'individu visé n'oppose aucune protestation et ne conteste aucunement l'application de la loi en ce qui le concerne. Il en est toujours ainsi en matière de justice répressive : le droit public moderne n'admet pas, ni en cas de flagrant délit, ni en cas d'aveu, que la peine portée par la loi, fût-elle fixe et immuable, puisse jamais être appliquée sans qu'un jugement soit tout d'abord intervenu. Le bourreau ne peut agir que là où le juge a passé. Qu'on s'imagine un seul instant le pouvoir exécutif faisant directement appliquer les peines, exerçant ainsi « cette puissance de juger si terrible parmi les hommes » comme dit Montesquieu ; et, à la protestation violente qui s'élèvera dans l'esprit, on sentira bien nettement qu'en matière répressive l'intervention du pouvoir judiciaire a la valeur d'un acte propre et n'est pas une dépendance du pouvoir exécutif ; elle le domine et le commande au contraire. En matière de droit privé, il est vrai, le juge n'intervient en général que lorsqu'il y a litige, toutes les fois du moins qu'il s'agit d'intérêts pécuniaires auxquels les particuliers peuvent renoncer ; mais cela ne saurait changer la nature de cette intervention.

Enfin, si la théorie qui fait rentrer l'autorité judiciaire dans le pouvoir exécutif était exacte, elle entraînerait logiquement une conséquence que personne n'admettrait aujourd'hui ouvertement et dans toute son étendue. En principe, il serait alors vrai de dire que les juges ne seraient que des délégués du pouvoir exécutif, et qu'ils rendraient la justice au nom de celui-ci. Il en découlerait plus nécessairement encore que le titulaire du pouvoir exécutif serait bien obligé, comme disait Thouret[1], « de consulter les hommes désignés par la Constitution (les juges) avant de faire exécuter les lois civiles, lorsque leur application paraît douteuse » ; mais qu'il pourrait ne pas suivre l'avis de ces conseillers, statuer lui-même ou casser leurs décisions. On aboutirait ainsi à reconstituer presque complètement dans notre droit

---

[1] Ci-dessus, p. 306, note 5.

moderne, au profit du pouvoir exécutif, la théorie de la *justice rete-*
nue, telle qu'elle existait dans notre ancienne monarchie[1]. Mais la
théorie de la justice retenue est un principe éminemment monarchique et incompatible avec la liberté. Sans doute, certains jurisconsultes n'hésitent pas à admettre sa survivance partielle en droit moderne,
et ils signalent diverses applications qu'il a reçues encore de notre
temps en droit public français[2]. Mais ces derniers vestiges ont été
effacés de nos jours. Les quelques attributions du pouvoir exécutif,
qui historiquement se rattachent en partie à la théorie de la justice
retenue et qui subsistent encore, ont pris, dans le droit moderne, une
valeur propre et un caractère différent ; c'est du moins ce que j'essaierai de montrer plus loin.

La théorie de Montesquieu me paraît donc parfaitement exacte. Ce
n'est pas par erreur que les deux premières Constitutions des grands
États modernes l'adoptèrent et l'appliquèrent, celle des États-Unis et
la Constitution française de 1791. On ne peut pas non plus expliquer
ce trait de la Constitution des États-Unis, en le rattachant, comme
on l'a fait, au caractère de l'État fédéral[3]. Ce qui prouve que, dès
lors, les Américains considéraient le pouvoir judiciaire comme distinct
et séparé des deux autres dans tout État bien organisé, c'est que cette
séparation fut nettement établie dans les Constitutions des États particuliers avant de passer dans la Constitution fédérale, et qu'elle est
aujourd'hui encore leur *Credo* politique[4].

---

[1] Esmein, *Cours élémentaire d'histoire du droit français*, 3e édition, p. 439)
et suiv.

[2] Ducrocq, *Cours de droit administratif*, 7e édition, t. I, n° 35.

[3] Duguit, op. cit., p. 15 : « Sans doute le Congrès de Philadelphie avait admis la
division des pouvoirs ; sans doute il avait créé un pouvoir judiciaire placé dans
une sphère absolument indépendante et marchant de pair avec les deux autres. Mais
il y avait pour cela des raisons spéciales qui tenaient à la nature même de la République américaine. L'Amérique du Nord était un pays confédéré, et le but de la
Constitution de 1787, qui en est un même temps la caractéristique essentielle, était
de concilier les droits de la souveraineté fédérale, avec ceux des États fédérés...
Or, en vue des conflits possibles entre la souveraineté de l'Union et la souveraineté
des États, il fallait créer un pouvoir distinct et tout à fait indépendant qui, par sa
présence seule, les empêcherait souvent et les jugerait toujours avec une haute
compétence et une souveraine impartialité. C'est à cette nécessité, spéciale aux
États-Unis, que venait répondre la création d'un pouvoir judiciaire, indépendant des
autres et compétent pour juger la constitutionnalité des lois ».

[4] Freeman Snow, *Cabinet government in the United States*, p. 2 (Rapport
sur un projet de loi déposé en 1881 et tendant à admettre les ministres au Congrès) :
« Votre Comité n'oublie point la maxime que, dans un gouvernement constitutionnel,
les grands pouvoirs sont divisés en législatif, exécutif et judiciaire ; et qu'ils doivent
constituer des départements différents. Ces départements doivent être définis et

Mais il faut répéter ici une réserve déjà faite plus haut[1]. Si le principe de la séparation des pouvoirs est d'une grande vérité, il n'est pas d'une vérité absolue. Pas plus que précédemment, quand il s'agissait des rapports du pouvoir exécutif et du législatif, la séparation du pouvoir judiciaire par rapport aux deux autres ne saurait être absolue. De même que le pouvoir exécutif est contrôlé par le pouvoir législatif, de même le pouvoir judiciaire sera surveillé et contrôlé par le pouvoir exécutif. Ce rôle revient naturellement à ce dernier, soit parce qu'il est permanent, comme le pouvoir judiciaire, soit parce que, comme nous le verrons, presque toutes les Constitutions lui confient le choix et la nomination des juges. A plus forte raison c'est une règle compatible avec le principe que le pouvoir exécutif puisse, grâce à l'institution du ministère public, mettre en mouvement les actions qui intéressent l'ordre public, et en particulier les poursuites à fins répressives.

II.

La question qui vient d'être discutée a une importance capitale aux yeux de certains publicistes; pour d'autres jurisconsultes, elle est purement théorique, c'est une simple question d'école. Des appréciations si divergentes sont bien faites pour étonner. Elles se conçoivent cependant. Si, en effet, l'une et l'autre des deux conceptions ont été alternativement invoquées pour introduire certaines règles dans l'organisation judiciaire ou, au contraire, les règles opposées, il faut reconnaître cependant qu'on peut généralement, en prenant l'une ou l'autre, comme point de départ, aboutir aux mêmes solutions législatives : celles-ci étaient donc conciliables avec les deux thèses opposées. Cependant on ne doit point en conclure que quant aux conséquences pratiques la question de principe est indifférente. Non seulement on peut contester dans bien des cas que la conciliation soit correcte, mais encore il n'est pas sans importance de constater que telle règle admise est la conséquence nécessaire du principe adopté, ou, si elle n'est, au contraire, qu'une atténuation introduite ou une déviation tolérée de ce principe, un rapprochement vers le principe opposé. Elle présente évidemment une solidité plus grande dans le premier cas que dans le second.

maintenus, et c'est une expression suffisamment exacte que de dire qu'ils doivent être indépendants l'un de l'autre ».

[1] Ci-dessus, p. 281.

[2] Garsonnet, *Traité de procédure*, 2ᵉ éd., t. I, § V, p. 44.

La thèse, qui voit dans le pouvoir judiciaire un véritable pouvoir distinct et séparé, a été nettement invoquée pour établir deux institutions : l'élection des juges et l'inamovibilité des magistrats judiciaires. Sur le premier point, c'est le grand et principal argument qui fut invoqué devant l'Assemblée Constituante, dans la mémorable discussion qui eut lieu au mois de mai 1790. On raisonnait ainsi : tous les pouvoirs, étant des manifestations immédiates de la souveraineté nationale, doivent être directement conférés par la nation elle-même ; or, le pouvoir judiciaire est un de ces pouvoirs ; ceux qui l'exercent, c'est-à-dire les juges, doivent donc être élus par la nation légale[1]. Mais c'est là une fausse conception, que j'ai essayé de réfuter précédemment[2]. Il n'y a aucun obstacle de principe à ce que le titulaire de l'un des pouvoirs soit élu par le titulaire d'un autre pouvoir, alors même que ce dernier ne tirerait pas directement son titre du suffrage national. Ce qu'exige seulement le principe de la séparation, c'est que les pouvoirs distincts soient indépendants les uns des autres. L'élection des juges n'est point imposée par la thèse qui voit dans l'autorité judiciaire un troisième pouvoir, bien qu'il y ait une harmonie assez naturelle entre les deux règles : ce qui le montre bien, c'est que la Constitution des États-Unis d'Amérique, qui incontestablement part de ce principe, fait pourtant nommer les juges fédéraux par le Président dans les mêmes conditions que les autres fonctionnaires supérieurs de l'Union. Ce qui le montre encore, c'est que l'élection des juges peut très bien exister là où l'on tient et déclare que l'autorité judiciaire rentre dans le pouvoir exécutif. Dans la discussion de 1790, plus d'un la proposait qui n'admettait que deux pouvoirs : l'Assemblée constituante n'avait-elle pas rendu électives les fonctions administratives qui certainement rentraient dans le pouvoir exécutif[3] ? Pour ne citer qu'un exemple historique, les juges consuls n'ont-ils pas été constamment désignés à l'élection, soit dans l'ancien régime, soit depuis la Révolution, sous les Constitutions les plus diverses, dont plus d'une considérait sûrement l'autorité judiciaire comme une branche du pouvoir exécutif ? L'élection des juges ou leur nomination par le pouvoir exécutif doit donc être appréciée en elle-même et décidée seulement d'après les avantages que l'on trouvera dans l'une ou l'autre combinaison.

Quant à l'inamovibilité des magistrats, le droit de les destituer

[1] Duguit, *La séparation des pouvoirs*, p. 71.
[2] Ci-dessus, p. 282, note 1.
[3] Barnave, séance du 5 mai 1790 : « En vain dira-t-on que le pouvoir judiciaire fait partie du pouvoir exécutif ; si je raisonne d'après ce que vous avez décidé, je vois que le pouvoir administratif, comme le pouvoir judiciaire, émane du peuple ».

refuse au pouvoir exécutif comme au pouvoir législatif est certainement une conséquence juridique et forcée de la séparation des pouvoirs, lorsqu'on admet, comme troisième pouvoir, le pouvoir judiciaire. C'est la condition même de son indépendance. Mais les partisans de la thèse contraire admettent également l'inamovibilité des
magistrats. Ils ont pour eux en cela cette considération que l'inamovibilité des juges est historiquement beaucoup plus ancienne que la
théorie de la séparation des pouvoirs. Elle s'est introduite en France
dans le courant du XVIe siècle comme conséquence de la vénalité
des offices de la judicature[1]. Elle a été établie en Angleterre par
l'*Act of settlement*, pour des raisons d'utilité pratique, sans qu'on
la rattachât non plus au principe de la séparation[2]. Elle se justifie
pour les modernes par une idée simple et forte à la fois : l'intérêt des
justiciables. L'indépendance du juge est la sauvegarde même des
plaideurs. Cependant, il faut le reconnaître, pour ceux qui font rentrer l'autorité judiciaire dans le pouvoir exécutif, l'inamovibilité des
juges est une inconséquence partielle : ceux-ci ne devraient-ils pas
être révocables comme tous ses autres agents? Cela se voit au langage quelque peu embarrassé par lequel ces théoriciens justifient l'inamovibilité[3]. Dans l'ancien régime, les conseillers de Louis XIV
n'hésitaient pas à dire qu'elle était contraire aux principes[4].

La thèse qui fait rentrer l'autorité judiciaire dans le pouvoir exécutif se présente aussi, de son côté, comme grosse de conséquences.

---

[1] Esmein, *Cours élémentaire d'histoire du droit français*, 3e édit., p. 409.

[2] Art. 3 : « That... Judge's commissions be made *quamdiu se bene gesserint*,
and their salaries ascertained and established ; but upon the adress of both Houses
of Parliament it may be lawful to remove them ».

[3] Duguit, *op. cit.*, p. 73 : « Il voit de là nécessairement que l'ordre judiciaire
n'est pas un pouvoir distinct, mais simplement une dépendance du pouvoir exécutif,
sous la surveillance duquel il doit être placé. Sans doute, comme l'ordre judiciaire
est chargé de protéger l'intérêt des particuliers, certaines garanties, l'inamovibilité
par exemple, doivent être établies pour assurer l'indépendance de ses membres à
l'égard du pouvoir exécutif et même du pouvoir législatif. Mais l'ordre judiciaire ne
constitue pas un *pouvoir* ; l'ordre judiciaire est un *agent d'exécution* subordonné
au pouvoir exécutif ». *Ibid.*, p. 74 : « Mounier ajoute très justement que dans l'intérêt des particuliers l'indépendance des magistrats sera *garantie* par l'inamovibilité
de leurs sièges ».

[4] Mémoires fournis au roi en vue de la réforme de la justice (Bibliothèque nationale, *Mélanges Clérambault*, no 613), *Mémoire de d'Estampes*, p. 107 : « Il sera
nécessaire de déroger à l'ordonnance de Louis XII (XI ?), icelle confirmée dans les
mauvais temps derniers par Sa Majesté à présent régnant, portant qu'il ne sera pourvu
aux offices que par mort, résignation ou forfaiture, si ce n'est que le cas susdit soit
pris pour forfaiture). Mais le roi donnant les charges et n'estant plus vénales, il est
juste qu'elles soit révocables à sa volonté ». Cf. *Mémoire de Pussort*, p. 428-431.

Mais la plupart, je le crois, ne résistent pas à un examen attentif. En dehors de celle qui consiste dans la nomination des juges par le pouvoir exécutif, voici les principales :

1° Le droit public français compte, depuis la Révolution, parmi ses principes essentiels, la séparation de l'autorité administrative et de l'autorité judiciaire, dont il sera parlé plus loin. Pour des raisons qui seront exposées, l'administration de la justice a perdu sa complète unité. Le jugement du contentieux administratif, c'est-à-dire des litiges que soulèvent les actes administratifs et l'exercice des fonctions administratives, est enlevé aux tribunaux judiciaires et attribué à des juridictions administratives, dont généralement les membres ne sont pas inamovibles. Or, dit-on, cela se conçoit très bien, si le pouvoir judiciaire rentre dans le pouvoir exécutif; ce dernier a pu répartir entre des agents divers, qui relèvent également de lui, le jugement des divers litiges; attribuer les uns à l'autorité administrative et les autres à l'autorité judiciaire, comme il aurait pu s'en réserver à lui-même la solution par voie de *justice retenue*; ou, du moins, la loi a pu construire sur ce principe l'organisation des tribunaux. Cette séparation paraît impossible, au contraire, si le pouvoir judiciaire est un pouvoir distinct, qui doit intervenir toutes les fois que l'application d'une loi est contestée, toutes les fois qu'il y a à trancher un litige en fait ou en droit. Mais un fait enlève beaucoup de force à ce raisonnement : ce sont des lois de 1790 et de l'an IV qui ont nettement établi et délimité la séparation de l'autorité administrative et de l'autorité judiciaire; or, les Constitutions dont ces lois sont l'application, celles de 1791 et de l'an III, ont très nettement considéré le pouvoir judiciaire comme un troisième pouvoir. Leurs auteurs ne jugeaient donc point les deux idées inconciliables. On peut même penser, comme on le verra plus loin, que la séparation de l'autorité administrative et de l'autorité judiciaire fait partie de la conception propre de Montesquieu.

2° Les deux autorités administrative et judiciaire étant ainsi séparées, des conflits d'attribution peuvent s'élever entre elles. Pour les trancher, le système, qui longtemps a été suivi en France, consistait à donner compétence pour cela au pouvoir exécutif, qui statuait en Conseil d'État, mais par voie de *justice retenue*. Cela concorde, dit-on, très bien avec la théorie qui fait rentrer l'autorité judiciaire dans le pouvoir exécutif. Celui-ci a sous lui deux ordres d'autorités et de fonctionnaires qui relèvent également de lui : si un conflit s'élève sur leurs attributions respectives, c'est à lui naturellement qu'il appartient de le trancher. Cela paraît inadmissible, au contraire, si le pouvoir judiciaire est distinct et indépendant du pouvoir exécu-

tif[1]. Mais, chose notable, si le jugement des conflits, tel que je viens
de le rappeler, n'a peut-être pas été organisé, comme quelques-uns le
prétendent, par le décret du 7 octobre 1790[2], il a été certainement
établi par la loi du 21 fructidor an III[3]. Or, celle-ci a été rendue en
application de la Constitution du 5 fructidor an III, qui traitait incontestablement le pouvoir judiciaire comme un troisième pouvoir. Il
faut reconnaître cependant que ce système, comme tout autre exercice de la justice retenue, répugne au principe de la séparation des
pouvoirs. Aussi fut-il abandonné par la Constitution de 1848, qui
décida (art. 89) : « Les conflits d'attribution entre l'autorité administrative et l'autorité judiciaire seront réglés par un tribunal spécial composé de membres de la Cour de cassation et de conseillers
d'État, désignés tous les trois ans en nombre égal par leurs corps
respectifs. Ce tribunal sera présidé par le ministre de la justice ».
Ce tribunal des Conflits, qui incontestablement fournissait une solution correcte du problème, puisque, créé par la Constitution même,
il dominait à la fois le pouvoir judiciaire et le pouvoir exécutif, fut
organisé par les lois du 9 mars 1849 et 4 février 1850; mais il fut
supprimé en 1852 et l'on revint alors au système antérieur[4]. Cette
institution a été reprise par la loi du 25 mai 1872 (art. 25) et est
depuis restée en vigueur. La loi de 1872 a simplement retouché l'or-

---

[1] M. Duguit, *La séparation des pouvoirs*, p. 45, admet même qu'étant donnée
la théorie des trois pouvoirs il est impossible de sanctionner nettement la séparation
de l'autorité administrative et de l'autorité judiciaire : « On ne conçoit pas même
dans ce système l'existence d'une juridiction pouvant sanctionner la règle de la séparation. Si cette juridiction dépend de l'ordre judiciaire, elle sera sans action sur
l'autorité administrative ; si elle dépend de l'ordre exécutif, elle sera sans action sur
le pouvoir judiciaire. Logiquement, le pouvoir législatif lui-même ne peut juger les
conflits de l'administration et de la justice : en effet, l'ordre judiciaire, pouvoir autonome, n'est point obligé d'obéir aux injonctions du législateur ». Mais il y a là une
exagération ; c'est non pas la séparation raisonnable des pouvoirs, mais leur séparation absolue et implacable. Le pouvoir judiciaire, quelque distinct et indépendant
qu'il soit, est bien obligé d'obéir aux ordres du pouvoir législatif, lorsque ceux-ci se
présentent sous la forme d'une loi, là spécialement où les tribunaux n'ont pas compétence pour apprécier la constitutionnalité des lois. Cependant il y a dans ces considérations une part de vérité. L'indépendance du pouvoir judiciaire étant admise, il
est naturel de faire trancher les conflits d'attribution entre l'autorité administrative
et l'autorité judiciaire par voie d'arbitrage officiel ; c'est à cette idée qu'on en est
arrivé en définitive.

[2] Duguit, op. cit., p. 449 et suiv.

[3] Art. 27 : « En cas de conflit d'attribution entre les autorités judiciaires et les
autorités administratives, il sera sursis jusqu'à la décision du ministre, confirmée par
le Directoire exécutif qui en référera, s'il est besoin, au Corps législatif ».

[4] Constitution du 14 janvier 1852, art. 56; décret organique sur le Conseil d'État
des 25 janvier-18 février 1852, art. 1, n° 3.

ganisation de 1848 en ajoutant au garde des sceaux, président, aux trois membres élus par la Cour de cassation et aux trois conseillers en service ordinaire élus par le Conseil d'État, « deux membres et deux suppléants qui seront élus par la majorité des autres juges ». Rien de plus conforme aux principes. Les conflits qui s'élèvent entre les deux pouvoirs indépendants (l'autorité administrative rentrant dans le pouvoir exécutif, et le pouvoir judiciaire) sont ainsi tranchés par une juridiction ayant des pouvoirs propres, arbitrale dans sa composition, et souveraine dans ses décisions[1]. Le pouvoir exécutif n'y conserve qu'une prérogative bien naturelle d'ailleurs, la place et la présidence accordées au garde des sceaux.

3° On a souvent présenté le droit de grâce, attribué au Chef de l'État, comme une conséquence et un effet de l'unité fondamentale reconnue entre le pouvoir exécutif et l'autorité judiciaire[2]. On considère alors que, par cet acte, le titulaire du pouvoir exécutif, remettant ou transformant la peine prononcée par l'autorité judiciaire, retouche en quelque sorte la décision prise par ses subordonnés ou délégués. On en tire cette autre conséquence, que le droit de grâce ne serait pas compatible avec l'idée que le pouvoir judiciaire est totalement distinct et indépendant du pouvoir exécutif[3]. Mais si l'Assemblée Constituante, qui professait cette dernière opinion, a supprimé, en effet, le droit de grâce, sans d'ailleurs inscrire son abolition dans la Constitution de 1791, les auteurs de la Constitution des

---

[1] M. Duguit a voulu cependant rattacher le Tribunal des Conflits ainsi constitué aux principes qu'il défend, op. cit., p. 112 : « Dans le système actuel, tel qu'il s'est lentement dégagé, le gouvernement, supérieur commun de l'autorité administrative et de l'autorité judiciaire, assure leur séparation et tranche les conflits d'attribution, ou lui-même, ou par l'intermédiaire d'un tribunal spécial, tribunal des Conflits, auquel il délègue ses pouvoirs ». Mais c'est abuser de l'idée de délégation. Le pouvoir exécutif ne constitue point ici des juges délégués. En 1848, le Tribunal des Conflits tenait son existence et ses pouvoirs de la Constitution ; il les tient aujourd'hui de la loi.

[2] Ducrocq, Cours de droit administratif, 7e édition, t. I, n° 35; — Duguit, op. cit., p. 99 : « Le droit de grâce se conçoit facilement quand on admet, ce que je crois vrai, que l'autorité judiciaire est une dépendance du pouvoir exécutif. Sauf les garanties établies dans l'intérêt des particuliers, l'autorité judiciaire est alors subordonnée au pouvoir exécutif, et le chef du pouvoir exécutif, roi, empereur, président de la République ou consul, a naturellement et logiquement le droit, quand l'intérêt général ou des considérations de justice supérieures l'exigent, de suspendre ou de restreindre l'application d'un jugement en matière générale ».

[3] Duguit, op. cit., p. 99 : « Mais si l'ordre judiciaire est un pouvoir autonome, absolument indépendant des deux autres pouvoirs, tout à fait distinct de l'exécutif, le droit de grâce ne se conçoit plus; logiquement, il ne peut plus être reconnu au chef de l'État, ou, du moins, il ne peut exister que comme prérogative exceptionnelle, inadmissible dans une organisation rationnelle ».

États-Unis, qui ont affirmé plus nettement encore cette conception du pouvoir judiciaire, ont conféré le droit de grâce au Président des États-Unis, comme les Constitutions des divers États particuliers l'accordent aux gouverneurs. D'ailleurs, le droit de grâce n'est point simplement ni même directement un échec au pouvoir judiciaire : la meilleure preuve en est qu'il laisse intégralement subsister la sentence de condamnation. Comme je le montrerai dans la seconde partie de ce livre, c'est, en un sens, un échec au pouvoir législatif lui-même; ou plutôt ce fut, dans ses origines, une application particulière du pouvoir législatif, reposant sur des principes aujourd'hui oubliés, et qui, conservée dans les temps modernes à cause de son utilité spéciale, a pris la valeur d'une institution propre et s'est rattachée au pouvoir exécutif, qui seul est à même d'en faire un bon usage. Sans doute, dans notre ancien droit public, ce droit était compté parmi les applications de la justice retenue; mais cela venait de ce que le roi, en qui résidait cette dernière, possédait en même temps le pouvoir législatif.

4° Jusqu'à ces derniers temps on appliquait à la réhabilitation des condamnés le même raisonnement que j'ai combattu en ce qui concerne la grâce[1]. La réhabilitation établie comme un droit véritable par les lois de la Révolution pour les condamnés qui l'avaient méritée, mais entourée alors d'une procédure gênante et théâtrale, redevint, dans le Code de 1808, une faveur équitable accordée par le pouvoir exécutif, l'autorité judiciaire n'intervenant que pour faire une enquête et donner un préavis. Aussi dans les lettres de réhabilitation que délivrait le pouvoir exécutif voyait-on une prérogative analogue au droit de grâce. Mais depuis la loi du 14 août 1885, cette appréciation n'est plus possible. Cette loi, en effet, a fait de la réhabilitation un acte purement judiciaire. C'est devenu un droit ferme pour le condamné qui remplit les conditions voulues, et elle est prononcée souverainement par un arrêt de la Cour d'appel (nouvel art. 628, Inst. crim.). D'autre part, dorénavant elle efface la condamnation elle-même (art. 634). Cette réglementation nouvelle, qui a été surtout dictée par des considérations d'utilité pratique et d'humanité, concorde, d'ailleurs, exactement avec la séparation théorique du pouvoir exécutif et du pouvoir judiciaire[2].

---

[1] Ducrocq, *Cours de droit administratif*, 7e édit., t. I, n° 35, p. 36.

[2] Rapport de M. Gomot, à la Chambre des députés : « Il y a deux manières de comprendre la réhabilitation. Les uns la considèrent comme une faveur du chef de l'État, faveur soumise à certaines formalités; les autres en font un droit dont le condamné peut poursuivre le bénéfice lorsqu'il se trouve dans les conditions voulues par la loi. Dans le premier cas, le pouvoir exécutif est souverain. C'est une grâce

D'après ce qui vient d'être dit, on ne sera pas très étonné de constater que les diverses Constitutions, qui se sont succédées en France, ont adopté tantôt la théorie des trois pouvoirs, tantôt celle des deux pouvoirs, sans que, sur les divers points que nous avons parcourus en étudiant les conséquences des deux systèmes, les règles de notre législation aient sensiblement varié au cours de ces fluctuations constitutionnelles. Les Constitutions de 1791 et de l'an III, fidèles à la théorie de Montesquieu, ont consacré un chapitre distinct au *pouvoir judiciaire*[1], le traitant comme distinct des deux autres pouvoirs, et elles rattachaient certainement à cette conception l'élection des juges. La Constitution de 1848, qui proclamait nettement le principe de la séparation des pouvoirs[2], consacrait aussi un chapitre (ch. VIII, art. 81-100) au *pouvoir judiciaire* et le traitait comme distinct; mais elle accordait au Président de la République le droit de nommer les juges (art. 85). L'acte additionnel aux Constitutions du premier Empire intitulait également son titre V : *Du pouvoir judiciaire*, et cependant l'article 54, par lequel il commençait, débutait ainsi : « L'Empereur nomme tous les juges ».

Les autres constitutions de la France ont plutôt admis, au moins implicitement, la conception qui fait de l'autorité judiciaire une dépendance du pouvoir exécutif. La Constitution de l'an VIII intitule simplement son titre V : *Des tribunaux*; et ce titre était significatif lorsqu'il était rapproché des Constitutions précédentes[3]. La Charte de 1814 mettait ses articles 57-68 sous la rubrique : *De l'ordre judiciaire*. D'ailleurs, elle ne pouvait laisser place à aucune obscurité. Après avoir établi (art. 13) qu' « au roi seul appartient la puissance exécutive », elle ajoute (art. 57) : « Toute justice émane du roi. Elle s'administre en son nom par des juges qu'il nomme et qu'il institue ». Ces dispositions passèrent sans altérations dans la Charte revisée de 1830. La Constitution du 14 janvier 1852 (art. 7) et celle du 21 mai 1870 (art. 15) contenaient simplement cette indication que la justice se rendait au nom du chef de l'État (Président, puis Empereur); la

qu'on sollicite de lui, il l'accorde ou la refuse à son gré. *Dans le second cas, le pouvoir judiciaire est seul saisi;* il répond par cet acte qui constitue une suprême garantie, un jugement; la décision n'est pas guidée par la faveur, elle est commandée par la loi ».

[1] Constitution de 1791, tit. III, ch. v; Constitution de l'an III, tit. VIII, art. 262-273.

[2] Art. 19 : « La séparation des pouvoirs est la première condition d'un gouvernement libre ».

[3] La Constitution de 1793, pour ses articles 85 et suivants, avait aussi des rubriques de la même nature : *De la justice civile, De la justice criminelle, Du tribunal de Cassation.*

seconde ajoutait : « L'inamovibilité de la magistrature est maintenue ».
Enfin nos lois constitutionnelles de 1875 sont absolument muettes sur
l'organisation judiciaire et sur l'administration de la justice, en dehors
des articles qu'elles consacrent à la Haute Cour de justice. Or, l'une
de ces lois, celle du 25 février 1875, est *relative à l'organisation des
pouvoirs publics* : il est difficile de soutenir que l'autorité judiciaire,
qui n'y est pas même visée, soit aujourd'hui, constitutionnellement
parlant, un *pouvoir* distinct. Cependant, en dehors des lois, en dépit
des théories juridiques, l'idée-mère dégagée par Montesquieu sur la
valeur propre et l'indépendance nécessaire du pouvoir judiciaire, s'est
maintenue dominante chez nous, dans les assemblées politiques et
parmi les publicistes qui ne sont pas des juristes; nous avons pu
constater que, dans le cours du temps, elle a sur bien des points mo-
delé la législation à son image.

III.

J'ai dit plus haut que les questions d'organisation judiciaire peuvent et doivent même parfois être discutées en elles-mêmes, en
dehors du point de savoir s'il y a dans le gouvernement représentatif deux ou trois pouvoirs : les institutions sur ce point peuvent
être adoptées ou repoussées uniquement d'après leur valeur propre
et leur utilité intrinsèque. Certaines règles de l'organisation judiciaire ont cependant une importance politique considérable et
doivent être examinées dans leur rapport avec le gouvernement tout
entier; elles intéressent l'ensemble de la Constitution, et non pas
seulement la bonne administration de la justice. Telles sont, au
premier chef, le mode de nomination des juges et leur inamovibilité.

Depuis la Révolution, deux systèmes sont en présence pour le choix
des juges : l'élection et la nomination par le pouvoir exécutif.

L'élection peut ici se concevoir de diverses manières. En dehors
de l'élection, directe ou à plusieurs degrés, par les citoyens investis
du droit de suffrage politique, on a proposé l'élection par des collèges
spéciaux comprenant seulement les avocats, les avoués, les officiers
ministériels et les citoyens, qui, sans exercer une profession auxiliaire de la justice, auraient pris le diplôme de licencié en droit; on
a proposé aussi de faire élire au moins certains juges, les plus élevés
dans la hiérarchie, par le Corps législatif. On pourrait encore songer
au recrutement par voie de cooptation, les corps judiciaires élisant
leurs propres membres, pour remplir les vides qui se produiraient,
comme cela eut lieu jadis pour le Parlement de Paris au commen-

cement du XVᵉ siècle [1]. Mais seule l'élection par les citoyens ayant
le droit de suffrage politique forme un système net et logique : c'est
une institution franchement démocratique ; les autres procédés proposés ne sont que des expédients.

L'élection des juges, sous quelque forme qu'elle se présente, offre
un avantage certain et contient des vices et des dangers non moins
incontestables [2]. L'avantage est qu'elle assure au juge une complète
indépendance à l'égard du pouvoir exécutif. Les inconvénients sont
au nombre de deux principaux : 1° Si le magistrat élu est pleinement
indépendant du pouvoir exécutif, il dépend, au contraire, étroitement
du corps électoral, auquel il aura à demander une élection nouvelle
lorsque ses pouvoirs seront expirés ; il lui faudra une singulière force
d'âme pour ne se laisser jamais influencer, dans l'exercice de ses
fonctions, par les opinions et même par les préjugés de ses électeurs.
En effet, les magistrats, s'ils sont élus, ne peuvent l'être qu'à temps
limité ; non seulement c'est la règle qu'impose pour toutes les élections le principe de la souveraineté nationale, mais surtout la puissance d'une magistrature élue à vie serait immense et menacerait
tous les autres pouvoirs. D'autre part, on doit déclarer rééligibles les
magistrats sortant de charge : l'intérêt public exige que l'on puisse conserver en place celui qui s'est montré un bon juge, et, d'ailleurs, sans
cette possibilité d'élections successives, on trouverait difficilement des
hommes de valeur qui consentiraient à entrer, seulement pour quelques années, dans le corps judiciaire. — 2° Pour cette même raison,
plus encore que par une incapacité naturelle, le corps électoral sera
presque toujours incapable de faire de bons choix. Sans doute, la loi
peut prendre des précautions et rendre seulement éligibles les citoyens
qui justifieront d'une certaine capacité professionnelle : elle peut exiger
des diplômes attestant des études juridiques suffisantes, et même un
certain temps de pratique, comme avocat ou officier ministériel, bien
que le principe démocratique, d'où procède le système, doive être
assez fort le plus souvent pour emporter ces restrictions et ces barrières. Mais en fait les juristes les plus capables, ceux qui, au barreau
ou dans la pratique des affaires, se sont acquis renom et profit, ceux
même qui, sans les avoir atteints encore, espèrent fermement conquérir ces avantages, ne délaisseront point cette carrière indépendante et
profitable, où une disparition de quelques années peut leur faire
perdre tout le terrain gagné, pour les fonctions de magistrat à temps

[1] Esmein, *Cours élémentaire d'histoire du droit français*, 3ᵉ édit., p. 402.
[2] Voyez les remarquables débats qui eurent lieu à la Chambre des députés la
dernière fois que l'élection des juges fut proposée en France et faillit se faire admettre par la Chambre des députés, aux mois de juin 1882 et janvier 1883.

très limité, avec toutes les incertitudes d'une réélection[1]. Je ne fais point entrer en ligne de compte une objection souvent présentée, à savoir que l'élection des juges, c'est la politique introduite dans l'administration de la justice. Cette objection, en effet, ne porte pas, en dehors de ce que j'ai dit quant aux réélections : il est conforme aux principes que la majorité, organe de la souveraineté nationale, choisisse directement ou indirectement les représentants qui exercent au nom de la nation le pouvoir judiciaire, comme ceux qui exercent les autres pouvoirs.

Les vices que je viens de signaler dans le système électif appliqué au choix des juges procèdent tous d'un même fait. La fonction du juge suppose nécessairement des qualités et une aptitude professionnelles : il doit savoir le droit théorique, qui est une science et dont la connaissance ne s'acquiert que par des études spéciales ; il doit avoir l'expérience que donne seule la pratique. La culture générale de l'esprit, une attention portée d'une façon suivie sur les faits de la politique courante, la participation à la gestion des affaires d'intérêt local peuvent suffire à la rigueur pour préparer les hommes aux fonctions législatives, et de là aux fonctions du pouvoir exécutif. Cela ne peut aucunement suffire pour rendre un homme apte aux fonctions de juge, qui de leur nature sont une profession spéciale. Mais par là même on est conduit à remettre au pouvoir exécutif le droit de choisir et de nommer les juges, comme il nomme et choisit les autres fonctionnaires professionnels, les ingénieurs de l'État, les professeurs de

---

[1] La seule chance d'avoir de bons choix serait peut-être fournie par ce fait que certains jurisconsultes, dont la carrière est déjà pleine, renonceraient facilement à une profession active, dont ils ont retiré déjà des profits suffisants, pour entrer dans la magistrature même pour quelques années ; mais ces hommes engageraient-ils avec succès la lutte électorale contre des hommes plus jeunes et souvent moins scrupuleux dans leur tactique ? Voici ce qu'écrit Kent dans les *Commentaries on the American law*, cité par Story (*Commentaries on the Constitution of the United States*, n° 1603, 4e édit., t. II, p. 401, note 2) : « Les avantages que présente le mode de nomination des fonctionnaires par le Président et par le Sénat ont déjà été signalés. Ce mode est en particulier convenable et bien approprié en ce qui concerne le département judiciaire. La juste et vigoureuse recherche et punition de toute espèce de fraude et de violence, et l'exercice du pouvoir de contraindre chaque homme à la ponctuelle exécution de ses contrats, sont de graves devoirs, et non des plus populaires, bien que leur accomplissement commande la calme approbation de l'observateur judicieux. Les hommes les plus capables auraient probablement trop de réserve et une morale trop sévère pour conquérir une élection reposant sur le suffrage universel. Et la nomination par une large assemblée délibérante ne peut être non plus approuvée sans réserves. Il y a là trop d'occasions et trop de tentations pour l'intrigue, l'intérêt de parti, les intérêts locaux, pour permettre à un pareil corps d'agir pour ces nominations avec la seule et ferme considération de l'intérêt public ».

l'instruction publique ; lui seul, sous sa responsabilité, peut faire des choix vraiment utiles. On est conduit aussi à conférer les fonctions judiciaires dans des conditions toutes particulières, quant à leur durée. On n'embrasse, en effet, une profession, qui exige des connaissances spéciales et une expérience lentement acquise, que si on peut la continuer pendant sa vie entière ou tout au moins jusqu'à un âge avancé. La conséquence est que les fonctions judiciaires doivent être conférées à vie, ou jusqu'à un âge qui légitime ou même impose la retraite.

Mais cette conclusion n'est-elle pas en contradiction avec les principes exposés plus haut? Dans l'État qui repose sur la souveraineté nationale, n'est-il pas de règle que tous les pouvoirs doivent être conférés à temps limité? On se trouve ainsi en face d'une antinomie apparente. La fonction du juge est une profession : elle doit donc être à vie. L'autorité judiciaire est un pouvoir : il doit donc être conféré à temps limité. Ce point de droit constitutionnel a préoccupé les jurisconsultes des États-Unis, car la Constitution y fait nommer à vie par le Président les juges fédéraux[1]. Voici comment la difficulté a été résolue dès le début dans le *Federalist*, l'organe même des auteurs de cette Constitution : « Quiconque considère attentivement les différentes branches du pouvoir doit constater que, dans un gouvernement où elles sont séparées l'une de l'autre, le judiciaire, par la nature même de ses fonctions, sera toujours le moins dangereux pour les droits politiques de la Constitution, parce qu'il sera le moins en état de les attaquer ou de les entamer. L'exécutif, non seulement dispense les honneurs, mais tient aussi l'épée de la communauté. Le législatif, non seulement tient les cordons de la bourse, mais établit les règles par lesquelles seront régis les droits et les devoirs de chaque citoyen. Le judiciaire n'a, au contraire, aucune influence sur l'épée ou sur la bourse; il ne dirige point la force ni la fortune de la société, et il ne peut prendre aucune résolution active, quelle qu'elle soit. On peut dire exactement qu'il n'a ni *force* ni *volonté*, mais seulement le jugement; et, en dernière analyse, il dépend du bras exécutif, même pour l'exercice efficace de cette faculté. Ce simple aperçu de la matière suggère plusieurs conséquences. Il prouve incontestablement que le judiciaire est, sans comparaison, la plus faible des trois branches du pouvoir; qu'il ne peut jamais attaquer avec succès aucune des deux autres, et qu'il faut tout le soin possible pour le mettre à même de se défendre lui-même contre leurs attaques. Il prouve également que, si une oppression individuelle peut parfois

[1] Constitution des États-Unis, art. 2, section 2, clause 2.

émaner des cours de justice, la liberté générale du peuple ne peut jamais être mise en danger de ce côté : j'entends, aussi longtemps que le judiciaire reste véritablement distinct à la fois de la législature et de l'exécutif. Car je conviens « qu'il n'y a point de liberté si la puissance de juger n'est pas séparée de la puissance législative et de l'exécutive[1] ». Il prouve, en dernier lieu, que, comme la liberté n'a rien à craindre du judiciaire seul, mais a tout à craindre de son union avec l'un quelconque des deux autres pouvoirs ; que, comme tous les effets d'une semblable union peuvent résulter d'une dépendance du premier par rapport à ces derniers, malgré une séparation nominale et apparente ; que, comme par sa faiblesse naturelle le judiciaire est constamment exposé à être dominé, terrorisé ou influencé par les pouvoirs qui lui sont coordonnés ; que, comme rien ne peut contribuer autant à lui donner force et indépendance que la *permanence de la charge*, cette qualité peut, par conséquent, être considérée comme un élément indispensable dans sa constitution, et, dans une large mesure, comme la citadelle de la justice publique et de la sécurité publique[2] ». Si cette démonstration est exacte, la collation à vie des fonctions judiciaires se justifie aussi bien au point de vue de la théorie des pouvoirs qu'au point de vue de l'administration exacte et professionnelle de la justice.

Le système qui fait ainsi nommer les juges à vie par le pouvoir exécutif est celui qui domine et forme le droit commun chez les peuples libres des temps modernes. L'élection n'a reçu que des applications restreintes et exceptionnelles. En France, elle fut établie par l'Assemblée Constituante, qui la vota à une grande majorité, et qui l'organisa dans la loi du 16 août 1790[3]. Elle avait, d'ailleurs, exigé certaines conditions d'éligibilité : il fallait, pour être élu juge ou suppléant, être âgé de trente ans et avoir été pendant cinq ans juge ou homme de loi exerçant publiquement près d'un tribunal. Enfin, pour ces élections, comme pour celles des administrateurs de district et de département, c'était le suffrage à deux degrés qui fonctionnait ; et cette première application du système se présentait dans des conditions relativement favorables, en ce que la suppression des anciennes juridictions, très nombreuses et très garnies, fournissait naturellement un grand nombre de candidats excellents pour les élections nouvelles. Malgré cela, le résultat paraît avoir été médio-

---

[1] Citation empruntée à Montesquieu.

[2] *The federalist on the new Constitution, written in the year* 1788 *by Hamilton, Madison and Jay*, n° 78 : trad. française, Paris, 1792, ch. 78, t. II, p. 400.

[3] Tit. II, art. 3 et 4 : « Les juges seront élus par les justiciables. Ils seront élus pour six années... les mêmes juges pourront être réélus ».

crement satisfaisant. La durée de cette première expérience fut, d'ailleurs, assez courte ; car, par un décret du 14 octobre 1792, la Convention nationale ordonna le renouvellement intégral de tous les
tribunaux civils, criminels et de commerce (sauf la Cour de cassation).
Les nouveaux juges comme les anciens devaient bien être élus au
suffrage à deux degrés, mais le décret (art. 6) supprimait « l'obligation de choisir pour les emplois judiciaires ceux qui ont exercé pendant un temps déterminé la profession d'homme de loi ; les choix
pouvaient se faire dorénavant parmi tous les citoyens indistinctement âgés de vingt-cinq ans accomplis ». Mais la Convention, réunissant « dans sa forte main » tous les pouvoirs, ne put supporter
dans la pratique une magistrature élue, même dans ces conditions :
elle brisa toute résistance qu'elle rencontra en celle-ci. Usant de sa
souveraineté, elle n'hésita pas, le cas échéant, à annuler les jugements rendus, à statuer elle-même sur les litiges, à destituer les
juges et à en nommer directement de nouveaux[1]. Ces nominations
directes, comme celles des administrateurs, devinrent si fréquentes
qu'un décret du 14 ventôse an III autorisa le Comité de législation à
nommer dorénavant les officiers municipaux, les administrateurs, les
membres des tribunaux[2]. La Constitution de l'an III maintint l'élection des juges par le suffrage à deux degrés, en exigeant seulement
(art. 209) l'âge de trente ans comme condition d'éligibilité. Mais,
sous le Directoire, le système fonctionna encore d'une façon irrégulière, et diverses lois, dont la constitutionnalité est, d'ailleurs, fort
douteuse, vinrent y apporter successivement des dérogations partielles. Après les élections judiciaires de l'an IV, le Directoire fut
ainsi autorisé par le Corps législatif à nommer directement les juges,
là où les assemblées électorales ne les avaient pas élus dans les délais fixés, ou à pourvoir de la même manière aux vacances qui se
produisaient par suite de non-acceptation ou d'élections annulées[3].
La loi du 19 fructidor an V, annulant toutes les élections opérées

---

[1] Voyez sur ces points et sur ce qui suit le discours prononcé par M. Jules
Roche à la Chambre des députés, le 16 janvier 1883 ; *Journal officiel* du 17,
p. 45 et suiv.

[2] Séance de la Convention du 14 ventôse an III (*Réimpression de l'ancien Moniteur*, t. XXIII, p. 613) : « *Thibaut*. — Je demande que le Comité de législation
soit chargé de faire lui-même les nominations, de concert avec les députés du département où il s'agira de nommer. — *Laurence*. — Je demande, moi, s'il ne serait pas temps de renvoyer au Comité de législation la question de savoir s'il ne
conviendrait pas de restituer au peuple le droit de nommer tous les fonctionnaires ».

[3] Loi du 25 brumaire an IV ; loi du 22 frimaire an IV ; loi du 29 nivôse an IV.
Sur les discussions auxquelles cette législation donna lieu dans les Conseils, voyez
Mémoires de Barras, éd. Duruy, t. II, p. 50 et suiv.

dans quarante-neuf départements (art. 4), donnait au Directoire (art. 5) le droit de nommer à toutes les places devenues ainsi vacantes dans les tribunaux, ainsi qu'à celles qui viendraient à vaquer par démission ou autrement avant les élections du mois de germinal an VI. Enfin, sous divers prétextes, des lois du 21 nivôse et 29 floréal an VI lui donnaient le droit de nommer aussi provisoirement les présidents des tribunaux, accusateurs publics et greffiers. Dans toute cette période, en définitive, le système de l'élection, en dehors même de ses imperfections proprement judiciaires, avait été reconnu politiquement impraticable. Aussi disparut-il dans la Constitution du 22 frimaire de l'an VIII. Il y était dit (art. 41) : « Le premier Consul nomme tous les juges criminels et civils autres que les juges de paix et les juges de cassation sans pouvoir les révoquer ». Cependant le système antérieur avait laissé encore quelques survivances. D'une part, il fallait, pour être nommé ou maintenu en qualité de juge, être porté et maintenu (art. 7-9, 68) sur les listes de confiance[1]. De plus, les juges de paix étaient directement élus pour trois ans par les assemblées primaires cantonales (art. 60) et les membres de la Cour de cassation étaient élus à vie par le Sénat sur la liste nationale (art. 20). Avec le Consulat à vie, l'assemblée de canton perdit l'élection directe des juges de paix : elle désigna dorénavant « deux citoyens entre lesquels le premier Consul choisit le juge de paix du canton[2] ». Les membres de la Cour de cassation continuaient à être élus par le Sénat (art. 85), mais sur la présentation du premier Consul (puis de l'empereur), qui présentait « trois sujets pour chaque place vacante ».

L'élection des juges n'a jamais fonctionné en France d'une façon satisfaisante que pour les membres des tribunaux de commerce. Là elle résulte d'une longue tradition, remontant à l'ancien régime, et le principe n'a changé de nos jours qu'en ce que le suffrage s'est progressivement élargi, aboutissant au suffrage quasi-universel des commerçants. Mais ce succès s'explique par des raisons particulières. Outre que les luttes politiques proprement dites sont ici le plus souvent écartées, l'homme qui se présente alors aux suffrages est et reste un commerçant, à moins que ce ne soit un ancien commerçant retiré des affaires : c'est cette qualité qui lui procure les connaissances pratiques, grâce auxquelles il pourra remplir ses fonctions judiciaires. Par cela même il a, en dehors de ces fonctions, une profession principale, ou une fortune acquise par son activité antérieure : la fonction

[1] Ci-dessus, p. 295.
[2] Sénatus-consulte du 16 thermidor an X, art. 8.

de juge temporaire n'est pour lui qu'un honneur supplémentaire qu'il pourra, au terme de sa charge, abandonner sans aucun dommage. Les conseils de prud'hommes sont élus d'après des traditions et des principes analogues, mais ici l'institution paraît tendre à se fausser, les luttes politiques s'étant mêlées souvent à ces élections, et des mandats impératifs ayant été donnés aux prud'hommes ouvriers par leurs électeurs[1].

Dans la grande démocratie des États-Unis, l'élection des juges s'est largement répandue. Il s'agit ici, non des cours fédérales dont les membres, nous l'avons vu, sont nommés par le Président, mais des tribunaux des États particuliers[2]. Les colonies, qui avaient formé la Nouvelle Angleterre, présentaient en ce sens d'anciens précédents[3]. Cependant, lorsque se fonda le gouvernement fédératif, généralement dans les divers États les juges étaient nommés par les gouverneurs et investis à vie de leur fonction. Peu à peu, de 1812 à 1860, par un mouvement nouveau d'opinion, l'élection à temps des juges s'introduisit progressivement, dans des combinaisons d'ailleurs très variées. En 1889, vingt-cinq États les faisaient élire par le peuple et cinq par la législature ; huit les faisaient encore nommer par le gouverneur, mais en général sauf confirmation par la législature. Au dire des meilleurs observateurs, le résultat n'a pas été satisfaisant[4]. L'un des derniers et des plus compétents, M. Bryce, s'exprime en ces termes : « Un seul des trois phénomènes que j'ai décrits — élections populaires, courte durée des fonctions et faibles salaires — serait suffisant pour abaisser le caractère de la magistrature. Les élections populaires remettent les choix aux mains des partis politiques, c'est-à-dire aux mains de groupes qui tiennent les fils et qui sont disposés à user de toutes les charges comme de moyens pour récompenser les services politiques, et à placer leurs partisans reconnaissants dans les postes qui peuvent avoir une importance politique. La courte durée des fonctions force le juge

[1] Voyez sur ce point le blâme contenu dans l'exposé des motifs de la proposition de loi sur la faculté du mandat impératif dans l'exercice des fonctions législatives présentée par MM. Chauvière, Baudin, Vaillant, Walter, députés (Chambre, session de 1894, n° 1028) : « On se souvient... de juges prud'hommes acceptant le mandat de juger non pas suivant les règles de la prud'homie, mais suivant les volontés de leurs commettants... Le mandat impératif pour un juge ne peut être que l'engagement de se conformer à la loi qu'il est chargé d'appliquer ; mais à quoi bon l'engagement public ? Si lui, juge, viole la loi, n'est-il pas de recours contre lui ? Si l'on veut modifier la décision du juge, qu'on modifie la législation ».

[2] Bryce, *American Commonwealth*, t. I, ch. LXII.

[3] Ci-dessus, p. 243.

[4] Lieber, *On civil liberty and self government*, Philadelphia, 1853 : « As to election of the judges by the people themselves, it is founded on a radical error ».

à ne point être oublieux et à se maintenir en bons termes avec ceux qui l'ont fait ce qu'il est, et qui tiennent son sort entre leurs mains. C'est introduire la timidité, décourager l'indépendance... On ne sera pas surpris d'apprendre que, dans beaucoup d'États américains, les juges de l'État sont des hommes de capacité médiocre et de peu d'instruction, inférieurs, et souvent très inférieurs, aux meilleurs des avocats qui plaident devant eux[1] ». Cependant ce système n'a pas produit aux États-Unis, suivant M. Bryce, tout le mal qu'on pouvait en attendre; il en donne trois motifs dont l'un se trouve dans le respect profond et presque instinctif des Anglo-Saxons pour la loi et pour les cours de justice, les deux autres ayant un intérêt tout particulier dans notre question. Pour lui, en effet, la valeur et la dignité des tribunaux composés de juges élus seraient, dans une certaine mesure, maintenues, d'un côté par l'influence d'un barreau très remarquable, d'autre part et surtout par l'exemple des cours fédérales composées, elles, de magistrats nommés à vie par le pouvoir exécutif.

Le système de l'élection à temps des juges fonctionne aussi dans la Suisse contemporaine. Les membres du tribunal fédéral sont élus par l'Assemblée fédérale, et les autorités judiciaires des divers cantons sont aussi très souvent élues à temps, d'après des modes d'ailleurs très variés. Celui qui paraît dominer, c'est l'élection par le Corps législatif (grand Conseil), soit pour le tribunal cantonal (juridiction supérieure du canton), soit même pour les tribunaux de district; on trouve aussi fréquemment l'élection populaire, surtout pour les tribunaux de district et pour les juges de paix. Mais des jurisconsultes suisses des plus compétents, et admirateurs en général de leurs institutions nationales[2], ont porté sur ce système un jugement des plus sévères.

L'*inamovibilité des juges* est commandée, nous l'avons dit, par le principe de la séparation des trois pouvoirs, et acceptée également, quoique pour d'autres raisons, par ceux qui font rentrer l'autorité judiciaire dans le pouvoir exécutif. Elle s'adapte soit à la nomination des juges par le pouvoir exécutif, soit à leur élection par le peuple; dans ce dernier cas seulement, les pouvoirs étant conférés à temps, c'est à leur durée que l'inamovibilité se trouvera restreinte par la force des choses. C'est ainsi qu'elle a été proclamée par la loi du 16 août

[1] Bryce, *American Commonwealth*, t. II, p. 485.
[2] Ruttiman, *op. cit.*, § 312, t. I, p. 373 : « On part de cette idée qu'on n'a pas à craindre un abus de leur autorité de la part des juges élus par le peuple pour une courte durée. Cette idée, qui repose sur une fausse conception des fonctions de juge, sera repoussée par tous ceux qui considèrent cette institution comme une lamentable

1790[1], par la Constitution de 1791 et par celle de l'an III[2]. L'inamovibilité produisait alors deux effets : elle protégeait le magistrat contre le pouvoir exécutif qui ne pouvait pas le destituer, pas plus qu'il ne l'avait nommé; elle le protégeait contre ses électeurs, qui ne pouvaient pas non plus lui retirer ses pouvoirs. Avec la Constitution de l'an VIII l'inamovibilité fut encore proclamée, le premier Consul recevant le droit de nommer les magistrats autres que les membres de la Cour de cassation et les juges de paix « sans pouvoir les révoquer[2] ». Mais, comme les juges devaient être pris par lui sur la liste de confiance nationale, l'art. 68 de la Constitution en tirait logiquement cette conséquence : « Les juges, autres que les juges de paix, conserveront leurs fonctions toute leur vie, à moins qu'ils ne soient condamnés pour crime de forfaiture ou qu'ils ne soient pas *maintenus sur les listes d'éligibles* ». Ces listes devaient être revisées tous les trois ans (art. 11-12). Il y avait donc là une sorte de révocation indirecte possible de la part des électeurs. Mais cette atteinte à l'inamovibilité disparut avec le système factice des listes d'éligibles, à partir du Consulat à vie et ne reçut jamais d'application. Le premier Empire en prit prétexte cependant pour suspendre et même supprimer en fait l'inamovibilité. Un sénatus-consulte du 12 octobre déclara que, l'art. 68 de la Constitution de l'an VIII ne s'étant pas exécuté, il était nécessaire de le remplacer, soit pour le passé, soit pour l'avenir, par des garanties équivalentes[4]. Pour le passé, c'est-à-dire quant aux juges antérieurement nommés, une Commission était instituée pour procéder « à l'examen de ceux qui seraient signalés par leur incapacité, leur inconduite et des déportements dérogeant à la dignité de leurs fonctions », l'Empereur se réservant « de prononcer définitivement sur le

---

erreur de l'esprit démocratique... C'est en Suisse qu'une majorité victorieuse, lors du renouvellement d'un tribunal cantonal supérieur, a eu seulement en vue un procès criminel déterminé ».

[1] Tit. II, art. 3 : « Les officiers chargés des fonctions du ministère public seront nommés à vie par le roi et ne pourront, ainsi que les juges, être destitués que pour forfaiture dûment jugée par les juges compétents ».

[2] Constitution de 1791, tit. III, ch. v, art. 2 : « ils ne pourront être ni destitués que pour forfaiture dûment jugée ni suspendus que par accusation admise ». Constitution de l'an III, art. 206 (identique). — C'est une très fausse terminologie que contenait un amendement, momentanément adopté par la *Chambre des députés* le 19 juin 1882, ainsi conçu : « L'inamovibilité est supprimée. Les juges sont élus ». L'inamovibilité n'implique point nécessairement que les pouvoirs sont conférés à vie, et elle est parfaitement compatible avec le système électif.

[3] Ci-dessus, p. 321.

[4] « Il importe de suppléer pour le passé à cette prévoyance de la loi, et pour l'avenir il est nécessaire qu'avant d'instituer les juges d'une manière irrévocable la justice de Sa Majesté soit parfaitement éclairée sur leurs talents, leur savoir et leur moralité ».

maintien ou sur la révocation des juges désignés dans le rapport de la Commission ». Pour l'avenir il était décidé (art. 4) « que les provisions, qui instituent les juges à vie, ne seront délivrées qu'après cinq ans d'exercice de leurs fonctions, si, à l'expiration de ce délai, Sa Majesté reconnaît qu'ils méritent d'être maintenus dans leurs places ». En fait ces provisions à vie ne furent pas délivrées comme le prouve l'article 51 de l'Acte additionnel[1]. Cette dernière disposition consacrait, d'ailleurs, l'inamovibilité immédiate et définitive au profit des magistrats. La Charte de 1814 avait déjà donné l'exemple et proclamé l'inamovibilité dans son article 58 : « Les juges nommés par le roi sont inamovibles ». Mais on entendit ce texte en ce sens qu'il protégeait ceux-là seulement qui tenaient leur nomination du roi, et non ceux qui avaient été nommés par l'Empire. Inscrit dans la Charte révisée de 1830 (art. 49, 50) et dans la Constitution de 1848 (art. 87), le principe de l'inamovibilité ne fut pas formellement inséré dans la Constitution de 1852, bien qu'il soit exprimé dans la proclamation au peuple français qui lui sert de préambule; il reparut dans la Constitution du 21 mai 1870 (art. 15). Il n'a pas été inséré dans nos lois constitutionnelles de 1875. Il est resté pourtant, après le vote de ces lois, un principe supérieur de notre droit public, comme le respect des droits individuels dont il sera parlé plus loin, soit qu'on veuille admettre que ces principes, enracinés par une longue coutume, dominent notre droit sans avoir besoin de recevoir une expression législative, soit que l'on considère que les dispositions des dernières Constitutions qui l'avaient consacré ont conservé force de loi, tout en perdant leur valeur constitutionnelle[1]. Dans tous les cas, il n'avait plus que la force d'une loi ordinaire, pouvant être abrogé ou modifié par une loi nouvelle. Aussi l'inamovibilité a-t-elle été provisoirement suspendue, dans des limites et à des conditions déterminées par la loi du 30 août 1883 (art. 11 et 12). L'inamovibilité, d'ailleurs, ne couvre point dans notre législation le personnel entier de la magistrature : pour des raisons diverses, dans l'examen desquelles je ne puis entrer ici, elle n'a été étendue, ni aux magistrats qui remplissent les fonctions du ministère public, ni aux juges de paix, ni aux juges de l'Algérie et des colonies, ni même en réalité aux membres des Conseils des prud'hommes[2].

[1] « L'Empereur nomme tous les juges. Ils sont inamovibles et à vie dès l'instant de leur nomination... Les juges actuels nommés par l'Empereur, aux termes du sénatus-consulte du 12 octobre 1807, et qu'il jugera convenable de conserver, recevront des provisions à vie avant le 13 janvier prochain ».

[2] C'est en partant d'une conception semblable que la Constitution du 21 mai 1870 s'exprimait ainsi : « L'inamovibilité des juges est maintenue ».

[3] Garsonnet, *Traité de procédure civile*, 2ᵉ édit., §§ 116, 155, 162, 165, 185.

Enfin l'inamovibilité, lorsqu'elle existe, n'est pas absolue. Une première restriction a toujours été admise chez nous, inscrite dans les lois de la Révolution contre les juges élus, comme elle était inscrite dans les lois de l'ancien régime contre les magistrats quasi-propriétaires de leurs charges : lorsque le manquement du juge à ses fonctions est assez grave pour constituer le crime de forfaiture (aujourd'hui prévu par de nombreux articles du Code Pénal, art. 121 et suiv., 166 et suiv.), la condamnation prononcée de ce chef entraîne nécessairement la déchéance du magistrat. Mais il y a plus. Alors même qu'il ne commet aucun crime ou délit professionnel, il est inadmissible qu'un magistrat se mette impunément en rébellion ouverte, en opposition active contre la Constitution et le gouvernement politique de son pays. Les Anglais, nous l'avons vu, ont remis au pouvoir législatif le droit de requérir la destitution des magistrats en vue de ces hypothèses extrêmes[1]. En France, c'est au pouvoir exécutif que la loi a remis le soin de poursuivre les auteurs de pareils actes. Tous les magistrats sont placés sous la surveillance du garde des sceaux, qui peut toujours les réprimander et les mander pour recevoir leurs explications[2]. Mais par voie de peines disciplinaires, pour ses manquements professionnels auxquels la loi assimile certains actes politiques, le magistrat ne peut être frappé de censure, de suspension ou de déchéance que par la Cour de cassation statuant comme conseil supérieur de la magistrature, toutes Chambres réunies[3] ; il ne peut être non plus déplacé contre son gré que par une décision de la Cour de cassation statuant comme Conseil supérieur de la magistrature, et dans les mêmes formes. Quant aux arrêts ou jugements qu'ils rendent, les juges sont en principe irresponsables, conformément aux principes précédemment développés[4] ; il en est ainsi alors même que des voies de recours régulièrement ouvertes et intentées auraient amené la réformation ou la cassation de leurs sentences. Cette règle disparaît seulement au profit des parties dans un petit nombre d'hypothèses, spécialement lorsqu'elles peuvent démontrer chez le juge un dol ou une faute très grave. Le Code de Procédure civile (art. 505 et suiv.) leur ouvre alors la voie de la *prise à partie*.

Le choix des juges professionnels, la durée de leurs fonctions, leur inamovibilité, suscitent, on le voit, de nombreuses difficultés théoriques ou pratiques. Elles sont sensiblement atténuées, presque sup-

[1] Ci-dessus, p. 262.
[2] Loi du 30 août 1883, art. 16.
[3] Loi du 30 août 1883, art. 13-15.
[4] Ci-dessus, p. 261.

primées par l'institution du jury : car, s'il faut nécessairement des
magistrats pour présider et diriger les jurés et pour appliquer la loi
d'après les verdicts que ceux-ci ont rendus, leur pouvoir propre disparaît presque complétement, et, leur nombre pouvant alors être notablement réduit, les choix dans tous les systèmes deviennent plus
faciles et meilleurs. C'est ce qu'avait très bien vu Montesquieu, et
c'est ce qui lui faisait dire que, par là, le pouvoir judiciaire devenait
presque nul[1]. Siéyès, de son côté, écrivait en 1789 : « Il y a sûrement
de l'erreur à attribuer au seul pouvoir de la Constitution tout ce qu'il
y a de bien en Angleterre. Il y a évidemment telle loi qui vaut mieux
que la Constitution elle-même. Je veux parler du jugement par *jurés*,
le véritable garant de la liberté individuelle dans tous les pays du
monde où on aspirera à être libre. Cette méthode de rendre la justice
est la seule qui mette à l'abri des abus du pouvoir judiciaire, si fréquents
et si redoutables partout où l'on n'est pas jugé par ses Pairs. Avec
elle il ne s'agit plus pour être libre que de se précautionner contre
les ordres illégaux qui pourraient émaner du pouvoir ministériel[2] ».
Enfin un des auteurs suisses contemporains, dont j'ai cité plus haut
les paroles sévères sur les juges élus de son pays, voit le remède à
ces abus dans une large extension du jury en matière civile et répressive[3].

Ce n'est pas que le jury, comme on le dit parfois, fournisse une
application du gouvernement direct en matière judiciaire : pour que
celui-ci existât, il faudrait que le litige fût soumis au corps entier des
citoyens. Alors même qu'on admettrait pratiquement que la nation,
en instituant le jury, a délégué ses pouvoirs à quelques citoyens désignés par le sort, on rentrerait en plein dans le gouvernement
représentatif. Mais ce n'est pas même cela. Les jurés, comme les
juges, tiennent leur fonction de la loi; seulement celle-ci ne donne
au juré qualité que pour prononcer dans une seule affaire; une fois
qu'il a rendu sa déclaration, sa mission et son pouvoir prennent fin.
Le mode de désignation des jurés est aussi tout particulier. La loi
charge certains fonctionnaires de dresser des listes de personnes, présentant les qualités qu'elle requiert, et c'est sur ces listes qu'au moyen
du tirage au sort, ou par le choix des parties, ou par la combinaison
du tirage au sort et de la récusation des parties, on obtient les noms des

[1] Ci-dessus, p. 307, note 1.
[2] *Qu'est-ce que le Tiers-État ?* p. 100, 101.
[3] Rüttimann, *op. cit.*, § 312, t. I, p. 376 : « L'extension du jury à toutes les affaires
civiles ou criminelles importantes rend possible de suffire à tout dans la Confédération et dans les Cantons avec un petit nombre de juges qui alors pourraient être
convenablement rétribués et mis dans une condition tout à fait indépendante ».

jurés qui doivent siéger dans la cause. Ce qui fait l'excellence des jurés, c'est qu'ils sont les juges les plus indépendants qu'on puisse imaginer. Juges d'un jour ou d'une heure, remplissant une charge et ne briguant point un honneur, ils n'ont rien à craindre et rien à espérer, ni du pouvoir exécutif, ni du peuple. Simples citoyens qui, dès demain, dès aujourd'hui, vont rentrer dans le rang, ils sentiront vivement la force du droit individuel, et, mieux encore que le serment qu'ils prêtent et qui leur a donné leur nom, ce sentiment fera d'eux les fidèles interprètes de la justice.

Aussi l'institution de jurés s'est-elle spontanément développée et établie dans des milieux fort divers. Elle fonctionna à Rome, depuis une haute antiquité (*judex unus*, *arbiter*, *recuperatores*), pour les procès civils et servit pour les procès criminels sous le régime des *quæstiones perpetuæ*. Elle s'est développée en Angleterre, en matière civile et en matière répressive, avec des formes nouvelles et originales[1]; de là elle s'est répandue sur le monde civilisé, mais seulement pour l'administration de la justice criminelle. Le jury, en effet, à côté de ses avantages incontestables, présente des côtés faibles. En premier lieu il impose aux citoyens qui en font le service une charge qui peut devenir très lourde, si l'on étend trop largement ses applications, et qui pourrait alors entraîner le discrédit de l'institution elle-même. D'autre part, les jurés, très capables de résoudre les questions de fait d'après les données de la raison, lorsque le système de preuves suivi n'a rien d'artificiel ou de restrictif, sont au contraire naturellement incapables de résoudre les questions de droit, dont la solution exige des connaissances techniques et une éducation particulière. Par suite, l'intervention des jurés s'est naturellement restreinte aux procès criminels, parce que là la distinction du fait et du droit est assez facile à opérer le plus souvent, la connaissance du fait appartenant aux jurés et celle du droit étant réservée aux magistrats; là aussi, la plupart des systèmes modernes de procédure criminelle ont introduit la théorie des preuves morales, c'est-à-dire celle qui s'en rapporte en définitive à la conscience et à l'intime conviction du juge[2]. Sans doute, les jurés seront inévitablement amenés à résoudre parfois de véritables questions de droit, et le plus souvent ils prendront en considération les conséquences possibles de leur verdict quant à la peine : on peut craindre, par conséquent, qu'ils ne déforment en partie la loi pénale dans son application. Mais cet inconvénient est compensé en partie par la certitude

[1] Brunner, *Die Entstehung der Schwurgerichte*; — Esmein, *Histoire de la procédure criminelle en France*, p. 315 et suiv.

[2] Esmein, *Histoire de la procédure criminelle en France*, p. 226 et suiv.; 533 et suiv.

que, si de semblables déviations se produisent, elles tendront presque inévitablement à humaniser la loi, à la mettre en harmonie avec la conscience populaire. Le jury ne cesserait d'être le meilleur instrument de répression que si on le faisait fonctionner dans un milieu social troublé et décomposé; car on ne peut pas attendre la même fermeté d'âme des simples citoyens que des magistrats. En matière civile, au contraire, le jury est naturellement déplacé, car là il est presque impossible, dans la plupart des cas, de séparer la question de droit et la question de fait qui sont le plus souvent étroitement unies : que l'on songe, par exemple, à l'interprétation d'un contrat, ou même de tout acte écrit. En outre, il n'est pas de législation moderne qui ne contienne en matière civile un système de *preuves légales*, en ce sens tout au moins que certains modes de preuve seront seuls admis dans tel ou tel cas déterminé[1].

Ce départ, d'où résulte l'application du jury aux seuls procès criminels, notre première Assemblée Constituante le fit avec un sens très sûr, après un long et mémorable débat qui, comme tant d'autres de la même époque, paraît avoir épuisé la question[2]. La solution qu'elle admit est restée chez nous définitive, et sur ce point les autres nations européennes, qui, depuis lors, ont adopté l'institution du jury, ont suivi notre exemple en ne l'introduisant que dans le jugement des procès criminels. Le jury, au civil, n'a pu réussir que dans des milieux très particuliers et grâce à des circonstances exceptionnelles. Il a pu donner de brillants résultats dans la Rome antique, parce que les jurés étaient presque exclusivement fournis par une véritable aristocratie, plaideuse et procédurière, dont les membres recevaient, au moins par la pratique, une instruction juridique des plus sérieuses. En Angleterre, l'institution fonctionne utilement depuis des siècles, mais cela tient surtout à la haute autorité morale qu'exercent les juges anglais sur les jurés qu'ils dirigent, et celle-ci procède elle-même à la fois de la valeur propre à ces magistrats et du respect pour la loi qu'on trouve au fond de l'esprit anglais. Les magistrats dictent ainsi efficacement aux jurés les règles de droit qu'ils doivent appliquer; il les maintiennent en particulier dans les limites

---

[1] Tronchet, dans la séance du 29 avril 1790 : « [Ce plan] est inadmissible par cela seul qu'il propose de ne créer des jurés que pour le jugement du fait séparé du droit, distinction impraticable d'après la nature des affaires civiles en France, et le principe fondamental de notre jurisprudence qui n'admet que la preuve par écrit au-dessus de 100 livres ».

[2] Séances des 6-8 avril, 28-30 avril 1790. Cependant la question du jury civil revint devant la Convention lorsqu'elle discuta, d'abord la Constitution de 1793, puis celle de l'an III; mais la solution resta la même et le débat ne fut pas très vif.

tracées par un véritable système de preuves légales[1]. D'ailleurs, les Anglais, à un autre point de vue, ont payé assez cher l'admission du jury dans les affaires civiles. C'est une des causes qui ont maintenu et développé un système subtil et compliqué de propositions et de répliques entre le demandeur et le défendeur qui a pour résultat de ramener à des questions simples (*issues*) la question à décider. D'autre part, le système réduit la plupart des demandes intentées, même pour les actions réelles, à des questions de dommages-intérêts, sur lesquelles les jurés sont plus aptes à décider. Malgré tout, cette institution décline visiblement de nos jours : « Même en Angleterre, le jury civil est en pleine décadence; il est, en effet, devenu purement facultatif devant la Haute Cour de Londres et devant les Cours de Comté; ces juridictions ne jugent avec assistance du jury qu'autant qu'une des parties le demande. Quant à la Cour d'appel, elle siège toujours sans jury[2] ».

IV.

En Angleterre, tout litige sur l'application de la loi et du droit rentre dans l'administration de la justice, qui conserve ainsi toute son unité. Sans doute, il existe des tribunaux d'exception, en ce sens que certains d'entre eux ont une compétence limitée à des causes déterminées. Mais toutes les fois qu'une loi ou une règle de droit peuvent donner lieu à un litige, toutes les fois qu'une action est ouverte, celle-ci est portée devant les cours de justice, et dans les mêmes conditions qu'il s'agisse d'apprécier l'acte d'un fonctionnaire ou un rapport de droit entre deux particuliers. Les Anglais n'ont pas craint de laisser la justice statuer, en ce qui concerne les actes de l'administration publique, dans la mesure où celle-ci est limitée et commandée par des

---

[1] Il est bien vrai que le droit anglais admet en principe tout mode de preuve; mais à quelles conditions un écrit ou des témoignages feront-ils preuve sur tel ou tel point? cela est déterminé par des règles de droit précises et minutieuses. La théorie de la preuve ou *evidence* est fort subtile en droit anglais. Voici ce que dit M. L. O. Pike dans son ouvrage souvent cité *A Constitutional History of the House of Lords*, p. 388 : « Le jury dont la principale qualification dans les temps anciens était qu'il devait être instruit des faits avant de siéger dans la Cour, qu'il devait être composé de voisins connaissant les affaires du voisinage, est conçu maintenant comme statuant sur des conclusions sans aucune partialité ni préjugé d'après des preuves qui ne sont admises que conformément à des règles légales et strictes ».

[2] M. Glasson, *La justice en Angleterre et en France*, dans la *Revue du droit public et de la science politique*, janvier-février 1895, p. 64; — Cf. de Franqueville, *Le système judiciaire de la Grande-Bretagne*, t. I, *Organisation judiciaire*.

règles légales et juridiques. Ils ont pourtant efficacement protégé l'État et les droits de l'État contre les attaques des particuliers. Le système assez complexe du droit anglais peut se ramener à deux propositions :

1° Aucune action, en principe, n'est ouverte contre l'État; car l'État juridiquement se confond avec la Couronne, et le monarque ne peut être actionné devant aucune cour de justice[1]. Cependant si la Couronne se trouve détenir illégalement, injustement, la propriété d'un particulier; si elle viole ou n'accomplit pas un contrat passé en son nom avec un particulier, celui-ci a une voie de recours gracieuse ; il peut présenter au monarque une requête appelée *petition of right*. Alors « la reine, étant informée par le principal secrétaire d'État pour l'intérieur qu'un de ses sujets allègue contre elle une cause d'action et présente une pétition à cet effet, ordonne que la pétition soit endossée du *fiat jus*, « que droit soit fait », et le litige pour le surplus suit son cours ordinaire, comme entre sujet et sujet »[2]. Mais cette voie de droit ne peut point être employée à raison d'un délit ou quasi-délit (*tort or wrong*) commis par la Couronne ou par des serviteurs agissant pour son compte[3]. On applique alors la maxime : « Le roi ne peut mal faire[4] ». L'État n'est pas engagé de ce chef.

2° Les fonctionnaires ou serviteurs de la Couronne (*servants of the Crown*), quels qu'ils soient, sont personnellement irresponsables de leurs actes légaux; ainsi ils ne peuvent être poursuivis personnellement lorsqu'ils ont contracté régulièrement au nom de l'État[5]. Mais, au contraire, ils sont, en principe, personnellement responsables de leurs actes illégaux et peuvent être de ce chef poursuivis à fins pénales ou civiles devant les Cours de justice, qui seront juges de la légalité de l'acte reproché. Ce principe comporte très peu d'exceptions. Quelques-unes, se rapportant à des fonctionnaires inférieurs, ont été précédemment indiquées[6]; quelques fonctionnaires supérieurs sont aussi exemptés de cette responsabilité judiciaire. Tels sont les juges, qui sont absolument irresponsables de leurs sentences; il n'existe pas, en Angleterre, de voie de droit semblable à notre prise à partie[7]. Telles sont encore les autorités militaires dans leurs rapports avec leurs subordonnés; tel le Lord-lieutenant d'Irlande[7]. Enfin la

---

[1] Ci-dessus, p. 82.
[2] Anson, *Law and custom*, t. II, p. 452.
[3] *Ibidem*, t. II, p. 453; ci-dessus, p. 82 et 83, note 1.
[4] *Ibidem*, t. II, p. 453.
[5] Ci-dessus, p. 84, note 1.
[6] Anson, *Law and custom*, t. II, p. 454.
[7] *Ibidem*, t. II, p. 452 et suiv., 454-455.

jurisprudence anglaise admet même que le particulier peut avoir une
action contre un fonctionnaire pour forcer celui-ci à accomplir un devoir de sa charge, mais à la condition qu'une règle expresse de droit,
légale ou coutumière, l'oblige envers le public et non pas seulement
envers la Couronne[1].

Un système semblable, plus absolu encore, car il ne comprenait
pas les distinctions multiples de la jurisprudence anglaise, trouva
quelques partisans dans notre première Assemblée Constituante, lorsqu'elle refondit en entier l'ordre judiciaire[2], et Burke, dans ses
Reflexions sur la Révolution de France, blâmait fort l'Assemblée de
ne pas l'avoir adopté[3]. Elle l'écarta presque à l'unanimité et proclama un principe tout opposé, qui est entré dans notre droit public :
la séparation de l'autorité administrative et de l'autorité judiciaire.

[1] Anson, *Law and custom*, t. II, p. 455 ; p. 457 : « The question to be deter-
mined must always be, whether the servant of the Crown has a duty cast upon
him *to the public* as well as to the Crown, either by statute or at common law. If
so, he may be compelled by *mandamus* to discharge it. If not, he is responsible
only to the Crown and to Parliament ».

[2] Chabroud, dans la séance du 30 mars 1790 (*Archives parl.*, 1re série, t. II,
p. 530) : « Les officiers municipaux et les corps administratifs... doivent avoir le
droit de répondre aux demandes des citoyens que l'on appelle la juridiction gracieuse; jusque-là il n'est pas nécessaire de créer des tribunaux, mais aussitôt qu'un
différend survient entre des particuliers, aussitôt qu'une opposition est formée, voilà
un litige dont les administrateurs ne doivent pas connaître, parce qu'ils ne sont pas
juges; et, s'il n'y a aucun motif d'en ravir la connaissance aux tribunaux ordinaires,
il ne faut pas créer inutilement d'autres tribunaux. Dirait-on que les tribunaux ordinaires pourraient s'ériger en censeurs de l'administration et la contrarier? Je pense
qu'ils seraient assujettis à se conformer aux décisions de l'ordonnance générale, et
que, s'ils s'en écartaient, on aurait, pour les rappeler à leur devoir, les mêmes
moyens qui les forceront à se conformer aux lois ». — A la séance du 16 août 1791
(*Archives parlem.*, 1re série, t. XXIX, p. 362), Durand de Maillane demande
qu'on décrète expressément « qu'il est toujours loisible de réclamer contre les corps
administratifs, contre la nation elle-même, l'exécution de la loi devant les tribunaux ». Voyez sur ces deux passages M. Duguit (*op. cit.*, p. 106 et 111) qui, le premier, je crois, les a signalés.

[3] Édition Paris, 1820, p. 379 : « Il est curieux d'observer les soins que l'on a
pris pour soustraire les corps administratifs à la juridiction de ces nouveaux tribunaux; c'est-à-dire que les personnes, qui devraient le plus être sous l'empire de la
loi, sont celles que l'on soustrait le plus complètement à son pouvoir. Les hommes
qui ont quelque rapport avec le maniement des deniers publics sont ceux qui devraient être le plus strictement retenus dans leur devoir. On aurait présumé, si
votre intention réelle n'eût pas été de faire de ces corps administratifs des États
souverains indépendants, que vous auriez placé au rang des choses les plus dignes
de vos soins l'établissement d'un tribunal respectable, semblable à ce qu'étaient vos
parlements, ou tel que notre *Banc du roi*, où ressortissent tous les officiers publics,
soit pour obtenir protection quand ils agissent d'après la loi, soit pour en éprouver
la rigueur s'ils s'en écartent ».

Elle l'inscrivit dans le décret fondamental du 16 août 1790 (tit. II, art. 13) : « Les fonctions judiciaires sont distinctes et demeureront toujours séparées des fonctions administratives. Les juges ne pourront, à peine de forfaiture, troubler de quelque manière que ce soit les opérations des corps administratifs, ni citer devant eux les administrateurs pour raison de leurs fonctions ». Il a été énoncé dans des termes non moins formels par le décret du 16 fructidor an III[1]. Ces textes très clairs interdisent « non seulement l'intervention spontanée des juges dans les affaires administratives, mais encore leur intervention purement juridictionnelle provoquée par des réclamations contentieuses[2] ».

Les hommes qui ont établi ce système étaient incontestablement poussés par des considérations qui tenaient au milieu et au moment. Ils avaient présente à l'esprit l'action des anciens parlements qui, participant aux droits de police et d'administration, avaient si souvent gêné l'administration royale, en intentant des poursuites contre ses fonctionnaires. Ils sentaient plus encore que l'administration nouvelle ne pourrait accomplir la tâche difficile que la Révolution lui confiait, si elle était sans cesse harcelée, paralysée parfois, par les poursuites qu'intenteraient contre elle devant les tribunaux judiciaires les partisans des anciennes idées et des anciennes institutions. Même dans un temps calme, le rôle d'une administration ainsi exposée serait fort difficile dans un pays où les têtes sont souvent légères et où l'accès de la justice est largement ouvert à tous[3]. Le régime suivi en Angle-

---

[1] « La Convention nationale, après avoir entendu son Comité des finances, déclare qu'elle annule toutes procédures et jugements intervenus dans les tribunaux judiciaires, contre les membres des corps administratifs et comités de surveillance, sur réclamation d'objets saisis, de taxes révolutionnaires et d'autres actes d'administration émanés desdites autorités pour exécution des lois et arrêtés des représentants du peuple en mission, ou sur répétition des sommes et effets versés au Trésor. — Défenses itératives sont faites aux tribunaux de connaître des actes d'administration de quelque espèce qu'ils soient, aux peines de droit, sauf aux réclamants à se pourvoir devant le Comité des finances, pour leur être fait droit, s'il y a lieu, en exécution des lois ».

[2] M. Laferrière, *Traité de la juridiction administrative et des recours contentieux*, 2e édit., t. I, p. 12.

[3] Demeunier, dans la séance du 16 août 1791 (*Archives parlem.*, 1re série, t. XXIX, p. 462) : « Tous les citoyens iraient porter plainte aux tribunaux contre la non-exécution d'un règlement d'administration. Alors on saisirait les tribunaux de la connaissance d'affaires que vous leur avez ôtée expressément ». — C'est l'idée qu'exprimait en 1842 le premier Président de la Cour des Comptes dans un discours solennel (*Moniteur* du 19 avril 1842) : « Nous sommes pénétrés autant que qui que ce soit de cette vérité, qu'il n'y aurait plus d'administration possible le jour où un tribunal pourrait traduire l'administration à sa barre dans la personne ou dans les arrêtes de ses agents ».

terre est singulièrement tempéré, non seulement par le sérieux du caractère national, mais aussi et surtout par la cherté incontestable de la justice en ce pays : pour intenter et poursuivre une de ces actions devant une Cour de justice anglaise, il faut dépenser des sommes considérables. Le système français a donc pour lui des considérations pratiques très graves : ce qui le montre bien, c'est que des principes analogues se sont introduits et s'appliquent aujourd'hui dans presque toute l'Europe continentale[1]. Mais les Constituants de 1789 qui l'établirent chez nous prétendaient de plus qu'il était en parfaite harmonie avec le principe de la séparation des pouvoirs, et même avec la théorie des trois pouvoirs. Ils tenaient, en effet, que le pouvoir judiciaire ne comprenait, outre l'application du droit criminel, que la juridiction civile proprement dite, c'est-à-dire le jugement des litiges qu'ont entre eux les particuliers quant à leurs intérêts privés : l'administration publique, au contraire, active ou contentieuse, rentrait nécessairement dans le pouvoir exécutif. « Il faut, disait Duport le 29 mars 1790, distinguer deux sortes de lois, les lois politiques et les lois civiles : les premières embrassent les relations des individus avec la société, ou celles des diverses institutions politiques entre elles; les secondes déterminent les relations particulières d'individu à individu. C'est pour appliquer ces dernières lois que les juges sont spécialement et uniquement institués. A l'égard des lois politiques, jamais l'exécution ne peut en être confiée à des juges sans que la liberté publique et particulière soit en péril... Ainsi donc, soit que l'on considère tous les rapports qu'elle peut avoir avec la liberté, soit que l'on ne veuille y voir que l'intérêt d'une bonne administration de la justice, il faut interdire toute fonction publique aux juges; ils doivent être chargés simplement de décider les différends qui s'établissent entre les citoyens[2] ». Telle paraît bien avoir été la pensée du maître qui les inspirait, c'est-à-dire de Montesquieu. Celui-ci commence, en effet, par appeler le pouvoir judiciaire *la puissance exécutrice des choses qui dépendent du droit civil*, et il déclare que par elle le prince ou le magistrat *punit les crimes ou juge les différends des particuliers*[3]; et dans toute la suite du chapitre, parlant de la puissance de juger, il ne se réfère jamais qu'à la justice civile et criminelle. Certains auteurs modernes, tout en conservant cette idée, l'ont sensiblement modifiée cependant : ils font du

---

[1] Voyez sur ce point le *Traité de la juridiction administrative* de M. Laferrière, 2e édit., t. I, liv. I, ch. II, p. 26-859.

[2] *Principes et plan sur l'établissement de l'ordre judiciaire. Archives parlem.*, 1re série, t. XII, p. 408 et suiv. . — Cf. Dupont, *op. cit.*, p. 79 et suiv., 107 et suiv.

[3] *Esprit des lois*, liv. XI, ch. VI.

F.　　　　　　　　　　　　　　　　　　　　　22

contentieux administratif une sorte de zone mixte entre l'administration proprement dite et la justice. « Entre le pouvoir exécutif et le pouvoir judiciaire, dit M. Laferrière, il y a une mission mixte à remplir, celle qui consiste à prononcer sur les contestations administratives. Cette mission est mixte à un double point de vue; d'abord, parce que l'administrateur, par la nature même de ses fonctions, est obligé d'exercer dans beaucoup de cas une sorte d'arbitrage de fait et de droit, sans lequel son action risquerait d'être paralysée par toutes les oppositions qu'elle rencontre; d'où il suit que le fait d'administrer implique forcément le droit de décider; — en second lieu, parce que le droit de décision inhérent à la fonction administrative et la force exécutive qui y est attachée ne doivent pas, en bonne justice, s'imposer aux citoyens sans que ceux-ci puissent les contester devant une autorité plus désintéressée, plus accessible à des débats juridiques contradictoires[1] ». Le savant auteur expose ensuite pour quelles raisons dans notre pays cette zone mixte a été attribuée, non pas à la justice, mais à l'administration[2]. Il me paraît qu'il y a là une vue très fine et très exacte. Mais il me paraît également ressortir des faits que, depuis la Révolution, nos lois, tout en restant fidèles au principe proclamé par elle, ont suivi en cette matière une évolution notable, qui se manifeste également dans la jurisprudence. Le contentieux administratif est bien resté, pour la plus grande partie, hors du domaine des tribunaux judiciaires; mais il a tendu constamment à s'organiser cependant sous la forme de la justice, en passant de l'administration proprement dite à des *juridictions administratives*, organisées et fonctionnant à peu près comme les tribunaux judiciaires.

L'Assemblée Constituante, en effet, par le décret des 6-11 septembre 1890 (art. 1, 3-6), avait attribué le contentieux administratif aux corps administratifs eux-mêmes, aux Directoires de district et de département, ce dernier statuant toujours en dernier ressort. La Constitution du 22 frimaire an VIII apporta à ce système une modification profonde en instituant un Conseil d'État (art. 52), « chargé de résoudre sous la direction des consuls les difficultés qui s'élèvent en matière administrative » ; c'était constituer un tribunal suprême pour le contentieux administratif. La loi du 28 pluviôse an VIII complétait cette organisation en établissant dans chaque départe-

---

[1] *Traité de la juridiction administrative*, t. I, p. 11, 12.

[2] *Ibidem*, p. 12 : « En France, l'organisation centralisée du pays, l'importance des services confiés à l'administration, les responsabilités qu'ils entraînent, ont paru incompatibles avec le contrôle des corps judiciaires. Aussi l'attribution du contentieux administratif à l'autorité administrative, ou à des juridictions spéciales, a-t-elle été admise depuis 1789 comme une application normale de la séparation des pouvoirs ».

ment un Conseil de préfecture, auquel la connaissance de ce contentieux était attribué dans une large mesure. Enfin la loi du 16 septembre 1807, rétablissant la Cour des Comptes, organisait dans la
forme la plus judiciaire la juridiction sur les comptables : les membres
de la Chambre des Comptes étaient même nommés à vie (art. 6).
Sans doute, le Conseil d'État et les Conseils de préfecture n'ont pas
que des attributions contentieuses : ils en ont aussi d'administratives ; mais ils ne font cependant point partie de l'administration active ; et, par là, étaient séparées dans une large mesure l'action et la
juridiction administratives. Sans doute aussi, les administrateurs
proprement dits, maires, sous-préfets, ministres, avaient conservé
et ont conservé dans une certaine mesure des attributions contentieuses ; mais, sauf pour les derniers, le progrès de la législation est
arrivé à les restreindre dans d'étroites limites[1]. C'est par suite de la
même évolution dans les idées et dans les institutions que les jurisconsultes les plus autorisés abandonnent aujourd'hui l'opinion jadis
régnante et classique, d'après laquelle les ministres seraient juges de
premier ressort du contentieux administratif, « juges ordinaires du
contentieux administratif » ; on ne leur reconnaît plus qu'une juridiction exceptionnelle en vertu de textes précis[2]. Pendant longtemps, il
est vrai, tout le système resta dominé par le principe initial : « Le
contentieux administratif rentre dans l'administration », en ce que le
Conseil d'État, chargé de statuer sur le contentieux administratif,
tantôt en première et dernière instance, tantôt comme Cour suprême
d'appel, tantôt comme Cour de cassation, n'avait pas un pouvoir de
décision propre. Il fonctionnait d'après le principe de la justice retenue ; les décisions qu'il délibérait, statuant au contentieux, ne prenaient force et valeur qu'autant qu'elles avaient été incorporées dans
un décret, émanant du pouvoir exécutif. La Constitution de 1848,
en lui donnant un pouvoir propre, avait seule momentanément interrompu cette tradition, qui fut reprise en 1852. L'art. 9 de la loi du
24 mai 1872 l'a définitivement écartée en décidant que « le Conseil
d'État statue souverainement sur les recours en matière contentieuse
administrative et sur les demandes d'annulation pour excès de pouvoirs formées contre les actes des diverses autorités administratives ».

Cette transformation probablement s'accentuera encore davantage
et aboutira à la séparation complète de l'administration active et des
juridictions administratives. Lorsqu'il en sera ainsi, on devra reconnaître que les juridictions administratives, soigneusement recrutées

[1] Ducrocq, *Cours de droit administratif*, 7e édit., t. II, nos 504-557, 728-731.
[2] Laferrière, *Traité de la juridiction administrative*, t. I, p. 400 et suiv.

à tous les degrés parmi les hommes ayant l'expérience de l'administration, seront pratiquement séparées du pouvoir exécutif et présenteront une compétence de fait, qu'on ne trouverait pas ailleurs au même degré. Elles offriront aux particuliers, pour la solution de leurs litiges avec l'administration, des garanties équivalentes à celles que leur offrirait la compétence légale des tribunaux judiciaires. Une seule garantie paraîtrait manquer encore : l'inamovibilité, dont ne jouissent pas les membres de la plupart des juridictions administratives. Mais l'amovibilité paraît ici une réserve légitime au profit du gouvernement, qui, sous un régime de libre discussion, ne pourrait en user que dans les cas les plus graves et les mieux justifiés. D'autre part, comme, en droit, les juridictions administratives rentrent dans le pouvoir exécutif et administratif, elles peuvent annuler, en cas d'irrégularité, les actes mêmes de l'administration : en vertu du principe de la séparation des pouvoirs, le pouvoir judiciaire, si on le considère comme distinct et en le supposant compétent, ne pourrait point casser ou annuler les actes du pouvoir exécutif. Il pourrait seulement (à défaut de sanction pénale) condamner à des dommages-intérêts les administrateurs qui les auraient accomplis.

Enfin, la règle, qui réserve aux juridictions administratives la connaissance exclusive des actes accomplis par les autorités administratives, n'est pas absolue. La législation, et surtout la jurisprudence, l'ont notablement restreinte, rendant alors compétence par rapport à ces actes aux tribunaux judiciaires. Mais ici je touche à une matière qui rentre entièrement, non dans le droit constitutionnel, mais dans le droit administratif : je renvoie le lecteur aux traités qui exposent ce droit[1].

V.

Le principe de la séparation des pouvoirs doit aussi être envisagé en ce qui concerne les rapports entre le pouvoir judiciaire et le pouvoir législatif. Il produit ici trois conséquences principales :

1° Le pouvoir législatif doit respecter les décisions du pouvoir judiciaire. Non seulement il ne saurait casser ou modifier une sentence rendue; mais même il doit s'abstenir de la critiquer et de la discuter. Cette doctrine est généralement reconnue et souvent affirmée dans les séances du Parlement français[2]. Mais il faut faire remarquer qu'elle

---

[1] Laferrière, *Traité de la juridiction administrative*, liv. III en entier.

[2] Voyez Séance de la Chambre des députés du 6 avril 1895 (*Journal officiel* du 7, p. 1222) ce passage d'un discours de M. Gauthier (de Clagny) : « Le principe de la séparation des pouvoirs ne me permet pas de discuter à cette tribune

suppose admise (sur le second point) la séparation du pouvoir judiciaire et du pouvoir exécutif : avec le gouvernement parlementaire, en effet, les Chambres ont le droit de discuter et de critiquer tous les actes du pouvoir exécutif.

2° Le décret du 16 août 1790 (tit. II, art. 12) décide que les tribunaux « ne pourront point faire de règlements, mais ils s'adresseront au Corps législatif toutes les fois qu'ils croiront nécessaire, soit d'interpréter une loi, soit d'en faire une nouvelle ». Le Code civil a reproduit plus nette encore cette prohibition dans son art. 5 : « Il est défendu aux juges de prononcer par voie de disposition générale et réglementaire sur les causes qui leur sont soumises ». On dit souvent que c'est là une conséquence du principe de la séparation des pouvoirs, les règlements dont il s'agit étant un empiétement sur le pouvoir législatif. Il est certain, en effet, que l'Assemblée Constituante, en votant le texte cité plus haut, avait en vue les arrêts de règlement des Parlements et cours souveraines, qui étaient, en effet, considérés dans l'ancien régime comme une législation provisoire et supplétoire [1], et elle voulait empêcher la confusion du pouvoir législatif et du pouvoir judiciaire [2]. Mais, à vrai dire, le pouvoir réglementaire ne rentre pas nécessairement dans le pouvoir législatif, et le règlement n'est point la loi. Le règlement est, en effet, simplement une prescription qui a pour but d'assurer l'exécution de la loi en la complétant dans les détails, mais sans pouvoir en changer ou modifier ni le texte ni l'esprit [3]. Aussi le droit de faire des règlements ne revient-

un arrêt de justice ». Cependant la Chambre des députés, dans la séance du 30 mars 1898, a voté les conclusions du rapport de la commission d'enquête sur le Panama qui contenait un blâme contre certains magistrats. Mais alors même que le principe de la séparation était ainsi atteint, on le proclamait cependant. Voici ce que disait le garde des sceaux (*Journal officiel* du 31 mars, Chambre des députés, p. 1482) : « Je ne viens point, vous le comprendrez du reste, instituer à cette tribune une discussion quelque peu tardive sur la séparation des pouvoirs. Je pourrais, je devrais peut-être vous rappeler que la Chambre n'a pas « juger les magistrats, comme l'honorable M. Viviani le reconnaissait ici même tout à l'heure. C'est du garde des sceaux et du Conseil supérieur de la magistrature qu'ils relèvent. Votre part est assez belle : vous avez à juger les ministres ».

[1] Esmein, *Cours élémentaire d'histoire du droit français*, 2ᵉ édit., p. 530.

[2] Duport, *Principes et plan sur l'établissement de l'ordre judiciaire* « Si des hommes que l'on a chargés d'administrer la justice ont encore des fonctions politiques à remplir; s'ils ont le droit de requérir d'eux-mêmes et d'ordonner l'exécution des lois sans aucune provocation extérieure; *s'ils peuvent faire des règlements, établir des lois qui obligent les citoyens*; s'ils ont le droit d'arrêter l'exécution des lois ou d'intervenir dans leur formation, alors il s'établit une véritable confusion d'idées et de pouvoirs ».

[3] Huncke, *Bodin*, p. 51. — M. Laferrière (*op. cit.*, 2ᵉ édit., t. I, p. 11) voit là l'une de ces zones mixtes, dont j'ai déjà parlé : « Entre le pouvoir législatif et le

il pas nécessairement ni même naturellement au pouvoir législatif. Il doit être confié naturellement au pouvoir exécutif : car, étant chargé d'exécuter les lois, c'est lui qui peut le plus utilement les compléter de cette manière. Notre droit public l'attribue, dans des proportions diverses, au Président de la République, aux préfets, aux maires. Il aurait pu, sans aucune violation des principes, l'attribuer aux corps judiciaires. S'il leur a été, au contraire, expressément refusé, cela est venu d'abord d'un esprit de réaction contre les agissements des anciens Parlements. Mais cette prohibition s'accorde aussi très heureusement avec une règle protectrice qui a été introduite dans notre droit public et qui donne aux tribunaux judiciaires, lorsqu'ils sont appelés à prononcer des peines contre ceux qui ont violé les règlements, le droit d'examiner si ces règlements ont été « légalement faits[1] », bien que ce soient là des actes administratifs[2] ; c'est une des exceptions au principe de la séparation de l'autorité administrative et de l'autorité judiciaire. Intervenant ainsi comme autorité de contrôle, en matière de règlements, le pouvoir judiciaire ne saurait intervenir en même temps comme pouvoir réglementaire.

3° Le pouvoir judiciaire, étant distinct du pouvoir législatif, ne saurait casser ou empêcher les actes de celui-ci, c'est-à-dire les lois. Mais ne faut-il pas aller plus loin et dire que le pouvoir judiciaire ne peut pas apprécier non plus la validité, c'est-à-dire la constitutionnalité des lois? Cette dernière conséquence est repoussée, comme nous le verrons, par la jurisprudence américaine, et même, on peut le dire, par la doctrine des Anglo-Saxons, partout où il existe chez eux des Constitutions limitant les attributions du pouvoir législatif. Elle est, au contraire, pleinement admise en France, et dans les divers pays d'Europe. Pour ce qui concerne notre pays, les principes, posés par les Assemblées de la Révolution et qui ont fixé notre droit public, ne sauraient laisser aucun doute. L'Assemblée Constituante réagit avec la plus grande netteté contre la théorie des droits politiques reconnus aux anciens Parlements et qui les avaient amenés à vérifier les lois. Elle condamna ces prétentions et toutes autres du même genre de la façon la plus formelle. Le décret du 16 août 1790 (tit. II, art. 11, 12) porte

---

pouvoir exécutif il y a une attribution intermédiaire, celle qui consiste à faire les règlements, à édicter les prescriptions secondaires nécessaires à l'application des lois ; cette faculté sera attribuée au législateur ou au gouvernement, ou bien elle sera diversement partagée entre eux, selon que la Constitution générale de l'État tendra à faire plus ou moins prévaloir l'influence du Parlement ou celle du pouvoir exécutif. »

[1] Code Pénal, art. 471, n° 15.

[2] Sur ce point, voyez Laferrière, op. cit., t. I, p. 481 et suiv.

en effet : « Les tribunaux ne pourront prendre *directement* ou *indirec-*
tement aucune part à l'exercice du pouvoir législatif, ni empêcher ou
suspendre l'exécution des décrets du Corps législatif, sanctionnés par
le roi, à peine de forfaiture. Ils seront tenus de faire transcrire purement et simplement dans un registre particulier, et de publier dans la
huitaine les lois qui leur seront envoyées ».

CHAPITRE IV

Les droits individuels.

Le monde antique, dans sa civilisation la plus haute, admettait sans réserves la toute-puissance, le droit illimité de l'État[1]. Que l'État prît la forme républicaine ou qu'il s'incarnât dans un Empereur, peu importait : l'individu n'avait jamais un droit propre qu'il pût lui opposer[2]. Ce principe s'obscurcit, se perdit presque complètement au Moyen Age, sous l'influence des idées qu'apportèrent avec eux les barbares, et surtout de celles que développa l'anarchie féodale. D'un côté, la notion même de l'État et de l'intérêt public s'effaça peu à peu et dans la seigneurie, forme nouvelle et débris de la puissance publique, on vit surtout une propriété particulière, dont les attributs et les droits pouvaient être limités par la coutume. D'autre part et surtout, tout au moins au profit du noble, du chevalier homme de fief, se développa alors une notion singulièrement énergique du droit individuel. Pour celui-là, il n'existait plus en réalité sur la terre d'autorité souveraine ; il ne reconnaissait d'autres devoirs publics que ceux qu'il avait volontairement acceptés dans le contrat par lequel il était venu à l'hommage d'un seigneur. Il ne subissait d'autorité aucun impôt ; il ne reconnaissait comme juges que ses pairs de fief présidés par le seigneur, et même il ne subissait point nécessairement la justice ainsi acceptée ; ayant en principe le droit de guerre privée, souvent il aimait mieux combattre que plaider pour soutenir ses prétentions[3]. Mais, avec la décadence et la disparition de la féodalité politique, ce sentiment si fort du droit individuel s'effaça et se perdit dans les pays civilisés de l'Occident, sauf peut-être chez les Anglo-Saxons, qui le conservèrent dominant dans leur caractère national, tout en le disciplinant aux exigences d'un État policé. Dans les grandes monarchies qui s'élevèrent sur le continent, et particulièrement en France, ce fut la con-

[1] Ci-dessus, p. 19.
[2] Hobbes, *Leviathan*, ch. XXI, disait très bien : « Itaque neque Atheniensis neque Romanus quisquam liber (a legibus erat) sed civitates earumdem ».
[3] Esmein, *Cours élémentaire du droit français*, 3ᵉ édit., p. 244.

ception du droit absolu de l'État qui se reconstitua dans la monarchie de droit divin et au profit du monarque. Dans sa *Politique tirée des propres paroles de l'Écriture Sainte,* Bossuet ne connaît d'autres limites au pouvoir du souverain que celles qui résultent de la religion : il ne peut valablement ordonner ce que Dieu défend[1]. Bossuet, il est vrai, condamne et écarte le pur despotisme, d'après lequel il n'y a point de lois fixes et où le souverain dispose à son gré de la liberté et des biens des sujets ; mais il se garde de le déclarer illégitime absolument ; il y voit un signe de barbarie, non une violation de droits certains[2].

Cependant cette thèse sur le pouvoir absolu du souverain n'était pas en général adoptée par les juristes, spécialement par ceux qui essayèrent chez nous, au XVIe siècle, de dégager la notion de la souveraineté. A la limitation résultant de la loi divine et posée par la religion, ils en ajoutaient une autre qu'ils tiraient de la notion du droit naturel. Le souverain ne pouvait pas plus violer par ses ordres ou ses lois le droit naturel que le droit divin, le droit naturel étant conçu lui-même comme établi par Dieu. Cela entraînait pour le souverain l'obligation de respecter les contrats honnêtes des particuliers et la propriété privée. Telle était en particulier la doctrine bien nette de Bodin[3]. Enfin, nos anciens jurisconsultes, ajoutaient qu'en France, la puissance souveraine du roi était encore limitée par les *lois fondamentales du royaume*[4];

[1] Liv. VI, art. 2, 2e proposition.

[2] Liv. VIII, art. 2, 1re proposition : « Voilà ce qu'on appelle puissance arbitraire. Je ne veux pas examiner si elle est licite ou illicite. Il y a des peuples et de grands empires qui s'en contentent; et nous n'avions point à nous inquiéter de la forme de leur gouvernement. Il nous suffit de dire que celle-ci est barbare et odieuse ».

[3] *Les six livres de la République,* liv. I, ch. IX, p. 150 et suiv. : « Tout ainsi que les contracts et testaments des particuliers ne peuvent déroger aux ordonnances des magistrats, ni les édicts des magistrats aux coustumes, ni les coustumes aux lois générales d'un prince souverain : aussi les lois des princes souverains ne peuvent altérer ni changer les lois de Dieu et de nature... Le prince souverain est tenu aux contracts par luy faicts soit avec son subject soit avecques l'estranger : car puisqu'il est garand aux subjects des conventions et obligations mutuelles qu'ils ont les uns envers les autres, à plus forte raison est-il debiteur de justice en son faict... pour l'équité naturelle qui veut que les conventions et promesses soient entretenues... Si donc le prince souverain n'a pas puissance de franchir les bornes des loix de nature que Dieu, duquel il est l'image, a posées, il ne pourra aussi prendre le bien d'autruy sans cause soit juste et raisonnable ».

[4] Loyseau, *Traité des seigneuries,* ch. II, no 9 : « Toutefois comme il n'y a que Dieu qui soit tout-puissant, et que la puissance des hommes ne peut estre absolue tout à fait, il y a trois sortes de loix qui bornent la puissance du souverain sans intéresser sa souveraineté. A sçavoir les loix de Dieu, pource que le prince n'est pas moins souverain pour estre subject à Dieu; les règles de justice naturelles et non positives, pource qu'il a esté dit cy devant que c'est le propre de la seigneurie

mais ce qu'il fallait entendre par là était mal déterminé[1].

Mais, qu'on remarque bien, ces limitations de la souveraineté ne constituaient, au profit du sujet ou citoyen, au profit de l'individu, aucun droit propre et né dans sa personne. Elles avaient leur fondement unique dans l'idée de la Divinité et dans la volonté divine à laquelle on ramenait la loi naturelle : c'est pour cela qu'elles s'imposaient au souverain. C'était pour lui un devoir religieux de les respecter ; mais le sujet n'en tirait aucune revendication qu'il pût faire valoir contre lui ; tout au plus la théorie des théologiens l'autorisait-elle à refuser, de ce chef, l'obéissance[2].

I.

La théorie des droits individuels devait sortir pourtant de l'idée du droit naturel, mais autrement compris, détaché du ciel et ramené sur la terre. Cela se rattacha aux hypothèses de l'état de nature et du contrat social. L'indépendance absolue de l'individu, réglée seulement dans sa responsabilité morale par le droit naturel, apparaissait comme l'état premier, antérieur à toute société civile, comme le point de départ nécessaire. En remontant à cette absolue liberté pour créer, par un contrat unanime, l'État et la souveraineté publique, les hommes devaient être considérés comme n'ayant abdiqué que la portion de leur indépendance native absolument incompatible avec la notion de l'État ; ils n'avaient consenti que les sacrifices rigoureusement indispensables. Ce qu'ils avaient conservé, au contraire, ce résidu de leur liberté native, constituait des droits individuels supérieurs à ceux de l'État, puisqu'ils lui étaient antérieurs et qu'ils s'étaient conservés, et s'imposaient à son respect. Telle est la théorie très ingénieuse et très bien construite que présentaient Locke[3],

<hr />

publique d'estre exercée par justice et non pas à discrétion ; et finalement les loix fondamentales de l'Estat, pource que le prince doit user de sa souveraineté selon sa propre nature et en la forme et aux conditions qu'elle est establie ».

[1] Esmein, Cours élémentaire d'histoire du droit français, 3ᵉ édit., p. 518.

[2] Cf. Bossuet, Politique tirée des propres paroles de l'Écriture sainte, liv. IV, art. 1, 4ᵉ proposition : « Les rois sont donc soumis comme les autres à l'équité des lois... mais ils ne sont pas soumis aux peines des lois ; ou, comme parle la théologie, ils sont soumis aux lois non quant à la puissance coactive, mais quant à la puissance directrice ».

[3] Essay on civil government, § 134-142. C'est l'influence de Locke qui a été prépondérante en cette matière. C'est à lui que remonte en réalité la distinction entre les droits de l'homme et les droits du citoyen ; il porte en effet au § 14 du droits « qui appartiennent aux hommes en tant qu'hommes et non en tant que membres de la société ». Les premiers sont ceux qui appartiennent déjà à l'homme dans l'état de nature, tel que le droit de propriété, et qu'il n'a pas perdus en passant dans l'état

Wolff[1], Blakstone[2], Rousseau[3] lui-même, et enfin Siéyès[4], pour ne citer que ceux qui lui ont donné l'expression la plus saisissante[5]. Rousseau, il est vrai, apportait à la thèse une restriction qui était de nature à la compromettre radicalement, mais qui répondait bien à sa théorie du contrat social. Après avoir déclaré que « tout ce que chacun aliène, par le pacte social, de sa puissance, de ses biens, de sa liberté, c'est seulement la partie de tout cela dont l'usage importe à la communauté, » il ajoutait : « Mais il faut convenir que le souverain est seul juge de cette importance[6] ». D'autres, il est vrai, protestaient contre une telle idée : Blakstone qualifiait d'*absolus* les droits individuels, et certains soutenaient que le contrat social, comme tous les contrats, devait être interprété en faveur des obligés.

Cette théorie a été féconde, puisqu'elle a introduit le principe des droits individuels ; cependant elle ne peut être conservée, lorsqu'on abandonne l'hypothèse du contrat social. Il faut chercher à ces droits un autre fondement. Il se trouve dans cette idée déjà indiquée[7] que

de société civile ; les seconds sont ceux qui sont créés par le contrat social ou par la souveraineté qui en résulte.

[1] *Jus naturæ*, t. VIII, § 980 : « Imperium civile, quoum actiondum sit ex fine civitatis, idem non extenditur ultra eas actiones quæ ad bonum publicum consequendum pertinent ; consequenter, quum nondum quoad eandem libertas naturalis restringitur, quoad cæteras actiones illibata manet ».

[2] *Commentaries*, B. I, ch. i, p. 124 : « Le principal but de la société est de protéger les individus dans la jouissance de ces droits absolus qu'ils tiennent des lois immuables de la nature... Il s'en suit que le but premier et originaire des lois humaines est de maintenir et de régler ces droits absolus des individus. Les droits sociaux et relatifs au contraire résultent de la formation des États et des sociétés et leur sont postérieurs ; de sorte que maintenir et régler ces droits est une considération qui ne vient qu'en seconde ligne ».

[3] *Contrat social*, liv. II, ch. iv, p. 145, 147 : « On convient que tout ce que chacun aliène, par le pacte social, de sa puissance, de ses biens, de sa liberté, c'est seulement la partie de tout cela dont l'usage importe à la communauté. — On voit par là que le pouvoir souverain, tout absolu, tout sacré, tout inviolable qu'il est, ne passe ni ne peut passer les bornes des conventions générales, et que tout homme peut disposer pleinement de ce qui lui a été laissé de ses biens et de sa liberté par ces conventions ».

[4] Voyez par exemple son discours du 2 thermidor an III (*Réimpression de l'ancien Moniteur*, t. XXV, p. 292) : « Lorsqu'une association politique se forme on ne met pas en commun tous les droits que chaque individu apporte dans la société... on ne met en commun, sous le nom de pouvoir public ou politique, que le moins possible, et seulement ce qui est nécessaire pour maintenir chacun dans ses droits et ses devoirs ».

[5] Gierke, *Althusius*, p. 114 et suiv.

[6] *Contrat social*, liv. II, ch. iv, p. 144.

[7] Ci-dessus, p. 155. — Cf. Beudant, *Le droit individuel et l'État*, Paris, 1891.

la source de tout droit se trouve dans l'individu, parce que lui seul
est un être réel, libre et responsable. Sans doute les sociétés humaines
et politiques sont des formations naturelles et des organismes nécessaires, qui évoluent en vertu de lois partiellement fatales. Dans la
mesure où existe cette fatalité et où l'intelligence humaine peut en reconnaître le *processus* et la direction, la liberté et la volonté des
hommes doivent s'y plier, y conformer même leurs actes; c'est rendre
plus complet et plus harmonique un résultat au fond inévitable. J'ai
moi-même fait une application de cette idée dans la théorie de la souveraineté nationale[1]. Mais cela ne fait point que les sociétés politiques soient des êtres réels et aient des droits propres. Les individus
vivants qui les composent sont, au contraire, des êtres qui ont le
sentiment de la responsabilité morale et qui peuvent librement diriger leurs actes, sauf à voir leur effort se briser s'ils se heurtent à
une force naturelle. En droit et en raison, c'est dans leur seul intérêt
que fonctionne la société politique. Mais le premier intérêt et le premier droit de l'individu, c'est de pouvoir librement développer ses
facultés propres; et le meilleur moyen pour assurer ce développement, c'est de permettre à l'individu de le diriger lui-même spontа-
nément, et à sa guise, à ses risques et périls, tant qu'il n'entamera
pas le droit égal d'autrui. Or, assurer ce libre développement, c'est
justement le but des diverses libertés qui constituent les droits individuels : en ne les respectant pas, la société politique manquerait à
sa mission essentielle, et l'État perdrait sa première et principale raison d'être. « La fin de tout établissement public, disait Siéyès, est la
liberté individuelle[2]. »

[1] Ci-dessus, p. 162 et suiv.

[2] Discours du 2 thermidor an III (*Réimpression de l'ancien Moniteur*, t. XXV,
p. 295). La théorie de la souveraineté illimitée vient d'être reprise cependant avec
une grande netteté par M. Burgess, *Political science*, t. I, p. 55 et suiv. Il invoque
surtout les vieux arguments scolastiques dérivant de la définition même de la souveraineté : « Un pouvoir ne peut être souverain s'il est limité; c'est alors celui qui
impose la limitation qui est souverain, et nous ne trouvons pas la souveraineté,
jusqu'à ce que nous arrivions à un pouvoir illimité ou simplement limité par sa
propre volonté (*selflimited*). Ceux qui tiennent pour la conception d'une souveraineté limitée (qui, je le prétends, est une *contradictio in adjecto*) ne lui donnent pas
en vérité une limitation réelle et légale, mais une limitation résultant des lois de
Dieu, des lois de la nature, des lois de la raison, du droit international. » M. Burgess d'ailleurs soutient que cette souveraineté absolue n'est point du tout contraire à
la liberté individuelle, dont elle serait même la meilleure garantie; mais à condition
qu'elle réside dans la nation elle-même et non dans le gouvernement (représentatif) dont
les pouvoirs doivent être essentiellement limités. Il va jusqu'à dire de la souveraineté
ainsi conçue (p. 56) : « Sans doute l'État peut abuser de son pouvoir illimité sur
l'individu, mais cela ne doit jamais être présumé. C'est l'organisme humain qui offre

Dans les démocraties modernes les droits individuels, mis hors des atteintes de l'État, prennent une valeur particulière. Là, par la souveraineté du peuple règne la loi du nombre, la domination de la majorité; et celle-ci, surtout lorsqu'elle a pour seul organe des assemblées représentatives, peut tendre facilement à devenir oppressive. Quelle sera la garantie de la minorité? On l'a cherchée souvent dans certaines organisations des droits politiques : dans le *referendum* dont j'ai parlé, et qui peut servir à dissiper l'illusion d'une majorité factice existant seulement dans le corps représentatif, et non parmi les représentés; dans la *représentation des minorités*, dont je parlerai plus loin, et qui pourrait leur assurer une influence proportionnelle à leur nombre dans les assemblées délibérantes. Mais ces moyens me paraissent peu efficaces, et pleins d'inconvénients ou même de dangers. La véritable garantie se trouve dans les droits individuels : ceux-ci — parmi lesquels figurent, non seulement les libertés qui protègent la personne et les biens, mais aussi celles qui protègent les croyances et permettent l'expression publique des pensées, l'échange et la diffusion des idées, — garantissent aux citoyens, composant la minorité politique, la sécurité et la liberté du travail, et leur permettent en même temps d'agir sur l'esprit public, et de se transformer à leur tour en majorité politique. Ce sont, pour employer une expression qu'on a jadis introduite avec un sens quelque peu différent[1], les *libertés nécessaires*, les plus nécessaires de toutes. Mais il faut sortir des idées générales et abstraites, et indiquer quels sont au juste les droits qui ont été placés par le droit constitutionnel moderne au rang des droits individuels.

II.

La liste en a été progressivement dressée, à mesure que la théorie ou les faits de l'histoire signalaient successivement l'importance de chacun d'eux. Ils se ramènent à deux chefs : l'*égalité civile* et la *liberté individuelle*.

L'égalité civile résultait nécessairement de la théorie même du contrat social et de sa formation, puisque l'égalité politique, en bonne logique, en résultait également, puisque les clauses de ce contrat avaient

le moins de chances de faire le mal et par suite nous devons nous en tenir au principe que l'État ne peut mal faire ». *The State can do no wrong;* n'est-ce pas là la maxime anglaise traditionnelle (*The king can do no wrong,* ci-dessus, p. 82, 83) transposée au profit d'une république anglo-saxonne?

[1] *A. Thiers,* par Paul de Rémusat, p. 146.

dû être égales pour tous[1]. Mais les publicistes du XVIIIe siècle, d'ordinaire, la déduisaient autrement des principes du droit naturel. Ils la supposaient existante dans l'état de nature antérieur aux sociétés civiles, malgré les inégalités matérielles physiques et morales, dont ils s'efforçaient, d'ailleurs, d'atténuer les conséquences[2]. Ils la tiraient de deux considérations principales : 1° chaque homme était obligé de reconnaître chez son semblable la même nature qu'en lui-même, c'est-à-dire la nature humaine, distincte de celle des animaux ; 2° chaque homme devait respecter, à l'égard de ses semblables, les règles de la loi naturelle s'il voulait que ceux-ci les respectassent à son égard[3]. L'égalité des hommes existant ainsi, non pas en fait, mais surtout en droit d'après la loi naturelle, la société civile était tenue de la respecter. Cela n'impliquait point, d'ailleurs, une égalité de fait, quant aux avantages matériels qui peuvent être acquis dans l'état de société ; cela impliquait seulement une égalité d'aptitudes, quant aux différents droits qu'elle protège[4]. C'est manifestement la conception qui a dicté l'art. 1 de la Déclaration des droits de l'homme et du citoyen de 1789 : « Les hommes *naissent* et *demeurent* libres et égaux en droits. Les distinctions sociales ne peuvent être fondées que sur l'utilité commune ».

Sans remonter à l'état de nature, sans invoquer le contrat social ni le droit naturel, l'égalité civile se justifie suffisamment par le droit de l'individu à un libre développement, tel qu'il a été établi ci-dessus. Cela suppose nécessairement chez tous les individus une égale aptitude de droit et une égale répartition des charges publiques. L'égalité *civile*, qui en est l'expression et qui s'impose toutes les fois qu'il ne s'agit pas des droits politiques proprement dits, se ramène à quatre

---

[1] Sieyès, *Projet de déclaration des droits présenté à l'Assemblée Constituante* : « L'égalité des droits politiques est un principe fondamental. Elle est sacrée comme celle des droits civils... La loi étant un instrument commun, ouvrage d'une volonté commune, ne peut avoir pour objet que l'intérêt commun ».

[2] Rousseau, *Discours sur l'origine de l'inégalité parmi les hommes*. Il déclare (p. 278) « avoir prouvé que l'inégalité est à peine sensible dans l'état de nature, et que son influence y est presque nulle ».

[3] Puffendorf, *De officio hominis et civis secundum legem naturalem*, liv. I, ch. VII, n° 1, 2.

[4] Voltaire, *Pensées sur l'organisation publique*, §§ 10, 11 : « Tous les hommes sont nés égaux ; mais un bourgeois du Maroc ne soupçonne pas que cette vérité existe. Cette égalité n'est pas l'anéantissement de la subordination : nous sommes tous également hommes, mais non membres égaux de la société. Tous les droits naturels appartiennent également au sultan et au bostangi : l'un et l'autre doivent disposer avec le même pouvoir de leurs personnes, de leurs familles, de leurs biens. Les hommes sont donc égaux dans l'essentiel, quoi qu'ils jouent sur la scène des rôles différents ».

applications, dont la première contient, d'ailleurs, implicitement les trois autres : 1° *l'égalité devant la loi*, laquelle consiste en ce que tous les citoyens ne forment qu'une classe unique de sujets à l'égard desquels la loi statue uniformément et indistinctement, sans acception de personnes; 2° *l'égalité devant la justice*, c'est-à-dire l'exclusion des juridictions privilégiées ou d'exception; 3° l'égale admissibilité aux fonctions et emplois publics de tous les citoyens qui justifient des qualités exigées par la loi; 4° *l'égalité devant l'impôt*, auquel chacun doit participer suivant ses facultés.

La *liberté individuelle* a été admirablement définie par la Déclaration des droits de l'homme et du citoyen de 1789, art. 4 : « La liberté consiste à faire tout ce qui ne nuit pas à autrui : ainsi l'exercice des droits naturels de chaque homme n'a de bornes que celles qui assurent aux autres membres de la société la jouissance des mêmes droits. Ces bornes ne peuvent être déterminées par la loi ». Mais elle a reçu un certain nombre d'applications spéciales, qu'a successivement dégagées la civilisation, et qui constituent autant de libertés individuelles distinctes. Elles se classent naturellement en deux groupes.

Les unes, en effet, se rapportent principalement aux intérêts matériels de l'individu. Ce sont : 1° la liberté individuelle au sens étroit du mot, c'est-à-dire non seulement le droit d'aller et de venir librement, de rester sur le territoire national ou d'en sortir, mais aussi ce que les hommes du XVIII° siècle appelaient la *sûreté*[1], c'est-à-dire la garantie contre les arrestations, emprisonnements et pénalités arbitraires; — 2° la *propriété individuelle* : c'est un des droits individuels, qui furent tout d'abord mis par la théorie dans une position avancée et hors des atteintes de l'État[2]; — 3° l'inviolabilité du domicile privé, suite et prolongement de la sûreté, et conçue en ce sens que l'autorité publique ne peut y pénétrer que dans les cas et dans les formes déterminés par la loi; — 4° la liberté du commerce, du tra-

---

[1] Blackstone, B. 1, ch. 1, n° 1, p. 129; — *Déclaration des droits de l'homme et du citoyen* de 1789, art. 2, 7.

[2] Locke, *Essay on civil government*, § 138 : « La puissance suprême ne peut ravir à aucun homme une portion de sa propriété sans son propre consentement. Car la protection de la propriété étant la fin même du gouvernement et celle en vue de laquelle l'homme entre en société, cela suppose nécessairement le droit à la propriété, sans lequel les hommes seraient supposés perdre en entrant en société cette chose même qui les y a fait entrer ». — Déclaration de 1789, art. 17 : « La propriété est un droit inviolable et sacré : nul ne peut en être privé, si ce n'est lorsque la nécessité publique, légalement constatée, l'exige évidemment, et sous la condition d'une juste et préalable indemnité ».

vail et de l'industrie, dont le principe fut surtout développé par les économistes du XVIII° siècle[1].

Les autres libertés individuelles se rapportent plus directement aux intérêts moraux de l'individu. Ce sont : 1° la *liberté de conscience* et la *liberté de culte*. La première est le droit pour tout citoyen de ne ne pas être contraint à professer une religion en laquelle il ne croit pas, ni à participer aux actes extérieurs par lesquels elle se manifeste. La liberté de culte est le droit de pratiquer les actes et cérémonies par lesquels se traduit à l'extérieur une religion déterminée[2]. La liberté de conscience est le premier des droits individuels qui se soit affirmé dans les temps modernes comme étant absolu et inviolable. Le mouvement de la réforme, les persécutions et les luttes qui en furent la conséquence en amenèrent la revendication; et Cromwell, sans en tirer toutes les conséquences[3], la proclamait comme un principe fondamental et nécessaire de la Constitution qu'il voulait établir. L'École du droit de la nature et des gens la reconnaît comme un droit absolu[4]. — 2° et 3° La *liberté de réunion* et la *liberté de la presse*. Elles sortent l'une et l'autre d'un même principe, le droit pour les hommes de se communiquer leurs idées, en vue de leur instruction et profit commun[5]. La plus ancienne de beaucoup est la première; mais la seconde a pris, avec les progrès de l'imprimerie et du journalisme, une importance bien plus grande. — 4° et 5° La *liberté d'association* et la *liberté d'enseignement*. Celles-là se sont fait recevoir plus difficilement; et en effet, comme leur exercice implique toujours une action collective et permanente, elles ne peuvent être considérées comme représentant seulement des droits individuels; elles consti-

---

[1] Dans les déclarations des droits de la Révolution, cette liberté n'est inscrite que dans celle de 1793, art. 17 : « Nul genre de travail, de culture, de commerce ne peut être interdit à l'industrie des citoyens ». Mais la Constitution de l'an III la met au nombre des droits garantis, art. 354.

[2] C'est à la fois l'une et l'autre liberté que vise la Déclaration de 1789, art. 10 : « Nul ne doit être inquiété pour ses opinions, *même religieuses*, pourvu que leur manifestation ne trouble pas l'ordre public établi par la loi ».

[3] Carlyle, *Oliver Cromwell's letters and speeches*, 91° speech, éd. Tauchnitz, t. III, p. 259.

[4] Vattel, *Le droit des gens ou principes de droit naturel*, t. I, § 128 : « Concluons donc que la liberté de conscience est un droit naturel et inviolable ».

[5] Elles sont réunies : soit dans la Déclaration de 1789, art. 11 : « La libre communication des pensées et des opinions est un des droits les plus précieux de l'homme; tout citoyen peut donc parler, écrire, imprimer librement, sauf à répondre de l'abus de cette liberté dans les cas déterminés par la loi; » — soit dans celle de 1793, art. 7 : « Le droit de manifester sa pensée et ses opinions, soit par la voie de la presse, soit de toute autre manière, le droit de s'assembler paisiblement, le libre exercice des cultes, ne peuvent être interdits ».

tuent, en même temps des organisations et comme des fonctions sociales. Elles n'étaient pas, d'ordinaire, mises par les jurisconsultes et
publicistes du xviiie siècle au nombre des droits naturels. Rousseau
considérait les associations particulières, poursuivant un but politique ou social, comme inconciliables avec sa théorie de la souveraineté, en ce qu'elles faussaient l'expression de la volonté générale
et lui enlevaient son infaillibilité naturelle[1]. Aussi les déclarations
des droits de la Révolution n'énoncent point expressément la liberté
d'association, et la Constitution du 5 fructidor an III ne la consacre
qu'avec des précautions et des restrictions (art. 360 et suiv.) ; pour
la première fois la Constitution de 1848 la proclama chez nous
comme un droit général et individuel (art. 8). Quant à l'enseignement
public (celui qui se donne en dehors de la famille), les publicistes du
xviiie siècle le considéraient comme étroitement soumis à l'autorité
et à la surveillance de l'État, qui pouvait et devait s'exercer, non
seulement sur le choix et la personne des maîtres, mais aussi sur les
doctrines enseignées[2]. La Constitution de l'an III reconnut pourtant
la liberté de l'enseignement (art. 300) ; elle fut aussi reconnue par la
Charte de 1830 (art. 69, n° 8) et par la Constitution de 1848 (art. 9).
En effet ce sont là des droits essentiels pour le libre développement
de l'activité et de l'intelligence individuelles ; mais le caractère mixte
qu'ils présentent, leur exercice partant de la manifestation d'une faculté individuelle et aboutissant à une formation collective et organique, fera nécessairement que leur réglementation par la loi sera
d'une nature particulière. C'est un point sur lequel j'aurai l'occasion
de revenir.

Les droits individuels présentent tous un caractère commun : ils limitent les droits de l'État, mais ne lui imposent aucun service positif, aucune prestation au profit des citoyens. L'État doit s'abstenir de certaines

---

[1] *Contrat social*, liv. II, ch. iii, p. 142 : « Quand il se fait des brigues, des *associations partielles*, la volonté de chacune de ces associations devient générale par
rapport à ses membres, et particulière par rapport à l'État ; on peut dire alors qu'il
n'y a plus autant de votants que d'hommes, mais seulement autant que d'associations…
Il importe donc pour avoir bien l'énoncé de la volonté générale, *qu'il n'y ait pas
de société partielle dans l'État* et que chaque citoyen n'opine que d'après lui ». —
Sieyès, *Qu'est-ce que le Tiers-État*, p. 150 : « La grande difficulté vient de l'intérêt par lequel un citoyen s'accorde avec quelques autres seulement. Celui-ci permet
de se concerter, de se liguer ; par lui se combinent les projets dangereux pour la
communauté ; par lui se forment les ennemis publics les plus redoutables. L'histoire
est pleine de cette triste vérité. Qu'on ne soit pas étonné si l'ordre social exige avec
tant de rigueur de ne point laisser les simples citoyens se disposer en *corporations* ».

[2] Puffendorf, *De officio hominis civis*, liv. II, ch. xii, n° 8.

E.   23

immixtions, pour laisser libre l'activité individuelle ; mais l'individu, sur ce terrain, n'a rien de plus à réclamer. C'est pour cette raison qu'on ne saurait classer parmi ces droits, comme on l'a prétendu quelquefois, le droit à l'assistance, à l'instruction, au travail, que chaque citoyen pourrait revendiquer à l'encontre de l'État. L'obligation de fournir à tous l'assistance, l'instruction et le travail, pourrait, tout au plus, être considérée comme un devoir de l'État ; et c'est bien seulement ainsi qu'elle a été proclamée par quelques-unes de nos Constitutions[1]. Cela, d'ailleurs, suscite bien des difficultés, non seulement pratiques, mais théoriques ; et cela suppose une conception particulière du rôle de l'État. Dans tous les cas, cela ne saurait constituer un droit propre de l'individu. On s'écarte là de la notion et du domaine des droits individuels ; car on demande à l'État de faire quelque chose, et non pas seulement de laisser le champ libre à l'effort individuel. D'autre part, si ces obligations étaient admises, elles passeraient forcément après le respect des droits individuels, dont aucun ne pourrait être sacrifié ou violé pour leur donner satisfaction, puisque le respect des droits individuels est le fondement même de la société politique.

Les droits individuels ont reçu dans la théorie constitutionnelle d'autres qualifications. Au XVIIIe siècle, et spécialement dans les débats des assemblées de la Révolution, on les appelait souvent les *droits civils*. Dans le Cours de droit constitutionnel qu'il a professé à la Faculté de droit de Paris, Rossi les a appelés *droits publics* ou *sociaux*[2] et cette terminologie est restée très répandue en France. Mais

---

[1] *Déclaration des droits de l'homme et du citoyen* de la Constitution de 1793, art. 21 et 22 : « Les secours publics sont une dette sacrée. La *société doit* la subsistance aux citoyens malheureux, soit en leur procurant du travail, soit en assurant les moyens d'exister à ceux qui sont hors d'état de travailler. — L'instruction est le besoin de tous. La *société doit* favoriser de tout son pouvoir le progrès de la raison publique et mettre l'instruction à la portée de tous les citoyens ». — Constitution de 1848, *Préambule*, § 8 : « La République doit protéger le citoyen dans sa personne, sa famille, sa religion, sa propriété, son travail, et mettre à la portée de chacun l'instruction indispensable à tous les hommes ; elle doit, par une assistance fraternelle, assurer l'existence des citoyens nécessiteux, soit en leur procurant du travail dans la mesure de ses ressources, soit en donnant, à défaut de la famille, des secours à ceux qui sont hors d'état de travailler ». Ce dernier texte est quelque peu ambigu en ce qu'il rapproche dans un même paragraphe de véritables droits individuels et le prétendu droit au travail et à l'assistance.

[2] Rossi, *Cours de droit constitutionnel*, 2e édit., t. I, p. 9 : « La véritable division, et je vois avec plaisir qu'elle commence à être généralement adoptée, me paraît être la division des droits en droits *privés*, *publics* et *politiques* ». Après avoir défini les droits privés, ceux qui rentrent dans le droit civil proprement dit, il continue : « Il y a une autre classe de droits appartenant également aux individus, mais

de quelque nom qu'on les désigne, c'est un point de doctrine certain et important qu'on les oppose aux *droits politiques* proprement dits. Ces derniers représentent la participation des citoyens au gouvernement, à l'administration, à la justice (par l'institution du jury) : l'exemple le plus frappant est le suffrage politique. Il n'y a pas là une simple opposition de *termes*, mais une distinction entraînant des conséquences juridiques. Les droits politiques n'appartiennent qu'aux citoyens, à qui la constitution et la loi en accordent la jouissance et l'exercice; ils ne sont point accordés à tous les membres de la nation sans distinction aucune d'âge, de sexe ou de capacité; nous avons vu qu'il en était ainsi même pour le droit politique fondamental, le droit de suffrage[1]. Au contraire, les droits individuels appartiennent, en principe, à tous les individus qui composent la nation, quels que soient leur âge, leur sexe et leur incapacité de fait ou même leur indignité : c'est en ce sens que tous sont également citoyens[2]. Cela est absolument vrai de quelques-uns des droits individuels ; la liberté individuelle *stricto sensu*, la liberté de conscience, la liberté de culte. Pour certains autres, bien que cette égalité subsiste en tant que prin-

qu'on ne pourrait guère concevoir hors de la société, car ils sont l'expression du développement des facultés humaines dans l'état social, *l'expression du développement de l'homme. L'exercice de ses plus nobles facultés ou la jouissance de ses droits les plus essentiels. C'est ce qu'on appelle les droits publics ou sociaux.* Ainsi la liberté individuelle, le droit de propriété pris d'une manière générale, la liberté de publier ses opinions, la liberté de conscience... Enfin il y a les droits politiques proprement dits. Ils consistent dans la participation à la puissance publique ».

[1] Ci-dessus, p. 189 et suiv.

[2] *Projet de déclaration des droits*, présenté par Sieyès à l'Assemblée Constituante : « Il existe une différence entre les droits *naturels et civils* et les droits *politiques*. Elle consiste en ce que les droits naturels et civils sont ceux pour le maintien et le développement desquels la société est formée, et les droits politiques ceux par lesquels la société se forme et se maintient. Tous les habitants d'un pays ont droit à la protection de leur personne, de leur propriété, de leur liberté; mais tous n'ont pas droit à prendre une part active dans la formation des pouvoirs publics. Les femmes, du moins dans l'état actuel, les enfants, les étrangers, ceux encore qui ne contribuent en rien à soutenir l'établissement public, ne doivent point influer activement sur la chose publique ». — Rossi, *Cours de droit constitutionnel*, 2ᵉ édit., t. I, p. 10 : « On ne peut confondre les droits politiques avec les droits publics, parce que les droits politiques, quoiqu'on fasse, qu'on les suppose aussi généraux qu'on voudra, impliquent toujours une question de capacité. Vous ne verrez jamais les droits politiques accordés aux enfants, aux femmes même, quoi qu'on dise, ni aux fous. Eh bien ! les droits publics ne leur appartiennent-ils pas ? Un enfant n'a-t-il pas droit à la liberté individuelle comme un homme ? Une femme n'est-elle pas le droit de publier ses opinions comme un homme ? Le fou lui-même n'a-t-il pas droit à la liberté individuelle ? Car les garanties qu'on prend contre les écarts ou les fureurs d'un fou ne sont pas proprement des atteintes à la liberté individuelle ».

cipe dirigeant, la réglementation légale qui leur est appliquée doit nécessairement créer un certain nombre d'incapacités. Cela provient de deux causes. Ou ces droits, par leur exercice, peuvent en fait constituer une véritable action politique et présenter l'équivalent indirect d'une participation à la puissance publique ; telles sont la liberté de la presse, la liberté d'association, la liberté de réunion. Ou bien il s'agit de protéger l'individu, encore incapable en fait, contre le dommage qu'il se pourrait faire à lui-même par l'abus de son droit individuel, c'est ainsi que la liberté du travail est légitimement restreinte en certains cas en ce qui concerne les enfants et les femmes. Notre droit public même a proclamé comme un principe supérieur l'inaliénabilité de la personne humaine : non seulement en prohibant tout esclavage sur les terres appartenant à la France, mais aussi en défendant à tout individu d'engager ses services à perpétuité [1].

La distinction entre les droits *individuels* ou *publics* et les droits *politiques* est des plus nettes. Cependant, pour un droit particulier, celui *de pétition*, c'est une question assez délicate que de savoir si l'on doit le classer dans l'une ou l'autre catégorie. C'est le droit pour les individus d'adresser des plaintes, des réclamations ou des observations, soit aux autorités qui rentrent dans le pouvoir exécutif, soit aux assemblées législatives. Ce sont surtout les pétitions adressées aux Chambres législatives qui ont pris une importance véritable dans la liberté moderne. Mais là le droit de pétition peut recevoir deux applications bien distinctes. Tantôt il est employé dans un intérêt particulier et privé ; l'individu qui pétitionne signale au pouvoir législatif un acte injuste d'une autorité quelconque, dont il a été la victime et dont il demande le redressement. Tantôt, au contraire, la pétition vise une mesure d'intérêt général : c'est le vote d'une loi nouvelle qui est demandé ou la réforme d'une loi ancienne ; le pétitionnaire se fait le conseiller et l'auxiliaire du législateur. Il y a là, sous un même nom et sous une même forme, deux droits qui, en réalité, paraissent distincts et différents : le premier est incontestablement un droit individuel, touchant à des intérêts individuels ; mais le second semble un droit politique, constituant une participation, si discrète qu'elle soit, à la proposition des lois. C'est bien la distinction qui fut d'abord proposée, lorsque la question se présenta pour la première fois devant l'Assemblée Constituante dans la séance du 9 mai 1791. Chapelier, dans le rapport qu'il rédigea à cette occasion, distinguait nettement les deux applications du droit de pétition : il appelait la première la

[1] Déclaration des droits de 1793, art. 18 ; Déclaration des droits de l'an III, art. 15 ; Code civil, art. 1780.

plainte, et la déclarait ouverte indistinctement à toute personne, comme un droit naturel et inviolable ; il réservait pour la seconde le terme *droit de pétition*, et y voyait un droit politique ouvert aux seuls citoyens actifs[1]. L'idée était si juste qu'elle a reparu depuis lors à plusieurs reprises dans nos discussions parlementaires[2]. Elle souleva cependant en 1791 de vives protestations. Pétion, Grégoire, Robespierre réclamèrent la reconnaissance du droit de pétition comme « le droit imprescriptible de tout homme vivant en société », comme le « droit de tout être pensant ». L'abbé Maury lui-même dit quelques mots en ce sens au moment où la discussion était close[3]. C'est aussi la reconnaissance du droit de pétition comme droit individuel ouvert à tous qui fut votée par l'Assemblée à une grande majorité ; et c'est à ce titre qu'il fut garanti par la Constitution de 1791[4].

Cette résolution, qui devait fixer le droit public à cet égard, s'expliquait par deux considérations. C'est d'abord que le droit de pétition était très en faveur au XVIIIe siècle. En Angleterre, le *Bill of rights* de 1689 l'avait expressément consacré sans distinction et sans réserve[5]. Mais les Constituants avaient une autre raison pour refuser de traiter le droit de pétition, même distinct du droit de plainte, comme un droit politique, et pour l'attribuer sans distinction à tout membre de la nation. C'était pour eux le correctif nécessaire du suffrage politique restreint et de la distinction entre citoyens actifs et non actifs. Le droit, reconnu à tous ceux qui n'étaient pas citoyens actifs, de présenter des pétitions au pouvoir législatif pour lui recommander des objets d'intérêt général et pour réclamer une législation

[1] « Le *droit de pétition* est le droit qu'a le *citoyen actif* de présenter son vœu au Corps législatif, au roi, aux administrateurs, sur les objets d'administration et d'organisation. La *plainte* est un droit de recours de tout homme qui serait lésé dans ses intérêts particuliers par une autorité quelconque ou par un individu. Le *droit de pétition*, cette espèce d'initiative du citoyen pour la loi et les institutions sociales... Cette part presque active, que peut prendre un citoyen dans toutes les matières générales du gouvernement, peut-elle appartenir à d'autres qu'à des membres du corps social ? C'est ici que doit reparaître la distinction entre la plainte et la pétition : la plainte est le droit de tout homme ; il ne s'agit point pour la recevoir et pour y répondre d'examiner l'existence politique de celui qui la présente ; la pétition est le droit exclusif du citoyen ».

[2] Eugène Pierre, *Traité de droit politique, électoral et parlementaire*, p. 581, note 2, p. 583.

[3] « Je viens défendre l'opinion de M. Robespierre. Je viens réclamer pour tout citoyen *qui a une volonté légale, qui est majeur*, le droit de pétition » ; Maury semblait cependant exiger par là, non la capacité politique, mais la capacité civile.

[4] Titre I : « La Constitution garantit comme droits naturels et civils... la liberté d'adresser aux autorités constituées des pétitions signées individuellement ».

[5] Art. 5 : « That it is the right of the subjects to petition the king, and all commitments and prosecutions for such petitioning are illegal ».

nouvelle, paraissait la meilleure justification du titre de citoyens qui leur était laissé, et la conséquence forcée du contrat social. Tous les membres de la société, sans aucune exclusion, pouvaient ainsi avoir une participation secondaire à l'exercice du pouvoir législatif; et cette participation était sans danger, puisqu'elle se présentait seulement sous la forme d'une requête ou d'un conseil. Ceux qui n'étaient pas admis au suffrage politique ne pourraient pas refuser obéissance aux lois sous prétexte qu'ils n'auraient pas été représentés dans le vote, puisque le droit de pétition leur permettait d'en demander la réforme et l'amélioration. Ce droit, de même qu'il représentait pour les citoyens actifs un correctif du gouvernement représentatif, leur permettant de rappeler à leurs députés leurs vœux et leurs projets, constituait pour les citoyens non actifs un succédané du droit de suffrage politique[1].

Depuis lors le droit de pétition a été considéré en France comme un droit individuel, qu'ont garanti les diverses Constitutions, depuis celle de 1791 jusqu'à celle de 1848[2]. On a tiré logiquement les conséquences de cette idée. Le droit d'adresser des pétitions aux Chambres a été traditionnellement reconnu aux Français non électeurs, aux femmes, aux mineurs, aux divers incapables, non seulement du droit politique, mais aussi du droit civil[3]. On admet même qu'une pétition peut être adressée par un étranger aux Chambres; mais là reparaît cependant la distinction rationnelle qu'avait proposée Chapelier. Si la pétition de l'étranger porte sur une mesure législative intéressant seulement l'ordre politique et intérieur de la France, elle doit être écartée par l'Assemblée sans examen du fond[4].

J'ai indiqué précédemment que, dans la démocratie suisse, la pétition à fin de législation avait pris une forme toute nouvelle et impérieuse; elle est devenue l'*initiative populaire*[5]. Mais par là même elle est devenue incontestablement un droit politique, les signatures exigées pour l'introduire ne pouvant être que celles d'électeurs politiques.

---

[1] Ces diverses idées ont été émises dans la discussion du 9 mai 1791.

[2] Sur le droit de pétition aux Chambres sous le second Empire, voyez ci-dessus, p. 130.

[3] Rossi, *Cours de droit constitutionnel*, 2ᵉ édit., t. III, p. 162 : « Ce droit peut être exercé par une femme, par un prolétaire; il peut l'être même par un homme qu'un jugement a privé de ses droits civils... Je dis que l'exercice du droit de pétition appartient même à un individu mort civilement ». — Voyez les précédents principaux dans E. Pierre, *Traité de droit politique, électoral et parlementaire*, n. 571, p. 581 et suiv.

[4] E. Pierre, *op. cit.*, p. 582, 583.

[5] Ci-dessus, p. 253 et suiv.

Le droit de pétition, distinct du droit de plainte, a joué parfois en France un rôle important. Sous la Charte de 1814 en particulier, alors que les Chambres n'avaient pas le droit d'initiative, il fournissait un moyen détourné, mais efficace, d'introduire devant elles certaines questions et d'ouvrir certains débats. En tout temps, il y a là un moyen pour dégager et affirmer un mouvement puissant de l'opinion publique et l'imposer à la considération du législateur. Cependant on peut affirmer que l'importance de ce droit, jadis estimé si haut, décline de jour en jour. La raison en est simple. Il existe de nos jours une autre force, bien des fois plus puissante, pour dégager un courant d'opinion et pour imposer moralement certaines mesures aux assemblées législatives : je veux parler de la presse périodique et quotidienne. Voilà ce qui remplace effectivement cette application du droit de pétition, et certains orateurs de l'Assemblée Constituante l'avaient indiqué par avance. « Le droit de pétition, disait M. Beaumetz, qui est presque métaphysique dans sa définition, n'est pas non plus d'un usage très important dans un gouvernement libre et représentatif, parce que les citoyens peuvent toujours y suppléer par d'autres moyens qui lui ressemblent si fort que, à la définition près, ils produisent presque le même effet, c'est-à-dire qu'il n'y a aucune espèce de pétition que l'on ne puisse suppléer, par exemple, par la liberté de la presse : car dans un empire aussi peuplé que celui de la France, où il est difficile d'additionner une somme de vœux individuels qui soit en quelque rapport avec la majorité de la nation, il est clair qu'un bon livre, dans quelque langue et par quelque auteur qu'il soit fait, fait plus d'impression sur l'opinion publique et, par conséquent, détermine plus puissamment les administrateurs et les législateurs, qui ne méprisent pas l'opinion publique, que ne pourrait le faire une pétition signée d'un grand nombre de citoyens, quels qu'ils soient[1] ».

III.

Dans les constitutions modernes, les droits individuels ont été reconnus sous deux formes : 1° dans les *déclarations des droits* ; 2° dans les *garanties des droits*.

Les *déclarations des droits de l'homme et du citoyen* sont un produit direct de la philosophie du xviii° siècle et du mouvement d'esprits qu'elle a développé. Ce sont les principaux axiomes dégagés par les philosophes et les publicistes, comme les fondements d'une organisa-

---

[1] Séance du 9 mai 1791.

tion politique juste et rationnelle, que proclamèrent solennellement les
auteurs des Constitutions nouvelles destinées à en faire l'application.
Les *déclarations des droits* émanent donc de corps possédant une autorité légale et même souveraine, d'assemblées constituantes ; mais ce
ne sont pas des articles de loi précis et exécutoires. Ce sont purement
et simplement des *déclarations de principes*, et jusque-là jamais on
n'avait vu rien de tel. Sans doute les Anglais possédaient des documents écrits qui pouvaient présenter une certaine analogie ; un certain nombre des droits qui figurent dans les déclarations étaient garantis aux citoyens anglais par la grande Charte, par la *Petition of
right*, par le *Bill of rights*, par l'*Act d'habeas corpus*, ou par l'*Act of
Settlement*. Mais il y avait une différence profonde. Les documents
anglais que je viens de rappeler avaient un but et une forme essentiellement pratiques : c'étaient ou des concessions solennelles faites par
le roi à son peuple, ou des actes émanés des Chambres et imposés
au monarque et ayant pour but et pour effet de limiter les droits de
la couronne, textes que le citoyen pouvait au besoin invoquer devant
les tribunaux. Les hommes qui rédigèrent chez nous la première Déclaration des droits de l'homme et du citoyen étaient parfaitement instruits de ces faits[1], et c'est en pleine connaissance de cause qu'ils pro-
cédèrent à leur œuvre nouvelle. Ils se rendirent bien compte qu'ils
rédigeaient un texte simplement dogmatique[2]. Ils savaient bien qu'ils
allaient répéter simplement sous une forme plus concise et plus populaire les vérités dégagées par la philosophie dont ils étaient imbus, et
certains d'entre eux contestaient justement pour cette raison l'utilité
d'un tel travail[3]. Mais la grande majorité était convaincue de l'extrême utilité que présentaient ces déclarations.

[1] Lally-Tollendal, dans la séance du 18 août 1789 : « Les Anglais ont plusieurs actes qui constatent leurs droits et qui sont le fondement de leurs libertés. Dans tous ces actes, soit dans leur grande Charte sous le roi Jean, soit dans
leurs différentes pétitions sous les trois Édouard, sous Henri IV, soit dans leur pétition des droits sous Charles Ier, soit enfin dans leur bill du droit et dans leur acte
déclaratoire sous Guillaume, ils ont constamment écarté toutes les questions méta-
physiques, toutes ces maximes générales susceptibles de dénégation, de disputes
éternelles ».

[2] Brissot de Warville, *Plan de conduite pour les députés aux États généraux*,
1789, p. 182 : « Qu'est-ce qu'une déclaration des droits ? Un acte par lequel les individus dans une même société déclarent quels sont les droits primitifs de l'homme, inhérents, essentiels à sa nature et à celle de la société ».

[3] De Lanjuinais dans la séance du 3 août 1789 : « Conservons les principes pour nous
et hâtons-nous de donner aux autres les conséquences qui sont les lois elles-mêmes.
Locke, Cumberland, Hume, Rousseau et plusieurs autres ont développé les mêmes
principes ; leurs ouvrages les ont fait germer partout. Si nous avions à créer une théorie politique, sans doute nous devrions travailler à l'imitation de ces écrivains fameux ;

La cause en est surtout la foi profonde qu'avaient ces hommes dans la puissance de la vérité. Ces dogmes politiques leur paraissaient si certains que pour eux il suffisait de les proclamer et de les inscrire en tête des Constitutions nouvelles pour en assurer le respect efficace et éternel. C'est une idée que l'on trouve à la fois énoncée en Amérique et en France. Les déclarations des droits, qui précèdent souvent les Constitutions des colonies anglaises émancipées, contiennent pour la plupart un article semblable à celui-ci qui figure dans la déclaration de la Caroline du Sud (art. 24) : « Il est nécessaire de recourir fréquemment aux principes fondamentaux pour conserver les avantages inappréciables de la liberté[1] ». Dans la discussion qui eut lieu à ce sujet à notre Assemblée Constituante en 1789, la même conception fut nettement énoncée : « Je crois, disait Target, que les droits des hommes ne sont pas assez connus, qu'il faut les faire connaître; je crois que, loin d'être dangereuse, cette connaissance ne peut être qu'utile. Si nos ancêtres eussent fait ce que nous allons faire, s'ils eussent été instruits comme nous le sommes, si les articles positifs eussent opposé des barrières au despotisme, nous n'en serions pas où nous en sommes. C'est en gravant sur l'airain la déclaration des droits de l'homme que nous devons faire cesser les vices de notre gouvernement et en préserver la postérité[2] ».

Des déclarations conçues dans cet esprit apparurent d'abord en Amérique, dans les Constitutions que se donnèrent les colonies anglaises après leur émancipation. Ce fut, semble-t-il, l'initiative privée qui ouvrit cette voie, et le premier projet de déclaration des droits fut proposé par James Otis et Samuel Adams dans un *meeting* tenu à Boston le 20 novembre 1772[3] : le 12 juin 1776, la Convention de Virginie adoptait une déclaration qui devait servir largement de modèle aux autres colonies.

il ne s'agit pas de la théorie, mais de la pratique... La plupart d'entre vous, Messieurs, n'ignorent pas les idées vastes que ces philosophes ont répandues sur la législation des empires et nous ne les perdrons pas de vue dans la seule application que nous avons à en faire ».

[1] Cf. Déclaration du Massachusetts, art. 18; de la Pensylvanie, art. 14; de Virginie, art. 17. — Voyez ces textes dans une intéressante publication de l'époque révolutionnaire : *Déclaration des droits de l'homme et du citoyen* comparée avec les lois des peuples anciens et principalement avec les déclarations des États-Unis de l'Amérique, 2ᵉ édition, Paris, l'an troisième de la Liberté.

[2] Séance du 1ᵉʳ août 1879. Bergasse disait aussi : « Je crois qu'il est indispensable de mettre à la tête de la Constitution une déclaration des droits dont l'homme doit jouir. Il faut qu'elle soit simple, à la portée de tous les esprits, et qu'elle devienne le *catéchisme national* ».

[3] Charles Borgeaud, *The origin and development of written Constitutions*, dans la *Political science quarterly Review*, déc. 1892, p. 616.

En France, ce fut l'un des premiers objets que discuta l'Assemblée Nationale, lorsqu'elle aborda l'œuvre de la Constitution. La question même de savoir si l'on rédigerait une déclaration des droits de l'homme et du citoyen fut vivement débattue dans les séances des 1er, 2 et 3 août 1789. Tous les esprits, on peut le dire, étaient acquis dans l'Assemblée aux principes qu'on proposait de proclamer sous cette forme. Mais un parti assez nombreux trouvait inutile et même dangereuse une déclaration de cette nature. Il y voyait un grand inconvénient en ce qu'on allait proclamer comme absolus des droits auxquels la Constitution elle-même, ou les lois qui en opéreraient le règlement, apporteraient forcément des restrictions et des limites : n'était-ce pas inviter en quelque sorte les citoyens à réclamer, à s'insurger peut-être contre les lois au nom de la déclaration des droits elle-même ? Malgré cette observation, la très grande majorité de l'Assemblée Constituante se prononça pour une déclaration des droits. Non seulement elle était dominée par la croyance plus haut indiquée en la puissance propre de ces vérités, mais elle sentait aussi que la Révolution, qui s'accomplissait en France, ouvrait une ère nouvelle dans l'histoire des sociétés. C'était en quelque sorte la proclamation d'un nouvel évangile, et l'Assemblée qui inaugurait cette phase nouvelle dans les destinées de l'humanité devait formuler en termes solennels le nouveau *Credo* politique[1] : « L'on ne peut, disait Duport, se dispenser de faire des déclarations parce que la société change. Si elle n'était pas sujette à des révolutions, il suffirait de dire que l'on est soumis à des lois; mais vous avez porté vos vues plus loin ; vous avez cherché à prévoir toutes les vicissitudes ; vous avez voulu enfin une déclaration convenable à tous les hommes, à toutes les nations. Voilà l'engagement que vous avez pris à la face de l'Europe ; il ne faut pas craindre ici de dire des vérités de tous les temps et de tous les pays[2]. »

L'Assemblée Constituante, après avoir adopté le principe au commencement du mois d'août 1789, discuta et vota du 18 au 27 de ce même mois la *Déclaration des droits de l'homme et du citoyen* en dix-sept articles qui sert de préambule à la Constitution de 1791. Dès lors, la tradition constitutionnelle était établie sur ce point, et les Constitutions postérieures, qui suivirent le courant imprimé par la Révolution continrent également à leur fronton une déclaration des droits de l'homme et du citoyen. Celle de 1793 est très ample, en trente-cinq

---

[1] Tocqueville, *L'ancien régime et la Révolution*, liv. I, ch. III : « Comment la Révolution française a été une révolution politique qui a procédé à la manière des révolutions religieuses, et pourquoi? »

[2] Séance du 18 août 1789.

articles. Celle de la Constitution de l'an III est plus succincte, en
vingt-deux articles; mais elle est accompagnée d'une déclaration des
devoirs de l'homme et du citoyen en neuf articles, contre-partie de la
déclaration des droits, que quelques orateurs avaient déjà réclamée à
l'Assemblée Constituante en 1789.

Avec la Constitution de l'an VIII ce premier courant prit fin. La
foi en la puissance des vérités abstraites et générales était singulièrement affaiblie après le 18 brumaire, et ce n'était pas au moment où
la liberté politique subissait en France une dépression profonde que
l'on allait, dans la Constitution nouvelle, proclamer les principes de la
liberté universelle. La Constitution de l'an VIII ne contint donc aucune déclaration des droits. L'on n'en trouve pas non plus, sauf une
exception, dans les Constitutions postérieures de la France. Le plus
souvent, d'ailleurs, l'idée et la possibilité même en étaient écartées
par les conditions dans lesquelles la nouvelle Constitution faisait son
apparition. Mais d'autres causes également ont contribué à démoder
ce genre de productions plutôt philosophiques que constitutionnelles.
C'est, d'un côté, la prédominance de l'esprit pratique, qui considère
comme inutiles ces déclarations de principes distinctes de leur application. C'est aussi un autre fait qui confirme après coup l'utilité réelle
de notre première déclaration, celle de 1789. Celle-là, en effet, a été
en quelque sorte définitive; ses articles ont promptement pénétré
dans les esprits et sont devenus des axiomes courants pour la conscience française. C'est à elle que l'on songe toujours lorsqu'on parle
des droits de l'homme et du citoyen : elle est pour nous la *Déclara-*
tion des droits de l'homme et du citoyen par excellence, et c'est toujours elle que l'on désigne par ces termes employés sans aucune
addition. Les déclarations postérieures, n'ayant point eu le même re-
tentissement et la même importance historique, ont été en réalité
des répétitions inutiles d'une proclamation déjà faite et qu'elles ne
pouvaient faire oublier. Aussi ces déclarations de 1793 et de l'an III
sont presque des curiosités de notre histoire constitutionnelle; elles
n'ont laissé aucune empreinte dans la mémoire nationale, tandis que
celle de 1789 subsiste comme un titre toujours respecté. Elle n'a rien
perdu de sa force, par suite des révolutions politiques; car ce n'est
qu'une déclaration de principes, et les principes, lorsqu'ils sont vrais
et acceptés par l'esprit public, peuvent être méconnus, mais non effacés par les textes des lois.

Je l'ai dit cependant, l'une des Constitutions françaises de notre
temps a repris la tradition abandonnée depuis l'an VIII. C'est la Constitution de 1848, qui, sous le titre de *Préambule* et en huit articles,
contient une véritable déclaration des droits et aussi des devoirs;

mais, moins encore peut-être que celles de 1793 et de l'an III, cette déclaration n'a eu d'influence sur le développement de notre droit constitutionnel.

Les *déclarations des droits* sont consacrées en grande partie à la reconnaissance des droits individuels déclarés « supérieurs et antérieurs aux lois positives », et c'est par là que j'ai été amené à les étudier. Mais elles contiennent aussi d'autres principes se rapportant aux droits politiques : la souveraineté nationale et les conséquences qui en découlent quant à la formation des lois, la séparation des pouvoirs, la responsabilité des fonctionnaires, sont affirmées dans les déclarations de 1789, 1793 et 1795.

Les *garanties des droits* sont tout autre chose que les *déclarations* dont je viens de parler. Ce sont de véritables lois positives et obligatoires, et, pour les définir d'une façon plus précise, ce sont des articles constitutionnels qui assurent au citoyen la jouissance de tel ou tel droit individuel. Le but qu'on se propose en les édictant, c'est de conférer aux droits ainsi garantis la force qui est propre, chez beaucoup de nations modernes, aux dispositions constitutionnelles : celles-ci, en effet, sont considérées comme supérieures aux lois ordinaires comme pouvant restreindre et limiter les pouvoirs du législateur. Ce qu'on veut par ces *garanties des droits*, c'est protéger les droits individuels contre le législateur lui-même, lui interdire de faire aucune loi qui les entame ou qui les viole. C'est ce qu'exprime très nettement la Constitution de 1791 dans son titre Ier : « Le pouvoir législatif ne pourra faire aucune loi qui porte atteinte et mette obstacle à l'exercice des droits naturels et civils consignés dans le présent titre et garantis par la Constitution ».

Les *garanties des droits* sont aussi anciennes que les *déclarations*; elles ont fait leur apparition en même temps que celles-ci, mais sans en être tout d'abord distinctes quant à la forme. Les déclarations des colonies émancipées de l'Amérique du Nord, qui, nous l'avons vu, ont été les premières de toutes, n'étaient pas simplement un exposé de principes rentrant dans le droit naturel. Avec le génie pratique de la race anglo-saxonne, leurs rédacteurs y avaient inséré un certain nombre de dispositions qui défendaient expressément au pouvoir législatif de statuer sur certaines matières ou de légiférer contrairement à certains principes. Ces articles, épars dans la Déclaration, étaient autant de *garanties des droits*[1]. La Constitution fédérale votée par la

---

[1] Par exemple, Déclaration du Massachusets, art. 12 : « La législature ne fera point de loi pour infliger une punition capitale ou infamante sans une procédure par jurés, excepté pour la discipline de l'armée de terre ou de la marine »; — art. 25 : « Aucun sujet ne doit dans aucun cas ni dans aucun temps être déclaré coupable de

Convention de 1787 ne contenait tout d'abord rien de semblable, par la raison très simple qu'elle n'était précédée d'aucune *déclaration des droits*, et que, dans la forme, la *garantie des droits* n'avait pas encore été rendue distincte et indépendante. Mais le premier Congrès, qui se réunit en 1789, proposa dix amendements à la Constitution, qui furent votés et acceptés par les États conformément à celle-ci. Ce sont des dispositions additionnelles dont la plupart ont pour but la garantie des droits individuels.

En France, les Constitutions qui contiennent une *déclaration des droits* contiennent aussi des *garanties des droits*, distinguant ainsi nettement les deux choses. La Constitution de 1791 présente ainsi un titre Ier intitulé : *Dispositions fondamentales garanties par la Constitution*. La Constitution de 1793 classe ses derniers articles (122-124) sous la rubrique : *Garantie des droits*. La Constitution de l'an III est très abondante en dispositions de cette nature (art. 354 et suiv.) qu'elle intitule : *Dispositions générales*. Enfin, la Constitution de 1848 consacre son chapitre II aux *Droits des citoyens garantis par la Constitution*.

D'autre part, celles de nos Constitutions qui ne contiennent pas de *déclaration des droits* ont conservé cependant les *garanties des droits*. Cela commence avec la Constitution de l'an VIII, qui leur consacre les principaux articles de son titre VII, intitulé : *Dispositions générales*. La Charte de 1814 elle-même, sous la rubrique : *Droit public des Français*, y consacre ses douze premiers articles, reproduits dans les onze premiers articles de la Charte de 1830. Enfin, la Constitution du 14 janvier 1852 et celle du 21 mai 1870 débutent ainsi : « Art. 1. La Constitution reconnaît, confirme et garantit les grands principes proclamés en 1789 et qui forment la base du droit public des Français ».

La *garantie des droits* n'est point propre aux Constitutions américaines et françaises. Elle se trouve dans presque toutes les Constitutions écrites de l'Europe, qui contiennent généralement en tête un chapitre intitulé : *Droits garantis aux citoyens par la Constitution*.

Cependant, chose notable, nos lois constitutionnelles de 1875 sont muettes sur ce point. Comment expliquer ce silence et quelles conséquences juridiques résultent de cette lacune? Le fait en lui-même s'explique aisément. La Constitution de 1875 n'est point une œuvre théorique et systématique comme l'étaient beaucoup des Constitutions antérieures, principalement celles qui ont été votées par des assemblées constituantes proprement dites. Elle contient une solution

---

trahison ou de félonie par la législature ». — Cf. Déclaration du Delaware, art. 11 ; du Maryland, art. 16 et 17 ; de la Virginie, art. 9.

éminemment pratique, obtenue, après de longues difficultés, par un esprit de transaction et de sagesse moyenne. Dans les lois constitutionnelles ainsi rédigées on n'a mis que ce qui était absolument nécessaire pour assurer le fonctionnement du gouvernement; on s'est contenté d'organiser les pouvoirs publics et de déterminer leurs rapports, et l'on s'est abstenu de toute déclaration de principes. Ce n'est pas que l'Assemblée Nationale répudiât les principes proclamés pour la première fois en 1789; mais elle jugea inutile de les proclamer à nouveau ou même de les garantir dans la Constitution[1]. Ils lui apparaissaient comme un patrimoine définitivement acquis au peuple français; et, en les laissant en dehors de la Constitution écrite, elle marquait le dernier terme d'une évolution naturelle commencée bien auparavant. La place faite dans nos Constitutions à ces principes, et en particulier aux droits individuels, s'était progressivement rétrécie, à mesure qu'ils pénétraient plus profondément dans la conscience nationale. Nos premières Constitutions, nous l'avons vu, les avaient deux fois visés et reconnus, dans la *déclaration* et dans la *garantie des droits*; puis (sauf dans la Constitution de 1848) la *garantie* seule avait subsisté; dans la Constitution de 1852, cela s'était borné à un simple rappel, à un renvoi. Ce rappel même était jugé inutile en 1875.

Mais, juridiquement parlant, cela n'entraîne-t-il pas de graves modifications dans notre droit constitutionnel? Les droits garantis expressément dans la Constitution écrite sont mis, nous l'avons vu, hors de l'atteinte des législateurs. En l'absence d'une telle garantie, ne sont-ils pas laissés à leur discrétion? Dans le droit constitutionnel de certains pays, aux États-Unis par exemple, la différence entre les deux systèmes est capitale; d'après la doctrine et la jurisprudence françaises, elle est presque insignifiante. La *garantie* constitutionnelle des droits perd chez nous beaucoup de son importance par l'application de deux règles traditionnelles.

1° Pour que les citoyens puissent exercer un droit ou jouir d'une liberté, il ne suffit pas que l'exercice et la jouissance en soient garantis par la Constitution. En effet, quelque légitimes que soient les droits individuels, ils n'ont pas une portée illimitée. Ils ont, au contraire, deux limites nécessaires : le respect du droit égal chez autrui,

[1] M. Lepère, séance du 1er février 1875 (*Annales de l'Assemblée Nationale*, t. XXXVI, p. 619) : « Nous avons édicté une série de dispositions constitutionnelles sans nous attacher à faire des promulgations de principes, pas plus qu'à formuler des déclarations philosophiques. Nos principes sont connus. Ce sont les principes de 1789 que tous les gouvernements qui se sont succédé ont reconnus, jusqu'à celui-là même qui devait les violer de la façon la plus scandaleuse ».

et le maintien de l'ordre public. Leur exercice suppose donc une réglementation préalable que doit en faire le législateur[1], et, tant que cette réglementation n'a pas eu lieu, le droit déposé, garanti dans la Constitution, ne peut être exercé ; il reste là comme une simple promesse. C'est là une règle de droit qui n'a pas toujours été respectée à l'époque révolutionnaire, mais qui depuis a été confirmée par des applications multiples et décisives. Ainsi la Constitution de 1848 déclarait dans son article 8 : « Les citoyens ont le droit de s'associer » ; mais cette disposition ne fit point tomber l'article 291 du Code Pénal qui punit toute association de plus de vingt personnes non autorisée par le gouvernement. Ce texte prohibitif est toujours resté en vigueur depuis lors, sauf dans la mesure où son application a été écartée par des lois spéciales, dont la plus importante est celle du 21 mars 1884 relative à la création des syndicats professionnels. De même la Constitution de l'an III garantissait aux citoyens la liberté de l'enseignement[2] ; la Charte de 1830 la promettait aussi[3] ; enfin elle était garantie par la Constitution de 1848[4]. Elle n'a été ouverte cependant que par les différentes lois organiques qui l'ont réglementée : loi du 28 juin 1833 pour l'enseignement primaire ; loi du 15 mars 1850 pour l'enseignement secondaire ; loi du 12 juillet 1875 pour l'enseignement supérieur.

2° Une loi qui supprimerait ou entamerait une liberté ou un droit garantis par la Constitution ne serait pas nulle pour cela. Incontestablement elle n'aurait pas dû être votée par le Corps législatif qui, en l'adoptant, a violé la Constitution. Mais, une fois votée, elle devient cependant obligatoire, et ni le pouvoir exécutif ni le pouvoir judiciaire ne pourraient refuser d'en faire l'application. Cela vient de ce que notre droit public, poussant à l'extrême les conséquences de la séparation des pouvoirs, refuse aux tribunaux le droit d'apprécier la

[1] *Déclaration des droits de l'homme et du citoyen de* 1789, art. 4 : « L'exercice des droits naturels de chaque homme n'a de bornes que celles qui assurent aux autres membres de la société la jouissance de ces mêmes droits. Ces bornes ne peuvent être déterminées que par la loi ».

[2] Art. 300 : « Les citoyens ont le droit de former des établissements particuliers d'éducation et d'instruction, ainsi que des sociétés libres, pour concourir aux progrès des sciences, des lettres et des arts ».

[3] Art. 69 : « Il sera pourvu successivement par des lois séparées dans le plus court délai possible aux objets suivants... 8° l'instruction publique et la liberté de l'enseignement ».

[4] Art. 9 : « L'enseignement est libre. La liberté d'enseignement s'exercera selon des conditions de capacité et de moralité déterminées par les lois et sous la surveillance de l'État ».

constitutionnalité ou l'inconstitutionnalité des lois[1]. C'est un point
que j'ai déjà signalé et sur lequel je reviendrai dans le chapitre suivant. Dans d'autres pays, aux États-Unis par exemple, où la doctrine
contraire a triomphé, la garantie constitutionnelle des droits a une
grande importance pratique; elle les protège efficacement contre les
entreprises du législateur. Mais, en France, elle n'a la valeur que
d'une restriction ou obligation morale imposée au pouvoir législatif,
et l'état de droit est sensiblement le même, qu'elle existe ou qu'elle
n'existe pas. Le principe suivi en Amérique a bien été proposé plus
d'une fois en France, particulièrement pendant la période révolutionnaire, mais il n'a jamais pu se faire admettre. Nous verrons plus loin
que, seules, les Constitutions de l'an VIII (art. 21) et du 14 janvier
1852 (art. 25, 26, 29) avaient organisé une procédure de cassation
des actes inconstitutionnels. C'était le Sénat qui en était juge et pouvait les casser; la Constitution de 1852 (art. 26) l'invitait spécialement à annuler les lois qui porteraient atteinte « à la liberté des cultes,
à la liberté individuelle, à l'égalité des citoyens devant la loi, au respect de la propriété ». Mais le Sénat recevait là une attribution qu'il
ne pouvait guère avoir l'occasion d'exercer. L'initiative parlementaire
n'existait pas dans la Constitution de 1852; le gouvernement seul
proposait les lois, et celles-ci étaient votées par le Corps législatif.

Une réflexion peut, d'ailleurs, rassurer ceux qui trouveraient trop
précaire la sûreté que notre système donne aux droits individuels.
Il n'y a pas de pays au monde où ces droits paraissent, et à juste titre,
mieux assurés qu'en Angleterre; et pourtant le Parlement anglais est
absolument souverain, et peut librement légiférer en toutes matières.
La meilleure garantie à cet égard se trouve dans les mœurs, dans
l'esprit national et peut-être aussi dans l'institution des deux Chambres[2].

---

[1] La Constitution de l'an III décidait seulement, art. 131 : « Les lois dont le préambule n'atteste pas l'observation des formes prescrites par les art. 77 et 91, les trois
lectures et les délais y afférents ne peuvent être promulguées par le directoire exécutif, et sa responsabilité dure six années. Sont exceptées les lois pour lesquelles
l'acte d'urgence a été approuvé par le Conseil des Anciens ».

[2] Ci-dessus, p. 342, 343.

CHAPITRE V

La théorie des constitutions écrites.

Comme toutes les règles du droit, celles qui rentrent dans le droit constitutionnel peuvent être déterminées de deux manières : par la coutume ou par la loi écrite. Jusqu'au grand mouvement d'idées qui produisit au XVIII° siècle la Révolution américaine et la Révolution française, le droit constitutionnel des divers pays d'Europe était principalement, presque uniquement, fixé par la coutume. Dans cet ensemble coutumier émergeaient seulement quelques documents écrits, textes rares et précieux : c'étaient le plus souvent des concessions solennelles qu'un monarque avait consenties à son peuple, pour lui et pour ses successeurs, ou parfois des traités et capitulations, qui étaient intervenues entre des principautés, jusque-là indépendantes, au moment où elles allaient s'unir pour former un seul État. L'Angleterre, qui est restée en dehors du mouvement révolutionnaire au XVIII° siècle, a conservé une constitution de cette nature. Elle est coutumière pour la plus grande partie et comprend seulement un petit nombre de lois écrites dont les principales sont : la grande Charte et ses confirmations postérieures, la *Petition of right*, le *Bill of rights*, l'*Act of Settlement* de 1700 et les traités d'union de l'Écosse et de l'Irlande à l'Angleterre.

Ce fut, au contraire, l'une des idées les plus chères aux publicistes du XVIII° siècle que de considérer la Constitution d'un peuple comme devant être contenue dans une loi écrite fondamentale et systématique. Cette conception reposait sur trois idées. Premièrement, la supériorité de la loi écrite sur la coutume était alors reconnue d'une façon générale ; il fallait y ramener par conséquent les règles constitutionnelles, les plus importantes de toutes. En second lieu, les hommes du XVIII° siècle considéraient volontiers une constitution nouvelle édictée par la souveraineté nationale, comme un véritable renouvellement du contrat social[1] ; il fallait donc en rédiger les

___

[1] Ci-dessus, p. 234.

clauses dans la forme la plus solennelle et la plus complète. Enfin ils pensaient que les constitutions ainsi rédigées, claires et systématiques, fourniraient un excellent moyen d'éducation politique, qui répandrait sûrement parmi les citoyens la connaissance, et, en même temps l'amour de leurs droits, et il est difficile de nier que, sur ce point, l'expérience et l'histoire leur aient donné raison[1].

Les premières constitutions rédigées en vertu de cette conception furent celles que se donnèrent plusieurs colonies anglaises de l'Amérique du Nord, après leur émancipation, à partir de 1776. Puis vinrent les Constitutions des États-Unis d'Amérique, d'abord les *Articles of Confederation* de 1781, remplacés par la Constitution fédérale rédigée par la Convention de 1787. A partir de 1789 commença en France l'élaboration d'une Constitution de ce type, qui fut celle de 1791 ; et, dès lors la France, malgré ses révolutions successives, ne sortit plus de cette voie ; les constitutions écrites y succédèrent aux constitutions écrites jusqu'à nos lois constitutionnelles de 1875. Sous la République, de 1792 à l'an XII, et sous l'Empire, de l'an XII à 1814, la Révolution française, portant au dehors l'influence de nos idées en même temps que celle de nos armes, promulgua en Europe un certain nombre de constitutions faites à l'image des nôtres, les unes républicaines, les autres monarchiques. Toutes celles-là, il est vrai, tombèrent, emportées par les événements de 1814 et de 1815, et, les principes du droit divin reprenant force en Europe, la théorie des constitutions écrites, expression de la souveraineté nationale, subit un discrédit momentané et leur propagation un temps d'arrêt[2]. Mais le mouvement ne devait pas beaucoup tarder à reprendre en Europe sous la forme de constitutions octroyées par les souverains ; parfois, comme pour la Belgique en 1831 et pour la Suisse en 1848, sous la forme de constitutions votées, au nom de la souveraineté nationale, par des Assemblées Constituantes. En Amérique, à mesure que les colonies du Centre et du Sud, repoussant la domination espagnole, ou portugaise, devenaient des nations indépendantes, elles se donnaient aussi des constitutions écrites, républicaines en général et imitées de la Constitution des États-Unis. De cette diffusion progressive il résulte qu'aujourd'hui les pays libres de l'Occident, sauf de rares exceptions, vivent sous le régime des constitutions écrites. Il en est ainsi de toutes les républiques américaines, et toutes les nations indépendantes qui composent l'Amérique sont aujourd'hui des républiques, depuis que le Brésil a repoussé la forme monarchique. En Europe, deux grands États

[1] J. Schwarez, *Montesquieu und die Verantwortlichkeit der Räthe des Monarchen*, p. 5 et suiv.

[2] Schwarez, *op. cit.*, p. 3 et suiv.

seulement ont conservé un droit constitutionnel principalement coutumier, tel que l'a produit le développement historique, et où les textes écrits figurent simplement comme des réglementations fragmentaires et d'âges divers. Ce sont l'Angleterre et la Hongrie, dont on peut rapprocher le Grand-Duché de Mecklembourg. Encore faut-il ajouter, que si l'Angleterre n'a pas de constitution écrite et systématique, les colonies anglaises, dotées d'un gouvernement et d'un parlement particuliers, ont reçu de la Couronne des constitutions de ce type.

La différence entre ces pays réfractaires et les autres nations modernes ne consiste pas seulement en ce que le droit constitutionnel de ces dernières, au lieu d'être simplement un produit historique lentement élaboré au cours des siècles, a été fixé à un jour donné par le souverain dans une rédaction écrite, voulue et combinée. Dans la théorie moderne des constitutions écrites, telle qu'elle est généralement admise, telle qu'elle se présente particulièrement en Amérique et en France, les lois constitutionnelles diffèrent aussi des lois ordinaires quant à leur nature intime et quant à leur force obligatoire.

I.

Cette distinction entre les lois constitutionnelles et les lois ordinaires est l'œuvre des jurisconsultes des XVIIe et XVIIIe siècles, qui appartenaient à l'École du droit de la nature et des gens. Ils désignaient les premières le plus souvent par le nom de *lois fondamentales*, employant plus rarement le terme *constitution*[1]. Ils les considéraient comme l'acte initial de la souveraineté nationale, dont tous les autres actes de la souveraineté n'étaient que la suite et la conséquence. C'était la source de tous les *pouvoirs constitués*; non seulement le pouvoir exécutif et le pouvoir judiciaire, mais également le pouvoir législatif, tiraient de là leur origine, leur institution et leurs attributions. Il en résultait une conséquence capitale : c'est que les lois constitutionnelles ou fondamentales étaient antérieures et supérieures aux lois ordinaires; qu'elles s'imposaient au respect du pouvoir législatif, et que celui-ci, impuissant à les abroger ou à les modifier, ne pouvait légiférer que dans les conditions, dans les formes qu'elles avaient déterminées. « La nation, disait Vattel, peut confier l'exercice (de la puissance législative) au prince ou à une assemblée, ou au prince et à cette assemblée conjointement, lesquels sont dès lors en droit de faire des lois nouvelles et d'abroger les anciennes. On dé-

[1] Voyez cependant Vattel, *Le droit des gens*, liv. I, ch. III, *De la Constitution de l'État, des devoirs et des droits de la nation à cet égard*.

mande si leur pouvoir s'étend jusque sur les lois fondamentales, s'ils peuvent changer la Constitution de l'État. Les principes que nous avons posés nous conduisent certainement à décider que l'autorité de ces législateurs ne va pas si loin et que les lois fondamentales doivent être sacrées pour eux, si la nation ne leur a pas donné très expressément le pouvoir de les changer. Car la Constitution de l'État doit être stable ; et, puisque la nation l'a premièrement établie et qu'elle a ensuite confié la *puissance législative* à certaines personnes, les lois fondamentales sont exceptées de leur commission. Enfin, c'est de la Constitution que ces législateurs tiennent leurs pouvoirs. Comment pourraient-ils la changer sans détruire le fondement de leur autorité[1] ? » C'était la même doctrine qu'en 1789 proclamait Siéyès, l'un des hommes qui ont le plus contribué à la faire passer dans le droit constitutionnel français : « Si nous voulons nous former une juste idée de la suite des lois *positives* qui ne peuvent émaner que de la volonté de la nation, nous voyons en première ligne les lois *constitutionnelles*, qui se divisent en deux parties : les unes règlent l'organisation et les fonctions du corps législatif ; les autres déterminent l'organisation et les fonctions des autres corps *actifs*. Ces lois sont dites *fondamentales*, non pas en ce sens qu'elles puissent devenir indépendantes de la souveraineté nationale, mais parce que les corps qui existent et agissent par elles ne peuvent point y toucher. Dans chaque partie la Constitution n'est point l'ouvrage du pouvoir constitué, mais du pouvoir constituant. Aucune sorte de pouvoir délégué ne peut rien changer aux conditions de sa délégation[2] ».

Cette conception des lois constitutionnelles contient en réalité deux règles de droit distinctes et qu'il faut examiner séparément.

II.

Il en résulte d'abord une certaine *immutabilité* juridique des lois constitutionnelles. Mais cette immutabilité ne saurait être absolue, car

---

[1] *Le droit des gens*, liv. I, ch. iii, § 34. — Cf. Wolff, *Jus naturæ*, t. VII, § 815 : « Potestati legislatoriæ non subsunt leges fundamentales. Leges enim fundamentales civitatis sunt ad quarum observantiam rector civitatis adstringitur in exercitio imperii ; consequenter eadem ad modum habendi et tenendi imperium pertinent. Enimvero cum a populi voluntate dependeat definire a quonam et quomodo imperium exerceri debeat (§ 36), modus habendi et exercendi imperium non in ipso imperio continetur, sed eidem extrinsecus accedit, quatenus scilicet populus de imperio tanquam re sibi propria pro libitu suo disponat. Quamobrem cum potestas legislatoria sit jus in imperio tanquam pars potentialis contenta, leges fundamentales civitatis non subsunt potestati legislatoriæ ».

[2] *Qu'est-ce que le Tiers-État*, p. 111.

la souveraineté nationale implique nécessairement que la nation peut toujours changer la Constitution. Décréter cette immobilisation factice serait, d'autre part, se révolter contre les lois de l'histoire et l'invincible poussée du progrès. Il faut donc que les lois constitutionnelles puissent être modifiées et au besoin changées : mais comment le pourront-elles, puisque le législateur ne peut pas y toucher ? Les théoriciens du XVIIIe siècle n'étaient pas d'accord sur ce point, et l'on peut constater trois opinions distinctes.

1° La première exigeait pour la modification des lois fondamentales le consentement unanime de tous les citoyens. C'était la conséquence d'une idée que j'ai déjà signalée plusieurs fois : l'assimilation de la constitution écrite au contrat social. Mais c'était en même temps proclamer l'immutabilité absolue de ces lois : car l'unanimité exigée était une donnée chimérique, impossible à réaliser. Aussi Vattel, qui professe cette opinion dans son *Droit des gens*, et plus nettement encore dans ses notes sur Wolff[1], y apporte-t-il un tempérament. Il reconnaît qu'ici, comme toujours, la décision reviendra fatalement à la majorité des citoyens : mais il reconnaît aussi à la minorité dissidente le droit de se séparer d'une société dont le pacte fondamental n'est plus respecté[2]. C'est encore une application de la théorie du contrat social[3].

2° Une seconde opinion a été présentée par Siéyès, mais qui, pas plus que la première, ne répond aux exigences de la raison et à l'équilibre nécessaire des gouvernements. Elle considéra que les lois constitutionnelles engagent bien les pouvoirs constitués, qu'elles lient et qui ne peuvent y toucher ; mais elles ne lieraient point la na-

---

[1] *Droit des gens*, liv. I, ch. III, § 23 ; sur le *Jus naturæ* de Wolff, t. VIII, p. 37 : « Populus ipse cum rege quacunque in republica leges fundamentales mutare non potest sine consensu unanimi totius nationis ».

[2] *Droit des gens*, loc. cit. : « Dans la conduite ordinaire de l'État, le sentiment de la pluralité doit passer sans contredit pour celui de la nation entière ; autrement il serait comme impossible que la société prît jamais aucune résolution. Il paraît donc que, par la même raison, une nation peut changer la Constitution de l'État à la pluralité des suffrages, et, toutes les fois qu'il n'y aura rien dans ce changement que l'on puisse regarder comme contraire à l'acte même d'association civile, à l'intention de ceux qui sont unis, tous sont tenus de se conformer à la résolution du plus grand nombre ».

[3] *Droit des gens*, loc. cit. : « Mais s'il était question de quitter une forme de gouvernement à laquelle seule il paraîtrait que les citoyens ont voulu se soumettre en se liant par les liens de la société civile..., les citoyens, obligés de laisser faire le plus grand nombre, ne le seraient point du tout de se soumettre au nouveau gouvernement : ils pourraient quitter une société qui semblerait se dissoudre d'elle-même pour se reproduire sous une autre forme. Ils seraient en droit de se retirer ailleurs, de vendre leurs terres et d'emporter tous leurs biens ».

tion de qui elles émanent. Celle-ci non seulement pourrait toujours
les changer, mais elle pourrait le faire en toute liberté, sans être as-
sujettie à aucune forme. « On doit concevoir les nations sur la terre
comme des individus hors du lien social, ou, comme l'on dit, dans
l'état de nature. L'exercice de leur volonté est libre et indépendant
de toutes les formes civiles. N'existant que dans l'ordre naturel, leur
volonté, pour sortir tout son effet, n'a besoin que de porter les caractères *naturels* d'une volonté. De quelque manière qu'une nation veuille,
il suffit qu'elle veuille ; toutes les formes sont bonnes et sa volonté est
toujours la loi suprême... Ne craignons point de le répéter : Une nation est indépendante de toute forme ; et, de quelque manière qu'elle
veuille, il suffit que sa volonté paroisse pour que tout droit positif
cesse devant elle, comme devant la source et le maître suprême de
tout droit positif[1] ». Siéyès étendait même cette liberté absolue aux
représentants élus pour changer la Constitution, car même ici il
maintenait le gouvernement représentatif : « Un corps de représentants extraordinaire supplée à l'Assemblée de la nation... il ne lui
faut qu'un pouvoir spécial et dans des cas rares ; mais il remplace la
nation dans son indépendance de toutes formes *constitutionnelles*...
Ils sont indépendants comme elle. Il leur suffit de vouloir comme veulent des individus dans l'état de nature ; de quelque manière qu'ils
soient députés, qu'ils s'assemblent et qu'ils délibèrent, pourvu qu'on
ne puisse pas ignorer (et comment la nation qui les commet l'ignore-
rait-elle ?) qu'ils agissent en vertu d'une commission extraordinaire
des peuples, leur volonté commune vaudra celle de la nation en elle-
même[2] ».

A vrai dire, ces idées n'étaient point neuves. Elles avaient été développées bien auparavant, au profit du souverain, alors que la souveraineté résidait dans un monarque. Ici encore on transportait au
peuple souverain ce qui avait été établi pour le souverain-monarque[3].
Même la doctrine était aggravée, car on tenait bien jadis que le prince
souverain « ne se pourroit lier les mains par ses lois quand ores il le
voudroit » ; mais la doctrine, considérant la responsabilité morale du monarque, admettait qu'il était lié par les promesses et serments qu'il avait
faits à ses sujets, et, par suite, était tenu de garder les lois fondamentales et celles dont il avait juré le respect[4]. Mais le peuple souverain

---

[1] *Qu'est-ce que le Tiers-État*, p. 115, 116.

[2] *Ibidem*, p. 119, 120.

[3] Ci-dessus, p. 167

[4] Haucke, *Bodin*, p. 33, 34 ; — Bodin, *Les six livres de la République*, liv. I,
ch. VIII, p. 132 et suiv.

n'avait point de cocontractant et ne pouvait se lier envers lui-même[1]. Ce sont des idées que l'on voit reparaître dans nos démocraties contemporaines; on les retrouve, en France, dans certains discours et dans certains écrits, soit qu'on déclare sans aucune réserve que le peuple a toujours le droit d'exiger la révision de la Constitution et qu'il doit être obéi, soit qu'on proclame l'absolue indépendance de l'Assemblée nationale réunie pour opérer une révision constitutionnelle conformément à l'art. 8 de la loi du 25 février 1875. Mais ce n'est pas autre chose qu'une action révolutionnaire reconnue légitime et presque en permanence; mieux vaudrait cent fois le système qui permet au législateur de statuer librement en toutes matières.

3° La solution qui a triomphé, celle qui s'est fait recevoir dans le droit commun des constitutions écrites, en Amérique et en France particulièrement, est en elle-même des plus simples et des plus raisonnables. La Constitution ne peut être modifiée et révisée que par l'autorité et par la procédure qu'elle détermine elle-même; mais elle peut sûrement être modifiée par cette autorité et conformément à cette procédure. C'est à Jean-Jacques Rousseau que revient l'honneur d'avoir rationnellement établi cet axiome, non pas dans son *Contrat social*, mais dans ses *Considérations sur le gouvernement de Pologne et sur sa réformation projetée en* 1772, où, moins distrait par ses idées abstraites et préconçues, sa clairvoyance politique se fait pleinement jour : « Il faut bien peser et méditer, dit-il, les points capitaux qu'on établira comme lois fondamentales, et l'on fera porter sur ces points seulement la force du *liberum veto*. De cette manière on rendra la Constitution solide et ces lois irrévocables autant qu'elles peuvent l'être; car il est contre la nature du corps social de s'imposer des lois qu'il ne puisse révoquer; mais il n'est ni contre la nature ni contre la raison qu'il ne puisse révoquer ces lois qu'avec la même solennité qu'il mit à les établir. Voilà toute la chaîne qu'il peut se donner pour l'avenir[2] ». L'idée, d'ailleurs, était acceptée implicitement par Vattel : car, n'admettant pas en principe que les lois fondamentales pussent être modifiées à la simple majorité des voix, il l'admettait, au contraire, sans difficulté, lorsque la Constitution elle-

[1] C'est ce que Bodin dit du prince, *loc. cit.*, p. 131 : « Le prince n'est-il pas subject aux lois du pais qu'il a juré garder? Il faut distinguer. Si le prince jure à soy mesme qu'il gardera sa loy, il n'est pas tenu de sa loy, non plus que du serment faict à soy mesme; car mesmes les subjects ne sont aucunement tenus du serment qu'il font ès conventions desquelles la loy permet de se départir ores qu'elles soyent honnestes et raisonnables ».

[2] *Considérations sur le gouvernement de la Pologne*, ch. ix, p. 387, 388.

même avait décidé qu'il en serait ainsi [1]. Le principe formulé par Rousseau fut reproduit par la Constitution de 1791, quoique avec moins
de fermeté dans le titre qu'elle consacre à la révision des décrets constitutionnels [2]. Ce titre fut, d'ailleurs, voté après une discussion remarquable, qui eut lieu dans les derniers jours du mois d'août 1791. Il
reproduit en substance la proposition faite par M. Frochot, l'ami de
Mirabeau, qui, dans un discours prononcé à la séance du 31 août,
établit solidement les nouveaux principes, en réfutant les idées que
nous avons vues plus haut exposées par Siéyès : « La souveraineté
nationale, a-t-on dit, ne peut se donner aucune chaîne; sa détermination future ne peut être interprétée ou prévue, ni soumise à des
formes certaines, car il est de son essence de pouvoir ce qu'elle voudra
et de la manière dont elle le voudra. Hé bien! Messieurs, c'est précisément par un effet de sa toute-puissance que la nation veut aujourd'hui, en consacrant son droit, se prescrire à elle-même un moyen
légal et paisible de l'exercer, et, loin de trouver dans cet acte une
aliénation de la souveraineté nationale, j'y remarque, au contraire,
un des plus beaux monuments de sa force et de son indépendance...
Il n'est pas une loi, depuis l'acte constitutionnel jusqu'au décret de
police le moins important, qui ne soit, en effet, un engagement de la
souveraineté nationale envers elle-même de vouloir telle chose de
telle manière et non d'aucune autre... Garantir au peuple sa Constitution contre lui-même, je veux dire contre ce penchant irrésistible de
la nature humaine qui la porte sans cesse à changer de position pour
atteindre un mieux chimérique; garantir au peuple sa Constitution
contre les attaques des factieux, contre les entreprises de ses délégués
ou de ses représentants; enfin, donner au peuple souverain le moyen
légal de réformer dans ses parties et même de changer dans sa totalité la Constitution qu'il a jurée; tel est, ce me semble, Messieurs, le
véritable objet de la loi qui nous occupe [3] ».

De cette conception est sortie la distinction du *pouvoir législatif* et
du *pouvoir constituant*, tous deux établis d'ailleurs, par une même
Constitution; l'un ayant compétence pour le vote des lois ordinaires,

[1] Sur le *Jus naturæ* de Wolff, t. VIII, § 15, p. 37 : « Si major pars, invitis
cæteris hoc tentet, injuriam facit et hi *recedere* possunt a societate, *nisi lege funda-
mentali cautum sit numerum majorem auctoritatem habere* ».
[2] Titre VII, art. 1 : « L'Assemblée nationale Constituante déclare que la nation a le
droit imprescriptible de changer sa Constitution, et néanmoins, considérant qu'il est
plus conforme à l'intérêt national d'user seulement par les moyens pris dans la Constitution même du droit d'en réformer les articles dont l'expérience aurait fait sentir
les inconvénients, décrète qu'il y sera remédié par une assemblée de révision dans la
forme suivante ».
[3] Buchez et Roux, *Histoire parlementaire*, t. XI, p. 372.

l'autre pour le vote des lois constitutionnelles. Généralement ce sont des autorités différentes auxquelles la Constitution remet l'un et l'autre pouvoir. Mais alors même qu'elle confie la révision constitutionnelle aux mêmes éléments qui composent le Corps législatif, la distinction n'en subsiste pas moins. Car alors ces éléments fonctionnent dans d'autres conditions que pour le vote des lois ordinaires, soit qu'ils se fondent momentanément dans une assemblée unique et nouvelle, comme aujourd'hui chez nous, soit que, comme en Belgique, ils subissent un renouvellement préalable avant de pouvoir fonctionner comme pouvoir constituant; généralement aussi, une majorité plus forte que la majorité simple et ordinaire est exigée pour la révision constitutionnelle. Cette distinction du pouvoir législatif et du pouvoir constituant a été présentée par Siéyès comme une des premières conquêtes de la Révolution française, comme un produit de notre génie national[1]. Il ne faut point oublier cependant que l'idée sur laquelle elle repose est plus ancienne, et qu'elle reçut ses premières applications positives dans l'Amérique du Nord. Les premières Constitutions des colonies anglaises émancipées furent rédigées sur ce type et aussi la Constitution fédérale de 1787-1789.

En France, le système fut introduit avec la Constitution de 1791, et, depuis lors, toutes nos Constitutions écrites ont été conçues ou interprétées dans ce sens. Toutes d'ailleurs, sauf trois exceptions, ont implicitement déterminé le pouvoir constituant à côté du pouvoir législatif, en fixant la procédure pour leur propre révision. Trois Constitutions françaises étaient muettes sur ce point, celle du 22 frimaire an VIII et les Chartes de 1814 et de 1830. Pour la Constitution de l'an VIII, qui fut revisée trois fois, on s'en tira par une interprétation abusive, accompagnée d'un palliatif. Cette Constitution comprenait, en effet, un Sénat conservateur, qui avait pour mission de maintenir et de faire respecter l'acte constitutionnel lui-même. Bonaparte, en l'an X et en l'an XII, pour introduire d'abord le consulat à vie, puis l'empire, estima que le Sénat, qui était chargé de conserver la Constitution, avait aussi qualité pour la modifier. D'ailleurs, le principe des nouvelles institutions étant soumis directement au vote populaire, il pensait être en règle avec la souveraineté nationale. En 1807, pour supprimer le Tribunat et pour modifier en conséquence l'organisation et les attributions du Corps législatif, il se contenta d'un sénatus-consulte.

[1] Discours à la Convention du 2 thermidor an III (*Réimpression de l'ancien Moniteur*, t. XXV, p. 296) : « Une idée saine et utile fut établie en 1788; c'est la division du pouvoir constituant et des pouvoirs constitués. Elle comptera parmi les découvertes qui font faire un pas à la science; elle est due aux Français ».

La Charte de 1814 ne subit pas de révision (si ce n'est celle qui suivit la Révolution de Juillet et dont je parlerai plus loin). Mais il semble qu'on tenait alors communément qu'elle pouvait être modifiée par le concours du roi et des deux Chambres qu'elle avait instituées. Cela était assez conforme à son caractère de charte octroyée : une seule chose pouvait, en effet, empêcher le roi de modifier l'octroi qu'il avait consenti : c'était la promesse, l'engagement qu'il avait pris envers le pays en accordant la Charte constitutionnelle à ses sujets, « tant pour lui que pour ses successeurs et à toujours ». Mais si les représentants élus du pays donnaient leur consentement à ces modifications, qui pouvait se plaindre? Cependant cette théorie soulevait des résistances[1]. Quant à la Charte de 1830 votée par les Chambres et acceptée par le roi, l'embarras théorique était grand. Certains esprits, des plus sérieux, proposaient de lui appliquer simplement la distinction du pouvoir législatif et du pouvoir constituant; ce qui montre combien ce principe était alors entré dans les esprits; ils décidaient en conséquence qu'elle ne pouvait pas être modifiée par une loi ordinaire parce que c'était une loi constitutionnelle, et qu'elle ne pouvait pas non plus être modifiée d'une autre manière parce qu'elle n'avait pas fixé de procédure pour sa propre révision. Tel était le sentiment de de Tocqueville[2].

[1] Voyez cependant ces passages des *Discours du général Foy*, éd. Paris, 1826, t. I, p. 122 (15 mai 1820) : « Les vrais amis du trône trembleront quand on osa toucher à la Charte et quand on essaya de la déroyaliser pour la réduire à la condition d'une loi ordinaire », P. 233 (20 décembre 1820) : « La stabilité du trône et la force permanente du gouvernement reposent sur l'inflexibilité de cette loi fondamentale, qu'on ne pourrait, sans parjure, changer comme une loi ordinaire ».

[2] De Tocqueville, *Démocratie en Amérique*, éd. Paris, 1850, t. II, p. 308, note 12 : « Les lois de 1830, non plus que celles de 1814, n'indiquent aucun moyen de changer la Constitution. Or, il est évident que les moyens ordinaires de la législation ne sauraient suffire à cela. Cela est bien plus visible encore dans les lois de 1830 que dans celles de 1814. En 1814 le pouvoir royal se plaçait en quelque sorte en dehors et au-dessus de la Constitution : mais, en 1830, il est, de son aveu, créé par elle et n'est absolument rien sans elle. Ainsi donc une partie de notre Constitution est immuable, parce qu'on l'a jointe à la destinée d'une famille, et l'ensemble de la Constitution est également immuable, parce qu'on n'a point les moyens légaux de la changer. » — Cf. Hello, *Du régime constitutionnel*, 3e édit., Paris, 1848, t. II, p. 27 : « On affirme que la Charte ne connaît pas la distinction des deux pouvoirs, par la raison unique qu'elle ne détermine pas le mode de révision »; Hello combattait cette doctrine et cherchait une procédure révisionniste, p. 33 : « Pourquoi, le cas échéant, ne ferait-on pas aujourd'hui ce qu'a fait l'ordonnance du 13 juillet 1815, dans un temps où l'on ne péchait pas par excès de partialité pour le pouvoir constituant, un appel aux collèges électoraux? Les collèges électoraux sont le degré de notre organisation politique le plus rapproché de la nation » son organe le plus immédiat ».

La distinction des deux pouvoirs a passé dans la plupart des Constitutions écrites des temps modernes, en Amérique par l'influence des États-Unis, en Europe par l'influence française. Il est pourtant de grandes nations chez qui elle ne s'est pas fait recevoir. C'est d'abord l'Angleterre. Non seulement, comme on l'a vu, la Constitution anglaise est restée en grande partie coutumière, mais de plus les Anglais n'établissent aucune différence de nature entre les lois constitutionnelles et les lois ordinaires. Les unes et les autres ont la même force et les mêmes formes. En Angleterre, il n'y a point de lois constitutionnelles au sens propre du mot[1]. Le Parlement (Couronne, Lords et Communes) peut légiférer sur les points les plus essentiels de la Constitution britannique aussi librement et dans la même forme que sur tout autre objet[2]. Il en résulte que le Parlement est une autorité absolument souveraine. Il a pu régler à nouveau la dévolution de la Couronne. Il a même pu modifier dans quelques-unes de leurs dispositions les actes d'union de l'Écosse et de l'Irlande à l'Angleterre, qui pouvaient être considérés comme des traités s'imposant au pouvoir législatif[3]. On admet enfin qu'il pourrait transférer son pouvoir à une autre autorité[4]. C'est un principe sur lequel insistent particulièrement les publicistes anglais contemporains, pour l'opposer à notre système constitutionnel[5]; mais il était bien connu des hommes de la Révolution française, et c'est en pleine connaissance de cause qu'ils ont opté pour la conception opposée. « En Angleterre, disait Sieyès à l'Assemblée Constituante, on n'a pas distingué le pouvoir constituant du pouvoir législatif; de sorte que le Parlement britannique, illimité dans ses opérations, pourrait attaquer la prérogative royale, si celle-ci n'était armée du *veto* et du droit de dissoudre le Parle-

---

[1] Dicey, *Law of the Constitution*, p. 64 : « There is under the english constitution no marked difference between laws which are not fundamental and fundamental laws ».

[2] Dicey, *op. cit.*, p. 83, montre ainsi qu'un *bill* pour réformer la Chambre des Communes, un *bill* tendant à abolir la Chambre des Lords, un *bill* pour constituer la municipalité de Londres, sont également et au même titre de la compétence du Parlement, qu'il peut les passer dans les mêmes formes et que les *acts* ainsi adoptés ne seraient pas plus sacrés et plus immuables les uns que les autres.

[3] Dicey, *op. cit.*, p. 61.

[4] Dicey, *op. cit.*, p. 65. Il en donne comme exemple l'act de 1539 qui confère force de loi aux *proclamations* de Henri VIII (ci-dessus, p. 45) et l'abdication des Parlements d'Écosse et d'Irlande par les actes d'union.

[5] Quelques publicistes anglais des plus éminents commencent, d'ailleurs, à s'élever contre l'exagération possible de cette idée. M. Pollock, dans la *Law Review* (vol. VIII, p. 163), signalait, il n'y a pas longtemps, « la clameur des politiciens anglais qui parlent comme si une majorité actuellement existante dans la Chambre des Communes avait un droit divin de fixer toutes les règles de la justice légale et politique ».

ment. Nous aurons pour principe fondamental et constitutionnel que
la législature ordinaire n'aura point l'exercice du pouvoir constituant,
pas plus que celui du pouvoir exécutif. Cette séparation des pouvoirs
est de la plus absolue nécessité. L'Assemblée Nationale ordinaire ne
sera plus qu'une assemblée législative. Il lui sera interdit de toucher
jamais à aucune partie de la Constitution[1] ». Il faut reconnaître, d'ailleurs, que les Anglais, en restant fidèles à leurs principes traditionnels en cette manière, se sont également déterminés par un choix
pleinement conscient. Ce sont eux, en effet, qui ont eu la première
Constitution écrite, nationale et limitative, qui ait fait son apparition
dans le monde. Tel était certainement l'*Instrument of government* en
quarante-deux articles que promulgua Cromwell le 16 décembre
1653[2]; il contenait même des clauses (art. 24, 38) déclarant nulles les
lois qui seraient contraires à ses dispositions. Mais ce fut une tentative vaine qui resta sans effet, et qui ne put interrompre même la tradition opposée[3]. En cela, comme on l'a dit avec justesse, Cromwell
était un précurseur; il traçait la voie constitutionnelle où devaient entrer les Anglo-Saxons d'Amérique, lorsqu'ils formèrent une grande
nation indépendante : l'*Instrument of government* de Cromwell est le
prototype de la Constitution des États-Unis[4].

Le système anglais, qui ne distingue pas le pouvoir constituant du
pouvoir législatif, a d'ailleurs été adopté par certaines nations européennes qui ont pourtant des Constitutions écrites systématiques et
complètes. Il en est ainsi pour la Prusse dont la Constitution est
explicite sur ce point[5]. C'est aussi le droit admis en Italie, sous l'empire du Statut, qui lui sert encore aujourd'hui de Constitution et qui,
plusieurs fois, a été modifié par des lois ordinaires[6]. Certains publi-

---

[1] *Archives parlement.*, 1ʳᵉ série, t. VIII, p. 595. Cependant Vattel n'admettait
pas pleinement cette conception de la Constitution anglaise. *Droit des gens*, liv. I,
ch. III, § 34 : « Par les lois fondamentales de l'Angleterre, les deux Chambres du
Parlement, de concert avec le roi, exercent la puissance législative. S'il prenait envie
aux deux Chambres de se supprimer elles-mêmes et de revêtir le roi de l'empire plein
et absolu, certainement la nation ne le souffrirait pas. Et qui oserait dire qu'elle
n'aurait pas le droit de s'y opposer? Mais si le Parlement délibérait de faire un changement si considérable et que la nation entière gardât volontairement le silence, elle
serait censée approuver le fait de ses représentants ».

[2] Gardiner, *The constitutional documents of the puritan revolution*, p. 314.

[3] Dicey, *Law of the Constitution*, p. 65.

[4] Frederic Harrisson, *Oliver Cromwell*, p. 194.

[5] Constitution prussienne du 31 janvier 1850, art. 107 : « La Constitution peut être
modifiée par la voie législative ordinaire. A cet égard il suffit dans chaque Chambre
de la majorité absolue, obtenue dans deux scrutins successifs à vingt et un jours au
moins d'intervalle ».

[6] Luigi Palma, *Corso di diritto costituzionale*, Firenze, 1879, t. II, ch. VI, p.

cistes italiens contestent même qu'en théorie la distinction du pouvoir constituant et du pouvoir législatif soit rationnelle et exacte[1]. Qu'elle ne s'impose pas, en effet, comme un principe essentiel, cela est certain : les lois constitutionnelles sont des lois et peuvent par conséquent être traitées comme les autres lois. Mais cette distinction est une combinaison ingénieuse et légitime : elle n'est, pour employer l'expression de Rousseau, ni contre la nature ni contre la raison.

On ne peut sérieusement contester que les deux conceptions aient leurs avantages et leurs inconvénients. Le système anglais présente une grande souplesse, permettant de modifier la Constitution dans ses détails sans créer aucune crise dans le pays ; il semble pouvoir fonctionner sans danger sérieux partout où existent deux Chambres, à plus forte raison dans les monarchies constitutionnelles où le consentement du monarque est de plus exigé pour que la loi soit parfaite. Les obstacles qui s'opposent alors à la modification des lois ordinaires semblent suffisants pour garantir la stabilité désirable des lois constitutionnelles. Encore, pour fonctionner d'une façon satisfaisante, ce système suppose-t-il chez la nation des traditions très fortes et un esprit profondément conservateur. Au contraire, dans les républiques démocratiques, chez un peuple à l'esprit mobile et impétueux, le système français et américain paraît bien préférable. Il est presque indispensable là où il n'existe qu'une seule Chambre législative dont aucun *veto* ne peut arrêter les décisions, ou lorsque la forme même de l'État, adoptée par la majorité de la nation, n'est pas cependant au-dessus de toute dispute et de toute contestation : cette forme, en effet, ne saurait à chaque instant être mise légalement en question. Alors une constitution rigide, supérieure au pouvoir législatif, peut seule assurer la stabilité nécessaire dans les institutions fondamentales. Ajoutons que si ce système rend plus difficiles les modifications constitutionnelles, s'il rend assez difficile l'ouverture de la révision constitutionnelle pour forcer la nation à la vouloir d'une façon réfléchie et persévérante ; d'autre part, une fois cette barrière franchie, il rend presque sûre et immédiate la révision ainsi ouverte : c'est une crise qui nécessairement doit aboutir à une solution.

279 et suiv. L'un de nos philosophes du XVIIIe siècle, Mably, contestait absolument la distinction des lois constitutionnelles limitant le pouvoir législatif et des lois ordinaires ; cela venait de ce qu'il assimilait absolument le pouvoir législatif et la souveraineté, considérant comme absolument souveraine toute assemblée législative ; et il critique les constitutions limitatives des États de l'Union américaine, spécialement celle de la Pensylvanie, *Observations sur le gouvernement et les lois des États-Unis d'Amérique*, Œuvres, t. VIII, p. 369.

[1] Luigi Palma, *op. cit.*, t. I, ch. vi, p. 189 et suiv.

D'ailleurs, les effets des Constitutions rigides, leurs avantages et leurs inconvénients s'exagèrent ou s'atténuent, suivant qu'on en élargit ou qu'on en restreint la capacité et le contenu. Deux tendances opposées se sont fait jour à cet égard. L'une consiste à mettre dans la constitution — outre les règles qui appartiennent rationnellement au droit constitutionnel, c'est-à-dire celles qui déterminent la forme de l'État, la forme du gouvernement et la garantie des droits individuels — d'autres règles encore formant les principes essentiels du droit administratif, de l'organisation judiciaire, du droit pénal, ou même du droit civil. A ce type appartiennent les Constitutions françaises de 1791, de l'an III et de 1848, qui contiennent, non seulement les principes, mais même en partie les détails de l'organisation administrative et judiciaire, et certains principes fondamentaux de droit criminel. Telles sont, et bien plus compréhensives encore, les Constitutions des États particuliers de l'Union Américaine, dont j'ai signalé précédemment la portée et la complexité[1]. Mais, en immobilisant relativement tant de règles, dont beaucoup sont secondaires, on risque fort de gêner la croissance et le développement de l'organisme juridique, à moins de recourir, comme aux États-Unis, à de très fréquentes révisions.

La tendance opposée consiste à mettre dans la Constitution seulement les règles essentielles sur la forme de l'État, le gouvernement et les droits individuels, laissant même les questions de détail qui s'y rapportent dans le domaine de la législation ordinaire. Telles sont nos lois constitutionnelles de 1875, qui même, nous le savons, ne contiennent pas le chapitre des droits individuels. Elles se sont même encore réduites par les révisions de 1879 et de 1884, ramenant sous le régime de la loi ordinaire ce qui concerne le siège du gouvernement et des Chambres, ainsi que la composition et l'élection du Sénat. Par là on rapproche autant que possible les Constitutions *rigides* des Constitutions *souples*, tout en conservant un noyau central et vital, soustrait aux atteintes du législateur ordinaire.

Il ne faut pas, d'ailleurs, exagérer la rigidité des constitutions du type américain et français. En principe, elles ne peuvent être modifiées que par la procédure de révision telle qu'elles l'ont prévue; mais fatalement elles se développent aussi d'une autre manière : par l'interprétation juridique, qui trouve son expression autorisée dans des précédents. Quelque complète que soit une Constitution écrite, elle laisse toujours, même quant aux points qu'elle réglemente, un certain nombre de questions sans solution, qui n'ont pas été tran-

[1] Ci-dessus, p. 245.

chées parce qu'elles n'ont pas été prévues. Lorsque les faits viennent
à poser l'une de ces questions (et c'est ainsi qu'elles se révèlent pour
la première fois), il faut bien la résoudre sous peine d'arrêter le fonctionnement du mécanisme entier. L'interprétation qui est alors donnée et appliquée constitue un précédent et ajoute une nouvelle règle
à la Constitution. C'est un fait bien connu, presque banal aujourd'hui,
que la Constitution des États-Unis s'est ainsi largement développée
par voie d'interprétation. Le même phénomène s'est déjà produit,
dans une certaine mesure, pour nos lois constitutionnelles de 1875,
celle des Constitutions françaises dont la durée a déjà été la plus
longue. D'autre part, en notre pays, par suite des révolutions successives qui se sont produites depuis 1789, les principes que je viens
d'exposer sur la nature des Constitutions écrites ont éprouvé à de
certains moments des déviations notables. Au cours et par le fait des
révolutions, des principes particuliers se sont fait admettre sur l'a-
brogation de la Constitution antérieure et sur la promulgation d'une
Constitution nouvelle, qui forment une série logique de précédents ;
on y retrouve un écho des idées révolutionnaires de Siéyès signalées
plus haut[1].

III.

La Constitution écrite, étant une loi, et même une loi supérieure
et relativement immuable, ne devrait jamais pouvoir être abrogée
que par une nouvelle loi constitutionnelle rendue dans la forme voulue. C'est la conséquence qu'imposent logiquement les principes du
droit français, d'après lequel la désuétude même ne peut faire tomber
une loi. Ce fut cependant une idée instinctivement appliquée chez
nous, que, par le seul fait d'une révolution triomphante (insurrection
populaire ou coup d'État), la Constitution antérieure tombait immédiatement et perdait sa force de plein droit. Il a été fait des applications très nettes de cette conception après le 10 août 1792, le 18 brumaire an VIII, le 24 février 1848, le 2 décembre 1851 et le 4
septembre 1870[2]. En 1871 l'Assemblée Nationale, réunie à Bordeaux,

[1] Ci-dessus, p. 373 et suiv.
[2] En 1814, les choses se présentèrent différemment, la déchéance de Napoléon et
l'accession de Louis XVIII ayant été prononcées par le Sénat et par le Corps législatif impériaux le 3 avril 1814 ; Louis XVIII fut également appelé au trône par un décret du Sénat du 6 avril. En 1815, soit lors du retour de Napoléon, soit après les
Cent jours, il s'agissait de part et d'autre de simples restaurations : chacun des deux
souverains rentrait naturellement avec sa Constitution. En 1830 la Constitution ne
fut point considérée comme tombant tout entière : le trône seul était vacant, et la
Charte fut simplement revisée.

a formulé en quelque sorte la théorie qui sert de fondement à cette règle si souvent appliquée. Par une résolution du 1ᵉʳ mars 1871 terminant un incident soulevé devant elle, elle ne prononça pas, mais simplement *confirma* « la déchéance de Napoléon III et de sa dynastie déjà prononcée par le suffrage universel[1] ». En effet, cela ne peut s'expliquer juridiquement que si l'on admet que le peuple, en acceptant sans résistance la révolution accomplie, a manifesté, en dehors de toutes formes légales, sa volonté d'abroger la Constitution antérieure. C'est du droit révolutionnaire, mais il traduit exactement les faits.

Mais si les Constitutions ont été alors considérées comme tombant en bloc et de plein droit, la doctrine française a sauvé certaines de leurs dispositions par un système ingénieux et fort raisonnable. Malgré les révolutions, malgré les changements opérés dans la forme de l'État, les lois ordinaires subsistent, nous le savons, tant qu'elles n'ont pas été explicitement ou implicitement abrogées par des lois nouvelles[2]. Or, nous le savons aussi, les Constitutions écrites peuvent contenir et contiennent souvent des dispositions qui ne sont constitutionnelles que par la forme, et qui ne le sont point naturellement par leur objet. Ce sont des règles de droit administratif ou de droit pénal, par exemple, qui n'ont aucun rapport nécessaire avec la forme de l'État ou de gouvernement établie par la Constitution qui les contient, et qui sont également compatibles avec d'autres régimes. On les avait insérées dans le texte constitutionnel uniquement pour leur donner une force et une stabilité plus grandes. Eh bien ! on admet que les dispositions de cette nature, qui ne tiennent à la Constitution déchue que par un lien tout factice, lui survivent également et ne tombent point avec elle. On les traite comme des lois ordinaires, ce qu'elles sont au fond, mais en même temps on les ramène à la qualité de celles-ci. Elles se dégagent de la Constitution où elles étaient enchâssées, et c'est pour cela qu'elles restent en vigueur ; mais en même temps elles perdent la force des lois constitutionnelles, et dorénavant elles peuvent, comme toute autre loi, être modifiées par le législateur ordinaire. La révolution n'a fait que les déconstitutionnaliser.

Des applications multiples ont été faites de cette théorie. C'est ainsi que l'art. 75 de la Constitution de l'an VIII, qui garantissait

---

[1] « L'Assemblée Nationale clôt l'incident, et dans les circonstances douloureuses que traverse la patrie et en face de protestations et de réserves inattendues, confirme la déchéance de Napoléon III et de sa dynastie déjà prononcée par le suffrage universel, et le déclare responsable de la ruine, de l'invasion et du démembrement de la France ».

[2] Ci-dessus, p. 3.

contre les poursuites possibles les agents du gouvernement[1], s'est maintenu en vigueur sous tous les régimes postérieurs[2] jusqu'à ce qu'il ait été abrogé par un décret-loi du gouvernement de la Défense nationale[3]. Ainsi encore, l'art. 5 de la Constitution de 1848, portant que « la peine de mort est abolie en matière politique », est considéré comme une loi toujours en vigueur à laquelle il faut conformer les articles du Code Pénal. Enfin le sénatus-consulte du 3 mai 1854, qui règle la Constitution des colonies françaises, et le sénatus-consulte du 4 juillet 1866, qui modifie le premier, sont considérés comme étant toujours en vigueur et n'étant point tombés avec les Constitutions du second Empire ; mais ils n'ont plus que la valeur des lois ordinaires[4].

L'action des révolutions a aussi fait prévaloir momentanément en France des principes sur l'exercice du pouvoir constituant autres que ceux qui ont été dégagés plus haut. D'après ceux-ci, en effet, une constitution écrite, tant qu'elle est en vigueur, ne peut être modifiée que suivant la procédure de révision qu'elle a elle-même établie ; et, si l'on admet que la constitution puisse disparaître autrement et que momentanément le pays se trouve sans constitution, la constitution nouvelle paraît ne pouvoir être rédigée que par une assemblée spécialement élue à cet effet et, avec cette mission, par une assemblée

---

[1] Constitution de l'an VIII, art. 75 : « Les agents du gouvernement, autres que les ministres, ne peuvent être poursuivis pour les faits relatifs à leurs fonctions qu'en vertu d'une décision du Conseil d'État ; en ce cas la poursuite a lieu devant les tribunaux ordinaires ».

[2] La théorie est très nettement exposée dans un arrêt de rejet de la Cour de cassation du 30 novembre 1821 (Sirey, *Collection nouvelle*, t. VI, p. 527) : « Attendu que l'art. 75 de la Constitution de l'an VIII n'a point été aboli par la Charte constitutionnelle ; — que la disposition de cet article, en prescrivant la nécessité de l'autorisation du gouvernement pour la poursuite des fonctionnaires administratifs à raison des faits relatifs à l'exercice de leurs fonctions est, *en effet, exclusivement relative à l'ordre administratif et ne se réfère nullement à l'ordre politique* ; — que conséquemment, en décidant que cette disposition continuait d'être en vigueur, le tribunal a fait une juste application de la loi constitutionnelle ».

[3] Décret du 19 septembre 1870, art. 1 : « L'article 75 de la Constitution de l'an VIII est abrogé ».

[4] Arthur Girault, *Principes de colonisation et de législation coloniale*, p. 320 et suiv. Cependant ces sénatus-consultes donnent très largement au pouvoir exécutif le droit de régir les colonies par simples décrets au lieu de lois, ce qui est difficilement conciliable avec les principes de notre Constitution actuelle. Une simple loi ne pourrait pas, je crois, lui conférer aujourd'hui une pareille attribution : ce serait l'équivalent d'une délégation du pouvoir législatif, laquelle est impossible. La combinaison introduite par le sénatus-consulte de 1854 était cependant juridiquement régulière, parce qu'elle était contenue dans une loi constitutionnelle, mais aujourd'hui le sénatus-consulte a perdu cette qualité.

constituante ou, comme on disait au xviii° siècle, une Convention. En
vertu de la séparation du pouvoir législatif et du pouvoir constituant,
une assemblée élue comme simplement législative ne doit point pouvoir voter une constitution. Cependant dans l'histoire des révolutions
françaises nous trouvons, en sens contraire, toute une série de précédents qui supposent la situation suivante. Une révolution violente ou
pacifique a éclaté et triomphé, et le régime antérieur est à bas ou manifestement ne peut se maintenir plus longtemps; cependant, la révolution n'a point emporté toutes les autorités qui servaient d'organes
au gouvernement disparu, et spécialement sont restées debout une ou
plusieurs assemblées représentatives, qui possédaient plus ou moins
largement le pouvoir législatif. Dans ces conditions on a admis que ces
assemblées législatives pouvaient exercer le pouvoir constituant; et
elles l'ont exercé plus ou moins largement selon les occasions, proclamant la déchéance d'un monarque et en appelant un autre au trône,
réformant la constitution antérieure, votant même de toutes pièces
une constitution nouvelle. N'est-ce pas là encore une application de
la doctrine de Siéyès : le pouvoir constituant de la nation se manifestant par des formes quelconques? car sûrement l'œuvre constituante
de ces assemblées n'a tiré sa force que de l'approbation tacite que le
pays lui a donnée.

La série des précédents commence avec la Révolution française elle-
même, avec notre première Assemblée Constituante. On ne pouvait
pas soutenir, en effet, que les États généraux de 1789 eussent été élus
expressément et régulièrement comme Convention nationale et pour
voter la Constitution française. A la veille de leur réunion, certains
publicistes, parmi ceux qui dirigeaient alors le mouvement, leur refusaient énergiquement cette qualité et ce pouvoir : de ce nombre étaient
Siéyès[1] et Brissot de Warville[2]. Cependant dans cette prodigieuse
succession d'événements, qui en quelques mois condamnait irrévocablement l'ancien régime, le 17 juin 1789, ils prenaient le titre d'Assemblée Nationale; et cette Assemblée déclarait « qu'il n'appartenait

[1] Qu'est-ce que le Tiers-État, p. 118, 155 : « Quand même la nation auroit ses
États généraux réguliers, ce ne seroit pas à ce corps constitué à prononcer sur un
différend qui touche à sa Constitution. Il y auroit à cela une pétition de principes,
un cercle vicieux... L'envoi d'une députation extraordinaire (Assemblée Constituante) ou du moins la concession d'un nouveau pouvoir spécial pour légier avant
tout la grande affaire de la Constitution est donc le vrai moyen de mettre fin à la
dispute actuelle et aux troubles possibles de la nation ».

[2] Plan de conduite pour les députés du peuple aux États généraux de 1789,
avril 1789, p. 248 et suiv. : « Sixième proposition : Que des États généraux
bien organisés, et à plus forte raison ceux de 1789, ne peuvent avoir le droit
de constituer la nation française ».

qu'à elle d'interpréter et de représenter la volonté générale, et qu'il ne pouvait exister entre le trône et elle aucun *veto*, aucun pouvoir négatif ». Le 6 juillet 1789, elle créait son premier Comité de constitution.

Après le 10 août 1792, l'Assemblée législative ne voulut pas exercer dans sa plénitude le pouvoir constituant. Elle convoqua, au contraire, la Convention nationale pour donner une nouvelle constitution à la France. Cependant elle en usa dans une certaine mesure, non seulement en suspendant le roi et le pouvoir exécutif contrairement à la Constitution de 1791 [1], mais surtout en modifiant, pour les élections de la Convention, les règles de l'électorat et de l'éligibilité telles que cette Constitution les avait fixées.

Après le Coup d'État du 18 brumaire, il semble qu'on trouve une autre application des mêmes principes. C'est, en effet, par une loi, régulière en la forme, du 19 brumaire, votée par le Conseil des Cinq-Cents et par le Conseil des Anciens, que le Directoire fut supprimé et remplacé par une Commission consulaire exécutive, comprenant Siéyès, Roger Ducos et Bonaparte, qui prenaient le titre de *consuls de la République française*. La même loi excluait de la représentation nationale un certain nombre de membres du Corps législatif. Elle portait encore que le Corps législatif s'ajournait au 1er ventôse suivant, et que chacun des conseils élirait une commission de vingt-cinq membres, qui exerceraient pendant l'ajournement leurs attributions respectives sur la proposition formelle et nécessaire de la Commission consulaire. Ces Commissions étaient encore « chargées de préparer dans le même ordre de travail et de concours les changements à apporter aux dispositions organiques de la Constitution, dont l'expérience a fait sentir les vices et les inconvénients ». Mais tout cela n'était qu'un décor : les Conseils et leurs commissions n'avaient plus d'existence réelle ; ce n'étaient que des instruments entre les mains de Bonaparte, qui les employait pour la forme.

La fin du premier Empire fut décidée constitutionnellement par le Sénat et par la Chambre des députés impériaux. Par un décret du 3 avril 1814 le Sénat déclara Napoléon déchu du trône, le droit de succession aboli dans sa famille, le peuple français et l'armée déliés du serment de fidélité envers lui, et le même jour le Corps législatif, « adhérant à l'acte du Sénat, proclama et déclara la déchéance de Na-

---

[1] Décret du 10 août 1792 : « Considérant que le Corps législatif ne doit ni ne veut souiller son autorité par aucune usurpation ; que, dans les circonstances extraordinaires où l'ont placé des événements imprévus par toutes les lois, il ne peut concilier ce qu'il doit à sa fidélité inébranlable à la Constitution avec sa ferme résolution de s'ensevelir sous les ruines du temple de la liberté plutôt que de la laisser périr ».

poléon Bonaparte et des membres de sa famille ». Enfin le Sénat, le 6 avril, vota, sur un projet présenté par le gouvernement provisoire, une Constitution en vingt-neuf articles, qui devait être soumise à l'acceptation du peuple français et à celle de Louis-Stanislas-Xavier de France « librement appelé au trône ». Le Sénat, il est vrai, d'après la Constitution de l'an VIII et les Constitutions de l'Empire, avait exercé dans une certaine mesure le pouvoir constituant, mais cela ne supposait pas qu'il pût l'exercer dans cette plénitude, et le Corps législatif ne l'avait jamais possédé. D'ailleurs l'acte qui contenait l'application la plus précise de ce pouvoir, la Constitution votée le 6 avril, resta à l'état de projet. Présentée à Louis XVIII le 2 mai dans l'entrevue de Saint-Ouen, le roi déclara en accepter les principes, mais se réserver de mettre sous les yeux du Sénat et de la Chambre des députés un autre « travail ». Ce fut la Charte octroyée de 1814.

En 1830, en apparence la forme de l'État ne fut pas changée : dans la monarchie constitutionnelle une dynastie, une branche de la famille royale succéda simplement à une autre. En réalité, il se produisit une profonde transformation constitutionnelle. La Charte fut révisée, et prit un caractère tout nouveau ; elle s'était présentée depuis 1814 comme une charte octroyée par le pouvoir royal ; elle devint, après la révision, une constitution reposant sur la souveraineté nationale et censée émaner de celle-ci. Cette révision, cette transformation radicale, qui l'opéra ? Le pouvoir législatif exercé par les deux Chambres. La Chambre des députés, où siégeaient les 221, survivait à la Révolution, car c'était elle qui l'avait conduite et elle triomphait dans les trois journées. N'était-elle pas directement autorisée pour adapter la Constitution au nouveau régime vers lequel elle venait de guider la nation ? Aussi, le 29 juillet, les députés présents à Paris offrirent-ils le gouvernement provisoire au duc d'Orléans avec le titre de lieutenant général du royaume, et, le 31 juillet, ils adressaient au peuple français une proclamation, dans laquelle ils indiquaient l'intention de procéder par des lois à l'établissement du nouveau régime. Une nouvelle session des Chambres ayant été ouverte par le lieutenant général le 3 août, la Chambre des députés la première déclara[1] « que le trône était vacant en fait et en droit et qu'il était indispensable d'y pourvoir », et procéda à la révision de la Charte (7 août,

[1] « La Chambre des députés déclare secondement que, selon le vœu et dans l'intérêt du peuple français, le préambule de la Charte constitutionnelle est supprimé comme blessant la dignité nationale et paraissant octroyer aux Français des droits qui leur appartiennent essentiellement, et que les articles suivants de la même Charte devront être supprimés ou modifiés de la manière suivante ».

Mais cette révision se fit exactement dans la forme d'une loi, la Chambre des Pairs ayant adhéré le 7 août au texte voté par la Chambre des députés. Enfin, Louis-Philippe, ayant accepté le trône qui lui était offert par les Chambres moyennant qu'il acceptât aussi les dispositions de la nouvelle Charte, promulgua celle-ci le 14 août[1].

Il s'en fallut de peu qu'en 1870 un nouveau précédent ne s'ajoutât à ceux qui viennent d'être relevés. Après le désastre de Sedan, le 4 septembre 1870, le Corps législatif fut réuni dans une séance extraordinaire à une heure du matin, pour recevoir communication des funèbres nouvelles et délibérer sur la situation. Une proposition fut immédiatement déposée par Jules Favre, signée par les députés républicains, et demandant au Corps législatif de prononcer la déchéance de Napoléon III et d'élire une commission de gouvernement[2]. Mais l'Assemblée, sans statuer immédiatement, s'ajourna à midi le même jour. Lorsqu'elle rentra en séance à une heure et quart de l'après-midi, deux nouvelles propositions furent présentées. L'une, apportée par le ministre de la guerre, demandait qu'un conseil de gouvernement composé de cinq membres fût élu à la majorité absolue par le Corps législatif, les ministres devant être nommés dorénavant sous le contreseing des membres de ce Conseil, et le comte de Palikao en étant nommé le lieutenant général. L'autre proposition émanait de M. Thiers, et portait près de cinquante signatures. Elle était ainsi conçue : « Vu les circonstances, la Chambre nomme une Commission de gouvernement de la défense nationale. Une Constituante sera convoquée dès que les circonstances le permettront ». En réalité, les deux propositions de Jules Favre et de Thiers ne différaient que sur un point ; la déchéance de la dynastie impériale était explicite dans l'une et implicitement contenue dans l'autre. L'une ou l'autre aurait sûrement été adoptée par le Corps législatif, mais on perdit du temps. Les divers projets furent renvoyés d'urgence à une Commission, et la séance fut suspendue afin d'attendre sa décision. Mais avant qu'on pût délibérer, lorsqu'à la reprise de la séance le Président monta au fauteuil, les tribunes étaient envahies par une foule qui apportait avec elle l'impression et les exigences d'une révolution déjà accomplie en fait. En vain les députés républicains cherchèrent à la contenir et à la calmer, Gambetta

[1] « Nous avons ordonné et ordonnons que la Charte constitutionnelle de 1814, telle qu'elle a été amendée par les deux Chambres le 7 août et acceptée par nous le 9, sera de nouveau publiée dans les termes suivants... ».

[2] « Art. 1. Louis-Napoléon Bonaparte et sa dynastie sont déclarés déchus des pouvoirs que leur a confiés la Constitution. — Art. 2. Il sera nommé par le Corps législatif une Commission de gouvernement qui sera investie de tous les pouvoirs du gouvernement et qui a pour mission de résister à outrance à l'invasion et de chasser l'ennemi du territoire ».

en tête déclarant « qu'une des conditions premières de l'émancipation d'un peuple, c'était l'ordre et la régularité, » demandant qu'on « fît des choses régulières ». A trois heures et demie la foule pénétrait dans la salle même des séances, le Président quittait le fauteuil, et la scène passait du Corps législatif à l'Hôtel de Ville où la République était proclamée et nommé le Gouvernement de la défense nationale[1].

Voilà la série de précédents que pouvait invoquer en 1871 l'Assemblée Nationale pour revendiquer à son profit le pouvoir constituant, qu'elle appuyait, d'ailleurs, sur d'autres raisons comme nous le verrons plus loin.

IV.

Les lois constitutionnelles ne s'imposent pas seulement au législateur ordinaire en ce sens qu'il ne saurait les modifier ; elles peuvent aussi restreindre ses pouvoirs dans le domaine législatif lui-même; elles peuvent lui interdire de légiférer sur certains objets ou dans un certain sens; c'est sur cette idée que repose, nous le savons, la garantie constitutionnelle des droits individuels[2]. Mais comment sera assuré l'effet de semblables prescriptions? La défense de toucher aux lois constitutionnelles n'a presque besoin d'aucune sanction : l'intervention d'une assemblée particulière, la nécessité de formes particulières pour l'exercice du pouvoir constituant, suffisent par elles-mêmes pour empêcher l'empiètement du simple pouvoir législatif. Mais ici il s'agit d'une loi ordinaire, votée régulièrement dans la forme par le pouvoir qui a le droit général de légiférer : qui sera juge du point de savoir s'il a ou non dépassé les limites fixées par la Constitution? Il semble qu'il faille ici une autorité, distincte du pouvoir législatif, qui ait qualité pour se prononcer sur la constitutionnalité des lois, et dont l'existence serait ainsi indispensable pour assurer le bon fonctionnement des Constitutions qui limitent le pouvoir législatif[3].

Cette autorité, les Américains des États-Unis l'ont trouvée du premier coup dans le pouvoir judiciaire. Ils admettent que le tribunal valablement saisi d'un litige peut refuser d'appliquer une loi invoquée par l'une des parties et qu'il a qualité pour interpréter, par cela seul que cette loi est inconstitutionnelle, a été rendue contrairement à une règle posée dans la Constitution d'où le législateur tirait ses pouvoirs. C'est ainsi que la Cour fédérale dûment saisie peut déclarer

---

[1] Le procès-verbal de cette séance figure au *Journal officiel* du 5 septembre 1870.

[2] Ci-dessus, p. 364 et suiv.

[3] Dicey, *Law of the Constitution*, p. 86, 87.

inconstitutionnelles et refuser d'appliquer les lois votées par le Congrès des États-Unis. C'est ainsi que les juridictions des États particuliers peuvent déclarer inconstitutionnelles et refuser d'appliquer les lois votées par leurs législatures. La justice fédérale pourrait même écarter de ce chef les lois des États particuliers, au cas où elles seraient régulièrement applicables dans un débat porté devant elle.

D'où vient ce système original ? Les Américains soutiennent volontiers que, en ce qui concerne la Constitution des États-Unis, il est consacré explicitement par cette Constitution elle-même au profit de la Cour suprême. La Constitution dit, en effet, que « le pouvoir judiciaire fédéral s'étend à tous les litiges qui peuvent naître en droit strict ou en équité par application de cette Constitution et des lois des États-Unis[1] »; d'autre part, elle déclare que « la Constitution et les lois des États-Unis qui seront faites conformément à celle-ci... seront la loi suprême du pays[2] ». De là on tire la conséquence suivante : « Le pouvoir d'interpréter les lois comprend nécessairement la fonction de déterminer si elles sont conciliables ou non avec la Constitution, et, si elles ne le sont pas, de les déclarer nulles et sans effet. Comme la Constitution est la loi suprême du pays, dans un conflit entre elle et les lois votées soit par le Congrès soit par les États, il est du devoir de l'autorité judiciaire de suivre celle-là seulement qui a une force obligatoire prédominante. Cela résulte de la théorie même d'une constitution républicaine : car autrement les actes de la législature et de l'exécutif deviendraient en fait souverains et soustraits à tout contrôle, malgré les prohibitions ou limitations que peut contenir la Constitution ; des empiètements du caractère le moins équivoque et le plus dangereux pourraient se produire, sans qu'aucun remède fût à la portée des citoyens. Le peuple serait ainsi à la merci des gouvernants dans les gouvernements des États et dans le gouvernement national ; pratiquement, il existerait une omnipotence comme celle du Parlement anglais. Le sentiment universel de l'Amérique a décidé qu'en dernier ressort le pouvoir judiciaire doit décider de la constitutionnalité des actes et des lois émanant des États ou du gouvernement général, dans la mesure où ils peuvent donner lieu à un litige judiciaire[3] ». Il n'est pas certain que les passages visés de la Constitution fussent gros des conséquences qu'on en a tirées ; mais il paraît bien certain que le système qu'on en a déduit était dans l'esprit de ses ré-

[1] Art. 3, sect. 2, cl. 1 : « The judicial power shall extend to all cases, in law and equity, arising under this Constitution and the laws of the United States ».

[2] Art. 6, cl. 2 : « The Constitution and the laws of the United States which shall be made in pursuance thereof... shall be the supreme law of the land ».

[3] Story, *Commentaries on the Constitution of the United States*, n° 1576.

dacteurs[1]. Aujourd'hui, divers publicistes anglais vont plus loin. Ils prétendent que le droit exercé par les tribunaux des États-Unis a toujours été dans les principes de la jurisprudence anglaise, qui reconnaît constamment aux cours de justice le droit d'apprécier et de déterminer pleinement le sens, la portée et la validité des lois qu'elles sont chargées d'appliquer[2]. Seulement dans la mère-patrie cela ne pouvait les conduire à déclarer inconstitutionnelle une loi émanant du Parlement d'Angleterre, parce que, ce corps étant souverain, n'étant lié par aucune Constitution supérieure, aucune loi émanée de lui et régulière dans la forme ne pouvait être inconstitutionnelle. Mais dans les colonies anglaises de l'Amérique du Nord les conditions furent tout autres. Celles-ci obtinrent en général pour leur propre compte un certain pouvoir législatif; mais l'exercice et les limites en étaient déterminées, explicitement ou implicitement, par la Charte émanée de la Couronne qui autorisait la fondation de la colonie. Il est clair que toute loi coloniale, dépassant cette mesure, était nulle et pouvait être attaquée comme telle devant le *Privy Council* du monarque. C'est peut-être ce premier état de droit qui, pratiquement, donna aux Américains du Nord la conception des constitutions limitatives.

Quoi qu'il en soit, le système que j'examine était né en Amérique avant la Constitution fédérale, car il reçut des applications, après la déclaration d'indépendance dans divers États, ceux de Rhode-Island et de la Caroline du Sud en particulier[3]. Mais c'est surtout, lorsqu'il eut pour organe la Cour suprême des États-Unis, qu'il se dégagea complètement avec une sûreté admirable. Un homme en particulier[4], le juge Marshall, contribua puissamment à cette délicate et impor-

---

[1] Voyez ce passage du *Federalist*, n° 78, trad. française, 1792, ch. 78, t. II, p. 402 : « La complète indépendance des cours de justice est particulièrement essentielle dans une constitution limitative. Par une constitution limitative j'entends une constitution qui contient certaines exceptions déterminées à l'autorité du législateur; par exemple la défense de voter des *bills of attainder* ou des lois *ex post facto* ou autres semblables. Des limitations de ce genre ne peuvent être assurées en pratique que par le moyen des cours de justice dont le devoir doit être de déclarer nuls tous les actes contraires à la teneur certaine de la constitution. Sans cela toutes les réserves de droits ou de privilèges particuliers se réduisent à rien ».

[2] Dicey, *Law of the Constitution*, p. 87 et suiv. ; — Bryce, *American commonwealth*, t. I°, p. 245, 246.

[3] Pollock, *Judicial power in the United States* dans la *Law quarterly Review*, january 1895, p. 83, 84.

[4] Voyez sur toute cette question deux ouvrages remarquables : Hampton L. Carson, *The supreme court of the U. O. S. its history*, 1830; — Brinton Coxe, *An essay on judicial power and inconstitutionnal legislation*, 1893. — C'est de ce dernier ouvrage que rendait compte sir Pollock, dans l'article cité à la note précédente ; il avait aussi étudié le premier dans la *Law quarterly Review*, t. XIII, p. 163 et suiv.

tante élaboration. Par là la Cour suprême est devenue l'interprète autorisé et définitif de la Constitution.

Une objection grave peut être dirigée contre ce système, et nous allons voir qu'elle a triomphé chez nous. N'y a-t-il pas là un empiétement du pouvoir judiciaire sur le pouvoir législatif, et ne fait-on pas du premier une autorité politique, supérieure à toutes les autres, supérieure même à la volonté nationale manifestée selon les formes du gouvernement représentatif? Les Américains croient répondre suffisamment à cette objection. Ils disent d'abord qu'il n'y a aucun empiétement, parce que le tribunal compétent ne casse point et ne saurait casser une loi régulièrement faite; il ne la déclare même pas nulle à l'égard de tous; il se refuse seulement à faire l'application, dans l'espèce qui lui est soumise et pour cette espèce seulement, de la loi qu'il juge inconstitutionnelle. Par suite, le pouvoir judiciaire n'a aucune initiative. Il ne peut, par voie de contrôle, examiner spontanément la constitutionnalité d'une loi votée avant qu'elle ait été appliquée, avant qu'aucun citoyen se soit plaint de son application. Pour qu'il puisse donner son avis, il faut le saisir d'un litige dans lequel l'une des parties demande l'application de la loi inconstitutionnelle, l'autre partie la repoussant. Enfin, dit-on, on ne saurait prétendre que c'est faire du pouvoir judiciaire un élément perturbateur, ayant la force de mettre en échec la volonté nationale exprimée par les assemblées législatives; en statuant ainsi, il ne sort aucunement de son rôle. Il lui appartient sans aucun doute de trancher les conflits de lois, c'est-à-dire, quand plusieurs lois contradictoires paraissent s'appliquer à la cause, de déterminer quelle est celle qui doit l'emporter; or, ici il y a conflit entre la loi constitutionnelle et la loi ordinaire, et le juge, conformément aux principes, doit décider ce conflit au profit de la Constitution [1].

Ces raisonnements paraissent corrects, et cependant ce système a trouvé peu de faveur en dehors de son pays d'origine. Sans doute il s'est fait recevoir dans les Constitutions des républiques fédérales américaines qui ont été copiées sur celle des États-Unis. C'est ainsi

---

[1] Ce raisonnement est surtout développé dans le passage du *Federalist* (nº 78) cité plus haut, p. 392 note 1. Il se termine par cette remarquable observation : « Il n'est d'aucun poids de dire que les cours, sous prétexte d'inconstitutionnalité, peuvent substituer leur bon plaisir aux intentions constitutionnelles du législateur. Car cela peut tout aussi bien arriver dans le cas de deux lois contradictoires; cela peut tout aussi bien arriver dans l'application d'une loi isolée. Les cours doivent déclarer quel est le *sens* de la loi; et si elles étaient disposées à exercer leur volonté au lieu de leur *jugement*, la conséquence serait également la substitution de leur bon plaisir à celui du Corps législatif. L'observation, si elle prouve quelque chose, prouverait qu'il ne doit point y avoir de juges distincts de ce corps ».

qu'il figure dans le droit constitutionnel du Mexique[1], de la République Argentine[2] et du Brésil[3]. Il semble bien aussi que le même principe soit admis par le droit public anglais en ce qui concerne les Constitutions des colonies anglaises dotées d'un parlement électif, au
moins en partie, et d'un gouvernement responsable. Ces Constitutions
sont, en effet, essentiellement limitatives, et les législatures coloniales
ne peuvent légiférer sur les points qui leur sont interdits, ni même
contrairement aux principes essentiels des lois anglaises[4]. Il en résulte que les projets votés par elles ne deviennent lois qu'avec l'assen-
tissement de la Couronne donné directement ou par l'organe du
gouverneur, et que même, sur une remontrance adressée au *Privy
Council*, elle peut rappeler après coup une de ces lois. Mais les particuliers ont aussi le droit de contester devant les tribunaux la constitutionnalité des lois émanant des législatures coloniales[5].

[1] Constitution mexicaine du 12 février 1857, art. 101 : « Les tribunaux fédéraux
résoudront toutes les difficultés qui s'élèveraient : 1° à l'occasion des lois ou actes d'une autorité quelconque violant les garanties individuelles ; — 2° à l'occasion
des lois ou actes de la souveraineté fédérale blessant ou restreignant la souveraineté
des États ; — 3° à l'occasion des lois ou actes des autorités des États envahissant la
sphère des attributions de l'autorité fédérale ».

[2] Constitution de la République Argentine du 25 septembre 1860, art. 101 : « Appartiennent à la Cour suprême et aux tribunaux inférieurs de la nation la connaissance et la décision de toutes les causes qui sont relatives à des points régis par la
Constitution ». — Émile Daireaux, *République Argentine, les lois et la Constitution*, Paris, 1889, p. 45 : « Vis-à-vis du pouvoir législatif le pouvoir judiciaire n'a
pas des attributions moins élevées. Gardien de la Constitution et des principes qu'elle
proclame, il a le droit de déclarer par sentence qu'une loi est inconstitutionnelle et
d'en refuser l'application ».

[3] Constitution du Brésil du 24 février 1891, art. 59, § 1 : « Les sentences rendues
en dernier ressort par la justice des États seront susceptibles de recours devant le
tribunal fédéral suprême... b) lorsque la validité de lois ou d'actes gouvernementaux des États, vis-à-vis de la Constitution ou des lois fédérales, sera contestée, et
que la décision du tribunal de l'État considère comme valides des lois ou actes con-
testés ». — Art. 60 : « Il est du ressort des juges ou tribunaux fédéraux d'instruire
et de juger... b) toutes les causes introduites contre le gouvernement de l'Union ou
le fisc national et fondées sur les dispositions de la Constitution, des lois et règlements du pouvoir exécutif ».

[4] Anson, *Law and custom of the constitution*, t. II, p. 257 et suiv.

[5] Ceci est dit expressément pour la Constitution du Canada, Munro, *The Constitution of Canada*, P. 8 : « The Canadian Parliament has full power to legislate
on all matters not assigned to the provinces and not directly or indirectly reserved
to the Imperial Parliament », P. 5 : « A citizen of Canada is subject to three
distinct legislatures : the provincial legislature, the Dominion Parliament and the
Imperial Parliament... If he thinks that in legislating on any matter affecting his
rights the Dominion or the provincial Legislature has overstepped the limits of his
powers, he may challenge the legality of the statute in a court of law ; but as
regards a statute of the British Parliament he has no legal redress ».

En Europe il en a été autrement, et partout, sous l'empire des Constitutions écrites impératives et limitatives, l'idée s'est fait recevoir que les tribunaux n'avaient aucunement le droit d'apprécier la constitutionnalité des lois. Régulièrement rendues dans la forme, elles s'imposent à eux ; ils ont qualité pour les appliquer et non pour les juger. Cela revient, au fond, à dire qu'ils ont compétence pour appliquer et interpréter les lois ordinaires; mais qu'ils n'ont point compétence pour appliquer et interpréter la Constitution. Celle-ci, en ce qui concerne les règles qu'elle impose au pouvoir législatif, n'a pour sanction dernière que la conscience de ceux qui exercent ce pouvoir et leur responsabilité, au moins morale, à l'égard de la nation.

C'est l'idée qu'a législativement proclamée l'Assemblée Constituante en 1790, inspirée surtout par le souvenir des anciens Parlements, comme je l'ai dit plus haut[1]. Depuis, cette doctrine a toujours persisté chez nous, et généralement on la présente comme une rigoureuse application du principe de la séparation des pouvoirs. Elle est également adoptée en Belgique pour l'application de la Constitution belge[2]. En Italie elle est professée comme indiscutable, et cela est, d'ailleurs, parfaitement conforme avec la théorie, qui, dans ce pays, ne distingue pas le pouvoir constituant du pouvoir législatif[3]. Même la Suisse l'a admise, malgré la similitude de ses institutions avec les

---

[1] Ci-dessus, p. 372.

[2] Thonissen, *La Constitution belge*, 2e édit., n° 497, p. 333 : « Un tel contrôle exercé par les tribunaux ne serait pas autre chose que l'anéantissement de la souveraineté législative et, par une conséquence directe, l'anéantissement de la séparation des pouvoirs, base de notre organisation constitutionnelle. Le pouvoir législatif fait des lois, le pouvoir judiciaire les applique, le pouvoir exécutif pourvoit à leur exécution. Chacun de ces pouvoirs doit rester dans le cercle qui lui a été tracé par le pacte fondamental. Les tribunaux chargés d'appliquer la loi ne sont pas institués pour la juger et la réformer, mais pour assurer le maintien de ses prescriptions. La loi, bonne ou mauvaise, est toujours la loi ».

[3] Luigi Palma, *Corso di diritto costituzionale*, t. II, p. 546 : « En Italie, quelles que soient les opinions théoriques sur le système américain, nous disons, sans un doute possible, que les juges n'ont pas le pouvoir de cette Cour suprême (des États-Unis). Nous avons déjà vu que dans les organes législatifs de l'État réside toujours vivant et immanent le pouvoir de changer les lois selon les besoins, et par suite celles-là même qui sont dites constitutionnelles ; certainement celui d'interpréter le *Statuto* doit leur appartenir. Reconnaître aux magistrats un pouvoir tel que celui qui existe en Amérique, ce serait rendre la Constitution immuable, empêcher son développement légal conformément au développement de la conscience nationale, entraver l'action des pouvoirs publics, faire des magistrats nommés par le roi et par un ministre, et qui doivent *secundum legem non de legibus judicare*, les juges du Parlement, leur donner, comme au pouvoir législatif, la qualité d'organes supérieurs de l'État, de ses besoins, de ses intérêts et de ses droits. Une telle prétention serait en Italie vraiment inconstitutionnelle ».

institutions américaines. La Confédération Suisse a pourtant une juridiction supérieure, le Tribunal fédéral, élu à temps par l'Assemblée
fédérale, et qui se rapproche en partie, par sa compétence, de la Cour
suprême des États-Unis. Cependant ni ce tribunal ni aucune autre juridiction suisse ne peut repousser et refuser d'appliquer les lois fédérales sous prétexte qu'elles sont inconstitutionnelles. Sir Francis Ottiwell Adams en donne une raison spécieuse. Après avoir exposé
le système américain et les droits de la Cour suprême, il ajoute :
« Le Tribunal fédéral, au contraire, n'a pas à s'inquiéter du caractère
constitutionnel d'une loi, ou d'un arrêté de portée générale, qui a
été voté par l'Assemblée fédérale, pas plus qu'il n'a à s'occuper d'un
traité ratifié par ce corps. Il est obligé par la Constitution d'accepter
ces lois et arrêtés et de les appliquer dans les cas qui lui sont soumis.
La raison en est claire. Les mesures qui ont été préparées par le
Conseil fédéral, votées par l'Assemblée et adoptées par le peuple
avec ou sans *referendum*, ont reçu ainsi la sanction du peuple suisse.
Le Tribunal fédéral n'a donc qu'à s'incliner devant la décision du peuple et à regarder ces mesures comme constitutionnelles et inviolables »[1]. Mais cette explication ne vaut rien. La règle à expliquer, en
effet, existait avant que le *referendum* eût été introduit en 1874 quant
aux lois fédérales, et les commentateurs de la Constitution de 1848,
où il était inconnu, montraient déjà la profonde différence entre le
droit des États-Unis et celui de la Confédération Suisse quant au point
qui nous occupe[2]. D'autre part, d'après la Constitution de 1874, le
Tribunal fédéral reçoit valablement les recours contre les actes des
autorités cantonales, lorsque ceux-ci violent les droits garantis aux
citoyens suisses par la Constitution fédérale ou par les Constitutions
cantonales (art. 113)[3]. Or, ces actes susceptibles de recours peuvent
avoir pour fondement une loi cantonale, et celles-ci sont également
soumises aujourd'hui au peuple des cantons. Si elles peuvent donner
lieu à un recours judiciaire à raison de leur inconstitutionnalité, c'est
que le législateur cantonal, même populaire, est obligé, limité dans
ses pouvoirs par la Constitution fédérale et par celle du canton. Mais

---

[1] *La Confédération Suisse*, 1890, p. 295.

[2] Rüttimann, *Das Nordamerikanisches Bundesstaatsrecht, verglichen mit
den politischen Einrichtungen der Schweiz*, 1867, § 290 : « Les Américains trouvent que la Cour suprême de chaque État est le mieux appropriée pour défendre
ces droits (garantis), et qu'aucune autre garantie n'est utile ni désirable. En Suisse
est en vigueur un système foncièrement différent. Chez nous, l'Assemblée fédérale
a pour mission d'appliquer en dernière instance, non seulement la Constitution
fédérale, mais aussi les Constitutions cantonales ».

[3] J.-J. Blumer, *Handbuch des Schweizerischen Bundesstaatsrechts*, 1877,
t. I, p. 245.

pourquoi les lois fédérales ne donnent-elles pas lieu à un semblable recours? La Constitution fédérale, tant qu'elle n'est pas modifiée, oblige aussi le peuple même qui l'a votée.

La clef de ces deux systèmes divers se trouve ailleurs. Bien que le système américain se défende rationnellement sur le seul terrain juridique, il n'est pas contestable qu'il fait jouer un rôle politique au pouvoir judiciaire. Sans doute celui-ci n'a pas là une action discrétionnaire; il ne peut intervenir que provoqué par les particuliers, et la Constitution en main. Mais lorsqu'il invoque celle-ci contre la loi votée, il fait échec indirectement, mais efficacement, au pouvoir législatif, et en réalité sur le terrain législatif. Pour attribuer aux tribunaux un rôle si délicat et si important, il faut avant tout que la magistrature possède une bien haute autorité : il faut que le peuple ait une confiance profonde dans sa sagesse et dans sa valeur professionnelle et scientifique[1]. Cette autorité, la magistrature anglaise l'a gagnée et conservée dans l'esprit des Anglo-Saxons; voilà comment le système américain a pu s'établir, et les magistrats de la Haute Cour des États-Unis ont su se maintenir jusqu'ici à la hauteur de leur délicate mission. Cependant même là l'esprit démocratique commence à élever des objections. Cela est visible dans le livre de M. Woodrow Wilson, qui, comme je l'ai déjà dit, considère le pouvoir législatif, incarné dans les Assemblées représentatives, comme le pouvoir par excellence et la seule véritable représentation nationale[2]. Il fait soigneusement remarquer que le Congrès, dans beaucoup de cas, a des moyens efficaces pour faire cesser l'opposition des tribunaux fédéraux à sa volonté et qu'il en a usé dans des occasions notables[3].

---

[1] Dans un article cité plus haut, sir F. Pollock (*Law quarterly Review*, vol. XII, n° 11, p. 84) s'exprime ainsi : « The power does not exist under the written constitutions of Europe; but it was held to exist under the unwritten Constitution of an Anglo-American State. The difference, as Mr Coxe remarks, appears to be more closely connected with the varying degrees of importance and respect enjoyed by the judges in different countries ». — C'est l'idée que j'exposais en 1881 dans un *Rapport sur les Concours du comte Rossi* présenté à la Faculté de droit de Paris. J'y disais, en parlant du système américain : « Ce système remarquable, dont les concurrents devaient soigneusement étudier l'origine et le mécanisme, est un des traits distincts du droit américain. Pour qu'il pût naître, ne fallait-il pas que la magistrature, ainsi acceptée comme arbitre suprême, possédât une bien haute et bien ancienne autorité? Ne fallait-il pas même une race d'hommes qui fût habituée depuis des siècles à voir dans ses magistrats les gardiens du droit et des libertés publiques? »

[2] Ci-dessus, p. 302, 303.

[3] *Congressional government*, 6e édition, p. 35 et suiv. Ces moyens sont au nombre de deux principaux. Le Congrès peut créer à volonté de nouveaux sièges dans la Cour suprême, et le Sénat peut indirectement imposer au président, pour

Cependant le système fonctionne toujours avec précision et énergie : la preuve en est dans les arrêts récents, par lesquels la Cour suprême a déclaré en partie inconstitutionnel l'impôt sur le revenu établi par le Congrès des États-Unis[1].

L'idée première qui a inspiré le système américain a également eu des adhérents en France; elle a même donné lieu chez nous à des applications très particulières. Parmi les publicistes du xviii° siècle et les hommes de la Révolution, plusieurs proposaient d'insérer dans la Constitution une déclaration des droits, non pas simplement doctrinale, mais impérative, et de déclarer nulles toutes les lois qui y seraient contraires. C'était la conception que produisait en 1789 Dupont de Nemours, sous une forme manifestement exagérée[2]. Robespierre, discutant le premier projet de constitution présenté à la Convention, dans la séance du 10 mai 1793, disait ainsi : « La Déclaration des droits est la Constitution de tous les peuples; les autres lois sont muables par leur nature et subordonnées à celle-là; qu'elle soit sans cesse présente à tous les esprits; qu'elle brille à la tête de votre Code public; que le premier article du Code soit la garantie formelle de tous les droits de l'homme; que le second porte que toute loi qui les blesse est tyrannique et nulle[3] ». Mais comment devait être prononcée cette nullité, Robespierre ne le disait point. Dans la séance du 11 mai, Isnard reprenait le même thème sous une forme originale : il proposait d'ajouter à la Déclaration des droits un pacte social, qui donnerait à celle-ci force de loi supérieure. « Faire une déclaration des droits de l'homme, telle que celle qui a été adoptée, c'est seulement reconnaître ces droits dans un écrit, dont le texte peu développé se prête à toutes les interprétations. Faire un pacte social, au contraire, c'est passer un contrat authentique et synallagmatique, qui non seu-

les remplir, le choix d'hommes appartenant à un parti déterminé. D'autre part, la compétence de la Cour suprême n'est que pour une partie déterminée par la Constitution; pour le surplus elle a été étendue par la loi. Quand on se trouve dans un de ces derniers cas, le Congrès peut par une loi enlever compétence à la Cour suprême.

[1] Le premier de ces jugements est du 8 avril 1895; voyez *Political science quarterly*, vol. XI, n° 2 (juin 1895), p. 309.

[2] *Comparaison de la Constitution d'Angleterre et de celle d'Amérique* cité par M. Kovalewsky, *Les origines de la démocratie contemporaine*, t. I, p. 353 : « La législation tout entière d'un pays doit être renfermée dans une déclaration des droits ainsi que l'ont fait les États d'Amérique; la nation, ayant une fois reconnu ce qui est juste, ne peut plus donner à personne l'autorité de faire des lois, mais seulement des règlements pour assurer la conservation des droits. Dans ce sens restreint on peut admettre l'organisation d'un pouvoir législatif, à la condition qu'il ne soit pas permanent ».

[3] *Réimpression de l'ancien Moniteur*, t. XVI, p. 461.

lement rappelle d'une manière claire et précise les droits de toutes les
parties contractantes, mais qui les garantit efficacement par des articles exprès et détaillés, qui trace les limites que la loi et la volonté
future de la société ne pourront pas franchir. C'est en quelque sorte
la déclaration des droits mise en action, réduite en pratique[1] ». En
effet, le *projet de pacte social* qu'il déposa contenait un article 5 ainsi
conçu : « Tout article de l'acte constitutionnel ou de toute autre loi
subséquente qui contrarierait ceux du présent pacte social sera nul ».
Mais pour appliquer cette clause il faisait appel, semble-t-il, non pas
à l'autorité judiciaire, mais à l'action révolutionnaire[2].

Tout cela, d'ailleurs, resta à l'état de projet. Mais l'idée fut reprise
par Sieyès dans son grand discours à la Convention du 2 thermidor
an III. Il soutint que, pour faire respecter une constitution limitative,
il fallait nécessairement une autorité, un pouvoir spécial, ayant compétence pour annuler les actes et les lois qui y seraient contraires.
C'était, suivant lui, la conséquence naturelle et pratique de la séparation entre le pouvoir constituant et le pouvoir législatif proclamée
en 1789. Mais cette autorité gardienne de la Constitution ne devait
pas être le pouvoir judiciaire, bien qu'il lui donnât le nom de jury ; ce
devait être un corps spécial, politique et représentatif : « Je demande
d'abord, disait-il, un *jury de constitution*, ou, pour franciser un peu
le mot de jury et le distinguer dans le son de celui de juré, une *jurie
constitutionnaire*. C'est un véritable corps de représentants que je
demande, avec mission spéciale de juger les réclamations contre
toute atteinte qui serait portée à la Constitution... Voulez-vous donner une sauvegarde à la Constitution, un frein salutaire qui contienne chaque action représentative dans les bornes de sa procuration
spéciale, établissez une *jurie constitutionnaire*[3] ».

La *jurie constitutionnaire* de Sieyès devint le *Sénat conservateur*
de la Constitution de l'an VIII. Celui-ci, en effet, était essentiellement
le gardien de la Constitution. D'après l'art. 21, « il maintient ou annule tous les actes qui lui sont déférés comme inconstitutionnels par
le Tribunat ou par le gouvernement ». Pour les lois, la procédure

---

[1] *Réimpression de l'ancien Moniteur*, t. XVI, p. 378.

[2] *Réimpression de l'ancien Moniteur*, t. XVI, p. 364 : « Lorsqu'il n'existe
qu'une déclaration des droits, si la Constitution ou les lois violent ces droits, il ne
reste que la stérile ressource d'invoquer la raison, les principes ; on vous répond par
de fausses interprétations, par des sophismes. La loi finit toujours par avoir raison
contre les réclamants, tandis qu'un contrat social bien stipulé donne aux citoyens
un titre réel et tout puissant, que nulle autorité ne peut violer sans devenir évidemment oppressive et provoquer la résistance commune et solidaire des associés ».

[3] *Réimpression de l'ancien Moniteur*, t. XXV, p. 293, 294.

était précisée par l'art. 37 : « Tout décret du Corps législatif, le
dixième jour après son émission, est promulgué par le premier Consul, à moins que dans ce délai il n'y ait eu recours au Sénat pour
cause d'inconstitutionnalité. Ce recours n'a point lieu contre les lois
promulguées ». En ce qui concerne les lois, elles ne pouvaient, d'ailleurs, être pratiquement attaquées devant le Sénat que par le Tribunat, puisque le Corps législatif n'avait aucune initiative, et que la
proposition des lois appartenait au gouvernement seul. Les simples
particuliers dans ce système n'avaient aucun moyen pour faire valoir
l'inconstitutionnalité.

Le Sénat conserva cette attribution avec le Consulat à vie et sous
l'Empire[1]. Le sénatus-consulte du 28 floréal an XII (art. 60-68) en
faisait de plus le protecteur des citoyens contre les atteintes que pourrait porter le pouvoir exécutif à la liberté individuelle ou à la liberté
de la presse. Mais tout cela resta à l'état de lettre morte. Nombreux
et importants sont les décrets, vraiment inconstitutionnels, rendus par
Napoléon Ier, et aucun n'a été annulé; d'autre part, on sait comment
reprit et se développa sous le premier Empire le régime des prisons
d'État. D'ailleurs, en ce qui concerne les lois et les décrets, lorsque
le Tribunat eut été supprimé en 1807, personne, en dehors des sénateurs eux-mêmes, n'eut plus qualité pour les déférer au Sénat comme
inconstitutionnels, si ce n'est le gouvernement qui avait proposé les
unes et rendu les autres.

Cette combinaison devait être cependant reprise par la Constitution
du 14 janvier 1852, dans ses art. 26, 27 et 29, ainsi conçus : « Le
Sénat est le gardien du pacte fondamental et des libertés publiques.
Aucune loi ne peut être promulguée avant de lui avoir été soumise.
— Le Sénat s'oppose à la promulgation : 1° des lois qui seraient contraires ou qui porteraient atteinte à la Constitution, à la religion, à
la morale, à la liberté des cultes, à la liberté individuelle, à l'égalité
des citoyens devant la loi, à l'inviolabilité de la propriété et au principe de l'inamovibilité de la magistrature; 2° de celles qui pourraient
compromettre la défense du territoire. — Le Sénat maintient ou annule tous les actes qui lui sont déférés comme inconstitutionnels
par le gouvernement, ou dénoncés pour la même cause par les pétitions des citoyens ». Ce dernier texte ouvrait une voie aux simples
particuliers; mais il est fort douteux qu'il s'appliquât aux lois.

Depuis que nos lois constitutionnelles de 1875 sont entrées en vi-

---

[1] Sénatus-consulte du 28 floréal an XII, art. 70. Ce texte permettait en outre à
tout sénateur de dénoncer au Sénat un décret voté par le Corps législatif et de demander au Sénat la déclaration qu'il n'y avait pas lieu de le promulguer. Mais cette
déclaration ne liait pas l'Empereur (art. 72).

gueur, la question ne s'est point posée de savoir si les tribunaux pouvaient être juges de la constitutionnalité des lois. Elle ne pouvait guère se poser : car, si cette Constitution a séparé le pouvoir législatif et le pouvoir constituant, défendant ainsi au Corps législatif de toucher aux lois constitutionnelles, elle n'a point, d'autre part, limité le champ d'action du législateur. Mais on peut noter que, dans la discussion d'une proposition de révision devant la Chambre des dédéputés, le 15 mars 1894, un orateur, partisan d'une Chambre unique, présentait le système américain comme l'un des plus sûrs moyens pour corriger les inconvénients possibles de cette institution [1].

[1] Discours de M. Naquet, *Journal officiel*, du 16 mars 1894, Chambre des députés, p. 529 : « Créer une constitution limitative ; à côté de cette Constitution, établir, comme aux États-Unis, une Cour suprême judiciaire qui puisse, dans les espèces, affranchir l'individu de l'obéissance à la loi, lorsqu'elle est inconstitutionnelle, absolument comme vos tribunaux peuvent briser dans les espèces l'arrêté d'un maire lorsqu'il n'est pas conforme à la loi ».

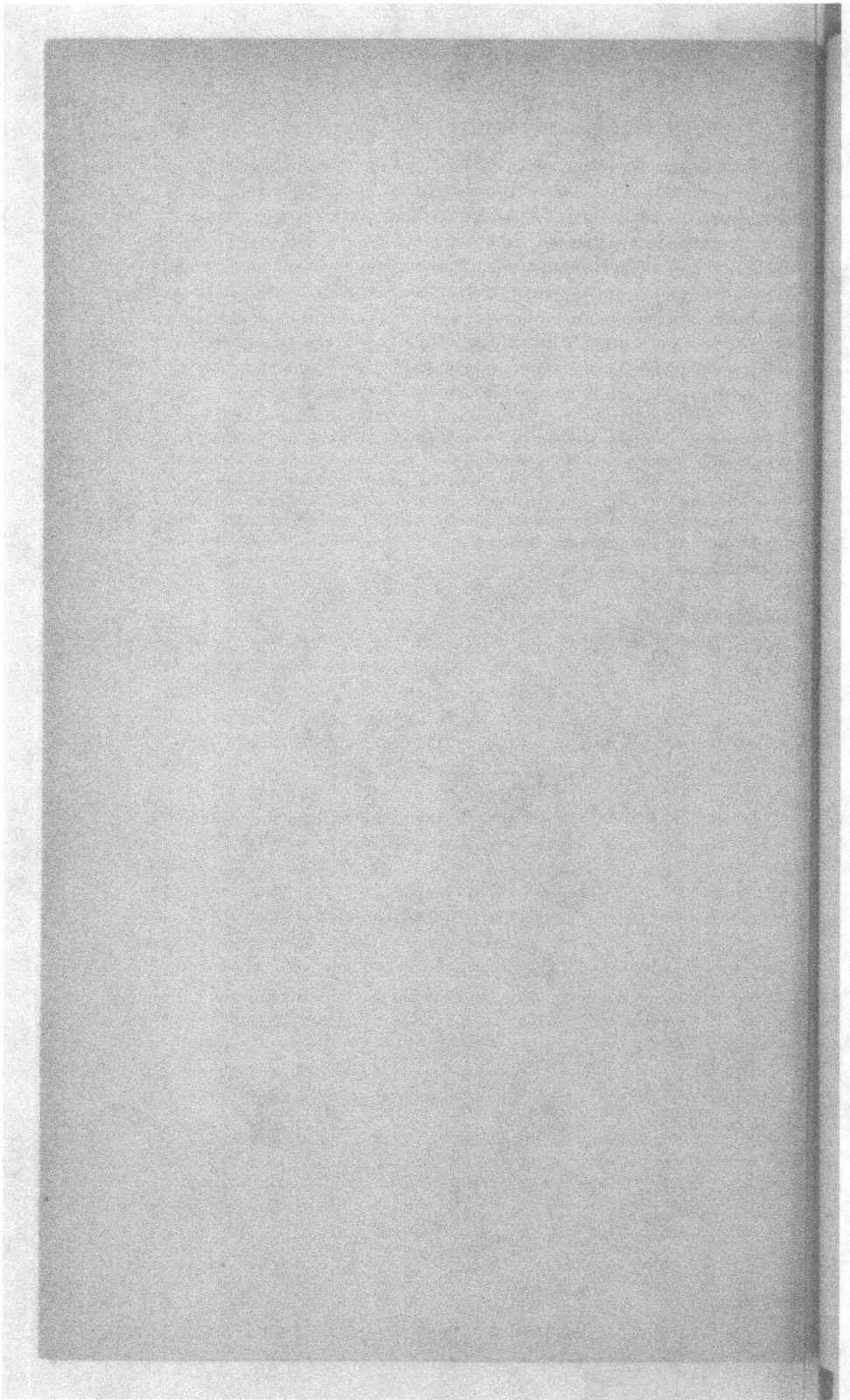

DEUXIÈME PARTIE

LE DROIT CONSTITUTIONNEL

DE LA RÉPUBLIQUE FRANÇAISE

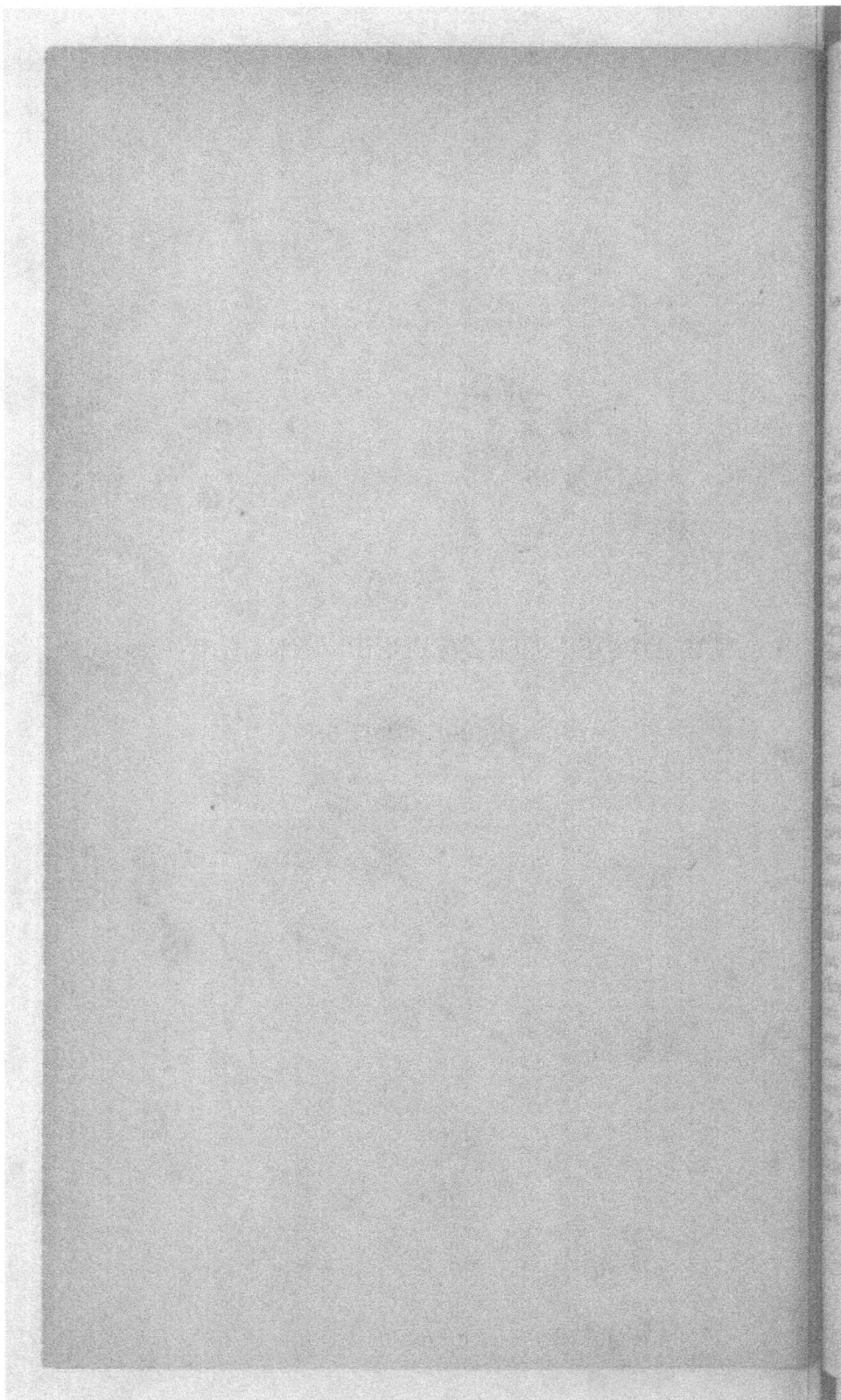

CHAPITRE PREMIER

Les précédents de la Constitution de 1875; le vote des lois constitutionnelles en 1875; leurs caractères généraux.

Les trois lois qui composent notre Constitution ont été votées, les deux premières au mois de février, et la troisième au mois de juillet 1875. Mais elles ne sont en réalité que la résultante et l'expression définitive d'un travail d'élaboration commencé depuis 1871. Si, en effet, la France a vécu sans constitution proprement dite du 4 septembre 1870 au 25 février 1875, l'Assemblée Nationale avait cependant organisé légalement, de 1871 à 1875, une république provisoire. Certains traits importants de cette organisation ont passé dans l'établissement définitif; on les comprendrait mal, si d'abord on ne les replaçait dans leur milieu originel.

I.

Lorsque l'Assemblée Nationale, élue par le suffrage universel le 8 février 1871, conformément à la loi électorale de 1849 remise en vigueur par le gouvernement de la Défense nationale, se réunit à Bordeaux le 13 février, elle trouva devant elle table rase au point de vue constitutionnel. Le régime impérial était tombé au 4 septembre, et avec lui avaient disparu tous ses organes politiques ; il ne subsistait rien du pouvoir exécutif et des Chambres impériales. D'autre part, le gouvernement de la Défense nationale, qui avait remplacé l'Empire et soutenu non sans gloire, avec l'assentiment du pays, une lutte désespérée contre l'étranger, était simplement un gouvernement de fait, un gouvernement provisoire. Il disparaissait donc immédiatement et de plein droit, comme le voulaient les principes et comme lui-même l'avait annoncé dès les premiers jours, du moment que la souveraineté nationale s'était donné des représentants légaux. Jamais, après une révolution, le terrain n'avait été plus libre de tout débris laissé par le régime antérieur ; il l'était autant qu'en 1848 après l'élection de l'Assemblée Constituante ; il l'était plus qu'en 1792 après l'élection de la Convention.

De cet état de fait et de droit résultaient deux conséquences très importantes, la première incontestable, la seconde au contraire ardemment discutée.

1° L'Assemblée Nationale était souveraine, en ce sens qu'elle pouvait actuellement exercer librement tous les pouvoirs dont l'exercice constitue le gouvernement. Elle pouvait en droit, non seulement légiférer, mais aussi bien, si elle le voulait, exercer le pouvoir exécutif ou le pouvoir judiciaire, nommer et casser les administrateurs et les juges. Cela résultait nécessairement de ce qu'elle était le seul représentant légal de la souveraineté nationale et de ce qu'aucune constitution limitative ne restreignait ses attributions. Par là-même ses pouvoirs n'étaient pas non plus limités quant à leur durée. Elle seule pouvait légalement y mettre fin.

2° Il en résultait aussi, l'Assemblée le prétendit du moins et dès le premier jour, qu'elle pouvait exercer le pouvoir constituant et donner une nouvelle constitution à la France. Mais ici elle rencontra une contradiction et une résistance énergiques, que lui opposèrent alors et pendant longtemps la plupart de ceux qui représentaient le parti républicain à cette époque. L'objection qu'ils formulaient, très forte en réalité, reposait sur cette idée que l'Assemblée, élue à la hâte, dans des circonstances éminemment critiques, avait reçu des électeurs un mandat limité. Elle avait été élue, en effet, en exécution de l'armistice conclu le 28 janvier 1871, lequel « avait pour but de permettre au gouvernement de la Défense nationale de convoquer une assemblée librement élue qui se prononcerait sur la question de savoir si la guerre devait être continuée ou à quelles conditions la paix serait faite[1] ». Voilà, disait-on, la mission spéciale et limitée qu'a reçue l'Assemblée ; sans doute, jusqu'à ce qu'elle l'ait remplie, elle exercera actuellement la souveraineté ; mais c'est là, en quelque sorte, un accessoire simplement inévitable de sa tâche principale. Les électeurs, en choisissant les députés, n'ont point pris en considération la Constitution future de la France. Ce raisonnement tirait une force plus grande encore d'un autre élément de fait.

La majorité de l'Assemblée Nationale en 1871 était incontestablement animée de sentiments et de convictions monarchiques ; son intention était de rétablir la monarchie lorsqu'elle rédigerait plus tard la Constitution. Or, disait-on, — et cela était rigoureusement exact, — cette majorité avait été élue, non parce qu'elle était monarchique, mais parce qu'elle était pacifique. Entraînés par les ardeurs patriotiques de Gambetta, qui avait personnifié la Défense nationale dans les

[1] Journal officiel du 29 janvier 1871.

départements, les candidats républicains s'étaient présentés souvent à leurs électeurs comme ne reculant pas devant la continuation de la lutte; surtout l'opinion publique, peu apte à discerner les nuances, leur attribuait en bloc ces sentiments. Pour elle ils représentaient la continuation de la guerre, et comme elle souhaitait ardemment la paix, les votes de la majorité s'étaient portés sur ceux qui proclamaient la nécessité de la paix; or, telle était la première et nette affirmation du parti monarchiste. La question essentielle, la seule question réellement posée devant les électeurs, était celle-ci : paix ou guerre? Elle avait absorbé et fait disparaître toutes les autres.

Malgré ces graves objections, l'Assemblée Nationale ne cessa jamais d'affirmer son pouvoir constituant; elle l'a exercé en définitive avec la coopération de la majorité des républicains qui siégeaient parmi ses membres. Mais comment pouvait-elle rationnellement l'établir? Elle l'a toujours appuyé sur un argument juridique, également très fort; elle l'a présenté comme une conséquence nécessaire de la souveraineté qui lui était reconnue. Mais cette thèse, elle l'a affirmée comme un axiome[1], elle n'en a pas donné la démonstration détaillée et profonde; voici, je crois, comment celle-ci peut être présentée.

La distinction entre le pouvoir législatif et le pouvoir constituant est incontestablement raisonnable et utile[2]; mais elle ne résulte pas de la nature des choses et ne s'impose pas comme un principe supérieur. Elle est même plutôt artificielle, et nous avons vu qu'elle est contestée en elle-même par certains esprits. On peut donc dire que, en principe, le pouvoir législatif s'étend naturellement même aux matières constitutionnelles; pour lui interdire ce terrain, il faut une constitution écrite et limitative qui l'arrête. Mais en 1871 il n'existait aucune constitution de ce genre. C'était justement l'absence de toute constitution qui rendait souveraine l'Assemblée Nationale; il en résultait en même temps qu'elle pouvait voter des lois constitutionnelles comme toutes autres lois. Sans doute on pouvait raisonnablement l'exhorter à ne pas le faire, n'ayant pas reçu cette mission du corps électoral. Mais, en droit, on ne pouvait lui refuser cette faculté, étant donné qu'aucune constitution ne la gênait et que les principes du gou-

---

[1] Résolution de l'Assemblée Nationale du 17 février 1871 : « L'Assemblée Nationale dépositaire de l'autorité souveraine, considérant qu'il importe, en attendant qu'il soit statué sur les institutions de la France, de pourvoir immédiatement aux nécessités du gouvernement... » — Loi du 31 août 1871 : « L'Assemblée Nationale, considérant que le droit d'user du pouvoir constituant, attribut essentiel de la souveraineté dont elle est investie... » — Loi du 21 mars 1873 : « L'Assemblée Nationale, réservant dans son intégrité le pouvoir constituant qui lui appartient... »

[2] Ci-dessus, p. 375, 376.

vernement représentatif n'exigent dans aucun cas que les électeurs aient donné aux élus un mandat précis et spécial. L'Assemblée Nationale se trouvait posséder les mêmes pouvoirs que le Parlement anglais, parce que constitutionnellement elle était placée dans les mêmes conditions. Cependant un point était plus délicat : les lois constitutionnelles votées par l'Assemblée auraient-elles tous les caractères que nous reconnaissons à ces sortes de lois? Seraient-elles hors de l'atteinte du pouvoir législatif, ne pouvant être revisées que selon les formes qu'elle aurait déterminées? Ce second point était moins clair que le premier : on pouvait légitimement se demander si, pour lier ainsi les assemblées futures et la souveraineté nationale elle-même, il ne fallait pas une assemblée munie de pouvoirs spéciaux. Mais, chose notable, il ne semble pas que cet aspect de la question ait été signalé. La théorie des constitutions écrites, telle qu'elle a été exposée plus haut, a pénétré si profondément dans les esprits français qu'on se demanda simplement si l'Assemblée avait ou non le droit de voter des lois constitutionnelles. Si ce droit lui était reconnu, tous admettaient implicitement que la Constitution qu'elle voterait s'ajouterait à la liste des Constitutions antérieures de la France, possédant la même nature et les mêmes qualités juridiques que celles-ci.

J'ai indiqué la thèse sur laquelle l'Assemblée Nationale a fait reposer son pouvoir constituant. Mais elle pouvait en invoquer une autre plus décisive encore. J'ai relevé plus haut[1] toute une série de précédents montrant que, après une révolution, des assemblées avaient exercé le pouvoir constituant, bien qu'elles ne le tinssent ni de leur institution ni du mandat formel des électeurs. Souvent c'étaient des Chambres législatives datant du régime antérieur et qui lui avaient survécu. Combien à plus forte raison ce droit pouvait-il être légitimement revendiqué par une assemblée librement élue, bien des mois après la révolution accomplie! Mais pour fonder son pouvoir constituant sur ce titre, il fallait que l'Assemblée l'exerçât en conformité réelle avec le vœu national[2] : or les faits montraient que ce vœu s'éloignait de plus en plus nettement de toute restauration monarchique. Du jour où elle s'est décidée à sanctionner définitivement la forme républicaine, l'Assemblée a cessé de voir contester son pouvoir constituant.

[1] Ci-dessus, p. 385 et suiv.
[2] Ci-dessus, p. 386.

II.

Au mois de février 1871 la France était sans constitution ; mais elle n'était point sans avoir, à ce moment, une forme d'État déterminée ; car, en dehors de la pure anarchie, ce serait une chose absolument impossible. Cette forme d'État était la République, proclamée à Paris le 4 septembre 1870, et depuis lors tacitement acceptée par le pays entier : seulement elle était en droit provisoire, puisqu'aucun pouvoir constituant ne l'avait encore confirmée. L'Assemblée Nationale, dès ses premières séances, lui conserva ce caractère, en lui donnant une première consécration, simplement légale. Quelles que fussent ses intentions pour l'avenir, elle ne pouvait, en ce moment, songer à exercer le pouvoir constituant qu'elle revendiquait. Il lui fallait tout d'abord faire la paix, rétablir l'ordre et la prospérité dans ce pays si troublé par l'invasion victorieuse, obtenir enfin que l'ennemi abandonnât le sol de la patrie. Force lui était donc de reconnaître et de maintenir jusqu'à nouvel ordre la forme républicaine, qui subsistait d'ailleurs d'elle-même, par cela seul qu'aucun trône n'était relevé. Mais l'Assemblée fit plus. Inaugurant une sorte de trève entre les partis, et laissant entrevoir déjà que le vœu national se portait vers la République, la majorité, sur les conseils de M. Thiers, se laissa persuader de faire volontairement une expérience légale de cette forme de gouvernement[1], laquelle, si elle réussissait, devait fatalement conduire à une reconnaissance définitive. C'est ce qu'on a appelé à cette époque l'« essai loyal » de la République, et ce terme a même été inscrit dans une des lois que vota l'Assemblée[2]. Mais comment allait être organisé le gouvernement de cette République provisoire ?

Le pouvoir législatif avait son organe naturel et nécessaire dans l'Assemblée elle-même : mais le pouvoir exécutif ? Elle aurait pu le retenir et l'exercer également par des comités élus parmi ses membres : ainsi avaient fait jadis le Long Parlement d'Angleterre et la Convention. L'Assemblée Nationale n'y songea pas un seul instant : elle cons-

[1] Paul de Rémusat, *A. Thiers*, p. 191 et suiv.

[2] Loi du 31 août 1871 : « L'Assemblée Nationale... considérant que, jusqu'à l'établissement des institutions définitives du pays, il importe aux besoins du travail, aux intérêts du commerce, au développement de l'industrie que nos institutions provisoires prennent aux yeux de tous, sinon cette stabilité qui est l'œuvre du temps, du moins celle que peuvent assurer l'accord des volontés et l'apaisement des partis... — considérant qu'un nouveau titre, une appellation plus précise, sans rien changer au fond des choses, peut avoir pour effet de mettre mieux en évidence l'intention de l'Assemblée de continuer franchement l'*essai loyal* commencé à Bordeaux... »

titua immédiatement par délégation un pouvoir exécutif distinct. Deux causes l'amenèrent à agir ainsi. En premier lieu, pour les hommes qui la composaient, la séparation du pouvoir législatif et du pouvoir exécutif était une donnée politique tellement traditionnelle et certaine qu'elle l'appliqua d'instinct. L'un de ses chefs le lui rappelait plus tard : « Le principe est tellement entré dans nos mœurs et devenu si familier à tous nos esprits que, lorsque vous vous êtes réunis à Bordeaux, investis par le vœu national de la plénitude de tous les pouvoirs, vous n'avez pas perdu un jour pour vous dessaisir du pouvoir exécutif en le déléguant à un de vos membres, et la séparation s'est faite naturellement sans que vous ayez eu besoin d'énumérer et de définir les attributions dont vous vous déchargiez[1] ». D'autre part, les événements avaient par avance désigné un titulaire du pouvoir exécutif. C'était M. Thiers que tout imposait au choix de l'Assemblée, sa résistance à la déclaration de guerre au mois de juillet 1870, ses prophéties malheureusement trop bien réalisées, ses démarches et ses efforts auprès des puissances européennes pour gagner à la France, après la chute de l'Empire, des défenseurs ou tout au moins des amis. Enfin il venait d'être élu député dans vingt-sept départements, et quel autre pouvait plus efficacement disputer quelque chose au vainqueur dans les pénibles et difficiles négociations qui allaient s'engager? Par une brève résolution du 17 février 1871 l'Assemblée lui remit le pouvoir exécutif. Elle ne lui donna pas le titre de Président de la République; mais elle le nomma *chef du pouvoir exécutif de la République Française*. D'ailleurs, ce qu'elle lui consentait, c'était seulement une délégation dans le sens le plus rigoureux et le plus étroit du mot, sans durée fixe, mais toujours révocable. Il était bien dit qu'il gouvernait, qu'il nommait les ministres et les présidait; mais il gouvernait « sous l'autorité de l'Assemblée[2] ». M. Thiers en même temps conservait son titre et ses fonctions de membre de l'Assemblée; personne ne songea à lui demander de s'en démettre, et l'on n'aurait point pu, sans injustice, réclamer de lui un pareil sacrifice en échange d'un pouvoir si précaire.

Sans être partie d'aucune idée systématique, sous la simple pression des faits, l'Assemblée avait ainsi construit une forme de gouvernement qui répondait à un type connu et prôné par certains hommes

---

[1] Discours du duc de Broglie à l'Assemblée Nationale le 15 mai 1874 (*Journal officiel* du 16 mai, p. 3268).

[2] « M. Thiers est nommé chef du pouvoir exécutif de la République Française; il exercera ses fonctions sous l'autorité de l'Assemblée Nationale avec le concours des ministres qu'il aura choisis et qu'il présidera ».

politiques[1]. C'était celle proposée en 1848 dans le fameux amendement Grévy. Nous allons maintenant en faire l'expérience, et elle ne fut pas favorable.

III.

Le pouvoir exécutif ne peut avoir une valeur propre et rendre véritablement les services qu'on attend de sa séparation par rapport au législatif que s'il présente une certaine fixité. Il faut qu'il puisse compter sur un certain avenir. Rien n'était plus précaire que celui qu'on venait d'organiser; c'était le provisoire par excellence. Aussi, avant que l'année 1871 se fût écoulée, une retouche importante fut apportée à cette première et rudimentaire organisation. Le besoin d'une force et d'une stabilité plus grandes pour le pouvoir exécutif s'était nettement fait sentir. Un membre de l'Assemblée, momentanément célèbre par ce fait, M. Rivet, déposa dans la séance du 12 août une proposition destinée à consolider et à organiser d'une façon moins rudimentaire le gouvernement de la République provisoire. Somme toute, il demandait trois choses : 1° que M. Thiers reçût le titre de Président de la République, plus significatif que la périphrase dont la résolution du 17 février avait entouré ses pouvoirs; 2° qu'on donnât à ces pouvoirs une durée fixe de trois ans, sauf qu'une dissolution antérieure de l'Assemblée Nationale y mettrait nécessairement fin[2]; 3° que la responsabilité ministérielle, dans le sens du gouvernement parlementaire, fût nettement établie[3]. Ce troisième chef de la proposition demande seul quelques explications.

La résolution du 17 février n'avait point précisé la condition politique des ministres. Il semblait seulement que ceux-ci étaient sous l'autorité du chef du pouvoir exécutif, comme ce chef était lui-même sous l'autorité de l'Assemblée. Nul doute cependant que l'Assemblée n'arrivât naturellement, par la tradition vivante en elle du gouvernement parlementaire, à prendre à partie les ministres et à les rendre personnellement responsables. Mais la proposition Rivet voulait quelque chose de plus incontestablement. Pour rendre sérieuse et effective

[1] Ci-dessus, p. 302 et suiv.

[2] Art. 1 et 2 de la proposition : « M. Thiers exercera sous le titre de Président de la République les fonctions qui lui ont été dévolues par le décret du 17 février dernier. — Ses pouvoirs sont prorogés de trois ans. Toutefois, si dans cet intervalle l'Assemblée Nationale jugeait à propos de se dissoudre, les pouvoirs de M. Thiers, liés à ceux de l'Assemblée, ne dureraient que le temps nécessaire pour la constitution d'une nouvelle assemblée, laquelle à son tour aurait à statuer sur le pouvoir exécutif ».

[3] Art. 4 et 6 de la proposition.

la responsabilité ministérielle, elle écartait autant que possible la responsabilité du Président : elle tendait ouvertement à rendre celui-ci inamovible, irrévocable. L'Assemblée ne s'y trompa point. Elle vota, mais profondément modifiée, la proposition Rivet, qui devint la loi du 31 août 1871.

Sur le premier point elle donna pleine satisfaction à l'auteur du projet, et conféra à M. Thiers le titre de Président de la République Française. Mais, sur le second et par là-même sur le troisième, elle opposa une résistance des plus nettes. Elle refusa péremptoirement de faire un président inamovible : « Proroger, disait le rapporteur, et maintenir en fonction, pour une durée de trois années, le chef du pouvoir exécutif, n'est-ce pas le rendre inamovible pendant ce laps de temps? Aucune indication contraire ne résultait des termes de la proposition. Or, devant un chef de gouvernement inamovible quel eût été le rôle de l'Assemblée? que devenaient ses droits? C'était son abdication, chose impossible, puisque la souveraineté, que l'Assemblée possède, est par essence inaliénable, et que, le voulût-elle, elle ne peut s'en déposséder. Pour sortir d'embarras, il suffit de combler une lacune que les auteurs du projet ont eux-mêmes reconnue dans leur texte et qu'ils déclarent involontaire; il suffit d'exprimer que le Chef de l'État, même en changeant de titre, même entouré de ministres responsables[1] », ne cesse pas d'être lui-même responsable devant l'Assemblée ». Aussi la loi contient-elle un article 3 formel en ce sens : « Le Président de la République est responsable devant l'Assemblée ». Cependant celle-ci ne voulut pas refuser également la prorogation de pouvoirs qui lui était demandée, et, s'emparant d'une idée contenue dans le projet, elle décida que les pouvoirs de M. Thiers dureraient autant que ceux de l'Assemblée elle-même[2], en supposant sans doute qu'il n'eût pas été auparavant révoqué par elle. La nouvelle loi établissait aussi la responsabilité politique des ministres, art. 2 : « Le Conseil des ministres et les ministres sont responsables devant l'Assemblée. Chacun des actes du Président de la République doit être contresigné par un ministre ». Mais forcément cette responsabilité devait être fort amoindrie par celle qui continuait à peser sur le Président : le gouvernement parlementaire allait fonctionner dans des conditions toutes nouvelles.

Une autre anomalie, conséquence fatale des premières, c'est que le

[1] Rapport de M. Rivet.

[2] Loi du 31 août 1871, art. 1 : « Le chef du pouvoir exécutif prendra le titre de *Président de la République Française* et continuera d'exercer, sous l'autorité de l'Assemblée Nationale, *tant qu'elle n'aura pas terminé ses travaux*, les fonctions qui lui sont déléguées par décret du 17 février 1871 ».

Président de la République conservait encore son titre de député.
Certes, M. Thiers n'eût pas consenti à y renoncer, et à ce moment
l'Assemblée ne le voulait pas elle-même. Le rapporteur s'exprima à
cet égard avec la plus grande netteté : « C'est, disait-il, un régime
exceptionnel, sans précédents dans l'histoire, nous le reconnaissons ;
et, par exemple, jetez les yeux sur toutes les républiques connues,
y trouverez-vous telle chose qu'un Président de République qui soit à
la fois député ? Eh bien ! nous le demandons, si, par respect pour les
principes, nous allions proposer à la France que désormais son incomparable orateur n'ouvrira plus la bouche et ne parlera que par message, la France serait tentée d'en rire, et je ne veux pas dire ce
qu'elle penserait de nous [1] ». Cependant la loi en faisait un député bien
spécial, qui ne prenait point part aux travaux de l'Assemblée dans
les mêmes conditions que les autres : « Il est entendu, disait-elle (art.
2), par l'Assemblée Nationale toutes les fois qu'il le croit nécessaire
et après avoir informé de son intention le Président de l'Assemblée ».
Il est vrai que le rapporteur coloriait agréablement cette restriction :
« En demandant que M. Thiers ait parmi nous le privilège d'aborder
la tribune autrement que nous tous et qu'un peu plus de solennité l'y
précède, c'est un hommage que nous lui adressons en même temps
qu'une prière de ménager ses forces et de se réserver de préférence
pour ces grandes questions que sa parole illumine et qui sont à la
taille de son puissant esprit ».

D'ailleurs, la loi attribuait expressément au Président de la République un certain nombre de prérogatives, qui n'avaient pas été visées
dans la résolution du 17 février et qui passeront dans la Constitution de
1875. Il était dit (art. 2) : « Le Président de la République promulgue
les lois dès qu'elles lui sont transmises par le Président de l'Assemblée Nationale. — Il assure et surveille l'exécution des lois. — Il
réside au lieu où siège l'Assemblée. — Il nomme et révoque les ministres ».

Telle fut la nouvelle organisation du pouvoir exécutif, ce qu'on
appela à cette époque la *Constitution Rivet*[2]. En réalité un seul progrès sérieux avait été accompli : le titre de Président de la République était une notation politique plus précise et une atténuation du
caractère provisoire que conservait le régime établi. La responsabilité politique et solidaire des ministres était bien proclamée ;

---

[1] Rapport de M. Rivet.
[2] Jules Favre, à l'Assemblée Nationale, séance du 22 janvier 1875 (*Annales de
l'Assemblée Nationale*, t. XXXVI, p. 252) : « Vous savez ce qui sortit de ces délibérations : ce qu'on a appelé la constitution Rivet, constitution qui maintenait de fait,
toutes choses réservées, la forme républicaine ».

et dès lors il y eut, à côté du Président de la République, un vice-
président du Conseil des ministres; le premier fut M. Dufaure,
nommé par décret du 2 septembre 1871[1]. Mais c'était là plutôt
une figuration qu'une réalité. L'expérience montra toute la portée
de cet axiome politique : la responsabilité parlementaire ne peut
pas résider à la fois dans le titulaire du pouvoir exécutif et dans
ses ministres; l'une exclut l'autre pratiquement. Ici c'était la responsabilité du Président qui l'emportait nécessairement : elle absorbait la
responsabilité ministérielle qui ne pouvait point se dégager avec
une valeur propre[2]. D'autre part, ce système de gouvernement,
qu'on avait présenté en 1848 comme supprimant nécessairement tous
les conflits entre le pouvoir législatif et le pouvoir exécutif, se montra fertile en conflits incessants. Dans toutes les questions graves et
délicates, le Président de la République intervenait en personne, mon-
tait à la tribune et cherchait à faire triompher dans l'Assemblée sa politique personnelle : mais en même temps il s'exposait à tomber devant un
vote contraire de la majorité. Celle-ci, gênée souvent dans sa liberté
de décision par les conséquences d'un tel vote, rongeait son frein
avec impatience[3]. Les inconvénients étaient tellement sensibles qu'on
dut se remettre à l'œuvre pour retoucher encore la Constitution provisoire. Le Président, dans un message du 13 novembre 1872[4], avait

[1] « Le Président de la République Française, vu l'art. 2 de la loi du 31 août 1871
ainsi conçu : « le Conseil des ministres et les ministres sont responsables devant
l'Assemblée »... Considérant que la responsabilité du Conseil des ministres doit avoir
pour conséquence l'institution d'un vice-président chargé de le convoquer et de le
présider en cas d'absence ou d'empêchement du Président de la République, décrète : « Le Président de la République, en cas d'absence ou d'empêchement délè-
« gue à l'un des ministres le droit de convoquer le Conseil et de le présider. Le
« ministre délégué portera le titre de *Vice-Président du Conseil des ministres*. »

[2] Rapport du duc de Broglie à l'assemblée du 21 février 1875 (*Journal officiel*
du 22 février, p. 1285 et suiv.), n° II : « Du moment où il [le Président de la Répu-
blique] est présent à nos débats, y est le premier et presque le seul représentant de
sa politique, les ministres disparaissent derrière lui, et leur responsabilité, couverte
par la sienne, ne paraît plus que nominale ».

[3] Rapport cité du duc de Broglie, n° I : « Le vice... se traduit par un fait doulou-
reux; c'est le retour fréquent des conflits qui s'élèvent entre cette Assemblée souveraine et le chef éminent à qui elle a confié le pouvoir exécutif. Depuis deux ans ces
conflits se sont renouvelés à propos, soit des dispositions importantes de vos grandes
lois organiques, soit d'incidents de la politique générale, et, quand ils éclatent, l'Assemblée se trouve placée dans la plus cruelle alternative. M. le Président de la République représente trop dignement la France malheureuse aux yeux de l'Europe pour
que nous puissions l'entendre sans alarme parler d'abandonner le mandat que
nous lui avons confié, mais l'Assemblée a son mandat aussi qu'elle tient de la
France et qu'elle ne peut déserter ».

[4] *Journal officiel* du 14 novembre, p. 6978.

demandé qu'on la développât et qu'on la consolidât. Cela aboutit à une loi nouvelle, celle du 13 mars 1873.

IV.

La loi du 13 mars 1873, pas plus que celle du 31 août 1871, n'opéra une transformation profonde. Ce fut une nouvelle retouche apportée au régime inauguré en 1871, dont tous sentaient les inconvénients, mais dont on ne voulait pas abandonner les principes. Le mal avait deux causes : la responsabilité du Président de la République et son intervention personnelle dans les débats de l'Assemblée.

Supprimer la responsabilité du Président eût été une solution simple. Mais, cette fois encore, l'Assemblée ne voulut pas ; elle était engagée sur ce point par ses décisions antérieures. Cependant, cette fois, ce fut une raison nouvelle que le rapporteur de la Commission invoqua. Conformément à une idée qu'il a reproduite depuis, il déclara que l'irresponsabilité du titulaire du pouvoir exécutif était incompatible avec la forme républicaine : « Il faut bien le reconnaître, le régime républicain, devenu actuellement le nôtre par le fait des événements, ne comporte pas dans sa plénitude l'application de cette garantie du régime parlementaire. Dans la monarchie constitutionnelle, le chef de l'État est inviolable ; la responsabilité des actes du gouvernement ne peut jamais remonter jusqu'à lui. Cette situation, élevée au-dessus des débats des partis, permet d'exiger de lui qu'il abandonne à ses ministres la direction de la politique, et au Parlement, par voie indirecte du moins, la désignation de ses ministres. Le chef élu d'un État républicain est responsable, en vertu du principe même de la République. On ne peut lui demander de se désintéresser au même degré des débats de la politique dont la conséquence peut l'atteindre. C'est ainsi qu'une plus grande latitude, accordée au pouvoir personnel du chef de l'État aux dépens des droits du Parlement, est la conséquence rigoureuse du principe républicain [1] ».

Une autre solution également simple et satisfaisante, quoique moins propre à supprimer les conflits, eût consisté à interdire au Président de la République de prendre la parole dans l'Assemblée, en lui enlevant sa qualité de député. Celle-là, l'Assemblée l'eût certainement admise. Mais M. Thiers la repoussait énergiquement ; il ne voulait point renoncer aux ressources qu'il tirait de son talent oratoire pour faire triompher sa politique propre [2]. L'Assemblée voulut cepen-

[1] Rapport du duc de Broglie, nº II.

[2] Rapport du duc de Broglie, nº II ; « M. le Président de la République est sorti de nos rangs, et vous a répété à plusieurs reprises que son mandat de député lui

dant faire quelque chose dans ce sens : isoler du reste du débat les
discours du Président de la République, les rendre rares et exceptionnels, de manière à n'avoir, en temps ordinaire, que les ministres
devant elle. Pour cela, la loi du 13 mars 1873 distingua et réglementa
deux choses : la discussion des lois et celle des interpellations.

Elle posait d'abord (art. 1) le principe qu'on eût désiré adopter
sans réserves : « Le Président de la République communique avec
l'Assemblée par des messages qui, à l'exception de ceux par lesquels
s'ouvrent les sessions, sont lus à la tribune par un ministre ». Mais
venaient ensuite les atténuations, qui emportaient presque la règle.
Pour la discussion des lois, le Président conservait le droit de prendre
à volonté la parole devant l'Assemblée, gêné seulement par des
formalités multiples : « Il sera entendu par l'Assemblée dans la discussion des lois lorsqu'il le jugera nécessaire et après l'avoir informée de son intention par un message. — La discussion, à l'occasion
de laquelle le Président de la République veut prendre la parole,
est suspendue après la réception du message, et le Président sera
entendu le lendemain, à moins qu'un vote spécial ne décide qu'il
le sera le même jour. La séance est levée après qu'il a été entendu et
la discussion n'est reprise qu'à une séance ultérieure. La délibération
a lieu hors la présence du Président de la République ». Comme le
disait le rapporteur, « en nous bornant à l'entendre et en nous inter-
disant de discuter avec lui, nous avons le dessein de prévenir tous
les conflits qui peuvent naître inopinément du tour imprévu que
prend un débat passionné, comme il s'en élève aisément dans une
assemblée nombreuse ».

Quant aux interpellations, qui sont traditionnellement en France le
principal moyen pour mettre en jeu la responsabilité politique, la loi
s'efforçait (art. 4) d'être plus restrictive : « Les interpellations ne
peuvent être adressées qu'aux ministres et non au Président de la
République. — Lorsque les interpellations adressées aux ministres
ou les pétitions envoyées à l'Assemblée se rapportent aux affaires extérieures, le Président de la République aura le droit d'être entendu.
— Lorsque ces interpellations ou ces pétitions auront trait à la politique intérieure, les ministres répondront seuls des actes qui les concernent. Néanmoins, si, par une délibération spéciale, communiquée
à l'Assemblée avant l'ouverture de la discussion par le vice-président
du Conseil des ministres, le Conseil déclare que les questions soulevées se rattachent à la politique générale du gouvernement et enga-

étant plus cher que celui qu'il tient de vos suffrages, il ne renoncerait pas au droit
d'exercer ce talent oratoire qui est un de ses plus certains et plus légitimes moyens
d'ascendant ».

généralement sa responsabilité du Président de la République, le Président aura le droit d'être entendu dans les formes déterminées par l'usage ». — Après avoir entendu le vice-président du Conseil, l'Assemblée fixe le jour de la discussion ».

Voilà comment l'Assemblée, cherchant à résoudre un problème insoluble, s'était efforcée de dégager la responsabilité des ministres, tout en maintenant celle du Président de la République. D'ailleurs, en compensation des gênes qu'elle imposait à celui-ci, elle lui conférait un droit nouveau. Elle lui donnait un moyen de s'opposer au vote définitif des lois sans venir les combattre à la tribune, et, en même temps, un certain délai pour en faire la promulgation (art. 2) : « Le Président de la République promulgue les lois déclarées urgentes dans les trois jours et les lois non urgentes dans le mois après le vote de l'Assemblée. — Dans le délai de trois jours, lorsqu'il s'agira d'une loi non soumise à trois lectures, le Président de la République aura le droit, par un message motivé, de demander une nouvelle délibération. — Pour les lois soumises à la formalité des trois lectures, le Président de la République aura le droit, après la seconde, de demander que la mise à l'ordre du jour, pour la troisième délibération, ne soit fixée qu'après le délai de deux mois ». C'était là une sorte de *veto*, très mitigé, dont l'idée avait été empruntée à la Constitution de 1848, où figurait une disposition analogue [1]. Dans cette Constitution, comme dans le régime existant en 1873, il pouvait produire quelque effet utile, parce que le Président auquel il était remis était personnellement responsable. Dans les lois constitutionnelles de 1875, qui l'ont également accueilli, nous verrons qu'il est presque condamné d'avance à rester sans emploi.

La loi du 13 mars 1873 était une combinaison ingénieuse et subtile, mais en réalité complètement vaine. A l'épreuve le réseau qu'elle avait noué se brisa du premier coup et ce fut cette loi elle-même qui fournit l'occasion de cette nouvelle crise. Elle se terminait, en effet, par une promesse et par une invitation adressée au gouvernement (art. 5) : « l'Assemblée Nationale ne se séparera pas sans avoir statué : 1° sur l'organisation et le mode de transmission des pouvoirs législatif et exécutif; 2° sur la création et les attributions d'une seconde Chambre ne devant entrer en fonctions qu'après la séparation de l'Assemblée actuelle; 3° sur la loi électorale. — Le gouvernement soumettra à l'Assemblée des projets de loi sur les objets ci-dessus énumérés ». Le gouvernement de M. Thiers, ne consultant que l'intérêt du pays et pensant que l'Assemblée était sérieusement décidée

[1] Art. 58.

E.   27

à accepter l'inévitable solution, c'est-à-dire la République définitive, prépara ces projets de loi. Le 19 mai 1873, M. Dufaure vint déposer en son nom un projet de Constitution républicaine en quinze articles sur lequel j'aurai l'occasion de revenir souvent, en le comparant aux lois constitutionnelles votées en 1875[1]. Mais la majorité n'était pas prête encore pour cette solution; elle se révolta. Une interpellation sur la politique générale du gouvernement fut déposée, signée par trois cent vingt représentants. M. Thiers demanda et obtint d'y répondre en personne conformément à la loi du 13 mars 1873. La discussion, qui dura deux jours, se termina le 24 mai par le vote, à quatorze voix de majorité, d'un ordre du jour que le Président avait repoussé. Il donna immédiatement sa démission[2], et dans la même journée l'Assemblée élisait à sa place Président de la République le maréchal de Mac-Mahon.

V.

En apparence rien n'était changé dans la Constitution provisoire de la France. Le nouveau Président de la République exerçait le pouvoir dans les mêmes conditions légales que son prédécesseur. Même les termes de la loi du 13 mars 1873 visant le Président de la République en général, qu'il fût ou non député en même temps, auraient, semble-t-il, donné le droit au maréchal de Mac-Mahon d'intervenir et de prendre la parole à l'Assemblée, dans la mesure qu'elle fixait. Mais le nouveau Président ne songeait pas à user de ce droit; c'était un soldat, non un orateur. Dès lors, la responsabilité politique des ministres pouvait se dégager et prendre corps. Mais des péripéties d'une gravité particulière allaient bientôt se produire.

M. Thiers avait été renversé pour cette raison prépondérante qu'il proposait d'établir définitivement la République en France; il était naturel que la majorité qui l'avait condamné procédât immédiatement

---

[1] *Journal officiel* du 20 mai 1873, p. 3208 et suiv.

[2] M. de Rémusat, *A. Thiers*, p. 208, s'exprime ainsi à ce sujet : « Il aurait pu garder pourtant la présidence; car cette même assemblée avait voté une loi singulière qui décidait que la Chambre et le Président seraient associés à vie et disparaîtraient ensemble ». Cela n'est point tout à fait exact. La loi du 31 août 1871 décidait bien (art. 1) que M. Thiers continuerait à exercer ses pouvoirs tant que l'Assemblée n'aurait pas terminé ses travaux. Mais cette même loi portait (art. 3) que le Président était responsable devant l'Assemblée; celle-ci pouvait donc le révoquer. Sans doute, tant que l'Assemblée ne l'avait pas révoqué formellement, le Président pouvait rigoureusement et légalement conserver le pouvoir; mais, en donnant sa démission devant un vote dirigé contre lui, il appliquait correctement les principes de la responsabilité politique.

à une tentative de restauration monarchique. Cela se produisit en effet, et, dans ce but, l'Assemblée Nationale se prorogea pendant trois mois (d'août à novembre). La combinaison paraissait singulièrement favorisée par la visite que fit le 5 août à Frohsdorf le comte de Paris, opérant ainsi l'union des deux branches qui prétendaient au trône de France, comme descendants de nos anciens rois. On sait comment elle échoua. La lettre du 27 octobre, par laquelle le comte de Chambord refusait de renoncer au drapeau blanc, rendait manifestement toute restauration monarchique impossible. Aussi, lorsque l'Assemblée se réunit de nouveau, la majorité sentit la nécessité de faire encore un pas vers sa future constitution républicaine; elle s'efforça cependant encore de lui enlever un caractère décisif. Le 5 novembre, le général Changarnier déposa la proposition suivante : « Le pouvoir exécutif est confié pour dix ans au maréchal de Mac-Mahon, duc de Magenta, à partir de la promulgation de la présente loi. Ce pouvoir continuera à être exercé dans les conditions actuelles jusqu'aux modifications qui pourraient y être apportées par les lois constitutionnelles. Une Commission de trente membres sera nommée sans délai en séance publique et au scrutin de liste pour l'examen des lois constitutionnelles[1]. » Cela comprenait, on le voit, deux choses : 1°. une résolution immédiate conférant le pouvoir exécutif pour une durée ferme de dix ans au maréchal de Mac-Mahon. C'était en quelque sorte une partie de la future constitution qu'on en détachait d'avance, et qu'on voulait arrêter sur l'heure; — 2°. la mise à l'étude des lois constitutionnelles. La Commission, chargée d'examiner ce projet, n'admit pas le premier point; elle voulait cependant faire quelque chose dans ce sens et proposa la combinaison suivante : « Art. 1. Les pouvoirs du maréchal de Mac-Mahon, président de la République, lui sont continués pour une période de cinq ans au delà du jour de la réunion de la prochaine législature. — Art. 2. Ces pouvoirs s'exerceront dans les conditions actuelles jusqu'au vote des lois constitutionnelles. — Art. 3. La disposition énoncée dans l'art. 1 prendra place dans les lois organiques et n'aura le caractère constitutionnel qu'après le vote de ces lois[2] ». De fait, la proposition du général Changarnier était assez singulière au point de vue des principes juridiques : concevait-on une disposition constitutionnelle faite uniquement en vue d'une personne, consistant à lui déférer un pouvoir dont elle déterminait seulement la durée, et sans en déterminer les conditions d'exercice? Cependant c'était la seule innovation efficace et utile que

---

[1] *Journal officiel* des 6 et 10 novembre 1873, p. 6718 et 6827.

[2] Voyez le rapport de M. Laboulaye, *Journal officiel* des 16 et 21 novembre, p. 6979 et 7138.

contint ce projet. Aussi, le Président de la République n'hésita-t-il pas à intervenir par un message qui fut lu à l'Assemblée le 17 novembre avant l'ouverture de la discussion : « La France, disait-il, dont les vœux demandent pour le gouvernement de la stabilité et de la force, ne comprendrait pas une résolution qui assignerait au Président de la République un pouvoir dont la durée et le caractère seraient soumis dès son début à des réserves et à des conditions suspensives... Renvoyer aux lois constitutionnelles, soit le point de départ de la prorogation, soit les effets définitifs du vote de l'Assemblée, ce serait dire à l'avance que dans quelques jours on remettra en question ce qui a été décidé aujourd'hui ». Cependant, par une sorte de transaction, le maréchal réduisait de dix à sept ans la durée de pouvoirs qui lui paraissait nécessaire[1]. Un projet, rédigé en ce sens par la minorité de la Commission, fut adopté par l'Assemblée et devint l'art. 1 de la loi du 20 novembre 1873, ainsi conçu : « Le pouvoir exécutif est confié pour sept ans au maréchal de Mac-Mahon, duc de Magenta, à partir de la promulgation de la présente loi ; ce pouvoir continuera à être exercé avec le titre de Président de la République et dans les conditions actuelles jusqu'aux modifications qui pourraient y être apportées par les lois constitutionnelles ».

Telle est, comme je le montrerai plus loin, l'origine de la durée septennale des pouvoirs de Président de la République française : elle a été fixée d'abord d'une façon purement empirique, et même par voie de transaction. La loi du 20 novembre établit ainsi un régime qu'on appela alors le *septennat*, et dont il fallut déterminer les caractères. Un premier point était certain : la loi du 20 novembre avait le caractère constitutionnel, et non celui d'une loi ordinaire. Cela résultait nettement du but poursuivi, des discussions qui avaient eu lieu, des résistances très vives, mais inefficaces, opposées à une semblable combinaison[2]. Il en résultait que l'Assemblée avait en cela exercé et

[1] Message cité (*Journal officiel* du 18 novembre, p. 7020) : « Si je n'avais consulté que mes goûts, je n'aurais pas parlé de la durée de mes pouvoirs. Toutefois je cède au désir qu'un grand nombre de membres de l'Assemblée ont manifesté, de connaître mon opinion à ce sujet. Je comprends la pensée de ceux qui, pour favoriser l'essor des grandes affaires, ont proposé de fixer la prorogation à dix ans; mais, après y avoir bien réfléchi, j'ai cru que le délai de sept ans répondrait suffisamment aux exigences de l'intérêt général et serait plus en rapport avec les forces que je puis consacrer à mon pays ».

[2] Dans la séance du 19 novembre 1873 (*Journal officiel* du 20, p. 7085), M. Waddington avait soutenu un amendement, emprunté au texte premier de la Commission et portant que « la disposition énoncée en l'art. 1 prendrait place dans les lois organiques et n'aurait le caractère constitutionnel qu'après le vote de ces lois ». Il fut repoussé par 386 voix contre 321.

épuisé son pouvoir constituant ; elle ne pouvait revenir sur sa décision, qui par rapport à elle ressemblait fort au consentement d'une
des parties dans un contrat [1] ; à plus forte raison une Assemblée postérieure, purement législative, ne pouvait y toucher. Le maréchal de
Mac-Mahon était pour sept ans un Président de la République irrévocable. On discuta beaucoup, à cette époque, une autre question qui
n'a plus qu'un intérêt de curiosité historique. On la formulait ainsi :
Le septennat est-il personnel ou impersonnel? Ceux qui soutenaient
qu'il était impersonnel considéraient que la loi du 20 novembre 1873
avait voulu faire, pour sept ans, une Constitution républicaine, ainsi
consentie à terme limité : par suite, si, avant l'expiration des sept
ans, le maréchal de Mac-Mahon venait à disparaître par mort ou démission, un nouveau Président de la République devait être élu,
pour ce qui restait à courir de la période septennale. Ceux qui tenaient, au contraire, pour le septennat personnel soutenaient que seul
le maréchal avait été visé par la disposition constitutionnelle. Si donc
il disparaissait avant les sept ans révolus, l'effet de celle-ci était épuisé ;
on se retrouvait comme auparavant sans aucune constitution.

VI.

La proposition Changarnier avait demandé la mise à l'étude des lois
constitutionnelles. La loi du 20 novembre 1873 accueillit également
cette demande. Elle portait (art. 2) : « Dans les trois jours qui suivront
la promulgation de la présente loi, une commission de trente membres
sera nommée en séance publique au scrutin de liste pour l'examen des
lois constitutionnelles ». Cette *Commission des Trente*, célèbre à son
heure, fut élue en effet dans les dernières séances du mois de novembre et dans les premières du mois de décembre 1873. Elle devait faire
durer longtemps ses travaux, espérant sans doute que quelque occur-
rence se produirait, qui ferait prendre aux choses un autre cours et
empêcherait l'inévitable solution à laquelle la majorité de l'Assemblée
n'était pas encore résignée. Un grand nombre de projets lui furent
renvoyés : celui d'abord qui avait été déposé par M. Dufaure le 19
mai 1873 [2] ; d'autres propositions émanant de l'initiative individuelle,
et, enfin, un projet déposé au nom du gouvernement du maréchal de
Mac-Mahon par M. de Broglie, vice-président du Conseil, le 15 mai

[1] Le régime du septennat pouvait bien être modifié par les futures lois constitutionnelles quant aux conditions d'exercice du pouvoir exécutif; mais les pouvoirs du
maréchal ne pouvaient être ni révoqués ni raccourcis.

[2] Ci-dessus, p. 418.

1874[1] et qu'elle prit pour principal modèle. C'est seulement à partir du 21 janvier 1875 que ses propositions vinrent en discussion devant l'Assemblée. Il était impossible de retarder plus longtemps. Le pays, qui avait montré une admirable patience, ne pouvait pas supporter une plus longue attente : il fallait sortir à tout prix de ce provisoire qui l'énervait et paralysait les bonnes volontés. Un dilemme inévitable se posait devant l'Assemblée : ou elle donnerait une Constitution définitive à la France, et cette Constitution ne pouvait être que républicaine ; ou elle se dissoudrait, reconnaissant son impuissance, et ferait procéder à l'élection d'une assemblée constituante.

On put craindre cependant que, cette fois encore, la solution adoptée par elle ne fût pas définitive. La Commission des Trente en effet, conformément au projet déposé en 1874 par le duc de Broglie, proposait seulement d'organiser le septennat personnel, mais avec des organes complets, et spécialement en établissant une seconde Chambre. Son rapporteur, M. de Ventavon, le déclara dans les termes les plus explicites : « Ce n'est pas, à vrai dire, une Constitution que j'ai l'honneur de vous apporter de sa part ; ce nom ne convient qu'aux institutions fondées pour un avenir indéfini ; il s'agit simplement aujourd'hui d'organiser des pouvoirs temporaires, les pouvoirs d'un homme... Le nom de lois constitutionnelles manque d'exactitude et passionne mal à propos l'opinion publique... Cherchons donc, Messieurs, un terrain de conciliation en dehors d'un régime définitif... La Commission, se préoccupant de la France avant tout, vous propose de laisser à l'écart l'établissement d'un gouvernement définitif et d'organiser les pouvoirs du maréchal de Mac-Mahon[2] ». Le projet en cinq articles présenté par la commission se terminait en conséquence par une disposition, qui, prévoyant l'expiration des pouvoirs du maréchal ou sa disparition antérieure, ouvrait de plein droit la révision de ces lois constitutionnelles provisoires[3]. Cette combinaison factice paraissait même avoir des chances de réussir. Le 23 juillet 1874, l'Assemblée, par 374 voix contre 333, avait rejeté précédemment une proposition de M. Casimir Périer portant la reconnaissance définitive de la République ; et, dans la séance du 29 janvier 1875, elle

[1] *Journal officiel* du 16 mai, p. 3270.

[2] Séance du 11 janvier 1875 (*Annales de l'Assemblée Nationale*, t. XXXVI, p. 210, 211).

[3] Art. 5 : « A l'expiration du terme fixé par la loi du 20 novembre 1873, comme en cas de vacance du pouvoir présidentiel, le Conseil des ministres convoque immédiatement les deux Assemblées, qui, réunies en Congrès, *statuent sur les décisions à prendre*. — Pendant la durée des pouvoirs confiés au maréchal de Mac-Mahon, la révision des lois constitutionnelles ne peut être faite que sur sa proposition ».

repoussa également, par 359 voix contre 336, un amendement dans le même sens défendu par M. Laboulaye[1]. Cependant les chiffres peu éloignés de la majorité et de la minorité attestaient un travail intérieur, qui s'opérait dans l'Assemblée et qui ramenait peu à peu bien des esprits à une solution franche et inévitable. Il produisit son effet dernier dans la séance du 30 janvier 1875. M. Wallon présenta son amendement, qui avait en réalité la même portée que celui de M. Laboulaye, mais sans aucune déclaration de principe. Il établissait implicitement une république définitive, en fixant d'une façon objective et générale la durée des pouvoirs et l'élection du Président de la République[2]. Ainsi était virtuellement établie une série indéfinie de Présidents de la République; cette magistrature, ne se confondant plus avec la personne du maréchal de Mac-Mahon, devenait la pierre angulaire d'une nouvelle forme d'État : la République était fondée. L'amendement fut adopté par 353 voix contre 352[3]. C'est là une décision mémorable, mais il ne faut point la traduire, comme on l'a fait trop souvent dans les polémiques courantes, en disant que la République a été établie en France à une voix de majorité. Le vote de l'amendement Wallon, le 30 janvier 1875, était seulement un incident de la première lecture du projet de loi. Mais il fut décisif : ce fut la poussée légère, qui détermine souvent un ébranlement considérable préparé d'avance. Dès lors, le projet prit une forme toute nouvelle; cela devint la première partie d'une Constitution, la loi constitutionnelle sur l'*organisation des pouvoirs publics*. Le texte préparé par la Commission disparut presque totalement et fut remplacé par une série de dispositions dues à l'initiative parlementaire, la plupart présentées encore par M. Wallon. Une forte majorité constituante se dégagea, et, lorsque, en troisième lecture, l'art. 2 (amendement Wallon) fut mis définitivement aux voix le 24 février 1875, il fut adopté par 413 voix contre 248[4], et le 25 février l'ensemble du projet fut adopté par 425 voix contre 254[5].

[1] Cet amendement signé par MM. Corne, Bardoux, le colonel de Chadois, Chiris, Danelle et Laboulaye, était ainsi conçu : « Art. 1. Le gouvernement de la République se compose de deux Chambres et d'un Président ».

[2] Cet amendement est devenu l'art. 2 de la loi constitutionnelle du 25 février 1875, ainsi conçu : « Le Président de la République est élu à la majorité absolue des suffrages par le Sénat et par la Chambre des députés, réunis en Assemblée Nationale. Il est nommé pour sept ans. Il est rééligible ».

[3] Séance du 30 janvier 1875 (*Annales de l'Assemblée Nationale*, t. XXXVI, p. 377).

[4] Séance du 24 février 1875 (*Annales de l'Assemblée Nationale*, t. XXXVI, p. 625).

[5] *Annales de l'Assemblée Nationale*, t. XXXVI, p. 654.

La nouvelle Constitution comprenait l'institution d'une seconde Chambre, d'un Sénat : c'en était une pièce essentielle, sur la nécessité de laquelle la majorité de l'Assemblée Nationale n'a jamais varié. Mais l'organisation de ce Sénat était chose difficile, et nous verrons plus loin par quelles péripéties on passa avant d'arriver péniblement à la solution. Peut-être, en prévision de ces difficultés, le projet de la Commission des Trente réservait pour une loi spéciale l'organisation de cette seconde Chambre[1]; peut-être aussi la raison de cette disjonction était-elle que la Commission, qui considérait comme provisoires les autres dispositions présentées par elle, regardait au contraire comme définitive et devant subsister dans tous les cas la seconde Chambre, telle qu'elle se proposait de l'organiser. Quoi qu'il en soit c'est la marche qui fut suivie. De là une seconde loi constitutionnelle, celle du 24 février 1875 sur l'*organisation du Sénat*, mais destinée à faire corps avec la première[2].

La Constitution n'était pas encore complète. Un grand résultat avait été obtenu, mais, pour le conquérir, ceux qui avaient fini par obtenir le vote des lois constitutionnelles avaient dû se borner à mettre dans la première les règles strictement nécessaires pour organiser le pouvoir législatif et le pouvoir exécutif de la République. Il ne fallait pas compromettre l'issue du débat, en soulevant des discussions sur des dispositions qui n'étaient pas absolument indispensables. Mais, une fois la lutte terminée, on sentit bien qu'on avait été trop loin dans cette voie, que l'organisation constitutionnelle était par trop rudimentaire et qu'elle présentait de graves lacunes. Une nouvelle loi constitutionnelle était donc nécessaire ; et, en réalité, on ne l'avait jamais méconnu. « Le 25 février dernier, disait M. Laboulaye en présentant cette loi aux délibérations de l'Assemblée, vous vous êtes décidés à en finir avec le provisoire et à donner au pays un gouvernement régulier et défini, vous avez fait de la République le régime légal de la France. Tout entiers à ce grand acte de politique, vous vous êtes hâtés de créer les organes nécessaires à l'existence du nouveau gouvernement en renvoyant à une loi ultérieure le soin de régler les rapports mutuels des pouvoirs publics[3] ». Ce projet complémentaire fut, en effet, déposé

[1] Art. 3, dernier alinéa : « Le Sénat est composé de membres élus ou nommés dans les proportions et aux conditions qui seront réglées par une loi spéciale ».

[2] Dans l'ordre des dates la loi sur l'organisation du Sénat fut même votée la première, un jour avant celle sur l'organisation des pouvoirs publics, le 24 février 1875. Mais elle contient un article final ainsi conçu : « Art. 11. La présente loi ne pourra être promulguée qu'après le vote définitif de la loi sur les pouvoirs publics ».

[3] Rapport présenté dans la séance du 7 juin 1875 (*Annales de l'Assemblée Nationale*, t. XXXVIII, annexe 3073, p. 224). — Voici d'ailleurs ce que disait M. Paris.

au nom du gouvernement par M. Dufaure, redevenu vice-président du Conseil, le 18 mai 1875. Discuté dans le cours des mois de juin et juillet, il devint la loi du 16 juillet 1875, sur les *rapports des pouvoirs publics*. Elle avait été présentée par le gouvernement comme *loi organique*, et l'exposé des motifs paraissait la mettre sur la même ligne que les lois organiques sur l'élection des sénateurs et des députés (lois du 2 août et 30 novembre 1875[1]). Cela était exact en ce sens qu'elle développait et complétait des principes déposés dans les deux premières lois constitutionnelles. Mais en réalité elle a bien, comme celles-ci, le caractère constitutionnel. Cela ressort nécessairement du renvoi qu'on y avait fait par avance[2]; et ce caractère a été explicitement reconnu, soit dans le rapport de M. Laboulaye[3], soit dans la discussion[4]. C'est, d'ailleurs, sous le titre de *loi constitutionnelle sur les rapports des pouvoirs publics* qu'elle a été promulguée au *Journal officiel* du 18 juillet 1875.

Telle est notre Constitution. Elle se présente, à côté des autres Constitutions françaises, avec des traits caractéristiques, soit dans la forme, soit quant au fond.

Dans la forme d'abord, toutes les autres Constitutions françaises se présentent à leur naissance comme contenues dans une loi unique, systématique et détaillée; seules les Constitutions du premier et du second Empire présentent une juxtaposition de textes distincts et successifs; mais cela vient de ce que ces régimes s'étaient simplement

rapporteur, dans la séance du 25 février 1875 (*Annales de l'Assemblée Nationale*, t. XXXVI, p. 542) : « Il nous a semblé que, si les attributions essentielles du pouvoir exécutif devaient être fixées par la loi d'organisation des pouvoirs publics, il était bon de réserver pour une loi spéciale tout ce qui se rattache aux rapports à établir entre le Président de la République et les deux Chambres et aux droits que le pouvoir exécutif et le pouvoir législatif exercent en commun ».

[1] *Annales de l'Assemblée Nationale*, t. XXXVIII, annexe 3017, p. 107 : « Projet de *loi organique* sur les rapports des pouvoirs publics présenté au nom de M. le maréchal de Mac-Mahon, duc de Magenta, Président de la République française, par M. Dufaure, garde des Sceaux, ministre de la Justice ». — Exposé des motifs : « Ainsi une loi sur les rapports qu'auront entre eux les trois pouvoirs établis par la Constitution ; une loi sur l'élection des sénateurs ; tels sont les deux graves sujets sur lesquels nous venons appeler vos délibérations ».

[2] Ci-dessus, p. 424, note 3.

[3] Rapport de M. Laboulaye, *loc. cit.*, p. 223; rappelant les deux premières lois constitutionnelles, il disait : « Il faut aujourd'hui achever dans le même esprit l'œuvre commencée il y a trois mois... Si la France est assurée sur ses droits et ses intérêts, la Constitution s'améliorera peu à peu. La réforme en est facile ».

[4] Séance du 7 juillet 1875, deuxième délibération du projet de loi organique sur les rapports des pouvoirs publics (*Annales de l'Assemblée Nationale*, t. XL, p. 480), le rapporteur : « Quel est le pouvoir que nous donnons au maréchal par cette Constitution ? »

superposés à des Constitutions antérieures (Constitution de l'an VIII;
Constitution du 14 janvier 1852), et s'étaient développés ensuite par
voie de simples sénatus-consultes. La Constitution de 1875 a, au
contraire, une forme fragmentaire ; elle est contenue dans trois lois
séparément votées. Mais en réalité cela n'a pas une bien grande importance; ces trois lois peuvent être considérées comme les titres
distincts d'une même Constitution. Cette disjonction ne fut point
voulue de parti pris par l'Assemblée[1] : elle résulta des circonstances,
de la division du travail qui s'imposa naturellement dans cette œuvre
difficile. Mais ce qui la distingue aussi des autres Constitutions françaises, c'est qu'elle est extrêmement courte dans son ensemble, ne
contenant que les règles strictement nécessaires pour fixer l'organisation et le fonctionnement des pouvoirs exécutif et législatif. Elle
ne contient aucune disposition sur les droits individuels[2], ni sur l'organisation du pouvoir judiciaire[3], sauf l'institution de la Haute Cour
de justice, qui est plutôt un organe politique. Nous savons pourquoi,
difficilement obtenue de l'Assemblée, elle a été ainsi réduite au strict
nécessaire. Mais cela montre en même temps que c'est une œuvre
essentiellement *pratique* et nullement une conception théorique, où
les principes seraient d'abord posés, pour en déduire logiquement
toutes les conséquences.

D'autre part et surtout, c'est une solution transactionnelle, qui a
été consentie entre plusieurs partis, au moyen de sacrifices réciproques. C'est une combinaison où, par suite, on a fait entrer des principes, non pas inconciliables entre eux, mais qui jusque-là n'avaient
pas figuré dans une même Constitution. La majorité qui vota celle-ci
fut, en effet, composée en partie d'anciens monarchistes, ralliés par
raison à la République, et de républicains qui, pour fonder légalement l'état républicain, consentaient à l'organiser en partie dans des
conditions nouvelles[4]. Un long travail de préparation s'était fait en

---

[1] En effet, les projets de Constitution, d'ailleurs très courts, présentés en 1873
par M. Dufaure (15 articles), en 1874 par le duc de Broglie (23 articles), formaient
chacun un tout complet. Seulement le projet de M. Dufaure était coupé par une
rubrique : *Attributions des pouvoirs publics*, sous laquelle étaient placés les art.
11 et suivants.

[2] Ci-dessus, p. 305.

[3] Ci-dessus, p. 318.

[4] Rapport de M. Laboulaye, sur les rapports des pouvoirs publics (*Annales de
l'Assemblée Nationale*, t. XXXVIII, p. 223) : « En votant la Constitution du 25
février comme une transaction avec les partisans de la monarchie constitutionnelle,
les républicains ne sont pas ceux qui ont fait le moins de sacrifices ; ils les ont faits
par amour de la patrie, pour obéir à ce besoin de concorde et d'unité qui est le vœu
d'un peuple épuisé par la guerre et fatigué des révolutions ».

ce sens dans les groupes politiques, et deux hommes, Thiers et Gambetta, avaient efficacement agi sur leurs amis respectifs pour les amener à cette entente. Il y eut là un phénomène de désagrégation en vue d'une combinaison nouvelle, comme dans certaines circonstances il s'en produit naturellement dans les assemblées politiques. Il y eut même, semble-t-il, quelque chose de plus : des négociations et une sorte de traité[1]. Ce qui semble avoir surtout rendu possible cette solution, c'est qu'on la combinait de manière à laisser aux diverses parties qui y adhéraient l'espoir de faire triompher plus tard et complètement leurs principes propres, si le milieu devenait favorable. Ces espérances avaient pour aliment la révision constitutionnelle qui était rendue relativement facile et pouvait être totale.

Il résulta de là que la République fondée en 1875 fut assortie d'un certain nombre d'institutions, qui jusque-là paraissaient plus conformes au génie de la monarchie constitutionnelle, ou qui même n'avaient jamais été pratiquées jusque-là que dans cette forme de gouvernement[2]. On en a déduit parfois cette appréciation que la Constitution de 1875 était en réalité profondément monarchique, et

[1] Duc de Broglie, *A propos de la révision des lois constitutionnelles* dans la *Revue des Deux-Mondes* du 15 avril 1894, p. 836 : « Toute facilité serait donnée à la France pour s'en dégager (de la forme républicaine) le jour où le rétablissement de la monarchie, devenu possible, serait agréé par le vœu national. C'est sur ce terrain très nettement défini qu'une entente fut établie entre ce groupe détaché du parti monarchique et les principaux personnages de la minorité républicaine. De ce qui fut dit et traité dans leurs conférences, je ne puis parler que d'après les bruits publics et les entretiens privés ». — Séance de l'Assemblée Nationale du 30 janvier 1875 (*Annales de l'Assemblée Nationale*, t. XXXVI, p. 370), M. Clapier : « Voici, Messieurs, ce que l'on nous propose : dans six ans il sera pourvu à la succession du maréchal ou à la nomination nouvelle d'un chef de gouvernement dans des formes déterminées. Nous croyons, ajoute-t-on, que ce point est indispensable pour établir à la fois la tranquillité du présent et la sécurité de l'avenir. Voilà ce qu'on nous dit d'abord. Puis on va plus loin, on ajoute : Si vous croyez que cet engagement est excessif, nous allons le restreindre, nous allons vous accorder le droit de révision de la Constitution, de telle sorte que, dans un temps donné, si cet engagement est reconnu nuisible aux intérêts du pays, vous pourrez y revenir. Voilà, Messieurs, ce qu'on nous propose. La transaction est-elle bonne ou mauvaise?... On nous offre de voter — on l'a déjà voté — le Sénat et tout ce que nous demandons ».

[2] Rapport de M. Laboulaye (*Annales de l'Assemblée Nationale*, t. XXXVIII, p. 223) : « Telles sont les principales dispositions de la loi dont nous vous proposons l'adoption. Elles donnent à la République les garanties de la monarchie constitutionnelle, telle que nous l'avons pratiquée pendant plus de trente ans. Cette forme de gouvernement a donné assez de sécurité et de prospérité à la France pour que le pays n'en ait pas gardé un mauvais souvenir. Si parmi les républicains il en est qui trouvent qu'on aurait dû aller plus loin, ils feront bien de considérer que la France, après avoir traversé l'empire, a besoin de reprendre l'habitude d'un gouvernement constitutionnel ».

qu'elle avait été ainsi construite de parti pris, sous l'influence des monarchistes qui consentirent à la voter, en vue et dans l'espoir d'une restauration monarchique. C'est un jugement qui a été formulé de divers côtés : de la part des républicains[1] et de la part des monarchistes[2]. C'est ainsi qu'on disait autrefois que la Constitution de 1791, établissant la monarchie constitutionnelle, avait été votée par l'Assemblée Constituante en vue de la République[3]. Je ne crois pas cependant cette affirmation exacte. Ce qui était le prix du consentement des monarchistes en 1875, c'était le droit de révision totale, et la combinaison opérée de la forme républicaine avec certaines institutions traditionnellement caractéristiques de la monarchie constitu-

[1] Voyez, par exemple, le discours prononcé par M. Goblet à la Chambre des députés le 12 mars 1894 (*Journal officiel* du 13, p. 497) : « Quant à nous, à nos yeux il ne s'agit pas seulement, pour avoir la République, de faire de la monarchie un régime électif et à temps... J'ai dit dans mon exposé des motifs que la Constitution de 1875 n'avait été qu'une transaction entre l'orléanisme et la République. Nous sommes encore dans cette Chambre un certain nombre de survivants de cette époque et nous nous souvenons parfaitement des négociations, pour ne pas dire des compromissions, à l'aide desquelles on est parvenu à faire voter cette Constitution à une voix de majorité par une assemblée en très grande partie monarchiste. Ce jour-là, le parti républicain a cru qu'il avait fondé la République, parce qu'il en avait consacré le nom ».

[2] Duc de Broglie, *Revue des Deux-Mondes* du 15 avril 1894, p. 834 (parlant de l'irresponsabilité du Président de la République et du droit de dissoudre la Chambre des députés qui lui est accordé) : « Ce sont là des emprunts faits à un ordre d'idées qui n'a rien de commun avec la République, et c'est en effet celui qui a transformé, avec le cours et le progrès des idées libérales, des royautés absolues en monarchies constitutionnelles. Ces deux dispositions gardent l'empreinte de leur origine, et le caractère en reste essentiellement monarchique. On peut même affirmer que non seulement elles n'auraient pas trouvé d'accès dans une constitution républicaine, mais que la pensée n'en serait même pas venue, si parmi les auteurs de la loi de 1875 n'avaient figuré avec une autorité particulière des monarchistes de naissance et de conviction, renonçant à regret au rétablissement immédiat de la royauté, enclins par là même à accueillir tout ce qui en reproduisant le souvenir en pouvait en faciliter le retour ».

[3] *Correspondance entre le comte de Mirabeau et le comte de La March*, t. II, p. 14 (trentième note pour la Cour) : « Je sais que les législateurs, consultant les craintes du moment plutôt que l'avenir, hésitant entre le pouvoir royal, dont ils redoutaient l'influence, et les formes républicaines, dont ils prévoyaient le danger, craignant même que le roi ne désertât sa haute magistrature ou ne voulût reconquérir la plénitude de son autorité ; je sais, dis-je, qu'au milieu de cette perplexité les législateurs n'ont formé, en quelque sorte, l'édifice de la Constitution qu'avec des pierres d'attente, n'ont mis nulle part la clef de la voûte et ont eu pour but secret d'organiser le royaume de manière qu'ils pussent opter entre la république et la monarchie, et que la royauté fût conservée ou inutile, selon la réalité ou la fausseté des périls dont ils se croyaient menacés ».

tionnelle s'explique autrement. Cette fusion avait été préparée par deux causes antérieures.

En premier lieu, sous le Second Empire, les principaux représentants de l'école dite alors *libérale*, qui continuaient presque seuls l'étude théorique des principes de la liberté politique, avaient d'avance élaboré cette solution. La plupart étaient, par leur origine ou par leur éducation, attachés à la cause de la monarchie constitutionnelle ou naturellement portés vers cette forme d'État. Mais, instruits par les leçons du passé, en face d'un avenir incertain, ils avaient envisagé et accepté d'avance les autres formes que pourrait amener, dans l'évolution future, soit la durée prolongée de la dynastie impériale soit, solution plus probable, l'avènement de la République. Convaincus que le fond devait passer avant la forme, quelle que fût à ce dernier point de vue leur préférence personnelle, ils avaient cherché à dégager une série d'institutions, pour eux essentielles, qui pût s'adapter presque indifféremment aux diverses formes d'État que l'avenir recélait dans son ombre[1]. Ce programme comprenait principalement deux chefs : le gouvernement parlementaire, et les droits individuels, les *libertés nécessaires*, comme on disait alors. Cette conception était assez largement répandue à la fin du Second Empire[2]. Spécialement l'établissement possible de la République, et son accommodation aux conditions ainsi posées, avait été étudié dans deux livres remarquables : les *Vues sur le gouvernement de la France*, écrites par le duc de Broglie en 1861, publiées en librairie par son fils en 1870[3], et la *France nouvelle*, de Prévost-Paradol, qui parut en 1868. Les deux auteurs, d'ailleurs, ne prenaient pas exactement la même position. Le duc de Broglie considérait la république probable comme un pis aller et comme une phase

---

[1] Prévost-Paradol, *La France nouvelle*, 4e édit., 1868, liv. II, ch. IV, p. 107 ; « Nous cherchons ici des institutions qui puissent s'accommoder également de la forme monarchique et de la forme républicaine, leur unique objet étant d'assurer la liberté dans la démocratie ». — Ch. VI, p. 129 : « En établissant les bases d'un gouvernement démocratique et libre, et, en nous approchant par degrés du faîte de cette construction politique, nous nous sommes particulièrement attachés à n'y admettre que des éléments également acceptables pour une démocratie monarchique et pour une démocratie républicaine ».

[2] Jules Simon, *La politique radicale*, 1869, préface, p. 17, 19 : « Il pourrait y avoir dans certains cas une sorte de danger à dire : Je suis républicain, légitimiste ou orléaniste. Nous laisserons donc entièrement cette question, qui, pour beaucoup d'esprits, est toute la question, et qui, pour nous-mêmes, quoique nous nous déclarions sans préjugés, est la principale... Ces nouvelles doctrines d'indifférence en matière de gouvernement cachent souvent un lâche calcul et nous ne nous sentons pas la conscience assez large pour les absoudre ».

[3] Ci-dessus, p. 31, note 7.

simplement transitoire[1]. Prévost-Paradol, au contraire, tout en conservant certaines préférences pour la monarchie constitutionnelle, voyait dans la république une forme parallèle et équivalente pour réaliser et assurer la liberté moderne. Il comparait et balançait les avantages et les inconvénients de part et d'autre[2]. Il terminait même ses considérations sur ce point par cette déclaration franche et presque prophétique : « Aussi faut-il envisager sans appréhension et surtout sans parti pris le cas où l'État, faute d'un souverain convenable ou par la force des choses, revêt la forme républicaine. Il nous semble, il est vrai, qu'il manque alors un ressort important à la machine politique ; nous cherchons des yeux avec regret cette espèce de tribun du peuple qui, sous le nom de roi, observe impartialement la représentation nationale, afin de la renvoyer devant les comices populaires aussitôt qu'il la croit oppressive ou engagée sur le chemin de l'oppression ; mais si la République n'a point de place pour cette utile magistrature, elle n'en est pas moins une forme de gouvernement très acceptable et très digne, une fois qu'elle existe, du concours fidèle et du respect sincère de tous les bons citoyens. J'appelle même expressément *bon citoyen* le Français qui ne repousse aucune des formes de gouvernement libre, qui ne souffre point l'idée de troubler le repos de la patrie pour ses ambitions et ses préférences particulières, qui n'est ni enivré ni révolté par les mots de monarchie et de république et qui borne à un seul point ses exigences : que la nation se gouverne elle-même, sous le nom de mo-

---

[1] *Vues sur le gouvernement de la France*, 1870, ch. vi, p. 226 et suiv. Il déclare qu'il veut « garder, coûte que coûte, la neutralité entre les chances diverses que l'avenir réserve à notre pays. Tout en persistant à regarder la monarchie comme le plus noble des gouvernements... le seul qui promette à la France la grandeur et le repos, nous n'oserions affirmer qu'elle ne soit pas réduite encore une fois à traverser l'épreuve périlleuse du régime républicain... Il sera sage de préférer la République à la guerre civile ; ce sera, dans ce cas encore, le gouvernement qui divise le moins, et qui permet le mieux à l'esprit public de se former, à l'ascendant légitime de grandir et de triompher en définitive... Il sera donc, au besoin, sage de s'y résigner ; mais il sera sage en même temps de ne considérer le régime républicain que comme un pis aller, comme un état de transition, et de ne sacrifier à l'esprit républicain, à sa jalousie, à sa turbulence, de ne sacrifier surtout au maintien, à la perpétuité de la République aucune des garanties de l'ordre, au dedans, aucune des conditions de la sécurité et de la grandeur au dehors ».

[2] *La France nouvelle*, liv. II, ch. vi, p. 139 : « Dans cette question comme dans toutes les affaires humaines, il ne faut point prétendre au bien absolu ; ici comme partout, c'est dans un choix entre des imperfections plus ou moins graves que consistent la liberté et la sagesse de l'homme ; mettre en balance la république et la monarchie, c'est donc se demander simplement laquelle de ces deux formes de gouvernement peut offrir, dans la pratique, les difficultés les moins considérables et les inconvénients les moins sensibles ».

narchie ou de république, par le moyen d'assemblées librement élues
et de ministères responsables[1] ». Mais, si le duc de Broglie et Prévost-Paradol appréciaient différemment le régime républicain, les
deux écrivains s'accordaient à peu près quant à l'organisation qu'ils
proposaient pour la future République.

L'état d'esprit qu'attestent ces écrits était celui d'un grand nombre
de membres de l'Assemblée Nationale. La solution qu'ils adoptèrent
était donc toute naturelle. Si en partie elle a été imposée par les circonstances, obtenue dans la forme par des négociations et des ententes,
elle était préparée longtemps à l'avance par le courant d'idées que je
viens de rappeler. Ce n'est pas là une vaine hypothèse et une explication inventée à plaisir : nous aurons l'occasion de constater maintes
fois, chemin faisant, la concordance qui existe entre les solutions
adoptées par les lois constitutionnelles de 1875 et celles proposées
dans les *Vues sur le gouvernement de la France*[2] ou dans la *France
nouvelle*.

L'autre cause qui a contribué à produire la Constitution républicaine de 1875, en y combinant des principes d'origine diverse, est
d'une tout autre nature. Elle a agi sur les hommes de cette époque

---

[1] *La France nouvelle*, liv. II, ch. XI, p. 152.

[2] Cette concordance se constate même pour une des lois antérieures à 1875, celle
du 20 novembre 1873. On lit en effet dans les *Vues sur le gouvernement de la
France* (ch. VI, p. 228) : « Quant à la durée de la première magistrature, il importerait de la fixer avec largeur et précaution, de laisser à l'épreuve un temps suffisant et de ne point tenir périodiquement le pays sur le qui vive d'une réélection, et
de laisser, néanmoins, au Corps législatif le pouvoir d'arrêter toute tentative d'usurpation, pour peu qu'il en vît poindre les approches. Dix ans seraient une durée raisonnable, le Corps législatif restant maître de provoquer au besoin la réélection à
la fin de la cinquième année ». Or, c'était bien dix ans qu'en novembre 1873 le général Changarnier demanda d'abord pour les pouvoirs du maréchal de Mac-Mahon.
C'est par une transaction (autre, il est vrai, que celle proposée par le feu duc de
Broglie) qu'on réduisit la durée à sept ans. Il faut, d'ailleurs, ajouter que ce chiffre
de dix ans paraît s'être présenté naturellement toutes les fois qu'on a voulu constituer en France un véritable pouvoir personnel, tout en gardant la forme républicaine.
C'est pour dix ans qu'étaient nommés les consuls, d'après la Constitution de l'an VIII
(art. 39); c'était pour dix ans que la Constitution du 14 janvier 1852 (art. 2) conférait à Louis-Napoléon le gouvernement de la République. Dans certains passages
des rapports faits sur les projets de lois constitutionnelles, on trouve d'ailleurs des
références directes aux deux ouvrages du duc de Broglie et de Prévost-Paradol :
*Rapport fait au nom de la commission des lois constitutionnelles sur les pro-
jets de loi et les propositions concernant la création et les attributions d'un
Sénat*, par M. Antonin Lefèvre-Pontalis (*Assemblée Nationale*, année 1874, n°
2080, p. 20) : « La commission des lois constitutionnelles s'est ralliée à ce système.
Elle en trouvait les développements dans l'ouvrage de feu le duc de Broglie : *Vues
sur le gouvernement de la France*, et dans les écrits de publicistes tels que
MM. Prévost-Paradol, de Laveleye, de Molinari, J. Michon ».

sans qu'ils en eussent la conscience précise, car c'est une loi générale
du développement historique. C'est une vérité établie dans notre
siècle par l'étude de l'histoire du droit que, chez un peuple progressif,
les institutions nouvelles successivement introduites ne sont viables
et durables qu'autant qu'elles se rattachent par une transition largement ménagée aux institutions antérieures, qu'elles doivent remplacer. Le régime nouveau doit contenir tout d'abord une portion
conservée des éléments qui composaient le régime ancien; c'est la
condition même de sa vie et de son succès[1]. Il en résulte que, pour
s'acclimater en France, la République devait naturellement emprunter une partie de ses règles à la forme de gouvernement antérieure,
la plus rapprochée d'elle par le temps et par les principes, c'est-à-dire
à la monarchie constitutionnelle. Cette loi de succession est bien connue. Il est bien certain que, dans le monde antique, la République
romaine n'a fait que continuer le mode de gouvernement établi sous
la royauté, en conférant aux consuls pour un temps limité les pouvoirs que les rois avaient reçus à titre viager[2]. Les meilleurs historiens et publicistes s'accordent aujourd'hui à reconnaître que le rôle
et les pouvoirs du Président des États-Unis ont été copiés, par les
auteurs de la Constitution fédérale, sur ceux du roi d'Angleterre, tels
qu'on les concevait alors communément[3]. C'est la même loi qui a
opéré chez nous en 1875, et il n'est point douteux que les pouvoirs
du Président de la République, dans notre Constitution actuelle, aient
été à peu près calqués sur ceux d'un monarque constitutionnel avec
le gouvernement parlementaire. C'est un point qu'on a relevé à plusieurs reprises, comme jurant avec la nature propre et avec les tra-

---

[1] C'est ce que disait déjà Chateaubriand, dans la *Monarchie selon la Charte*,
ch. LXXXVIII, p. 123 : « Aucun changement politique chez un peuple n'a pu se consolider qu'il n'ait eu pour base l'ancien ordre politique auquel il a succédé. Quand
les rois disparurent de Rome, les dieux surtout restèrent au Capitole ».

[2] Mommsen, *Droit public romain*, trad. Girard, t. III, p. 17 et suiv.

[3] Sir Henry Summer Maine, *Essai sur le gouvernement populaire*, traduction
française, ch. IV, p. 295 et suiv., particulièrement ce passage, p. 295 : « A première
vue de la Constitution des États-Unis, la ressemblance qu'offre le Président des
États-Unis avec un roi européen, surtout avec le roi de la Grande-Bretagne, est
trop évidente pour qu'on puisse s'y méprendre. Le Président exerce, à divers degrés,
un certain nombre de pouvoirs dans lesquels on reconnaît du premier coup l'apa-
nage particulier de la royauté, pour peu qu'on l'ait étudiée dans l'histoire générale,
et qui ne peuvent s'associer avec aucune autre institution ». — Bryce, *American
commonwealth*, part. I, c. IV et V, t. I, p. 31, 36. — D'autres soutiennent que
c'est le gouverneur des anciennes colonies qui a servi de modèle pour le Président
des États-Unis; mais cela revient à peu près au même, car le gouverneur représentait le roi; — Gamaliel Bradford, *Congress and the Cabinet*, p. 4.

ditions du gouvernement républicain[1]. Mais on eût fort étonné nos pères, si grands admirateurs de la Rome républicaine, si on leur eût dit que son gouvernement n'était qu'une monarchie déguisée, et, sans doute, les Américains des États-Unis doivent sourire lorsqu'on s'efforce de leur prouver que leur Constitution est, par certains côtés, profondément monarchique.

On le voit, si notre Constitution de 1875 ne peut prétendre à la rigoureuse logique du raisonnement, qui n'admet que des principes concordants et en tire les conséquences exactes, elle paraît bien avoir pour elle la logique de l'histoire. C'est peut-être pour cette raison qu'elle s'est montrée la plus résistante des Constitutions françaises depuis 1791. Elle a été, dans tous les cas, un acte de bonne foi chez ceux qui la votèrent sans enthousiasme, par raison et par patriotisme. L'état de leurs esprits était, je crois, fidèlement traduit par ces paroles que prononçait M. Laboulaye dans la séance du 22 juin 1875 : « Rappelez-vous ce qui s'est passé aux États-Unis : personne ne croyait à la durée de la Constitution ; Franklin la trouvait trop monarchique, Washington trop démocratique. Tous se dirent : L'épreuve sera peut-être vaine, mais notre devoir est de donner à l'Amérique un gouvernement. Eh bien ! Cette Constitution, dédaignée de tous, a donné à l'Amérique cette puissance et cette grandeur que tout le monde respecte aujourd'hui. L'année prochaine, l'Amérique célébrera le centième anniversaire de son indépendance : souhaitons que notre Répu-

---

[1] Louis Blanc, dans la séance de l'Assemblée Nationale du 21 juin 1875. *Annales de l'Assemblée Nationale*, t. XXXIX, p. 79) : « Du privilège de sa rééligibilité conféré au Président de la République, il résulte que, dans le cas de deux réélections successives, la présidence de l'homme revêtu de cette dignité pourrait durer vingt et un ans, plus que n'a duré le Premier Empire, plus que n'ont duré les règnes de Charles X et de Louis XVIII, plus que n'a duré le règne de Louis-Philippe, plus que n'a duré le second Empire ; en vertu de cette Constitution du 25 février, le Président de la République est irresponsable comme un roi ; il a le droit de dissoudre la Chambre des représentants du peuple comme un roi ; il a le droit de grâce comme un roi ; il a l'initiative des lois que n'avait point Louis XVI ; il est requ non seulement à disposer de la force publique, mais à la commander en personne ; bref, Messieurs, nous avons un roi sauf l'hérédité, différence qui n'est pas, pratiquement parlant, bien notable, dans un pays où il n'y a pas eu depuis un siècle un empereur, pas un roi qui ait laissé le trône à son fils ». — M. Goblet à la Chambre des députés, séance du 12 mars 1894 (*Journal officiel* du 13, p. 459) : « Au point de vue intérieur comme au point de vue extérieur, on constate les effets de la prépondérance qu'assure au pouvoir exécutif la Constitution elle-même. Comment en serait-il autrement ? N'est-ce pas la conséquence forcée de ces attributions quasi-monarchiques que la Constitution a données au Président de la République ». M. Naquet, dans la séance suivante du 15 mars 1894 (*Journal officiel* du 16, p. 530) : « Louis-Philippe était un Président de la République viager... C'était un président analogue à ceux que nous avons vus depuis ».

E.   28

blique, si fragile aujourd'hui... Oui, Messieurs, cela vous fait sourire; il y a un siècle, cela en faisait sourire bien d'autres : les Anglais croyaient que cette République des États-Unis allait tomber; aujourd'hui ils la respectent. Il en sera peut-être même de la nôtre : les grandes choses ont de petits commencements. Le peuple s'attachera à cette République. C'est sa chose; c'est la représentation vivante de la patrie, et un jour viendra, je l'espère, où vous-mêmes vous le reconnaîtrez[1]. »

D'ailleurs, cette Constitution est toujours perfectible. La révision en a été organisée d'une façon simple, et elle est relativement facile. Toutes les fois que le peuple la voudra résolument, elle ne pourra manquer d'aboutir. Cette procédure de révision a déjà opéré deux fois : la première fois en 1879, elle a porté sur un seul point, mais très important; la seconde fois en 1884, elle a eu une ampleur assez considérable, comme on le verra par la suite.

Je n'ai étudié dans ce chapitre que les précédents, la nature et les caractères généraux de la Constitution de 1875.

Il faut maintenant l'étudier en détail. Elle n'organise, on le sait, que le pouvoir exécutif, le pouvoir législatif et la procédure de révision constitutionnelle. Elle ne traite pas du pouvoir judiciaire; mais cependant elle établit une Haute Cour de justice, qui n'est pas autre chose que l'une des attributions propres au Sénat. J'étudierai successivement : 1° le pouvoir exécutif; 2° le pouvoir législatif; 3° la Haute Cour de justice; 4° la révision des lois constitutionnelles[2].

---

[1] *Annales de l'Assemblée Nationale*, t. XXXIX, p. 87.

[2] Dans la littérature, d'ailleurs assez peu abondante, qu'a fait naître la Constitution de 1875, je ne signalerai que deux ouvrages généraux, à raison de leur valeur particulière : l'un théorique, l'excellente *Étude sur les lois constitutionnelles de 1875*, de mon collègue et ami Charles Lefebvre (Paris, 1882); l'autre, présentant plutôt un caractère pratique, le *Traité de droit politique, électoral et parlementaire* de M. Eugène Pierre, secrétaire général de la présidence de la Chambre des députés (Paris, 1893). Ce dernier ouvrage est pour la France, avec le droit électoral en plus, ce qu'est en Angleterre la *Parliamentary practice* de sir Erskine May (*A treatise on the law, privileges, proceedings and usage of Parliament*), ce qu'est pour les États-Unis le *Manual of congressional practice* de M. Thomas Hudson Mc. Kee.

CHAPITRE II

Le pouvoir exécutif. — I. Le Président de la République; la durée de ses pouvoirs; son élection.

I.

L'exercice du pouvoir exécutif est remis à un magistrat unique, qui en est le titulaire, le Président de la République. La Constitution suppose et implique ce principe, plutôt qu'elle ne l'énonce formellement[1]. Cela vient de ce qu'en réalité elle n'a pas créé cette magistrature : elle l'a trouvée existante à titre provisoire en vertu des lois antérieures ; elle l'a simplement consolidée, en en faisant un établissement définitif. Il en est résulté qu'en 1875 ce mode d'organisation du pouvoir exécutif a été admis presque sans discussion : on ne lui a pas sérieusement opposé la forme antinomique, toujours possible dans un État républicain, la collégialité du pouvoir exécutif[2]. Il n'est pas inutile cependant d'exposer rapidement les raisons de ce choix, qui avait été fait d'instinct dès 1871 : il existe, en effet, encore en France des esprits qui voudraient supprimer l'unité du pouvoir exécutif pour la remplacer par un corps ou collège de magistrats.

Les raisons qu'ils font valoir sont spécieuses en partie. Ils affirment d'abord que la collégialité du pouvoir exécutif convient naturellement à la République, par cela même qu'elle s'éloigne le plus de la forme monarchique ; ils soutiennent que cette organisation offre les plus sûres garanties contre un danger toujours possible : elle rend plus difficiles les entreprises du pouvoir exécutif contre le pouvoir législatif et contre les libertés publiques en général. En effet, pour préparer et exécuter un pareil coup d'État, il faudrait une entente entre les

[1] Loi constitutionnelle du 25 février 1875, art. 2 et 3. Au contraire, dans le projet déposé le 19 mai 1873 par M. Dufaure, il était dit, art. 1 : « Le gouvernement de la République se compose d'un Sénat, d'une Chambre des représentants et d'un Président, chef du pouvoir exécutif ».

[2] Cf. duc de Broglie, *Vues sur le gouvernement de la France*, ch. VI, p. 227 (il énumère les garanties nécessaires dans le gouvernement républicain : « Un chef, un seul chef ; — point de gouvernement à plusieurs têtes ».

divers magistrats suprêmes, que leur pluralité même rend invraisemblable. On pourrait ajouter que, dans un gouvernement républicain où le pouvoir exécutif est en même temps nécessairement électif,
ce système atténue les inconvénients possibles de l'élection : si les
choix de quelques-uns des magistrats sont malheureux, il y a des
chances pour que l'erreur soit compensée et corrigée par l'élection qui
aura désigné et bien choisi les autres.

Il n'en est pas moins certain que la collégialité du pouvoir exécutif
présente les inconvénients les plus graves. Pour tous ceux qui veulent assurer au pouvoir exécutif une certaine force et une certaine indépendance, elle est inadmissible. Car l'unité seule est un élément de
force ; la division, au contraire, est une cause d'affaiblissement, et devant la puissance toujours grandissante des assemblées représentatives, tendant à dominer le pouvoir exécutif, il est sage de ne point infuser à celui-ci une débilité constitutionnelle. Pour maintenir l'équilibre
et la séparation entre les deux pouvoirs, la logique indique qu'il faut
diviser le plus fort et unifier le plus faible ; de sorte que le système
des deux Chambres et la présidence de la République sont les rouages
harmoniques d'un même système. De plus un pouvoir exécutif, composé de plusieurs magistrats égaux, est un corps qui délibère et prend
des décisions à la pluralité des voix : il peut donc s'y former, il s'y
formera le plus souvent une majorité et une minorité. Bien plus, cette
minorité et cette majorité peuvent changer et se déplacer. Une direction politique utile et suivie est-elle possible avec un pareil gouvernement, où n'existe aucun élément fixe ? Enfin, la forme spéciale, qu'a
prise chez nous en 1875 le gouvernement républicain, exige, pour
ainsi dire par définition, qu'au sommet le pouvoir exécutif soit remis
à un seul homme. C'est une *république parlementaire*, et, par suite,
le rôle principal du Président de la République consiste à choisir et
à conseiller les ministres ; cela suppose nécessairement une individualité. D'ailleurs, la collégialité du pouvoir exécutif a été sérieusement
expérimentée chez nous sous l'empire de la Constitution de l'an III ;
elle n'a pas donné de bons résultats. Le Directoire a été sans force
réelle, et cependant les Assemblées représentatives n'ont pas été à
l'abri de ses atteintes.

En réalité, l'unité du pouvoir exécutif ne trouverait point d'adversaires sérieux parmi nous, si les souvenirs de la Révolution n'exerçaient à cet égard une influence toujours durable sur certains esprits.
La Convention la repoussa de parti pris et avec une sorte d'horreur
sous une double influence. D'un côté, par une réaction naturelle et
naturellement exagérée, après la chute de l'ancienne royauté si
vieille et si puissante, tout ce qui pouvait rappeler le pouvoir d'un

seul était suspect de tendance monarchique[1]. D'autre part, bien avant la Convention, sous la Législative et même sous la Constituante, la direction véritable du gouvernement était passée dans les grands comités des Assemblées, et c'était une préparation toute naturelle à l'établissement d'un pouvoir exécutif collectif. Celui-ci fut introduit non seulement dans la Constitution de 1793, mais encore dans celle de l'an III. Sans doute on avait réduit à cinq le nombre des membres du Directoire, et la Constitution (art. 141) lui donnait même l'un de ceux-ci pour président par voie de roulement trimestriel. Mais on n'avait pas osé aller plus loin dans le sens de l'unification, sous la pression de l'état d'esprit indiqué plus haut[2]. Il était encore assez puissant pour que les auteurs de la Constitution de l'an VIII se crussent aussi obligés de déguiser, sous une apparence collégiale, le pouvoir exécutif un et très personnel, qu'ils établissaient en réalité et que désirait alors la majorité des Français. Les deuxième et troisième consuls, dont le premier était flanqué, n'avaient pas d'autre raison d'être[3]. Voilà les souvenirs qui, d'une façon plus ou moins consciente, dominent encore certains esprits. Cependant, en 1848, cette influence semblait épuisée. La présidence de la République, forte et indépendante, fut alors adoptée à une grande majorité[4]; et ceux

[1] Première séance de la Convention le 21 septembre 1792 (*Réimpression de l'ancien Moniteur*, t. XIV, p. 6). Chabot : « La nation française... s'est assez expliquée sur la volonté d'établir un gouvernement populaire. Ce n'est pas seulement le nom de roi qu'elle veut abolir, mais tout ce qui peut sentir la prééminence. Ainsi il n'y aura point de président en France ». — Couthon : « Ce n'est pas la royauté seulement qu'il importe d'écarter de notre Constitution; c'est toute espèce de puissance individuelle qui tendrait à restreindre les droits du peuple et blesserait les principes de l'égalité. J'ai entendu parler, non sans horreur, de la création d'un triumvirat, d'une dictature, d'un protectorat ».

[2] *Mémoires de Barras*, éd. Duruy, t. I, p. 232 : « La démagogie en fut écartée de la Constitution de l'an III, mais non la démocratie; on repoussa jusqu'à la dénomination de *pouvoir exécutif* et de *gouvernement républicain* parce qu'on craignait de se référer en quelque chose à la monarchie : la dénomination de *directoire exécutif*, nom qui avait été commun aux autorités antérieures, fut préférée ». — Le terme de « directoire » s'était, en effet, appliqué aux administrations collectives des départements. Dès 1789 Sieyès l'appliquait par avance à un pouvoir exécutif collégial (*Qu'est-ce que le Tiers-État*, p. 39) : « Je suppose que la France est en guerre avec l'Angleterre et que tout ce qui est relatif aux hostilités se conduit chez nous par un Directoire composé de représentants... »

[3] Constitution de l'an VIII, art. 39-42.

[4] De Tocqueville, *Souvenirs*, p. 273 (il parle des travaux de la Commission qui prépara la Constitution) : « On passa au pouvoir exécutif... on était unanime pour confier le pouvoir exécutif à un seul homme... Ce chef du pouvoir exécutif, ou ce président comme il fut nommé dès ce moment-là... ». — Rapport d'Armand Marrast : « Tout ce que nous avons dit sur l'unité du pouvoir législatif s'applique avec la même justesse au pouvoir exécutif. Les preuves et les développements me semblent ici

qui combattirent cette institution ne proposaient point un nouveau Directoire, mais se ralliaient au système contenu dans l'amendement Grévy.

L'organisation collégiale du pouvoir exécutif n'a vraiment réussi que dans un seul pays ; elle fonctionne heureusement dans la Confédération Suisse depuis 1848. Là le pouvoir exécutif est confié à un Conseil fédéral composé de sept membres élus pour trois ans. Il y a bien un président de la Confédération élu parmi eux pour un an, mais ses pouvoirs propres sont très restreints ; il n'est en réalité que le président du Conseil fédéral[1] ; et ce système donne en somme des résultats satisfaisants. Mais la raison en est très simple. La collégialité du pouvoir exécutif trouvait dans la Confédération Suisse un terrain tout préparé par l'histoire. Depuis longtemps cette forme existait dans chacun des cantons indépendants, qui n'en connaissaient pas d'autre. Chacun d'eux avait traditionnellement pour pouvoir exécutif un conseil élu appelé *Regierungsrath* ou *Conseil d'État* : « On était tellement habitué à cette organisation qu'en 1848, lorsque fut discutée la Constitution fédérale, elle s'imposa d'elle-même et l'on ne mit point en question une autre organisation du pouvoir exécutif[2] ».

II.

Le Président de la République « est nommé pour sept ans : il est rééligible[3] ». J'ai déjà indiqué plus haut[4] comment avait été déterminé ce chiffre de sept années. Il était résulté des propositions et des transactions qui produisirent le septennat du maréchal de Mac-Mahon. Celui-ci ayant été constitutionnellement investi de ses pouvoirs pour sept ans par la loi du 20 novembre 1873, l'Assemblée ne pouvait en réduire la durée lorsqu'elle vota la Constitution de 1875 : on trouva tout naturel, presque forcé, de donner la même durée aux pouvoirs de ses successeurs, et cette combinaison certainement facilita le vote de l'amendement Wallon.

Ce laps de sept années peut paraître singulier et trop long, et l'on peut remarquer que, d'après le projet déposé par M. Dufaure le 19

superflus. Les esprits éclairés savent bien que, plus la délibération a été large et complète, plus l'exécution doit être ferme, prompte, résolue. L'expérience est d'accord avec la théorie pour démontrer que tout pouvoir exécutif livré à plusieurs mains devient bientôt une impuissance ».

[1] Sir Francis Ottiwell Adams, *La Confédération Suisse*, p. 59 et suiv.

[2] Rattimann, *Das Nordamerican. Bundesstaatsrecht verglichen mit den politischen Einrichtungen der Schweiz*, § 261, p. 251.

[3] Loi constitutionnelle du 25 février 1875, art. 2.

[4] Ci-dessus, p. 419, 420.

mai 1873, le Président de la République devait être élu pour cinq années[1], c'est en effet un chiffre qui se présente plus naturellement à l'esprit. Cependant, bien que celui de sept ans ait été fixé par voie de tâtonnement, comme je viens de le dire, on peut remarquer qu'il a été proposé et adopté en d'autres temps et d'autres lieux. Il fut proposé ou même adopté tout d'abord par la Convention qui rédigea la Constitution des États-Unis, et, d'après ce premier projet, le Président, comme aujourd'hui chez nous, devait être élu par le Congrès ; c'est seulement dans un second projet que le système d'élection fut changé et les pouvoirs réduits à quatre années[2]. C'est encore cette durée de sept ans qui fut fixée à la magistrature du Président dans la Constitution que se donnèrent pendant la guerre de sécession les États confédérés de 1861 à 1865[3]. Enfin le Président de la République Argentine est élu pour six années[4].

Rationnellement sont-ce là de trop longs pouvoirs? On le soutient, en montrant que les magistratures de courte durée sont dans le génie des républiques, comme l'histoire le prouve en général. Celles-ci craignent instinctivement la reconstitution du pouvoir personnel par la trop longue possession de l'autorité entre les mains d'un seul. Mais quelle crainte sérieuse peut-on avoir quand il s'agit d'un président élu par le Corps législatif, limité de tous côtés par le fonctionnement du gouvernement parlementaire? Ne peut-on pas redouter plutôt qu'alors le pouvoir exécutif manque de force? Or la durée, comme l'unité, est pour lui un élément de force. D'ailleurs, même aux États-Unis, où le pouvoir exécutif possède une large indépendance, les esprits éminents s'élèvent contre la doctrine des courts pouvoirs. « Il est difficile, écrit M. Woodrow Wilson, d'apercevoir sur quelle bonne raison est fondée l'opinion de ceux qui regardent les pouvoirs à court terme comme un principe sacré et particulièrement républicain. Si le républicanisme est fondé sur le bon sens, un trait si éloigné du bon sens ne saurait en faire partie. L'aptitude, sous un régime républicain, comme sous

---

[1] Art. 3 : « Le Président de la République est nommé pour cinq ans ; il peut être réélu ». C'est aussi pour cinq ans qu'étaient élus les Directeurs, d'après la Constitution de l'an III, art. 137.

[2] Story, *Commentaries*, § 1436 : « Another proposition was to choose the executive for seven years, which at first passed by a bare majority ; but being coupled with a clause « to be chosen by the national legislature, » it was approved by the vote of eight States against two. In this form the clause stood in the first draft of the Constitution, though some intermediate efforts were made to alter it. But it was ultimately altered upon the report of a committee, so as to change the mode of election, the term of office and the reeligibility to their present form ».

[3] Bryce, *American commonwealth*, t. I[2], p. 67.

[4] Constitution de la République Argentine, art. 77. — Dareste, *Les Constitutions modernes*, 2e édit., t. II, p. 535.

un régime monarchique, est le seul fondement de la confiance qu'on peut avoir dans un fonctionnaire public, et les courtes magistratures qui éliminent les hommes capables aussi inexorablement que les incapables, répugnent tout autant à la sagesse républicaine qu'à la sagesse monarchique. Malheureusement ce n'est pas là la doctrine américaine. Le président est renvoyé dès qu'il a appris les devoirs de sa charge[1] ». Le rôle de président n'exige pas un moins long apprentissage dans une république parlementaire que dans une république comme celle des États-Unis.

La disposition constitutionnelle qui fixe la durée des pouvoirs présidentiels a fait naître une question juridique, peu difficile il est vrai. Il s'agit du cas où la présidence devient vacante par décès ou démission, avant que le Président soit arrivé aux termes de ses pouvoirs ; le nouveau Président est-il élu pour sept ans ou seulement pour le temps qui restait à courir sur les sept années attribuées à son prédécesseur ? Les deux systèmes se conçoivent en eux-mêmes. Le second est celui qui est appliqué dans la Constitution des États-Unis : lorsque le président, nommé pour quatre ans, disparaît avant l'expiration de ses pouvoirs, le vice-président, qui a été élu en même temps que lui, lui succède comme président des États-Unis, mais seulement pour achever le laps de quatre années commencé par celui qu'il remplace. C'est aussi le système suivi chez nous, quant aux élections partielles qui ont pour but de remplacer un sénateur ou un député, disparu au cours de son mandat ; le nouveau sénateur ou député n'est élu que pour le temps qui reste à courir des neuf ou des quatre années. Mais la première interprétation s'impose étant donné le texte de la Constitution. Elle dit, en termes généraux : « Le Président de la République est nommé pour sept ans ». Cela s'applique forcément à tout Président de la République, dans quelques conditions que se produise son élection. Cette solution s'impose d'autant plus que ce système fonctionnait déjà sous la Constitution de 1848, qui cependant établissait un Vice-Président de la République élu par l'Assemblée législative sur la présentation du Président (art. 70). Ce Vice-Président remplaçait le Président empêché ; il le remplaçait aussi, en cas de décès ou de démission, mais seulement à titre provisoire. Dans le délai d'un mois il devait être procédé à l'élection d'un nouveau Président élu pour quatre ans comme son prédécesseur (art. 45). Sous l'empire des lois constitutionnelles de 1875, l'interprétation a été fixée par l'Assemblée Nationale, la première fois qu'elle s'est réunie pour procéder à l'élection d'un Président, le 30 janvier 1879. M. Sarlande ayant de-

---

[1] *Congressional government*, p. 255.

mandé si le nouveau Président serait élu pour sept ans ou pour le temps qui restait à courir jusqu'au 23 novembre 1880 (terme des pouvoirs du maréchal de Mac-Mahon), M. Dufaure, président du Conseil, répliqua : « La réponse est dans la Constitution » ; et, avant de procéder au vote, le Président de l'Assemblée rappela le texte de l'art. 2 de la loi du 25 février 1875, y compris les mots : « Il est nommé pour sept ans[1] ».

Le Président de la République « est rééligible », dit le même texte : il l'est donc immédiatement et indéfiniment. C'est encore là une disposition qui a soulevé des critiques assez vives. C'est, en effet, une tendance commune aux Constitutions républicaines que d'interdire la réélection immédiate du titulaire du pouvoir exécutif, à l'expiration de ses pouvoirs[2]. Il y en a d'abord une première raison. On craint la reconstitution du pouvoir personnel par le maintien prolongé de la puissance exécutive entre les mains du même homme. C'est pour cela, nous l'avons vu, qu'on établit de courts pouvoirs. Mais l'efficacité de cette première mesure disparaîtrait en grande partie s'il était permis de renouveler immédiatement ces pouvoirs par une élection nouvelle. De là l'interdiction de réélire le magistrat sortant de charge, avant un certain délai, qui d'ordinaire est égal à la durée de la magistrature elle-même. Mais la non-rééligibilité se défend aussi par des raisons autres et spéciales. Permettre la réélection aussitôt après l'expiration des pouvoirs, n'est-ce pas donner au magistrat en charge la tentation de préparer sa réélection et d'employer dans ce but toutes les ressources que met à sa disposition le pouvoir dont il est investi? Il y a un danger grave de candidature officielle particulièrement nette et oppressive[3].

Mais ces raisons, quelque sérieuses qu'elles soient, ne sont pas décisives. N'est-il pas déraisonnable d'écarter quand même et fatalement du pouvoir exécutif un citoyen qui a rempli de la manière la plus satisfaisante ces hautes fonctions? L'expiration périodique des

---

[1] *Journal officiel* du 31 janvier 1879.

[2] Ainsi, d'après la Constitution de l'an III (art. 138), aucun des membres sortants du Directoire ne pouvait être réélu qu'après un intervalle de cinq ans. D'après la Constitution de 1848 (art. 45), le Président n'était rééligible qu'après un intervalle de cinq ans.

[3] De Tocqueville, *Souvenirs*, p. 279 (il s'agit de la Commission de Constitution de 1848) : « Beaumont proposa que le Président ne fût pas rééligible ; je l'appuyai très vivement et la proposition passa. Nous tombâmes l'un et l'autre dans une très grande erreur... Nous avions toujours été frappés des dangers que ferait courir à la liberté et à la moralité publique un Président rééligible, qui emploierait d'avance à se faire réélire, comme cela ne pouvait manquer d'arriver, les immenses moyens de contrainte ou de corruption que nos lois et nos mœurs accordent au chef du pouvoir exécutif ».

pouvoirs et la nécessité d'une élection nouvelle, pour qu'ils soient continués, paraît fournir une garantie suffisante contre les usurpations possibles, principalement sous une république parlementaire. D'autre part, contre de pareils dangers, la non-rééligibilité est souvent une précaution vaine. Elle peut même, l'expérience l'a prouvé, contenir une excitation indirecte à de semblables usurpations. La Constitution de 1848 défendait, on vient de le voir, de réélire avant un intervalle de quatre années le Président sorti de charge. Cette prohibition fut probablement l'une des causes qui poussèrent Louis-Napoléon au Coup d'État du 2 décembre 1851. Ce qui paraît le montrer, c'est la demande de révision constitutionnelle, destinée à rendre possible sa réélection et repoussée au mois de juillet 1851. Enfin les dangers de la candidature officielle préparée pour lui-même par le Président en fonctions, très réels peut-être lorsque le Président est nommé par le corps électoral entier, disparaissent à peu près lorsqu'il est élu par le Corps législatif, par une assemblée sur les membres de laquelle il n'a surtout en république parlementaire, presque aucun moyen d'action.

Il faut relever que la Constitution des États-Unis d'Amérique est aussi large que la nôtre sur ce point. Elle est muette sur la réélection du Président, et la permet par cela même qu'elle ne la prohibe pas. Cela est d'autant plus significatif que, dans le projet rédigé par la Convention, la prohibition fut d'abord insérée[1]. Elle fut écartée dans la suite, par esprit de transaction : la durée des pouvoirs fut réduite et la rééligibilité fut admise[2]. Elle est donc, là aussi, immédiate et indéfinie ; mais les mœurs et la coutume ont restreint la latitude laissée par la Constitution. Un certain nombre de présidents ont été réélus une seconde fois à l'expiration de leurs pouvoirs : Washington, Jefferson, Madison, Monroe, Jackson, Lincoln et Grant[3] ; mais il n'y a point d'exemple d'une troisième élection pour le même homme. Washington refusa de se présenter une troisième fois. En 1880, une fraction notable du parti républicain proposa pour le président Grant une troisième candidature, mais cela fut repoussé, et ce dernier précédent est considéré comme ayant définitivement fixé la pratique constitutionnelle[4].

---

[1] Story, *Commentaries*, § 1436 : « Another clause » to be ineligible a second « time » was added by the vote of eight States against one, one being divided ».

[2] Story, *Commentaries*, § 1437.

[3] M. Cleveland a été élu deux fois président, mais non par deux élections consécutives (1885 et 1893) ; entre ses deux présidences s'est placée celle de M. Harrison (1889-1893).

[4] Bryce, *American commonwealth*, t. Ier, p. 43.

III.

« Le Président de la République est élu à la majorité absolue des suffrages par le Sénat et par la Chambre des députés réunis en Assemblée nationale[1] ». Il ressort de ce texte que la Constitution a pris nettement parti sur une question d'importance capitale. Dans un État républicain, en effet, deux modes opposés sont possibles pour la nomination des titulaires du pouvoir exécutif : ou l'élection par le corps électoral, ou l'élection par le Corps législatif ; ils ont l'un et l'autre leurs avantages et leurs inconvénients.

En faveur du premier, on fait valoir deux raisons très fortes. On dit en premier lieu que c'est une conséquence nécessaire du principe de la séparation des pouvoirs. Le pouvoir exécutif, étant une manifestation distincte de la souveraineté nationale, doit tirer de la nation elle-même son institution et son investiture. D'autre part, on affirme que c'est le seul moyen d'avoir un pouvoir exécutif vraiment fort et indépendant.

Que ce mode d'élection assure une force particulière au pouvoir exécutif, cela n'est pas douteux ; mais cette force est telle qu'elle peut devenir un danger pour le pouvoir législatif et pour les libertés publiques. Outre que le suffrage universel, influencé et entraîné par une popularité momentanée, peut aisément faire de mauvais choix, le résultat inévitable du système est de mettre en présence un corps législatif, dont les divers membres sont bien en droit les représentants de la nation entière, mais sont en fait les élus d'une seule circonscription électorale, — et un magistrat qui est, en fait comme en droit, l'élu de la nation entière. Soutenu par les millions de suffrages qui, dans un grand pays, se seront réunis sur son nom, possédant ainsi la force que donne l'opinion, il peut facilement être tenté de tourner, au besoin, contre les autres pouvoirs la force matérielle que la Constitution a mise entre ses mains. Il paraît donc plus sage de faire élire par le Corps législatif le titulaire du pouvoir exécutif. Cela n'est point, en réalité, contraire au principe de la séparation des pouvoirs. Car celui-ci, je l'ai dit plus haut[2], exige bien que chacun des pouvoirs séparés soit confié à un titulaire distinct et indépendant ; mais cela est à la fois nécessaire et suffisant, et rien n'empêche que la Constitution ne charge le titulaire de l'un des pouvoirs d'élire le titulaire d'un autre pouvoir. Sans violer le principe, le Président de la

[1] Loi constitutionnelle du 25 février 1875, art. 2.
[2] Ci-dessus, p. 282.

République peut donc être élu par le Corps législatif, non point, comme on l'a dit quelquefois, parce que les représentants du peuple peuvent agir comme le peuple lui-même et subdéléguer le pouvoir exécutif[1], mais parce que la Constitution édictée au nom du peuple souverain les constitue à sa place en collège électoral. C'est ainsi que les choses ont été comprises par la Constitution moderne qui a peut-être le plus strictement appliqué le principe de la séparation des pouvoirs, je veux dire celle du 5 fructidor de l'an III. Elle portait (art. 132) : « Le pouvoir exécutif est délégué à un directoire de cinq membres, nommé par le Corps législatif, faisant fonction d'assemblée électorale au nom de la nation ». Le rapport de Boissy d'Anglas donnait, comme justification, les principales raisons indiquées plus haut[2]. Voilà la théorie; indiquons maintenant ce que fournit l'histoire.

La Constitution des États-Unis d'Amérique a établi l'élection du Président par le corps électoral, et là elle a produit d'heureux résultats. Mais cela tient à des causes particulières. Le respect de la loi qui caractérise la race anglo-saxonne a certainement exercé une heureuse influence : surtout l'élection du Président par le peuple perd une grande partie de ses inconvénients dans une république fédérative, où le pouvoir exécutif fédéral voit ses attributions singulièrement restreintes par la souveraineté intérieure des divers États particuliers. Il n'a de prise sur les citoyens que dans les occasions relativement assez rares[3]. Cependant les auteurs de la Constitution avaient

---

[1] Ci-dessus, p. 282, note 1.

[2] « Nous avons examiné mûrement si nous le ferions nommer (le pouvoir exécutif) directement par les citoyens; nous y avons trouvé trop d'inconvénients pour vous le proposer; nous avons craint qu'étant nommé par tous il n'acquît une trop grande puissance relativement au corps législatif, dont chaque membre n'est nommé que par une portion de citoyens; et, comme il doit être responsable et susceptible d'être mis en jugement, nous avons craint qu'il ne profitât de l'appui des suffrages qui l'auraient élu pour échapper à toutes les poursuites. En le faisant nommer par les deux sections de la représentation nationale, nous avons cru nous garantir de ces inconvénients et nous y avons trouvé l'avantage de mettre entre ces deux autorités des relations plus amicales. Il suffit pour la liberté que ces pouvoirs soient indépendants; or, le pouvoir exécutif, quoique nommé par les représentants du peuple, ne leur sera pas subordonné, puisqu'ils ne pourront le révoquer, mais seulement le mettre en jugement, d'après les formes établies par les représentants eux-mêmes, c'est-à-dire d'après un décret rendu comme toutes les lois. »

[3] De Tocqueville, *Souvenirs*, p. 273 : « Dans un pays sans traditions monarchiques, où le pouvoir exécutif a toujours été faible et continue à être fort restreint, il n'y a rien de plus sage que de charger la nation de choisir un représentant... La centralisation suffisait à rendre notre situation incomparable; d'après ses principes toute l'administration du pays, dans les plus petites aussi bien que dans les plus grandes affaires, ne pouvait appartenir qu'au Président; les milliers de fonctionnaires qui tiennent le pays tout entier dans leurs mains ne pouvaient relever que de

senti les dangers possibles d'un pareil système, et, pour les atténuer, ils ont voulu faire élire le Président par un suffrage, non pas direct, mais à deux degrés[1]. Mais la précaution a été vaine. Depuis 1796 s'est établie une pratique constante d'après laquelle les électeurs présidentiels, électeurs du second degré, reçoivent un mandat impératif : ils sont tenus de voter pour le candidat à la présidence choisi par le parti qui les a élus ; ce mandat n'a jamais été violé ; il est maintenant exprès en ce que les bulletins, qui servent, dans la pratique, à élire ces électeurs, portent en tête le nom du candidat à qui ils doivent donner leur suffrage[2].

Chez nous, en 1848, ce fut l'élection du Président par le suffrage universel et direct qui fut admise[3]. Il en résulta l'élection de Louis-Napoléon et, plus tard, le Coup d'État du 2 décembre 1851. Les avertissements n'avaient point manqué cependant à l'Assemblée Constituante. Elle avait persisté dans cette voie, croyant prendre les précautions suffisantes. Le rapporteur constatait bien que « dans ce pays surtout, le suffrage universel concentré sur un seul homme lui donnait une puissance toujours sollicitée par des tentations fatales à la liberté ». Mais il ajoutait : « La majorité n'a pas craint qu'il abusât de son indépendance, car la Constitution l'enferme dans un cercle dont il ne peut pas sortir ». Les faits montrèrent bientôt comment il pouvait en sortir.

L'élection du pouvoir exécutif par le pouvoir législatif a pour elle

lui seul... Il me paraissait clair alors, il me semble évident aujourd'hui que, si l'on voulait que le Président pût, sans danger pour la République, être élu par le peuple, il fallait restreindre prodigieusement le cercle de ses prérogatives... Si, au contraire, on laissait au Président tous ses pouvoirs, il ne fallait pas le faire élire par le peuple ».

[1] D'après la Constitution (art. 2, sect. I, clause 2), « Chaque État désigne les électeurs présidentiels de la manière déterminée par sa législature ». Il en résulte qu'en droit la législature elle-même pourrait les élire, mais ils sont partout élus au suffrage universel.

[2] Bryce, American commonwealth, t. II, p. 38.

[3] De Tocqueville, Souvenirs, p. 273; il raconte ce qui se passa au Comité de Constitution : « Cormenin, selon son usage, ouvrit la discussion, en proposant un petit article tout rédigé, d'où il résultait que ce chef du pouvoir exécutif, ou ce Président, comme il fut nommé dès ce moment-là, serait élu directement par le peuple à la majorité relative, le minimum de suffrages nécessaires étant fixé à deux millions de voix. Je crois que Marrast seul s'y opposa; il proposa de faire élire le chef du pouvoir exécutif par l'Assemblée... L'article proposé par Cormenin fut néanmoins adopté sans difficultés autant que je puis m'en souvenir ». Cette proposition passa dans les articles 46 et 47 de la Constitution. Celle-ci exigea seulement de plus la majorité absolue des suffrages exprimés. À défaut de ces conditions, l'Assemblée nationale élisait le Président à la majorité absolue et au scrutin secret parmi les cinq candidats qui avaient obtenu le plus de suffrages.

des précédents assez nombreux, et qui se trouvent dans les Constitutions d'ailleurs les plus diverses. C'est elle, nous l'avons vu[1], qui
figurait dans la Constitution de l'an III. C'est elle qui est établie dans
la Confédération Suisse pour l'élection du Conseil fédéral[2]. Même la
Constitution française de 1793 avait en réalité adopté ce système, bien
qu'elle le combinât avec un droit de présentation reconnu aux électeurs
des départements[3]. Il est vrai que presque toutes les Républiques de
l'Amérique du Centre et de l'Amérique du Sud ont imité sur ce point,
comme sur la plupart des autres, la Constitution des États-Unis et font
élire le Président par le peuple au suffrage direct ou indirect : à peine
peut-on en citer quelqu'une, comme l'Uruguay, qui le fait élire par
le Corps législatif. Mais peut-être est-ce là l'une des causes qui y introduisent de si fréquentes agitations.

En 1875, il n'y eut chez nous aucune hésitation sérieuse sur le
mode à adopter. Une immense majorité écartait d'emblée l'élection
par le peuple. On peut remarquer seulement que, dans le projet de
constitution déposé le 19 mai 1873 au nom de M. Thiers, des délégués des Conseils généraux étaient adjoints aux membres des deux
Chambres pour composer le collège qui élisait le Président de la République[4]. L'amendement Wallon reprit purement et simplement
l'élection par le Corps législatif, et ce système s'imposait en quelque
sorte pour des causes principales. En premier lieu, l'expérience du
système contraire faite en 1848 avait été décisive et le souvenir en
était encore vivant dans tous les esprits[5]. D'autre part, c'était la procédure déjà mise en vigueur depuis 1871 : l'Assemblée Nationale,
qui s'était restreinte à l'exercice du pouvoir législatif, avait déjà élu
deux présidents. Seulement une difficulté nouvelle allait se présen-

[1] Ci-dessus, p. 444.

[2] Constitution du 29 mai 1874, art. 96 : « Les membres du Conseil fédéral sont
nommés pour trois ans par les Conseils réunis (Conseil national et Conseil des
États) ».

[3] Art. 63 : « L'assemblée électorale de chaque département nomme un candidat. Le
Corps législatif choisit sur la liste générale les membres du Conseil ». Cf. ci-dessus,
p. 302, 303.

[4] Art. 9 : « Le Président de la République est nommé par un Congrès composé :
1° des membres du Sénat; 2° des membres de la Chambre des représentants; 3° d'une
délégation de trois membres délégués par chacun des Conseils généraux de France et
d'Algérie dans leur session annuelle du mois d'août. Ce Congrès sera présidé par le
Président du Sénat ».

[5] Duc de Broglie, *Revue des Deux-Mondes*, 15 avril 1894, p. 828 : « Dans l'exposé du projet de constitution proposé par M. Dufaure au nom de M. Thiers, à la
veille de leur chute commune, ce système électoral (l'élection par le peuple) n'est
mentionné qu'avec cette qualification dédaigneuse : « Ce mode déjà éprouvé n'a pas
laissé un souvenir qui le recommande ».

ter. L'Assemblée Nationale avait pu aisément fonctionner comme collège électoral, car elle ne formait qu'un seul corps. Mais, dans la Constitution nouvelle, le Corps législatif était divisé en deux Chambres; comment faire participer et coopérer celles-ci à une même élection? Ce procédé le plus simple, celui qui fut adopté, consistait à fondre les deux Chambres en une seule assemblée, pour cette fonction particulière. C'est un système qui se présente naturellement en pareil cas. C'est celui qui a été adopté par la Constitution Suisse pour l'élection du Conseil fédéral[1]; c'est celui qui est suivi aux États-Unis pour l'élection des sénateurs fédéraux, qui sont nommés par les législatures des différents États, toujours composées des deux Chambres[2]. En France enfin, il avait été prévu et décrit d'avance dans l'un de ces ouvrages dont j'ai parlé, et où l'on cherchait à dégager les règles du futur gouvernement[3]. Cependant il soulève une objection assez grave. Avec le système des deux Chambres, il arrivera presque toujours que l'une d'elles, la Chambre Haute, comprend un moindre nombre de membres que l'autre. Fondre les deux Assemblées en un seul corps électoral, n'est-ce pas, de parti pris, donner une part prépondérante dans l'élection à la plus nombreuse?

Cela est incontestable, mais le résultat est inévitable. La Constitution de l'an III avait voulu y échapper. Pour cela, elle donnait dans l'élection un rôle distinct à chacun des Conseils. Le Conseil des Cinq-Cents, le plus nombreux, ne dressait qu'une liste de présentation contenant un nombre de noms décuple de celui des places à remplir, et, sur cette liste, le Conseil des Anciens (le moins nombreux) nommait

[1] Ci-dessus, p. 446, note 2. C'est aussi le système admis par la Constitution de l'Uruguay, Dareste, *Les Constitutions modernes*, t. II[?], p. 548.

[2] Bryce, *American commonwealth*, t. Ier, p. 95. La procédure pour l'élection des sénateurs fédéraux avait d'abord été déterminée par la législation particulière de chaque État. Mais, en 1869, un statut fédéral a décidé que chaque Chambre de la législature voterait d'abord séparément pour l'élection d'un sénateur; et si le choix de part et d'autre ne tombait pas sur la même personne, les deux Chambres se réuniraient en une seule Assemblée pour procéder à l'élection. — Pour l'élection du Président et du Vice-Président des États-Unis, la Constitution fédérale la remet dans un cas au pouvoir législatif; c'est lorsque les électeurs n'ont donné la majorité à aucun candidat. Mais alors c'est la Chambre des représentants *seule* qui choisit le Président parmi les candidats ayant obtenu le plus de suffrages, et le Sénat *seul* qui choisit le Vice-Président.

[3] Duc de Broglie, *Vues sur le gouvernement de la France*, ch. vi, p. 30 : « Ainsi les deux branches de la législature, le Sénat d'une part, de l'autre la Chambre des représentants, éliraient chacune dans leur sein, une Commission de cinq membres. Ces deux Commissions, égales en nombre, égales en autorité, se réuniraient pour former, à la majorité des voix, une liste de cinq candidats. Le Corps législatif, réuni dans une même assemblée pour cette fois seulement, choisirait sur cette liste le Président et le Vice-Président de la République ».

les directeurs. Cette combinaison avait manifestement pour but d'assurer les droits et l'influence du Conseil des Anciens. En pratique, elle tourna décidément contre lui. Elle assura la prépondérance du Conseil des Cinq-Cents[1] : il n'avait, pour dicter l'élection, qu'à porter sur sa liste juste autant de candidats sérieux et possibles qu'il y avait de directeurs à élire. Mieux vaut donc, même à ce point de vue, en revenir au système plus simple de la fusion des deux Assemblées[2]. Si, en définitive, la Chambre populaire a la prépondérance dans l'élection du Président de la République, c'est une prérogative dont on ne saurait guère contester la légitimité.

Voilà les principes sur l'élection présidentielle; voyons maintenant les détails de la procédure.

IV.

La première règle, c'est que l'Assemblée Nationale élit le Président de la République à la *majorité absolue* des suffrages[3]. Conformément aux règles générales de notre droit électoral, cette majorité absolue se compte uniquement sur le nombre des suffrages valablement exprimés : les bulletins blancs ou nuls n'entrent pas en ligne de compte[4].

[1] Duc de Broglie, *Vues sur le gouvernement de la France*, ch. vi, p. 29 : « Aux termes de la Constitution de l'an III, le Conseil des Cinq-Cents présente, pour chaque place de directeur, dix candidats au Conseil des Anciens. C'était déférer exclusivement le choix à la portion turbulente du Corps législatif au préjudice de la portion modératrice, puisqu'il dépendait du Conseil des Cinq-Cents de rendre toute alternative illusoire, en ne présentant qu'un candidat sérieux ». — Constitution de l'an III, art. 133.

[2] Duc de Broglie, *Vues sur le gouvernement de la France*, p. 231 : « Sans être en nombre égal, chaque Chambre étant, sinon nécessairement, au moins habituellement divisée en partis, et la majorité du Sénat pouvant, en se réunissant à la minorité de la Chambre des représentants, faire pencher de son côté la balance, l'élection du Président serait à peu près décidée par l'ascendant de la supériorité personnelle, et la vice-présidence appartiendrait inévitablement au parti qui n'aurait pas triomphé dans la présidence ».

[3] Loi constitutionnelle du 25 février 1875, art. 2. — L'amendement de M. Wallon, qui a passé dans cet article, contenait d'abord : « le Président de la République est élu à la pluralité des suffrages ». Mais c'était simplement une erreur de rédaction, et l'auteur lui-même entendait par là la majorité absolue, Séance du 30 janvier 1875, *Annales de l'Assemblée Nationale*, t. XXXVI, p. 373.

[4] Voyez, par exemple, Assemblée Nationale, séance du 17 janvier 1895 (*Journal officiel* du 18, *Débats parlementaires*, p. 2) : « M. le Président : Voici le résultat du dépouillement du scrutin pour l'élection du Président de la République. Nombre des votants, 801 ; bulletins blancs ou nuls, 1 ; suffrages exprimés, 800 ; majorité absolue, 401. Ont obtenu : M. Félix Faure, 430 voix... M. Félix Faure ayant obtenu la majorité absolue des suffrages exprimés, je le proclame Président de la République pour sept années ».

Une autre règle non moins certaine, c'est que le vote a lieu dans l'Assemblée Nationale sans aucune discussion ou délibération préalable. L'Assemblée, en effet, n'est alors réunie qu'en qualité de collège électoral, et c'est un principe qu'un collège électoral vote et ne délibère pas[1].

L'Assemblée Nationale n'a pas non plus à élire son propre président et son bureau. La Constitution lui donne d'autorité pour bureau et lui impose le bureau du Sénat[2]. Cette règle a surtout été posée en vue du cas où l'Assemblée Nationale se réunit pour procéder à la révision des lois constitutionnelles; mais, lorsque l'Assemblée fonctionne comme collège électoral, elle a pour effet particulier de hâter encore l'élection. L'Assemblée est immédiatement et de plein droit constituée avec tous ses organes nécessaires.

Voilà des règles qui s'appliqueront toutes les fois qu'il y aura lieu de procéder à une élection présidentielle; mais la Constitution en contient d'autres sur le même objet, qui s'appliquent au contraire distributivement, suivant les hypothèses, que la Constitution prévoit distinctement au nombre de trois.

1° La première est prévue par la loi du 16 juillet 1875, art. 3; c'est l'hypothèse normale : celle où la présidence devient vacante par l'expiration des pouvoirs du Président en fonctions. En ce cas, « un mois au moins avant le terme légal des pouvoirs du Président de la République, les Chambres devront être réunies en Assemblée Nationale pour procéder à l'élection du nouveau Président. A défaut de convocation, cette réunion aura lieu de plein droit le quinzième jour avant l'expiration de ces pouvoirs ». C'est en troisième lecture que l'un des membres de l'Assemblée, M. Séignobos, proposa cette disposition. Elle a pour but d'empêcher toute interruption dans le pouvoir exécutif; par là le nouveau Président pourra immédiatement et utilement entrer en fonctions dès que son prédécesseur sortira de charge[3]. Cela

---

[1] On a voulu appuyer cette solution sur un texte et l'on a invoqué, en ce sens, la loi constitutionnelle du 25 février 1875, art. 7 : « En cas de vacance par décès ou pour toute autre cause, les deux Chambres réunies *procèdent immédiatement* à l'élection d'un nouveau Président ». On dit que les mots soulignés indiquent justement que l'Assemblée procède à l'élection *sans débat* : mais ils me paraissent signifier plutôt que l'élection doit avoir lieu sans délai.

[2] Loi constitutionnelle du 16 juillet 1875, art. 12 : « Lorsque les deux Chambres se réunissent en Assemblée Nationale, leur bureau se compose des Président, Vice-Présidents et Secrétaires du Sénat ».

[3] M. Séignobos, séance du 16 juillet 1875 (*Annales de l'Assemblée Nationale*, t. XL, p. 113) : « Il ne doit y avoir aucune interruption, aucun intervalle dans l'exercice du pouvoir exécutif. Sous la monarchie, on disait : Le roi est mort, vive le roi! Sous la République, il faut pouvoir dire au même instant : Une présidence est finie,

présente de grands avantages et un seul inconvénient, qui fut signalé
dans la discussion et qui n'est pas bien sérieux : il pourra y avoir en
fait, pendant quelques jours, simultanément deux présidents de la
République : celui qui est en fonctions et qui n'a pas été réélu, et
celui qui a été élu et qui n'est pas encore en fonctions [1]. Mais, comme
on l'a fait remarquer, cet inconvénient peut se présenter, plus sensible, dans la Constitution des États-Unis [2], d'après laquelle cette situation se prolonge pendant plusieurs mois, et, en fait, il ne paraît pas
qu'on en ait jamais souffert.

Le texte ne dit pas de qui doit émaner la convocation de l'Assemblée Nationale, qui doit avoir lieu un mois avant l'expiration des pouvoirs : mais il ressort des principes qu'elle ne peut émaner que du Président de la République en fonctions. La Constitution prévoit, d'ailleurs, immédiatement le cas où il ne se conformerait pas à cette obligation, et elle y porte remède : si la convocation n'a pas été faite par
lui auparavant, l'Assemblée Nationale se réunit de plein droit le quinzième jour avant l'expiration des pouvoirs. C'est alors la Constitution
elle-même qui la convoque ; mais il faudra une convocation de fait
pour fixer le jour et l'heure de la réunion ; le soin en revient nécessairement au président du Sénat, président de l'Assemblée Nationale.

2° La seconde hypothèse est celle où la présidence de la République devient vacante par accident avant l'expiration des pouvoirs du
Président en fonctions. Elle avait été seule prévue par la loi constitutionnelle du 25 février 1875 [3]. On dirait qu'alors elle apparaissait
comme l'hypothèse probable et presque normale, et l'on serait tenté

une autre présidence est commencée! Si l'on nomme un nouveau Président, il faut
qu'il soit prêt à prendre le pouvoir au moment même où expirent les pouvoirs de
son prédécesseur ; il faut qu'au préalable il ait pu choisir ses ministres, constituer
son cabinet, former avec lui un programme de gouvernement ; or, tout cela exige
un certain temps ».

[1] *Ibidem*, p. 113 : « *Un membre* : Cela fera deux présidents. — *M. le rapporteur* : Oui, deux présidents, celui dont les pouvoirs vont expirer, et celui qui doit
lui succéder ».

[2] *Ibidem*, p. 113, M. Seignobos : « Aux États-Unis, on il nous sera souvent
utile de prendre des exemples, l'élection a lieu plusieurs mois à l'avance, et le Président est élu au mois de novembre pour entrer en fonctions au mois de mars suivant. Je ne demande pas que le Président soit désigné chez nous aussi longtemps à
l'avance ».

[3] M. Seignobos dans la séance du 16 juillet 1875 (*Annales de l'Assemblée Nationale*, t. XI, p. 113) : « L'art. 3 qui prévoit la réunion de plein droit des deux
Chambres en cas de décès ou de démission du président de la République ne prévoit
qu'un cas de vacance anormal, exceptionnel ; il ne prévoit pas le cas ordinaire, le
cas normal, celui où les fonctions du Président de la République cesseront par suite
de l'expiration du terme légal de ses pouvoirs ».

d'attribuer sur ce point à l'Assemblée Nationale comme un don de seconde vue; car jusqu'ici, depuis 1871, un seul des présidents, M. Grévy, pendant sa première présidence, est parvenu au terme de ses pouvoirs. Mais l'explication de cette rédaction, successive et bizarre en apparence, se trouve ailleurs. Si, dans la loi du 25 février 1875, on avait prévu cette hypothèse, c'est que c'était la plus fertile en dangers, celle qu'il fallait régler nécessairement sous peine de compromettre l'existence même du nouveau régime. Lorsque, au contraire, on songeait à l'expiration normale des pouvoirs, on se disait qu'on avait alors le temps de réfléchir et de réglementer. Quoi qu'il en soit, cette seconde hypothèse a été prévue par la loi du 25 février 1875, art. 7; elle a été reprise par la loi du 16 juillet 1875, art. 3. Voici ces deux textes : « En cas de vacance par décès *ou pour toute autre cause*, les deux Chambres réunies procèdent immédiatement à l'élection d'un nouveau Président. Dans l'intervalle, le Conseil des ministres est investi du pouvoir exécutif ». — « En cas de décès ou de démission du Président de la République, les deux Chambres se réunissent immédiatement et de plein droit ». Ces deux textes, qui ne font pas en réalité double emploi, prévoient plusieurs cas, dont les uns sont simples et bien réglementés, les autres, au contraire, étant moins nets et manquant de réglementation précise.

Les cas simples sont au nombre de deux (les seuls visés dans l'art. 3 de la loi du 16 juillet 1875) : ce sont le décès et la démission du Président. Alors, en effet, la vacance est certaine. En cas de décès, il y a simplement un fait matériel à constater[1]. Quant à la démission, l'usage s'est établi que le Président de la République la donnât par une simple lettre adressée aux Présidents des deux Chambres, et dont chacun de ceux-ci donne connaissance à la Chambre qu'il préside[2].

---

[1] Assemblée Nationale, séance du 27 juin 1894 (*Journal officiel* du 28, *Débats parlementaires*, p. 1) : « *M. le Président :...* Vu le décès de M. Carnot, Président de la République française; vu l'art. 7 de la loi constitutionnelle du 25 février 1875,... je déclare l'Assemblée Nationale constituée pour l'élection du Président de la République ».

[2] Voyez pour la démission du maréchal de Mac-Mahon, le *Journal officiel* du 31 janvier 1879; pour la démission de M. Grévy, le *Journal officiel* du 3 décembre 1887; pour la démission de M. Casimir Périer, le *Journal officiel* du 17 janvier 1895. M. Pierre, *Traité de droit politique, électoral et parlementaire*, n° 336, p. 314, dit, au contraire, que la démission du Président de la République « doit être donnée par voie de message adressé aux deux Chambres ». Il est vrai que la lettre de démission de M. Casimir Périer débute ainsi : « Messieurs les députés » ou « Messieurs les sénateurs, »; mais je ne saurais voir là un message proprement dit. Le message, en effet, est un acte que le Président accomplit en vertu des pouvoirs qu'il tient de la Constitution; il constitue un exercice même de ces pouvoirs. La démission, au contraire, est un acte éminemment personnel par lequel le citoyen

Le Président de l'Assemblée Nationale aura simplement à constater
la démission d'après les procès-verbaux des deux Chambres[1]; mais
l'Assemblée Nationale n'a pas à l'accepter[2]. Par le seul fait de la
démission, par l'acte unilatéral du Président de la République, la
présidence est devenue vacante, et c'est justement cette vacance,
existant dès lors en fait et en droit, qui a donné, d'après les textes
constitutionnels, le droit à l'Assemblée Nationale de se réunir et de procéder à une élection nouvelle. Elle se réunit alors immédiatement
et de plein droit pour procéder à cette élection, sauf, bien entendu,
le pouvoir nécessaire pour le Président du Sénat de fixer le jour et
l'heure de la réunion dans le plus bref délai possible.

Mais, quelque diligence qu'on fasse, il y a toujours et inévitablement une interruption dans le pouvoir présidentiel. La Constitution
le constate (ce qui implique nécessairement que la démission opère
sans avoir besoin d'être acceptée), et, pour éviter toute discontinuité
dans le pouvoir exécutif, elle investit de celui-ci, dans l'intervalle, le
Conseil des ministres. Le Conseil des ministres joue alors le même
rôle que jouait, dans la Constitution de 1848, le vice-président de la
République[3], mais pour un temps beaucoup plus court. On a ainsi
momentanément un pouvoir exécutif collégial, très semblable à ce
qu'était le Directoire exécutif de la Constitution de l'an III.

Les cas beaucoup moins simples de vacance accidentelle sont compris sous cette formule vague de la loi du 25 février 1875 : « En cas
de vacance par décès *ou pour toute autre cause* ». Cela embrasse tous
les cas autres que ceux de décès et de démission (ces derniers ayant

investi de la présidence abdique celle-ci et dépose les pouvoirs qu'elle entraîne. De
là des différences juridiques. Le message doit être contresigné et est lu à la tribune
par un ministre. La lettre de démission, au contraire, n'a pas besoin d'être contresi-
gnée, et c'est le Président de chacune des Chambres qui en donne lecture; en cela
la pratique suivie me paraît très correcte.

[1] Assemblée Nationale, séance du 17 janvier 1895 (*Journal officiel* du 18, *Débats
parlementaires*, p. 1) : « M. *le Président* : La séance est ouverte... Vu les procès-verbaux des séances du Sénat et de la Chambre des députés du 16 janvier 1895,
constatant que M. Casimir Périer a donné sa démission de Président de la République.... »

[2] Dans la séance de l'Assemblée Nationale du 30 janvier 1879, M. de Gavardie
demanda s'il ne fallait pas tout d'abord soumettre à l'acceptation de l'Assemblée Nationale la démission du maréchal de Mac-Mahon. Le Président répondit : « Je n'hésite
pas à penser et à dire que l'Assemblée Nationale n'a pas à statuer préalablement sur la
démission de M. le Maréchal de Mac-Mahon ». Il se déclara prêt cependant à soumettre à l'Assemblée la question posée par M. de Gavardie. Mais celle-ci, sur la
proposition de Gambetta, vota la question préalable.

[3] Ci-dessus, p. 440.

été précisés par la loi du 16 juillet 1875). J'en vois deux possibles, qui soulèvent l'un et l'autre des questions délicates.

Le premier, c'est la mise en accusation du Président de la République conformément à l'article 6 de la loi du 25 février 1875, et pouvant aboutir à une condamnation par la Haute Cour de justice. Un point est certain : la présidence ne devient vacante en droit que lorsque le Président est déchu, c'est-à-dire quand la condamnation a été prononcée. C'est seulement alors que l'Assemblée Nationale pourra se réunir et procéder à l'élection d'un nouveau Président. Mais jusqu'à ce moment et depuis la mise en accusation décrétée par la Chambre des députés, que devient le pouvoir exécutif? La Constitution ne le dit pas. Il faut statuer par voie d'interprétation. Le simple bon sens indique qu'un Président de la République, décrété régulièrement d'accusation, ne peut pas continuer à exercer ses pouvoirs tant que l'accusation n'a pas été purgée[1]. Mais qui les exercera à sa place? Ce sera, je le crois, par analogie de ce qui est décidé en cas de vacance, le Conseil des ministres. La Constitution de 1848, pour le seul cas de haute trahison qu'elle avait prévu (art. 68) de la part du Président, consistant dans le fait de dissoudre ou de proroger l'Assemblée Nationale ou de faire obstacle à l'exécution de son mandat, avait établi un système très simple : le pouvoir exécutif passait alors de plein droit à l'Assemblée Nationale. Mais, dans les autres cas de mise en accusation du Président (art. 100), on eût sans doute appliqué l'art. 70, d'après lequel, en cas d'empêchement du Président, le vice-président le remplaçait. Or, aujourd'hui le Conseil des ministres joue le rôle intérimaire attribué au vice-président par la Constitution de 1848.

L'autre cas, non expressément prévu, est celui où le Président de la République se trouverait dans l'impossibilité absolue et physique de remplir ses fonctions : s'il était atteint, par exemple, d'aliénation mentale (comme jadis en Angleterre, le roi Georges III[2]), de paralysie générale ou même d'une affection locale qui l'empêcherait absolument de donner sa signature. Il paraît certain que, d'après l'es-

---

[1] Peut-être même pourrait-on invoquer le principe juridique inscrit dans les Constitutions de la Révolution et encore dans celle du 22 frimaire an VIII (art. 5), d'après lequel l'exercice des droits de citoyen français (condition essentielle pour remplir toute fonction publique) est suspendu par l'état de mise en accusation.

[2] Voyez dans Todd-Walpole, t. I, p. 119, les moyens et les théories alors admis en Angleterre pour remédier à cet état de choses. — Cf. Constitution belge, art. 82 : « Si le roi se trouve dans l'impossibilité de gouverner, les ministres, après avoir fait constater cette impossibilité, convoquent immédiatement les Chambres. Il est pourvu à la tutelle et à la régence par les Chambres réunies ».

prit de la Constitution, le Conseil des ministres doit prendre alors l'exercice intérimaire du pouvoir exécutif. Mais l'Assemblée Nationale devrait-elle aussi se réunir immédiatement pour procéder à l'élection d'un nouveau Président? La raison de douter, c'est que l'affection dont il s'agit n'est peut-être pas incurable. L'incapacité matérielle actuellement existante disparaîtra peut-être dans un certain délai, avant l'expiration des pouvoirs du Président, et aucune disposition ne prononce en ce cas sa déchéance[1]. Néanmoins, c'est, me semble-t-il, dans le sens d'une élection immédiate qu'il faut se prononcer. D'après les hypothèses expressément prévues, il ne paraît pas que le Conseil des ministres soit appelé à exercer d'une façon durable le pouvoir exécutif : il n'est appelé qu'à un court intérim. Qu'on songe d'ailleurs aux complications possibles. Si le ministère était mis en minorité par la Chambre des députés, comment pourrait être constitué un ministère nouveau ? Mais, bien entendu, cette élection nouvelle ne pourrait s'ouvrir que par une entente entre les ministres et le pouvoir législatif : on ne saurait procéder autrement, quand il s'agit de suppléer, même par interprétation, à une insuffisance de la Constitution.

3° Une dernière hypothèse a été prévue par la loi constitutionnelle du 16 juillet 1875 (art. 3). C'est un des cas indiqués sous le numéro 2 avec une nouvelle complication. Le texte est d'ailleurs très clair par lui-même. « Dans le cas où, par application de l'art. 5 de la loi du 25 février 1875, la Chambre des députés se trouverait dissoute au moment où la présidence de la République deviendrait vacante, les collèges électoraux seraient immédiatement convoqués et le Sénat se réunirait de plein droit ». Dans la situation prévue, extrêmement invraisemblable, il est impossible de procéder immédiatement à l'élection d'un nouveau Président : en effet, par la dissolution de la Chambre des députés, il manque un des éléments essentiels de l'Assemblée Nationale; les membres les plus nombreux de ce collège électoral font momentanément défaut. Comme il importe de procéder au plus vite à l'élection présidentielle, les délais impartis par la Constitution pour faire élire la Chambre des députés qui doit remplacer la Chambre dissoute (aujourd'hui deux mois) expirent aussitôt et de plein droit. Les électeurs doivent être convoqués dans le plus bref délai possible. Mais sur ce point la Constitution se mêle quelque peu des ministres, dont le Conseil est momentanément investi du

---

[1] La Constitution des États-Unis (art. 2, sect. 1, clause 5) prévoit l'incapacité de fait survenant chez le Président (*inability*) et décide que ses pouvoirs passent alors au vice-président, mais elle ne dit pas si c'est d'une façon définitive ou à titre provisoire.

pouvoir exécutif : c'est le ministère qui a conduit la dissolution ou en a pris la responsabilité. Elle convoque donc de plein droit le Sénat, la seule assemblée politique représentative qui reste debout (et qui d'ailleurs s'est associée également à la dissolution). D'après le texte rédigé par la Commission, c'était même le Sénat qui était chargé de convoquer les électeurs[1]. Mais M. Amat, présentant un amendement sur ce point, fit observer qu'il y avait là une dérogation aux principes généraux de notre droit, d'après lequel, comme on le verra plus loin, le droit de convoquer les collèges électoraux est une attribution du pouvoir exécutif[2]. Le Sénat, dans le système définitivement adopté, ne se réunit alors que pour inspecter et contrôler ; sa présence a simplement une valeur morale.

Tel est le mode d'élection qu'ont établi pour le pouvoir exécutif les lois constitutionnelles de 1875. On peut le discuter, comme toute institution, au point de vue théorique ; mais, dans la pratique, il a fait ses preuves d'une façon complète et décisive. Depuis que la Constitution est entrée en vigueur, il a fonctionné cinq fois, le plus souvent dans des circonstances difficiles ou même tragiques et anormales : toujours il a assuré une élection prompte et libre, répondant aux vœux de l'opinion moyenne, et cela sans que le pays fût troublé ni même inquiété un seul instant. Il y a là, semble-t-il, une heureuse solution d'un problème difficile.

V.

Les lois constitutionnelles de 1875 ne contiennent aucune disposition sur l'éligibilité du Président de la République. Elles n'exigeaient du citoyen, pour être élu à cette haute magistrature, aucune qualité particulière. Une seule condition était ainsi implicitement imposée. Il suffisait que le citoyen eût la jouissance et l'exercice de ses droits civils et politiques ; mais cela était nécessaire, parce que c'est la condi-

[1] *Annales de l'Assemblée Nationale*, séance du 7 juillet 1875, t. XXXIX, p. 476 : « Le Sénat se réunira dans le plus bref délai possible, de plein droit, afin de prendre les mesures nécessaires pour assurer la convocation des collèges électoraux ».

[2] *Ibidem*, p. 476 : « La Commission charge le Sénat de prendre les mesures nécessaires pour assurer la convocation des électeurs. Il me semble que c'est là une irrégularité qui va contre le but qu'on se propose, et qu'il faut dire d'abord que les électeurs seront immédiatement convoqués. On n'a pas besoin de dire par qui, puisque les lois générales déterminent par qui sont prises les mesures nécessaires. C'est le ministre qui s'adresse aux préfets et qui fait convoquer les électeurs. Si le ministre devait attendre les délibérations du Sénat, l'élection des députés se trouverait retardée. — *M. le rapporteur* : La Commission adopte l'amendement de M. Amat ».

tion même de l'admission aux fonctions publiques et spécialement aux fonctions représentatives. Sur ce point encore notre Constitution diffère de la plupart des autres. Celle des États-Unis exige que le citoyen, pour être élu Président, ait trente-cinq ans et ait résidé pendant quatorze ans sur le territoire de l'Union[1]. D'après la Constitution de l'an III, les membres du Directoire devaient être âgés de quarante ans au moins (art. 134). Certains parents ou alliés (art. 139) ne pouvaient être en même temps membres du Directoire ni s'y succéder qu'après un intervalle de cinq ans. Il était dit (art. 135) que, à partir de l'an IX, les Directeurs ne pourraient être pris que parmi les citoyens qui auraient été membres du Corps législatif ou ministres et par contre, que, à partir de l'an V, les mêmes membres du Corps législatif ne pourraient être élus membres du Directoire, ni pendant la durée de leurs fonctions législatives, ni pendant la première année après l'expiration de ces fonctions. La Constitution de 1848 décidait (art. 44) que le Président de la République devait être né Français, âgé de trente ans au moins, et n'avoir jamais perdu la qualité de Français. Elle portait aussi (art. 45) que, après lui et pendant la période où il n'était pas rééligible, ne pourraient être élus ni le vice-président ni les parents ou alliés du Président jusqu'au sixième degré inclusivement. Enfin, dans le projet déposé par M. Dufaure le 19 mai 1873, on lisait : « Le Président doit avoir quarante ans ou moins et jouir de ses droits civils, politiques et de famille ».

Le mutisme de nos lois constitutionnelles sur ce point s'explique par l'esprit général qui les anime. Leurs auteurs avaient peu de foi dans l'efficacité et l'utilité des réglementations prohibitives et restrictives quant à l'élection du pouvoir exécutif; ils l'ont bien montré sur la question de rééligibilité immédiate. Ils ont pensé que la meilleure garantie se trouvait dans le choix du collège électoral et qu'elle rendait les autres inutiles : pour être élu par l'Assemblée Nationale, il faudra nécessairement qu'un citoyen ait derrière lui une carrière politique longue et honorable. Dans un pareil milieu il ne saurait y avoir ni entraînements ni surprises. Il n'en est pas moins vrai que constitutionnellement un Français, âgé de vingt et un ans seulement, pourrait être élu Président de la République, et même un étranger naturalisé Français[2], immédiatement après sa naturalisation obtenue,

---

[1] Art. 2, sect. 1, clause 4. L'article exclut aussi ceux qui ne sont devenus citoyens que par naturalisation.

[2] En ce sens, Weiss, *Traité théorique et pratique de droit international privé*, t. 1, p. 345. En effet, l'art. 3 de la loi du 16 juin 1889 est ainsi conçu : « L'étranger naturalisé jouit de tous les droits civils et politiques attachés à la qualité de citoyen français. Néanmoins il n'est éligible aux Assemblées législatives que dix ans après

Mais depuis le vote de la Constitution, la loi du 14 août 1884 portant révision partielle des lois constitutionnelles a introduit un cas spécial d'inéligibilité. Elle a ajouté à l'art. 2 de la loi du 25 février 1875, une disposition ainsi conçue : « Les membres des familles ayant régné sur la France sont inéligibles à la présidence de la République ». Déjà en 1875 (séance du 24 février) un amendement dans ce sens avait été présenté par MM. Colombet et de Cintré. C'est, on peut le dire, une loi naturelle chez les républiques qui succèdent à des monarchies. Le descendant, le membre quelconque d'une dynastie déchue, lorsqu'il brigue la première magistrature de la République, est légitimement soupçonné de n'aspirer au pouvoir exécutif que pour restaurer le trône qu'ont occupé ses aïeux. Il y a là une présomption légale des plus sages, bien que, comme toutes les présomptions, elle puisse parfois porter à faux.

VI.

Les Constitutions républicaines fixent en général le traitement des titulaires du pouvoir exécutif. Ainsi la Constitution de l'an III appliquait aux Directeurs (art. 173) le mode de calcul bizarre qu'elle avait adopté : « Le traitement de chacun d'eux fixé, pour chaque année, à la valeur de cinquante mille myriagrammes de froment (dix mille deux cent vingt-deux quintaux)[1] ». La Constitution de 1848 (art. 62) disait du Président : « Il est logé aux frais de la République et reçoit un traitement de six cent mille francs par an ». Dans ces conditions ce traitement était constitutionnel : il ne devait pas être augmenté, mais il ne pouvait pas non plus être diminué. Sans doute, conformément aux traditions de notre droit public, il devait être voté chaque année dans le budget annuel; mais le pouvoir législatif n'aurait pu refuser de le voter intégralement sans violer la Constitution.

D'autres Constitutions ont adopté un autre système. Elles ont laissé au législateur le soin de fixer le traitement du titulaire de l'exécutif, pensant qu'il n'était point sage de l'immobiliser dans une disposition constitutionnelle. Mais elles lui ont donné une certaine fixité en imposant au législateur l'obligation de l'arrêter pour une période plus ou moins longue. Ainsi, d'après la Constitution des États-Unis, le traitement du Président ne peut être ni augmenté ni diminué pen-

le décret de naturalisation, à moins qu'une loi spéciale n'abrège ce délai ». La restriction ici apportée doit en être limitativement entendue.

[1] L'art. 172 portait aussi : « Les membres du Directoire sont logés aux frais de l'État et dans un même édifice ».

dant la durée de ses fonctions[1]. De même, d'après le sénatus-consulte du 16 Thermidor an X, « la loi fixait pour la vie de chaque premier consul l'état des dépenses du gouvernement ».

Dans l'état actuel de notre droit, aucune disposition constitutionnelle ne fixe le traitement du Président de la République, et la détermination en est complètement laissée au pouvoir législatif; il n'y a pas même de loi générale sur ce point. Ce traitement est simplement inscrit dans la loi de finances annuelle : non seulement il doit être voté chaque année, mais légalement il peut être discuté lors du vote de chaque budget[2]. Le traitement proprement dit, ou dotation, du Président a été fixé à six cent mille francs par la loi de finances du 16 septembre 1871, et depuis lors il est toujours resté à ce chiffre. Mais de plus il lui est alloué des frais de maison qui ont été portés à trois cent mille francs en 1873 ; et, depuis 1876, trois cent autres mille francs pour frais de voyage, de déplacement et de représentation.

[1] Art. 2, sect. 1, clause 6 : « Le Président, à des époques déterminées, recevra pour ses services une indemnité qui ne pourra être ni augmentée ni diminuée pendant la période pour laquelle il aura été élu, et il ne recevra aucun autre émolument des États-Unis ou d'aucun État particulier ». « Actuellement, dit M. Burgess (*Political science*, t. II, p. 241), cette indemnité, telle qu'elle est fixée par la loi est de 50,000 dollars par an, plus l'usage, comme résidence, de l'*executive mansion* et des meubles et fournitures qu'elle contient. »

[2] Voyez séance de la Chambre des députés du 14 mars 1895 (*Journal officiel* du 15 mars, *Débats parlementaires*, p. 911).

CHAPITRE III

Le pouvoir exécutif (suite). — I. Pouvoir et responsabilité du Président de la République.

---

§ 1. — GÉNÉRALITÉS.

Avant d'étudier en détail les pouvoirs du Président de la République, il est utile de présenter deux observations qui les visent tous.

I.

Quelle est la réalité, l'efficacité de ces pouvoirs? Ils paraissent très étendus. Nous avons vu déjà que certains les qualifient de pouvoirs monarchiques[1], et, si l'on ne consultait que certains textes constitutionnels, on serait tenté de leur donner raison. Dans ses *Vues sur le gouvernement de la France*, le duc de Broglie décrivait ainsi le Président de la République tel qu'il le rêvait : « Un chef investi de tous les attributs de la royauté : l'initiative et le *veto*, l'exécution des lois, la direction de l'administration dans toutes les branches, la nomination a tous les emplois aux conditions légales, le commandement des armées de terre et de mer. Un chef roi, sauf le nom et la durée[2] ». Quand on examine les divers pouvoirs que la Constitution de 1875 a conférés au Président, il semble qu'elle ait voulu exécuter à la lettre ce programme et constituer, par conséquent, un pouvoir exécutif très fort. Cependant il y a une première raison de se méfier de cette impression : c'est que la plupart de ces pouvoirs présidentiels figuraient déjà dans la Constitution de 1848, comme nous le verrons en cours de route, et cette Constitution ne passe point pour avoir été animée d'un esprit monarchique. Il y en a une seconde raison directe et décisive.

Lorsqu'on compare le Président de la République française, tel que l'ont fait les lois constitutionnelles de 1875, à tel autre chef de Ré-

---

[1] Ci-dessus, p. 433, note.
[2] Ch. vi, p. 227.

publique, au Président des États-Unis par exemple, on constate que le premier possède des droits qui n'appartiennent point à l'autre (droit de nomination à tous les emplois, droit de conclure librement certains traités, droit de dissoudre la Chambre des députés avec l'assentiment du Sénat, pour ne citer que les principaux) : on est tenté d'en conclure que le premier a plus d'autorité réelle que le second. En réalité, c'est le contraire. Les pouvoirs du Président des États-Unis sont constitutionnellement plus restreints, outre qu'ils le sont, d'un autre côté, par la nature même de l'État fédératif; mais dans la mesure où ils existent, il les exerce à lui seul, en pleine indépendance, sans être gêné par l'action de ses ministres, sans même avoir besoin de consulter ceux-ci, avec toute l'autorité morale que lui donne l'élection populaire dont il est sorti. La République française, au contraire, d'après la Constitution de 1875, est essentiellement une *république parlementaire*. C'est là son caractère distinctif et décisif : « Il y a trois mois, Messieurs, disait M. Laboulaye en présentant le projet de loi qui est devenu la loi constitutionnelle du 19 juillet 1875, vous avez fait une république parlementaire... Vous avez par cela même décidé que le Président gouvernerait avec des ministres, pris communément dans les deux Chambres, et qui, représentants du pouvoir devant le Parlement et représentants du Parlement devant le pouvoir, devraient se retirer quand l'accord serait rompu[1] ». Plus tard il disait encore : « Notre gouvernement nouveau, il est important de le répéter, est une république parlementaire, c'est-à-dire une république où tout repose sur la responsabilité ministérielle. C'est bien là la définition de notre nouveau gouvernement[2] ». M. Dufaure, de son côté, n'était pas moins explicite : « J'ai été confondu d'entendre dire que la responsabilité ministérielle dans une monarchie pouvait être efficace, mais qu'elle n'était rien sous un Président qui avait nécessairement ses projets, sa volonté; qu'elle serait alors un mensonge qui ne garantirait rien. Elle aurait à mon avis une bien autre importance; elle serait bien moins un mensonge sous la République que sous la Monarchie. C'est sous la Monarchie, en présence de ce pouvoir que vous appelez divin, que les ministres sont exposés à faiblir et à perdre toute autorité réelle. Mais sous la République, en présence d'un chef temporaire qui disparaîtra peut-être de la vie politique avant eux, pourquoi ne garderaient-ils pas leur ferme volonté, leur pleine indépendance, et pourquoi leur responsabilité deviendrait-elle une illusion[3]? » Dans ce

[1] *Annales de l'Assemblée Nationale, Projets de loi*, etc., p. 221.
[2] *Annales de l'Assemblée Nationale*, t. XL, p. 412, séance du 16 juillet 1875.
[3] Séance du 7 juillet 1875, *Annales de l'Assemblée Nationale*, t. XXXIX, p. 475.

système, le Président de la République, quelque grands que soient les
pouvoirs à lui conférés par la Constitution, ne peut rien par lui-même ;
il ne peut les exercer qu'avec le concours et l'assentiment d'un ministère qui dépend largement des Chambres ; et la nature de sa propre
élection, émanée du Corps législatif réuni en Assemblée Nationale, ne
lui donne point la force morale nécessaire pour faire prédominer quand
même, malgré les fictions et les conventions constitutionnelles, sa
volonté personnelle. « On compare naturellement, dit M. Bryce, le
Président des États-Unis au Président de la République française ;
mais ce dernier a un premier ministre et un Cabinet qui dépendent de
la Chambre et qui à la fois l'assistent et l'éclipsent ; en Amérique, le
Cabinet du Président est une partie de lui-même et n'a rien à faire
avec le Congrès[1] ».

C'est donc plutôt à un monarque parlementaire qu'il convient de comparer notre Président, quant à l'exercice de ses pouvoirs, et spécialement à celui de tous dont le Cabinet a pris le plus complètement la
place effective, c'est-à-dire à la reine d'Angleterre. Celle-ci, dans son
effacement constitutionnel, a gardé une grande influence morale, qu'elle
doit à la longue durée de son règne et au prestige historique, si puissant chez nos voisins : c'est une force que ne saurait avoir un Président
temporaire, un citoyen dont l'influence morale ne peut résulter que
de son expérience, de sa sagesse et de son honorabilité propre. Mais,
d'autre part, la reine d'Angleterre est complètement écartée, par des
usages qui ont maintenant force de loi, de toute participation directe
et personnelle aux actes de gouvernement : elle ne préside pas le
Conseil des ministres[2] ; elle ne peut recevoir un ambassadeur étranger et s'entretenir avec lui sans qu'un de ses ministres soit présent à
l'entrevue[3]. Le Président de la République française, au contraire,
participe activement au gouvernement dont il est le chef : il préside,
comme on le verra plus loin, le Conseil des ministres, et aucun texte,
pas plus que l'usage, ne lui interdit de donner audience personnelle
aux ambassadeurs et ministres des puissances étrangères. Dans un
discours prononcé à Bordeaux le 11 mai 1895, le Président du Conseil des ministres exposait en termes excellents le rôle gouvernemental attribué par la Constitution au Président : « Le pays, disait-il,
est reconnaissant à M. le Président de la République de ne pas laisser s'amoindrir dans ses mains la fonction dont il est investi, d'exercer
dans toute leur plénitude les prérogatives de sa fonction ; de présider
non seulement le Conseil des ministres et d'exercer l'influence consi-

[1] *American commonwealth*, t. Ier, p. 62.
[2] Ci-dessus, p. 101.
[3] Ci-dessus, p. 89.

dérable qu'y a nécessairement le premier magistrat du pays, mais de présider le Conseil supérieur de la guerre[1]; de ne rester étranger à rien de ce qui constitue la force permanente et supérieure de ce pays au-dessus des divisions de partis; de pouvoir représenter véritablement ce qui ne meurt pas, ce qui ne périt jamais, c'est-à-dire la France, la France au dedans, la France au dehors[2] ».

II.

Dans quelle forme, par quels actes le Président de la République exerce-t-il ses pouvoirs? La Constitution ne fournit pas de réponse directe, précise et générale à cette question, mais elle la tranche implicitement d'une façon très nette. Elle décide, en effet, que « chacun des actes du Président de la République doit être contresigné par un ministre[3] ». Cela suppose forcément que tous ces actes se font par écrit, que ce sont des *actes écrits*. Ils se divisent en deux classes : les *décrets* et les *messages*.

Le *décret* est un acte par lequel le Président, exerçant un de ses pouvoirs constitutionnels, prend une décision légale, exécutoire et obligatoire. Cependant l'acte qu'émet alors le Président et qu'il signe prend quelquefois un autre nom. On appelle dans l'usage *décision présidentielle*, et non décret, l'acte par lequel il nomme un officier de l'armée de terre ou de l'armée de mer à un certain emploi, sans modifier son grade, ce dernier étant toujours conféré par un décret. Ainsi encore l'acte par lequel le Président exerce le droit de grâce, que lui attribue la Constitution, est souvent désigné, en vertu d'une longue tradition, sous le nom de *lettres de grâce*[4], et pourtant il rentre certainement dans la catégorie des décrets[5].

Le *message* est en principe assez différent : c'est en général un acte

[1] Ce droit est inscrit dans le décret du 12 mai 1888, art. 9 : « Le Président de la République peut provoquer la réunion du Conseil supérieur de la Guerre. Il en prend la présidence toutes les fois qu'il le juge utile. Le Président du Conseil des ministres et le ministre de la Marine sont convoqués à ces séances ».

[2] *Journal officiel* du 15 mai 1895.

[3] Loi constitutionnelle du 25 février 1875, art. 3, dernier alinéa.

[4] Par exemple, loi d'amnistie du 3 mars 1879, art. 4 : « A dater de la notification des lettres de grâce... »

[5] L'acte par lequel le Président de la République promulgue une loi votée par les Chambres n'est pas non plus qualifié décret, bien qu'en réalité il en contienne un. La raison en est que l'acte de promulgation fait corps en quelque sorte avec la loi promulguée, comme l'indique la formule elle-même : « Le Sénat et la Chambre des députés ont adopté, le Président de la République promulgue la loi dont la teneur suit... »

émané du Président et contenant non une décision légale, mais un
exposé de vues, une opinion solennellement exprimée. La Constitution ne parle que des messages adressés par le Président aux deux
Chambres[1], mais rien ne s'opposerait, croyons-nous, à ce qu'il en
adressât directement aux citoyens français, au pays tout entier. Le
contre-seing ministériel, toujours nécessaire, comme on le verra plus
loin, empêche que ce droit ne puisse dégénérer en abus[2].

Parfois, mais exceptionnellement, le message sert au Président de
la République à prendre une décision légale, à exercer un droit précis rentrant dans ses prérogatives. C'est par un *message motivé* qu'il
demande aux Chambres une nouvelle délibération d'une loi votée
par elles, délibération qu'elles ne peuvent refuser[3]. C'est aussi par
un message que le Président de la République, le 16 juin 1877, a
demandé au Sénat l'avis conforme nécessaire pour dissoudre la Chambre des députés[4].

C'est seulement par des actes écrits, signés par lui et contresignés
par un ministre, ainsi que je l'ai dit plus haut, que le Président de la
République peut exercer ses pouvoirs. Ses déclarations orales, les
discours qu'il prononce dans les solennités publiques, les conversa-
tions qu'il peut avoir avec les membres du Corps diplomatique, peuvent
avoir une grande portée morale; mais ce ne sont pas, constitutionnellement parlant, des actes emportant exercice du pouvoir exécutif.
Ce sont de simples faits. J'en dirai autant des télégrammes que peut
transmettre le Président de la République : bien que le télégraphe
joue, dans l'état de notre civilisation, un rôle si important, dans les
relations publiques comme dans les relations privées, qu'on serait
tenté de construire la théorie de la correspondance télégraphique en
droit public comme en droit privé[5].

---

[1] Loi constitutionnelle du 16 juillet 1875, art. 6 et 7.

[2] C'est ainsi que, sous la Constitution de l'an III, fut interprété le droit du Directoire, *Mémoires de Barras*, édit. Duruy, t. II, p. 5.

[3] Loi constitutionnelle du 16 juillet 1875, art. 7 : « Dans le délai fixé pour la promulgation, le Président de la République peut, *par un message motivé*, demander
aux deux Chambres une nouvelle délibération qui ne peut être refusée ». Cf. ci-dessus, p. 417.

[4] *Journal officiel* du 17 juin 1877, p. 4452 (Sénat) : « Le Président du Conseil : J'ai l'honneur de déposer sur le bureau la communication suivante : Le Président de la République, vu l'art. 9 de la loi constitutionnelle du 25 février 1875,
relative à l'organisation des pouvoirs publics, fait connaître au Sénat son intention
de dissoudre la Chambre des députés et lui demande son avis conforme ».

[5] Voyez, par exemple, ce passage d'un discours de M. Goblet à la Chambre des
députés, séance du 12 mars 1894 (*Journal officiel* du 13, *Débats parlementaires*,
p. 498) : « J'exposais que, en plus d'une circonstance, le pouvoir présidentiel avait
été conduit à exercer une action personnelle, et j'avais déjà eu l'occasion de le dire

Après ces observations générales, il faut procéder maintenant à l'étude détaillée des pouvoirs présidentiels. Ils se divisent naturellement en deux groupes. Les uns ont simplement pour but l'exécution des lois : ils constituent l'exercice du pouvoir exécutif au sens étroit du mot ; ils font du Président un simple fonctionnaire, quoique le premier fonctionnaire de l'État. Les autres pouvoirs sont, au contraire, discrétionnaires, et souvent on les appelle les prérogatives du Président ; ils supposent chez lui un choix et une décision arbitraires, qui ne sont pas déterminés par la loi et font de lui un véritable *représentant* de la souveraineté nationale au sens propre du mot[1]. Il faut ajouter, d'ailleurs, que cet arbitraire inévitable est tempéré par deux séries de règles. D'un côté, la responsabilité ministérielle offrira toujours une garantie sérieuse contre les abus ; d'autre part, pour certains de ces actes, les plus graves, la Constitution, à défaut d'une loi qui les réglemente d'avance, exige pour leur accomplissement l'adhésion du pouvoir législatif, qu'elle associe alors au pouvoir exécutif ; parfois elle a seulement exigé l'avis conforme du Sénat. Je vais étudier successivement les deux catégories de pouvoirs que je viens de distinguer ; cependant, pour ne pas scinder l'exposition, je serai amené, en parlant des premiers, à indiquer certains des seconds, qui font en quelque sorte corps avec eux.

§ 2. — POUVOIRS DU PRÉSIDENT QUI TENDENT A L'EXÉCUTION DES LOIS.

Ces pouvoirs sont au nombre de deux : la promulgation des lois et le pouvoir réglementaire.

I.

La promulgation est l'acte par lequel le chef du pouvoir exécutif déclare *exécutoire* une loi régulièrement votée par le Corps législatif, et donne aux agents de l'autorité publique l'ordre de veiller à son exécution et d'y prêter main forte au besoin. La nécessité de la promulgation est une conséquence logique du principe de la séparation des pouvoirs. La loi est bien parfaite et définitive lorsqu'elle a été votée par le pouvoir législatif (nous supposons, bien entendu, que le droit de

ici à propos de l'entente diplomatique qu'on a voulu faire résulter d'un échange de télégrammes où ne figurait aucun contreseing ministériel ».

[1] Ci-dessus, p. 223.

reto n'existe pas ou qu'il est épuisé), mais elle n'est pas exécutoire tant que la promulgation n'a pas eu lieu. Le droit et le devoir de veiller à son exécution appartiennent, en effet, au pouvoir exécutif ; tant que celui-ci n'a pas donné l'ordre d'y procéder, aucune des autorités publiques ne saurait en tenir compte.

Il ne faut pas confondre la promulgation avec d'autres actes du pouvoir exécutif, qui s'en rapprochent ou coïncident en fait avec elle, mais dont la valeur juridique est tout autre : la *publication* et la *sanction* de la loi. La *publication* est l'acte du pouvoir exécutif par lequel la loi votée et promulguée est portée à la connaissance des citoyens ; elle a pour but de rendre la loi *obligatoire* à leur égard ; car ils y sont soumis dès que sont expirés les délais après lesquels ils sont légalement présumés en avoir connaissance. La promulgation et la publication se confondent en fait, car c'est par la publication de l'acte même de promulgation que la loi est publiée. La *sanction*, lorsqu'elle existe, constitue l'une des prérogatives les plus fortes du pouvoir exécutif : elle fait de lui une branche même du pouvoir législatif ; alors, en effet, la loi votée par le Corps législatif ne devient parfaite, ne devient loi, qu'autant qu'elle a été approuvée par le titulaire du pouvoir exécutif, qui peut refuser son assentiment absolument et indéfiniment. C'est le système qui a été admis en France dans les Chartes de 1814 et de 1830, dans les Constitutions de 1852 et de 1870.

De ces actes divers il en est un qui est absolument indispensable et qui se retrouve nécessairement sur tous les régimes constitutionnels : c'est la publication de la loi. La sanction est, au contraire, une prérogative exorbitante du pouvoir exécutif. Quant à la promulgation, distincte de la publication et de la sanction, c'est, comme je l'ai dit, une conséquence correcte et logique du principe de la séparation des pouvoirs ; mais elle n'a d'importance pratique, elle ne constitue vraiment une prérogative utile pour le pouvoir exécutif que lorsque celui-ci jouit d'un certain délai pour y procéder et peut choisir ainsi le moment où il mettra la nouvelle loi en vigueur. Ces idées se reflètent dans la série des Constitutions françaises.

La Constitution de 1791, qui accordait au roi le droit de sanction dans la même mesure où elle lui accordait le droit de *reto*[1], traitait aussi de la promulgation, comme d'un droit distinct[2], mais elle paraît l'avoir considérée comme devant être immédiatement opérée par le roi, lorsqu'il était obligé d'y procéder. Celui-ci avait, il est vrai, un délai de deux mois pour refuser ou accorder son consentement, quant

[1] Titre III, ch. III, sect. 3, art. 6 et 7.
[2] Titre III, ch. IV, sect. 1.

E. 30

aux lois soumises à sa sanction[1]; mais lorsque la sanction était donnée ou n'était plus nécessaire, la promulgation devait être immédiate.
La Constitution de 1793 n'avait point de disposition sur la promulgation des lois, elle disait seulement (art. 72) que le Conseil exécutif
était responsable de l'inexécution des lois et décrets. La Constitution
de l'an III réglementait, au contraire, très soigneusement la promulgation; mais, bien qu'elle en donnât une formule très conforme aux
principes plus haut énoncés[2], elle paraissait la confondre en réalité
avec la publication (art. 128-130). Dans tous les cas, elle en faisait
un devoir beaucoup plus qu'un droit pour le Directoire; celui-ci devait y procéder dans le plus bref délai, dans les deux jours après la
réception de la loi, et dans le même jour quand elle était précédée
d'un décret d'urgence. La Constitution de l'an VIII donnait la promulgation des lois au Premier Consul (art. 41); il devait promulguer
tout décret du Corps législatif le dixième jour après son émission (art.
37). C'était dans ce délai seulement que la loi pouvait être attaquée
devant le Sénat pour cause d'inconstitutionnalité. Les Chartes de 1814
(art. 22) et de 1830 (art. 18) donnaient au roi à la fois la sanction et
la promulgation des lois; comme plus tard les Constitutions de 1852
(art. 10) et de 1870 (art. 17) les accordaient au Président de la République, puis à l'Empereur[3]. Aucun délai n'était fixé par ces textes,
et cela se conçoit très bien. Le droit de sanction étant alors libre et
absolu, la promulgation ne pouvait intervenir que lorsque la loi avait
été sanctionnée. Mais la Constitution de 1848 avait établi un système
tout nouveau. La loi était parfaite par le vote de l'Assemblée législative, mais la promulgation en appartenait au Président de la République qui avait un délai d'un mois pour y procéder; seules les lois
d'urgence devaient être promulguées dans les trois jours[4]. Le droit
de promulgation devenait ainsi une prérogative utile du pouvoir exécutif qui, chargé de leur application, pouvait se préparer à cet effet
et choisir ainsi, dans un délai assez ample, le moment opportun pour
les faire entrer en vigueur. C'est le système qui a été repris par nos
lois constitutionnelles. La loi du 25 février (art. 3) disait seulement

---

[1] Titre III, ch. IV, sect. 3, art. 4.

[2] Art. 130 : « Le Directoire ordonne que la loi ou l'acte législatif ci-dessus sera
publié, exécuté, et qu'il sera muni du sceau de la République ».

[3] En réalité le Chef de l'État exerçait le droit de sanction comme portion intégrante du pouvoir législatif, et le droit de promulgation comme titulaire du pouvoir
exécutif.

[4] Art. 56 : « Le Président de la République promulgue les lois au nom du peuple
français ». — Art. 57 : « Les lois d'urgence sont promulguées dans le délai de trois
jours, et les autres lois dans le délai d'un mois à partir du jour où elles auront été
adoptées par l'Assemblée Nationale ».

que le Président « promulgue les lois lorsqu'elles ont été votées par les deux Chambres » ; mais celle du 16 juillet 1875 est venue ajouter (art. 7) : « Le Président de la République promulgue les lois dans le mois qui suit la transmission au gouvernement des lois définitivement adoptées. Il doit promulguer dans les trois jours les lois dont la promulgation, par un vote exprès dans l'une et l'autre Chambre, aura été déclarée urgente[1] ». Le texte actuel, comparé à celui que contenait la Constitution de 1848, présente deux modifications.

En premier lieu, le point de départ du délai n'est plus le jour où la loi a été définitivement adoptée par le Corps législatif, mais celui où elle sera transmise au gouvernement par le Président de la Chambre qui l'aura adoptée la dernière ; la différence est, d'ailleurs, pratiquement de peu d'importance. En second lieu, pour les lois qui doivent être promulguées dans les trois jours, l'urgence est déterminée d'une façon différente. La Constitution de 1848 (art. 41 et 42), comme antérieurement celle de l'an III (art. 77, 81, 89 et suiv., 131), ne connaissait, quant aux projets de loi, qu'une seule déclaration d'urgence qui avait à la fois pour effet de les dispenser des trois délibérations ou lectures et de raccourcir les délais de promulgation. Aujourd'hui il y a dans notre procédure parlementaire deux sortes de déclaration d'urgence. L'une n'est pas prévue par la Constitution, mais seulement par les règlements des Chambres, et ne concerne que la délibération des projets ou propositions de lois : son principal effet est de réduire à une seule les deux délibérations successives, en principe imposées aujourd'hui par ces règlements. L'autre déclaration d'urgence est celle prévue par l'article 7 de la loi du 16 juillet 1875 ; elle ne concerne que l'abréviation des délais de promulgation. Elle doit intervenir dans chaque Chambre après que la loi a été votée par elle (que la déclaration d'urgence dans le premier sens ait été ou non prononcée). Elle porte seulement, mais nécessairement, sur ce point que la promulgation est urgente.

La promulgation des lois est, dans une certaine mesure, un droit, mais c'est surtout un devoir pour le Président de la République. Celui-ci ne saurait enlever toute efficacité aux décisions du pouvoir législatif en négligeant ou refusant de les promulguer. La question se pose donc de savoir s'il existe une sanction à cette obligation. Dans notre Constitution, il en est une d'abord très simple et très efficace. Les ministres, comme nous le verrons, sont politiquement responsables non seulement des actes, mais également de l'inaction du Pré-

---

[1] La formule de promulgation des lois a été arrêtée d'abord par le décret du 2 septembre 1871, puis par celui du 6 avril 1876.

sident de la République, pour le cas, où il devait agir. La responsabilité ministérielle pourrait donc être mise en jeu par les Chambres pour défaut de promulgation d'une loi dans les délais voulus. Mais la responsabilité propre et personnelle du Président de la République pourrait-elle être appliquée ? Il semble bien que, dans certains cas au moins, le refus de promulguer pourrait rentrer dans l'hypothèse de haute trahison, prévue par l'article 6 de la loi constitutionnelle du 25 février 1875, et dans laquelle le Président est déclaré responsable. Mais nous verrons plus loin que cela souffre des difficultés. La Constitution de 1848 avait introduit une combinaison ingénieuse pour assurer dans tous les cas la promulgation. Elle portait (art. 59) : « A défaut de promulgation par le Président de la République dans les délais déterminés par les articles précédents, il y serait pourvu par le Président de l'Assemblée Nationale ».

Le Président de la République a, d'ailleurs, un moyen légal pour se refuser provisoirement à promulguer la loi votée. La loi constitutionnelle du 16 juillet 1875 ajoute, en effet, dans son article 7 : « Dans le délai fixé pour la promulgation, le Président de la République peut, par un message motivé, demander aux deux Chambres une nouvelle délibération qui ne peut être refusée ». Ce droit était inscrit en termes semblables dans la Constitution de 1848[1] ; il avait été repris avec une combinaison un peu différente au profit de M. Thiers par la loi du 13 mars 1873[2]. On dit quelquefois qu'il y a là un véritable droit de *veto* au profit du Président français, analogue à celui que possède le Président des États-Unis ; mais cela n'est point exact : il y a une différence profonde entre les deux prérogatives. Lorsque le Président des États-Unis oppose son *veto* à un *bill*, voté par le Congrès, ce *bill* revient bien aux Chambres pour être délibéré de nouveau ; mais il ne peut plus passer d'une façon définitive que s'il réunit une majorité des deux tiers des voix dans chacune d'elles. Dans la nouvelle délibération que le Président français peut réclamer des Chambres, il suffira, pour que la loi soit votée à nouveau, de la majorité simple dans chacune d'elles, comme lors de la première délibération, et alors la loi devient définitive et doit nécessairement être promulguée. On avait proposé, en 1875, à la Commission des lois constitutionnelles de modifier l'article 7 pour y introduire le même

---

[1] Art. 58 : « Dans le délai fixé pour la promulgation, le Président de la République peut, par un message motivé, demander une nouvelle délibération. — L'Assemblée délibère, sa résolution devient définitive ; elle est transmise au Président de la République. — En ce cas, la promulgation a lieu dans le délai fixé pour les lois d'urgence ».

[2] Ci-dessus, p. 117.

droit qu'aux États-Unis; mais la Commission repoussa cette proposition : « Cette disposition, disait le rapporteur, empruntée à la loi
que nous avons votée le 13 mars 1873, est visiblement imitée de la
Constitution des États-Unis; mais, en pareil cas, la loi américaine
exige que le nouveau vote ait lieu à la majorité des deux tiers des
voix dans chacune des deux Chambres. On a proposé à la Commission
d'adopter cette mesure, en faisant observer que, en n'exigeant que la
majorité simple, on s'exposait à ce que les Chambres persistassent
dans leur première décision, soit par un sentiment de susceptibilité,
soit par un esprit de parti. Il a été répondu que, aux États-Unis, le
Président n'avait aucun autre moyen de se défendre contre les enva-
hissements du pouvoir législatif. Il n'a ni droit d'ajournement, ni
droit de prorogation, ni droit de dissolution. Il a donc fallu le protéger par une garantie particulière. Mais en France, où le pouvoir exécutif est si fortement armé, ne serait-ce pas aller trop loin que de lui
accorder une prérogative qui lui permettrait d'exercer une action prépondérante et contraire au principe que la simple majorité fait la loi?
Il faut s'en remettre à la sagesse du Parlement, et surtout à la prudence du Sénat qui, grâce à sa composition et à sa durée, prendra
sans doute un rôle modérateur dans le gouvernement. D'ailleurs, le
long intervalle d'une double délibération et d'un double vote suffira
pour refroidir la passion, amènera des transactions avec un ministère responsable qui n'existe pas aux États-Unis et permettra enfin à
l'opinion publique de prononcer en dernier ressort[1] ». L'accord ainsi
intervenu entre la Commission et le gouvernement fut ratifié par l'Assemblée. M. Lefèvre-Pontalis, qui avait introduit un amendement
contenant le *veto* à l'américaine, le retira au cours de la discussion[2].

Cette question paraissait très grave. En réalité, elle avait peu
d'importance. Que l'on adoptât le *veto* à l'américaine, ou l'espèce de
veto mitigé que contient l'article 7, fatalement le résultat devait être
le même. Cette prérogative, sous l'une ou l'autre forme, était condamnée d'avance à rester lettre morte en vertu des principes mêmes
du gouvernement parlementaire, comme est tombé en désuétude le
veto absolu du roi d'Angleterre[3]. Une prérogative semblable ne peut
être utile qu'à un chef d'État qui agit indépendamment et par lui-
même, comme le Président des États-Unis. Lorsque, au contraire, ce
droit doit être exercé avec l'assentiment d'un ministère qui dépend
de la majorité du Parlement, il ne trouvera presque jamais une occa-

[1] *Annales de l'Assemblée Nationale*, t. XXXVIII, Projets de loi, etc., p. 223.
[2] Séance du 7 février 1875, *Annales de l'Assemblée Nationale*, t. XXXIX, p. 477.
[3] Ci-dessus, p. 115.

sion de s'exercer. Si le ministère a trouvé mauvaise et impraticable
la loi que les Chambres ont votée, il l'aura certainement et énergiquement combattue devant elles, et, battu par le vote, il aura dû
démissionner. Ce n'est pas lui, par conséquent, qui pourra demander
au Président d'user de sa prérogative. Les ministres qui l'auront
remplacé, pris dans la majorité qui a voté la loi, ne pourront s'associer
à l'acte par lequel le Président demanderait une nouvelle délibération.
C'est un résultat qu'avait exactement prévu Prévost-Paradol dans la
France nouvelle : « Serait-il utile, disait-il, de réserver au souverain
constitutionnel ou au Président de la République, non pas le droit
de *veto* absolu qui ne peut se soutenir (car ce serait le droit de suspendre ou d'arrêter la vie nationale), mais le droit de réclamer avant
la promulgation de la loi une nouvelle délibération, avec la nécessité
pour la loi d'obtenir cette fois la majorité des deux tiers avant d'être
imposée à la sanction royale ou présidentielle? De deux choses l'une :
ou ce droit pourrait être exercé directement par le chef nominal de
l'État en dehors de la volonté de ses ministres, et alors ce ne peut
être qu'une cause de trouble, puisqu'on verrait une volonté unique
entraver l'action législative de la majorité, et qu'il suffirait au chef de
l'État d'être appuyé par le tiers plus un des législateurs pour l'emporter définitivement dans sa résistance? ou bien ce droit du chef de
l'État ne pourrait être exercé que par l'intermédiaire des ministres
eux-mêmes, mais alors on n'en comprendrait pas l'usage ni l'existence
même, puisque, dans le gouvernement parlementaire, tout désaccord
sérieux entre le ministère et la majorité doit entraîner la chute immédiate du ministère et son remplacement par les chefs de la majorité
nouvelle[1] ». Aussi, depuis 1875, cette prérogative n'a-t-elle pas été
exercée une seule fois, et l'on ne voit guère de cas où elle puisse s'exercer. Il faudrait supposer pour cela que la loi, que le Président sou-
mettrait de nouveau à la délibération des Chambres, a pu passer sans
que son vote ait compromis l'existence du ministère, qui veut la faire
rapporter maintenant. Cela est difficile à concevoir, surtout dans les
usages du parlementarisme français.

II.

Le Président de la République possède le *pouvoir réglementaire*,
en ce que, par des *décrets généraux*, il peut faire des règlements pour
assurer l'exécution des lois. Ces décrets, qui, comme les lois, statuent
pour l'avenir et à l'égard de tous, obligent les citoyens, comme les lois

---

[1] *La France nouvelle*, liv. II, ch. IV, p. 98.

elles-mêmes. Ils peuvent recevoir une application directe devant les juridictions administratives, ou même devant les tribunaux civils ou de commerce, et, de plus, ils sont toujours munis d'une sanction pénale, comme tous les règlements administratifs, d'après l'art. 471, § 15, du Code Pénal. Ils forment une partie très importante de notre droit et constituent à côté des lois comme une législation secondaire et dérivée.

Il n'y a point là cependant un échec au principe de la séparation des pouvoirs, une attribution partielle ou une délégation constitutionnelle du pouvoir législatif au pouvoir exécutif. J'ai déjà eu l'occasion de le dire[1], le pouvoir réglementaire est pleinement distinct du pouvoir législatif, et le règlement n'est pas la loi. Le règlement fait en exécution de la loi est complètement subordonné à celle-ci. Il ne peut que développer et compléter dans le détail les règles qu'elle a posées ; il ne peut ni l'abroger ni la contrarier ; il doit la respecter dans sa lettre et dans son esprit.

Ce droit général de faire ainsi des règlements pour l'exécution des lois s'est progressivement développé en France depuis la Révolution : les actes qui en sont la manifestation ont porté successivement des noms divers, et l'étendue même de ce pouvoir s'est rétrécie ou élargie selon les temps. Il paraît, depuis plus d'un demi-siècle, si naturellement inhérent au pouvoir exécutif, qu'il est visé comme en passant dans nos lois constitutionnelles par un seul mot, mais l'expression ne peut laisser prise à aucun doute lorsqu'on suit à cet égard la série de nos diverses Constitutions.

La Constitution de 1791 n'était pas très claire sur ce point. Se référant à la terminologie suivie en Angleterre, elle permettait seulement au roi de faire des *proclamations* pour ordonner ou rappeler l'exécution des lois[2]. Il est fort douteux que cela contînt un véritable pouvoir réglementaire, si l'on songe à la doctrine restrictive qui régnait en Angleterre quant aux proclamations royales[3]. D'ailleurs, l'Assemblée Constituante fit elle-même, sous le nom d'*Instructions* détaillées, les règlements nécessaires pour l'exécution des principales lois organiques qu'elle vota ; elle supposait sans doute le même droit chez les assemblées législatives qui lui succéderaient. La Constitution de l'an III, quoique employant les mêmes termes, semblait impliquer plutôt le pouvoir réglementaire au profit du Directoire. Elle disait (art. 144) :

---

[1] Ci-dessus, p. 341.

[2] Titre III, ch. IV, sect. 1, art. 6 : « Le pouvoir exécutif ne peut faire aucune loi, même provisoire, mais seulement des proclamations conformes aux lois pour en ordonner ou rappeler l'exécution ». Cf. ci-dessus, p. 341.

[3] Ci-dessus, p. 46 et suiv.

« Il peut faire des proclamations conformes aux lois et pour leur exécution ». La Constitution de l'an VIII était absolument explicite ; elle décidait (art. 44) : « Le gouvernement propose les lois et *fait les règlements nécessaires pour assurer leur exécution* ». C'est d'elle que date vraiment le pouvoir réglementaire du chef de l'État. Les actes par lesquels il s'exerça s'appelèrent d'abord *arrêtés des Consuls*, puis *décrets impériaux*. Sous le Premier Empire, la réglementation par voie de décrets prit une importance considérable, plus grande souvent que celle de la législation proprement dite contenue dans les lois. Il est vrai que les décrets de l'Empereur furent assez souvent un empiétement véritable sur le pouvoir législatif, auquel il substituait ainsi sa seule autorité. C'étaient alors des *décrets-lois*, véritablement inconstitutionnels : ils ont pourtant eu et conservé force et vigueur non seulement sous le Premier Empire, mais encore depuis, d'après la jurisprudence de la Cour de cassation. Celle-ci se fonde sur le fait indiqué plus haut[1], que la Constitution de l'an VIII établissait une procédure pour déférer au Sénat les actes inconstitutionnels. Ces décrets, ne lui ayant point été déférés dans les formes voulues, seraient par là devenus inattaquables, comme une sentence mal rendue acquiert la force de chose jugée, lorsqu'aucune voie de recours n'a été employée contre elle[2].

La Charte de 1814 affirma le pouvoir réglementaire du roi avec un nouveau nom, celui d'*ordonnance*, pour désigner l'acte par lequel il s'exerçait. Mais le texte (art. 14) était ambigu et pouvait être invoqué comme contenant bien autre chose : « Le roi est le chef suprême de l'État... et fait les règlements et ordonnances nécessaires pour l'exécution des lois et *pour la sûreté de l'État* ». Ces derniers mots recélaient une équivoque, qui n'était point probablement dans l'esprit des rédacteurs de la Charte[3], mais dont s'empara le gouvernement de Charles X. C'est, en effet, en s'appuyant sur ce texte que le roi rendit les célèbres ordonnances du 25 juillet 1830 qui amenèrent la Révolution de Juillet. Aussi, lorsqu'elle révisa la Charte après la victoire, la Chambre des députés crut-elle nécessaire de retoucher cet article, pour le réduire au simple pouvoir réglementaire et pour condamner les doctrines qu'on avait voulu en tirer. Le nouveau texte (art. 13) fut ainsi

---

[1] Ci-dessus, p. 399.

[2] Aubry et Rau, *Cours de droit civil français*, 5ᵉ édit., t. I, § 5, p. 12.

[3] On peut remarquer que l'art. 144 de la Constitution de l'an III, qui attribuait au Directoire le droit de faire des proclamations conformes aux lois et pour leur exécution, contenait un premier alinéa ainsi conçu : « Le Directoire pourvoit, d'après les lois, à la sûreté extérieure ou intérieure de la République ». C'était simplement la même idée que voulait exprimer l'article 14 de la Charte.

rédigé : « Le roi est le chef suprême de l'État… *et fait les règlements et ordonnances pour l'exécution des lois, sans pouvoir jamais suspendre les lois elles-mêmes ni dispenser de leur exécution*[1] ». C'est en réalité sous le Gouvernement de Juillet que ce pouvoir réglementaire prit son équilibre définitif, se renfermant dans les limites précises que j'ai indiquées en commençant. Aussi fut-il maintenu au profit du Président de la République par la Constitution de 1848, mais en des termes nouveaux et très brefs, comme s'agissant d'une chose connue et qui va de soi (art. 49) : « Il a le droit de faire présenter des projets de lois par ses ministres. Il surveille et *assure l'exécution des lois* ». Ces derniers mots désignaient le pouvoir réglementaire. Il n'y avait pas à s'y tromper, soit à raison du rapprochement avec le droit d'initiative, soit à raison de la discussion qui s'établit sur un autre article, l'article 75. Dans ce dernier texte, la Constitution donnait à l'Assemblée législative le droit de charger le Conseil d'État, agissant alors comme un pouvoir indépendant, de faire certains règlements d'administration publique[2] : le pouvoir réglementaire passait alors du Président de la République au Conseil d'État. Or, plusieurs membres de l'Assemblée, et en particulier notre ancien maître, M. Valette, firent observer que l'article 49 donnait au Président un pouvoir réglementaire général, qui était traditionnel et sans danger, parce que les ministres répondraient toujours de l'abus qui pourrait en être fait ; mais que, au contraire, il était fort dangereux de donner directement un semblable pouvoir, comme un pouvoir propre, au Conseil d'État, parce qu'alors le gouvernement ne serait plus responsable[3]. L'article 75 fut adopté néanmoins ; mais la portée de l'article 49 était ainsi bien précisée.

C'est cette même formule, qui a été reprise au profit du Président de la République, d'abord par la loi du 31 août 1871[4], puis par la loi constitutionnelle du 25 février 1875, art. 3. Après avoir dit que le Président promulgue les lois lorsqu'elles ont été votées par les

---

[1] C'est ce qu'avait établi en Angleterre le *Bill of rights*, ci-dessus, p. 45. Cependant l'expression avait été employée à propos d'une autre institution par la Constitution de l'an III, art. 147 : « Il (le Directoire) surveille et assure l'exécution des lois dans les administrations et tribunaux par des commissaires à sa nomination ».

[2] « Le Conseil d'État… prépare les règlements d'administration publique ; il fait seul ceux de ces règlements à l'égard desquels l'Assemblée nationale lui a donné une délégation spéciale ».

[3] Sirey, *Lois annotées*, 1848, p. 189, note 100.

[4] Art. 2, 2ᵉ alin. : « Il surveille et assure l'exécution des lois ». — Dans la Constitution de 1852 (art. 6) avait été reprise la formule de l'an VIII : « Le Président de la République… fait les décrets et règlements nécessaires pour l'exécution des lois ».

deux Chambres, elle ajoute : « Il en surveille et en assure l'exécution ».

Cette réglementation par voie de décrets généraux, aboutissant à une sorte de législation dérivée et complémentaire, est en soi un procédé excellent dont, en dehors de notre pays, on reconnaît les avantages [1]. Par là on débarrasse les lois de détails minutieux et inutiles, qui en surchargent ailleurs le texte et les rendent confuses. En même temps on remet le soin de fixer les détails nécessaires pour l'exécution de la loi à l'autorité qui a le plus de compétence et qui est le mieux placée pour opérer cette réglementation, c'est-à-dire à celle qui a la charge de faire exécuter les lois. Elle consultera nécessairement pour cela les hommes qui ont une connaissance pratique de la matière et qui possèdent une aptitude professionnelle. Mais si ce large pouvoir reconnu au titulaire de l'exécutif est très utile, d'autre part, il n'est pas sans danger, comme le montre l'usage qui en a été fait sous le Premier Empire et sous la Restauration. Pour en prévenir les abus, notre droit public a multiplié les garanties.

En premier lieu, la responsabilité ministérielle peut être invoquée à propos des décrets réglementaires, comme pour tout autre acte du Président de la République. En outre, le recours à la justice est ouvert contre eux aux particuliers, car il s'agit ici de l'exécution des lois, non d'un acte de gouvernement discrétionnaire. Les particuliers pourraient saisir la juridiction administrative, le Conseil d'Etat, et lui demander l'annulation du décret réglementaire pour excès de pouvoir, conformément à l'article 9 de la loi du 24 mai 1872 [2]; car le Président agit alors comme autorité administrative. Il y a plus : le particulier, poursuivi en vertu d'un semblable décret devant un tribunal judiciaire, pourrait exciper de l'illégalité de cet acte, et le tribunal judiciaire serait compétent pour apprécier ce moyen de défense; il pourrait, s'il le reconnaissait fondé, non pas casser, mais refuser d'appliquer le

---

[1] Dicey, *Law of the Constitution*, p. 49 : « Dans les pays étrangers généralement, le législateur se borne à poser les principes généraux de la législation, et, au grand avantage du public, il laisse le soin de les compléter à des décrets ou règlements qui sont l'œuvre du pouvoir exécutif. Le caractère embarrassé et prolixe de la loi anglaise écrite (*statute law*) est dû en grande partie à l'effort futile que fait le Parlement pour fixer jusque dans les détails de grandes réformes législatives. Le mal est devenu si évident que de nos jours les actes du Parlement contiennent constamment des dispositions qui ont pour but de conférer au Conseil privé, aux juges ou à un autre corps le pouvoir d'établir des règles conformes à l'act pour déterminer les détails que le Parlement n'a pu insérer dans la loi ».

[2] « Le Conseil d'Etat statue souverainement sur les recours en matière contentieuse administrative et sur les demandes d'annulation pour excès de pouvoirs formées contre les actes de diverses autorités administratives ».

décret invoqué. Si, en effet, la doctrine française déclare les tribunaux de tout ordre incompétents pour apprécier la constitutionnalité des lois[1], elle reconnaît, au contraire, qu'ils ont qualité pour apprécier la légalité des règlements administratifs, leur conformité avec la loi dont ils ne peuvent être qu'une dépendance. Cela est vrai des décrets réglementaires du Président de la République, comme des autres règlements administratifs[2], et la compétence des tribunaux judiciaires à cet égard a été mise hors de doute par l'article 471, n° 15, du Code Pénal. Ce texte punit, en effet, d'une amende de un franc jusqu'à cinq francs « ceux qui auront contrevenu aux règlements *légalement faits* par l'autorité administrative ». Il confère ainsi au tribunal de simple police le droit d'apprécier la légalité du règlement qu'on lui demande d'appliquer. C'est une des exceptions notables admises dans notre droit à la séparation de l'autorité administrative et de l'autorité judiciaire[3]. Le tribunal de commerce de la Seine fit jadis une notable application de cette doctrine aux ordonnances de Charles X du 25 juillet 1830[4]. Cette résistance légale et judiciaire se perdit dans le grand mouvement insurrectionnel qui allait emporter la Restauration ; mais il convient de la noter dans un traité de droit constitutionnel.

A côté des décrets réglementaires que fait spontanément le Président de la République, en vertu du pouvoir que lui a conféré la Constitution, il en est d'autres, qui émanent également de lui, mais dans des conditions différentes et que l'on appelle les *règlements d'administration publique*. Ils jouent un rôle très important dans notre droit public depuis le Consulat et le premier Empire. Le titulaire du

---

[1] Ci-dessus, p. 395 et suiv.

[2] Aubry et Rau, *Cours de droit civil français*, 5e édit., t. I, § 5, p. 13.

[3] Laferrière, *Traité de la juridiction administrative*, t. I, p. 432.

[4] L'une des ordonnances du 25 juillet défendait la publication de tout journal qui n'aurait pas été autorisé expressément. MM. de La Pelouze et Châtelain, propriétaire et gérant du journal *Le Courrier français*, résolurent d'en continuer néanmoins la publication. Mais le sieur Gaultier-Laguionie, leur imprimeur, engagé envers eux par un traité, prétendait que son engagement cessait d'être obligatoire, dès qu'il ne pouvait plus l'exécuter sans s'exposer à voir briser ses caractères et ses presses en vertu de l'ordonnance. Le litige fut porté devant le Tribunal de Commerce de la Seine, qui le 28 juillet 1830 rendit le jugement suivant (Sirey, 1830, 2, 253) : « Le Tribunal, considérant que, par convention verbale Gaultier-Laguionie s'est engagé à imprimer le journal *Le Courrier français* ;... que cette ordonnance contraire à la Charte, ne saurait être obligatoire ni pour la personne sacrée et inviolable du roi, ni pour les citoyens aux droits desquels elle porte atteinte ; — considérant, au surplus, qu'aux termes mêmes de la Charte les ordonnances ne peuvent être faites que pour l'exécution et la conservation des lois, et que l'ordonnance citée aurait au contraire pour effet la violation des dispositions de la loi du 28 juillet 1828... » Et il condamna l'imprimeur.

pouvoir exécutif agit alors en vertu d'une invitation ou injonction qui lui est adressée par le pouvoir législatif. Très souvent, on trouve en effet dans une loi une disposition indiquant qu'elle sera complétée par un *règlement d'administration publique*; ce dernier n'est pas autre chose qu'un décret réglementaire du Président de la République; il est cependant soumis à une condition spéciale. En vertu d'une tradition ininterrompue, législativement consacrée par la loi du 24 mai 1872[1], il doit être soumis à l'Assemblée générale du Conseil d'État, ce qui sera constaté dans son texte même en ces termes « le Conseil d'État entendu ». Au contraire, pour les décrets réglementaires de propre mouvement il est admis par tous que le Président n'est pas tenu de demander l'avis au Conseil d'État[2].

Quelle est la nature des règlements d'administration publique? Une opinion qui a pour elle les autorités les plus considérables[3], sanctionnée par la jurisprudence du Conseil d'État et de la Cour de Cassation[4], voit là une véritable délégation, précise et limitée, du pouvoir législatif, consentie par le titulaire de celui-ci au pouvoir exécutif. Par suite les règlements d'administration publique formeraient une véritable législation, que l'on appelle secondaire. Ils auraient le même caractère que les lois et ne pourraient par suite donner lieu à aucun recours devant le Conseil d'État[5]. Il semble même que dans quelques cas on ait attribué ainsi au pouvoir exécutif des facultés qui dépassent le pouvoir réglementaire et rentrent dans le pouvoir législatif[6]. Mais, sans examiner de près ces hypothèses exorbitantes, j'ose dire qu'au point de vue des principes cette thèse est inadmissible.

En effet la délégation du pouvoir législatif, comme de toute autre

[1] Art. 8 : « Le Conseil d'État... est appelé nécessairement à donner son avis sur les règlements d'administration publique. »

[2] Laferrière, *Traité de la juridiction administrative*, t. II[2], p. 10.

[3] Laferrière, op. cit., t. II[2], p. 9 et s.; Batbie, *Traité du droit public et administratif*, t. III, p. 69; Aucoc, *Conférences sur l'administration et le droit administratif*, 3e édit., t. I, p. 124, n° 54; Cf. Ducrocq, *Cours de droit administratif*, 7e édit., t. I, p. 85.

[4] Voyez la remarquable étude de notre cher collègue Berthélemy, *Le pouvoir réglementaire du Président de la République*, dans la *Revue politique et parlementaire*, janvier et février 1898, p. 7 et s. du tiré à part.

[5] Laferrière, op. cit., t. II[2], p. 11. Le savant auteur ajoute cependant p. 12 : « Mais si nous écartons toute idée d'un recours direct contre les règlements d'administration publique, faits en vertu d'une délégation législative, nous n'hésitons pas à penser que les tribunaux ont le droit de vérifier leur existence légale et leur force obligatoire. Si donc un de ces règlements était nul en la forme comme n'ayant pas été délibéré par l'Assemblée générale du Conseil d'État, ou s'il édictait des dispositions étrangères à la délégation, le juge pourrait refuser de l'appliquer en tout ou en partie ».

[6] Voyez l'article cité de M. Berthélemy, p. 20 et s.

prérogative que la Constitution attribue aux Chambres, est juridiquement impossible. La raison en est bien simple. C'est que le pouvoir n'est point pour elles un droit propre ; c'est une fonction que la Constitution leur confie, non pour en disposer à leur gré, mais pour l'exercer elles-mêmes d'après les règles constitutionnelles. Seul le souverain peut faire une semblable délégation, et le pouvoir législatif n'est pas le souverain, mais simplement le délégué du souverain. C'est une vérité qui a été proclamée maintes fois par les créateurs du droit constitutionnel moderne. Elle l'a été d'abord par Locke. « Le législateur, dit-il, ne peut transporter en d'autres mains le pouvoir de faire les lois, car n'étant qu'un pouvoir délégué par le peuple, ceux qui l'ont ne peuvent le passer à d'autres. Le peuple seul peut établir la forme de la République, ce qu'il fait en constituant le législatif et en établissant aux mains de qui il sera remis. Et lorsque le peuple a dit : « Nous nous soumettrons aux lois que tels hommes auront faites et dans telles formes et serons gouvernés par elles », personne autre ne peut dire que d'autres hommes feront les lois pour lui ; et le peuple ne peut être lié par d'autres lois que celles qui seront édictées par ceux qu'il a choisis et qu'il a autorisés à faire des lois pour lui[1] ». Siéyès écrivait aussi en 1788, en visant les futurs États généraux : « Il sera plus d'une fois nécessaire de rappeler l'assemblée au principe fondamental et si fécond que le pouvoir législatif ne peut point être subdélégué et qu'il appartient d'une manière inaliénable et intransmissible au corps des représentants[2] ». La Convention qui, assemblée souveraine, sans constitution qui la restreignit, avait délégué certains de ses pouvoirs les plus considérables à ses comités et à ses commissaires, lorsqu'elle rédigea la Constitution de l'an III, y inscrivit nettement le même principe (art. 46) : « En aucun cas le Corps législatif ne peut déléguer à un ou plusieurs de ses membres, *ni à qui que ce soit*, aucune des fonctions qui lui sont attribuées par la présente Constitution[3] ».

Étant donnés ces principes, il nous est impossible d'admettre que le règlement d'administration publique soit fait par le Président de la République en vertu d'une délégation du pouvoir législatif, qui lui serait consentie. C'est toujours du pouvoir réglementaire, qu'il tient de la Constitution, qu'il fait usage[4] ; seulement dans cette hypo-

---

[1] *Essay on civil government*, § 141.

[2] *Des opinions politiques du citoyen Siéyès*, Paris, an VIII, p. 82.

[3] Voyez sur toute la question notre article, *De la délégation du pouvoir législatif*, dans la *Revue politique et parlementaire*, août 1894.

[4] Dans ce sens, voyez l'article précité de M. Berthélemy. Cf. Hauriou, *Précis de droit administratif*, 3e éd., p. 49.

thèse il en use sur l'invitation, l'injonction si l'on veut, du pouvoir législatif. Quant à la règle qui l'oblige alors à prendre l'avis du Conseil d'État sur le projet de décret, elle n'a point été à l'origine expressément dictée par les termes de la prétendue délégation ; c'est une pratique qui s'est d'abord introduite naturellement, étant donné le rôle qu'avait le Conseil d'État sous le Consulat et le Premier Empire ; alors, on n'aurait pas compris qu'un décret réglementaire, quel qu'il fût, ne fût pas soumis au Conseil d'État[1] ; c'est seulement plus tard, sous la Restauration[2], qu'on dispensa les décrets réglementaires ordinaires de cette formalité. La loi du 24 mai 1872, qui a sanctionné définitivement l'obligation dont il s'agit, peut être considérée comme ayant un caractère quasi-constitutionnel ; car elle a été votée par l'Assemblée souveraine même qui a édicté notre Constitution et il s'agit d'un point qui n'a pas été visé dans les lois constitutionnelles.

Un seul texte de loi, je crois, parle d'une délégation faite par le Corps législatif à propos des règlements d'administration publique. La Constitution de 1848 disait dans son art. 75[3] : Le Conseil d'État « prépare les règlements d'administration publique ; il fait seul ceux de ces règlements à l'égard desquels l'Assemblée Nationale *lui a donné une délégation spéciale* ». Mais était-ce là une délégation du pouvoir législatif, qui d'ailleurs eût été régulière, puisqu'elle eût été permise par la Constitution elle-même? Je ne le crois pas. C'était l'exercice du pouvoir réglementaire, attribué en principe au Président de la République (art. 49), que la Constitution permettait au Corps législatif de transporter, dans certains cas, au Conseil d'État.

Si notre opinion est exacte, il en résulte que les règlements d'administration publique, comme les simples décrets réglementaires, peuvent faire l'objet d'un recours pour excès de pouvoir devant le Conseil d'État et qu'une loi ne saurait conférer, même pour un objet déterminé, au pouvoir exécutif l'exercice d'aucun droit qui rentre dans les attributions du pouvoir législatif.

Ce que j'ai dit des décrets réglementaires du Président de la République et des restrictions auxquelles ils sont soumis n'est vrai que pour le territoire continental de la France. Dans les colonies françaises, en vertu d'une série de textes et de principes spéciaux, le Prési-

[1] L'arrêté du 5 nivôse an VIII, art. 8, paraît bien confondre indistinctement tous les décrets réglementaires sous l'expression « règlements d'administration publique ».
[2] Laferrière, op. cit., t. 2, p. 10 : « On s'est demandé si tous les règlements faits en vertu de ces pouvoirs généraux (du Président de la République) devaient être délibérés en Conseil d'État. La négative a été admise *depuis la Restauration*.
[3] Ci-dessus, p. 473, note 2.

dent de la République a un pouvoir beaucoup plus étendu. Là, il peut
le plus souvent légiférer par simple décret, toutes les fois que le pouvoir législatif n'a pas statué par une loi faite expressément pour les
colonies, ou qui, par ses termes formels, leur est déclarée applicable[1].
Une loi n'est nécessaire que dans un petit nombre de cas.

J'arrive aux pouvoirs discrétionnaires[2] du Président de la République. Je les diviserai, d'après leur objet, en trois catégories : 1°
ceux qui se rapportent au gouvernement intérieur; 2° ceux qui déterminent ses rapports avec les Chambres; 3° ceux qui concernent
les rapports de la France avec les puissances étrangères.

Prenons d'abord ceux qui rentrent dans la première catégorie. Dans
les lois constitutionnelles je relève quatre dispositions que j'examinerai successivement; le quatrième, d'ailleurs, se rapportant à la disposition de la force publique, vise son emploi aussi bien contre l'étranger
et en temps de guerre qu'à l'intérieur et en temps de paix.

I.

C'est d'abord un honneur plutôt qu'un pouvoir proprement dit,
mais dont l'importance traditionnelle est grande dans notre pays.
Le Président de la République, dit la loi du 25 février 1875, art. 3,
« préside aux solennités nationales ». C'est ce que disait déjà la Constitution de 1848[3]. La Constitution de l'an III réglait aussi ce point
avec la pompe particulière qu'elle voulait introduire dans toute
action extérieure des pouvoirs publics. Elle décidait (art. 167) :
« Le Directoire est accompagné de sa garde dans les cérémonies et
marchés publics, où il a toujours le premier rang ».

Présider aux solennités publiques, c'est pour le Président de la
République un devoir autant qu'un droit, et qui n'est pas toujours
sans danger; son accomplissement a coûté la vie au Président
Carnot.

---

[1] Sur ce point, voyez Girault, *Principes de colonisation et de législation coloniale*, 2° partie, ch. III, *Du législateur colonial*, p. 317 et suiv.

[2] Ci-dessus, p. 464.

[3] Art. 64 : « Il préside aux solennités nationales ».

II.

D'après la loi constitutionnelle du 25 février 1875, art. 3, le Président de la République « nomme à tous les emplois civils et militaires ». C'est un pouvoir très considérable, et dont il faut faire ressortir l'importance politique et la portée juridique.

Il est sensiblement plus étendu que celui que conférait au roi la Constitution de 1791. Non seulement celle-ci faisait désigner à l'élection les juges et les membres des corps administratifs; mais elle ne lui accordait que pour partie le droit de nommer aux grades de l'armée de terre et de mer [1]. Ce droit est plus étendu, d'autre part, que celui que confère au Président des États-Unis la Constitution américaine. Non seulement les emplois dont celui-ci peut disposer sont relativement moins importants, par la nature même de l'État fédératif : il ne peut nommer que les fonctionnaires fédéraux. Mais encore pour les fonctionnaires fédéraux supérieurs, il ne peut les nommer, les investir de leurs fonctions, qu'avec l'assentiment de la majorité du Sénat [2]. Le Président de la République française, dans un pays fortement centralisé, nomme à tous les emplois en toute liberté apparente. Mais il ne faut pas oublier que cette prérogative, comme toutes les autres, s'exerce conformément aux règles du gouvernement parlementaire. Ce sont en réalité les ministres qui font les choix et les nominations que signe le Président de la République, et les Chambres peuvent toujours demander compte aux ministres de ces nominations.

Quant à la portée juridique et constitutionnelle de la règle, elle est moins grande qu'on ne pourrait le croire au premier coup d'œil. Si l'on prenait à la lettre les termes de la Constitution : « Il nomme à tous les emplois civils et militaires », cette règle serait absolue. Il faudrait en déduire que le Président nomme effectivement lui-même à tous les emplois de l'État, en toute liberté, et le pouvoir législatif, la loi, ne pourrait en aucune façon limiter sa prérogative à cet égard. En réalité il n'en est pas ainsi. Cette formule, par cela même qu'elle est conçue en termes très généraux, laisse en cette matière au législa-

---

[1] Titre III, ch. IV, art. 2.

[2] Art. 2, sect. 2, clause 2 : « Il proposera (*shall nominate*) et nommera (*appoint*) avec et par l'avis et consentement du Sénat, les ambassadeurs, les autres ministres publics et les consuls, les juges de la Cour suprême et tous autres fonctionnaires des États-Unis, dont le mode de nomination ne sera pas autrement ici réglé et qui seront établis par la loi ». — Sur le fonctionnement pratique de la règle qui exige l'accord du Président et de la majorité du Sénat, voyez Bryce, *American commonwealth*, t. II, p. 57 et suiv.

teur un large pouvoir de réglementation, qui peut se manifester sur les points suivants :

1° Si le Président a le libre choix des personnes quant aux emplois qu'il confère, la loi peut incontestablement déterminer les conditions d'âge et d'aptitude qui seront exigées pour les diverses fonctions. Aucune de ces conditions n'est déterminée par la Constitution et elles ne pouvaient pas l'être complètement et en détail. Une semblable réglementation est pourtant toujours légitime et parfois indispensable; la Constitution y renvoie, en quelque sorte, implicitement. Il appartient donc au législateur de la faire ; et, lorsqu'il a fixé ces conditions, le Président de la République est obligé de s'y conformer dans les nominations qu'il fait[1]; autrement celles-ci, qui dans cette mesure deviennent des actes administratifs et non discrétionnaires, pourraient faire l'objet d'un recours devant le Conseil d'État.

2° Le législateur a pu valablement et peut encore, malgré ce texte, attribuer à des autorités autres que le Président de la République (ministres, préfets ou autres) le droit de nommer directement certains fonctionnaires de l'État. Cela résulte nettement de ce fait que, au moment où ont été votées les lois constitutionnelles de 1875, un assez grand nombre de fonctionnaires inférieurs étaient nommés de cette manière, en vertu de dispositions et de lois antérieures, et aucune de ces dispositions n'a été considérée comme abrogée par la loi constitutionnelle du 25 février 1875. Le législateur pourrait faire la même chose par rapport à d'autres fonctions, de création nouvelle ou antérieurement existantes.

La Constitution des États-Unis donne au Congrès en termes explicites un pouvoir semblable, mais moins étendu que celui que je reconnais au législateur français. Après avoir énuméré les fonctionnaires fédéraux que le Président pourra nommer avec l'assentiment de la majorité du Sénat[2], elle ajoute : « Mais le Congrès peut par une loi attribuer la nomination de *tels fonctionnaires inférieurs* qu'il jugera convenable, soit au Président seul, soit aux cours de justice, soit aux chefs des divers départements (*heads of departments*) ». Ici la liberté de décision du Congrès ne s'applique qu'à la nomination des fonctionnaires inférieurs, parce que celle des fonctionnaires supérieurs est spécifiquement attribuée au Président par la Constitution elle-même, que le pouvoir législatif ne peut pas modifier. Il en serait de même chez nous pour la nomination des conseillers d'État en

---

[1] La loi peut même imposer, pour la nomination des fonctionnaires, la présentation par tel ou tel corps, un examen ou un concours.

[2] Ci-dessus, p. 480, note 2.

E.   31

service ordinaire que la Constitution attribue au Président, comme on va le voir, par une disposition expresse et spéciale. Mais pour tous les autres fonctionnaires la clause générale, dont j'examine la portée, est impuissante par elle-même à limiter le droit du pouvoir législatif.

Qu'on ne dise pas que, lorsque la loi donne à un ministre ou à un préfet le droit de nommer tel ou tel fonctionnaire, elle opère simplement une délégation du droit de nomination qui réside dans le Président au profit d'un autre agent du pouvoir exécutif, placé sous ses ordres. Il n'y a point délégation. Pour qu'il y en eût une, il faudrait que le pouvoir de nomination fût alors conféré par celui qui le possède, c'est-à-dire par le titulaire du pouvoir exécutif, et qu'il pût à volonté être retiré par lui. Dans l'hypothèse visée, au contraire, la loi confère au fonctionnaire le droit de nomination, comme un droit propre, par une disposition impérative et permanente. Il est vrai que celui qui obtient le droit de nomination est lui-même sous l'autorité hiérarchique et sous la surveillance du Président de la République, et qu'il ne saurait user du droit qui lui est conféré, contrairement aux volontés du gouvernement sans encourir une censure ou une révocation. Par là est maintenue l'harmonie nécessaire au fonctionnement du pouvoir exécutif.

3° Il faut aller plus loin et dire que la loi pourrait rendre électives des fonctions qui sont aujourd'hui à la nomination du pouvoir exécutif, bien qu'alors le législateur enlève à celui-ci une nomination qui lui appartenait auparavant. Mais elle lui appartenait seulement en vertu de la loi ordinaire, non en vertu de la Constitution. La clause générale que contient cette dernière, et dont je poursuis l'interprétation, n'attribue au pouvoir exécutif la nomination d'aucun fonctionnaire déterminé ; en les visant tous, elle ne statue pour aucun d'une façon ferme, et son sens véritable est celui-ci : « Le Président de la République nomme à tous les emplois civils et militaires, pour lesquels le mode de nomination n'a pas été autrement déterminé par la loi ». C'est ainsi qu'elle a été entendue en 1882. A cette époque, en effet, la proposition fut faite à la Chambre des députés de rendre les juges électifs, et non seulement l'amendement qui la contenait ne fut pas écarté par la question préalable comme inconstitutionnel, mais il fut même momentanément adopté par cette Assemblée.[1]

Cela ne cesse d'être vrai que quant à une classe particulière de fonctionnaires, les conseillers d'État en service ordinaire : à leur

[1] Ci-dessus, p. 327, note 2.

égard, en effet, la loi constitutionnelle du 25 février 1875 contient une disposition spéciale qui a eu précisément pour but de leur enlever le caractère électif et d'attribuer leur nomination au pouvoir exécutif. Elle porte (art. 4) : « Au fur et à mesure des vacances qui se produiront à partir de la promulgation de la présente loi, le Président de la République nommera, en Conseil des ministres, les conseillers d'État en service ordinaire ». Lorsque cette disposition fut votée, l'organisation du Conseil d'État avait été précédemment réglée par l'Assemblée Nationale dans la loi du 24 mai 1872. Celle-ci avait fait des conseillers d'État en service ordinaire (qui forment l'élément fondamental du Conseil d'État, puisque eux seuls y ont toujours voix délibérative et seuls peuvent être attachés à la section du contentieux ou siéger à l'Assemblée publique du Conseil d'État statuant au contentieux [1]) des fonctionnaires électifs. Elle les faisait élire par l'Assemblée Nationale et ils étaient renouvelés par tiers tous les trois ans (art. 3). L'Assemblée Nationale qui les avait nommés pouvait seule les révoquer; le Président de la République pouvait seulement par décret les suspendre de leurs fonctions pendant deux mois. Cette organisation était reproduite en partie de la Constitution de 1848 (art. 72 et suiv.), quoique le milieu où on la plaçait fût bien différent de part et d'autre. En 1848, cette organisation se concevait assez bien. La Constitution, ayant établi une Chambre unique et un pouvoir exécutif très fort, avait placé entre eux, comme un troisième pouvoir modérateur, ce Conseil d'État, dont elle exigeait fréquemment l'intervention. C'était comme le succédané d'une seconde Chambre. La Constitution avait voulu, par suite, le rendre vraiment fort et indépendant, et, pour cela, elle donnait à l'Assemblée législative seule le droit d'en nommer et révoquer les membres. Mais, en 1875, la situation était tout autre. La nouvelle Constitution établissait deux Chambres et soumettait le pouvoir exécutif aux règles du gouvernement parlementaire. Les pouvoirs étaient assez amortis et équilibrés pour qu'il fût inutile et même dangereux d'organiser le Conseil d'État comme une force politique indépendante. Le Président de la République réclama le droit, qui avait appartenu à tous les gouvernements antérieurs depuis l'an VIII (sauf en 1848), de nommer et de révoquer les conseillers d'État [2]. Cela lui fut accordé et la Constitution

[1] Loi du 26 mai 1872, art. 10, 11, 17.
[2] Dans la séance du 22 février 1875, le rapporteur de la Commission des lois constitutionnelles faisait la déclaration suivante (*Annales de l'Assemblée Nationale*, t. XXXVI, p. 561) : « Aux termes des déclarations qui ont été faites par M. le ministre de l'Intérieur, M. le Président de la République, dans la pensée de rallier une majorité à la création d'un Sénat, faisait savoir qu'il serait prêt à renoncer en faveur

enregistra ce droit [1]. Une loi ne pourrait donc pas remettre ces fonctionnaires à l'élection ; elle ne pourrait pas non plus transférer le droit de
les nommer à une autre autorité que le Président de la République ;
il faudrait pour cela une révision constitutionnelle.

Pour en finir avec ce droit de nomination aux emplois publics, il
faut faire remarquer que les fonctionnaires de l'État, qu'ils soient
nommés directement par le Président de la République ou par une
autre autorité placée sous ses ordres, en droit, ne tiennent pas de lui
leur titre et leur fonction. Il les tiennent de la Constitution ou de la
loi, c'est-à-dire de la souveraineté nationale. C'est d'elle qu'ils reçoivent l'exercice de la puissance publique, dans les limites de leurs attributions, et non du Président de la République. Celui-ci, en les nommant, fait en réalité fonction d'électeur ; il est chargé par la Constitution de les choisir et de les élire [2]. En Angleterre, la conception
contraire, qui était celle de notre ancien régime, a subsisté dans la
forme : les fonctionnaires publics sont encore appelés les serviteurs
du monarque, *servants of the Crown*. En vertu de la même conception, la justice est rendue en France, non pas au nom du Président
de la République, mais au nom du peuple français [3] ; mais la formule
exécutoire qui termine les expéditions des arrêts, jugements et mandats de justice, ainsi que les grosses des actes notariés et générale-

de l'Assemblée Nationale à la prérogative de nomination d'une partie des sénateurs
et à se contenter de celle des conseillers d'État qui lui serait rendue ».

[1] La loi constitutionnelle du 25 février 1875, art. 4, contenait aussi des dispositions transitoires, qui n'ont plus aucune valeur : « Les conseillers d'État nommés en
vertu de la loi du 24 mai 1872 ne pourront, jusqu'à l'expiration de leurs pouvoirs,
être révoqués que dans les formes déterminées par cette loi. — Après la séparation
de l'Assemblée Nationale, la révocation ne pourra être prononcée que par une résolution du Sénat ».

[2] Déclaration des droits de l'homme et du citoyen de 1789, art. 3. « Le principe
de toute souveraineté réside essentiellement dans la nation ; nul corps, nul individu
ne peut exercer d'autorité qui n'en émane expressément ». Voyez une curieuse application de cette idée faite en 1792, après la suspension de Louis XVI. — *Papiers
de Barthélemy*, publiés par Jean Kaulek, t. I, Paris, 1886, p. 29, n° 646 (septembre
1792) ; Le Brun à Barthélemy : « Je vous ferai observer que... le roi, chef du pouvoir exécutif, n'est pas lui-même ce pouvoir, et qu'il a pu être suspendu de ses
fonctions sans que la marche du pouvoir exécutif en fût arrêtée. Telle est son opinion.
Mais en supposant même qu'en aucune circonstance le roi ne pût être séparé du
pouvoir exécutif... il n'en serait pas moins vrai que les actes du roi antérieurs à
cette séparation doivent conserver toute leur valeur jusqu'à ce qu'une autorité légale les frappe de nullité. Les fonctionnaires publics nommés continuent leurs
fonctions sans qu'ils aient besoin d'y être prorogés. Le motif en est simple. C'est que
ces fonctionnaires ne sont plus comme autrefois les agents du roi souverain, mais les
agents d'une nation souveraine préposés par le roi qui n'est plus ici qu'électeur ».

[3] Décret du 2 septembre 1871, art. 2.

ment tous les actes susceptibles d'exécution forcée, est au nom du Président de la République. Là, comme pour la promulgation des lois, il y a une exacte application du principe de la séparation des pouvoirs.

Notre Constitution ne parle pas du droit de révocation à l'égard des fonctionnaires de l'État. D'autres Constitutions françaises étaient, au contraire, explicites sur ce point, réglant le droit de révocation, comme celui de nomination[1]. Mais les principes suffisent pour l'établir. Il est en effet certain, qu'en principe tout fonctionnaire est révocable, parce qu'il a reçu une délégation de la puissance publique uniquement dans l'intérêt de l'État et non dans son propre intérêt : elle peut donc lui être retirée, dès que ses services ne paraissent plus répondre à l'intérêt public. D'autre part, en principe également, le chef et titulaire du pouvoir exécutif a le droit de révoquer tous les fonctionnaires placés sous ses ordres, parce que, chargé de diriger la puissance exécutive dans son ensemble, il ne saurait utilement remplir sa mission, s'il n'a pas confiance dans les fonctionnaires qui agissent sous sa direction. C'est ainsi que, aux États-Unis, où la Constitution est également muette sur ce point, la doctrine et la jurisprudence ont admis au profit du Président le droit général de révoquer les fonctionnaires fédéraux, même de révoquer librement et de sa seule autorité ceux qu'il ne peut nommer qu'avec l'assentiment du Sénat[2]. Le même droit doit être reconnu au Président de la République française à l'égard des divers fonctionnaires de l'État[3]. Mais ici encore, comme pour la nomination et pour les mêmes motifs, la loi

[1] Constitution de l'an VIII, art. 41 : « Le premier Consul... *nomme et révoque à volonté* les membres du Conseil d'État, les ministres, les ambassadeurs et autres agents extérieurs en chef, les officiers des armées de terre et de mer, les membres des administrations locales et les commissaires du gouvernement près les tribunaux. Il nomme tous les juges criminels et civils autres que les juges de paix et les juges de cassation, *mais sans pouvoir les révoquer*. — Constitution de 1848, art. 64 : « Le Président de la République nomme et révoque les ministres. — Il nomme et *révoque* en Conseil des ministres les agents diplomatiques, les commandants en chef des armées de terre et de mer, les préfets, le commandant supérieur des gardes nationales de la Seine, les gouverneurs de l'Algérie et des colonies les procureurs généraux et autres fonctionnaires d'un ordre supérieur. — Il nomme et *révoque*, sur la proposition du ministre compétent, dans les conditions réglementaires déterminées par la loi, les agents secondaires du gouvernement ».

[2] La Constitution de 1848 étendait même ce droit de révocation sur les fonctionnaires électifs en général, art. 65 : « Il a le droit de suspendre, pour un terme qui ne pourra excéder trois mois, les agents du pouvoir exécutif élus par les citoyens. Il ne peut les révoquer que de l'avis du Conseil d'État. — La loi détermine les cas où les agents révoqués peuvent être déclarés inéligibles aux mêmes fonctions. — Cette déclaration d'inéligibilité ne pourra être prononcée que par un jugement ».

[3] Bryce, *American commonwealth*, t. Ier, p. 69.

peut intervenir et restreindre ce droit. Elle peut soumettre la révocation à certaines conditions; elle peut transférer à une autorité autre que le Président le droit de prononcer la révocation. Elle peut rendre plus ou moins complètement inamovibles tels ou tels fonctionnaires. C'est ce qu'elle a fait pour un grand nombre de magistrats de l'ordre judiciaire; c'est ce qu'elle a fait également au profit des officiers de l'armée en ce qui concerne leur grade[1]. Mais ici encore cela n'est plus vrai en ce qui concerne les conseillers d'État en service ordinaire. Comme leur nomination, la loi du 25 février 1875 (art. 4) a réglé constitutionnellement leur révocation : « Les conseillers d'État ainsi nommés ne pourront être révoqués que par décret rendu en Conseil des ministres ». Il en résulte que le législateur ne pourrait pas les rendre inamovibles; qu'il ne pourrait pas transférer à une autre autorité le droit de prononcer leur révocation; qu'il ne pourrait pas même, je le crois, soumettre celle-ci à certaines conditions.

III.

Le Président de la République « a le droit de faire grâce; les amnisties ne peuvent être accordées que par une loi » dit, dans son article 3, la loi constitutionnelle du 25 février 1875. Les deux institutions, qui sont là visées, se rapportent l'une et l'autre à l'application des lois pénales. La grâce est un acte du pouvoir exécutif qui fait remise totale ou partielle à un condamné, ou lui accorde la commutation en une autre peine, d'une peine légalement et régulièrement prononcée contre lui. Elle laisse d'ailleurs subsister la condamnation elle-même, en principe, les incapacités ou déchéances qui pouvaient en résulter au détriment du condamné, comme peines accessoires dérivant de la peine principale[2]. Elle se présente comme une mesure individuelle. L'amnistie est une mesure beaucoup plus énergique qui efface juridiquement les infractions commises. Sans abroger la loi pénale qui frappait ces actions d'une peine, elle la rend rétroactivement inapplicable et abolit toutes les conséquences qu'elle avait pu produire. Non seulement elle fait tomber les peines prononcées de la condamnation qui les contenait, mais elle rend caduques les poursuites commencées;

---

[1] Le Congrès des États-Unis a également limité à plusieurs reprises le droit de révocation reconnu au Président; *Tenure of office Acts* de 1869 et 1887. — Bryce, *American commonwealth*, t. 1er, p. 59, 60.

[2] Cependant, depuis un demi-siècle environ, les lois françaises successivement rendues sur cette matière tendent à permettre au pouvoir exécutif d'effacer les diverses déchéances ou incapacités qui continuent à peser sur l'individu gracié, soit par l'acte même qui confère la grâce, soit par une décision postérieure.

elle rend impossibles celles qui n'étaient pas encore entamées. L'amnistie apparaît comme une mesure générale visant, non telle personne déterminée, mais telle ou telle catégorie d'infractions commises dans certaines circonstances ou dans un laps de temps déterminé. On ne la conçoit que comme s'appliquant à des délits ou crimes d'une nature particulière qui, quelle que soit leur gravité, ne présentent pas le caractère odieux qu'ont la plupart des délits de droit commun, — à des délits politiques, militaires ou fiscaux. La grâce et l'amnistie ont une origine ancienne, et sans remonter plus haut on trouve qu'elles existaient dans le droit de l'Empire romain, confondues d'ailleurs ou mal distinguées l'une de l'autre, se manifestant par des actes divers sous les noms d'*abolitio, indulgentia, restitutio in integrum*, et accordées par le prince ou par le Sénat[1]. Mais dans notre ancien droit, comme dans le droit des autres monarchies européennes, elles se fondirent dans une théorie générale, d'une portée plus étendue, dont elles étaient simplement des applications particulières, et dont elles sont aujourd'hui des survivances partielles, maintenues en vigueur à raison de leur utilité spéciale.

Aujourd'hui la loi nous apparaît comme une règle uniforme pour tous et inévitable, en ce sens qu'aucun des pouvoirs publics ne saurait, en droit, en écarter l'application dans un cas particulier. Tant qu'elle est en vigueur, le pouvoir exécutif comme le pouvoir judiciaire sont tenus de l'appliquer rigoureusement et consciencieusement; et, s'ils s'écartent en fait de ce devoir, ils commettent des actes irréguliers et injustifiables en droit. Le pouvoir législatif peut bien abroger une loi, mais il ne saurait, tant qu'elle reste en vigueur et non modifiée, en suspendre ou écarter l'application dans une hypothèse spéciale, rentrant exactement dans la règle qu'elle édicte.

Il s'était établi au Moyen Age une tout autre conception de la loi, qui avait emprunté au droit romain quelques-uns de ses éléments, mais qui avait été surtout inspirée par le droit canonique. La loi était bien conçue en principe comme une règle générale, uniforme pour tous; mais on admettait que le prince, qui réunissait alors dans ses mains le pouvoir législatif, exécutif et judiciaire, pouvait, quand il y avait une juste cause, *dispenser* de l'application de la loi quant à une personne ou à un fait déterminés, tout en laissant à la loi sa force et sa portée générale[2]. Cette dispense pouvait être accordée ou pour l'avenir ou même pour le passé (ce qui était plus fréquent) et alors avec effet rétroactif. C'était à cette dernière application que se

---

[1] Loi 1, § 10, D., *De post.*, III, 1.
[2] Esmein, *Le mariage en droit canonique*, t. II, p. 316 et suiv.

ramenait le droit de grâce[1] et celui d'amnistie qui n'en était pas alors distinct en droit : il constituait seulement une application plus complète et plus logique de la *dispensatio*. Dans ce système, et très logiquement, les amnisties comme les grâces pouvaient être individuelles, ainsi que le prouvent les *lettres de grâce* de notre ancien droit français[2].

Le droit moderne a répudié cette théorie. L'un des articles du *Bill of rights* anglais a justement pour objet de dénier à la Couronne le droit de *dispensatio*[3]. En France, il a suffi, pour arriver au même résultat, de proclamer et d'appliquer le principe de la séparation des pouvoirs[4], et nous allons même voir que par un excès de logique, le droit de grâce fut supprimé dans une première application rigoureuse de ce principe.

Mais si le pouvoir de dispense a ainsi disparu, en tant que général, il en a survécu cependant un certain nombre d'applications particulières, inscrites dans la loi elle-même à raison de leur utilité incontestable. Telles sont les dispenses afin d'autoriser le mariage entre parents ou alliés, que peut accorder le Président de la République, d'après les articles 145 et 164 du Code Civil; telles encore les lettres de dispense accordées aux magistrats parents ou alliés pour siéger dans le même corps judiciaire[5], d'après la loi du 20 avril 1810 (art. 33). Telles sont enfin la grâce et l'amnistie dont la portée est beaucoup plus étendue.

La grâce, en effet, est une nécessité qui s'impose dans un bon gouvernement. Elle présente trois utilités principales : 1° Quelle que parfaite que soit une procédure criminelle, quelles que soient la clair-

---

[1] Vattel, *Le droit des gens*, § 173 : « *Du droit de grâce*. — La nature même du gouvernement exige que l'exécuteur des lois ait *le pouvoir de dispenser*, lorsqu'il le peut sans faire tort à personne et en certains cas particuliers où le bien de l'État exige une exception. De là vient que le droit de faire grâce est un attribut de la souveraineté. Mais le souverain dans toute sa conduite, dans ses rigueurs comme dans sa miséricorde, ne doit avoir en vue que le plus grand avantage de la société ». — Cf. Esmein, *Cours élémentaire d'histoire du droit français*, 3e édit., p. 434.

[2] Esmein, *Cours élémentaire d'histoire du droit français*, 3e édit., p. 435.

[3] Ci-dessus, p. 45. Le Parlement anglais a continué lui-même à faire usage du droit de dispense en votant des *bills of indemnity* ; ce sont des statuts « qui ont pour objet de rendre légaux des actes qui, lorsqu'ils ont été accomplis, étaient illégaux, ou d'affranchir les individus auxquels ils s'appliquent des peines qu'ils peuvent avoir encourues en violant la loi ». Ce sont en droit de véritables lois d'amnistie.

[4] Voyez pourtant la condamnation précise du droit de dispense de la royauté dans la Charte de 1830, ci-dessus, p. 473.

[5] Il semble que, dans la pratique, le droit de dispense se soit maintenu pour les règlements établis par décrets ou arrêtés ministériels.

voyance et la capacité des juges, il est impossible qu'il ne se produise
pas parfois, dans l'administration de la justice répressive, des erreurs
judiciaires ; que des innocents ne soient pas, par suite, condamnés.
Or aucun abus n'excite à un aussi haut degré l'indignation populaire,
aucune méprise ne réclame une aussi prompte réparation. La grâce
fournit, pour réparer ces déplorables erreurs, le moyen, non pas le
plus adéquat, mais le plus prompt et le plus sûr. Sans doute elle ne
procure pas une réparation complète, puisque la condamnation n'en
subsiste pas moins et avec elle un certain nombre des conséquences
qu'elle avait entraînées. Mais la procédure qui peut dans ce cas
aboutir à une reconnaissance complètement efficace de l'erreur judiciaire, la procédure de révision (art. 443 et suiv. du Code d'Instruction criminelle), bien que élargie par une loi récente[1], n'est pas
ouverte dans tous les cas. Elle est longue et difficile à suivre. La grâce
fournit, au contraire, un remède facile à appliquer, qui, éteignant la
peine, procure un soulagement immédiat au condamné. — 2° Quelle
que soit la perfection de la loi pénale, il est impossible que, en fixant
la peine d'un crime ou délit particulier, elle puisse prévoir toutes
les atténuations qui pourront se présenter en fait quant à la culpabilité. Il arrivera parfois que la condamnation, qui a été et a dû
légalement être prononcée, est manifestement et en fait hors de toute
proportion avec l'acte accompli. Sans doute notre législation pénale
s'est à cet égard assouplie peu à peu. Le système des circonstances
atténuantes a permis au juge d'abaisser les peines correctionnelles
jusqu'au minimum des peines de simple police. Depuis dix ans de
nouveaux et décisifs progrès ont été accomplis. La loi du 14 août 1885,
en admettant dans certains cas la libération anticipée et conditionnelle
des condamnés ; la loi du 26 mars 1891, en permettant parfois aux
juges correctionnels d'ordonner qu'il sera sursis à l'exécution de la
peine qu'ils prononcent et qui peut alors s'éteindre par le délai de
cinq ans sans avoir été subie, ont fourni à l'administration ou aux
magistrats de nouveaux moyens pour tempérer ou écarter l'application
des rigueurs pénales reconnues inutiles. Mais ces moyens peuvent se
trouver, en droit, inapplicables ou n'avoir pas été employés en temps
utile. La grâce permettra encore ici de rétablir l'équilibre entre l'humanité et la justice. — 3° L'emploi de la grâce permet enfin de rendre
plus sûrement moralisatrices les peines prononcées, lorsqu'elle est
accordée, d'une façon méthodique et intelligente, aux condamnés qui
auront mérité par leur travail et leur bonne conduite une abréviation

---

[1] Loi du 8 juin 1895, sur la révision des procès criminels et correctionnels et les
indemnités aux victimes d'erreurs judiciaires.

de leur peine. C'est là, dans les temps modernes, l'un des emplois les plus usuels du droit de grâce. Sans doute, chez nous, la loi du 14 août 1885, en introduisant la libération conditionnelle, moyen plus perfectionné et plus simple à la fois, a rendu en partie inutile cette application du droit de grâce ; mais elle conserve toute son utilité lorsque la libération conditionnelle ne peut pas intervenir ou lorsqu'il semble équitable d'accorder dès maintenant au condamné sa libération définitive. Ces considérations montrent en même temps que le droit de grâce est naturellement l'attribut du pouvoir exécutif. Outre que la grâce se présente comme un acte individuel qui convient mal au génie propre du pouvoir législatif, seul le pouvoir exécutif peut faire un usage profitable de ce droit, car seul il peut réunir les renseignements nécessaires pour en bien diriger l'exercice. Ce droit est devenu si naturel chez nous qu'il a été exercé, en l'absence de toute Constitution, par des gouvernements provisoires, comme celui de 1848 [1].

Quant à l'amnistie, c'est parfois une nécessité politique. Elle doit sa première origine et son nom même au besoin d'apaisement qui se produit naturellement au milieu d'une nation après des luttes et des commotions intérieures. Lorsque, après une lutte de partis, l'un des deux a triomphé d'une victoire complète et qu'il remet au fourreau jusqu'aux armes légales dont il avait légitimement usé contre ses adversaires, le mieux est de faire l'oubli complet, et le moyen juridique pour cela est l'amnistie, qui peut effacer jusqu'à l'existence des crimes et délits politiques. Mais comme elle a pour effet de porter atteinte à la loi elle-même, en rendant celle-ci rétroactivement inapplicable à des faits qu'elle visait cependant, c'est au législateur seul qu'appartient naturellement et rationnellement le droit d'accorder les amnisties, lesquelles d'ailleurs, par leur caractère de mesure générale et collective, rentrent dans les décisions que prend d'ordinaire le pouvoir législatif. Le droit de grâce, au contraire, bien qu'il se soit présenté également dans l'ancien régime comme une application du droit de dispense, constitue un échec bien moins sensible à la force naturelle de la loi pénale : dans ce cas, en effet, la loi a été appliquée, et la condamnation même subsiste ; c'est l'exécution seule de la peine qui se trouve

[1] Rapport de la Commission chargée d'examiner le projet qui est devenu la loi du 17 juin 1871 : « A plusieurs reprises, à défaut de texte et de Constitution, l'état antérieur (quant au droit de grâce) a été conservé. C'est ce qui a eu lieu en 1848 depuis la fin de février jusqu'au mois de novembre, et telle est aussi la pratique actuelle en effet, par une interprétation raisonnable du décret de l'Assemblée qui nomme le chef du pouvoir exécutif, le gouvernement a pensé que la clémence n'avait pas été exceptée de la délégation générale ».

modifiée. Aussi a-t-on pu, sans violer les principes, reconnaître le droit de grâce au pouvoir exécutif.

J'ai cependant indiqué plus haut que chez nous, à la suite de la Révolution, le droit de grâce disparut tout d'abord. Les hommes qui siégeaient dans nos premières assemblées lui furent nettement hostiles. Ils y voyaient un empiètement du pouvoir exécutif sur le pouvoir législatif (ce qui était vrai en partie[1]) ou plutôt sur le pouvoir judiciaire (ce qui était inexact puisque le juge, qui n'a pour mission que de rendre la sentence, a prononcé la condamnation, et que celle-ci est maintenue). Ils craignaient aussi que le pouvoir exécutif n'en abusât pour empêcher en fait l'application d'un grand principe qui venait d'être proclamé, celui de l'égalité des peines à raison des mêmes faits; et l'usage que l'ancien régime faisait des lettres de grâce[2] rendait en 1789 cette crainte bien naturelle. Enfin, ils étaient convaincus que, dans toutes les affaires graves, l'intervention du jury rendait inutile l'application la plus légitime du droit de grâce, en rendant désormais impossible toute erreur judiciaire. Il faut ajouter que, si Montesquieu voyait dans le droit de grâce le plus bel attribut de la souveraineté d'un monarque, il ne paraissait pas l'admettre dans les Républiques, et Beccaria le condamnait dans son célèbre traité[3]. Cependant ni la Constitution de 1791 ni celle de l'an III ne contenaient de dispositions sur ce point. L'abolition du droit de grâce fut simplement inscrite dans la loi, dans le Code Pénal de 1791, qui décidait : « L'usage de tous les actes tendant à empêcher ou à suspendre l'exercice de la justice criminelle, l'usage des lettres de grâce, de rémission, d'abolition, de pardon et de commutation de peines, sont abolis pour tous les crimes poursuivis par la voie des jurés ».

Quant à l'amnistie, les assemblées de la Révolution en décrétèrent plusieurs[4]. Cela allait sans difficulté pour la Constituante et pour la Convention, qui étaient des assemblées souveraines. Sous le Direc-

[1] Cf. Châteaubriand, *De la monarchie selon la Charte*, ch. vii, p. 14 : « Il (le roi) s'élève même au-dessus de la loi; car lui seul peut faire grâce et parler plus haut que la loi ».

[2] Code Pénal du 25 septembre 1791, 1re partie, tit. 7, art. 13. On peut faire remarquer que ce qui était visé par ce texte, c'étaient surtout les lettres qui dans l'ancien droit produisaient le même effet que l'amnistie et arrêtaient en effet le cours de la justice criminelle; voyez sur ce point, et quant aux diverses lettres que cite cet article, mon *Cours élémentaire d'histoire du droit français*, 3e édit., p. 435. D'autre part, le Code Pénal de 1791 ne supprimait expressément l'usage de ces lettres que pour les crimes poursuivis par la voie de jurés.

[3] Montesquieu, *Esprit des lois*, liv. VI, ch. v et xxi; — Beccaria, *Des délits et des peines*, ch. xxi.

[4] Lois du 14 septembre 1791 et du 4 brumaire an IV.

toire et le Consulat, il en fut aussi accordé plusieurs à l'occasion des guerres de Vendée et par la simple autorité du pouvoir exécutif. On considérait sans doute ces mesures comme des actes accomplis en état de guerre et hors de l'empire de la Constitution [1].

Il est intéressant de constater que les auteurs de la Constitution des États-Unis, qui lui donnaient aussi pour base la séparation rigoureuse des trois pouvoirs, avaient sur cette manière autrement interprété le principe. Ils conférèrent, en effet, au Président le droit d'accorder « grâce et pardon » pour les crimes commis contre les États-Unis, excepté en cas d'*impeachment* [2] : les termes employés, dont le sens était bien fixé en droit anglais, comprennent même tout ce que pouvaient faire les lettres de grâce de notre ancien droit : c'est-à-dire que le Président peut non seulement exercer le droit de grâce proprement dit (remise totale ou partielle, ou commutation d'une peine judiciairement prononcée), mais aussi, par une mesure individuelle, amnistier une personne d'un délit déterminé et rendre ainsi toute poursuite impossible [3]. Dans les États particuliers, la Constitution accorde aussi généralement au gouverneur le droit de grâce. En ce point manifestement l'influence des principes traditionnels du droit anglais l'a emporté sur la doctrine de Montesquieu.

En France, le droit de grâce fit sa réapparition constitutionnelle avec le Consulat à vie, dans le sénatus-consulte du 16 thermidor an X, art. 86 : « Le Premier Consul a le droit de faire grâce. Il l'exerce, après avoir entendu, dans un Conseil privé, le grand-juge, deux ministres, deux sénateurs, deux conseillers d'États et deux juges du Tribunal de cassation ». Il fut maintenu naturellement au profit du roi par les Chartes de 1814 [4] et de 1830 [5]. Mais ces textes étaient muets quant à l'amnistie. Après beaucoup de discussions théoriques, on les entendit définitivement en ce sens que le droit de grâce comprenait aussi naturellement le droit d'amnistie et que le roi, par conséquent, pouvaient accorder des amnisties de sa seule autorité [6].

---

[1] *Mémoires de Barras*, édit. Duruy, t. II, p. 90 (26 germinal an IV) : « Hoche, avec notre approbation, amnistie les déserteurs qui se présentent et déposent les armes ». Mais il y a là un acte en quelque sorte extra-légal, considéré comme ne concernant que la discipline militaire. — Arrêté des consuls du 7 nivôse an VIII, art. 3 et 4.

[2] Art. 2, sect. 2 clause 1 : « He shall have power *to grant reprieves and pardons* for offences against the United States, except in cases of impeachment ».

[3] Story, *Commentaries*, § 1494 et suiv.

[4] Art. 67 : « Le roi a le droit de faire grâce et celui de commuer les peines ».

[5] Art. 58, identique à l'art. 67 de la Charte de 1814.

[6] Rossi, *Cours de droit constitutionnel*, t. VI, p. 353 et suiv. — Hello, *Du régime constitutionnel*, 3e édit., Paris, 1848, t. II, p. 76 : « L'amnistie est-elle du

Cette interprétation était contraire aux vrais principes, mais elle était, il faut le reconnaître, conforme à la tradition et au génie de l'État monarchique. Aussi fut-elle expressément adoptée plus tard par le sénatus-consulte du 25-30 novembre 1852, rétablissant l'Empire, et dont l'article 1 portait : « L'Empereur a le droit de faire grâce et d'accorder les amnisties [1] » ; ce qui fut reproduit dans la Constitution du 21 mai 1870 (art. 16). Mais la Constitution de 1848 avait introduit la distinction rationnelle dégagée plus haut. Elle statuait (art. 55) : « Le Président de la République a le droit de faire grâce, mais il ne peut exercer ce droit qu'après avoir pris l'avis du Conseil d'État. — Les amnisties ne peuvent être accordées que par une loi... ». Cette distinction fut reprise par la loi du 17 juin 1871 qui conférait au chef du pouvoir exécutif le droit de grâce (art. 1 et 2); elle a été inscrite dans la loi constitutionnelle du 25 février 1875.

Nos lois constitutionnelles n'ont pas, comme un certain nombre de Constitutions antérieures, obligé le Président de la République à prendre l'avis de certains fonctionnaires ou corps avant d'exercer le droit de grâce [2]. Cela était inutile, et les règles du gouvernement parlementaire suffisaient pour obtenir le même résultat. Le décret qui contient les lettres de grâce doit, comme tous les autres actes du Président, être contresigné par un ministre, et le droit lui-même s'exerce sous la garantie de la pleine responsabilité ministérielle. De plus, administrativement, le recours en grâce, ou les propositions faites en ce sens spontanément par les ministres, s'instruisent dans une procédure régulière à la Direction des affaires criminelles et des

domaine exclusif de la loi ou se confond-elle avec le droit de grâce, comme n'étant qu'un mode différent de la clémence du prince, comme répondant d'ailleurs à un besoin de sa politique, et peut-elle se déclarer par ordonnance? La Cour de cassation s'est déclarée pour l'ordonnance par un arrêt du 19 juillet 1839 (D. 39, 1, 361). Voici son motif : « Attendu que ce droit dérive de l'art. 58 de la Charte tel qu'il a été constamment interprété et appliqué ». — D'ailleurs cette interprétation trouvait des adversaires très fermes. Ceux-ci invoquaient surtout l'article de la Charte de 1830 qui dénie au roi le droit de dispenser de l'exécution des lois; et ainsi reparaissait la nature vraie et première de l'amnistie. — Rossi, *Cours de droit constitutionnel*, t. IV, p. 362; — Hello, *Du régime constitutionnel*, t. II, p. 78 : « La question constitutionnelle d'amnistie ne peut s'envisager d'après une tradition avec laquelle elle (la Charte de 1830) a rompu; elle doit s'envisager en elle-même, et elle se réduit alors à ces termes : Une ordonnance d'amnistie dispense-t-elle de l'exécution des lois? »

[1] La Constitution du 14 janvier 1852 disait seulement du Président, art. 9 : « Il a le droit de faire grâce ».

[2] D'après la loi du 17 juin 1871, art. 4. Elle établissait même que le Président de la République ne pourrait exercer le droit de grâce au profit des individus condamnés pour participation à l'insurrection de 1871 que de l'avis d'une Commission nommée par l'Assemblée Nationale.

grâces au Ministère de la Justice. Dans la plupart de ses applications, le droit de grâce a aujourd'hui perdu son ancien caractère arbitraire.

Nos lois constitutionnelles n'ont pas non plus reproduit une limitation, en quelque sorte classique, du droit de grâce. Je veux parler de la règle introduite en Angleterre par l'*Act of settlement*, et d'après laquelle le droit de grâce et de pardon ne pouvait pas être employé pour rendre vain un *impeachment*[1]. Cette règle traditionnelle a été reproduite par la Constitution des États-Unis. La Constitution de 1848 s'exprimait également ainsi dans son article 55 : « Le Président de la République, les ministres ainsi que toutes autres personnes condamnées par la Haute-Cour de justice, ne pourront être graciées que par l'Assemblée Nationale ». Enfin la loi du 17 juin 1871, après avoir accordé au chef du pouvoir exécutif le droit de grâce, ajoutait (art. 3) : « Néanmoins la grâce ne peut être accordée que par une loi aux ministres et autres fonctionnaires ou dignitaires, dont la mise en accusation a été ordonnée par l'Assemblée Nationale ». Aucune disposition semblable n'existe aujourd'hui. Il en résulte que, en droit, le Président de la République pourrait gracier les ministres condamnés par le Sénat pour crimes commis dans l'exercice de leurs fonctions sur une mise en accusation de la Chambre des députés[2]; un Président de la République pourrait gracier son prédécesseur condamné par le Sénat pour crime de haute trahison[3]. Mais la pratique du gouvernement parlementaire, la pleine responsabilité des ministres, suffisent pour rendre impossibles de telles éventualités.

IV.

D'après la loi constitutionnelle du 25 février 1875, art. 3, le Président de la République « dispose de la force armée ». C'est là une règle naturelle et nécessaire, car la disposition et l'emploi de la force armée, pour assurer l'ordre et la tranquillité au dedans, la sécurité et la défense au dehors, sont une des attributions essentielles du pouvoir exécutif. C'est sa raison d'être primitive et sa fonction la plus ancienne. Mais s'il lui appartient naturellement de donner les ordres qui dirigeront la force armée sur tel ou tel point du territoire national ou sur tel territoire étranger, il est, au contraire, une autre question fort délicate. Le titulaire du pouvoir exécutif aura-t-il le droit de commander les troupes en personne, c'est-à-dire de se mettre à leur

[1] Ci-dessus, p. 87.
[2] Loi constitutionnelle du 16 juillet 1875, art. 12.
[3] Loi constitutionnelle du 25 février 1875, art. 6; — Loi constitutionnelle du 16 juillet 1875, art. 12.

tête en qualité de chef militaire, de combiner et décider leurs mouvements stratégiques? Lui accorder ce droit paraît une solution pleine
de dangers. Qui garantira, en effet, que le chef du pouvoir exécutif
aura les connaissances et la capacité nécessaires pour faire un utile
emploi des troupes en campagne et sur le champ de bataille? Alors
même qu'il posséderait ces qualités, en temps de guerre son poste
véritable n'est-il pas à l'intérieur, au siège du gouvernement, pour
maintenir la sûreté de l'État à l'intérieur pendant cette crise nationale? Les Constitutions monarchiques ne sauraient guère enlever cette
prérogative au chef de l'État, la vieille tradition persistant encore
dans les dynasties royales, qu'un roi est naturellement destiné au
métier des armes et reçoit une éducation spéciale à cet effet. Mais
dans les Constitutions républicaines rien n'empêche d'établir la règle
sage et prudente, que le titulaire du pouvoir exécutif ne pourra
jamais commander les troupes en personne. Cette prohibition est
absolument justifiée lorsque celui-ci n'est pas un militaire; mais alors
elle est presque inutile, car dans ce cas il ne pourrait guère avoir la
prétention et l'audace de prendre le commandement d'une armée.
Mais elle est absolument utile, au contraire, dans le cas où le pouvoir exécutif serait attribué par l'élection à un officier, dont la capacité militaire serait peut-être médiocre et qui trouverait dans les prérogatives de sa fonction le droit de commander en chef les armées du
pays. Aussi cette défense avait-elle été soigneusement inscrite dans la
Constitution de l'an III [1] et dans celle de 1848 [2]. Elle disparut, il est
vrai, dans la Constitution du 14 janvier 1852 [3], comme elle avait disparu jadis avant la Constitution de l'an VIII. Mais elle était insérée
dans le projet de Constitution déposé au mois de mars 1873 par M.
Dufaure [4]. Dans la discussion des lois constitutionnelles, en 1875,
elle fut proposée à nouveau par un amendement dû à M. Barthe, que
son auteur défendit par les raisons les plus fortes [5]. Il aurait pu en
ajouter une autre tirée des règles mêmes du gouvernement parlemen-

[1] Art. 144 : « Il (le Directoire) dispose de la force armée, sans qu'en aucun cas
le Directoire collectivement ni aucun de ses membres puisse la commander, ni pendant le temps de ses fonctions, ni pendant les deux années qui suivent immédiatement
l'expiration de ces mêmes fonctions ».
[2] Art. 50 : « Il dispose de la force armée sans pouvoir jamais la commander en
personne ».
[3] L'art. 6 portait : « Le Président de la République est le chef de l'État; il commande les forces de terre et de mer ».
[4] Il y était dit du Président (art. 14) : « Il dispose de la force armée sans pouvoir la commander en personne ».
[5] M. Marcel Barthe à l'Assemblée Nationale, séance du 1er février 1875 (*Annales de l'Assemblée Nationale*, t. XXXVI, p. 336).

taire. Le commandement effectif d'une armée constitue une série d'actes éminemment personnels pour celui qui la dirige, et à ce point de vue le Président de la République ne pourrait être couvert par les ministres. Malgré tout la disposition ne fut pas adoptée devant l'intervention du Président de la République alors en fonctions, du maréchal de Mac-Mahon. Le général de Chabaud-Latour, ministre de l'intérieur, apporta en son nom la déclaration suivante : « Je suis autorisé à déclarer à l'Assemblée que, s'il était adopté une disposition qui empêchât le maréchal de Mac-Mahon de tirer son épée pour défendre son pays, il n'hésiterait pas vingt-quatre heures à déposer le titre de Président de la République [1] ». L'amendement fut alors repoussé. Il n'y a donc point de règle constitutionnelle qui empêche le Président de la République française de prendre en personne le commandement des troupes [2]. Mais le fonctionnement normal du gouvernement parlementaire conduira naturellement à rendre ce droit impossible à exercer, comme cela s'est produit en Angleterre [3].

La disposition de la force armée n'est pas d'ailleurs absolument discrétionnaire pour le Président de la République. Il ne peut l'employer à l'intérieur que conformément aux lois et pour assurer l'exécution et le respect de celles-ci. Le plus souvent la force publique sera mise en mouvement, non par lui, mais par un ministre ou quelque autre agent du pouvoir exécutif qui a reçu de la loi le droit de la requérir. En outre, comme on le verra plus loin, la loi du 22 juillet 1879 donne au Président de chacune des Chambres le droit de requérir directement la force armée, pour la protection de l'assemblée qu'il préside.

Pour que le Président puisse employer légalement la force armée contre l'étranger, il faut, en principe, une déclaration de guerre régulière. J'en étudierai plus loin les conditions.

§ 3. — POUVOIRS DU PRÉSIDENT QUI CONCERNENT SES RAPPORTS AVEC LES CHAMBRES.

Les pouvoirs par lesquels le Président de la République peut exercer une action sur les Chambres se divisent en deux groupes. Les

---

[1] Séance du 1er février 1875 (*Annales de l'Assemblée Nationale*. t. XXXVI, p. 386.

[2] On peut remarquer que la Constitution des États-Unis ne contient pas non plus d'interdiction sur ce point. Art. 2, sect. 2 : « Le Président sera le commandant en chef de l'armée et de la marine des États-Unis et de la milice des différents États, lorsqu'elle sera appelée au service effectif des États-Unis... »

[3] Ci-dessus, p. 90.

uns se rapportent à la formation même des lois ; les autres ont pour but de régler l'activité générale des Chambres, de leur donner en quelque sorte ou de leur retirer la parole.

I.

Des premiers je ne dirai qu'un mot. Ils sont au nombre de deux. L'un nous est déjà connu, c'est le droit pour le Président de demander aux Chambres une nouvelle délibération de la loi votée par elles. C'est un préservatif contre les abus et les dangers de l'initiative parlementaire ; j'en ai montré d'ailleurs le peu de portée pratique[1]. L'autre droit, c'est l'initiative des lois accordée au Président de la République concurremment avec les deux Chambres[2]. Nos lois constitutionnelles ont adopté sur ce point la règle la plus sage, la seule compatible d'ailleurs avec le génie du gouvernement parlementaire[3]. Mais, en France, c'est de plus une solution moyenne à laquelle on est arrivé après avoir oscillé entre les solutions extrêmes et en sens contraire. Les Constitutions de 1791 et de l'an III avaient réservé, nous le savons, au seul Corps législatif la proposition des lois[4]. Par une réaction exagérée, la Constitution de l'an VIII l'attribua au gouvernement seul (art. 25, 26, 44). Cette règle fut maintenue dans la Charte de 1814[5] ; elle fut reprise dans la suite par la Constitution du

---

[1] Ci-dessus, p. 469, 470.

[2] Loi constitutionnelle du 25 février 1875, art. 3 : « Le Président de la République a l'initiative des lois concurremment avec les membres des deux Chambres ».

[3] Cependant divers publicistes, se rattachant aux usages suivis en Angleterre, préféreraient que, sous le gouvernement parlementaire, le droit d'initiative n'appartînt pas en droit au titulaire du pouvoir exécutif, les ministres présentant les projets de loi gouvernementaux en qualité de membres du Parlement. Prévost-Paradol, *La France nouvelle*, liv. II, ch. III, p. 97 : « Il y aurait avantage à suivre sur ce point l'exemple du Parlement anglais, où le chef du Cabinet propose, en son propre nom et en sa qualité de député, les mesures qu'il croit utiles, sans que le nom et le désir du souverain soient jamais invoqués devant la Chambre. Quelque habituée que puisse être une nation à la fiction constitutionnelle, il n'est pas indifférent de voir présenter, au nom du souverain et comme l'expression de ses vœux, des mesures, dont l'échec, parfois éclatant, paraît remonter jusqu'à la couronne, si le gouvernement parlementaire est une monarchie, ou peut affaiblir dans une république l'autorité présidentielle, nécessaire à l'exécution des lois ».

[4] Ci-dessus, p. 290.

[5] Les Chambres pouvaient seulement (art. 19) « supplier le roi de proposer une loi sur quelque objet que ce soit et indiquer ce qui leur paraît convenable que la loi contienne ». C'est justement la contrepartie du correctif que le système opposé admet au profit du pouvoir exécutif, ci-dessus, p. 291. D'ailleurs, sous la Charte de 1814, les Chambres avaient conquis le droit d'amender les projets de loi présentés par la Couronne.

E.   32

14 janvier 1852[1]. La solution moyenne, qui attribue l'initiative concurremment au pouvoir législatif et au pouvoir exécutif, fut inscrite dans la Charte de 1830 (art. 15) et dans la Constitution de 1848[2]. Elle fut pratiquée en vertu du règlement de l'Assemblée Nationale de 1871 à 1875[3] : elle a passé dans notre Constitution. Nous verrons plus loin, en étudiant la formation des lois, par quels actes s'exerce ce droit d'initiative reconnu au Président de la République.

II.

Les prérogatives que j'ai placées dans le second groupe sont au nombre de trois : 1° le droit de convoquer les Chambres en session, d'ajourner et de clore les sessions ; 2° le droit de dissoudre la Chambre des députés avant l'expiration de ses pouvoirs ; 3° le droit d'adresser des messages aux Chambres.

Les assemblées électives, considérées comme corps, ont parfois une durée indéfinie : ce sont celles qui se renouvellent par fractions. Parfois, au contraire, elles ont une vie et une durée limitées : ce sont celles qui se renouvellent intégralement à des époques déterminées. Mais, qu'elles soient construites d'après l'un ou l'autre de ces types, il semble que, jusqu'à l'expiration de leurs pouvoirs, elles doivent rester en fonctions d'une manière permanente et continue, ou, du moins, qu'elles doivent être maîtresses d'agir ainsi et ne doivent suspendre ou interrompre leurs travaux que de leur seule volonté et par leur propre décision. C'est là, en effet, un système constitutionnel, celui des assemblées dites *permanentes*. Il se reconnaît aux traits suivants : 1° Il n'y a point de *sessions* des Assemblées, mais seulement des *législatures* ; c'est ainsi que l'on nomme chacune des périodes que sépare chaque renouvellement intégral d'une Assemblée. Pendant chaque législature, l'Assemblée, une fois constituée, est toujours en activité au moins virtuelle. — 2° L'Assemblée ne peut suspendre ses travaux et être *prorogée* que par une décision qu'elle prend elle-même et en toute liberté. — 3° Pendant la prorogation, l'Assem-

---

[1] Cette fois le droit d'amendement était étroitement réglementé (art. 40). Aucun amendement ne pouvait être mis en discussion devant le Corps législatif s'il n'avait pas été préalablement adopté par le Conseil d'État.

[2] Art. 49 : « Il [le Président] a le droit de faire présenter des projets de loi à l'Assemblée Nationale par les ministres ».

[3] M. de Ventavon à l'Assemblée Nationale, séance du 1er février 1875 (*Annales de l'Assemblée Nationale*, t. XXXVI, p. 387) : « Le règlement de l'Assemblée Nationale rendu exécutoire par la résolution du 13 février 1871 attribue expressément au Président de la République le droit de présenter tous les projets de lois que bon lui semble ».

blée est représentée par une délégation intermédiaire, qui tantôt est une commission spéciale, nommée par elle à cet effet, tantôt consiste simplement dans le bureau de cette Chambre. La commission intermédiaire ou le bureau n'a point et ne peut recevoir le droit d'exercer, pendant la prorogation, les pouvoirs de l'Assemblée, qui sont indélégables; mais ils ont pour mission de surveiller les événements politiques et spécialement la conduite du pouvoir exécutif, et, s'ils le jugent nécessaire, de convoquer l'Assemblée avant que le terme de la prorogation soit expiré[1].

Ce système semble imposé par les principes du droit public issu de la Révolution : il paraît résulter logiquement et nécessairement de la souveraineté nationale et du principe de la séparation des pouvoirs.

Les assemblées électives et représentatives reçoivent, en effet, de la souveraineté nationale elle-même, par l'organe de la Constitution, l'exercice du pouvoir législatif, qui est le plus important attribut de cette souveraineté. Il n'appartient donc au titulaire d'aucun autre pouvoir de gêner ou de limiter l'exercice de leur fonction constitutionnelle. Tout autre pouvoir leur est parallèle, mais ne saurait leur être supérieur. A plus forte raison en est-il ainsi dans la doctrine qui considère que seul le pouvoir législatif, figuré par les assemblées qui l'exercent, est le véritable et général représentant de la souveraineté nationale[2]. Pour ceux-là, la permanence des assemblées équivaut en réalité à la permanence de la représentation nationale, et spécialement leur activité ne saurait être limitée ou réglée par le pouvoir exécutif, qui est considéré comme leur subordonné et leur délégué[3].

D'autre part, le principe de la séparation des pouvoirs n'impose-t-il pas la même solution? Si les pouvoirs législatif et exécutif sont distincts et doivent être séparés, le second ne doit pas pouvoir suspendre ou interrompre l'activité du premier; ce serait absolument contraire à l'indépendance dont doit jouir celui-ci.

[1] Exposé des motifs du projet de loi organique sur les rapports des pouvoirs publics présenté par M. Dufaure, garde des Sceaux, dans la séance du 18 mai 1875 (*Annales de l'Assemblée Nationale*, t. XXXVIII, *Projets de loi*, etc., p. 107) : « Les Chambres doivent-elles être toujours réputées présentes, s'ajournant à leur volonté et se faisant représenter, en leur absence, par des Commissions permanentes ? ». Rapport de M. Laboulaye, *ibidem*, p. 221 : « Jusqu'à présent, dans nos Constitutions républicaines, on a toujours admis que la délégation de la souveraineté nationale reposait entre les mains des assemblées, qu'elles étaient permanentes de droit et qu'à elles seules il appartenait de s'ajourner ou de se proroger ».

[2] Ci-dessus, p. 302.

[3] Voyez mon article intitulé : *Deux formes de gouvernement*, dans la *Revue du droit public et de la science politique*, janvier-février 1894, p. 28 et suiv.

Telle fut, en effet, la solution adoptée par la Révolution française. L'Assemblée Constituante s'y rallia après une remarquable discussion et l'inscrivit dans la Constitution de 1791[1]. Elle fut reproduite également dans les Constitutions de 1793[2] et de l'an III[3]. Dans la Constitution de l'an VIII, le système était conservé, mais seulement en partie. Le Tribunat était une assemblée permanente[4]; le Corps législatif, au contraire, n'avait qu'une session de quatre mois[5]. Quant au Sénat, il était aussi virtuellement permanent, devant se réunir toutes les fois que son intervention était requise par la Constitution[6]. Enfin la permanence reparut plus nette que jamais dans la Constitution de 1848[7].

Mais, quant à la mise en activité des Assemblées législatives, il existe dans les Constitutions modernes un autre système, diamétralement opposé. Il consiste à limiter leur action à des *sessions périodiques*, et c'est le titulaire du pouvoir exécutif qui reçoit de la Constitution le droit d'ouvrir et de clore ces sessions, de convoquer les Chambres et de mettre un terme à leurs travaux : il peut, à plus forte raison, suspendre simplement et interrompre ceux-ci au cours même d'une session, en ajournant ou prorogeant les Assemblées pendant un certain temps.

Ce second système est un produit, non de la spéculation rationnelle, mais du développement historique. C'est celui qui s'est établi en Angleterre, et c'est du droit anglais que l'ont emprunté directement ou

---

[1] Tit. III, ch. 1, art. 1 : « L'Assemblée Nationale formant le Corps législatif est permanente et n'est composée que d'une Chambre ». Cependant il y avait des sessions déterminées par l'Assemblée elle-même ; le roi pouvait la convoquer en dehors des sessions (tit. III, ch. III, sect. 1).

[2] Art. 39 : « Le Corps législatif est un, indivisible et permanent ».

[3] Art. 59 : « Le Corps législatif est permanent : il peut néanmoins s'ajourner à des termes qu'il désigne ».

[4] Art. 30 : « Quand le Tribunat s'ajourne, il peut nommer une Commission de dix à quinze de ses membres chargée de le convoquer si elle le juge convenable ».

[5] Art. 33 : « La session du Corps législatif commence chaque année le premier frimaire et ne dure que quatre mois ; il peut être extraordinairement convoqué durant les huit autres par le gouvernement ».

[6] Cela fut précisé plus tard par le sénatus-consulte du 28 floréal an XII, art. 59.

[7] Art. 32 : « L'Assemblée Nationale est permanente. — Néanmoins elle peut s'ajourner au terme qu'elle fixe. — Pendant la durée de la prorogation, une Commission, composée des membres du bureau et de vingt-cinq représentants nommés par l'Assemblée au scrutin secret et à la majorité absolue, a le droit de la convoquer en cas d'urgence. — Le Président de la République a aussi le droit de convoquer l'Assemblée ». — Art. 68 : « Toute mesure, par laquelle le Président de la République dissout l'Assemblée Nationale, la proroge ou met obstacle à l'exercice de son mandat, est un crime de haute trahison ».

indirectement, les Constitutions modernes qui l'ont adopté. En Angleterre, il est résulté tout naturellement de ce que, à l'origine, le Parlement distinct du roi n'avait aucun droit propre : il ne se réunissait que pour « conseiller et aider » le roi, et sur l'ordre de celui-ci. Le roi donnait naissance à un Parlement en ordonnant de procéder à l'élection des membres de la Chambre des Communes; il mettait fin, quand bon lui semblait, à leur mission et à leurs pouvoirs : il pouvait à volonté mettre fin aux sessions des Chambres. Celles-ci, comme nos anciens États généraux, ne pouvaient en réalité délibérer que quand le roi leur ouvrait la bouche, et il pouvait la fermer à son gré. Voilà les principes qui se maintinrent en Angleterre et qui, en droit, subsistent encore, bien que la pratique et l'usage en aient transformé l'application au point d'aboutir en fait au système opposé. En réalité, il n'avait eu pour origine que la toute-puissance de la Couronne; mais les publicistes, qui prenaient pour modèle suprême la Constitution anglaise, lui découvrirent après coup des qualités propres et s'efforcèrent de montrer qu'il était en parfaite harmonie avec les données de la science politique. C'est Montesquieu qui formula sur ce point la théorie dans l'*Esprit des lois* : « Il seroit inutile que le Corps législatif fût toujours assemblé. Cela seroit incommode pour les représentants, et d'ailleurs occuperoit trop la puissance exécutrice, qui ne penseroit point à exécuter, mais à défendre ses prérogatives et le droit qu'elle a d'exécuter. De plus, si le Corps législatif était continuellement assemblé, il pourroit arriver que l'on ne feroit que suppléer de nouveaux députés à la place de ceux qui mourroient; et dans ce cas, si le Corps législatif était une fois corrompu, le mal seroit sans remède. Lorsque divers Corps législatifs se succèdent les uns aux autres, le peuple, qui a mauvaise opinion du Corps législatif actuel, porte avec raison ses espérances sur celui qui viendra après. Mais si c'étoit toujours le même corps, le peuple, le voyant une fois corrompu, n'espéreroit plus rien de ses lois; il deviendroit furieux ou tomberoit dans l'indolence[1]. — Le Corps législatif ne doit point s'assembler de lui-même. Car un corps n'est censé avoir de volontés, que lorsqu'il est assemblé; et s'il ne s'assembloit pas unanimement, on ne sauroit dire quelle partie seroit véritablement le Corps législatif, celle qui seroit assemblée ou celle qui ne le seroit pas. Que s'il avait droit de se proroger lui-même, il pourroit arriver qu'il ne se prorogeroit jamais, ce qui seroit dangereux dans les cas où il voudroit attenter contre la puissance exécutrice. D'ailleurs, il y a des temps plus convenables les uns que les autres pour l'assemblée du Corps législatif : il faut donc

---

[1] *Esprit des lois*, liv. XI, ch. vi.

que ce soit la puissance exécutrice qui règle le temps de la tenue et
de la durée de ces assemblées par rapport aux circonstances qu'elle
connaît[1] ».

En laissant de côté ce qui, dans ce passage, ne se rapporte pas véritablement à la question, on voit que Montesquieu fonde sa thèse
sur des considérations pratiques. Les unes sont secondaires, comme la
commodité des représentants, le choix des circonstances favorables
pour la tenue des sessions; mais il en est une qui, au contraire, est
capitale. La permanence, pour le vieux maître, est incompatible avec
l'indépendance du pouvoir exécutif, qui forme, on le sait, un des
points essentiels de sa théorie. Il connaît bien la force prépondérante,
absorbante, du pouvoir législatif. Il pense que, si ce dernier est toujours en activité, le pouvoir exécutif harcelé, menacé peut-être par lui,
ne pourra jamais pleinement et avec la tranquillité nécessaire, exercer
son action propre. L'auteur de la théorie de la séparation des pouvoirs ne voyait point dans la permanence des assemblées une conséquence nécessaire de ce principe; il la combattait, au contraire, au nom
de ce principe même.

On pourrait ajouter que, si la permanence est une condition essentielle pour le pouvoir exécutif, dont l'action ne saurait s'interrompre
un seul instant, elle n'en est point une pour le pouvoir législatif, car
il n'est pas besoin de toujours légiférer et à tout instant. Cela serait
absolument vrai, si ce dernier était restreint à sa fonction purement
législative; mais, lorsqu'il exerce en même temps, comme aujour-
d'hui dans tous les pays libres, d'autres fonctions gouvernementales,
par rapport à ces dernières, souvent l'argument ne porte pas. Comme
on va le voir un peu plus loin, le gouvernement parlementaire, en
particulier, tend invinciblement à la quasi-permanence des assemblées
représentatives.

Toujours est-il que la thèse de Montesquieu, quelque sérieuse et
solide qu'elle soit en elle-même, doit recevoir au moins un tempérament pour se concilier avec un autre principe, d'où l'on tire aussi,
nous l'avons vu, la permanence des assemblées, je veux dire celui
de la souveraineté nationale. Il n'est pas admissible que le pouvoir,
qui forme la représentation la plus directe et la plus complète en fait
de cette souveraineté, soit, quant à son activité, laissé à la discrétion
du pouvoir exécutif. Si la Constitution, pour des motifs de prudence

[1] Montesquieu paraît confondre ici les *assemblées perpétuelles*, c'est-à-dire celles
dont la durée juridique est indéfinie parce qu'elles se renouvellent partiellement,
et les *assemblées permanentes*, c'est-à-dire celles qui ont une activité continue, au
moins virtuelle. Il donne d'ailleurs un argument curieux contre le système du renouvellement partiel.

et d'intérêt pratique, supprime la permanence des assemblées, il faut au moins qu'elle leur assure deux choses : 1° une session annuelle d'une durée suffisante pour qu'elles puissent accomplir leur travail normal, et qui ne puisse être ni retardée ni abrégée; 2° le droit de requérir leur convocation ou de se réunir de plein droit, lorsque, hors session, se présentent des éventualités qui exigent sérieusement leur présence.

Cependant, cette retouche n'a pas été opérée dans le droit anglais[1]. La règle juridique est restée, que le roi convoque le Parlement quand il lui plaît, comme il clôt les sessions à son gré. Il existe seulement d'anciens statuts, l'un de Charles II, l'autre de Guillaume et Marie, qui décident que le roi ne pourra laisser passer trois ans, après la dissolution d'un Parlement, sans en faire élire un nouveau et que trois ans ne se passeront pas non plus sans que le Parlement soit assemblé; mais les juristes anglais tiennent que ces textes n'ont aucune sanction directe[2]. Cependant le Parlement anglais a une activité presque ininterrompue, et l'on peut dire qu'elle lui est assurée, non seulement par la nécessité du vote annuel du budget et de l'armée, mais surtout par le génie même du gouvernement parlementaire. Celui-ci fait des Chambres, de la Chambre populaire surtout, le contrôleur constant et l'appui indispensable du gouvernement.

Lorsque fut arrêtée la Constitution de 1875, il fallut nécessairement choisir entre les deux systèmes. Les deux premières lois constitutionnelles étaient muettes sur ce point; il fallut le trancher dans la troisième, celle du 16 juillet 1875. Le projet présenté par M. Dufaure contenait le système des sessions, tempéré dans le sens indiqué plus haut et tel qu'il fut adopté en définitive. Il était justifié d'une façon très brève dans l'Exposé des motifs : « Il nous a paru préférable, était-il dit, de réunir chaque année les Chambres en session d'une durée déterminée, avec faculté d'avoir des sessions extraordinaires, si les circonstances l'exigent. Au milieu des grandes crises politiques, lorsqu'une Assemblée unique est investie de tous les pouvoirs, lorsqu'elle conserve, même en le déléguant, le pouvoir exécutif aussi bien

[1] Elle n'existait pas non plus dans les Chartes françaises de 1814 (art. 50) et de 1830 (art. 42). Il était dit : « Le roi convoque chaque année les deux Chambres; il les proroge ». Aucune autre obligation n'était donc imposée au roi que celle d'une session annuelle. La Constitution du 14 janvier 1852 portait (art. 41) : « Les sessions ordinaires du Corps législatif durent trois mois »; mais elle ne déterminait pas l'époque de ces sessions.

[2] Anson, *Law and custom of the Constitution*, t. I, pp. 246-247. Cet auteur fait l'observation suivante : « Lorsqu'on résume les données de la législation, on ne peut manquer d'être surpris en constatant combien est pauvre la sécurité légale d'un caractère direct qui existe pour assurer la convocation et la session du Parlement ».

que le pouvoir législatif, on comprend sa permanence; il en est autrement avec deux Chambres et un pouvoir exécutif indépendant : la permanence aurait des inconvénients sans nombre, qu'il nous serait facile de signaler si l'exemple de tous les pays constitutionnels ne nous dispensait de cet examen[1]. » L'argument était fort. En effet, c'est un trait général des Constitutions modernes que la réduction de l'activité des Chambres à des sessions annuelles, déterminées par la Constitution, laquelle donne en même temps au pouvoir exécutif le droit de prolonger celles-ci ou d'ouvrir des sessions extraordinaires. Il se retrouve non seulement dans les monarchies constitutionnelles, qui tout naturellement ont suivi les traditions anglaises, mais aussi dans les Républiques les plus respectueuses de la souveraineté populaire. Il existe, en Suisse, dans la Constitution fédérale[2]. Aux États-Unis d'Amérique, la Constitution laisse bien aux Chambres du Congrès le droit de prononcer leur propre ajournement : mais il résulte des textes et de la pratique qu'une Chambre des représentants élue pour deux ans ne siège en réalité que treize mois en session ordinaire[3]. Dans les États particuliers de l'Union, les Chambres non seulement sont réduites à des sessions limitées par la Constitution, mais, dans la plupart des États, elles ne siègent plus qu'une année sur deux[4]. Les Constitutions des Républiques américaines du Centre et du Sud, qui ont imité la Constitution des États-Unis, ont également adopté le système des sessions[5].

D'autre part, la Commission de l'Assemblée Nationale, chargée d'examiner le projet déposé par M. Dufaure, inclinait assez visiblement vers le système de la permanence. Elle invoquait en sa faveur les arguments traditionnels indiqués plus haut et d'autres raisons en-

[1] *Annales de l'Assemblée Nationale*, t. XXXVIII, *Projets de loi*, etc., p. 107.

[2] Art. 86 : « Les deux Conseils s'assemblent chaque année une fois en session ordinaire, le jour fixé par le règlement. — Ils sont extraordinairement convoqués par le Conseil fédéral ou sur la demande du quart des membres du Conseil national, ou sur celle de cinq cantons ». — Cependant ici ce sont les assemblées qui fixent elles-mêmes l'ouverture de leur session et la durée de celle-ci n'est pas limitée.

[3] Bryce, *American commonwealth*, t. I¹, p. 123.

[4] *Ibidem*, t. I¹, p. 467 : « L'usage antérieur était que la législature se réunit tous les ans, mais l'expérience d'une mauvaise législation et d'une législation surabondante a conduit à des sessions plus rares et plus courtes en même temps, et les sessions sont maintenant biennales dans tous les États, excepté six ». La *Political Science quaterly*, 1897, p. 364, constate qu'en cette année, il y avait trente-neuf États dont la législature ne siège que tous les deux ans.

[5] Par exemple, Constitution du Mexique, art. 62 (Dareste, *Les Constitutions modernes*, 2ᵉ édit. t. II, p. 469) ; — Constitutions de la République Argentine, art. 55 (*ibid.*, p. 528).

core se rapportant principalement à la forme de République établie par les deux premières lois constitutionnelles. « Comment concilier, disait le rapporteur exposant les vues de la minorité de la Commission, le droit à peu près exclusif conféré au gouvernement de convoquer le Parlement avec le droit reconnu aux Chambres de poursuivre et de juger au besoin les ministres et le Président lui-même? On a donc insisté fortement sur le maintien d'un principe qu'on a considéré comme étant de l'essence même du régime républicain[1] ». On soutenait aussi, mais à tort, que le Président de la République, étant le délégué des deux Chambres qui l'élisent, ne pouvait leur dispenser et mesurer leur action propre[2]. On invoquait enfin la tradition républicaine dans notre pays : « Jusqu'à présent dans nos Constitutions républicaines, on a toujours admis que la délégation de la souveraineté nationale reposait entre les mains des Assemblées, qu'elles étaient permanentes de droit et que à elles seules il appartenait de s'ajourner ou de se proroger. Le gouvernement repousse ce système... Cet abandon de la tradition républicaine a excité plus d'une réclamation dans le sein de la Commission. On a demandé si on ne poussait pas trop loin l'imitation du régime monarchique en subordonnant aussi absolument le pouvoir législatif au pouvoir exécutif[3] ».

Cependant la Commission à la majorité proposait d'adopter le système contenu dans le projet de loi, en y apportant seulement une modification qui, comme on le verra, ne fut pas votée par l'Assemblée. Elle se décidait par des considérations éminemment pratiques : « La Commission, disait le rapporteur, désireuse de s'entendre avec le gouvernement, parce qu'elle est convaincue qu'en ce moment la France nous demande d'éviter toute querelle et de terminer au plus tôt notre œuvre constituante afin de remettre en ses mains le dépôt de la souveraineté, la Commission, disons-nous, a laissé de côté la question théorique, et, considérant que le projet du gouvernement recon-

---

[1] Rapport de M. Laboulaye, *Annales de l'Assemblée Nationale*, t. XXXVI, *Projets de loi*, etc., p. 221.

[2] Cet argument se trouve par deux fois dans le Rapport de M. Laboulaye. On en est étonné parce qu'il n'est point fondé et qu'il n'était pas conforme aux idées propres du rapporteur; mais celui-ci, en le reproduisant, ne faisait que traduire l'opinion de la minorité de la Commission (*Annales de l'Assemblée Nationale, loc. cit.*, p. 221 : « On a demandé s'il n'y avait pas quelque danger à laisser ainsi pendant sept mois la France entre les mains d'un Président, *délégué des assemblées* et détenteur passager du pouvoir exécutif ». — P. 222 : « Un Président *n'est que le délégué des deux Chambres*, et il peut avoir des visées particulières, une ambition personnelle. Il est donc prudent de réserver la libre convocation du Parlement comme un moyen de salut ».

[3] *Ibidem*, p. 221.

naît tout au moins le droit des Chambres en cas de nécessité, elle s'est attachée à chercher une solution qui pût satisfaire le gouvernement et le pays. Elle n'a pas vu d'inconvénient à fixer une durée normale aux sessions. Il n'est pas nécessaire de tenir toujours une nation en haleine; l'opinion finit par se fatiguer des discussions et des rivalités parlementaires; il est sage de lui laisser du repos. Les Chambres ne sont pas les dernières à profiter de ce silence. Quand nous sommes là, on s'impatiente quelquefois de nos querelles; on nous regrette, quand nous n'y sommes plus[1] ».

La solution qui passa ainsi dans notre Constitution est mixte en quelque sorte; c'est une transaction entre les deux systèmes tranchés précédemment exposés[2]. Le principe général admis est bien qu'au Président de la République revient le droit de convoquer les Chambres et de clore leur session; mais il ne peut user de ce droit en toute liberté, restreint qu'il est par diverses dispositions. En premier lieu, la loi constitutionnelle du 16 juillet 1875 détermine, en effet, le point de départ et la durée de la session annuelle et ordinaire des deux Chambres. Elle dispose d'abord dans son article 1 : « Le Sénat et la Chambre des députés se réunissent chaque année le second mardi de janvier, à moins d'une convocation antérieure faite par le Président de la République ». On le voit, la Constitution fait passer en première ligne la convocation émanant du Président de la République; c'est l'hypothèse normale. Mais, à défaut de cette convocation, les Chambres se réunissent à date fixe et *de plein droit* : c'est alors la constitution même qui les convoque. La loi constitutionnelle du 16 juillet 1875 contenait, quant à l'ouverture de la session ordinaire, une autre disposition; il était dit dans le dernier alinéa de l'article 1 : « Le dimanche qui suivra la rentrée, des prières publiques seront adressées à Dieu dans les églises et dans les temples pour appeler son secours sur les travaux des Assemblées ». Cette disposition avait été introduite par un amendement proposé par M. de Belcastel[3]. C'était un écho affaibli des pratiques religieuses suivies chez les Anglo-Saxons. En Angleterre, la Chambre des Lords et la Chambre des Communes

---

[1] *Annales de l'Assemblée Nationale*, t. XXXVI, *Projets de lois*, etc., p. 221.

[2] M. Dufaure à l'Assemblée Nationale, séance du 7 juillet 1875 (*Annales de l'Assemblée Nationale*, t. XXXIX, p. 474) : « Nous avons été d'accord sur le principe, que, si en droit les Assemblées sont permanentes, en fait l'exercice de leurs pouvoirs ne peut être continu. Nous avons partagé de la même manière l'année dans laquelle la session des Assemblées est ouverte ».

[3] Séance du 7 juillet 1875, *Annales de l'Assemblée Nationale*, t. XXXIX, p. 472.

commencent leur travail quotidien par des prières : il en est de même
de la Chambre des représentants aux États-Unis. La Chambre des
Communes et la Chambre des représentants américaine ont même un
chapelain attitré à cet effet[1]. L'Assemblée Nationale avait elle-même
pris l'habitude, avant 1875, d'ordonner, au commencement de chaque
année parlementaire, des prières publiques[2]. Cette disposition fut
combattue, au nom de la Commission, par M. Laboulaye comme inop-
portune et déplacée dans un texte constitutionnel[3]. Elle fut adoptée
néanmoins, mais elle a été supprimée par la loi du 14 août 1884 portant révision partielle des lois constitutionnelles. L'Exposé des motifs
du projet de révision s'exprime ainsi : « Nous croyons que cette clause
est, par son caractère et sa nature, étrangère aux lois constitutionnelles et qu'elle ne doit plus y figurer. Cela avait été l'avis de M. Laboulaye en 1875, pourtant très favorable à la pensée qui avait inspiré
l'amendement[4] ». On peut ajouter qu'elle était contraire au caractère
laïque, qui distingue essentiellement l'État français dans le droit public sorti de la Révolution[5].

La session ordinaire des Chambres étant ouverte, c'est au Président
de la République qu'appartient le droit d'en prononcer la clôture[6].
Mais, en ceci non plus, il ne peut pas agir en toute liberté. La loi
constitutionnelle du 16 juillet 1875 décide, en effet (art. 1) : « Les
deux Chambres doivent être réunies en session cinq mois au moins
chaque année. La session de l'une commence et finit en même temps
que celle de l'autre ». Il en résulte que le Président ne peut point
prononcer la clôture de la session, avant que les Chambres aient
siégé pendant cinq mois entiers[7]. Il faut bien dire que cette restric-

---

[1] Erskine May, *Parliamentary practice*, pp. 189, 196; — Bryce, *American
commonwealth*, t. Ier, p. 128.

[2] Séance du 7 février 1875 : « *M. le rapporteur*. M. de Belcastel nous a dit lui-
même : Je demande que l'on inscrive dans la Constitution ce que vous avez fait
vous-mêmes depuis trois ans ».

[3] *Annales de l'Assemblée Nationale*, loc. cit., p. 473 : « C'est à chaque Assemblée de voter ou de ne pas voter des prières. Mais c'est une chose que, dans l'intérêt religieux même, on ne doit pas fixer par avance et imposer. Il n'y a rien de
plus personnel que la prière ; c'est aux futures Assemblées à régler, comme elles
l'entendront, leurs rapports avec Dieu ».

[4] Loi du 14 août 1884, art. 4 : « Le paragraphe 3 de l'art. 1er de la loi constitutionnelle du 16 juillet 1875 sur les rapports des pouvoirs publics est abrogé ».

[5] Guizot, *Histoire parlementaire*, t. V, p. 215 (Discours du 28 mai 1846) :
« J'ai été des premiers à le dire : la grande conquête des temps modernes, c'est que
l'État est laïque, complètement laïque, et que la pensée est libre ».

[6] Loi constitutionnelle du 16 juillet 1875, art. 2 : « Le Président de la République prononce la clôture de la session ».

[7] Cette année il s'est présenté une situation qui a conduit à une conséquence inat-

tion serait par elle-même insuffisante et que, sur ce point, la Constitution se montre assez peu libérale ; elle n'a même pas partagé l'année en deux parties égales ; celle pendant laquelle les Chambres n'ont pas la prérogative constitutionnelle de la session est la plus longue des deux. D'ailleurs, si le Président ne peut pas clore la session avant cinq mois écoulés, il peut l'interrompre et par deux fois : « Le Président peut ajourner les Chambres. Toutefois, l'ajournement ne peut excéder le terme d'un mois, ni avoir lieu plus de deux fois dans la même session[1] ». Le rapporteur qualifiait ce droit : « mesure délicate qui peut quelquefois prévenir une dissolution et quelquefois aussi la précipiter en aigrissant les esprits[2] ». Le but poursuivi est facile à saisir. Un conflit a éclaté entre le gouvernement et le Parlement ; en suspendant la session, le Président peut espérer ramener le calme dans l'esprit des représentants, qui nécessairement se mettront, dans l'intervalle, en rapport avec leurs électeurs. On peut se demander s'il n'y a pas là une illusion et si l'ajournement, comme l'indiquait M. Laboulaye, ne se présenterait pas toujours comme le préambule d'une dissolution de la Chambre des députés. C'est ainsi qu'il s'est présenté en fait la seule fois qu'il en ait été fait usage, au mois de mai 1877.

Lorsque la session ordinaire a été close, le Président de la République « a le droit de convoquer extraordinairement les Chambres[3] ».

tendue de ce principe. Les pouvoirs de la Chambre des députés expiraient légalement le 31 mai. Une nouvelle Chambre a donc dû être élue avant ce terme. Mais au moment où expiraient les pouvoirs de la première, les cinq mois, durée constitutionnelle de la session ordinaire des Chambres, qui avait commencé le 11 janvier 1898, n'étaient point encore écoulés. On en a conclu que la Chambre nouvellement élue se réunirait de plein droit le 1er juin pour continuer la session ordinaire, comme, pour la commencer, la Chambre précédente s'était réunie de plein droit le 11 janvier. Cette solution était forcée ; car, tant que les cinq mois n'étaient pas écoulés, le Président de la République ne pouvait pas prononcer la clôture de la session ordinaire, et, celle-ci n'étant pas close, il ne pouvait ouvrir par décret une session extraordinaire. Mais constitutionnellement le Président de la République aurait pu clore la session ordinaire le 12 juin. Sans doute en fait les séances des Chambres avaient cessé à partir du 8 avril ; car le 7 avril, sur la proposition de son Président, le Sénat avait fixé sa prochaine séance au 1er juin et la Chambre avait également accepté l'ajournement des séances au 1er juin proposé par le Président. Mais en droit la session ordinaire n'avait été ni close ni ajournée et le temps écoulé s'imputait intégralement sur sa durée.

[1] Loi constitutionnelle du 16 juillet 1875, art. 2.

[2] Rapport de M. Laboulaye, loc. cit., p. 223. — En Angleterre, la Couronne n'a point le droit de prononcer l'ajournement des Chambres, sans prononcer la prorogation ou clôture de la session. Ce sont les Chambres qui s'ajournent elles-mêmes, si bon leur semble, et chacune indépendamment de l'autre (Anson, Law and custom, t. I, p. 63, 64).

[3] Loi constitutionnelle du 16 juillet 1875, art. 2.

et, pour les sessions extraordinaires, il reprend en principe le libre
exercice de sa prérogative. Il peut les clore quand bon lui semble,
car il aurait pu ne pas les ouvrir. Cependant sur ce dernier point il y
a encore des restrictions. Le Président est parfois obligé de convoquer les Chambres en session extraordinaire : « Il devra les convoquer, si la demande en est faite, dans l'intervalle des sessions, par la
majorité absolue des membres composant chaque Chambre[1] ». C'est
là un droit auquel la Commission attachait une très grande importance. Elle trouvait même que la majorité absolue, exigée pour qu'une
pareille demande s'imposât, était une condition trop difficile à remplir, et elle proposait que la signature du tiers des membres composant chaque Chambre fût suffisante[2]. Mais M. Dufaure vint défendre
très énergiquement le projet du gouvernement en signalant les difficultés qui pourraient se présenter dans le système contraire, le tiers
des membres pouvant alors imposer une convocation dont la majorité ne voudrait pas[3]. Il ajoutait, d'ailleurs, cette observation très
juste : « Si les circonstances sont assez graves pour engager légitimement le tiers de l'une et de l'autre Chambre à demander la convocation, n'en doutez pas, on obtiendra aussi bien la moitié que le tiers ».
Il emporta le vote. Mais, pour calculer cette majorité absolue, faut-
il défalquer du chiffre total des membres celui des sièges actuellement vacants? On a soutenu la négative[4], et nous verrons, en effet,
que dans l'article 8 de la loi du 25 février 1875, pour calculer la majorité nécessaire dans la révision constitutionnelle, cette expression

---

[1] Loi constitutionnelle du 16 juillet 1875, art. 2.

[2] Rapport de M. Laboulaye, *loc. cit.*, p. 222 : « Il faut sans doute que le mode
de convocation soit assez difficile pour ne pas encourager la témérité d'un parti
turbulent ; mais il ne faut pas la compliquer de manière à en faire une déception
pour le pays. C'est ce qui nous a fait choisir le chiffre d'un tiers, chiffre qu'il sera
malaisé, mais non pas absolument impossible d'obtenir dans l'intervalle des sessions ».

[3] Séance du 7 juillet 1875 (*Annales de l'Assemblée Nationale*, t. XXXIX, p.
74 : « Les Chambres vont donc se réunir à la voix de ce tiers, qui formera peut-
être une opposition systématique dans chacune d'elles. Mais la majorité qui ne croi-
rait pas, elle, qu'il y eût lieu de se réunir, que fera-t-elle ? De deux choses l'une :
ou la majorité viendra déclarer la réunion inutile et refuser d'y prendre part, et par
conséquent la rendra absolument illusoire ; ou bien la majorité, convaincue qu'il n'y
a pas lieu de se réunir, ne viendra pas et abandonnera les délibérations aux passions
et aux caprices de la minorité ».

[4] Eugène Pierre, *Traité de droit politique, électoral et parlementaire*, n°
499 : « Il s'agit ici, comme pour la révision des lois constitutionnelles, d'une majorité invariable, calculée d'après le nombre *légal* des sénateurs et des députés ;
pour l'établir, la déduction des sièges vacants ne saurait être admise. Cette majorité
constitue le minimum des garanties que l'on puisse exiger ».

« les membres composant l'Assemblée » a été entendue dans un sens strictement légal et absolu, comme désignant le nombre des sièges même que comporte l'Assemblée et non pas le nombre des représentants actuellement existants. Ici pourtant j'inclinerais vers l'interprétation contraire. Ce qu'on a voulu, comme le montre le discours de M. Dufaure, c'est que la convocation ne pût pas être blâmée par la majorité *effective* de chacune des Chambres. Il n'est donc pas nécessaire d'exiger la majorité fictive. Il n'est pas rationnel d'augmenter encore les difficultés d'une procédure, que la Commission jugeait déjà trop difficile, et qui n'aboutit par elle-même qu'à une sorte de mesure conservatoire dans l'intérêt national [1].

Dans un cas particulier, les deux Chambres, en dehors de la session ordinaire, se réunissent de plein droit, en vertu, non de la Constitution, mais d'une loi spéciale, celle du 3 avril 1878 sur l'état de siège. L'article 1 pose le principe que l'état de siège fictif ou politique ne peut être déclaré qu'en cas de péril imminent, résultant d'une guerre étrangère ou d'une insurrection à main armée, et qu'il ne peut être déclaré que par une loi. L'article 2 ajoute : « En cas d'ajournement [2] des Chambres, le Président de la République peut déclarer l'état de siège de l'avis du Conseil des ministres, mais *alors les Chambres se réunissent de plein droit deux jours après* ». On peut se demander si cette disposition n'est pas inconstitutionnelle ? Ne porte-t-elle pas atteinte, en dehors des exceptions admises par la Constitution, au droit que celle-ci confère au Président de la République de convoquer les Chambres ? L'objection ne porte pas. En effet, le Président de la République ne tenait de la Constitution le droit de déclarer l'état de siège dans aucun cas [3]. Le législateur aurait donc pu le lui refuser absolument et maintenir intact le principe, que, en cette matière, une loi était toujours nécessaire. En lui concédant exceptionnellement cette

---

[1] Séance du 7 juillet 1875, *loc. cit.*, p. 175 : « *M. le rapporteur.* Si la Commission a été été libre, il est probable qu'elle aurait plutôt accepté une disposition par laquelle les bureaux des deux Chambres auraient été chargés de la convocation dont il s'agit... Toutefois, puisqu'il y a dis-entiment entre le gouvernement et la Commission au sujet du tiers ou de la moitié, nous n'en ferons certainement pas une affaire ». Le texte ayant été adopté dans ces conditions, il est naturel de l'entendre dans le sens le moins rigoureux.

[2] Le mot *ajournement* n'est point pris ici dans son sens précis et technique, celui qu'il a dans l'art. 2 de la loi du 16 juillet 1875. Il indique seulement le temps pendant lequel les Chambres ne sont pas en session.

[3] Ce n'était point un oubli. En 1875, tous se rappelaient l'art. 12 de la Constitution du 14 janvier 1852 : « Il (le Président de la République) a le droit de déclarer l'état de siège dans un ou plusieurs départements, sauf à en référer au Sénat dans le plus bref délai ».

faculté, le législateur a pu la soumettre à certaines conditions ; la réunion de plein droit des Chambres dans le délai fixé en est une.

Il y a, d'ailleurs, dans la Constitution même des dispositions qui, dans certains cas, imposeront au Président de la République, quoique indirectement, l'obligation précise et légale de convoquer les Chambres. Il en sera ainsi toutes les fois que la nécessité s'imposerait à lui de procéder à l'un des actes qu'il ne peut valablement accomplir sans obtenir l'assentiment des Chambres : ratification d'un traité qui doit être approuvé par le pouvoir législatif, déclaration de guerre.

Enfin, en dehors des dispositions précises, les principes généraux de notre droit constitutionnel suffisent à eux seuls pour assurer aux Chambres une activité presque continue. C'est, d'un côté, le vote nécessaire du budget annuel, qu'elles peuvent reculer à leur gré et dont la discussion naturellement tend à se prolonger et à se retarder à la Chambre des députés. C'est d'autre part et surtout le fonctionnement même du gouvernement parlementaire : le ministère, politiquement responsable, ne saurait sans danger pour sa propre autorité, pour son existence même, se soustraire pendant un long temps au contact et au contrôle du Parlement qui le domine et qui peut le renverser. Il y a là une loi naturelle, résultant de la logique des institutions, et qui enlève beaucoup de leur importance aux règles constitutionnelles sur les sessions, que je viens d'étudier. L'action de ces causes générales avait bien été prévue en 1875[1]. Un orateur avait alors constaté que, sous l'Empire même, la session des Chambres avait vite dépassé les limites étroites dans lesquels la Constitution de 1852 avait voulu l'enfermer[2]. Combien devait-on attendre plus encore d'un régime libre et parlementaire ? Cependant les faits ont dépassé les prévisions. D'une façon constante, la session ordinaire des Chambres se prolonge au delà des cinq mois constitutionnels ; elle n'est close d'ordinaire que vers la fin du mois de juillet, quelque temps avant l'ouverture de la

[1] Rapport de M. Laboulaye (*Annales de l'Assemblée Nationale*, t. XXXVIII, *Projets de loi*, etc.) p. 222 : « Du reste ce terme de cinq mois n'a rien d'absolu. Ce sont les événements, c'est le vote du budget qui décidera de la durée des sessions plus souvent que la loi... Il peut arriver un événement considérable qui inquiète le pays et lui fasse désirer la réunion de ses représentants. Le plus souvent, sans doute, le gouvernement ira au devant de ses vœux ; un ministère constitutionnel craindra d'engager sa responsabilité. »

[2] M. Buffet à l'Assemblée Nationale, séance du 7 juillet (*Annales de l'Assemblée Nationale*, t. XXXIX, p. 478) : « La Constitution impériale, par exemple, fixait à trois mois la durée des sessions. Combien de temps cette limitation a-t-elle existé en fait ? Deux ans. A partir de la troisième année, la session, par la force même des choses, s'est prolongée fort au delà des trois mois, souvent même au delà des six mois ; elle a été, je crois, une année, de huit mois. »

session des Conseils généraux. Tous les ans la session ordinaire est suivie d'une session extraordinaire qui s'ouvre habituellement au commencement du mois de novembre. L'intervalle qui sépare les deux sessions ne représente plus en réalité que des vacances parlementaires indispensables, et nous avons en fait le système de la permanence.

Des règles sur les sessions posées par la Constitution, il en est une cependant qui doit être toujours et fidèlement observée. C'est la seule dont il me reste à parler, et elle contient encore une restriction au droit du Président de la République de convoquer les Chambres quand il lui plaît et de clore à volonté leur session. Elle est contenue dans les articles 1 et 4 de la loi constitutionnelle du 16 juillet 1875 : « La session de l'une (des Chambres) commence et finit en même temps que celle de l'autre ». — « Toute assemblée de l'une des deux Chambres qui serait tenue hors du temps de la session commune est illicite et nulle de plein droit ». Il en résulte non seulement que, en dehors des sessions régulièrement ouvertes, aucune des deux Chambres ne peut se réunir isolément et spontanément, mais aussi que le Président de la République ne pourrait pas convoquer seulement l'une des Chambres sans convoquer l'autre en même temps; ne pourrait pas clore la session de l'une en laissant l'autre continuer ses travaux. Cette règle est une conséquence logique du système des deux Chambres, tel qu'il est établi chez nous. Les deux Assemblées sont les deux portions d'un même corps, investies en principe de droits égaux : l'une ne peut fonctionner sans que l'autre entre également en fonctions. Cette conséquence logique était déjà déduite dans les Chartes de 1814 et de 1830[1]. Il paraît bien aussi que, sous la Constitution de l'an III, l'ajournement des deux Conseils ne pouvait être prononcé que par une délibération identique de part et d'autre[2].

---

[1] Charte de 1814, art. 26 : « Toute assemblée de la Chambre des pairs, qui serait tenue hors de la session de la Chambre des députés ou qui ne serait pas ordonnée par le roi, est illicite et nulle de plein droit ». — Charte de 1830, art. 22 : « Toute assemblée de la Chambre des pairs, qui serait tenue hors du temps de la session de la Chambre des députés, est illicite et nulle de plein droit, sauf le cas où elle est réunie comme cour de justice, et alors elle ne peut exercer que des fonctions judiciaires ».

[2] En effet, l'art. 39 disait que le *Corps législatif* pouvait s'ajourner à des termes qu'il désignait. Cela visait le corps en son entier et non chaque Conseil isolément. — La Constitution des États-Unis décide (art. 1, sect. 5, clause 4) que pendant la session du Congrès aucune des deux Chambres ne peut s'ajourner pour plus de trois jours sans le consentement de l'autre; elle décide aussi art. 2, sect. 3, que, si les deux Chambres ne tombent pas d'accord sur leur ajournement, le Président des États-Unis peut les ajourner au terme qu'il trouvera bon de fixer.

Mais la règle ne s'applique que quant aux fonctions et attributions qui sont communes aux deux Chambres. Si l'une d'elles a, en outre, des fonctions propres, qui n'appartiennent point à l'autre (comme c'est le cas pour le Sénat, chez nous), il est naturel qu'elle puisse siéger isolément pour les exercer. C'est encore l'application de la règle, bien que la loi constitutionnelle du 16 juillet 1875 présente ces hypothèses comme des exceptions. Elle en indique deux. La première est celle étudiée plus haut dans laquelle la présidence de la République devient vacante après une dissolution de la Chambre des députés. Le Sénat, la seule Assemblée existante, se réunit alors de plein droit[1], mais « il est entendu que le Sénat n'a qu'un pouvoir d'intérim et qu'il ne peut faire aucun acte de législateur[2] ». L'autre cas est celui visé déjà dans la Charte de 1830, « celui où le Sénat est réuni en cour de justice; dans ce dernier cas, il ne peut exercer que des fonctions judiciaires[3] ».

III.

« Le Président de la République peut, sur l'avis conforme du Sénat, dissoudre la Chambre des députés avant l'expiration légale de son mandat[4] ». C'est là un droit dont l'origine, la raison d'être et la portée nous sont déjà connues[5]. Il figurait aussi bien dans le projet de Constitution présenté par M. Dufaure au mois de mai 1873[6] que dans celui présenté par M. de Broglie le 15 mai 1874[7]. Ces deux projets s'accordaient également à exiger pour l'exercice de ce droit l'assentiment de la Chambre Haute (Sénat ou Grand Conseil). D'ailleurs, nous le trouvons aussi inscrit et étudié dans ce livre, où se reflètent par avance les principaux traits de la Constitution de 1875, la *France nouvelle* de Prévost-Paradol. Il indique le droit de dissolution de la Chambre des députés comme le contrepoids nécessaire du gouverne-

---

[1] Ci-dessus, p. 154.
[2] Rapport de M. Laboulaye, *loc. cit.*, p. 222.
[3] Loi constitutionnelle du 16 juillet 1875, art. 4.
[4] Loi constitutionnelle du 25 février 1875, art. 5.
[5] Ci-dessus, p. 98.
[6] Art. 15 : « Lorsque le Président de la République estimera que l'intérêt du pays exige le renouvellement de la Chambre des représentants avant l'expiration normale de ses pouvoirs, il demandera au Sénat l'autorisation de la dissoudre. Cette autorisation ne pourra être donnée qu'en comité secret et à la majorité des voix. Elle devra être donnée dans un délai de huit jours ».
[7] Art. 21 : « Dans le cas où le Président de la République jugerait qu'il y a lieu de dissoudre la Chambre des représentants avant l'expiration légale de son mandat, cette dissolution pourra être prononcée par un décret rendu sur l'avis du Grand Conseil délibérant en séance secrète ».

ment parlementaire, comme le seul remède à quelques-uns des maux qu'il peut engendrer[1]. Il veut également qu'il ne s'exerce qu'avec l'autorisation du Sénat[2]. Il se demandait seulement s'il pourrait être exercé utilement dans une république parlementaire[3].

Malgré cela le droit de dissolution n'a pas pénétré sans difficulté dans la Constitution de 1875. C'est une des institutions qui ont rencontré la plus vive résistance. Il a été combattu non seulement par la portion la plus avancée du parti républicain, mais aussi par des esprits fort modérés, par de purs jurisconsultes, comme M. Bertauld, l'éminent professeur à la Faculté de Caen, par des membres du centre droit, comme le vicomte de Meaux, par la Commission des Trente elle-même parlant par l'organe de son rapporteur M. de Ventavon[4]. Les objections soulevées étaient d'ailleurs fort sérieuses. Elles se présentèrent avec la plus grande force dans le discours de M. Bertauld, qui appartenait nettement au parti républicain. On soutenait que le droit de dissolution était contraire au principe de la souveraineté nationale, puisqu'il permettait d'atteindre dans leurs pouvoirs légaux ceux qui sont les représentants par excellence de cette souveraineté, et au principe de la séparation des pouvoirs, puisque le pouvoir exécutif pouvait par ce moyen révoquer la branche essentielle du pouvoir législatif. On ajoutait qu'il était particulièrement inadmissible dans la nouvelle Constitution, parce que celle-ci faisait élire par les

---

[1] *La France nouvelle*, liv. II, ch. VI, p. 143 et 147.

[2] *Ibidem*, liv. II, ch. V, p. 106 : « Cette Chambre Haute peut offrir un point d'appui solide à l'opinion et au gouvernement dans le cas où l'autre Chambre abuserait inconsidérément de son pouvoir, et le droit de dissolution paraîtrait moins téméairement exercé lorsque le gouvernement serait implicitement encouragé, par l'assentiment et le concours de cette haute assemblée, à renvoyer l'autre Chambre devant les électeurs auxquels appartient le dernier mot ».

[3] *Ibidem*, liv. II, ch. VI, p. 144 : « Ce Président voudrait-il et pourrait-il faire un usage opportun de ce grand pouvoir? Renverra-t-il malgré eux ses amis et ses partisans devant les électeurs, au risque de briser de sa propre main sa majorité et son parti? C'est trop compter sur l'idée de devoir, c'est trop demander au pur amour du bien public, et, quand les institutions pèchent par ce noble excès d'exigence, la faiblesse humaine s'en venge en les laissant inertes ou en les détruisant ». — Cf. p. 147, 148 : « Le droit de dissolution serait ici d'un secours insuffisant entre les mains d'un Président de la République (en cas d'existence d'un ministère et d'une assemblée qui conserveraient légalement le pouvoir après avoir perdu la confiance ou l'approbation générale), puisque le Président appartient nécessairement à un parti, tout comme s'il était un premier ministre ».

[4] Voyez la discussion à la seconde lecture du projet de loi, dans la séance du 2 février 1875 (*Annales de l'Assemblée Nationale*, t. XXXVI, p. 394 et suiv.). La plupart de ces opposants s'accordaient d'ailleurs avec la Commission pour conférer le droit de dissolution au maréchal de Mac-Mahon pendant sa présidence, tout en le refusant à ses successeurs.

Chambres le Président de la République : délégué des Chambres, s'il pouvait dissoudre l'une d'elles, il donnerait le spectacle inouï d'un mandataire révoquant l'un de ses mandants[1]. Enfin on relevait ce fait très frappant, que le droit de dissolution n'avait jamais été introduit dans les Constitutions républicaines.

Mais la raison très forte, décisive, de l'admettre, c'est qu'il forme un des rouages naturels presque indispensables du gouvernement parlementaire : l'adoption de celui-ci dans la nouvelle République avait presque tranché la question[2]. De plus, bien qu'il contienne une exception apparente au principe de la séparation des pouvoirs, le droit de dissolution est plutôt en réalité une sanction de ce principe, en ce qu'il a d'essentiel, puisque, comme nous l'avons vu[3], sous cette forme de gouvernement, c'est le dernier moyen et le plus efficace pour garantir l'irrévocabilité et l'indépendance du pouvoir exécutif. D'autre part, on ne saurait soutenir sérieusement qu'il y a là un échec à la souveraineté nationale, puisque l'exercice du droit de dissolution a justement pour but et pour effet de remettre à la nation elle-même, au corps électoral, la solution du conflit et la décision suprême. Mais cela suppose que cette consultation sera décisive et qu'une dissolution opérée ne pourrait pas être suivie d'une seconde, comme on l'a parfois prétendu, si la première n'avait pas produit le résultat désiré par le pouvoir exécutif. Il n'est pas plus exact de dire que la dissolution donne, sous notre Constitution, le spectacle du mandataire révoquant le mandant; car le Président de la République, bien qu'il soit élu par les deux Chambres ou, pour parler plus exactement, par l'Assemblée Nationale, n'est point leur mandataire ni leur délégué : il est le titulaire d'un pouvoir indépendant, désormais irrévocable jusqu'à l'expiration de ses pouvoirs.

Il est vrai que le droit de dissolution était jusque-là inconnu dans les Constitutions républicaines[4]; mais c'était la première fois aussi que

[1] C'est en particulier un des arguments qu'on présentait pour faire une différence entre le maréchal de Mac-Mahon et ses successeurs : « Si vous l'investissez du droit de dissolution, disait le vicomte de Meaux (loc. cit., p. 400), dans tous les cas il ne l'aura pas vis-à-vis de la Chambre qui l'aura élu. Qu'est-ce donc que vous proposez comme doctrine, comme théorie républicaine?... C'est un Président élu et rééligible ayant le droit de dissoudre le corps qui l'a élu, le corps qui est appelé à le réélire ou à l'écarter du pouvoir ».

[2] Rapport de M. Laboulaye, loc. cit., p. 221 : « La conséquence de ce régime, qui nous est familier, a été de reconnaître au Président le droit de dissolution. C'est le moyen employé dans les monarchies constitutionnelles, quand le chef de l'État croit que les ministres ont raison contre la Chambre et en appelle sur ce point à la décision du pays ». — Ci-dessus, p. 98.

[3] Ci-dessus, p. 98, 300.

[4] Rapport de M. Laboulaye (Annales de l'Assemblée Nationale, t. XXXVIII,

l'on associait la République et le gouvernement parlementaire, jusque-là pratiqué seulement dans les monarchies constitutionnelles[1]. Cependant on peut ajouter que son absence avait été regrettée dans quelques-unes des Constitutions républicaines antérieures[2]. En effet, du moment que la Constitution admet un pouvoir exécutif plus ou moins séparé du pouvoir législatif et dont le titulaire ne peut pas être révoqué par ce dernier, il est toujours possible que des conflits se produisent entre les deux pouvoirs : le droit de dissolution est le seul moyen de leur donner une solution pacifique et définitive.

Notre loi constitutionnelle ne donne pas cependant au Président de la République le droit, sous la seule garantie de la responsabilité ministérielle, de dissoudre librement la Chambre des députés, ce qui est le droit du monarque dans les monarchies constitutionnelles. Il doit obtenir pour cela l'avis conforme du Sénat. Cette condition ne fut pas admise sans difficulté. La Commission des Trente et un certain nombre d'orateurs la repoussaient comme dangereuse, comme contraire aux traditions du gouvernement parlementaire[3]. Mais le maréchal de Mac-Mahon la signala, au contraire, comme essentielle, dans un message adressé à l'Assemblée : « L'usage de ce droit extrême serait périlleux, disait-il, et j'hésiterais moi-même à l'exercer si, dans une circonstance critique, le pouvoir ne se sentait appuyé par le concours d'une assemblée modératrice ». C'est dans ces conditions que le texte fut adopté[4].

Projets de loi, etc.], p. 220 : « Ce sont les usages de la monarchie constitutionnelle ; on ne peut se dissimuler que c'est un droit nouveau dans une République ».

[1] M. Dufaure à l'Assemblée Nationale, séance du 2 février 1875 (Annales de l'Assemblée Nationale, t. XXXVI, p. 401) : « Je conviens que, si on cherche dans l'histoire des Républiques qui ont vécu jusqu'à ce jour, on ne pourra pas y voir inscrit le droit de dissoudre l'une des Chambres. Mais je n'admets pas que la République doive être nécessairement formée suivant un type déjà convenu, limité, exclusif, et qu'on ne puisse pas, même quand on l'admet comme loi fondamentale du pays, trouver quelque institution particulière, dût-elle être empruntée à la monarchie, qui puisse venir fortifier la République et lui donner des garanties d'ordre ».

[2] Mémoires de Barras, éd. Duruy, t. II, p. 23 : « Ce n'est pas ici le lieu de parler des lacunes que la Constitution de l'an III avait laissées dans la partie de son pouvoir exécutif, telles que l'impuissance de dissoudre les Chambres, de faire obéir la trésorerie ».

[3] Annales de l'Assemblée Nationale, t. XXXVI, p. 304 : « La Commission n'admet pas l'intervention du Sénat dans l'exercice du droit de dissolution. Elle a pensé que cette intervention était pleine de périls et qu'elle atténuerait la responsabilité ministérielle ».

[4] M. Dufaure, séance du 2 février 1875, loc. cit., p. 401 : « Nous voulons le lui accorder à la condition que lui-même a indiquée ; nous voulons lui donner un droit effectif et non pas un droit apparent... Nous vous demandons de décider que,

C'est une des dispositions qui montrent le plus nettement l'action modératrice que la Constitution a voulu donner au Sénat. Elle en fait ainsi comme l'arbitre en premier ressort du grave conflit qui a pu éclater entre le Président de le République et la Chambre des députés. Par là aussi, cela découle de ce qui précède, les auteurs de la Constitution ont voulu donner au Président la force de résistance nécessaire pour qu'il pût engager cette grave partie; ils ont voulu rendre plus effective cette prérogative. En réalité ils ont rendu plus difficile, plus improbable, l'exercice de ce droit. Si le Sénat, dans sa composition première, a pu aisément autoriser la dissolution de 1877, le Sénat, devenu totalement électif et vraiment républicain, n'autoriserait une dissolution de la Chambre des députés que si l'opinion publique l'imposait véritablement; mais par là même la dissolution prononcée ne pourrait être qu'une mesure bienfaisante.

Le Sénat devient ainsi, dans cette crise, le pivot sur lequel tout repose, et lui-même ne saurait en aucun cas être dissous. Une proposition fut pourtant présentée à l'Assemblée Nationale, pour égaliser, à ce point de vue, sa condition à celle de la Chambre des députés. M. Raudot, un esprit original, aujourd'hui un peu oublié, produisit un amendement ainsi conçu : « Le Président de la République peut, sur l'avis conforme de la Chambre des députés, dissoudre le Sénat. Dans ce cas, les sénateurs nouveaux seront élus dans le délai de trois mois[1] ». Cet amendement reposait sur cette idée que certaines résistances du Sénat pouvaient être aussi dangereuses que les hardiesses de la Chambre des députés, et transférait au Président de la République un rôle modérateur et prépondérant ; « Il sera, disait M. Raudot, entre les deux Chambres, toutes deux élues du suffrage universel, soit directement soit indirectement. Il aura la faculté de se porter là où sera le danger et, en définitive, de dissoudre le Sénat, si le Sénat ne remplit pas ses fonctions comme il doit les remplir et trompe les espérances de la loi[2] ». Ce droit de dissolution se serait appliqué même aux sénateurs inamovibles, dont l'irrévocabilité aurait cessé dans ce cas et aurait ainsi reçu un correctif[3]. Mais cette nouveauté, dont les conséquences

conformément à son opinion, le droit de dissolution ne doit lui être accordé à lui comme aux présidents de la République qu'avec le concours du Sénat ».

[1] Séance du 24 février 1875 (Annales de l'Assemblée Nationale, t. XXXVI, p. 627).

[2] Ibidem, p. 628.

[3] Ibidem, p. 627 : « Soixante-quinze membres seront nommés sénateurs par cette assemblée. Quel est celui d'entre vous qui pourrait prévoir la composition de ces soixante-quinze personnes, en présence de l'irritation profonde qui existe entre les diverses parties de cette assemblée?... Et vous croyez que je suis rassuré sur la confection de cette partie du Sénat? »

possibles étaient inconnues, ne trouva aucun accueil. Les auteurs de la Constitution n'ont pas pensé que le Sénat pût jamais empêcher le fonctionnement du gouvernement de la République. Cela montre bien, comme je l'établirai plus loin, que dans notre Constitution le sort des Cabinets ministériels dépend seulement de la Chambre des députés et non point du Sénat. Celui-ci peut arrêter par sa résistance les lois nouvelles, mais il ne peut imposer une direction gouvernementale. D'autre part, le droit que lui donne la Constitution d'autoriser la dissolution de la Chambre des députés est comme la compensation du droit exclusif qui appartient à cette dernière de maintenir ou faire tomber les ministres.

L'intervention du Sénat n'est pas la seule garantie qui soit organisée quant à l'exercice du droit de dissolution. La dissolution d'une Chambre a pour conséquence forcée l'élection d'une Chambre nouvelle; c'est là le but même de l'opération. Il importe que ces élections nouvelles se fassent promptement, pour que la crise se termine le plus tôt possible, et parce qu'il peut y avoir danger à laisser le pouvoir exécutif gouverner sans contrôle actuel dans de pareilles circonstances. En Angleterre, traditionnellement ces deux termes sont matériellement joints l'un à l'autre : l'acte même qui prononce la dissolution ordonne de faire procéder aux nouvelles élections, et les électeurs sont immédiatement convoqués dans les délais d'usage. Les deux Chartes fixaient, chez nous, pour ces élections nouvelles le délai de trois mois[1]. L'acte additionnel de 1815 (art. 21) le fixait à six mois.

Le projet de Constitution, déposé par M. Dufaure au mois de mai 1873, reproduisait exactement la règle anglaise, en lui donnant même une précision plus grande[2]. Au contraire, celui déposé par M. de Broglie au mois de mai 1874 accordait le délai de six mois[3], obligeant le Président à gouverner pendant l'intervalle avec la Chambre Haute. C'est aussi ce délai de six mois que proposait la Commission des Trente[4]. C'est, en définitive, le délai de trois mois, contenu déjà dans

---

[1] Charte de 1814, art. 50; Charte de 1830, art. 42.

[2] Art. 15 : « Les collèges électoraux devront être convoqués dans les trois jours qui suivront la notification au Président de la République du vote affirmatif du Sénat (autorisant la dissolution) ».

[3] Art. 21 : « Les électeurs devront être convoqués pour l'élection d'une nouvelle Chambre dans un délai de six mois. Dans l'intervalle, le Président de la République gouvernera avec le Grand-Conseil. Il devra rendre compte de ses actes aux deux Chambres, dès l'ouverture de la Chambre des représentants ».

[4] Séance du 2 février 1875 (Annales de l'Assemblée Nationale, t. XXXVI, p. 394) : « La Commission ne veut pas que le Président de la République soit tenu dans le délai de trois mois de convoquer les collèges électoraux. Elle croit qu'il faut maintenir, pour apaiser les esprits, le délai de six mois qu'elle a proposé ».

les deux Chartes et repris par un amendement, qui passa dans la loi constitutionnelle du 25 février 1875, art. 5 : « En ce cas, les collèges électoraux sont convoqués pour de nouvelles élections dans le délai de trois mois ». Mais cette disposition ne laissait pas que de prêter à la critique. D'un côté, le délai était encore un peu long ; d'autre part, le texte était ambigu. Il ne déterminait pas avec une précision complète ce qui devait être fait dans les trois mois. Après la dissolution prononcée en 1877, une opinion put soutenir qu'il suffisait, pour respecter la Constitution, que le décret convoquant les collèges électoraux fût rendu dans les trois mois, bien que la date des élections fût reportée à une date postérieure. Aussi la loi de révision du 14 août 1884 retoucha-t-elle ce paragraphe dans les termes suivants : « Dans ce cas, les collèges électoraux *sont réunis* pour de nouvelles élections dans le délai de *deux mois, et la Chambre dans les dix jours qui suivront la clôture des opérations électorales* [1] ».

D'autres garanties contre les dangers d'une dissolution ont aussi été introduites. Elles consistent en ce que certaines facultés, accordées au Président de la République dans l'intervalle des sessions des Chambres, cessent de lui être ouvertes après une dissolution de la Chambre des députés. Il en est d'abord ainsi quant au droit de prononcer l'état de siège. Nous avons vu dans quels cas et à quelles conditions le Président peut le déclarer [2]. Mais la loi du 3 avril 1878 ajoute (art. 3) : « En cas de dissolution de la Chambre des députés, et jusqu'à l'accomplissement entier des opérations électorales, l'état de siège ne pourra, même provisoirement, être déclaré par le Président de la République. Néanmoins, s'il y avait guerre étrangère, le Président, de l'avis du Conseil des ministres, pourrait déclarer l'état de siège dans les territoires menacés par l'ennemi, à condition de convoquer les collèges électoraux et de réunir les Chambres dans le plus bref délai possible ». En second lieu, nous verrons plus loin que, bien qu'en principe tout crédit doive être accordé par une loi, la loi du 14 décembre 1879 (art. 4) permet au Président de la République, sous de certaines conditions, d'ouvrir provisoirement des crédits supplémentaires et extraordinaires par des décrets rendus en Conseil d'État, délibérés et approuvés par le Conseil des ministres. Mais il résulte du texte et de la discussion de la loi que ce droit ne lui appartiendrait pas après une dissolution de la Chambre des députés. Il n'existe, en effet, que dans le cas de prorogation des Chambres, *tel qu'il est défini par le paragraphe premier de l'art. 2 de la loi constitutionnelle du 16 juillet 1875*. Or le droit de

[1] Loi du 14 août 1884 portant révision partielle des lois constitutionnelles, art. 1.
[2] Ci-dessus, p. 512.

dissolution est visé par un tout autre texte, par l'art. 5 de la loi constitutionnelle du 25 février 1875.

Le droit de dissolution a incontestablement été considéré par les auteurs de la Constitution de 1875 comme une arme défensive aux mains
du pouvoir exécutif. Mais il peut avoir un autre emploi plus pacifique,
plus conforme même au génie du gouvernement parlementaire. Il
peut fournir le moyen de mettre fin à l'impuissance inévitable d'une
Chambre des députés dans laquelle la majorité nécessaire pour produire et soutenir le Cabinet ne se serait pas formée, ou ne se serait
pas maintenue. Dans cette hypothèse, ce pourrait être la Chambre des
députés elle-même qui prendrait l'initiative de la mesure qui va la
renvoyer devant ses électeurs, en invitant les ministres à conseiller
au Président de la République d'user de son droit de dissolution. Des
manifestations de cette nature paraissent normales en Angleterre[1], et
certains indices montrent que, le cas échéant, la même solution serait
facilement acceptée chez nous[2].

IV.

Le Président de la République, bien qu'il ne soit pas politiquement
responsable devant les Chambres, a toujours le droit de leur faire
connaître ses vues et son opinion sur les objets qui peuvent venir en
discussion devant elles, sur le gouvernement du pays. Mais, d'après
la loi constitutionnelle du 16 juillet 1875, art. 6, il ne peut le faire que
par écrit ; il ne peut venir en personne et prendre la parole dans l'une
ou l'autre des deux Chambres : « Le Président de la République
communique avec les Chambres par des messages qui sont lus à la
tribune par un ministre ». C'est la règle qu'avait posée, mais incomplète, disparaissant devant les exceptions, la loi du 13 mars 1873.
Maintenant elle est absolue et ne souffre aucune dérogation ; c'est
d'ailleurs une conséquence logique du principe de la séparation des
pouvoirs. M. Thiers, on l'a vu, était profondément hostile à une règle semblable, et l'on a pu découvrir dans l'Exposé des motifs du projet de Constitution, présenté en son nom par M. Dufaure au mois de
mai 1873, une phrase qui paraît montrer qu'il ne voulait pas la laisser
introduire sans réserve dans la Constitution définitive[3].

[1] Ci-dessus, p. 116.
[2] Dans un discours à la Chambre des députés, le 27 janvier 1895 (Journal officiel du 28, Débats parlementaires, p. 77), M. Goblet indiquait « une éventualité
qui se rapproche tous les jours, les élections qui pourraient être plus prochaines que
ne l'indiquerait la date normale. Déjà peut-être cette éventualité est dans votre pensée. Sachez dès à présent que nous ne la redoutons pas ».
[3] M. de Broglie, dans la Revue des Deux-Mondes du 15 avril 1891, p. 846 :

La règle absolue établie par la loi constitutionnelle du 16 juillet 1875, art. 6, ne peut pas être tournée non plus par suite de ce fait que le Président de la République serait en même temps sénateur ou député et qu'il pourrait invoquer cette qualité pour prendre la parole dans l'une des Chambres. Il est, en effet, certain que les deux titres sont incompatibles[1] et que le sénateur ou député, élu Président de la République, cesse immédiatement d'appartenir au Parlement par l'acceptation de ses nouvelles fonctions : son siège devient vacant de plein droit. C'est la règle qui a été constamment appliquée depuis l'élection de M. Grévy à la présidence de la République le 30 janvier 1879. C'est une application nécessaire et logique du principe de la séparation des pouvoirs, et il faudrait un texte pour l'écarter : l'article 6 de la loi du 16 juillet 1875 implique, au contraire, que les auteurs de la Constitution ont entendu maintenir cette conséquence. On est, d'ailleurs, arrivé au même résultat par une autre démonstration, exacte quoique un peu subtile. La loi organique du 30 novembre 1875 sur l'élection des députés déclare dans son article 8 : « L'exercice des fonctions publiques rétribuées sur les fonds de l'État est incompatible avec le mandat de député »; cette règle, qui n'admet qu'un petit nombre d'exceptions contenues dans cet article et dans l'article suivant, a été étendue aux sénateurs par la loi du 9 décembre 1884 (art. 9) complétée par la loi du 26 décembre 1887. Or, a-t-on dit, les fonctions de Président de la République étant rétribuées sur les fonds de l'État et « n'étant pas comprises au nombre de celles qui sont exceptées des incompatibilités prévues par la loi, un sénateur ou un député, élu Président de la République, doit être considéré comme cessant d'appartenir à l'Assemblée dont il était membre à partir du lendemain du jour où le Conseil des ministres lui a remis le pouvoir exécutif[2] ». Le raisonnement est correct, bien que le législateur, en

---

« C'est tout au plus si une phrase de l'Exposé des motifs ne laisse pas supposer que, devenu président, il ne renoncerait pas à paraître lui-même au besoin et le cas échéant à la tribune d'une assemblée ». — Et en note : « Voici la phrase qui révèle cette secrète pensée : « Aussi la présence des ministres, *quelquefois celle du* « *Président de la République*, sont-elles nécessaires dans les Chambres, qui peu- « vent forcément devenir une arène où l'on se dispute le pouvoir. » (*Journal offi- ciel* du 20 mai 1873, p. 2208).

[1] Chose curieuse, l'idée de cette incompatibilité a été lente à se faire recevoir. Aux élections de l'an IV, Barras, membre du Directoire, fut élu dans plus de vingt départements (*Mémoires*, éd. Duruy, t. II, p. 31) : « J'aurais accepté, dit-il, la députation du Nord, s'il n'y avait pas eu incompatibilité des fonctions exécutrices avec celles législatives ».

[2] Eugène Pierre, *Traité de droit politique, électoral et parlementaire*, n° 339. — Le moment qui me paraît devoir être considéré en droit est celui de l'accepta-

rédigeant la loi du 30 novembre 1875, n'ait point sans doute songé à cette hypothèse.

Comme tout autre acte du Président de la République, son intervention auprès des Chambres par voie de message ne peut se produire qu'avec l'appui et l'approbation d'un ministre responsable, conformément aux règles du gouvernement parlementaire. Le ministre, qui lit le message à la tribune, n'est pas seulement un organe de transmission nécessaire. Il engage le Cabinet.

§ 4. — POUVOIRS DU PRÉSIDENT DE LA RÉPUBLIQUE QUI CONCERNENT LES RAPPORTS DE LA FRANCE AVEC LES PUISSANCES ÉTRANGÈRES.

I.

Le Président de la République est, dans notre droit constitutionnel, le représentant général et unique de la France dans ses rapports avec les puissances étrangères. Sans doute, en cette matière, comme en toutes autres, le Parlement exerce une influence décisive : mais jamais il n'entre en relations directes et en contact avec les puissances étrangères. C'est le Président de la République qui est chargé de ce rôle. Cela ressort tout d'abord d'une clause contenue dans la Constitution : « Les envoyés et les ambassadeurs des puissances étrangères sont accrédités auprès de lui[1] ». Ces envoyés et ambassadeurs sont en effet, les organes nécessaires par lesquels la France communique avec les puissances étrangères. Ce texte donne implicitement au Président de la République des droits importants. Il lui confère, en premier lieu, le droit de recevoir les *lettres de créance* qui attestent le caractère diplomatique des ministres publics envoyés en France par les puissances étrangères; il lui donne de plus le droit d'*agréer* les personnes qui sont chargées de cette mission. Car, d'après un usage constant en droit international, un gouvernement ne nomme jamais un ministre, pour le représenter près d'un gouvernement étranger, sans que le choix de la personne ait été préalablement agréé par le souverain ou par le magistrat auprès duquel elle est accréditée.

Les pouvoirs du Président de la République, pris en cette qualité générale de représentant de la France, dans les rapports avec les puis-

tion par le Président des fonctions que lui confère l'élection, non la remise du pouvoir exécutif par le conseil des ministres, qui en est la conséquence forcée. Mais, en fait, les deux actes se suivent immédiatement.

[1] Loi constitutionnelle du 25 février 1875, art. 3, avant-dernier alinéa.

sances étrangères, doivent être considérés successivement dans l'état
de paix et quant à la conclusion des traités, puis dans l'état de guerre
et quant aux déclarations de guerre. Il faudra, en dernier lieu, étudier
la disposition spéciale que la Constitution consacre aux acquisitions ou
cessions de territoire.

II.

Dans tout État où le pouvoir exécutif est séparé du législatif, c'est
au premier que revient naturellement la direction des relations extérieures et de l'action diplomatique. Lui seul peut, en effet, remplir
utilement cette mission, et cela pour deux raisons principales :

1° Seul, il constitue l'élément permanent du gouvernement (en dehors du pouvoir judiciaire qui n'a rien à voir en cette matière). Or
l'action diplomatique exige une direction continue. Elle exige aussi
un esprit de suite qui se trouvera plus aisément dans le pouvoir exécutif que dans les assemblées, même avec le gouvernement parlementaire.

2° L'action diplomatique, pour être fructueuse, exige également la
lenteur et la patience dans les procédés, la discrétion et parfois même
un secret complet. Ce sont des conditions que l'on ne saurait trouver
dans les assemblées, qui exercent le pouvoir législatif.

Mais la conclusion définitive des traités, le droit d'engager l'État
par eux à l'égard des nations étrangères, est compris, au contraire,
dans une sorte de zone mixte, qui confine à la fois au pouvoir exécutif et au pouvoir législatif et qui, dans les Constitutions modernes,
est disputée entre eux. Sur ce point on se trouve d'abord en présence
de deux systèmes absolus et opposés.

D'après l'un, le pouvoir exécutif devrait toujours avoir le droit, non
seulement de négocier les traités, d'en préparer la conclusion et d'en
arrêter la rédaction avec la nation cocontractante, mais aussi de les
conclure et de les rendre définitifs de sa seule autorité. La principale
raison invoquée, c'est que, pour rendre l'action diplomatique vraiment
utile et féconde, pour retirer tout le fruit des négociations habilement
engagées et conduites, il faut pouvoir, au moment opportun, les terminer promptement et sûrement par un traité, qui parfois ne serait pas
obtenu dans d'autres conditions. Ce système s'harmonise naturellement avec le gouvernement monarchique : là, en effet, le droit de traiter avec les puissances étrangères représente un droit originel et traditionnel du monarque ; c'est en quelque sorte un droit retenu. Mais
cette conception a d'autres partisans, animés d'un tout autre esprit, au
premier rang desquels il faut placer Jean-Jacques Rousseau : « Par

les principes établis dans le *Contrat social*, disait-il à ses concitoyens de Genève, on voit que, malgré l'opinion commune, les alliances d'État à État, les déclarations de guerre et les traités de paix ne sont pas des actes de souveraineté, mais de gouvernement ; et ce sentiment est conforme à l'usage des nations qui ont le mieux connu les vrais principes du droit politique. L'exercice extérieur de la puissance ne convient point au peuple, les grandes maximes d'État ne sont pas à sa portée ; il doit s'en rapporter là-dessus à ses chefs qui, toujours plus éclairés que lui sur ce point, n'ont guère d'intérêt à faire au dehors des traités désavantageux à la patrie ; l'ordre veut qu'il leur laisse tout l'éclat extérieur et qu'il s'attache uniquement au solide. Ce qui importe essentiellement à chaque citoyen, c'est l'observation des lois au dedans, la propriété des biens et la sûreté des particuliers. Tant que tout ira bien sur ces trois points, laissez les Conseils négocier et traiter avec l'étranger ; ce n'est pas de là que viendront les dangers les plus à craindre ! ». Il est vrai que Rousseau se référait à ses idées particulières sur le pouvoir législatif ; tout traité, étant une décision particulière, ne pouvait, selon sa doctrine, rentrer dans les attributions du législateur[2]. Il est vrai également qu'il songeait au pouvoir législatif exercé directement par le peuple et non par des assemblées représentatives. Mais les considérations d'ordre pratique, qu'il fait valoir en faveur de la liberté laissée en cette matière au pouvoir exécutif, sont vraies sous tous les gouvernements. Sans être tout à fait précis sur ce point, Montesquieu paraît aussi professer la même doctrine, lorsqu'il indique les fonctions de la puissance exécutrice comme s'étendant à toutes les choses qui dépendent du droit des gens[3].

Ce système absolu a figuré chez nous dans un certain nombre de Constitutions : dans la Charte de 1814[4] et dans celle de 1830[5], dans la Constitution du 14 janvier 1852[6] et dans celle du 21 mai 1870[7].

En sens inverse existe une conception d'après laquelle, si le droit de négocier les traités revient nécessairement au pouvoir exécutif, ce-

[1] *Lettres écrites de la Montagne*, part. II, lettre 7, p. 113.
[2] Ci-dessus, p. 153 et 276.
[3] Ci-dessus, p. 274.
[4] Art. 14 : « Le roi est le chef suprême de l'État... il fait les traités de paix, d'alliance et de commerce ».
[5] Art. 13, identique à l'article 14 de la Charte de 1814.
[6] Art. 6 : « Le Président de la République... fait les traités de paix, d'alliance et de commerce ».
[7] Art. 14, identique au précédent. — On peut remarquer que, dans ces divers textes, il y a seulement trois catégories de traités pour lesquels le droit de les conclure est conféré au chef de l'État. Mais c'étaient les plus importants, et le même droit s'étendait par suite à tous les autres.

lui de les consentir définitivement ne peut appartenir qu'au pouvoir législatif. Ce sont des raisons de principe que l'on fait ici valoir. On dit d'abord que l'engagement que prend une nation par un traité doit être considéré, ainsi que la loi elle-même, comme l'expression de la volonté nationale ; c'est donc au pouvoir législatif qu'il appartient de le consentir. On ajoute que, si les traités peuvent, dans le droit international, être considérés comme des contrats conclus entre deux nations, au point de vue du droit intérieur ils se rapprochent étroitement des lois [1] ; comme celles-ci, ils obligent l'État et les citoyens qui le composent. Enfin on fait ressortir l'immense danger qu'il peut y avoir à permettre à un seul homme ou à ses ministres d'engager la nation par sa seule volonté : sans doute les ministres pourront être déclarés responsables des traités nuisibles, mais la nation n'en sera pas moins engagée en droit. On en conclut que *tous les traités* sans distinction ne peuvent devenir définitifs que s'ils ont été approuvés par le pouvoir législatif. Ce système fut inscrit dans les Constitutions françaises de 1791 [2] et de 1793 [3]. Il passa dans la Constitution de l'an III [3], bien que les pouvoirs du Directoire reçussent à cet égard une certaine extension [5] et même dans la Constitution de l'an VIII [6] : le Sénatus-consulte du 16 thermidor an X rendit, il est vrai, au Premier Consul la liberté de ratifier les traités de paix et d'alliance, c'est-à-dire les plus importants [7]. Enfin

---

[1] Pétition à l'Assemblée Constituante, séance du 17 mai 1790 : « Les traités, de quelque nature qu'ils soient, d'alliance ou de commerce, ne sont autre chose que des lois de nation à nation... Or, s'il n'appartient pas au pouvoir exécutif de faire les lois les plus simples, comment pourrait-on lui donner le droit d'en conclure d'aussi importantes ? ».

[2] Tit. III, ch. m, sect. 1, art. 3 : « Il appartient au Corps législatif de ratifier les traités de paix, d'alliance et de commerce ; et aucun traité n'aurait d'effet que par cette ratification ». Ce texte montre bien, ainsi que je l'ai dit plus haut, que les traités de paix, d'alliance et de commerce, comprenaient tous ceux auxquels on songeait à cette époque.

[3] Art. 55 : « Sont désignés sous le nom particulier de décret les actes du Corps législatif concernant..., la ratification des traités ».

[4] Art. 333 : « Les traités ne sont valables qu'après avoir été examinés et ratifiés par le Corps législatif. *Néanmoins les conditions secrètes peuvent recevoir provisoirement leur exécution, dès l'instant même où elles sont arrêtées par le Directoire* ».

[5] Art. 330 : « Il est autorisé à faire des stipulations préliminaires telles que des armistices, des neutralisations ; *il peut arrêter aussi des conventions secrètes* ».

[6] Art. 50 : « Les déclarations de guerre et les traités de paix, d'alliance et de commerce, sont proposés, discutés, décrétés et promulgués comme des lois ». — Art. 51 : « Les articles secrets d'un traité ne peuvent être destructifs des articles patents ».

[7] Art. 58 : « Le Premier Consul ratifie les traités de paix et d'alliance après avoir

ce système reparut plus net que jamais dans la Constitution de 1848[1]. Chose notable, c'était lui qui était contenu dans le projet de constitution déposé par M. Dufaure au mois de mai 1873[2]. C'était d'ailleurs celui qui était présenté dans la *France nouvelle* de Prévost-Paradol[3].

Entre ces deux systèmes constitutionnels absolus et opposés se placent des solutions mixtes et transactionnelles, qui tiennent compte des divers et graves intérêts mis en présence. Deux sont à noter.

La première se trouve dans la Constitution des États-Unis d'Amérique. Là les traités négociés par le Président de la République ne sont point soumis au pouvoir législatif, c'est-à-dire aux deux Chambres du Congrès ; mais ils doivent être approuvés par le Sénat ; il faut même le consentement des deux tiers des sénateurs présents[4]. Le Sénat intervient là, comme pour la nomination des fonctionnaires supérieurs, en qualité de conseil de gouvernement. Ce système était proposé chez nous dans le projet de Constitution déposé au mois de mai 1874 par M. de Broglie[5].

L'autre solution intermédiaire a été trouvée en Angleterre, par le jeu naturel du gouvernement représentatif et parlementaire. La Constitution a conservé, en apparence, absolue et intacte, la règle qui donne au pouvoir exécutif toute liberté pour conclure les traités. La Couronne, en droit, peut les négocier et les ratifier valablement de sa seule autorité, sans que le consentement du Parlement soit jamais nécessaire. Elle peut ne communiquer aux Chambres les traités conclus que lorsqu'elle le juge utile et convenable. Mais, par l'application du gouver-

---

pris l'avis du Conseil privé. Avant de les promulguer, il en donne connaissance au Sénat ».

[1] Art. 53 : « Il (le Président de la République) négocie et ratifie les traités. Aucun traité n'est définitif qu'après avoir été approuvé par l'Assemblée Nationale ».

[2] Art. 14 : « Il (le Président de la République) négocie et ratifie les traités ; aucun traité n'est définitif qu'après avoir été approuvé par les deux Chambres ».

[3] Liv. II, ch. III, p. 163 : « Il ne nous reste plus, pour compléter ce tableau des attributions de la Chambre élective, qu'à mentionner... le vote enfin de tous les traités qui doivent être soumis, sans exception, par le pouvoir exécutif à l'approbation législative entre la conclusion et la ratification de ces actes diplomatiques ».

[4] Art. 2, sect. 2, clause 2. — Sur la procédure suivie à cet effet, voyez Hudson Mc. Kee, *Manual of Congressional practice*, p. 253 et 358.

[5] Art. 19 : « Le Grand-Conseil (chambre Haute) ratifie les traités négociés et conclus par le Président de la République ». — Sur ce point le fils avait abandonné les idées de son père ; car, dans ses *Vues sur le gouvernement de la France*, le duc de Broglie, après avoir exposé le système suivi aux États-Unis (ch. VIII, p. 280), ajoutait : « Pour poser un pareil principe dans la Constitution de son pays, il fait bon n'avoir pas de voisin, il fait bon n'être vulnérable sur aucun point de son territoire, il fait bon ne courir aucun risque d'aucune espèce, et n'avoir jamais de parti à prendre dans des circonstances délicates ».

nement parlementaire, ce droit formel a été profondément modifié en plusieurs points :

1° Les Chambres peuvent toujours demander compte au ministère d'un traité conclu et publié, sans que d'ailleurs la validité de celui-ci puisse en souffrir aucune atteinte.

2° Chaque Chambre peut, par une motion, exprimer son opinion sur les traités qui lui ont été communiqués.

3° Les Chambres sont appelées à approuver ou à repousser certains traités qui sont nécessairement soumis à leur vote, quoique d'une manière indirecte. Ce sont, d'un côté, ceux qui exigent, pour leur application, une modification de la législation civile, criminelle, commerciale ou fiscale, par exemple ceux qui concernent la propriété littéraire ou industrielle, ceux qui auraient pour conséquence un changement des tarifs douaniers; — d'autre part, ceux qui ne peuvent être appliqués sans un crédit spécial et nouveau. Le vote des Chambres est ici nécessaire, inévitable, parce que lui seul peut changer la législation ou ouvrir des crédits au pouvoir exécutif[1]. Les Chambres, d'ailleurs, n'ont point le droit de modifier incidemment les dispositions du traité[2]. Ces règles ont été fixées de bonne heure : elles étaient bien connues des hommes de la Révolution française[3]; mais à cette époque la rigueur des principes abstraits porta à une solution différente.

Depuis lors, la solution anglaise a pénétré dans un grand nombre de Constitutions modernes. Mais là elle s'est précisée. Elle se ramène alors à une distinction établie entre divers traités : ceux que le pouvoir

---

[1] Le sénatus-consulte du 25 décembre 1852, art. 3, avait écarté chez nous cette conséquence, quant aux traités de commerce. Il décidait : « Les traités de commerce, faits en vertu de l'art. 6 de la Constitution ont force de loi pour les modifications de tarifs qui y sont stipulées ». Mais le sénatus-consulte du 8 septembre 1869 revint aux vrais principes, art. 10 : « Les modifications apportées à l'avenir à des tarifs de douanes ou de poste par des traités internationaux, ne seront obligatoires qu'en vertu d'une loi ». — Cf. Constitution du 21 mai 1870, art. 18.

[2] Anson, Law and custom, t. II, p. 272? et suiv.; — Todd-Walpole, op. cit., t. I, p. 133.

[3] Discours de Pétion à l'Assemblée Constituante le 17 mai 1790 : « Voyez l'Angleterre, me dira-t-on; ces fiers insulaires ont cru qu'il suffisait au maintien de leur liberté, de leur sûreté, de se réserver la faculté de refuser l'impôt et de rendre les ministres responsables... Le Parlement n'a conservé qu'un simulacre de pouvoir pour les articles mêmes des traités qui, d'après les lois de l'État, ont besoin de son concours ». — L'abbé Maury, dans la séance du 18 : « Nous disons que les traités d'alliance doivent être ratifiés par le Corps législatif, lorsqu'ils portent un engagement de subsides. De même que les traités de commerce, quand ils stipulent des diminutions ou des augmentations sur les droits de douane qui appartiennent à son ressort, comme tous les autres impôts ».

exécutif peut conclure de sa seule autorité (et la règle générale est
dans ce sens), et ceux qu'il ne peut rendre définitifs que lorsqu'ils ont
été approuvés par le pouvoir législatif. Ceux qui sont classés dans
cette dernière catégorie ne sont pas seulement les traités que les Anglais sont arrivés à soumettre au Parlement pour les raisons plus haut
indiquées, mais d'autres encore à raison de leur gravité propre[1]. C'est
le système qui a été introduit dans la loi constitutionnelle du 16 juillet 1875.

III.

« Le Président de la République négocie et ratifie les traités. — Il
en donne connaissance aux Chambres aussitôt que l'intérêt et la sûreté de l'État le permettent. — Les traités de paix, de commerce, les
traités qui engagent les finances de l'État, ceux qui sont relatifs à
l'état des personnes et au droit de propriété des Français à l'étranger,
ne sont définitifs qu'après avoir été votés par les deux Chambres[2] ».
Il faut voir exactement ce que ce texte accorde au Président de la
République et ce qu'il réserve au Parlement.

Il donne au Président le droit exclusif de *négocier* et de *ratifier*
les traités. Ce sont là des termes que nous avons déjà rencontrés
plusieurs fois, mais qu'il faut maintenant déterminer de plus près.
La *négociation* comprend presque toujours deux phases : d'abord les
pourparlers préliminaires, qui le plus souvent s'engagent entre le
ministre des Affaires étrangères d'un pays et le ministre résident de
la nation cocontractante; puis la rédaction et la signature du traité
par des agents diplomatiques ayant reçu de l'autorité compétente de
pleins pouvoirs à cet effet et que, pour cette raison, on nomme plénipotentiaires. La *ratification* est l'acte par lequel l'autorité, qui exerce
et représente la souveraineté quant au droit de conclure les traités,
approuve et confirme le traité signé par les plénipotentiaires et leur
donne ainsi une valeur définitive. La ratification se conçoit fort bien
lorsque les autorités qui ont qualité pour négocier et pour ratifier sont
différentes[3]. Mais elle est également nécessaire lorsque l'autorité, qui
négocie et qui nomme les plénipotentiaires, est aussi celle qui a qualité pour ratifier le traité. Cela vient de ce qu'on n'applique point en

---

[1] Voyez les dispositions, par exemple, des Constitutions des nations suivantes :
Belgique, art. 68; Pays-Bas, art. 57; Italie, art. 5; Espagne, art. 55, n° 4; Prusse,
art. 48.

[2] Loi constitutionnelle du 16 juillet 1875, art. 8.

[3] Ainsi, dans un certain nombre de Constitutions françaises (1791, 1793, an III),
la négociation appartenait au pouvoir exécutif et la ratification au pouvoir législatif.

droit international et pour la conclusion des traités les règles du mandat d'après le droit civil moderne : le mandataire ici n'oblige pas de plein droit le mandant dans les limites de son mandat; il faut pour cela une ratification expresse du mandant. Pourquoi le droit international est-il demeuré fidèle à des principes surannés en apparence ? Il y en a, je crois, deux raisons. La théorie moderne de la conclusion des traités s'est formée principalement en vue des États monarchiques et du gouvernement direct : le roi ne déléguait pas plus le droit de conclure des traités en son nom que celui de légiférer à sa place ; dans l'un et l'autre cas sa ratification était nécessaire[1], et l'on appliquait les mêmes règles au peuple ou aux Sénats des Républiques. Ce vieux principe se trouve, d'ailleurs, cadrer très exactement avec le système des Constitutions écrites des temps modernes, sous l'empire desquelles, en principe, aucun des pouvoirs qu'elles instituent ne peut déléguer les fonctions qui lui sont attribuées[2]. Mais le maintien de la règle se justifie aussi par un autre motif, celui que donnent en général les traités sur le droit des gens. En droit privé, s'il y a contestation sur l'étendue des pouvoirs du mandataire et sur l'usage qu'il en a fait, il existe des tribunaux pour vider le litige. En droit international, il n'en existerait pas, et seule la pratique de la ratification écarte sûrement toute difficulté à cet égard[3].

D'après l'art. 8 de la loi du 16 juillet 1875, le droit de ratifier les traités, comme celui de les négocier, appartient toujours au Président de la République. Parfois il pourra donner la ratification de sa seule autorité; parfois, pour pouvoir la donner, il faudra que le traité ait été approuvé préalablement par les Chambres; mais c'est toujours lui qui la donne. Il est la seule autorité qui, pour la conclusion des traités, entre en relations juridiques avec les nations étrangères. Tel était déjà le système établi par la Constitution de 1848, qui soumettait pourtant tous les traités à l'approbation du pouvoir législatif[4].

Mais notre texte contient un autre principe beaucoup plus important. Il admet pour le Président de la République le droit général de ratifier de sa seule autorité les traités négociés par lui. Il n'a pas besoin, en principe, de l'autorisation des Chambres. Cela résulte évidemment de ce que cette approbation n'est exigée par le texte que pour certaines catégories de traités ; l'énumération de ces derniers est nécessairement limitative, sans cela elle n'aurait aucune utilité et

[1] Ci-dessus, p. 15 et 226.
[2] Voyez mon étude sur la *Délégation du pouvoir législatif*, dans la *Revue politique et parlementaire*, août 1894.
[4] Klüber, *Europäische Völkerrecht*, § 87.
[4] Ci-dessus, p. 526, note 1.

E.   34

même aucun sens. Cela résulte non moins clairement des travaux
préparatoires. L'exposé des motifs du projet présenté par M. Dufaure
le 18 mai 1875 s'exprimait ainsi : « En énumérant les attributions
du Président de la République, l'article 3 de la loi du 25 février sur
l'organisation des pouvoirs publics n'avait pas compris le droit de négocier et de *traiter* avec les puissances étrangères. *Le droit du Président sur ce point ne peut être absolu ; il est limité et tempéré par le
droit des Chambres.* Nous avons cherché à faire le partage par l'article
7 du projet [1] ». La Commission de l'Assemblée adopta pleinement ces
vues. Elle ajouta seulement quelques catégories de traités à ceux pour
lesquels l'approbation des Chambres était exigée par le projet. Ce
dernier, en effet, ne comprenait dans cette classe que les traités soumis au Parlement d'après les usages anglais[2]. « Nous reconnaissons,
disait le rapport, au Président le droit de négocier et de ratifier les
traités. Mais, conformément à la jurisprudence de tous les pays libres,
nous demandons que les traités de paix, qui ne figurent pas dans le
texte du projet, ne soient définitifs qu'après avoir été votés par les
deux Chambres. Nous y ajoutons les traités qui sont relatifs à l'état
des personnes et au droit de propriété des Français à l'étranger. C'est
ainsi qu'on l'a toujours entendu. On nous a soumis dernièrement des
conventions d'extradition avec la Belgique ; une Commission examine
en ce moment les capitulations de l'Égypte, et les Chambres de l'Empire ont voté à diverses reprises des traités relatifs à la propriété
industrielle et à la propriété littéraire. Nous croyons que c'est par
pure omission que ces dispositions ne figurent pas dans la rédaction
du gouvernement[3] ». Le texte ainsi modifié fut adopté sans discussion
et sans observations en seconde et en troisième lecture.

Parmi les diverses catégories de traités qui sont soumises à l'approbation des Chambres, il n'en est qu'une qui demande ici, au point de
vue du droit constitutionnel, quelques observations. Que faut-il entendre par les *traités qui engagent les finances de l'État*? En un certain
sens tous les traités engagent éventuellement les finances de l'État,
en ce que, s'ils sont violés, ils peuvent donner occasion à des guerres
coûteuses ou à des demandes d'indemnités de la part des nations cocon-
tractantes. Mais ce ne peut être dans cette signification que le mot est

---

[1] *Annales de l'Assemblée Nationale*, t. XXXVIII, *Projets de loi*, etc., p.
108

[2] Art. 7 du Projet, 2e alinéa : « Les traités de commerce et les traités qui engagent les finances de l'État ne sont définitifs qu'après avoir été votés par les deux
Chambres ».

[3] *Annales de l'Assemblée Nationale*, t. XXXVIII, *Projets de loi*, etc., p.
223.

pris ici; car alors cette seule exception absorberait complètement la règle, et l'on retomberait dans le régime qui soumet indistinctement tous les traités au pouvoir législatif. Ces mots doivent être entendus dans un sens étroit et précis; ils désignent les traités qui, par quelqu'une de leurs clauses, impliquent une dépense déterminée, et qui ne pourraient point être complètement exécutés sans un crédit correspondant. Il faut que la dépense à faire pour l'exécution du traité soit une conséquence directe, précise et nécessaire, de celui-ci.

D'après cela, le Président de la République a parfaitement le droit, selon la Constitution, de conclure un traité d'alliance, de sa seule autorité, avec une puissance étrangère, et ce traité est juridiquement obligatoire sans aucun vote du pouvoir législatif. En effet, les traités d'alliance ne sont pas compris parmi ceux pour lesquels l'article 8 exige l'approbation des Chambres; on retombe donc dans la règle qui est le droit propre du Président de la République. Mais cela cesserait d'être vrai, si le traité d'alliance imposait à la France des charges pécuniaires déterminées, qui seraient la condition même de cette alliance, si, par exemple, il obligeait la France à fournir des subsides à ses alliés, ce qui était au XVIIIe siècle l'hypothèse classique pour l'interprétation du droit anglais[1]. Il en serait de même, je crois, si ce traité obligeait la France à entretenir sous les armes une quantité d'hommes déterminée. Dans ces cas, le traité « engagerait les finances de l'État », et il ne pourrait être définitif et obligatoire que par un vote des deux Chambres.

Enfin le même texte donne au Président un autre droit qui doit être relevé. Celui-ci peut tenir secrets les traités qu'il a conclus, lorsqu'il estime que l'intérêt et la sûreté de l'État ne permettent pas de les communiquer aux Chambres et de les publier. « Nous admettons, disait le rapporteur, suivant l'usage de tous les Parlements, qu'il en doit donner connaissance aux Chambres aussitôt que l'intérêt et la sûreté de l'État le permettent. Nous le laissons juge des cas qui exigent le secret[2] ».

Lorsque les Chambres sont appelées à voter un traité, elles ne peuvent que l'approuver tel qu'il a été négocié par le pouvoir exécutif et rédigé par les plénipotentiaires; elles ne peuvent pas le modifier et l'amender. Elles n'ont pas qualité, en effet, pour négocier elles-mêmes et directement avec les puissances étrangères; ce droit appartient exclusivement au pouvoir exécutif. Mais en repoussant le traité dans son

---

[1] Ci-dessus, p. 527, note 3.
[2] *Annales de l'Assemblée Nationale*, t. XXXVIII, *Projets de loi*, etc., p. 223.

entier, elles pourraient inviter le gouvernement à engager de nouvelles négociations pour obtenir un traité modifié dans tel ou tel sens[1]. On ne considère pas qu'une semblable invitation soit un empiètement sur la libre direction qui appartient au Président de la République quant aux négociations diplomatiques. Les Chambres pourraient même intervenir directement, par l'initiative et la résolution spontanée de l'une d'elles, en vue d'obtenir un traité ou des traités dans un certain sens avec les puissances étrangères[2]. Le Président de la République est alors sollicité d'exercer son droit de négociation, à peu près comme il l'est d'exercer son pouvoir règlementaire, lorsque le législateur renvoie à un règlement d'administration publique[3].

Ce que les Chambres certainement ne pourraient pas faire, ce serait de décider à l'avance par une résolution, encore moins par une loi, qu'elles interdisent au Président de la République de négocier dans certaines conditions déterminées et qu'elles refuseront d'approuver tout traité conclu contrairement à certaines règles. Sans doute elles ont toujours le droit absolu et formel de repousser les traités soumis à leur approbation; mais le pouvoir exécutif a le même droit absolu et formel de négocier librement. Ces principes ont été dégagés devant le Parlement dans la discussion des tarifs douaniers en 1880-1881, 1891-1892. La loi du 11 janvier 1892, qui établit un double tarif de douanes, l'un dit *maximum* et l'autre *minimum*, paraissait assez difficilement conciliable avec ces principes, le tarif *minimum* ne présentant d'utilité réelle et de valeur juridique que s'il arrêtait la somme de concessions, qui ne devait pas être dépassée dans les conventions avec les puissances étrangères. Il a été entendu cependant que le pouvoir exécutif conservait plein et entier le droit de négocier des traités de commerce, en dehors des conditions du tarif *minimum*, avec les puissances étrangères[4]. Le tarif *minimum*, qui ainsi ne contenait qu'une indication économique et non point une disposition impérative, avait acquis, d'ailleurs, et par avance, une valeur juridique assez importante. Conformément aux principes que je viens de relever, le bénéfice n'aurait pu en être accordé par le gouvernement qu'au moyen

---

[1] Eugène Pierre, *Traité de droit politique, électoral et parlementaire*, n°ˢ 863, 864.

[2] Ainsi, le 8 juillet 1895, la Chambre des députés a voté la résolution suivante présentée par M. Barodet (*Journal officiel* du 9, *Débats parlementaires*, p. 2027) : « La Chambre invite le gouvernement à négocier le plus tôt possible la conclusion d'un traité d'arbitrage permanent entre la République française et la République des États-Unis d'Amérique ».

[3] Ci-dessus, p. 473.

[4] Eugène Pierre, *Traité de droit politique, électoral et parlementaire*, n° 758 et suiv.

d'un traité soumis à l'approbation des Chambres conformément à la Constitution. La loi du 29 décembre 1891 lui a permis, à de certaines conditions, de l'accorder de sa propre et seule autorité[1]. La constitutionnalité de cette loi a fait doute. Ne contient-elle pas, en effet, une délégation au pouvoir exécutif d'une des attributions essentielles conférées aux Chambres par la Constitution? Certains l'admettent, mais déclarent cette délégation valable parce qu'elle est limitée. Je crois plutôt que le législateur a rendu ici une loi dont l'application est en quelque sorte conditionnelle; il a laissé au pouvoir exécutif le soin de déterminer les conditions, nécessairement variables et contingentes, qui ouvriraient l'application du tarif légal *minimum*[2].

Il semble résulter des précédents en cette matière que, contrairement à ce qu'on pourrait supposer, les Chambres ne se montrent pas très jalouses de leurs prérogatives quant à l'approbation des traités. Non seulement la loi précitée du 29 décembre 1891 paraît manifester cette tendance par une application, d'ailleurs très utile; mais la Chambre des députés, le 28 novembre 1891, a refusé de statuer sur une convention que le gouvernement soumettait à son approbation, alors que celle-ci n'était peut-être pas exigée par la Constitution[3].

Les traités valablement conclus et ratifiés obligent, je l'ai dit, les citoyens, comme les lois elles-mêmes; mais il faut pour cela que, comme celles-ci, ils aient été promulgués par le Président de la République et publiés[4].

IV.

L'article 8, deuxième alinéa, de la loi constitutionnelle du 16 juillet 1875 se termine ainsi : « Nulle cession, nul échange, nulle adjonction de territoire ne peut avoir lieu qu'en vertu d'une loi ». Il semble que cette clause spéciale était inutile; les faits qu'elle prévoit se réalisent par la voie d'un traité; il suffisait, semble-t-il, de mettre les traités de cette nature parmi ceux qui doivent être soumis à l'approbation

---

[1] Art. 2 : « Le gouvernement est autorisé à appliquer, en tout ou en partie, le tarif minimum aux produits ou marchandises originaires des pays qui bénéficient actuellement du tarif conventionnel, et qui consentiront de leur côté à appliquer aux marchandises françaises le traitement de la nation la plus favorisée. Cette concession ne pourra être accordée que sous la réserve par le gouvernement français d'en faire cesser les effets en notifiant cette intention douze mois à l'avance ».

[2] Voyez mon étude sur la *Délégation du pouvoir législatif*, dans la *Revue politique et parlementaire*, août 1894.

[3] Eugène Pierre, *Traité de droit politique, électoral et parlementaire*, n° XIV.

[4] *Ibidem*, n° 506.

des Chambres. Cependant cette disposition particulière, outre qu'elle avait des précédents [1], est très correcte en droit. Elle était nécessaire, et cela pour plusieurs raisons.

En premier lieu, l'acquisition d'un territoire nouveau peut se réaliser parfois au profit d'un État sans qu'aucun traité intervienne. Elle peut se produire par l'occupation et la conquête opérées sur des peuplades tellement éloignées de la civilisation que leur organisation politique et sociale ne permet pas la conclusion d'un traité sérieux et régulier. Même, dans les relations des peuples civilisés entre eux, il est fort douteux et même faux que, au point de vue des principes, un traité puisse par lui-même, par sa seule vertu, opérer une cession ou une acquisition du territoire national, ou un échange qui contient à la fois l'une et l'autre. Les traités ordinaires sont purement et simplement l'exercice de la souveraineté nationale, obligeant un État dont la consistance n'est pas altérée. Toute cession ou acquisition de territoire par un État est, au contraire, une modification de la souveraineté nationale elle-même, dont l'étendue est changée, soit quant aux territoires sur lesquels elle s'exerce, soit quant au nombre des citoyens auxquels elle commande. Il y a donc là un acte qui touche à la constitution nationale dans ce qu'elle a de plus essentiel, et très logiquement, sous le second Empire, on en avait conclu qu'il ne pouvait être accompli que par une décision du pouvoir constituant, c'est-à-dire à cette époque par un sénatus-consulte [2]. Les lois constitutionnelles de 1875 ont été moins logiques; elles se contentent d'une loi. Cela vient sans doute de ce que le pouvoir constituant qu'elles organisent ne diffère pas, quant à ses éléments constitutifs, du pouvoir législatif ordinaire. Ce sont les mêmes sénateurs et les mêmes députés qui statuent de part et d'autre, mais en entrant dans une combinaison nouvelle et par une procédure particulière. Les auteurs de la Constitution ont pensé qu'ici les formes ordinaires suffisaient [3].

---

[1] Ainsi la Constitution de 1848, qui soumettait (art. 53) tous les traités à l'approbation de l'Assemblée nationale, disait pourtant du Président (art. 51) : « Il ne peut céder aucune portion du territoire ».

[2] Sénatus-consulte du 12 juin 1860, opérant la réunion de la Savoie et des Alpes-Maritimes à la France en exécution du traité du 24 mars 1860, ratifié par décret impérial du 11 juin 1860. — Rapport de M. le Président Troplong au Sénat : « L'incorporation est un acte constitutionnel, puisqu'elle modifie la consistance du territoire français et la constitution du territoire réuni ».

[3] En Angleterre, traditionnellement on considère les cessions de territoires comme rentrant dans les prérogatives de la Couronne, qui peut les consentir de sa seule autorité, et non point comme contenant une modification de la Constitution; car alors il faudrait un Act du Parlement. Cependant cette dernière conception a maintenant des partisans; la tendance est assez marquée pour que, en 1890, la cession de l'île d'Hé-

La question que je viens d'examiner est tout à fait distincte d'une autre, que l'on confond souvent avec elle. Il s'agit de savoir à quelles conditions une cession de territoire peut être *moralement* considérée comme légitime. On se place alors non plus au point de vue du droit positif et national, mais au point de vue du droit naturel ou, tout au plus, du droit international. On reconnaît aujourd'hui que les citoyens appartenant par leur naissance ou par leur domicile au territoire cédé ne sauraient être cédés irrémédiablement avec ce territoire et contraints de subir la nationalité étrangère : il doit leur être ouvert un droit d'option qui leur permettra de conserver leur nationalité originelle. Mais cette garantie, qui ne peut pas toujours être obtenue dans sa plénitude n'est point suffisante. Il est inhumain, contraire à l'inviolabilité de la personne humaine, de détacher de la patrie, contre leur volonté, un groupe de citoyens qui lui appartiennent par la vertu de l'histoire nationale et par la force de leurs affections, — ou de les obliger à quitter pour toujours le foyer paternel, s'ils veulent conserver leur nationalité première, car généralement le droit d'option est à ce prix. L'idée humaine et équitable s'est donc fait recevoir chez les peuples les plus civilisés des temps modernes, qu'une portion de territoire ne doit être cédée par un État et acquise par un autre, qu'autant que la population qui l'habite, publiquement consultée sur ce point, émet un avis favorable. Mais, qu'on le remarque bien, il ne peut y avoir là un droit ferme et individuel pour chacun des habitants, à consentir ou repousser le changement de souveraineté [1]; car alors il faudrait, pour le rendre légitime, le vote *unanime* des habitants : ce sera nécessairement l'avis de la majorité qui l'emportera. Il faut ajouter que cette consultation, moralement nécessaire, n'est point l'acte qui, juridiquement, opère et ratifie la cession de territoire. Sans doute, dans les applications qui en furent faites sous le second Empire, on voulut ramener ces votes à la doctrine plébiscitaire qui formait la base de la Constitution [2]. Mais, juridiquement, ce n'est point la vota-

ligoland, consentie à l'Empire d'Allemagne, ait été soumise par le traité à la condition qu'elle serait approuvée par le Parlement. Mais cette clause a soulevé de vives critiques. Voyez Anson, *Law and custom*, t. II, p. 280, 281, et les paroles de M. Gladstone, qu'il cite.

[1] A d'autres époques ce droit fut revendiqué comme un droit individuel au nom des principes féodaux ; voyez mon *Cours élémentaire du droit français*, 3ᵉ édit., p. 207 et suiv.

[2] M. Troplong, rapport cité : « Un peuple a été consulté par son souverain légitime et séculaire sur des arrangements nouveaux, et a répondu en exprimant ses sentiments d'affection pour la France... Qu'est-ce que cela, Messieurs, sinon le consentement régulier et le jugement solennel d'une population qui décide de son sort? C'est ainsi que la France s'est donné l'Empereur et l'Empire. C'est par le suffrage

tion des habitants de la Savoie et du Comté de Nice qui opéra la
réunion de ces pays à la France, c'est le sénatus-consulte du 12 juin
1860. Le plébiscite, qui intervint en exécution du traité du 24 mars
1860, était simplement un *plébiscite de consultation*[1] et le traité ne
déterminait même ni les formes ni les conditions de cette consultation[2].
Il en résulte que, dans l'état actuel de notre droit, de semblables
consultations sont parfaitement possibles. On ne peut pas y voir une
délégation consentie par le pouvoir législatif, un abandon de sa mission
constitutionnelle, qui, d'après nous, seraient impossibles[3]; car cette
consultation ne serait pas ordonnée par le pouvoir législatif. Elle
serait prévue par le traité lui-même, qui en ferait et pourrait légitimement en faire l'une des conditions de l'accord intervenu. Les Chambres
ne seraient appelées qu'ensuite à rendre la loi exigée par l'article 8 de
la loi constitutionnelle du 16 juillet 1875 et qui seule opère véritablement la cession ou acquisition. C'est, en effet, ainsi qu'il a été procédé pour l'annexion de l'île de Saint-Barthélemy, consentie par la
Suède à la France. Le traité du 10 août 1877 portait expressément
que « la rétrocession de l'île de Saint-Barthélemy à la France était
faite sous la réserve expresse du consentement des populations ».
Effectivement, un plébiscite eut lieu, qui donna à la France la presque
unanimité des suffrages exprimés[4].

Le motif sur lequel repose la décision finale de l'article 8, deuxième
alinéa, de la loi constitutionnelle du 16 juillet 1875 détermine aussi
la portée de ce texte. Il s'applique à toute cession ou acquisition d'un
territoire continental ou colonial sur lequel porte ou va porter la pleine
souveraineté de l'État français. C'est, en effet, la modification que va
subir la souveraineté de la France qui rend ici une loi nécessaire. Il
ne s'appliquerait donc pas s'il s'agissait, pour la France, d'acquérir
sur un pays des droits autres et moins étendus que celui de souveraineté : ceux qui découlent, par exemple, d'un protectorat. Pour l'établissement d'un protectorat au profit de la France, une loi n'est pas
nécessaire; le traité même qui contient cet établissement, à moins
qu'il ne soit par lui-même un traité de paix, ou qu'il engage les fi-

---

universel ainsi compris que les dynasties se fondent, que les États se constituent et
qu'ils se consolident ».

[1] Ci-dessus, p. 251.

[2] Art. 1 : « Il est entendu entre Leurs Majestés que cette réunion sera effectuée
sans nulle contrainte de la volonté des populations et que les gouvernements de
l'empereur des Français et du roi de Sardaigne se concerteront le plus tôt possible sur
les moyens d'apprécier et de constater les manifestations de cette volonté ».

[3] Ci-dessus, p. 260.

[4] André Weiss, *Traité de droit international privé*, t. I, p. 568.

nances de l'État, ou qu'il rentre dans une autre des catégories de traités spécialement énumérés dans notre article 8, n'aurait pas besoin d'être approuvé par les Chambres[1].

V.

Le droit de déclarer la guerre, comme celui de conclure les traités, est également disputé entre le pouvoir exécutif et le pouvoir législatif. Jadis même on ne le distinguait pas de celui de faire la paix : l'un était la conséquence de l'autre. Il fait, au contraire, l'objet d'un article spécial dans notre Constitution : « Le Président de la République ne peut déclarer la guerre sans l'assentiment préalable des deux Chambres[2] ».

Les principes en cette matière[3] ont été fixés, chez nous, d'une matière presque définitive dans une mémorable discussion qui s'engagea à l'Assemblée Constituante le 14 mai 1790, et qui se continua pendant huit jours. Elle mit en présence deux thèses absolues et opposées. L'une attribuait au pouvoir exécutif le droit propre de déclarer la guerre, sans aucune autorisation préalable, sous la seule garantie de la responsabilité ministérielle et avec la nécessité, résultant des

[1] Cf. Eugène Pierre, *Traité de droit politique, électoral et parlementaire*, n° 559. — Au mois de mars 1896, le gouvernement présenta comme n'ayant pas besoin d'être approuvé par le pouvoir législatif ou sanctionné par une loi l'acte signé le 18 janvier 1896 par la reine de Madagascar et par notre résident général dans cette île. Ce n'était pas l'établissement d'un protectorat, car la République française ne contractait aucun engagement envers la reine et restait libre de modifier dans l'avenir les rapports avec elle. D'autre part on ne voulait pas alors annexer l'île au territoire français. « Nous avons adopté, dit le ministre des affaires étrangères, une combinaison mixte, intermédiaire entre une annexion pure et simple et un protectorat unilatéral. » On considérait qu'il y avait eu occupation en fait de l'île de Madagascar opérée par la France et reconnue par la reine, mais que la France n'acquérait pour le moment sur l'île que la souveraineté extérieure. « La prise de possession de l'île de Madagascar par le gouvernement français, disait encore le ministre des affaires étrangères, a été constatée par lui et reconnue par la reine. Par le fait de cette reconnaissance un démembrement de la souveraineté s'est accompli : le gouvernement français ne maintient désormais à la reine qu'une partie de ses pouvoirs, ceux qui concernent l'administration intérieure de l'île, et ces pouvoirs s'exerceront seulement sous le contrôle et sous l'autorité du résident général. » Séance de la Chambre des députés du 19 mars 1896 ; *Journal off.* du 20, p. 594, 595. Mais cela était bien subtil. Depuis lors une loi du 6 août 1896 a déclaré Madagascar colonie française, opérant ainsi son annexion au territoire français.

[2] Loi constitutionnelle du 16 juillet 1875, art. 9.

[3] Voyez sur cette matière une intéressante étude d'un de mes anciens élèves, Lucien de Sainte-Croix, *De la déclaration de guerre et de ses effets immédiats* (Paris, 1892).

principes généraux, d'obtenir de la législature le vote des crédits nécessaires. La tradition monarchique était dans ce sens. L'autre opinion soutenait, au contraire, que la déclaration de guerre revenait essentiellement au pouvoir législatif, soit parce que c'était une expression de la volonté générale qu'il appartenait aux seuls représentants du peuple de dégager, soit parce qu'il ne pouvait dépendre d'un seul homme d'engager le pays dans les dangers les plus redoutables. La responsabilité ministérielle, la nécessité de demander des crédits, n'empêcheraient point que le roi ne pût, en déclarant la guerre, causer des maux souvent irréparables.

Mirabeau, dans la séance du 20 mai 1790, envisageant la question sous un point de vue nouveau, avec ce coup d'œil perçant de l'homme d'État et du philosophe politique qui le distinguait, répandit soudain une lumière inattendue. Il montra que, en fait, la déclaration de guerre a par elle-même une importance secondaire. La plupart des guerres, en effet, s'engagent sans déclaration formelle ou, lorsque la déclaration intervient, les choses ont été poussées à un tel point qu'elle est inévitable. Le pouvoir exécutif a presque toujours, et quoi qu'on fasse, le moyen sûr d'amener une guerre, si telle est sa volonté. Dirigeant l'action diplomatique, disposant de la force armée, autorisé et obligé même à prendre les mesures nécessaires pour assurer la défense du pays, il tient dans ses mains tous les éléments générateurs des conflits. La seule véritable garantie contre les dangers qui peuvent résulter de cette situation inévitable consiste dans la responsabilité du pouvoir exécutif et dans la surveillance qu'exercent sur lui les assemblées représentatives.

Ces idées admirablement développées firent sur l'Assemblée une impression profonde. Elle en tint compte dans la Constitution de 1791 ; mais elle n'en pensa pas moins qu'il était nécessaire de fixer les principes quant à la déclaration de guerre. Elle aboutit à cette solution, qu'il était sage et conforme aux principes d'exiger, pour cet acte important, le concours et l'accord des deux grands pouvoirs politiques, l'exécutif et le législatif[1]. Dans une occasion aussi critique, ce n'est pas trop que de faire intervenir tous ceux qui sont véritablement les représentants constitutionnels du pays et d'exiger leur volonté concordante pour engager la nation dans les suprêmes aventures[2].

---

[1] Chapelier, dans la séance du 23 mai 1790 : « Je fais cette proposition réduite à ses moindres termes ; le Corps législatif aura le pouvoir d'empêcher la guerre ; le roi aura le pouvoir d'empêcher la guerre ; ni l'un ni l'autre n'aura le pouvoir de faire la guerre sans le consentement de l'un ou de l'autre ».

[2] Mirabeau, dans la séance du 23 mai : « En examinant si l'on doit attribuer le droit de la souveraineté à tel délégué de la nation plutôt qu'à tel autre, au délégué

D'autre part, quelle que fût leur tendance à faire prédominer l'action du Corps législatif, les Constituants sentirent que, pour la déclaration de guerre, l'initiative devait partir du pouvoir exécutif; ils la lui donnèrent donc en cette matière, alors qu'ils la lui refusaient pour la proposition des lois. Ils décidèrent en même temps que, dans la forme, dans les rapports avec l'étranger, la déclaration de guerre émanerait du roi : cela était conforme au principe général adopté dans la Constitution et d'après lequel le roi seul entretenait des rapports avec les puissances étrangères[1].

La Constitution de 1793 avait abandonné ces principes. Elle avait classé la déclaration de guerre parmi les lois (art. 54); ce qui la soumettait éventuellement au suffrage populaire[2]. Mais la Constitution de l'an III reprit purement le système établi en 1791[3]. La Constitution de l'an VIII contenait au fond le même système, quoique le droit du pouvoir législatif fût en apparence prédominant[4]. Ce texte ne fut même pas modifié au profit du premier Consul ou de l'Empereur par les sénatus-consultes de l'an X et de l'an XII, si bien que le Sénat, lorsqu'il proclama en 1814 la déchéance de Napoléon, parmi les motifs qu'il fit valoir, constata que l'Empereur avait maintes fois déclaré la guerre de sa seule autorité[5]. La Constitution de 1848 se plaça aussi dans la même tradition, en décidant (art. 54) que le Président de la République « veille à la défense de l'État, mais qu'il ne peut entreprendre aucune guerre sans le consentement de l'Assemblée Nationale ».

qu'on appelle *roi* ou à un délégué graduellement épuré et renouvelé qui s'appellera Corps *législatif*, il faut écarter les idées vulgaires d'incompatibilité; qu'il dépend de la nation de préférer pour tel acte individuel de sa volonté le délégué qu'il lui plaira; qu'il ne peut être question, puisque nous déterminons ce choix, que de consulter, non l'orgueil national, mais l'intérêt public, seule et digne ambition d'un grand peuple. Toutes les subtilités disparaissent ainsi pour faire place à cette question : « Par qui est-il plus utile que le droit de faire la paix ou la guerre soit exercé ? »

[1] Constitution de 1791, tit. III, ch. III, sect. 1, art. 2 : « La guerre ne peut être décidée que par un décret du Corps législatif rendu sur la proposition formelle et nécessaire du roi et sanctionné par lui ». Cf. tit. III, ch. IV, sect. 3, art. 1 et 2.

[2] Ci-dessus, p. 243, note 3.

[3] Art. 326 : « La guerre ne peut être déclarée que par un décret du Corps législatif sur la proposition formelle et nécessaire du Directoire exécutif ».

[4] Art. 50 : « *Les déclarations de guerre*, les traités de paix, d'alliance et de commerce, sont proposés, discutés, décrétés et promulgués comme des lois ».

[5] Décret du Sénat du 3 avril 1814 : « Considérant que Napoléon Bonaparte... a entrepris une suite de guerres en violation de l'art. 50 de l'acte de Constitution qui veut que la déclaration de guerre soit proposée, discutée et promulguée comme les lois... ».

Les Chartes de 1814 (art. 14) et de 1830 (art. 13), les Constitutions du 14 janvier 1852 (art. 6) et du 21 mai 1870 (art. 14) donnaient au chef de l'État le droit propre et personnel de déclarer la guerre. Mais, lorsque le gouvernement parlementaire fonctionnait, malgré ces textes, aucune guerre ne pouvait être déclarée sans que les ministres fussent certains d'avoir les Chambres avec eux. Leur consentement préalable était nécessairement demandé, sous la forme habituelle d'une demande de crédits extraordinaires. C'est sous cette forme que la question fut introduite devant la Chambre des députés au mois de juillet 1870, et le débat qui eut lieu à cette époque montre que la nécessité d'un vote des Chambres, pour autoriser la déclaration de guerre, n'est point une garantie vaine et illusoire. Cela permit, en effet, à M. Thiers de tenter un dernier et admirable effort pour empêcher le gouvernement de déclarer la guerre à l'Allemagne. Dans un autre milieu une action semblable, patriotique et courageuse, pourrait produire un effet décisif.

La loi constitutionnelle du 16 juillet 1875 a repris les principes posés en 1790. Elle donne au Président de la République le droit de déclarer la guerre à une nation étrangère, ce qui rentre naturellement dans les attributions du pouvoir exécutif; mais il ne peut la déclarer sans l'assentiment préalable des deux Chambres. Cette dernière disposition ne se trouvait pas dans le projet présenté par M. Dufaure : « Nous avons cru, disait celui-ci, que le droit public de la France était suffisant pour donner l'assurance que le Président de la République ne déclarerait pas la guerre sans l'assentiment des Assemblées législatives; nous n'en avons pas parlé [1] ». Mais la Commission proposa le texte qui a passé dans la Constitution : « Nous ne pensons pas, disait le rapporteur, que cet article soulève des objections. Sans doute, le chef de l'État, qui, suivant l'article 3 de la Constitution, dispose de la force armée, a le droit et le devoir de prendre toutes les mesures exigées par les circonstances pour ne pas laisser surprendre la France par une invasion. Ce droit est plus nécessaire aujourd'hui que jamais. Nous ne voulons pas affaiblir une prérogative qui protège l'indépendance et l'existence même du pays. Ce que nous demandons, c'est que la France reste maîtresse de ses destinées; c'est qu'on ne puisse ni entreprendre ni déclarer la guerre sans son aveu. Ce n'est pas dans cette Assemblée qu'il est nécessaire d'insister sur l'utilité d'une pareille précaution [2] ».

[1] Séance du 7 juillet 1875 (*Annales de l'Assemblée Nationale*, t. XXXIX, p. 474).

[2] Rapport de M. Laboulaye (*Annales de l'Assemblée Nationale*, t. XXXVIII, *Projets de loi*, etc., p. 223).

Mais, en droit, le pouvoir exécutif peut de sa seule autorité décider et accomplir de véritables actes de guerre ou des actes qui s'en rapprochent. Il en sera ainsi d'abord toutes les fois que régulièrement, suivant les règles du droit international, il pourra y avoir guerre sans déclaration de guerre. Cela se présente d'abord lorsque la France est touchée par une déclaration de guerre émanant d'une nation étrangère, ou lorsqu'elle serait attaquée sans déclaration de guerre proprement dite. L'état de guerre existe alors de plein droit, sans qu'il soit nécessaire que l'État attaqué réponde de son côté par une déclaration de guerre en forme[1]. Or c'est seulement la déclaration de guerre que la loi constitutionnelle soumet à l'assentiment préalable des Chambres[2]. Cela se présente encore, même dans le cas d'une guerre aggressive, lorsque celle-ci est dirigée contre une peuplade absolument barbare et qui ne peut constituer un État en droit international : là encore le pouvoir exécutif peut entreprendre la guerre sans déclaration proprement dite[3]. Le pouvoir exécutif peut enfin dans les mêmes conditions, contre des États proprement dits, procéder à des actes qui se distinguent de la guerre bien que constituant des moyens de contrainte internationaux : rétorsion, représailles, saisie et blocus[4]. Enfin nous savons, et le rapport cité de M. Laboulaye est formel sur ce point, que, en dehors de toute déclaration de guerre, le pouvoir exécutif doit user du droit de disposer de la force armée de manière à sauvegarder la sécurité et les intérêts du pays ; si bien que, en fait, la guerre pourra presque inévitablement dépendre de sa volonté.

On voit quel vaste champ d'action lui est laissé, dans lequel il pourra se mouvoir avec une large liberté. Quelles précautions fournit notre droit constitutionnel contre les abus toujours possibles, et ici particulièrement funestes ? Certaines Constitutions françaises ont voulu poser sur ce point des règles précises, limitant dans ces cas les droits respectifs du pouvoir exécutif et du pouvoir législatif. La Constitution de 1791 contenait dans un article un long et minutieux règlement, qui reproduisait une série de propositions présentées par Mirabeau

---

[1] De Sainte-Croix, *De la déclaration de guerre*, p. 149.

[2] Cependant dans le rapport précité de M. Laboulaye on lit ces mots : « Ce que nous demandons, c'est que la France reste maîtresse de ses destinées ; c'est qu'on ne puisse *ni entreprendre ni déclarer* la guerre sans son aveu ». Mais le texte voté ne vise que la déclaration et l'on ne saurait l'étendre par interprétation, puisque le projet présenté par le gouvernement, dont le texte proposé par la Commission est un simple amendement, ne contenait aucune disposition restrictive des prérogatives du pouvoir exécutif.

[3] De Sainte-Croix, *op. cit.*, p. 239 et suiv.

[4] De Sainte-Croix, *op. cit.*, p. 208 et suiv.

dans la discussion du mois de mai 1790[1]. La Constitution de l'an III portait, art. 328 : « En cas d'hostilités imminentes ou commencées, de menaces ou de préparatifs de guerre contre la République française, le directoire exécutif est tenu d'employer, pour la défense de l'État, les moyens mis à sa disposition, à la charge de prévenir sans délai le Corps législatif. Il peut même indiquer en ce cas les augmentations de forces et les nouvelles dispositions législatives que les circonstances pourraient exiger ». La Constitution de 1848 disait simplement que le Président de la République veillait à la sûreté de l'État, mais qu'il ne pouvait entreprendre aucune guerre sans l'assentiment de l'Assemblée Nationale.

Notre Constitution ne contient pas à cet égard de dispositions précises. Elles sont généralement inefficaces et seraient, chez nous, inutiles. Trois sortes de garanties existent, en effet, et sont parfaitement suffisantes. Ce sont : 1° les règles du gouvernement parlementaire et la responsabilité des ministres ; 2° la nécessité de s'adresser aux Chambres pour obtenir des crédits extraordinaires ; 3° les règles des lois militaires sur la durée du service militaire, l'affectation des corps de troupe et la mobilisation, que doit respecter le pouvoir exécutif[1].

VI.

Le voyage mémorable que le Président de la République a fait en Russie au cours de l'année 1897 a réveillé deux questions intéressantes de droit constitutionnel : 1° Le Président de la République peut-il sortir du territoire français durant sa magistrature ? 2° Comment se fera l'exercice du pouvoir exécutif, pendant l'absence du Président de la République, si celui-ci a le droit de sortir du territoire national ? Bien entendu il ne s'agit que des actes qui exigent la décision et la signature du Président de la République lui-même ; les ministres et les autres fonctionnaires qui restent à leur poste continuent à exercer normalement les pouvoirs qu'ils tiennent de la loi seule.

On trouve un certain nombre de Constitutions ou de législations qui défendent au titulaire du pouvoir exécutif de sortir du territoire national. La Constitution et les lois de 1791 le défendaient expressément au roi, et la violation de cette règle pouvait entraîner sa déchéance[3]. On peut remarquer que la loi des 22 mars-12 septembre 1791 en faisait simplement une application du principe général d'après le-

[1] Constitution de 1791, tit. III, ch. II, sect. 1, art. 2.
[2] Voyez particulièrement la loi du 15 juillet 1889, art. 40 et suiv.
[3] Ci-dessus, p. 171.

quel « les fonctionnaires publics sont tenus de résider, pendant toute la durée de leurs fonctions, dans les lieux où ils les exercent ». Il était dit (art. 3) : « Le roi, premier fonctionnaire public, doit avoir sa résidence à vingt lieues de distance au plus de l'Assemblée Nationale, lorsqu'elle est réunie ; et lorsqu'elle est séparée le roi peut résider dans toute autre partie du royaume ». Les Constitutions républicaines de l'an III et de 1848 appliquaient la même règle, quoique moins rigoureusement aux Directeurs et au Président de la République. La première portait (art. 164) : « Aucun membre du directoire ne peut s'absenter pendant plus de cinq jours, ni s'éloigner au delà de quatre myriamètres du lieu de la résidence du directoire, sans l'autorisation du Corps législatif ». La seconde disait du Président de la République (art. 63) : « Il réside au lieu où siège l'Assemblée Nationale, et ne peut sortir du territoire continental de la République sans y être autorisé par une loi ». Le même principe enfin est adopté par certaines constitutions républicaines étrangères[1].

Mais, sous l'empire de nos lois constitutionnelles actuelles, on ne saurait donner cette solution. Elles ne contiennent aucune prohibition de ce genre, et l'on ne saurait utilement invoquer le principe général sur la résidence des fonctionnaires. Sans doute, la loi constitutionnelle du 25 février 1875 a fixé à Versailles (art. 9) le siège du pouvoir exécutif et des deux Chambres ; et la loi du 22 juillet 1879 l'a transféré à Paris (art. 1). Mais, comme on le verra plus loin, ces textes répondent à de tout autres préoccupations que celles d'empêcher le Président de la République de sortir de France ; si telle avait été la pensée de l'Assemblée Nationale, elle l'eût formulée nettement, et tout en posant la règle prohibitive elle l'eût entourée d'exceptions possibles, comme l'ont fait nos Constitutions de l'an III et de 1848, les Constitutions de la République Argentine et du Mexique. Car il y a des cas, et le voyage présidentiel de 1897 en est un exemple éclatant, où les devoirs de sa fonction, l'intérêt national le plus certain, appellent le Président de la République, non seulement hors du territoire continental, mais encore à l'étranger. D'ailleurs, avec le gouvernement parlementaire, le voyage du Président ne pourrait être décidé sans l'approbation préalable des Chambres.

[1] Constitution de la République Argentine (Dareste, *Constitutions*, t. II*, p. 560), art. 86, § 21 : « Il (le Président) ne peut s'absenter du territoire de la capitale sans l'autorisation du Congrès. En dehors des sessions du Congrès, il ne peut s'absenter sans autorisation que pour de graves objets de service public ». — Constitution du Mexique (*Ibid.*, p. 481), art. 84 : « Le Président ne peut quitter le lieu de la résidence des pouvoirs fédéraux et de l'exercice de ses fonctions, sans un motif grave approuvé par le Congrès, et, en cas de vacance du Congrès, par la députation de permanence ».

Mais s'il est acquis, que le Président de la République peut sortir du territoire français, comment pendant son absence le pouvoir exécutif (tel qu'il a été défini plus haut) pourra-t-il être exercé? Une pareille question n'a jamais, je le crois, été tranchée d'une façon bien précise. Dans le droit public des monarchies féodales et de celles qui en sont sorties, lorsque le roi sortait du royaume, on ne se demandait point, si, de la terre étrangère, il pouvait encore en droit commander et décider des actes de souveraineté s'imposant valablement sur le territoire national et cela pour une double raison. D'un côté, en effet, étant donnée la difficulté de communications anciennes, le roi absent était *en fait* impuissant à gouverner; et cette *incapacité de fait* faisait qu'on ne se demandait pas s'il y avait en même temps *incapacité de droit*. D'autre part, le roi avait un moyen très simple, alors admis sans difficulté, pour assurer l'exercice ininterrompu de la souveraineté sur le territoire national; c'était de déléguer cet exercice à une personne qu'il choisissait; telle était chez nous l'une des applications de la régence.

Mais dans notre droit constitutionnel une pareille délégation est impossible. Comme la délégation du pouvoir législatif[1] et pour les mêmes raisons, la délégation du pouvoir exécutif, par son titulaire est impossible[2]. C'est un pouvoir attribué par la Constitution à une personne ou à un corps pour en faire un usage qu'elle détermine, non pour en disposer. Le Président de la République ne peut donc déléguer à un ministre ou au Conseil des ministres le droit de rendre et signer les décrets à sa place. Cela est évident, puisque la Constitution exige en pareil cas une double garantie, la signature du Président et le contreseing ministériel; la délégation n'en laisserait subsister qu'une seule, la signature du ministre ou la décision du Conseil.

La seule question qui reste est celle de savoir si le titulaire du pouvoir exécutif peut signer à l'étranger un décret qui soit valable et exécutoire en France. Si l'on consulte à cet égard, le droit du Moyen Âge, féodal, romain ou canonique, on voit qu'il répu-

---

[1] Ci-dessus, p. 529.

[2] Cependant sous le second Empire, à plusieurs reprises, Napoléon, quittant la France, confia la régence à l'impératrice pendant son absence : le 3 mai 1859 en partant pour la guerre d'Italie (Sirey, *Lois annotées*, 1859, p. 59), le 26 avril 1865 à l'occasion d'un voyage en Algérie (*Ibid.*, 1865, p. 122), enfin le 23 juillet 1870 en partant pour l'armée du Rhin (*Ibid.*, 1870, p. 590). Mais cette pratique, empruntée à l'ancien droit monarchique, jurait avec le principe de la souveraineté nationale et celui du pouvoir constituant qui servaient de base à la Constitution de l'Empire. On peut remarquer d'ailleurs que dans deux de ces cas au moins l'Empereur restait sur le sol français (continental ou algérien); en Italie on pouvait dire qu'il était encore en France, en vertu du principe : là où est le drapeau, là est la France.

quait à admettre qu'une autorité quelconque sortie de son territoire
peut faire valablement, quant aux habitants de celui-ci, un acte de
juridiction ou de souveraineté. Cela tenait à ce que l'autorité publique, par le régime féodal, avait pris un caractère territorial exagéré ;
c'était la terre qui donnait le droit de commander. Sorti du territoire,
le sujet pouvait braver les commandements de celui qui y commandait[1] ; sorti de son territoire le seigneur ou le juge ne pouvait
user de son autorité sur les habitants. On rattachait aussi cette idée
à certains textes du droit romain qui disaient que le gouverneur sorti
de sa province n'était plus qu'un simple particulier[2].

Mais le droit moderne n'a pas de ces étroitesses. Il admet bien souvent que la loi nationale suit le citoyen à l'étranger. Si le titulaire du
pouvoir exécutif peut valablement se rendre à l'étranger, pourquoi,
de la terre étrangère, ne pourrait-il pas donner un ordre et une signature
qui, sans doute, n'auront d'autorité que lorsqu'ils auront atteint les
frontières du territoire national, mais qui n'en seront pas moins authentiques pour avoir été donnés hors du pays? Cela ne serait impossible que si le décret était tel qu'on ne pût pas le concevoir rendu en
dehors du territoire national. Ce serait le cas d'un décret qui d'après
la Constitution ou la loi devrait être rendu en Conseil des ministres.
Cela suppose en effet, comme on le verra plus loin, que le Président
de la République préside le Conseil des ministres qui délibère sur cet
acte, et le Conseil des ministres français ne peut évidemment exister que sur la terre de France.

Ce qui me paraît rendre cette solution certaine, c'est qu'elle est
adoptée, en ce qui concerne la reine, dans l'Angleterre contemporaine,
où pourtant, quant aux droits du monarque, les anciens principes se
sont en général conservés. Là l'on tient encore que le monarque absent
peut déléguer l'exercice de son pouvoir à un régent ou lieutenant.

Mais les derniers exemples de la nomination d'un régent furent
en 1716, quand le Prince de Galles fut fait gardien et lieutenant
du royaume, et en 1732, lorsque la reine Caroline occupa la même
position. Dans d'autres occasions, depuis 1695, des Lords Justices ont
été désignés sous le grand sceau avec des pouvoirs spécifiés dans les
lettres patentes qui leur donnaient leur commission : *mais la faculté
des communications a fait disparaître la nécessité d'une délégation de*

---

[1] C. 1, VI° *De constitutionibus*, I. 3.

[2] L. 2 D., *De off. præsidis*, I. 18 ; et la glose ordinaire, v° *Privatus est :* « ut
dicunt Vascones, qui dicunt se non teneri sub rege Angliæ nisi ipse sit in Vasconia ;
aliàs non volunt ei servire sed dicunt eum privatum et non esse eorum regem. Sed
male intelligunt ; nam non est privatus ; sicut nec sacerdos desinit esse cui interdicitur
officium ».

la prérogative royale durant le présent règne[1]. » On sait pourtant que la reine Victoria fait souvent, presque chaque année, un voyage et un séjour en France.

Quelque opinion d'ailleurs que l'on adopte sur ce point, il faut se rappeler que le Président de la République pourrait incontestablement accomplir les actes de sa fonction sur un navire de guerre français dans un port étranger : en droit public, c'est encore là comme une partie du territoire national.

§ 3. — RESPONSABILITÉ DU PRÉSIDENT DE LA RÉPUBLIQUE.

Nous avons indiqué, dans la première partie, comment il découle logiquement du principe de la souveraineté nationale que tout fonctionnaire, tout représentant du peuple, devrait être pleinement responsable de tous les actes qu'il accomplit dans l'exercice de ses fonctions. Mais nous avons indiqué comment et pourquoi cette responsabilité avait été largement écartée dans les Constitutions modernes, en ce qui concerne les titulaires du pouvoir législatif ou même du pouvoir exécutif[2].

Les auteurs de la Constitution de 1875 devaient forcément résoudre la question en ce qui concerne le Président de la République. Il semblait qu'elle fût tranchée d'avance, la plupart des théoriciens, républicains ou monarchistes, s'accordant pour déclarer que la responsabilité du Président est de la nature, presque de l'essence de la République. M. de Tocqueville, exposant ce qui se passa en 1848 dans la Commission chargée d'élaborer la Constitution, indique qu'alors la question ne fut pas même discutée : « Il était de l'essence de la République que le chef de l'État fût responsable[3] ». D'autre part, M. de Broglie, qui, en 1875, portait à la tribune la même thèse[4], l'accentuait encore dans une publication récente : « Il semble à première vue que la responsabilité de tous les magistrats sans distinction, depuis le plus humble jusqu'au plus élevé, soit la raison d'être du régime républicain[5] ». La Constitution de 1793 déclarait le Conseil exécutif (art. 72) « responsable de l'inexécution des lois et des abus qu'il ne dénonce pas », et la Constitution de 1848 établissait en ter-

[1] Anson, *Law and customs of the constitution*, t. II, p. 74.
[2] Ci-dessus, p. 80, 260 et suiv.
[3] *Souvenirs*, p. 280.
[4] Ci-dessus, p. 415.
[5] *Revue des Deux-Mondes* du 15 avril 1891, p. 834.

mes généraux la responsabilité du Président de la République[1]. Il est vrai que cette dernière ne déterminait pas d'une manière précise les conditions et les effets de cette responsabilité. On peut remarquer dans un autre sens que la Constitution de l'an III, incontestablement inspirée de l'esprit républicain, n'édictait contre les membres du Directoire qu'une responsabilité pénale et limitée; elle assimilait même en principe leur responsabilité à celle des membres du Corps législatif[2].

Le problème est plus compliqué qu'il ne le paraît tout d'abord. En effet, la véritable responsabilité du pouvoir exécutif se présente pratiquement sous la forme de la responsabilité ministérielle[3]. Si l'on pouvait à la fois faire fonctionner la responsabilité du chef du pouvoir exécutif et celle de ses ministres, la solution serait simple; il suffirait, d'après le principe rappelé plus haut, de les déclarer tous également responsables. Mais il y a là une incompatibilité logique; l'une des responsabilités exclut l'autre. On l'a bien vu en 1848, quand on a voulu les faire marcher de front, sans bien déterminer d'ailleurs le mécanisme constitutionnel de cette combinaison[4]. On l'a bien vu de 1871 à 1873, sous la présidence de M. Thiers, où la responsabilité complète et politique du Président de la République absorbait et faisait disparaître celle des ministres[5]. M. Thiers tenait, d'ailleurs, beaucoup à cette forme, et c'était encore celle qui était contenue dans le projet de loi déposé par M. Dufaure le 19 mai 1873[6].

---

[1] Art. 68 : « Le Président de la République, les ministres, les agents et dépositaires de l'autorité publique sont responsables chacun en ce qui le concerne, de tous les actes du gouvernement et de l'administration ».

[2] Art. 158. L'article 131 édictait seulement contre eux une responsabilité spéciale à raison de la promulgation des lois inconstitutionnelles dans la forme. — Les membres du Corps législatif n'étaient responsables que pénalement. Ils ne pouvaient être traduits devant la Haute-Cour de justice (art. 114) « que pour faits de trahison, de dilapidation, de manœuvres pour renverser la Constitution et d'attentat contre la sûreté intérieure de la République ».

[3] Ci-dessus, p. 81, 362.

[4] De Tocqueville, Souvenirs, p. 280 : « Devait-on le rendre responsable des mille détails d'administration dont notre législation administrative est surchargée et auxquels il est impossible et serait d'ailleurs dangereux qu'il voulût lui-même? Cela eût été injuste et ridicule, et, s'il n'était pas responsable de l'administration proprement dite, qui le serait? On décida que la responsabilité du Président s'étendrait aux ministres et que leur contreseing serait nécessaire comme du temps de la monarchie. Ainsi le Président était responsable, et cependant il n'était pas entièrement libre dans ses actions et il ne pouvait couvrir ses agents ». — Ci-dessus, p. 125 et suiv.

[5] Ci-dessus, p. 413, 414.

[6] Art. 14 : « Le Président de la République et les Ministres, pris soit individuellement soit collectivement, sont responsables des actes du gouvernement ». — Art.

Mais l'école des parlementaires, celle qui proposait d'appliquer franchement le gouvernement de cabinet à l'État républicain, démontrait, au contraire, que proclamer la pleine responsabilité du Président de la République, c'était forcément l'autoriser, l'inviter même à avoir une politique personnelle et indépendante. « Les ministres prétendent gouverner, dira-t-il, et pourtant je suis responsable; je suis lié pour le bien et je réponds du mal. » — « Déguiser le désir du pouvoir sous la revendication de la responsabilité, c'est donner habilement à l'ambition personnelle la forme la plus respectable et, par conséquent, la plus dangereuse, chez un peuple très sensible à l'idée de justice, et particulièrement sensible à la générosité du caractère. Le seul moyen de déjouer cette ruse périlleuse, sous le régime d'une république présidentielle, c'est de définir avec clarté et de limiter avec rigueur la responsabilité du Président et de la borner aux devoirs qui relèvent directement de son office, en laissant au Cabinet toute la responsabilité de la politique afin de lui assurer tout son pouvoir[1]. » Cette thèse de Prévost-Paradol se trouvait plus accentuée encore dans les *Vœux sur le gouvernement de la France*[2]. C'est la règle contenue dans le projet de Constitution provisoire déposé au mois de mai 1874 par le duc de Broglie[3]. C'est celle enfin qui a été inscrite dans la loi constitutionnelle du 25 février 1875. L'article 6, après avoir déclaré : « Les ministres sont solidairement responsables devant les Chambres de la politique générale du gouvernement et individuellement de leurs actes personnels », ajoute : « le Président de la République n'est responsable qu'en cas de haute trahison ».

Il ressort de ce texte que la responsabilité du Président est tout à fait exceptionnelle, l'irresponsabilité étant la règle, et qu'elle n'est pas

---

[1] : « Le Sénat peut être constitué en cour de justice pour juger les poursuites en responsabilité contre le Président, les ministres et les généraux en chef des armées de terre et de mer ».

[2] *La France nouvelle*, liv. II, ch. vi, p. 122.

[3] Ch. vi, p. 233 : « Ainsi le Président ou régent, inviolable comme s'il était roi, inviolable même après l'expiration de sa magistrature, inviolable quant à tous les actes de son administration, couvert, comme s'il était roi, par la responsabilité de ses ministres, ne pourrait, selon notre plan, être attaqué et mis à partie que pour tentative d'insurrection ».

[4] Art. 20 : « Le Grand Conseil (Chambre Haute) peut être constitué en cour de justice pour juger soit le Président de la République, soit le ministère. Les ministres sont responsables individuellement de leurs actes personnels, solidairement de la politique du gouvernement. La responsabilité du Président de la République n'est engagée que dans le cas de haute trahison, tentative d'usurpation et de concussion. Dans ces divers cas seulement, il pourrait être déclaré déchu des droits que lui a conférés la loi du 20 novembre 1873. Cette déclaration devra être faite par les Chambres réunies en congrès conformément à l'art. 23 ci-dessous ».

politique mais pénale. Politiquement, les ministres seuls sont responsables devant les Chambres. C'est à eux seuls que celles-ci peuvent demander compte des actes du gouvernement : la personne et les actes du Président ne doivent jamais être pris à partie.

Comment cette responsabilité pénale peut-elle être mise en action? La réponse est écrite dans l'article 12 de la loi constitutionnelle du 16 juillet 1875 : « Le Président de la République ne peut être mis en accusation que par la Chambre des députés et ne peut être jugé que par le Sénat ». Ces textes, si nets et si précis en apparence, donnent lieu cependant à une grave difficulté juridique.

Elle provient de ce que les lois pénales françaises ne contiennent aucun crime prévu et puni sous la qualification de haute trahison. Sans doute, l'expression était usitée dans des Constitutions antérieures[1]. Il est aisé également de comprendre quels sont les faits qu'ont visés les auteurs de la loi constitutionnelle : il s'agit du cas où le Président abuserait de ses pouvoirs pour violer à l'intérieur les lois ou la Constitution, ou bien encore compromettrait par une faute lourde les intérêts de la France à l'égard de l'étranger. Mais la difficulté, au point de vue du droit pénal, n'en subsiste pas moins[2]. Trois solutions peuvent être proposées.

1° On peut soutenir que la Constitution a laissé au Sénat, juge du Président de la République, le soin et le pouvoir de déterminer les faits qui constituent le crime de haute trahison et d'en fixer les peines, en les prononçant. C'était ainsi que l'*impeachment* était pratiqué au XVIII° siècle en Angleterre. C'est ainsi qu'est encore entendue par une doctrine imposante la responsabilité pénale des ministres, comme on le verra plus loin. La même question est agitée aux États-Unis où le Président est aussi déclaré responsable pour trahison, corruption et autres grands crimes ou délits[3]. « Quelques-uns, dit M. Bryce, tiennent que les expressions comprennent seulement des actes prévus et punis par le droit pénal (*indictable offences*), tandis que d'autres leur donnent une signification extensive, y comprenant les actes accomplis en violation des devoirs résultant de la charge et contraires aux intérêts de la nation[4] ».

2° Contre cette première opinion il y a une objection grave. C'est que

[1] Constitution de l'an III, art. 115; Chartes de 1814, art. 33, et de 1830, art. 28; Constitution de 1848, art. 68.

[2] Au mois de janvier 1878, M. Pascal Duprat déposa à la Chambre des députés un projet de loi déterminant les cas de haute trahison et en fixant les peines ; il fut pris en considération par les Chambres, mais il n'a jamais été converti en loi.

[3] Art. 1, sect. 3, clause 6; art. 2, sect. 4 : « For treason, bribery and other high crimes and misdemeanours ».

[4] *American commonwealth*, t. I, p. 47.

l'un des principes fondamentaux posés par la Révolution française est l'exclusion des pénalités arbitraires. Dans notre droit public, *nulla pœna sine lege*. « Nul ne peut être puni qu'en vertu d'une loi établie et promulguée antérieurement au délit et légalement appliquée », dit l'article 8 de la *Déclaration des droits de l'homme et du citoyen de 1789*, et le même principe est répété dans l'article 5 de notre Code Pénal. En appliquant cette règle essentielle, on propose de décider que le Président de la République ne pourra être condamné par le Sénat que si le fait qui lui est reproché tombe sous le coup d'un article de loi, que s'il rentre dans une incrimination contenue dans la loi pénale, et qu'il ne peut être puni que des peines portées par les textes de lois.

3° Une troisième solution me paraît possible. Celle que fournit l'opinion précédente est certainement correcte, en ce sens que, dans notre droit public, le Président de la République reste soumis, comme tout autre citoyen, à l'empire des lois civiles ou pénales. On ne saurait songer pour lui à une irresponsabilité absolue et de droit commun comme celle qui existe, en Angleterre, au profit du monarque[1]. Si, par suite, il commettait un acte quelconque tombant sous le coup d'une disposition de la loi pénale, il pourrait être poursuivi et frappé de la peine légale comme toute autre personne. La seule différence, c'est que, d'après les termes formels de la loi constitutionnelle du 16 juillet 1875, art. 12, il ne peut jamais être mis en accusation que par la Chambre des députés[2], et il ne peut jamais être jugé que par le Sénat. La poursuite ne peut émaner que d'une Chambre et le jugement que de l'autre, parce que, à l'égard du premier magistrat de la République, toute poursuite à fins pénales prendrait nécessairement le caractère d'un acte politique[3]. Tout cela est incontestable; mais, en

[1] Ci-dessus, p. 82.

[2] Les termes *mis en accusation* doivent être entendus dans un sens large, comme comprenant les poursuites à raison non seulement de crimes, mais aussi de délits et même de contraventions.

[3] Il faut admettre par suite qu'en matière civile le Président de la République pourrait être cité devant les tribunaux ordinaires, comme tout autre citoyen. M. Burgess (*Political science*, t. II, p. 2455) soutient cependant que le Président des États-Unis « est affranchi de la juridiction de tout tribunal magistrat ou corps sur sa personne. Pour aucun fait il ne peut être arrêté ou restreint dans sa liberté personnelle par qui que ce soit, pas même pour meurtre commis par lui. Il n'est responsable que devant un seul corps, c'est-à-dire... Ce principe n'est pas expressément proclamé par la Constitution, ni établi par une loi, ni contenu dans aucune décision de la Cour sur la question. Il est simplement un postulat de la science politique, qu'implique la Constitution ». M. Burgess affirme qu'il n'est point influencé ici par la règle du droit anglais qui déclare tous tribunaux incompétents à l'égard du monarque. La principale raison est qu'un jugement rendu contre le Président de

partant de la haute trahison qui rend le Président *responsable*, la loi constitutionnelle du 25 février me paraît avoir voulu quelque chose de plus. Elle a eu en vue une répression politique plutôt que légale. Elle a conféré à la Chambre des députés, accusatrice, et au Sénat, juge, des pouvoirs qui vont au delà de la simple application des lois pénales. Que peut donc faire encore le Sénat, s'il ne peut jamais appliquer au Président que les peines portées par la loi pénale et pour les faits qu'elle détermine? Il peut prononcer sa déchéance. C'est un pouvoir qu'il faut bien lui supposer dans le cas où il pourrait par ailleurs prononcer contre lui une condamnation pénale quelconque, même une condamnation qui n'entraînerait pas la perte des droits civiques et politiques : car la Constitution n'a pas dû admettre qu'un Président ainsi condamné pût rester en fonctions. Ce pouvoir, le Sénat l'aura toujours, à la seule charge de relever des faits qui, pour lui, constituent une haute trahison. Le système, auquel on arrive ainsi par la simple application des principes, est d'ailleurs à peu près celui qui est expressément inscrit dans la Constitution des États-Unis. Il y est dit, en effet : « Dans les cas *d'impeachment* le jugement ne pourra contenir que la destitution du fonctionnaire et le déclarer incapable d'occuper dorénavant, sous l'autorité des États-Unis, aucune fonction honorifique, de confiance ou rémunérée; mais la personne ainsi convaincue pourra néanmoins être accusée, mise en jugement, jugée et punie, conformément aux lois[1] ».

L'histoire des États-Unis nous apprend aussi que cette responsabilité pénale du Président de la République, même dans un pays où il gouverne personnellement et couvre ses ministres, est une précaution presque inutile. Un seul Président des États-Unis a été mis en accusation devant le Sénat par voie *d'impeachment*, le président Andrew

la République a besoin, comme tout autre, d'être ramené à exécution, or le droit de faire exécuter tous les jugements appartient au Président lui-même : « Il est impossible d'exécuter aucune procédure contre le Président des États-Unis s'il résiste, car la Constitution rend tout le mécanisme d'exécutions sujet à son contrôle en dernière analyse ». Mais il y a là, nous semble-t-il, une illusion. L'exécution, conforme à la loi, d'un jugement régulièrement rendu ne se fait point par un ordre particulier du Président, et celui-ci ne pourrait pas non plus l'empêcher par un ordre particulier, car il ne peut pas dispenser de l'exécution des lois. Toute la question est de savoir si le jugement peut être régulièrement rendu contre lui. Or le principe est que tout citoyen est soumis à la loi et justiciable des tribunaux qu'elle a établi ; pour soustraire le Président de la République à cette règle il faut un texte. Les tribunaux, en dehors des cas prévus par ces textes, ont prise sur lui ; car ils tiennent leurs pouvoirs non pas de lui, mais de la loi et de l'État.

[1] Art. I, sect. 3, clause 7.

Johnson, en 1868, et il a été acquitté faute d'une majorité des deux tiers contre lui exigée par la Constitution[1].

[1] Les débats et procédure sont rapportés dans les *Journals of Congress*, 1868. — Prévost-Paradol, *La France nouvelle*, liv. II, ch. vi, p. 120 : « Nous avons vu le Congrès hésiter longtemps, en 1867, entre le grave inconvénient de troubler l'État, s'il appliquait la responsabilité présidentielle, et l'inconvénient non moins fâcheux de supporter pendant quatre années un Président ouvertement hostile au Congrès et en lutte déclarée avec cette assemblée au sujet de l'exécution des lois ». — Bryce, *American commonwealth*, t. II, p. 77 : « Cependant Andrew Johnson est le seul président qui ait été l'objet d'un *impeachment*; sa conduite folle et opiniâtre rendait désirable sa déchéance; mais comme il était douteux qu'aucune des accusations prise isolément justifiât une condamnation, plusieurs des sénateurs qui lui étaient opposés politiquement votèrent pour son acquittement. Une majorité des deux tiers n'ayant été réunie sur aucun chef (les chiffres étaient : trente-cinq pour la condamnation et dix-neuf pour l'acquittement), il fut acquitté ».

CHAPITRE IV

Le pouvoir exécutif (suite). — III. Les ministres.

Les ministres jouent un rôle capital, un rôle prépondérant dans notre système constitutionnel, puisque la République française est une *république parlementaire*[1]. M. Laboulaye disait même, avec une expression quelque peu exagérée : « Notre gouvernement nouveau, il importe de le répéter, est une république parlementaire, c'est-à-dire une république où tout repose sur la responsabilité ministérielle[2] ». Nous avons examiné précédemment les principes généraux et le génie de cette forme de gouvernement[3]. Il nous faut maintenant, nous attachant aux dispositions et à l'esprit de nos lois constitutionnelles, déterminer juridiquement les fonctions ministérielles. Dans ce but j'étudierai successivement : 1° la nomination et la révocation des ministres et la composition du ministère; 2° le Conseil des ministres; 3° les rapports des ministres avec les Chambres; 4° la responsabilité ministérielle.

I.

Les ministres sont nommés par des décrets du Président de la République. Cette nomination est même politiquement sa fonction essentielle[4], et nous savons dans quelles conditions elle se produit[5]. Cependant, chose notable, le droit pour le Président de nommer les ministres n'est directement et formellement inscrit dans aucune disposition des lois constitutionnelles, alors qu'il figurait non seulement dans la Constitution de 1848[6], mais aussi dans les lois des 17 février et 31 août 1871[7]. Ce silence, que l'on constate aussi dans le projet de Constitution déposé par M. Dufaure en 1873 et dans celui déposé

---

[1] Ci-dessus, p. 160.
[2] *Annales de l'Assemblée Nationale*, t. XL, p. 112.
[3] Ci-dessus, p. 92 et suiv.
[4] Ci-dessus, p. 300, 301, 432.
[5] Ci-dessus, p. 69 et suiv.
[6] Art. 64 : « Le Président de la République nomme et révoque les ministres ».
[7] Résolution du 17 février 1871, art. 2, ci-dessus, p. 410, note 2 ; — loi du 31 août 1871, art. 2 : « Il (le Président de la République) nomme et révoque les ministres ».

par M. de Broglie en 1874, peut s'expliquer de diverses manières.

On pourrait soutenir en premier lieu que les ministres sont purement et simplement les délégués directs et immédiats du Président de la République, à qui appartient le pouvoir exécutif. Le droit de les choisir ne serait pas autre chose que le droit de déléguer l'exercice du pouvoir exécutif; ce droit lui appartiendrait nécessairement en vertu des principes et sans avoir besoin d'être exprimé, soit, selon une ancienne théorie[1], parce que le Président de la République est lui-même le délégué du souverain, soit parce qu'il lui serait impossible de gouverner autrement. Mais cette idée, qui compte des partisans[2], nous paraît inexacte, et nous aurons l'occasion de la réfuter en la retrouvant un peu plus loin.

On peut soutenir également que ce droit de nomination n'a pas été exprimé parce qu'il est de l'essence même du gouvernement parlementaire, et qu'il était, depuis 1871, en plein exercice, au moment où la Constitution a été votée. On peut ajouter qu'il résulte implicitement, mais nécessairement de la Constitution elle-même. Le Président ne pouvant accomplir aucun acte juridique de sa fonction sans qu'il soit contresigné par un ministre, et devant faire intervenir le Conseil des ministres dans certains cas, d'après la Constitution elle-même, celle-ci lui donne par là même le droit de nommer les ministres, sans lesquels ces dispositions seraient inapplicables.

Enfin, on peut soutenir que le droit pour le Président de la République de nommer les ministres est compris dans la disposition de la loi constitutionnelle du 25 février 1875 (art. 3, § 4), d'après laquelle « il nomme à tous les emplois civils et militaires[3] ». Si cela est exact, il en résulte que les ministres ne sont pas de simples délégués du Président de la République, mais des fonctionnaires publics proprement dits, des fonctionnaires de l'État[4]. Nous indiquerons plus loin d'autres textes qui confirment cette conception.

---

[1] Ci-dessus, p. 282, note 1.

[2] M. Loubet, président du Conseil des ministres, au Sénat, séance du 20 juin 1892 (Journal officiel du 21, Débats parlementaires, p. 628) : « Le chef du pouvoir exécutif exerce ce pouvoir par l'intermédiaire de délégués responsables collectivement devant les Chambres de leur politique générale et individuellement de leurs propres actes : ce sont les ministres. C'est en vertu d'une délégation du Chef de l'État que les ministres exercent leurs diverses fonctions; ils peuvent à leur tour en déléguer non pas la totalité, mais une partie à d'autres agents ».

[3] Eug. Pierre, Traité de droit politique, électoral et parlementaire, n° 92 : « Ce droit de nomination et de révocation des ministres n'est pas inscrit d'une façon expresse dans les lois constitutionnelles actuellement en vigueur; mais il résulte du § 4 de l'article 3 de la loi constitutionnelle du 15 février 1875, en vertu duquel le Président de la République nomme à tous les « emplois civils et militaires ».

[4] Ci-dessus, p. 484.

Le droit formel de révoquer les ministres appartient également au Président de la République. S'ils étaient considérés comme ses simples délégués, ce droit résulterait des principes généraux sur la délégation. S'ils sont de véritables fonctionnaires publics, le droit résulte de principes déjà exposés[1]. Mais avec le gouvernement parlementaire, si ce droit n'est pas, comme on l'a dit, « purement fictif, n'ayant jamais l'occasion de s'exercer[2] », son exercice ne pourra être que très rare et supposera des circonstances exceptionnelles. Il ne pourra s'exercer, en effet, qu'avec le contreseing d'un ministre et avec l'appui d'un ministère pouvant trouver une majorité dans la Chambre des députés[3]. Il faudrait supposer, par exemple, un ministre manquant gravement à ses obligations envers le chef du pouvoir exécutif, de telle manière que ses collègues même ne pourraient l'approuver, ou encore un ministère, à plusieurs reprises battu dans la Chambre des députés et s'obstinant à ne point démissionner.

Comment sera déterminée la *composition du ministère*, c'est-à-dire combien y aura-t-il de ministres, et quelle sera entre eux la répartition des affaires comment se fera la délimitation des *départements ministériels*? Ce point n'est pas réglé par la Constitution, et rationnellement il ne pouvait pas l'être. Le nombre des ministres, la détermination des départements ministériels contient un élément purement contingent. Cette détermination peut et doit varier selon les besoins et les circonstances. Elle ne peut donc figurer dans une loi constitutionnelle, qui présente, au contraire, un caractère d'immutabilité relative. Une seule, parmi les Constitutions françaises, a statué sur ce point, celle du 5 fructidor an III, mais c'était seulement pour fixer un *minimum* et un *maximum* à leur nombre[4].

Mais si cette réglementation ne peut pas être faite par la Constitution, elle peut l'être par la loi. Cela paraît même naturel et convenable, et alors il n'est point douteux que, en nommant les ministres, le titulaire du pouvoir exécutif procède à la nomination de fonctionnaires

---

[1] Ci-dessus, p. 185.

[2] Eug. Pierre, *Traité de droit politique, électoral et parlementaire*, n° 92.

[3] Chose notable, la seule révocation de ministres qui ait été prononcée par le Président de la République depuis que la Constitution est en vigueur, celle du 16 mai 1877, a été annoncée d'abord sous une forme quelque peu dissimulée. Le *Journal officiel* du 17 mai 1877 contient en effet cette note (p. 3689) : « Les ministres *ont offert leur démission* au Président de la République, qui l'a acceptée. Ils continueront à expédier les affaires de leur département jusqu'à la nomination de leurs successeurs ». Mais le message adressé aux Chambres par le Président rétablissait la réalité des faits (*Journal officiel* du 19 mai 1877, p. 3785) : « J'ai dû *me séparer* du ministère que présidait M. Jules Simon et en former un nouveau ».

[4] Art. 150 : « Ce nombre est de six au moins et de huit au plus ».

publics institués par la loi, les plus élevés dans la hiérarchie. C'est ce
que fit, sous l'empire de la Constitution de 1791, la loi du 27 avril
1791, relative à l'organisation du ministère, qui posait très nettement
les principes à cet égard[1]. La Constitution de l'an III disait également
(art. 150) : « Le Corps législatif détermine les attributions et le nombre des ministères » ; ce qui fut fait effectivement alors par la loi du
10 vendémiaire an IV sur l'organisation du ministère. Enfin, le même
système fut repris par la Constitution de 1848[2].

Mais les autres Constitutions françaises sont muettes sur ce point.
Il en est résulté que, sous leur empire, par une tradition constante,
le droit a été reconnu au titulaire du pouvoir exécutif de créer de
nouveaux ministères (sauf à obtenir du pouvoir législatif les crédits
nécessaires pour assurer leur fonctionnement), de déterminer et de
modifier la démarcation des départements ministériels. La tradition
sur ce point est constante, je le répète, mais il reste à savoir comment
cette règle s'explique et quelle en est au juste la portée.

On l'explique parfois par le prétendu droit de délégation du Président de la République, dont il a été parlé plus haut. Il pourrait
librement et à son gré déléguer immédiatement l'exercice du pouvoir
exécutif, que lui a remis la Constitution; il y a, par suite, autant de
ministères que de délégations immédiates et distinctes. « Le chef de
l'État, dit notre collègue M. Brémond, investi de la plénitude de la
puissance exécutive, a pleins pouvoirs pour répartir les attributions
d'ordre exécutif entre les divers agents, sous réserve, bien entendu,
des prohibitions résultant des dispositions particulières de la loi. C'est
par application de ce principe qu'on a toujours admis que le Président
de la République avait le droit de fixer le nombre des ministères et
de diviser entre chacun d'eux les services publics. On a vu quelquefois le Gouvernement faire appel à l'intervention du Parlement et lui
soumettre les projets de création de nouveaux ministères; mais c'était
dans un but politique ou pour obtenir des ressources financières nécessaires à la modification proposée[3] ». Mais s'il en était ainsi, et là
se trouvait la source de ce droit, il formerait une prérogative constitutionnelle du Président de la République, que le législateur ne pourrait pas entamer : l'organisation du ministère dans son ensemble ne

[1] Art. 1 : « Au roi seul appartient le choix et la révocation des ministres ».
— Art. 2 : « Il appartient au pouvoir législatif de déterminer le nombre, la division et la démarcation des départements du ministère ».

[2] Art. 66 : « Le nombre des ministres et leurs attributions sont fixés par le pouvoir législatif ».

[3] *Examen doctrinal de la jurisprudence administrative* dans la *Revue critique de législation*, 1894, p. 325.

pourrait pas être fixée légalement, et un ministère isolément ne pourrait pas non plus être créé par une loi. Bien que cette dernière opinion paraisse avoir été soutenue[1], elle ne saurait être admise. Aucun texte constitutionnel ne limitant sur ce point les droits et l'action du pouvoir législatif, il est incontestable qu'il peut légiférer en cette matière et dans ce sens. Même en 1881, sur une demande de crédits répondant à la création de nouveaux ministères, M. Ribot, parlant au nom de la Commission du budget, exprima le vœu qu'à l'avenir aucun ministère ne fût créé sinon par une loi[2]. Depuis lors une application précise a été faite de cette idée. Une proposition de loi, due à l'initiative parlementaire, et tendant à ériger l'administration des colonies en ministère spécial, a été votée par la Chambre des députés le 17 mars 1894 et par le Sénat le jour suivant. Nous avons donc actuellement un ministère créé et constitué par une loi, tandis que les autres procèdent de décrets présidentiels[3].

Le droit, pour le Président de la République, de fixer par décret les départements ministériels s'explique, à mes yeux, d'une manière assez simple. Le Président de la République, en recevant de la Constitution la prérogative de « nommer à tous les emplois civils et militaires », n'a pas seulement reçu le droit de nommer à ceux de ces emplois créés par la loi. Il tient en même temps de la Constitution le droit de créer de nouveaux emplois dans les branches de l'administration dont l'organisation n'a pas été réglementée par la loi, et, à plus forte raison, de modifier les emplois ainsi créés. Mais ces emplois, quoique créés les uns par la loi, les autres par décret présidentiel, ont juridiquement la même nature de fonction publique[4].

[1] Séance de la Chambre des députés du 17 mars 1894 (*Journal officiel* du 18 mars, *Débats parlementaires*, p. 574). M. Michelin : « Aux termes de la Constitution qui nous régit, il n'appartient pas au pouvoir législatif de créer des ministères ; c'est une prérogative du pouvoir exécutif ».

[2] Chambre des députés, séance du 8 décembre 1881 (*Journal officiel* du 9). La question revenant devant la Chambre des députés le 10 mars 1892 (*Journal officiel* du 11, *Débats parlementaires*, p. 219), M. Ribot disait encore : « Et je n'ai pas changé d'avis ».

[3] Il résulte de ce fait une certaine anomalie que signalait par avance M. d'Aillières à la Chambre des députés le 10 mars 1892 (*loc. cit.*, p. 219) : « Nous aurions un ministère — le Ministère des Colonies — qui serait créé par une loi et ne pourrait être modifié que par une loi, tandis que les autres ministères, même les plus importants, ne sont créés que par des décrets et peuvent être ainsi modifiés ». L'orateur proposait par suite un article de loi ainsi conçu : « Le nombre des divers ministères et leurs attributions sont fixés par la loi ». Mais cette proposition n'est pas venue en discussion.

[4] On peut seulement se demander s'il n'y a pas une délégation véritable dans le décret du Président de la République qui charge un ministre de l'*intérim* d'un

La nécessité d'obtenir pour les emplois nouveaux les crédits nécessaires et le fonctionnement même du gouvernement parlementaire assurent, d'ailleurs, au Parlement le dernier mot en ces matières. Spécialement en ce qui concerne la délimitation des ministères par décret (droit qui est en réalité exercé d'après la décision du Cabinet lui-même), on peut faire remarquer que cette liberté d'allures répond assez bien au génie propre du gouvernement parlementaire. Il est utile parfois qu'un nouveau Cabinet puisse, en vue de sa constitution même, modifier le nombre des ministres ou la démarcation des départements. En Angleterre, on satisfait aux mêmes besoins par des procédés différents. En France, celui-là est seul possible, puisque chez nous les ministres en titre seuls peuvent faire partie du Cabinet.

De ce qui a été dit jusqu'ici il résulte que les ministres ne sont point de simples délégués du Président de la République. Leur rôle politique, leur action prépondérante dans le gouvernement parlementaire, protestent hautement contre une pareille assertion. Mais les principes juridiques de la délégation n'y sont pas moins contraires. En effet, s'ils n'étaient que de simples délégués, leurs pouvoirs cesseraient nécessairement et de plein droit par la mort ou la démission de celui de qui ils tiendraient leur commission. Tout au contraire, dans ces hypothèses et d'après notre Constitution, non seulement les pouvoirs des ministres subsistent, mais le Conseil des ministres devient momentanément le titulaire même du pouvoir exécutif[1].

Le ministère peut comprendre, comme suppléants ou auxiliaires, des sous-secrétaires d'État. Leur qualification vient de ce que, les secrétaires d'État étant devenus les principaux ministres de la monarchie, soit en France, soit en Angleterre, le titre de ceux-ci est devenu le nom générique des ministres, et le terme « sous-secrétaire d'État » désigne ainsi un ministre en sous-ordre. Les sous-secrétaires d'État ne sont pas établis ni visés par notre Constitution, mais leur existence possible est admise par la loi organique sur l'élection des députés du

notre ministère, dont le titulaire est momentanément empêché. C'est bien ce que paraît admettre M. Laferrière, *Traité de la juridiction administrative*, t. II[2], p. 501 : « Il y est pourvu, dit-il, par un décret du Président de la République, qui désigne un ministre intérimaire choisi parmi les autres membres du Cabinet. Cette délégation peut être complète ou limitée à l'expédition des affaires urgentes ». Mais peut-être peut-on soutenir qu'il y a plutôt réunion momentanée de deux ministères, d'autant que, selon M. Laferrière (*loc. cit.*, note 1), les particuliers n'ont pas le droit de contester la compétence du ministre intérimaire, sous prétexte qu'il aurait dépassé les limites d'une délégation restreinte aux affaires urgentes.

[1] Ci-dessus, p. 55 et s.

30 novembre 1875[1], et cette institution fonctionnait déjà avant le vote des lois constitutionnelles de 1875.

C'est encore là une institution qui vient d'Angleterre, où elle se présente avec un caractère particulier et une grande simplicité. Elle se rattache étroitement à la règle traditionnelle, d'après laquelle les ministres n'ont entrée et séance dans l'une ou l'autre Chambre qu'autant qu'ils en sont membres[2]. Mais étant donné le rôle et le pouvoir de la Chambre des Communes, il est presque indispensable que chaque département ministériel à qui est confié l'emploi des fonds publics y soit spécialement représenté. Par suite, le ministre qui n'appartient pas à cette Chambre peut s'y faire représenter par un *commoner*, qu'il choisit et nomme, avec l'agrément du Cabinet, sous-secrétaire d'État en son département[3]. « Dans le but de faciliter la représentation des principaux services publics dans les deux Chambres du Parlement, il est permis que des sous-secrétaires d'État agissent comme auxiliaires des chefs de leurs départements respectifs dans l'accomplissement de ce devoir important. Ils ne sont pas nommés directement par la Couronne, mais soit quant à la forme, soit quant au fond par un secrétaire d'État. En vérité, il est conforme à l'intérêt public que le ministre soit à même d'assurer dans la Chambre des Communes la présence de fonctionnaires de confiance, qui aient le pouvoir d'y représenter les principaux départements de l'État, et à qui en l'absence des ministres qui en sont spécialement chargés et responsables, puisse être confiée la conduite des affaires publiques qui s'y rapportent[4]. » Les sous-secrétaires d'État anglais sont ainsi purement et simplement les délégués des ministres. Ils n'ont point d'attributions propres et déterminées ; et les auteurs anglais montrent la faiblesse de cette institution : « Quelque capables qu'ils soient, ils ne sont pas en position de déclarer et de défendre la politique du gouvernement avec la liberté, l'intelligence et la responsabilité nécessaire pour satisfaire aux demandes de la Chambre des Communes. En fait ils n'ont qu'une commission (*hold a brief*), et on leur demande de justifier une politique dans la formation de laquelle ils n'ont eu aucune part[5] ». Bien entendu, les sous-secrétaires d'État anglais suivent la fortune du ministre qui les a choisis et tombent avec lui.

L'institution fut introduite en France sous la Restauration, mais

---

[1] Art. 11, 2ᵉ alinéa : « Les députés nommés ministres ou sous-secrétaires d'État ne sont pas soumis à la réélection ».

[2] Ci-dessus, p. 109, 95 note 2.

[3] Todd-Walpole, t. II, p. 29.

[4] Todd-Walpole, t. II, p. 42.

[5] Todd-Walpole, t. II, p. 29.

avec des caractères tout nouveaux. Elle fut établie par une ordonnance du 9 mai 1816, ainsi conçue : « Art. 1. Des sous-secrétaires d'État, *nommés par nous*, seront attachés à nos ministres secrétaires d'État, lorsqu'ils le jugeront nécessaire au bien de notre service. — Art. 2. Les sous-secrétaires d'État seront chargés de *toutes les parties de l'administration* et de la correspondance générale *qui leur seront déléguées par nos ministres secrétaires d'État* dans leurs départements respectifs ». Ces secrétaires d'État différaient profondément de ceux qui existaient en Angleterre. En effet : 1° ils étaient nommés par le roi et non par le ministre, ce qui, croyons-nous, était parfaitement correct au point de vue des principes ; 2° ils n'étaient en aucune façon chargés de représenter les ministres devant les Chambres, mais étaient en partie chargés de l'administration et de la correspondance générale d'un ministère ; ils devaient partiellement décharger les ministres de ces fonctions ; 3° la délégation de ces attributions, même en ce qui concerne l'administration, était faite non par le roi, mais directement par le ministre lui-même, à qui l'ordonnance donnait ce pouvoir.

Cette institution se maintint sous la Monarchie de Juillet ; mais elle se transforma, et, tout en gardant les principaux traits que lui avait imprimés l'ordonnance de 1816, elle se rapprochait de l'institution anglaise : « Sous la Restauration, le rôle des sous-secrétaires d'État avait été surtout administratif ; sous la Monarchie de Juillet, il devint politique ; ce fut M. Thiers qui donna le signal de la transformation [1] ». Le sous-secrétaire d'État était destiné désormais, non pas seulement à administrer pour le ministre, mais aussi à le représenter au Parlement ; aussi l'habitude s'établit-elle de choisir les sous-secrétaires d'État parmi les membres des Chambres, dans le parti qui fournissait le Cabinet, habitude qui avait déjà commencé sous la Restauration [2]. Sous la seconde République, la Constitution et les lois, n'admettant pas les fonctions de sous-secrétaire d'État au nombre de celles qui étaient compatibles avec le mandat de représentant du peuple, ni même au nombre de celles auxquelles les représentants du peuple pouvaient être nommés [3], ramenaient les sous-secrétaires d'État à leur rôle purement administratif. Sous le second Empire, il ne fut plus question d'eux.

[1] Eug. Pierre, *Traité de droit politique, électoral et parlementaire*, n° 109, p. 113. L'auteur ajoute en note : « La première nomination de M. Thiers comme sous-secrétaire d'État est du 4 novembre 1830 ».

[2] *Ibidem*, p. 113.

[3] Décret du 14 juin 1848 ; Constitution de 1848, art. 28 ; loi électorale du 15 mars 1849, art. 85 et 88. Seuls les ministres figuraient sur la liste des fonctionnaires qui échappaient à l'article 28 de la Constitution.

Après 1871, l'institution devait reparaître telle qu'elle avait été pratiquée sous le Gouvernement de Juillet. La loi du 25 avril 1872, décidant qu'aucun membre de l'Assemblée Nationale ne pourrait, pendant la durée de son mandat, être nommé ou promu à des fonctions publiques salariées, exceptait de la règle les sous-secrétaires d'État aussi bien que les ministres. Cependant les premiers sous-secrétaires d'État de la troisième République « sont apparus seulement sous le ministère de M. de Broglie au mois de novembre 1873[1] ». La loi organique sur l'élection des députés du 30 novembre 1875 maintint la compatibilité entre les fonctions de député et celles de sous-secrétaire d'État et dispensa même de la réélection le député nommé sous-secrétaire d'État, comme le député nommé ministre[2]. Depuis lors il y a eu de nombreux sous-secrétaires d'État, principalement pour les ministères des Finances, de la Marine, du Commerce et de la Guerre. L'institution s'est précisée, en même temps qu'elle a été soumise à d'assez vives critiques.

En la prenant d'abord par son côté juridique, on peut constater que la nomination des sous-secrétaires d'État, ainsi que la détermination de leurs pouvoirs administratifs, ont tout d'abord et pendant longtemps été faites exactement d'après les règles posées par l'ordonnance de 1816[3]. Le sous-secrétaire d'État était nommé par le Président de la République et dans un décret; puis, « une fois nommé, ses attributions et ses pouvoirs lui étaient délégués par des arrêtés ministériels[4] ». Parfois, un article du décret présidentiel de nomination autorisait expressément cette délégation. Cette pratique, pleinement approuvée par certains publicistes ou hommes politiques[5], pouvait cependant donner lieu à des objections juridiques des plus sérieuses. Elle suppose, en effet, chez le ministre, le pouvoir de déléguer le droit de décision qui lui appartient, le droit de faire à sa place

---

[1] M. Trarieux, dans la séance du Sénat du 20 juin 1892, *Journal officiel* du 21, *Débats parlementaires*, p. 625.

[2] Cf. ci-dessus, p. 407-409.

[3] M. Trarieux au Sénat, séance du 20 juin 1892, *loc. cit.*, p. 625. — Cf. Eugène Pierre, *Traité de droit politique, électoral et parlementaire*, n° 409.

[4] M. Trarieux, dans le discours cité; — M. Boulatignier, dans le *Dictionnaire général d'administration* de Blanche, v° *Administration*, p. 44.

[5] M. Trarieux, *loc. cit.*, p. 625; parlant de la nomination en 1882 d'un sous-secrétaire d'État aux Finances qui « avait reçu ses pouvoirs autrement que par arrêté ministériel, qui les avait tenus d'un décret du Président de la République, » ajoutait : « Le décret, qui pourrait paraître une anomalie, loin de transformer le caractère de l'institution, la confirme, et il semble qu'il n'ait été autre chose qu'une autorisation accordée au ministre de donner lui-même, dans sa pleine liberté, les pouvoirs dont il voulait investir son sous-secrétaire d'État ».

E.   36

les actes juridiques qui rentrent dans ses attributions (pour la correspondance, qui n'est pas un acte juridique, cela ne fait pas difficulté). Or ce pouvoir de délégation paraît contraire aux principes du droit constitutionnel et public de la France moderne : « En principe, dit très bien M. Brémond, les fonctionnaires n'ont point le droit de déléguer l'autorité dont ils sont investis[1] ». La raison en est que chaque fonctionnaire tient aujourd'hui son autorité de la Constitution ou de la loi, pour l'exercer et non pour en disposer[2]. C'est un devoir pour lui de l'exercer conformément à la Constitution et aux lois, beaucoup plus encore qu'un droit ; il ne peut donc s'en décharger sur un autre, à moins qu'un texte exprès ne l'y autorise. Toute autorité publique est, en principe, indélégable[3]. M. Laferrière applique très nettement cette doctrine aux ministres : « Un ministre pourrait-il déléguer lui-même quelques-unes de ses attributions à ses subordonnés? Il faut distinguer selon que l'attribution déléguée contiendrait ou non un droit de décision. Le ministre peut de sa propre autorité déléguer à ses chefs de service la signature de correspondances, de pièces de comptabilité, d'instructions adressées aux agents du service, mais il ne saurait leur déléguer le droit de prendre les arrêtés ou autres décisions à l'égard des tiers ni de prendre des engagements au nom du Trésor. La jurisprudence du Conseil d'État n'a jamais varié sur ce point, elle s'est affirmée à l'égard de directeurs généraux ou secrétaires généraux des ministères ; de chefs de cabinet des ministres, même « signant pour le ministre et par autorisation » ; de sous-secrétaires d'État, qui n'étaient pas investis d'un droit de décision par décret, mais seulement par délégation du ministre[4] ». Il est vrai que l'éminent auteur paraît admettre que cette délégation pourrait être permise et validée par un décret du Président de la République, et c'est, en effet, la procédure tracée par l'ordonnance même de 1816, qui autorise par disposition générale ces délégations. Mais comment une autorité autre que celle du légis-

---

[1] *Examen doctrinal* dans la *Revue critique de législation*, année 1891, p. 323.

[2] Les Romains eux-mêmes, qui pourtant ont admis plus largement qu'aucun autre peuple la délégation de l'autorité publique, l'excluaient quand elle ne dérivait pas des pouvoirs traditionnels du magistrat (lesquels remontaient de proche en proche jusqu'à l'antique puissance royale), mais bien d'une disposition de loi précise. — L. 1 pr. D. *De officio ejus cui mandata est juridictio*, I, 21 : « Quacunque specialiter lege vel senatus-consulto tribuuntur, mandata juridictione non transferuntur; quae vero jure magistratus competunt, mandari possunt ». Aujourd'hui toutes les attributions des fonctionnaires reposent sur la loi ou sur la Constitution.

[3] C'est ce que j'ai spécialement essayé de montrer en ce qui concerne le pouvoir législatif; — *De la délégation du pouvoir législatif* dans la *Revue politique et parlementaire* d'août 1894.

[4] *Traité de la juridiction administrative*, t. II[2], p. 502.

lateur pourrait-elle écarter un principe général de notre droit public ? à moins qu'on ne dise que, dans cette matière non réglée par la loi, le Président par un décret peut statuer comme le ferait le législateur lui-même.

Quoi qu'il en soit, devant ces difficultés la pratique se modifia. En 1889, pour la nomination d'un sous-secrétaire d'État chargé de la direction des colonies, une nouvelle combinaison se fit jour[1]. Les pouvoirs de décision, qui furent accordés à ce sous-secrétaire, lui furent directement conférés par un décret du Président. Cela écartait les objections juridiques précédemment présentées, soit qu'on y vît une délégation valable, parce qu'elle était opérée par le Président de la République[2], soit que l'on considérât que celui-ci démembrait en quelque sorte administrativement un ministère, en créant un sous-secrétaire d'État investi d'un pouvoir de décision propre, comme il aurait pu créer un ministère nouveau et complètement distinct. Seules ne pourraient pas être attribuées ainsi à un sous-secrétaire d'État la proposition formelle et la signature des actes que doit signer lui-même le Président de la République : car, aux termes de la Constitution, chacun des actes de celui-ci doit être contresigné *par un ministre*.

Au point de vue politique et parlementaire, la question se pose tout autrement. Devant le Parlement, le sous-secrétaire d'État ne peut être que le porte-parole du ministre dont il relève, et qui seul est constitutionnellement responsable devant les Chambres. Aussi le parlementarisme s'accommode-t-il assez bien des sous-secrétaires, qui se présentent à l'anglaise, comme de simples délégués du ministre. Mais il en est autrement de ceux qui reçoivent des pouvoirs propres par décret du Président de la République. Bien que placés sous l'autorité du ministre, ils en sont en fait largement indépendants. D'autre part, aux termes de la Constitution, ils ne sont pas responsables comme les ministres. Il est vrai que, en droit, l'existence d'un sous-secrétaire d'État à ses côtés ne diminue en rien la responsabilité d'un ministre, et celle-ci s'applique aussi bien aux actes de son sous-secrétaire qu'à ses actes propres. Mais, en fait, on ne peut sérieusement et équitablement lui demander compte des actes auxquels il n'a pas participé. Aussi, par une répercussion naturelle, une responsabilité politique particulière tendait à s'établir à la charge de ces sous-secré-

---

[1] Discours cité de M. Trarieux, *loc. cit.*, p. 625.

[2] Brémond, *op. et loc. cit.*, p. 325 : « La délégation à un sous-secrétaire d'État de partie des pouvoirs appartenant à un ministre n'est pas autre chose que l'exercice par le Chef d'État du droit que la loi lui concède de modifier la composition des services publics et d'en répartir la distribution entre les divers agents ».

taires d'État quasi indépendants; battus par un vote du Parlement qui les concernait et les visait seuls, on les a vus donner leur démission, alors que le ministre, dont ils dépendaient, et le ministère entier restaient en fonctions[1]. En réalité, ce système, au point de vue du gouvernement parlementaire, présente de nombreux inconvénients, qui ont été fortement dénoncés dans les débats des Chambres[2] : il déplace la responsabilité ministérielle et rompt l'équilibre du Cabinet.

Aussi la tendance actuelle semble-t-elle porter les cabinets à se passer de sous-secrétaires d'État. Il pourra cependant être parfois utile et nécessaire, pour décharger un ministre d'attributions trop lourdes, de placer à côté de lui et sous ses ordres un fonctionnaire pouvant, dans certaines affaires, décider à sa place. Mais cela peut se faire seulement au point de vue administratif, au moyen d'un secrétaire général ou directeur général qui serait nommé par le Président de la République et recevrait également ses pouvoirs de décision par un décret présidentiel[3], mais qui n'aurait aucune relation directe et politique avec le Parlement.

On nous excusera de nous être étendu aussi longuement sur l'institution des sous-secrétaires d'État ; elle est intéressante, non pas tant pour son importance propre qu'à raison des principes qu'elle met en jeu.

II.

Les ministres, soit qu'ils décident eux-mêmes une question, soit qu'ils proposent au Président de la République de prendre une décision et la soumettent à sa signature, agissent de deux façons bien distinctes. Tantôt chaque ministre statue ou propose isolément pour son département particulier; tantôt les ministres agissent en corps,

[1] M. Loubet, président du Conseil des ministres, au Sénat, séance du 20 juin 1892 (*Journal officiel* du 21, *Débats parlementaires*, p. 629) : « Nous avons vu successivement deux sous-secrétaires d'État, MM. de La Porte et Félix Faure, se retirer devant les votes de la Chambre des députés. C'est la preuve d'une responsabilité d'une nature particulière, étrangère peut-être à la lettre de la Constitution, mais qui n'en a pas été moins effective ».

[2] Voyez la discussion souvent citée qui s'est poursuivie devant le Sénat le 20 juin 1892, et celle qui s'est produite à la Chambre des députés le 17 mars 1894.

[3] Voyez dans ce sens un décret du Président de la République du 7 novembre 1895 créant au Ministère de la Guerre un emploi de secrétaire général (*Journal officiel* du 8 novembre, p. 6350), et un autre décret du 10 novembre 1895 déterminant les pouvoirs de ce secrétaire général et lui donnant pour certaines affaires « la délégation de la signature du ministre » (*Journal officiel* du 12 novembre, p. 6399).

délibérant en commun et arrêtant une décision, ou une proposition, à la majorité des voix[1]. C'est alors le *Conseil des ministres* qui intervient, et c'est un organe essentiel du gouvernement parlementaire.

Les cas dans lesquels doit intervenir le Conseil des ministres sont déterminés par deux séries de règles :

1° Les unes dérivent de l'usage, de la tradition et de la pratique du gouvernement parlementaire. En somme, tous les actes qui sont de nature à engager la politique générale du gouvernement doivent être délibérés et arrêtés en conseil des ministres. D'une manière plus précise, l'usage dans chaque pays, et presque sous chaque ministère, détermine les actes, tels que nominations ou révocations de fonctionnaires, qui doivent être délibérés en conseil, et ceux pour lesquels il suffit de la décision ou de la proposition d'un ministre.

2° Les autres règles, nécessairement tout à fait précises, sont fournies par la Constitution ou par la loi. Celles-ci, en effet, exigent parfois impérieusement l'intervention du Conseil des ministres pour qu'un acte soit légalement accompli par le Président de la République. Les termes alors employés sont : que tel acte doit être fait par un décret du Président *rendu en Conseil des ministres*, et le décret doit porter, pour attester l'accomplissement de cette formalité, la mention suivante : « Le Conseil des ministres entendu ».

Nos lois constitutionnelles contiennent deux dispositions de ce genre. C'est par un décret rendu au Conseil des ministres que doivent être nommés et que peuvent être révoqués les conseillers d'État en service ordinaire[2] ; et c'est par un décret rendu dans la même forme que le Sénat peut être constitué en Haute-Cour de justice pour juger toute personne prévenue d'attentat commis contre la sûreté de l'État[3].

Les lois ordinaires contiennent également un certain nombre d'applications du même système ; j'en citerai deux exemples. D'après la loi sur l'organisation municipale du 5 avril 1884, art. 43, « un conseil municipal ne peut être dissous que par un décret motivé du Président de la République rendu en Conseil des ministres et publié au *Journal officiel* ». La loi du 22 juin 1886, après avoir interdit formel-

---

[1] D'ailleurs, juridiquement parlant, la décision ou proposition arrêtée par le Conseil des ministres est toujours prise dans la forme, ou présentée, par le ministre au département duquel elle correspond. Le Conseil des ministres n'a pas en droit de pouvoir de décision propre, sauf dans l'hypothèse indiquée ci-dessus, p. 16, note 2. L'acte qu'il conseille et pour lequel il se prononce à la majorité des voix est légalement décidé et accompli ou par le Président de la République ou par le ministre préposé à tel ou tel département.

[2] Loi constitutionnelle du 25 février 1875, art. 4, ci-dessus, p. 482, 486.

[3] Loi constitutionnelle du 16 juillet 1875, art. 12.

lement le territoire de la République aux chefs des familles ayant rè-
gné sur la France et à leurs héritiers directs dans l'ordre de primogéniture, autorise par son article 2 le gouvernement à interdire ce même
territoire aux autres membres de ces familles : « L'interdiction est
prononcée par un décret du Président de la République rendu en
Conseil des ministres ».

Dans les cas qui viennent d'être relevés, la Constitution ou la loi
imposent rigoureusement une seule condition pour que le décret
rendu par le Président de la République soit juridiquement valable,
c'est que le Conseil des ministres en ait délibéré ; elles n'exigent
point qu'il ait donné un avis favorable. Légalement alors le Président est obligé de demander cet avis, mais non de le suivre. Dans
deux autres hypothèses, la loi s'exprime autrement et se montre plus
exigeante. Elles nous sont déjà connues. D'après la loi du 3 avril
1878, dans les cas exceptionnels où le Président de la République
(art. 2 et 3) peut déclarer l'état de siège par un décret, il ne peut le
faire que *de l'avis du Conseil des ministres*[1] ; d'autre part, la loi du
14 décembre 1879, permettant au Président de la République
d'ouvrir, provisoirement et à de certaines conditions, des crédits supplémentaires et extraordinaires par décrets rendus en Conseil d'État,
exige (art. 4) que ces décrets aient été préalablement *délibérés et approuvés en Conseil des ministres*. Mais en réalité, étant donné le gouvernement parlementaire, bien que ces deux dernières dispositions
organisent, quant aux conditions de validité du décret, un système
juridique autre que celui contenu dans les dispositions précédemment
visées, la règle politique est la même de part et d'autre. Comment
pourrait-on concevoir, en effet, avec ce régime, qu'un décret soumis
au Conseil des ministres et désapprouvé par lui pût cependant être
signé par le Président et contresigné par un ministre ?

Comme tout corps délibérant, le Conseil des ministres doit avoir un
président. Chez nous, on peut même dire qu'il en a deux, de telle
sorte que tantôt l'un tantôt l'autre, selon les cas et d'après certaines
règles, préside à ses délibérations : l'un est le ministre qui porte le
titre officiel de *président du Conseil des ministres*, l'autre est le Président de la République.

En Angleterre, nous le savons, il en est autrement[2]. Par suite d'une
tradition bien établie et plus que séculaire, le monarque n'y préside
jamais les Conseils de cabinet, mais bien le premier ministre ; et c'est,
en principe, seulement par l'intermédiaire de ce dernier que le mo-

[1] Ci-dessus, p. 519.
[2] Ci-dessus, p. 100, 101.

narque communique avec le Cabinet. Mais en France, lorsque le gouvernement parlementaire s'introduisit avec la monarchie constitutionnelle, cette règle ne se fit point recevoir. Sous la Restauration, où les souvenirs et l'étiquette de l'ancien régime exerçaient encore une grande influence, la règle s'établit naturellement que le Conseil des ministres délibérait en présence et sous la présidence du roi. Cette pratique se maintint sous la Monarchie de Juillet; mais en même temps s'affirma le principe que le Cabinet pouvait délibérer à part, hors de la présence du Chef de l'État, lorsqu'il le jugeait convenable. Casimir Périer revendiqua même ce droit avec une netteté particulière[1].

La Constitution de 1848, qui, d'ailleurs, n'avait pas organisé franchement le gouvernement parlementaire[2], donnait implicitement au Président de la République la présidence du Conseil des ministres. Il est vrai qu'elle ne mentionnait celui-ci que quant aux actes pour lesquels il devait nécessairement intervenir[3], mais en fait le Conseil délibérait dans cette forme pour tous les actes concernant la politique générale[4].

Sous le Second Empire, la question ne put se présenter que lorsque, avec la réapparition du gouvernement parlementaire, il y eut un ministère responsable collectivement devant les Chambres; mais alors la Constitution du 20 mai 1870 maintint formellement à l'Empereur la présidence du Conseil des ministres[5].

La résolution du 17 février 1871 qui nommait M. Thiers chef du pouvoir exécutif déclarait qu'il gouvernait avec le concours des ministres qu'il choisirait et *présiderait*. Lorsque la loi du 31 août 1871

---

[1] Thureau-Dangin, *Histoire de la Monarchie de Juillet*, t. I, p. 111 : « D'avance il (Casimir Périer) a imposé ses conditions qui lui paraissent non seulement garantir, mais manifester aux yeux de tous son absolue indépendance de premier ministre responsable; et, au début de son administration, il tient rudement la main à ce que ces conditions soient observées, *assemblant habituellement le Conseil des ministres chez lui, hors la présence du roi*, et le faisant annoncer chaque fois dans le *Moniteur* ».

[2] Ci-dessus, p. 125.

[3] Art. 64 : « Le Président de la République nomme et révoque les ministres. *Il nomme et révoque en Conseil des ministres* les agents diplomatiques, les commandants en chef des armées de terre et de mer, les préfets, le commandant supérieur des Gardes nationales de la Seine, les gouverneurs de l'Algérie et des colonies, les procureurs généraux et autres fonctionnaires supérieurs ».

[4] De Tocqueville, *Souvenirs*, p. 390; de Tocqueville était alors ministre, et il s'agissait d'une difficulté se rattachant à la politique extérieure : « Je me rendis au Conseil : j'exposai l'affaire. Le Président et tous mes collègues furent unanimes pour penser qu'il fallait agir ».

[5] Art. 19 : « Les ministres délibèrent en conseil sous la présidence de l'Empereur ».

eut cherché à dégager la responsabilité propre du Conseil des ministres[1], il n'y eut cependant rien de changé sur ce point. Le décret du 2 septembre 1871 créa seulement un *vice-président du Conseil des ministres*. Celui-ci était d'ailleurs simplement un *délégué* du Président de la République, chargé, lorsque ce dernier était absent ou empêché, de convoquer et de présider à sa place le Conseil des ministres[2]. Sous la présidence du maréchal de Mac-Mahon, le chef du Cabinet reprit, il est vrai, le titre classique de président du Conseil des ministres, mais la pratique se conserva d'après laquelle le Conseil délibérait normalement sous la présidence du Président de la République. Cet état de choses et de droit existant au moment où ont été votées les lois constitutionnelles de 1875, et n'ayant pas été modifié par elles, s'est maintenu sous leur empire, reposant sur une longue tradition. Mais, en principe, c'est le droit incontestable du Cabinet de délibérer à part, sous la présidence du Président du Conseil, hors la présence du Président de la République. Les réunions qui ont lieu dans ces conditions ont principalement pour but de préparer les délibérations, qui seront arrêtées par le Conseil assemblé sous la présidence du Président de la République. Elles ont pris le nom de *conseil de cabinet*, tandis qu'on réserve le nom de *conseil des ministres* à celui qui est présidé par le Président de la République. L'alternance des uns et des autres est devenue régulière : en temps ordinaire, il se tient chaque semaine à des jours déterminés deux conseils des ministres et un conseil de cabinet[3]. Enfin il est bien certain que, lorsque la Constitution ou la loi exigent, pour l'accomplissement d'un acte déterminé, un décret du Président de la République rendu en Conseil des ministres, le Conseil où ce décret est mis en délibération et où figure nécessairement le Président de la République ne peut être présidé que par lui-même[4].

---

[1] Ci-dessus, p. 412 et suiv.

[2] Ci-dessus, p. 414.

[3] Cette ordonnance d'ailleurs se modifie en fait selon les besoins et les circonstances. Voici une note insérée dans le journal *Le Temps* du 22 novembre 1895 qui est de nature à faire comprendre le système suivi : « Les ministres ont tenu ce matin exceptionnellement en conseil à l'Élysée sous la présidence de M. Félix Faure à la place du Conseil de cabinet ordinaire, qui devait avoir lieu au Ministère de l'Intérieur sous la présidence de M. Léon Bourgeois. Cette réunion du Conseil à l'Élysée avait pour but d'examiner en présence du Président de la République le courrier arrivé hier de Madagascar et qui comprend, outre l'instrument authentique du traité de Tananarive, les rapports du général Duchesne et de M. Banchot, délégué du Ministère des Affaires étrangères ».

[4] Lorsqu'il y a Conseil des Ministres, présidé par le Président de la République, et qu'une question y est mise aux voix, comme il arrive nécessairement dans tout

III.

Les rapports des ministres avec les Chambres sont constants sous le gouvernement parlementaire. D'un côté, contrôlés par le Parlement, ils sont tenus d'expliquer devant lui leurs actes et leurs intentions et de les défendre lorsqu'ils sont attaqués. D'autre part, ils sont les chefs et les directeurs naturels de la majorité. Ils doivent par conséquent la guider et l'éclairer, et c'est à eux que sont naturellement réservées les propositions les plus importantes[1].

Cela suppose, comme conséquence logique, qu'ils ont, en qualité de ministres, la libre entrée dans chacune des deux Chambres, et qu'ils peuvent y prendre la parole toutes les fois qu'ils le croient nécessaire. C'est le droit que leur assure la loi constitutionnelle du 16 juillet 1875, art. 6 : « Les ministres ont leur entrée dans les deux Chambres et doivent être entendus ». C'est là un droit, dont Mirabeau faisait jadis ressortir l'importance et que la Constitution de 1791 n'avait admis que partiellement[2], et qui est reconnu dans toute sa plénitude par la loi constitutionnelle de 1875. Il donne au ministre, membre de l'une des Chambres, l'entrée et la parole dans celle des Chambres à laquelle il n'appartient pas, comme dans celle dont il fait partie. Il les donne dans les deux Chambres au ministre qui n'est membre ni de l'une ni de l'autre. Enfin, en ce qui concerne le droit de prendre la parole toutes les fois qu'ils le jugent convenable, le règlement des Chambres ne pourrait pas supprimer ou restreindre cette prérogative, qui est constitutionnelle[3]. Cette organisation me

corps délibérant, le Président a-t-il le droit de voter ? L'affirmative paraît certaine : le Président de toute assemblée fait naturellement partie de celle-ci, il est le premier de ses membres ; il a par suite voix à la délibération. On peut constater que, dans la période de l'Empire libéral, Napoléon III votait au Conseil des Ministres qu'il présidait. Cela est constaté en particulier dans un article inséré au *Figaro* du 15 juillet 1891 ; M. Émile Ollivier raconte ce qui se passa en 1870 dans une séance du Conseil. Il s'agissait de décider l'arrestation d'un personnage politique. La majorité, dit M. Émile Ollivier, ne se forma que par la voix de l'Empereur. — Cependant, étant donné le gouvernement parlementaire, il paraît plus conforme à son esprit que le Président de la République, présidant le Conseil des Ministres, s'abstienne d'y voter. Cela paraît surtout certain lorsque la loi soumet la validité d'un décret à l'avis conforme du Conseil des Ministres. La pratique paraît chez nous s'être fixée dans ce sens ; voir par exemple le journal *Le Matin* du 18 septembre 1898.

[1] J'étudierai plus loin, en passant en revue les diverses fonctions des Chambres, quels sont les procédés par lesquels celles-ci exercent leur contrôle sur le ministère.

[2] Ci-dessus, p. 285, 286.

[3] Chambre des députés, séance du 25 octobre 1895 (*Journal officiel* du 26. Dé-

parait préférable au système qui existe en Angleterre, et d'après lequel un ministre n'a, en principe, l'entrée et la parole que dans la Chambre dont il est membre.

On s'est demandé si le droit ainsi reconnu aux ministres appartient également aux sous-secrétaires d'État. Le texte ne parle pas d'eux, et, par suite, en raisonnant rigoureusement d'après lui, on a soutenu qu'ils ne pouvaient avoir l'entrée et la parole que dans la Chambre dont ils font partie. C'est une opinion qui a été produite et au Sénat et à la Chambre des députés[1]. Mais elle ne parait pas exacte, et la solution contraire, qui s'est fait admettre dans la pratique[2], me semble mieux fondée. La solution que je repousse serait parfaitement justifiée si le sous-secrétaire n'était, comme en Angleterre, qu'un simple délégué du ministre, car celui-ci ne pourrait lui déléguer aussi une prérogative qui n'a été attribuée qu'à lui-même par l'article 6 de la loi constitutionnelle du 16 juillet 1875. Mais nous savons qu'il en est autrement chez nous. Le sous-secrétaire d'État est nommé par le Président de la République; il tient d'un décret présidentiel son titre et même ses pouvoirs. Or, nous allons le voir tout à l'heure, le Président de la République peut donner, par un décret spécial, pour une discussion particulière, l'entrée et la parole dans les Chambres à une personne quelconque qu'il nomme ainsi commissaire du Gouvernement. N'a-t-il pas pu donner et donné une fois pour toutes une commission analogue, mais plus générale, au sous-secrétaire par le décret qui l'a institué comme auxiliaire ou suppléant du ministre? L'utilité même de l'institution disparait en grande partie, si l'on s'en tient à l'opinion contraire.

Le même article 6 contient la disposition suivante : « Ils (les ministres) peuvent se faire assister par des commissaires désignés, pour la discussion d'un projet de loi déterminé, par décret du Président de la République ». C'est là une disposition des plus sages et des plus pratiques. Son emploi est de nature à corriger, dans une large mesure, certains inconvénients qui sont presque inhérents au gouvernement parlementaire et dont on lui fait reproche non sans raison.

La lutte dans les Chambres, dont le pouvoir est le prix, fait nécessairement que, dans la composition des cabinets, la notoriété politique exerce plus d'influence que l'aptitude professionnelle. Il arrive ainsi que des hommes, d'ailleurs remarquables, sont portés à tel ou tel ministère, alors qu'ils n'ont point une connaissance spéciale, scientifique ou pratique, des affaires qui en dépendent. D'autre part, chaque Chambre est composée d'hommes qui, en grande majorité, sont forcément incompétents pour bien apprécier par eux-mêmes toute loi d'un caractère quelque peu technique ; il faut des personnes d'une compétence spéciale et profonde pour les guider et les éclairer dans la discussion. C'est ce qu'il est possible d'obtenir par le choix des commissaires. On aura ainsi, dans un débat sur un projet de loi, l'homme spécial à côté de l'homme politique. C'est rendre plus souple et plus féconde, adaptée à un gouvernement responsable, la même pensée qui, dans les Constitutions du Premier et du Second Empire, faisait représenter le gouvernement par des conseillers d'État devant le Corps législatif pour la discussion des projets de loi[1].

On peut remarquer que cette désignation des commissaires du Gouvernement adjoints aux ministres devient parmi nous d'un usage de plus en plus fréquent. Il n'est pas de projet de loi quelque peu important, présenté au nom du Président de la République, qui ne soit ainsi discuté, et, la plupart du temps, celui qui est désigné comme commissaire du Gouvernement est le chef du service principalement intéressé par le projet de loi en discussion. Dans la discussion du budget les principaux chefs de division des divers ministères sont le plus souvent désignés comme commissaires du Gouvernement. Enfin de semblables désignations se font aussi pour assister le ministre dans la discussion d'une interpellation[2]. Ainsi l'administration supérieure, dans son élément professionnel et permanent, le *civil service*, comme disent les Américains, vient apporter au Parlement le secours de son savoir et de son expérience, et cela sans aucun inconvénient sérieux : car le ministre, nécessairement présent, reste toujours responsable. Sans doute, on pourrait dire que l'autorité du ministre sera quelque peu diminuée, lorsque l'un de ses subordonnés prendra, en cette qualité nouvelle, la direction et la charge du débat ; mais

[1] D'ailleurs rien n'empêche aujourd'hui que des conseillers d'État soient désignés comme commissaires du Gouvernement.

[2] Voyez par exemple, Chambre des députés, séance du 25 janvier 1898 (*Journal officiel* du 16, p. 41). Dans ce cas on ne conçoit guère que le commissaire du Gouvernement prenne part à la discussion ; celle-ci se concentre entre le ministre responsable et les interpellateurs ; mais le commissaire est là pour fournir sur le champ au ministre tous les renseignements nécessaires.

l'omniscience ministérielle est une pure fiction, que nul n'a intérêt à maintenir.

Bien que le commissaire du Gouvernement, comme son nom l'indique, ait simplement une commission spéciale et temporaire, il reçoit ses pouvoirs, non du ministre qu'il assiste, mais du Président de la République et par un décret.

IV.

La responsabilité ministérielle est, nous le savons, la pièce essentielle de notre système de gouvernement. Nous savons aussi qu'elle peut se présenter sous trois formes distinctes, que nous allons étudier maintenant au point de vue de notre Constitution actuelle : elle peut être *politique*, *pénale*[1] ou *civile*.

La responsabilité politique, caractéristique du gouvernement parlementaire, consiste simplement dans la perte du pouvoir, dans l'obligation morale de démissionner qui s'impose aux ministres lorsqu'ils ont perdu la majorité dans le Parlement. Elle a reçu son expression, précise en apparence, dans l'article 6 de la loi constitutionnelle du 25 février 1875 : « Les ministres sont solidairement responsables devant les Chambres de la politique générale du gouvernement et individuellement de leurs actes personnels ». Ce texte vise nettement la responsabilité politique et seulement celle-là; cela résulte de ses termes mêmes. En effet, la responsabilité politique est la seule qui aboutisse nécessairement devant le Parlement et ne puisse aboutir ailleurs. D'autre part, c'est la seule qui puisse être véritablement solidaire : car, à proprement parler, la responsabilité pénale ne saurait être solidaire : on est responsable pénalement des seuls actes auxquels on a participé, et non point de ceux qu'on a simplement approuvés, à plus forte raison de ceux auxquels on est complètement étranger[2].

Malgré la précision des termes de cet article, il est souvent difficile et délicat de distinguer si la responsabilité politique doit être solidaire

---

[1] M. Brisson, à la Chambre des députés, séance du 13 mars 1879 (*Annales législatives*, 1879, t. III, p. 185) : « Les ministres sont soumis à deux ordres de responsabilité : la responsabilité politique, la responsabilité pénale. Par la mise en jeu de la responsabilité politique, ils perdent le pouvoir ».

[2] Ci-dessus, p. 104. Il est certain qu'un acte d'un ministre isolé, s'il est de nature à engager la politique générale du gouvernement, peut entraîner l'application de la responsabilité solidaire, alors même qu'il n'aurait pas été délibéré et approuvé par le Conseil des ministres. Dans ce cas, on ne pourrait songer évidemment à une responsabilité pénale des autres ministres.

ou individuelle. Mais, je l'ai dit déjà[1], dans nos usages parlementaires, souvent cette difficulté est écartée par une déclaration expresse émanant du Président du Conseil : celui-ci annonce que le Cabinet se retirera si le vote de la Chambre intervient dans tel sens. Parfois aussi, quoique plus rarement, un ministre isolé réclame pour lui seul toute la responsabilité d'un acte propre à son département. Mais il y a dans nos mœurs parlementaires une tendance incontestable à considérer la responsabilité ministérielle comme solidaire en principe.

De quels actes les ministres sont-ils politiquement responsables? On peut dire d'abord, dans une formule simple et compréhensive, qu'ils répondent de tous leurs actes personnels, de tous ceux qu'ils ont décidés et accomplis en leur qualité de ministres et de tous les actes du Président de la République. Quant à ces derniers, la Constitution a pris une précaution formaliste pour assurer qu'ils soient couverts par la responsabilité ministérielle[2]. La loi constitutionnelle du 25 février 1875 décide dans son article 3, dernier alinéa : « Chacun des actes du Président de la République doit être contresigné par un ministre ». Le texte est général et n'admet aucune exception. Il s'applique à tous les *actes juridiques* accomplis par le Président[3]. Cela comprend d'abord tous les *décrets*, même ceux qui supposent en apparence un pouvoir personnel et discrétionnaire comme les lettres de grâce[4], même ceux par lesquels il nomme de nouveaux ministres. Pour ces derniers cependant, le contreseing ne peut être que de pure forme : un ministre ne saurait engager sa responsabilité en contresignant le décret qui nomme son successeur. Aussi la Constitution de 1848, très logiquement, n'exigeait pas pour eux cette formalité[5]. Aujourd'hui, pour obéir au texte de la loi du 25 février 1875, qui ne distingue pas, l'usage est que le président du Conseil du Cabinet démissionnaire contresigne le décret qui nomme son successeur d'abord titulaire d'un ministère déterminé, puis président du Conseil des Ministres.

Le texte, étant général, s'applique aux *messages* du Président de la République comme aux décrets. Ce sont aussi des actes de la fonction présidentielle, et ils doivent être contresignés par un ministre.

---

[1] Ci-dessus, p. 96.

[2] Ci-dessus, p. 90, 91.

[3] Ci-dessus, p. 463.

[4] Ci-dessus, p. 493.

[5] Art. 67 : « Les actes du Président de la République, *autres que ceux par lesquels il nomme et révoque les ministres*, n'ont d'effet que s'ils sont contresignés par un des ministres ». Ce texte, il est vrai, s'écartait des principes du gouvernement parlementaire en ce qu'il dispensait du contreseing les actes par lesquels le Président révoquait les ministres. Ceux-là, en effet, engagent éminemment la responsabilité ministérielle.

La pratique est pleinement conforme. On peut le constater formellement pour le message adressé le 16 juin 1877 au Sénat par le maréchal de Mac-Mahon, et qui contenait une décision proprement dite,
puisqu'il demandait au Sénat l'avis conforme nécessaire pour dissoudre la Chambre des députés[1]. Ce trait, dans la même période de lutte,
fut également et soigneusement relevé, quant au message adressé
aux deux Chambres le 18 mai 1877, lequel accompagnait l'ajournement de la session prononcé par le Président[2]. Un seul acte écrit
émanant du Président de la République est dispensé du contreseing :
c'est sa lettre de démission ; mais c'est là un acte de la personne et
non de la fonction[3].

Les actes écrits et juridiques du Président de la République, susceptibles d'être contresignés, ne sont pas les seuls dont les ministres
sont responsables. Ils le sont encore de ceux de ses actes qui n'ont pas
le caractère d'un acte juridique et pour lesquels le plus souvent la
possibilité d'un contreseing ne se conçoit même pas, mais qui peuvent
avoir une grande importance politique : discours, lettres ou dépêches,
commandement des forces militaires[4].

Enfin, ce n'est pas seulement des actes que les ministres sont responsables, mais aussi des inactions, des omissions qu'on peut légitimement reprocher soit à eux-mêmes soit au Président de la République[5]. Ils sont tenus, en effet, d'agir quand la loi le permet et que
l'intérêt du pays l'exige ; ils sont également obligés d'obtenir du Président de la République les actes qu'ils considèrent comme nécessai-

[1] Séance du Sénat du 16 juin 1877 (*Journal officiel* du 17, p. 4433) : « *Le
Président du Conseil* : J'ai l'honneur de déposer sur le bureau la communication
suivante : « Le Président de la République, vu l'article 5 de la loi constitutionnelle
« du 25 février 1875 relative à l'organisation des pouvoirs publics, fait connaître au
« Sénat son intention de dissoudre la Chambre des députés et lui demande son
« avis conforme. Signé : Maréchal de Mac-Mahon, duc de Magenta ». — *Plusieurs
sénateurs à gauche* : Par qui est-ce contresigné? — *M. Jules Simon* : On demande le contreseing. — *Le Président du Conseil* : Le message est signé : maréchal
de Mac-Mahon, duc de Magenta ; contresigné : le Président du Conseil des ministres,
garde des Sceaux, ministre de la Justice, de Broglie. — *M. Bardoux* : Il était
utile de le dire ».

[2] Rapport fait au nom de la Commission chargée de faire une enquête parlementaire sur les élections des 14 et 28 octobre 1877, par M. Henri Brisson, député (Chambre des députés, séance du 8 mars 1879, *Annales* 1879, *Projets de loi*, etc., p.
25) : « Le message adressé aux deux Chambres le 18 mai est contresigné par M. le
duc de Broglie, président du Conseil et par M. de Fourtou. Ce document n'est
qu'une longue revendication du pouvoir personnel. »

[3] Ci-dessus, p. 451, note 2.

[4] Ci-dessus, p. 463.

[5] Ci-dessus, p. 467. Cf. sur tous ces points, Bello, *Du régime constitutionnel*,
3e édit., t. II, p. 235 et suiv.

res. En un mot, rien dans le gouvernement n'échappe aujourd'hui à la responsabilité politique des ministres. On ne saurait soutenir aujourd'hui, sous notre république parlementaire, une théorie semblable à celle qui a parfois été proposée sous la monarchie constitutionnelle, et d'après laquelle certains actes, considérés comme constituant essentiellement la prérogative constitutionnelle du Chef de l'État, seraient valables sans être contresignés par un ministre et ne mettraient pas en jeu la responsabilité ministérielle. Tels seraient « le commandement des forces militaires, la convocation et la dissolution des Chambres, la nomination des ministres, l'exercice du droit de grâce[1] ». Mais ce n'était pas là autre chose qu'un résidu et une survivance du pouvoir personnel, qui ne sauraient trouver place sous une république parlementaire. Les ministres sont responsables de tous les actes, sans exception, du Président de la République, même de leur propre nomination.

Reste un point très important à examiner en ce qui concerne la responsabilité politique. Elle est mise en jeu, nous le savons, par les votes du Parlement. Mais, en Angleterre, nous le savons aussi, dans le pays où le gouvernement parlementaire a pris naissance et s'est développé, depuis longtemps la Chambre des Lords a cessé d'exercer à cet égard aucune influence, et c'est une règle constitutionnelle bien établie qu'un cabinet ne tombe que devant un vote de la Chambre des Communes. Faut-il transporter cette règle dans notre droit constitutionnel ou reconnaître, au contraire, aux votes de l'une et de l'autre Chambre une influence égale sur le sort des cabinets ?

C'est là une question capitale, qui a longtemps dormi depuis la mise en vigueur de la Constitution de 1875, mais qui a été agitée

[1] Luigi Palma, *Corso di diritto costituzionale*, t. II, p. 454 et suiv. — Cf. Hello, *Du régime constitutionnel*, 3ᵉ édit., t. II, p. 240 : « Quelques-uns ont eu l'idée de procéder plus largement, d'attribuer personnellement au prince et d'enlever à la responsabilité cette partie du pouvoir exécutif que l'on est convenu d'appeler prérogative, c'est-à-dire le commandement des armées de terre et de mer, les déclarations de guerre, les traités de paix, d'alliance et de commerce ». L'auteur repousse en principe cette idée, déclarant qu'alors la responsabilité ministérielle est encore plus applicable et plus nécessaire. Il admet cependant une exception : « La charte a voulu que le roi pût commander les armées de terre et de mer ; le commandement est un acte essentiellement personnel ; il exclut les fictions et les formalités du droit constitutionnel et, par conséquent, l'intermédiaire des ministres. Dans ce cas unique, le prince agit sans cesser d'être inviolable ». — J'ai dit plus haut, p. 496, que le commandement des armées ne pouvait, en effet, par lui-même donner lieu, quant aux actes qui en constituent l'exercice, à la responsabilité ministérielle. Mais les ministres seraient incontestablement responsables d'avoir accepté que le Président de de République usât de ce droit que la Constitution ne lui enlève pas ; ils répondraient, par suite, de toutes les conséquences de ce commandement.

avec passion, à l'occasion du conflit qui s'est élevé entre les deux Chambres françaises aux mois de février, mars et avril 1896. Je vais d'abord l'étudier théoriquement, en présentant sur ce point les thèses qui sont en présence; j'exposerai ensuite quels sont les précédents que fournit jusqu'ici notre coutume parlementaire.

Ceux, et ils sont nombreux[1], qui soutiennent qu'un vote contraire du Sénat peut renverser un ministre ou un ministère, invoquent surtout un argument, décisif en apparence; c'est le texte même de la Constitution, l'art. 6 de la loi constitutionnelle du 25 février 1875 : « Les ministres sont solidairement *responsables devant les Chambres* de la politique générale du gouvernement et individuellement de leurs actes personnels. » Cela paraît formel, car c'est bien de la responsabilité politique qu'il s'agit là, comme je l'ai montré plus haut, et cette responsabilité est indiquée, sans distinction, comme se réalisant devant *les Chambres*, par suite devant le Sénat comme devant la Chambre des députés. On corrobore ce texte par divers passages empruntés aux travaux préparatoires de la Constitution. Ainsi le rapporteur de la Commission des Trente, combattant la disposition qui soumettait à l'avis conforme du Sénat l'exercice du droit de dissolution, écrivait incidemment dans son rapport : « Ce serait une sorte d'instance introduite contre la Chambre des députés devant le Sénat, constitué juge du différend. Elle établirait la prééminence du Sénat sur la Chambre des députés, quand les deux Chambres doivent avoir les mêmes fonctions et les mêmes prérogatives »[2]. De son côté, M. Antonin Lefèvre-Pontalis, rapporteur, au nom de la même Commission du premier projet de loi sur la création et les attributions d'un Sénat, disait aussi : « Le droit d'initiative et le droit d'interpellation ne peuvent être refusés au Sénat. Les lui contester, ce serait le déshériter de la participation au gouvernement, qu'il s'agit de lui garantir[3] ». On écarte assez aisément l'autorité du droit parlementaire anglais. En effet, si la Chambre des Lords est impuissante aujourd'hui à mettre en jeu la responsabilité ministérielle, cet effacement s'explique par sa composition même. Le gouvernement parlementaire, c'est au fond, sinon le choix des ministres, au moins l'existence des ministères mise à la discrétion de la représentation nationale. Or la Chambre des Lords n'a jamais été représentative que par une fiction qui, aujourd'hui,

[1] Parmi les dissertations publiées en ce sens je citerai comme les plus vigoureuses et les plus nettes celles de deux de mes collègues : Duguit, *Le Sénat et la responsabilité politique du ministère*, dans la *Revue du droit public*, t. V, p. 431 et suiv.; Félix Moreau, dans la même Revue, t. IX, p. 79 et suiv.

[2] *Journal officiel* du 3 août 1874, p. 5505.

[3] Impressions de l'Assemblée Nationale (année 1874), n° 2680, p. 33.

est sans force[1]. Mais les deux Chambres françaises sont bien l'une
et l'autre représentatives étant totalement électives. Le Sénat procède
lui-même du suffrage universel, quoique par un mode indirect. Il
peut donc légitimement revendiquer sa part égale d'influence, non
pas seulement dans la législation, mais aussi dans le gouvernement[2]. »

Je crois pourtant que les Anglais, quoique par des raisons particulières et contingentes, ont dégagé ici encore le véritable équilibre du
gouvernement parlementaire pratiqué avec deux Chambres. Faire
dépendre le sort du ministère des votes de la Chambre haute en même
temps que de ceux de la Chambre populaire, ce serait introduire dans
ce mécanisme délicat un élément de trouble irrémédiable. Le système,
en effet, ne pourrait être pratiqué en ce sens que le Ministère, blâmé
par l'une des Chambres, mais approuvé par l'autre, pourrait rester
aux affaires. Il ne pourrait se maintenir qu'en conservant la majorité
constamment d'un côté comme de l'autre. Ce ne serait pas seulement
l'instabilité des ministères, le point faible du ministère, qui serait
accrue d'autant. Ce serait, en cas de divergences toujours possibles
entre les deux Chambres, sur l'orientation de la politique, l'impossibilité absolue d'avoir une politique déterminée, une ligne de conduite
précise ; on en serait réduit presque toujours à ce qu'on appelle parfois des *ministères d'affaires* ; et un tel résultat serait l'échec organisé
du gouvernement parlementaire.

Je vais plus loin et je crois que, non seulement la règle anglaise est
rationnellement la seule harmonique, mais que juridiquement c'est
aussi la règle de la Constitution française. Sans doute, à première
vue l'art. 6 de la loi constitutionnelle du 25 février 1875 semble im-

---

[1] Ci-dessus, p. 49.

[2] Cette égalité est affirmée dans les paroles que prononçait, le 14 janvier 1896, M.
Wallon, siégeant au Sénat comme président d'âge (*Journal officiel* du 15, *Débats
parlementaires*, p. 1) : « Je souhaite que le Sénat remplisse toujours avec sagesse
et fermeté le rôle que la Constitution lui a assigné. Pour donner à la République
un gouvernement fort et pondéré, la Constitution a confié le pouvoir exécutif à un
Président, qui, pendant la durée de son mandat, n'a rien à envier des prérogatives
d'un souverain constitutionnel. En même temps elle a partagé le pouvoir législatif,
sur le pied d'une entière égalité, entre deux Chambres qui peuvent tout, si elles mar-
chent unies par le sentiment d'une déférence mutuelle dans l'exercice de leurs droits.
Et comment la bonne harmonie, qui existait sous les monarchies de 1815 et 1830
entre deux Chambres d'origine si différente, ne se maintiendrait-elle pas sous la République entre deux Chambres issues d'une même source : le suffrage universel !
c'est la condition vitale de tout régime parlementaire et le besoin le plus impérieux
du pays. — Je fais donc des vœux pour que la Constitution, intégralement appliquée
dans son esprit comme dans sa lettre, assure, selon les intentions patriotiques de
l'Assemblée Nationale qui l'a votée, le respect de toutes les libertés, la pacification
des esprits et le relèvement de la France ».

F.   37

poser la solution contraire, et il l'imposerait si, prenant simplement les termes dans lesquels il est conçu, on leur appliquait la même interprétation juridique qu'on adapte à un article du Code civil. Mais ce procédé d'interprétation ne saurait s'étendre aux formules qui ont pour but de traduire les conventions délicates du gouvernement parlementaire. Les Anglais, par un instinct très sûr, ne les ont jamais emprisonnées dans un texte de loi. Notre système de constitutions écrites nous a amenés à le faire en 1875, et le principe du gouvernement parlementaire n'a jamais été aussi nettement inscrit dans une Constitution. Mais la formule qu'a enregistrée l'art. 6 de la loi constitutionnelle du 26 février 1875 ne peut être considérée comme ayant une valeur absolue et une portée dispositive. C'est simplement la définition même du gouvernement parlementaire, telle qu'elle était en circulation courante et classique dans la doctrine antérieure. Il faut l'entendre comme on l'entendait jusque-là, à moins que l'on ne prouve que les Constituants de 1875 ont voulu lui donner une signification nouvelle et différente.

« Les Ministres sont responsables devant les Chambres », voilà ce que l'on répétait en France sous la monarchie constitutionnelle pour caractériser le gouvernement parlementaire, et l'on n'entendait point par là impliquer que le sort des ministères dépendît de la Chambre des Pairs comme de la Chambre des députés. Voici, par exemple, ce qu'écrivait Chateaubriand dans sa *Monarchie selon la Charte* : « Sous une monarchie constitutionnelle les ministres peuvent et doivent changer jusqu'à ce qu'on ait trouvé les hommes de la chose, jusqu'à ce que les *Chambres* et l'opinion aient fait sortir l'habileté des rangs où elle se tenait cachée. Ce sont des eaux qui cherchent leur niveau : c'est un équilibre qui vent s'établir. Il y aura donc changement tant que l'harmonie ne sera pas établie *entre les Chambres et le Ministère*[1] ». Mais voici ce qu'il disait au chapitre suivant : « Il suit de là que sous la monarchie constitutionnelle, c'est l'opinion publique qui est la source et le principe du ministère, *principium et fons*, et, par une conséquence qui dérive de celle-ci, *le Ministère doit sortir de la majorité de la Chambre des députés*, puisque les députés sont les principaux organes de l'opinion populaire[2] ». « Au temps de la dernière monarchie constitutionnelle (la monarchie de Juillet), dit M. Duvergier de Hauranne, c'était un lieu commun que d'attribuer au ministère la double mission de représenter le roi dans la salle où siègent *les Chambres* et *les Chambres* dans le cabinet du roi... Le cabinet est res-

[1] Ch. XXIII, p. 23.
[2] P. 30.

ponsable de ses fautes, de ses erreurs, de ses négligences même, devant le pouvoir royal et *devant le pouvoir parlementaire*[1]. » Mais il n'est pas moins certain que sous la monarchie constitutionnelle le vote contraire de la Chambre des pairs ne faisait pas tomber les ministères. Non seulement un ordre du jour contenant un blâme et adopté par elle n'avait pas cet effet; mais cela était vrai encore lorsqu'elle repoussait quelque loi importante, proposée par le ministère, et votée par la Chambre des députés; si cette loi paraissait au ministère tellement vitale qu'il ne pouvait s'en passer, il pouvait alors obtenir du roi une *fournée de pairs*, qui changeait la majorité dans la Chambre Haute. Cette ressource des fournées paraissait alors un des rouages essentiels de la monarchie parlementaire; mais c'était la preuve éclatante que la direction du gouvernement, le sort des cabinets ministériels ne dépendaient point de la Chambre Haute. Ceux qui voulaient lui donner une part effective à l'action gouvernementale contestaient en théorie le droit pour le roi de créer des pairs dans le seul but de changer la majorité en faveur du ministère soutenu par la Chambre des députés[2]; mais c'étaient là des opinions aberrantes. Le droit parlementaire était bien clair sur ce point; et, lors de la discussion de la Constitution belge un orateur pouvait dire en résumant les principes de la monarchie constitutionnelle française : « Qui forme la *Chambre élective?* Les collèges électoraux, c'est-à-dire cette partie de la nation qui a intérêt à l'ordre et à l'intelligence des droits et des besoins du pays. La *Chambre*, une fois composée, confirme, modifie ou renvoie le ministère, selon le degré de confiance ou de défiance qu'il lui inspire... Or, le ministère ainsi élu ou confirmé ne peut vivre qu'à condition d'administrer selon le vœu de la Chambre, c'est-à-dire selon le vœu du pays qu'elle est censée représenter. Ainsi, l'administration intérieure, *choix des membres de la Chambre Haute*, diplomatie, tout enfin subit l'impulsion irrésistible de la Chambre des députés[3]. »

[1] *Histoire du gouvernement parlementaire en France*, 2e édit., t. I, p. 90-91.
[2] Clausel de Coussergues, *Considérations sur l'origine, la rédaction, la promulgation et l'exécution de la Charte*, 1830, p. 288 : « Ces créations si nombreuses de nouvelles pairies sont une violation évidente de la Charte, puisqu'elles rendraient illusoires les articles 25, 27 et 31. » La Chambre des pairs attaqua le nouveau ministère (le ministère formé par M. Decaze) en adoptant la résolution de supplier le roi de proposer une nouvelle loi d'élections qu'osa faire M. Decaze contre la majorité de cette Chambre ? Il la brisa en introduisant soixante nouveaux pairs »,
[3] Séance du Congrès belge du 20 novembre 1830, *Exposé des motifs de la Constitution belge* par un docteur en droit, Bruxelles, 1864, p. 123. On peut en rapprocher un passage d'un livre, où sont dégagés d'une façon remarquable les principes du droit constitutionnel sous la monarchie de Juillet (Bello, *Du régime constitutionnel dans ses rapports avec l'état actuel de la science sociale et politique*, 3e édit. Paris, 1848, t. II, p. 267) : « Il n'est pas douteux, dit l'auteur, que, dans l-

Mais lorsque le gouvernement parlementaire, entrant dans une phase nouvelle, se présenta avec une Chambre Haute, non plus nommée par le Chef de l'État, mais élective, l'équilibre ne dut-il pas nécessairement changer? La Chambre Haute ne dut-elle pas recevoir, quant à la mise en jeu de la responsabilité ministérielle, les mêmes droits que la Chambre des députés? Il n'en fut rien. La Constitution belge, en créant un Sénat électif, reconnut formellement à ses membres le caractère de représentants de la nation; mais quant à la responsabilité ministérielle, qu'elle visait seulement sous la forme pénale (comme nos deux Chartes), elle ne faisait, on peut le dire, aucune part au Sénat. Elle réserve en effet la mise en accusation des ministres à la Chambre des députés seule, et leur donne pour juge, non le Sénat, mais la Cour de cassation (art. 90).

Nous avons vu que, sous le Second Empire, des écrivains, attachés aux vieilles traditions parlementaires, et sentant s'approcher le retour de la liberté politique, préparaient le parlementarisme futur en essayant par avance d'en dégager les règles. C'étaient le duc de Broglie et Prévost-Paradol, dont j'ai montré la profonde influence sur les Constituants de 1875. Tous les deux voulaient, dans la République future qu'ils entrevoyaient, introduire le système des deux Chambres; tous deux voulaient également un Sénat électif[1]. Ni l'un ni l'autre pourtant ne songeaient à troubler l'équilibre ancien et éprouvé du gouvernement parlementaire. Ni l'un ni l'autre ne proposaient de donner au Sénat un droit égal à celui de la Chambre des députés, en ce qui concerne le gouvernement politique. Ni l'un ni l'autre ne lui reconnaissaient le droit de faire par ses votes tomber le Cabinet.

Le duc de Broglie s'efforçait pourtant, à d'autres égards, « d'associer le Sénat au gouvernement, à la direction des affaires »; mais c'était

vote de la loi, les trois parties du pouvoir législatif ne soient égales entre elles, et qu'aucune ne soit prépondérante, puisque la loi se fait à l'unanimité; mais il est tout aussi vrai que, dans les mouvements extérieurs du Corps représentatif, la Chambre des députés a un caractère particulier. Ainsi sa nature élective semble lui donner pour mission spéciale d'aller puiser au cœur de la nation le sang qui doit porter la vie dans le gouvernement; ainsi son consentement est le premier qu'il faut obtenir pour la levée de l'impôt, comme si elle était le représentant le plus direct de la partie qui doit le payer; *ainsi le prince a le droit de la dissoudre, mais à la condition d'en demander une autre au pays, à qui l'on semble demander un jugement*; ainsi encore elle a le droit d'accuser les ministres pour faire entendre que, en lui déférant cette action toute populaire, le soin de les surveiller est devenu le sien propre; toutes choses par lesquelles elle se distingue des autres pouvoirs, sans cesser d'ailleurs de leur être homogène ».

[1] Prévost-Paradol voulait aussi expressément que le Sénat fût associé au droit de dissoudre la Chambre des députés. Ci-dessus, p. 514, note 2.

en lui conférant de tout autres attributions[1]. Il concluait ainsi : « En face d'un Sénat solidement établi, d'un Sénat né de l'élection, puissant par le prestige des souvenirs et l'élévation des positions sociales, puissant par les attributions qu'il partage et par les prérogatives qui lui sont propres , *une Chambre des représentants, née du suffrage universel, pourrait, selon nous, exercer son ascendant naturel sans courir risque d'en abuser*[2] ».

Prévost-Paradol était plus net encore. Il est un de ceux, nous le savons, qui ont voulu préciser le mieux et renforcer le plus l'autorité de la Chambre des députés sur le Cabinet. Il voulait que celle-ci pût être appelée à voter directement sur le maintien ou la confirmation du ministère. Il voulait qu'elle pût élire en forme le président du Conseil[3]. Mais il refusait tout droit semblable à son Sénat électif, qui ne devait pas intervenir en ces matières. « Les attributions de cette Assemblée, disait-il, seraient les mêmes que celles de notre ancienne Chambre des Pairs, c'est-à-dire qu'elle exercerait le pouvoir législatif en commun avec l'autre Chambre, jouirait du droit d'initiative, d'interpellation, et de tous les droits qui constituent les Assemblées libres; mais *elle ne serait pas investie des droits spéciaux que nous avons réclamés pour l'autre Chambre en ce qui touche le renouvellement des ministères*[4]. »

Voilà ce qu'enseignaient ceux qui ont été, quant à la doctrine, les préparateurs immédiats de la Constitution de 1875, et jusque-là, on le voit, la doctrine française présentait une parfaite continuité. Et l'on voudrait que l'article 6 de la loi du 25 février 1875 eût brusquement bouleversé tout cela et introduit un système absolument nouveau; que la majorité de l'Assemblée Nationale, se jetant dans l'inconnu, ait renié ses docteurs habituels! Pour que cela fût admissible, pour que les termes de l'article 6 eussent pris ainsi un sens nouveau et absolu, il eût fallu que l'Assemblée Nationale le voulût, manifestât clairement cette volonté; et cela n'aurait pas pu avoir lieu, puisqu'il s'agissait d'une grande nouveauté, sans un sérieux et solennel débat. Or le texte qui forme l'article 6 a été adopté sans débat en seconde et en troisième lecture[5]. Et l'on voudrait que ce texte ait

---

[1] *Vues sur le gouvernement de la France*, ch. VIII, p. 275 et suiv.

[2] *Ibidem*, p. 297.

[3] Ci-dessus, p. 301.

[4] *La France nouvelle*, liv. II, ch. IV, p. 112.

[5] *Annales de l'Assemblée Nationale*, t. XXXVI, p. 418 (seconde lecture, 3 février), p. 628 (troisième lecture, 24 février) ; la première lecture n'avait été qu'une discussion générale sur l'exercice même du pouvoir constituant par l'Assemblée Nationale. Il n'a été littéralement présenté qu'une seule observation sur le texte de

bouleversé la théorie classique et ininterrompue du gouvernement parlementaire! Cela est impossible.

La vérité est que l'art. 6 de la loi du 25 février 1875 a simplement pour objet de proclamer que le gouvernement de la République française est le gouvernement parlementaire. Il reproduit la formule classique qui servait jusque-là à désigner celui-ci; mais il n'a pas pour objet d'en fixer les détails et le mécanisme, lesquels restent par conséquent sous l'empire des règles traditionnelles.

Il est vrai qu'on cite divers passages empruntés aux rapporteurs de la commission des Trente et qui paraissent impliquer que cette commission avait bien l'intention de donner aux deux Chambres exactement les mêmes attributions et les mêmes prérogatives. J'ai reproduit plus haut les deux textes qui me paraissent les plus précis; mais je ferai, quant à eux, deux observations.

En premier lieu ces passages ne tranchent point d'une façon directe le point que nous discutons; ils n'en parlent même pas. Même le passage du rapport de M. Lefèvre-Pontalis[1], le plus net de beaucoup, revendique simplement pour le Sénat le droit d'initiative et le droit d'interpellation. C'est ce que faisait Prévost-Paradol[2]; ce dernier, nous le savons, refusait au Sénat le droit de renverser les ministères.

D'autre part, ce que voulait organiser la commission des Trente, ce n'était point le gouvernement d'une république définitive, mais seulement le septennat, les pouvoirs d'un homme, le gouvernement du maréchal de Mac-Mahon[3]. Elle avait combiné dans ce but un équilibre particulier, qui aurait pu fonctionner même en accordant au Sénat le droit de mettre en jeu la responsabilité politique des ministres. Mais au cours de la discussion cet échafaudage fut jeté à bas. La République fut adoptée comme forme définitive de l'État, et en même temps son Président actuel, comme ses présidents futurs reçurent des pouvoirs sensiblement différents de ceux que la commission des Trente attribuait au maréchal de Mac-Mahon. Cette modification profonde rend presque sans valeur pour l'interprétation de nos lois

l'article 6. Elle s'est produite en seconde lecture et elle émanait de M. Gavardie. Mais elle portait sur la seconde partie de l'article : « Le Président de la République n'est responsable que dans le cas de haute trahison ». M. de Gavardie reprochait seulement à la Commission de parler du Président de la République en général et d'avoir supprimé la mention spéciale du maréchal de Mac-Mahon, que contenait le projet primitif.

[1] Ci-dessus, p. 576.
[2] Ci-dessus, p. 581.
[3] Ci-dessus, p. 422.

constitutionnelles les premiers rapports de la commission des Trente et il est aisé de démontrer que, dans la Constitution qu'elle a votée en définitive, l'Assemblée Nationale n'a pas pu vouloir donner au Sénat le pouvoir dont il s'agit.

L'Assemblée Nationale sans doute tenait fort au Sénat qu'elle instituait; elle voulait lui donner une grande autorité et en faire le défenseur des principes de conservation sociale, auxquels elle était attachée. Mais elle n'a pas voulu en faire un pouvoir qui dominerait les autres pouvoirs publics, non seulement la Chambre des députés, mais aussi le Président de la République et absorberait à son profit la souveraineté nationale. Or tel serait le résultat auquel aboutirait le système que je combats.

Pour que le gouvernement parlementaire puisse laisser subsister dans une mesure suffisante l'indépendance du pouvoir exécutif, il faut qu'il ait contre les Chambres un moyen de défense ou de réaction, sous le contrôle définitif de la souveraineté nationale. Contre la Chambre des députés, qui peut imposer le choix des ministres dans un parti déterminé et faire tomber les ministères, le titulaire du pouvoir exécutif a, comme défense nécessaire, le droit de dissolution. Contre la Chambre Haute, la monarchie constitutionnelle lui donnait le droit de faire des *fournées de pairs*, bien que cette Chambre ne mît point en jeu la responsabilité politique des ministres. Or aujourd'hui le Président de la République n'a contre le Sénat ni l'une ni l'autre ressource, et on l'a dit, il y a longtemps, en visant la monarchie constitutionnelle : « Un Sénat à l'abri de la dissolution et des fournées est un corps tout puissant, maître de la royauté et de la deuxième Chambre[1] ». Combien ne serait-ce pas plus vrai encore sous la République parlementaire, si ce Sénat décidait du sort des ministres. Si on avait voulu lui conférer ce droit, il aurait fallu donner au Président de la République le droit de dissolution contre lui, aussi bien que contre la Chambre des députés; mais, on l'a vu, cette proposition fut faite à l'Assemblée Nationale et elle fut repoussée[2]. Encore peut-on remarquer que les Sénats de plusieurs Constitutions étrangères sont soumis au droit de dissolution : il en est ainsi du Sénat belge, de la première Chambre des États Généraux de Hollande, du Sénat espagnol, dans la partie élective : pourtant ces assemblées ne paraissent pas décider du sort des cabinets ministériels.

Il n'en était pas ainsi dans le plan de la commission des Trente. Le

[1] M. Nothomb au Congrès belge, séance du 13 décembre 1830. *Exposé des motifs de la Constitution belge*, par un docteur en droit, p. 545.

[2] Ci-dessus, p. 517.

Président de la République devait recevoir le droit de nommer à peu près la moitié des sénateurs (la moitié en y comprenant les sénateurs de droit) et le projet lui donnait, sous une forme atténuée, le droit de faire des *fournées*. Voici comment s'exprimait dans son rapport M. Lefèvre-Pontalis : « Le nombre des sénateurs doit être fixe. La commission n'a pas voulu qu'il fût illimité, afin de ne pas laisser le Président de la République maître de changer à son gré la majorité de l'assemblée par une brusque série de nominations, qui porteraient à l'indépendance d'un grand Corps une irréparable atteinte. Toutefois elle n'a pas dû méconnaître que *le Sénat, ne pouvant être dissous, pourrait mettre un obstacle insurmontable à la marche du gouvernement*. Dans cette pensée, la commission a considéré qu'il suffisait de ne pas imposer au Président de la République l'obligation de pourvoir en une fois à toutes les nominations qui lui seraient attribuées. Elle l'autorise dès lors à nommer ultérieurement et successivement le quart des sénateurs auxquels il a le droit de donner l'investiture de leur charge afin de le laisser juge des circonstances dans lesquelles il trouvera convenance ou intérêt à en compléter le nombre ». C'était, on le voit, un simple palliatif; car, une fois la réserve épuisée, la difficulté reparaissait. Mais la commission des Trente ne voulait faire que du provisoire, organiser seulement les pouvoirs du maréchal; elle ne se préoccupait pas d'un avenir plus éloigné.

La pensée qui avait inspiré cette proposition n'en est pas moins très notable. La commission des lois constitutionnelles reconnaissait qu'un *Sénat indissoluble peut mettre un obstacle insurmontable à la marche du gouvernement*. Lorsque l'assemblée eut fait ce Sénat totalement électif, elle ne put avoir la pensée de donner à ce Sénat le droit de faire tomber les ministères.

Ce droit est encore rendu plus inadmissible par une autre disposition des lois constitutionnelles; c'est celle qui soumet à l'assentiment préalable du Sénat la dissolution de la Chambre des députés. Ce droit se conçoit si, quant à la responsabilité politique des ministres, le Sénat n'est pas une partie active et intéressée; en cas de conflit entre le Président de la République et une Chambre des députés qui veut lui imposer un ministère déterminé, la Constitution donne une sorte d'arbitrage au Sénat, qui décide s'il sera fait ou non appel au pays par l'élection d'une Chambre nouvelle; mais si le Sénat a lui-même le droit de renvoyer les ministères, cela ne se conçoit plus. Le premier droit entraîne logiquement et rationnellement l'exclusion du second; il serait partie en cause et par suite ne saurait être juge. On a vu d'ailleurs que l'un des rapporteurs de la commission des Trente, partisan de l'égalité des fonctions entre les deux chambres, repoussait énergiquement le droit pour le Sénat d'autoriser la dissolution de la Chambre des députés.

Tous ceux qui revendiquent pour le Sénat le droit que l'on discute ici prennent pour principe initial une parfaite égalité entre les deux Chambres. Mais un Sénat, qui pourrait renverser les ministères, et qui, indissoluble lui-même, déciderait en même temps la dissolution de la Chambre des députés, ne serait pas l'égal de la Chambre des députés; il serait son maître comme celui du Président de la République.

Que reste-t-il du texte, en apparence inflexible, de l'article 6? Et l'on peut ajouter que d'autres textes aussi sont à considérer dans nos lois constitutionnelles.

Pour le Sénat, en effet, la loi constitutionnelle du 25 février 1875 sur l'organisation des pouvoirs publics n'est qu'une loi de principe, une loi d'institution : il a sa charte propre et spéciale dans la loi constitutionnelle du 24 février 1875, qui lui est consacrée tout entière. Celle-ci ne se borne pas à déterminer la composition du Sénat et l'élection de ses membres : elle reprend encore ses attributions, pour les confirmer et les préciser. Or, si elle reprend et précise ainsi, dans son article 8, ses attributions législatives, elle ne vise ses pouvoirs relatifs à la responsabilité ministérielle qu'en ce qui concerne la responsabilité pénale des ministres, art. 9[1]. En cette matière, elle lui donne, avec la qualité de juge, le dernier mot. De la responsabilité politique il n'est pas question; sans doute, parce que le Sénat ne peut pas la mettre en jeu par sa sanction directe et propre : l'obligation parlementaire et conventionnelle qui contraint les ministres blâmés à donner leur démission.

Cependant la formule de l'article 6 de la loi du 25 février 1875, interprétée conformément à la tradition, donne au Sénat quelque chose de plus que le droit de juger les ministres accusés par la Chambre des députés. Il peut *contrôler* le ministère par des questions, des interpellations, des enquêtes parlementaires; et je montrerai que ce droit, même dépourvu de la sanction précise que peut lui donner la Chambre des députés, n'est point négligeable ni indifférent. Tous les textes de la Constitution reçoivent donc, dans notre interprétation, une application distributive, conforme aux principes et pleinement harmonique.

Tout cela concorde très bien avec le caractère général que la Constitution a donné au Sénat : elle en fait essentiellement un pouvoir

[1] « Le Sénat peut être constitué en Cour de justice pour y juger, soit le Président de la République, soit les ministres ».

pondérateur et modérateur, réservant à la Chambre des députés
l'orientation de la politique gouvernementale. Cela est en parfaite
harmonie avec la disposition, également traditionnelle, sur la responsabilité pénale des ministres, d'après laquelle la Chambre des députés
seule peut intenter cette mise en accusation politique, le Sénat devenant alors la Cour de justice devant laquelle elle est portée. Il en
résulte un système parfaitement logique et pondéré. Ni pour la responsabilité politique, ni pour la responsabilité pénale des ministres,
le Sénat n'a le droit d'initiative; il ne peut pas la mettre en jeu.
Mais, pour l'une comme pour l'autre, le jugement lui appartient dans
les cas extrêmes.

V.

La solution, que j'ai essayé d'établir théoriquement paraît avoir été
acceptée pendant vingt ans par le Sénat français. Non seulement il
ne s'attaquait point directement aux ministères, mais alors même
qu'il rejetait quelque mesure importante, ayant une signification politique incontestable, le ministère qui l'avait proposée ne se croyait
point tenu de se retirer à la suite de cet échec. Il y en a un exemple
célèbre et frappant. Lorsque, dans la discussion de la loi du 18 mars
1880 relative à la liberté de l'enseignement supérieur, le Sénat eut
rejeté l'art. 7 du projet, qui défendait l'enseignement dans les établissements de tout ordre aux membres des congrégations religieuses
non autorisées, ni le Président du Conseil, M. de Freycinet, ni le ministre de l'instruction publique, M. Jules Ferry, ne manifestèrent aucunement l'intention de se retirer et personne ne le leur demanda.
Le ministère resta au pouvoir, et malgré le vote du Sénat obtint du
Président de la République les décrets du 29 mars 1880, qui dissol-
vaient toutes les congrégations religieuses non autorisées. La coutume
parlementaire paraissait sur ce point si bien établie que M. Jules
Simon écrivait en 1894 : « Un point grave que je veux signaler,
c'est la déclaration de déchéance prononcée contre le Sénat, à la tribune même du Sénat, par un ministre qui ne manquait pas de crâ-
nerie. Il vint dire qu'un ministère devait se retirer devant un vote
de la Chambre, mais qu'il pouvait et devait même rester, quand il était
en minorité devant le Sénat. *Personne ne réclama*; j'en ai gardé un
long remords[1]. » Il est vrai que le ministère présidé par M. Tirard
donna sa démission le 15 mars 1890 à la suite d'un acte émis par le
Sénat qui avait refusé d'approuver un traité de commerce conclu

[1] *Le régime parlementaire en 1894*, dans la *Revue politique et parlementaire*,
juillet 1894, p. 8.

avec la Grèce. Mais le président du Conseil et ses collègues, paraissent avoir alors agi spontanément, ils n'obéissaient pas à un ordre donné par la Chambre Haute; ils se retiraient librement parce que la situation leur paraissait dorénavant trop difficile.

On en était là lorsque la question s'est posée de nouveau, d'une façon assez inattendue, à la suite d'une interpellation qui fut discutée au Sénat le 11 février 1896 et qui se termina par le vote d'un ordre du jour de blâme contre le Garde des Sceaux. Le 13 février, une interpellation, portant sur les mêmes points, fut présentée et discutée à la Chambre des députés et se termina par le vote d'un ordre du jour de confiance au profit du gouvernement. Le 15 février, le débat fut rouvert au Sénat, par le moyen d'une nouvelle interpellation sur les mêmes faits, et la Haute Assemblée, par 169 voix contre 71, vota la résolution suivante : « Le Sénat, confirmant son ordre du jour du 11 février, passe à l'ordre du jour ». M. le sénateur Demôle vint porter à la tribune la déclaration suivante : « Un certain nombre de mes amis et moi, nous nous disposons à déposer une demande d'interpellation sur l'interprétation que le ministère entend donner à l'article 6 de la loi du 25 février 1875, relatif à la responsabilité ministérielle devant les Chambres... En présence du vote que le Sénat vient d'émettre, nous ajournons la réalisation de ce projet, en attendant les résolutions que ce vote aura inspirées au gouvernement[1] ».

Le 20 février, nouvelle interpellation à la Chambre « sur les déclarations contradictoires du Garde des Sceaux au cours des récentes interpellations ». Dans la discussion, le président du Conseil fit cette déclaration très nette : « Jusqu'au jour où la Chambre n'aura pas dit que nous avons perdu cette confiance (la sienne), nous resterons dans la situation où nous sommes parce qu'elle nous paraît conforme à notre devoir envers vous; aussitôt que vous aurez prononcé en sens contraire nous nous retirerons[2] ».

La parole était encore au Sénat, et le conflit devenait aigu. Mais, au début de la séance du lendemain 21 février, M. le sénateur Demôle donna lecture d'une déclaration signée de lui et de MM. Le Royer et Franck Chauveau, ainsi conçue : « Messieurs, après la déclaration de M. le président du Conseil à la Chambre des députés, nous jugeons inutile de maintenir une interpellation qui n'a plus de raison d'être et à laquelle l'attitude du ministère a refusé d'avance sa sanction constitutionnelle... Le ministère entend gouverner sans le Sénat. Il a cru pouvoir en appeler d'une Chambre à l'autre; il prétend

---

[1] *Journal officiel* du 16 février 1896, *Débats parlementaires*, p. 142.
[2] *Journal officiel* du 21 février, *Débats parlementaires*, p. 280.

que la responsabilité ministérielle ne peut être invoquée devant le Sénat. — Nous protestons contre cette atteinte aux dispositions précises de la loi constitutionnelle. Nous entendons conserver intact le dépôt que la Constitution républicaine a remis aux mains du Sénat. Nous affirmons de nouveau notre droit de contrôle et la responsabilité des ministres devant les deux Chambres. — La réponse parlementaire aux paroles et aux actes du Cabinet pourrait être, de notre part, un refus absolu de concours, mais le Sénat ne veut pas suspendre la vie législative du pays. Malgré l'attitude du ministère, le Sénat n'entend pas renoncer à faire son devoir. Il entend maintenir l'intégrité de ses droits ; il statuera dans son indépendance, et sans autre préoccupation que l'intérêt du pays, sur les propositions du ministère et lui demandera compte de ses actes. — Le pays prononcera entre les ministres qui n'ont pas craint de provoquer la crise la plus grave et une Assemblée qui, pour ne pas compromettre la paix publique, ne veut pas aggraver le conflit constitutionnel, bien qu'elle ait pour elle le droit et la loi[1] ».

M. le sénateur Labiche proposa alors l'ordre du jour suivant, qui fut voté par 184 voix contre 60 : « Le Sénat, approuvant la résolution qui vient d'être lue à la tribune, passe à l'ordre du jour ».

Le 31 mars, diverses questions furent adressées au Sénat, sur la politique extérieure, au président du Conseil, ministre des affaires étrangères. Celui-ci, qui les avait acceptées, y répondit. Le 2 avril, une interpellation sur la même politique étrangère lui fut adressée à la Chambre des députés, et le débat se termina par un ordre du jour de confiance voté à 96 voix de majorité. Le lendemain 3 avril, nouvelle interpellation au Sénat sur les mêmes faits. Le président du Conseil, après s'être associé à une demande d'ajournement du débat qui fut repoussée, déclara ne pouvoir accepter l'interpellation, ne pouvant rien ajouter aux explications qu'il avait déjà fournies. Le Sénat, par 155 voix contre 85, vota un ordre du jour portant qu'il « ne pouvait accorder sa confiance au gouvernement[2] » et s'ajourna au 21 avril. Le ministère resta au pouvoir.

Lorsque le Sénat reprit ses séances le 21 avril, il était saisi de demandes de crédits importantes et urgentes, relatives à l'expédition de Madagascar et votées par la Chambre des députés. M. le sénateur Demôle apporta à la tribune la déclaration et la proposition suivantes : « Messieurs, trois fois le Sénat, à des majorités considérables, — dans des circonstances qui sont présentes à tous vos esprits, — a refusé sa confiance au ministère. Cependant, en violation de la loi constitution-

[1] *Journal officiel* du 22 février, *Débats parlementaires*, p. 145.
[2] *Journal officiel* du 4 avril 1896, *Débats parlementaires*, p. 377.

nelle, ce ministère s'est maintenu au pouvoir. Aujourd'hui il nous demande de voter des crédits pour l'expédition de Madagascar. Certes, il ne saurait entrer dans la pensée d'aucun de nous de marchander les crédits nécessaires aux soldats de la France, à ceux qui défendent dans nos possessions lointaines son honneur et son drapeau. Le Sénat salue en eux les plus chers enfants de la patrie et il n'est pas de sacrifices qu'il ne soit prêt à consentir pour leur épargner les souffrances ou les préserver d'un danger. Nous ne refusons donc pas les crédits; nous sommes prêts à les voter; mais nous ne pouvons pas les accorder au ministère actuel. Nous proposons au Sénat d'en ajourner le vote jusqu'à ce qu'il ait devant lui un ministère constitutionnel ayant la confiance des deux Chambres [1] ». Et dans la même séance le Sénat adopta ainsi par 171 voix contre 90 une résolution ainsi conçue : « Nous proposons au Sénat d'en ajourner le vote (des crédits) jusqu'à ce qu'il ait devant lui un ministère constitutionnel ayant la confiance des deux Chambres [2] ».

C'était le refus de l'impôt qui faisait ainsi son entrée en scène. La situation devenait critique, le ministère prit la résolution de se retirer, par patriotisme, subordonnant tout « au souci de la question la plus haute, celle de la sécurité et de la dignité nationale », comme le président du Conseil vint le déclarer à la Chambre des députés le 23 avril. Il n'abandonnait point d'ailleurs la thèse qu'il avait soutenue et en vertu de laquelle il était resté jusque-là au pouvoir malgré les votes du Sénat. Voici en effet ce qu'il déclarait à la Chambre : « Nous n'avons pas cru possible de remettre notre démission à M. le Président de la République avant d'être venus devant vous pour vous rendre compte des motifs patriotiques de notre résolution et vous donner l'assurance qu'aucune autre considération n'aurait pu nous déterminer à quitter le poste où votre confiance nous a jusqu'ici énergiquement maintenus. Nous ne permettrions pas en effet qu'une fausse interprétation des motifs de notre retraite pût faire croire au pays que nous avons un seul instant abandonné la doctrine professée par les plus illustres de nos prédécesseurs au gouvernement de la République, par Gambetta et par Jules Ferry, et suivant laquelle c'est à la Chambre directement issue du suffrage universel qu'appartiennent l'initiative et la direction générale de la politique; à elle seule appartient, selon le mot de l'ancien Président du Sénat « le pouvoir de faire et de défaire les ministères ». C'est avec l'approbation manifeste de la Chambre que nous avons en restant jusqu'ici au pouvoir affirmé cette

[1] *Journal officiel* du 22 avril 1898 (Sénat), p. 382.
[2] *Ibidem*, p. 384.

doctrine; nous la croyons conforme non seulement à la disposition de la loi constitutionnelle, mais à l'esprit même des institutions politiques dans une grande démocratie qui ne reconnaît pas d'autre souveraineté que celle du suffrage universel[1] ». La Chambre des députés, après cette déclaration vota l'ordre du jour suivant : « La Chambre affirme à nouveau la prépondérance des élus du suffrage universel et sa résolution de poursuivre les réformes démocratiques[2] ».

Le nouveau cabinet, qui fut constitué ensuite, se présenta devant les Chambres le 30 avril. Dans sa déclaration il évita de se prononcer d'une façon tranchante sur la question constitutionnelle, qui était en jeu depuis plus de deux mois. Il se plaça sur le terrain des faits, constatant qu'en fait le concours des deux Chambres lui était nécessaire ; il affirma cependant la prépondérance dans le gouvernement de la Chambre des députés. Voici le passage : « La Chambre des députés, issue du suffrage universel direct, exerce une action prépondérante dans la direction générale de la politique; mais si elle tient de ses origines et de la Constitution des droits incontestables, il est impossible de légiférer et de gouverner sans le concours du Sénat. C'est là une question de fait qui domine et rend inutiles les discussions théoriques. La bonne volonté réciproque a suffi jusqu'ici à résoudre toutes les difficultés, c'est à elle que nous faisons encore appel[3] ». Une interpellation fut immédiatement adressée au gouvernement dans la Chambre des députés, qui y mit fin par cet ordre du jour : « La Chambre, affirmant la souveraineté du suffrage universel et approuvant la déclaration du gouvernement, passe à l'ordre du jour[4] ».

Le précédent qui résulte de ce long conflit et de la solution qui lui a été donnée est grave incontestablement; mais il n'est pas décisif quant à la question discutée. Le Sénat a triomphé et obtenu le résultat auquel il prétendait, c'est-à-dire la démission d'un ministère. Mais s'il a montré ainsi qu'il avait *le pouvoir* de faire tomber un ministère, il n'a point démontré qu'il en avait le droit. Jamais les orateurs, qui défendaient sa prérogative prétendue, ne sont entrés dans la discussion : ils ont toujours procédé par affirmations péremptoires, invoquant l'article 6 de la loi constitutionnelle du 25 février 1875, sans même admettre qu'il fût sujet à interprétation. La thèse opposée, bien qu'en fait le ministère blâmé par le Sénat, a été proclamée dans la péripétie finale, non seulement par la Chambre des

[1] *Journal officiel* du 24 avril 1898, p. 727.
[2] *Ibidem*, p. 730.
[3] *Journal off.* du 31 avril 1896 (Chambre), p. 754.
[4] *Ibidem*, p. 765.

députés, mais même, quoique dans des termes adoucis, par la déclaration du nouveau ministère.

Or, rien n'est plus dangereux en matière constitutionnelle que de confondre *le pouvoir* avec *le droit* et de conclure de l'un à l'autre. De ce que le Sénat, comme la Chambre des députés, ayant le vote de l'impôt, a par cela même et toujours le pouvoir de le refuser, il ne s'en suit pas qu'il ait le droit de forcer un ministère à se retirer en lui refusant les impôts nécessaires aux services publics, sans cela il faudrait dire aussi que les Chambres des États-Unis peuvent employer le refus de l'impôt pour forcer le Président à changer ses ministres. C'est encore comme si la Chambre des députés ou le Sénat refusaient de voter les fonds nécessaires pour payer une dette de l'État reconnue par un jugement régulier, sous le prétexte que le libre vote des crédits leur appartient toujours.

La question reste donc toujours la même : il s'agit de savoir si, d'après les termes et l'esprit de la Constitution, le Sénat a le droit de forcer un ministère à se retirer. Et ceux qui conseilleraient au Sénat d'abandonner ses prétentions sur ce point ne sont peut-être pas ses amis les moins sincères et les moins clairvoyants.

Pour être complet, en ce qui concerne les précédents fournis par l'histoire parlementaire la plus récente, il faut ajouter une dernière indication. Dans la séance du Sénat du 30 novembre 1897, une interpellation adressée au garde des Sceaux, sur un fait se rapportant à son ministère, se termina par le vote d'un ordre du jour qui contenait implicitement un blâme contre lui[1]. Le garde des Sceaux donna sa démission le jour même. Mais les termes dans lesquels il le fit montrent que c'est plutôt une raison de convenance personnelle que l'obéissance à une règle juridique qui dictait sa décision[2].

VI.

La *responsabilité pénale* des ministres, plus ancienne et plus répandue dans les Constitutions modernes que leur responsabilité politique[3], se conserve en droit à côté de cette dernière dans les pays qui pratiquent le gouvernement parlementaire. Elle est inscrite dans l'article 12, deuxième alinéa, de la loi constitutionnelle du 16 juillet 1875 : « Les ministres peuvent être mis en accusation par la Chambre

[1] *Journal officiel* du 1er décembre 1897 (Sénat), p. 1352.

[2] La lettre datée du 30 novembre 1897 et adressée au président du Conseil débutait ainsi : « Après le vote émis par le Sénat dans la séance de ce jour, je considère qu'il est de ma dignité de vous prier de me permettre de rentrer dans le rang ».

[3] Ci-dessus, p. 84.

des députés pour crimes commis dans l'exercice de leur fonctions;
En ce cas, ils sont jugés par le Sénat ». Ce texte fait naître deux
questions importantes :

La première est classique; elle est analogue à celle qui a été examinée précédemment, quant à la responsabilité du Président de la
de la République en cas de haute trahison[1]. Il s'agit de savoir ce
qu'il faut entendre par les mots *crimes commis dans l'exercice de
leurs fonctions*. Deux interprétations sont possibles, qui répondent,
d'ailleurs, à deux systèmes distincts alternativement adoptés dans
les Constitutions françaises; la difficulté vient justement de ce que
le texte actuel ne s'est nullement prononcé ni pour l'un ni pour
l'autre.

A. D'après une première interprétation, le mot *crimes*, quoique
pris ici dans un sens large, — en ce que certainement il ne comprend
pas seulement les crimes proprement dits, mais aussi les délits, —
ne désignerait cependant que des infractions prévues et punies par
le Code pénal ou par les lois pénales spéciales. Par suite, pour que
l'accusation pût être intentée et une condamnation prononcée, il
faudrait nécessairement que le fait reproché au ministre pût rentrer dans une incrimination contenue dans la loi pénale; il faudrait
qu'il fût expressément prévu et puni par un texte de notre droit pénal. Cette interprétation s'appuie sur le principe de droit criminel et
constitutionnel à la fois, inscrit dans la déclaration des droits de
l'homme et du citoyen et qui se ramène à l'adage : *Nulla pœna sine
lege*[2]. Cette solution, en effet, fut expressément adoptée par les Constitutions et par les lois de la Révolution. La loi du 27 avril 1791
relative à l'organisation du ministère, après avoir déterminé dans
son article 29 les faits dont les ministres étaient responsables (et leur
responsabilité était alors purement pénale), ajoutait, art. 31 : « Les
délits des ministres, les réparations et les peines qui pourront être
prononcées contre les ministres coupables, seront déterminés dans le
Code pénal ». Sous l'empire de la Constitution de l'an III, la loi du
10 vendémiaire an IV sur l'organisation du ministère posait la même
règle dans des termes presque identiques[3]. C'est dans le même sens,
que, d'après le sénatus-consulte du 28 floréal an XII (art. 130), la
Haute Cour impériale, devant laquelle les ministres pouvaient être
accusés, ne pouvait « prononcer que des peines portées par le Code
Pénal ». C'était enfin le système que la Constitution de 1848 ap-

---

[1] Ci-dessus, p. 549 et suiv..

[2] Ci-dessus, p. 550.

[3] Art. 11. « Les délits des ministres, les réparations et les peines qui pourront être
prononcés contre les ministres coupables sont déterminés dans le Code pénal ».

pliquait à la responsabilité pénale du Président de la République[1] ;
il devait s'appliquer aussi à celle des ministres, puisque le principe
de l'une et de l'autre responsabilité se trouvait dans la même disposition[2].

B. On peut soutenir, au contraire, que la Chambre des députés
peut mettre en accusation les ministres, et que le Sénat peut les condamner, non seulement pour des crimes ou délits prévus et punis par
la loi pénale, mais pour de simples fautes, « pour le mauvais usage
d'un pouvoir autorisé par la loi[3] ». « La responsabilité, disait Benjamin Constant, dans son écrit sur la responsabilité des ministres (1814-
1818), ne porte que sur le mauvais usage d'un pouvoir légal. Ainsi
une guerre injuste ou une guerre mal dirigée, un traité de paix dont
les sacrifices n'auraient pas été commandés impérieusement par les
circonstances, de mauvaises opérations de finances, l'introduction de
formes défectueuses ou dangereuses dans l'administration de la justice, enfin tout emploi du pouvoir qui, bien que autorisé par la loi,
serait funeste à la nation ou vexatoire pour les citoyens, sans être
exigé par l'intérêt public; tels sont les objets sur lesquels la responsabilité étend son empire[4]. » Le célèbre publiciste soutenait même
que c'étaient là les seuls faits sur lesquels pût porter la responsabilité
pénale propre aux ministres, celle qui donne lieu à une mise en accusation intentée par la Chambre des députés devant la Chambre haute :
les délits proprement dits, c'est-à-dire les infractions prévues et punies par la loi pénale, dont ils se seraient rendus coupables, devraient
toujours, selon lui, être déférés aux tribunaux ordinaires[5]. Cette dernière affirmation contient une exagération manifeste et ne saurait sérieusement être maintenue aujourd'hui, mais la thèse principale conserve toute sa valeur.

Cette interprétation suppose que le Sénat, compétent pour déterminer les faits punissables, aurait aussi pleins pouvoirs pour déterminer la peine à appliquer. C'est ce que dit encore Benjamin Constant : « La nature de la loi sur la responsabilité ministérielle implique
la nécessité d'investir les juges du droit d'appliquer et même de choi-

---

[1] Art. 100 : « Le Président de la République n'est justiciable que de la Haute-Cour
de justice. Il ne peut, à l'exception du cas prévu par l'article 68, être poursuivi que
sur l'accusation de l'Assemblée Nationale et *pour crimes et délits qui sont déterminés par la loi* ». L'article 68 prévoyait le cas où le Président dissolvait ou prorogeait l'Assemblée législative.

[2] Art. 67, ci-dessus, p. 91.

[3] Benjamin Constant, *Cours de politique constitutionnelle*, t. II, p. 386.

[4] *Ibidem,* p. 405.

[5] *Ibidem,* p. 386.

E.   38

sir la peine[1] ». Aujourd'hui seulement la peine de mort ne pourrait
être prononcée, car elle a été abolie en matière politique par la Constitution de 1848[2].

Ce système a pour lui la tradition anglaise : c'est ainsi que souvent l'*impeachment* était pratiqué aux XVIIe et XVIIIe siècles[3]. En
France, il a été expressément inscrit dans l'acte additionnel aux Constitutions de l'Empire du 20 avril 1815, dont, on le sait, Benjamin
Constant est le principal auteur[4]. C'est lui qui a été appliqué en 1830
dans le procès des ministres de Charles X, bien que le texte de la
Charte fût plutôt contraire. La Charte de 1814 en effet, après avoir
dit (art. 55) : « La Chambre des députés a le droit d'accuser les ministres et de les traduire devant la Chambre des pairs, qui seule a celui de les juger. » ajoutait (art. 56) : « Ils ne peuvent être accusés que
pour fait de trahison ou de concussion. Des lois particulières spéci-
fieront cette nature de délits et en détermineront la poursuite ». Or les
lois ainsi annoncées n'avaient pas été promulguées. La poursuite fut
intentée néanmoins et aboutit à une célèbre condamnation[5].

De nos jours, et sous l'empire des lois constitutionnelles de 1875,
la même solution a été soutenue à la Chambre des députés dans la
séance du 13 mars 1879. Il s'agissait d'une grave proposition présentée par la Commission que la Chambre avait chargée de faire une enquête sur les élections des 14 et 28 octobre 1877. Cette Commission,
par l'organe de son rapporteur, M. Brisson, demandait à la Chambre « de mettre en accusation devant le Sénat, pour crimes commis
dans l'exercice de leurs fonctions, les membres du Cabinet du 17 mai

[1] *Cours de politique constitutionnelle*, p. 421.
[2] Ci-dessus, p. 385.
[3] Ci-dessus, p. 86-7, 549.
[4] Art. 41 : « Tout ministre, tout commandant d'armée de terre ou de mer peut être
accusé par la Chambre des représentants et jugé par la Chambre des pairs pour
avoir compromis la sûreté ou l'honneur de la nation ». — Art. 42 : « La Chambre
des pairs, en ce cas, exerce, soit pour caractériser le délit, soit pour infliger la peine,
un pouvoir discrétionnaire ».

[5] C'est le système que la Constitution Belge de 1831 contient, légèrement atténué,
comme régime transitoire jusqu'à ce qu'il ait été voté une loi sur la responsabilité
ministérielle, art. 134 : « jusqu'à ce qu'il y soit pourvu par une loi, la Chambre des
représentants aura un pouvoir discrétionnaire pour accuser un ministre, et la Cour
de cassation pour le juger en caractérisant le délit et en déterminant la peine. —
Néanmoins la peine ne pourra excéder celle de la réclusion, sans préjudice des cas expressément fournis par les lois pénales ». Ce qu'il y a même de très remarquable
ici, c'est que ce pouvoir arbitraire est accordé, quant au jugement, à un corps judiciaire. Il faut ajouter que la loi annoncée sur la responsabilité ministérielle n'ayant pas
été faite, ce système subsiste toujours en Belgique ; Dareste, *Les Constitutions
modernes*, t. II[2], p. 86.

1877, présidé par M. le duc de Broglie, et du ministère du 23 novembre 1877, présidé par M. de Rochebouet ». Le rapporteur se prononçait nettement pour la seconde interprétation [1], et il soutint cette thèse devant la Chambre avec une force plus grande encore [2]. Elle ne fut même pas sérieusement contestée, les raisons qui furent données pour écarter la mise en accusation étant empruntées à un tout autre ordre d'idées. La Chambre des députés, en repoussant la mise en accusation par 317 voix contre 159, n'a donc pas résolu la question, qui reste entière.

Voilà les deux solutions entre lesquelles il faut nécessairement choisir, car la solution intermédiaire que j'ai proposée quant à la responsabilité du Président de la République ne se conçoit plus ici. Elle consiste à déclarer, on se le rappelle, que, lorsque le fait, à lui reproché comme haute trahison, ne tombe pas sous un article de loi pénale, le Sénat ne peut prononcer contre lui d'autre peine que la déchéance. Mais les ministres sont essentiellement amovibles, et la responsabilité pénale ne peut guère être invoquée contre eux que lorsque la responsabilité politique a déjà produit son effet et les a renversés du pouvoir.

Entre les deux solutions il est permis d'hésiter. C'est la seconde cependant qui me paraît devoir être adoptée. La première a ceci pour elle, qu'elle est conforme aux principes essentiels de notre droit pénal. Mais je remarque que toutes les Constitutions françaises, sous l'empire desquelles elle a été appliquée (sauf le sénatus-consulte du 28 floréal an XII), ont déféré les ministres accusés à une Haute Cour de justice ayant un caractère plus *judiciaire* que *politique*, composée de magistrats et de jurés. Au contraire, les Constitutions qui ont adopté

---

[1] Rapport de M. Brisson, *Annales législatives*, 1879, *projets de loi*, etc., p. 34 : « Il est en outre incontestable en principe que la responsabilité judiciaire d'un ministre se trouve encourue toutes les fois qu'il fait, même en dehors des qualifications de la loi pénale, un abus criminel du pouvoir qui lui est confié. « Un ministre trahit l'État, disait Benjamin Constant, toutes les fois qu'il exerce au détriment de l'État son autorité légale ». Telle a toujours été la base principale des accusations pour crime de trahison ».

[2] Séance du 13 mars 1879, *Annales lég.*, 1879, t. III, p. 186 : « Conspirer contre la République, cela constitue d'abord le crime de trahison, c'est-à-dire une accusation qui, sans doute, n'a pas sa place dans le Code Pénal, mais duquel toutes les illustrations de la politique libérale, Benjamin Constant, Clausel de Coussergues, Labbey de Pompierre, Villemain, et enfin M. le duc de Broglie, le père, ont dit qu'elle était dans le droit de toute assemblée politique. Oui, ces grands écrivains et ces grands orateurs ont dit que, dans tout débat sur une mise en accusation, les assemblées exerçaient à la fois — aussi bien la Chambre d'accusation que la Chambre de jugement — le pouvoir de législateurs et le pouvoir de juges, qu'elles qualifiaient le crime en même temps qu'elles édictaient la peine ».

l'autre solution (droit anglais, Chartes de 1814 et 1830, acte additionnel de 1815) ont déféré les accusés à une assemblée *politique* (Chambre des Lords, Cour des Pairs, Sénat). Or c'est ce qu'ont fait aussi nos lois constitutionnelles de 1875. Elles ont marqué par là que, dans ce cas, le jugement du Sénat, bien que pouvant aboutir à une condamnation pénale, devait être avant tout un jugement politique, et que les actes des ministres devaient, en toute justice, bien entendu, être jugés ici comme des actes politiques.

Lorsque l'acte accompli par le ministre dans l'exercice de ses fonctions tombe sous le coup de la loi pénale, constitue un crime ou délit proprement dit, prévu et puni par la loi, une autre question se pose. Il s'agit de savoir si la procédure indiquée par l'article 12 de la loi constitutionnelle du 16 juillet 1875 doit nécessairement être suivie ; si le ministre ne pourra être poursuivi et mis en accusation que par la Chambre des députés et ne pourra être jugé que par le Sénat ; ou si les tribunaux ordinaires restent compétents et la procédure ordinaire admissible, le ministre pouvant aussi être poursuivi par le ministère public et déféré à la cour d'assises ou au tribunal de police correctionnelle. Les deux thèses ont été soutenues devant la Chambre des députés dans la séance du 17 novembre 1880, l'une par M. Ribot, l'autre par M. Alain Targé, mais la seconde paraît certaine ; elle est commandée à la fois par les principes et par les textes. En principe, les ministres sont soumis, comme les autres citoyens, aux lois criminelles, soit quant au fond, soit quant à la forme ; il faudrait un texte formel pour les soustraire aux règles contenues dans le Code d'Instruction criminelle. Or l'article 12 de la loi du 16 juillet 1875 dit simplement qu'ils *peuvent*, pour crimes commis dans l'exercice de leurs fonctions, être accusés par la Chambre des députés, et que, *en ce cas*, ils sont jugés par le Sénat. Cela n'est point impératif et implique une autre alternative. La démonstration devient presque évidente si l'on rapproche de cette disposition le premier alinéa du même article 12, d'après lequel « le Président de la République ne peut être mis en accusation que par la Chambre des députés et ne peut être jugé que par le Sénat ». L'opposition marquée des deux alinéas en détermine le sens incontestable. Aujourd'hui il y a sur ce point une décision judiciaire. La Chambre des mises en accusation de la Cour de Paris, par arrêt du 7 février 1893, a renvoyé un ancien ministre devant la Cour d'assises pour faits de corruption, relatifs à ses fonctions ; et cet arrêt déféré à la Cour de cassation n'a pas été cassé par celle-ci [1].

[1] Arrêt de la Chambre criminelle du 24 février 1893 (Sirey, 1893, 1, 217).

VII.

La responsabilité des ministres peut encore être *civile*, c'est-à-dire pécuniaire. Elle suppose toujours un acte illicite, illégal, accompli par eux; mais deux situations bien distinctes doivent être examinées.

Dans la première, il s'agit d'un simple particulier qui a été lésé par l'acte du ministre : il s'agit de savoir s'il pourra agir contre celui-ci en dommages et intérêts. Nous savons que, en droit anglais, rien n'empêche ou n'entrave de semblables poursuites[1]. Mais, en France, l'esprit du droit public, spécialement du droit de la Révolution, a été de les écarter, ou plutôt de ne leur livrer passage que lorsque la Chambre populaire avait elle-même intenté ou autorisé les poursuites; ne permettant point aux particuliers, même sous prétexte d'une lésion, de harceler les principaux organes de l'action gouvernementale. Tel est le système organisé par la loi du 27 avril 1791 : « Aucun ministre en place ou hors de place, disait l'article 34, ne pourra, pour faits de son administration, être traduit en justice en matière criminelle qu'après un décret du Corps législatif prononçant qu'il y a lieu à accusation. Tout ministre, contre lequel il sera intervenu un décret du Corps législatif déclarant qu'il y a lieu à accusation, pourra être poursuivi en dommages et intérêts par les citoyens qui éprouveront une lésion résultant des faits qui auront donné lieu au décret du Corps législatif ». Il semblait bien résulter de là que la loi admettait seulement l'action en dommages-intérêts des citoyens comme consécutive et accessoire à la mise en accusation. La loi du 10 vendémiaire an IV reprit ce système en le précisant, dans ses articles 13 et 14 : « Tout ministre, contre lequel il sera intervenu un acte d'accusation sur une dénonciation du Directoire exécutif, peut être poursuivi en dommages et intérêts par les citoyens qui ont éprouvé une lésion résultant des faits qui ont donné lieu à l'acte d'accusation. Les poursuites sont faites devant le tribunal criminel du département où siégeait le pouvoir exécutif lors du délit ». Ici même, on le voit, les poursuites ne pouvaient être intentées que devant le tribunal criminel.

La Constitution de 1848 contient une réglementation analogue dans son article 98 : « Dans tous les cas de responsabilité des ministres, l'Assemblée nationale peut, selon les circonstances, renvoyer le ministre inculpé soit devant la Haute Cour de justice, soit devant les tribunaux ordinaires pour les réparations civiles ». Ici la combinaison

[1] Ci-dessus, p. 84.

était plus ingénieuse et plus satisfaisante. Les questions de dommages et intérêts étaient toujours renvoyées devant les tribunaux civils, leurs juges naturels; et si les particuliers ne pouvaient pas directement saisir ces tribunaux, ils pouvaient tout au moins porter leur réclamation par voie de pétition devant l'Assemblée Nationale, et celle-ci pouvait, sans mettre le ministre en accusation, renvoyer l'affaire aux tribunaux civils.

Ces textes, d'ailleurs assez divers, sont-ils assez fondamentaux pour qu'on voie là un principe permanent de notre droit public? Sans doute on ne peut soutenir que les textes eux-mêmes aient survécu, en gardant leur force légale, aux régimes politiques qui les ont vus naître[1]. Mais on a prétendu que le principe, dont ils étaient l'expression, s'était maintenu à l'état permanent dans le droit public français. Des décisions judiciaires en ont fait l'application sous l'empire de Constitutions qui étaient muettes sur ce point, spécialement un arrêt de la Cour de Paris du 2 mars 1829 sous la Charte de 1814, et des décisions du Conseil d'État du 28 janvier 1863 et du 16 décembre 1868 sous la Constitution du 14 janvier 1852[2]. Telle est encore la doctrine que professe M. Laferrière[3].

J'essaierai bientôt de poser autrement la question. Mais en admettant pour un instant la théorie qui vient d'être exposée, je crois pouvoir en tirer une conclusion qui constituera un résultat acquis et hors de controverse. Dès que l'action pénale a été intentée contre un ministre à raison de ses fonctions, l'action en dommages et intérêts, à raison des mêmes faits, redevient libre et prend son cours (sauf peut-être application de la règle : *Le criminel tient le civil en état*). Cela est incontestable lorsque le ministre a été mis en accusation devant le Sénat par la Chambre des députés : l'action en dommages et intérêts peut dès lors être portée devant les tribunaux civils; car une juridiction toute politique et exceptionnelle ne saurait connaître

---

[1] Tout au plus pourrait-on soutenir que l'article 98 de la Constitution de 1848, qui certainement avait abrogé ou remplacé les textes antérieurs, se serait conservé, avec la valeur d'une loi ordinaire, aucune loi n'étant depuis intervenue sur le même objet. Cf. ci-dessus, p. 384. Encore cela ne serait pas exact, car, la Constitution du 14 janvier 1852 (art. 13) et le sénatus-consulte du 8 sept. 1869 (art. 9) ayant transporté au Sénat seul le droit de mettre les ministres en accusation, tous les textes antérieurs qui donnaient pouvoir à cet égard au Corps législatif étaient nécessairement abrogés.

[2] Laferrière, *Traité de la juridiction administrative*, t. I[2], p. 658 et suiv.

[3] « L'ensemble des précédents législatifs répugne à l'idée qu'il puisse exister, en dehors de la responsabilité matérielle politique et pénale qui relève des Chambres, une responsabilité d'un autre ordre qui relèverait des tribunaux judiciaires et qui permettrait de leur soumettre, à la requête de toute partie se prétendant lésée, l'exercice même de la fonction ministérielle ».

des intérêts privés. Mais, bien que le pouvoir parlementaire ne soit pas intervenu, il faut dire la même chose lorsque l'action publique contre le ministre a pu être portée et a été portée devant le tribunal correctionnel ou devant la cour d'assises : pourquoi l'action civile ne suivrait-elle pas alors les règles ordinaires, pouvant être portée par la partie lésée ou devant la juridiction répressive accessoirement à l'action publique ou isolément devant la juridiction civile? Les lois de 1791 et de l'an IV, il est vrai, ne donnaient pas cette solution; mais il paraît bien résulter de leur ensemble qu'elles n'admettaient pas un autre mode de poursuite pour les crimes et délits des ministres que la mise en accusation par le Corps législatif, et tel était peut-être aussi le système de la Constitution de 1848. Mais, d'après nos lois constitutionnelles, il en est autrement, et la poursuite du ministère public doit ouvrir le champ libre à l'action civile, aussi bien que la mise en accusation décrétée par la Chambre des députés.

Reste l'hypothèse où il n'y a eu ni mise en accusation ni poursuite du ministère public; le particulier qui se prétend lésé pourra-t-il actionner le ministre, soit devant le tribunal civil, soit devant le tribunal correctionnel, en invoquant l'article 182 du Code d'Instruction criminelle? L'affirmative me paraît certaine en principe, et je suis heureux de me rencontrer ici avec mon cher et savant collègue, M. Ducrocq[1]. Il ne faut point, en effet, considérer l'action du particulier poursuivant comme un acte politique, qui ferait échec ou concurrence à la Chambre des députés, seule investie du droit de mettre en jeu la responsabilité ministérielle. Il faut la considérer au point de vue du droit privé, du droit individuel. L'article 1382 du Code Civil consacre, en termes formels, un grand principe de justice : « Tout fait quelconque de l'homme, qui cause à autrui un dommage, oblige celui par la faute duquel il est arrivé à le réparer ». C'est là un droit ferme. Le texte est général et ne distingue point si le fait illicite et dommageable est le fait d'un fonctionnaire ou celui d'un particulier. Le droit à la réparation est un droit individuel, une sorte de propriété dont la personne lésée ne saurait être dépouillée, et l'action, pour le faire valoir, ne peut être arrêtée que par un texte ou par un principe certain. De texte, aujourd'hui il n'y en a point. Quant au principe qui inspirait les lois de 1791 et de l'an IV et la Constitution de 1848, il se conçoit, mais ne s'impose pas. Eût-il même existé jusqu'en 1870, il aurait été effacé par le décret du Gouvernement de la Défense nationale du 19 septembre 1870, qui, abrogeant l'article 75 de la Constitution de l'an VIII, abrogeait également

---

[1] *Cours de droit administratif*, 6ᵉ édit., t. I, nᵒ 593.

« toutes autres dispositions des lois générales ou spéciales, ayant pour objet d'entraver les poursuites dirigées contre des fonctionnaires publics de tout ordre ». Que cela comprît les ministres, cela ne peut faire doute : c'était le vœu bien net non seulement du parti républicain, mais encore de tout le parti libéral à la fin du Second Empire.

Le droit constitutionnel ne paraît donc mettre aucun obstacle aux poursuites en dommages et intérêts contre les ministres ; mais ne s'en trouve-t-il pas dans le droit administratif? Après quelques hésitations, la doctrine et la jurisprudence ont décidé en effet que le décret du 19 septembre 1870 n'a pas fait disparaître le principe de la séparation de l'autorité administrative et de l'autorité judiciaire, tel qu'il a été posé par les lois de la Révolution[1]. C'est, en effet, un principe fondamental, celui-là, de notre droit public, et sa disparition y causerait une profonde perturbation. Or l'acte reproché au ministre sera presque toujours, bien que peut-être illégal et irrégulier, un acte administratif, dont les tribunaux judiciaires ne pourront pas connaître. Ils n'auront compétence que dans les cas, bien rares, où cet acte constituera un *fait purement personnel*, et pouvant être séparé de la fonction[2]. Sauf dans cette hypothèse, le particulier devra donc déférer l'acte ministériel à la juridiction administrative, pour que celle-ci l'apprécie et l'annule au besoin. Mais lorsque, par cette voie, l'acte du ministre aura été déclaré administrativement irrégulier et nul, l'action en dommages-intérêts ne pourra-t-elle pas procéder librement? Cela n'est point certain. En effet, d'après une théorie ingénieuse développée par M. Laferrière, et qui paraît bien avoir été admise par le Tribunal des conflits, tout acte illégal, nul ou annulable, d'un fonctionnaire de l'ordre administratif ne donnerait pas lieu contre lui à une responsabilité civile et pécuniaire. On l'assimile au magistrat de l'ordre judiciaire, qui n'est pas responsable des erreurs de fait ou de droit contenues dans les jugements auxquels il a participé, bien qu'elles rendent ceux-ci réformables. Il ne peut être actionné par la partie qui en a subi les conséquences que lorsque la loi le déclare exceptionnellement et expressément responsable, et spécialement dans les cas de prise à partie (art. 505 et suiv. du Code de Procédure civile). Il en serait ainsi de l'administrateur : l'erreur de droit ou de fait qui rend son acte annulable ne l'expose point à des dommages-intérêts. Il faut pour cela quelque chose de plus ; et cette responsabilité exceptionnelle ne pourrait être précisée que par la juridiction administrative[3]. On peut cependant élever un doute sur cette

---

[1] Ci-dessus, p. 336 et suiv.
[2] Laferrière, *Traité de la juridiction administrative*, t. I[2], p. 665.
[3] Laferrière, *Traité de la juridiction administrative*, t. I[2], p. 651 et suiv. ; —

doctrine. Il est peut-être hardi d'étendre au fonctionnaire administratif l'irresponsabilité dont la loi couvre le juge. Ce n'est pas seulement la loi anglaise qui établit entre eux une différence profonde,
déclarant l'un toujours responsable en principe et l'autre totalement
irresponsable[1]. Notre loi n'a pas non plus institué en faveur du premier un système de protection net et précis comme celui qui résulte
pour le second des règles sur la prise à partie.

La seconde hypothèse, dans laquelle la responsabilité pécuniaire du
ministre est en jeu, met celui-ci en face, non d'un simple particulier,
mais de l'État lui-même. Il faut supposer qu'il a engagé des dépenses
en dehors des crédits qui lui étaient régulièrement ouverts, soit en
dépassant un crédit, soit en l'employant pour un autre objet que celui
auquel il avait été affecté par le pouvoir législatif. Pourra-t-il être déclaré responsable envers l'État des sommes ainsi dépensées, et une
action sera-t-elle de ce chef possible contre lui? Dans un cas tout particulier, que pour cette raison je dégage tout d'abord, l'affirmative me
paraît certaine : c'est lorsque le fait reproché au ministre ne constitue
pas une simple irrégularité de gestion, mais un véritable crime ou
délit prévu et puni par la loi pénale. Dans ce cas, en effet, si le ministre est poursuivi ou peut être poursuivi à raison de cette infraction, je ne vois pas pour quelle raison l'action civile ne naîtrait pas au
profit de l'État, comme elle naît de toute autre infraction, afin de réparer le préjudice que celle-ci a causé! D'autre part, si l'on admet que
le ministre peut être accusé par la Chambre des députés et jugé par
le Sénat pour des faits qui ne sont pas prévus et punis par la loi pénale, en supposant de plus qu'à raison des dépassements de crédit un
ministre ait subi une condamnation de cette nature, il faudrait dire
encore qu'une action en dommages et intérêts peut dès lors être intentée contre lui au nom de l'État devant les tribunaux civils. En effet,
par le fait même de cette condamnation, l'acte a été transformé en véritable délit, et, par suite, l'action civile doit en résulter.

Mais la véritable question se pose en dehors de ces hypothèses extrêmes et invraisemblables, lorsqu'aucune poursuite pénale n'est ouverte contre le ministre. Le simple bon sens paraît imposer encore la
responsabilité pécuniaire, et les règles du droit ne paraissent pas y répugner. L'État est, en effet, une personne, et doit pouvoir à ce titre
invoquer contre le ministre l'article 1382 du Code Civil[2]. D'ailleurs

---

Arrêt du Tribunal des conflits du 5 mai 1877 (Lebon, *Recueil des arrêts du
Conseil d'État*, 1877, p. 437. — Sirey, 1878, 2, 95).

[1] Ci-dessus, p. 334-5.

[2] Certains publicistes admettent même que l'État pourrait invoquer contre le ministre le principe de la faute contractuelle et spécialement les articles sur la responsa-

la loi de finances du 25 mai 1817 (art. 151 et 152) a prohibé les actes de cette nature *sous la responsabilité personnelle des ministres*; et cela ne peut raisonnablement s'entendre de leur responsabilité politique ou pénale. La loi du 15 mai 1850 déclare formellement que « toute dépense non créditée ou portion de dépense dépassant le crédit sera laissée à la charge personnelle du ministre contrevenant ». Cependant l'acte accompli par le ministre étant, au moins dans la forme, un acte administratif, il y a lieu de se demander si les règles ci-dessus exposées et qui le protégeraient contre la réclamation d'un simple particulier, ne font pas également obstacle à l'action de l'État. Il y a d'ailleurs bien d'autres difficultés.

À plusieurs reprises, en 1829 pour M. de Peyronnet, en 1833 pour M. de Monthel, en 1881-1882 pour M. Caillaux, la Chambre des députés voulut ramener à effet cette responsabilité civile et invita le gouvernement à intenter des actions en responsabilité contre les ministres qu'elle signalait [1]. Toujours ces tentatives échouèrent pour cette raison que, si le principe même de la responsabilité civile était incontesté, il était impossible de trouver, dans l'état de la législation, une juridiction compétente pour statuer sur ce litige et prononcer la condamnation. Les tribunaux civils sont naturellement incompétents, en vertu du principe de la séparation des autorités judiciaire et administrative. La juridiction administrative est également incompétente, parce que « le Conseil d'État ne pourrait être saisi qu'à la suite d'un arrêté de débet et d'une contrainte administrative décernés contre le ministre ou l'ancien ministre qui aurait excédé ses crédits. Or, l'arrêté de débet et la contrainte ne peuvent atteindre que les comptables, entrepreneurs, fournisseurs et autres personnes nanties de deniers publics, mais non les ordonnateurs, les administrateurs ayant causé un dommage à l'État par des fautes de leur gestion. La jurisprudence du Conseil d'État est formelle en ce sens. Quant à la Cour des Comptes, on sait que sa juridiction est restreinte aux comptables et ne s'étend pas aux ordonnateurs. À l'égard de ces derniers, la Cour ne peut jamais procéder que par voie de déclarations, et il faudrait une loi pour qu'elle pût exceptionnellement prononcer une condamnation contre un ministre [2] ». Une seule de nos Constitutions contenait une procédure pouvant conduire au résultat visé, celle de 1848.

bilité du mandataire. Mais cela me semble encore un abus de l'idée de mandat, abus si fréquent en droit public. Les rapports entre l'État et le ministre ne peuvent pas être construits sur le modèle d'un contrat de droit privé.

[1] Voir les détails sur ces précédents dans Laferrière, *op. cit.*, t. Iᵉ, p. 668 et suiv., et dans Eug. Pierre, *Traité de droit politique, électoral et parlementaire*, nᵒ 107.

[2] Laferrière, *op. cit.*, p. 672, 673.

D'après les explications données lors du vote, l'article 98, qui autorisait l'Assemblée à renvoyer les ministres devant les tribunaux civils, s'appliquait même au cas où une action en indemnité était dirigée contre eux au nom de l'État.

On conçoit aisément que, lors des diverses tentatives infructueuses relatées plus haut, l'initiative parlementaire a trouvé l'occasion de s'exercer, et que des propositions de loi ont été présentées pour combler cette lacune extraordinaire. Aucune d'elles n'a pu se faire définitivement adopter. Je ne veux indiquer que celles qui ont été déposées pendant la dernière législature.

L'une très simple en apparence émane de M. Bozérian. Après avoir précisé, dans l'article 1, les actes à l'occasion desquels les ministres peuvent être pécuniairement responsables envers l'État, le projet continue ainsi : « Art. 2. La Cour des comptes donne son avis au ministre sur l'interprétation des dispositions contenues à l'article précédent. — Art. 3. Lorsqu'un ministre s'est mis sciemment dans l'un des cas prévus par l'article 1, chacune des deux Chambres peut prendre l'initiative à son égard et déclarer, dans la forme ordinaire des lois, qu'il a encouru la responsabilité civile. Elle ne fait toutefois cette déclaration qu'après avoir entendu le rapport d'une commission spéciale nommée dans les bureaux. La loi fixe la quotité du dommage dont la réparation est due à l'État. La décision des Chambres emporte pleine et entière exécution sur les biens du ministre[1] ». Le côté séduisant de ce projet, c'est que, dans une question principalement politique, il laisse la décision aux Assemblées législatives; mais il contient l'application d'un principe des plus dangereux. C'est, en effet, le pouvoir législatif se substituant au pouvoir judiciaire; c'est une condamnation pécuniaire prononcée par une loi, c'est-à-dire l'application peut-être la plus redoutable de la confusion des pouvoirs.

L'autre proposition a été déposée par M. Gauthier (de Clagny) dans la séance du 1er juillet 1895. Elle est ainsi conçue : « Art. unique. Les tribunaux civils sont compétents pour connaître des actions en responsabilité intentées à la requête de l'État contre les ministres en vertu des articles 1382, 1383, 1992 et suiv. du Code Civil[2] ». C'est là une solution parfaitement acceptable en droit; elle contient sim-

[1] *Journal officiel* du 17 novembre 1894. *Documents Parlementaires*, Chambre, p. 1480. L'article 3 établit une prescription très courte pour ce genre de poursuites.

[2] *Journal officiel* du 8 novembre 1895. *Documents parlementaires*, Chambre, p. 830.

plement une dérogation formelle, pour ce cas particulier, au principe de la séparation des autorités administrative et judiciaire. On
peut se demander pourtant si, étant donné nos traditions et nos mœurs,
les tribunaux civils sont bien placés pour prononcer ainsi directement entre un ministre et l'État.

CHAPITRE V

Le pouvoir législatif.

────────

« Le pouvoir législatif s'exerce par deux assemblées, la Chambre des députés et le Sénat », dit l'article 1 de la loi constitutionnelle du 25 février 1875. Ce texte inscrit ainsi en tête de la Constitution le système des deux Chambres. C'était, nous le savons, en 1875 un point acquis d'avance : l'Assemblée Nationale s'était prononcée à cet égard dès 1873[1]. Il n'y a pas lieu de revenir non plus sur le système des deux Chambres, considéré en lui-même, qui a été suffisamment étudié[2]. Nous avons eu également bien souvent l'occasion d'étudier le rôle politique des assemblées législatives, soit sous le gouvernement parlementaire, soit en dehors de cette forme de gouvernement. Ce qu'il faut faire maintenant, c'est étudier les règles particulières de notre droit constitutionnel sur le pouvoir législatif, celles qui le caractérisent, qu'elles soient inscrites ou non dans la Constitution.

A cet effet, je me propose d'examiner successivement : 1° la composition des deux Chambres et les principes qui déterminent l'élection de leurs membres; 2° les droits ou privilèges qui appartiennent aux Chambres considérées en corps ou à leurs membres individuellement considérés[3]; 3° les fonctions des Chambres.

────────

[1] Ci-dessus, p. 417, 421.

[2] Ci-dessus, 1re partie, ch. III, p. 55 et suiv.

[3] J'entends par là non pas les règles qui déterminent les attributions des Chambres, mais les droits et privilèges qui ont pour but d'assurer leur libre fonctionnement et leur pleine indépendance. C'est ainsi que Story, dans ses *Commentaries on the Constitution of the United States*, intitule le chapitre XII du livre III : *Privileges and powers of both Houses of Congress*, tandis que le chapitre suivant (XIII) a pour rubrique : *Mode of passing laws*.

SECTION PREMIÈRE

COMPOSITION DES CHAMBRES ET ÉLECTION DE LEURS MEMBRES

---

§ 1. — COMPOSITION DE LA CHAMBRE DES DÉPUTÉS ET ÉLECTION DE SES MEMBRES.

Les règles sur la composition et l'élection de la Chambre des députés sont presque entièrement en dehors de la Constitution. Celle-ci ne contient à cet égard qu'une seule disposition : « La Chambre des députés est nommée par le suffrage universel dans les conditions déterminées par la loi électorale »[1]. Par là cette matière, sauf en un point, est laissée tout entière à la législation ordinaire ; la seule règle constitutionnellement établie et qui ne pourrait être modifiée que par une révision, c'est le suffrage universel ; encore n'est-il pas assuré comme *suffrage direct*, et le législateur pourrait, sans violer la Constitution, faire élire la Chambre des députés par le suffrage à plusieurs degrés, universel seulement à la base. Cette méthode peut paraître étrange chez les auteurs de la Constitution de 1875. En effet, ils ont consacré une loi constitutionnelle tout entière (celle du 24 février 1875) à l'organisation du Sénat : pourquoi ont-ils procédé autrement pour l'organisation de la Chambre des députés ? La réponse est des plus simples. L'existence d'une Chambre des représentants, élue au suffrage universel et direct, est, dans le gouvernement de la France, une nécessité qu'a imposée l'histoire, que tous doivent accepter et que personne ne pourrait sérieusement tenter d'éliminer : c'est la pierre angulaire de l'édifice. Elle est par là même suffisamment garantie ; et, cette institution étant ainsi assurée, les règles de détail concernant la composition et l'élection de cette Chambre ont une importance relativement secondaire. Au contraire, le Sénat, la Chambre Haute, est une institution discutée, passionnément attaquée de certains côtés. Les auteurs de la Constitution de 1875, qui croyaient profondément à la nécessité d'une seconde Chambre, ont voulu conférer à celle-ci la stabilité et la force constitutionnelle, non pas seulement quant à son existence et à son principe, mais aussi quant à la

---

[1] Loi constitutionnelle du 25 février 1875, art. 1, 2e alinéa.

composition particulière qu'ils lui avaient donnée et à laquelle ils tenaient beaucoup. Mais nous verrons qu'en cela leur combinaison a été déjouée, et qu'après coup, par la révision de 1884, le droit constitutionnel est revenu, pour fixer la composition du Sénat, au même système que pour celle de la Chambre des députés : presque tout a été ramené dans le domaine de la loi ordinaire. Ce système a certainement des avantages, par sa souplesse ; étant donné que l'accord des deux Chambres est nécessaire pour modifier la loi, il présente peu d'inconvénients[1].

La loi électorale qu'annonçait l'article 1 de la loi constitutionnelle du 25 février 1875 a été votée par l'Assemblée Nationale : c'est la loi organique sur l'élection des députés du 30 novembre 1875, toujours en vigueur, sauf dans la mesure où elle a été modifiée par des lois postérieures. Celles-ci, du moins les principales, sont : la loi du 28 juillet 1881 sur les circonscriptions électorales et les députés des colonies; la loi du 16 juillet 1885, rétablissant le scrutin de liste; la loi du 13 février 1889, rétablissant le scrutin uninominal; la loi du 17 juillet 1889, relative aux candidatures multiples. Il faut ajouter à ces textes les décrets organique et réglementaire sur l'élection des députés du 2 février 1852, dont certaines dispositions très importantes sont restées en vigueur.

Je n'ai point la prétention ni l'intention de présenter ici, dans son ensemble et dans ses détails, notre droit électoral politique. Je veux simplement en dégager les principes, renvoyant pour le surplus aux ouvrages spéciaux, et particulièrement au *Traité de droit politique, électoral et parlementaire*, de M. Eugène Pierre[2]. J'exposerai successivement ces principes en ce qui concerne : 1° l'électoral; 2° l'éligibilité; 3° le mode d'élection; 4° le renouvellement de la Chambre des députés.

---

[1] Voyez pourtant le discours de M. Naquet à la Chambre des députés le 15 mars 1894 (*Journal officiel* du 16, *Débats parl.*, p. 529) : « Ne pouvez-vous pas donner le caractère constitutionnel à toutes les grandes lois auxquelles on ne peut pas toucher sans engager le pays d'une manière irrévocable, comme la loi électorale, la loi sur la liberté de la presse, la loi sur la liberté de réunion, la loi sur l'état de siège... Si, en 1848, l'Assemblée Constituante avait eu le bon esprit d'introduire la loi électorale dans la Constitution, la loi criminelle du 31 mai 1850 n'aurait jamais été votée ».

[2] N° 115 et suiv.

I.

Les députés sont nommés au suffrage universel direct[1] par les
électeurs inscrits dans chaque commune sur la liste électorale[2], et le
droit pour tout citoyen français de se faire porter sur cette liste est
subordonné à trois conditions qui sont énumérées dans l'article 14 de
la loi municipale du 5 avril 1884[3] combiné avec l'article 1 de la loi
du 30 novembre 1875 :

1° Il faut être âgé de vingt et un ans accomplis;

2° Il faut avoir dans la commune son domicile juridique tel qu'il
est déterminé par les articles 102 et suiv. du Code Civil (et dès
qu'un semblable domicile est établi, même depuis un temps très
court, cela suffit), ou, à défaut de domicile, y avoir une résidence de
six mois[4];

3° Il faut n'être dans aucun cas d'incapacité prévu par la loi.

Mais quelles sont les incapacités que celle-ci a établies?

Elles résultent d'abord de certaines peines accessoires ou complé-
mentaires édictées par le Code Pénal comme conséquence ou ren-
forcement de condamnations principales. Perdent le droit de vote les
individus qui sont frappés de dégradation civique (art. 34, Code
Pénal), et les tribunaux correctionnels peuvent en interdire l'exercice
dans les cas et dans les conditions prévus par l'article 42 du Code
Pénal. En outre, le décret organique sur l'élection des députés du
2 février 1852, dans ses articles 15 (n°ˢ 3-15) et 16, attache à diverses
condamnations correctionnelles l'incapacité, perpétuelle ou tempo-

---

[1] Loi du 30 novembre 1875, art. 1 : « Les députés sont nommés *par les électeurs
inscrits* ».

[2] Sur la confection des listes électorales et sur la procédure qui a pour but
l'inscription ou la radiation d'un électeur, voyez E. Pierre, op. cit., n° 133 et
suiv.

[3] « Sont électeurs tous les Français âgés de vingt et un ans accomplis et n'étant
dans aucun cas d'incapacité prévu par la loi. — La liste électorale comprend : 1° tous
les électeurs qui ont leur domicile réel dans la commune ou y habitent depuis six
mois au moins ». — La loi municipale du 5 avril 1884 a supprimé la distinction entre la première partie de la liste électorale municipale et la liste électorale politique.
Il n'y a plus qu'une seule liste qui sert à deux fins.

[4] Cassation, Chambre civile, 28 mai 1888 (Sir. 1889, 1, p. 85) : « Vu l'article 14
de la loi du 5 avril 1884; attendu que, pour être inscrit sur la liste électorale d'une
commune, il faut aux termes dudit article avoir son domicile réel dans cette commune, alors même qu'on n'y résiderait pas, ou bien y avoir habité depuis six mois
au moins, sans qu'en aucun cas on puisse exiger de l'électeur qu'il justifie de la
réunion de ces deux conditions, dont l'une au contraire suffit pour assurer son
droit ».

raire, pour le condamné d'être porté sur une liste électorale, et ces textes sont toujours en vigueur, sauf dans la mesure où ils ont été modifiés par la loi du 21 janvier 1889. Enfin l'article 15 du décret organique du 2 février 1852 (n°s 16 et 17) déclare également incapables les interdits et les faillis non réhabilités, dont la faillite a été déclarée, soit par les tribunaux français, soit par jugements rendus à l'étranger mais exécutoires en France.

Dans ces divers cas il y a perte de la jouissance ou de l'exercice du droit électoral, et l'incapacité est fondée sur une raison tirée de l'indignité[1]. Mais la loi du 30 novembre 1875 en a de plus suspendu momentanément l'exercice entre les mains de toute une catégorie de citoyens. Elle décide (art. 2) : « Les militaires et assimilés de tous grades et de toutes armes des armées de terre et de mer ne prennent part à aucun vote quand ils sont présents à leur corps, à leur poste ou dans l'exercice de leurs fonctions. Ceux qui, au moment de l'élection, se trouvent en résidence libre, en non-activité ou en possession d'un congé régulier, peuvent voter dans la commune sur les listes de laquelle ils sont régulièrement inscrits. Cette dernière disposition s'applique également aux officiers et assimilés qui sont en disponibilité ou dans le cadre de réserve ». Cette disposition parfaitement légitime[2] a pour unique raison le maintien de la discipline dans l'armée. Décider autrement eût été, inévitablement et sans défense possible, introduire les discussions et les manifestations politiques dans les rangs, tout au moins dans la caserne. Dès que le militaire n'est plus en fonctions, il reprend de plein droit, dans sa commune, le libre exercice du droit électoral.

II.

L'*éligibilité* suit en principe le droit électoral. « Tout électeur est éligible sans condition de cens à l'âge de vingt-cinq ans accomplis », dit l'article 6 de la loi du 30 novembre 1875, et il faut ajouter sans condition de domicile ou de résidence dans la circonscription électorale[3]. La loi déclare en principe tous les électeurs également éligibles, sauf qu'elle exige d'eux l'âge de vingt-cinq ans, comme preuve d'une maturité d'esprit et d'une expérience suffisantes.

Mais si telle est la règle générale, elle n'est pas absolue, et le

[1] Ci-dessus, p. 192.
[2] Ci-dessus, p. 192.
[3] Le décret organique du 2 février 1852 sur l'élection des députés le disait expressément, art. 26 : « Sont éligibles sans condition de domicile tous les électeurs âgés de vingt-cinq ans ».

législateur a établi, au contraire, trois catégories d'incapacités particulières ou *inéligibilités* :

1° Les premières ont pour but d'assurer la liberté réelle des électeurs dans les choix qu'ils font. Elles sont relatives, rendant seulement tel électeur français incapable d'être élu dans une ou plusieurs circonscriptions déterminées, et le maintenant comme éligible dans toutes les autres. Il s'agit de certains fonctionnaires de l'ordre administratif, judiciaire ou même religieux (les archevêques, évêques et vicaires généraux). La loi craint qu'ils n'abusent de leur autorité pour s'imposer en quelque sorte au choix des électeurs ; elle craint une pression résultant de l'autorité même qui réside entre leurs mains. Par suite la loi du 30 novembre 1875, art. 12, décide qu'ils « ne peuvent être élus par l'arrondissement ou par la colonie compris en tout ou en partie dans leur ressort ». Les sous-préfets (même article, dernier alinéa) ne peuvent même être élus dans aucun des arrondissements du département où ils exercent leurs fonctions[1]. L'énumération donnée par ce texte est nécessairement limitative, comme toute liste d'incapacités, et logiquement l'incapacité, dérivant de la fonction, devrait cesser avec elle. La loi l'a prolongée au delà et la maintient encore « pendant les six mois qui suivent la cessation des fonctions par démission, destitution, changement de résidence ou de toute autre manière ».

2° Une seconde catégorie d'inéligibilités est dictée par l'intérêt de l'armée, ou par la considération de la défense nationale et du devoir civique. En premier lieu, la loi du 30 novembre 1875 décide dans son article 7 : « Aucun militaire ou marin faisant partie des armées actives de terre ou de mer ne pourra, quels que soient son grade ou ses fonctions, être élu membre de la Chambre des députés. Cette disposition s'applique aux militaires et marins en disponibilité ou en non-activité ». On a voulu par là préserver l'armée de deux côtés à la fois : d'un côté, on empêche la désorganisation des cadres, en imposant le sacrifice de leurs ambitions politiques aux officiers qui pourraient autrement entrer à la Chambre des députés, mais dont les services peuvent être plus utiles à la patrie, s'ils conservent leurs fonctions militaires ; d'autre part, on écarte encore une fois de l'armée la préoccupation des luttes politiques. « L'éligibilité des officiers, disait le rapporteur, présenterait au point de vue du service de graves inconvénients ; elle multiplierait les congés, désorganiserait

---

[1] Il est notable que les ministres restent éligibles dans toutes les circonscriptions bien que leur autorité prime toutes les autres et s'étende au pays tout entier. Mais la possibilité pour eux de se présenter aux suffrages des électeurs est une des conditions nécessaires du gouvernement parlementaire.

les cadres et ferait renaître dans l'armée des discussions politiques qui en sont heureusement bannies ».

Cette disposition a cependant un inconvénient. Non seulement, comme toutes celles du même genre, elle restreint le libre choix des électeurs, mais elle peut priver la Chambre des députés d'une précieuse collaboration. Les questions d'organisation militaire viennent devant elle, et ce ne sont pas les moins importantes : n'est-il pas nécessaire que parmi les députés quelques-uns au moins soient sortis de l'armée, qui puissent apporter à leurs collègues, à l'Assemblée entière, le secours de leurs connaissances professionnelles et de leur expérience pratique? Ce besoin pourra encore être satisfait d'une manière suffisante. L'élection reste ouverte aux officiers démissionnaires ou retraités. De plus, l'article 7 ne s'applique (le texte est formel) ni à la réserve de l'armée active ni à l'armée territoriale. Enfin il ne « s'étend ni aux officiers placés dans la seconde section du cadre de l'état-major général ni à ceux qui, maintenus dans la première section comme ayant commandé en chef devant l'ennemi, ont cessé d'être employés activement ». Parmi ceux-là les électeurs pourront trouver des candidats dont l'expérience ne laissera rien à désirer.

La loi du 14 août 1893 a établi une incapacité d'un tout autre caractère. Elle décide que « nul ne peut être investi de fonctions publiques électives s'il ne justifie avoir satisfait aux obligations imposées par la loi du 15 juillet 1889 sur le recrutement de l'armée ». Ici l'inéligibilité repose sur une idée d'indignité, et nous voyons associés, comme en d'autres temps ou d'autres milieux, l'accomplissement du devoir militaire et la capacité politique[1]. Cette disposition n'est utile, d'ailleurs, que dans le cas où l'insoumission n'aurait pas entraîné contre le candidat une condamnation emportant la perte des droits électoraux (comme dans le cas prévu par l'article 73 de la loi du 15 juillet 1889), car alors la perte de l'électorat entraînerait par elle seule celle de l'éligibilité.

3° Les *inéligibilités* de la troisième catégorie ont été dictées par une pensée d'ordre proprement politique. Elles ont pour objet de protéger contre certains dangers les institutions républicaines.

La loi du 22 juin 1886 (art. 4) décide que les membres des familles ayant régné sur la France ne peuvent exercer aucune fonction publique ni aucun mandat électif. Déjà la loi du 16 juin 1885 (art. 4) les avait rendus spécialement inéligibles à la Chambre des députés.

[1] Cf. la 1re édition de ces *Éléments*, à propos du projet déposé par le comte Taaffe, en octobre 1893, p. 226.

et la loi constitutionnelle du 14 août 1884 inéligibles à la présidence
de la République. Nous avons étudié précédemment cette dernière
disposition et montré par quelles raisons elle se justifie[1]. Ces raisons
s'appliquent également aux textes similaires que nous examinons
ici.

Enfin la loi du 17 juillet 1889 a introduit une autre limitation.
Avant cette loi, tout électeur, qui ne tombait dans aucun des cas
d'inéligibilité précédents, pouvait poser sa candidature à la Chambre
des députés dans n'importe quelle circonscription et dans autant de
circonscriptions que bon lui semblait. Désormais il ne peut plus « être
candidat que dans une seule circonscription » à la fois (art. 1). Pour
assurer le respect de cette règle, la loi exige (art. 2) une déclaration
préalable de candidature : « Tout citoyen qui se présente ou est présenté aux élections générales ou partielles doit, par une déclaration
signée ou visée par lui et dûment légalisée, faire connaître dans quelle
circonscription il entend être candidat. Cette déclaration est déposée,
contre reçu provisoire, à la préfecture du département intéressé le
cinquième jour au plus tard avant le jour du scrutin. Il en sera
délivré récépissé définitif dans les vingt-quatre heures ». L'article 3
ajoute : « Toute déclaration faite en violation de l'article premier de
la présente loi (c'est-à-dire impliquant des candidatures multiples)
est nulle et irrecevable. — Si des déclarations sont déposées par le
même citoyen dans plus d'une circonscription, la première seule est
valable. Si elles portent la même date, toutes sont nulles ». Il faudrait
cependant admettre que, s'il se trouve encore dans les délais prévus
à l'article 2, le candidat peut retirer la déclaration de candidature
qu'il avait produite dans un arrondissement pour la présenter dans
un autre.

Des sanctions de deux sortes sont édictées. D'un côté (art. 5), « les
bulletins au nom d'un citoyen, dont la candidature est posée en violation de la présente loi, n'entrent pas en compte dans le résultat du
dépouillement », ce qui veut dire qu'ils sont regardés comme non
existants et qu'on n'en doit tenir aucun compte pour le calcul de la
majorité, la commission de recensement des suffrages devant elle-
même procéder à l'élimination[2]. D'autre part, des peines (art. 6) sont

---

[1] Ci-dessus, p. 457.

[2] La déclaration de candidature exigée par la loi du 17 juillet 1889 rappelle celle
qui fut jadis imposée par le sénatus-consulte du 17 février 1858, sauf que cette dernière avait pour but, non de prohiber les candidatures multiples, mais d'obtenir par
avance des candidats le serment de fidélité à l'Empereur. Mais le système de nullité,
quant aux candidatures contrevenantes, était le même. Or l'article 4 du sénatus-con-

édictées contre le candidat contrevenant, et contre les personnes (art.
4) qui signeraient ou apposeraient des affiches, enverraient ou distri-
bueraient des bulletins, circulaires ou professions de foi, dans l'intérêt d'un candidat qui ne s'est pas conformé à la présente loi.

La loi du 17 juillet 1889 a été surtout due aux circonstances du
moment qui l'a vu naître : elle a été une arme défensive aux mains
du gouvernement républicain. Son but principal et immédiat a été
d'empêcher l'espèce de plébiscite que le général Boulanger méditait
alors à son profit, en posant sa candidature à la Chambre des députés dans toutes les circonscriptions de France. Mais elle se rattache à
une idée générale et donne satisfaction à un intérêt durable et légitime. Il importe à la démocratie et au gouvernement représentatif
qu'un seul député ne puisse pas, par un pareil moyen, conquérir dans
la Chambre une autorité de fait qui amoindrirait ou annulerait celle
des autres représentants. Comme M. Wallon le disait au Sénat en
1889, « quand on se présente dans cinquante collèges, on ne cherche
pas à entrer dans la Chambre des députés ; on cherche à se mettre au-
dessus d'elle, on veut s'imposer au pays par des moyens que la Constitution réprouve » [1].

On peut même dire que cette loi répond, quoique d'une manière
peut-être imparfaite, à des préoccupations d'un ordre plus pratique,
qui tiennent simplement au fonctionnement usuel et régulier du gouvernement représentatif et qui se sont fait jour dans les milieux les
plus divers. C'est, en effet, une idée souvent émise que normalement
un rapport, un lien antérieur à sa candidature, doit unir l'élu à la circonscription qui le choisit. Cela est désirable pour qu'il y ait véritablement communion d'idées et surtout confiance réciproque entre le
représentant et les représentés.

Ce besoin a été satisfait parfois uniquement par l'action des mœurs
et par l'usage établi. Ainsi, aux États-Unis, c'est une règle admise
que le représentant d'un district à la Chambre des représentants
doit appartenir au district lui-même, doit être un homme du cru,
pour employer une expression familière [2]. Mais souvent aussi la législation est intervenue pour poser une règle semblable. Jusqu'en
1885 en Angleterre, pour les élections des comtés (distincts des bo-

suite portait : « Les bulletins portant le nom d'un candidat qui ne se sera pas conformé
aux dispositions de l'article 1 du présent sénatus-consulte sont nuls et n'entrent
point en compte dans le résultat du dépouillement du scrutin ; mais ils sont annexés
au procès-verbal ».

[1] Séance du 15 juillet 1889 (Journal officiel du 16. Débats parlementaires,
p. 1023).

[2] Bryce, American commonwealth, t. I², p. 187.

roughs, le candidat devait posséder un *freehold* dans le comté[1]. La Constitution de 1791 (tit. III, ch. 1, sect. 3, art. 2) voulait que les représentants du peuple ne pussent être choisis que parmi les citoyens actifs du département. La Charte de 1814 (art. 42) et celle de 1830 (art. 36) exigeaient que la moitié au moins des députés fût choisie parmi les éligibles qui avaient leur domicile politique dans le département. En 1874, la Commission des Trente proposait une règle analogue dans son projet de loi électorale, et le rapporteur, M. Batbie, disait en son nom : « Il faut qu'un lien rattache le candidat au département dans lequel il se présente... Il faut élire l'homme, non pour sa doctrine, mais pour son caractère. Ce qu'on veut écarter enfin, c'est la candidature factice, le candidat errant »[2]. La loi du 17 juillet 1889 conduit au même résultat, bien qu'elle ait été faite en vue d'un autre objet. Une seule candidature étant permise au candidat, il est clair qu'il la posera dans la circonscription où il est le mieux connu et où, par suite, il a les plus nombreuses chances de succès. On peut dire enfin que cette loi apporte un certain allégement à la charge des électeurs. Les élections multiples entraînant nécessairement une option de la part de l'élu, les circonscriptions qu'il n'a pas choisies définitivement doivent procéder, pour son remplacement, à un nouveau scrutin. Cependant, considérée comme définitive et permanente, cette réglementation, très sage dans son principe, peut paraître exagérée. En 1889, au Sénat, M. Wallon avait présenté un amendement ainsi conçu : « Nul ne peut être candidat dans plus de trois circonscriptions ». Dans cette proposition je verrais comme un juste équilibre. Pour les chefs de parti, en effet, pour tous ceux dont la présence est indispensable ou très utile à la Chambre des députés, il est dur de les réduire aux chances que leur offre une seule circonscription ; rendre possible pour eux une double ou triple élection serait assurer leur nomination, sans leur conférer par là une autorité dangereuse.

Une proposition due à l'initiative parlementaire et tendant à abroger la loi du 17 juillet 1889 a été amplement discutée à la Chambre des députés dans la séance du 28 mars 1898 ; elle a été repoussée à une forte majorité[3].

III.

A côté des *inéligibilités* se placent les cas d'*incompatibilité* entre la fonction de député et une autre fonction publique. Les deux séries

---

[1] Bryce, *American commonwealth*, p. 188.
[2] *Journal officiel* des 4, 5 juin 1874.
[3] *Journal officiel* du 29 mars, p. 1426 et s.

d'hypothèses diffèrent profondément. Dans les premières, la fonction rend absolument nulle l'élection du fonctionnaire. Dans les secondes, au contraire, il faut supposer une fonction qui ne rende point celui qui l'exerce inéligible dans la circonscription où il s'est présenté : l'élection, par conséquent, est valable ; mais la loi décide que l'élu ne pourra pas conserver à la fois les deux fonctions, sa fonction antérieure et celle de député. Il est mis en demeure d'opter dans un certain délai ; et la loi du 30 novembre 1875, optant pour lui dans le cas où il ne se serait pas prononcé, décide que le « fonctionnaire nommé député sera remplacé dans ses fonctions si, dans les huit jours qui suivront la vérification des pouvoirs, il n'a pas fait connaître qu'il n'accepte pas le mandat de député ».

Mais quels sont les fonctionnaires publics dont la fonction doit être déclarée incompatible avec ce mandat? C'est là une question grave et difficile. D'un côté, en effet, il semble que toutes les fonctions publiques doivent être déclarées incompatibles par un double motif : soit parce que la fonction de législateur est assez difficile et assez importante pour que l'homme s'y consacre tout entier ; soit parce que les fonctions dont il s'agit rentrant nécessairement dans l'administration largement entendue, c'est-à-dire dans le pouvoir exécutif ou dans le pouvoir judiciaire, leur cumul avec le mandat de député serait un échec au principe de la séparation des pouvoirs. Cet échec se comprendrait d'autant moins que les assemblées modernes n'ont pas pour unique mission de légiférer ; elles contrôlent également le pouvoir exécutif ; or, ne peut-on pas craindre que ce contrôle soit exercé sans indépendance par des députés qui eux-mêmes appartiendraient encore à l'administration? C'est l'idée dont s'est inspirée la Constitution républicaine, la plus attachée peut-être à la logique des principes, la Constitution de l'an III. Elle décidait, art. 47 : « Il y a incompatibilité entre la qualité de membre du Corps législatif et l'exercice d'une autre fonction publique, excepté celle d'archiviste de la République »[1].

Mais, en sens contraire, on peut présenter de très sérieuses considérations. Il est d'abord une catégorie de fonctionnaires publics, qui, d'après le génie du gouvernement parlementaire, sont normalement appelés à être à la fois fonctionnaires et députés (ou sénateurs) : ce

---

[1] Il est curieux de constater que Prévost-Paradol se prononçait nettement pour le système de l'incompatibilité absolue (*La France nouvelle*, liv. I, ch. III, p. 87) : « Il est excellent, surtout dans une démocratie, qu'aucun fonctionnaire public ne siège dans la seconde Chambre, qui doit voter le traitement des fonctionnaires, contrôler leurs actes et rester, en apparence comme en réalité, absolument indépendante du pouvoir exécutif ».

sont les ministres, et, dans une opinion, les sous-secrétaires d'État. Mais, même pour beaucoup d'autres fonctionnaires publics, on peut se demander s'il est sage de leur interdire l'accès du Parlement. Pour tous ceux qui sont arrivés, après de longs travaux, de sérieuses études, à une fonction élevée, rendre incompatible cette fonction, c'est les exclure presque à coup sûr, car ils ne voudraient point, souvent ils ne pourraient point, sans manquer à leur devoir de famille, abandonner leur haute fonction, récompense de leur vie antérieure, pour briguer un mandat, dont le renouvellement est toujours incertain. Pourtant, dans un pays où la passion des fonctions publiques s'est largement développée, ces hommes forment une portion notable de l'élite intellectuelle ; leur présence au Parlement, à la Chambre des députés, serait par là même désirable. Leur en fermer la porte, c'est laisser sans contrepoids indispensable l'influence croissante des politiciens de profession. Ne vaut-il pas mieux déclarer leur fonction compatible avec un mandat, qu'ils pourront alors briguer et exercer en pleine indépendance, sûrs de retrouver au besoin la fonction publique qu'ils auront dû momentanément cesser d'exercer dans la plupart des cas, mais qu'ils n'auront pas perdue ? Cela est vrai surtout des fonctionnaires publics, dont la fonction a un caractère professionnel nettement marqué et ne touche point directement à la politique, comme les ingénieurs de l'État et les professeurs de l'Université.

La plupart de nos Constitutions monarchiques ouvrirent la Chambre des députés aux fonctionnaires de l'État. La Constitution de l'an VIII avait donné l'exemple en déclarant seulement (art. 18) les sénateurs inéligibles à jamais à toute autre fonction publique [1]. La Charte de 1814 et la loi électorale de 1817 n'établirent non plus aucune incompatibilité. Après la Révolution de Juillet, la loi électorale du 19 avril 1831, introduisait quelques incompatibilités, mais très res-

---

[1] M. Eugène Pierre (*Traité de droit politique électoral et parlementaire*, n° 337) cite l'article 7 de la loi du 10 novembre 1799 « comme ayant ouvert les portes des Chambres aux agents du pouvoir exécutif ». Mais cette loi (19 brumaire an VIII), qui est le premier acte des deux Conseils après le Coup d'État, était leur abdication au profit d'une commission et réglait le gouvernement provisoire ; ci-dessus, p. 387. L'article décidait bien, en effet, que les membres des deux Conseils désormais ajournés pouvaient, « sans perdre leur qualité de représentants du peuple, être employés comme ministres, agents diplomatiques, délégués de la Commission consulaire exécutive, et dans toutes les autres fonctions. Ils étaient même invités au nom du bien public à les accepter ». Mais c'était là seulement une disposition transitoire ; le système définitif résulta de la Constitution de l'an VIII. Pour les sénateurs, l'incompatibilité édictée par la Constitution de l'an VIII fut supprimée par le sénatus-consulte du 16 thermidor an X, art. 64 ; « Les sénateurs pourront être consuls, ministres, membres de la Légion d'honneur, inspecteurs de l'instruction publique et employés dans des missions extraordinaires et temporaires ».

treintes. L'article 64 portait seulement : « Il y a incompatibilité entre les fonctions de député et celles de préfet, sous-préfet, de receveurs généraux, de receveurs particuliers des finances et de payeurs ». La Chambre des députés était, par suite, peuplée de fonctionnaires sous le règne de Louis-Philippe, et la modification de cet état de choses, la suppression de cet abus fut l'une des réformes le plus constamment réclamées par l'opposition ; c'était ce qu'on appelait alors la *réforme parlementaire* à côté de la *réforme électorale*[1].

La Constitution de 1848 accomplit naturellement cette réforme. Cependant elle ne la poussa pas, comme on aurait pu le craindre, jusqu'au système de l'incompatibilité absolue. L'article 28 commence bien ainsi : « Toute fonction publique *rétribuée* est incompatible avec le mandat de représentant du peuple » ; mais il annonçait *in fine* que « les exceptions à ce paragraphe seraient déterminées par la loi électorale organique ». Cette loi, qui fut celle du 15 mars 1849, fixait ces exceptions dans les articles 85 et 86 ; elles comprenaient : les ministres, le commandant supérieur des gardes nationales de la Seine, le procureur général de la Cour de cassation, le procureur général de la Cour d'appel de Paris, le préfet de la Seine, les citoyens chargés temporairement (pour six mois au plus) d'un commandement ou d'une mission extraordinaire, soit à l'extérieur, soit à l'intérieur, les professeurs dont les chaires sont données au concours ou sur présentation faite par leurs collègues, quand ils exercent leurs fonctions dans le lieu où siège l'Assemblée Nationale, enfin les fonctionnaires appartenant à un corps ou à une administration dans lesquels la distinction entre l'emploi et le grade est établie par la loi. Il y avait là un système raisonné dans lequel entraient divers éléments, mais qui tenait particulièrement compte de la possibilité matérielle pour le fonctionnaire-représentant de continuer l'exercice de sa fonction.

Le Second Empire revint, trait assez curieux, à l'incompatibilité absolue. Le décret organique du 2 février 1852, qui resta sur ce point sa loi jusqu'au bout, décidait, en effet (art. 29) : « Toute fonction publique rétribuée est incompatible avec le mandat de député au Corps législatif ».

La loi du 30 novembre 1875 est revenue au système contenu dans la Constitution de 1848, qu'elle a simplement retouché. Elle pose d'abord le principe (art. 8) : « L'exercice des fonctions publiques *rétribuées sur les fonds de l'État* est incompatible avec le mandat de député »[2]. Puis viennent les exceptions (art. 8 et 9). Elles sont plus

---

[1] Ci-dessus, p. 210-1.

[2] Il ressort de ce texte que ce qui crée l'incompatibilité, ce n'est pas la fonction

nombreuses qu'en 1848[1], et la préoccupation de savoir si le fonctionnaire pourra matériellement continuer l'exercice de la fonction qui lui
est conservée n'est plus dominante; si, parmi certains hauts fonctionnaires, ceux-là seuls sont exceptés qui résident à Paris, c'est qu'alors
il s'agit d'emplois qui ne se conçoivent point à l'état de suppléance
constante[2]; encore l'importance et la dignité plus grandes en fait, que
donne au fonctionnaire la résidence à Paris, paraît avoir été alors la
raison prépondérante.

La règle de l'incompatibilité a un corollaire, contenu dans l'article
11 : « Tout député, nommé ou promu à une fonction publique sala-
riée[3], cesse d'appartenir à la Chambre par le fait même de son acceptation ». Cette solution dépasse même la règle dont elle est tirée;
en effet elle comprend non seulement les fonctions publiques réellement incompatibles avec le mandat de député, mais aussi celles qui,
quoique salariées, sont exceptionnellement compatibles avec lui. La
nomination d'un député à de pareilles fonctions éveille toujours un
certain soupçon : on peut craindre qu'il n'ait usé, pour son profit
personnel, de l'influence que son élection aux fonctions législatives a
pu lui donner près du gouvernement. Il faudra, si la fonction qu'il
accepte est compatible avec celle de député, qu'il purge cette accusation possible par une nouvelle élection; l'article 11 continue en ces

publique par elle-même; il faut qu'il s'y joigne une rétribution sur les fonds de
l'État; la Constitution de 1848 se contentait d'une rétribution quelconque.

[1] Sauf que l'on ne retrouve plus la classe de fonctionnaires exceptés par la loi du
15 mars 1849, art. 86, et pour lesquels la loi établit la distinction entre le grade
et l'emploi. Cela est logique d'ailleurs. Les principaux de ces fonctionnaires
sont les officiers des armées de terre et de mer, ceux-là aujourd'hui sont inéligibles.

[2] Loi du 30 novembre 1875, art. 8 : « Sont exceptées des dispositions qui précèdent les fonctions de ministre, sous-secrétaire d'État, ambassadeur, ministre pléni-
potentiaire, préfet de la Seine, préfet de police, premier président de la Cour de
cassation, premier président de la Cour des Comptes, premier président de la Cour
d'appel de Paris, procureur général près la Cour des Comptes, procureur général
près la Cour de Paris, archevêque, évêque, pasteur président de consistoire dans
les circonscriptions consistoriales dont le chef-lieu compte deux pasteurs et au-dessus, grand rabbin du Consistoire central, grand rabbin du Consistoire de Paris ».
— Art. 9 : « Sont également exceptés des dispositions de l'article 8 : 1° les professeurs titulaires de chaires qui sont données au concours ou sur la présentation
des corps où la vacance s'est produite; 2° les personnes qui ont été chargées d'une
mission temporaire. Toute mission qui a duré plus de six mois cesse d'être temporaire et est régie par l'article 8 ci-dessus ».

[3] Ici le texte, pris au pied de la lettre, n'exige plus qu'il y ait rétribution sur les
fonds de l'État; mais il doit, je crois, être entendu en ce sens. Il n'est pas admissible que le législateur ait modifié dans l'article 11 la règle qu'il avait posée dans
l'article 8.

termes : « Il peut être réélu si la fonction qu'il occupe est compatible avec le mandat de député. Les députés nommés ministres ou sous-secrétaires d'État ne sont pas soumis à la réélection ». Cette dernière disposition est parfaitement rationnelle, comme on l'a vu précédemment[1].

Dans la théorie des incompatibilités parlementaires, telle qu'elle a été présentée jusqu'ici, l'un des termes du rapport se trouvant nécessairement dans le mandat de député, l'autre était toujours fourni par une fonction publique. Aucune profession ou occupation privée n'était considérée comme incompatible avec la fonction législative; cela paraissait commandé, soit par le principe de l'égalité civile, soit par la liberté du travail et de l'industrie. Mais la législation tend manifestement à sortir de ces termes, à viser d'autres personnes que les fonctionnaires publics.

Ce sont d'abord les commerçants ou industriels qui ont conclu avec l'État des contrats de transport, de services, de travail ou de fournitures. Élus députés, ils réunissent, en effet, dans leur personne deux qualités difficilement conciliables en fait. D'un côté, comme contractants, ils ont intérêt à faire fixer et régler leurs droits pécuniaires et particuliers de la manière la plus avantageuse pour leur profit personnel; d'autre part, comme membres de la Chambre, ils peuvent exercer une certaine influence sur les actes du gouvernement; ils concourent au vote des lois de finances, d'après lesquelles ils seront payés. On peut craindre que l'homme ne puisse se dédoubler absolument et que l'intérêt du commerçant dicte parfois le vote du législateur.

Ce sont aussi des hommes qui ne sont point fonctionnaires publics, mais qui sont les administrateurs ou les directeurs de ces grandes compagnies de transport ou de crédit financier, qui constituent de véritables puissances sociales dans le monde moderne, bien qu'elles se présentent en droit comme de simples sociétés privées. Leur puissance de fait dérive, d'ailleurs, le plus souvent, en partie du moins, d'une concession de l'État, qui leur confère, par mesure législative, un monopole ou des privilèges, ou leur accorde une subvention. Par contre, l'État se réserve alors, dans une mesure plus ou moins large, la nomination de leurs employés supérieurs. Ne peut-il pas aller plus loin, et assimiler ces emplois aux fonctions publiques, quant aux incompatibilités parlementaires?

Ce n'est pas d'aujourd'hui que la question existe. Elle a même été résolue dans un sens rigoureux par la loi électorale du 15 mars 1849.

---

[1] Ci-dessus, p. 108-9.

Celle-ci, dans son article 84, déclare *inéligibles* : « 1° les individus chargés d'une fourniture pour le gouvernement ou d'une entreprise de travaux publics ; 2° les directeurs et administrateurs de chemins de fer ». La loi ajoutait : « Tout représentant du peuple, qui, pendant la durée de son mandat, aura entrepris une fourniture pour le gouvernement ou accepté une place, soit de directeur, soit d'administrateur de chemin de fer, ou qui aura pris un intérêt dans une entreprise soumise au vote de l'Assemblée Nationale, sera réputé démissionnaire et déclaré tel par l'Assemblée Nationale. Tout marché passé par le gouvernement avec un membre de la législature dans les six mois qui la suivent est nul ». On le voit, il y a là une incompatibilité, laquelle laisse toujours un choix entre le mandat de député et l'autre qualité incompatible avec lui : la première disposition rendait l'élection radicalement nulle ; la seconde prononçait impérieusement la déchéance du représentant.

La loi du 30 novembre 1875 ne reprit pas cette réglementation. Mais depuis lors elle a tendu à se reconstituer, quoique moins sévère, par décisions fragmentaires. Ainsi la loi du 30 juin 1883, concernant les services maritimes postaux entre Le Havre et New-York, entre la France, les Antilles et le Mexique, contient cette disposition : « A raison de subvention accordée par l'État, il est interdit aux membres de la Chambre des députés et du Sénat, sous peine de déchéance de leur mandat, de faire partie du conseil d'administration ou de surveillance de la société concessionnaire »[1]. La loi du 20 novembre 1883 (art. 5), approuvant les conventions passées entre le ministre des Travaux publics et la Compagnie de chemins de fer de Paris à Lyon et à la Méditerranée, déclare aussi « que tout sénateur ou député, qui, au cours de son mandat, accepterait les fonctions d'administrateur, serait par ce seul fait considéré comme démissionnaire et soumis à la réélection ». La première de ces deux lois établissait une véritable incompatibilité ; la seconde ne va pas jusque-là ; elle applique seulement au fait qu'elle vise la règle inscrite dans l'article 11 de la loi du 30 novembre 1875 pour les fonctions publiques compatibles avec le mandat de député. La loi du 17 novembre 1897 portant prorogation du privilège de la Banque de France décide dans son article 3 : « Les fonctions de gouverneur et de sous-gouverneur de la Banque de France sont incompatibles avec le mandat législatif », et la loi du 8 juillet 1898 approuvant

[1] Exposé des motifs du projet de loi présenté à la Chambre des députés, le 14 novembre 1895 par M. Ricard, garde des Sceaux (*Journal officiel* du 15, *Débats parlementaires*, p. 2329 ; *Journal officiel* du 20 décembre, *Documents parlementaires*, p. 1472).

la convention, passée le 16 juillet 1897 avec la Compagnie générale transatlantique pour le service maritime partant du Havre à New-York, étend (art. 3) la même incompatibilité aux personnes qui font partie du Conseil d'administration et de surveillance de la société concessionnaire[1].

On s'achemine ainsi naturellement vers une réglementation d'ensemble. Celle-ci est contenue dans un projet de loi déposé par le garde des Sceaux à la Chambre des députés le 14 novembre 1895. L'article premier porte en effet : « L'exercice du mandat législatif est incompatible : 1° avec la fonction de directeur ou administrateur des établissements financiers ou industriels, dans lesquels ces fonctions sont à la nomination de l'État ; 2° avec la qualité de propriétaire, directeur, gérant, administrateur ou censeur d'un établissement financier ou industriel subventionné par l'État ; 3° avec la qualité d'entrepreneur d'un service de fournitures, de travaux, de transports, ou de tout autre service de l'État[2] ». Moins rigoureux que la loi de 1849, en ce qu'il ne contient qu'une simple incompatibilité[3], ce projet est plus extensif, en ce qu'il comprend des fonctions plus nombreuses.

Il reste à signaler un dernier cas d'incompatibilité qui, pour n'être édicté ni par la Constitution ni par un texte de loi, n'en est pas moins certain. Il s'agit des fonctions de député et de sénateur réciproquement considérées. Nul citoyen ne peut être en même temps membre des deux Chambres, à la fois sénateur et député. Certaines

---

[1] L'article 3 ajoute même : « Les sénateurs et députés actuellement en fonctions, visés par la disposition précédente, sont tenus d'opter entre ces fonctions et leur mandat parlementaire dans les deux années qui suivront la promulgation de la présente loi ».

[2] *Journal officiel* du 10 décembre, Exposé des motifs. *Documents parlementaires*, p. 1472.

[3] En effet, voici comment sont conçus les articles 2 et 3 : « Art. 2. Les personnes désignées à l'article précédent, élues sénateurs ou députés, doivent, dans les huit jours qui suivent la vérification des pouvoirs, opter entre l'acceptation du mandat et la conservation des fonctions ou qualités ci-dessus déterminées. À défaut d'option dans ce délai, elles sont réputées avoir renoncé à l'exercice de leur mandat et considérées de plein droit comme démissionnaires. » (C'est, on le voit, la solution inverse de celle que donne, pour les fonctions publiques incompatibles, l'article 8 de la loi du 30 novembre 1875). — « Art. 3 : Tout sénateur ou député, qui, au cours de son mandat, aura, soit accepté les fonctions, soit acquis les qualités visées par l'article 1er, sera réputé démissionnaire, si, dans la huitaine à partir de l'acceptation de la fonction ou de l'acquisition de la qualité, il n'a pas résilié la fonction ou perdu la qualité constitutive de l'incompatibilité ». Ce texte contient encore une autre solution que celle donnée pour les fonctions publiques incompatibles par l'article 11 de la loi du 30 novembre 1875.

Constitutions étrangères ont jugé nécessaire de le dire expressément[1]. Mais, dans le silence des textes, cela résulte suffisamment des principes. Il y a là deux qualités inconciliables, non seulement en fait (car le même homme ne saurait être présent en même temps, siéger effectivement dans les deux Assemblées), mais aussi en droit (car il ne peut y avoir véritablement deux assemblées distinctes que si leurs membres sont différents). Mais, d'autre part, rien n'empêche un citoyen, actuellement député, d'être élu sénateur, ou un sénateur d'être élu député. Mais lorsque la nouvelle élection, dûment vérifiée, aura été acceptée, par là même l'élu cessera de plein droit d'appartenir à la Chambre dont il était membre antérieurement[2].

IV.

Quant au mode d'après lequel les députés sont élus, je me contenterai, plus étroitement encore que précédemment, de dégager les principes. Deux points sont ici à considérer : d'un côté, la détermination des circonscriptions électorales et le nombre des députés pour lesquels chaque électeur peut voter ; de là dépend le chiffre total des membres composant l'Assemblée ; — d'autre part, la procédure même de l'élection, les formes suivant lesquelles chaque collège électoral entre en activité et donne ses suffrages.

Sur le premier point depuis bien des années le droit public français oscille entre deux systèmes principaux : d'un côté le scrutin de liste, avec le département comme circonscription électorale ; d'autre part, le scrutin uninominal, avec une circonscription nécessairement plus restreinte, et qui le plus souvent a été l'arrondissement. Dans le premier système, le collège électoral est appelé à élire un certain nombre de députés, proportionnel à sa population, et chaque électeur a le droit de porter sur son bulletin de vote autant de noms qu'il y a de députés à élire. Il dresse ainsi une liste des candidats auxquels il donne son suffrage. Dans le scrutin uninominal par arrondissement, au contraire, le collège électoral n'a qu'un seul député à élire, et chaque électeur, par suite, ne vote que pour un seul candidat.

Depuis l'établissement du suffrage universel en France, ces deux modes de scrutin ont alterné périodiquement. C'est le scrutin de liste par département qu'établit tout d'abord le décret du 5 mars 1849 (art.

---

[1] Charte constitutionnelle du Portugal du 29 avril 1826, art. 39 : « Nul ne peut être en même temps membre des deux Chambres ». — Italie. *Statut fondamental* du 4 mars 1848, art. 64 : « Nul ne peut être à la fois sénateur et député ».

[2] Eug. Pierre, *Traité de droit politique, électoral et parlementaire*, nos 168 et 343.

9), et il fut maintenu par la loi du 15 mars 1849. Il fut, au contraire, prohibé par la Constitution de 1852[1] et encore par celle du 21 mai 1870[2]. Le Gouvernement de la Défense nationale remit en vigueur, en 1870-71, la loi du 15 mars 1849, c'est-à-dire le scrutin de liste pour les élections à l'Assemblée Nationale ; et le même mode fonctionna pour les élections partielles à cette Assemblée de 1871 à 1876. La loi organique du 30 novembre 1875 établit, au contraire, le scrutin uninominal par arrondissement[3]. La loi du 16 juin 1885 rétablit le scrutin de liste par département. Enfin la loi du 13 février 1889 a réintroduit dans notre législation le scrutin uninominal par arrondissement. Mais le scrutin de liste conserve encore de nombreux partisans, et des propositions ont été déposées à la Chambre des députés en vue de son rétablissement. Le simple jeu de cette alternance suffit à montrer que chacun des deux modes a des avantages incontestables et des défauts non moins certains.

En faveur du scrutin de liste on peut faire valoir des raisons diverses et également séduisantes[4].

1° Il multiplie et exalte en quelque sorte le droit de chaque électeur, en lui permettant de contribuer à l'élection, non pas d'un seul député, mais de plusieurs.

2° Il donne naturellement aux élections une valeur et une signification politique plus grandes. Pour réunir sur son nom les votes de la majorité dans un département, il faut, en effet, qu'un candidat, ou un groupe de candidats, élargisse suffisamment son programme et ses vues pour les porter au delà et au-dessus de la préoccupation des seuls intérêts locaux. La plupart des questions qui intéressent un département tout entier touchent vraiment aux intérêts généraux du pays. Par là même le scrutin de liste semble propre à dégager les grands courants d'opinion qui existent dans la nation ; il serait, par suite, le meilleur instrument pour constituer dans la Chambre des députés ces majorités fortes et compactes qu'exige le bon fonctionnement du gouvernement parlementaire.

3° Il assure mieux que le scrutin par arrondissement la liberté des

---

[1] Art. 36 : « Les députés sont élus par le suffrage universel sans scrutin de liste ». — Mais l'article 35 établissant un député par vingt-cinq mille électeurs, les circonscriptions électorales étaient arbitrairement déterminées, les arrondissements étant réunis ou découpés à cet effet.

[2] Article 31 identique à l'article 36 de la Constitution de 1852.

[3] Art. 14 : « Les membres de la Chambre des députés sont élus au scrutin individuel. Chaque arrondissement administratif nomme un député ».

[4] Elles ont été présentées avec beaucoup de clarté et de force dans le rapport de M. Constans lu à la Chambre des députés, séance du 6 juin 1885 (*Journal officiel* du 7, *Débats parlementaires*, p. 1016).

votes et rend plus difficile la corruption électorale. La pression administrative s'exerce plus difficilement sur une circonscription plus étendue ; les largesses ou les trafics pécuniaires, par lesquels un candidat
cherche à acquérir des voix, tendent naturellement à disparaître
quand la circonscription électorale comprend tout un département,
par cela seul que la dépense, pour être efficace, doit être alors considérable.

4° Le scrutin de liste seul se prête à une combinaison, qui trouve
de nos jours une faveur assez marquée dans l'opinion publique ; c'est
la représentation des minorités ou *représentation proportionnelle*,
dont je parlerai un peu plus loin. Il est clair, en effet, que, lorsque
le collège électoral nomme un seul député, celui-ci ne saurait être
partagé et appartient nécessairement à la majorité.

De ces qualités, que l'on signale dans le scrutin de liste, quelques-
unes sont certaines et d'autres très douteuses ; mais il présente aussi
des défauts incontestables ; ils sautent aux yeux lorsqu'on se reporte
de la théorie à la pratique. C'est, en effet, un instrument délicat et
perfectionné qui s'adapte assez mal aux mains lourdes et rudes du
suffrage universel. Il n'est pas en fait à la portée d'un grand nombre
d'électeurs. Beaucoup d'entre eux, la majorité peut-être, ne connaissent pas suffisamment et par des notions personnelles les candidats
divers qui se présentent dans le département. Ils ne sauraient donc
composer une liste de leur propre choix ; ils ne peuvent pas davantage contrôler efficacement celles qui sont dressées par les comités
électoraux des divers partis. En réalité, ce qui entraîne une liste de
candidats, ce qui la fait passer, ce sont les premiers noms qu'elle
porte (la *tête de liste*, comme on dit) et que chaque parti choisit
avec soin parmi les hommes qui ont une large notoriété dans le département. Sous le couvert de ceux-là, beaucoup d'électeurs votent
pour les inconnus dont les noms suivent. Mais par là même on fausse
le gouvernement représentatif, tel qu'il a été exposé ci-dessus[1]. S'il est
vrai que ce régime implique nécessairement, chez le député élu,
une entière liberté de décision, la faculté de modifier, au cours des
discussions, les opinions qu'il avait manifestées devant les électeurs,
ne faut-il pas que les électeurs connaissent la personne et le caractère du candidat qu'ils choisissent, et non pas seulement l'expression
générale et vague de ses opinions au jour de l'élection ?

Le principal avantage du scrutin uninominal par arrondissement,
c'est qu'il est d'un maniement facile pour tous : il rend possible et
presque certain un choix personnel de la part des électeurs. Il est

[1] Ci-dessus, p. 49 et suiv., 298.

à la portée de tous. Les candidats qui se présentent dans un arrondissement n'y seront pas pour la plupart étrangers. Ils sont généralement connus de tous; c'est la condition même de leur succès. Tout
électeur, en donnant son vote à l'un d'eux, choisit un homme de confiance. Sans doute le scrutin par arrondissement restreint l'horizon
électoral. La préoccupation des intérêts strictement locaux pourra
souvent être dominante. Mais cela ne saurait déplaire à ceux qui
veulent donner pour base aux assemblées législatives la représentation des intérêts. D'autre part, on conserve mieux à l'opinion des
villes son expression électorale qu'avec le scrutin de liste, qui la noie
dans le suffrage des campagnes. Enfin on peut affirmer que, avec la
diffusion de la presse quotidienne à bon marché, toutes les fois qu'une
question générale et importante se posera vraiment devant le pays,
elle s'imposera aux collèges d'arrondissement comme à ceux de département. Restent la pression et la corruption qui, étant ici plus
faciles, sont plus à craindre; mais la vérification des pouvoirs donne
aux assemblées des moyens efficaces de répression.

Il est vrai enfin que le scrutin uninominal ne permet pas la représentation des minorités. Mais celle-ci me paraît une nouveauté fort
contestable, contraire même aux vrais principes de notre droit constitutionnel. Abusant du terme *représentation*, ceux qui soutiennent
ce système partent de cette idée que toute assemblée représentative
doit être l'image exacte, en plus petit, du corps électoral qu'elle représente[1] : par suite, la majorité ne doit point y être seule représentée, mais aussi la minorité, ou plutôt les diverses fractions, les divers
partis qui divisent le corps électoral, chacun suivant sa force numérique, et pourvu qu'ils ne soient pas une quantité négligeable.
Comme le vote par circonscriptions séparées est une nécessité qui
s'impose, c'est là, dans chaque circonscription élisant un nombre suffisant de députés, que doit se faire cette répartition proportionnelle
des représentants; ils n'appartiennent pas tous à la majorité, et les
minorités doivent en avoir leur juste part.

Il y a là, à mes yeux, un véritable sophisme. Dans le gouvernement représentatif, la représentation des électeurs par les élus n'est
pas un but, mais simplement un moyen. Le but, c'est l'exercice de
la souveraineté nationale ; mais celui-ci revient nécessairement et
tout entier à la majorité de la nation. Des députés élus n'étant que

[1] Voyez dans un article intéressant que M. Georges Leloir a consacré à cette
question (*Bulletin de la Société de législation comparée*, 1893, p. 247) ce passage
caractéristique d'une lettre adressée au *Journal de Genève* par M. Berthoud de Neuchâtel : « Personne en Suisse n'oserait prétendre qu'une assemblée représentative ne
doit pas être l'image aussi exacte que possible du corps électoral qu'elle représente ».

E.   40

l'instrument, le moyen par lequel cette souveraineté s'exerce, à défaut du gouvernement direct, il n'y aurait donc ni violation des principes ni injustice, s'ils appartenaient tous à la majorité du corps électoral. Si le gouvernement direct existait, cette majorité déciderait seule de tout ; pourquoi n'en serait-il pas de même dans le gouvernement représentatif ? C'est la majorité seule de la nation dont on tient compte dans un *referendum* ; c'est elle seule qui désigne le magistrat suprême là où celui-ci est nommé à l'élection populaire ; pourquoi ne désignerait-elle pas seule le corps de magistrats par lesquels s'exerce le pouvoir législatif ?

La thèse de la représentation proportionnelle, considérée comme un droit, ne pourrait être fondée que si le droit de représentation était personnel aux individus : alors, sans descendre cependant jusqu'aux infiniment petits par nécessité pratique, la représentation des minorités s'imposerait. Mais nous avons repoussé cette conception, et montré que le droit de désigner les représentants du peuple appartenait au corps électoral pris dans son ensemble ; que la décomposition de ce corps en collèges électoraux particuliers résultait simplement d'une nécessité pratique, mais qu'elle ne conférait aucun droit propre à ceux-ci, qui statuent toujours au nom du corps tout entier[1].

Si la représentation légale et proportionnelle des minorités n'est pas une conséquence exacte des principes, elle présente en outre, un danger des plus graves pour les pays qui pratiquent le gouvernement parlementaire. Elle tend, en effet, à diviser les assemblées en groupes et en partis de plus en plus nombreux, ce qui est une des conditions les plus défavorables pour le fonctionnement normal et correct de ce gouvernement. Sans doute cet émiettement est largement un produit des faits sociaux du temps présent[2]; encore est-il qu'il ne paraît point sage de le faciliter et de l'accentuer encore par l'action législative.

La thèse de la représentation proportionnelle me paraît une véritable erreur de la science politique. Peut-être doit-elle en partie son succès à des idées assez grossières, mais assez répandues, sur l'influence et la dignité personnelles que confère à l'élu son siège au Parlement. La représentation nationale, dans la démocratie moderne, apparaîtrait ainsi comme une série d'emplois dont le peuple dispose lui-même et dont chaque parti voudrait avoir sa juste part. Quoi qu'il en soit, la représentation proportionnelle a trouvé une faveur marquée dans les milieux les plus divers. Elle gagne de proche en proche les cantons suisses : elle s'est introduite dans les cantons du

1 Ci-dessus, p. 179, 180.
2 Ci-dessus, p. 136.

Tessin, de Genève et de Neuchâtel[1], et récemment dans celui de Zug[2]. Elle a fonctionné en Danemark de 1855 à 1866 pour les élections au Rigsrad, et elle est inscrite dans la Constitution revisée en 1866; elle y est prescrite pour les élections au Landsthing[3]. Le Portugal l'a adoptée dans sa loi électorale du 21 mai 1884[4], ainsi que l'Espagne dans celle du 26 juin 1890[5]. Elle figurait aussi parmi les innovations qui ont été proposées et énergiquement défendues par le gouvernement dans la longue et laborieuse révision de la Constitution belge, où cependant elle n'a pu se faire recevoir. Il est vrai que, en sens contraire, on peut citer un précédent qui, pour être unique, n'en a pas moins un grand poids, étant donné le pays où il s'est produit. L'Angleterre, de 1867 à 1885, a introduit et pratiqué la représentation des minorités dans certaines circonscriptions (*the three cornered constituencies*) : elle y a renoncé et ne paraît pas disposée à y revenir[6]. En France, une association s'est fondée pour populariser le système et l'imposer au législateur par la force de l'opinion; elle a publié d'intéressants travaux[7], mais l'esprit français paraît quelque peu rebelle à cette réforme, et la raison en est, je crois, assez facile à saisir.

En effet, en laissant de côté le principe lui-même, si l'on considère maintenant les procédés par lesquels on en a fait jusqu'ici l'application, on trouve qu'ils sont ou très arbitraires ou très compliqués. Voici, en effet, les principaux :

Les plus simples sont le *vote incomplet* et le *vote cumulatif*. Le premier suppose une circonscription ayant à élire plusieurs députés au scrutin de liste. Il consiste en ce que chaque électeur ne peut point voter pour une liste complète, comprenant autant de noms qu'il y a de députés à élire : il ne peut voter que pour un nombre de candidats inférieur à ce chiffre et déterminé par la loi. Le surplus, c'est la place laissée à la minorité et dont celle-ci pourra s'emparer, si elle est disciplinée et si elle atteint le chiffre légal nécessaire pour une élection valable, à moins que la majorité ne soit assez large et assez bien dis-

---

[1] Voyez l'article précité de M. Georges Lebeir dans le *Bulletin de la Société de législation comparée*, 1893, p. 237 et suiv.

[2] Constitution du canton de Zug du 31 janvier 1894, art. 76, et ordonnance du 1er septembre 1894 concernant le suffrage proportionnel.

[3] Dareste, *Les Constitutions modernes*, t. II[2], p. 11, art. 40.

[4] *Annuaire de législation étrangère*, 1885, p. 438.

[5] *Annuaire de législation étrangère*, 1891, p. 423, art. 22.

[6] Anson, *Law and custom of the Constitution*, t. I[2], p. 123.

[7] *La représentation proportionnelle*, Études de lég. et de stat. comparées. Paris, 1888. Voyez enfin Charles Benoist, *La crise de l'État moderne*, p. 117-143, et les articles de notre collègue M. Saleilles, dans la *Revue du droit public et de la science politique*, mars-avril et mai-juin 1898, p. 215 et suiv., 385 et suiv.

ciplinée pour répartir ses votes de manière à gagner tous les sièges. C'était le système suivi dans les *three cornered constituencies* anglaises, qui élisaient trois députés et où chaque électeur ne pouvait voter que pour deux : un tiers des sièges était ainsi abandonné à la minorité[1]. C'est celui qui est actuellement suivi en Espagne, dans de plus larges proportions[2].

Le *vote cumulatif*, supposant toujours une circonscription qui élit plusieurs députés, donne à chaque électeur autant de suffrages à exprimer qu'il y a de députés à élire ; mais celui-ci peut en disposer à son gré. Il peut les attribuer à des candidats divers et voter ainsi pour une liste entière ; mais il peut aussi, dans la mesure des suffrages dont il dispose, en attribuer plusieurs à un même candidat. Alors la minorité, en réunissant tous ses suffrages sur un seul candidat, peut se multiplier elle-même, dépasser la majorité, qui, elle, a intérêt à voter pour une liste complète. Elle assure, en les limitant, ses chances de succès. Ce système est admis, dans certains cas, par la loi portugaise qui, dans d'autres, établit le vote imparfait[3].

Mais ce sont là, on peut le dire, des expédients. Des combinaisons, plus conformes au principe initial, ont été inventées pour réaliser la représentation proportionnelle. Elles ont pour point de départ une opération d'arithmétique. On prend la somme totale des votes valablement exprimés dans la circonscription, et on la divise par le chiffre des députés à élire : le quotient, dit *quotient électoral*, est le nombre de suffrages nécessaire et suffisant à la fois pour l'élection d'un député. Supposons 50.000 votants et 5 députés à élire : tout candidat ayant obtenu dix mille voix devra être proclamé député, et toute minorité, atteignant ce chiffre, peut, par suite, obtenir un député, la

---

[1] Anson, *Law and custom*, t. D, p. 122.

[2] Loi du 26 juin 1890 analysée dans l'*Annuaire de législation étrangère*, 1891, p. 422, art. 22. Si le district doit nommer un député, chaque électeur ne peut donner valablement son vote à plus d'une personne ; s'il doit en nommer plusieurs, chaque électeur n'a le droit de voter que pour un nombre de députés à élire, suivant que le nombre est de deux à quatre, de plus de quatre, de plus de huit.

[3] Loi du 21 mai 1884 (*Annuaire de législation étrangère*, 1885, p. 438) : Art. 1 : « L'élection des députés de la nation portugaise aura lieu ainsi qu'il suit : 1° au scrutin de liste dans les circonscriptions ayant pour chefs-lieux les capitales des districts du continent et des îles adjacentes. Dans ces cas, les bulletins de vote pour les cercles de trois députés porteront deux noms au plus ; ceux pour les circonscriptions de quatre députés, trois noms au plus ; ceux pour les cercles de six députés, quatre noms au plus ; seront réputés non écrits les noms en excès, s'il y en a, dans l'ordre de leur inscription ; — 2° au scrutin uninominal dans les autres circonscriptions du continent ; — 3° par suffrages accumulés pour les six députés qui auront obtenu chacun 5.000 suffrages au moins sur le continent et dans les îles adjacentes ».

majorité pouvant en obtenir autant qu'elle comprend de fois le quotient électoral. Mais comment amener les électeurs à répartir ainsi leurs suffrages d'une façon exacte? Un premier système, qui a été proposé dans divers pays avec de légères variantes, fournit un moyen très ingénieux en apparence pour résoudre la difficulté[1]. Chaque électeur porte sur sa liste autant de noms qu'il y a de députés à élire, et il les inscrit dans l'ordre de ses préférences; mais, en réalité, il ne peut voter que pour un seul candidat. Dans le dépouillement du scrutin, on ne tient compte que d'un seul des noms inscrits sur chaque bulletin de vote, et, tout naturellement, c'est d'abord le premier inscrit que l'on prend. Mais dès qu'un candidat a ainsi obtenu le nombre de voix nécessaire pour constituer le quotient électoral, on cesse de lui attribuer les bulletins qui portent son nom en rang utile, c'est-à-dire au premier rang. On prend à la place le nom qui est inscrit le second sur ces bulletins, et ainsi de suite. De cette manière, il n'y a pas de votes perdus pour la majorité, et, d'autre part, avec une discipline suffisante, toute minorité égale au quotient électoral est sûre de faire passer un candidat. Mais que de longueurs, de complications, et même de hasards dans le dépouillement du scrutin!

Les cantons suisses pratiquent une autre combinaison, dans laquelle l'action des divers partis en présence l'emporte sur la libre action des électeurs. On l'appelle souvent le *système de la concurrence des listes*[2]. Le type le plus récent et le plus net est fourni par la législation du canton de Zug[3]; c'est d'après celle-ci que je l'expose. Toute la procédure est dominée et dirigée par les listes de candidats que dressent les différents partis (il suffit d'ailleurs des signatures de vingt électeurs pour présenter une liste), et qui sont remises en leur nom, dans des délais déterminés, à l'autorité publique. En effet, les électeurs, quoique pouvant dans une certaine mesure composer chacun leur liste de vote, ne peuvent voter que pour des candidats portés sur l'une des listes officiellement déposées; ils peuvent, d'ailleurs, user du vote accumulé et réunir plusieurs de leurs suffrages sur un même nom. D'autre part, les candidats portés sur une liste de présentation ne peuvent décliner la candidature, et aucun candidat ne peut être porté sur deux listes à la fois : il doit opter, ou, à défaut d'option, un tirage au sort décide sur laquelle il sera maintenu. Enfin, lorsque l'électeur ne porte pas sur sa liste autant de noms qu'il y a de

---

[1] Voyez ce système très nettement exposé par M. Anson, d'après les travaux de M. Hare, *Law and custom of the Constitution*, t. I[?], p. 123.

[2] Arthur Desjardins, *De la liberté politique dans l'État moderne*, p. 244 et suiv.; Georges Lebon, loc. cit., p. 232 et suiv.

[3] Ordonnance du 1er septembre 1894.

candidats à élire, le bureau électoral attribue d'office les suffrages dont il n'a pas disposé aux candidats portés sur sa liste (vote accumulé), en suivant cette liste de haut en bas et, au besoin, de droite à gauche (art. 13). Lors du dépouillement, tout suffrage donné à un candidat, non seulement lui est attribué à lui personnellement, mais encore et surtout est attribué au parti sur la liste duquel il a été porté. « Après le relevé du total des suffrages valablement exprimés, ce nombre est divisé par le chiffre des places à pourvoir par l'élection : le résultat de cette division est le quotient électoral (*Wahlzahl*). Puis on divise par le quotient électoral le chiffre des suffrages attribués aux candidats de chaque parti. Le résultat indique combien de représentants reviennent à chacun d'eux. Lorsque la somme des représentants ainsi attribués aux divers partis n'atteint pas le chiffre total des places à pourvoir, le reste est divisé de manière qu'un des mandats qui restent à conférer est attribué par préciput (*cum veraus*) au plus fort parti, en tant que celui-ci a obtenu la majorité absolue des voix, et que les autres sont répartis entre les fractions les plus fortes. Lorsqu'aucun parti n'a obtenu la majorité absolue, le reste est réparti entre les fractions les plus fortes. Dans chaque parti, sont considérés comme élus autant de candidats qu'il lui en revient d'après le calcul ci-dessus, et ceux-là qui ont obtenu le plus de voix. A égalité de voix, c'est l'ordre d'inscription sur la liste de proposition qui décide ». Il paraît que la démocratie suisse adopte sans difficulté ces procédures tortueuses, gênantes et artificielles. Je doute que la démocratie française puisse jamais s'en accommoder.

Il est pourtant avantageux et désirable que les minorités soient représentées dans une Chambre des députés. Ce n'est pas un droit pour elles, mais c'est un bien pour tous. Cela est même nécessaire pour le bon fonctionnement du gouvernement représentatif. Les assemblées délibérantes n'ont pas seulement à décider, mais aussi à débattre. La libre et sérieuse discussion des questions à trancher est même la vraie caractéristique du gouvernement représentatif. Or, pour que la discussion soit féconde, il faut qu'elle soit contradictoire pleinement ; il est nécessaire que tous les partis sérieux puissent y faire entendre leur voix et présenter leur doctrine. Mais, pour la représentation dont il s'agit là, il suffit de quelques membres de chaque parti siégeant à la Chambre, toute idée de proportion numérique peut être écartée. Or cette représentation telle quelle, la force des choses, la division inévitable du corps électoral en circonscriptions, la fournissent nécessairement. Il n'est pas une minorité de quelque importance qui ne devienne la majorité dans un certain nombre de circonscriptions. Là elle peut faire passer les candidats de son choix : c'est à elle de choisir ses chefs et ses représentants les plus utiles, pour les porter dans les collèges dont elle dispose. Cela suffit pour le rôle légitime que ceux-ci sont appelés à jouer au Parlement[1].

On le voit, en adoptant un mode de scrutin qui exclut la représentation légale des minorités, la loi française n'a point péché contre la science politique. Mais il faut indiquer de plus près comment la loi du 13 février 1889 a organisé le scrutin uninominal. Elle attribue, dans les départements, un député à chaque arrondissement administratif; à Paris et à Lyon, un député à chaque arrondissement municipal. Les arrondissements, dont la population (étrangers résidents compris) dépasse 100.000 habitants, ont droit à un autre député par 100.000 habitants ou fraction de 100.000 habitants au plus[2]. Mais alors, pour maintenir la règle du scrutin uninominal, ils sont divisés en circonscriptions qui élisent chacune un député et dont le tableau, fixé par la loi, ne peut être modifié que par une loi; il a été revisé en dernier lieu par la loi du 6 avril 1898 (*Journal officiel* du 7). Un député est attribué au territoire de Belfort, et six à l'Algérie; dix députés sont répartis entre les diverses colonies. Cela donne le chiffre total de 581 députés.

V.

Pour dégager les principes de la procédure suivie quant à l'élection des députés, quelques indications suffiront.

En premier lieu, il est de principe que, pour toute élection, pour les élections partielles aussi bien que pour les générales, pour les élections au Sénat comme pour celles à la Chambre des députés, les électeurs sont toujours convoqués par un décret du Président de la République. C'est l'acte nécessaire pour mettre en activité tout collège électoral politique.

Il n'en est pas absolument de même en tout pays. En Angleterre, si les électeurs sont nécessairement convoqués par la Couronne pour les élections générales à la Chambre des Communes, si même tous les *writs*, en vertu desquels il est procédé aux élections, émanent de la chancellerie[3], pour les élections partielles aux sièges devenus va-

[1] Voyez mon article intitulé : *Deux formes de gouvernement*, dans la *Revue du droit public et de la science politique*, janvier-février 1895, p. 36 et suiv.

[2] Dans la discussion de la loi du 6 avril 1898 une proposition fut introduite à la Chambre des députés tendant à calculer le nombre de députés auquel a droit une circonscription, non d'après le nombre des habitants, mais d'après celui des électeurs qu'elle contient (on proposait de substituer le chiffre de 27.000 électeurs à celui de 100.000 habitants); voyez séance de la Chambre des députés du 21 mars 1898, *Journal officiel* du 22, p. 1304 et suiv. Elle a été repoussée.

[3] Erskine May, *Parliamentary practice*, 8e édit., p. 59.

cants pendant la durée d'un Parlement, c'est le *speaker* de la Chambre des Communes qui, sur la décision de celle-ci (ou de sa propre autorité, dans l'intervalle des sessions), donne par un *warrant* l'ordre d'y procéder [1]. Cette pratique a parfois été proposée dans notre pays : « C'est le président de l'Assemblée Nationale, écrivait Prévost-Paradol, qui doit, en cas de vacance d'un siège, adresser un ordre de convocation aux électeurs, et il n'est ni prudent ni convenable de laisser ce soin au ministre de l'Intérieur, comme on l'a fait jusqu'ici en France, et de placer ainsi la main de l'administration entre la puissance législative et le corps électoral, qui en est la source. C'est donc aux maires des communes composant la circonscription électorale que doit être adressé l'ordre de convoquer les électeurs, et non au préfet du département qui ne doit avoir rien à démêler avec les opérations de ce genre, à moins que son concours ne soit requis pour le maintien de l'ordre matériel » [2].

Il me paraît, au contraire, certain que la règle française est seule conforme aux principes de notre droit constitutionnel. En effet, la convocation des électeurs n'est pas autre chose qu'un acte d'exécution, l'exécution de la loi électorale ; il appartient donc au pouvoir exécutif. C'est le titulaire de ce pouvoir qui doit donner l'ordre nécessaire et le faire exécuter par ses agents. Mais la loi détermine les délais dans lesquels il doit le donner. Ces délais sont fixés, pour les élections générales, par la loi du 16 juin 1885 [3] et, pour les élections partielles, par la loi du 30 novembre 1875 [4].

Le scrutin ne dure qu'un seul jour, et ce jour est toujours un dimanche. Quand il s'agit des élections générales, elles ont lieu le même jour dans tous les collèges électoraux, système éminemment simple et commode, qui s'est répandu dans toute l'Europe continentale, et qui conserve au corps électoral entier le sentiment de son unité réelle. Il tend même à s'introduire en Angleterre ; mais là il rencontre de puissantes résistances, qui tiennent à d'anciennes habitudes, peut-être aussi à ce que les collèges électoraux ou *constituencies* sont juridiquement des unités indépendantes et non des fractions

[1] Erskine May, *Parliamentary practice*, 8e édit., p. 634.

[2] *La France nouvelle*, liv. II, ch. IV, p. 91.

[3] Art. 6 : « Sauf le cas de dissolution prévu et réglé par la Constitution, les élections générales ont lieu dans les soixante jours qui précèdent l'expiration des pouvoirs de la Chambre des députés ». Quant aux délais en cas de dissolution, voyez ci-dessus, p. 519 et suiv.

[4] Art. 16 : « En cas de vacances par décès, démission ou autrement, l'élection devra être faite dans le délai de trois mois à partir du jour où la vacance se sera produite. — En cas d'option, il sera pourvu à la vacance dans le délai d'un mois ».

égales d'un corps électoral homogène[1]. Il est également d'usage,
chez nous, de faire coïncider plusieurs élections partielles, lorsque
cela peut s'accorder avec l'observation des délais.

Le scrutin est secret[2], c'est une règle protectrice de la liberté du
vote, qu'a introduite en France la Révolution[3].

Tous les systèmes électoraux, qui ne reposent pas sur le principe
de la représentation proportionnelle, exigent pour l'élection d'un candidat qu'il réunisse la *majorité* ou la *pluralité* des suffrages valablement exprimés; mais il y a une grande différence entre ces deux termes. La majorité proprement dite ou *majorité absolue* comporte et
exige la moitié des suffrages plus un; la *pluralité* ou *majorité relative* exige seulement qu'un candidat, pour l'emporter, obtienne un
plus grand nombre de voix que les autres candidats. Aux élections
pour nos anciens États généraux, on se contentait, semble-t-il, de la
simple pluralité. Mais les législations modernes ont une tendance
manifeste à exiger la majorité absolue; celle-là, en effet, en bonne
logique, a seule le droit d'imposer sa volonté, car c'est la seule que
ne pourraient pas égaler les minorités coalisées. Mais avec des candidats multiples et des collèges électoraux nombreux, il est difficile,
presque impossible parfois, de l'obtenir, et la loi a dû tenir compte
de ces difficultés et, après un ou plusieurs essais infructueux pour
arriver à une majorité absolue, se contenter de la majorité relative.
La loi doit prendre aussi des précautions pour que, par suite des
abstentions, il n'y ait pas un trop grand écart entre le collège électoral
tel qu'il est établi en droit (le nombre des électeurs inscrits) et le
collège électoral tel qu'il fonctionne en fait (le nombre des votants).

La solution de la loi française, dont les principes ont été posés nettement par la loi du 15 mars 1849, puis à nouveau par le décret de
1852, et qui depuis s'est toujours maintenue, s'inspire de ces considérations. « Nul n'est élu au premier tour de scrutin s'il ne réunit :

[1] M. Balfour à la Chambre des Communes le 13 avril 1891 (*Standard* du 15, p.
2) : « Je pense qu'il y aura beaucoup de difficultés et d'inconvénients à faire toutes
les élections le même jour. Il en est autrement sur le continent, où les élections ont
lieu très souvent le dimanche. Mais, d'après le plan du gouvernement, qui très sagement ne propose pas d'adopter le système continental, vous aurez dans la semaine
deux jours au lieu d'un, pendant lesquels toute votre machine commerciale sera arrêtée et toutes affaires défendues ».

[2] Loi du 30 novembre 1875, art. 5 : « Les opérations du vote auront lieu conformément aux dispositions des décrets organique et réglementaire du 2 février 1852.
— Le vote est secret ».

[3] Constitution de l'an III, art. 31. Cependant la Constitution de 1793 établissait,
art. 16 : « Les élections se font au scrutin ou à haute voix au choix de chaque votant ».

1° la majorité absolue des suffrages exprimés; 2° un nombre de suffrages égal au quart des électeurs inscrits. — Au deuxième tour, la majorité relative suffit. En cas d'égalité de suffrages, le plus âgé est élu » [1]. Sont seuls comptés pour ce calcul les suffrages réellement et valablement exprimés; les bulletins blancs, les bulletins nuls n'entrent pas en ligne de compte. Il faut bien remarquer que le second tour de scrutin, qui a lieu le second dimanche après le premier tour, bien qu'il comporte des règles autres quant au calcul de la majorité, est, à tous autres égards, non pas seulement une élection qui se continue, mais aussi une élection qui s'ouvre à nouveau. Il en résulte, non seulement que *tous* [2] les candidats qui avaient régulièrement figuré au premier tour peuvent maintenir leur candidature au second (sans nouvelle déclaration de candidature); mais que de nouveaux candidats peuvent valablement intervenir en faisant leur déclaration dans les formes et dans les délais fixés par la loi du 17 juillet 1889.

VI.

« Les députés sont élus pour quatre ans. La Chambre se renouvelle intégralement », porte l'article 15 de la loi du 30 novembre 1875. Ce texte très court tranche deux questions très importantes.

C'est d'abord la durée des pouvoirs des députés. Il y a à cet égard deux tendances constitutionnelles opposées, l'une qui incline aux pouvoirs très courts, aux élections fréquentes, pour maintenir intacte la souveraineté nationale et la responsabilité de ses représentants; l'autre qui pousse aux longs pouvoirs, afin d'assurer aux assemblées législatives la durée nécessaire pour développer en elles l'expérience et l'esprit de suite, afin de leur donner aussi l'indépendance qui les empêche de vaciller au moindre souffle de l'opinion publique.

La première tendance a trouvé son expression la plus complète dans la Constitution de 1793, qui fixait à un an la durée de la législature (art. 40). Vient ensuite, comme s'éloignant le moins de ce terme irréductible, la Constitution de 1791, qui la fixait à deux années. La Constitution de l'an III (art. 5) et celle de 1848 (art. 31) faisaient élire pour trois ans, la première, les membres des deux conseils, la seconde, les représentants du peuple. La Constitution de

---

[1] Loi du 30 novembre 1875, art. 18.

[2] Il est, au contraire, des législations qui ne maintiennent au second tour de scrutin que les deux candidats qui ont obtenu le plus de voix au premier tour, afin de dégager la majorité absolue. Telle est la loi allemande pour les élections du Reichstag. C'est aussi ce que prescrivait, sous le régime du suffrage restreint, après deux tours de scrutin, la loi du 19 avril 1831, art. 55.

l'an VIII (art. 27 et 31) porta jusqu'à cinq années la durée possible des pouvoirs des tribuns et des législateurs, en faisant renouveler le Tribunat et le Corps législatif tous les ans par cinquièmes. La Charte de 1814 fixa aussi à cinq ans les pouvoirs des députés (art. 37) et ce chiffre fut maintenu dans la Charte revisée de 1830. C'est aussi le chiffre qui était proposé dans le projet de constitution déposé au mois de mars 1873 par le gouvernement de M. Thiers (art. 3), et il peut être considéré comme la mesure moyenne qui s'est dégagée par l'oscillation entre les deux forces contraires, la seconde tendance ayant été représentée par les Constitutions du Premier et surtout du Second Empire. Le sénatus-consulte du 18 floréal an XII avait porté à dix ans les pouvoirs des tribuns. D'après la Constitution du 14 janvier 1852, les membres du Corps législatif étaient nommés pour six ans (art. 38), et la Constitution du 21 mai 1870 accentuait encore la tendance. Elle portait (art. 32) : « Ils sont nommés pour une durée qui ne peut être moindre de six ans. »

La loi du 30 novembre 1875, on le voit, dans la prorogation des pouvoirs des députés, est restée au-dessous de la moyenne expérimentale que l'histoire a dégagée dans notre pays. Elle se place dans la série des Constitutions françaises, entre les Constitutions républicaines de l'an III et de 1848 (avec un an de plus), et avant la Constitution de l'an VIII et les deux Chartes (avec un an de moins). On peut, en face de notre Chambre des députés, placer comme point de comparaison dans les temps modernes, d'un côté la Chambre des représentants des États-Unis, qui est élue pour deux ans et qui ne siège en réalité que de treize à quatorze mois [1], et, d'autre part, la Chambre des Communes d'Angleterre qui est élue pour sept années [2]. Il semble que nous ayons trouvé une juste moyenne et un bon équilibre [3].

Pour le renouvellement des assemblées dont les membres ont des

---

[1] Bryce, *American commonwealth*, t. I, p. 123.

[2] Mais voyez ci-dessus, p. 116.

[3] Exceptionnellement les pouvoirs de la Chambre des députés élue en 1893 ont duré un peu plus de quatre ans ; la loi du 22 juillet 1893 les a prorogés par avance jusqu'au 31 mai 1898. La raison en est bien simple. Dans les usages français, depuis de longues années, les élections générales à la Chambre des députés avaient toujours lieu à la fin de l'hiver ou au printemps. Mais cette tradition a été rompue par la dissolution prononcée le 17 juin 1877. Les élections qui la suivirent eurent lieu le 14 octobre, et depuis lors, tous les quatre ans, les élections générales se sont placées en automne, ce qui présente d'assez sérieux inconvénients, soit par rapport aux travaux agricoles, soit au point de vue du service militaire. C'est pour revenir dorénavant à l'ancienne pratique qu'a été votée la loi du 22 juillet 1893.

pouvoirs limités dans leur durée, deux systèmes antinomiques sont en présence : le *renouvellement intégral* et le *renouvellement partiel*. Il y a renouvellement intégral lorsque c'est l'Assemblée elle-même, prise en corps, dont les pouvoirs expirent périodiquement. Le terme étant arrivé, tous les représentants qui la composent voient en même temps finir leur mandat, et, par de nouvelles élections comprenant tous les sièges, il est procédé à la constitution d'une assemblée nouvelle. Chacune des périodes qui commencent et finissent ainsi, avec autant d'assemblées distinctes, porte dans notre langue le nom de *législature*, et les assemblées successives sont considérées en droit comme des corps distincts, qui naissent et meurent à leur tour. La vie d'une Chambre des députés ainsi formée, prise dans la succession de ses diverses législatures, est véritablement *fragmentaire*.

Le *renouvellement partiel* repose sur une tout autre idée. Ici ce n'est pas l'Assemblée prise en corps, mais seulement ses membres individuellement considérés, dont les pouvoirs expirent périodiquement et successivement. Le corps lui-même a une durée indéfinie, malgré le renouvellement successif de ses membres, comme un corps vivant conserve son identité et son unité dans le renouvellement des molécules qui le composent. A cet effet, l'Assemblée est divisée en fractions, ou séries, dont chacune est renouvelée seulement à son tour par l'élection, dans un ordre désigné une fois pour toutes par la voie du sort, et, dans le laps de temps auquel est limitée la durée des pouvoirs des membres de l'Assemblée, toutes ces séries sont successivement soumises à la réélection. De cette manière, malgré la perpétuité de l'Assemblée, aucun représentant ne dépassera la durée légale de son mandat. Même au début, une ou plusieurs séries (désignées par le sort) seront soumises au renouvellement avant que le terme maximum des pouvoirs soit arrivé pour elles. Mais l'Assemblée n'est jamais renouvelée en totalité et d'un seul coup. Elle conserve même, à chacun des renouvellements partiels (à moins qu'elle ne se renouvelle par moitié, ce qui est rare), une majorité d'anciens membres à côté des nouveaux élus.

Si l'on considère en eux-mêmes et pour leur valeur propre les deux systèmes, il semble que celui du renouvellement partiel présente en droit et en fait une valeur très supérieure. En droit, il fait de l'Assemblée un être juridique perpétuel; il lui évite cette sorte de *capitis minutio*, qui l'atteint périodiquement dans le système contraire et écarte par la même certaines difficultés juridiques, que présente celui-ci et que nous examinerons plus loin, en étudiant la caducité possible des propositions de loi. En fait, il assure à une assemblée l'esprit de suite et la capacité professionnelle, et les traditions s'y conservent plus aisé-

ment. Cela est presque d'évidence, puisque les membres nouveau-ve-
nus y seront toujours versés dans une majorité de collègues plus
anciens. D'autre part, pour collaborer utilement aux travaux d'une
assemblée délibérante et politique, il faut nécessairement un certain
apprentissage, une éducation particulière et vraiment professionnelle,
qui ne peut se faire que dans son sein, qu'un homme, si instruit qu'il
soit, n'apportera jamais du dehors. Avec le renouvellement partiel,
une assemblée sera toujours sûre de posséder une majorité de membres ainsi formés, et dont l'activité est pleinement utile ; elle n'est pas
exposée à voir se reproduire périodiquement dans sa vie une période
d'inexpérience et de tâtonnements, qu'elle a connue une fois pour
toutes dans sa première jeunesse. Avec le renouvellement intégral,
elle ne peut compter pour cela que sur un fait purement contingent,
quoique très habituel, la réélection pour la législature nouvelle d'un
grand nombre de membres ayant appartenu à l'ancienne. Enfin, même
au point de vue politique, on peut considérer comme avantageux que
les changements de l'opinion publique ne se répercutent pas dans l'assemblée par l'irruption soudaine d'une nouvelle majorité (ce que pro-
duira parfois le renouvellement intégral), mais que la majorité ancienne
s'y transforme progressivement par l'afflux de courants successifs (ce
que fera tout naturellement le renouvellement partiel).

C'est en s'inspirant de ces diverses considérations que les auteurs
de la Constitution de 1875 ont établi que le Sénat se renouvellerait
partiellement et par tiers. Mais pourquoi n'ont-ils pas appliqué la
même règle à la Chambre des députés et l'ont-ils soumise au renouvellement intégral ? Si le renouvellement partiel est un procédé en soi
bien supérieur, il doit l'être partout et toujours ; s'il l'est pour le
Sénat, il doit l'être pour la Chambre des députés. C'est, en effet, ce
que pensent bien des esprits. C'est ce que pensaient les députés qui
ont déposé, dans l'avant-dernière législature, des propositions de loi
tendant à appliquer le renouvellement partiel à la Chambre des
députés : celle-ci les a discutés dans les séances des 17 et 19 juin
1893, mais elle les a nettement repoussés. C'est l'idée qu'exprimait
encore récemment M. Léon Duguit dans une remarquable étude sur
l'*élection des sénateurs*, que j'aurai bientôt l'occasion de citer à plusieurs reprises : « De deux systèmes, dit-il, l'un est le meilleur. Il n'y
a pas de raison pour ne l'appliquer qu'à une Chambre »[1].

J'en demande pardon à mon cher collègue et ami, ainsi qu'à tous ceux
qui partagent son opinion, mais il y a là, à mes yeux, un sophisme
politique. Ce raisonnement nous ramène à l'absolu, et l'absolu n'a pas

---

[1] *Revue politique et parlementaire*, septembre 1895, p. 461.

de place légitime, en matière d'organisation politique. Là, un système n'est pas le meilleur à tous égards; il doit être considéré simplement comme le meilleur pour produire un certain résultat. J'accorde volontiers, je l'ai déjà montré, que le renouvellement partiel est le meilleur pour rendre une assemblée propre au travail législatif, et même pour développer en elle la saine raison politique; et si la Chambre des députés n'avait d'autre fonction que de légiférer, je n'hésiterais pas à dire qu'il faut le lui appliquer. Mais elle a une autre fonction, une fonction capitale, qui lui est propre et qu'elle ne partage pas avec le Sénat : c'est, en décidant du sort des ministères, d'orienter la politique dans le gouvernement parlementaire. Cette orientation, elle doit elle-même la recevoir périodiquement du pays tout entier. Cela implique nécessairement de grandes consultations nationales, qui ne peuvent se faire que par des élections générales, qui mettent en discussion devant tous les électeurs les questions importantes que pose l'heure présente ou que formule déjà un avenir prochain. Les élections générales sont le grand et vrai ressort du gouvernement parlementaire, et le renouvellement intégral est le moyen normal pour les produire. Cela me paraît tellement vrai que, si jamais le renouvellement partiel était appliqué à la Chambre des députés, le gouvernement parlementaire subsistant en même temps, on pourrait prédire à coup sûr que le droit de dissoudre la Chambre des députés, reconnu au Président de la République, recevrait alors des applications fréquentes et toutes nouvelles. Il servirait à provoquer les grandes consultations nationales indispensables dans cette forme de gouvernement.

Voilà pourquoi je crois fermement que, si le renouvellement partiel est *le meilleur pour le Sénat*, qui a pour principale fonction d'exercer le pouvoir législatif et de faire sentir une influence modératrice, le renouvellement intégral est au contraire, *le meilleur système pour la Chambre des députés*[1].

D'ailleurs, et en thèse générale, la valeur comparative des deux systèmes paraît se balancer à peu près dans l'esprit français. Si la Constitution de l'an III soumettait uniformément les deux Conseils au renouvellement partiel; si la Constitution de l'an VIII y soumettait également le Corps législatif comme le Tribunat, c'est, au contraire, le système du renouvellement intégral qu'ont adopté la Constitution

---

[1] C'était la distinction déjà introduite dans le projet de constitution déposé par le gouvernement de M. Thiers : « Art. 3. Le Sénat est nommé pour dix ans et se renouvelle par cinquième tous les deux ans. — La Chambre des représentants est nommée pour cinq ans et se renouvelle intégralement après la cinquième année ».

de 1791[1], les deux Chartes, la Constitution de 1848, la Constitution de 1852 et celle de 1870.

§ 2. — LA COMPOSITION DU SÉNAT ET L'ÉLECTION DES SÉNATEURS.

Une loi constitutionnelle tout entière, celle du 24 février 1875, est consacrée à l'organisation du Sénat[2]. Mais son élaboration a été laborieuse et pénible; elle a failli compromettre le sort même de la Constitution, et c'est en elle qu'apparaît peut-être le plus nettement cet esprit de transaction dont j'ai parlé précédemment[3]. Cette loi constitutionnelle ne contient pas, d'ailleurs, tout ce qui concerne l'organisation du Sénat; elle a été complétée par une loi organique sur l'élection des sénateurs, qui ne comprend pas seulement la réglementation de détail, mais aussi quelques principes importants. Depuis lors un certain nombre d'articles (1-7) de la loi du 24 février 1875 ont été *déconstitutionnalisés* par la loi de révision du 14 août 1884, et remplacés par une nouvelle loi organique du 9 décembre 1884, qui a modifié également la loi du 2 août 1875. Le Sénat français a donc déjà son histoire constitutionnelle, que je me propose d'exposer.

I.

Le projet de constitution déposé en 1873, au nom de M. Thiers, président de la République, contenait, conformément à la loi du 13 mars 1873, l'institution d'une seconde Chambre, à laquelle il donnait le nom de Sénat. Il l'avait établie sur des bases simples et fortes. C'était un Sénat totalement électif, dont les membres étaient élus pour dix ans par le suffrage universel direct[4]. Mais si l'électorat était ouvert avec cette largeur, d'autre part, pour ne pas faire double emploi avec la Chambre des représentants, l'éligibilité était restreinte. Les sénateurs (d'après l'article 5) ne pouvaient être pris que dans quinze catégories de personnes, qui comprenaient, en première ligne, les membres de la Chambre des représentants et les anciens députés, les ministres et les anciens ministres, puis les membres des autres

---

[1] La Constitution de 1793 admettait aussi le renouvellement intégral; mais pour elle il n'y avait pas d'autre système possible, car la législature qu'elle établissait ne durait qu'un an.

[2] Ci-dessus, p. 424.

[3] Ci-dessus, p. 426.

[4] *Journal officiel* du 20 mai 1873, p. 3208; Art. 4: « L'élection est faite par le suffrage direct de tous les électeurs du département (et territoire de Belfort) ou de la colonie, et au scrutin de liste pour les départements de la France ».

grands corps de l'État (Conseil d'État, Cour de cassation, Cour des comptes); venaient ensuite de hauts fonctionnaires ou anciens fonctionnaires de l'ordre administratif, religieux et judiciaire, et aussi les maires des villes au-dessus de 100.000 âmes. C'était, transposé et simplifié en vue de cette adaptation nouvelle, le système que la Charte de 1830 avait introduit pour le recrutement de la Chambre des pairs : d'après l'article 31 (modifié par la loi du 29 décembre 1831), le roi, qui nommait les pairs, ne pouvait les choisir que sur une liste de notabilités comprenant de nombreuses catégories. Le projet de M. Thiers, transférant au suffrage universel le droit de nommer les membres du Sénat, restreignait ses choix comme la Charte avait jadis restreint ceux de Louis-Philippe. Le projet présentait aussi ce trait caractéristique : chacun des départements, sans qu'on eût égard à sa population, élisait également trois sénateurs[1].

On sait que le dépôt de ce projet de constitution entraîna la chute de M. Thiers[2], et, le 15 mai 1874, M. le duc de Broglie, président du Conseil, en apportait un tout différent[3]. Celui-ci contenait également une Chambre Haute portant le nom de *Grand Conseil*. C'était une assemblée composite, car, d'après l'article 1, elle comprenait : « 1° des membres élus par les départements; 2° des membres de droit; 3° des membres nommés à vie par décret du Président de la République rendu en Conseil des ministres ». Les membres de droit (art. 12) étaient : 1° les cardinaux; 2° les maréchaux et amiraux; 3° les premiers présidents de la Cour de cassation et de la Cour des comptes. Les membres nommés par le Président de la République (art. 3) pouvaient être au nombre de cent cinquante et devaient être choisis dans huit catégories de personnes. Quant aux membres du Grand Conseil élus par les départements, ils pouvaient être pris (art. 5) parmi tous les citoyens français âgés de vingt-cinq ans et jouissant de leurs droits civils et politiques. Ils étaient élus par un *collège* électoral particulier (art. 5) comprenant quatorze catégories d'électeurs (plus d'autres encore pour le département de la Seine désignés par l'article 7). Sans reproduire cette longue liste qui comprenait surtout des fonctionnaires de divers ordres[4], il est intéressant d'en signaler le commencement et la

---

[1] Art. 4 : « Chacun des 86 départements de la France nomme trois sénateurs. Le territoire de Belfort, les départements de l'Algérie, les îles de la Réunion, de la Martinique et de la Guadeloupe en nomment chacun un ».

[2] Ci-dessus, p. 418.

[3] *Journal officiel* du 16 mai 1874, p. 3270.

[4] On y trouvait aussi, n° 8 : « ... les bâtonniers et anciens bâtonniers de l'ordre des avocats, les présidents des Chambres de notaires et d'avoués du département... »; et n° 13 : « ... les grands-croix, grands officiers, commandeurs et officiers de la Légion d'honneur domiciliés dans le département ».

tin. Elle comprenait d'abord : 1° les représentants et anciens représentants du département; 2° les conseillers généraux du département; 3° les conseillers d'arrondissement du département; — et, comme dernière classe (n° 14), elle portait : les contribuables du département les plus imposés à la contribution foncière en nombre égal aux deux sixièmes du collège électoral entier, et les plus imposés à la contribution des patentes en nombre égal au sixième du collège entier. Le projet, trait assez notable, donnait à chaque département un nombre de conseillers en rapport avec sa population et variant de 1 à 3. C'était, on le voit, une conception subtile et singulière, combinaison de systèmes divers et opposés, où traînaient à la fois les souvenirs du Sénat du Second Empire et ceux de la Chambre des pairs de la Monarchie de Juillet.

Ce fut pourtant à elle que s'attacha principalement la Commission des Trente. Elle modifia le projet dans une certaine mesure, fixa à trois cents le nombre total des sénateurs (chiffre qui désormais ne devait pas changer) et élargit quelque peu l'électorat de manière à constituer des collèges qui, additionnés, formaient pour toute la France un corps électoral comprenant environ 131.000 électeurs[1]. Mais, en substance, c'était le projet présenté par M. de Broglie que la Commission proposait à l'Assemblée d'adopter, personne ne pouvait s'y tromper[2]. La discussion commença le 25 janvier 1875, et les débats ne tardèrent pas à mettre en lumière le caractère factice et composite de ce projet. On n'eut pas de peine à démontrer que, pour être vraiment forte, une Chambre Haute devait reposer ou sur l'hérédité (à laquelle personne ne pouvait songer) ou sur l'élection nationale. Bientôt, en seconde lecture, le projet Dufaure de 1873 reprit le dessus. Il fut, en effet, reproduit, dans ses dispositions essentielles, par deux amendements qu'adopta l'Assemblée Nationale, l'un de M. Pascal Duprat, qui établissait l'élection des sénateurs au suffrage universel[3]; l'autre de M. Bardoux, qui reproduisait les catégories d'éligibles[4].

[1] *Annales de l'Assemblée Nationale*, t. XXXIV, *Projets de lois*, etc., p. 473, et suiv.

[2] L'article 1er, qui fut mis en discussion le 11 février 1875, était ainsi conçu (*Annales de l'Assemblée Nationale*, t. XXXVI, p. 475) : « Le Sénat est composé : 1° de sénateurs de droit; 2° de sénateurs nommés par le décret du Président de la République; 3° de sénateurs élus par les départements et les colonies... Le Sénat ne peut comprendre plus de trois cents membres ».

[3] *Annales de l'Assemblée Nationale*, t. XXXVI, p. 475 et suiv. Il fut voté le 11 février par 322 voix contre 310, *ibidem*, p. 480.

[4] *Annales de l'Assemblée Nationale*, t. XXXVI, p. 488 et suiv. Il fut adopté le 12 février par 312 voix contre 322, *ibidem*, p. 489.

Mais ce résultat inattendu, obtenu par des coalitions de voix hétérogènes, bouleversait toutes les prévisions de la majorité. Celle-ci
tenait essentiellement à une seconde Chambre, mais elle ne tenait pas
moins à lui donner une origine autre qu'à la Chambre des députés.
Le gouvernement déclara qu'il ne pouvait plus intervenir dans la
suite de la discussion[1]. Aussi, dans cette séance même du 12 février,
l'Assemblée, par 368 voix contre 345, décidait qu'elle ne passerait
pas à une troisième délibération du projet ainsi amendé[2].

C'était la Constitution tout entière qui tombait à bas ; car l'existence
d'une seconde Chambre en était une pièce essentielle, et, sur ce point
on ne pouvait aboutir. Par là semblait de nouveau perdu le résultat
acquis par le vote du 29 janvier, qui avait établi la République
comme forme définitive de l'État. L'impuissance de l'Assemblée Nationale étant ainsi constatée, la conséquence naturelle, qui paraissait
s'imposer, était qu'elle mît fin à ses pouvoirs, en ordonnant de procéder à l'élection d'une nouvelle assemblée, nécessairement constituante. Aussi M. Brisson déposa-t-il immédiatement une proposition
de dissolution, pour laquelle il demanda l'urgence ; mais celle-ci fut
refusée[3]. Il fallait donc se remettre au travail, reprendre la construction qui venait de crouler : pourtant cela semblait impossible ; il ne
restait plus rien, ni des propositions de la Commission des Trente, ni
des amendements qui les avaient remplacées. Deux membres,
MM. Waddington et Vautrin[4], sauvèrent la situation en présentant
dans cette même séance chacun un projet de loi sur l'organisation du
Sénat, qu'en vertu de l'article 15 de son règlement, l'Assemblée put
renvoyer sur-le-champ à la Commission des lois constitutionnelles.
Une troisième proposition émanée de M. Clapier, et déposée dans
la séance du 15 février, lui fut également renvoyée[5]. Elle reçut encore

[1] *Annales de l'Assemblée Nationale*, t. XXXVI, p. 484 : *M. le général de
Cissey*, vice-président du Conseil : « Messieurs, le Président de la République n'a pas
cru devoir nous autoriser à intervenir dans la suite de la discussion. Il lui a paru en effet,
que votre dernier vote (celui de l'amendement Pascal Duprat) dénaturait l'institution
sur laquelle vous êtes appelés à statuer et enlevait ainsi à l'ensemble des lois constitutionnelles le caractère qu'elles ne sauraient perdre sans compromettre les intérêts
conservateurs. Le Gouvernement, qui ne peut en déserter la défense, ne saurait donc
s'associer aux décisions prises dans votre dernière séance. Il croit de son devoir de
vous en prévenir avant qu'elles puissent devenir définitives ».
[2] *Annales de l'Assemblée Nationale*, t. XXXVI, p. 494.
[3] *Annales de l'Assemblée Nationale*, t. XXXVI, p. 498 et suiv.
[4] *Annales de l'Assemblée Nationale*, t. XXXVI, *Projets de loi*, etc., p. 152.
Le projet de M. Waddington ne comprenait que des sénateurs élus à temps (9 ans) ;
mais l'Assemblée Nationale en nommait 75 et l'Institut 75. Le projet de M. Vautrin
faisait élire tous les sénateurs par le suffrage universel à deux degrés.
[5] *Ibidem*, p. 155. Le projet de M. Clapier comportait un Sénat de 290 membres

des propositions de MM. Cézanne, Talion, d'Andelarre et Wallon. Dans la séance du 22 février, M. Antonin Lefèvre-Pontalis déposait un rapport en son nom[1], et la discussion commençait immédiatement. Cette fois on allait aboutir. L'implacable dilemme : faire la Constitution ou se dissoudre, imposait les transactions et les sacrifices réciproques[2]. D'ailleurs, dans l'intervalle, la Commission n'avait pas seule travaillé. Des groupes parlementaires avaient négocié, préparé l'entente, arrêté presque la solution définitive[3]. C'est ainsi que fut votée la loi du 24 février 1875. Elle indique dans son article premier la composition qu'elle donne au Sénat : « Le Sénat se compose de trois cents membres : deux cent vingt-cinq élus par les départements et les colonies, et soixante-quinze élus par l'Assemblée Nationale ». Elle faisait ainsi une assemblée totalement élective, mais établissait deux catégories bien distinctes de sénateurs, qu'il faut étudier successivement.

II.

Les plus nombreux (225) étaient élus pour neuf ans par les départements et par les colonies. Le collège électoral qui les nommait comprenait, pour les départements (art. 4) : « 1° les députés ; 2° les conseillers généraux ; 3° les conseillers d'arrondissement ; 4° des délégués élus, un par chaque conseil municipal, parmi les électeurs de la commune ». En principe, deux sénateurs étaient attribués à chaque département, mais dans une certaine mesure on avait tenu compte de la population ; deux départements (la Seine et le Nord) obtenaient 5 sénateurs, six en obtenaient 4 ; vingt-sept 3 ; les autres en élisaient 2 uniformément (art. 2). Le territoire de Belfort, les trois départements de l'Algérie, les colonies de la Martinique, de la Guadeloupe, de la Réunion et des Indes françaises, élisaient chacun un sénateur[4]. Le

dont 86 nommés par le Président de la République et inamovibles, et 174 élus à temps par le suffrage universel dans les départements, le territoire de Belfort et l'Algérie.

[1] *Annales de l'Assemblée Nationale*, t. XXXVI. *Projets de loi*, etc., p. 168 et suiv.

[2] Le rapport en porte la trace en maint passage ; il signale, p. 168, « la légitime impatience de l'Assemblée qui est celle du pays » ; et déclare « que les nouvelles propositions ont paru ouvrir la voie à des transactions désirables que la Commission peut honorablement accepter ». Il proteste, en terminant, p. 172, que la Commission ne prétend « mettre aucun obstacle au concours des bonnes volontés si nécessaire au succès de l'œuvre poursuivie en commun ».

[3] Voyez le récit détaillé de ces incidents dans Dugast, *L'élection des sénateurs*, p. 10 et suiv. Je citerai dorénavant d'après le tiré à part.

[4] Art. 2 et 4 : « Dans l'Inde française, les membres du Conseil colonial ou des Con-

vote avait lieu au chef-lieu du département[1], au scrutin de liste,
toutes les fois qu'il y avait plus d'un sénateur à nommer; l'élection
avait toujours lieu à la majorité absolue[2]. Les sénateurs des départements et des colonies (art. 4) « étaient élus pour neuf ans et renou-
velables par tiers tous les trois ans ». Toutes ces règles, déposées
dans la loi constitutionnelle, ont été développées, complétées dans
la loi organique du 2 août 1875. Sans entrer dans le détail de
cette réglementation, et en renvoyant au texte, je relèverai un point
intéressant. D'après l'article 12 de cette loi, « le collège électoral est
présidé par le Président du tribunal civil du chef-lieu du département
ou de la colonie ». Il y a là un trait qui rappelle notre ancien droit :
c'était toujours sur la convocation et sous la présidence du juge royal
du chef-lieu du bailliage que se réunissaient les trois ordres pour élire
les députés aux États généraux.

De cette organisation, certains traits étaient d'avance acceptés par
la majorité : la durée du mandat, le renouvellement partiel[3]. Une
autre partie, au contraire, la partie essentielle, c'est-à-dire la constitution du collège électoral, avait été élaborée péniblement, un peu à
l'aventure : elle avait été obtenue en combinant des propositions
diverses, procédant souvent de vues divergentes, comme il arrive
toujours lorsque, dans une assemblée délibérante, sous la pression de
la nécessité, on improvise une réglementation nouvelle. Le point de
départ, le premier élément constitutif, avait été fourni par le projet
de M. Waddington[4] : celui-ci proposait, en effet, de faire élire les
sénateurs des départements « par un collège électoral composé des
membres du conseil général et des conseils d'arrondissement ». Cela

seuls locaux sont substitués (dans le collège électoral), aux conseillers généraux, aux
conseillers d'arrondissement et aux délégués des conseils municipaux », Cf., pour
l'Algérie, loi du 2 août 1875, art. 11.

[1] Au chef-lieu de l'établissement pour les colonies.

[2] Art. 4. — Sur ce point la loi constitutionnelle a été expliquée, rectifiée, par la
loi du 2 août 1875, art. 15. Celle-ci exige bien, pour qu'il y ait élection aux deux
premiers tours de scrutin, la majorité absolue et un nombre de voix obtenues égal
au quart des électeurs inscrits; mais si cette majorité n'a pu être obtenue, la loi
ordonne un troisième tour de scrutin et se contente alors de la majorité relative.

[3] Le terme de dix ans avait été proposé dans le projet de M. Dufaure avec le renouvellement partiel par cinquième tous les deux ans (art. 3). Dans le projet déposé
par M. le duc de Broglie (art. 15), les membres élus du Grand Conseil devaient être
soumis à la réélection au bout de sept ans et tous à la fois; mais ils ne formaient
qu'une partie de l'Assemblée. La majorité étant bien décidée à donner un long mandat aux sénateurs (c'est un des traits essentiels qui les distinguent des députés), le
chiffre de 9 ans et le renouvellement partiel par tiers formaient comme la moyenne
de l'opinion.

[4] Rapport de M. Lefèvre-Pontalis, loc. cit., p. 169.

se rattachait à des idées qui avaient été agitées à la fin du Second
Empire. Prévost-Paradol, estimant que la Chambre Haute devait être
nécessairement élective, avait proposé d'en faire élire les membres
pour dix ans par les conseils généraux de plusieurs départements,
« groupés en *conseil régional* d'après leurs affinités géographiques
ou industrielles... Les conseils généraux, réunis ainsi temporairement en assemblées régionales, formeraient le corps électoral le plus
compétent pour la composition d'une Chambre Haute » [1]. Le duc de
Broglie, quoique présentant en première ligne un autre mode d'élection dans ses *Vues sur le gouvernement de la France* [2], avait aussi
approuvé ce système [3]. C'était ce collège, réduit dans ses proportions
aux limites du département, et complété par l'adjonction des conseillers d'arrondissement, que proposait M. Waddington. Le rapporteur
le reconnaissait bien ; en signalant les inconvénients entraînés par
cette transformation, il indiquait aussi qu'on pouvait revenir au système original [4]. Cependant les deux catégories d'électeurs proposées
par M. Waddington pouvaient être acceptées comme un premier élément, en y ajoutant les députés du département, dont l'adjonction
était proposée par un amendement de M. Cézanne [5]. Les uns et les
autres, disait encore le rapporteur, étaient « les notables du suffrage
universel ». Mais l'amendement de M. Cézanne fournit aussi au collège électoral son dernier élément, son élément prépondérant, les délégués des conseils municipaux. C'était là le poids qui allait donner
au mécanisme son équilibre [6]. La Commission s'empara de cette idée

[1] *La France nouvelle*, liv. II, ch. IV, p. 108.

[2] Ch. VIII, p. 276 : « Selon nous, le Sénat serait électif. Il serait choisi sur une
liste où figureraient toutes les vraies et durables illustrations du pays, tous les premiers en ordre dans toutes les carrières publiques, toutes les fortunes considérables
et consolidées, toutes les existences assises entrées au port. Sur cette liste, tous
les éligibles seraient électeurs et tous les élus indéfiniment rééligibles. Chaque département choisirait deux sénateurs au moins et quatre au plus, en tout environ
deux cents ». On peut voir dans quelle mesure le fils cherchait à réaliser les idées
du père, dans le projet déposé par lui le 14 mai 1874.

[3] *Ibidem*, ch. VIII, p. 298 : « On réunirait, à chaque élection, au chef-lieu de
chaque province tous les conseils généraux et tous les inscrits au tableau de chaque département compris dans le cercle provincial ».

[4] Rapport de M. Lefèvre-Pontalis, *loc. cit.*, p. 170 : « Il est vrai que les conseils
généraux (les conseillers d'arrondissement étant écartés) pourraient être groupés
par régions correspondant aux ressorts des cours d'appel ».

[5] Les députés (et anciens députés) et les conseillers généraux formaient les
deux premières catégories d'électeurs que comportait le projet du duc de Broglie.

[6] Rapport de M. Lefèvre-Pontalis, *loc. cit.*, p. 170 : « L'intervention électorale
des délégués des conseils municipaux ne donne plus qu'une importance bien restreinte à la participation des conseillers généraux et des conseillers d'arrondissement, qui ne représenteront que le petit nombre des électeurs sénatoriaux ».

et lui donna une portée bien précise, en n'admettant qu'un seul délégué pour chaque conseil municipal, quelle que fût l'importance de la commune : « Nous n'avons pas voulu donner aux grandes communes plus de délégués qu'aux petites communes. C'eût été donner raison à ceux qui n'auraient pas manqué de réclamer dès lors la représentation proportionnelle des communes. Nous aurions ainsi reconnu, sous une autre forme, la loi du nombre, et c'est le contrepoids de la loi du nombre que nous avons voulu créer en organisant le Sénat. C'est à ce prix qu'il donnera satisfaction aux intérêts conservateurs, dont il est et doit rester le gardien »[1]. Il était impossible de parler plus clairement et plus franchement : le but était précis ; on voulait faire un Sénat profondément conservateur en donnant la prépondérance, dans les collèges électoraux, aux communes des campagnes, de beaucoup les plus nombreuses, et dont les tendances étaient connues[2]. On voulait s'éloigner de la pure démocratie, dont la règle inévitable est la loi du nombre.

La Commission allait même plus loin dans cette voie. Elle avait adopté un amendement de M. d'Andelarre, d'après lequel les plus haut imposés de la commune devaient être adjoints, en nombre égal, aux conseillers municipaux pour désigner le délégué qui devait prendre part à l'élection sénatoriale. « La majorité de la Commission, disait le rapporteur, a considéré que ce serait donner une satisfaction légitime aux intérêts de la propriété foncière, du commerce et de l'industrie, dont le Sénat doit être plus particulièrement le représentant, et qu'il en résulterait surtout plus de fixité et de stabilité dans la composition du corps électoral que nous vous demandons d'organiser »[3]. Mais, sur ce point, le projet parallèle préparé par M. Wallon et par ses amis écartait cette adjonction[4], et l'Assemblée Nationale l'écarta également.

Le but politique poursuivi par la Commission était bien précis : il était impossible de parler plus clairement et plus franchement que ne l'avait fait le rapporteur. Mais quelle était au juste la nature juridique de l'institution ainsi créée ?

Selon certains esprits, l'Assemblée Nationale aurait donné au Sénat pour base et pour origine la représentation des intérêts et des groupes. Elle aurait pris comme principal facteur et comme unité électo-

[1] Rapport, loc. cit., p. 170.
[2] Ibidem, p. 170 : « La Commission a cru devoir se montrer favorable à cette proposition. Les renseignements qui lui ont été fournis sur la composition des conseils municipaux lui ont paru rassurants ».
[3] Rapport, loc. cit., p. 171.
[4] Ibidem, p. 172.

rale la commune, qui constitue dans notre pays le groupe organique le plus ancien et le plus naturel[1]. Ce seraient les communes du département, considérées corporativement, qui seraient personnellement convoquées aux élections sénatoriales, comme les villes et communautés d'habitants, dans l'ancienne France, étaient convoquées aux élections des députés pour le tiers état aux États généraux. De même que celles-ci se faisaient nécessairement représenter à l'élection par des procureurs, les communes seraient représentées par les délégués que choisit leur conseil municipal. Comme, d'autre part, les délégués dominent dans le collège électoral, le Sénat, dans cette partie (aujourd'hui dans son ensemble), serait la représentation juridique, non pas de la nation française, prise comme un tout homogène, mais de l'ensemble des communes de France. On pourrait trouver dans le rapport de M. Lefèvre-Pontalis, certains passages qui paraissent favorables à cette interprétation[2], et elle cadre assez bien avec le mot célèbre de Gambetta, désignant le Sénat comme « le conseil général des communes de France ». Cependant elle nous paraît absolument inexacte, en tant que construction juridique.

Si, en effet, c'était la commune en qui résidait personnellement le droit électoral et qui se ferait simplement représenter à l'élection, il en résulterait logiquement et nécessairement que ce serait la commune elle-même, par son organe normal, le conseil municipal, qui devrait disposer de son vote : le délégué ne devrait être qu'un *procureur*, naturellement obligé par un mandat impératif. Or si le délégué est, à certains égards, traité autrement qu'un électeur ordinaire, en ce qu'il est obligé de voter[3], alors que le vote obligatoire n'est pas établi en règle générale par la loi française, il est certain cependant qu'il est un électeur qui vote librement, en son propre nom, sans pouvoir être lié par un mandat impératif. Cela résulte clairement de ce que la loi du 24 février 1875 ordonne de prendre les délégués parmi les électeurs de la commune, et des motifs qui ont déterminé cette décision[4].

---

[1] Voyez sur ce point le passage de Schaeffle (*Deutsche Kern und Zeitfragen*) rapporté par M. Duguit, *L'élection des sénateurs*, p. 38, note 3, et les observations dont le fait suivre notre distingué collègue.

[2] Rapport, *loc. cit.*, p. 170 : « La nomination des sénateurs par leurs délégués (des conseils municipaux) fera des sénateurs des représentants des communes aussi bien que des départements ».

[3] Loi du 2 août 1875, art. 18 : « Tout délégué, qui, sans cause légitime, n'aura pas pris part à tous les tours de scrutin, ou, étant empêché, n'aura pas averti le suppléant (également élu par le conseil municipal) en temps utile, sera condamné à une amende de cinquante francs par le tribunal du chef-lieu sur les réquisitions du ministère public ».

[4] Rapport, *loc. cit.*, p. 170 : « Quant à la délégation faite par les conseils mu-

La loi du 24 février 1875 s'est inspirée d'une tout autre idée. Elle a voulu organiser un système électoral qui eût pour base le suffrage universel, mais qui fût cependant autre chose que la simple application directe ou indirecte de celui-ci. Ce qui le différencie profondément du suffrage universel à deux ou trois degrés, c'est que les électeurs sénatoriaux reçoivent bien du suffrage universel le titre et la qualité auxquels est attaché leur droit électoral, mais ils ont été choisis par lui principalement et directement pour exercer d'autres fonctions. La Constitution a investi les élus du suffrage universel aux différents corps administratifs et à la Chambre des députés du droit d'élire les sénateurs, comme elle a conféré aux sénateurs et députés réunis en Assemblée Nationale le droit d'élire le Président de la République. Ce sont des combinaisons, dont j'ai montré précédemment la légitimité[1], et ces électeurs ont, par suite, un droit de vote libre et personnel : ils ne représentent, en réalité, ni la commune, ni l'arrondissement, ni le département ; ils représentent la souveraineté nationale, de qui ils tiennent leur mission et leurs pouvoirs[2]. Ce système est bien celui qu'a admis l'Assemblée Nationale en 1875. Bien qu'il ait été construit avec des pièces empruntées à des propositions diverses, il présente pourtant une véritable unité, et le rapporteur a pu en donner la formule : « La Commission, disait-il, accepte et vous propose un système d'élection des sénateurs qui ne fait pas du suffrage universel un maître auquel il n'y ait qu'à obéir, mais qui lui rend hommage, puisqu'il ne prend que les élus du suffrage universel pour électeurs des membres du Sénat »[3].

nicipaux, nous avons considéré qu'il était nécessaire de ne pas la laisser usurper par des candidats étrangers à la commune, qui pourraient faire de cette candidature l'instrument des passions politiques ».

[1] Ci-dessus, p. 282.

[2] Seulement les conseillers municipaux, qui, dans ce système auraient dû logiquement être pris pour électeurs, ne sont pas directement convoqués à l'assemblée électorale. Pour ne pas faire celle-ci trop nombreuse, et pour leur éviter des déplacements, la loi institue, quant à eux, le suffrage indirect et fait désigner les électeurs du second degré (du troisième degré, par rapport au suffrage universel) par les groupes tout formés des conseils municipaux.

[3] Loc. cit., p. 171. On doit remarquer d'ailleurs que ce système, qui se recomposa par voie d'amendements distincts successivement adoptés, avait été proposé dans son ensemble à la Commission des Trente et que même le gouvernement paraissait alors lui être favorable. Voyez le premier rapport de M. Antonin Lefèvre-Pontalis, p. 22 : « Le corps électoral qui servira à l'élection des sénateurs pouvait-il avoir une base plus large et plus populaire? C'est à cette pensée que donnait satisfaction le droit d'élire le Sénat étendu aux conseillers municipaux en même temps qu'aux conseillers généraux et aux conseillers d'arrondissement... La majorité de la Commission a considéré que les conseillers municipaux, s'ils étaient tous appelés,

La combinaison assurément est ingénieuse ; modifiée, comme nous verrons bientôt qu'elle l'a été, elle s'est trouvée adaptée aux besoins et aux mœurs. Elle fonctionne aisément ; l'expérience, en la consolidant, lui a donné une valeur politique, que n'aurait pu faire prévoir son éclosion un peu factice. On pourrait cependant lui adresser un reproche (et je ne parle pas ici de ceux qui en contestent la base même, voulant revenir pour l'élection du Sénat au suffrage universel lui-même, direct ou à plusieurs degrés). On pourrait craindre que la qualité d'électeurs accordée aux membres des conseils administratifs, ne fît dévier les élections, qui conduisent à ces assemblées, de leur véritable orientation, en y introduisant, au premier plan, la question politique. Mais, outre que celle-ci s'y glisse presque toujours plus ou moins, lorsqu'il y a des élections municipales, l'importance et la variété des intérêts locaux empêcheront toujours que la préoccupation des futures élections sénatoriales y tienne la première place[1].

III.

La loi du 24 février 1875 établissait une seconde catégorie de sénateurs : 75 sénateurs à vie, nommés pour la première fois par l'Assemblée Nationale, élus dans l'avenir, au fur et à mesure des vacances qui se produiraient dans leur groupe, par le Sénat lui-même, par voie de cooptation (art. 1, 5 et 7). Ceux-là également, étaient élus à la majorité absolue[2], quoique par un corps électoral très particulier, et il était exact de dire que le Sénat ainsi composé était totalement électif. Mais l'Assemblée n'était arrivée à ce résultat que par une véritable transaction.

La majorité de l'Assemblée Nationale tenait fermement à cette idée que la totalité du Sénat ne devait pas sortir des élections locales, si peu populaires qu'elles fussent. Elle s'appuyait sur deux considérations principales. En premier lieu, elle voulait y réserver des places aux hommes éminents dans la science, les lettres, les administrations publiques, l'industrie ou le commerce, qui n'auraient ni le goût ni la possibilité de briguer une élection locale, et dont les lumières ou

auraient une prépondérance numérique qui les rendrait maîtres de l'élection et elle a refusé, en même temps, de faire entre eux un choix en donnant aux conseils municipaux le droit d'envoyer au collège électoral des délégués : elle « craint de favoriser ainsi des rivalités, qui seraient inséparables de cette délégation, dans chaque Assemblée communale ».

[1] Duguit, *L'élection des sénateurs*, p. 44.

[2] Art. 5 : « Les Sénateurs nommés par l'Assemblée sont élus au scrutin de liste et à la majorité absolue des suffrages ».

les talents seraient précieux dans la Haute Assemblée. Il fallait, pour ceux-là, un électeur qui pût les *choisir*, au sens propre du mot[1]. D'autre part, la majorité voulait assurer dans le Sénat au pouvoir exécutif un appui permanent, qui ne dépendît pas des souffles changeants de l'opinion : les soixante-quinze devaient être ce roc inébranlable.

Mais à quel pouvoir donner leur nomination? Pour les premiers, ceux qui allaient entrer dans le Sénat au jour même de sa naissance, il était simple et naturel de les faire nommer par l'Assemblée Nationale elle-même; comme le faisait observer le rapporteur, cela découlait logiquement de son pouvoir constituant. Mais à qui confier dans l'avenir le droit de les nommer? On ne voyait guère alors qu'un système possible : le Sénat se recrutant lui-même, comme celui de la Constitution de l'an VIII, à moins qu'on ne retombât dans l'une des deux autres solutions qui étaient proposées, en dehors de l'intervention du pouvoir constituant. L'une donnait l'élection à la Chambre des députés[2]; elle se rattachait sans doute à cette idée, assez répandue mais fausse, que les *représentants du peuple* peuvent, au nom de celui-ci, déléguer seuls tel ou tel attribut de la souveraineté nationale[3]. L'autre solution donnait cette nomination au Président de la République : c'était transporter au régime républicain l'un des traits traditionnels de la monarchie constitutionnelle, qui considérait le droit de *créer les pairs* comme l'une des prérogatives essentielles du monarque, titulaire du pouvoir exécutif. C'est à ce dernier parti que se rangeait la Commission. Elle le justifiait, soit par des motifs d'ordre général et rationnel, soit par des considérations empruntées à l'heure présente[4]. Elle admettait cependant un tempérament, c'est que, pour l'avenir, le Sénat aurait un droit de présentation[5]. Tout naturellement aussi, sur un Sénat de 300

---

[1] Rapport, *loc. cit.*, p. 171 : « N'y aurait-il pas à craindre qu'un Sénat qui ne se recruterait que par des élections départementales, ne comptât pas dans son sein les meilleurs serviteurs du pays, les représentants de ces grandes forces sociales, de ces grandeurs vivantes d'une société qui s'appellent le clergé, l'armée, la magistrature, l'administration, l'industrie, les sciences, les lettres, les arts? »

[2] Rapport, *loc. cit.*, p. 171.

[3] Ci-dessus, p. 282.

[4] Rapport, *loc. cit.*, p. 171 : « La majorité de la Commission, en attribuant le tiers des sièges de sénateurs à la nomination du Président de la République, a considéré qu'il ne peut mieux que tout autre faire la part aux différentes catégories dans lesquelles il importe que le Sénat soit recruté, sans qu'on puisse se défier de sa haute impartialité. La Commission a surtout trouvé dans cette nomination la garantie de l'affermissement de l'autorité du Président de la République et le gage de l'accord qu'il fallait assurer entre le Sénat et le pouvoir exécutif, pour que le pouvoir exécutif ne fût pas exposé à être désarmé en cas de conflit avec la Chambre des députés ».

[5] La Commission proposait, en effet, un article 6 ainsi conçu : « Les sénateurs

membres, elle avait fait, par nombre rond, le départ des deux catégories de sénateurs, et proposait d'attribuer la nomination d'un tiers,
c'est-à-dire de cent sénateurs, au Président de la République. Mais il
était manifestement impossible de faire voter un semblable projet par
les républicains de l'Assemblée Nationale. Un contre-projet, présenté
par M. Wallon, tenait compte de ce fait capital et, réduisant à 75 le
chiffre des sénateurs inamovibles, il les faisait élire pour la première
fois par l'Assemblée Nationale, et dans la suite par le Sénat[1]. Les
hommes actifs et modérés qui prenaient cette initiative ne se bor-
naient pas à formuler et à défendre leur proposition ; ils négociaient
avec le Président de la République pour la lui faire accepter, et ils
obtenaient de ce côté un plein succès. Le rapport présenté au nom de
la Commission constatait officiellement l'accord intervenu : « Aux
termes des déclarations qui lui ont été faites (à la Commission) par
M. le ministre de l'Intérieur, M. le Président de la République, dans
la pensée de rallier une majorité à la création d'un Sénat, faisait savoir qu'il serait prêt à renoncer, en faveur de l'Assemblée, à la prérogative de nommer une partie des sénateurs, et à se contenter de celle
des conseillers d'État qui lui serait rendue : il croyait continuer à servir les intérêts de la politique conservatrice et attendait avec confiance
de l'Assemblée Nationale, pour la nomination des sénateurs, des choix
favorables à son gouvernement, propres à rassurer en même temps
qu'à satisfaire le pays »[2].

La Commission persistait cependant dans ses propositions ; mais
c'était résister pour l'honneur des principes ; la transaction acceptée
par le Président de la République s'imposait dès lors, et le projet
Wallon fut adopté. Voilà comment on arriva à ce chiffre, assez singulier en lui-même, de 75 sénateurs viagers.

Ce dernier caractère, leur inamovibilité[3], avait été accepté plus aisément que le mode de nomination. Le rapport établissait qu'il devait
exister, quel que fût le mode d'élection et cela pour deux motifs. Limiter à un temps préfix les pouvoirs de ces 75 sénateurs, c'eût été les
obliger, lorsque le terme serait arrivé, à en solliciter le renouvelle-

nommés par le Président de la République sont choisis par lui sur une liste de présentation dressée par le Sénat et contenant trois fois autant de noms qu'il y a de
sièges vacants ».

[1] Le projet Wallon différait aussi du projet de la Commission sur un point important : il repoussait l'adjonction des plus haut imposés aux conseillers municipaux
pour l'élection des délégués.

[2] Rapport, loc. cit., p. 172.

[3] C'est le terme qu'emploie la loi du 24 février 1875, art. 7 : « Les sénateurs élus
par l'Assemblée sont inamovibles ». Il est d'ailleurs inexact ; car pendant la durée
de leurs pouvoirs, les sénateurs élus à temps ne sont pas moins inamovibles.

ment, soit du Président de la République, soit de leurs collègues, suivant que la nomination serait attribuée à l'un ou aux autres. Cela ne ferait-il pas naître un soupçon de servilité ou de mutuelle complaisance? Surtout il importait de constituer, au sein du Sénat, un groupe d'hommes qui, n'ayant plus rien à craindre ni à espérer de l'opinion populaire, apporteraient dans les délibérations une sagesse réfléchie et ferme et seraient ainsi un point fixe de ralliement pour l'Assemblée modératrice.

IV.

Les deux traits les plus originaux que présentait la loi du 24 février 1875 étaient certainement l'institution des sénateurs à vie et l'égalité de tous les conseils municipaux, de toutes les communes, dans les élections sénatoriales des départements. Par là l'Assemblée Nationale voulait opposer une double barrière à la pure démocratie, établir un double contrepoids à la loi du nombre. Mais ces deux règles étaient justement trop contraires à l'esprit d'une démocratie, trop visiblement exagérées, pour pouvoir subsister longtemps dans le milieu où elles étaient placées. La magistrature viagère des 75 inamovibles était au fond inconciliable avec le principe de la souveraineté nationale[1]. Elle avait même été condamnée d'avance par des hommes aussi modérés que Prévost-Paradol[2]. Quant à l'égalité de tous les conseils municipaux dans les élections sénatoriales, elle violait gauchement la loi du nombre sans se rattacher franchement à la représentation des intérêts; elle présentait surtout cette anomalie qu'elle était en contradiction avec la loi municipale elle-même, constitutive des conseils municipaux : celle-ci, en effet, établissait un conseil municipal plus ou moins nombreux, selon l'importance de la commune qu'il était appelé à représenter et régir.

Le parti républicain n'avait jamais accepté comme définitive cette organisation du Sénat. Dès que la démission du maréchal de Mac-Mahon eut rendu aux Chambres l'initiative en matière de révision[3],

---

[1] Ci-dessus, p. 174.

[2] *La France nouvelle*, liv. II, ch. IV, p. 169 : « Cette élection ne serait pas à vie, afin que cette Chambre puisse suivre avec une certaine lenteur le mouvement de l'opinion et garder son crédit sur l'esprit public, et il serait nécessaire que tous les dix ans les conseils généraux, réunis en assemblées régionales, fussent appelés à renouveler la Chambre Haute par une élection générale ». Le duc de Broglie n'admettait pas non plus le caractère viager des sénateurs (*Vues sur le gouvernement de la France*, ch. VII, p. 277) : « Le corps entier serait soumis à la réélection par tiers de six ans en six ans ». Il est vrai que ce système eût donné à leurs pouvoirs une durée de dix-huit ans.

[3] Loi constitutionnelle du 25 février 1875, art. 8, dernier alinéa : « Toutefois, pen-

des propositions de révision constitutionnelle ne tardèrent pas à se produire. Le but principalement visé était la réorganisation du Sénat. Après bien des difficultés et des péripéties, le gouvernement lui-même fut amené à proposer la révision partielle et la fit aboutir[1] au mois d'août 1884. Mais la loi du 14 août 1884, portant révision partielle des lois constitutionnelles, n'opéra pas elle-même la réorganisation du Sénat. Elle se contenta d'enlever le caractère constitutionnel aux sept premiers articles de la loi du 24 février 1875[2]. Dès lors ils pouvaient être modifiés par une loi ordinaire. Cela fut fait par la loi du 9 décembre 1884 portant modification aux lois organiques sur l'organisation du Sénat et les élections des sénateurs, dont le projet fut d'abord présenté par le Gouvernement à la Haute Assemblée dont il s'agissait de modifier la constitution. Elle donna lieu à de vives discussions, soit au Sénat, soit à la Chambre des députés, où l'on vit repasser devant le Parlement les divers systèmes qui avaient été proposés et écartés en 1875, spécialement l'élection des sénateurs par le suffrage universel direct ou à deux degrés[3]. L'élection par le suffrage universel direct fut même votée à un moment donné par la Chambre des députés (2 décembre 1884). Mais, en définitive, les deux Chambres se rallièrent aux solutions moyennes proposées par le Gouvernement. Voici dans ses grandes lignes le régime introduit par la loi du 9 décembre 1884 :

1º Les 75 sénateurs inamovibles nommés par le Sénat sont supprimés, mais seulement pour l'avenir. Ceux qui étaient en fonctions lors du vote de la loi conserveront leurs pouvoirs dans les conditions antérieures. Mais dorénavant tous les sénateurs seront élus pour neuf ans par les départements et les colonies[4]. Lorsqu'un siège de sénateur

---

dant la durée des pouvoirs conférés par la loi de novembre 1873 à M. le maréchal de Mac-Mahon, cette révision ne pourra avoir lieu que sur la proposition du Président de la République ».

[1] Sur l'histoire de cette révision, voyez Léon Duguit, *L'élection des sénateurs*, p. 14 et suiv.

[2] Art. 3 : « Les articles 1 à 7 de la loi constitutionnelle du 24 février 1875 relative à l'organisation du Sénat n'auront plus le caractère constitutionnel ». Ci-dessus, p. 639. Par là, l'organisation et l'élection du Sénat, comme celles de la Chambre des députés, étaient soustraites à la Constitution et rendues à la législation ordinaire. Voyez ci-dessus, p. 606-7.

[3] Voyez un excellent résumé de ces débats dans Duguit, *L'élection des sénateurs*, p. 21 et suiv.

[4] Art. 1 : « Le Sénat se compose de trois cents membres élus par les départements et les colonies. — Les membres actuels, sans distinction entre les sénateurs élus par l'Assemblée Nationale ou le Sénat et ceux qui sont élus par les départements et les colonies, conservent leur mandat pendant le temps pour lequel ils ont été nommés ».

inamovible deviendra vacant, il sera procédé, comme il va être dit, à une élection départementale;

2° Le nombre total des sénateurs n'est pas diminué; il reste fixé à trois cents. Les soixante-quinze sièges de sénateurs inamovibles sont répartis entre les départements les plus peuplés (art. 2). Il y a dorénavant un département (la Seine) qui élit 10 sénateurs; un département (le Nord) qui en élit 8; dix départements en ont 5; douze en ont 4; cinquante-deux en ont 3; et dix départements seulement continuent à n'élire que deux sénateurs. Le territoire de Belfort, les trois départements de l'Algérie, les quatre colonies de la Martinique, de la Guadeloupe, de la Réunion et des Indes françaises, conservent chacun un sénateur. Quand un siège de sénateur inamovible devient vacant, un tirage au sort détermine le département qui va procéder à la nouvelle élection parmi ceux qui ont profité de cette répartition (art. 3); pour le renouvellement partiel, le sénateur ainsi élu fait partie de la même série que les autres sénateurs du même département.

3° Le collège électoral qui nomme les sénateurs des départements est modifié dans son élément prépondérant. Il n'est plus attribué un seul délégué à chaque conseil municipal. Le nombre des délégués n'est pas d'ailleurs de proportion exacte avec la population des communes. Il varie selon le nombre des membres que comprend chaque conseil, et qui lui-même d'ailleurs est fixé d'après l'importance de la commune. Le chiffre des délégués suit ainsi une progression, dont la loi municipale fournissait les éléments; il varie entre un délégué (conseils municipaux qui ne comptent que dix membres) et trente délégués (Conseil municipal de Paris[1]). Il y a là d'ailleurs une solution empirique, assez peu rationnelle, et qui produit des résultats artificiels : « L'Assemblée Nationale avait assuré une prépondérance certaine aux communes rurales qui, dans sa pensée, représentaient

---

[1] Art. 6 : « Les sénateurs sont élus au scrutin de liste quand il y a lieu, par un collège réuni au chef-lieu du département ou de la colonie et composé : 1° des députés; 2° des conseillers généraux; 3° des conseillers d'arrondissement; 4° des délégués élus parmi les électeurs de la commune par chaque conseil municipal. — Les conseils composés de dix membres éliront un délégué. — Les conseils composés de douze membres éliront deux délégués. — Les conseils composés de seize membres éliront trois délégués. — Les conseils composés de vingt et un membres éliront six délégués. — Les conseils composés de vingt-trois membres éliront neuf délégués. — Les conseils composés de vingt-sept membres éliront douze délégués. — Les conseils composés de trente membres éliront quinze délégués. — Les conseils composés de trente-deux membres éliront dix-huit délégués. — Les conseils composés de trente-quatre membres éliront vingt et un délégués. — Les conseils composés de trente-six membres et au-dessus éliront vingt-quatre délégués. — Le Conseil municipal de Paris élira trente délégués ».

l'élément conservateur. Le Sénat n'était plus la représentation des communes de France, mais la représentation des campagnes exclusivement. En 1875, on donnait la prépondérance aux campagnes ; en 1884, on l'assure aux centres urbains de moyenne importance »[1]. L'auteur à qui j'emprunte cette citation démontre, en effet, que l'influence des grandes villes, au-dessus de 100.000 âmes, est très amoindrie par ce système. Les auteurs de la loi de 1884 n'ont pas osé ni voulu abandonner la base sur laquelle l'Assemblée Nationale avait fait reposer le Sénat, mais seulement l'améliorer, l'élargir quelque peu : en effet, quelque fondées que fussent certaines critiques dirigées contre cette combinaison, elle avait subi avec succès l'épreuve de la pratique. Le système avait été aisément adopté et, compris par l'opinion moyenne, il avait fonctionné sans difficulté ; il avait fait entrer au Sénat une majorité nettement républicaine, possédant une légitime autorité dans le pays. La prudence commandait aux hommes politiques de ne point jeter à bas cette construction, pour la remplacer par une autre toute nouvelle. Peut-être la vraie solution eût-elle été d'appliquer rigoureusement le principe mal dégagé et faussé en 1875. Dans la logique un peu inconsciente, mais certaine, qui avait groupé les diverses propositions adoptées à cette époque pour l'élection des sénateurs, la quatrième et dernière catégorie d'électeurs formant le collège départemental aurait dû se composer des conseillers municipaux de toutes les communes du département, élus, comme les électeurs des trois premières catégories, par le suffrage universel[2]. C'étaient eux qu'il fallait appeler tous et individuellement au collège électoral, sauf à leur permettre de voter par procureur, si l'on craignait les frais et incommodités du déplacement. Le résultat pratique n'eût pas été sensiblement différent de celui que fournit l'élection des délégués d'après la loi de 1884 ; mais l'institution eût alors reposé sur un principe, le même pour toutes les catégories d'électeurs.

V.

La loi du 24 février 1875 n'avait soumis l'éligibilité qu'à trois conditions contenues dans l'article 3 : « Nul ne peut être sénateur, s'il n'est Français, âgé de quarante ans au moins, et s'il ne jouit de ses droits civils et politiques ». De ces trois conditions, deux étaient de droit et résultaient des principes, une seule en réalité était introduite par la loi, l'âge de quarante ans. Elle n'a rien d'exorbitant ; car un

[1] Duguit, *L'élection des sénateurs*, p. 42.
[2] Ci-dessus, p. 648, note 2.

âge mûr a toujours été considéré comme la caractéristique naturelle des membres d'un Sénat[1]. Ces conditions étaient les seules exigées pour les sénateurs inamovibles. La loi du 24 février 1875, qui seule les régissait, n'avait édicté, en ce qui les concerne, ni incapacité spéciale ni incompatibilité.

La loi organique du 2 août 1875 en a édicté quelques-unes en ce qui concerne les sénateurs élus par les départements et les colonies. Les incapacités contenues dans l'article 21 sont toutes relatives, étant de celles qui ont pour but de protéger les électeurs contre l'influence des candidats fonctionnaires[2]. Les militaires n'étaient pas visés et restaient éligibles au Sénat (sauf les officiers, en ce qui concernait le département ou la colonie, compris en tout ou en partie dans leur ressort). Les incompatibilités entre les fonctions publiques et le mandat de sénateur, comprises dans l'article 20, sont spéciales et peu nombreuses; comme on l'a dit, l'incompatibilité, qui était la règle quant à la Chambre des députés, était au contraire l'exception en ce qui concerne le Sénat[3].

La loi du 9 décembre 1884 s'est montrée sur ce point beaucoup plus sévère. Elle déclare, dans son article 5, inéligibles au Sénat « les membres des armées de terre et de mer », sauf un petit nombre d'exceptions qui répondent pour la plupart à celles qu'a admises pour les députés la loi du 30 novembre 1875[4]. Elle déclare également inéligibles (art. 4) les membres des familles qui ont régné sur la France. Mais là s'arrêtent les incapacités, et spécialement nous ne trouvons pour les élections au Sénat aucune réglementation analogue à celle qu'a introduite pour la Chambre des députés la loi sur les candidatures multiples. Un citoyen, d'ailleurs capable, peut poser en même temps sa candidature au Sénat dans autant de circonscriptions que bon lui semble. Quant aux incompatibilités, la loi de 1884 n'a pas introduit de système définitif, la question étant alors pendante devant le Sénat, saisi d'un projet d'ensemble sur les incompatibilités parlementaires qu'avait voté la Chambre des députés. Elle se termine par cette disposition transitoire : « Dans le cas où une loi spéciale sur les incompatibilités parlementaires ne serait pas votée au moment des prochaines élections sénatoriales, l'article 8 de la loi du 30 novembre 1875 serait applicable à ces élections ». C'était provisoirement assi-

---

[1] Le projet déposé en 1873 par M. Dufaure exigeait (art. 2) pour les sénateurs l'âge de 35 ans; le projet déposé par M. de Broglie en 1874 (art. 5) se contentait de 35 ans pour les membres du Grand Conseil.

[2] Ci-dessus, p. 640.

[3] Duguit, L'élection des sénateurs, p. 23, note 4.

[4] Sont exceptés en plus les maréchaux de France et les amiraux.

miler à ce point de vue la Chambre des députés et le Sénat, et telle était bien alors la pensée définitive de la Chambre des députés, car dans le projet voté par elle se trouvait un article 5 en ce sens. Le Sénat n'accepta ce régime que comme transitoire ; c'était une pierre d'attente. Mais sur ce point, comme sur tant d'autres, le provisoire paraît montrer une tendance à la durée indéfinie. La loi spéciale, annoncée par le législateur de 1884, n'a pas été votée depuis lors, et l'on vit toujours sous l'empire de la disposition transitoire. Une retouche cependant a dû y être apportée. Ce que l'on voulait transporter au Sénat, c'était le régime tout entier des incompatibilités établies pour la Chambre des députés. Or ce système n'est pas renfermé intégralement dans l'article 8 de la loi du 30 novembre 1875 que visait seule la loi de 1884. Cet article 8 comprend le principe et quelques-unes des exceptions ; mais une autre série d'exceptions est comprise dans l'article 9. Manifestement il y avait là une inadvertance. Le législateur n'avait pas pu vouloir traiter, à ce point de vue, le Sénat plus sévèrement que la Chambre des députés. L'harmonie fut rétablie par la loi du 26 décembre 1887, qui déclara applicables aux sénateurs les articles 8 et 9 de la loi du 30 novembre 1875[1]. L'assimilation des deux Chambres sur ce point paraît maintenant être un principe admis. Le projet de loi qui crée de nouvelles incompatibilités parlementaires, et dont il a été question plus haut[2], assimile, sans plus d'explications, les sénateurs et les députés.

La révision et la législation de 1884 ont eu pour but et pour effet, on le voit, de diminuer les différences qui séparaient, quant à leur élection et leur composition, les deux Chambres françaises. On peut prédire, je le crois, que, si de nouvelles retouches sont apportées dans l'avenir, elles se produiront dans le même sens et, diminuant encore la distance séparative, rendront le rapprochement plus complet. Dans la séance de la Chambre des députés du 16 mars 1894, après un brillant débat sur des propositions de révision constitutionnelle, deux propositions de loi sur l'élection des sénateurs ont été déposées, l'une par M. Maurice Faure, l'autre par M. Guillemet. Le premier tendait à faire élire les sénateurs par le suffrage universel direct au scrutin de liste par département ; l'autre introduisait, dans le collège départemental, un élément non pas tout nouveau mais renouvelé, en faisant élire par tous les électeurs de la commune, à la veille même

---

[1] On peut remarquer qu'aucun texte n'étend aux sénateurs l'article 11 de la loi du 30 novembre 1875, qui vise tout député nommé ou promu à une fonction publique au cours de son mandat ; les sénateurs, nommés ou promus à une fonction publique compatible avec leur mandat, ne sont donc pas soumis à la réélection.

[2] Ci-dessus, p. 619.

E.

de l'élection sénatoriale, et non plus par le conseil municipal, les délégués qui forment la majorité de collège électoral et dont le nombre d'ailleurs ne serait pas modifié. Ces deux propositions de loi ont été discutées à la Chambre des députés dans les séances des 16 et 17 novembre 1896. Une bonne partie des idées antérieurement produites, en 1875 et en 1884, quant au mode d'élection du Sénat, ont été reprises et discutées à nouveau. Un amendement, introduit par M. Jumel, reprenait même une conception qui n'avait guère été produite que devant la Commission des Trente, voulait simplement remplacer dans le collège électoral les délégués des conseils municipaux par tous les conseillers des diverses communes du département. En définitive la Chambre des députés adopta le projet de M. Guillemet, quelque peu modifié par la Commission, remplaçant les délégués des conseils municipaux par « des délégués des communes élus par le suffrage universel parmi les électeurs de la commune à raison de 1 délégué par 150 électeurs ou fraction de 150 ». Ce n'était pas tout à fait l'élection par le suffrage universel à deux degrés; car les députés, conseillers généraux et conseillers d'arrondissement du département qui continuaient à former les trois premières catégories du collège électoral, répondent, nous le savons, à une combinaison juridique quelque peu différente; mais cela s'en rapprochait beaucoup. Mais le Sénat saisi de cette proposition de loi dans la séance du 20 novembre 1896, alors que son renouvellement partiel était proche, refusa d'en voter l'urgence et la fin de la législature arriva sans qu'elle eût été discutée par lui. Dans la nouvelle législature M. Gauthier (de Clagny) a déposé à la Chambre des députés le 2 décembre 1898 une proposition de loi tendant à la nomination des sénateurs par le suffrage universel.

Les esprits qui sont fermement attachés à l'institution des deux Chambres, et qui y voient l'un des principes les plus sûrs dégagés par la science politique, peuvent envisager avec une certaine crainte ces projets, et tous autres analogues : les deux Chambres conserveraient-elles vraiment leur dualité, si elles avaient la même origine? Pour moi, l'institution n'en conserverait pas moins sa valeur propre et ses avantages intrinsèques. L'exemple des Sénats, qu'on trouve aux États-Unis dans les États particuliers, suffit à démontrer que l'on conserve l'institution des deux Chambres, avec ses effets utiles, alors même que les différences qui les séparent se réduisent à peu de

---

1 L'étude de M. Duguit souvent citée sur l'*élection des sénateurs* a été composée à propos des propositions de MM. Maurice Faure et Guillemet; elles y sont étudiées aux pages 43 et suiv.

chose[1]. Il faut reconnaître cependant qu'un Sénat, élu directement par le suffrage universel, apporterait sans doute, à un autre point de vue, une perturbation profonde dans notre harmonie constitutionnelle. Il serait impossible alors de le traiter comme une assemblée simplement législative et modératrice : on ne pourrait lui refuser, quant à l'orientation de la politique et au sort des cabinets, une influence égale à celle de la Chambre des députés. Mais alors comment fonctionnerait notre gouvernement parlementaire? comment pourrait se maintenir ou se justifier le droit de dissolution tel qu'il est organisé par la loi constitutionnelle?

Certains publicistes indiquent une autre voie. Ils proposent de faire élire le Sénat sur le principe de la représentation des intérêts et des groupes. C'est principalement pour défendre cette idée que notre ami et collègue Duguit a écrit la brillante étude, que j'ai souvent citée. Sans doute la représentation distincte des divers intérêts se comprend mieux pour un Sénat que pour une Chambre des députés. Mais j'ai indiqué déjà comment et pourquoi ce mode d'élection appliqué aux Assemblées législatives me paraît inconciliable avec le principe de la souveraineté nationale[2]. Les groupes ou classes qu'il s'agit de faire voter séparément ne possèdent en eux-mêmes aucune fraction de la souveraineté : ils n'ont donc aucun titre à exercer celle-ci, pas plus par leurs représentants que par eux-mêmes, et c'est de cela qu'il s'agit dans les Assemblées délibérantes et législatives. Ce sont ou des associations libres, ou des classes de personnes que rapprochent seulement leurs occupations communes ou similaires. Il est vrai que certains groupes, pour lesquels on a réclamé parfois ce droit propre à une représentation, la commune ou le département par exemple, exercent par leurs conseils élus une certaine part de l'autorité publique ; mais ils la tiennent d'une concession de la loi, c'est-à-dire de la souveraineté nationale. A moins de retomber dans un État fédératif, il ne saurait en être autrement.

[1] Ci-dessus, p. 77 et suiv.
[2] Ci-dessus, p. 179 et suiv. Voyez aussi M. Charles Benoist, *La crise de l'État moderne*, p. 271 et s. Dans la séance du 17 novembre à la Chambre des députés M. Lemire a produit un amendement en ce sens.

SECTION DEUXIÈME

LES PRIVILÈGES ET GARANTIES ASSURÉS AUX DEUX CHAMBRES.

Les priviléges et garanties dont il va être question ont tous un même objet : ils sont destinés à assurer aux deux Chambres leur pleine indépendance et leur libre fonctionnement. Ils sont en partie contenus explicitement ou implicitement dans les textes constitutionnels, en partie établis par des lois ordinaires. Ils se divisent d'ailleurs naturellement en deux groupes. Les uns appartiennent aux Chambres considérées en corps; les autres protègent leurs membres individuellement considérés.

§ 1. — PRIVILÉGES ET GARANTIES QUI APPARTIENNENT AUX DEUX CHAMBRES EN CORPS.

J'en compte quatre inscrits dans la Constitution ou supposés par elle, et que je vais successivement étudier. J'en examinerai ensuite plusieurs autres qui sont le succédané d'une garantie, établie par la Constitution, mais aujourd'hui supprimée.

I.

« Chacune des Chambres est juge de l'éligibilité de ses membres et de la régularité de leur élection » ; ainsi commence l'article 10 de la loi constitutionnelle du 16 juillet 1875. C'est une prérogative, qui a surtout une importance politique; c'est avant tout une arme défensive aux mains des Assemblées contre le pouvoir exécutif. C'est celui-ci, nous l'avons vu [1], qui chez nous fait procéder aux élections législatives. Il dispose de plus, par ses innombrables agents, d'une influence sur les citoyens, dont il peut être tenté de mésuser. On peut craindre qu'il exerce une pression sur les électeurs en faveur de tels candidats. Mais, les élections faites, les résultats proclamés par l'autorité administrative ne sont pas définitifs. Aucune élection ne sera bonne et valable que si elle est jugée telle par la Chambre dont l'élu doit faire partie. Celle-ci possède alors (à moins qu'on ne suppose la majorité elle-même faussée et pervertie) le moyen efficace

[1] Ci-dessus, p. 631.

de réprimer la corruption et la pression, et de rendre aux électeurs leur indépendance : elle n'a qu'à annuler les élections viciées. La faire juge en même temps de l'éligibilité même de ses membres, c'est la protéger contre un autre danger. Si ce droit ne lui appartenait pas, en cas de contestation, il faudrait soumettre le litige aux tribunaux. On peut craindre encore de leur part une complaisance pour le pouvoir exécutif ou la formation de jurisprudences contraires ou changeantes, enfin peut-être aussi des sentences légales mais inutilement rigoureuses. La Constitution fait chaque Assemblée l'unique et souveraine juge de ces questions, malgré les inconvénients qui peuvent résulter de ce système et dont il sera bientôt parlé. Le souci de son indépendance prime toute autre considération.

Ce droit de vérifier les pouvoirs de leurs membres, les Assemblées politiques l'ont toujours réclamé. Nos anciens États généraux l'exerçaient traditionnellement ; mais il n'y avait là pour eux ni une prérogative ferme ni une compétence exclusive. C'était simplement une concession ordinaire du pouvoir royal, et celui-ci parfois se réservait cette vérification [1]. D'autre part, toutes les questions de droit qui pouvaient se présenter à cette occasion étaient tranchées par le Conseil du roi. En Angleterre, la Chambre des Communes réclama de bonne heure cette prérogative et la conquit définitivement à partir du XVIIe siècle [2] ; elle l'a exercée sans partage pendant deux cent cinquante ans. Mais de nos jours elle y a renoncé en partie.

Ce système, en effet, à côté de ses avantages incontestables, présente des inconvénients non moins certains. En droit, il contient un un échec au principe de la séparation des pouvoirs, un empiétement d'un corps législatif sur le pouvoir judiciaire ; car ce sont des litiges qui sont en jeu. En fait, il est souvent à craindre, parfois presque inévitable, que, dans le jugement des élections contestées, la majorité qui décide n'apporte pas la plus stricte impartialité. Les passions et les intérêts des partis domineront parfois l'esprit des juges. Aussi la Chambre des Communes a-t-elle de nos jours renoncé partiellement à ce droit ; elle a transféré au pouvoir judiciaire le jugement des opérations électorales. Cela, d'ailleurs, s'est fait non d'un seul coup, mais par degrés. Jusqu'en 1770, c'était la Chambre entière qui statuait sur les élections contestées. À cette époque, elle en transféra le jugement à un comité pris parmi ses membres, et qui constituait une sorte de jury ; car il était obtenu par les récusations des deux parties s'exerçant

---

[1] C'est ce que fit Henri III aux États généraux de 1588. Picot, *Histoire des États généraux*, t. III, p. 377.

[2] Anson, *Law and custom*, t. I, p. 159 et suiv.

sur une liste de noms désignés au scrutin. Enfin un *Act* de 1868, complété par des lois postérieures, a transféré à l'autorité judiciaire le jugement des opérations électorales. Les pétitions dirigées contre une élection par ceux qui ont qualité à cet effet (les électeurs et les candidats de la circonscription) sont dorénavant portées devant un tribunal composé de deux juges des cours supérieures[1]. Ils ont le droit de rectifier, s'il y a lieu, le résultat proclamé et d'annuler les élections entachées de corruption ou de fraude dans les cas déterminés par la *Common law* ou par les statuts. Mais l'unanimité des deux juges composant le tribunal est nécessaire pour annuler une élection : en cas de partage, la pétition est rejetée[2]. Il faut d'ailleurs que les résultats de cette procédure soient enregistrés par la Chambre des Communes, puisqu'ils se traduisent nécessairement par l'admission d'un nouveau membre ou par l'émission d'un *writ* ordonnant une élection nouvelle ; mais il n'y a pas d'exemple que celle-ci ait méconnu la sentence rendue. Il faut ajouter enfin que la Chambre des Communes a gardé pour elle le droit de statuer sur l'*éligibilité* des candidats proclamés, et, si elle reconnaît chez un élu une *legale disqualification*, elle déclare le siège vacant, alors même qu'aucune des parties intéressées n'aurait contesté l'élection[3].

La solution adoptée en Angleterre est remarquable, assurément ; mais elle suppose deux conditions bien difficiles à réaliser sûrement dans un autre milieu : d'un côté, un pays où toute pression gouvernementale sur les électeurs n'est plus à craindre, parce que les mœurs et la longue pratique de la liberté l'ont rendue impossible ; d'autre part, une magistrature, dont l'autorité morale est si haute qu'on ne craint point de la déconsidérer en lui soumettant des questions qui touchent si intimement à la politique. Il est sage d'en rester encore dans notre pays à la solution traditionnelle. Elle ne pourrait, d'ailleurs, être modifiée que par une révision puisqu'elle est inscrite dans la Constitution. C'est aussi la règle inscrite dans la Constitution des États-Unis d'Amérique[4].

---

[1] Les juges qui doivent faire ce service en Angleterre sont désignés tous les ans par la section du *Queen's Bench* de la Haute Cour de justice.

[2] De Franqueville, *Le Gouvernement et le Parlement britanniques*, t. II, p. 532 et suiv.

[3] Anson, *Law and custom of the Constitution*, t. I, p. 119 : « But it (the House of Commons) retains the right to pronounce at once on the existence of legal disqualifications in those returned to Parliament, and will declare a seat to be vacant, if the member returned is subject to such disqualification, without waiting for the return to be questioned by persons interested in the matter ». — Cf. de Franqueville, *op. cit.*, t. II, p. 514.

[4] Art. 1, sect. 5, clause 1 : « Chaque Chambre sera juge des élections, proclama-

Cette règle a aussi un corollaire, contenu dans l'article 10 de la loi du 16 juillet 1875. Après avoir dit que « chacune des Chambres est juge de l'éligibilité de ses membres et de la régularité de leur élection, » il ajoute : « Elle peut seule recevoir leur démission ». Il résulte de là que le député ne peut se démettre de ses fonctions par un simple acte de sa volonté; il faut que l'adhésion de l'Assemblée s'y ajoute. La règle est sage, et nous savons que, en pratique, elle peut servir à déjouer les combinaisons par lesquelles on voudrait rendre un député révocable au moyen d'une démission en blanc signée et remise par lui à un comité électoral[1]. Mais elle traduit aussi un principe. Le député ou sénateur appartient à l'Assemblée en un certain sens, puisque, lui disparu, il va manquer momentanément quelque chose à la représentation nationale, telle qu'elle est légalement organisée. Il ne peut déserter le siège qu'il a accepté sans le consentement de la Chambre qui l'y a admis.

Le droit anglais va plus loin. Il décide que le membre de la Chambre des Communes, une fois admis, ne peut pas donner sa démission. C'est un devoir qu'il remplit, une véritable charge, et, par suite, il ne peut s'en décharger à son gré. Cependant la pratique moderne considère en général comme légitimes de semblables démissions, et elle a trouvé un détour pour leur donner effet. Le membre qui veut démissionner sollicite et obtient de la Couronne une fonction insignifiante, survivance des temps féodaux et simple titre nu, mais rentrant parmi celles qui sont incompatibles avec la qualité de membre de la Chambre des Communes[2]; une fois le tour joué, le nouveau fonctionnaire se hâte d'ailleurs de la résigner. Il y a là une comédie quelque peu puérile; combien, par comparaison, la règle française est simple et rationnelle.

Enfin chaque Chambre a, je le crois, le droit de prononcer la dé-

---

tions d'élections (returns) et de l'éligibilité de ses membres. Sur le jugement des élections contestées, voyez Thomas Hudson Mc Kee, *A manual of congressional practice*, p. 34 et suiv.

[1] Ci-dessus, p. 205.

[2] Sir Erskine May, *Parliamentary practice*, 8e édit., p. 657 : « C'est un principe bien établi de droit parlementaire qu'un membre, dûment élu, ne peut pas résigner son siège; et pour tourner cette contrainte, le membre qui désire se retirer accepte une charge de la Couronne, qui légalement rend son siège vacant et oblige la Chambre à ordonner une nouvelle élection. Les fonctions ordinairement choisies à cet effet sont celles de *steward* ou bailli de Sa Majesté pour les trois *Chiltern Hundreds* de Stoke, Desborough et Bonenham; ou des manoirs de East Hundred, Northstead, ou Hempholme; ou de *escheator* de Munster; lesquelles, bien que parfois elles aient été refusées, sont ordinairement conférées par la Trésorerie à tout membre qui en fait la demande, à moins qu'il n'apparaisse un motif suffisant pour ne point en disposer; elles sont résignées de nouveau aussitôt que le but a été atteint ».

chéance de ses membres, lorsque, au cours de leur mandat, ils sont frappés d'une condamnation ou acquièrent une qualité qui les eût rendus inéligibles si elle avait existé au jour de l'élection. Pour la plupart des fonctions publiques, la règle ne se dégagera pas, étant absorbée par celle sur l'incompatibilité. Mais pour les condamnations entraînant la perte du droit électoral et, par suite, de l'éligibilité, pour les jugements prononçant l'interdiction ou déclaratifs de faillite, la question se pose très nettement. De même, si un député était au cours de son mandat régulièrement incorporé dans l'armée active à laquelle il n'appartenait pas lors de son élection, c'est, je le crois, la même règle qui devrait être appliquée ; en effet l'article 6 de la loi du 30 novembre 1875 porte que « tout militaire ou marin, faisant partie des armées de terre ou de mer, ne pourra être élu membre de la Chambre des députés[1] ». On peut se demander cependant si les principes suffiraient à eux seuls pour reconnaître aux Chambres le droit de déclarer, dans ces hypothèses, un de leurs membres déchu de ses fonctions. Mais les textes ne manquent pas. C'est d'abord l'article 80 de la loi électorale du 15 mars 1849. L'article précédent de la même loi (79) détermine les condamnations qui rendent incapable d'être élu représentant du peuple ; et il comprend, non seulement les condamnations pénales, mais aussi les jugements qui prononcent une interdiction, nomment un conseil judiciaire ou déclarent la faillite ; puis l'article 80 ajoute : « Sera déchu de la qualité de représentant du peuple tout membre de l'Assemblée Nationale qui, pendant la durée de son mandat législatif, aura été frappé d'une condamnation emportant, aux termes de l'article précédent, l'incapacité d'être élu. La déchéance sera prononcée par l'Assemblée Nationale sur le vu des pièces justificatives ». Ce texte, il est vrai, a été remplacé par l'article 28, presque identique, du décret organique du 2 février 1852[2]. Mais ce dernier peut être considéré comme étant toujours en vigueur, puisqu'il n'est intervenu depuis lors aucune loi sur la matière et que cette disposition n'avait aucun lien intime et nécessaire avec la Constitution de 1852[3]. Tout au moins et plus exactement, ces deux textes suffisent à

[1] Cette solution, qui me paraît tout à fait juridique, n'a point été proposée ni examinée dans les débats qui se sont élevés à la Chambre des députés à propos d'un cas de cette nature les 16 décembre 1893 et 30 octobre 1894.

[2] « Sera déchu de la qualité de membre du Corps législatif tout député qui, pendant la durée de son mandat, aura été frappé d'une condamnation emportant, aux termes de l'article précédent, la privation du droit d'être élu. La déchéance sera prononcée par le Corps législatif sur le vu des pièces justificatives ».

[3] Si l'on considère le texte comme toujours en vigueur, on doit l'étendre, par analogie, au Sénat : le décret de 1852 ne parlait que de la Chambre des députés, parce que c'était alors la seule chambre élective.

montrer que l'effet des incapacités, survenant au cours du mandat, a été admis par notre droit public. D'ailleurs, la loi du 30 novembre 1875, fixant dans son article 16 les délais dans lesquels doivent avoir lieu les élections partielles, prévoit les cas de vacance par décès, démission ou *autrement*; ces derniers mots, qui n'ont point sans doute été insérés à la légère, et qui sont compréhensifs, ne s'appliqueraient qu'au cas d'invalidation d'une élection, si on ne les étend pas aux déchéances prononcées au cours des fonctions. Enfin les textes de 1848 et de 1852 ne visaient que les incapacités résultant de condamnations et de jugements, et c'est, en effet, seulement dans ces hypothèses que les précédents nous montrent des déchéances prononcées[1]. Mais le principe étant admis, la solution me paraît être la même dans tous les cas d'incapacité.

Il a été, d'ailleurs, plusieurs fois développé à la Chambre des députés des théories qui, logiquement appliquées, contiendraient la négation du droit ainsi reconnu aux Chambres. Elles se ramènent à cette idée que le député (ou sénateur), une fois investi de son mandat, le tient de la volonté nationale et ne peut le perdre en aucune façon[2]. C'est là une conception que nous avons déjà rencontrée, et d'après laquelle la volonté nationale, dès qu'elle se manifeste sous une forme quelconque, est au-dessus des lois et de la Constitution elle-même; nous avons eu l'occasion de réfuter cette thèse[3]. Il faut ajouter que le vote d'un collège électoral ne peut être considéré comme l'expression de la volonté nationale elle-même[4].

---

[1] Eug. Pierre, *Traité de droit politique, électoral et parlementaire*, n°s 317 et suiv.

[2] Chambre des députés, séance du 30 octobre 1894 (*Journal officiel, Débats parlementaires*, p. 1732): *M. Gustave Rivet*: « La Chambre même ne peut pas enlever à un député son mandat... ». *M. le comte de Douville-Maillefeu et plusieurs de ses collègues à gauche*: « Pas même la Chambre! Personne ne peut disposer du mandat d'un député. Le peuple est souverain; vous ne pouvez rien contre lui ». — P. 1735: *M. Gustave Rivet*: « Est-ce que, quand un homme est investi d'un mandat que le suffrage universel lui a délégué, ce mandat n'est pas supérieur à tous les autres et ne prime pas tous les autres devoirs? » — Dans cette même séance (p. 1733), M. le président Brisson a prononcé ces paroles, absolues en apparence: « Le mandat d'un député ne peut pas plus lui être enlevé qu'il ne peut être suspendu ». Mais auparavant il avait exposé la véritable doctrine (p. 1732): « Si M. le Président du Conseil avait apporté ici cette doctrine qu'une décision du gouvernement peut enlever à un député son mandat que la Chambre lui a reconnu, je n'aurais pas laissé passer cette parole: *La Chambre seule peut disposer d'un mandat* ». Elle était même correctement formulée dans l'ordre du jour déposé par le général Riu et M. A. Humbert (p. 1737): « La Chambre considérant qu'un député ne peut être privé de l'exercice de son mandat que dans les cas déterminés par la loi... »

[3] Ci-dessus, p. 374 et suiv.

[4] Ci-dessus, p. 179 et suiv.

II.

« Le bureau de chacune des deux Chambres est élu chaque année pour la durée de la session et pour toute session extraordinaire qui aurait lieu avant la session ordinaire de l'année suivante »[1]. Le bureau de chacune des Chambres comprend un président, un ou plusieurs vice-présidents, et plusieurs secrétaires, auxquels il faut ajouter les questeurs, bien que ceux-ci n'aient aucune fonction en ce qui concerne les débats de l'Assemblée, étant chargés seulement d'assurer les services administratifs qui l'intéressent[2]. La composition de ces bureaux n'est arrêtée d'ailleurs ni par la Constitution ni par la loi, mais seulement par le règlement de chaque Assemblée.

Mais la disposition de la loi constitutionnelle, qui assure à chaque Chambre la libre élection de son bureau et, par là même, la liberté de ses débats, que le bureau dirige, a surtout de l'importance en ce qui concerne le président. Le président du Sénat et celui de la Chambre des députés, bien que ni l'un ni l'autre n'ait des pouvoirs étendus et extraordinaires comme ceux qui appartiennent au président de la Chambre des représentants des États-Unis, sont des personnages politiques très importants. Ce sont eux qui véritablement protègent à la fois la liberté de la tribune et assurent l'utilité et la dignité des discussions à l'intérieur de l'Assemblée. Ils représentent celle-ci au dehors et sont les premiers gardiens de ses droits et privilèges. On conçoit donc l'intérêt vital qu'a une assemblée à pouvoir élire son président; mais les Chambres françaises n'ont pas toujours possédé ce droit. Non seulement les Chambres Hautes ont été souvent présidées par un haut dignitaire du gouvernement monarchique ou par un de leurs membres que choisissait le pouvoir exécutif; mais sous plusieurs de nos Constitutions, la Chambre des députés elle-même n'avait pas le droit d'élire librement son président. Parfois, comme sous la Constitution de 1852 (art. 43), il était directement nommé (comme d'ailleurs les vice-présidents) par le chef de l'État, qui devait seulement le prendre parmi les députés; tantôt, comme d'après la Charte de 1814 (art. 43), il était nommé par le roi sur une liste de présentation (de cinq membres) dressée par la Chambre[3]. On peut

---

[1] Loi constitutionnelle du 16 juillet 1875, art. 11.

[2] Eugène Pierre, *Traité de droit politique, électoral et parlementaire*, n°s 416, 419.

[3] L'acte additionnel de 1815 (art. 9) donnait à la Chambre des représentants le droit d'élire son président; mais il ajoutait : « Sa nomination est soumise à l'approbation de l'Empereur ».

en quelque sorte apprécier d'avance le degré d'autorité et d'indépendance que possède une Chambre d'après ce signe matériel : A-t-elle ou non le droit d'élire son président en toute liberté?

Il est un pays cependant pour lequel ce *criterium*, appliqué sans discernement, serait tout à fait faux. En Angleterre, la Chambre des Communes, qui sert de modèle aux assemblées libres du monde entier, ne possède pas *dans la forme* le droit d'élire seule son président. A l'ouverture de chaque nouveau parlement, les Communes procèdent cependant à cette élection sur l'initiative formelle du Lord Chancelier. Puis le lendemain le *speaker* élu se présente avec les membres de sa Chambre à la barre de la Chambre des Lords et se « soumet en toute humilité à la gracieuse approbation de Sa Majesté ». Le Lord Chancelier déclare alors que Sa Majesté approuve le choix fait par les Communes et confirme l'élu en qualité de *speaker* [1]. Mais il n'y a là qu'une survivance, une de ces figurations traditionnelles que conserve amoureusement la coutume anglaise, alors même qu'elles n'ont plus aucun sens : le droit de la Chambre des Communes, contesté par cette cérémonie, est aussi plein et inviolable que s'il était reconnu dans une Constitution. D'autre part, la Constitution des États-Unis donne au Sénat pour président le vice-président des États-Unis; mais celui-ci est l'élu de la nation entière [2].

Les présidents des deux Chambres françaises sont, en fait, je l'ai dit, de hauts personnages politiques. Leur influence se traduit périodiquement par un trait devenu usuel dans la pratique de notre gouvernement parlementaire. Lorsqu'il se produit une crise ministérielle, difficile à résoudre par la formation d'un nouveau cabinet, il est d'usage que le Président de la République fasse appeler le président de la Chambre des députés et le président du Sénat, pour conférer successivement avec chacun d'eux. Mais, *en droit*, le président de chacune des Chambres n'a pas d'autres attributions que celles qui se rapportent à la direction des débats et des travaux de l'Assemblée. Celle-ci ne pourrait point par une résolution le charger d'une mission à l'extérieur, alors même que celle-ci n'empiéterait pas directement sur les attributions du pouvoir exécutif. Ce serait contraire au principe sainement entendu de la séparation des pouvoirs. La doctrine sur ce point a été récemment formulée avec une grande autorité par le Président de la Chambre des députés [3].

[1] Anson, *Law and custom of the constitution*, t. Iᵉ, p. 55, 56.

[2] Art. 1, sect. 3, clause 4; d'ailleurs le texte ajoute : « Le Sénat choisit ses autres fonctionnaires (*officers*) et aussi un président *pro tempore* en cas d'absence du vice-président ou lorsque celui-ci exercera les fonctions de président des États-Unis ».

[3] Dans la séance de la Chambre des députés du 25 octobre 1895 (*Journal officiel*

III.

Chacune des Chambres a le droit de faire séparément et librement son règlement.

Le règlement est la loi intérieure d'une assemblée délibérante. Il détermine les règles suivant lesquelles elle prépare et arrête ses délibérations; il fixe les droits et les devoirs intérieurs des membres qui la composent. En vertu des principes généraux, toute assemblée a le droit de faire son règlement, à moins qu'un texte de loi le lui interdise et la réglemente d'autorité en tout ou en partie. Cela résulte de ce que cette réglementation est indispensable pour le fonctionnement même de l'Assemblée. Qui veut la fin veut les moyens : en donnant l'existence et l'activité aux Chambres, la Constitution leur donne par cela même le droit de faire leur règlement. Un texte n'était pas nécessaire pour cela; un texte eût été nécessaire pour supprimer ou restreindre cette prérogative. Or non seulement ce texte n'existe pas, mais, au contraire, un article de la loi constitutionnelle du 16 juillet 1875 (art. 5), qui sera étudié un peu plus loin, renvoie expressément au règlement de chacune des Chambres; il en suppose ainsi la légitimité et la confirme au besoin. Ce règlement n'est pas une loi, puisque celle-ci exige la volonté concordante des deux Chambres et de plus, pour être exécutoire, la promulgation : le règlement est voté indépendamment par chacune d'elles. C'est une série de résolutions de l'Assemblée. Mais elle les prend souverainement et en toute liberté, puisque son pouvoir n'est pas limité sur ce point par la Constitution. Par là même, le règlement des deux Chambres a aujourd'hui une importance et une valeur qu'il n'avait pas sous la plupart des Constitutions antérieures.

du 26. *Débats parlementaires*, p. 2212, M. Jaurès proposa, à propos d'une grève, la résolution suivante : « Considérant qu'un haut arbitrage moral peut seul dénouer le conflit, (la Chambre) prie son Président d'accepter cette haute fonction d'arbitre et invite le gouvernement à user de toute son influence auprès des parties pour leur faire accepter cette solution ». Immédiatement M. le Président Brisson exposa ses scrupules : « En session, dit-il, le Président peut-il assumer une autre tâche que celle de présider impartialement vos débats? » Et le lendemain (*Journal officiel* du 27. *Débats parlementaires*, p. 2231) il ajoutait cette considération décisive : « Je ne crois pas, — et c'est ici un scrupule qui s'élève presque à la hauteur d'une opinion constitutionnelle, — je ne crois pas que la Chambre puisse, par la désignation d'un arbitre nommé, *même quelconque*, se saisir d'un débat entre des intérêts privés. Je ne pense donc pas que la Chambre puisse désigner un arbitre. Quant à son Président, il me paraît que *la Chambre aggraverait singulièrement, en désignant le Président lui-même*, les inconvénients que je viens de lui exposer ».

En effet, les lois constitutionnelles de 1875, étant fort brèves et réduites au strict nécessaire, n'ont point édicté de règles sur la procédure législative et sur les débats des Assemblées. Sans doute cette réglementation n'a jamais pu passer en entier dans la Constitution; les menus détails ont toujours dû être laissés au règlement. Mais la plupart des Constitutions antérieures avaient posé les principes généraux, imposant d'autorité certaines règles importantes, prohibant certaines mesures. Aujourd'hui la Constitution est muette, et chaque Assemblée fait son règlement en toute liberté, sans être entravée ni gênée par aucun texte constitutionnel. Elle détermine ainsi librement les points suivants sur lesquels nombre de Constitutions antérieures avaient statué : 1° la division de l'Assemblée en bureaux pour la nomination de certaines commissions; — 2° la formation même des diverses commissions qui préparent les décisions de l'Assemblée : le règlement décide si elles seront nommées par l'Assemblée entière et en séance publique ou par les bureaux; si ces comités seront généraux, attirant à eux tout ce qui rentre dans tel grand service public, comme la marine ou l'instruction publique, ou spéciaux, ne connaissant que d'une proposition déterminée; s'ils seront permanents, dans le cas où ils seraient généraux, ou renouvelés périodiquement; — 3° les formes et les conditions du droit d'initiative parlementaire; — 4° le nombre de délibérations ou *lectures* par lesquelles doit passer un projet de loi avant d'être adopté définitivement; — 5° le *quorum* ou nombre de membres présents nécessaire pour que l'Assemblée puisse délibérer valablement; — 6° la procédure des questions et interpellations adressées aux ministres[1].

Il en résulte qu'actuellement le règlement de chaque Chambre est le complément indispensable de la Constitution; il en est la mise en œuvre en ce qui concerne l'action des Assemblées, non pas quant aux détails seulement, mais même quant aux principes. Il joue un rôle capital dans notre organisme constitutionnel et l'esprit public s'en rend compte exactement. Ceux qui cherchent un remède à certains maux, trop bien constatés dans la pratique, tels que l'abus du droit d'initiative parlementaire, l'abus et les surprises des interpellations adressées aux ministres, ont très bien vu que, pour y remédier, il fallait retoucher, non la Constitution, mais le règlement des Chambres, et spé-

[1] Voyez sur ces divers points les dispositions des Constitutions suivantes : Constitution de 1791, Titre III, ch. III, sect. 2; — Constitution de 1793, art. 45-52; — Constitution de l'an III, titre V; — Constitution de l'an VIII, titre III; — Charte de 1814, art. 45 et suiv.; — Charte de 1830, art. 47 et suiv.; — Acte additionnel de 1815, art. 9 et suiv.; — Constitution de 1848, art. 39-42; — Constitution de 1852, art. 39 et suiv.

cialement celui de la Chambre des députés. On propose *la réforme parlementaire par la révision du règlement de la Chambre*[1]. Actuellement est soumise à la Chambre des députés une proposition de modification de son règlement qui touche aux points les plus importants de la procédure législative et modifie profondément certaines règles traditionnelles, regardées jusqu'ici comme des garanties nécessaires d'une bonne discussion.

Cette puissance propre au règlement des Assemblées s'est fait sentir également sous l'empire de la Constitution écrite la plus vénérable par sa longévité, celle des États-Unis d'Amérique. C'est, en effet, par le règlement seul que s'est établi ce système de comités permanents, qui joue aujourd'hui un rôle si important, qui a presque transformé dans la pratique la Constitution américaine et que l'on a appelé le Gouvernement par le Congrès (*Congressional Government*)[2].

Le règlement, considéré à un autre point de vue, fixe la discipline de l'Assemblée et, comme sanction, établit des peines disciplinaires. Certaines de nos Constitutions ont expressément autorisé ces pénalités en y apposant un maximum[3]. Aujourd'hui elles sont suffisamment légitimées par les principes généraux : le règlement peut tout ce qui est nécessaire pour assurer le fonctionnement intérieur de l'Assemblée, et la répression disciplinaire est indispensable. Ces pénalités peuvent même consister dans une privation momentanée de liberté (détention dans un lieu spécial fixé par le règlement) ou porter sur les biens du coupable, pourvu que cette décision, pour être exécutée, ne nécessite pas l'intervention de la justice; car les juges ne peuvent appliquer que la loi, et le règlement n'est pas une loi. Dans ces conditions aucun recours devant les tribunaux n'est ouvert au membre d'une assemblée frappé d'une semblable peine disciplinaire[4].

Les Chambres françaises, qui prononcent ces pénalités contre leurs membres, n'ont actuellement aucun pouvoir disciplinaire ou pénal sur les personnes qui leur sont étrangères. Il n'en est pas partout ainsi. En Angleterre, chacune des deux Chambres a le droit de faire emprisonner (*commitment for contempt*) ceux qui violent leurs privilèges ou qui insultent l'Assemblée ou ses membres. Cet emprisonnement, pro-

---

[1] Voyez un article de M. Th. Ferneuil, qui porte ce titre même, dans la *Revue politique et parlementaire*, juillet 1894, p. 18 et suiv.

[2] Ci-dessus, p. 281.

[3] Constitution de 1791, tit. III; — Constitution de l'an III, art. 63 (les arrêts pour 8 jours, la prison pour 3).

[4] Ainsi a jugé le tribunal de la Seine le 24 février 1880 sur la demande d'un député dont l'indemnité parlementaire avait été momentanément supprimée par mesure disciplinaire.

noncé par la Chambre des Communes, prend fin nécessairement avec
la session ; prononcé par la Chambre des Lords, il peut se prolonger
au delà de ce terme [1]. D'après nos premières Constitutions, les Assemblées avaient seules la police dans leur enceinte et dans un certain
périmètre [2]. Plus tard de 1822 à 1848, en vertu de la loi du 25 mai
1822 (art. 15), les deux Chambres, en cas d'offenses publiques dirigées contre elles, pouvaient traduire le prévenu à leur barre et le condamner aux peines légales. Le droit actuel paraît plus respectueux
du principe de la séparation des pouvoirs.

IV.

L'article 5 de la loi constitutionnelle du 16 juillet 1875 reproduit
un principe important et traditionnel de notre droit constitutionnel :
« Les séances du Sénat et celles de la Chambre des députés sont publiques ». Ce principe ne vient pas du droit anglais. Les Chambres
anglaises, au contraire, soit par des raisons tirées du lieu dans lequel
elles siégeaient, soit pour mieux assurer leur indépendance et la liberté
de leurs discussions, tant à l'égard du public qu'à l'égard du pouvoir
royal lui-même, ont mis de bonne heure leurs délibérations sous la
protection du secret, défendant au public de pénétrer dans le lieu de
leurs séances, défendant à leurs membres et aux tiers de publier leurs
débats sans leur autorisation [3]. En droit et en principe elles sont
encore sous ce régime. Mais en fait il est tombé en pleine désuétude.
En fait, les débats du Parlement sont largement et librement reproduits par la presse. « Ces règlements sont depuis longtemps
hors d'usage ; les débats sont quotidiennement cités au Parlement
d'après les comptes rendus imprimés ; des galeries ont été construites
pour la commodité des *reporters*, des comités ont été nommés pour
rendre plus aisés les comptes rendus » [4]. D'autre part, le public est
largement admis aux séances des Chambres. Mais cela constitue cependant en droit un état précaire, une simple tolérance. Les Chambres s'en servent à l'occasion pour citer devant elles et, au besoin,
condamner à l'emprisonnement les auteurs de comptes rendus faits
de mauvaise foi, se fondant en droit, non sur la mauvaise foi, mais sur
la prohibition légale de tout compte rendu [5]. D'autre part, à la Cham-

[1] Anson, *Law and custom*, t. Ier, p. 156, 206.
[2] Constitution de 1791, tit. III, ch. m, sect. 1, art. 4 ; — Constitution de 1793,
art. 52 ; — Constitution de l'an III, art. 62.
[3] May, *Parliamentary practice*, p. 86 et suiv., p. 248 ; — Todd-Walpole, t. I,
p. 3 ; — Anson, *Law and custom*, t. Ier, p. 142, 143.
[4] May, *loc. cit.*, p. 88.
[5] May, *loc. cit.*, p. 89.

bre des Communes, jusqu'en 1875, il suffisait, pour faire évacuer les tribunes, qu'un membre fît observer au président qu'il y avait des étrangers dans la salle. Depuis 1875, le règlement admet que, sur une semblable demande, le Président n'est pas tenu de donner l'ordre d'évacuation; il doit seulement soumettre la question à l'Assemblée, qui décide à la majorité[1]. On peut dire que les Chambres anglaises vivent en fait sous le régime des séances publiques, mais en droit sous celui du comité secret.

C'est, en France, par l'Assemblée Constituante, que fut proclamé le principe de la publicité, comme une garantie essentielle de la liberté politique. Elle la réclamait dès le 25 juin 1789 par une députation envoyée au roi[2]. Elle l'inscrivit dans la Constitution de 1791 : « Les délibérations du Corps législatif seront publiques et les procès-verbaux de ses séances seront imprimés »[3]. Elle a été ainsi affirmée sous les deux formes qu'avait repoussées le droit anglais : la présence du public aux séances mêmes, et la publication des débats par la voie de la presse.

De ces deux formes de publicité la première est incontestablement la plus effective et la plus bienfaisante. C'est celle qui profite vraiment, ou peut profiter, à tous les citoyens. Elle les associe aux travaux des Assemblées représentatives et fait, par la même, leur éducation politique. D'autre part, en portant à la connaissance du public les opinions et les votes des représentants, elle rend pratique leur responsabilité morale, leur responsabilité devant le corps électoral, qui est la seule efficace. C'est un enseignement pour les électeurs, un contrôle légitime sur les représentants. En Angleterre, même sous un régime de tolérance, elle a fait merveille. C'est elle vraiment qui a rendu impossibles les anciennes pratiques de corruption et de pression dans la Chambre des Communes[4]. Elle a vraiment produit dans les assemblées politiques tous les effets que notre vieux jurisconsulte Pierre Ayrault reconnaissait à la publicité des débats dans l'administration de la justice[5].

---

[1] Anson, *Law and custom*, t. 1, p. 143.

[2] « L'Assemblée nomme vingt-quatre députés vers le roi pour lui porter les plaintes de l'Assemblée sur ce que le lieu de ses séances est environné de soldats armés, *son entrée interdite au public* ».

[3] Tit. III, ch. III, sect. 2, art. 1.

[4] Ci-dessus, p. 111.

[5] *L'ordre, formalité et instruction judiciaire*, liv. III, art. 3, nos 38 et suiv. : « L'audience est la bride des passions, c'est le fléau des mauvais juges. Cette instruction publique, si elle sert de bride aux mauvais, elle engendre un incroyable repos aux bons juges. Cette face, composée de plus d'yeux, de plus d'oreilles, de plus de

Quant à la présence même du public aux séances et, tout au moins en partie, d'un public librement admis sans carte d'entrée obtenue à l'avance, quels sont ses avantages et son utilité? Les mêmes encore que la présence du public aux débats judiciaires. Elle assure, dans une large mesure, le respect du droit et des formes. La nature humaine est ainsi faite, que la simple présence, en face d'un corps politique ou judiciaire dans l'exercice de ses fonctions, d'un certain nombre d'hommes, qui sont là comme témoins attentifs des débats, et seulement comme témoins, aura souvent cette vertu d'imposer aux plus passionnés une certaine réserve, d'assurer la régularité et l'impartialité dans les procédures. Mais, pour cela, il faut que le public ne sorte pas de ce rôle de spectateur et de témoin, pour prendre part au débat par son approbation et ses murmures. Au lieu d'être un régulateur, il deviendrait un élément de trouble; son intervention serait aussi funeste que sa muette présence est protectrice.

Ce n'est point, à vrai dire, exactement sous ce jour que la plupart des hommes de la Révolution considéraient la présence du public aux séances des Assemblées. Ils y voyaient volontiers un acte politique, un contrôle actuel exercé par le peuple sur ses représentants, par les commettants sur leurs mandataires. C'était là une conception fausse et dangereuse. Elle reposait d'abord sur une fiction puérile, car les quelques citoyens présents dans les tribunes ne pouvaient raisonnablement figurer le peuple entier, et pas davantage les commettants particuliers de tel député. Ceux qui la professaient le sentaient bien, et, pour écarter l'objection, ils allaient jusqu'aux propositions les moins pratiques : « La nation entière, disait Robespierre à la Convention, a le droit de connaître la conduite de ses mandataires. Il faudrait, s'il était possible, que l'Assemblée des délégués du peuple délibérât en présence du peuple entier? un édifice vaste et majestueux, ouvert à douze mille spectateurs, devrait être le lieu des séances du Corps législatif. Sous les regards d'un si grand nombre de témoins, ni la corruption, ni l'intrigue, ni la perfidie n'oseraient se montrer, la volonté générale serait seule consultée ; mais l'admission de quelques centaines de spectateurs entassés dans un local étroit et incommode offre-t-elle une publicité proportionnée à l'immensité de la nation »[1]? Cette conception entraînait pour le public une tentation perpétuelle de se mêler aux débats et de peser sur les déterminations des représentants, en intimidant les uns par des huées, en excitant les au-

_____

testes que celle de tous les monstres et géants des poètes, a plus de force, plus d'énergie pour pénétrer jusques aux consciences ».

[1] Séance de la Convention du 10 mai 1793 *Réimpression de l'ancien Moniteur*, t. XVI, p. 363).

E. 43

tres par des applaudissements. Cette conséquence n'était pas même
répudiée par les partisans de cette théorie. Dans un passage curieux
du discours plus haut cité, Robespierre énonça cette idée : « Les
hommes superficiels ne devineront jamais quelle a été sur la Révolution l'influence du local qui a recélé les corps législatifs, et les hommes de mauvaise foi n'en conviendraient pas ». Et il cherche à prouver
que les Assemblées ont montré moins de civisme lorsque la salle de
leurs séances devenait plus étroite et la place faite au public plus restreinte. Il se plaint même de ce que celle où la Convention vient d'entrer soit « disposée avec beaucoup d'intelligence, par le même esprit
d'intrigue.... *pour retrancher les mandataires corrompus contre les
regards et contre l'opinion du peuple français* »[1]. On sait comment,
de la Constituante à la Convention, les spectateurs des tribunes res-
pectèrent les membres des Assemblées.

Cependant le principe de la publicité survécut aux excès qu'il
avait entraînés : il fut inscrit à nouveau dans la Constitution de l'an
III, qui limita seulement le nombre des spectateurs[2], comme le fit
aussi la Constitution de l'an VIII pour les séances du Tribunat et du
Corps législatif[3]. Dans la suite on a simplement compté sur l'amé-
nagement des lieux pour éviter l'introduction de la foule. Quant à la
publicité elle-même, elle a toujours été maintenue en principe, pour
les séances de la Chambre des députés, par les Constitutions postérieures, sous la double forme qu'elle avait affectée dès 1789 : présence du public et reproduction des débats par la presse. Cette dernière publication avait cependant été bien réduite et mutilée par la
Constitution de 1852 ; elle ne pouvait alors consister (art. 42) que
« dans la reproduction du procès-verbal dressé à l'issue de chaque
séance par les soins du Président du Corps législatif ». Le sénatus-
consulte du 2 février 1861 ordonna la publication au *Journal officiel*
des comptes rendus *in extenso* des séances recueillis par la sténogra-
phie ; il était, en outre, rédigé, sous l'autorité du Président et par
des secrétaires rédacteurs, un compte rendu analytique, qui était mis

---

[1] *Ibidem*, p. 363. — De Tocqueville, dans ses *Souvenirs*, montre la résurrection
de cette conception en 1848. Décrivant (p. 68) l'aspect de la Chambre des députés
au 24 février, il dit : « Il y avait cinquante ans qu'on n'avait vu un spectacle de ce
genre. Depuis la Convention, les tribunes étaient muettes et le silence des tribunes
était entré dans nos mœurs parlementaires ».

[2] Art. 64 : « Les séances de l'un et de l'autre Conseil sont publiques ; les assistants ne peuvent excéder en nombre la moitié des membres respectifs de chaque
Conseil ».

[3] Art. 35 : « Les séances du Tribunat et celles du Corps législatif sont publiques ;
le nombre des assistants, soit aux unes, soit aux autres, ne peut excéder deux
cents ».

à la disposition de tous les journaux. Mais ceux-ci ne pouvaient point publier un compte rendu qui leur fût propre; ils ne pouvaient que reproduire l'un ou l'autre des comptes rendus officiels. Ils devaient même les reproduire en entier, ne pouvant se contenter d'une partie que dans les conditions déterminées par le sénatus-consulte.

D'autre part, la publicité sous les deux formes a été, à certaines époques, supprimée quant aux séances des Chambres Hautes ou Sénats. La Constitution de l'an VIII décidait (art. 23) : « Les séances du Sénat ne sont pas publiques »; de même la Charte de 1814 déclarait, art. 32 : « Toutes les séances de la Chambre des Pairs sont secrètes »; enfin, d'après la Constitution du 14 janvier 1852, les séances du Sénat n'étaient pas publiques. Mais cela était contraire à l'esprit général du gouvernement représentatif et à la théorie des deux Chambres, conçues comme deux membres égaux du Corps législatif. En 1830, la Charte revisée (art. 27) porta que « les séances de la Chambre des Pairs sont publiques, comme celles de la Chambre des députés »; par le sénatus-consulte du 8 septembre 1869 (art. 4), confirmé par la Constitution du 21 mai 1871, les séances du Sénat du Second Empire le devinrent également. Pour ce dernier corps, il s'était même présenté un phénomène assez remarquable : la publicité, sous sa forme la plus utile, avait précédé la présence du public aux séances; le sénatus-consulte du 2 février 1861 avait ordonné que les comptes rendus des séances du Sénat seraient publiés, comme les comptes rendus des séances de la Chambre des députés et dans les mêmes formes. Aujourd'hui la publicité proprement dite des séances est édictée dans les mêmes termes pour les deux Chambres [1], et, quant à la publication de leurs débats par la voie de la presse, elle est permise de la façon la plus large par la loi sur la liberté de la presse du 29 juillet 1881, art. 41 : « Ne donnera lieu à aucune action le compte rendu des séances publiques des deux Chambres fait de bonne foi dans les journaux » [2].

Si bienfaisante qu'elle soit en principe, cette publicité pourrait parfois être funeste. Il peut se faire que certains débats, inévitables devant une assemblée, ne puissent pas sans danger, pour les intérêts

---

[1] Ci-dessus, p. 674.

[2] On le voit, le droit français sur ce point aboutit au même résultat pratique, à la même formule que le droit anglais (ci-dessus, p. 671), mais par des procédés fort différents. — Il faut ajouter que nous avons conservé l'usage des deux comptes rendus officiels établis sous le Second Empire : le compte rendu in extenso que publie le *Journal officiel*, et le compte rendu analytique, rédigé par les secrétaires-rédacteurs sous l'autorité du Président, qui est toujours mis à la disposition des journaux, mais que fort peu reproduisent.

et la défense même du pays, être largement et librement divulgués ; il peut se faire surtout, lorsqu'il s'agit de quelque mesure, utile en elle-même, mais momentanément impopulaire, que certains représentants soient intimidés par la présence du public et n'osent appuyer ou approuver la mesure proposée, si la presse doit reproduire leurs discours. Il paraît donc nécessaire que toute assemblée politique, comme garantie exceptionnelle et légitime, ait le droit d'écarter toute publicité et de délibérer en secret. Ce correctif indispensable a été admis par toutes les Constitutions françaises, sauf par celle de 1793[1]. Parfois même ces séances secrètes ont été imposées dans certains cas par la Constitution[2]. Elles ont porté le nom de *comité général*, dans nos premières Constitutions, terme emprunté, avec un changement de sens, à la terminologie anglaise ; on a dit ensuite et l'on dit encore que l'assemblée se forme alors en *comité secret*. Sans entrer dans des détails inutiles, on peut dire que, quant aux conditions moyennant lesquelles le comité secret peut être décidé (quand il n'est pas imposé), nos diverses Constitutions se ramènent à deux systèmes. Toujours elles ont exigé que la demande fût introduite par un nombre déterminé de membres (qui a varié de 5 à 100) ; elles n'ont jamais admis que la réclamation d'un seul représentant suffît à cet égard, comme à la Chambre des Communes d'Angleterre. Mais tantôt la demande, portant le nombre voulu de signatures, a été péremptoire, le comité secret s'imposant alors à l'Assemblée sans vote de sa part ; tantôt la demande a simplement introduit la proposition sur laquelle doit voter l'Assemblée, le comité secret ne pouvant alors être décidé qu'à la majorité des voix. C'est à ce dernier système, le plus sage et le plus correct, que s'est rangée la loi constitutionnelle du 16 juillet 1875, art. 5 : « Chaque Chambre *peut* se former en comité secret sur la demande d'un certain nombre de ses membres fixé par le règlement ». La Constitution ne détermine même pas directement le nombre de signatures nécessaires pour introduire la demande ; elle renvoie sur ce point au règlement des Chambres, et

---

[1] Art. 45 : « Les séances de l'Assemblée Nationale sont publiques ». — Art. 46 : « Les procès-verbaux de ses séances sont imprimés ». La règle de la publicité est là, absolue et sans restriction. C'est d'ailleurs ce qu'avait demandé Robespierre, séance de la Convention du 10 mai 1793 (*Réimpression de l'ancien Moniteur*, t. XVI, p. 357) : « Pour moi, je crois que la Constitution ne doit pas se borner à ordonner que les séances du Corps législatif et des autorités constituées seront publiques. Elle doit interdire aux mandataires le pouvoir d'influer en aucune manière sur la composition de l'auditoire ».

[2] Constitution de l'an III, art. 343 : « L'un et l'autre Conseil ne délibèrent sur la guerre ni sur la paix qu'en comité général ». Cf. Constitution de l'an VIII, art. 50.

c'est ce renvoi que j'ai signalé plus haut[1]. En fait, le règlement du Sénat exige cinq signatures, et le règlement de la Chambre des députés en exige vingt.

La loi constitutionnelle, marquant ainsi son désir d'assurer la publicité, toutes les fois qu'elle est possible, ajoute cette disposition : « Elle (l'Assemblée) décide ensuite à la majorité absolue si la séance doit être reprise en public sur le même sujet ».

Lorsqu'une Chambre se forme en comité secret, ce n'est pas seulement l'exclusion du public qui en est la conséquence ; la publicité disparaît aussi sous l'autre forme. Il n'est pas dressé de procès-verbal, et il ne saurait être publié un compte rendu des débats. Les journaux, qui, par une indiscrétion, en auraient eu connaissance et en donneraient la reproduction, violeraient la loi du 29 juillet 1881, car celle-ci soustrait seulement à toute action les comptes rendus *des séances publiques des Chambres*[2].

V.

La loi constitutionnelle du 25 février 1875 assurait encore aux deux Chambres, comme aussi au pouvoir exécutif, une dernière garantie, à laquelle l'Assemblée Nationale attachait une extrême importance : « Le siège du pouvoir exécutif et des Chambres est à Versailles », dit l'article 9 de cette loi. Diverses considérations avaient dicté cette disposition. La plus forte, celle qui avait été décisive, était fournie par l'histoire de l'Assemblée Nationale elle-même, par le souvenir des événements récents : c'était la Commune, la guerre civile qui avait chassé le gouvernement de Paris et l'avait amené à Versailles, où l'Assemblée l'avait d'ailleurs précédé. On voulait rendre impossibles pour l'avenir de pareilles aventures et de si graves périls. Mais on cherchait aussi à mettre cette impression du moment en harmonie avec des théories politiques permanentes et raisonnées. En donnant pour résidence aux deux Chambres cette ville de Versailles, de médiocre étendue, particulièrement tranquille, d'autant plus froide que la vie politique de l'ancienne monarchie l'avait remplie jadis et s'en était retirée, l'Assemblée Nationale prenait juste le contre-pied de cette théorie exposée par Robespierre : « La Constitution doit pourvoir à ce que la législature réside au sein d'une immense population et délibère sous les yeux de la plus grande multitude possible de citoyens »[3]. Enfin on invoquait aussi l'exemple des États-Unis où le

[1] Ci-dessous, p. 669.

[2] Ci-dessus, p. 675.

[3] Séance de la Convention du 10 mai 1793 (*Réimpression de l'ancien Moniteur*, t. XVI, p. 363).

Congrès et le président siègent dans la ville de Washington, quoique les milieux soient bien différents de part et d'autre : la Constitution américaine laisse d'ailleurs au Congrès toute liberté pour fixer le lieu de sa réunion, et il a siégé successivement à New-York et à Philadelphie avant de se fixer à Washington[1]. Ces diverses raisons d'ailleurs furent, en 1875, vivement discutées dans la presse et dans les cercles politiques, mais non à la tribune de l'Assemblée. La disposition contenue dans l'article 9 fut introduite par un amendement de M. le baron de Ravinel, que son auteur appuya seulement de quelques observations et qui fut adopté par 332 voix contre 327[2].

La pensée qui avait dicté cette décision était peut-être sage, mais la combinaison en elle-même n'était pas viable ; elle se heurtait aux besoins de la pratique et aux traditions de l'histoire. D'une part, les ministres, obligés de voyager sans cesse entre Versailles, — où les appelaient les séances des Chambres et la présence du Président de la République, — et Paris, — où continuaient à résider dans leurs anciens locaux les bureaux et le personnel des ministères, — perdaient un temps précieux et se trouvaient aux prises avec des difficultés matérielles continuelles. D'un autre côté, une nécessité d'ordre plus élevé imposait le retour à Paris des pouvoirs publics. Quelles que soient ses transformations politiques, un grand peuple conserve dans sa vie nationale un certain nombre d'éléments permanents qu'a dégagés son histoire. Dans notre France centralisée de bonne heure, l'un de ces éléments dégagé par les siècles, c'est le rôle de capitale politique conquis par la ville de Paris. Dans la république parlementaire, Paris privé des Chambres et du Gouvernement, c'était en quelque sorte la République nouvelle déchue, amoindrie, ayant perdu la force et l'éclat que donnait aux gouvernements antérieurs leur vie intime avec la grande cité, avec la capitale naturelle.

Mais pour faire cesser ce désordre fâcheux, une révision constitutionnelle était nécessaire. Ce fut l'objet de la première révision de nos lois constitutionnelles qui eut lieu le 21 juin 1879. Elle ne porta que sur ce seul point et enleva simplement le caractère constitutionnel à l'article 9 de la loi du 25 février 1875 sur l'organisation des pouvoirs publics. Une loi pouvait dès lors modifier ce texte. Ce fut celle du 22 juillet 1879 dont l'article 1 est ainsi conçu : « Le siège du pouvoir exécutif et des deux Chambres est à Paris ». Mais le législateur de 1879 ne méconnut point les dangers auxquels l'Assemblée

---

[1] Thomas Hudson Mc Kee, *A manual of congressional practice*, p. 9, 10.

[2] Séance du 3 février 1875 (*Annales de l'Assemblée Nationale*, t. XXXVI, p. 423).

Nationale avait voulu parer en imposant la résidence à Versailles. Il a pris pour les conjurer deux précautions principales. En premier lieu, il donne aux Chambres contre les violences matérielles (émeute ou coup d'État) le droit d'employer elles-mêmes et directement la force matérielle et légale. L'article 5 porte en effet : « Les Présidents du Sénat et de la Chambre des députés sont chargés de veiller à la sûreté intérieure et extérieure de l'Assemblée qu'ils président. — A cet effet, ils ont le droit de requérir la force armée et toutes les autorités dont ils jugent le concours nécessaire. — Les réquisitions peuvent être adressées directement à tous officiers, commandants ou fonctionnaires, qui sont tenus d'y obtempérer immédiatement sous les peines portées par les lois. Les Présidents du Sénat et de la Chambre des députés peuvent déléguer leur droit de réquisition aux questeurs ou à l'un d'eux ». En second lieu, le législateur protège aussi les Chambres contre la pression morale en même temps que contre la violence. Cette pression, en dehors de l'intervention des tribunes, s'est toujours manifestée par des pétitions adressées aux Chambres, et qu'apportaient en personne les pétitionnaires, devenus promptement légion. On sait quel rôle ont joué pendant la Révolution les pétitionnaires qui défilaient à la barre. La loi de 1879 prend des précautions à cet égard dans les articles 6 et 7 : « Toute pétition à l'une ou à l'autre des Chambres ne peut être faite et présentée que par écrit. Il est interdit d'en apporter en personne ou à la barre. — Toute infraction à l'article précédent, toute provocation, par des discours proférés publiquement ou par des écrits ou imprimés affichés ou distribués, à un rassemblement sur la voie publique ayant pour objet la discussion, la rédaction ou l'apport aux Chambres ou à l'une d'elles de pétitions, déclarations ou adresses, — que la provocation ait été ou non suivie d'effet, — sera punie des peines édictées par le paragraphe 1er de l'article 5 de la loi du 7 juin 1848 ». Enfin, d'après l'article 2 de la même loi du 22 juillet 1879, « les divers locaux du Palais de Versailles actuellement (en 1879) occupés par le Sénat et la Chambre des députés conservent leur affectation ». Il y a là, en cas d'extrême danger, une ressource toute prête ; par une loi votée d'urgence les Chambres pourraient de nouveau y transporter leur siège [1].

---

[1] Le fait du législateur ne peut être que celui-là ; car, si l'un de ses locaux (celui de la Chambre des députés) est effectivement utilisé par lui pour la tenue de l'Assemblée Nationale, l'autre (celui du Sénat) reste sans emploi actuel. Tout au plus pourrait-on dire que, le même article donnant au Sénat le droit, quand il siège comme Haute-Cour de justice, de désigner « la ville et le local où il tiendra ses séances », on lui conserve toute prête cette installation à Versailles, pour le cas où il voudrait la choisir.

On peut se demander aussi si la législation antérieure à 1875 ne fournit pas une autre garantie contre l'effet des violences, d'où qu'elles partent, qui disperseraient les Chambres ou les empêcheraient de se réunir. Je fais allusion à la loi des 15-23 février 1872 relative au rôle éventuel des conseils généraux dans des circonstances exceptionnelles. Cette loi, votée sur la proposition de M. de Tréveneuc, prévoit le cas où « l'Assemblée Nationale *ou celles qui lui succéderont* viendraient à être illégalement dissoutes ou empêchées de se réunir ». Elle décide qu'alors le conseil général, dans chaque département, se réunira immédiatement et de plein droit, et, dès qu'il comptera la majorité de ses membres, il « pourvoira d'urgence au maintien de la tranquillité et de l'ordre légal ». Puis chaque conseil général élit deux délégués; et ces délégués forment une assemblée provisoire aux pouvoirs très larges, qui est constituée dès que la moitié des départements français y sont représentés. Elle se « réunit dans le lieu où se seront réunis les membres du gouvernement légal et les députés qui auraient pu se soustraire à la violence. Elle est chargée de prendre pour toute la France les mesures urgentes que nécessite le maintien de l'ordre et spécialement celles qui ont pour objet de rendre à l'*Assemblée Nationale* la plénitude de son indépendance et l'exercice de ses droits. Elle pourvoit provisoirement à l'administration générale du pays. — Elle doit se dissoudre aussitôt que l'*Assemblée Nationale* sera reconstituée par la réunion de la majorité de ses membres sur un point quelconque du territoire. Si cette reconstitution ne peut se réaliser dans le mois qui suit les événements, l'Assemblée des délégués doit décider *un appel à la nation pour des élections générales.* Les pouvoirs cessent le jour où *la nouvelle Assemblée Nationale* est constituée ». Mais, provisoire et de circonstance, inspirée par le souvenir des tentatives de résistance opposées au Coup d'État du 2 décembre 1851[1], cette loi me paraît avoir été abrogée par les lois constitutionnelles de 1875. En effet, bien que l'article 1er vise les assemblées qui succéderont à l'Assemblée Nationale alors en fonctions, manifestement la loi se réfère au système d'une assemblée unique. Elle ne parle jamais que de l'Assemblée Nationale qui peut ou ne peut pas se réunir; elle organise des élections générales qui vont produire une nouvelle assemblée[2]. Or, le système de l'assemblée unique a disparu lorsqu'est entrée en vigueur la Constitution de 1875, qui organise le système des deux Chambres; et l'on ne saurait adapter à ce

---

[1] Alors, en effet, les membres des Conseils généraux reçurent une circulaire émanant des Comités de résistance et les invitant à se réunir spontanément au chef-lieu du département. Je connais le fait par mes souvenirs de famille.

[2] Voyez les passages en italiques ci-dessus reproduits.

dernier la loi de 1872. D'autre part, les pouvoirs que donne cette loi aux conseils généraux et surtout à l'assemblée de leurs délégués sont immenses, quoique provisoires. Les lois constitutionnelles de 1875 ne les confirmant point, ils ne sauraient être admis comme légaux dans le nouvel ordre constitutionnel qu'elles ont fondé.

§ 2. — DROITS ET GARANTIES ASSURÉS AUX MEMBRES DES CHAMBRES INDIVIDUELLEMENT CONSIDÉRÉS.

Ces droits se rattachent à deux chefs : 1° les immunités parlementaires ; 2° l'indemnité parlementaire.

I.

Les immunités parlementaires, dont nous abordons l'étude, ont l'apparence de véritables faveurs accordées aux membres du Parlement ; mais, en réalité, elles n'ont point ce caractère. Elles n'existent que dans l'intérêt de l'Assemblée elle-même, à laquelle appartiennent ceux qui en profitent, et dans l'intérêt de la nation que représente cette Assemblée. Elles ont pour but d'assurer l'indépendance et le libre fonctionnement de l'Assemblée ; elles sont établies dans l'intérêt public, non dans un intérêt particulier.

Au lieu d'*immunité parlementaire* on dit quelquefois *inviolabilité parlementaire*, les membres des assemblées représentatives étant déclarés inviolables. C'est un langage qu'ont même employé certaines Constitutions françaises[1]. Mais c'est là une expression impropre et qui éveille des idées exagérées et fausses. On pourrait en déduire que le représentant est en principe soustrait à l'action des lois : il y est pleinement soumis au contraire, comme les autres citoyens, sauf qu'en deux points le droit commun est modifié en sa faveur.

La première exception, la première immunité, est formulée par la loi constitutionnelle du 16 juillet 1875, art. 13 : « Aucun membre de l'une ou de l'autre Chambre ne peut être poursuivi ou recherché à l'occasion des opinions ou votes émis par lui dans l'exercice de ses fonctions ».

Pour comprendre cette règle, il faut d'abord connaître son origine historique. Elle vient d'Angleterre. Là, du XIV° au XVI° siècle, on

[1] Constitution de 1791, tit. III, ch. i, sect. 5, art. 7 : « Les représentants de la nation sont inviolables » ; — Constitution de 1848, art. 39. — La Constitution de l'an III, art. 110 et suiv., parle seulement *de la garantie des membres du Corps législatif.*

avait vu un certain nombre de poursuites dirigées contre les membres
de la Chambre des Communes ; elles étaient fondées sur des propositions émises par eux et considérées comme attentatoires aux droits de la
Couronne, sur des discours considérés comme injurieux, même parfois sur des votes[1]. Les Communes avaient toujours protesté, en vain
le plus souvent. Mais, après la Révolution de 1688, le *Bill of rights*
décida que « la liberté de la parole, des débats et des procédures
dans le Parlement ne pourrait être l'objet d'une poursuite (*impeached*)
ou être mise en question devant aucune cour ou dans aucun lieu en
dehors du Parlement ». Dès lors cette immunité devint comme un
axiome du gouvernement représentatif. Elle fut proclamée par les États-
généraux le 23 juin 1789. Reproduite dans la Constitution de 1791,
et même par la Constitution de 1793 (art. 43), elle subit de graves atteintes pendant le gouvernement révolutionnaire de la Convention.
Inscrite à nouveau dans la Constitution de l'an III (art. 110), puis
dans celle de l'an VIII (art. 60), qui lui donnait une expression particulière et très large et l'étendait aux consuls et aux conseillers d'État,
elle est restée dans notre droit commun constitutionnel, se maintenant sous les Constitutions postérieures. Cependant, sous la Restauration, elle ne fut point inscrite dans la Charte, mais dans la loi sur la
presse de 1819 ; de même la Constitution de 1852 ne la contenait point ;
mais elle fut inscrite dans le décret organique sur le Corps législatif
du 2 février 1852 (art. 9).

Sous la forme que lui donne notre loi constitutionnelle, c'est en
quelque sorte une *dispense générale*[2] de la loi pénale, pour tous les
actes que le sénateur ou député accomplit dans l'exercice même de
ses fonctions, et qui peuvent contenir un délit faisant corps avec
l'exercice de ces fonctions. Certes la Constitution réprouve des actes de
cette nature ; mais elle craint que le représentant, soit de la part du
pouvoir exécutif, soit de la part des simples particuliers, se trouve
exposé à des poursuites vexatoires, à raison de l'accomplissement de
ses fonctions et sous le prétexte qu'il y aurait commis un délit. Pour
garantir pleinement l'indépendance du représentant, pour écarter
les poursuites à raison de délits imaginaires, il a paru nécessaire de
soustraire à l'action de la loi même les délits réels, qui peuvent être
contenus dans l'acte même par lequel il exerce sa fonction. Comme
il arrive plus d'une fois, la protection n'a paru efficace qu'à la condition d'être absolue. L'article 13 de la loi constitutionnelle du 16
juillet 1875 suppose donc que l'opinion ou le vote émis par le député

[1] Anson, *Law and custom of the Constitution*, t. I, p. 139 et suiv.
[2] Ci-dessus, p. 487 et suiv.

un sénateur contient un délit, une infraction prévue et punie par la loi pénale. Quant aux opinions énoncées dans des discours prononcés à l'Assemblée (ce sont les seuls qui rentrent dans l'exercice des fonctions), cela est aisé à concevoir; ils peuvent contenir en effet une diffamation, des injures, une excitation à commettre des crimes ou délits; ils peuvent contenir aussi l'usage de pièces fausses. Pour les votes pris en eux-mêmes, il est plus difficile de comprendre comment ils peuvent contenir un délit; cela ne peut se concevoir que lorsqu'ils se rattachent à des actes et à des manœuvres extérieurs, dont ils sont le dernier terme et la résultante pratique, lorsqu'ils ont été obtenus par suite d'une corruption ou concussion punissable. Mais alors, si le vote, considéré en lui-même, échappe à toute poursuite et à toute répression, l'immunité parlementaire ne saurait innocenter les actes antérieurs, et extérieurs, d'ailleurs punissables par eux-mêmes, qui forment la chaîne de faits dont le vote est le dernier anneau. Au point de vue pénal, on ne tient pas compte du vote, et voilà tout. Si, en faisant abstraction, les faits subsistants suffisent pour constituer les éléments d'une infraction, celle-ci reste punissable. C'est ce qu'a décidé la Cour de cassation par arrêt du 24 février 1893[1].

La seconde immunité parlementaire est contenue dans l'article 14 de la loi constitutionnelle du 16 juillet 1875 : « Aucun membre de l'une ou de l'autre Chambre ne peut, pendant la durée de la session, être poursuivi ou arrêté en matière criminelle ou correctionnelle qu'avec l'autorisation de la Chambre dont il fait partie, sauf en cas de flagrant délit ». Ce texte soulève deux sortes de questions. Les unes rentrent dans la procédure criminelle : il s'agit de déterminer la nature et la portée de la suspension qui en résulte quant à l'exercice de l'action publique. Celles-là, je ne les étudie pas, renvoyant sur ce point aux traités de procédure criminelle. Les autres appartiennent proprement au droit constitutionnel : il s'agit alors de déterminer quelle est la raison d'être de cette immunité; quelle est sa portée, soit quant aux actes qu'elle couvre, soit quant au temps pendant lequel elle existe; enfin quels sont les droits et les devoirs qui en résultent pour chaque Assemblée. C'est uniquement à ce dernier point de vue que je compte me placer.

Cette seconde immunité a au fond la même raison d'être que la première. Il s'agit d'assurer aux représentants l'indépendance et la sécurité la plus complète pour l'accomplissement de leur mission. Il ne faut pas que, par des poursuites vexatoires et mal fondées, le pou-

[1] Sirey, 1896, 1. 217.

voir exécutif ou les particuliers puissent arracher le sénateur ou le
député aux travaux parlementaires, ou le troubler, l'inquiéter, l'inti-
mider par ce moyen. Mais ici comme il ne s'agit pas d'un délit faisant
corps avec l'acte même par lequel se traduit la fonction, mais d'un
crime ou délit quelconque, qui en est parfaitement séparable et indépendant, la Constitution n'a pour but d'assurer au représentant
aucune impunité, pour le cas où la culpabilité serait certaine. Elle
veut seulement le protéger contre les poursuites, mal fondées ou in-
tempestives, qui ne seraient inspirées que par un sentiment de persécution politique. Elle n'admet ces poursuites qu'autant que l'assemblée
les aura autorisées, parce qu'alors il y a certitude qu'elles sont suffisamment sérieuses et sincères. L'immunité, dont il s'agit, ne protège
même pas d'une façon permanente le représentant pendant toute la
durée de son mandat; dans certains cas, et pendant certaines périodes, le droit commun reprend sur lui tout son empire et l'action publique sa pleine liberté contre lui.

Ce n'est pas le droit anglais qui a fourni le modèle de cette immunité, telle qu'elle se présente dans notre droit constitutionnel. Il contient bien une protection analogue, mais autrement orientée. Il s'est
préoccupé de bonne heure de protéger les membres du Parlement,
pairs ou *commoners*, contre certaines poursuites ou arrestations, mais
le privilège de *freedom from arrest*, qui en a été la conséquence,
visait principalement, comme dernier objet, la contrainte par corps.
Il avait reçu d'ailleurs anciennement une extension immense, arrêtant les poursuites civiles contre les membres du Parlement, même
contre leurs serviteurs [1], et maintenant il est réduit presque à rien [2].
Mais jamais il ne s'est appliqué aux arrestations ou poursuites moti-
vées par des crimes ou délits. Les motifs de l'arrestation doivent seulement être alors communiqués à la Chambre [3].

---

[1] Anson, *Law and custom*, t. I, p. 156 et suiv.; — Erskine May, *Parliamentary practice*, 8e édit., p. 122 et suiv.

[2] En effet, d'après des lois du règne de George III, les membres du Parlement
peuvent être poursuivis par toutes les voies légales, excepté « by attachment of
their bodies ». Et le *Bankruptcy Act* les atteint comme les autres citoyens (Erskine
May, *loc. cit.*, p. 142). D'autre part, la contrainte par corps ne se présente guère
aujourd'hui en droit anglais que par la voie détournée du *contempt of court*; et
justement les membres du Parlement peuvent être emprisonnés pour *contempt of
court* (Anson, *op. cit.*, t. I, p. 136, 138).

[3] Erskine May, *op. cit.*, p. 141, 147, 148 : « Le privilège de *freedom of arrest* a
toujours été limité aux causes civiles et jamais on n'a permis qu'il entravât l'administration de la justice criminelle... La Chambre n'admet pas que même le sanctuaire
de ses murailles protège un de ses membres contre l'action de la loi pénale. Mais
toutes les fois que des membres sont arrêtés sous une inculpation pénale, les causes

La préoccupation, qui a si fort influé sur le droit anglais, s'est aussi fait sentir en France, lorsque la contrainte par corps y existait encore; elle se retrouve dans les Chartes et dans l'Acte additionnel de 1815 [1]. Mais c'est contre les poursuites pénales qu'on a surtout cru nécessaire, chez nous, de protéger les représentants. C'est sous cette forme que l'immunité a été proclamée dès le 26 juin 1790 [2], par l'Assemblée Constituante, qui l'inséra ensuite dans la Constitution de 1791. Depuis lors, elle a toujours figuré dans notre droit constitutionnel, passant de constitution en constitution [3], sauf des différences de régime que je vais avoir l'occasion de signaler, en déterminant sur ce point la portée de notre Constitution présente.

L'immunité que reproduit à son tour la loi constitutionnelle du 16 juillet 1875 (art. 14) est limitée de divers côtés.

1° Elle n'existe qu'en matière « criminelle et correctionnelle ». Il résulte de ces termes, qui sont pris évidemment dans leur sens technique et étroit, que le député ou sénateur peut librement être poursuivi en tout temps pour une contravention de simple police. Ici l'infraction, consistant en un fait matériel, sans recherche de l'intention, ne peut guère donner lieu à des poursuites mal fondées, et le peu de gravité des peines encourues enlève à la poursuite et à la condamnation possible toute apparence de persécution. D'ailleurs, la solution s'impose par cette considération que, somme toute, il y a là un privilège par rapport au droit commun et que les privilèges sont d'interprétation étroite.

2° L'immunité n'existe que pendant la durée des sessions; elle

pour lesquelles ils sont empêchés de faire leur service au Parlement doivent être communiquées à la Chambre ». Cf. Anson, op. cit., p. 156 : « Jamais on n'a admis que ce privilège protégeât les membres contre les conséquences d'une treason, felony ou breach of peace ».

[1] Charte de 1814, art. 51 : « Aucune contrainte par corps ne peut être exercée contre un membre de la Chambre durant la session et dans les six semaines qui l'auront précédée et suivie ». Cf. Acte additionnel, art. 15; Charte de 1830, art. 43. Cf. décret organique du 2 février 1852, art. 10.

[2] « L'Assemblée Nationale, se réservant de statuer en détail sur les moyens d'assurer l'indépendance des membres du Corps législatif, déclare que, jusqu'à l'établissement de la loi sur les jurés en matière criminelle, les députés de l'Assemblée Nationale peuvent dans le cas de flagrant délit être arrêtés conformément aux ordonnances, qu'on peut même, excepté les cas indiqués par le décret du 23 juin dernier (ci-dessus, p. 682), recevoir des plaintes et faire des informations contre eux, mais qu'ils ne peuvent être décrétés par aucuns juges avant que le Corps législatif sur le vu des informations et des pièces de conviction ait déclaré qu'il y a lieu à l'accusation ».

[3] Cependant sous le Second Empire elle était inscrite seulement dans une loi, le décret organique sur l'élection des députés du 2 février 1852, art. 11.

cesse au contraire dans leur intervalle. Alors le représentant peut être librement poursuivi en matière criminelle ou correctionnelle. Alors, en effet, l'une des raisons sur lesquelles repose le privilège n'existe plus. La poursuite (si elle se termine avant l'ouverture de la session suivante) n'aura pas pour effet de mettre le représentant dans l'impossibilité de remplir ses fonctions parlementaires. L'autre motif paraît subsister, il est vrai; la crainte que les poursuites mal fondées soient une arme politique dirigée contre lui, un moyen de le harceler et de l'inquiéter. Mais si les poursuites sont vexatoires, la Constitution ne saurait admettre que leur résultat final soit douteux et qu'elles soient dangereuses, sinon par la contrariété et le trouble qu'elles peuvent causer momentanément à celui qui en est l'objet. Au cours de la session, la sécurité de celui-ci doit l'emporter; car dans l'intérêt public, il a besoin de sa liberté de vues, de toute sa tranquillité d'esprit. Les travaux parlementaires étant interrompus, le droit commun reprend le dessus. La suspension de l'immunité durant l'intervalle des sessions est un hommage rendu à la justice criminelle, bien moins complet encore que celui que lui rendent les Anglais.

On fait remarquer souvent que, d'après un certain nombre de nos Constitutions, cette immunité était permanente, ne cessant qu'avec le mandat lui-même et n'étant jamais suspendue. On en tire parfois cette conclusion que, par là, ces Constitutions voulaient surtout rehausser et faire éclater à tous les yeux la dignité de représentant du peuple. Il y a là, je crois, une illusion. Cette règle, la plupart du temps, s'explique d'une façon plus simple. Dans les Constitutions de 1791, de 1793, de l'an III et de 1848, elle découle naturellement et logiquement de ce que les Assemblées législatives étaient alors permanentes[1]; leurs membres étaient toujours virtuellement en activité, et, par suite, l'immunité ne connaissait pas de suspension, pas plus que la vie de l'Assemblée elle-même. Il est vrai que dans un cas cette explication ne peut être maintenue. La Constitution de l'an VIII n'avait pas fait le Corps législatif permanent; elle ne lui assurait même (art. 33) qu'une session ordinaire de quatre mois. Cependant, d'après l'article 70, les délits emportant peine afflictive ou infamante, commis par des membres du Corps législatif, ne pouvaient être poursuivis devant les tribunaux ordinaires qu'après une autorisation de l'Assemblée à laquelle ces membres appartenaient, et cela sans aucune distinction de temps. Mais on ne saurait prétendre que la Constitution de l'an VIII eût pour but d'exalter la dignité et le prestige des membres du Corps législatif. La règle venait seulement de ce que l'article 70 comprenait, avec les

---

[1] Ci-dessus, p. 509.

membres du Corps législatif, les membres d'autres assemblées, celles-ci permanentes (Tribunat, Sénat, Conseil d'État) et qui jouissaient d'un privilège analogue.

Si l'immunité cesse avec la session, elle commence avec elle, sans être retardée, pour un représentant nouvellement élu, jusqu'à la vérification des pouvoirs accomplis. Cependant, si, lorsque l'élection vient en discussion devant l'Assemblée, celle-ci ne la valide pas, et, sans l'invalider actuellement, ajourne sa décision à une époque ultérieure, pour plus ample information, on peut se demander si l'immunité subsiste encore. La jurisprudence paraît se prononcer pour la négative[1], pour cette raison principale que le règlement interdit au député ajourné de prendre part à aucun vote et de déposer aucune proposition de loi[2]; tandis que, au début d'une session, tous les députés, attendant également la validation de leurs pouvoirs, prennent forcément part aux votes : il serait impossible autrement à la Chambre de délibérer. Mais cet argument, très fort en apparence, ne me paraît pas convaincant. La loi constitutionnelle protège indistinctement tous les députés pendant la session : la disposition du règlement que l'on invoque est simplement une mesure d'ordre intérieur, dont on pourrait même contester la légitimité, si elle n'était consacrée par un long usage. Admettrait-on que le député, exclu temporairement de la salle des séances par mesure disciplinaire et en vertu du règlement, n'est plus pendant ce temps couvert par l'immunité parlementaire? Je ne le pense pas[3], et pourtant ce député ne peut pas non plus prendre part aux travaux de la Chambre.

Enfin, la session juridiquement dure tant qu'elle n'a pas été close. Les ajournements par lesquels le Président de la République peut la suspendre, d'après l'article 2 de la loi constitutionnelle du 16 juillet

---

[1] Cass. 10 avril 1847 (Sir. 1847, 1, 305) ; tribunal de Talle, 10 mars 1890 (Sir. 1890, 2, 221).

[2] Règlement de la Chambre des députés, art. 6.

[3] Cependant, au mois de décembre 1879, M. Bernard-Lavergne, dans un rapport à la Chambre des députés, a émis l'opinion que le député frappé d'exclusion temporaire cesse immédiatement d'être protégé par l'article 13 de la loi du 16 juillet 1875. M. Eug. Pierre (*Traité de droit politique, électoral et parlementaire*, nº 485) rapporte le passage sans « examiner s'il y a lieu d'appliquer la théorie de M. Bernard-Lavergne ». Elle a pour elle les termes mêmes de l'article qui protège seulement le député à raison « des opinions et votes émis dans l'exercice de ses fonctions ». Or l'exercice de ses fonctions devient impossible et interdit au député, dès qu'il a été frappé d'interdiction temporaire. On pourrait cependant se demander si cet article 13, si absolu, peut être entamé par une disposition du règlement. Dans tous les cas, l'article 14 visant des délits qui n'ont aucun rapport avec les fonctions, l'argument de texte manque alors.

1875, n'empêchent point qu'elle dure en droit pendant ces ajournements et, par suite, que l'immunité subsiste.

3° L'immunité cesse même au cours de la session « en cas de flagrant délit ». Lorsque, en effet, le flagrant délit a été constaté, la possibilité que les poursuites soient mal fondées et vexatoires devient presque nulle. Il est logique de rendre à la loi criminelle son libre cours. L'arrestation, s'il y a lieu, et les poursuites en matière criminelle et correctionnelle peuvent procéder sans qu'aucune autorisation de la Chambre soit nécessaire.

Cependant sur ce point la plupart des Constitutions de la France ont admis un système assez différent de celui qui est contenu dans la loi constitutionnelle du 16 juillet 1875. Elles déclarent que, en cas de flagrant délit, le représentant pourra bien être mis en état d'arrestation, mais que, même alors, les poursuites ne pourront avoir lieu qu'avec l'autorisation de la Chambre. Ce système, inauguré par l'Assemblée Constituante [1], a passé explicitement dans les Constitutions de 1791, 1793, de l'an III, de 1848. Il figure même dans l'Acte additionnel de 1815 (art. 14); et la Constitution de l'an VIII (art. 70) ne restreignait en rien la nécessité d'obtenir l'autorisation des assemblées politiques pour poursuivre un de leurs membres. Le système actuel ne se retrouve que dans les deux Chartes et dans le décret organique du 2 février 1852 [2]. On ne doit donc pas s'étonner que l'on ait voulu rétablir sous notre Constitution ce qu'on peut appeler, en cette matière, le droit commun des Constitutions françaises. On a soutenu, en 1892 et en 1894, à la Chambre des députés que même aujourd'hui « le flagrant délit permet l'arrestation du représentant; mais, une fois l'arrestation opérée, une autorisation est nécessaire pour que des poursuites puissent être exercées » [3]. Mais cette interprétation est aujourd'hui insoutenable. En rédigeant l'article 14 de la loi du 16 juillet 1875, les auteurs de la Constitution ont en pleine connaissance de cause choisi entre deux systèmes opposés [4], et le texte même est

---

[1] Ci-dessus, p. 685, note 2.

[2] Charte de 1814 (art. 52) : « Aucun membre de la Chambre ne peut, pendant la durée de la session, être poursuivi ni arrêté en matière criminelle, sauf le cas de flagrant délit, qu'après que la Chambre a permis la poursuite ». — Charte de 1830, art. 44 identique. — Décret du 2 février 1852, art. 11 : « Aucun membre du Corps législatif ne peut, pendant la durée de la session, être poursuivi ni arrêté en matière criminelle, sauf le cas de flagrant délit, qu'après que le Corps législatif a autorisé la poursuite ».

[3] Séance de la Chambre des députés du 8 mai 1894 (*Journal officiel* du 9, *Débats parlementaires*, p. 735); rapport de M. Millerand, citant les paroles prononcées par M. Floquet, président de la Chambre, le 18 février 1892, et rapportées au texte.

[4] La règle traditionnelle figurait dans le projet de Constitution déposé par M. Du-

formel : la restriction « sauf en cas de flagrant délit » est placée à la fin de l'article, après la mention de l'autorisation de la Chambre exigée en principe ; elle modifie tout ce qui précède et se rapporte non seulement à l'arrestation, mais aussi aux poursuites.

D'ailleurs, le flagrant délit doit être pris ici, comme toutes les fois qu'il s'agit d'une théorie exceptionnelle, dans son sens précis et étroit. Il comprend seulement le délit qui se commet actuellement ou qui vient de se commettre, et l'on ne saurait y joindre les hypothèses assimilées au flagrant délit par les articles 41, 46 et 106 du code d'instruction criminelle. Mais si l'existence du flagrant délit est nécessaire pour permettre de procéder sans l'autorisation de la Chambre, d'autre part, elle est suffisante ; et l'on ne devrait pas dire que l'autorisation de la Chambre devient nécessaire pour permettre de poursuivre un député à raison d'un délit correctionnel, dont le caractère flagrant a été constaté, par ce fait que la procédure ouverte par la loi de 1863 pour les flagrants délits n'a pas été suivie[1]. Le délit flagrant, dûment constaté, conserve ce caractère, quelle que soit la procédure qui lui soit appliquée.

La Chambre, qui est appelée à statuer sur une demande en autorisation de poursuites contre l'un de ses membres, n'a point pour devoir et pour mission, d'après tout ce qui précède, de se faire juge du fond et de rechercher si le membre accusé est innocent ou coupable : elle doit rechercher seulement si la poursuite paraît sérieuse, si elle repose sur des charges réelles. Autrement la Chambre empiéterait sur le pouvoir judiciaire. Elle s'écarterait également de son devoir si, de parti pris, elle refusait d'autoriser une poursuite fondée au point de vue de la procédure criminelle.

La Constitution lui donne, d'ailleurs, une autre prérogative, au moyen de laquelle elle peut, au cours des sessions, faire cesser momentanément l'effet et les conséquences possibles des poursuites qu'elle a autorisées ou qui ont pu s'engager sans son autorisation. L'article

faite en 1873 ; il y était dit, art. 13 : « Ils (les sénateurs et les représentants) ne peuvent être arrêtés en matière criminelle, sauf le cas de flagrant délit, ni poursuivis qu'après que la Chambre, dont ils font partie, a autorisé la poursuite ».

[1] L'idée contraire a été émise au nom du gouvernement en 1894, séance de la Chambre des députés du 8 mai 1894, loc. cit., p. 735 (Rapport de M. Millerand) : « Le tribunal n'ayant pas été immédiatement saisi, disait la lettre du procureur général près la Cour de Rennes, j'ai l'honneur de demander à la Chambre de vouloir bien lever l'immunité parlementaire en ce qui concerne M. le député X... » M. le garde des sceaux, disait le rapporteur, nous a déclaré que cette solution lui paraissait commandée tant par le texte de l'article 14, § 1, de la loi constitutionnelle du 16 juillet 1875 que par les dispositions de la loi du 20 mai 1863 sur les flagrants délits ».

E.   44

14 de la loi constitutionnelle du 14 juillet 1875 se termine ainsi :
« La détention ou la poursuite d'un membre de l'une ou de l'autre
Chambre est suspendue pendant la session et pour toute sa durée, si
la Chambre le requiert ». Cela s'applique sans difficulté à la détention
préventive ; mais cela s'applique même, je le crois, à la détention prononcée à titre de peine, par un jugement de condamnation, en supposant, bien entendu, que la condamnation ne soit pas une de celles qui
entraînent la déchéance du représentant. Cette disposition corrige heureusement tout ce que l'article 14 peut présenter d'un peu étroit quant
à la portée de l'immunité parlementaire.

Les membres des deux Chambres jouissent encore d'un privilège
apparent qui n'est encore qu'un moyen d'assurer le libre accomplissement de leur mission. D'après la loi du 20 juillet 1895 (art. 1) ils ne
peuvent en principe, faire en temps de paix aucun service militaire,
pendant la durée des sessions ; il n'est dérogé à cette règle que « sur
la demande du ministre de la guerre, de leur propre consentement,
et après décision favorable de l'Assemblée à laquelle ils appartiennent ». En revanche les membres du Parlement, faisant exceptionnellement un service militaire, ne peuvent participer aux délibérations
ni aux votes de l'Assemblée à laquelle ils appartiennent (art. 2). Si
pendant qu'un député ou sénateur fait en temps de paix un service
militaire, soit dans l'intervalle des sessions des Chambres, soit même
exceptionnellement pendant une session, l'Assemblée nationale vient à
être convoquée, pour élire le Président de la République ou pour
procéder à la révision constitutionnelle, le service militaire est
suspendu de plein droit, tant que siège l'Assemblée nationale.

Ces règles ne visent que le temps de paix et jusqu'ici, pour le
temps de guerre, les membres des Chambres sont soumis aux mêmes
obligations militaires que les autres citoyens.

§ 3. — L'INDEMNITÉ PARLEMENTAIRE.

La question de savoir si les membres des assemblées représentatives doivent ou non recevoir une indemnité est classique en matière
de législation constitutionnelle. Elle ne se pose vraiment qu'en ce qui
concerne les représentants élus. En effet, pour les membres des
Chambres Hautes héréditaires, ou pour les sénateurs viagers choisis
par un chef d'État, leurs fonctions attachées à leur personne, sont
naturellement gratuites, ou bien les dotations qu'ils peuvent recevoir,
prennent un tout autre caractère et se présentent comme des pensions
ou faveurs royales.

Ramenée à ces proportions, l'indemnité due aux membres élus des assemblées représentatives ne paraît avoir point fait difficulté dans les temps anciens, soit en France, soit en Angleterre; et elle fut alors résolue de part et d'autre d'après les mêmes principes. Il parut juste que les députés fussent indemnisés des frais et dépenses de voyage, séjour, logement et nourriture, qu'ils étaient obligés de faire dans l'intérêt d'autrui, c'est-à-dire de leurs commettants. Cela résultait d'ailleurs de la théorie du mandat civil qui déterminait alors les relations des uns et des autres : elle détermina en même temps à la charge de qui l'indemnité serait mise. Le député était, au pied de la lettre, le mandataire particulier du groupe ou circonscription qui l'avait élu[1]. Or le droit décidait que le mandant doit indemniser le mandataire de tous les frais qu'il a faits pour l'exécution du mandat. La conséquence fut que le député recevait une indemnité et que celle-ci était payée par ses seuls commettants. Telle était la règle pour nos anciens États généraux, lorsqu'ils furent devenus une assemblée totalement élective. Chaque bailliage payait l'indemnité de ses députés et même régulièrement, dans le bailliage, chaque ordre (clergé, noblesse, tiers état) supportait à part celle de ses représentants propres. Ce système eut même ce résultat que la convocation des États généraux souvent était assez mal vue des populations, leur apparaissant sous la forme d'une charge nouvelle à supporter[2]. En Angleterre, il en était de même autrefois pour les députés à la Chambre des Communes. Chaque comté, ville ou bourg, payait une indemnité à ses représentants. Un statut du règne d'Henri VIII (abrogé seulement sous le présent règne) imposait expressément cette charge aux villes qui seraient à l'avenir érigées en collèges électoraux. En 1681, le droit du député fut encore judiciairement reconnu. Mais comme les villes et comtés se plaignaient, et que les sièges à la Chambre des Communes devenaient de plus en plus recherchés, les candidats élus cessèrent peu à peu de faire valoir leur droit, et celui-ci est tombé complètement en désuétude depuis au moins deux cents ans[3]. Par suite de cette évolution, les fonctions législatives apparurent au xviiie siècle comme gratuites, en Angleterre. Les théoriciens s'emparèrent de ce fait et en tirèrent des conséquences systématiques. Une doctrine largement répandue présenta cette gratuité comme un principe constitutionnel, pour deux raisons principales : d'un côté, elle assurait un esprit pleinement désinté-

[1] Ci-dessus, p. 50.

[2] Voyez mon *Cours élémentaire d'histoire du droit français*, 3e édition, p. 188.

[3] Anson, *Law and custom*, t. II, p. 113.

ressé chez les députés, qui faisaient un sacrifice pécuniaire pour
exercer leurs fonctions; d'autre part, elle fournissait, sans violer en
droit le principe d'égalité, l'équivalent avantageux d'un cens d'éligibilité. Ce système a été appliqué en France aux Chambres des députés de 1817 à 1848; il fut inscrit aussi dans la Constitution du
24 janvier 1852 (art. 37), mais pour être abrogé la même année par
le sénatus-consulte du 26 décembre 1852 (art. 17). Il est encore suivi
dans un assez grand nombre de pays étrangers; outre l'Angleterre,
qui le conserve dans les conditions ci-dessus indiquées, l'Allemagne,
l'Italie, l'Espagne le pratiquent également.

Mais un principe nouveau, absolument contraire, a été proclamé
par la Révolution française. Il se formule ainsi : le représentant élu
a droit à une indemnité, et cette indemnité est à la charge de la
nation. Le premier terme se justifie par le principe démocratique,
d'après lequel les fonctions publiques doivent être accessibles à tous
sans distinction de fortune. Ce ne serait plus qu'une fiction, si toute
fonction publique, qui entraîne une dépense notable de temps pour
celui qui la remplit et l'empêche par cela même d'exercer en même
temps une profession lucrative, n'était pas rémunérée. Cette indemnité assure la pleine liberté des collèges électoraux, qui peuvent ainsi
efficacement choisir un pauvre aussi bien qu'un riche. Le second terme
de la proposition résulte de ce que le député n'est plus, dans le droit
moderne, le représentant de la circonscription qui l'a élu, mais celui
de la nation entière[1] : son indemnité est donc une dépense nationale.
Cette indemnité a même été inscrite dans la Constitution de l'an III
(art. 68) et dans celle de l'an VIII (art. 36, § 31). La Constitution de
1848 ajoutait la défense pour le représentant de renoncer à cette indemnité[2]; elle voulait éviter que par de semblables renonciations il
s'introduisît des distinctions choquantes et que le droit lui-même pût
tomber en désuétude, comme en Angleterre.

Aujourd'hui le droit n'est plus écrit dans la Constitution ; mais il
est établi pour les députés par la loi du 30 novembre 1875, et le principe n'en a pas été contesté à cette époque[3]. L'indemnité est de 9.000
francs par an. Quant aux sénateurs, le projet sur l'organisation du
Sénat présenté par la Commission des Trente, et même celui présenté
par la nouvelle Commission qui l'avait remplacée, proposait, comme

[1] Ci-dessus, p. 183.
[2] Art. 38 : « Chaque représentant du peuple reçoit une indemnité à laquelle il ne
peut renoncer ».
[3] Art. 17 : « Les députés reçoivent une indemnité. Cette indemnité est réglée
par les articles 96 et 97 de la loi du 15 mars 1849 et par la loi du 16 février
1872 ».

un point important, de faire leurs fonctions gratuites[1]. C'est, en effet,
un trait qui distingue souvent les Chambres Hautes ; mais on a vu
plus haut[2] quelle en est la raison. Le Sénat, étant aujourd'hui une
assemblée élective et représentative comme la Chambre des députés,
devait, à ce point de vue encore, être traité comme cette dernière.
Aussi la loi organique sur l'élection des sénateurs du 2 août 1875 a-
t-elle décidé, art. 26 : « Les membres du Sénat reçoivent la même
indemnité que ceux de la Chambre des députés ».

SECTION TROISIÈME

LES FONCTIONS DES CHAMBRES.

Les deux Chambres, qui exercent conjointement le pouvoir législatif, ont en réalité, dans notre système constitutionnel, des fonctions
multiples et diverses, qui se ramènent à quatre : 1° Elles procèdent,
et c'est leur attribution essentielle, à la formation des lois ; 2° elles
exercent ce qu'on appelle souvent aujourd'hui le *pouvoir de la bourse*
(*power of the purse*), non seulement en votant les lois nécessaires pour
la perception des impôts et autres revenus publics, mais encore en
déterminant l'emploi de ces revenus, contrôlant et approuvant en dernier ressort les dépenses publiques ; 3° elles surveillent et contrôlent
tous les actes du pouvoir exécutif, conformément aux règles du gouvernement parlementaire ; 4° elles sont parfois appelées, en vertu de
la Constitution, à décider ou à approuver un acte de gouvernement
(approbation des traités, déclaration de guerre, avis donné par le Sénat sur la dissolution de la Chambre des députés) ; plus souvent encore
elles sont appelées par la loi à exercer la haute police administrative
(dissolution d'un Conseil général, loi du 10 août 1871, art. 35) ou à
décider un acte d'administration proprement dit.

La diversité de ces fonctions, que je me propose d'examiner successivement, n'empêche pas que toute décision prise par les deux
Chambres, conformément à leurs pouvoirs et dans un texte identique,
porte le nom de *loi* ; c'est le nom générique par lequel on désigne
toutes les décisions prises par le pouvoir législatif ; de sorte que, dans
une certaine terminologie, on fait rentrer tous ces actes dans le pou-

[1] *Annales de l'Assemblée Nationale*, t. XXXVI, *Projets de loi*, etc., p. 172 :
« Art. 7. Les membres du Sénat ne reçoivent ni traitement ni indemnité ».
[2] Ci-dessus, p. 690.

voir législatif, et cela est exact au point de vue de la *forme*. Mais, *quant au fond*, beaucoup d'entre eux ne sont pas des *lois*. Tous ceux, en effet, qui sont des *actes particuliers* et qui n'établissent pas une règle générale, d'une durée indéfinie, ne répondent pas à la définition exacte de la loi[1]. Ce ne sont pas plus des lois véritables que les arrêts de règlement, émanés de nos anciens parlements, n'étaient des sentences judiciaires.

§ 1. — LA FORMATION DES LOIS.

Nos lois constitutionnelles, comme on l'a déjà fait remarquer[2], n'ont que des dispositions très peu abondantes sur cette première et essentielle attribution. Elles se trouvent dans les articles 1 et 3 de la loi constitutionnelle du 25 février 1875 et dans l'article 8 de la loi constitutionnelle du 24 février 1875. Pour tout le reste, la procédure législative est déterminée par les règlements des Chambres et par les usages parlementaires[3]. Je ne donnerai ici que quelques indications sommaires sur cette procédure, en dehors des principes énumérés par les textes constitutionnels ou qui en découlent.

Il faut distinguer dans la formation des lois deux choses : 1° la *proposition* ou *initiative* de la loi ; 2° la délibération et le vote.

I.

L'initiative des lois, nous le savons[4], appartient concurremment au Président de la République et aux membres des deux Chambres[5]. Les actes par lesquels le Président de la République exerce ce droit, portent, dans la pratique, le nom de *projets de loi*. Ils sont contenus dans un décret présidentiel, contresigné par un ou plusieurs ministres et déposé par un ministre devant l'une des deux Chambres. Il peut être, en principe, déposé indifféremment devant l'une ou l'autre d'entre elles. Le *projet de loi* est, en droit, un acte présidentiel, non l'acte du ministre qui l'a déposé. Il en résulte que, sans difficulté, il conserve sa force et sa valeur, après que le ministre qui

---

[1] Ci-dessus, p. 10, 153, 231-2.

[2] Ci-dessus, p. 669.

[3] Sur les détails de cette procédure consulter Eug. Pierre, *Traité de droit politique, électoral et parlementaire*, n°s 58 et suiv.; 683 et suiv.

[4] Ci-dessus, p. 497.

[5] Loi constitutionnelle du 25 février 1875, art. 3; loi constitutionnelle du 24 février 1875, art. 8 : « Le Sénat a, concurremment avec la Chambre des députés, l'initiative et la confection des lois ».

l'a déposé a cessé ses fonctions. Contenu dans un décret présidentiel, il ne peut être retiré que par un nouveau décret présidentiel déposé devant la Chambre qui avait été saisie du projet. Il en résulte aussi qu'un ministre ne peut point de sa propre autorité et sans la signature du Président de la République introduire un *projet de loi*[1] : il pourrait seulement, s'il est membre de l'une des Chambres, user devant elle du droit d'initiative parlementaire en son nom personnel ; mais cela serait contraire aux usages du parlementarisme français. L'application de ces principes fait que souvent, après un changement de ministère, une série de décrets viennent retirer des projets de loi présentés sous le ministère précédent.

Quant à l'initiative des membres du Parlement, le règlement de chacune des Chambres détermine dans quelle forme et à quelles conditions elle peut être exercée. La proposition qui en est le résultat porte le nom technique de *proposition de loi*, et voici, en quelques mots, et réduite à ses traits essentiels, la réglementation qui s'applique aux propositions de loi :

1° Toute proposition de loi doit être présentée par écrit et précédée d'un exposé des motifs et formulée en articles. On veut éviter par là les propositions irréfléchies, improvisées dans le cours d'une discussion, et celles qui contiendraient seulement un principe vague, non ramené à une application précise.

2° L'Assemblée n'est pas directement et immédiatement appelée à examiner, quant au fond, une proposition de loi ainsi présentée. Celle-ci est d'abord renvoyée à une commission renouvelée tous les mois, dite *Commission d'initiative*, qui fait un rapport sommaire sur l'utilité et l'opportunité de la proposition. D'après ce rapport, l'Assemblée

---

[1] La question a été discutée au Sénat dans la séance du 29 mars 1895 (*Journal officiel* du 30. *Débats parlementaires*, p. 286). Il s'agissait d'un projet de loi portant ouverture et annulation de divers crédits ; en dehors des crédits demandés dans ce projet, le Président du Conseil avait saisi directement, au nom du ministre de la Guerre, la Commission du budget de la Chambre de plusieurs propositions nouvelles. Lorsque le projet, ainsi complété et voté par la Chambre vint devant le Sénat, M. Buffet contesta la procédure : « Il est certain, dit-il, qu'aucun ministre n'a qualité pour saisir directement la Chambre, et a *fortiori*, une Commission de la Chambre, d'une demande de crédits supplémentaires sans un décret signé par le Président de la République, et qu'en agissant ainsi il commet un acte absolument inconstitutionnel. Un ministre n'a aucune initiative personnelle, dans les matières financières sortant ». Le Président du Conseil répondit : « Bien qu'il soit de règle que les crédits supplémentaires procèdent de l'initiative du gouvernement, la Commission du budget de la Chambre des députés possède une certaine initiative, et, s'il lui convient, sur le vu d'une note présentée par un ministre, de comprendre un crédit de cette nature dans le projet dont elle est saisie, elle en est maîtresse ». C'était transformer la demande du ministre en un amendement proposé par la Commission.

statue sur la *prise en considération* de la proposition. Si elle refuse de la prendre en considération, tout est dit et cette proposition ne pourra être renouvelée que dans les conditions déterminées par le règlement. Si l'Assemblée la prend en considération, elle est soumise à la même procédure que les projets de loi, procédure qui sera indiquée un peu plus loin.

Cette organisation a pour but d'empêcher que le temps dont dispose l'Assemblée ne soit perdu en débats inutiles, comme il arriverait si elle était obligée de discuter au fond des propositions irréfléchies et mal venues. D'ailleurs, cette procédure d'admissibilité peut être évitée par un vote de l'Assemblée qui déclare la proposition urgente[1] ou qui renvoie la proposition à une Commission autre que celle d'initiative et déjà existante pour un autre objet.

En dehors des propositions de loi qu'ils présentent, les membres des deux Chambres exercent encore leur droit d'initiative par des *amendements*, c'est-à-dire en proposant des modifications plus ou moins considérables au texte de *projets de loi* ou *propositions de loi* dont est saisie la Chambre à laquelle ils appartiennent. Le droit d'amendement est aujourd'hui ouvert sans restriction; sauf qu'en principe, si les amendements n'ont pas été préalablement soumis à la Commission chargée d'examiner le projet ou proposition qu'ils modifient, ils doivent être d'abord pris en considération par la Chambre avant de pouvoir être discutés au fond. Mais cette formalité peut être écartée par une intervention de la Commission, demandant que l'amendement lui soit renvoyé[2]. Dans la pratique, d'ailleurs, cette règle n'est pas toujours fidèlement observée : notre procédure parlementaire ouvre toute grande la porte aux amendements, et c'est là incontestablement une de ses défectuosités; car ceux-ci, hâtifs et rédigés par des mains peu expérimentées, troublent bien souvent la clarté, l'harmonie et la logique des textes législatifs.

II.

Notre Constitution, on le sait, n'a pas réglé les formes de la délibération et du vote des lois. Il faut encore sur ce point s'adresser aux

[1] Eug. Pierre, *Traité de droit politique, électoral et parlementaire*, n° 881. On abuse certainement, dans la pratique de la déclaration d'urgence. Voyez, séance de la Chambre des députés du 1er juillet 1895 (*Journal officiel* du 2, *Débats parlementaires*, p. 1930) : « M. *Ribot, président du Conseil*. L'urgence est devenue, dans nos mœurs parlementaires, une sorte de politesse, qui ne se refuse guère, mais qui n'avance pas beaucoup les choses ».

[2] Sur tous ces points, consulter Eug. Pierre, *Traité de droit politique, électoral et parlementaire*, n° 830.

règlements des Chambres, et les principes fondamentaux qu'ils contiennent sont au nombre de deux :

1° Tout projet de loi, toute proposition de loi (prise en considération ou dispensée de la prise en considération) doivent être renvoyés à une Commission nommée par les bureaux entre lesquels les membres de l'Assemblée ont été répartis par la voie du sort. Chaque bureau élit un commissaire, ou un même nombre de commissaires, après une discussion générale. La commission étudie le projet ou proposition, peut y proposer des amendements et fait son rapport à l'Assemblée par l'organe de l'un de ses membres.

2° En principe, les projets ou propositions de loi, avant d'être définitivement adoptés par une assemblée, sont soumis à plusieurs délibérations ou *lectures* successives, terminées chacune par un vote. Leur nombre traditionnel jusqu'en 1875 était, en France, de trois. Cet usage venait, comme tant d'autres, d'Angleterre où la lecture trois fois répétée existait au moins depuis le règne d'Édouard VI[1]. Les règlements de nos deux Chambres les ont réduites à deux, séparées par cinq jours d'intervalle. Cet écart de la tradition ancienne s'explique aisément. La nécessité du concours des deux Chambres est une garantie suffisante contre le vote précipité et hâtif des lois : c'est surtout avec une assemblée unique que la Constitution doit maintenir rigoureusement la règle des trois lectures. D'ailleurs, dans le système actuel, tout projet ou proposition doit normalement passer par trois votes successifs ; car, lors de la première délibération, il y a d'abord une discussion générale portant sur le principe même de la loi, avant qu'on puisse discuter les articles dont elle se compose. Cette discussion générale se termine par un premier vote, portant sur le point de savoir si l'Assemblée entend passer à la discussion des articles ; si ce vote est affirmatif, les articles sont alors discutés et votés en première lecture.

La nécessité des deux délibérations successives est écartée dans un assez grand nombre de cas par le règlement[2] ; la déclaration d'urgence en particulier en emporte la dispense[3].

---

[1] Anson, *Law and custom*, t. Ier, p. 218.

[2] Eug. Pierre, *Traité de droit politique, électoral et parlementaire*, n° 316 et suiv.

[3] La proposition de modification du règlement actuellement soumise à la Chambre des députés, supprime en principe les deux lectures (et par là même la déclaration d'urgence) n'exigeant plus qu'une seule délibération. La Chambre serait toujours libre d'en requérir et décider une seconde ; d'autre part aucun amendement ne pourrait être introduit en cours de discussion sans avoir été préalablement soumis à la Commission chargée d'étudier le projet ou proposition de loi. Je n'ai pas parlé de

III.

Les règles sur la formation des lois qui ont été examinées jusqu'ici, sauf en ce qui concerne le droit d'initiative, sont uniquement fournies par les règlements des Chambres. Il en est d'autres qui résultent des principes et des textes constitutionnels, et dont l'application ne laisse pas d'être parfois assez délicate. Elles sont la conséquence de la dualité des Chambres, telles que les a établies la Constitution : deux facteurs égaux du pouvoir législatif. « Le pouvoir législatif est exercé par deux Assemblées : la Chambre des députés et le Sénat », dit la loi constitutionnelle du 25 février 1875, art. 1. « Le Sénat a, concurremment avec la Chambre des députés, l'initiative et la confection des lois », répète à son tour l'article 8 de la loi constitutionnelle du 24 février 1875. Il en résulte les conséquences suivantes :

1° En principe, et sauf ce qui sera dit plus loin des lois de finances, la loi peut indifféremment prendre son point de départ dans l'une ou l'autre Chambre par la voie de l'initiative parlementaire : le gouvernement peut indifféremment apporter d'abord sur le bureau de l'une ou de l'autre Assemblée tout projet de loi signé par le Président de la République.

2° Chaque Assemblée, possédant, dans sa plénitude et pour sa part, la confection des lois, exerce sur un projet ou proposition votée par l'autre Chambre les mêmes droits qu'elle exercerait sur un projet ou proposition dont elle serait directement et d'abord saisie. Elle peut non seulement l'adopter tel quel ou le rejeter en bloc, mais aussi bien l'amender, le modifier à sa fantaisie.

3° La loi n'existe, n'est formée que lorsqu'un texte identique a été successivement adopté dans les deux Assemblées. Cette dernière condition fait naître des difficultés et en fait et en droit.

En fait, alors même que les deux Chambres sont d'accord sur le

l'intervention du Conseil d'État dans l'élaboration des lois. A d'autres époques, sous d'autres Constitutions, elle a été très importante. D'après certaines Constitutions (22 frimaire an VIII, 14 janvier 1852), elle était normale ou même nécessaire pour l'élaboration des projets de loi ou l'examen des amendements proposés. Aujourd'hui elle n'est plus que facultative et assez rare en fait. Le gouvernement peut toujours soumettre à l'examen du Conseil d'État un projet de loi qu'il a préparé. Chacune des Assemblées pourrait aussi lui renvoyer, pour avoir son avis, une proposition de loi qui lui est présentée. Loi du 24 mai 1872, art. 8 : « Le Conseil d'État donne son avis : 1° sur les projets d'initiative parlementaire que l'Assemblée Nationale juge à propos de lui renvoyer ». Bien que ce texte ait été rédigé à l'époque où existait une assemblée unique, il s'applique certainement aujourd'hui à l'une et à l'autre des deux Chambres.

principe d'une loi, le vote peut souvent être longtemps retardé par divergences, dans le détail et dans la rédaction, et l'on voit alors le projet faire la navette et passer et repasser, sans aboutir, d'une Chambre à l'autre. C'est un inconvénient inévitable dans ce système et qui, d'ailleurs, est compensé par de sérieux avantages[1]. Il peut aussi être largement tempéré par un procédé qui, pratiqué d'abord en Angleterre, s'est développé surtout dans le Congrès des États-Unis et que permettent toujours les règlements de nos Chambres[2]; c'est le moyen des commissions mixtes. Chaque Assemblée peut nommer une commission et la charger d'entrer en conférence avec une commission élue par l'autre Assemblée. Cela rappelle un autre procédé qui a été parfois proposé pour résoudre de semblables conflits : la fusion momentanée des deux Assemblées en une seule. Mais la différence entre les deux combinaisons est immense. Ici l'individualité et l'indépendance des deux Assemblées restent intactes. Lorsque les deux commissions délibérant ensemble auront pu s'entendre sur un texte unique et commun, ce texte, pour devenir loi, n'en devra pas moins être voté conforme séparément par chacune des deux Chambres. Il n'y a là qu'une voie de conciliation, dont la force est toute morale, mais qui peut être d'un effet merveilleux; dès qu'on ne délibère plus qu'à l'écart, entre hommes choisis, sérieux et laborieux, la voix de la raison a chance de se faire entendre. C'est par ce procédé qu'a été votée chez nous la loi de 1889 sur le service militaire.

La nécessité d'un texte commun voté par les deux Chambres pose aussi des questions de droit. Il s'agit de savoir si, quelle que soit la Chambre qui a voté la première le projet ou la proposition, l'autre Chambre peut toujours le voter efficacement à son tour et le transformer en loi par ce dernier vote. La question a presque une apparence ridicule : la Constitution ne comporte-t-elle pas l'égalité des deux Assemblées, en tant que facteurs de la législation? Elle est sérieuse cependant et très controversée.

Lorsqu'il s'agit d'un projet ou proposition voté par le Sénat, la difficulté ne paraît pas se présenter aujourd'hui. Le Sénat étant soumis au système du renouvellement partiel, est un corps perpétuel[3]. Il ne meurt jamais et l'expression de sa volonté, une fois émise, conserve indéfiniment sa force et sa valeur. Les projets ou propositions qu'il a votés peuvent toujours en droit (sauf application des règle-

---

[1] Ci-dessus, p. 71.

[2] Eug. Pierre, *Traité de droit politique, électoral et parlementaire*, n° 676.

[3] Ci-dessus, p. 696-7.

ments) être portés, à une époque quelconque, devant la Chambre des députés et convertis en lois par le vote de cette dernière[1].

Mais la Chambre des députés est autrement organisée. Elle se renouvelle intégralement et périodiquement, et, à chaque renouvellement, l'ancienne Assemblée meurt et il en naît une nouvelle[2]. Les votes que l'ancienne Assemblée avait émis conservent-ils encore quelque valeur ou ne sont-ils pas morts avec elle? La question s'est posée de bonne heure, sous l'empire de la Constitution de 1875, et la solution adoptée en pratique, malgré d'énergiques protestations en sens contraire, fut que toute proposition de loi émanée de la Chambre des députés et votée par elle devenait caduque, si elle n'avait pas été adoptée par le Sénat avant la fin de la législature[3]. Sans doute elle pouvait être reprise par un membre de la nouvelle Chambre des députés; mais il fallait alors recommencer devant celle-ci toute la procédure législative, tous les travaux préparatoires. En vertu du principe qui soutenait cette solution, on aurait dû également considérer comme caduc et nul le vote émis par la Chambre des députés sur un projet de loi présenté par le gouvernement, lorsque le Sénat ne l'a pas également adopté avant la fin de la législature. Mais nous allons voir qu'on était arrivé à sauver ce vote de la caducité.

Quel principe avait donc dicté cette solution? A n'en point douter, c'était un raisonnement juridique emprunté, à tort, au droit privé. Comme il arrive trop souvent, on avait comparé le vote de la loi à un contrat conclu entre les deux Chambres. On en concluait que leurs volontés devaient se rencontrer, comme celles de deux contractants. Or, lorsqu'une personne propose à une autre de contracter dans de certaines conditions, si la première meurt avant que la seconde ait accepté, l'offre qu'elle avait émise devient caduque et ne peut plus être utilement saisie par celui à qui elle était adressée. Voilà pourquoi le vote émis par la Chambre des députés devenait caduc lorsqu'elle mourait par le renouvellement intégral ou par la dissolution, de mort naturelle ou de mort violente, avant que le Sénat y eût joint son vote. C'est bien le raisonnement que produisait M. Batbie au Sénat dans la séance du 28 octobre 1881 : « Il faut, pour qu'une loi soit votée et puisse être promulguée, *qu'elle soit voulue simultanément* par les deux Assemblées. Lorsque la Chambre des députés est sou-

---

[1] Eug. Pierre, *Traité de droit politique, électoral et parlementaire*, nᵒˢ 81, 758.

[2] Ci-dessus, p. 636 et suiv.

[3] Voir l'excellent rapport présenté sur la question par M. Jules Godin au Sénat dans la séance du 6 novembre 1894, où sont relevés tous les précédents (*Journal officiel* des 5-7 janvier 1895, *Documents parlementaires*, p. 281 et suiv.).

mise à la réélection, il arrive une Chambre nouvelle et, par suite, cette volonté simultanée fait défaut »[1].

Mais si cette conception l'emporta, on y admit deux tempéraments importants.

1° La logique, comme je l'ai dit, aurait voulu que les *projets de loi* votés par la Chambre des députés fussent traités, à ce point de vue, comme les *propositions de loi* adoptées par elle[2]. On leur appliqua un régime différent. On décida que, après la législature pendant laquelle ils avaient été adoptés, lorsqu'avec une nouvelle Chambre recommençait une législature nouvelle, ils pouvaient être utilement votés par le Sénat, ainsi transformés en loi et promulgués par le pouvoir exécutif sans un nouveau vote de la Chambre des députés. Ce fut même, chose notable, à propos de lois portant sur les impôts que cette solution fut adoptée. Sur quelle raison fondait-on cette exception? Sur une pure règle de forme, semble-t-il : « Pour soutenir cette jurisprudence, il (le président du Sénat) se fondait sur ce que, saisi par un décret, le Sénat ne pouvait pas se dessaisir lui-même »[3]. Mais cela ne paraît guère probant. Sans doute le projet de loi, parce qu'il est contenu dans un décret, subsiste tant qu'il n'a pas été retiré par un décret contraire[4]. Mais par quelle vertu a-t-il pu conserver au vote de la Chambre des députés sa force et valeur et le préserver de la caducité? Dira-t-on que ce vote s'y est incorporé et ne fait plus qu'un avec lui? Cela paraît bien hasardeux. Aussi M. Batbie, en 1881, s'ingénia-t-il à trouver une autre explication : « Pourquoi, disait-il, n'admet-on pas la caducité quand il s'agit de projets émanés du gouvernement? C'est que le gouvernement, qui doit avoir la confiance des Chambres, s'il pense qu'un projet de loi adopté par l'ancienne Chambre des députés est contraire à l'esprit de la nouvelle, peut facilement le retirer du Sénat : de telle sorte qu'il n'y a pour ainsi dire pas de solution de continuité. *La volonté présumée de la Chambre nouvelle est conforme à celle de l'ancienne, si le gouvernement ne nous dessaisit pas* »[5]. La raison était bonne peut-être au point de vue simplement parlementaire; au point de vue juridique, elle était

[1] Eug. Pierre, *Traité de droit politique, électoral et parlementaire*, n° 89.

[2] M. Cuiland soutint alors vainement cette opinion au Sénat ; voyez rapport de M. Jules Godin au Sénat, *loc. cit.*, p. 282 : « Je considère, dit-il, que le Sénat ne peut plus aujourd'hui statuer sur le projet de loi portant suppression de l'impôt sur les savons, dont il avait été saisi après le vote de l'ancienne Chambre des députés. Pour qu'il en fût autrement, il faudrait admettre qu'un vote émis par l'ancienne Chambre des députés peut avoir encore quelque valeur pour la confection de la loi ».

[3] Rapport de M. Jules Godin, *loc. cit.*, p. 282.

[4] Ci-dessus, p. 694-5.

[5] Eug. Pierre, *Traité de droit politique, électoral et parlementaire*, n° 89.

bien subtile. Est-il possible, en droit public, de présumer une volonté, qui ne s'est pas manifestée, et de présumer un vote qui n'a pas été émis?

2° Une seconde exception a été admise. En 1881 (séance du Sénat du 28 octobre), le Sénat a pris la résolution suivante : « Quant aux propositions d'initiative de la Chambre, il fit une distinction. Celles qui avaient été l'objet d'un rapport déposé (devant lui), il s'en déclara saisi définitivement; celles, au contraire, simplement transmises ou soumises à l'étude d'une Commission, on les considéra comme caduques »[1]. Cela était-il encore bien logique? La seule raison de fond que j'entrevois, c'est que, la solution étant toute préparée au Sénat, dès que le rapport de sa Commission était déposé, son vote postérieur devait être considéré comme remontant rétroactivement à ce moment. Mais cela est encore bien subtil.

Quoi qu'il en soit, telle était jusque-là la jurisprudence parlementaire. La Chambre des députés l'avait souvent regrettée, déplorant les recommencements et la perte de temps qui en étaient la conséquence, le travail de Sisyphe qu'on lui faisait accomplir ainsi. Diverses propositions lui furent présentées pour y remédier. Enfin dans la séance du 22 juillet 1893, elle adopta la résolution suivante : « Les propositions de loi qui auront été définitivement adoptées par une législature, mais dont le Sénat se sera considéré comme dessaisi par suite du renouvellement intégral ou de la dissolution, seront de nouveau transmises au président du Sénat par le président de la Chambre, si la demande en est faite par quarante membres ». En vertu de cette disposition, plusieurs propositions furent transmises au Sénat en 1894[2]. Mais lorsque pour la première fois la question se posa au Sénat, de savoir ce que celui-ci devait en faire, M. Buffet, dans la séance du 12 juin 1894, éleva des doutes très sérieux sur la légalité, la constitutionnalité de cette procédure. Il se fondait sur cette idée très juste que peut-être la Chambre aurait pu ordonner chacune de ces transmissions, mais qu'elle ne pouvait pas déléguer ce droit à

[1] Rapport de M. Jules Godin, loc. cit., p. 282. — Cette règle a même été étendue en 1889 (séance du 18 novembre) à une nouvelle catégorie de lois. « Parmi les propositions d'initiative parlementaire émanant de l'ancienne Chambre, a dit M. le président Le Royer, il y en a une qui concerne les rapports des agents de chemins de fer avec les Compagnies. Cette proposition, bien qu'elle ne soit pas à l'état de rapport, pourrait, je crois, être assimilée à celles qui sont l'objet d'un rapport, car elle a été adoptée avec modifications par le Sénat à la suite d'un premier vote de la Chambre; elle est retournée à la Chambre et le Sénat en est de nouveau saisi. Si le Sénat ne s'y oppose pas, elle sera renvoyée à la Commission ». « Ainsi, ajoute M. Jules Godin, on étendait à une situation nouvelle la jurisprudence admise en 1881 ».

[2] Dans son rapport, loc. cit., p. 282, note 1, M. Jules Godin en relève neuf.

quelques-uns de ses membres[1]. J'ajouterai qu'il y a encore là une présomption facilement admise, une fiction : de la demande formée par quarante membres on déduit que la Chambre nouvelle s'approprie et réitère le vote émis par l'ancienne.

Devant cette résistance, le Sénat remit à l'étude, et dans son ensemble, cette question de la caducité, sur laquelle j'ai un peu longuement insisté, parce qu'elle touche aux principes. Sa commission, après un sérieux travail, fut d'avis que jusque-là on avait fait fausse route. Elle arriva à cette conclusion que les propositions votées par une Chambre des députés ne deviennent point caduques à la fin de la législature, et, par suite du renouvellement intégral[2]; tous les votes émis par la Chambre, en matière législative, conservent, comme ceux du Sénat, une valeur juridique définitive et indéfinie. Là nous paraît être la vérité.

Il ne faut pas, en effet, s'adresser pour trancher la question aux principes du droit privé en matière de contrats. Il faut invoquer les principes du droit public en matière de fonctions. Tout acte régulièrement accompli par un fonctionnaire, par une autorité quelconque, dans l'exercice de ses fonctions, conserve sa valeur alors même que le fonctionnaire disparaîtrait, par mort ou destitution, avant que l'acte accompli fût parfait, avant qu'ait pu intervenir la décision d'une autre autorité nécessaire pour le rendre définitif. Les deux Chambres, considérées en corps, sont en réalité les premiers fonctionnaires de l'État : ce sont deux autorités qui exercent en commun, par l'ordre du souverain, la fonction législative. La loi n'existe que quand les deux Chambres ont voté un texte conforme; mais dès que l'une d'elles a statué définitivement en qualité de législateur, elle a, pour cet objet, épuisé sa fonction, et l'acte qu'elle a accompli prend une valeur définitive et indéfinie. Les comparaisons avec le concours de vo-

[1] *Journal officiel* du 13 juin 1894, *Débats parlementaires*, Sénat, p. 522 : « Cette question ne peut pas rester incertaine. Elle n'est pas purement réglementaire. Elle a réellement une portée constitutionnelle. La Chambre des députés a incontestablement le droit de nous saisir des propositions de lois qu'elle a adoptées; mais on ne saurait admettre que ce droit essentiellement constitutionnel soit attribué, *soit délégué en quelque sorte*, à un certain nombre de membres de la Chambre des députés ou à un certain nombre de membres du Sénat ».

[2] La Commission présenta le projet de résolution suivant modifiant l'article 127 du règlement du Sénat : « Les propositions de loi émanées de l'initiative parlementaire, votées par la Chambre des députés et transmises par le président de cette Chambre au président du Sénat, sont examinées conformément aux règles suivies pour les projets présentés par le Gouvernement et le Sénat en demeure saisi même après le renouvellement intégral de la Chambre des députés ». Cette proposition a été adoptée par le Sénat le 10 décembre 1894. Ce texte ne paraît pas viser le cas de dissolution.

lontés dans les contrats sont manifestement fausses en cette matière. En effet, ce n'est pas le décès seul du particulier, qui a fait une offre, qui fait tomber celle-ci; il peut également la retirer à volonté tant qu'elle n'a pas été acceptée. La Chambre qui a voté définitivement une proposition de loi, et qui l'a transmise à l'autre Assemblée par les voies régulières, ne saurait la retirer et empêcher qu'elle soit transformée en loi. Elle pourrait simplement, dans les délais permis par son règlement, reprendre la question et voter une proposition contraire.

La Commission du Sénat, qui a proposé la résolution dans ce sens, paraît avoir été surtout dominée par des considérations d'utilité pratique, plutôt que par la rigoureuse logique des principes. Aussi tenait-elle grand compte d'une objection, qui a été présentée à plusieurs reprises contre ce système. Il peut avoir cette conséquence qu'une proposition de loi, votée par l'ancienne Chambre des députés, pourra être adoptée par le Sénat et devenir loi, alors que la majorité de la nouvelle Chambre lui est peut-être maintenant hostile. Cela est certain, car la Chambre actuelle ne peut pas plus la retirer que ne le pouvait la Chambre précédente. La caducité empêchait ce résultat de se produire. Mais c'est, pour une éventualité assez improbable, se condamner à un bien gros mal. D'ailleurs, la Commission du Sénat a signalé un remède possible, qui fut indiqué en 1885 par M. Brisson, alors président du Conseil des ministres. C'est le droit reconnu par la Constitution au Président de la République de demander aux Chambres une nouvelle délibération sur une loi votée par elles et qui lui paraît fâcheuse. Il userait de ce droit, sur l'avis des ministres, quant à la proposition de l'ancienne Chambre adoptée par le Sénat, et fournirait ainsi à la Chambre nouvelle l'occasion de la repousser. Ce serait rendre utile une disposition constitutionnelle qui, sans cela, risque fort de ne jamais trouver d'application[1].

Par la solution qu'a adoptée le Sénat, et qui me paraît être la vraie, nous nous écartons diamétralement de celle qui a dominé traditionnellement jusqu'ici et qui a son point de départ dans le droit anglais. En Angleterre, en effet, la clôture de chaque session du Parlement (qui porte le nom de *prorogation*) rend caducs tous les projets de loi (*bills*) qui étaient pendants devant l'une ou l'autre des deux Assemblées et n'avaient pas encore été votés par les deux Chambres[2].

---

[1] Ci-dessus, p. 469.

[2] Erskine May, *Parliamentary practice*, 8e édit., p. 47 : « L'effet d'une prorogation est de suspendre du coup toutes les affaires jusqu'à ce que le Parlement soit convoqué de nouveau. Non seulement les séances du Parlement prennent fin, mais toutes les procédures pendantes à cette époque sont anéanties, sauf les *impeach-*

Cette règle s'explique très aisément en droit anglais. En droit pur, en effet, les deux Chambres ne sont que les conseillers de la Couronne; elles ne tiennent pas de la souveraineté nationale une fonction et une autorité propres. Elles ne peuvent parler et statuer que lorsque la Couronne les rassemble et leur donne la parole; et quand elle leur retire celle-ci par une prorogation, tout ce que l'une d'elles avait dit et décidé pendant la session disparaît, lorsque la résolution n'est pas arrivée à l'état de perfection qui permettra d'en faire une loi. La même règle fut suivie en France sous la Restauration et même jusqu'en 1832, quoiqu'elle fût chez nous moins logique. A cette époque, une résolution de la Chambre des députés vint donner à ses travaux législatifs une force et une durée qui les faisaient, dans tous les cas, survivre à la clôture de chaque session et se prolongeaient pendant toute la législature. Mais ils devenaient caducs, s'ils n'avaient pas abouti à une loi avant le renouvellement intégral ou la dissolution de la Chambre des députés[1]. La pratique des États-Unis paraît conforme, et les effets de cette caducité sur la masse considérable de *bills* inutiles, qui sont proposés pendant une législature, sont considérés comme bienfaisants par certains auteurs[2].

§ 2. — LES DEUX CHAMBRES STATUANT EN MATIÈRE DE FINANCES.

Le pouvoir qu'exercent les deux Chambres en matière de finances ne se confond point, comme je l'ai indiqué plus haut, avec le pouvoir législatif proprement dit.

En premier lieu, il n'est pas absolument certain que le droit d'imposer, d'établir les impôts et contributions publiques sur les citoyens, soit identique à celui de légiférer. Ces deux droits ont été, dans le passé, distincts pendant des siècles; dans l'ancienne monarchie, le pouvoir royal, qui possédait le pouvoir législatif au moins depuis le XIVe siècle, n'a véritablement conquis le droit d'imposer qu'au XVIIe. Il est vrai que Montesquieu faisait rentrer la levée des deniers publics dans la législation, dont elle formait, suivant lui,

---

ments intentés par les Communes et les *writs of error* et les appels portés devant la Chambre des Lords. Chaque projet de loi doit être présenté à nouveau après une prorogation comme s'il n'avait jamais été présenté, quand même la prorogation ne durerait pas plus d'un jour ».

[1] Rossi, *Cours de droit constitutionnel*, 2ᵉ édit., t. IV, p. 162, et le rapport de M. Jules Godin, *loc. cit.*, p. 285.

[2] Bryce, *American commonwealth*, t. Ier, p. 160.

le point le plus important[1]. Mais la *Déclaration des droits de l'homme et du citoyen* de 1789, après avoir défini la loi dans son article 6, parle seulement et distinctement des contributions publiques dans son article 13 : Elle les considère, d'ailleurs, comme obligatoires et non simplement volontaires pour les citoyens, et les déclare proportionnelles à leurs facultés[2]. Enfin la Constitution de 1791, en énumérant les pouvoirs et fonctions qu'elle déléguait au Corps législatif, distinguait successivement le pouvoir de faire des lois et celui d'établir les contributions publiques[3].

Mais cette distinction, alors même qu'elle est admise, est facilement obscurcie dans les Constitutions modernes. Si, en effet, il revient nécessairement au pouvoir exécutif d'effectuer les dépenses publiques et de procéder à la perception des impôts, — c'est un des points essentiels de la liberté moderne que ces impôts doivent être établis périodiquement par les Assemblées représentatives et ces dépenses déterminées par elles[4]. Elles disposent vraiment de la fortune publique,

[1] Ci-dessus, p. 294, note 1.

[2] Art. 13 : « Pour l'entretien de la force publique et pour les dépenses d'administration une contribution commune est indispensable ; elle doit être également répartie entre tous les citoyens, en raison de leurs facultés ». De même, quoique l'article 6 ait dit : « Tous les citoyens ont le droit de concourir personnellement ou par leurs représentants à la formation de la loi », l'article 14 ajoute : « Tous les citoyens ont le droit de constater, par eux-mêmes ou par leurs représentants, la nécessité de la contribution publique, de la consentir librement, d'en suivre l'emploi, et d'en déterminer la quotité, l'assiette, le recouvrement et la durée ».

[3] Titre III, ch. III, sect. 1, art. 1 : « La Constitution délègue exclusivement au Corps législatif les pouvoirs et les fonctions ci-après : 1° de proposer et décréter les lois ; 2° de fixer les dépenses publiques ; 3° d'établir les contributions publiques, d'en déterminer la nature, la quotité, la durée et le mode de perception ».

[4] Ni l'un ni l'autre de ces principes certains n'est inscrit aujourd'hui dans nos lois constitutionnelles. Le premier a parfois été inséré dans la Constitution ; ainsi la Charte de 1814 portait, art. 48 : « Aucun impôt ne peut être établi ni perçu s'il n'a été consenti par les deux Chambres et sanctionné par le roi ». L'acte additionnel de 1815 était plus explicite encore, art. 35 : « Aucun impôt direct ou indirect, en argent ou en nature, ne peut être perçu, aucun emprunt ne peut avoir lieu, aucune inscription de créances au grand-livre de la dette publique ne peut être faite qu'en vertu d'une loi ». Mais, depuis 1816, la loi de finances annuelle se termine par un article, qui défend et punit la perception de toutes contributions autres que celles qu'elle autorise. Voici cette disposition telle qu'elle figure dans la loi de finances du 14 avril 1895, art. 110 : « Toutes contributions directes et indirectes autres que celles qui sont autorisées par la loi de finances de l'exercice 1895, à quelque titre ou sous quelque dénomination qu'elles se perçoivent, sont formellement interdites, à peine, contre les intéressés qui les ordonneraient, contre les employés qui confectionneraient les rôles et tarifs et ceux qui en feraient le recouvrement, d'être poursuivis comme concussionnaires, sans préjudice de l'action en répétition pendant trois années contre tous receveurs, percepteurs ou individus qui en auraient fait la perception ». Le second prin-

Elles seules fixent la contribution publique et elles en déterminent l'emploi : c'est la garantie de toutes les libertés politiques. Mais, ces assemblées exerçant en même temps le pouvoir législatif, les deux choses peuvent aisément se confondre, au moins en partie.

Parmi les actes par lesquels les assemblées exercent ce pouvoir financier, il en est un certain nombre qui ont le caractère de véritables lois, en ce qu'ils édictent à l'avance des règles générales, d'une durée indéfinie. Telles sont les lois qui établissent les divers impôts, en déterminent la nature et les règles ; beaucoup de celles qui nous régissent encore aujourd'hui remontent à la période révolutionnaire. Telles sont encore les lois qui établissent le traitement des divers fonctionnaires.

Mais beaucoup d'autres parmi ces actes, quoique portant le nom de loi et en ayant la forme[1], ont en réalité une autre nature. Ce sont des actes particuliers, des actes de haute administration, qu'accomplit le pouvoir législatif en vertu des attributions qui lui sont réservées en matière de finances. Telles sont les lois qui ouvrent un crédit spécial, qui autorisent un emprunt, qui ordonnent certains travaux publics en déterminant les sommes qui y seront consacrées ; telles sont, en particulier, la loi annuelle de finances ou loi du budget[2] et la loi des comptes.

I.

On entend par budget un acte qui contient, pour un temps déterminé, la prévision des recettes et des dépenses de l'État et qui ordonne la perception des unes et le paiement des autres. C'est, comme je l'ai dit, un acte d'administration supérieure[3]. Mais c'est en même temps celui qui traduit et réalise le mieux le pouvoir des Chambres en matière de finances. En effet, bien que la plupart des impôts soient établis

[1] qui est inscrit dans la loi du 14 décembre 1879, art. 1 : « Il ne peut être accordé de crédits qu'en vertu d'une loi ».

[2] Ci-dessus, p. 694.

[3] Le titre complet de cette loi est le suivant (voyez pour 1898 le *Journal officiel* du 14 avril 1898) : *Loi portant fixation du budget général des dépenses et des recettes de l'exercice* 1896.

[4] Ce caractère a été mis en lumière par un incident qui s'est produit en Italie en 1893. Dans la séance du 19 mai 1893, la Chambre des députés a rejeté le budget du Ministère de la Justice présenté par le gouvernement. Cet incident semblait devoir entraîner les complications les plus graves, la Constitution (art. 56) défendant de représenter dans la même session tout projet de loi qui aurait été repoussé. On fit alors remarquer que le texte, écrit en vue du vote des lois proprement dites, ne pouvait s'appliquer au vote du budget, qui est une mesure d'administration.

à titre permanent par des lois spéciales, leur perception ne peut pas se faire en vertu de ces lois seules; il faut qu'elle soit autorisée périodiquement et par chaque loi du budget. C'est le principe essentiel du vote périodique de l'impôt, conservé alors même que les lois fondamentales qui le constituent ont été votées par les représentants élus de la nation. D'autre part, cette loi de finances contient aussi l'affectation, aussi précise que possible, des recettes aux dépenses. Elle se distingue par deux caractères principaux :

1° Elle est annuelle. Le budget est voté tous les ans pour l'année suivante. Cette règle vient d'Angleterre, où cependant aujourd'hui elle a été abandonnée en partie, comme on le verra plus loin. Elle s'est établie dans ce pays après la Révolution de 1688 et comme mesure politique. Elle n'a pas, en effet, pour but principal une saine et bonne économie; elle ne vise pas surtout à faire de l'État un bon père de famille, qui tous les ans établit ses recettes et ses dépenses pour l'année suivante. Elle est surtout la bride avec laquelle les Assemblées représentatives tiennent le pouvoir exécutif à leur discrétion, ou plutôt la défense efficace qu'elles ont contre ses empiétements possibles. Il ne peut sans ressources pécuniaires continuer son œuvre un seul jour, et, d'année en année, il est ainsi forcé d'en venir demander le renouvellement aux Assemblées. Sous le gouvernement parlementaire, la menace d'un refus du budget est la sanction naturelle et dernière de ses règles conventionnelles[1].

Cette règle cependant n'est pas écrite dans la Constitution. Elle n'a même été inscrite avec des atténuations, chez nous, que dans les deux Chartes et dans l'acte additionnel de 1815[2]. Il est donc certain que les Chambres pourraient actuellement voter l'impôt pour plusieurs années[3]. Elles pourraient surtout faire quelque chose de semblable à ce qui a été heureusement établi en Angleterre. Le gouvernement parlementaire et la liberté politique y ont poussé des racines si profondes que le Parlement a cru pouvoir renoncer à voter annuellement toutes les recettes et toutes les dépenses. D'un côté, beaucoup d'impôts (environ les quatre cinquièmes du revenu total, *Land-tax, excise, stamp*

[1] Ci-dessus, p. 400.

[2] Charte de 1814, art. 49; Charte de 1830, art. 41 : « L'impôt foncier n'est consenti que pour un an. Les impôts indirects peuvent l'être pour plusieurs années ». — Acte additionnel, art. 34 : « L'impôt général direct, soit foncier, soit mobilier, n'est voté que pour un an. Les impôts indirects peuvent être votés pour plusieurs années. — Dans le cas de la dissolution de la Chambre des représentants, les impositions votées dans la session précédente seront continuées jusqu'à la nouvelle réunion de la Chambre ».

[3] C'est ce que permettait au Corps législatif la Constitution de 1791, ci-dessus, p. 705 note 3.

duties, etc.) sont établis et perçus en vertu de lois permanentes, sans que la perception en soit votée à nouveau tous les ans. D'autre part, toute une catégorie de dépenses sont aussi établies et autorisées par des lois permanentes et payables sur le *Consolidated fund*, dont il vient d'être parlé : intérêts de la dette nationale, liste civile du monarque et pensions des membres de la famille royale, appointements et pensions de retraite des juges et de quelques autres fonctionnaires. Il en résulte, quant à ces impôts et dépenses, une stabilité et une sécurité bien désirables : surtout les réformes administratives par simple voie budgétaire, dont je dirai un mot plus loin, sont par là empêchées.

2° La *spécialité des crédits* est un autre trait de la loi portant fixation du budget. Elle consiste en ce que cette loi affecte en détail les recettes qu'elle vote aux dépenses qu'elle autorise, de telle sorte que le pouvoir exécutif n'en puisse faire un autre emploi. C'est encore ici l'Angleterre qui a donné l'exemple par l'*Appropriation act*, qui s'introduisit sous le règne de Charles II (1660-1685). Chez nous le système date de 1817. Jusque-là on avait oscillé entre deux tendances. Pendant la période révolutionnaire, le pouvoir législatif s'était purement et simplement immiscé dans les opérations de trésorerie, contrôlant ainsi la délivrance des fonds ou instituant des commissaires de la trésorerie indépendants du pouvoir exécutif[1]. Plus tard, à partir de la Constitution de l'an VIII, le budget était voté en bloc et la disposition dans le détail en était laissée au pouvoir exécutif. A partir de 1817, la loi des finances fut en réalité divisée en deux, celle des recettes et celle des dépenses[2], et la section des dépenses[3] contient, comme annexes, des états donnant le détail et l'affectation des dépenses autorisées (*tableaux, par ministères et par chapitres, des dépenses*). Ces états, dans leur décomposition, vont du tout aux parties. Ils se divisent d'abord par ministères ; puis le crédit de chaque ministère se décompose en sections, chapitres et articles. Mais la spécialisation de l'affectation votée par le pouvoir législatif a été plus ou moins étroite suivant les temps. Tantôt le budget était voté par ministère, c'est-à-dire que le crédit total affecté à chaque ministère faisait seul l'objet d'un vote distinct et non point les divers chapitres ou articles entre lesquels il se décomposait. La conséquence était que le pouvoir exécutif pouvait alors modifier l'emploi des fonds votés en ce qui concerne les services d'un même ministère ; il ne pouvait pas seulement

[1] Ci-dessus, p. 294, p. 516, note 2.
[2] Sur tous ces points, voir Stourm, *Le budget, son histoire et son mécanisme*, p. 287 et suiv.
[3] Dans les budgets actuels, elle forme le § 1 du titre 1, avec la rubrique *Crédits ouverts.*

reporter des fonds d'un ministère à un autre[1]. Tantôt, et c'est la règle
actuellement suivie, le budget a été voté par chapitres, et alors le pouvoir exécutif ne peut modifier l'affectation des crédits que quant aux
articles contenus dans un même chapitre. On a proposé parfois d'aller
plus loin encore et de voter par articles; mais cela semble une précaution inutile, une gêne pour l'administration sans profit pour le
pays. Le chapitre du budget, qui sert ainsi d'unité, est d'ailleurs une
division assez arbitraire. Le décret du 31 mai 1862 (art. 56) dit seulement qu'il « ne doit contenir que des services corrélatifs de la même
nature ».

Le budget contient normalement toutes les dépenses de l'année
pour laquelle il est voté. Aucun crédit extraordinaire ou supplémentaire ne peut être ouvert en principe que par une loi spéciale, ainsi
que le décide la loi du 14 décembre 1879, art. 1. Cette loi permet cependant au pouvoir exécutif (art. 4 et 5) d'ouvrir, par décret, provisoirement des crédits supplémentaires ou extraordinaires pendant la
prorogation des Chambres, c'est-à-dire dans l'intervalle de leurs sessions[2]. Mais l'exercice de cette faculté est soumis à des conditions
multiples. Il faut pour cela un décret du Président de la République
rendu en Conseil d'État, délibéré et approuvé par le Conseil des ministres et indiquant « les voies et moyens qui seront affectés aux crédits demandés ». S'il s'agit de crédits supplémentaires (art. 2 et 5), il
faut qu'ils se rattachent à l'un des services votés dont la nomenclature
sera annexée chaque année à la loi de finances; s'il s'agit d'un crédit
extraordinaire, il ne peut pas porter la création d'un service nouveau.
Enfin « ces décrets doivent être soumis à la sanction des Chambres
dans la première quinzaine de leur plus prochaine réunion ».

Le pouvoir financier des Chambres se manifeste enfin d'une troisième manière. Non seulement elles votent l'impôt, déterminent les
dépenses publiques et y affectent les revenus et ressources de l'État;
mais encore elles seules peuvent approuver définitivement l'exécution
de chaque budget, les comptes de chaque exercice financier. Lorsque
ces comptes sont arrêtés, après l'expiration des délais établis par la

---

[1] Par exemple, sénatus-consulte des 25-29 décembre 1852, art. 12 : « Le budget
des dépenses est présenté au Corps législatif avec ses subdivisions administratives
par chapitres et par articles. — Il est voté par ministères. — La répartition par
chapitres du crédit accordé pour chaque ministère est réglée par décret de l'Empereur rendu en Conseil d'État. — Des décrets spéciaux, rendus dans la même forme,
peuvent autoriser des virements d'un chapitre à un autre ». Mais le sénatus-consulte des 8-19 septembre 1869 vint décider, art. 9 : « Le budget de chaque ministère est voté par chapitres conformément à la nomenclature annexée au présent sénatus-consulte ».

[2] Ci-dessus, p. 519.

loi pour utiliser les crédits ouverts et opérer les paiements qui y correspondent; après la vérification opérée par les autorités administratives et par la Cour des comptes, ils ne peuvent être définitivement approuvés que par une loi, que l'on appelle la *Loi des comptes*.

La loi annuelle du budget, bien qu'elle soit un acte général d'administration accompli par le pouvoir législatif, domine en quelque sorte l'action de notre législation tout entière et le jeu même de la Constitution. En effet, il n'est point de loi, pour ainsi dire, dont l'application n'entraîne des dépenses plus ou moins considérables. La Constitution elle-même ne pourrait point fonctionner si le traitement du Président de la République et des ministres et si l'indemnité parlementaire n'étaient assurés. Or, dans notre système, le vote de ces dépenses est remis en question tous les ans. Il y a là, semble-t-il, un équilibre bien précaire. Sans doute, la raison et le bon sens font disparaître la crainte de voir jamais une Assemblée, en refusant le budget entier d'un ministère, ou en rejetant les chapitres qui contiennent les dépenses des cours et tribunaux, arrêter dans le pays l'administration ou la justice. Mais les Assemblées ont cédé souvent à une autre tentation, plus dangereuse par cela même qu'elle paraît plus légitime : c'est d'opérer, comme on dit, des réformes par voie budgétaire. Lorsqu'une fonction est jugée inutile, quoi de plus simple que de la supprimer en retranchant, dans le budget, le traitement du fonctionnaire qui la remplit? Lorsque dans un service ou dans un corps on veut introduire une organisation nouvelle, en supprimant un certain nombre de fonctionnaires et en répartissant autrement le travail de ceux qui sont maintenus, il est aisé de traduire cela dans le budget par une réduction des crédits, en complétant la mesure par un article réglementaire introduit dans la loi de finances. Ce procédé a même ses théoriciens qui soutiennent que c'est parfois le seul moyen de faire aboutir une réforme, en l'incorporant à un budget, dont le vote est urgent et nécessaire et qui l'emportera avec lui[1]. On a même été jusqu'à proposer, par ce moyen détourné, de supprimer indirectement le Sénat en refusant le crédit nécessaire pour l'indemnité parlementaire des sénateurs[2]. Qui ne voit les dangers d'une semblable pratique? Ils sont si frappants que récemment un membre de la Chambre des députés déposait le projet de résolution suivant, qu'il n'a retiré que parce que satisfaction lui était donnée pour le moment : « La Commission du budget ne peut, sous le couvert de réformes budgétaires, porter atteinte aux lois organiques de l'armée,

[1] M. Paschal Grousset à la Chambre des députés, séance du 6 décembre 1895 (*Journal officiel* du 7, *Débats parlementaires*, Chambre, p. 2724.

[2] Discours de M. Jaurès à la Chambre des députés, du 14 mars 1895 (*Journal officiel* du 15, *Débats parlementaires*, Chambre, p. 912).

de la marine et de la magistrature »[1]. Mais, en droit, la légalité même de cette procédure me paraît très contestable. Si, en effet, la loi de finances annuelle est l'exercice, non du pouvoir législatif proprement dit, mais d'un pouvoir différent également attribué aux Chambres[2], est-il possible d'y insérer de véritables dispositions législatives ? Les conséquences mêmes qui découlent de cette combinaison semblent protester contre elle. La loi du budget est de sa nature temporaire, annuelle : comment donc, alors que l'ensemble de ses dispositions ne dureront qu'un an, certaines dispositions de la loi de finances se détacheront-elles des autres pour prendre une valeur indéfinie ? Et si l'on admettait, comme le veut une opinion, que le Sénat ne puisse pas relever les crédits supprimés par la Chambre des députés, nombre de réformes législatives pourraient donc être opérées par la Chambre des députés toute seule, sans que le Sénat puisse s'y opposer.

Il est un cas au moins dans lequel il me paraît certain que l'on ne peut point, ainsi par voie budgétaire, faire échec à une loi organique : c'est quand il s'agit du recrutement de l'armée et du nombre d'hommes à maintenir sous les drapeaux. Le gouvernement constitutionnel, tel qu'il avait été pratiqué, en France, avant 1872, comportait le vote annuel, non seulement de l'impôt, mais aussi de l'armée, conformément à une tradition prise en Angleterre et peut-être mal comprise[3]. Mais la loi du 27 juillet 1872 et celle du 13 mars 1875[4] sur le recrutement de l'armée abandonnèrent cette tradition, en établissant directement les règles organiques déterminant le nombre d'hommes qui devaient entrer et rester dans l'armée. M. Buffet, vice-président du Conseil des ministres, faisait ressortir l'importance de ce changement devant l'Assemblée Nationale, le 22 juin 1875 : « Vous avez, disait-il, supprimé le vote annuel du contingent qui avait paru longtemps une garantie précieuse, et pourquoi l'avez-vous fait ? L'avez-vous fait par complaisance pour un homme et dans le dessein de lui donner des attributions dangereuses ? Non ; vous l'avez fait parce que, considérant la nécessité d'avoir une armée capable d'assurer la sécurité du pays, vous avez cru devoir investir, toujours dominés par cet intérêt supérieur, le chef du gouvernement des attributions nécessaires au

---

[1] M. Pourquery de Boisserin, à la séance de la Chambre des députés du 6 décembre 1895 (Journal officiel du 7, loc. cit., p. 2723, 2724).

[2] Ci-dessus, p. 706.

[3] Ci-dessus, p. 16 et 100.

[4] L'article 2, § 2, de la loi du 13 mars 1875 est ainsi conçu : « L'effectif normal du pied de paix représente le chiffre au-dessous duquel la moyenne annuelle de l'effectif entretenu sous les drapeaux ne peut être abaissée. Il sert de base aux évaluations budgétaires annuelles et ne peut être modifié que par une loi spéciale indépendante des lois de finances ».

fonctionnement de cette organisation »[1]. Les lois militaires qui ont
remplacé celle de 1872 n'ont pas modifié le système; et, comme ici
c'est bien de parti pris qu'on a écarté le vote annuel du contingent,
on ne saurait prétendre qu'on pourrait à volonté revenir au système
opposé et modifier par voie budgétaire le recrutement de l'armée[2].

II.

Jusqu'ici nous n'avons point trouvé de règles sur le pouvoir financier des Chambres écrites dans la Constitution. Elle en contient une
cependant, importante et traditionnelle. Elle est contenue dans l'article 8 de la loi du 24 février 1875, ainsi conçu : « Le Sénat a, concurremment avec la Chambre des députés, l'initiative et la confection
des lois; *toutefois*, les lois de finances doivent être en premier lieu
présentées à la Chambre des députés et votées par elle ».

De ce texte, très clair en lui-même, se dégagent, semble-t-il,
deux conséquences, et deux conséquences seulement :

1° L'article s'applique à toutes les lois des finances, et non pas seulement à la loi de finances annuelle portant fixation du budget. Aucune de ces lois ne peut partir du Sénat, et toutes doivent passer
d'abord par la Chambre des députés[3]. Mais à quoi reconnaîtra-t-on

---

[1] *Annales de l'Assemblée Nationale*, t. XXXIX, p. 85.

[2] C'est ce qu'a bien établi M. Jules Roche à la Chambre des députés dans la
séance du 5 mars 1895 (*Journal officiel* du 6, *Débats parlementaires*, Chambre,
p. 739) : « Ainsi le législateur de 1875 a été prévoyant. Il a pris toutes les précautions possibles impérativement et prohibitivement. Il a dit : Il faudra tant d'hommes
dans les cadres, tant d'hommes dans les unités, et la loi de finances elle-même ne
pourra pas modifier cette détermination. Il ne faut pas que ce soit par des surprises
budgétaires que l'organisation de l'armée soit changée ». On est étonné de voir M.
Maurice Rouvier lui répondre : « Ainsi la loi de finances n'est plus qu'un mot. Il
n'y a plus de vote annuel du budget ».

[3] Dans la séance du Sénat du 30 novembre 1893 (*Journal officiel* du 1er décembre, *Débats parlementaires*, Sénat, p. 1353), M. Griffe présenta au Sénat une
proposition de loi tendant à augmenter les droits de consommation, d'entrée et d'octroi pour les vins présentant une force alcoolique supérieure à 11° et à partir de ce
chiffre. M. le Président déclara : « Je suis obligé de faire observer à M. Griffe que
la proposition de loi qu'il présente au Sénat a tous les caractères d'une loi de
finances. Elle touche en effet à l'assiette de l'impôt, et il est impossible au Président
de mettre en délibération l'urgence de cette proposition ». L'auteur de la proposition
chercha à contester ce point : « Ne s'agit-il pas, dit-il, dans l'espèce, d'une loi qui a
plutôt le caractère économique que financier? Est-il question en définitive d'établir
un impôt? Non, messieurs, il s'agit simplement de fixer une limite à la circulation
des vins alcoolisés ». Mais le Président maintint son appréciation : « Je suis obligé,
dit-il, de maintenir mon observation et de rappeler qu'une disposition constitutionnelle veut que toute loi de finances soit en premier lieu présentée à la Chambre des
députés et votée par elle ». L'affaire en resta là.

qu'on a affaire à une loi de finances? Suffira-t-il que le projet ou proposition contienne une disposition quelconque établissant une perception au profit de l'État, ou mettant une dépense à sa charge, alors même que cela serait simplement la conséquence et l'accessoire de dispositions principales ayant un tout autre caractère? Serait-il défendu, par exemple, au Sénat de présenter une proposition de loi établissant une fonction nouvelle et en réglant les attributions, uniquement parce que le traitement des fonctionnaires créés y serait également compris? Je ne le crois pas; car cela serait réduire presque à rien le droit d'initiative que lui reconnaît la Constitution. Le principal ici doit entraîner l'accessoire. Mais on ne pourrait écarter la règle, lorsqu'il s'agit d'une loi ayant pour objet direct l'établissement d'un impôt nouveau ou l'augmentation d'un impôt préexistant, en invoquant le but dernier qu'on se propose, et qui peut être en réalité tout autre que de créer une nouvelle ressource à l'État[1]. C'est d'après ses dispositions brutes et non d'après ses intentions qu'il faut juger la proposition de loi.

En Angleterre, où la règle de priorité que nous étudions a pris naissance, et où elle est appliquée avec une sévérité particulière, on permet à la Chambre des Lords de voter la première des projets contenant ainsi des dispositions accessoires qui touchent à la fortune publique. Mais on prend alors traditionnellement une précaution un peu puérile : « Il est parfois opportun que des projets de loi destinés à contenir de semblables provisions soient d'abord introduits devant la Chambre des Lords. Dans ce cas, le *bill* est présenté et imprimé avec toutes les dispositions qui sont nécessaires pour lui donner un plein effet, et c'est sous cette forme qu'il est pris en considération et discuté par la Chambre des Lords. Mais, à la troisième lecture, toutes les dispositions qui empiètent sur les priviléges de la Chambre des Communes sont rayées, et le projet, ayant été établi de manière à être intelligible après leur omission, est envoyé sans elle à la Chambre des Communes. Ces dispositions cependant sont imprimées en encre rouge, par ordre de la Chambre des Communes, avec une note portant qu'elles sont proposées pour être insérées en comité général[2]. Conformément à la règle traditionnelle, on suppose que ces passages sont restés en blanc : ils ne font pas partie du *bill* qui a été reçu formellement de la Chambre des Lords, et aucun privilége n'est violé. Mais la Chambre des Communes est ainsi mise en possession d'un *bill* contenant toutes

[1] C'est ce que voulait faire l'auteur de la proposition citée ci-dessus, p. 713 note 3.
[2] C'est en comité général que la Chambre des Communes discute les articles d'un projet de loi; voyez de Franqueville, *Le Parlement et le Gouvernement britanniques*, t. III, p. 388 et suiv.

les dispositions nécessaires pour lui donner un plein effet; et en comité général on insère dans la loi, s'ils sont approuvés, les mots imprimés en encre rouge »[1]. Au fond, et par un subterfuge peu digne d'une assemblée politique, cela revient à peu près à la règle que j'indiquais pour notre droit constitutionnel.

2° A ne prendre que le texte même, le privilège, qu'assure à la Chambre des députés l'article 8 de la loi constitutionnelle du 24 février 1875, consiste simplement en ceci : les lois de finances ne peuvent point prendre naissance dans le Sénat; elles doivent d'abord être présentées à la Chambre des députés et ne peuvent être portées au Sénat qu'après le vote de la Chambre. C'est là tout ce qui se dégage naturellement du texte, et sur tous les autres points il ne limite pas les droits du Sénat. D'où la conclusion que le Sénat pourrait librement amender les lois de finances qu'il reçoit de la Chambre, non seulement diminuer les impôts, taxes et crédits qu'ils contiennent, mais aussi les augmenter, y insérer des dispositions créant un nouvel impôt ou établissant un nouveau crédit. Telle, en effet, me paraît être la vérité. Mais c'est là un point très contesté et qu'il faut examiner de plus près. La discussion s'est surtout élevée à propos de la loi de finances annuelle portant fixation du budget. Deux opinions contraires à la nôtre ont été produites. D'après une seconde opinion, le Sénat ne pourrait que voter ou repousser les divers articles de la loi de finances et les crédits portés aux divers chapitres du budget des dépenses, et ne pourrait jamais introduire de nouveaux crédits ou rétablir ceux qui ont été repoussés par la Chambre des députés. On devrait cependant admettre dans cette opinion, je crois, qu'il peut diminuer les crédits votés par la Chambre. Enfin, la troisième opinion fait une distinction. Elle ne permet pas au Sénat de voter de son propre mouvement des crédits nouveaux, mais elle reconnaît qu'il peut rétablir les crédits portés au projet de budget, présentés par le gouvernement et repoussés par un vote de la Chambre des députés. Voilà les diverses thèses qui sont en présence. Mais avant de les discuter, il faut dire quelle est l'origine de la disposition qui les a fait naître, de la disposition contenue dans l'article 8 de la loi du 24 février 1875. Il est impossible sans cela de bien comprendre le débat.

Cette règle incontestablement vient d'Angleterre. C'est un privilège qui s'y est établi dans le cours du temps au profit de la Chambre des Communes et qui a largement contribué à assurer sa prépondérance. Mais là il a pris une physionomie toute spéciale; il a pris pour fondement un principe tout particulier du droit public anglais. Par diverses

[1] Erskine May, *Parliamentary practice*, 8e édit., p. 597.

résolutions, qui remontent au xvii° siècle (1671 et 1678), la Chambre des Communes a affirmé et fait admettre ce principe qu'à elle seule appartient en réalité le droit de consentir des subsides à la couronne et d'imposer des charges à la nation[1]. Si la Chambre des Lords est associée à cet octroi, c'est uniquement parce qu'il se présente sous la forme d'une loi, et que le consentement des deux Chambres est nécessaire pour faire la loi[2]. On en a tiré logiquement deux conséquences : 1° toute loi de finances doit prendre naissance dans la Chambre des Communes, émaner d'elle; 2° les Lords ne peuvent pas amender une semblable loi, mais seulement l'adopter telle quelle ou la rejeter. Ce ne sont pas eux qui concèdent l'impôt; ils n'interviennent que pour donner la forme de la loi à la concession faite par la Chambre des Communes[3]. « Jusque-là les Lords apparaissent comme ayant conservé le pouvoir de rejeter, et, bien que rarement exercé, il ne fut pas dénié jusqu'à l'année 1860. En cette année, les Communes, entre autres provisions concernant les subsides à accorder, opérèrent une réforme des impôts, augmentant l'impôt foncier et l'impôt du timbre et supprimant les droits sur le papier. Les Lords donnèrent leur assentiment aux *bills* portant sur l'augmentation d'impôt proposée; mais lorsque le bill portant suppression des droits sur le papier vint devant eux, ils le rejetèrent. Les Communes répondirent à cet acte des Lords par des résolutions qui établissaient les privilèges de la Chambre en matière de taxation et qui, sans dénier que les Lords eussent le pouvoir de rejeter les lois de finances, affirmaient que les Communes avaient toujours le pouvoir de combiner les projets de lois de finances de telle sorte que ce droit de rejet deviendrait illusoire »[4].

Cette théorie ne peut se justifier que par l'histoire particulière des institutions anglaises[5]. Cependant telle a été la puissance de

---

[1] Anson, *Law and custom of the Constitution*, t. I°, p. 231; — Erskine May, *Parliamentary practice*, 8° édition, p. 590 et suiv.

[2] Erskine May, *op. cit.*, p. 591 : « A grant from the Commons is not effectual in law without the assent of the Queen and of the House of Lords ».

[3] Résolutions de la Chambre des Communes de 1860 (Anson, *Law and custom*, t. I°, p. 231) : « The first (resolution) recites that the right of granting aids and supplies to the Crown is in the Commons alone ».

[4] Anson, *Law and custom*, t. I°, p. 231.

[5] Il peut sembler étrange que ce droit si important ait été établi, non par des lois votées par les deux Chambres, mais par de simples résolutions de la Chambre des Communes. Voici ce que disait à cet égard lord Salisbury dans un discours prononcé à Édimbourg le 30 octobre 1894 (*Standard*, du 31 octobre, p. ?), à propos du projet de résolution que le ministère de lord Rosebery projetait de demander à la Chambre des Communes contre la Chambre des Lords : « Les résolutions de la Chambre des Communes en matière de finances étaient fondées sur des précédents remontant aussi loin que le règne de Richard II. La vérité est que les résolutions de la Chambre

contagion des institutions anglaises que ce système a été proposé ou reproduit identiquement, avec l'institution des deux Chambres, dans plusieurs monarchies constitutionnelles. C'est celui qu'en 1789 présentait à l'Assemblée Nationale son premier comité de constitution, qui voulait instituer un Sénat[1]. Il a été admis par des textes formels dans plusieurs Constitutions modernes. Celles de la Prusse, du Grand-Duché de Bade et du Wurtemberg, ont une disposition précise sur ce point[2].

Mais d'autres Constitutions ont seulement pris un trait de ce système sans emprunter le principe sur lequel il repose. Elles ont purement admis la priorité, en matière de lois de finances, au profit de la Chambre des députés. La pratique anglaise repose, non seulement sur cette idée que *toutes* les lois de finances diffèrent profondément, quant à leur nature, des lois ordinaires, mais encore sur cette autre idée que le pouvoir de consentir les subsides, qu'elles contiennent, n'appartient qu'à la Chambre populaire ; et cette dernière thèse n'a pu se faire recevoir et se maintenir que grâce à la composition aristocratique et héréditaire de la Chambre des Lords. Celle-ci ne peut se faire accepter comme le véritable représentant des contribuables. Mais là où les deux Assemblées sont électives, et surtout lorsqu'elles ont l'une et l'autre à la base le suffrage universel, il n'y a plus aucune raison pour établir entre elles aucune différence fondamentale, quant au vote des lois de finances, pas plus que pour l'exercice du pouvoir législatif ordinaire. Cependant, comme il faut bien, surtout pour la loi de finances la plus importante, c'est-à-dire celle du budget, établir un ordre fixe et régulier, et la présenter d'abord à l'une des deux Chambres, quand il y en a deux, il a paru généralement sage de conserver à la Chambre populaire la priorité, qui résulte du système

des Communes en matière de finances, auxquelles on se réfère, étaient simplement des résolutions pour la gouverne de la Chambre des Communes dans l'exercice d'un de ses droits incontestés. La Chambre des Communes disait : Nous ne donnerons effet à aucune proposition législative en matière de finances qui viendra de la Chambre des Lords. Je ne dirai pas si elle était sage ou non en faisant cela ; mais elle faisait ce qui était entièrement en son propre pouvoir. Elle avait simplement à refuser d'accepter tout *bill* ou tout amendement venant de la Chambre des Lords ».

[1] Rapport de Lally-Tollendal, dans la séance du 31 août 1789, (*Archives parlementaires*, 1re série, t. VIII, p. 526) : « Art. 63. Aucune loi relative aux subsides, à leur répartition ou aux emprunts, ne pourra jamais prendre naissance dans le Sénat ; elle sera entièrement rédigée dans la Chambre des représentants qui réglera l'emploi et la durée. — Art. 64. Le Sénat aura le droit d'approuver les lois proposées sur cette matière. Il ne pourra y faire aucun changement ou modification ».

[2] Prusse, Constitution de 1850, titre VIII ; — Grand-Duché de Bade, Constitution du 22 août 1818, titre IV ; — Wurtemberg, Constitution du 25 septembre 1819, ch. III, art. 109 et suiv.

anglais. Mais ce droit de priorité, en lui-même fort important, est tout ce qu'on peut lui accorder. Telle est la solution qu'a expressément adoptée la Constitution fédérale des États-Unis : « Tous les projets de loi pour lever des revenus doivent prendre naissance dans la Chambre des représentants, mais le Sénat peut faire des propositions et y contribuer par des amendements comme pour les autres projets de loi »[1]. Story, en commentant ce texte, rappelant la règle anglaise qui en est l'origine, observe : « On verra du premier coup que les mêmes raisons n'existent pas dans la même mesure pour donner, en matière de lois de finances, à notre Chambre des représentants, le droit exclusif qui appartient à la Chambre des Communes d'Angleterre. Il peut être convenable qu'elle possède seule l'initiative des lois de finances, car l'on peut présumer qu'elle a de plus larges moyens d'information locale et qu'elle représente plus directement les opinions, les sentiments et les vues du peuple ; dépendant directement de l'appui qu'elle reçoit du peuple, elle sera plus vigilante et plus prudente dans l'imposition des taxes qu'un corps qui émane exclusivement des États particuliers dans leur capacité politique et souveraine. Mais comme les sénateurs, dans un juste sens, sont également les représentants du peuple et ne tiennent point leurs charges à titre permanent ou héréditaire, mais rentrent périodiquement dans la masse commune des citoyens..., il semble tout à fait convenable de donner au Sénat le pouvoir de modifier et d'amender toutes les lois de finances aussi bien que de les rejeter ou de les admettre »[2]. Ces raisons s'appliquent avec plus de force encore au Sénat français qu'au Sénat américain. Il ne paraît pas douteux que notre Constitution contient implicitement la solution qui est donnée explicitement par la Constitution des États-Unis. On peut ajouter que cette solution a été adoptée, en France, sous l'empire de Constitutions moins favorables, au profit de Chambres non électives, comme la Chambre des Pairs de la Monarchie de Juillet[3] et le Sénat du Second Empire dans la Constitution de 1870[4].

---

[1] Art. 1, sect. 7, clause 1.

[2] *Commentaries*, § 876. — On doit remarquer que, dans les États particuliers des États-Unis, la priorité au profit de la Chambre des représentants a même été généralement supprimée, et que les deux Chambres y sont sur un pied complet d'égalité quant aux lois budgétaires. La même solution a été également adoptée dans la Constitution Fédérale Suisse. Sur ces points, voyez Morizot-Thibault, *Des droits des Chambres Hautes ou Sénats en matière de lois de finances*, p. 81 et suiv., p. 89 et suiv.

[3] Morizot-Thibault, *op. cit.*, p. 163 et suiv.

[4] L'article 12 portait : « L'initiative des lois appartient à l'Empereur, au Sénat et au Corps législatif. — Les projets de loi émanés de l'initiative de l'Empereur

Cependant, sous l'empire de notre Constitution actuelle, la théorie anglaise, adaptée à nos institutions, a été de nouveau proposée et défendue. La question s'est posée dès 1876. Le Sénat ayant relevé, dans un chapitre du budget de 1877, un crédit qu'avait repoussé la Chambre des députés, Gambetta soutint devant celle-ci, le 28 décembre 1876, une thèse remarquable. Il prétendit que le Sénat n'avait en aucun sens l'initiative en matière de lois de finances; et qu'il ne pouvait statuer que sur les crédits déjà votés par la Chambre des députés; autrement ce serait, de sa part, une proposition nouvelle. Il s'appuyait sur les traditions de parlementarisme anglais et sur les termes de l'article 8 de la loi du 16 juillet 1875 : « Les lois de finances doivent être d'abord portées à la Chambre des députés et *votées par elle* ». À quoi bon, disait-il, ces derniers mots s'ils n'ont aucun sens? Le reste de la phrase suffirait pour donner à la Chambre le simple droit de priorité.

Mais nous avons vu que la tradition anglaise ne peut s'adapter à nos institutions et à nos principes. Quant aux termes « votés par elle », ils renforcent seulement ce qui précède. Ils ont eu simplement pour but d'établir que la priorité de la Chambre des députés serait bien effective, qu'elle ne pourrait être dessaisie du budget que quand elle l'aurait voté, et que celui-ci ne pouvait être auparavant porté au Sénat. Mais il faut ajouter que cette thèse, telle qu'elle fut présentée par l'admirable orateur, impliquait aussi que l'initiative des lois de finances n'appartenait qu'à la Chambre des députés et n'appartenait pas même au Président de la République, en ce sens que le Sénat ne pouvait voter sur les crédits inscrits dans le budget, présenté au nom du Président de la République à la Chambre des députés, qu'autant qu'ils avaient été adoptés et *vérifiés* par un vote de cette dernière.

Depuis lors, une autre théorie a été présentée au Sénat par le Président du Conseil dans la séance du 24 décembre 1888[2] : le Sénat pourrait relever, rétablir un crédit qui n'a pas été voté par la Chambre des députés, s'il était inscrit et proposé dans le projet de budget présenté à la Chambre au nom du Président de la République. Ce sys-

---

pouvait, à son choix, être portés soit au Sénat, soit au Corps législatif. — Néanmoins, toute loi d'impôt doit être d'abord votée par le Corps législatif ». Lors de la discussion au Sénat, M. le baron Brenier ayant demandé qu'il lui expliqué que ce qui touche les lois d'impôt, le Sénat aurait la faculté de proposer des amendements et d'introduire des modifications dans ces lois, on s'est écrié de toutes parts : « C'est de droit, ce n'est pas contesté »; et M. le Garde des Sceaux a ensuite expliqué qu'il était tout à fait inutile de le dire, puisque les droits du Sénat sont les mêmes que ceux du Corps législatif quant à l'examen et au vote des lois ». Sirey, *Lois annotées*, 1870, p. 457, notes 11, 12, 13.

[1] *Journal officiel* du 29 décembre 1876, p. 9826.

[2] *Journal officiel* du 25 décembre 1888, p. 1722 et suiv.

tème repose clairement sur l'idée suivante: on admet que l'article 8 de la loi du 24 février 1875 a enlevé au Sénat toute initiative en matière de lois de finances. Mais il n'a point touché à l'initiative que la loi du 25 février 1875 (art. 3) accorde au Président de la République ; celui-ci la conserve donc, concurremment avec la Chambre, pour les lois de finances. Le Sénat, en relevant le crédit dans ces conditions, ne fait point acte d'initiative propre ; il statue sur l'initiative du Président de la République, et, d'autre part, l'article 8 de la loi du 24 février 1875 a été respecté, puisque la loi de finances a d'abord été portée à la Chambre des députés.

Mais c'est tirer une conséquence exagérée des termes de l'article 8. Il ne dit point que le Sénat n'a *aucune initiative* en matière de lois de finances ; il confirme, au contraire, dans sa première partie le droit du Sénat égal à celui de la Chambre des députés pour l'initiative et la confection des lois. Seulement, par suite de la disposition contenue dans la seconde partie de l'article, le Sénat, en matière de lois de finances, ne pourra pas exercer ce droit d'initiative par voie de proposition directe et principale, mais seulement par voie d'amendement aux projets ou propositions discutés d'abord par la Chambre des députés. Voilà à quoi se réduit le privilège : à une simple priorité en faveur de la Chambre. C'est déjà un droit très important, car il lui permet de garder devant lui, pendant de longs mois, la loi du budget, en ne laissant parfois au Sénat qu'un temps très court pour la discuter.

Depuis 1876 il existe, on peut le dire, un conflit pacifique entre les deux Assemblées, sur la question qui vient d'être discutée. La controverse se reproduit tous les ans, plus ou moins calme ou passionnée. Le Sénat affirme et exerce son droit d'amendement ; la Chambre des députés le lui conteste ou, du moins, ne le lui reconnaît qu'à *titre d'avertissement*, le Sénat devant s'incliner suivant elle, lorsque la Chambre a repoussé par deux fois les modifications qu'il avait votées.

En 1884, dans le projet de révision constitutionnelle que le gouvernement soumettait aux deux Chambres, figurait un article 8 destiné à faire passer cette dernière thèse dans la Constitution. « Une disposition plus claire, disait l'exposé des motifs, qui donnerait simplement force de loi à la jurisprudence adoptée par le bon esprit du Sénat, attribuant à la Chambre des députés le dernier mot après deux délibérations quant aux crédits supprimés par elle, n'aurait nullement pour effet d'enlever au Sénat son pouvoir et son action sur les finances de l'État »[1]. Mais le Sénat refusa de comprendre l'article 8 de la loi du

[1] Séance de la Chambre des députés du 23 mai 1884 (*Journal officiel* du 25, *Débats parlementaires*, p. 1121).

24 février 1875 parmi ceux sur lesquels pourrait porter la révision, et, par suite, il ne fut pas soumis à l'Assemblée Nationale. La question de droit constitutionnel reste donc ouverte. Les droits respectifs des deux Chambres ont même été affirmés avec une ardeur nouvelle lors de la discussion des budgets de 1894 et de 1895. Le Sénat, pour ce dernier, qui était sorti assez imparfait des mains de la Chambre, a fait adopter d'assez considérables modifications [1]. Jusqu'ici ce conflit périodique, grâce à la sagesse des deux Assemblées, s'est heureusement terminé par voie de concessions mutuelles et patriotiques. On peut espérer qu'il en sera de même dans l'avenir et que les deux grands collaborateurs du Parlement français continueront une œuvre de concorde féconde. Le système qui nous paraît nécessairement résulter de la Constitution n'est point d'ailleurs sans dangers. Quand il s'agit d'une loi ordinaire, sur laquelle les deux Chambres ne peuvent tomber d'accord, la conséquence qui en résulte est des plus simples et des plus acceptables : la législation antérieure subsiste, en vertu de sa durée indéfinie. Mais la loi du budget ne vaut que pour un an : il faut qu'elle soit remplacée avant son expiration par une nouvelle loi budgétaire, ou le fonctionnement de la vie publique est arrêté dans le pays. Cette nécessité est, certes, une des causes puissantes qui amèneront la concorde; mais on peut se demander si une solution plus sûre et plus simple ne serait pas possible. On a proposé parfois d'établir que, faute d'une entente en temps utile entre les Chambres, le budget de l'année en cours conserverait sa force et vigueur pour l'année suivante [2]. On arrive, chez nous, plus librement et plus régulièrement au même résultat par le vote de douzièmes provisoires, que les Chambres ne peuvent raisonnablement refuser en de pareilles circonstances, et qui reproduisent, mois par mois, les chiffres du budget précédent.

Je terminerai cet exposé par deux observations :

1° On peut constater, et cela est notable, que la Chambre des députés ne conteste pas au Sénat le droit d'amendement pour les lois de finances autres que celles portant fixation du budget. C'est, du moins, la jurisprudence proclamée par son Président en 1891 [3].

---

[1] Voyez en particulier séances de la Chambre des députés des 26 avril 1895, 2ᵉ séance; 11, 12 et 13 avril 1895; séances du Sénat du 28 avril 1895, 2 et 13 avril 1895.

[2] Voyez sur le système assez compliqué adopté en Suisse, Moreau-Thibault, op. cit., p. 366.

[3] Séance de la Chambre des députés du 16 novembre 1891, Journal officiel du 17, Débats parlementaires, p. 2177; Il s'agissait d'un projet de loi sur l'entrée en France des porcs américains; un droit voté par la Chambre avait été relevé par le Sénat. « M. Peytral : Nous sommes appelés à nous prononcer sur une taxe de

2° On a vu avec quelle rigueur absolue la Chambre des Communes d'Angleterre revendique l'initiative en matière de lois de finances. Elle n'en a pas moins donné de nos jours une grande preuve de sagesse, en même temps qu'une nouvelle leçon à tous les peuples qui pratiquent le gouvernement parlementaire. Elle s'est volontairement dessaisie, au profit du gouvernement de ce privilège si précieux à ses yeux. Par une résolution réglementaire (*standing order*) du 29 mars 1866, elle a décidé que l'initiative des propositions concernant les finances serait laissée au gouvernement de la Couronne et que la Chambre n'accueillerait plus sur ce point les propositions individuelles émanées de ses membres[1]. Il serait désirable que la Chambre des députés française entrât dans la même voie; car il y a là, semble-t-il, une condition indispensable pour avoir de bonnes finances. Certains indices semblent bien trahir une évolution qui commence en ce sens. Mais jusqu'à présent il n'y a qu'une règle de conduite adoptée par certaines commissions du budget[2].

§ 3. — LES DEUX CHAMBRES EXERÇANT LE CONTRÔLE SUR LE GOUVERNEMENT.

Nous avons vu que l'un des traits distinctifs du gouvernement parlementaire est un contrôle constant exercé par le Parlement sur les ministres, agents directs du pouvoir exécutif. J'ai essayé de dégager les règles délicates suivant lesquelles ce contrôle peut être efficacement

douane primitivement votée par la Chambre et relevée par le Sénat. En matière fiscale, lorsque la Chambre a pris une décision et fixé le *quantum* d'une taxe, le Sénat peut-il légalement et constitutionnellement élever cette taxe?... » — *M. le Président* : « Voulez-vous me permettre de vous dire que, en ce qui concerne la question constitutionnelle, les précédents de 1881 vous donnent tort. Le Sénat a déjà relevé les tarifs et la Chambre n'a pas insisté ».

[1] Erskine May, *Parliamentary practice*, 8e édit., p. 604; — Anson, *Law and custom*, t. I, p. 229 et suiv.

[2] Séance de la Chambre des députés du 5 mars 1895 (*Journal officiel* du 6. *Débats parlementaires*, p. 726) : *M. Maurice Rouvier, président de la Commission du budget* : « La Commission du budget n'accepte jamais de propositions de dépenses émanant de l'initiative parlementaire. Si le gouvernement pense qu'il y a lieu d'ouvrir un crédit, il le demandera ». — P. 727: *M. Lechevalier* : « Je ne m'oppose pas au renvoi à la Commission du budget de la proposition de notre collègue, bien que, à mon avis, l'initiative des propositions de cette nature doive appartenir au gouvernement ». Parmi les modifications du règlement actuellement soumises à la Chambre des députés figurent des dispositions tendant à restreindre les dangers de l'initiative parlementaire en matière budgétaire. Elles ne vont point jusqu'à la supprimer; elles ont pour but d'assurer qu'aucun amendement au budget ne sera introduit ou voté précipitamment.

sanctionné par la responsabilité ministérielle mise en jeu[1]. Mais il reste à étudier les moyens par lesquels il s'exerce, et qui sont au nombre de trois : les questions, les interpellations et les enquêtes parlementaires.

Ces moyens sont également à la disposition des deux Chambres; leur exercice appartient aussi bien au Sénat qu'à la Chambre des députés. Je me suis rangé cependant à l'opinion qui refuse au Sénat le droit d'imposer par ses votes la retraite d'un ministre[2]. Mais les deux solutions ne sont point contradictoires. La première établit que la Chambre Haute (en dehors du droit qui lui est réservé d'autoriser la dissolution de la Chambre des députés) n'a pas d'action sur la responsabilité politique des ministres; la seconde détermine dans quelle mesure et comment le Sénat participe cependant au gouvernement parlementaire[3]. Il est vrai que, en usant de ces moyens, le Sénat ne pourra pas leur donner une sanction politique immédiate et directe. Mais les constatations qu'il obtiendra grâce à eux, les votes qu'il émettra à la suite, n'en auront pas moins l'autorité morale qui appartient aux résolutions prises par une grande assemblée et qui peut suffire à faire triompher la vérité devant l'opinion publique. La Constitution de 1791 donnait au Corps législatif le droit de demander aux ministres des renseignements et de leur poser des questions, et pourtant elle n'établissait pas vraiment la responsabilité politique des ministres[4]. Lorsque, sous le Second Empire, le droit d'interpellation fut rendu au Corps législatif et au Sénat par le décret du 19 janvier 1867, la discussion ne pouvait se terminer que par l'ordre du jour pur et simple ou par un ordre du jour appelant l'attention du gouvernement sur l'objet des interpellations (art. 4-6); et cependant cela fut considéré, à cette époque, comme la conquête pour les Chambres d'un droit très important. Enfin, le droit d'enquête parlementaire, qui traditionnellement est accordé aux deux Chambres, est un moyen de contrôle et d'investigation des plus utiles, même pour une Assemblée qui ne pourrait par la renverser un ministère.

I.

La question est purement et simplement une demande de renseignements adressée à un ministre par un membre de l'une ou de l'autre

---

[1] Ci-dessus, p. 92 et suiv., 572 et suiv.

[2] Ci-dessus, p. 576 et suiv.

[3] Il ne faut pas oublier non plus que, d'après l'usage, tout à fait conforme aux principes, un certain nombre de membres du Cabinet sont toujours pris dans le Sénat.

[4] Ci-dessus, p. 288.

Chambre. C'est une pratique qui s'est d'abord introduite en Angleterre avec le gouvernement parlementaire; là, le précédent le plus ancien remonte à l'année 1721[1]. Nous avons vu que la Constitution de 1791 emprunta cet usage et le consacra[2]. Les ministres ayant disparu des Assemblées législatives de l'an III à 1814, cet usage disparut forcément et en même temps. Il reprit avec une portée nouvelle sous la Restauration. Dans sa *Monarchie selon la Charte*, Chateaubriand en montrait bien déjà l'importance et la portée : « Les Chambres ont le droit de demander tout ce qu'elles veulent aux ministres. Les ministres doivent toujours répondre, toujours venir quand les Chambres paraissent le souhaiter. Les ministres ne sont pas toujours obligés de donner les explications qu'on leur demande; ils peuvent les refuser, mais en motivant leur refus sur des raisons d'État, dont les Chambres seront instruites quand il sera temps... D'ailleurs, les Chambres ne se mêleront jamais d'administration, ne feront jamais de demandes inquiétantes; elles n'exposeront jamais les ministres à se compromettre, si les ministres sont ce qu'ils doivent être, c'est-à-dire maîtres des Chambres par le *fond* et leurs serviteurs par la *forme* »[3]. Avec le gouvernement parlementaire, l'usage des questions se maintint et se développa sous la Monarchie de Juillet; il persista sous l'empire de la Constitution de 1848. Disparaissant des Chambres avec les ministres en 1852, il ne reparut qu'avec le plein rétablissement du gouvernement parlementaire; car le décret de 1867 n'avait rétabli que l'interpellation proprement dite et en forme.

Dans l'usage du Parlement français, la question n'est posée que si le ministre, préalablement avisé, y consent et l'accepte[4]. Ce n'est et ne peut être qu'un dialogue entre le questionneur et le ministre. La question ne peut pas par elle-même dégénérer en un débat. Seul, parmi les membres de l'Assemblée, le député ou le sénateur qui l'a posée peut prendre la parole, et par deux fois. Aucun vote ne suit les explications fournies par le ministre.

---

[1] Todd, *Parliamentary government*, t. II, ch. IV, n° II, lettre *e*.

[2] Ci-dessus, p. 286.

[3] *De la Monarchie selon la Charte*, ch. IV. — Chateaubriand reconnaît ce droit aux deux Chambres; mais il attache cependant une importance particulière aux questions qui sont posées dans la Chambre des députés. Le chapitre, en effet, est intitulé : *De la Chambre des députés; ses rapports avec les ministres*. Et, au second alinéa, il écrit : « Il faut d'abord qu'elle sache se faire respecter. *Elle* ne doit pas souffrir que les ministres établissent en principe qu'ils sont indépendants des *Chambres*; qu'ils peuvent refuser de venir lorsqu'elles désireraient leur présence. En Angleterre, non seulement les ministres sont interrogés sur des bills, mais encore sur des actes d'administration, sur des nominations et même sur des nouvelles de gazette.... »

[4] Le règlement du Sénat (art. 82) est formel en ce sens.

II

Tout autre est l'interpellation, qui, chez nous, constitue la principale procédure pour mettre en jeu la responsabilité politique[1]. C'est en réalité la demande faite par un ou plusieurs membres de l'Assemblée d'ouvrir un débat sur la politique générale du ministère ou sur tel acte d'un ministre déterminé. Il s'agit cette fois d'un débat général, auquel peuvent prendre part tous les membres de l'Assemblée. L'interpellation, une fois introduite, devient en quelque sorte impersonnelle, et les règlements des deux Chambres admettent que, si elle est abandonnée par son auteur, elle peut être reprise par un membre quelconque de l'Assemblée. Il est aussi reçu que, sur une simple question, la demande peut être produite et se transformer en interpellation; mais, s'il y a opposition, il faut pour cela l'autorisation de l'Assemblée, qui peut la refuser[2].

L'interpellation a une sanction; elle est close par un vote de l'Assemblée, par le vote d'un *ordre du jour*. Cette expression traditionnelle vient de ce que la Chambre, considérant que le débat sur l'interpellation est terminé, déclare par un vote qu'elle passe à l'examen des autres objets qui sont portés à son ordre du jour. Cette déclaration est *pure et simple* ou précédée de considérants; on dit, dans ce dernier cas, qu'il y a un *ordre du jour motivé*. Les ordres du jour motivés indiquent très clairement si le ministère ou tel ministre a ou n'a pas l'approbation et la confiance de l'Assemblée. L'ordre du jour pur et simple prend la même signification suivant qu'il est ou non accepté par le Gouvernement.

La pratique des interpellations, à raison de son importance même, a dû être précisée par les règlements des deux Chambres. Voici ce qui est exigé de part et d'autre. La demande doit être formulée par écrit, énoncer sommairement l'objet de l'interpellation et être remise au Président de la Chambre. La Chambre, sans débat sur le fond, fixe la date de la discussion. Cette date peut être arbitrairement fixée, quand il s'agit d'une interpellation sur la politique étrangère; elle ne peut être renvoyée au delà d'un mois, quand l'interpellation porte sur la politique intérieure. On a voulu par là protéger le droit d'interpellation, au profit de la minorité de l'Assemblée, contre une

---

[1] Ci-dessus, p. 416.

[2] Chambre des députés, séance du 16 mars 1895 (*Journal officiel* du 17, *Débats parlementaires*, p. 969) : « *M. le Président* : « Je consulte la Chambre pour savoir si elle entend transformer la question en interpellation. La Chambre consultée décide que la question ne sera pas transformée en interpellation ».

sorte de confiscation indirecte de la part de la majorité. Mais lorsqu'il s'agit de la politique extérieure, l'intérêt qu'il peut y avoir pour le pays à ne pas laisser s'engager imprudemment et inopportunément un débat de cette nature passe avant toute autre considération. Les ordres du jour motivés, proposés comme solution de l'interpellation, doivent être rédigés par écrit et remis au Président qui en donne lecture.

Le droit d'interpellation a, dans nos usages, une très grande importance. On le considère comme étant « d'essence parlementaire »[1]. Il semble même que beaucoup le considèrent comme un droit individuel de chaque membre de l'Assemblée, puisque les règlements n'exigent pas plusieurs signatures pour l'introduction d'une demande d'interpellation. Mais il semble qu'il y a là une exagération. Le droit de réclamer le comité secret n'est pas chez nous un droit individuel[2], il faut pour cela l'adhésion d'un certain nombre de membres : pour l'exercice du droit si dangereux d'interpellation, une exigence semblable se concevrait parfaitement.

Le ministre que vise l'interpellation peut-il décliner celle-ci, refuser d'y répondre, comme il peut refuser de répondre à une simple question? Je le crois, et il y en a des exemples[3]. Mais il paraît certain que l'auteur de l'interpellation pourrait proposer un projet de résolution blâmant le ministre de son refus, sur lequel l'Assemblée statuerait.

L'interpellation, ainsi entendue et précisée, est un produit du parlementarisme français. Les Anglais n'ont point distingué l'interpellation de la question, ou plutôt, bien que le terme d'*interpellation* soit usité chez eux[4], ils ne connaissent, même à la Chambre des Communes, que les questions au sens français du mot. Le règlement de la Chambre des Communes ne permet même pas d'établir un débat sur les ré-

---

[1] M. Goblet à la Chambre des députés, séance du 1ᵉʳ mai 1894 (*Journal officiel* du 2, *Débats parlementaires*, p. 680).

[2] Ci-dessus, p. 676.

[3] Dans la séance de la Chambre des députés du 1ᵉʳ juillet 1895, une demande d'interpellation fut produite, et voici comment y répondit le Président du Conseil (*Journal officiel* du 2, *Débats parlementaires*, p. 1929) : « C'est une interpellation qui vise une question de politique étrangère. Je fais remarquer, en outre, que, même au point de vue constitutionnel, il ne semble pas que j'aie le droit d'accepter une pareille interpellation, puisqu'il s'agit de savoir si le gouvernement est autorisé à faire un traité. Nous n'avons pas à rendre compte par avance des intentions du gouvernement : je prie donc la Chambre de ne pas fixer de date pour la discussion de cette interpellation ». Et l'affaire en resta là.

[4] Todd, *Parliamentary government*, t. II, ch. IV, n° 2, lettre e; mais le terme ne figure pas dans la *Parliamentary practice* de Sir Erskine May.

clarations fournies par un ministre interrogé [1], et l'on ne peut pas terminer le débat par une motion. La Chambre anglaise ne manifeste
donc pas son manque de confiance dans le Cabinet par un ordre du
jour terminant une interpellation. En général, c'est en adoptant ou
en repoussant les mesures importantes proposées par le Cabinet
qu'elle statue à l'égard de celui-ci. Mais des motions directes de blâme
peuvent être proposées par les membres de la Chambre et adoptées
par celle-ci, soit qu'elle les insère dans l'adresse votée au commencement de chaque session en réponse au discours du trône, soit qu'elles
prennent la forme d'une motion de défiance et de blâme isolée et
principale.

En France également, lorsque s'introduisit le gouvernement parlementaire sous la Restauration, on n'usa d'abord que de simples questions, et le terme *interpellation* était alors considéré comme synonyme [2]. Mais, dès les premiers temps du Gouvernement de Juillet, on
vit se produire de véritables interpellations, quoique pas toujours
terminées par un ordre du jour [3]. L'instrument était créé dès lors,
mais l'usage en était beaucoup moins fréquent que de nos jours.
Alors, en effet, la véritable bataille entre les partis se livrait, au
commencement de chaque session, dans la discussion de l'adresse, à
propos des amendements que l'opposition cherchait à y introduire.
Cela présentait cet avantage que le Cabinet, qui avait triomphé dans
la discussion de l'adresse, avait une situation à peu près assurée
pour le reste de la session. On peut relever aussi que Rossi, dans son
Cours de droit constitutionnel, paraît bien traiter les interpellations
comme de simples questions [4]. Sous la Constitution de 1848, nous

[1] Ibid. *loc. cit.* Cependant la procédure parlementaire anglaise fournit des
moyens détournés pour transformer une question en véritable interpellation et faire
terminer le débat par un vote. En voici un qui a été employé dans la séance de la
Chambre des Communes du 16 mars 1896 (*Standard* du 17, p. 2 et 3). Sur une
question se rapportant à la politique étrangère (affaires d'Egypte), l'opposition, par
l'organe de son leader, manifesta le désir sur ce point d'un débat général. M. Balfour
indiqua qu'il y avait pour cela deux moyens, l'un de proposer l'ajournement de la
Chambre, l'autre d'attendre la discussion du budget. M. Labouchère proposa alors
l'ajournement de la Chambre « dans le but de discuter un objet défini d'un intérêt
public urgent ». La discussion sommaire de cette motion permit la discussion de la
question politique. Puis la motion fut mise aux voix et repoussée par la majorité.

[2] Chateaubriand, *De la Monarchie selon la Charte*, ch. xv : « Quel moyen les
Chambres ont-elles de se faire écouter? Si les ministres refusent de répondre, elles
en seront pour leur *interpellation*, compromettront leur dignité et paraîtront ridicules, comme on l'est en France quand on fait une fausse démarche ». C'est la suite
du passage cité, ci-dessus, p. 724, note 3.

[3] Thureau-Dangin, *Histoire de la Monarchie de Juillet*, t. II, p. 192, 193, 282
et suiv., 296, 297; t. IV, p. 463.

[4] Tome IV (2e édit.), p. 149 : « Le mode d'interpellation en France est à peu

avons signalé des interpellations proprement dites[1]. Sous le Second Empire, après le silence initial, ce fut la discussion de l'adresse qui reparut la première. Elle fut supprimée et remplacée, en 1867, par le droit d'interpellation, prudemment affaibli. Non seulement il ne pouvait avoir pour sanction que l'ordre du jour pur et simple ou le renvoi de la question au gouvernement[2], mais encore la demande d'interpellation devait « être écrite ou signée par cinq membres au moins », et nécessairement renvoyée à l'examen des bureaux de l'Assemblée. Celle-ci ne pouvait l'accueillir et en fixer le jour que si, au Sénat, deux bureaux, au Corps législatif, quatre bureaux émettaient « l'avis que les interpellations peuvent avoir lieu »[3].

À la fin du Second Empire, tous les publicistes ne paraissaient pas se rendre un compte exact de la puissance et des dangers recélés dans l'interpellation proprement dite. Prévost-Paradol demandait simplement que « les interpellations fussent réglées par les mêmes usages que dans nos Assemblées libres avant 1852 »[4]. Le duc de Broglie, tout en signalant le danger, insistait pour qu'on remplaçât les questions par des interpellations[5].

L'interpellation à la française semble, en effet, être une procédure précise et bien ordonnée ; mais c'est un instrument bien dangereux. Ouvertes presque sans restriction, comme elles le sont aujourd'hui, les interpellations, multipliées à l'excès, dépensent en discussions souvent inutiles et irritantes le temps dont dispose le Parlement. Les ministres ainsi harcelés ont difficilement le loisir de méditer les projets importants qu'ils doivent apporter aux Chambres. Mais l'interpella-

---

près le même qu'en Angleterre. Si l'affaire est grave, l'orateur qui veut user de droit d'interpellation demande à la Chambre la permission de le faire. On fixe le jour, le membre de l'Assemblée explique alors le sujet de ses *interpellations*. Et quelle est alors l'obligation du Cabinet? Est-il forcé de s'expliquer? Non. Il est parfaitement libre, il peut répondre ou ne pas répondre. Et il n'y a là rien de dérisoire. Le jour où l'on établirait que le Cabinet doit répondre à toutes les *questions* qu'on lui adressera, la séparation des pouvoirs sera détruite. Le ministre peut donc répondre ou ne pas répondre. S'il *refuse* de répondre, en s'appuyant sur de bonnes raisons, la Chambre, probablement, se contentera de ces raisons. Sinon, elle aura recours à l'*ultima ratio* des Chambres, elle lui refusera son concours »

[1] Ci-dessus, p. 127.
[2] Ci-dessus, p. 723.
[3] Décret du 19 janvier 1867, art. 3 et 4.
[4] *La France nouvelle*, liv. II, ch. III, p. 103.
[5] *Vues sur le gouvernement de la France*, ch. VIII, p. 305 : « Le droit d'interpellation, cette autre occasion de désordre et de divagation, doit également être réglé. Il ne doit être adressé d'interpellation aux ministres qu'avec l'autorisation de la Chambre, laquelle, en l'accordant, doit fixer le jour et l'heure, de concert avec le ministre. *Toute interpellation doit aboutir à quelque proposition en forme* qui tombe sous la compétence de la Chambre et puisse être mise aux voix. »

tion est dangereuse surtout à la Chambre des députés, où elle peut entraîner, souvent par surprise, la chute du Cabinet. Combien de discussions passionnées s'y terminent, en effet, par le vote d'un ordre du jour improvisé dans l'ardeur même du débat, et que parfois regrettent, dès le lendemain, une partie de ceux qui l'ont voté, alors qu'il a produit son effet irréparable ! Bien des mesures ont été proposées pour remédier à ces inconvénients. L'une sans doute serait assez facilement acceptée, mais probablement peu efficace : elle consisterait à exiger, comme je l'ai dit[1], un certain nombre de signatures pour rendre admissible toute demande d'interpellation. D'autres proposent de revenir en partie au système de 1867[2], mais cela paraît bien difficile. Une proposition plus modeste, imitée de ce qui se pratique en Angleterre pour les questions, a été présentée à la Chambre des députés : elle consiste à n'admettre en principe la discussion des interpellations qu'à un seul jour de chaque semaine[3], mais elle n'a pas été adoptée. Enfin, pour corriger l'inconvénient qui rend à la Chambre des députés l'interpellation si redoutable pour la stabilité ministérielle, on a judicieusement conseillé à la Chambre d'user d'une disposition de son règlement qui lui permet de renvoyer aux bureaux l'examen des ordres du jour motivés qui sont déposés en séance[4].

[1] Ci-dessus, p. 726.

[2] M. Jules Simon, *Le régime parlementaire en 1894*, dans la *Revue politique et parlementaire*, juillet 1894, p. 17 : « Lorsque l'Empire rendit le droit d'interpellation, il y mit pour condition que les bureaux seraient d'abord consultés et que, pour avoir le champ libre, l'interpellateur devrait obtenir d'abord l'assentiment de quatre bureaux à la Chambre et de deux bureaux au Sénat. La mesure avait du bon ; on pourrait y revenir ».

[3] Séance du 1er mai 1894 ; *Journal officiel* du 2, *Débats parlementaires*, Chambre, p. 679 ; proposition de M. Flandin : « Les séances des lundi, mardi et samedi seront exclusivement consacrées aux travaux législatifs. Sauf dans les cas exceptionnels d'urgence constatée, sans débat, par la majorité absolue des membres composant la Chambre des députés, les interpellations adressées au gouvernement ne pourront être développées que le jeudi ». Cette mesure avait été en effet adoptée par la Chambre des députés dans l'avant-dernière législature, et la Commission du règlement propose de la maintenir dans celle qui est actuellement en cours. Elle propose de plus que tout ordre du jour motivé soit mis aux voix, tel qu'il a été remis au Président, sans aucune modification ni addition possible. Elle propose aussi, qu'à la fin d'une interpellation, sur la demande de quarante membres présents, la séance soit de plein droit suspendue pendant une heure après la lecture des ordres du jour déposés et avant le scrutin. Enfin, dans la dernière législature la Chambre ayant décidé, le 13 mars 1897 (*Annales de la Chambre*, session de 1897, t. I, p. 918), de réserver les lundi, mardi et jeudi au vote des lois, le samedi fut consacré, en fait, à la discussion des interpellations. Sous la législature actuelle, cette discussion a lieu le vendredi.

[4] M. André Lebon, *La réforme parlementaire*, dans la *Revue politique et parlementaire*, novembre 1894, p. 242 : « Le règlement en vigueur, si incomplet

III.

Chacune des Chambres peut indépendamment ordonner qu'il sera fait en son nom, sur tel ou tel objet, une enquête par une Commission qu'elle nomme et qu'elle choisit parmi ses membres. L'objet de l'enquête peut être un fait isolé ou un ensemble de faits déterminés : événement politique important, abus de l'administration, situation actuelle de l'agriculture, du commerce ou de l'industrie. Les élections contestées peuvent tout spécialement donner lieu à des enquêtes de ce genre. Cette pratique de l'*enquête parlementaire* vient d'Angleterre; et là elle paraît remonter au moins à l'année 1689[1]. Elle s'est établie en France, mais assez tardivement, avec le gouvernement parlementaire. Les premières assemblées de la Révolution, la Constituante, la Législative, la Convention, procédaient en réalité, par leurs grandes Commissions, à des sortes d'enquêtes incessantes sur les diverses branches de l'administration[2]; mais c'était là sûrement un état de chose singulier et anormal. La Constitution de l'an III, voulant réagir contre ces tendances et séparer complètement le pouvoir législatif et le pouvoir exécutif, n'admettait pas certainement l'enquête parlementaire[3], et l'on conçoit aisément qu'il n'en pouvait être question sous la Constitution de l'an VIII et pendant le Premier Empire. Elle ne fit point non plus son apparition sous la Restauration,

on imputait à d'autres égards, prévoit pourtant une procédure qui permettrait d'obvier à cet inconvénient. « La Chambre, dit son article 44, peut décider qu'elle renverra dans les bureaux l'examen des ordres du jour motivés... Sur le rapport « d'une Commission, elle statuera comme en matière d'urgence ». C'est le seul cas où ces fameux bureaux seraient vraiment utiles, en aidant à rompre les courants factices déterminés en séance par une discussion passionnée, et en donnant aux députés le moyen d'émettre un vote réfléchi, sur la portée duquel ils ne pourraient pas se méprendre et dont les termes auraient été suffisamment pesés pour être, non plus une manifestation superficielle et accidentelle de leur part, mais l'expression de leur volonté persistante ».

[1] Anson, *Law and custom*, t. Ier, p. 316.

[2] Pradier et Pierre, *Traité pratique de droit parlementaire*, n°s 1364 et suiv.

[3] Constitution de l'an III, art. 45 : « En aucun cas, le Corps législatif ne peut déléguer à un ou plusieurs de ses membres, ni à qui que ce soit, aucune des fonctions qui lui sont attribuées par la présente Constitution ». — Art. 67 : « Ni l'un ni l'autre de ces Conseils ne peut créer dans son sein aucun Comité permanent; seulement chaque Conseil a le droit, lorsqu'une matière lui paraît susceptible d'un examen préparatoire, de nommer parmi ses membres une Commission spéciale, qui se renferme uniquement dans l'objet de sa formation. Cette Commission est dissoute aussitôt que le Conseil a statué sur l'objet dont elle était chargée ».

mais seulement sous le Gouvernement de Juillet. Elle se fit alors recevoir, bien qu'aucun texte ne l'autorisât, en vertu des principes et à l'exemple de l'Angleterre. « Je ne mets point, disait Hello, au nombre des empiètements sur le pouvoir exécutif l'enquête qui peut être ordonnée par une des Chambres pour s'éclairer sur la matière de ses délibérations. Cette enquête est légitime à une condition, c'est que l'acte auquel elle se rattache soit de la compétence de la Chambre ; le droit de s'enquérir est inhérent à tout pouvoir qui délibère, qui vote, qui décide, et qui, dans ce but même, a besoin de connaître la vérité. Il serait illusoire que l'enquête ne se fît pas directement par le pouvoir qui a besoin de s'éclairer et qu'il fût obligé de la faire faire par l'intermédiaire d'un autre ; celui-là seul peut instruire qui doit juger. Il serait contradictoire surtout qu'il recourût pour la faire au pouvoir qu'il surveille et qui peut-être est en cause devant lui. Il n'est donc pas étonnant que la Chambre des députés ait arrêté en principe le droit d'enquête dans deux occasions mémorables, au sujet de la loi des tabacs et de la vérification des pouvoirs de ses membres. Le Parlement d'Angleterre l'admet sans difficulté, et, ce qui vaut mieux qu'un exemple, ce droit tient à la nature des choses »[1]. On ne saurait mieux dire. Le droit d'enquête parlementaire découle, en effet, des principes, du droit qu'ont les Chambres de légiférer spontanément et de contrôler les actes des ministres ; pour exercer utilement ces droits, elles doivent pouvoir s'éclairer et s'éclairer comme elles l'entendent. Il y a cependant une objection assez sérieuse ; une telle pratique n'est-elle pas contraire au principe de la séparation des pouvoirs ? La Chambre, qui ouvre ainsi une enquête sur les actes de l'administration ou sur des faits qui peuvent être l'objet d'une action judiciaire, n'empiète-t-elle pas sur le pouvoir exécutif ou sur le pouvoir judiciaire ? La réponse est cependant aisée, et Hello la donnait en substance. Il n'y a point empiètement, si la Chambre qui ordonne l'enquête ne prétend pas se substituer à l'un ou à l'autre de ces pouvoirs, pour statuer à leur place, casser ou reviser leurs décisions. L'enquête ne peut légitimement conduire la Chambre qu'à deux choses[2] : ou bien elle légiférera, si elle constate que la législation antérieure est insuffisante ou mauvaise ; ou bien elle s'en prendra aux ministres et invoquera leur responsabilité à raison des fautes ou des abus constatés. Mais sur ce terrain-là les Chambres sont inattaquables, sauf que seule, suivant nous, la Chambre des députés pourra mettre en jeu la responsabilité politique et pénale des ministres, le Sénat n'ayant

1. *Du régime constitutionnel*, 3e édit., t. II, p. 118, 119.
2. Sauf le cas d'élections contestées, dont il est parlé plus loin.

sur eux d'action propre et spontanée que par ce qu'on a appelé souvent leur *responsabilité morale*[1].

Tout naturellement le droit d'enquête parlementaire disparaît en 1852, en même temps que le droit d'initiative parlementaire et la responsabilité ministérielle, pour reparaître avec eux à la fin du Second Empire. Il est incontesté sous notre Constitution.

Mais l'exercice de ce droit, n'étant pas, chez nous, réglementé par la loi comme il l'est dans d'autres pays, donne lieu à certaines difficultés d'ordre juridique. Les commissaires enquêteurs nommés par une Chambre ont-ils le droit d'exiger la communication des pièces et documents écrits qui se trouvent entre les mains des autorités administratives ou judiciaires? Je ne le pense pas; car, en vertu du principe de la séparation des pouvoirs, la Chambre elle-même n'a en aucune façon le droit de commandement à l'égard de ces autorités. Mais le ministre compétent pourrait ordonner cette communication, lorsque la loi ne la prohibe pas, et cela s'est fait à plusieurs reprises. D'autre part, les commissaires ont-ils le droit de citer devant eux les citoyens en témoignage et de les entendre sous la foi du serment? et les personnes citées sont-elles tenues de comparaître et de déposer dans les mêmes conditions que les témoins cités en justice, sous les mêmes peines, et jouissant alors des mêmes privilèges? Je ne le crois pas en principe; car les règles dont il s'agit n'ont été édictées dans nos lois qu'en vue de l'administration de la justice. Or ni la Chambre ni sa Commission n'exercent le pouvoir judiciaire. Elles ne font que s'informer, prendre les renseignements qu'elles peuvent recueillir de la bonne volonté publique. Dans un cas cependant j'admettrais l'opinion contraire : c'est lorsque l'une ou l'autre des Chambres ordonne une enquête parlementaire pour s'éclairer sur une élection contestée et avant de statuer sur cette élection. Alors, en effet, la Chambre fait fonction de tribunal. Il y a bien là un véritable litige; la preuve, c'est que, dans certains pays, il est de la compétence de l'autorité judiciaire[2]. J'admettrais alors l'application des règles essentielles qui régissent le témoignage en justice[3]. On peut

[1] Hello, *Du régime constitutionnel*, 3ᵉ édit., t. II, p. 228 (il demande une loi précise sur la responsabilité ministérielle promise par l'article 69 de la Charte de 1830) : « Ne m'offrez pas comme une satisfaction sérieuse la responsabilité morale des ministres ». — Luigi Palma, *Corso di diritto costituzionale*, t. II, p. 491 : « Quant à la responsabilité des ministres, on distingue la responsabilité morale, politique, pénale et civile ».

[2] Ci-dessus, p. 661, 662.

[3] Prévost-Paradol, *La France nouvelle*, liv. II, ch. III, p. 91 : « Lorsque la Chambre, donnant suite aux protestations élevées contre une élection, a ordonné une enquête et nommé des commissaires, c'est au chef-lieu de l'élection que ces

cependant remarquer que, en Angleterre, pendant longtemps, les Commissions d'enquête parlementaire n'ont pas eu le droit d'entendre des témoins sous la foi du serment. Il a fallu des lois pour le leur conférer. Elles l'ont obtenu d'abord en 1770, seulement pour les enquêtes sur les élections contestées, puis d'une façon générale sous le présent règne[1].

Pour conférer aux Commissions d'enquête les pouvoirs qu'elles n'ont pas, d'après ce qui vient d'être dit, les pouvoirs de contrainte, une résolution expresse de la Chambre serait-elle suffisante? Cela est inadmissible, car j'ai justement déduit les pouvoirs limités des Commissions d'enquête d'un manque correspondant de pouvoirs dans la Chambre qui les nomme. Il faudrait pour cela une loi, et c'est ce que disait déjà très nettement Hello : « Dans l'état de division de nos pouvoirs, chaque Chambre n'est que la partie d'un tout et n'a point en elle la plénitude de son être. La résolution qu'elle prend n'a de force exécutoire que dans l'enceinte soumise à sa police et n'a d'action extérieure ni sur les choses ni sur les personnes; elle n'aurait le droit ni d'appeler devant elle, ni d'interroger, ni de contraindre, ni de constater les faits. Une loi est nécessaire pour organiser son mode d'exécution..., et cette loi indispensable à l'exercice du droit d'enquête peut et doit se faire »[2]. Elle n'a jusqu'ici point été faite.

§ 4. — LES CHAMBRES STATUANT EN MATIÈRE ADMINISTRATIVE.

Les Chambres, je l'ai dit plus haut[3], sont assez souvent appelées à statuer, dans la forme d'une loi, en matière gouvernementale ou administrative. Les actes de gouvernement qu'elles décident ainsi sont la déclaration de guerre, l'approbation de certains traités, les acquisitions, cessions et échanges de territoire, la déclaration de l'état de siège. Elles sont aussi fréquemment appelées par la loi à statuer en matière proprement administrative et sur des objets particuliers,

commissaires doivent siéger en audience publique, et l'enquête doit se poursuivre devant eux avec les formes usitées pour les débats judiciaires... et qui doivent être observées dans toutes les occasions où il s'agit de constater régulièrement un fait avant d'arriver, soit à une décision parlementaire, soit à l'application d'une loi pénale ». — Cependant deux arrêts de la Cour de Bordeaux du 26 juillet 1878 refusent le caractère légal de témoin aux personnes entendues par une Commission d'enquête parlementaire sur une élection législative; on trouve ces arrêts dans le recueil de Sirey (79, 2, 225) avec une remarquable note de M. Labbé.

[1] 34 et 35 Victor. c. 83. — Anson, *Law and custom*, t. I[1], p. 316.

[2] *Du régime constitutionnel*, 3e édit., t. I, p. 119.

[3] Ci-dessus, p. 693.

qui même n'intéressent pas toujours le pays tout entier, mais seulement une ou plusieurs circonscriptions administratives. Telles sont les lois qu'on appelle *lois d'affaires* ou *d'intérêt local*. La raison générale qui justifie alors l'intervention des Chambres, c'est qu'il s'agit d'actes graves, souvent d'actes qui peuvent intéresser directement ou indirectement les finances de l'État ; on n'a pas cru, par suite, pouvoir laisser la décision au pouvoir exécutif. Ainsi la déclaration d'utilité publique, condition première et essentielle pour opérer l'expropriation pour cause d'utilité publique, est souvent faite par une loi. De même, dans certains cas, les emprunts contractés par les départements et par les communes doivent être autorisés par une loi. Enfin, je rappelle que, d'après la loi du 10 août 1871 (art. 35, 36), l'Assemblée Nationale avait certains droits de haute police administrative pour le cas où la dissolution d'un conseil général était prononcée par le Président de la République. Il semble que ces droits ont dû passer, pour les exercer en commun, aux deux Chambres créées par la Constitution de 1875. Mais ce sont là des matières qui rentrent dans les traités de droit administratif, auxquels je renvoie pour les détails. Je ne les ai mentionnées que pour ordre dans un traité de droit constitutionnel.

CHAPITRE VI

La Haute-Cour de justice.

Les lois constitutionnelles de 1875, qui n'ont pas organisé le pouvoir judiciaire, ont cependant établi une cour de justice spéciale, appelée *Haute-Cour de justice*. Il est vrai que c'est une juridiction dont le caractère politique est évident, puisque c'est l'une des Chambres, le Sénat, qui en fait les fonctions. Il est appelé à juger, le cas échéant, le Président de la République, les ministres et les citoyens accusés d'attentats contre la sûreté de l'État. La Constitution de 1875 n'a point d'ailleurs innové en cette matière; elle n'a fait que suivre et reprendre une tradition antérieure.

I.

L'établissement d'une Haute-Cour de justice[1], créée pour juger certains crimes politiques, provoque immédiatement une objection assez forte. N'est-elle pas contraire à l'un des principes essentiels proclamés par la Révolution française, à l'égalité des citoyens devant la justice? Mais la contradiction n'est sûrement qu'apparente, car les mêmes Constitutions, qui avaient inscrit le principe que « nul ne doit être distrait de ses juges naturels »[2], établissaient toutes en même temps une Haute-Cour de justice[3]. Ce que ces textes constitutionnels écartaient, c'étaient les tribunaux d'exception proprement dits, c'est-à-dire ceux qui sont constitués et choisis en vue d'un crime

[1] Voyez sur ce sujet, A. E. Lair, *Des Hautes-Cours politiques en France et à l'étranger et de la mise en accusation du Président de la République et des ministres*, Paris, 1889.

[2] Par exemple, Constitution de 1791, tit. III, ch. v, art. 4; Charte de 1814, art. 62, 63; Charte de 1830, art. 53, 54.

[3] Cependant la Constitution de 1793 n'établissait pas elle-même de Haute-Cour de justice. Elle donnait au Corps législatif (art. 55) « la poursuite de la responsabilité des membres du Conseil, des fonctionnaires publics; l'accusation des prévenus de complots contre la sûreté générale de la République »; mais le jugement paraît avoir été donné par elle aux tribunaux criminels ordinaires.

et d'un accusé déterminés, comme cela avait lieu dans les *jugements par commissaires* de l'ancienne France[1]. Mais l'égalité devant la justice n'empêche point que la loi détermine à l'avance, pour certains crimes ou délits, des tribunaux particuliers, s'il y a des motifs suffisants et que la liberté de la défense y soit pleinement assurée : les juridictions établies pour les militaires et pour les marins par nos Codes de justice militaire ne reposent pas sur un autre principe[2]. Or l'utilité, la nécessité même des Hautes-Cours de justice politiques est attestée par ce fait qu'on les trouve partout dans les Constitutions modernes, en France et à l'étranger. Elles appartiennent au droit commun constitutionnel et présentent des avantages multiples et certains.

Elles sont établies d'abord dans l'intérêt de l'État. Lorsque les crimes politiques dont il s'agit sont restés à l'état de tentatives, comme il arrivera souvent, et que leurs auteurs, encore debout et en pleine lutte, ne sont pas actuellement des vaincus, on peut craindre justement que les juges ordinaires se montrent, à leur égard, timides, irrésolus et impuissants. Mais cette institution, d'autre part, est dans l'intérêt des accusés eux-mêmes. Quelle que soit la gravité des crimes politiques, l'esprit public ne les considère jamais avec le sentiment de mépris et d'horreur que soulèvent les crimes de droit commun[3] ; c'est traduire exactement cette donnée, fournie par l'opinion souveraine, que de distinguer les crimes politiques les plus caractérisés des crimes de droit commun, non seulement par les peines qui leur sont appliquées, mais aussi par les juges qui en connaissent. Donner aux grands accusés politiques des juges également politiques paraît, pour eux-mêmes, la solution la plus désirable. C'est la plus avantageuse pour le souci de leur renommée; c'est peut-être la plus équitable, lorsque le crime accompli pleinement a irrémédiablement manqué le but visé[4]. Mieux vaut alors avoir pour juges des élus de la nation,

[1] Voir mon *Cours élémentaire d'histoire du droit français*, 3e édit., p. 431.
[2] La Charte de 1814 allait jusqu'à dire, art. 63 : « Il ne pourra en conséquence être créé de commission et tribunaux extraordinaires. *Ne sont pas comprises dans cette dénomination les juridictions prévôtales* si leur rétablissement est jugé nécessaire ». — Sur les juridictions prévôtales et tribunaux extraordinaires, voir mon *Histoire de la procédure criminelle en France*, p. 476 et suiv.
[3] Ci-dessus, p. 490.
[4] Thoreau-Dangin (*Histoire de la Monarchie de Juillet*, t. I, p. 150), racontant le procès des ministres de Charles X, signale « la belle tenue des accusés, la bonne grâce sereine et chevaleresque de M. de Polignac, la hauteur de dédain, la liberté indomptée et l'émouvante parole de M. de Peyronnet, qui arracha un cri d'admiration à ses plus farouches adversaires; scène grandiose et pathétique, dont le premier résultat, comme il arrive toujours dans les représailles tentées contre les

une Assemblée politique, que des juges de profession. Enfin, c'est une tendance prudente et généralement suivie, en France, qui pousse à mêler le moins possible les magistrats de l'ordre judiciaire aux débats et querelles politiques. Or les crimes ou délits, reprochés au Président de la République ou aux ministres dans l'exercice de leurs fonctions, comportent un jugement plus politique encore que pénal [1].

Mais si l'institution d'une Haute-Cour de justice appartient au droit commun constitutionnel, la forme et la composition, au contraire, en diffèrent beaucoup dans les diverses Constitutions, et l'on en trouve trois types bien distincts :

1° Dans certains pays, c'est purement et simplement la Cour suprême dans l'organisation judiciaire ordinaire qui fait les fonctions de Haute-Cour de justice. C'est ce qu'on trouve dans les Constitutions de la Belgique, des Pays-Bas, de l'Allemagne, de la Roumanie et même de la Suisse (Tribunal fédéral) [2].

2° Dans un second système, la Haute-Cour de justice forme un corps judiciaire particulier, qui n'a que cette fonction à remplir. Elle est alors généralement composée de magistrats, choisis à l'avance dans les rangs supérieurs de la magistrature, et de hauts-jurés désignés de diverses façons. C'est d'après ce type qu'ont été constituées les Hautes-Cours de justice en France sous les Constitutions de 1791, de l'an III, de l'an VIII, de 1848, de 1852 et de 1870. Les magistrats de la Haute-Cour étaient pris alors parmi les membres de la Cour de cassation ; les hauts-jurés ont été d'abord élus (1791 et an III) par les électeurs des départements ; d'après la Constitution de l'an VIII (art. 73), ils devaient être pris « sur la liste nationale [3] » ; d'après la Constitution de 1848 (art. 93) et celles de 1852 et de 1870, ils devaient être pris parmi les conseillers généraux des départements [4].

3° Un troisième système consiste, dans les gouvernements qui comportent deux Chambres, à faire de l'une d'elles (Chambre Haute ou Sénat) la Haute-Cour de justice, en donnant, dans la plupart des cas tout au moins, à la Chambre populaire le droit d'accusation. C'est celui qui s'est tout d'abord et tout naturellement établi en Angle-

vaincus, est de ramener l'intérêt sur ces accusés, tout à l'heure encore si impopulaires et si justement accablés sous le poids de leur téméraire incapacité ». La nature du tribunal devant lequel ils comparaissaient n'était-elle pas pour quelque chose dans ce phénomène ?

[1] Ci-dessus, p. 595-6.
[2] Lair, Des Hautes-Cours politiques, p. 338 et suiv.
[3] Ci-dessus, p. 205.
[4] Pour les détails, voyez Lair, op. cit., p. 121-477, 251, 282; et pour les pays étrangers qui ont une Haute-Cour de justice analogue, le même, p. 355 et suiv.

E.   47

terre[1]. C'est celui qui a été adopté par les Chartes de 1814 et de
1830[2] et par l'Acte additionnel aux Constitutions de l'Empire de
1815[3]. Mais il avait été adopté, d'autre part, dans la Constitution républicaine des États-Unis[4]. Il a donc pu tout naturellement être repris
par nos lois constitutionnelles de 1875 (loi du 24 février 1875, art.
9; loi du 16 juillet 1875, art. 12).

II.

D'après ces lois, le Sénat peut être constitué en Haute-Cour de
justice dans trois cas :

1° Pour juger le Président de la République accusé de haute trahison ou d'autres crimes ou délits. Dans ce cas, la compétence de la
Haute-Cour est exclusive de toute autre[5].

2° Pour juger les ministres accusés de crimes commis dans l'exercice de leurs fonctions. Dans ce cas, les juridictions ordinaires sont
également compétentes[6].

Dans ces deux premières hypothèses, le Sénat est saisi de l'accusation par une résolution de la Chambre des députés.

3° « Le Sénat peut être constitué en Cour de justice, pour connaître des attentats commis contre la sûreté de l'État », dit l'article 9 de
la loi constitutionnelle du 24 février 1875. L'article 12 de la loi constitutionnelle du 16 juillet 1875 ajoute : « Le Sénat peut être constitué en Cour de justice par un décret du Président de la République
rendu en Conseil des ministres[7], pour juger toute personne prévenue d'attentat commis contre la sûreté de l'État ». Ce texte indique
nettement que, dans ce cas, le droit de constituer le Sénat en Haute-
Cour de justice n'appartient qu'au Président de la République, par
quel acte et dans quelle forme le Sénat est alors saisi. Il décide aussi,
de la manière la plus nette, que la compétence du Sénat est alors
simplement concurrente et que les juridictions ordinaires restent compétentes. En effet, l'article continue ainsi : « Si l'instruction est
commencée par la justice ordinaire, le décret de convocation du Sé-

---

1. Ci-dessus, p. 85.
2. Charte de 1814, art. 33 et 55; Charte de 1830, art. 28 et 47.
3. Art. 40-50; cf. art. 56. — Le sénatus-consulte du 28 floréal an XII établissait
une Haute-Cour impériale, où figuraient (art. 101) 60 sénateurs à côté des grands
dignitaires de l'Empire, du grand juge, des présidents de section et de 14 conseillers
du Conseil d'État et de 20 membres de la Cour de cassation.
4. Ci-dessus, p. 87-8.
5. Ci-dessus, p. 549 et suiv.
6. Ci-dessus, p. 596.
7. Ci-dessus, p. 565.

nat peut être rendu jusqu'à l'arrêt de renvoi ». Ce texte a pour but
de déterminer la concurrence possible entre les deux ordres de juridictions. Il n'applique point la règle naturelle et traditionnelle en
cette matière : la première juridiction saisie garde la connaissance de
l'affaire. Il admet que, même la justice ordinaire ayant été saisie,
elle peut être dessaisie au profit du Sénat, jusqu'à un moment déterminé, par le décret rendu dans la forme voulue. Ce terme fatal est
marqué par l'arrêt de la Chambre des mises en accusation qui renvoie l'accusé devant la Cour d'assises[1]. C'est cet acte qui seul saisit
la juridiction de jugement ; jusque-là la juridiction d'instruction seule
était saisie.

Mais les textes que nous venons d'étudier ont fait naître une question assez grave. Il s'agit de savoir ce qu'il faut entendre par ces « attentats contre la sûreté de l'État » pour lesquels seulement le Sénat
est compétent, quand il ne s'agit pas d'une accusation intentée contre le Président de la République ou contre un ministre. La difficulté
vient de ce que le Code pénal, modifié par la loi du 10 juin 1853, a
réservé le nom technique d'*attentat* aux crimes prévus par les articles 86, 87 et 91. On a soutenu, par une interprétation littérale et rigoureuse, que, tout étant de droit étroit en matière répressive, la
compétence du Sénat ne pouvait se fonder que sur les crimes prévus
par ces articles. Mais cette solution doit être repoussée. Elle consiste
à prendre les termes de nos lois constitutionnelles en eux-mêmes et
isolés de tous les précédents, et à les interpréter comme s'ils contenaient un système nouveau. Or il n'en est point ainsi. En introduisant le projet de loi qui est devenu la loi constitutionnelle du 16 juillet 1875, M. Dufaure disait dans l'Exposé des motifs : « Il faut ajouter
que chacune des dispositions que nous proposons a des antécé-
dents dans quelques-unes des Constitutions si variées qui, depuis
près d'un siècle, ont régi notre pays. Nous avons donc très peu de
chose à dire pour vous les expliquer ». Plus loin : « Les articles suivants (4 et suiv.) reproduisent des règles déjà consacrées dans la plupart des Constitutions ». Il ajoutait simplement au sujet de l'article
12 : « La loi du 24 février sur l'organisation du Sénat a déclaré, dans
son article 9, que le Sénat peut être constitué en cour de justice pour
juger, soit le Président, soit les ministres, et pour connaître des attentats commis contre la sûreté de l'État. Il nous a paru nécessaire
d'ajouter que les poursuites contre le Président et les ministres devaient être exercées par la Chambre des députés, et que les accusations pour attentats contre la sûreté de l'État ne pourront plus être

[1] *Code d'Instr. crim.*, art. 247 et suiv.

portées devant le Sénat lorsque la juridiction ordinaire aura été saisie
par arrêt de renvoi[1]. Ainsi, quant à ces dernières accusations, voilà
la seule modification importante qu'on proposait d'apporter aux systèmes antérieurs, d'après lesquels la connaissance en appartenait à
une Haute-Cour de justice. Et l'article 12 fut voté sans discussion,
comme l'avait été l'article 9 de la loi du 24 février 1875[2]. Évidemment, on voulait sur ce point donner à notre troisième République la
même garantie, les mêmes moyens de défense qu'avaient eus les
gouvernements antérieurs. Or les Constitutions antérieures avaient
toujours, en multipliant les dénominations et les incriminations, entendu de la façon la plus large les crimes et délits qui pouvaient être
portés devant la Haute-Cour de justice comme attentatoires à la sûreté de l'État[3]. Les lois constitutionnelles de 1875, selon leur habitude, se sont contentées d'une seule expression; mais elle est compréhensive comme les énumérations des Constitutions précédentes.
La portée de cette expression est d'ailleurs déterminée, non par le
terme *attentat*, qui ici est vague, mais par les mots *contre la sûreté
de l'État*. Ils ont leur correspondance exacte au Code pénal : liv. III,
tit. Ier, au ch. Ier, intitulé *Des crimes et délits contre la sûreté de l'É-
tat.* Tous les crimes[4] compris dans ce chapitre (art. 75 à 108) peuvent donc être déférés à la Haute-Cour de justice[5]. Il y a aujourd'hui

---

[1] *Annales de l'Assemblée Nationale*, t. XXXVIII, *Projets de lois*, etc., p. 107, 108.

[2] *Annales de l'Assemblée Nationale*, t. XXXVI, p. 604.

[3] Constitution de l'an III, art. 115 : « Ils (les membres du Corps législatif) sont
traduits devant la même Cour pour faits de trahison, de dilapidation, de manœuvres
pour renverser la Constitution et d'*attentat contre la sûreté intérieure de la
République* ». — Charte de 1814, art. 33 : « La Chambre des Pairs connaît des
crimes de haute trahison et des *attentats contre la sûreté de l'État*, qui seront
définis par la loi ». Charte de 1830, art. 28 identique. — Constitution de 1848, art.
91 : « La Haute-Cour de justice... juge également toute personne prévenue de
crimes, attentats ou *complots* contre la sûreté intérieure ou extérieure de l'État ».
Constitution de 1852, art. 54 : « Une Haute-Cour de justice juge sans appel ni recours en cassation toutes personnes qui auront été renvoyées devant elle comme
prévenues de *crimes, attentats* ou *complots* contre le Président de la République
et *contre la sûreté intérieure ou extérieure de l'État*.

[4] Je crois que, sinon par voie de connexité, les simples *délits* ne peuvent pas être
portés devant la Haute-Cour. L'article 12 de la loi du 16 juillet 1875 suppose toujours
la possibilité d'un arrêt de renvoi devant la Cour d'assises, c'est-à-dire un crime.

[5] La Chambre des Pairs de la Restauration a adopté dans ses premières séances
cette interprétation, bien qu'elle fût plus douteuse d'après la Charte où se trouvaient
ces mots : «... les attentats contre la sûreté de l'État, *qui seront* admis par la loi ».
Dans son arrêt du 6 juin 1820, elle fonda sa compétence sur ce que le Code pénal,
maintenu en vigueur par l'article 68 de la Charte, *range dans la classe des crimes
contre la sûreté de l'État* l'attentat contre la vie ou la personne d'un membre de

dans ce sens un arrêt de la Haute-Cour de justice du 14 août 1889[1].

III.

La loi constitutionnelle du 16 juillet 1875 (art. 12, § 5) contenait une promesse : « une loi déterminera le mode de procéder pour l'accusation, l'instruction et le jugement » devant la Haute-Cour de justice. Cette promesse a été tenue, mais tardivement et incomplètement. Cette procédure a été réglée par la loi du 10 avril 1889. Mais cette loi, votée en vue de poursuites pour attentat contre la sûreté de l'État, que l'on entrevoyait alors comme imminentes, ne contient, comme l'indique exactement son titre, que les règles de procédure applicables à cette hypothèse[2]. Elle n'a point réglé les formes de la poursuite, de l'instruction et du jugement, lorsqu'il s'agit d'accusations intentées contre le Président de la République ou contre les ministres devant la Haute-Cour de justice. La Commission du Sénat, chargée d'élaborer promptement la loi, a reculé devant les difficultés très grandes qui se présentent quant à cette seconde série d'hypothèses[3]. Le cas échéant, si cette mise en accusation était intentée, on aurait donc pour seuls guides les principes et les précédents[4]. Les précédents des Chambres des Pairs, sous la Restauration et sous le Gouvernement de Juillet[5], seraient ici d'un très grand poids, puisque c'est, au fond, le même système qui a été repris par nos lois constitutionnelles.

Sur la loi du 10 avril 1889, que je n'examine point dans ses détails, je présenterai seulement deux observations :

1° L'article 23 de cette loi a fait une très juste application des

la famille royale, et que, dès lors ce crime se trouve compris dans la disposition de l'article 33 de la Charte ». — *Les précédents de la Cour des Pairs*, recueillis et mis en ordre avec l'autorisation de M. le chancelier de France et de M. le grand référendaire, par E. Cauchy, Imprim. royale, 1839, p. 25.

[1] Sirey, 90, 2, 245.

[2] *Loi sur la procédure à suivre devant le Sénat pour juger toute personne inculpée d'attentat contre la sûreté de l'État.*

[3] Rapport de M. Morellet au Sénat : « La première procédure, celle qui est spéciale aux ministres et au Président de la République, se déroule successivement devant les deux Chambres... Elle soulève de délicats problèmes de droit public tenant tant à la qualité des accusés qu'à la situation de l'accusateur... Votre Commission a été vivement frappée de l'indépendance de ces deux procédures ».

[4] Sur un point, ces difficultés avaient été signalées par la Commission qui, en 1879, proposait à la Chambre des députés la mise en accusation de deux ministères. Voyez discours de M. Floquet à la Chambre des députés, séance du 13 mars 1879 (*Journal officiel* du 14 mars, p. 2032 et suiv.).

[5] Cauchy, *Les précédents de la Cour des Pairs*, p. 635 et suiv.

principes, en décidant : « Les dispositions pénales relatives au fait
dont l'accusé sera reconnu coupable, combinées, s'il y a lieu, avec
l'article 463 du Code pénal, seront appliquées, sans qu'il appartienne
au Sénat d'y substituer de moindres peines. Ces dispositions seront
rappelées textuellement dans l'arrêt ». Ici, en effet, comme il s'agit
de citoyens ordinaires, et non plus de la responsabilité du Président
de la République et des ministres, il paraît nécessaire d'appliquer la
règle : *Pas de peine sans loi*. Mais cela ne fournit aucun argument
contre l'opinion contraire que nous avons soutenue en ce qui concerne
la mise en accusation des ministres[1]. Le Sénat a reconnu lui-même
que les règles sont toutes différentes de part et d'autre.

2° Le Sénat, lorsqu'il siège comme Cour de justice, a toujours le
droit de choisir et de désigner le lieu où il tiendra ses séances. C'est
ce que porte en termes généraux la loi du 22 juillet 1879, art. 3 ; c'est
ce que confirme la loi du 10 avril 1889, art. 1er : « Le décret qui
constitue le Sénat en Cour de justice, par application de l'article 12,
§ 3 de la loi constitutionnelle du 16 juillet 1875, fixe le jour et le lieu
de la première réunion. La Cour a toujours le droit de désigner un
autre lieu pour la tenue de ses séances ».

[1] Ci-dessus, p. 593-5.

CHAPITRE VII

La révision de la Constitution.

Toute Constitution écrite et rigide, à moins d'être profondément illogique et souverainement imprudente, doit organiser la procédure par laquelle elle pourra être revisée et modifiée. Il faut, pour terminer ces études, exposer celle qu'a établie la loi constitutionnelle du 25 février 1875 et qui a déjà fonctionné deux fois, aboutissant aux deux lois de révision du 21 juin 1879 et du 14 août 1884. J'exposerai successivement : 1° quel est ce système de révision; 2° quelle est la portée possible de la révision constitutionnelle ainsi organisée.

I.

Les Constitutions écrites et rigides d'Europe et d'Amérique ont organisé des systèmes de révision fort divers, dont un certain nombre nous sont déjà connus. Mais tous, par une nécessité logique, comprennent deux points distincts : 1° il faut déterminer quelle autorité sera compétente pour décider qu'il y a lieu de reviser la Constitution; 2° il faut déterminer par quelle autorité et comment sera opérée la révision ainsi déclarée nécessaire.

Sur le premier point, si l'on fait abstraction des Constitutions qui admettent en cette matière l'*initiative populaire*[1], il y a, ou peut le dire, unanimité parmi les Constitutions modernes des pays libres. Toutes donnent au pouvoir législatif le droit et la mission de déclarer qu'il y a lieu de reviser la Constitution. Il fait cette déclaration, soit spontanément, soit sur la proposition du pouvoir exécutif, soit sur les pétitions des citoyens. Souvent des précautions spéciales sont prises pour que cette déclaration ne soit pas faite à la légère, mais sérieusement mûrie, répondant aux besoins vrais du pays.

Sur le second point, au contraire, il existe dans les Constitutions modernes des systèmes variés. En laissant de côté les applications du

---

[1] Ci-dessus, p. 240, 253 et suiv.

referendum ou du plébiscite, en matière de Constitutions, qui ont été étudiées précédemment[1], les procédures de révision constitutionnelle reposant sur le pur principe représentatif se ramènent à deux types principaux :

1° La révision est opérée par une assemblée spécialement élue à cet effet et qui n'exerce pas en principe d'autres fonctions : c'est ce qu'on appelle une *Assemblée Constituante*, ou, en Amérique, une *Convention*. Ce système paraît le plus rationnel, puisque, par ce procédé, la question de la révision a été principalement portée devant les électeurs, débarrassée de préoccupations étrangères; mais par là même, c'est celui qui se prête le moins à la pratique de la *révision partielle et limitée*, qui paraît triompher aujourd'hui.

2° C'est le pouvoir législatif lui-même qui, après avoir constaté la nécessité de la révision, est chargé de l'opérer. Mais alors fonctionnant comme pouvoir constituant, en raison de cette mission nouvelle et si importante, il reçoit souvent dans son organisation certaines modifications temporaires, et, d'ordinaire, une majorité est alors exigée, autre et plus forte que celle qui suffit pour le vote des lois ordinaires. L'avantage de ce second système, c'est qu'en pratique il est simple et souvent expéditif. L'objection qui se présente naturellement contre lui, c'est que les membres du Corps législatif n'ont pas été élus en vue de la révision et n'ont pas, en fait, reçu des électeurs une direction à cet effet : l'objection disparaît cependant dans la Constitution belge, d'après laquelle les deux Chambres doivent être préalablement renouvelées par l'élection avant de pouvoir procéder à la révision[2].

Les deux systèmes fonctionnent parallèlement dans les États particuliers de la grande fédération américaine, complétés l'un et l'autre par le *referendum*. Mais, nous l'avons vu, c'est la révision partielle opérée par le pouvoir législatif qui tend à l'emporter sur la révision totale par les Conventions[3].

C'est au second système que se rattache très nettement notre Constitution; mais elle présente une particularité très remarquable. L'Assemblée chargée d'opérer la révision est bien composée des mêmes éléments qui constituent les deux Chambres législatives, des sénateurs et des députés, mais elle forme un corps distinct en droit de celles-ci et qui prend le titre légal d'Assemblée Nationale. Les deux Chambres perdent momentanément leur individualité, ou plutôt les sénateurs et les députés prennent momentanément une qualité nouvelle et complémentaire, celle de membres de l'Assemblée Natio-

[1] Ci-dessus, p. 235 et suiv.
[2] Constitution belge, art. 131, 71.
[3] Ci-dessus, p. 244 et suiv.

nale[1]. Cette combinaison a paru préférable à celle d'une révision
opérée par les deux Chambres statuant séparément, comme pour une
loi ordinaire. En effet, lorsque la révision a été ouverte, il faut, pour
la tranquillité et la sûreté du pays, qu'elle aboutisse sûrement et
promptement, et cela n'est possible qu'avec une Assemblée unique.
La Constitution belge a adopté le système contraire : elle ne réunit
pas en un seul corps les deux Chambres législatives chargées d'opérer
la révision, qui continuent à délibérer séparément. Mais on a vu les
conséquences pratiques dans la révision qui, en Belgique, s'est récemment opérée sous nos yeux. Les deux Chambres, renouvelées à cet
effet, ont commencé la discussion le 12 juillet 1892, et elle ne s'est
terminée par le dernier vote du Sénat qu'au mois de septembre 1893 ;
la loi de révision a été sanctionnée par le roi le 7 de ce même mois[2].
N'y a-t-il pas une grande imprudence à laisser ainsi pendant de longs
mois une nation excitée par des débats d'une importance vitale et
nécessairement passionnés?

II.

La loi constitutionnelle du 25 février 1875 statue ainsi dans son article 8 : « Les Chambres auront le droit, par délibérations séparées,
prises dans chacune à la majorité absolue des voix, soit spontanément, soit sur la demande du Président de la République, de déclarer qu'il y a lieu de reviser les lois constitutionnelles. Après que chacune des deux Chambres aura pris cette résolution, elles se réuniront
en Assemblée Nationale pour procéder à la révision. — Les dispositions portant révision des lois constitutionnelles en tout ou en partie
devront être prises à la majorité absolue des membres composant
l'Assemblée Nationale ».

L'initiative des demandes de révision appartient, d'après ce texte,
soit à chacune des deux Chambres (prenant une résolution en ce sens
sur la proposition d'un ou de plusieurs de ses membres), soit au Président de la République. La règle est ici la même que pour l'initiative
des lois ordinaires. La loi du 25 février 1875, art. 8, contenait cependant une restriction à cet égard : « Toutefois, pendant la durée des

[1] C'est la seconde des deux formules contenues dans cette phrase qui me paraît la
bonne. Il en résulte que les membres de l'Assemblée Nationale ne perdent point, en
y entrant, leur qualité de sénateur ou de député. Les deux Chambres subsistent, et,
par suite, dans l'intervalle des séances de l'Assemblée Nationale, elles pourraient
se réunir et délibérer si besoin était. Voyez dans ce sens, Ch. Lefebvre, *Étude sur
les lois constitutionnelles de 1875*, p. 235, 236.
[2] *Annuaire de législation étrangère*, 1894, p. 372 et suiv.

pouvoirs conférés par la loi du 20 novembre 1873 à M. le maréchal de Mac-Mahon, cette révision ne pourra avoir lieu que sur la proposition du Président de la République ». Mais cette disposition transitoire n'a plus qu'un intérêt historique.

Pour que la proposition de révision soit admise et que la révision soit ouverte, il faut une résolution prise *séparément* par chacune des deux Chambres *à la majorité absolue* des voix. Ici, chacune des deux Chambres conserve son individualité et son indépendance. Le Sénat, quoique moins nombreux que la Chambre des députés, a le même poids et la même autorité que celle-ci. Il y a de cette règle une double raison. D'un côté, c'est une protection pour le Sénat contre une demande de révision qui serait ouvertement dirigée contre lui. D'autre part, il est utile de rendre difficile l'ouverture de la révision, autant qu'il est sage d'en rendre facile la solution une fois qu'elle est ouverte. C'est pourquoi sur le premier objet les Chambres votent séparément, tandis que sur le second elles votent réunies en Assemblée Nationale.

L'Assemblée Nationale, chargée d'opérer la révision, s'écarte en trois points des règles qui déterminent le fonctionnement de nos deux Chambres législatives :

1° Elle n'élit pas son bureau. La Constitution lui en impose un d'autorité qui est le bureau du Sénat : « Lorsque les deux Chambres se réunissent en Assemblée Nationale, le bureau se compose des présidents, vice-présidents et secrétaires du Sénat »[1].

2° Elle siège, non pas à Paris, mais à Versailles. La loi du 22 juillet 1879, qui a rétabli à Paris le siège des deux Chambres et du gouvernement[2], décide, art. 3 : « Dans le cas où conformément aux articles 7 et 8 de la loi du 25 février 1875 relative à l'organisation des pouvoirs publics, il y aura lieu à la réunion de l'Assemblée Nationale, elle siégera à Versailles, dans la salle actuelle de la Chambre des députés ».

3° Elle ne peut prendre des délibérations portant révision des lois constitutionnelles qu'« à la majorité absolue des membres composant l'Assemblée Nationale ». En prenant les termes au pied de la lettre, le chiffre sur lequel doit être calculée cette majorité est fourni par le nombre additionné des sièges que comprennent, d'un côté, le Sénat et d'autre part, la Chambre des députés (aujourd'hui 300 d'une part, et 580, d'autre part), sans qu'on défalque les sièges vacants, les membres absents, les abstentions, les bulletins blancs ou nuls. Il est vrai que précédemment, et sur un autre point, je me suis refusé à donner

1 Loi constitutionnelle du 16 juillet 1875, art. 11, 2e alinéa.
2 Ci-dessus, p. 679.

cette signification rigoureuse à ces mêmes termes[1]. Mais c'est qu'alors
cette interprétation paraissait manifestement contraire à l'esprit de
l'article, aux débats qui en avaient précédé le vote. Ici, il en est autrement. Le texte de l'article 8 (alors art. 5), présenté en seconde lecture
et rédigé dans cette partie exactement comme il l'est aujourd'hui,
souleva des observations très précises de la part de M. Baragnon dans
la séance du 3 janvier 1875 : « Il ne s'agirait donc plus cette fois,
dit-il, de la simple majorité des votants, comme dans nos délibérations
habituelles, mais d'une majorité nouvelle, à savoir de la majorité
absolue des membres composant la totalité de l'Assemblée Nationale[2]. M. Baragnon critiquait d'ailleurs cette disposition et demandait à la Commission une modification du texte[3]. Le rapporteur,
M. Paris (du Pas-de-Calais), ne voulut pas trancher la question et
demanda à l'Assemblée d'en renvoyer la solution définitive à la troisième lecture[4]. Or à la troisième lecture, la rédaction, maintenue telle
quelle, fut adoptée sans aucun débat sur ce point[5]. C'est l'interprétation qui a été suivie en 1879 et également, mais après discussion, à
l'Assemblée Nationale du mois d'août 1884. C'est, d'ailleurs, la moindre exigence que l'on pouvait manifester, si l'on voulait, comme dans
la plupart des Constitutions, une majorité exceptionnelle en matière
de révision.

III.

Quelle est la portée possible de la révision constitutionnelle ? Il faut
distinguer ici entre la Constitution telle qu'elle a été votée en 1875 et
la Constitution telle qu'elle a été revisée en 1884. D'après l'article 8
de la loi constitutionnelle du 25 février 1875, la révision pouvait être
totale aussi bien que partielle, puisque le texte parlait des « délibérations de l'Assemblée Nationale portant révision des lois constitution-

[1] Ci-dessus, p. 509-510.

[2] *Annales de l'Assemblée Nationale*, t. XXXVI, p. 422.

[3] *Ibidem*, p. 422 : « Je ne comprendrais pas comment les absents, les décédés
non remplacés pourraient rendre impossible une révision votée par la majorité des
membres présents et délibérant conformément au règlement. J'espère donc que la
Commission voudra bien écrire dans l'article que la majorité des voix sera suffisante dans l'Assemblée unique aussi bien que dans les deux Chambres ».

[4] *Ibidem*, p. 422 : « Actuellement, en seconde lecture, nous vous proposons de
passer outre, sous réserve formelle du droit pour la commission d'examiner les résultats de l'interprétation donnée par M. Baragnon... Nous vous proposons de maintenir provisoirement la rédaction de l'article, mais, je le répète, avec des réserves
formelles de notre part à tous pour la troisième délibération ».

[5] Séance du 24 février 1875 (*Annales de l'Assemblée Nationale*, t. XXXVI,
p. 629).

nelles *en tout ou en partie* ». Elle pouvait porter même sur la forme républicaine de l'État. Cela avait été dit formellement, au nom de la Commission, par M. Paris (du Pas-de-Calais), sur une question de M. Paul Cottin[1]. La possibilité de cette révision intégrale avait même été l'une des conditions des négociations et de l'entente qui amena le vote des lois constitutionnelles[2]. Mais il faut reconnaître que c'était là une législation singulière.

En effet, lorsqu'un changement se produit dans la forme essentielle de l'État, de quelque façon qu'il s'opère, c'est une révolution; et si, l'histoire le démontre, la loi est impuissante à empêcher une pareille révolution lorsque les faits l'ont préparée et rendue inévitable, elle ne doit point y inviter en quelque sorte les esprits, en mettant à l'ordre du jour des Assemblées ces changements possibles. Un pareil système donne nécessairement à l'État un caractère provisoire, au moins en apparence. Lorsqu'un peuple a choisi mûrement une forme d'État déterminée, pour y abriter le développement de sa vie nationale, il est contradictoire d'inscrire dans sa Constitution la permission de demander à tout moment qu'on change cette forme. C'est l'observation qu'avait présentée en 1875 à l'Assemblée Nationale M. Paul Cottin : « Je voudrais savoir, disait-il, si par droit de révision la Commission entend, pour les Assemblées dont il s'agit, le droit, éminemment révolutionnaire, de changer à un moment donné la forme même du gouvernement. Je déclare que, si la Commission entend ainsi le droit de révision, je ne voterai pas cet article »[3].

Ce fut l'un des points dont, lors de la révision de 1884, le gouvernement demanda la modification. « Nous ne serions pas dignes de présider au gouvernement de ce grand pays, disait le président du Conseil et d'avoir la confiance du Parlement, si nous nous faisions l'illusion de croire qu'un texte inséré dans une Constitution peut assurer à cette Constitution l'éternité. Ce que nous vous demandons, c'est de déclarer que la République est aujourd'hui la forme définitive

---

[1] Séance du 3 février 1875 (*Annales de l'Assemblée Nationale*, t. XXXVI, p. 121) : « Messieurs, le texte que nous venons de vous proposer répond suffisamment à la question posée à cette tribune. Mais, puisque l'on désire une déclaration plus complète, plus catégorique, nous ajoutons, au nom de la Commission, à la rédaction qui nous paraissait très claire, que, en disant : « il pourra être procédé en totalité « ou en partie à la révision de la Constitution », nous entendons formellement que toutes les lois constitutionnelles, dans leur ensemble, pourront être modifiées; que la forme même du gouvernement pourra être l'objet d'une révision. Il ne peut, il ne doit y avoir à cet égard aucune équivoque ».

[2] Ci-dessus, p. 426-7.

[3] Séance du 3 février 1875 (*Annales de l'Assemblée Nationale*, t. XXXVI, p. 121).

du gouvernement; qu'elle n'accepte pas dans ce pays, dont elle a la
direction légitime, des conditions d'existence légale inférieures à celles
des régimes qui l'ont précédée et que, comme eux, elle a le droit de
se défendre ». Aussi la loi du 14 août 1884, portant révision partielle
des lois constitutionnelles, décide-t-elle, art. 2 : « Le paragraphe 3
de l'article 8 de la même loi du 25 février 1875 est complété ainsi qu'il
suit : « La *forme républicaine du gouvernement ne peut faire l'objet
d'une proposition de révision* »[1].

Désormais donc la portée possible de la révision est limitée sur ce
point : mais peut-elle l'être sur d'autres points et d'une autre manière? C'est une question délicate et controversée[2]. Elle se pose ainsi :
Les deux Chambres, en déclarant l'une et l'autre qu'il y a lieu de
reviser les lois constitutionnelles, peuvent-elles par des résolutions
précises et concordantes limiter à des points et à des articles déterminés la révision qu'elles ouvrent, de telle sorte que l'Assemblée Nationale, réunie en conséquence, ne pourrait toucher qu'aux articles
ainsi précisés? Il faut admettre, je crois, la solution affirmative,
pour trois raisons principales :

1° C'est d'abord une raison de principe. Le consentement préalable des deux Chambres, donné par des résolutions séparées, est nécessaire pour ouvrir la révision et permettre à l'Assemblée Nationale
de se réunir. Mais si ce consentement n'est donné que sur certains
points, pour certains articles, quant à tous les autres, cette condition
nécessaire manquant, la révision n'est pas ouverte.

2° Ce mode de révision, la révision limitée, est aujourd'hui le droit
commun des pays libres qui ont des constitutions écrites et rigides.
Non pas que ce droit commun n'admette aussi la révision totale, pouvant porter sur tous les articles de la Constitution. Mais il permet,
lorsque l'autorité, chargée d'ouvrir la révision, le préfère, de limiter
la révision à certains points, à certaines dispositions. Nous avons vu
que c'est le procédé le plus employé aux États-Unis[3]; et en Suisse,
c'est sous forme de révision limitée que l'initiative populaire a fait
ses dernières conquêtes en matière constitutionnelle[4]. C'était aussi
une révision limitée qu'organisaient nos Constitutions françaises de
1791 et de l'an III. C'est le seul système vraiment pratique et fécond.
Si l'autorité qui est chargée de déclarer qu'il y a lieu de reviser se

[1] Assemblée Nationale, séance du 11 août 1884 (*Journal officiel* du 12, *Débats
parlementaires*, p. 96).

[2] On trouvera une discussion ample et serrée de la question dans l'*Étude sur les
lois constitutionnelles* de 1875 de M. Lefebvre, p. 217 et suiv.

[3] Ci-dessus, p. 245.

[4] Ci-dessus, p. 254 et suiv.

trouve placée nécessairement entre ces deux partis extrêmes : refuser toute révision, alors même qu'elle la reconnaîtrait utile sur certains points, ou remettre en question la Constitution tout entière, il est fort à croire qu'elle prendra le plus souvent le premier parti. La révision partielle est la seule qui permette les réformes constitutionnelles, sans faire courir les plus périlleuses aventures. La révision, forcément totale, lorsqu'elle n'est pas imposée périodiquement par la Constitution, a pour effet naturel de rendre impossible toute révision.

3° Le système de la révision partielle est confirmé, chez nous, par les précédents de 1879 et de 1884. En 1879, l'Assemblée Nationale s'est bornée, sans aucune protestation, à examiner l'article 9 de la loi constitutionnelle du 25 février 1875, seul visé par les déclarations des deux Chambres. En 1884, l'application du même système donna lieu, au contraire, à de nombreuses et ardentes protestations. Mais cependant la même interprétation a été maintenue par la majorité de l'Assemblée Nationale[1]. Il y a plus ; l'article 2 de la loi de révision du 14 août 1884 me paraît presque formel en ce sens. Il décide, on l'a vu, que la forme républicaine du gouvernement ne pourra faire l'objet d'une proposition de révision. Or à quelle période de son développement arrête-t-il une pareille tentative ? Sûrement devant l'Assemblée Nationale elle-même, si elle s'y produisait : mais pas là seulement. Elle l'arrête dans le germe même, dans la *proposition de révision*, ce qui, dans notre langage, désigne les propositions, émanant d'un membre de l'une ou de l'autre Chambre et demandant à la Chambre une résolution portant qu'il y a lieu de reviser les lois constitutionnelles. Or cela implique que la proposition de révision peut être précisée et déterminée.

Cependant, je l'ai dit, cette doctrine est vivement contestée. D'après une autre opinion, les deux Chambres n'auraient point le droit, par des résolutions concordantes, de limiter la portée de la révision. Elles pourraient toujours, même une seule d'entre elles, l'arrêter en refusant la déclaration portant qu'il y a lieu de reviser les lois constitutionnelles. Mais si elles accordent cette déclaration, l'Assemblée Nationale, étant une assemblée souveraine, a nécessairement l'entière liberté de ses décisions. La révision, une fois ouverte, serait forcé-

---

[1] M. Naquet à la Chambre des députés, séance du 15 mars 1894 (*Journal officiel* du 16, *Débats parlementaires*, p. 526) : « Aussi le Congrès de 1884, aussi souverain que l'Assemblée Nationale de 1875 (?), interpréta-t-il, contrairement à ce que je suppose avoir été l'idée du législateur de 1875, la Constitution dans le sens d'une limitation possible. Eh bien ! je prends cette jurisprudence ».

ment illimitée. Dans ce sens, on a fait valoir surtout deux arguments[1] :

1° L'Assemblée Nationale, comme toute Assemblée délibérante et législative, est toujours maîtresse de son ordre du jour; elle peut y inscrire toutes les questions et propositions qu'il lui plaît d'accueillir.

2° L'Assemblée Nationale, régulièrement réunie, étant l'organe du pouvoir constituant, n'a pas, par cela même, de pouvoir qui lui soit supérieur. Même en admettant que les décisions qu'elle prendrait, en statuant sur des points non visés dans les déclarations des deux Chambres, fussent contraires à une règle constitutionnelle, cette règle n'aurait pas de sanction possible et ces décisions s'imposeraient, comme s'impose chez nous une loi ordinaire alors même qu'elle serait inconstitutionnelle[2].

Il y a là certainement des considérations séduisantes; aussi la Chambre des députés a-t-elle momentanément adopté cette thèse, le 26 janvier 1882; mais il nous semble qu'il y a réponse à ces arguments.

Il n'est pas exact, d'abord, que l'Assemblée Nationale soit maîtresse absolument de son ordre du jour. Elle peut y inscrire toutes les propositions qu'autorise la Constitution, d'où elle tire son existence et ses droits, mais celles-là seulement. On ne pourrait soutenir aujourd'hui, depuis la loi de révision du 14 août 1884, qu'elle pourrait légalement accueillir une proposition tendant à changer la forme républicaine du gouvernement. Qui oserait soutenir juridiquement que l'Assemblée Nationale, réunie, en vertu de l'article 7 de la loi du 25 février 1875, pour procéder à l'élection du Président de la République pourrait accueillir une proposition de révision? Alors non seulement manqueraient les résolutions préalables et séparées des deux Chambres, nécessaires d'après l'article 8 pour qu'il y ait lieu à révision; mais, dans ce cas, l'Assemblée Nationale n'est sûrement ni une assemblée souveraine, ni même une assemblée délibérante; ce

---

[1] J'en trouve un autre dans le remarquable discours prononcé à la Chambre des députés par M. Goblet le 12 mars 1894 (*Journal officiel* du 13. *Débats parlementaires*, p. 501) : « Ce sont là des questions qui, selon nous, doivent être réservées au Congrès. Nous n'avons pas le droit de limiter son œuvre; c'est M. Dufaure... qui le proclamait au Sénat en 1875. Il disait que limiter l'œuvre du Congrès, c'était interpréter l'article 8 de la Constitution, et que le droit d'interpréter la Constitution ne pouvait appartenir qu'au Congrès lui-même ». Il est certain qu'en dernier ressort cette interprétation appartient à l'Assemblée Nationale. Mais une fois cette interprétation donnée (et nous savons qu'elle l'a été ci-dessus, p. 750, note 1), la question doit être considérée comme tranchée. Les Constitutions écrites, nous le savons aussi, se précisent et se développent par l'interprétation, ci-dessus, p. 383.

[2] Ci-dessus, p. 395.

n'est qu'un collège électoral[1]. L'Assemblée qui élit le Président de la République et celle qui se réunit pour procéder à la révision de la Constitution, conformément à l'article 8, bien que portant le même nom et composées des mêmes éléments, sont en droit des corps absolument distincts.

Si la théorie développée plus haut sur la révision limitée est exacte, l'Assemblée Nationale, réunie pour reviser les lois constitutionnelles, ne peut pas non plus accueillir des propositions de révision portant sur des points et des articles non visés dans les résolutions préalables des deux Chambres : par rapport à ces propositions, elle n'est pas compétente. Il n'est donc pas vrai qu'elle soit maîtresse absolument de son ordre du jour. Cela, d'ailleurs, est confirmé par une disposition de la Constitution. L'Assemblée Nationale n'élit pas son bureau, comme on l'a vu, ce qui est pourtant une prérogative naturelle des Assemblées délibérantes[2]. En lui imposant le bureau du Sénat, les auteurs de la Constitution n'ont pas voulu seulement rendre plus promptes ses opérations ; ils ont voulu surtout, en lui donnant le bureau de la Chambre qui représente plus particulièrement l'esprit de pondération et de sage conservation, la maintenir dans les limites de ses droits et la protéger contre elle-même, si des velléités d'empiètement s'y produisaient.

Il ne faudrait pas, d'ailleurs, dire et croire que l'Assemblée Nationale de révision soit souveraine. Elle exerce, il est vrai, le pouvoir constituant, mais seulement dans la mesure et aux conditions déterminées par les lois constitutionnelles elles-mêmes. En dehors de cette sorte de délégation constitutionnelle, elle est sans titre et sans autorité. Elle ne peut même pas invoquer, pour s'affranchir de ces limitations[3], un prétendu mandat qu'elle aurait reçu du corps électoral représentant la souveraineté nationale, puisqu'elle n'a pas été spécialement élue en vue de la révision.

Maintenant, en fait, comment la théorie de la révision limitée

---

[1] Des tentatives de propositions de révision, arrêtées immédiatement par le président de l'Assemblée Nationale, se sont pourtant produites lors des élections présidentielles du 27 juin 1894 et du 17 janvier 1895 (*Journal officiel* du 28 juin 1894, *Débats parlementaires*, Assemblée Nationale, p. 2, et *Journal officiel* du 18 janvier 1895, *ibid.*, p. 2). En 1894, un membre de l'Assemblée a même émis cette assertion : « Je m'étonne que dans une Assemblée, *qui se prétend souveraine*, on n'ait empêché tout à l'heure de déposer une proposition tendant à la révision de la Constitution et à la convocation d'une Assemblée Constituante ». Mais sûrement l'Assemblée ne se prétendait point souveraine ; dans tous les cas, elle ne l'était pas.

[2] Ci-dessus, p. 666, 746.

[3] Ci-dessus, p. 373 et suiv.

peut-elle s'imposer au respect de l'Assemblée Nationale ? On doit, je
crois, reconnaître que, comme pour le respect de la Constitution
devant le Corps législatif, il faut s'en remettre à la conscience des
membres de l'Assemblée, au sentiment de la règle, qui presque inévitablement dominera la majorité. Une sanction directe et juridique
me paraît impossible à trouver. Les Constituants de 1789 semblent
avoir partagé cette opinion ; car, organisant, dans la Constitution de
1791, le système de la révision limitée, ils n'ont trouvé que le serment comme moyen de le faire respecter[1]. En 1884, le moyen employé par la majorité de chacune des deux Chambres, qui adoptaient
aussi le même système, a été analogue : il y a eu une sorte de contrat,
un engagement d'honneur, pris par les membres composant cette
majorité, de repousser, par la question préalable à l'Assemblée Nationale, toute proposition qui porterait sur un point autre que ceux
admis par les résolutions préalables des deux Chambres[2].

Qu'on le remarque bien, d'ailleurs, la procédure parlementaire,
par laquelle peut être limitée la portée de la révision, est de telle nature que cette limitation ne pourra pas être absolument précise. Les
résolutions préalables des Chambres, exigées par l'article 8, ne peuvent pas désigner d'une façon spécifique les questions mêmes et les
divers systèmes constitutionnels qui pourront être présentés à l'Assemblée Nationale, les propositions qui pourront lui être soumises.
Elles peuvent seulement désigner les articles et les paragraphes des
lois constitutionnelles, qui seuls seront soumis à la révision, et telle
est, en effet, la pratique. Mais devant l'Assemblée Nationale pourront
être produites et devront être délibérées toutes les propositions qui se
rattachent naturellement et logiquement aux règles contenues dans
ces articles, soit pour les modifier, soit pour les abroger[3]. C'est ainsi

[1] Constitution de 1791, titre VII, art. 7 : « Les membres de l'Assemblée de révision, après avoir prononcé tous ensemble le serment de vivre libres ou mourir,
prêteront individuellement celui de se borner à statuer sur les objets qui leur
auront été soumis par le vœu uniforme des trois législatures précédentes ; de
maintenir au surplus, de tout leur pouvoir, la Constitution du royaume décrétée par l'Assemblée Nationale Constituante aux années 1789, 1790 et 1791,
et être en tout fidèles à la nation, à la loi et au roi ».

[2] M. Naquet à la Chambre des députés, séance du 15 mars 1894 (Journal officiel du 16, Débats parlementaires, Chambre p. 526) : « Il faut bien reconnaître
que la loi n'a rien dit... et que d'ailleurs..., aurait-elle spécifié l'impossibilité pour
les deux Chambres de limiter à l'avance l'œuvre du Congrès, cette interdiction eût
été illusoire, car on ne peut pas empêcher individuellement les membres de deux
majorités de s'entendre et de faire un pacte, dont, sauf le cas de trahison, personne
ne peut prévoir la violation, puisqu'il émanerait de deux majorités, qui, réunies, ne
sauraient alors se transformer en minorité ».

[3] Par suite, la loi de révision du 14 août 1884, art. 2, en disant que la forme ré-

P.   48

qu'en 1884 fut soumise à l'Assemblée Nationale, votée par elle et
insérée dans la loi de révision du 14 août 1884, une proposition qui
n'avait pas été discutée préalablement au Sénat, mais seulement soulevée devant la Chambre des députés : « Les membres des familles
ayant régné sur la France sont inéligibles à la présidence de la République ». Plusieurs membres de l'Assemblée Nationale firent remarquer que son admission était contraire au contrat dont il a été parlé
ci-dessus[1] ; mais le gouvernement et la Commission ne la repoussè-
rent pas. On la rattacha, en effet, à l'un des articles visés dans les
résolutions des deux Chambres, l'article 8 de la loi du 25 février 1875
prévoyant la révision des lois constitutionnelles. Bien que cette proposition se fût rattachée plus directement à l'article 2 de la même loi,
elle pouvait se joindre à l'article 8. Elle était, en effet, comme le corollaire de l'addition qu'on proposait de faire à ce dernier article, en
édictant que la forme républicaine du gouvernement ne pouvait
faire l'objet d'une proposition de révision[2].

Si l'Assemblée Nationale, dépassant ses pouvoirs, statuait sur un
point qui n'est pas de sa compétence, telle qu'elle vient d'être déterminée, y aurait-il quelque recours ou quelque défense contre la résolution irrégulière qu'elle aurait ainsi prise? On en a proposé un. Le
Président de la République, a-t-on dit, pourrait et devrait se refuser
à promulguer la délibération, dont il s'agit, nulle et sans valeur. Mais
cela soulève de sérieuses difficultés. On pourrait se demander d'abord
si les lois constitutionnelles ont besoin d'être promulguées pour être
exécutoires. Ne sont-elles pas, en effet, l'œuvre d'une autorité supérieure au pouvoir exécutif aussi bien qu'au pouvoir législatif? et l'intervention du premier est-elle nécessaire pour que la loi constitutionnelle s'impose à tous les pouvoirs publics et à leurs agents aussi
bien qu'aux citoyens? Mais cette idée doit être repoussée. La révision
constitutionnelle ne fait pas disparaître la séparation des pouvoirs
par elle-même, et la nécessité d'une promulgation par le pouvoir
exécutif, pour toutes les lois, en est une conséquence. Il faudrait bien,

publicaine du gouvernement ne pourra pas faire l'objet d'une proposition de révision,
a décidé implicitement que le principe même de la République n'est contenu dans
aucun article précis et particulier des lois constitutionnelles. Il est en dehors et au-
dessus d'eux et domine la Constitution tout entière.

[1] Séance de l'Assemblée Nationale du 11 août 1884 (*Journal officiel* du 12.
Débats parlementaires, p. 100).

[2] L'article 2 de la loi de révision du 14 août 1884 est ainsi conçu dans son ensemble : « Le paragraphe 3 de l'article 8 de la même loi du 25 février 1875 est
complété ainsi qu'il suit : La forme républicaine du gouvernement ne peut faire
l'objet d'une proposition de révision. — Les membres des familles ayant régné sur
la France sont inéligibles à la présidence de la République ».

dans tous les cas, que la loi constitutionnelle fût publiée pour être obligatoire, et, quant à leur accomplissement, la promulgation et la publication se confondent dans notre droit. D'ailleurs, la pratique est constante : les lois constitutionnelles de 1875, celles de 1879 et de 1884 ont été promulguées par le Président de la République, et la loi du 24 février 1875 sur l'organisation du Sénat contenait même une disposition quant à sa propre promulgation[1].

Donc, la promulgation est nécessaire aussi bien pour les lois constitutionnelles que pour les lois ordinaires. Mais, dans l'hypothèse prévue, le Président de la République pourrait-il la refuser? Il faut à cet égard distinguer :

Si nous supposons une loi de révision constitutionnelle votée irrégulièrement, comme la proposition en a été faite[2], par une Assemblée Nationale réunie simplement pour procéder à l'élection d'un Président de la République, il ne saurait y avoir aucun doute. Cette loi est inexistante; elle a été votée par une Assemblée qui n'avait à aucun degré le pouvoir constituant[3]; elle n'a pas plus de valeur que n'en aurait un projet de loi voté par un collège électoral réuni pour élire un député ou un sénateur. Le Président de la République n'en devrait tenir aucun compte et ne lui donner aucune suite.

Mais s'il s'agit d'une Assemblée Nationale réunie pour opérer la révision conformément aux prescriptions de l'article 8, et qui dépasserait les limites fixées à la révision ainsi ouverte, la question est beaucoup plus délicate. Je crois qu'ici, en principe et en droit, le Président de la République ne pourrait refuser absolument la promulgation; mais il y a lieu de se demander s'il ne pourrait pas la retarder indéfiniment, ce qui reviendrait au même. En effet, le délai dans lequel cette promulgation devrait intervenir n'est pas fixé par la Constitution. L'article 7 de la loi constitutionnelle du 16 juillet 1875 qui fixe ce délai pour les lois ordinaires n'est pas applicable aux lois constitutionnelles; car la seconde partie de cet article, qui fait corps avec la première, ne saurait leur être appliquée : deux observations le démontrent. Cette seconde partie du texte, qui donne au Président le droit de demander aux deux Chambres une nouvelle délibération, ne peut s'appliquer à l'Assemblée Nationale. Celle-ci est une assemblée unique; elle est dissoute aussitôt ses délibérations terminées, et ne peut se réunir de nouveau que moyennant les conditions prévues

---

[1] Art. 11 : « La présente loi ne sera promulguée qu'après le vote de la loi sur les pouvoirs publics ». Cela montre clairement que, tant qu'elle n'avait pas été promulguée, elle n'était pas exécutoire.

[2] Ci-dessus, p. 752, note 1.

[3] Ci-dessus, p. 752.

par l'article 8 de la loi du 25 février 1875. D'autre part, M. Raudot, dont on retrouve ici l'esprit ingénieux et avisé, avait proposé une disposition particulière, additionnelle à l'article 8, et donnant au Président de la République un *veto* mitigé pour les lois constitutionnelles, analogue à celui qui lui a été reconnu quant aux lois ordinaires[1], mais autrement ordonné. Cette proposition fut repoussée par l'Assemblée Nationale[2].

Le Président de la République n'a donc pas même ce droit de *veto* mitigé contre les lois constitutionnelles de révision; mais il résulte également de là que le délai pour la promulgation n'est pas fixé et reste indéterminé. On ne pourrait soutenir le contraire qu'en prétendant que les lois constitutionnelles doivent être promulguées le jour même où, au plus tard, le lendemain du jour où elles ont été votées. Mais personne ne paraît avoir admis cette rigueur extrême. Sans doute les lois constitutionnelles jusqu'ici ont été promulguées dans un délai très court; cependant celles du 24 et 25 février 1875 n'ont été promulguées qu'au *Journal officiel* du 28 février 1875, et celle du 16 juillet 1875 qu'à celui du 18 juillet. Il paraît certain que le Président de la République peut choisir le moment et retarder la promulgation des lois de cette nature, sous la responsabilité de ses ministres et, peut-être, sous sa responsabilité personnelle[3].

N'y eût-il aucune sanction directe ou indirecte contre les excès de pouvoir commis par une Assemblée Nationale réunie régulièrement pour opérer la révision, il n'en faudrait pas moins tenir fermement que ses pouvoirs ne sont pas illimités. A un certain degré, la loi nécessairement a pour unique sanction et garantie la conscience des autorités suprêmes chargées d'en faire l'application. La Cour de cassation n'a pas d'autorité qui lui soit supérieure quand il s'agit d'établir l'application des lois aux faits particuliers. Qui dirait cependant que la Cour de cassation peut, de parti pris, donner aux lois une interprétation qu'elle saurait ne pas être exacte? Pour être libres, il faut qu'un peuple et ses représentants s'attachent fermement à cette idée, que la Constitution doit toujours être respectée, tant qu'elle existe, en elle-même et pour elle-même.

[1] Ce droit existait déjà pour les lois ordinaires au mois de février 1875 en vertu de la loi du 13 mars 1873, ci-dessus, p. 417.

[2] La proposition additionnelle de M. Raudot était ainsi conçue (*Annales de l'Assemblée Nationale*, t. XXXVI, p. 529, séance du 21 février 1875) : « Après le vote définitif, le Président de la République aura le droit, pendant un mois, de présenter à l'Assemblée des demandes de modifications de tout ou partie de la Constitution revisée. — L'Assemblée devra délibérer de nouveau. Quelles que soient ensuite ses décisions, la Constitution nouvelle sera promulguée dans le mois ».

[3] Ci-dessus, p. 467-8.

De la théorie qui a été développée sur la portée possible de la révision, résulte-t-il que la révision en bloc de nos lois constitutionnelles serait impossible? On pourrait le croire, puisque la révision ne
peut plus être totale, ne pouvant pas porter sur la forme même de
l'État. Je ne le crois pas cependant. Qui pourrait, en effet, empêcher
les deux Chambres dans leurs résolutions séparées et concordantes,
de viser un à un tous les articles contenus dans nos trois lois constitutionnelles, comme devant être soumis à révision, sauf le dernier
paragraphe du nouvel article 8 de la loi du 25 février 1875, tel qu'il
est sorti de la révision du 14 août 1884? Pour ce dernier paragraphe,
il est clair que, à moins de le tenir pour inexistant, on n'en saurait
proposer la révision. S'il en est ainsi, pourquoi les deux Chambres,
désirant une révision totale, ne pourraient-elles pas déclarer simplement « qu'il y a lieu de réviser les lois constitutionnelles »? La réserve contenue dans l'article 8 (revisé), dernier alinéa, de la loi du
25 février 1875 n'en subsisterait pas moins; et l'Assemblée Nationale ne pourrait accueillir aucune proposition tendant à changer la
forme de l'État, puisqu'elle ne tiendrait ses pouvoirs que de la Constitution antérieure et que celle-ci exclut toute proposition de ce genre.
On peut remarquer même, que la Constitution des États-Unis contient, à l'égard des États particuliers, une clause analogue qui garantit à chacun d'eux une forme républicaine de gouvernement[1];
de même, la Constitution fédérale suisse exige, pour accorder aux
cantons la garantie de leurs Constitutions particulières, que celles-ci
« assurent l'exercice des droits politiques d'après des formes républicaines représentatives ou démocratiques »[2]. On n'a jamais douté
cependant que les Constitutions des États particuliers de l'Union et
celles des Cantons suisses pussent être soumises à une révision totale.

Enfin la procédure même de la révision, telle qu'elle a été établie
par la loi du 25 février 1875 (art. 8), pourrait elle-même être revisée,
puisque cet article 8 (sauf le dernier alinéa) peut être revisé. Beaucoup d'esprits le désirent en France. Car beaucoup pensent, comme
je l'ai dit plus haut, que le seul mode de révision conforme
aux principes consiste à la faire opérer par une Assemblée Constituante. C'est ce que demandait Gambetta, lors de la discussion
de la loi constitutionnelle du 25 février 1875[3]. Pourrait-on, en
prenant pour point de départ notre droit constitutionnel, tel que

[1] Art. 4, sect. 4.
[2] Art. 6.
[3] *Annales de l'Assemblée Nationale*, t. XXXVI, p. 422.

je viens de l'exposer, aboutir à la révision par une Assemblée Constituante? Plusieurs le pensent, et M. Naquet, en 1894, a développé
à cet égard un plan précis devant la Chambre des députés[1]. Il consiste à demander aux Chambres une résolution déclarant qu'il y a
lieu de modifier l'article 8 de la loi constitutionnelle du 25 février 1875 ;
puis l'Assemblée Nationale substituerait à cet article une disposition
déclarant que, dorénavant, la révision de la Constitution serait opérée
par une Assemblée Constituante, dont elle déterminerait la composition et les pouvoirs ; enfin l'Assemblée Constituante serait élue et
procéderait à la révision. Cela est-il possible juridiquement? Oui,
mais à une condition. C'est que l'Assemblée Constituante ainsi créée
n'aurait pas des pouvoirs illimités. Elle ne pourrait pas changer « la
forme républicaine du gouvernement », car elle ne tiendrait son existence légale, constitutionnelle, que d'une Constitution qui elle-même
contenait cette restriction. L'Assemblée Nationale, qui reviserait
l'article 8 (sauf l'avant-dernier alinéa), ne pourrait pas donner au
nouveau pouvoir constituant (quel qu'il fût), qu'elle créerait, le droit
d'accueillir des propositions qu'elle n'avait pas le droit de discuter
elle-même. Il y a là un engrenage, d'où, une fois pris, on ne peut
plus sortir. Mais dans ces propositions qui tendent à changer le mode
de révision, que de complications et d'aventures possibles, et combien la procédure admise dans la Constitution actuelle est plus prudente et plus pratique, tout en pouvant être aussi largement efficace,
le jour où le pays le voudrait sérieusement !

[1] Séance du 15 mars 1894 (*Journal officiel* du 16, *Débats parlementaires*, p.
527) : « Ma proposition est conçue en ces termes : La Chambre des députés, considérant que la révision intégrale de la Constitution est nécessaire ; considérant que
cette révision ne peut produire son effet que si elle est l'œuvre d'une Constituante ;
mais considérant que ce mode de révision exige la révision préalable par la procédure actuelle de la loi constitutionnelle du 25 février 1875 ; décide : Il y a lieu de
réunir l'Assemblée Nationale à Versailles pour reviser l'article 8 de la loi constitutionnelle du 25 février 1875 ». En ces termes, je crois, la proposition n'était pas
recevable ; elle aurait dû excepter l'avant-dernier paragraphe de l'article 8.

TABLE ALPHABÉTIQUE[1]

---

[1] Les chiffres en caractères gras correspondent aux pages où la matière est traitée avec le
plus d'étendue.

W

Z

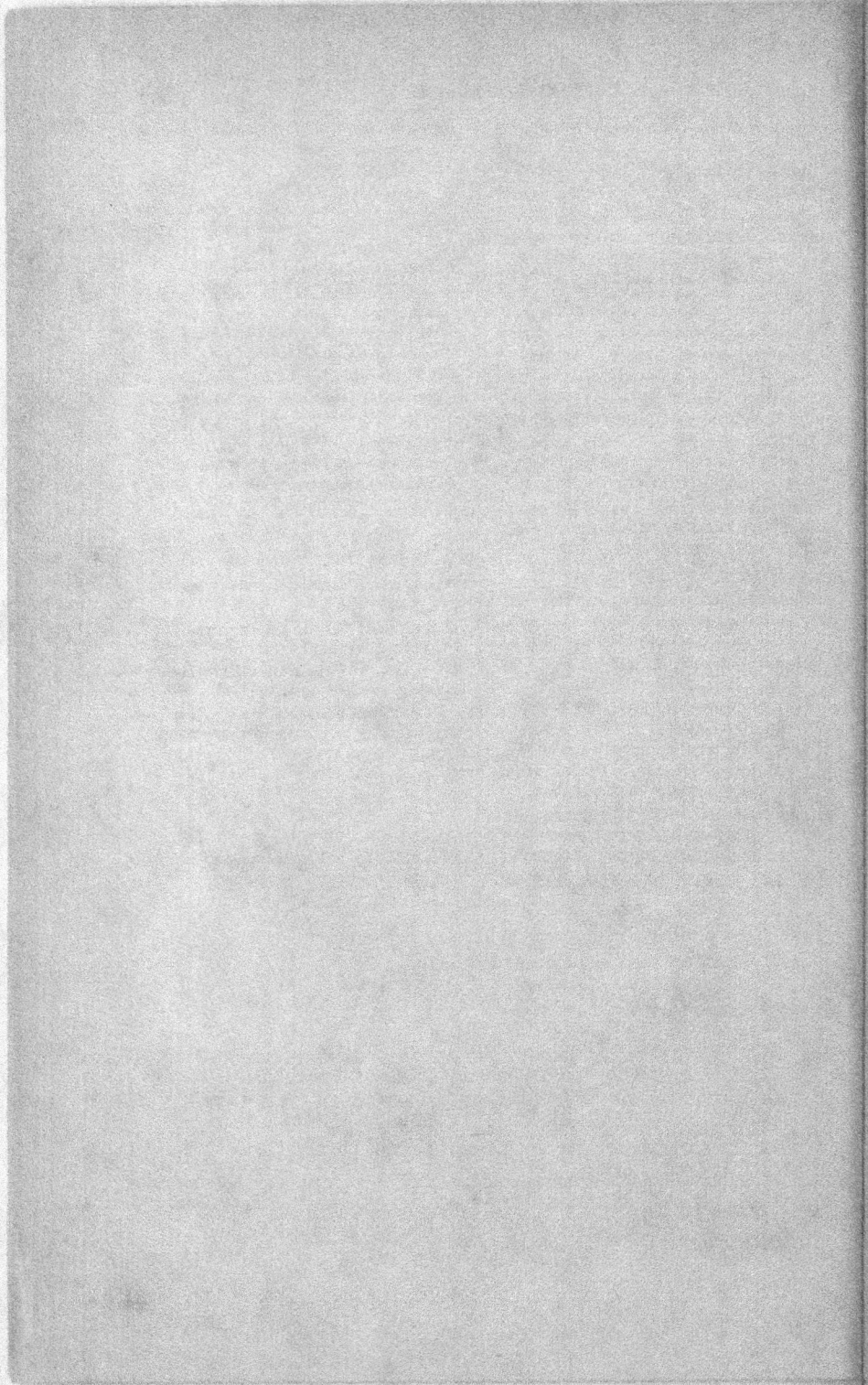

TABLE DES MATIÈRES

PREMIÈRE PARTIE

LA LIBERTÉ MODERNE, PRINCIPES ET INSTITUTIONS.

TITRE PREMIER

INSTITUTIONS ET PRINCIPES FOURNIS PAR LE DROIT DE L'ANGLETERRE.

TITRE II

PRINCIPES DÉGAGÉS PAR LA PHILOSOPHIE DU XVIII° SIÈCLE ET PROCLAMÉS
PAR LA RÉVOLUTION FRANÇAISE.

DEUXIÈME PARTIE

LE DROIT CONSTITUTIONNEL DE LA RÉPUBLIQUE FRANÇAISE

ERRATA.

Page 327, *ligne* 20, *lire :* Sénatusconsulte du 12 octobre 1807.
— 337, *note* 1, *ligne* 2 : au lieu de 850, *lire :* 85.
— 338, *ligne* 28, au lieu de 1890, *lire :* 1790.
— 448, *note* 4, *ajouter :*

Assemblée Nationale, séance du 18 février 1899 (*Journal officiel* du 19, Débats parlementaires, p. 27 :

« M. le Président : J'ai l'honneur de faire connaître à l'Assemblée Nationale le résultat du dépouillement du scrutin pour l'élection du Président de la République : Nombre des votants : 824; bulletins blancs ou nuls, 12; suffrages exprimés, 812; majorité absolue, 407. M. Loubet a obtenu 483 voix... M. Loubet ayant obtenu la majorité absolue des suffrages exprimés, je le proclame Président de la République pour sept années. Conformément à l'article 7 de la loi constitutionnelle du 25 février 1875, le Conseil des ministres fera part à M. Loubet de la décision de l'Assemblée Nationale; »

Page 455, *ligne* 17, au lieu de cinq, *lire :* six fois.
— 507, *note* 2, *ligne* 1, au lieu de février, *lire :* juillet.
— 507, *note* 7, *ligne* 1, *lire :* L'année dernière, en 1898.
— 578, *ligne* 11, au lieu de 26, *lire :* 25.
— 659, *note* 2, *ligne* 2, *lire :* 17 novembre 1898.
— 690, *ligne* 1, au lieu de 14 juillet, *lire :* 16 juillet.

BAR-LE-DUC. — IMPRIMERIE CONTANT-LAGUERRE.

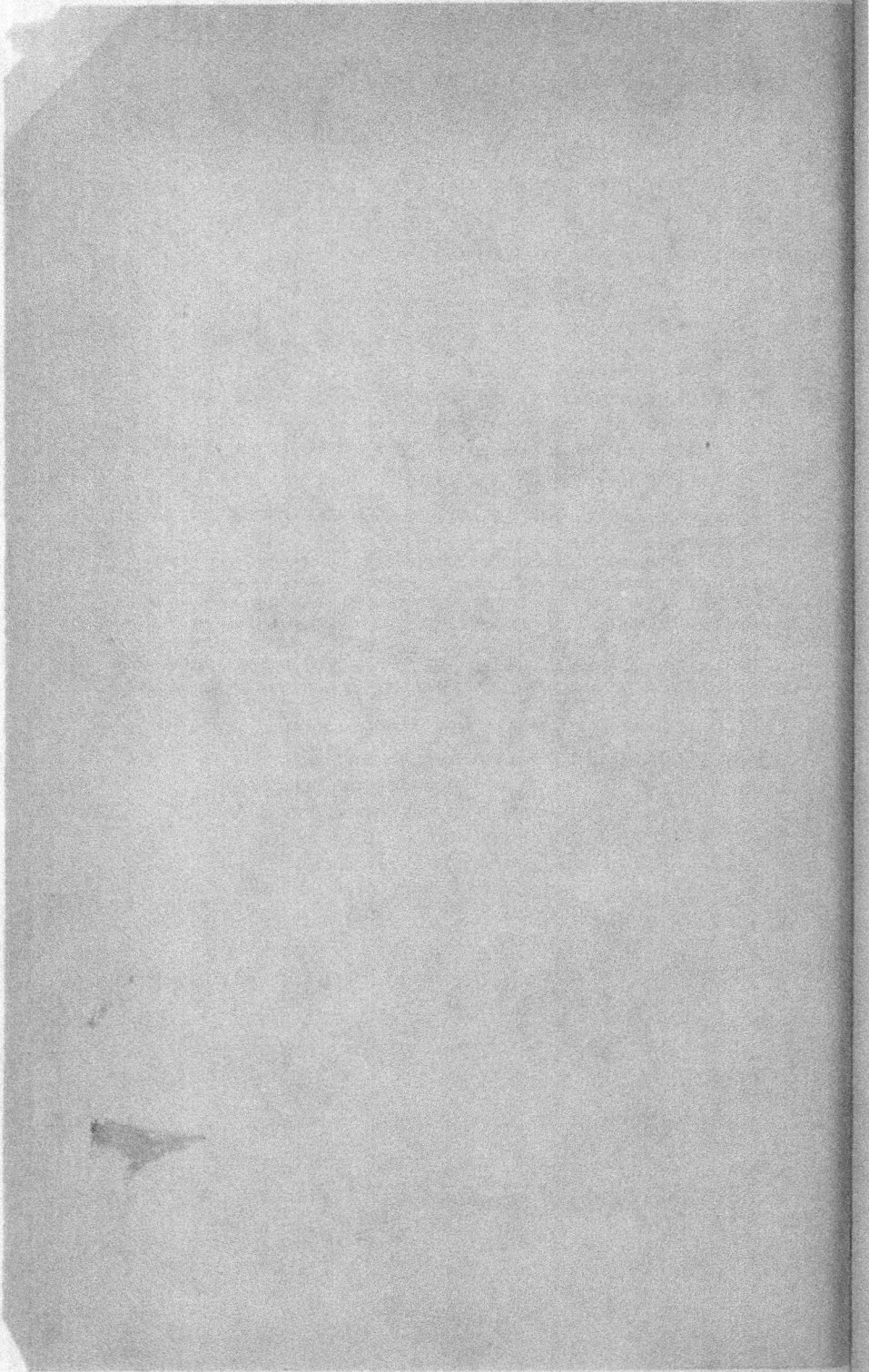